C·H·Beck
PAPERBACK

Berlin Tegel, im Herbst 1944: Der 37 Jahre alte Jurist und Widerstandskämpfer Helmuth James von Moltke wartet auf seinen Prozess vor dem Volksgerichtshof – und auf seine Hinrichtung. Während sowjetische Truppen auf seine Heimat Kreisau in Schlesien vorrücken und Weggefährten gehenkt werden, wechselt er täglich Briefe mit seiner Frau Freya, die vom Gefängnispfarrer Harald Poelchau unter Einsatz seines Lebens fast täglich an der Zensur vorbeigeschmuggelt werden. Es geht um ihre Liebe und die Lage in Kreisau, die Situation im Gefängnis und die Vorbereitung auf den Tod, aber auch um den Widerstand und um Wege zur Rettung.

Helmuth James von Moltke, 1907–1945, Begründer und führender Kopf des Kreisauer Kreises, gilt als «eine der wenigen wirklichen Lichtfiguren des deutschen Widerstands gegen Hitler» (Volker Ullrich, DIE ZEIT). Für die *Briefe an Freya* wurde er postum mit dem Geschwister-Scholl-Preis ausgezeichnet.

Freya von Moltke, 1911–2010, gehörte zum Kreisauer Widerstandskreis. Seit 1990 hat sie die Umwandlung des Gutes Kreisau in eine internationale Begegnungsstätte unterstützt. Für ihr Engagement für die deutsch-polnische und die europäische Versöhnung wurde sie vielfach ausgezeichnet.

Helmuth Caspar von Moltke, geb. 1937, ist der älteste Sohn von Helmuth James von Moltke und Freya von Moltke.

Ulrike von Moltke, geb. 1944, ist eine Tochter des Widerstandskämpfers Hans Bernd von Haeften und war mit Konrad von Moltke, dem jüngeren Sohn von Helmuth James von Moltke und Freya von Moltke, verheiratet.

Helmuth James und Freya von Moltke

Abschiedsbriefe Gefängnis Tegel

September 1944–Januar 1945

Herausgegeben von
Helmuth Caspar von Moltke
und Ulrike von Moltke

C.H.Beck

Dieses Buch erschien zuerst 2011 in drei Auflagen in gebundener Form
im Verlag C.H.Beck.
2013 erschien eine gekürzte Sonderausgabe.

Mit 12 Abbildungen und drei Faksimiles

1., durchgesehene Auflage in C. H.Beck Paperback. 2024

www.chbeck.de
Umschlaggestaltung: Kunst oder Reklame, München
Umschlagabbildungen: vorne: Freya von Moltke in den vierziger Jahren,
© Helmuth Caspar von Moltke; Helmuth James von Moltke
vor dem Volksgerichtshof, Januar 1945, Foto: Heinrich Hoffmann;
hinten: Helmuth James und Freya von Moltke beim Gang
über die Kreisauer Felder, 1942, © Helmuth Caspar von Moltke
Satz: Janß GmbH, Pfungstadt
Druck und Bindung: Druckerei C.H.Beck, Nördlingen
Printed in Germany
ISBN 978 3 406 82268 1

myclimate shape our future

FSC www.fsc.org MIX Papier aus verantwortungsvollen Quellen FSC® C019821

verantwortungsbewusst produziert
www.chbeck.de/nachhaltig

Für Harald und Dorothee Poelchau

Im Andenken an
Konrad von Moltke

Inhalt

Vorwort

Dieses Buch enthält die letzten, bis heute unveröffentlichten Briefe zwischen Freya und Helmuth James von Moltke. Die Korrespondenz beginnt Ende September 1944 mit der Verlegung Helmuths vom Zellenbau des Konzentrationslagers Ravensbrück in das Strafgefängnis Tegel, wo er auf seinen Prozess vor dem Volksgerichtshof wartete, und endet mit dem Tag seiner Hinrichtung durch die Nationalsozialisten am 23. Januar 1945. Wegen ihres persönlichen Charakters wurden die Briefe bisher nicht veröffentlicht. Für Freya waren sie ein Blick ins Innerste, das sie zu Lebzeiten nicht der Öffentlichkeit preisgeben wollte; der Nachwelt hat sie allerdings die Freigabe bewusst überlassen. In ihrem letzten Lebensjahr beschloss sie, alle Briefe, auch diese letzten, dem Deutschen Literaturarchiv in Marbach am Neckar zu schenken.

Die Briefe, die Helmuth und Freya einander heimlich schrieben, waren gefährliche Dokumente. Der Gefängnispfarrer Harald Poelchau nahm sie jeweils nach kurzer Zeit wieder aus der Zelle mit und übergab sie Freya in seiner Wohnung. Diese brachte sie dann zur Aufbewahrung zu Helmuths Sekretärin Katharina Breslauer, zu der sie und Helmuth uneingeschränktes Vertrauen hatten. Von dort holte Freya die Briefe wieder ab, wenn sie nach Kreisau fuhr, wo sie sie bis zu ihrer Abreise im Herbst 1945 in ihren Bienenstöcken versteckt hielt. Über Südafrika und Berlin kamen sie schließlich in den sechziger Jahren mit ihr nach Vermont und blieben dort bis kurz vor ihrem Tod.

Alle erhaltenen Briefe sind in dieser Ausgabe vollständig und wortgetreu wiedergegeben. Nur ein Brief von Freya und einer von Helmuth scheinen zu fehlen. Von der offiziellen Genehmigung, sich in regelmäßigen Abständen zu schreiben, machten Helmuth und Freya Gebrauch, um keinen Verdacht im Hinblick auf ihre heimliche Korrespondenz aufkommen zu lassen. Von den «offiziellen» Briefen, die natürlich durch die Zensur gingen, sind jedoch nur wenige von Helmuth erhalten, von Freya kein einziger. Mit aufgenommen wurden zwei Abschiedsbriefe von Helmuth an seine Söhne aus dem Oktober 1944.

Helmuths und Freyas grammatische und orthographische Eigenheiten wurden beibehalten, offensichtliche Schreibfehler jedoch stillschweigend korrigiert, insbesondere bei Namen. In einigen Fällen wurden unterschiedliche Schreibweisen der Korrespondenten vereinheitlicht (etwa die Schreibung mit «ß» oder «ss»). Die meisten Abkürzungen, die für die Schreiber notwendig waren, um Papier und Zeit zu sparen, wurden im Interesse der Lesbarkeit ausgeschrieben, etwa Freyas durchgehendes «+». Die verbleibenden Abkürzungen werden im Abkürzungsverzeichnis und im Falle von Personen zusätzlich im Personenverzeichnis aufgelöst. Da Helmuth in seinen Briefen trotz seiner winzigen Schrift immer einen breiten Rand ließ, machte er gelegentlich Randnotizen. Diese sind als solche vermerkt, weil sie sich in der Regel nicht ohne weiteres in den Text einfügen ließen. Freya, die das Papier voll ausnutzte, schrieb Nachträgliches zwischen die Zeilen. Diese Stellen wurden in den Text integriert. Da die Interpunktion keine autorentypischen Eigenheiten erkennen ließ, wurde sie den heute üblichen Regeln angepasst. Freya hat in den sechziger Jahren Helmuths Briefe selbst transkribiert, dabei allerdings einige Veränderungen vorgenommen oder Fehler gemacht. Für diese Ausgabe wurde daher auf die Originale zurückgegriffen.

Einige Briefe enthalten längere Passagen, die Korrekturen und Anmerkungen zu nicht überlieferten Schriftstücken sind. Um die Integrität des gesamten Briefwechsels zu erhalten, haben wir auch diese Briefe nicht gekürzt. Wir haben uns um zusätzliches klärendes Material bemüht, konnten aber weder Dokumente zu Helmuths Verteidigungsschrift noch zu dem Gnadengesuch der Familie Moltke auffinden. Texte zum Haftbefehl, zum Prozess und zum Urteil sind im Anhang abgedruckt.

Schon bald nach Freyas Tod Anfang Januar 2010 kam der Gedanke auf, die Korrespondenz vollständig herauszubringen. Erfreulicherweise gingen Wolfgang Beck und Ulrich Nolte vom Verlag C. H. Beck sogleich auf unseren Vorschlag ein. Um das Buch schon zu Freyas hundertstem Geburtstag im März 2011 erscheinen zu lassen, ließen wir uns gerne auf vielseitige Unterstützung ein.

Ulrich Nolte hat zusätzlich zu seiner sehr wertvollen Lektoratsarbeit mit immer neuen Hilfsangeboten Hürden aus dem Weg geräumt und unsere Arbeit erheblich erleichtert. Angelika von der Lahr hat im Lektorat ebenfalls viel für uns getan. Dankbar möchten wir Brigitte Schillbach nennen, die die Transkription von Helmuths Briefen überprüfte und uns später bei der Arbeit an den Anmerkungen hilfreiche Hinweise gab. Ebenfalls einen großen Dienst hat uns Günter Brakelmann mit seiner Expertise und seiner Hilfe beim Personenverzeichnis geleistet. Auch Peter Hoffmann stand uns mit seinem Rat zur Seite. Entscheidend beteiligt war Ulrich Raulff, der nach seinem Besuch bei Freya vor einem Jahr die Originalbriefe von Vermont nach Marbach trug. Das Deutsche Literaturarchiv stellte dann die Kopien der Handschriften bereit. Unsere

Kinder haben uns zu dieser Arbeit ermutigt, insbesondere haben Nina von Moltke, Dorothea von Moltke, Kerstin Barndt und Johannes von Moltke uns im Laufe der Monate mit Fragen und Kommentaren geholfen. Keri von Moltke ist es zu verdanken, dass Freyas kleine Schrift über Harald Poelchau zu guter Letzt zwischen altem Spielzeug noch gefunden wurde. Ihnen allen danken wir von Herzen.

Four Wells
Norwich, Vermont, im September 2010

Einleitung: «Außer dem Leben können sie Dir ja nichts nehmen»

«Briefe sind mein Schicksal»

Diese Briefe sind Liebesbriefe zwischen einem Mann, der seinen Tod erwartet, und einer Frau, die das gemeinsam Begonnene fortsetzen muss und auf die noch viele Aufgaben im Leben warten. Freya und Helmuth sprechen in diesen Abschiedsbriefen oft von dem «Schatz» dieser gemeinsamen Zeit, die sie, durch Gefängnismauern getrennt, doch in großer Nähe erlebten. Später waren es für Freya die Briefe selbst, die sie so bezeichnete. Diesen Schatz, den sie in der gefährlichen Zeit auf ihrem Gut in Kreisau in ihren Bienenstöcken versteckt hielt, hat sie bis an ihr Lebensende bei sich bewahrt. Nur ganz wenigen Menschen gewährte sie Einblick.

Da Helmuth seine Arbeit in Berlin und Freya ihre Aufgaben bei der Familie auf dem Gut Kreisau hatte, waren sie schon von 1935 an auf Briefe angewiesen. Damit begann eine Korrespondenz, die bis zu Helmuths Gefangennahme nicht mehr abriss.[1] Freyas Antworten fehlen bis auf eine einzige. So wird ihre Stimme erst mit diesen Abschiedsbriefen hörbar. Man lernt sie als eine freie, selbstsichere, hoffnungsvolle Frau kennen, die von ihrem «komplizierten» Mann spricht und sich selbst als «einfach» beschreibt, dabei aber eine starke und auf ihre eigene Weise komplexe Persönlichkeit war. Freya hatte eine klare Urteilskraft und das Talent, schwierige Vorgänge und Zusammenhänge knapp und treffend

1 Helmuths Briefe aus der Zeit vor seiner Haft wurden 1988 unter dem Titel *Briefe an Freya* veröffentlicht; 2009 folgte der Band *Im Land der Gottlosen* mit seinen Briefen an Freya aus seiner Haft im Gefängnis des Konzentrationslagers Ravensbrück. Er enthält den Brief vom 28. November 1944 mit dem Bericht über diese Zeit. Die Briefe vom 10. und 11. Januar 1945 erschienen im K. H. Henssel Verlag bereits 1951 unter dem Titel *Letzte Briefe aus dem Gefängnis Tegel.* Die Briefe, die Freya an Helmuth vor seiner Inhaftierung in Tegel geschrieben hat, sind nur zum kleinsten Teil erhalten und bis auf eine Ausnahme, ihren Geburtstagsbrief vom 8. März 1944, der im *Land der Gottlosen* auf S. 205 ff. abgedruckt ist, bisher unpubliziert.

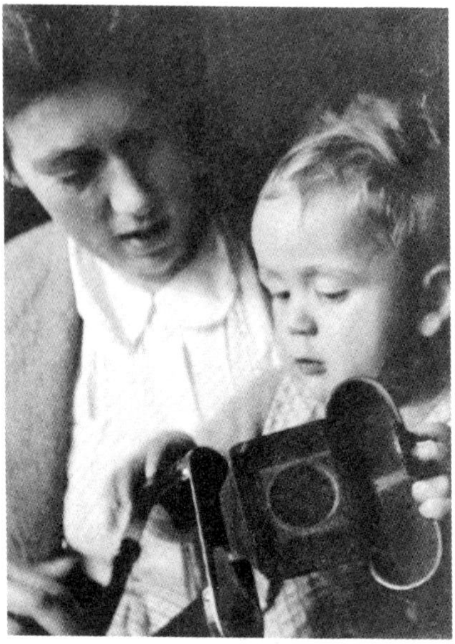

Freya von Moltke mit Konrad, 1943

zu beschreiben. Sie wusste sich im Gegensatz zu Helmuth «für das Leben geeignet». Von heiterer, rheinischer Natur, lachte sie gerne. Im Alter wünschte sie rückblickend, sie hätte in ihrem Leben mehr gesungen und getanzt. Helmuth dagegen war trotz seines ausgeprägten – zuweilen etwas spitzen – Humors in der Zeit des Nationalsozialismus ein ernster Mensch geworden, der mit feinem Gespür für die politischen Realitäten schon früh seinen gewaltsamen Tod voraussah. In seinem geliebten Kreisau, im Kreis der Familie und unter Freunden konnte er gelöst und fröhlich sein; sonst aber war er diszipliniert, arbeitete viel und stellte strenge Anforderungen an sich wie auch an seine Mitmenschen. Freyas vertrauendes, mitfühlendes und mitleidendes Herz war für ihn eine notwendige Ergänzung. In seinem Brief nach der Verurteilung zum Tode am 11. Januar 1945 schrieb er: «... hätte ich ... diese größte aller Gaben [der mitleidenden Liebe], mein liebes Herz, so hätte ich vieles nicht tun können, so wäre mir so manche Konsequenz unmöglich gewesen, so hätte ich dem Leiden, das ich ja sehen musste, nicht so zuschauen können und vieles andere. Nur wir zusammen sind ein Mensch.»[2] Trotz des eigenen Leidens und der schweren Lage gibt es kaum einen Brief, in dem die Worte Glück und Dank nicht auftauchen. Freya und Helmuth waren sich

2 Siehe Helmuths Brief vom 10./11. Januar 1945, S. 480 f.

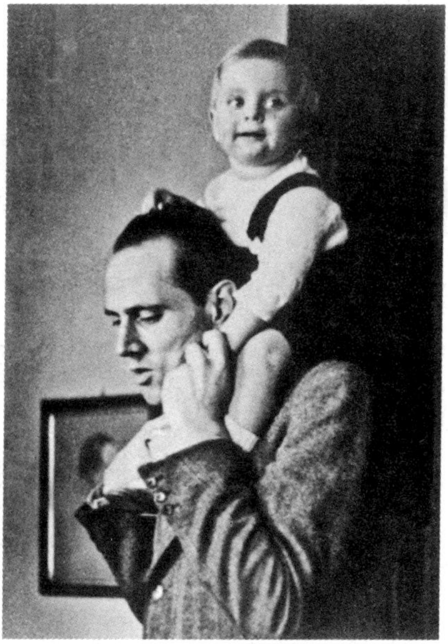

Helmuth James von Moltke mit Helmuth Caspar, Weihnachten 1938

nah, sie rüsteten sich gegenseitig aus: für das Sterben und für das Weiterleben.

«Wir sind ihm ja beide so dankbar»[3] – *Harald Poelchau*

Es ist eine Korrespondenz, die es nicht geben dürfte. Ein Gefangener der Gestapo, den man des Hochverrates beschuldigte, sollte aus Sicht des Regimes nicht in der Lage sein, so detailliert über alle Aspekte seiner Gefangenschaft und seines Prozesses zu berichten, seine unzensierten Gedanken so leicht seiner Frau und seinen Freunden zu übermitteln. Doch Freya und Helmuth hatten Glück: Das Gestapo-Gefängnis in der Lehrter Straße hatte Bombenschäden erlitten, und ein Teil der Gefangenen, unter ihnen Helmuth James, mussten im Strafgefängnis Tegel untergebracht werden, wo Harald Poelchau Seelsorger für die evangelischen Gefangenen war.[4]

3 Siehe Freyas Brief vom 20. Oktober 1944, S. 91.

4 Harald Poelchau war es im Oktober 1944 außerdem gelungen, einmal wöchentlich Zugang zu den etwa dreißig im Gefängnis Moabit in Sippenhaft genomme-

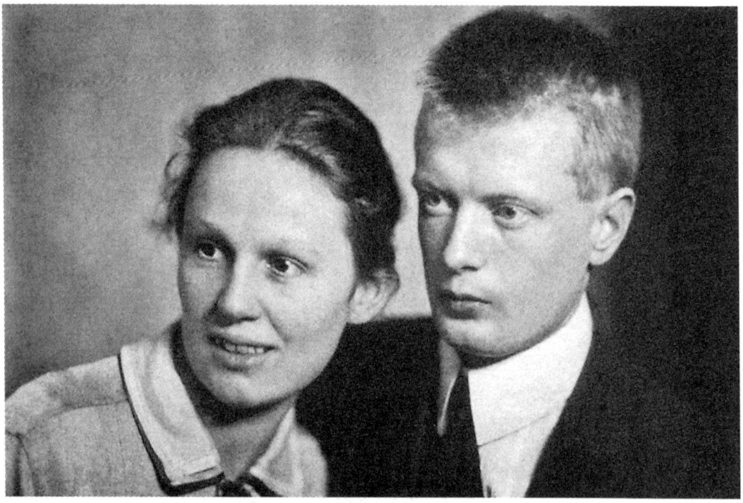

Dorothee und Harald Poelchau, 1927

Dieser von der Gestapo unentdeckte Teilnehmer an Treffen des Kreisauer Kreises hatte nun regelmäßig Zugang zu Helmuth. In den Monaten von Helmuths Haft, in denen Poelchau die Briefe zwischen Freya und Helmuth in seinen Jackentaschen heimlich hin- und hertrug und mit jedem Gang sein Leben riskierte, vertiefte sich ihre Freundschaft. Poelchau führte wichtige Gespräche mit Helmuth und vermittelte Botschaften zu den Freunden in den Nachbarzellen. Er schrieb von der «guten Gemeinschaft dieser jede Woche kleiner werdenden Zahl. ... Trotz der Nähe des Todes war die Atmosphäre nicht gedrückt, sondern von hoher geistiger Intensität.»[5] Helmuth und Freya sprachen Poelchau vor anderen mit «Sie» an, weil sie die Tiefe ihrer Verbundenheit tarnen wollten, um ihn nicht unnötig zu gefährden. Ein freundschaftliches Verhältnis entwickelte sich auch zu seiner, wie Freya schrieb, «ihm ganz ebenbürtigen» Frau Dorothee. Freya durfte sich regelmäßig in der Wohnung der Poelchaus aufhalten, sich mit ihnen austauschen, Rat und Trost holen und in einer kleinen, friedlichen Kammer Helmuths Briefe lesen und an ihn schreiben. Oft boten sie ihr auch an, bei ihnen zu übernachten – womit sie sich ebenfalls selbst gefährdeten.

Freya hat Poelchau im Jahr 1985 wie folgt beschrieben: «Ehe ich Harald selbst kannte, hatte mir Helmuth schon voller Bewunderung von

nen Frauen zu bekommen und ihnen in ihren Nöten beizustehen. Vielen von ihnen musste er den Tod ihrer Männer mitteilen.

5 Siehe Harald Poelchau, *Die Ordnung der Bedrängten*, S. 72.

Harald Poelchau, 1949

ihm gesprochen: ‹Hier ist dieser unglaubliche Mann, Pfarrer am Gefängnis Tegel, der mit den zu Tode Verurteilten die letzte Nacht vor der Vollstreckung des Urteils verbringt.[6] Er ist ein heiterer, freundlicher, ganz unfeierlicher Mann, zum Lachen eher aufgelegt. Wie hält man solch ein Leben aus?! Er begleitet die verurteilten Männer und Frauen bis zum Schafott und ist bei ihrer Hinrichtung anwesend.› Dann lernte ich ihn persönlich kennen. Er hatte eine nüchterne, ganz unsentimentale Art, er war so ganz und gar das Gegenteil von salbungsvoll und hinter und in seinen sehr blauen Augen saß Lustiges. Ich habe ihn wohl höchstens zweimal gesehen, ehe er zur ersten Tagung in Kreisau kam. … Auf der 1. Kreisauer Tagung Pfingsten 1942 erinnere ich Harald auch deutlich. Er beteiligte sich lebhaft an Bildungs-, Schul- und Kirchenfragen, die uns auf dieser 1. Tagung beschäftigten. Als Schüler Tillichs fühlte er sich als religiöser Sozialist und damit vertrat er einen uns wesentlichen Standpunkt. Er ist während der nächsten Jahre immer in Verbindung mit uns geblieben, aber wir haben ihn nicht regelmäßig gesehen. … Er kam dann mehrfach zu meinem Mann zum Mittagessen in unsere kleine Wohnung über der Garage in der Derfflingerstr. 10 … Harald war dauernd damit

6 Dies galt im Allgemeinen nicht für die Mitglieder des Widerstandes, da diese meistens erst unmittelbar vor der Vollstreckung zur Hinrichtungsstätte gebracht wurden.

beschäftigt, gefährdete jüdische Menschen zu verstecken; und in ihren Verstecken mussten sie auch ernährt werden. ... Als wir begannen, in Kreisau Erbsen feldmäßig anzubauen ..., schickten wir ihm mehrfach einen Sack voller Erbsen, die er an seine Schützlinge verteilte.»[7]

Diese Gefahren und die schwere Aufgabe, den Verurteilten beizustehen, forderten trotz Poelchaus äußerer Ruhe und Gefasstheit ihren Preis, wie Klaus Harpprecht, Poelchaus Biograph, schreibt: «Poelchau hielt seine Seele bedeckter. Wohl nur seine Frau Dorothee und einige eng vertraute Freundinnen und Freunde wurden der Traurigkeiten, der Albträume und Ängste gewahr, die ihn als eine – unvermeidliche – Konsequenz der fast täglichen Konfrontation mit dem Sterben und dem Tod immer wieder heimsuchten.»[8]

Dass Poelchau unbehelligt blieb, dass den Nazis weder seine Beteiligung an den Kreisauer Gesprächen noch seine Hilfsaktionen für die Verfolgten oder seine verbotenen Nahrungsmittel- und Briefträgerdienste zwischen den Gefangenen und ihren Angehörigen je bekannt wurden, dass Poelchau mit dem Leben davonkam: dies alles scheint im Nachhinein kaum begreiflich.

Harald Poelchau und seiner Frau Dorothee ist dieser Band gewidmet.

«vor allem die Fessel, die ich so furchtbar hasse»[9] – *Alltag im Ausnahmezustand*

Die Lage, in der sich Helmuth und Freya befanden, war in doppelter Hinsicht extrem. Das Ende des Dritten Reiches zeichnete sich immer deutlicher ab, die Fliegeralarme und Bombeneinschläge häuften sich, die Front rückte näher, die Machthabenden wurden immer nervöser.

Dieser allgemeine Zusammenbruch war der Rahmen und Hintergrund für den persönlichen Ausnahmezustand, in dem sich Helmuth und Freya befanden. Helmuth saß im Gefängnis Tegel in einer kleinen Zelle im vierten Stockwerk von Haus I, das für die zum Tode Verurteilten bestimmt war und auch das «Totenhaus» genannt wurde. Tag und Nacht brannte Licht, Tag und Nacht waren die Gefangenen gefesselt. Nur für die Mahlzeiten und für offizielle Schreibarbeiten wurden die Handschellen aufgeschlossen. Da Helmuth starke Rückenschmerzen bekam, erreichte er es im Dezember und Januar, dass man ihm eine Zeit lang die

7 Siehe Anhang, S. 571 ff.
8 Klaus Harpprecht, *Harald Poelchau. Ein Leben im Widerstand*, S. 116.
9 Siehe Freyas Brief vom 15. Januar 1945, S. 504.

Fesseln erließ. Nach dem Todesurteil aber galt wieder die strenge Vorschrift, ihm die Handschellen anzulegen.

Die von Sirenengeheul angekündigten Bombenangriffe der Alliierten nahmen in den Monaten seiner Haft an Häufigkeit und Intensität zu. Während das Wachpersonal in die Bunker eilte, mussten die Gefangenen gefesselt in den Zellen ausharren. Türen und Fenster schepperten bei Explosionen, das Dröhnen von einstürzenden Gebäuden drang ans Ohr, der Feuerschein der Brände erleuchtete die Fenster. Die Gefängnisse in der Lehrter Straße und in Tegel wurden im Laufe dieser Monate teilweise von Bomben getroffen. Helmuth überkam jedes Mal Todesangst.

Während dieser Wintermonate war es kalt in der Zelle. Helmuth saß meist in eine Decke gehüllt auf seinem Tisch, die Füße auf dem Stuhl, und las in der Bibel oder im Gesangbuch, etwas anderes wollte er nicht mehr lesen. Viele Verse und ganze Passagen lernte er während dieser Stunden auswendig, sagte sie sich auf, sang oder pfiff sie vor sich hin. Oder er schrieb Briefe, oft mit gefesselten Händen, in seiner winzigen Schrift. Einmal am Tag durften die Gefangenen etwa eine halbe Stunde lang im Hof im Kreis gehen. Im Januar 1945 ließ man sie jedoch nicht mehr nach draußen. Es war zu kalt, und viele Gefangene hatten nur dünne, zerlumpte Kleidung.

Einige Male wurde Helmuth zu Verhören in das Büro von Karl Neuhaus im Reichssicherheitshauptamt in der Meinekestraße gebracht. In den dortigen Kellerräumen wurden viele Gefangene von der Gestapo gefoltert.[10] Helmuth vermutete später, dass sie ihn einmal durch ein in einer Suppe enthaltenes Enthemmungsmittel zu Geständnissen gebracht hatten, welche er nachher bereute. Gefoltert wurde er selbst nicht, wahrscheinlich jedoch alle anderen Mitglieder des Kreisauer Kreises.[11]

Trotzdem ging es im Strafgefängnis Tegel noch erträglicher und geordneter zu als zum Beispiel in den Gestapo-Gefängnissen in der Lehrter Straße oder in der Prinz-Albrecht-Straße. Die Wachtmeister waren den politischen Häftlingen zum größeren Teil wohlgesinnt. Freya und Helmuth hatten sogar ein freundliches Verhältnis zu verschiedenen Wachtmeistern, die Auskünfte vermittelten und von den Angehörigen abgelieferte Nahrungsmittel in die Zellen brachten, wenn sie die Wäsche austauschten, in der sich auch kurze

10 Siehe Brigitte und Eugen Gerstenmaier, *Zwei können widerstehen*, S. 123.

11 Günter Brakelmann, *Helmuth James von Moltke*, S. 332. Marion Yorck meinte allerdings später, dass die Gestapo ihren Mann Peter Yorck nicht gefoltert hat, weil sie, in der Annahme er sei nur wegen seines Vetters Claus Stauffenberg am 20. Juli beteiligt gewesen, nicht erwartete, dass sie weitere Aussagen aus ihm herausprügeln konnte. Ein Beamter des Sicherheitsdienstes, der sie ins Gefängnis brachte, äußerte sich so: «Hätten wir geahnt, daß Ihr Mann so viel wußte, dann hätten wir ihn nicht so schnell umgebracht.» *Die Stärke der Stille*, S. 59.

Der Hof des Strafgefängnisses Tegel in den sechziger Jahren

Briefchen befinden durften. Dafür bekamen sie regelmäßig Zigaretten oder etwas von den Esswaren ab. Ihrer Nachsicht ist es wohl auch zu verdanken, dass die Gefangenen in ihren Zellen so viele private Briefe schreiben konnten.

Die Angeklagten des Kreisauer Kreises waren auf zwei Gefängnisse verteilt. Helmuth, Pater Alfred Delp und Eugen Gerstenmaier hatten im Gefängnis Tegel Zellen nebeneinander; auch Fürst Joseph Ernst von Fuggers Zelle lag in ihrer Nähe. Theodor Haubach, Franz Reisert, Theodor Steltzer und Franz Sperr waren dagegen im Gestapo-Gefängnis Lehrter Straße inhaftiert. Sie alle waren für einen gemeinsamen Prozess vorgesehen. Mit Poelchaus Hilfe und durch den täglichen gemeinsamen Rundgang im Freien gelang die Kommunikation mit den anderen Angeklagten in Tegel verhältnismäßig gut, während sie in der Lehrter Straße schwieriger war. Hier waren es meist die Ehefrauen oder andere Betreuer, die den Gefangenen Kassiber – versteckte Botschaften – übermittelten – ein sehr gefährliches Unterfangen. Die Mutigeren unter den Versorgerinnen und Versorgern tauschten sich regelmäßig untereinander aus. So, wie Helmuth von dem Gespräch mit Poelchau und seinen Zellennachbarn Delp und Gerstenmaier gestärkt wurde, so half auch Freya der regelmäßige Austausch mit der kleinen Verschwörergemeinschaft der angehörigen Frauen. Umgekehrt war etwa für Brigitte Gerstenmaier «mit Freya alles leichter zu bestehen».[12]

Was für eine andere Welt für Freya außerhalb der Gefängnismauern! Die zahlreichen Luftangriffe zerstörten Häuser und ganze Stadtviertel. Das Zug- und Straßenbahnnetz war beschädigt und vielfach unterbrochen; oft mussten Umwege genommen werden. Freya brach meist morgens von der Wohnung von Helmuths Vetter Carl Dietrich von Trotha[13] in Lichterfelde-Ost zu den verschiedenen Ämtern auf, zu denen Helmuth sie mit immer neuen Aufträgen schickte. Sie bemühte sich um Gespräche und legte Bittschriften vor, bahnte sich Wege zu SS-Gruppenführer Heinrich Müller in der Gestapo-Zentrale in der Prinz-Albrecht-Straße, zum Präsidenten des Volksgerichtshofs, Roland Freisler, und zu Landgerichtsdirektor Kurt Schulze, dem Vertreter des Oberreichsanwalts Ernst Lautz. Sie musste zu Helmuths ehemaliger Dienststelle beim Oberkommando der Wehrmacht, zum Gefängnis nach Tegel und zu Treffen mit Freunden und möglichen Helfern. Gegen Abend kam sie dann regelmäßig zum Ehepaar Poelchau in der Afrikanischen Straße im Stadtteil Wedding und fuhr von hier aus meist spät noch zurück nach Lichterfelde. Das alles waren weite und mühsame Wege. Aber sie scheute diese Mühen nicht und beklagte sich nie – nur ihre Strümpfe musste sie oft stopfen: «… fast jeden Tag zerlöchere ich ein Paar».[14] Wenn es dann zunächst hauptsächlich nachts, später auch tagsüber Bombenalarm gab und sie sich in einen Bunker flüchtete, war sie in Gedanken bei Helmuth.

Freya gelang es in diesen vier Monaten, von Landgerichtsdirektor Schulze und später von Amtsrat Thiele fünfmal Sprecherlaubnis zu bekommen, indem sie vorgab, Probleme der Gutsverwaltung mit Helmuth besprechen zu müssen. Sie sahen sich Mitte und Ende November, Mitte Dezember, Anfang Januar und ein letztes Mal am 16. Januar, jeweils unter Aufsicht etwa eine halbe Stunde lang. Am 29. November 1944 konnten sie mit Poelchau gemeinsam das Abendmahl feiern, was für sie sehr bedeutsam war.

12 Siehe Brigitte und Eugen Gerstenmaier, *Zwei können widerstehen*, S. 64.
13 Von Trotha gehörte zum Kreisauer Kreis, wurde jedoch nicht verhaftet.
14 Siehe Freyas Brief vom 8. Dezember 1944, S. 294.

An den Wochenenden fuhr Freya häufig nach Kreisau. Dort ging das Leben zunächst noch friedlich seinen Gang. Freya verbrachte viel Zeit mit den kleinen Söhnen, dem siebenjährigen Caspar und dem dreijährigen Konrad, die sie während ihrer Abwesenheit der Obhut ihrer Schwägerin Asta und der Haushälterin, Frau Pick, anvertraute. Außerdem überprüfte sie den Zustand des landwirtschaftlichen Betriebs in Kreisau, für den sie nun zusammen mit dem Verwalter Adolf Zeumer verantwortlich war. Sie sprach mit den Menschen vom Hof und vom Schloss, in dem inzwischen nicht nur Verwandte, sondern auch Rosemarie Reichwein mit ihren vier Kindern sowie zahlreiche Flüchtlinge wohnten. Die Dorfbewohner nahmen Anteil an Helmuths und Freyas Schicksal und hielten zu ihnen, selbst diejenigen, die politisch zum Nationalsozialismus neigten. Freya verbrachte jedes Mal gute, erfüllte Tage in Kreisau, aber es fiel ihr dort schwer, mit Helmuth auf seinen Tod hin zu leben. Es hielt sie darum nie länger. Meist nahm sie noch am Sonntagabend den Nachtzug nach Berlin, um am Montag gleich wieder in seiner Nähe zu sein. Das änderte sich erst im Januar 1945, als die Front im Osten näher rückte und die Frage drängender wurde, ob ihre erste Sorge nun Helmuth oder den Söhnen gelten sollte.

«meine Seelenlage [ist da], wo ich sie am liebsten habe: ganz tief unten, aber dort auf Felsuntergrund.»[15] *– Hoffnungen und Glaube*

Bereits die ersten und viele folgende Briefe in diesem Band sind Abschiedsbriefe, die Freya und Helmuth in der Erwartung schrieben, dass Prozess und Hinrichtung in wenigen Tagen folgen würden und die verbleibende Zeit knapp sei. Sie schwanken zwischen Hoffnung auf das Leben, Einsicht in die Aussichtslosigkeit der Lage und Fügung in Gottes Willen. Die Spannung zwischen dem Kampf ums Überleben und der Bereitschaft zu sterben war manchmal fast unerträglich. «Denke ich aber an Dein Leben und hoffe», schrieb Freya, «dann kann ich nicht helfen, unsere Herzen auf den Tod vorzubereiten.»[16] Für Helmuth schlugen die Wellen der inneren Brandung höher. Wiederholte Verschiebungen des Verhandlungstermins belasteten ihn, da er sich immer wieder intensiv vorbereiten musste, nicht nur auf die Konfrontation mit dem unberechenbaren Präsidenten des Volksgerichtshofs, Roland Freisler, sondern vor allem auch auf das Sterben. Nach jedem Aufschub musste er sich wieder neu im Leben zurechtfinden. In der einsamen Zelle hatte er wiederholt schwere innere Spannungen und Kämpfe

15 Siehe Helmuths Brief vom 30./31. Oktober 1944, S. 118.
16 Siehe Freyas Brief vom 12. Oktober 1944, S. 68.

mit sich selbst durchzustehen und um seinen Glauben zu ringen, bis er den verlässlichen Grund, den «Felsen», wiederfand.

Freya schrieb später: «In allem waren wir getragen von unserem Glauben, Glaube, der kam und ging wie Ebbe und Flut.»[17] Obgleich traditionell im evangelischen Glauben erzogen, hatte für Freya und Helmuth in den ersten Jahren ihrer Ehe weltliches, sozialdemokratisches Gedankengut Vorrang vor religiösen Fragen. Bis zum Herbst 1944 hatte sich das jedoch geändert. In der Auseinandersetzung mit dem Nationalsozialismus wurde für Freya und Helmuth wie für viele andere Mitglieder des Widerstands immer klarer, dass es bei aller Anpassung an die herrschende Ideologie in den Kirchen beider Konfessionen Orte gab, die Orientierung und Zuflucht boten in einer Welt, die alle moralischen Bindungen verloren hatte. Bei ihren Plänen für die Neuordnung eines künftigen Deutschland gingen die Mitglieder des Kreisauer Kreises davon aus, dass das Christentum in der Zukunft Deutschlands und Europas eine bedeutende Rolle spielen werde. Während Helmuth zunächst Kants Kategorischen Imperativ als ethische Richtlinie des verantwortlichen Staatsmanns begriffen hatte, stand im Herbst 1943 in der Präambel der Kreisauer «Grundsätze für die Neuordnung»: «Die Regierung des Deutschen Reiches sieht im Christentum die Grundlage für die sittliche und religiöse Erneuerung unseres Volkes, für die Überwindung von Hass und Lüge, für den Neuaufbau der europäischen Völkergemeinschaft.»[18]

In der sechsmonatigen «Schutzhaft» im Gefängnis des Konzentrationslagers Ravensbrück, die der Haft in Tegel vorausging, hatte Helmuth plötzlich reichlich Zeit, zu lesen und zu denken, nachdem seine Tage in den Jahren zuvor immer randvoll mit amtlichen und konspirativen Tätigkeiten gefüllt gewesen waren. Er verbrachte die Zeit nun unter anderem mit ausführlicher Luther- und Bibellektüre. Für Helmuth wie auch für Freya wurden die Bibel und das Gesangbuch zu täglichen Begleitern. Angesichts seines beinahe kollegialen Zwiegesprächs mit den Propheten Jesaja und Jeremia, dem Apostel Paulus, dem Psalmisten David und den Dichtern der Kirchenlieder, die alle in extremen Lebenslagen schrieben, ist es nicht verwunderlich, dass ihre Denk- und Sprechweise auf Helmuth abfärbte. Das zeigt sich deutlich an einigen Stellen der vorliegenden Korrespondenz. Großen Wert legte er in diesen Monaten außerdem darauf, dass die Christian-Science-Heilerin Ulla Oldenbourg in Kreisau sich mit seiner Not beschäftigte und versuchte, ihm durch Gebete beizustehen und seinen Glauben zu stärken. Er nannte das ihre «Arbeit».

17 Siehe Helmuth James von Moltke, *Briefe an Freya*, S. 608.
18 Siehe Ger van Roon, *Neuordnung im Widerstand*, S. 561.

Freya drückte ihre Nähe zu Gott unmittelbarer als Helmuth durch ihre Lebensweise aus. Sie ließ sich «wiegen» und wusste sich geborgen. Als Helmuth im Herbst 1944 nach Tegel kam, fühlten sie sich beide in ihrem christlichen Glauben fest verwurzelt. Diese allmähliche Wandlung von einer eher säkularen und liberalen zu einer christlichen Grundeinstellung führte Freya später auf die intensive Auseinandersetzung mit dem Tod zurück: «Wenn man mit dem Tod im Angesicht lebt, dann kommt man tiefer und höher zugleich, liberale Ideen reichen dann nicht mehr aus.»[19] Wenn auch Zweifel und vorübergehende Hoffnungen die Glaubenszuversicht störten, so war doch stärker als alles das sichere Gefühl, dass sie unter Gottes Schutz standen, in ihm beieinanderbleiben würden, wie auch immer es ausginge. Ein Satz aus dem Römerbrief, der 1935 bei der Beerdigung von Helmuths Mutter Dorothy ausgesprochen wurde, zieht sich wie ein Refrain durch die Briefe: «Leben wir, so leben wir dem Herrn, sterben wir, so sterben wir dem Herrn, darum wir leben oder sterben, so sind wir des Herrn.»[20]

Dieser selbstverständliche Glaube ist Freya in ihrem langen weiteren Leben nicht abhanden gekommen. In ihm blieb sie mit Helmuth verbunden, in ihm fand sie sich einig mit ihrem späteren Lebensgefährten, dem christlichen Denker und ehemaligen Freund von Helmuth, Eugen Rosenstock-Huessy. Durch die Begegnung mit Rosenstock lernte sie, Christentum und Judentum in einem weiten historischen und sozialphilosophischen Kontext zu sehen. Bis ins hohe Alter dachte sie viel über Glaubensfragen der Menschheitsgeschichte nach. Das christliche Gedankengut blieb für sie eine Quelle, aus der sie wichtige Einsichten schöpfte, ohne dass sie sich einer religiösen Sprache bediente. Ihre Verbindung zur Kirche war und blieb lose.

«Ich habe aber nie Gewaltakte wie den des 20. Juli gewollt oder gefördert …, weil ich … vor allem glaubte, dass damit das geistige Grundübel gerade nicht beseitigt würde»[21] *– Helmuths Einstellung zum Attentat auf Hitler*

Ein zentrales und häufig wiederkehrendes Thema der Briefe ist Helmuths Distanzierung von der Gruppe um Carl Friedrich Goerdeler und Ludwig Beck, die nach einem Attentat die neue Regierung bilden sollte, von den Männern also, die als Zivilisten hinter dem Attentat vom 20. Juli

19 Siehe Dorothee von Meding, *Mit dem Mut des Herzens*, S. 138.
20 Römer 14,8.
21 Siehe Helmuths Brief an seine Söhne vom 11. Oktober 1944, S. 64.

1944 standen. Vor allem von der Gruppe um Goerdeler trennten ihn unüberwindbare politische Differenzen. Helmuth hatte bereits bevor die NSDAP an die Macht kam, gegen deutschnationale Tendenzen innerhalb der Familie ankämpfen müssen und sprach der reaktionären Haltung der Elite ein gutes Maß an Verantwortung für die Machtergreifung Hitlers zu. Er war nicht bereit zuzusehen, wie dieselben Gruppen nach der Katastrophe der Hitlerjahre wieder an die Macht kommen würden. In einer Sitzung mit Goerdeler, Beck, Ulrich von Hassell und Johannes Popitz im Januar 1943 bezeichnete er diesen Restaurationsversuch als die «Kerenski-Lösung» und spielte damit auf die provisorische russische Regierung von 1917 unter Alexander Kerenski an, die der zaristischen politisch-sozialen Ordnung noch so weit verhaftet war, dass sie nach kurzer Zeit von den Bolschewisten verdrängt wurde. Die politischen Vorstellungen der konservativen Hitler-Gegner standen in der Tradition der alten Eliten aus dem Kaiserreich sowie der nationalkonservativen, antirepublikanischen Lager der Weimarer Zeit; sie liefen für Helmuth darauf hinaus, einen totalitären Staat zu überwinden, um ihn durch einen anderen autoritären Staat zu ersetzen. Der Kreisauer Kreis wollte dagegen ein Deutschland, das mit seiner obrigkeitlichen Tradition radikal bricht und politische wie wirtschaftliche Ungleichheiten überwindet.[22]

Helmuth erwartete Anfang September 1944, dass er mit Goerdeler zusammen vor dem Volksgerichtshof erscheinen müsste. Es ist verständlich, dass er angesichts der politischen Differenzen wenig davon begeistert war, mit Goerdeler über einen Kamm geschoren zu werden. Der Ausgang seines Prozesses war für ihn insofern befriedigend, als er und Pater Alfred Delp nicht für den «Goerdeler-Mist» angeklagt und verurteilt wurden, sondern «für etwas umgebracht werden, was wir *a.* getan haben und was *b.* sich lohnt.»[23]

Komplizierter als die politischen Differenzen war Helmuths Ablehnung des Attentats. In der kurzen Zeit, die er gemeinsam mit Claus Schenk Graf von Stauffenberg in Berlin verbrachte, gewann er Hochachtung vor ihm, wenn er auch über Sachfragen mit ihm stritt.[24] Lange rang er mit der Frage eines Attentats. Für die Arbeit des Kreisauer Kreises war nicht von primärer Bedeutung, *wie* das NS-Regime beendet würde. Daher konnten Befürworter und Gegner einer gewaltsamen Lösung gut zusammenarbeiten. Helmuth lehnte mit einigen anderen Kreisauer Freunden ein Attentat aus mehreren Gründen ab: erstens, weil er das künftige Deutschland nicht

22 Vgl. Günter Brakelmann, *Helmuth James von Moltke*, S. 236.

23 Siehe Helmuths Brief vom 10. Januar 1945, S. 473.

24 Siehe Peter Hoffmann, *Claus Schenk Graf von Stauffenberg*, S. 340.

mit einem Mord beginnen wollte; zweitens, weil er meinte, es würde zu einer Neuauflage der Dolchstoßlegende führen; und drittens, weil er den Generälen nicht traute und ein Attentat ohne Mitwirken der Wehrmacht seines Erachtens keine Aussicht auf Erfolg hatte. Selbst Stauffenberg musste erkennen, dass bei den Generälen keine Unterstützung für das Attentat zu finden war.[25] Augustin Rösch berichtete später, dass Helmuth bei einem Treffen 1941 ihm gegenüber von der Notwendigkeit gesprochen habe, «Hitler die Führung aus der Hand zu nehmen», und davon, dass man «andere Wege» als den Mord finden müsse.[26]

Wie Helmuth sich verhalten hätte, wenn er nicht bereits am 19. Januar 1944 verhaftet worden wäre, werden wir nie wissen. Als er seine Verteidigung entwarf, war das Attentat misslungen und die unmittelbar Beteiligten waren bereits hingerichtet worden. Es lag nahe, dass er bei seiner Verteidigung versuchte, eine möglichst große Distanz zu dem Attentat und der von den Attentätern geplanten zivilen Schattenregierung zu halten. Eugen Gerstenmaier meinte später, Helmuth hätte angesichts der zahllosen Toten, die der Krieg überall forderte, wohl letztlich zu seinen Freunden gestanden und den Versuch der gewaltsamen Beseitigung des Regimes unterstützt, wenn er zu der Zeit nicht bereits in Haft gewesen wäre.

«Es ist … kaum eine Woche vergangen, in der mir nicht irgendetwas Neues eingefallen wäre»[27] – Der Aufbau der Verteidigung

Ende September 1944 erwartete Helmuth, dass die Anklage unmittelbar erhoben und Prozess und Hinrichtung sehr bald folgen würden. Als dies ausblieb, suchte er erneut nach Handlungsmöglichkeiten. Er bemühte sich um eine wirkungsvolle Verteidigungsstrategie und ließ dafür seiner Phantasie freien Lauf. So arbeitete er an einer Erklärung, die er im November dem Gericht schickte, in der er die Tatsache, dass er sein Treffen mit Goerdeler und dessen Freunden im Januar 1943 nicht angezeigt hatte, rechtfertigte. Als Grund gab er an, dass sowohl der Abwehr als auch der Polizei die Aktivitäten Goerdelers zu dieser Zeit ohnehin schon durch Anzeigen anderer bekannt waren; eine Anzeigepflicht habe daher nicht bestanden. Im Dezember 1944 schickte Helmuth einen Briefentwurf für

25 Peter Hoffmann schreibt in seiner Biographie über Stauffenberg: «Stauffenberg war von seinen Gesprächen mit Generälen und Feldmarschallen, um sie zu einer Aktion bei Hitler anzuregen, zutiefst enttäuscht und äußerte wiederholt seine Geringschätzung der vorgefundenen Haltung», S. 281.

26 Siehe Alfred Delp, *Gesammelte Schriften*, Bd. 4, S. 256.

27 Siehe Helmuths Brief vom 21. Dezember 1944, S. 378.

seinen Pflichtverteidiger Wolfgang Hercher an den Volksgerichtshof, der das gleiche Thema behandelte.[28] Bei einer Vernehmung im Reichssicherheitshauptamt merkte er allerdings, dass diese Verteidigung die Gestapo in Aufruhr brachte. Zu den Treffen des Kreisauer Kreises führte er an, dass es zu seiner dienstlichen Aufgabe als Spezialist für Völkerrecht im Amt Ausland/Abwehr im Oberkommando der Wehrmacht gehört habe, sich darüber Gedanken zu machen, welche verwaltungsrechtlichen Vorkehrungen man für Gebiete treffen könnte, die vom Feind besetzt waren. Helmuth setzte alle möglichen Hebel in Bewegung. Freya wurde beauftragt, juristische Berater aufzusuchen, sowohl in seiner ehemaligen Dienststelle als auch anderenorts. Mitglieder der Familie von Moltke wurden zu Roland Freisler, zum Staatsanwalt und ins Justizministerium geschickt. Selbst einen Ausbruchsversuch erwog er, verwarf ihn jedoch schnell wieder.

Neben den Bemühungen um seine Verteidigung arbeitete Helmuth an verschiedenen Fassungen eines Gnadengesuchs, das den leitenden Persönlichkeiten der NSDAP vorgelegt werden sollte. Er versuchte mehrere Dienstwege: über Heinrich Himmler, über Ernst Kaltenbrunner, den Chef des Reichssicherheitshauptamtes, und über das Militär direkt ins Führerhauptquartier. Natürlich waren als Mittelsmänner nur Personen geeignet, die einerseits der NSDAP angehörten, ihm aber andererseits gewogen waren. Am nachhaltigsten setzte sich Adolf Baron von Steengracht – in den Briefen meist mit dem Decknamen «Adrian» bezeichnet – ein, der Staatssekretär im Auswärtigen Amt war und als frühes Mitglied der NSDAP und Vertrauter von Außenminister Joachim von Ribbentrop Karriere gemacht hatte. Seine Frau Illemie war eng mit Freyas Bruder Carl Deichmann befreundet, und sein Sohn Adrian war bereits vor dem 20. Juli als Spielkamerad von Caspar nach Kreisau geschickt worden.

Freya unterstützte Helmuth bei allen diesen Aktivitäten, auch wenn sie manche nicht für aussichtsreich hielt. Sie lebte «draußen» und sah die Dinge realistischer. Von Harald Poelchau wusste sie, dass sich bei den Menschen im Gefängnis das Gefühl für die Realität verschieben konnte. Diese Veränderung meinte sie auch bei Helmuth wahrzunehmen. Ihre eigenen Hoffnungen richtete sie eher auf ein beschleunigtes Vorrücken der Alliierten oder auch, und darin war sie sich mit Helmuth einig, auf ein Wunder. Diese Hoffnung war gar nicht so abwegig: Zwei Wochen nach Helmuths Hinrichtung wurde Freisler bei einem Bombenangriff von einem herabstürzenden Balken im Volksgerichtshof tödlich getroffen.

28 Siehe Anhang, S. 559 f.

«Anhören würde Freisler mich ganz gewiss, schon des Namens wegen»[29] – *Der Name Moltke*

Im April 1941 feierte die Wehrmacht mit großem Aufwand in Kreisau den fünfzigsten Todestag des Generalfeldmarschalls Graf Helmuth von Moltke, des Helden der Siege bei Königgrätz und Sedan. Drei Jahre später war der gleichnamige Erbe von Kreisau als «Schutzhäftling» der Gestapo im Konzentrationslager Ravensbrück inhaftiert. Das Regime wollte sich die erfolgreichen Schlachten des 19. Jahrhunderts gerne auf die eigenen Fahnen schreiben, und die Verhaftung, Verurteilung und Hinrichtung eines Grafen von Moltke passte schlecht in dieses Bild. Aus Freyas Brief an Heinrich Himmler vom Oktober 1944[30] geht hervor, dass dieser im Frühjahr 1944 verhinderte, dass Helmuth mit in den Prozess gegen den Solf-Kreis gezogen wurde.[31] Unbegrenzt aber war der Schutz durch den Namen nicht. Der SS-Obersturmbannführer Heinrich Müller machte Helmuth klar, dass man ihn nun wie die anderen Mitglieder des Widerstands behandeln würde, nachdem die Gestapo bei den Ermittlungen zum Attentat vom 20. Juli 1944 seine Aktivitäten und Kontakte in Erfahrung gebracht habe. Der Prozess-Berichterstatter an das Führerhauptquartier, Lorenzen, fasste es so zusammen: «... ein ungewöhnliches Charakterschwein. Niederdrückend nur, daß er Graf Helmuth von Moltke hieß.»[32] Freya wurde von den Vertretern von Volksgerichtshof und Gestapo immer sehr höflich empfangen und angehört und nicht in Sippenhaft genommen, sicher zum Teil des Namens wegen.[33] Überraschenderweise enthielt das Urteil keine Vermögensenteignung, sodass Helmuth das Gut Kreisau behielt und die Erbfolge von seiner Verurteilung unbeeinflusst blieb.

29 Siehe Helmuths Brief vom 5.–7. Januar 1945, S. 456.

30 Siehe Anhang, S. 548 f.

31 Helmuth wurde schon im Januar 1944 verhaftet, nachdem entdeckt worden war, dass er ein Mitglied des oppositionellen Solf-Kreises, Otto Carl Kiep, vor einem Spitzel der Gestapo gewarnt hatte. Der Prozess gegen Kiep, Elisabeth von Thadden und andere fand am 1. Juli 1944 statt, also vor dem Attentat vom 20. Juli 1944.

32 Siehe Anhang, S. 562.

33 Freya selbst vermutete, dass sie der Sippenhaft unter anderem entging, weil die Gestapo sie schon von ihren Besuchen bei Helmuth in Ravensbrück her gut kannte und sie offenbar als harmlose Gutsfrau einschätzte, die in das Treiben ihres Mannes nicht eingeweiht war, siehe *Erinnerungen an Kreisau*, S. 74.

«Hochverrat begeht, wer dem Herrn Freisler nicht passt»[34] – *Verhandlung und Urteil*

Die Gerichtsverhandlung wurde in den letzten Monaten des Jahres 1944 mehrfach verschoben. Im Gegensatz zu vielen anderen Prozessen, die schneller geführt wurden, hatte der Volksgerichtshof für diesen drei Tage anberaumt. Die Verhandlung gegen Theodor Haubach und Theodor Steltzer wurde unterdessen abgetrennt. Am 9. und 10. Januar 1945 fand die Verhandlung gegen die verbleibenden sechs Angeklagten – Helmuth James von Moltke, Eugen Gerstenmaier und Alfred Delp aus dem Kreisauer Kreis sowie Franz Sperr, Joseph Ernst Graf Fugger von Glött und Franz Reisert aus dem katholischen Widerstand in Bayern – statt. Helmuth glaubte noch kurz vor dem Termin, dass die Hauptstoßrichtung der Anklage die Kontakte mit Goerdeler sein würden, stellte dann aber fest, dass es vor allem die Überlegungen und Pläne des Kreisauer Kreises und der christliche Glaube waren, die Freisler empörten. Er musste im Prozess einsehen, dass seine Verteidigung wenig ausrichten konnte gegen eine Rechtsprechung, die so offenkundig politisiert und manipuliert war, um dem Regime das gewünschte Urteil zu liefern. Am 10. Januar 1945 schrieb Helmuth: «Hochverrat begeht, wer dem Herrn Freisler nicht passt.»

Die Ankläger hatten im Übrigen nur eine begrenzte Kenntnis von Helmuths Aktivitäten im Rahmen seiner dienstlichen Arbeit. Seine Interventionen gegen Geiselerschießungen und die völkerrechtswidrige Behandlung von Gefangenen sowie seine Warnung an die dänischen Juden hatten viele Leben gerettet. Die Gestapo hatte nie entdeckt, wie viel praktischen Widerstand Helmuth in Wirklichkeit geleistet hatte. Auch die Beratungen mit den Freunden in Kreisau und die Reichweite ihrer Pläne wurden nur bruchstückhaft bekannt. Durch die zwölf Monate dauernde Haft aus dieser Welt des Handelns herausgenommen, stand Helmuth nun hauptsächlich wegen seiner christlich-humanistischen Überzeugungen vor Freisler, während die Kreisauer Dokumente noch unentdeckt auf dem Dachboden des Kreisauer Schlosses lagerten.

Trotz des Todesurteils ging Helmuth bestätigt und gestärkt aus den zwei Verhandlungstagen hervor. Es war ihm gelungen, das Duell zwischen Freisler und ihm auf den Punkt zu konzentrieren, an dem ihr fundamentaler Gegensatz blitzartig klar wurde, nämlich in Freislers Ausspruch: «Nur in einem sind das Christentum und wir gleich: wir fordern den ganzen Menschen!» Für Helmuth entstand «eine Art Dialog …, bei

34 Siehe Helmuths Brief vom 10. Januar 1945, S. 469.

1

2

3

Die Verhandlung vor dem Volksgerichtshof vom 9. bis 10. Januar 1945:
(1) Helmuth James von Moltke gegenüber dem Präsidenten des Volksgerichtshofs Roland Freisler (ganz links) und *(2)* im Gespräch mit seinem Anwalt Wolfgang

4

5

6

Hercher. *(3)* Alfred Delp, hinter dem Theodor Haubach (links) und Helmuth James von Moltke (rechts) sitzen. *(4)* Eugen Gerstenmaier und, ganz links zwischen zwei Polizisten, Theodor Steltzer. *(5)* Franz Reisert. *(6)* Franz Sperr.

dem wir uns beide durch und durch erkannten».[35] Er empfand dies als einen Triumph. Der Präsident des Volksgerichtshofs gab zu, dass er die Unvereinbarkeit ihrer Weltanschauungen einsah. Helmuth und Freya glaubten fest, dass am Ende die Werte der Menschlichkeit, für die sie und ihre Freunde alles riskiert hatten, überleben mussten. Die Schergen des Nationalsozialismus konnten Helmuth töten, aber außer dem Leben konnten sie ihm nichts nehmen.[36]

«Was ist das überhaupt noch für ein herrliches gemeinsames Leben! Wie könnte das sein!»[37] – Die Tage nach dem Urteil

Bei Mitgliedern des Widerstands wurden Todesurteile meist noch am selben Tag vollstreckt. Helmuths Rückkehr in das Tegeler Gefängnis war daher für ihn und Freya eine freudige Überraschung. Sie bekamen ein letztes Mal Sprecherlaubnis; Freya klopfte noch einmal an alle möglichen Türen. Sie besuchte General Müller bei der Gestapo, der ihr «freundlich» erklärte, dass es nicht möglich sei, ihrem Mann, dem Hochverräter, den Gang nach Plötzensee zu erlassen. In einem letzten Versuch, eine Begnadigung oder einfach ein «Aufsparen» – wenn auch mit Todesurteil – für eine später zu erwartende Amnestie zu erreichen, ging sie ins Justizministerium, wo der zuständige Beamte während ihres Gesprächs überraschend bemerkte: «Dann stirbt er also als Märtyrer». Freya lehnte diese Bezeichnung ab, auch später immer. Sie befürchtete, dass Helmuth dadurch auf einen Sockel erhoben und ein Abstand geschaffen würde, der die Menschen zur passiven Ehrerbietung verleitete, statt sie zum Widerstand zu ermutigen.

In den Tagen kurz vor Helmuths Hinrichtung musste Freya noch einmal nach Kreisau reisen, weil die Auflösungserscheinungen des verlorenen Krieges Schlesien erreichten und die Front sich Kreisau und den Söhnen näherte. Unter großen Mühen gelang es ihr, gegen den Flüchtlingsstrom nach Kreisau zu kommen und mit dem Flüchtlingsstrom am 22. Januar 1945 spät am Abend wieder Berlin zu erreichen. Helmuth erhielt an seinem Todestag, dem 23. Januar 1945, noch Freyas Bericht von der abenteuerlichen Reise und schrieb selbst einen Brief, den sie ihrerseits noch empfing. Freyas Brief vom Mittag desselben Tages hat ihn dann nicht mehr erreicht. Als Harald Poelchau mittags in seine Zelle kam, war Helmuth schon abgeholt worden. Poelchau benachrichtigte sofort den katholischen Pfarrer Peter

35 Siehe Helmuths Brief vom 10./11. Januar 1945, S. 479, 478.
36 Siehe Freyas Brief vom 17. November 1944, S. 208.
37 Siehe Freyas Brief vom 15./16. Januar 1945, S. 513.

Buchholz, der die Gefangenen in der Hinrichtungsstätte Plötzensee betreute. Dieser konnte, wie Poelchau in seinen Erinnerungen schreibt, Helmuth noch grüßen und Freya später berichten, «dass er ganz gefasst, ja mit einer inneren Heiterkeit seinen letzten Weg gegangen ist, fertig zum Sterben, fertig mit dem Abschied von seinen so sehr geliebten Söhnchen und von Freya.»[38]

«vielleicht ist auch mein Tod nützlicher, als mein Leben hätte sein können»[39] *– Das Vermächtnis*

Für Helmuth, der oft die Zukunft bedachte, war ein wichtiges Bild das vom «glücklichen» Sämann, der die Samen ausstreut, sie dem Boden, Wind und Wetter anvertraut und wartet. Am 14. Oktober 1944 schrieb er: «... welch' eine Zeit! Was für Frucht wird sie bringen. Werden wir etwas erworben haben, was es denen, die nach uns kommen werden, vor allem unseren Söhnchen, leichter macht, zu erkennen, neue Untiefen zu messen und neue Höhen zu erklimmen?» Und in seinem Abschiedsbrief an die Diakonissenschwester Ida Hübner heißt es: «Aber ich bin wie ein stiller Sämann übers Feld gegangen, und das eben will man nicht. Der Samen aber, den ich gesät habe, der wird nicht umkommen, sondern wird eines Tages seine Frucht bringen, ohne dass irgend jemand wissen wird, woher der Samen kommt und wer ihn gesät hat.»[40]

Helmuth hat dieses Jahr der Haft als Höhepunkt seines Lebens und in der Rückschau sein ganzes Leben als einen Auftrag Gottes empfunden. In den Tagen, die ihm nach der Verurteilung verblieben, wurde ihm deutlich, dass sein Prozess einem Abschluss seiner Lebensaufgabe gleichkam und dass er eines neuen Auftrages bedurft hätte, um weiterzuleben.

Die Samen, die Helmuth gesät hat, hat Freya in ihrem langen weiteren Leben gepflegt und in vielerlei Weise zur Frucht gebracht. Sie hat das geistige Erbe Helmuths und seiner Freunde verwaltet und geholfen, es in der Öffentlichkeit bis hin nach Amerika zu verbreiten. Nach 1989 setzte sie sich energisch für das Zustandekommen eines neuen Kreisau/Krzyżowa, eines Ortes für europäische Verständigung, ein und begleitete dieses gerade in der schwierigen Anfangszeit mit Rat und Tat.

Bis ins hohe Alter kehrte Freya häufig nach Deutschland und Polen zurück. Wo immer sie gebeten wurde, war sie als beherzte Botschafterin

38 Siehe Harald Poelchau, *Die letzten Stunden*, S. 143.

39 Siehe Helmuths Brief an Ida Hübner vom 24. Oktober 1944 im Anhang, S. 550.

40 Siehe ebd.

des Widerstands gegen Unrecht, Unterdrückung und Diskriminierung zur Stelle. Es war ihr ein Anliegen, das Vermächtnis von Helmuth und seinen Freunden besonders auch für die junge Generation aus der Vergangenheit in die Gegenwart und die Zukunft zu übertragen. Zu diesem Übersetzen gehörte für sie die Erkenntnis, dass die Werte, die es zu verteidigen galt und die auf dem Fundament des Christentums ruhten, in immer neuer Gestalt erscheinen müssen, um wahr zu bleiben. Dieses Paradox einer Kontinuität, die wandlungsfähig bleibt und sogar Brüche überdauert, gehörte zu den Grundlagen ihres Denkens und Wesens. In ihrer Rede zum sechzigsten Gedenktag des 20. Juli 1944 sprach Freya ähnlich von der Menschlichkeit, die sich treu geblieben ist, indem sich ihre Inhalte mit den Anforderungen neuer Zeiten immer wieder wandelten.[41] Und eben das trifft auch auf sie selbst zu: Freya hat sich kraft ihres ausgeprägten politischen und sozialen Bewusstseins in ihrem langen Leben erweitert und offen gehalten für die sich immer neu ereignende Zukunft. Gerade dadurch blieb sie sich treu.

Freya sagte im Jahr 1992: «Wir Menschen sind keine Eintagsfliegen, sondern kommen woher und gehen wohin. Und da, wo wir hingehen, habe ich das Gefühl, ist mein Mann noch wichtig. Und es ist nicht nur mein Mann, den ich in die Zukunft bringen will, sondern auch mich. Das ganze Leben, wie es war. Darum ist Geschichte so wichtig.»[42] Helmuth und Freya haben uns noch viel zu sagen. Ihr Leben kann Mut zum Handeln machen, wo Menschenrecht und Demokratie gefährdet sind. Ihre Abschiedsbriefe zeigen anschaulich, dass dieser Mut einhergeht mit einer Intelligenz des Herzens.

41 Siehe Freya von Moltke, *Europäische Menschlichkeit in den Jahren der Unmenschlichkeit*, Festvortrag am 19. Juli 2004 in der St.-Matthäus-Kirche, Gedenkstätte Deutscher Widerstand.

42 Siehe Dorothee von Meding, *Mit dem Mut des Herzens*, S. 139.

Die Abschiedsbriefe

Freya an Helmuth James, 29. September 1944

Berlin, d. 29. Sept. 44

Mein Jäm, mein Herz, mein Wirt,[1] mein Liebster, wie schön, dass ich Dir noch einmal richtig schreiben kann. Wie beglückend, dass wir uns sahen.[2] Wie gut und voller Gnade das alles geht! Ich bin ganz glücklich darüber. Mein Herz, ich glaube ganz genau zu wissen, wie es in Dir aussieht, ich bin zwar weit hinter Dir zurück und werde es bleiben, aber deshalb gehöre ich doch zu Dir und so bleibt es auch für immer. Ich werde leben müssen und das wird schwer sein, aber es wird gehen, denn ich werde Dich weiter lieben dürfen. Ich werde Dich in Gott lieben und Dich so nicht stören auf den Wegen, die Du gehen wirst, und Gott werde ich mehr und besser lieben als bisher. Du musst aber bitte in der Gewissheit sterben, dass ich außer Gott nur Dir gehöre. Die 15 Jahre, das war unser Leben, mein Jäm; was jetzt kommt, das wird ein Leben für die Söhnchen, für andere Menschen, für Dinge, ich weiß noch nicht für was, aber mein, unser Leben, mein Herzensjäm, das ist nun hier zu Ende. Du hast es mir immer gesagt, dass Du früh sterben würdest. 7 Jahre länger hast Du mir versprochen, aber was tut schon Quantität. Es kommt auf die Qualität an. Wie gut, dass ich jede Minute mit Dir bewusst als ein Geschenk empfunden habe, dass ich mich um jede gerissen habe. Nun habe ich die gleichen Schätze in mir, die Du genossen hast. Wir sind wirklich sehr reich und haben, davon bin ich überzeugt, das höchste Glück genossen, was es auf dieser Welt gibt. Wie gut, dass Du Dich doch zu mir entschlossen hast,[3] wie gut, dass ich Dir für mich die Söhnchen entrissen habe,[4] wie viel werde ich, wenn Du nicht mehr lebst, Schönes und Beglückendes zu denken haben! Ich werde alt und anders werden, aber in mir wirst Du immer drin bleiben, bis ich sterben und Dich so oder so wiederfinden darf. – Mein Lieber, wie schön war es, Dich gestern richtig gesehen zu haben, denn ich sah gleich, wie es in Dir aussieht, schon als Du mich noch nicht entdeckt hattest, was ja schnell genug ging. Du sahst das Gleiche, und als wir uns ansahen, wussten wir auch um alles. Ich genieße es immer wieder. Es gehört zu dem Schatz! Ich glaube ja kaum, dass es noch einmal gelingen wird, aber ich bemühe mich natürlich darum. Alle Wege scheinen aber fest verrammelt zu sein. Sie scheinen große Furcht vor Euch zu haben. Dass dieser Weg so nah zu Dir führt,[5] ist so unglaublich schön und beglückend.

Jetzt habe ich die ganze Zeit von mir gesprochen, und Du hast doch noch ein schweres Stück zu gehen, aber da Du nie gern gelebt hast, musst

Du eigentlich die Aussicht auf Dein Lebensende nicht unangenehm finden. Mein Herz, Du hast mir ja immer gesagt, dass die Dir bevorstehende Form die beste Todesart sei. Hoffentlich ist es so und Du hast, mein Herz, keine Furcht. Ich glaube zuversichtlich, dass es grundsätzlich so ist, und über die Klippen wirst Du Dir schon hinweg helfen. Ich weiß Dich so fest in Gottes Hand. Dann haben wir auch so gute Vorgänger: Mami, Carl Bernd, Granny, Daddy.[6] Das wird Dir auch lieb sein. Mein Herz, ich mache mir keinerlei Vorstellungen über das Leben nach dem Tode. Sie wären doch falsch, aber es ist uns ja genug offenbart und unser Gefühl ist stark und klar, also glaube ich, glaube dankbar und werde immer mehr und tiefer sehen und glauben.

Dein Leben erscheint mir schön und vollendet. Du stirbst für etwas, für das es sich zu sterben lohnt. Dass Du ein «großer» Mann hättest werden können, ist so gänzlich uninteressant. Dass aber die Bombe im Januar nicht vor Deinem Fenster explodiert ist,[7] das ist wichtig gewesen. Ich glaube an den Sinn, wenn Du jetzt sterben musst. Mein Jäm, fühlst Du auch, wie wunderbar einig wir sind? Fühlst Du auch oft, dass wir so uneingeschränkt, so richtig zusammen sind? Ich bin dabei kein geistiger Mensch, sondern wachse wie eine Pflanze auf dieser Welt. Dies ist viel mehr mein Klima als Deins, aber Du musst sorgen, dass ich nicht zu sehr eine Pflanze bleibe, und dafür hast Du, glaube ich, schon gesorgt!

Um unser, der Söhnchen und mein Leben, machst Du Dir ja keine Sorgen. Ich fürchte mich garnicht. Das werden wir schon fertig bringen, mit und ohne Kreisau, mit und ohne Geld, mit und ohne Kommunismus. Die Söhnchen werden schon richtig werden. Ich werde C.chen[8] sagen, Du seiest an Krankheit gestorben; wenn er größer ist, dann mehr. So lange es geht, werde ich an Kreisau oder Berghaus[9] kleben, denn das ist für alle die Heimat. Aber das wird sich alles finden.

Ich werde morgen wohl wieder nach Kr.[10] fahren und im Lauf der nächsten Woche wiederkommen. Dann bringe ich auch einen dicken Anzug mit. Meinst Du, ich wüsste, warum ich diesen ohne Nachdenken wieder ergriff! Ich weiß es nicht. Unterwegs sagte ich mir, «ich Kamel»! Eine Decke werde ich auch noch versuchen mitzubringen.

So, mein Jäm, jetzt fahre ich zu C. D.[11] zum Schlafen. Ich habe hier bei P.[12] in Frieden, unter Glück, Dankbarkeit und Tränen diesen Brief geschrieben, keinen bösen, sondern nur guten Tränen, mein Herz. Die gehören nun einmal zu mir. Oft und schön habe ich sie bei Dir rollen lassen. Du weißt ja, wie das bei mir geht!

Vorläufig habe ich sonst nichts zu sagen. Ich bin genau so dankbar wie Du. Ich habe es oft geschrieben und schreibe es vielleicht auch noch ein paar mal und es wird immer so bleiben. Dein P.[13] bin ich.

1 Diese Anrede hat Freya von der Stauffacherin aus Friedrich Schillers *Wilhelm Tell* I, 2 übernommen. *2* Freya und Helmuth erblickten sich zufällig am Tag zuvor auf dem Gefängnishof in Tegel, als Freya zum ersten Mal dorthin kam. *3* Helmuth zögerte anfänglich in seiner Wahl der Frauen aus dem Kreis um Eugenie Schwarzwald. *4* Freya und Helmuth waren sich in den ersten Jahren ihrer Ehe in der Frage, ob sie in dieser Zeit Kinder in die Welt setzen sollten, nicht einig. Im Januar 1937 beschloss Freya, unterstützt von Helmuths Großmutter Jessie Rose Innes, die Entscheidung allein zu fällen. So wurde im November 1937 Helmuth Caspar geboren. Nach gemeinsamer Entscheidung kam im September 1941 Konrad zur Welt. *5* Der Kontakt lief über den Gefängnispfarrer Harald Poelchau. Siehe Einleitung, S. 15 ff. *6* Mami: Helmuths Mutter Dorothy von Moltke, Carl Bernd: Helmuths Bruder Carl Bernhard von Moltke, Granny: Helmuths Großmutter Jessie Rose Innes, Daddy: Helmuths Großvater James Rose Innes. *7* Neben dem Gefängnisgebäude des Reichssicherheitshauptamtes in der Prinz-Albrecht-Straße ging am 28. Januar 1944 eine Bombe nieder, die nicht explodierte. *8* Der ältere Sohn, Helmuth Caspar von Moltke; meist mit «C.chen» oder «C'chen» abgekürzt. *9* Siehe Biographische Notiz, S. 575 f. *10* Kreisau, das Gut der Familie Moltke. *11* Helmuths Vetter Carl Dietrich von Trotha, meist mit «C. D.» abgekürzt. Siehe Einleitung, S. 21. *12* Harald Poelchau; meist mit «P.» abgekürzt. *13* «P.» steht hier für Freyas Kosenamen Pim, der männlich gebraucht wird.

Helmuth James an Freya, 30. September 1944

30. 9. 44

Mein Lieber,[1] wir werden jetzt Tag und Nacht gefesselt und dadurch ist das Schreiben sehr schwierig. Wenn Dir also in der Handschrift mancher Zug unbekannt vorkommt, so wird das auf dieser Behinderung beruhen. Mein Herz, ich war so glücklich, Dich einige Sekündchen zu sehen, wusste ich doch nichts von Dir außer dem Briefchen, das Du mit den Sachen in Drögen[2] mitgeschickt hattest. Sonst stammte meine letzte Nachricht vom 17.8.[3] Du wirst hoffentlich gesehen haben, dass es mir gut geht, überraschend gut für die Umstände; und Du, mein Herz, hast einen großen Anteil daran. Denk' ein Mal, dass ich, seit alles sich verschlimmert hat, nicht einen Augenblick Sorge um Dich hatte, nicht ein Sekündchen. Ich war ganz stolz, dass ich eine solche Frau hätte, dass ich ihr zutrauen könnte, das zu meistern, was uns bevorsteht. (Randnotiz: Fessel ab) Mein Herz, ich bin meiner Sache so sicher, ich bin so fest verankert, dass, so Gott will, mir die erforderliche Kraft keinen Augenblick fehlen wird. Darauf kannst Du Dich, glaube ich, verlassen. Es ist auch so, mein Herz, dass in diesen letzten Wochen außer Dir und den Söhnchen nichts in meinen Gedanken an irdischen Fragen gewesen ist, soweit es sich nicht um den Kampf um meinen Kopf handelte. Ich könnte garkein Interesse für andere Menschen oder Sachen aufbringen. Selbst Asta[4] und

Ulla[5] und andere kamen immer nur in Beziehung auf Dich und die Söhnchen vor, so wie Kulissen. Ich habe daher diese Woche ganz innig mit Euch gelebt, mein Herz.

Da ich nicht weiß, wie lange Zeit ich noch habe, will ich schnell ein paar andere Sachen schreiben. Ob Du in Kreisau bleiben willst oder nicht, das kann ich und will ich nicht beeinflussen. Mir ist alles recht, was Du beschließt, natürlich auch zu bleiben. Es wäre unrecht, wenn einer, der über die maßgebenden Faktoren garnicht mehr unterrichtet sein kann, sich ein Urteil anmaßte, zumal er selbst nicht beurteilen kann, wie weit dabei reines Sentiment mitspräche.

Mein Fall liegt so: Es steht fest, dass ich sehr viel über Goerdeler wusste und dass ich bemüht war, seine Pläne zu bekämpfen.[6] Das ist der Fall der Verletzung der Anzeigepflicht, den man entweder als sehr schwer ansehen kann, weil ich soviel wusste, oder als sehr leicht, weil feststeht, dass ich es nicht billigte und, solange ich frei war, bemüht war, die Pläne zu bekämpfen, nach der Verhaftung aber mich darauf verließ, dass Peter[7] diese Pläne weiter bekämpfen und zur Not anzeigen werde. Dieser Fall lässt sich also m. E. argumentieren.

Zweiter Fall ist Kreisau: *a.* Ist es Hochverrat? Dagegen führe ich an, dass aus der Goerdeler-Sache ja feststeht, dass ich gegen jede Änderung der Regierungsform war und die ganzen Pläne Nachkriegspläne waren. Dieser Fall geht vielleicht auch noch. *b.* War es Defaitismus, weil vom Fall des Kriegsverlustes ausgehend? Mein Argument: Nur prophylaktisch für den Katastrophenfall, bis dahin äußerster Kampf, daher kein Defaitismus. Es scheinen aber einige Beteiligte gesagt zu haben, dass ich defaitistisch verstanden worden bin. Auch dieser Fall ginge in der Isolierung vielleicht noch. Schwierig ist die Häufung der drei Fälle, zu dem natürlich auch Kiep[8] kommt, und außerdem scheint man die bloße Tatsache des Umgangs mit Carlo,[9] Bischöfen und Jesuiten wie den Besuch bei dem ehemaligen Landeshauptmann von Salzburg Rehrl im Grunde als schon völlig ausreichend anzusehen, nachdem alle diese Leute – auch Rösch und Genossen – nach meiner Verhaftung zu Goerdeler übergegangen sind. Ich hätte sie also zusammengebracht und G. sie benutzt. Diese Beurteilung macht den Fall also eigentlich hoffnungslos, wenn es nicht gelingt, sie über den Haufen zu werfen. Da sehe ich nur 2 schmale Linien: *a.* die subjektive, dass eben feststeht, dass ich all das nicht wollte und dass ich letzten Endes von Peter während meiner Haft in der Aufrechterhaltung dieser Linie enttäuscht worden bin und nun nicht für Peter's Schuld haften will;[10] *b.* die objektive, dass ich eben meiner ganzen Haltung und Vergangenheit nach kein Reaktionär bin und wirklich innerlich nicht zu den Leuten des 20. 7. gehöre. Es wäre also zu überlegen, ob Du die Sache mal mit Dix besprechen könntest, wenn Dix nicht will, dann mit dem Strafverteidiger Sack,[11] der sehr gut sein soll. Du müsstest nur gut überlegen, woher Du all das wissen kannst, jedenfalls darf Dix es nur weiter vertreten, wenn Ihr einen Weg seht, es zu tun, ohne dass Du nun auch noch reingezogen wirst. Immerhin solltest Du keinen Weg unversucht lassen, denn ich glaube nicht, dass die Sache im Augenblick schlimmer werden kann.

Ob Du mit meiner neuen Dienststelle[12] (Randnotiz: Sturmbannführer Neuhaus, Meinekestr.) sprechen solltest, weiß ich auch nicht recht, halte es aber im Grunde für unbedenklich, wenn Du Dich von der Dienststelle Lange in der Prinz Albrechtstr.[13] oder von Huppenkothen dahin weisen lässt. Am besten wäre es vielleicht, wenn Du sagtest, mir sei Honig-Essen ärztlich vorgeschrieben und viel Zucker, sonst litte ich an Ohnmachtsanfällen, ob Du mir nicht das geben dürftest. Lebensmittel kann ich höchstens über die Dienststelle[14] bekommen, dass ich was mitnehme, wenn ich dort bin, denn das Gefängnis lehnt dies ab. – Im Grunde bin ich für einen Besuch bei Neuhaus, denn der persönliche Eindruck, den dieser Mann von mir bekommt, kann den Unterschied zwischen Leben und Tod bedeuten, selbst wenn das Schwergewicht bei Freisler und dem Oberreichsanwalt[15] liegt. Jedenfalls ist eines sicher: Ich kann besser mit Neuhaus als mit Lange und Genossen. Er hat das Kirchendezernat, daher enragierter Heide, aber gebildet, so ein wenig an Rogge[16] erinnernd.

Oberreichsanwalt und Freisler: Darüber müsstest Du eben mit Dix sprechen. Es fragt sich, ob man nicht Carl Viggo[17] versuchen sollte zur Hilfe zu bekommen. Berate dies jedenfalls mit Dix. Auch Adrian[18] kann vielleicht irgendwo in dieses Spiel eingeschaukelt werden. Aber keine Kräfte darauf verpuffen, mir jetzt größere Bequemlichkeiten zu beschaffen; das kann nur Anlass Deines Besuches bei Neuhaus sein; aber jede ernsthafte Aktion muss auf das Schlussurteil gerichtet sein.

Denke nicht, dass ich mich irgendwie an diese Möglichkeiten mit Hoffnung klammere. Ich schreibe es so ausführlich, weil ich meine, man sollte doch alles tun, auch wenn man nicht glaubt, dass es hilft. Aber man kann es nicht wissen. Hänge Du aber keine Hoffnungen daran. Bitte lasse mich wissen, ob Du meine Verteidigungslinie verstanden hast oder Ergänzungen brauchst.

Nun noch einige prosaische Fragen: Geld, das Du jetzt brauchst, nimm von 196 oder 1237, nicht von 1147; 1147 musst Du schützen.[19] – Mir überweise doch bitte RM[20] 100,– an die hiesige Kasse; es geht zwar für meinen Kurier drauf, aber ich kann, sollte ich Schreiberlaubnis bekommen, auch so Briefmarken kriegen. – An Sachen brauche ich einen Winteranzug im Tausch gegen den, den Du jetzt mitgebracht hast, Wintermantel und Hut. Es ist hier sehr kalt. Auch hätte ich gerne eine Decke und ein Paar Manschettenknöpfe aus Perlmuttknöpfen genäht oder aus Stoff, keine anständigen von mir, ferner Kravatte und Schuhputzzeug. Außerdem hätte ich gern ein paar Umschläge. Vielleicht kann ich Dir doch noch mehr als einen Brief schreiben. – Das Essen, das ich in Ravensbrück hatte, und das war noch sehr viel, ist einschließlich Tee von Breier abgenommen worden, der mich überhaupt toll behandelt hat. Das ist aber egal. Den letzten Tee, den Du mir brachtest, will einer der Ravensbrücker Männer direkt an Dich zurückschicken. Hoffentlich geschieht es. Wenn Du für mich hier im Gefängnis einen V. B.[21] abonnieren kannst, so tue es bitte. Die anderen haben es alle ab 1. 10. getan, aber ich hatte ja kein Geld. – Über Willi[22] erfährst Du das Nötige gelegentlich mündlich. Daddy's Briefe sind Kindereigentum, desgleichen Verschiedenes im Schloss. – Schließlich wäre ein Füller sehr schön, denn meiner ist mir hier bei der Aufnahme abhanden gekommen. Ich habe in den 5 Tagen zwischen meiner ersten Vernehmung in Ravensbrück und meiner Einkleidung, Wegnahme der Bücher u. s. w., weil ich mir schon dachte, was kommen würde, eine Reihe Bibelstellen auswendig gelernt, und die habe ich mir dann täglich morgens und nachmittags ein Mal aufgesagt und immer neues daran entdeckt. Ich schicke Dir eine Liste[23] mit, damit Du weißt, womit ich mich beschäftige. Auch pfeife ich immer Kirchenlieder. – Die Wachtmeister hier im Gefängnis sind sehr freundlich und bereit, alles zu tun, was möglich ist; aber gegen die Anordnung, dass wir ständig zu fesseln sind, sind sie natürlich machtlos.

Mein Lieber, das ist, was ich sachlich zu sagen habe. Ich will vor allem wiederholen, dass, wenn sich in mir nichts ändert, meine Seelenlage ganz gesichert erscheint, und ob ich gefesselt bin oder nicht, Wanzen habe oder nicht, in kalter und dunkler Zelle sitze, nicht lesen und schreiben darf, nichts von Dir höre und schließlich angebrüllt, geköpft oder gehängt werde, es wird immer das gleiche bleiben: Ich weiß ganz genau, wo ich fest verankert bin: über mir und neben mir, alles andere ist mir, so glaube und hoffe ich, in diesen Wochen ganz wurscht geworden. Und dazu sieh Dir den Schluss der ersten Römerbriefstelle auf dem Zettel an. Ich glaube auch nicht, dass ich in dieser Einstellung irgendwie überkandidelt bin, sondern fühle mich ganz im Lot und so, als sei das ganz natürlich gewachsen und nicht etwa jetzt künstlich gezüchtet. Ich hätte auch sonst viel mehr Sorge um Dich, mein Herz. Wo ist aber dieser erste und natürlichste Gedanke eines treusorgenden Gatten und Vaters, um im Stil einer Traueranzeige zu sprechen? Er ist einfach nicht da, sondern statt dessen ist mir jeder Gedanke an Euch drei eine Stütze und Kräftigung. Dafür kann ich unserm Herrn nicht genug danken und durch ihn Dir. –

Mein Herz, es ist, glaube ich, alles gesagt, obwohl noch nichts gesagt ist. Über die Sachen war ich natürlich glücklich, es ist wie ein warmer Sonnenstrahl. Es ist alles wirklich nützlich und eigentlich nötig; denn das Essen hier ist nicht ausreichend, abgesehen davon, dass ich an Tagen, an denen ich vernommen werde, manchmal garkein Essen bekomme. Eine Sardinenbüchse hatte ich mir aus Ravensbrück geschmuggelt, und die hatte ich auch noch als eisernen Bestand und behalte sie auch. Vielleicht macht Neuhaus es auch, dass Du ein paar Büchsen in der Meinekestr. deponierst und ich mir die dann in der Tasche mitnehme. Fett und Zucker ist das, was fehlt. Der Mittagspamps ist leidlich und nicht so, dass er einem widersteht, das Brot ist immer trocken und mittelgut. Man darf eben nur nicht krank werden. Natürlich gibt es auch nichts Frisches und kein Eiweiß. Deswegen ist Zucker schon sehr erwünscht und bis zu einem gewissen Grade auch nötig, denn es kann eben doch etwas davon abhängen, ob man in der Hauptverhandlung satt oder hungrig und klapprig auftritt. – Ich bin gespannt, wie das Dorf die Nachricht von meiner Verhaftung aufnehmen wird. Mache es klar, dass ich in keinem direkten Zusammenhang mit dem 20. 7. stehe und nur durch Freunde da hineingerissen worden bin. Mein Herz, über eines musst Du Dir ganz sicher sein: Wenn der Herr mich bewahren will, so wird er mich bewahren, wie hoffnungslos die Sache auch aussehen mag, will er mich zu sich rufen, so ist es letzten Endes gleichgültig, ob das auf dem elaboraten Weg über Herrn Freisler geschieht oder auf direkte Weise, es wird dann eben geschehen. Ihr steht so in seiner Hand wie ich auch, und das wollen wir nur aus dieser Zeit gelernt haben und in eine fernere Zukunft oder in eine andere Existenz mitnehmen. – Lass Dir nur von allen Menschen in allen Dingen helfen und sei nicht zurückhaltend. Wir können auf einen Schatz von Liebe und Freundschaft zurückgreifen und das wollen wir ruhig tun. Lass Dir nur nicht von allen was Verschiedenes raten, sondern verlass Dich für einige Fragen auf den, für andere auf jenen, und spare auch kein Geld oder sonstige Mittel. In diesem Falle nicht alles zu tun hieße Gott versuchen, nicht auf ihn zu bauen.

Zeitlich rechne ich so: frühestens Mitte nächster Woche wird der Abschlussbericht des SD[24] erstattet. Von da an dauert es bis zur Verhandlung meist drei Wochen. Man kann es auch durch weitere Vernehmungen von mir verzögern, es kann auch durch die große Zahl von abschlussreifen Verfahren die 3-Wochen-Frist länger werden. Es kann aber auch sein, dass ich jetzt zu einer relativen Prominenz aufgerückt und deswegen vorgezogen werde, das kann aber nicht viel ausmachen. Ursprünglich sollte ich ja in den ersten Zivilisten-Termin mit Goerdeler–Hassell. Die Tatsache, dass ich von da abgesetzt bin und auch nicht zu dem Gewerkschaftstermin[25] komme, was mir als nächstes mitgeteilt wurde, zeigt eine leichte Verbesserung in der Beurteilung. Ich habe nun in der vorigen Woche eine sehr riskante Aussage[26] gemacht, die wiederum eine Verbesserung oder Verschlechterung bringen kann. Bei viel Vernehmungsstoff und im Falle eines Interesses von Neuhaus für mich kann das alles auch noch viel länger dauern und sich auch über Monate hinziehen, und bis zu einem gewissen Grade ist es umso aussichtsreicher je später ich drankomme. So, jedenfalls, beurteile ich die Lage.

Wie schön, dass Du an Konrädchen solch' eine Stärkung hast. Hoffentlich bleibt er es. Grüße mir alle, mein Herz, und was soll ich über Dich sagen. Garnichts. J.

Bitte auch noch 2 Kleiderbügel. 1 Hosenspanner, 1 Paar Schuhblöcke, Schuhputzzeug, 1 Kopfkissenbezug, 1 Handtuch, Salz.

Ich habe im übrigen gesagt, dass zwischen Peter und mir ganz klar verabredet war, dass die Goerdeler'sche Unternehmung mit allen Mitteln verhütet und wenn es nicht anders ginge, angezeigt werden müsse.

1 Die männliche Anrede bezieht sich auf Freyas Kosenamen Pim, der männlich gebraucht wird. Dass Helmuth Freya männlich ansprach, gehörte zu seinen Eigenheiten. *2* Sicherheitspolizeischule in Drögen, Ort ihrer Treffen während Helmuths Inhaftierung im Konzentrationslager Ravensbrück. Siehe *Im Land der Gottlosen*, S. 29. *3* Am 19. August 1944 wurde Helmuths Status als privilegierter «Schutzhäftling» aufgehoben. Er bekam danach keine Briefe mehr. Siehe *Im Land der Gottlosen*, S. 48. *4* Helmuths Schwester Asta Maria Wendland. *5* Ulla Oldenbourg. *6* Siehe Einleitung, S. 25. *7* Peter Graf Yorck von Wartenburg. *8* Helmuths «Schutzhaft» ab 19. Januar 1944 stand mit der Verhaftung von Otto Carl Kiep. Siehe Einleitung S. 24, Anm. 31. *9* Carlo Mierendorff. *10* Peter Yorck von Wartenburg entschied sich für ein Attentat auf Adolf Hitler in enger Zusammenarbeit mit Claus Schenk Graf von Stauffenberg. *11* Siehe Helmuths Briefe vom 3. und vom 4./5. November 1944, S. 134, S. 137 f., sowie Freyas Brief vom 6./7. November 1944, S. 146. *12* Ironische Bezeichnung für das Büro von SS-Sturmbannführer Karl Neuhaus, der für die Verhöre der Mitglieder des Kreisauer Kreises zuständig war. *13* Herbert Lange und Walter Huppenkothen, Beamte des Sicherheitsdienstes, hatten Helmuth in Drögen verhört. Die Dienststelle wird in den Briefen meist mit «P. A.» oder «P. A. Str.» bezeichnet. *14* Das heißt: über die Gestapo, die ihre Dienststelle in der Meinekestraße 10 hatte. Es stellte sich bald heraus, dass Lebensmittel direkt ins Gefängnis Tegel und zu Helmuth gelangen konnten. *15* Ernst Lautz. *16* Nicht bekannt. *17* Helmuths Onkel Carl Viggo von Moltke; häufig auch mit «C. V.» abgekürzt. *18* Deckname für Gustav Adolf Steengracht von Moyland. Siehe Einleitung, S. 27. *19* Helmuth rechnete mit Vermögenseinzug und begann für diesen Fall zu planen. *20* Reichsmark. *21* Der *Völkische Beobachter*, das Parteiorgan der NSDAP. *22* Möglicherweise ein Deckname für den Gefängnispfarrer Harald Poelchau. *23* Nicht erhalten. *24* Sicherheitsdienst, auch mit «S. D.» abgekürzt. *25* Carl Friedrich Goerdeler wurde am 8. September 1944 verurteilt, aber erst am 2. Februar 1945 hingerichtet. Ulrich von Hassell wurde ebenfalls am 8. September 1944 verurteilt und noch am selben Tag hingerichtet. Die Sozialdemokraten Adolf Reichwein, Julius

Leber und Hermann Maaß wurden am 20. Oktober 1944 verurteilt und hingerichtet.
26 Es handelt sich vermutlich um ein Verhör in der letzten Septemberwoche. Siehe auch den folgenden Brief vom 1. Oktober 1944.

Helmuth James an Freya, 1. Oktober 1944

Berlin, den 1. Oktober 1944.

Mein liebes Herz, mein Pim, mein Kleiner, Dein Brief[1] war eine Stärkung und Erquickung sondergleichen. Wenn Du sagst, Du seiest wie eine Pflanze, dann muss ich mich in Demut vor der Pflanze neigen, die dann, wenn es drauf ankam, noch nie gefehlt oder geirrt hat. Ich habe nicht daran gezweifelt, dass Du das Richtige finden würdest, aber es gibt mir Stärke, es nun auch zu wissen. – Ja, mein Herz, unser Leben ist zu Ende. Die volle Dankbarkeit für dieses Leben habe ich erst in diesem Jahr gelernt. Wie war es möglich, dass ich es nicht immer so wusste? Mami und Du, Ihr habt mich geleitet vom Mutterleib bis zum Grabe, und ich habe keine kalte, lieblose Stunde in meinem Leben gekannt. Mit Dir, mein Herz, bin ich sehr viel fester, tiefer und dauerhafter verbunden, als ich es je geträumt habe. Nun weiß ich es. Welch' eine Gnade das ist, mein Herz, weißt Du ja auch. Ich kann Dir nur wünschen, dass Dir dieses Gefühl der Zusammengehörigkeit in der Spanne Zeit, die Dir noch gegeben sein mag, nicht verlorengeht. Es ist ein Geschenk des Vaters und er möge es Dir unverfälscht erhalten. Dass Dir die Söhnchen, unsere Söhnchen, meine Liebe, gedeihen werden, glaube ich und hoffe ich. Sie sollen Dir ein rechter Trost sein, aber Du weißt ja, dass der wahre Tröster über uns wohnt und dass er den einzig wahren Trost spenden kann, der zu dauern vermag. – Dass ich mir um Deine und der Söhnchen innere und äußere Existenz keine Sorge mache, habe ich Dir schon gesagt. Ich hoffe, dass Lionel und Julian und Nan[2] alle mit Dir verbunden bleiben werden, damit Mami's geistiges Erbe auch noch ihnen zugute kommt. Aber eines musst Du wissen, mein Herz, alle Entscheidungen sind jetzt allein Deine Entscheidungen, und Du darfst Dich in nichts von irgendwelchen von mir geäußerten Wünschen gebunden fühlen; das wäre ganz falsch.

Dass dieser Preis vielleicht gezahlt werden müsste, haben wir beide gewusst. Es wird mir nicht so leicht, ihn zu zahlen, weil er im äußeren Zusammenhang mit einer Sache gefordert wird, die ich nur missbilligen kann. Durch diese innere Gespaltenheit habe ich nach 2 Nächten an dem darauf folgenden Tage, an dem ich um 10 geholt wurde, nachts Sachen gesagt, die besser ungesagt geblieben wären, besser für mich und für andere. Ich konnte die Kreisauer Dinge nur verteidigen, wenn ich meine

Positionen in der Frage der Kenntnis der Goerdeler'schen Machenschaften verloren gab, und das habe ich viel zu gründlich getan, sodass das äußere Urteil wohl darauf aufbauen wird. Ich will, dass Du das weißt, denn die Sache könnte doch später einmal aufkommen und nicht verstanden werden.[3] Ich habe einen Fehler gemacht, kein Zweifel, aber nicht in bösem Willen, sondern im Nachlassen der Widerstandskraft. – An meinem Schicksal hat das gewiss nichts geändert, denn es wurde immer von dem «Kreisauer Kreis» oder der «Gruppe Moltke» geredet, und damit war klar, was mit mir geschehen musste. Nur ginge ich eben lieber in den Tod, wenn es auch formal für meine eigenen Gedanken wäre.

Ich habe keine Furcht vor dem Tod und glaube, Euch in irgendeiner Form zu behalten, und ich habe animalische Angst vor dem Sterben, und es schmerzt mich, dass ich Dich und die Söhnchen mit diesen meinen Augen nicht wiedersehen werde. Ich fühle, dass ich in diesem Leben so Vieles gehabt habe, dass ich keine Ansprüche mehr habe, ich fühle mich aber nicht so, als wäre ich die Ernte, die nach dem Schnitter ruft. Ich glaube, dass ich so mein Inneres so gut beschrieben habe, wie ich kann. Ich würde der animalischen Angst und des Abschiedsschmerzes wohl Herr werden, wenn ich mich ganz in dies Schicksal ergäbe. Aber ich fühle mich verpflichtet, dagegen anzukämpfen, und dazu muss ich den Lebenswillen aufrecht erhalten, auch mit seinen nachteiligen Folgen. Ich hoffe, das alles noch klären zu können, bis ich getötet werde.

Mein Herz, für uns waren diese letzten 8 Monate nicht verloren. Wir sind wohl beide etwas andere Menschen geworden. Ich habe eine reiche Ernte gehalten, ich habe das Band zu Dir in den tiefsten Tiefen und in den höchsten Höhen entdeckt, ich habe auch unsere Söhnchen inniger geliebt als zuvor, ich habe danken gelernt und habe gelernt zu sagen, «Dein Wille geschehe». Der Herr ruft einen anderen Menschen zu sich als den, dem er am 19. Januar eine Prüfung auferlegte.[4] Ich hoffe, nein, ich glaube, dass Er mir meine vielfachen Vergehungen vergeben wird und dass ich in ihm Dich und auch die, die uns vorangegangen sind, wiederfinden werde. Und in meinen besten Augenblicken gelingt es mir manchmal, froh zu sein, dass ich diesen Schritt so bewusst tun darf.

So, mein Herz, es ist genug vom Tode geredet. Dein künftiges Leben sehe ich sehr wohl vor mir. Seit langem habe ich den Herrn täglich darum gebeten, dass er Dir seinen Trost schicken möge, falls er mich zu sich ruft, damit Du ein ganzer Mensch bleibest. Und auf keine Bitte habe ich so zuversichtlich die bejahende Antwort verspürt. Alles Einzelne ist demgegenüber doch so gleichgültig. Wie meine letzte Bitte um Seine Gnade sein wird, so wird meine vorletzte für Dich sein, und ich bin gewiss, dass Er sie erhören wird.

Mein Herz, ich höre auf. Ob ich Dir noch ein Mal schreiben kann, weiß ich nicht. Jeder Brief, den ich jetzt schreibe, wird von mir als der letzte angesehen und Du wirst nicht viel Neues daraus entnehmen. Deine alten Briefe, die ich noch habe, gebe ich zurück und behalte bei mir nur Deinen Geburtstagsbrief[5] und C'chen's ersten Brief an mich mit den 5 Blümchen. Das wird meine letzte Ausrüstung sein. Der Spruch in Mami's Grabrede deckt uns beide: «Leben wir, so leben wir dem Herrn, Sterben wir, so sterben wir dem Herrn. Darum wir leben oder sterben, sind wir des Herrn».[6] J.

1 Der Brief vom 29. September 1944. *2* Lionel Curtis, Julian Frisby, Petronella van Heerden. *3* Helmuth setzte sich vehement von der Position und der Politik von Carl Friedrich Goerdeler ab, konnte also in den Vernehmungen sein Wissen über Goerdeler nicht abstreiten. *4* Am 19. Januar 1944 wurde Helmuth verhaftet. *5* Freyas Geburtstagsbrief vom 8. März 1944 ist abgedruckt in: *Im Land der Gottlosen*, S. 205 ff. *6* Römer 14,8. Siehe Einleitung, S. 21.

Freya an Helmuth James, 4. Oktober 1944

Mittwoch Abend.

Mein lieber, mein Jäm, ich habe schon viele glücklich traurige Tränen über Deinen Abschiedsbrief laufen lassen. Ich habe ihn schon oft gelesen und dann geschah es immer wieder. Jedes Wort habe ich tief in mich hineingenommen, und von dort kommen sie immer wieder zu mir herauf. Jedes Wort zeugt von uns und gehört zu unserem Leben, jedes Wort ist von Dir und gehört zu mir. Mein Lieber, welches Glück! Ich habe eigentlich garnichts zu Deinen Worten zu sagen, ich verstehe sie alle und ich bin von ihnen so durchdrungen. Ich verstehe auch, wie Du zum Tode stehst, und bin aus tiefster Seele dankbar, dass das, was Dich so sehr bedrängt hat am Montag,[1] von Dir genommen wurde. Wie muss es Dich gequält haben. Ja, auch ich habe danken gelernt, und auch ich habe gelernt zu sagen, «Dein Wille geschehe». Gerade das ist es. Begonnen hat es schon lange zu wachsen. Ich weiß, dass es mich schon erfüllte, als wir Hans-Adolf in der Bresaer Kirche begruben.[2] Du saßt neben mir, und ich war dankbar und doch bereit, das Kreuz, wenn es käme, auf mich zu nehmen. So ist es immer mehr gewachsen, und jetzt ist es so, dass sich alles Bitten immer auflöst in «Dein Wille geschehe». Nicht aber das Bitten, dass Gott Dir helfen möge, Dich führen möge, Dich stärken möge. Ach, mein Jäm, ich darf Dir ja mit diesem Gebet beistehen, ich, eine solche Anfängerin im Beten. Wenn ich aber bitte, dass Du auf Erden bleiben mögest, was doch für mich alles bedeutet, mein so geliebtes Herz, dann wird daraus doch immer wieder «Dein Wille geschehe». Ich nahm dies alles mit, als ich gestern von hier nach Hause fuhr, ich empfahl es Gott aus Herzensgrund und schlief dann ein und wachte auf und wusste auch, dass es richtig sei, zu kämpfen um Dein Leben, wenn es auch nichts hilft, nichts unversucht zu lassen, alles dran zu setzen, nur scheint es mir so stümperhaft, was ich unternehme, aber ich weiß, was Du meinst, und ich versuche, nicht zu hoffen und doch zu tun. Aber im Grunde, mein Geliebter, sind wir beide ruhig und stark und einig, und so kann ich sagen: Es geht mir gut. Ich bin so dankbar, dass ich so nahe bei Dir leben kann, denn ich bin Dir ständig nahe. Ich bin deshalb so glücklich, in Berlin zu sein – nicht wegen der physikalischen Nähe, sondern weil ich hier so oft alleine bin – auch in der Stadt –, und dann bin ich immer bei Dir. In Kr. lässt man mir oder ich mir zu wenig Ruhe, und hier laufe ich herum und bin doch bei Dir, weil niemand mich stört. Diese Wochen möchte ich aber sehr innig und nah mit Dir verbringen, damit sie uns noch mehr verbinden und unsere Gemeinsamkeit stärken. Mein Jäm, bitte für mich, dass ich dieses Gefühl nie verlieren brauche. Ich bin dann nicht allein und einsam; aber die Einsamkeit werde ich sicher immer lieben, damit ich Dich fühlen kann. Ich weiß es alles nicht, aber ich weiß so fest, dass wir zusammen in Gottes Hand sind, dass daraus alles richtig für uns wachsen wird. – Ich habe gestern über das Abendmahl nachgedacht; ich wusste nicht, ob ich es feiern dürfte, aber nun glaube ich, dass ich es darf, habe die Stellen gelesen und werde es feiern. Wann und wie, weiß ich noch nicht. Ich wollte es Dir aber sagen.

Mein Herz, Du schreibst, ich dürfe mich nicht nach Deinen Wünschen richten. Es wird schwer sein, es richtig zu machen, aber dass Dein Geist in dem, was ich entscheide, lebendig bleiben muss, weil er zu mir gehört, weil er ein Teil von mir ist, das ist sicher. Für mich und für unsere Söhnchen. Ich werde mich immer nach Deinen Gedanken richten. Ich werde meine Entscheidungen an Deinen Wünschen messen, aber ich werde alt und anders werden und Deine Wünsche werden in mir vielleicht anders aussehen, deshalb muss ich Dich in mir tragen und mit Dir leben, aber das alles geht nur mit Gottes Hilfe und mit seinem Willen. Mein Jäm, ich weiß es und weiß auch, dass er mein Tröster ist. Dass Mamis Grabspruch uns so schön vereinigt, beglückt mich sehr. Die Tatsache, dass er uns so schön zusammennehmen kann, wenn Du Dein Leben lassen musst, ist sehr beglückend.

Morgen gehe ich nun zu Neuhaus. Adrian wollte einen Brief, den ich geschrieben habe, ohne ihn schön zu finden. Mit Willi[3] muss ich dann noch etwas besprechen, wozu ich Deine Antwort wissen möchte.[4] Ich habe das Gefühl, ich verderbe uns alles. Mein Lieber, ich muss aufhören.

Mein Lieber, mein liebes Herz. Ich denke an Dich voller zärtlicher Liebe. Dein P. bin und bleibe ich.

1 Bezieht sich evtl. auf Helmuths Brief vom 1. Oktober 1944 und die Schilderung der Aussage im Verhör (S. 45 f.). Vermutlich hat Harald Poelchau ihm helfen können und Freya davon berichtet. *2* Hans-Adolf von Moltke wurde nach einem Staatsakt in Breslau am 31. März 1943 in Groß-Bresa im Kirchspiel Markt-Bohrau in Schlesien bestattet. *3* Vermutlich ein Deckname für Harald Poelchau. *4* Vermutlich handelte es sich um Freyas Plan, zum Chef der Gestapo, Heinrich Müller, zu gehen, siehe ihren Brief vom 8./9. Oktober 1944, S. 56.

Freya an Helmuth James, 5. Oktober 1944[1]

Berlin, den 5. Oktober 44

Mein Lieber,

es ist mir erlaubt worden, etwas zu essen zu bringen. Vielleicht darf ich dazu ein paar Worte schreiben. Ich habe ausführlich über den Oberreichsanwalt[2] schreiben können. Diesen Brief mit Fragen musst Du in diesen Tagen bekommen. Uns geht es gut, mach Dir keine Sorgen! Ich kann nichts tun, außer Dir mit liebenden Gedanken beizustehen. Mein Lieber, Du weißt es, dass ich Dir fest verbunden bin und bleibe. Zwischen uns braucht sonst nicht viel gesagt zu werden. Ich bin in Liebe

Deine Frau

1 Brief mit Wäschetausch. *2* Das heißt: über den offiziellen Postweg, der auch «über Schulze» oder «über V. G. H.» lief.

Helmuth James an Freya, 6. Oktober 1944

Tegel, den 6. Oktober 1944.

Mein Lieber, mit großem Glück lese ich Deine Briefe immer wieder, tags und auch nachts, wenn ich aufwache. Denn wir steigen ja um 6 ins Bett und um 7 wieder heraus, weil wir um 6 gefesselt und um 7 wieder aufgeschlossen werden. Und so gibt es immer Zeiten in der Nacht, zu denen man wach ist. Da wir nur bei Licht schlafen, so sind das ganz vollwertige Stunden. Über die Fesselung brauchst Du Dir keine Sorgen zu machen. Man gewöhnt sich vollkommen daran und wird auch mit Handschellen ganz geschickt. Man legt eben die Dinge, zu denen man freie Hände braucht, auf die Zeiten, zu denen man jeweils 1 bis 1½ Stunden aufgeschlossen ist: morgens, mittags und abends: 7–8.30, 11.30–1,

4–5.30. Außerdem sind die Beamten sehr freundlich, und wenn man einen plausiblen Vorwand hat, z. B. Aufwischen, dann schließen sie einen zwischen Mittag und Abend nicht zu. Ihnen ist es nämlich lästig und zuwider.

Mein Herz, ich komme bei genauem Nachdenken zu dem Ergebnis, dass die letzten Monate, und vor allem die letzte Woche, eigentlich die Zeit innigster Zusammengehörigkeit gewesen ist. Du bist mehr in mir gewesen als je zuvor, und Du hast auch mehr von mir gewusst als je zuvor, sodass Deine alte Klage über diesen Punkt im Augenblick nicht zutrifft. Jedenfalls ist das ein merkwürdiges und sehr befriedigendes Ergebnis dieses Unglücks. Dass wir außerdem auch noch in der Höhe stärker verbunden sind als zuvor, kommt noch hinzu. Hoffen wir also, dass alle Schläge, die noch kommen mögen, auch so ihren Segen in sich tragen.

Welch ein Segen für uns Poelchau ist. Wir können ihm garnicht genug danken. Du weißt hoffentlich, dass er mir ständig etwas Nachschub bringt, und wirst es ihm ersetzen. Ich nehme bedenkenlos alles, weil es mich freut und weil ich denke, dass es mir vielleicht doch hilft, das Angebrülltwerden mit Gleichmut zu ertragen. Meine Diät von Honigsemmeln, Speck, Eiern und Zucker schlägt mir sehr gut an und tut sicher das ihre dazu, mich vergnügt zu erhalten. Ich esse nur Berge von diesen Schätzen, mein Herz, in der Hoffnung, dass Du es nachschaffen kannst, und in der Erwartung, dass es doch nur noch ein paar Tage dauern wird.

Glücklich war ich auch über Mantel und Wäsche, aber noch viel mehr über das Gefühl, dass Du mit mir unter einem Dach nur 100 m entfernt seist.[1] Mir ist überhaupt Deine Anwesenheit in Berlin so angenehm, dass ich mich sozusagen zu Hause fühle. Bleib' nur da, wenn es geht.

Noch eines: Frage Dix, was er maximal verlangen würde, und überweise Dir den Betrag auf ein Berliner Konto z. B. bei Comm [?]; es muss aber auf Deinen Namen sein. Du kannst es ja von 1237 nehmen. Denn mit dem Urteil ist das aus, und dann musst Du es womöglich von Dir nehmen. Auch der Nachschub für Poelchau[2] muss vorher rollen oder auf dem Berghaus sein. Überweise doch auch von 171 an Asta einen Jahresbetrag von 1440,– RM, desgleichen für die Söhnchen von je 1500,– RM. Das Schlimmste, was passieren kann, ist, dass Ihr es wieder ausspucken müsst. Schreibe der Kreisbank, Du müsstest vorübergehend um einen Kredit bitten.[3]

Auf Wiedersehen, mein sehr geliebtes Herz, so Gott will in dieser, sonst in jener Welt. Bewahre Dich ganz und unzerbrochen, auch wenn ich nicht mehr da bin. Ich bitte den Herrn, dass er Dir das Gefühl erhält, ich sei bei Dir und stützte Dich, nein, nicht das Gefühl, die Gewissheit. Freue Dich an Deinen Söhnchen, bewahre sie und sei ihnen und anderen ein Segen. Grüße mir alle. Sie sind alle in meinem Herzen, besonders auch die arme Schwester.[4] Der Herr schütze Euch. J. – Freut Dich das Bild von C'chen mit dem Johannisbeerklex?

1 Der Wäschetausch fand in einem Raum des Gefängnisses statt, im «Wartezimmer» (11. Oktober 1944) oder «unten im Haus» (12. Oktober 1944). *2* Harald Poelchau bekam für seine Schützlinge Unterstützung aus Kreisau. *3* Helmuth rechnete mit dem Einzug des Vermögens. Siehe seinen Brief vom 30. September 1944, S. 41. *4* Gemeindeschwester Ida Hübner aus Frankenstein in Schlesien.

Helmuth James an Freya, 8. Oktober 1944

Tegel, den 8. 10. 44.

Mein Lieber, Sonntag Mittag. Wie mag es zu Hause sein? Ob Dich Deine Söhnchen im Bett besucht haben? Dort habe ich Euch jedenfalls heute Morgen gesucht, als um ½7 zum Aufstehen geläutet wurde. – Alles, was Du schriebst, hat mich natürlich sehr interessiert. Jetzt wäre es mir am wichtigsten, meine eigene Verteidigungslinie klar zu bekommen. Ich habe sie kurz skizziert und hätte gerne ein strafrechtliches Urteil darüber. Aber abgesehen von dem Strafrecht möchte ich auch gerne taktische Hinweise haben: Wann kann man reden? Kann man zusammenhängend vortragen, oder soll man sich besser darauf beschränken, Fragen zu beantworten? Wie werden neue Tatsachen akzeptiert? Kann man Beweisanträge stellen, sofern die benannten Zeugen in den hiesigen Gefängnissen sitzen und in 30 Minuten oder einer Stunde dasein können? Oder ist man auf das beschränkt, was im Vorverfahren erörtert worden ist? Welche von den Offizialverteidigern[1] sind gut und welche würden sich für den Angeklagten einsetzen? Das ist natürlich nur dann von Bedeutung, wenn der Wahlverteidiger nicht zugelassen wird. – Wie ist die jetzige Definition von Hochverrat und Defaitismus? Welche Rolle spielt bei dem zweiten die Zersetzungsabsicht? Welche Rolle spielt bei beiden der subjektive Tatbestand, wenn der dem Angeklagten günstiger ist als der objektive? Oder gibt es das Willensstrafrecht nur, wenn der objektive Tatbestand nicht ausreicht? – Du siehst, eine große Speisekarte von Fragen. Du siehst auch, dass ich mich ernsthaft mit der juristischen Seite meines Verfahrens befasse, obwohl ich mir klar bin, dass letzten Endes das alles nichts mit Jurisprudenz zu tun hat. Aber gerade wenn man einen lustlosen Offizialverteidiger bekommt, ist es doch wichtig, sich in den herkömmlichen oder beim Volksgerichtshof üblichen Kategorien wenigstens etwas auszukennen.

Eines der Argumente, die man, wie mir scheinen will, außerhalb des Verfahrens noch mit Fug und Recht anbringen kann, ist folgendes: Das, was jetzt im Verfahren erörtert wird, betrifft 1 % meiner Tätigkeit. Dieses 1 % ist in vielem unverständlich, wenn man es nicht mit den übrigen 99 % zusammensieht. Da das im Rahmen des Verfahrens ja nicht geht, so soll man den Mann in irgendeine noch so unangenehme Bewährung stecken, um ein Bild von ihm im Ganzen zu bekommen. Ich glaube, man kann mit Recht sagen, dass bei jemandem, der mit soviel Freude tätig gewesen ist wie ich, jedes Bild falsch sein muss, das einen kleinen Abschnitt in Ruhe zeigen würde. Außerdem muss der Eindruck, den ich in 9 Monaten Haft gemacht habe, eben wegen der fehlenden Tätigkeit ganz falsch sein. Daher seht ihn Euch in irgendeiner Tätigkeit an. Ich weiß nicht, ob Dir das Argument liegt, es scheint mir nur ein erhebliches Maß von Berechtigung zu haben.

Ich nehme an, mein Lieber, dass Du morgen wieder kommen wirst. Es sind gestern Abend etwa 75 % unserer Leute weggekommen;[2] ich weiß noch nicht, wer, weil wegen der Bombenschäden heute noch kein Spaziergang war. Ich habe aber so das Gefühl, dass man nur etwa 20 Mann hier gelassen hat, die jetzt als nächstes für die Verhandlung anstehen, und dass der Rest raus in ein Lager gelegt wurde. Mir ist es natürlich viel lieber, hier zu bleiben, aber dies scheint mir dafür zu sprechen, dass es jetzt schnell gehen wird. Neuhaus hat mich nicht holen lassen. Das braucht aber so oder so nichts zu bedeuten, denn er kann mich auch nur so zum Nachräumen vernehmen wollen, ohne dass es sich dabei um Fragen handelt, die unmittelbar mein Verfahren beeinflussen.

Mein Herz, damit Du immer unterrichtet bist, falls ich plötzlich abgerufen werde, wollte ich Dir nur mitteilen, dass ich inzwischen den 32. und den 111. Psalm, ferner den Anfang von Jer. Klgl. 3, den Rest von Johannes 14 und 1. Johannes 19 bis zum Schluss gelernt habe. Das letzte hat mir ja sehr geholfen, wie Du wohl weißt. Ich lerne auch immer weiter, denn wenn ich verurteilt werde und warten muss, so werde ich voraussichtlich nichts haben und will dann möglichst reich ausgestattet sein. – Übrigens ist mir auch Psalm 118,[3] vor allem Vers 17 und 18 behilflich.

Mein Herz, ich bin glücklich zu hören, dass Du heiter bist. Wir haben auch allen Grund dazu, denn uns ist viel geschenkt worden. Muss der hohe Preis bezahlt werden, der mit einer Wahrscheinlichkeit von 99 % gefordert wird, dann kann man doch nicht sagen, dass selbst dieser Preis zu hoch war, wenn es eben anders nicht zu erlangen war. Es sind ganz große Gaben und für die ist dieser Preis billig. Das wollen wir nie vergessen. Denn wir haben dann um den Preis der Zeitlichkeit einen Anteil an den ewigen Gütern erlangt.

Noch etwas, das Dir vielleicht beim Denken hilft, wenn auch nur negativ, denn positive Gedanken über die Unsterblichkeit sind m. E. nicht möglich. Aus Herrn Kant[4] habe ich mit absoluter Sicherheit begriffen, dass alles Denken auf dieser Welt in den Begriffen von Zeit und Raum geschieht und dass beides für jede jenseitige Existenz nicht zutreffen kann, mit dem Tode tritt man dann aus dem Koordinatensystem von Zeit und Raum heraus, sodass wir, banal ausgedrückt, vielleicht «gleichzeitig» drüben ankommen, auch wenn Du noch 60 Jahre lebst und ich trotzdem auf Dich nicht zu warten brauche. Du siehst Andeutungen dieser Erkenntnis in der Bibel an vielen Stellen, z. B. Psalm 90,4, Johannes 1,15. Und an irgendeiner Stelle sagt Christus, dass er Abraham (Randnotiz: Johannes 8,58) oder David gesehen habe. Daraus ergibt sich eben auch, dass ein Geist, der nur in Raum und Zeit zu denken vermag, eben keine Vorstellung vom Jenseits haben kann.

So, mein Herz, genug für heute; es ist Nachmittag, und es ist ein merkwürdiges Gefühl, den Abend herannahen zu sehen, an dem vielleicht der Bote mit der Anklageschrift kommt, und sich zu sagen: Morgen um diese Zeit bin ich vielleicht schon tot. Man sollte sich das eigentlich immer sagen, aber man tut es eben nicht, wenn man nicht, wie ich jetzt, dazu gezwungen ist. Leb wohl, mein Herz, Gott behüte Dich und Deine Söhnchen und uns. J.

Solltest Du mal Zeit haben, so wäre es freundlich, wenn Du Babelsberg[5] benachrichtigtest

a. über Langbehn,

b. Mary[6] solle gesagt werden, Mr. A.[7] sei mit mir in Tegel, anfangs gefesselt, seit 5 Tagen nicht mehr gefesselt.

c. über meinen Zustand.

Auch falls Zeit ist: Ich bin gefragt worden, was ich mit Schlange-Schöningen gesprochen habe. Ich habe wahrheitsgemäß geantwortet, dass ich mit ihm ganz grundsätzlich über die mich interessierenden Fragen: Kirche und Staat, Agrarpolitik, Selbstverwaltung gesprochen habe, aber ohne praktische Folgerung, vor allem ohne zu fragen, ob er bereit sei, im Katastrophenfall Landesverweser[8] von Pommern zu werden.

1 Gerichtlich bestellte Verteidiger. *2* 61 der 80 Gefangenen wurden in das Gestapo-Gefängnis in der Lehrter Straße (Berlin-Moabit) zurückverlegt, von wo aus sie wegen Bombenschäden nach Tegel gebracht worden waren. *3* «Ich werde nicht sterben, sondern leben und des Herrn Werke verkündigen. Der Herr züchtigt mich wohl; aber er gibt mich dem Tode nicht.» *4* Helmuth setzte sich während seiner Haft im Konzentrationslager Ravensbrück intensiv mit Immanuel Kants *Kritik der reinen Vernunft* auseinander. *5* Es könnte sich um Informationen für die Familie Sarre handeln. *6* Elisabeth Ruspoli. *7* Nicht bekannt. *8* Eine Funktion, die im

Zuge des Neuaufbaus nach dem Krieg geschaffen werden sollte und um die es bis in die Verhandlung vor dem Volksgerichtshof immer wieder geht.

Freya an Helmuth James, 8./9. Oktober 1944

Kr. Sonntag.

Mein liebes Herz, da sitze ich in Kr. an meinem Schreibtisch, habe seit gestern meine Augen über so vieles wandern lassen, was Dir sehr lieb und vertraut ist, und habe nur das gedacht und wie gerne ich es Dich sehen ließe. Gestern war ein milder zartfarbiger Herbsttag. Ich bin nach Tisch mit Z.[1] rumgefahren, aber da ich mit ihm über Dich sprach und ihm den Ernst der Lage auseinandersetzen musste, so rannen unter all dem heimatlichen Glanz, der doch zu Dir so sehr gehört, der daher uns gehört, zu viele Tränen, als dass ich es richtig hätte genießen können. Wir waren nicht in Wierischau,[2] sonst überall. Wir droschen Rübensamen, der nass war, und machten Kartoffeln raus, aber wir fuhren auch nach Kr. raus, wo nicht gearbeitet wurde. Die Sonne schien und Kr. lag lieb und anheimelnd in der Senke, die Eule war weit weg und hoch und der Zobten[3] ganz zart, das Laub der Büsche beginnt sich zu verfärben. Als wir dort oben waren, war C.chen dabei, saß auf meinem Schoß, aber ich konnte nur an Dich voller Liebe und Sehnsucht denken und das tat alles weh. Dabei hatte ich das Gefühl, ich müsste es alles, das Schöne, in mich saugen, um es Dir in aller Süße schildern zu können, selbst wenn Dir das weh tut, so wirst Du doch empfinden, wie schön es war. Ach, mein Herz, ich werde mich immer, immer an Deiner Seite über die Felder gehen sehen. Wo war meine Hand, wo wollte sie immer hin, wie schön war das. Aber ich mag nicht nur in die Vergangenheit sehen, ich will Dich lieben, mein Herz, ich will Dich immer weiter lieben dürfen, auch wenn ich alleine bleiben muss. – Mich beunruhigte in der Bahn die Nachricht, dass der Angriff am Freitag[4] ganz nah bei Dir war. Das muss ja zum mindesten eine Qual gewesen sein oder war das nicht so? Ich fuhr über Breslau und brauchte dazu die ganze Nacht. Ich frühstückte bei Asta und war um 11 in Kr. Da kam mir Konrad entgegengewackelt, und wenig später kam C.chen aus der Schule; es gab dann Essen und um 1 ging ich in den Hof. Nach der Vesper war ich müde und brachte nur fertig, alles bei mir aufzuräumen und meine Post zu lesen. Beide Jungen spielten in den leeren Koffern, legten sich hinein, deckten sich zu und waren versunken in ihr Spiel. Wir aßen zusammen und dann ging ich schlafen. Ich war so todmüde, aber meine Gedanken suchten Dich und suchten Dich wieder heute früh, ehe die Söhnchen zu mir ins Bett kamen. Wir lagen lange zusammen drin und lasen und besahen Bilderbücher. C.chen hat ein dickes Auge, das wird wohl ein Gerstenkorn. Es geht ihm aber sehr gut. Nach dem Frühstück habe ich weiter gepuselt und damit verging der Vormittag. Nach Tisch – wir haben eine enorme Ente gegessen mit Apfelmus und Kartoffelbrei und hinterher Pflaumenkompott – habe ich Äpfel für Dich gepflückt. Ich lasse sie jetzt alle ernten. Es ist Zeit, sonst werden sie alle geklaut. Asta und Stäuber müssen das machen. – Ich habe Dir noch nicht erzählt, dass Asta wieder ein Kind bekommt. Sie wollten nicht und schon ist es so. Ende April wird es geboren. Der Zeitpunkt ist schlecht, aber es wird schon gehen. Wir haben ja alle aufgegeben, uns zu sehr zu sorgen, und ich hoffe, dass es Dich auch nicht belastet. Dann fand ich in der Post zwei schöne Nachrichten für Dich. Mutter Radermacher hatte über Schweden Nachricht von Susi.[5] Die hat im Sommer Willo gesehen in der Hauptstadt.[6] Er arbeite im Süden und will auch dort bleiben. Er habe «sehr gut» ausgesehen und «schien sehr zufrieden zu sein mit seiner architektürlichen Tätigkeit». Es ist so schön, endlich wieder ein Zeichen zu haben. Die andere Nachricht kam von Jowo.[7] Es werde mich interessieren, dass C.chens Patenonkel[8] von Deinem Aufenthalt unterrichtet werde. Mir scheint, Jowo ist ganz wach geworden. Ich weiß nicht, wie diese Nachricht auf Dich wirkt, aber mir ist sie irgendwie sehr beruhigend und angenehm. – Mein sehr Geliebter, ich liebe den schönen Spruch[9] sehr. Warum hast Du den 28. 8. 44 dazugeschrieben? Ich liebe auch die Psalmen von Deiner Hand. In Berlin muss ich Dir aus den Apokryphen eine schöne Stelle herausschreiben, die in Deiner Bibel wohl nicht drin sind. In meiner auch nicht, aber in der, die ich bei C.D. benutzte. Jetzt, mein Herz, höre ich auf, um noch Platz zu lassen. Wie mag es in Dir aussehen, mein Lieber! Wie mag es Dir gehen, mein Herzensjäm. Ich möchte Dir nah sein, ich flehe darum und bin es auch. – Montag Abend: Jetzt sitze ich bei P. an dem mir sehr lieben Schreibtisch. Hier habe ich solche Ruhe zu schreiben. Ja, was P. für uns tut, ist jenseits aller Möglichkeit zu danken. Ich hoffe, dass er es fühlt und ihn das befriedigt. Ich auch nehme alles an, denn es ist manchmal für mich hier so, als hätte ich Dich selbst gesprochen, so nah vermittelt er alles, und außerdem umgeben sie mich beide[10] mit Liebe, Freundschaft und Fürsorge. Ich möchte am liebsten immerzu hier sitzen. Alles, was Du isst, mein Herz, kommt selbstverständlich aus Kr., außer den Semmeln. Ich habe neulich gebracht und heute wieder sehr viel, nicht nur für Dich. Ich lasse sie frei verfügen, aber alles, was Du bisher bekommen hast, ist in Kr. gewachsen. Es kommt aber außer meiner Liebe auch noch ihre Liebe hinzu, aber bei den Eiern auch noch die von Frau Rose, die gestern mit Inbrunst sagte:

«Da bekommt er doch wenigstens auch was». Und die Ida sagte: «Grüßen Sie unsern Herrn Grafen sehr» und gab dann ihrem Entsetzen über Deine Lage Ausdruck, Du, an den sie sich doch alle immer gehalten hätten. Die Stimmung, mein Herz, ist ganz eindeutig. – Mein Herz, ich habe ja nun Dein Briefchen vom 6. schon wieder in der Hand und bin voller Glück darüber. Ich bekam es gleich, als ich gegen 7.30 von der Bahn aus hier erschien und wieder so gut empfangen wurde. Ja, ich bin Dir sehr nah, und daher finde ich ja auch diese Zeit in vielem schön, so schön wie nie eine zuvor. Ich bin Dir so intensiv nah. Ja, ich weiß auch viel von Dir, aber zurückschauend habe ich keinerlei Klage, dass es anders war. Mein Jäm, ich wusste oft nicht, was Du *dachtest*, aber ich war Dir immer sehr nah, ich glaube, viel näher als Du es wusstest. Ich weiß doch viel von Dir und wusste es immer und habe daher auch ganz vergessen, je eine Klage gehabt zu haben, weil das Denken ganz uninteressant ist verglichen mit der inneren Nähe, die bei mir im Juli 29[11] ganz eindeutig entstand und blieb und bleiben wird. Wie schön, dass Du meine Anwesenheit hier auch gern hast, so wie ich auch. Ich war schon gestern voller innerer Unruhe, wieder hier zu sein, und sitze so gerne hier in Deiner Nähe. Donnerstag kann ich dann den dicken Anzug u. a. m. bringen und denke genau wie Du voller Glück an unsere Nähe. Wenn es schlecht gehen sollte, mein Herz, werde ich jedenfalls kämpfen um die Möglichkeit, Dich doch noch zu sehen, obwohl ich auch wenig Hoffnung habe.

Zu den Geldangelegenheiten: Es scheint, dass jetzt das Vermögen *beider* Ehegatten eingezogen wird und man dann «aus Billigkeitsgründen» der Frau wieder was frei lässt. Meine Konten sind also auch nicht sicher. In Kauern[12] sind auch alle Canäle[13] beschlagnahmt und weggeholt worden. Nun liegt das zwar alles im Berghaus günstiger, aber ich werde doch wohl ein Depot bei Annemie Webski oder sonst wo einrichten. Hier war man Marion[14] gegenüber sehr großzügig, aber die Breslauer Leute sind klein. Marion muss sich, scheint mir, hier beklagen kommen. Ich sah sie und Muto heute früh in Breslau und hörte das.

Morgen nehme ich nun die verschiedenen Wege wieder hier auf und werde Dir berichten. Ich sprach Müller[15] Freitag eine halbe Stunde. Er ist jemand, fraglos. Er versprach mir, Dich noch einmal zu sprechen, aber dass er Dich umbringen lassen will, ist keine Frage. Ganz voll nimmt er Dich zwar nicht, meint, Du hättest da garnicht hereinkommen sollen, da Du ein Philosoph seiest und zu Deinen Büchern gehörtest. Du seiest kein Mensch der Tat. Es bliebe ja die Verhandlung für Deine Rechtfertigung, aber wenn ich es wolle, werde er Dich noch einmal hören. Sie seien so loyal gewesen und Du!!! Mir gegenüber war er höflich, eigentlich freundlich und bis zu einem gewissen Grade ehrlich, sehr eingehend und nicht ungeduldig. Ich habe ihm sicher nicht missfallen. Er kam mir noch nachgerannt und sagte, wenn alles vorbei sei, solle ich bitte noch einmal zu ihm kommen, dann werde er mir die genauen Zusammenhänge auseinandersetzen, damit ich sähe, dass sie Dir nicht Unrecht getan hätten!!! Als ich einmal sagte, ich als Deine Frau halte sehr viel von Dir, sagte er, dabei solle ich sicher bleiben, aber ihnen dürfte ich nicht übelnehmen, dass sie Dich anklagen müssten. So war es. Hoffentlich hat es nichts verdorben! Er regte an, ich solle an Himmler und Hitler je einen Brief schreiben. Soll ich das? Ich setze morgen mal was auf und gehe morgen auch zu Dix.

Mein Jäm, ich glaube, ich muss die Guten hier schlafen lassen. Ich habe noch anderes mit Dir zu besprechen. Ich sprach mit Ulla[16] gestern Abend über die Möglichkeit, von Dir auch weiter gestützt zu bleiben, Dich nicht zu verlieren und doch nicht zu stören auf neuen und mir entfernten Wegen. Dies beschäftigt mich so sehr, aber zuversichtlich.

Ja, das Bildchen von C.chen finde ich wunderschön, aber willst Du es nicht, mein Lieber, noch behalten? Ach, wie ungerne höre ich auf. Hoffentlich kann ich noch weiter schreiben. Es bedeutet solches Glück für mich.

In Liebe, mein Jäm, bin ich Dir nah. In heißer Liebe bitte ich für Dich und fühle mich bittend Dir sehr nah. Morgen schreibe ich weiter. Dein P. bin ich.

1 Adolf Zeumer, der Gutsinspektor in Kreisau; von Freya mit «Z.» abgekürzt. *2* Das Gut Kreisau hatte Land in den Ortschaften Wierischau, Kreisau und Gräditz. *3* Hohe Eule und Zobten sind Berge in der Kreisauer Umgebung. *4* Es scheint sich um einen der zahlreichen (kleineren) Luftangriffe gehandelt zu haben. *5* Susi Radermacher. *6* Washington. Helmuths Bruder Wilhelm Viggo von Moltke war seit 1940 in den USA als Architekt tätig. *7* Helmuths Bruder Joachim Wolfgang von Moltke. *8* Lionel Curtis. *9* Ein Spruch des Augustinus, der am 28. August Namenstag hat. Siehe den Brief von Freya vom 13. Oktober 1944, S. 71. *10* Harald Poelchau und seine Frau Dorothee. *11* Im Juli 1929 lernten sich Helmuth und Freya im österreichischen Grundlsee kennen. *12* Das Gut von Peter Yorck von Wartenburg in Schlesien. *13* Vermutlich sind Wertsachen gemeint. *14* Marion Gräfin Yorck von Wartenburg, Ehefrau von Peter Yorck von Wartenburg. *15* Heinrich Müller, Chef der Gestapo, in den Briefen meist mit «M.» abgekürzt. *16* Freya und Helmuth waren beeindruckt von Ulla Oldenbourgs Fähigkeit, durch intensive Fürbitte seelischen Beistand zu leisten und auf das Geschehen einzuwirken. Sie war Anhängerin der Christian-Science-Bewegung, einer aus Amerika stammenden christlichen Sekte, die das Prinzip des Universums in Gott und im Geistigen sieht. Durch Zuwendung zum göttlichen Ursprung können ihrer Lehre zufolge Krankheiten, Sünde und Tod geheilt bzw. überwunden werden.

Helmuth James an Freya, 10. Oktober 1944

Tegel, den 10. Oktober 1944.

Mein Lieber, gestern kamen die Esssachen von Dir an und waren riesig willkommen, denn ich hatte gerade am Morgen den letzten Speck aufgegessen und mein Zucker war auch fast zu Ende. Dazu war es sehr kalt und daher das Bedürfnis zu essen sehr groß. So habe ich denn gleich ein, nein 2 Honigbrote und viele Plätzchen gegessen. Der Anblick richtiger Butter, die ich ja seit dem 17.8.[1] nicht mehr bekommen habe, hat etwas peinlich Beglückendes. Sind die Pfirsiche von dem kleinen Spalierbäumchen? Der Apfel war übrigens besonders gut. Wenn Du mir noch einmal Zucker schickst, dann am besten Würfel; denn ich esse den Zucker so und verderbe ihn mir nicht durch schlechten Kaffee. Ob Du wohl heute wieder da bist und den Anzug tauschst? – Mein Lieber, ich ursche mit den Lebensmitteln, denn erstens ist es kalt, zweitens ist Essen so eine angenehme Abwechslung am Tage und drittens rechne ich am Morgen damit, nach 36 Stunden, und am Abend, nach 24 Stunden tot zu sein. Diese kurzfristigen Prolongationen des Lebens ersticken alle normalen Sparsamkeitstriebe. Es muss ja nun auch kommen; ich bin aber garnicht nervös darüber, ob es kommt.

Mein Herz, so sehr ich es mir verbiete, so befasst sich mein Kopf doch immer mit Deinem künftigen Leben. Und vielleicht kann ich doch eine Sache dazu sagen, ohne dass das schaden kann. Die Zeit jetzt wird für Dich nicht so schlimm sein, die Zeit unmittelbar nach meinem Tode wird auch gehen, aber nach einiger Zeit kommt der Alltag, und das wird der schlimmste Augenblick sein. Du musst aber diesen Tiefpunkt durchwandern und den Schmerz ertragen. Versuche nicht, durch übermäßige Geschäftigkeit darüber hinweg zu huschen; Du erntest sonst nicht die Frucht Deiner Tränen, und Du engst das Plätzchen in Dir ein, in dem ich weiter wohnen bleiben will. Der Schmerz weitet dieses Plätzchen. Mein Herz, ich habe mich etwas gescheut, Dir das zu schreiben, weil es so nach Besitzerwillen über das Grab hinaus aussieht und weil es in etwa ein grausamer Rat ist, für mich billig, für Dich schwer. Aber schließlich, dachte ich, habe ich Dir so viele unangenehme Ratschläge in meinem Leben gegeben, dass ich es an diesem nicht fehlen lassen kann. – In Poelchau's Gesangbuch habe ich ein ganz schönes Lied gefunden: Nr. 296 «Was macht Ihr, dass Ihr weinet».

Mein Herz, zu sagen habe ich nichts. Alles ist gut so, wie es ist. Ich vertraue ganz fest und sicher auf den Herrn, dass er mich und Dich und uns auch weiter so leiten wird, wie es für uns gut ist. Ich bitte ihn, dass er mich möge aus dieser Not auch in dieser Zeitlichkeit retten, fühle mich aber ganz sicher, dass mir nichts und niemand etwas anhaben kann und dass auch Dein Schmerz, wenn Du ihn ertragen musst, seinen Sinn und seine Frucht erweisen wird.

Leb wohl, mein sehr geliebtes Herz, bleib mir mit Deinen Söhnchen geborgen in Seiner Hut. J.

1 Siehe Helmuths Brief vom 30. September 1944, S. 44, Anm. 3.

Freya an Helmuth James, 11. Oktober 1944

Mittwoch

Mein Lieber, eben komme ich von dem Besuch bei Dir zurück, nachdem ich in der Stadt gegessen habe. Ich saß im Wartezimmer und schickte alle meine Gedanken der Liebe zu Dir hinauf. Ich fühlte mich von Dir bedacht und verband mich Dir und war richtig glücklich, das wieder so voll und warm und stark zu fühlen. Dann kam der freundliche Wachtmeister mit Deinen Sachen. Die Weste war noch warm von Dir und brachte mir, wenn nicht einen Kuss, so doch ein bisschen davon. Ich nahm alles in Empfang und ging wieder weg und wusste, dass Du mich begleitetest. Mein Jäm, viele schöne Dinge hast Du inzwischen an mich geschrieben. Über vieles bin ich sehr glücklich. Ehe ich zum sachlichen Teil komme, muss ich über all das mit Dir sprechen. Vor allem beglückte mich, was Du über mein Leben ohne Dich schriebst. Ich hatte gerade darüber ja schon im letzten Brief schreiben wollen und es wegen dem Schlaf unserer Freunde[1] nicht getan. Darüber hatte ich ja gerade mit Ulla gesprochen. Vor Jahren hatte ich ein mal Tante Leno[2] gefragt, ob sie Charlie noch liebe, der 40 Jahre tot ist. Sie sagte darauf, ja, aber es sei ihr, als ob das ein anderes Leben gewesen sei und sie inzwischen eine andere Frau geworden (!es brannte so sichtlich nicht mehr in ihr!). Mich hat das schon damals sehr entsetzt, da Du mir ja, mein Geliebter, immer Deinen frühen Tod gepredigt hast. Ich war so überzeugt, dass meine Liebe viel stärker als das Leben sei, und hatte das von Tante Leno auch gedacht und bekam nun Furcht vor meiner eigenen Schwäche. Ich habe jetzt keine so große Furcht mehr, weil ich nun weiß, dass wir durch Gott immer verbunden bleiben, weil ich auch fühle, wie ich ohne Dich nicht voll bin und Du ohne mich nicht, weil ich noch bewusster in meiner Liebe zu Dir geworden bin und weil ich endlich auch die Aufgabe vor mir sehe, Dich mir, mein liebes Herz, nicht entgleiten zu lassen. Das besprach ich mit Ulla, (die natürlich Deinen Tod in sich nicht wahr haben will und bekämpft), und sie sagte, sie hätte die Verbindung zu ihrem Mann noch in voller Stärke, Kraft und Liebe und sie fühle sich immer wieder von ihm gestützt und geführt, fühle immer wieder seine Nähe und sein Leben. Aber es ist eine Aufgabe, das wirklich lebendig in sich zu erhalten, die Verbindung zu pflegen und zu hüten und zu wollen, und dazu braucht man Zeit, Alleinsein, Muße, inneres Gleichgewicht, Ruhe und darf nicht durch Geschäftigkeit die zartesten Organe verkümmern lassen, die uns schon jetzt aus dieser Existenz herauszuahnen die Möglichkeit geben. Da aber stehst vielleicht Du, mein Geliebter, mein mir auf ewig Verbundener, und will ich Dich nicht verlieren, so muss ich sie pflegen und muss den Hang zur nutzlosen Geschäftigkeit überwinden und muss ringen um den Kontakt mit Gott. Das, mein Herz, hatte ich Dir schreiben wollen vorgestern, und da kam gestern Deine schöne Beschreibung meines Schmerzes um Dich, die genau das sagt, was ich gesagt bekommen möchte. Wieso ist das ein grausamer Rat? Ich weiß schon lange, dass der Schmerz um Dich, wenn Du mir genommen werden solltest, mein kostbares Gut sein wird, und gerade dann werde ich Gott bitten, dass er ihn mich zu meinem Nutzen auskosten lässt, mich darin leben lässt. Ich verstehe deshalb sehr gut, was Du mir schreibst, und fühle mich dadurch beglückt und bestätigt und bin dankbar für Deine Worte, denn sie zeigen mir wieder, dass wir sehr einig sind. (Hast Du mir viele unangenehme Ratschläge in unserem Leben gegeben? Ich habe darüber nachgedacht und keinen entdeckt, außer vielleicht den, dass ich mich auf Deinen frühen Tod einrichten müsste.) Nun muss ich aber noch sagen, dass ich nicht etwa davon überzeugt bin, dass mir diese Aufgabe gelingen wird. Ich sehe, dass darin die Fortführung, ja Vollendung unserer Ehe liegen muss, ich sehe die Aufgabe, aber ich bin schwach, ich bin weltzugewandt, bin erdgebunden, bin eifrig und tüchtig, verzettele mich in 1000 Dinge, Du weißt das ja alles, mein Liebster, werde viel zu tun und zu arbeiten haben, der Alltag wird enorm sein, und abends sinke ich schläfrig ins Bett. Ach, mein Jäm, und so darf es gerade nicht sein, und das sehe ich durchaus. Ich brauche dazu Gottes Hilfe, mein Jäm, und Du musst bei ihm für mich bitten. Ich weiß nicht, ob Du wirklich bei mir sein kannst, mein Lieber, ich werde es ja fühlen und erfahren, wenn Gott die Trennung von uns fordert, ich darf aber doch, finde ich, nicht wagen wollen, Dich in meinen Alltag hineinzubeziehen. Ach, mein Jäm, nun kommt es immer mehr auf Fragen, die uns zu beurteilen und zu erkennen hier verwehrt ist. Ich habe auch das gesagt, was ich dazu sagen wollte, und Du kannst darüber nachdenken und wirst jetzt wissen, dass ich meinen Weg kenne. Was Du über das Herausheben aus Raum und Zeit schreibst, ist auch sehr schön, und in dieser Konsequenz hatte ich es noch nie gedacht, und sie ist tröstlich, sehr sogar. Die Relativität und Unwesentlichkeit der Zeit vermag man ja Gott sei Dank schon hier zu verspüren, und dies stützt mich, wenn ich 50–60 lange, nein eben kurze Jahre vor mir sehe. Mein Jäm, wird das alles von uns verlangt, damit wir wirklich lernen, den Materialismus zu überwinden, damit wir wieder wissen, dass der Geist in uns ist, damit wir wissen, dass wir Gottes Kinder sind. Mitten in quälenden Gedanken kann mich diese Gewissheit in diesen Tagen mit einem wahren Glücksgefühl überkommen. Dann löst sich alles in mir auf, und ich fühle und weiß das: Es liegt darin dann auch die Möglichkeit, in sich nicht das Ich, sondern das Geschöpf Gottes zu sehen und so dem schrecklichen Pharisäertum und der Befriedigung mit sich selbst und dem Ehrgeiz zu entschlüpfen. Ach, es liegt alles darin. Mein Jäm, das handelt nun alles von mir, aber es handelt auch von uns, aber ich muss nun andere Sachen schreiben, damit ich nicht dem Guten[3] 3 Bogen anvertraue. Ich bin schon so schrecklich unbescheiden. Ich nehme alles, was er mir anbietet, und er bietet mir sehr viel an. Ich kann nicht anders! Welch ein Glück, dass Du noch da bist; ich rechne mit (und fürchte für) jedem Tag, dass Du wegkommen könntest und wir nur noch auf Gedanken und Gebete angewiesen sind. D. h. wegkommen an einen ähnlichen Ort, denn es wurde mir gestern gesagt, ich möge wegen Deiner Anklage nächsten Dienstag wieder nachfragen. Vor diesem Tage ginge sie nicht heraus. Ich habe garnicht den Eindruck, dass mich der Mann belügt; seine Art, sich die einzelnen Tage dieser Woche vorzunehmen, was da vorläge, sprach ganz dafür, dass es stimmt. Nächste Woche wird es dann aber soweit sein, glaube ich. Wie es dann weitergeht, ist auch nicht heraus. Manchmal dauert es wirklich nur 24 Stunden bis zur Verhandlung, manchmal zieht es sich aber auch hin. Bei Romais[4] Mann 14 Tage. Er wird aber diese Woche drankommen. Ich war nun *gestern* bei Dix, um das zu erfragen, was Du wissen wolltest. Deine so konkreten Fragen hatte ich da aber noch nicht. Ich werde also morgen noch einmal hingehen. Ich habe nur allgemein nach der Art der Verhandlungen und nach Freisler gefragt. Das berichte ich Dir also zunächst. Ja, es ist eine ordnungsmäßige Verhandlung und nach Dixens Ansicht im Gegensatz zu P.s wird das Urteil auch erst auf Grund der Verhandlung gefunden. Es kommt erst die kurze formelle Anklage, dann ein *sehr eingehendes Verhör* des Angeklagten. Dix betonte, Freisler sei ein hervorragender ‹Inquirent› und frage *sehr gründlich und vielseitig*, ließe den Angeklagten auch sprechen, sei aber so temperamentvoll, dass er oft unterbräche. Wenn das vorüber sei, kämen die Anklage und das Plaidoyer und dann das Schlusswort des Angeklagten, wo er zusammenhängend zur Sache sprechen könne. Über Freisler sagte er, er halte ihn für den klügsten Mann des ganzen Regimes, er sei ein Mordskerl und glänzender Verhandlungsführer. Einen Angeklagten, der nicht geistig auf der Höhe sei, zermalme er wie eine Boa constrictor ihr Opfer. Eine Verhandlung unter Freisler könne unter Umständen atemberaubend fascinierend sein. Er sei sehr gebildet und habe überhaupt Niveau. Er ist also ein match,[5] was ich garnicht gewusst hatte. Ich dachte, er brüllte nur. Dix ist dabei grundsätzlich unserer Meinung über ihn, aber mir scheint, man muss über seine Qualität doch Bescheid wissen. Ich habe persönlich noch das Bedürfnis, Dir zu sagen, Du möchtest Dir nur ja nichts gefallen lassen. Wenn er brüllt, dann brülle wieder! Ich finde es doch wichtig, dass Du groß aus der Sache hervorgehst. Du wirst mit Kühnheit sicher mehr bei ihm erreichen. Ich bin ja auch der Ansicht, dass Du Dich verteidigen musst bis zum Äußersten, aber schlängeln darfst Du Dich nicht, brauchst Du auch garnicht, und vor allem darfst Du Dir eben nicht an den Karren fahren lassen! Diese Männer müssen zum mindesten merken, dass es sich um eine geistige Macht handelt, an die sie trotz allem nicht heran können. Woher Dix von Deiner «ausgezeichneten Haltung» weiß, ist mir unklar, aber er sprach davon. Davon sprechen auch die SS-Leute, denn der Peter ist noch durchaus in aller Mund. Du hast die Haltung wirklich, hast sie von innen heraus und wirst sie auch am Verhandlungstage haben, daran zweifele ich nicht. Ich meine aber, dass es wichtig ist, dass die Anderen sie auch verspüren. Die Vorstellung, dass Du Dich anbrüllen lassen musst, ist mir zutiefst zuwider. Das alles sagt sich leicht und ist sehr schwer, aber von Dir kann das Schicksal auch etwas verlangen. Du bist ja jemand, also wird es Dir gelingen. Ob mit oder ohne Tod ist eine andere Frage. Du kannst, ja Du musst schon kühn sein, denn Du stehst in Gottes Hand.

Zum Schluss noch einmal: ich bin glücklich, dass Du weißt, wie groß mein Schmerz sein wird, ohne Dich weiterleben zu müssen. Ich bin voll tiefster Dankbarkeit für den Inhalt dieser Wochen. Ja, wir sind sehr beschenkt worden, sehr reich und sehr wunderbar, und dass wir es zusammen geschenkt bekommen haben, bedeutet solch ein Glück. Gott gebe, dass wir die Kraft finden, weiter zu sagen, «Dein Wille geschehe». Ich umarme Dich zärtlich, mein Herzensjäm, denn ich liebe Dich ganz und gar und auch Deinen Leib, Deine Hände, Deinen Kopf, Dein Gesicht. Hab ich nicht oft bei Beinchen–Beinchen mir nur Dein Gesicht lange und eingehend beschaut, lange, lange, wenn Du lasest! Ich habe dabei oft denken müssen, ich hätte es für immer in mich aufzunehmen! In großer Liebe bin ich Dein P.

1 Harald und Dorothee Poelchau, von Freya meist mit «Freunde» umschrieben. *2* Leonore von Hülsen, deren Ehemann Karl 1903 gestorben war. *3* Harald Poelchau. *4* Rosemarie Reichwein, Ehefrau von Adolf Reichwein. *5* Ein ebenbürtiger Gegner.

Helmuth James an seine Söhne Caspar und Konrad, 11. Oktober 1944

Tegel, den 11. Oktober 1944.

Lieber Caspar, lieber Konrad

Da ich in wenigen Tagen wahrscheinlich nicht mehr leben werde, und da ich Euch deshalb in Eurem Leben nicht werde beistehen und helfen können, so will ich, solange ich noch Zeit habe, Euch wenigstens einen Brief schreiben. Dich, Konrädchen, kenne ich eigentlich nicht, denn als ich Dich zuletzt gesund sah, da warst Du noch ein Baby und jetzt bist Du doch schon ein kleiner Mensch.

Mit dem wichtigsten will ich anfangen. Habt euch und Reyali immer und ganz unverrückbar lieb. Ich weiß, dass es so sein wird, aber ich muss es auch noch besonders sagen. Seht, ich habe von meiner Mutter so viel Liebe und Wärme mitbekommen, dass ein Mensch davon sein ganzes Leben zehren und sich erwärmen kann. Das wird Euch Reyali auch mitgeben. Aber Ihr müsst auch denken, dass ich ja den zweiten Teil meines Lebens in Reyali's Liebe gebettet verbracht habe und dass ihr nun ihr Mann fehlt. Vergesst das nie, denn ich bitte Euch, ihr soviel an Liebe zu erzeigen, dass sie nicht so sehr fühlt, dass ich nicht mehr da bin. Ihr müsst sie für mich mit lieb haben.

In Eurem Leben kann ich Euch nun nicht helfen und beistehen, wie ich es gerne getan hätte. Ich kann Euch auch keine allgemeinen Ratschläge geben, denn jeder musss für sich lernen und erfahren. Man lernt immer, und ich habe viele der für mich wichtigsten Dinge in den Monaten gelernt, während derer ich eingesperrt war. Euch kann ich davon nichts übertragen: seht zu, ob Ihr dasselbe lernt und erfahrt. Ich will Euch nur sagen, dass ich in der Gewissheit sterbe, dass ich durch Jesum Christum zu Gott eingehen werde und dass in Seiner Liebe wir vier, Reyali, Ihr beide und ich, immer vereint sein werden; niemand kann wissen, wie, und deswegen kann man danach auch nicht fragen. Ich sage es auch nicht, damit Ihr das glauben sollt: so etwas kann einem nicht von einem anderen gesagt werden, entweder man weiß es oder man weiß es nicht; es ist eine Gnade, es zu wissen. Ich sage es Euch, damit Ihr wenigstens einen wichtigen Bestandteil von mir kennt, und vor allem, damit Ihr vor diesem Glauben, auch wenn Ihr ihn nicht teilt, Ehrfurcht habt. Man musss vor jedem Glauben seiner Mitmenschen Ehrfurcht haben, denn das ist der wichtigste Punkt in jedem Menschen.

Noch eines will ich Euch sagen: woher Eure Väter kamen, das werdet Ihr schon von alleine lernen. Ihr werdet aber nicht so selbstverständlich wissen, was für eine Mutter ich gehabt habe und was für Menschen ihre Eltern waren. Das sollt Ihr aber wissen, denn es ist ein großes Erbteil, vielleicht größer als das Eurer Väter. Nehmt alles auf, was Ihr darüber erfahrt, und seht zu, dass Ihr auch das Land Eurer Großmutter ein Mal seht. Mir ist es wie eine zweite Heimat.

Die Sache, wegen derer ich umgebracht werde, wird in die Geschichte eingehen, und kein Mensch weiß, wie. Euch will ich aber folgendes sagen: ich habe mein ganzes Leben lang, schon in der Schule, gegen einen Geist der Enge und der Gewalt, der Überheblichkeit und der mangelnden Ehrfurcht vor Anderen, der Intoleranz und des Absoluten, erbarmungslos Konsequenten angekämpft, der in den Deutschen steckt und der seinen Ausdruck in dem nationalsozialistischen Staat gefunden hat. Ich habe mich auch dafür eingesetzt, dass dieser Geist mit seinen schlimmen Folgeerscheinungen wie Nationalismus im Exzess, Rassenverfolgung, Glaubenslosigkeit, Materialismus überwunden werde. Insofern werde ich vom nationalsozialistischen Standpunkt zu Recht umgebracht. Ich habe aber nie Gewaltakte wie den des 20. Juli gewollt oder gefördert, sondern ihre Vorbereitung im Gegenteil bekämpft, weil ich aus vielerlei Gründen solche Maßnahmen missbilligte und vor allem glaubte, dass damit das geistige Grundübel gerade nicht beseitigt würde. Insofern werde ich zu Unrecht umgebracht. Wie das alles in späterer Perspektive aussehen wird, kann heute niemand sagen, auch nicht, ob mein Teil als etwas besonderes in diesen Vorgängen erkennbar bleiben wird. Ihr sollt aber nur wissen, dass ich nicht in einen Topf mit den Männern vom 20. Juli gehöre.

Meine lieben Söhnchen, die ich mit diesen Augen nie mehr sehen werde, ich kann nur darum bitten, dass Ihr gedeihen möget Euch und Reyali zur Freude und dass der Herr Euch segnen und behüten möge. Ich hoffe, dass Ihr Euren Taufsprüchen entsprechend aufwachsen werdet.

Caspar: «Ich will Dich segnen und Du sollst ein Segen sein.»[1]

Konrad: «Wachet, stehet im Glauben, seid männlich und seid stark.»

Und dass jeder sein Teil von dem Taufspruch des anderen erfüllt.

Von Herzen Euer
Helmuth.

1 Siehe auch Helmuths Brief vom 1./2. November 1944, S. 126.

Helmuth James an Freya, 12. Oktober 1944

Tegel, den 12. Oktober 1944.

Mein Lieber, gestern hatte ich einen Tag schwerer Anfechtungen. Ich hoffe, dass es überwunden ist, bin jedenfalls nach einer sehr schlechten Nacht sehr getrost und mit dem Gefühl, wieder geborgen zu sein, aufgestanden. Ich hoffe aber sehr, heute noch Gelegenheit zu haben, mich etwas abzuladen, um den Herd sicher auszuräumen. Das Traurigste war, dass ich dadurch Deinen Besuch unten im Haus nicht so genossen habe, aber es war ein aufrichtender Strahl.

Nun zur Hauptsache. Ich habe das Gefühl, dass Eile am Platz ist, hoffe deswegen, dass Du den Brief an H. H.,[1] (nicht A. H.[2]) abgesandt hast. Aber die Besprechung, die M. mir gewähren will, ist genauso wichtig. Die winzige Chance, die es überhaupt gibt, liegt nur im Zusammenwirken beider Faktoren. Hast Du Deinen Brief noch nicht abgesandt, so gib ihn mit einem Begleitbrief bei M. ab mit der Bitte, ihn weiter zu leiten, «am besten wohl, nachdem Sie meinen Mann gesehen haben und beurteilen können, ob sich daraus ein neuer Gesichtspunkt ergeben hat», oder so ähnlich. Ist Dein Brief schon weg, so schreibe M., teile ihm das mit und sage, Du wärest sehr dankbar, dass er mich noch sehen würde. In dem Brief an M., welcher auch immer es sei, würde ich vorschlagen, zwei Dinge ganz vorsichtig anzuschlagen: *a.* dass Du Dir nicht vorstellen könntest, dass sich nicht ein neuer Gesichtspunkt mindestens zur Schuldfrage ergebe, *b.* wenn er mich auch so freundlich und geduldig anhörte wie Dich. Du musst das natürlich ganz in Deine Worte kleiden, aber es ist wichtig, dass er mich nicht nur anbrüllt, was möglich ist. Das Ganze müsstest Du aber möglichst noch heute Nachmittag abgeben. Sonst, scheint mir, hast Du an dieser letzten Stelle alles erreicht, was möglich war.

Mein Herz, ich muss mich eilen, daher alles nur kurz: Ich brauche dringend 1 schwarze Kravatte und ein Paar schlechteste Manschettenknöpfe, denn ohne diese beiden Utensilien sehe ich eben immer unangezogen aus. Vielleicht kannst Du von P. oder C. D. eine Kravatte borgen und mir so schnell wie möglich schicken. – Ich will Dir etwas Wäsche zurückgeben, sobald Du das nächste Mal unten hinkommst, denn ich habe zu viel.

Ich würde möglichst bald nach dem Urteil zu M. gehen und abgesehen von Unterrichtung vor allem eine angemessene Regelung für Dich zu erreichen versuchen, denn Du hast es doch sehr viel schwerer als Marion, wenn man Dich ausgliedert. – Einen Brief an die Söhnchen füge ich bei. Ob Du ihn denen später einmal aushändigen willst, überlasse ich Dir. – Außerdem gebe ich Dir C'chen's Brief zurück, denn er lässt sich durch die Zuckerrüben zeitlich bestimmen.[3] Ich war aber sehr glücklich über ihn und will ihm schreiben, wenn ich noch dazu kommen sollte. – Dass sein Patenonkel benachrichtigt ist, finde ich gut, aber noch wichtiger ist, dass Deine künftigen Besucher[4] unterrichtet werden, und hoffe, dass Jowo das auch veranlassen wird, oder C'chens Patenonkel darum bittet, mit genauer Ortsangabe.[5] – Asta wird über ihr Kind ja glücklich sein, hoffentlich geht es nur gut. –

So, jetzt habe ich alles Nötige gesagt und habe wohl noch einige Minütchen. Mein liebes Herz, heute bin ich wieder ganz warm bei Ihm und bei Dir geborgen. Gestern war es nicht so. Wie das möglich ist, weiß ich nicht, aber ich ersehe aus jener Hölle, in welchem Himmel ich lebe, und bin auch wieder voller Dankbarkeit. Aber im schlimmsten Augenblick gestern schoss es mir durch den Kopf: «Gut so, nur tüchtig drauf! umso sicherer werde ich sein, wenn es überstanden ist.» Hoffentlich ist das richtig. Auch sah ich daraus, dass irgendwo ein Ufer war. Es gibt ja in meinem Leben nur noch 2 oder 3 Stunden, in denen ich absolut sicher sein muss, und wenn ich die Prüfungen hier hinter mich bringe, so ist es besser, als wenn ich in jener Stunde zu zweifeln begönne. Mein Herz, bete für mich für jene Stunden. Ich fürchte mich nicht, aber das menschliche Herz ist nun einmal schwach.

Noch etwas, Du musst allen sagen, dass ich sie im Herzen trage: Asta und Ulla, Pick, Zeumer, Schwester, die Tanten, Romai, Marion, Davy, Muto[6] u. s. w. Du weißt es ja. Sie sind zwar alle jetzt nur noch Staffage um Euch drei, aber nicht weil ich sie weniger, sondern weil ich Euch mehr lieb habe. Wie schön, dass Du so schöne Tage in Kreisau hattest. Manchmal bin ich wehmütig, wenn ich daran denke, meist aber nur froh und dankbar, diese Bilder in mir zu hüten. – Die Nachricht von Willo freute mich. Er wird wohl auch in den Schoß der Familie zurückfinden.

Mein liebes, liebes Herz, welch ein reiches Leben liegt hinter uns, welch ein reiches Leben vor Dir. Ich kann nur hoffen und glauben, dass Du aus den 15 Jahren und aus diesen Wochen soviel Kraft wirst saugen können, dass Du ohne Bruch diesen dritten Abschnitt Deines Lebens beginnen kannst, dass Du eine Start-Reserve hast. Der Herr gebe Dir Kraft dazu.

Ich schreibe immer so, als wäre ich schon tot. Ich habe seit gestern das Gefühl, dass die Sache unmittelbar bevorsteht, habe das allerdings auch in Ravensbrück schon einige Male gehabt. Aber in jedem Fall müssen wir ja unsere ganze Kraft auf meinen Besuch bei M. konzentrieren. Dafür müssen wir zunächst beten, mein Herz. Ich will jedenfalls mit aller Kraft versuchen, aus dieser kleinen Chance 1 : 1000 herauszuholen, was herauszuholen ist. Du musst bitte versuchen, in Deinen Brief an M. eine kleine Suggestivwirkung hineinzubringen, so etwa: «Ich hoffe zuversichtlich, dass sich bei dieser Besprechung doch ergibt, dass neue Gesichtspunkte eine andere Beurteilung ermöglichen». Nur ganz sanft, aber doch ein wenig. Schreib' aber den Brief mit dem Herzen, dann wird er tausendmal besser als der beste, den ich mit dem Kopf schreiben könnte.

Gott behüte Dich, mein Herz. J.

Mein Lieber, auch Ulla's Hilfe besonders für die Unterhaltung mit der kleinen Chance ist mir sehr willkommen.

1 Heinrich Himmler. *2* Adolf Hitler. *3* Der Brief könnte als reingeschmuggelt erkannt werden. *4* Vermutlich ist die sowjetische Armee gemeint. *5* Kreisau. *6* Frau Pick, Tante Leno und Tante Ete (Margarete von Trotha), Davida von Moltke (Davy), Irene Yorck von Wartenburg (Muto).

Helmuth James an Freya, 12. Oktober 1944

[Zusatz auf dem Brief von Freya vom 11. Oktober 1944]

1. Heute Nacht hatte ich plötzlich scheußliche Halsschmerzen und habe sie in 20 Minuten mit Deinem Honig kuriert.
2. In Ravensbrück hat sich Untersturmführer Weber anständig gegen mich benommen (Randnotiz: der einzige!). Du kannst ja sagen, ich hätte Dir das geschrieben, oder hast Du keinen legalen Brief von mir? Der hat auch den Rest meinen Tees; das muss noch eine ganze Menge sein. Schick ihm doch ein paar Plätzchen zum Dank – wenn ich tot bin – und erinnere bei der Gelegenheit an den Tee.
3. Manschettenknöpfe habe ich eben bekommen. Leider sehr groß; kannst Du vielleicht noch ein Paar kleinere machen.

Mein Lieber, die Qual des gestrigen Tages ist überstanden, nur müde bin ich noch davon. Ich werde in der Verhandlung mein Möglichstes tun, aber M. ist noch wichtiger. Am wichtigsten ist mir, von Dix zu hören, wie er meine Argumente über die Anzeigepflicht bewertet: Kenntnis der Polizei und wie Dix[1] neue, in dem Ermittlungsverfahren nicht berührte Tatsachen aufnimmt, ob er sie akzeptiert oder grundsätzlich abzuweisen sucht.

Dein Brief ist schön, mein Herz, bewahre auch Deine Briefe aus dieser Zeit auf, denn Du wirst manches drin finden, was Dir die Zeit zu entwinden sucht.

Psalm 139. Dank an P.!
Immer der Deine. J.

1 Vermutlich sollte es Freisler heißen.

Freya an Helmuth James, 12. Oktober 1944

Donnerstag.

Mein Lieber, fast immer, wenn ich jetzt zum Sternenhimmel aufsehe, entdecke ich oben unseren kleinen freundlichen Delphin.[1] Er hat den Anfang unserer Liebe so schön beleuchtet! Mein Jäm, was hat Dich nur so schrecklich gequält, mein Armer, ich finde die Spuren davon noch in Deinem Brief, mein Herz. Konnte P. Dir nicht helfen? Vielleicht hat er Dir geholfen. Dennoch ist man mit einer solchen Hölle ja immer ganz allein. Mein Armer. Muss das auch noch sein!? Ich habe gestern nur von Deinem Tod geschrieben und heute immer an Dein Leben gedacht. Den ganzen Tag! Denke ich aber an Dein Leben und hoffe, dann kann ich nicht helfen, unsere Herzen auf den Tod vorzubereiten. Ein Tag ist so und der nächste so. Ach, wie schwer ist es, unser Schicksal richtig zu leben, und richtig gelebt muss es sein, mein Herzensjäm. Immer wieder taucht zwischendurch Dein Gesicht von den Frauen und dem 9jährigen C.chen auf.[2] So geht es hin und her, aber bisher gelang es mir, die es so viel leichter jetzt noch hat, immer wieder alle Furcht und Sorgen und das Hin und Her in meine Bereitschaft aufzulösen, das zu ergreifen, was Gott uns schickt. Mein Jäm, Gott schicke Dir seine so starke und so tröstende Kraft und Hilfe. Er wird es sicher tun, mein Geliebter, und nach den Höllen wirst Du es viel stärker fühlen. Ich wollte Dir auch einmal sagen, wie ungezählte Menschen Deiner in Liebe, Liebe, Liebe und Freundschaft gedenken. Sicher stärkt uns das, ohne dass wir es wissen. Ulla bemüht sich sehr um Dich, laufend. Aber auch die vielen anderen. Sie werden mir ja auch beistehen, wenn Du mich verlassen musst. Aber ich weiß: allein muss ich sein und bleiben, um Dich zu halten. Ich weiß es ganz genau. Ich kenne meinen Weg. – Marion möchte, dass Du weißt: Peter missbilligte das auch, was Du missbilligst, genau wie Du. Er wurde hereingezogen.[3] Sie möchte, dass Du darüber gewiss bist. – Neulich in Kreisau wachte ich nachts nur ein paar Sekunden auf und schlief gleich weiter. In den wenigen Sekunden überkam mich ein starkes Glücksgefühl: wir waren ganz nah beieinander, wir waren unzertrennlich. Wenn ich das so oft und immer wieder fühlen dürfte. – Mein Jäm, ich glaube garnicht, dass es so schnell gehen wird. Ich glaube auch nicht, dass gleich vollstreckt werden wird. Das ist jetzt nie mehr geschehen. Es leben ja noch viele. Werde nicht nervös, mein Lieber – aber das sagt sich leicht – Bleib ruhig und sicher! Das ist der Teufel, der Dich plagt! Schmeiß ihn heraus. P. wird Dir dabei helfen. – Mein Jäm, ich *darf* Dir ja keine Kravatte bringen. Ich könnte sie höchstens dem Anwalt geben, damit Du sie zur Verhandlung hast.

Immer, wenn ich meinen Brief geschrieben habe, fällt mir wieder etwas ein, was ich Dir sagen möchte, aber im Grunde weiß ich, dass wir auch ohne Briefe fest, fest, fest verbunden sind und bleiben.

Jetzt muss ich Dir noch die Stellen aus Weisheit 3,1–6 schreiben: «Aber der Gerechten Seelen sind in Gottes Hand und keine Qual rühret sie an. Von den Unverständigen werden sie angesehen, als stürben sie, und ihr Abschied wird für eine Pein gerechnet und ihre Hinfahrt für ein Verderben, aber sie sind im Frieden. Ob sie wohl von den Menschen viel Leidens haben, so sind sie doch gewisser Hoffnung, dass sie nimmermehr sterben. Sie werden ein wenig gestäupt, aber viel Gutes wird ihnen widerfahren, denn Gott versucht sie und findet sie, dass sie seiner wert sind. Er prüft sie wie Gold im Ofen und nimmt sie an wie ein völliges Opfer.» Und dann Weisheit 4,7–14: «Aber der Gerechte, ob er gleich zu zeitig stirbt, ist er doch in der Ruhe. Denn ein Alter in Ehren ist nicht, das lange lebt, oder viele Jahre hat: Klugheit unter den Menschen ist das rechte graue Haar und ein unbeflecktes Leben ist das rechte Alter. Er gefällt Gott wohl und ist ihm lieb und wird weggenommen aus dem Leben unter den Sündern und wird hingerückt, dass die Bosheit seinen Verstand nicht verkehre, noch falsche Lehre seine Seele betrüge … Er ist bald vollkommen geworden und hat viele Jahre erfüllt. Denn seine Seele gefällt Gott, darum eilt er mit ihm aus dem bösen Leben.» – Ich liebe Dich sehr, mein Jäm, Du weißt es. Ich bin und bleibe Dein P.

1 Ein kleines Sommersternbild in der Milchstraße. *2* Eine Vision von Helmuth. *3* Das heißt: in die Pläne von Claus Schenk Graf von Stauffenberg, die zum Attentat auf Adolf Hitler am 20. Juli 1944 führten.

Helmuth James an Freya, 13. Oktober 1944

Tegel, 13. 10. 44.

Mein Lieber, Du bekommst heute von mir ein Gedicht,[1] das ich Dir und Poelchau zum Dank verfasst habe, ohne beurteilen zu können, ob es nun das sagt, was es sagen soll. Wenn ich noch Zeit habe, will ich versuchen, eine bessere Version daraus zu machen. Aber ich dachte, besser schlecht gedankt als garnicht, denn dass mein Herzblut darinnen ist, wird Euch ja trotz seiner Unzulänglichkeit nicht entgehen.

Ja, mein Herz, den Schmerz richtig zu erhalten, dass er bleibe, aber nicht zum Fetisch werde, ist schwer. Es ist wie die Aufgabe, ein Feuer immer gleichmäßig mittelstark zu halten. Ich kenne es ja nur von Mami's Tod. Dieser Schmerz hat mich nie verlassen, wie Du vielleicht aus meiner

Aufzeichnung über meine Kindheit für die Söhnchen[2] gemerkt hast. Granny und C. B.[3] sind mir noch zu nah, darüber habe ich kein Urteil.

Poelchau hat mich auf eine sehr schöne Strophe (4) aus dem Lied: «Endlich bricht der heiße Tiegel» von Hartmann[4] aufmerksam gemacht:

«Leiden sammelt unsre Sinne, dass die Seele nicht zerrinne
in den Bildern dieser Welt,
Ist wie eine Engelwache, die im innersten Gemache
des Gemütes Ordnung hält.»

J.

1 Nicht erhalten. *2* Abgedruckt in: Freya von Moltke/Michael Balfour/Julian Frisby, *Helmuth James Graf von Moltke*, S. 9–28. *3* Helmuths Bruder Carl Bernhard, meist mit «C. B.» abgekürzt, war am 30. Dezember 1941 gefallen. *4* Karl Friedrich Hartmann (1743–1815), württembergischer Pfarrer und Kirchenlieddichter; «Endlich bricht der heiße Tiegel» gilt als das «Hohelied des Leidens».

Freya an Helmuth James, 13. Oktober 1944

Freitag Abend.

Mein Liebster, so schön finde ich Dein Gedicht. Ändere es nicht mehr, denn es ist so wie es ist geboren. Und wie enthält es Dein Herzblut. Es ist wie ein Passionsweg mit seinen Stationen. Ich darf nun diesen Stationen nachwandern. Mein Lieber, ich glaube aber, wenn ich es mit Liebe lese, dass der Weg mit allen Steinen und Hindernissen durchschritten ist. Viel kann das Schicksal Dir nicht mehr anhaben, ich glaube, Du bist wirklich geborgen. Wie schön ist das und wie beglückend für mich zu wissen. Wenn ich den Reichtum dieser Wochen überdenke und fühle, dann bin ich überwältigt. Wie ist das möglich in solcher Not. Obgleich ich das jetzt schon erkenne, wird sich das in seiner ganzen Fülle erst erschließen, wenn Du mir genommen werden solltest. Du hast mir das ja auch schon geschrieben. Es ist so trostreich zu wissen, dass Du meinen Weg überdenkst und vor Dir siehst. Aber, mein Jäm, ich hoffe weiter und halte Deine Rettung für möglich, und das, obwohl die Wege, die unsere Liebe und unser Leben und unsere Gemeinschaft in diesen Wochen gewandert sind, die Gott sie hat wandern lassen, uns sehr auf die Trennung vorbereiten. Trotzdem müssen wir kämpfen und wie will ich auch!

Ich habe Sorge, dass M. mir die Unterredung mit Dir nur mit dem Mund versprochen hat, ohne den Vorsatz, sie durchzuführen. Wir müssen es abwarten. Ich muss noch einmal sagen: So schnell, wie Du glaubst, geht es nicht. Dienstag werde ich darüber Neues erfahren. Ich habe mir hin und her überlegt, ob ich nach Kreisau fahren soll über Sonntag. Die Woche war voll hier, und ich möchte Ruhe zum denken und mit Dir leben, überhaupt zum erleben haben. Ich brauche sie, und in Kreisau habe ich sie nicht so wie hier. Außerdem liebe ich die Nähe. Aber ich werde wohl doch morgen fahren. Ich führe Sonntag, wenn es die Züge gäbe. Denn ich dachte eigentlich, Montag in Kr. zu sein und nachts wieder herzukommen, sodass ich Dienstag ganz früh wieder da bin. Aber wie ich es bedenke, werde ich bestimmt erst morgen Mittag abfahren und morgen noch einen stillen Morgen hier machen und um 9 in Kr. sein. Sonntag Nacht räume ich dann die Canäle[1] ins Schloss; von da kommen sie nach Schweidnitz, und dort lasse ich sie von Annemie Webski abholen. Auch sonst will ich räumen, mich zeigen, sehen, ob die Hühner doch noch ein paar Eier für Dich gelegt haben, und vor allem C. Viggo sprechen. Ich fahre dann Montag am Nachmittag nach Schweidnitz und nehme mir da mein Billett nach Berlin, um Z. nicht zu belasten, und spreche C. Viggo. Fahr mit mir in Gedanken. Aber wenn Du nicht möchtest, dass ich fahre, so sag es, denn ich fahre doch nur aus Überlegung, nicht weil ich möchte. Ich möchte vielmehr nicht.

Ich bin so glücklich über das Gedicht, ich muss es noch einmal sagen. Ich glaube auch, dass es Dich freut, wenn ich es schreibe. Mein Lieber, ist Dir klar, dass ich praktisch jeden Abend bei unseren Freunden sitze, schreibe, rede und mich sehr zu Hause und bei Dir fühle. Oft fahre ich erst um ½11 ab, manchmal auch ein bisschen eher, aber nur ungern trenne ich mich. Sie sind so selbstverständlich liebevoll und freundschaftsvoll zu mir. Ich habe es sehr gut bei ihnen.

Jetzt noch: Dein Brief an die Söhne ist sehr schön. Ich werde versuchen, ihn gut zu hüten, denn unbedingt sollen sie ihn bekommen. Einstweilen liebe ich ihn alleine. Es steht alles drin, was drin stehen muss. Gott gebe, dass sie Menschen werden, die ihn verstehen! Aber ich weiß, dass in ihnen wieder eine andere Zeit aufwächst, dennoch ist die Ehrfurcht wirklich der Angelpunkt aller Erziehung und muss es bleiben, wenn Menschen Menschen bleiben. Warum steht der 28.8.[2] auf «Nos fecisti ad te et inquietum est cor nostrum donec requiescat in te»?[3] Ich liebe den Spruch. Ich habe ihn ruhig in Kr. auf meinem Schreibtisch stehen, weil ihn sonst im Haus ja niemand versteht. C.chen fragte gleich danach. Jetzt ist er mit hier.

Es ist 10. Die Rücksichtsnahme muss anfangen. Gute Nacht, mein liebes Herz. Mögest Du ganz ohne Stiche in Frieden und auch ohne Halsschmerzen schlafen. Meine Liebe ist groß und erfüllt mich ganz. Dein P. bin ich und bleibe ich.

1 Vermutlich Wertsachen. *2* Namenstag des Augustinus, siehe Freyas Brief vom 8./9. Oktober 1944, S. 55, und Helmuths Brief vom 17. Oktober 1944, S. 76. *3* «Geschaffen hast du uns im Hinblick auf dich, unruhig ist unser Herz, bis es ruhet in dir.» Augustinus, *Confessiones* I,1.

Helmuth James an Freya, 14. Oktober 1944

Tegel, den 14. 10. 44.

Mein Lieber, hattest Du gesehen, dass ich Dir auf Deinem vorletzten Brief, wohl vom 11., abends am Schluss etwas draufgeschrieben hatte? U. a. nämlich auch, dass alles überwunden sei. Sei nicht besorgt; ich werde mit Seiner Hilfe damit doch fertig werden, wenn es wiederkommen sollte. – Schreib' mir doch bitte die Stellen aus Weisheit mit der Maschine auf ein dünnes Papier. Ich habe sie in den 10 Minuten nicht verdauen können.[1] – Meine Versorgungslage ist so, dass ich Hemden und Taschentücher und Socken für mindestens 14 Tage habe, aber Ende der kommenden Woche 1 oder 2 Unterhosen bräuchte. Butter reicht bis Mitte nächster Woche, Speck bis an deren Ende; Zucker noch lange. Gerne hätte ich noch Honig, wenn Du welchen hast, sonst gibt Dir C.D. vielleicht eine Marmelade. Der Honig ist übrigens von köstlicher Qualität. – Die Frigorölchen[2] waren eine sehr große Freude. Hast Du auch welche behalten? Das verlange ich nämlich; ich schick Dir sonst am Dienstag, falls ich dann noch hier bin, welche zurück. Wie erfreulich, dass es ein paar Nüsse gab. In 4, 5 Jahren wird man davon ganz nett ernten. – Die Nachrichten waren befriedigend, Dein Brief[3] hat mir sehr gefallen; es kommt allerdings darauf an, dass ihn jemand in die Hände bekommt, der lesen kann. So, das sind wohl die Kleinigkeiten.

Mir ist ein neues Argument für Adrian eingefallen; vielleicht kannst Du noch einmal mit ihm sprechen. Ob er das jetzt verwendet, doch das müsste wohl geschehen. Du kannst ihm folgendes sagen: Ich sei Jahre lang vor dem Kriege von dem Round Table-Kreis[4] und von Milner's Kindergarten[5] als eine Art kontinental-europäisches Mitglied behandelt worden, und immer, wenn ich drüben gewesen sei, hätten Besprechungen dieser Männer mit mir stattgefunden; soweit Du wüsstest, wäre Gegenstand dieser Besprechungen, an denen manchmal auch hohe Beamte des Colonial Office teilgenommen hätten, gewesen, wie man Kontinental-Europa und vor allem Deutschland eine Art von Beteiligung am Empire und Commonwealth ermöglichen könne, vor allem an den afrikanischen Kolonien. Das Ganze sei langfristig geplant gewesen, weniger als eine Tagesfrage als vielmehr als eine Planaufgabe. Das Ziel sei gewesen, dem Überschuss an Geist und Tatendrang, den Deutschland hatte, einen Ausweg zu schaffen, nicht nur kommerziell, sondern auch verwaltungsmäßig und à la longue politisch, dem Empire aber und den Dominions denjenigen Zuschuss an europäischen Menschen zu geben, der es ihnen ermöglichen würde, dem Druck der Amerikaner und der Farbigen zu widerstehen. Das sei die Basis, soweit Du wüsstest, und Du hättest darüber nicht gesprochen, weil Du sicher seiest, dass ich das nicht wollte; bei der jetzigen Lage, vor allem nach dem Gespräch mit Müller, habest Du Dich aber entschlossen, das von Dir zu geben. Ich sei ganz sicher, *a.* dass kein anderer Kontinentaleuropäer ein ähnliches Vertrauen in diesen Fragen genossen hätte, und *b.* dass dieses Vertrauen durch den Krieg nicht berührt sei. Diese besondere Stellung hätte ich nicht mir zu verdanken gehabt, sondern meiner Mutter, die sozusagen die einzige Schwester in Milner's Kindergarten gewesen sei, und als deren Sohn ich akzeptiert worden sei, oder adoptiert (Randnotiz: Hier müsstest Du etwas über Mami, Granny und Daddy sagen). Deswegen sei diese Stellung auch an meine Person gebunden. Du bätest zu erwägen, ob diese Fakten es nicht rechtfertigten, *a.* mich zu diesem Komplex ein Mal durch einen außenpolitisch geschulten Mann zu vernehmen, und *b.* mich, auch im Falle eines Todesurteils, jedenfalls zunächst einmal aufzusparen, einfach nicht zu vollstrecken und in ruhigeren Zeiten zu überlegen, ob man nicht mit mir etwas Besseres anfangen könnte, als mich aufzuhängen. Im übrigen sei es doch auch so, dass ein nicht vollstrecktes, rechtskräftiges Todesurteil für mich eine ganz beachtliche Strafe sei, die überdies mich treffe, während ein sofort vollstrecktes Todesurteil vor allem Dich, aber unter diesen besonderen Umständen vielleicht auch ganz Deutschland treffe. Du kannst dabei auch andeuten, dass es vielleicht für den Auslands-SD auch nicht uninteressant wäre. Ich bin nämlich neulich plötzlich über den Round Table vernommen worden, wenn auch nur kursorisch und nur über Namen. Diese Geschichte ist im Großen gesehen richtig. Die Schwierigkeit ist, dass das auch Nachkriegspläne waren, aber mit der Schwierigkeit muss ich mich abfinden, wenn ich darüber vernommen werde, die braucht Dich nicht zu berühren.

Es scheint mir aber wichtig, Adrian eine ressortmäßige Zuständigkeit zu geben und außerdem ein Argument für meine Einmaligkeit zu finden, und das ist bei dieser Geschichte doch wohl beides drin. Er muss eben zuerst bitten, dass ich zu diesen Dingen möglichst unter Beteiligung eines Mannes vom A. A.[6] vernommen werde und dass diesem das Ergebnis dieser Vernehmung zugänglich gemacht wird und ich nicht hingerichtet werde, ehe er das nicht ausgewertet hat. Du musst nur klar machen, dass es sich immer nur um einseitige englische Maßnahmen handeln sollte, nicht um Verhandlungen, und dass ich dabei als Berater der Engländer fungiert hätte, nicht als Sprecher für Deutsche. Du wärest aber nur über die ganz große Linie unterrichtet und wüsstest im Grunde nichts darüber. Denk' mal nach, ob das gehen wird; eventuell besprich es doch mit Dieter[7] vor, der dann vielleicht von Adrian zugezogen wird und sich rein geschäftsmäßig darum kümmern könnte.

Mein Herz, alles, was Du über Deine Zukunft schreibst, ist mir ganz klar. Es ist eine große Aufgabe, mein Herz, aber ich meine, dass Du ihr gewachsen sein wirst. Noch eines: Dadurch, dass wir den innigen Kontakt haben, wird manches für Dich schwieriger sein, als wenn Du z. B. eingesperrt wärest und garnichts tun könntest.[8] Es kann wohl sein, dass Du aus späteren Informationen den Eindruck gewinnst, dass alles hätte anders gehen können, wenn ... Lass solchen Gedanken keinen Raum, sie sind falsch und können Dich schrecklich belasten. Was Er schickt, ist richtig, und ob Er sich dazu dieses oder jenes Weges bedient, ist nicht unsere Sache. Lass Dich keinesfalls quälen, und wenn es Dich quält, dann lass Dir sofort von Poelchau helfen. – Du verwaltest ja bis zu einem gewissen Grade das geistige Erbe von uns Toten. Versuch es fruchtbar zu machen und sei damit nicht zu bescheiden; das bist Du Allen schuldig. Wer Dir dabei helfen soll, hängt davon ab, wer überlebt; ich bitte Dich aber, wenn möglich auch die Leute heranzuziehen, die hoffentlich jetzt Jowo's Freunde[9] geworden sind, auch an Konrad[10] ist zu denken. P. habe ich schon gesagt, dass ich, falls Du und Kreisau existieren, auch einen Gedächtnisgottesdienst falls tunlich für richtig halten würde.

Mein liebes Herz, welch' eine Zeit! Was für Frucht wird sie bringen. Werden wir etwas erworben haben, was es denen, die nach uns kommen werden, vor allem unseren Söhnchen, leichter macht zu erkennen, neue Untiefen zu messen und neue Höhen zu erklimmen? Oder ist jeder Einzelne so sehr ein selbständiger Gedanke Gottes, dass er alles nur für sich alleine tut, leidet, erringt, sät, erntet? Es ist ja gleichgültig, aber die Frage beschäftigt mich. Eines aber wird für die Söhnchen bleiben: Du wirst diese Wochen in Dir tragen, als eine Engelwache und als einen Brunnen, etwas, das Dich behütet, und etwas, aus dem Du schöpfen kannst, und das werden die Söhnchen schon spüren und erfahren.

1 Vorsichtshalber holte Harald Poelchau Freyas Briefe meist noch am selben Tag bei Helmuth wieder ab. *2* Schokoladenröllchen von Frigor. *3* Freyas Brief an Heinrich Himmler. Siehe Anhang, S. 548 f. *4* Bezieht sich auf die von Lionel Curtis 1910 mitbegründete Quartalsschrift *The Round Table. A quarterly review of the politics of the British Empire.* Siehe Helmuth James von Moltke, *Briefe an Freya*, S. 91, Anm. 1. *5* Eine Gruppe junger Menschen, die in Oxford studiert hatten und nach dem Burenkrieg für den Generalgouverneur Lord Milner arbeiteten. Auch ihr gehörte

Lionel Curtis an. *6* Auswärtiges Amt. *7* Dietrich von Mirbach. *8* Viele der Ehefrauen kamen in Sippenhaft, siehe Einleitung, S. 15, Anm. 4. *9* Der evangelischen Kirche nahestehende Personen des norwegischen Widerstands. Joachim Wolfgang von Moltke war durch die Vermittlung seines Bruders Helmuth in den Wehrmachtsstab nach Oslo versetzt worden. *10* Konrad Graf von Preysing, Bischof von Berlin.

Helmuth James an Freya, 17. Oktober 1944

Tegel, den 17. 10. 44.

Mein Lieber, morgen ist der 18.,[1] und den werde ich ja wohl noch erleben, was immer geschieht. Mein liebes Herz, welch ein glücklicher Tag für uns, ein Glück, eine Gnade, die nichts zerstören kann. Dass sie mir erhalten bleibt, weiß ich gewiss, denn wenn der Herr mich abberufen sollte, so ist ja gerade das einer der wenigen Werte, die ich von hier mitnehmen darf. Möge diese Gnade, wenn wir Abschied nehmen müssen, auch Dir erhalten bleiben, für die das alles ja viel schwerer ist. – Übermorgen, mein Lieber, bin ich 9 Monate verhaftet und das heißt, dass Du die Sorge und Angst um mich dann solange getragen hast wie Deine Söhnchen. Wenn ich denn sterben muss, so hoffe ich, dass ich Dir durch diese 9 Monate neu geboren werde und nun bei Dir bleiben kann als Dein ausschließliches – auf Erden – Besitztum, an das kein anderer Mensch Ansprüche stellt. Du hast in dieser Zeit, mein Herz, viel mehr ertragen als ich, und Du hast es wohl verdient, dass Dir Dein dritter Sohn geschenkt wird. – Mein Herz, außerdem will ich Dir noch eines sagen: Du hast die Zeit seit 33 etwas ganz Großes geleistet: Du bist immer bereit gewesen, Deinen Wirt zu opfern. Du hast ihm nie mit der Rücksicht auf Dich im Wege gestanden, Du hast nie mit der Wimper gezuckt, wenn es galt, etwas Unangenehmes zu tun. Das wird Dir nie jemand danken, aber Du sollst wissen, dass es Deinen Wirt alle diese Jahre hindurch mit Stolz und Glück erfüllt hat. Du stehst damit auch unter all den betroffenen Frauen ganz alleine da, denn alle anderen haben ja viele Jahre auf der Sonnenseite der Politik gelegen.[2] – Mir ist das alles die Tage wieder mit Gewalt zurückgekommen, als ich überdachte, für wie vieles ich Dir zu Dank verpflichtet bin, wie vieles Du getan und getragen hast, ohne es zu wissen. Ich weiß, dass es Dich im Endergebnis auch bereichert hat, dass Du auch von der Tatsache getragen bist, dass wir beide in unserer Haltung nie gewankt haben, dass wir keinen Bruch haben. Aber trotzdem ist es für Dich eine Leistung, die Deine Kräfte sicher hat wachsen lassen, sodass sie für die vor Dir liegenden Aufgaben ausreichen werden.

Mein Lieber, am Samstag[3] habe ich einen Haftbefehl[4] bekommen, aus dem zu entnehmen ist, dass ich zusammen mit Haubach, Steltzer, Gerstenmaier, Reisert, Sperr und Fugger zum Termin komme. Ich bin Nr. 1, woraus sich ergibt, dass es sich um eine Attacke gegen Kreisau handelt. Die Zugabe der drei Bayern,[5] die ich kaum kenne, in Verbindung mit der Tatsache, dass ausdrücklich gesagt wird, wir hätten einen gewaltsamen Umsturz, notfalls mit einer Gewalttat gegen den Führer, geplant, lässt mich vermuten, dass der S. D. aus der bayrischen Ecke etwas Bestimmtes hat. Ich weiß zwar nicht, was, aber bei den unmöglichen Verteidigungsverhältnissen vor dem V. G. H.[6] werden auch Irrtümer und Verwechslungen sehr schwer zu widerlegen sein. Immerhin scheint soviel klar, dass ich wegen Kreisau verurteilt werden soll und nicht wegen Goerdeler. Lass Dich durch diese Mitteilung in Deinen Bemühungen nicht beschweren, denn schließlich muss ich davon ausgehen, dass ich diese zu weit gehende Anschuldigung zu widerlegen vermag. Nun, wir müssen es abwarten. Es ergibt sich aber ganz klar daraus, dass irgendein Erfolg erst nach dem Termin denkbar ist, denn der Text der Anklage, der ja dem Haftbefehl entsprechen wird, wird jede Einwirkung vor dem Termin unmöglich machen. Immerhin müssen die Minen so gelegt sein, dass bei richtigem Verlauf der Termine dann auch etwas erfolgt. – Da die Leute von Lange und Genossen mich ja kennen, wäre wichtig zu wissen, ob von Kaltenbrunner oder von meiner Dienststelle oder vom A. A. irgendjemand in den Termin kommen kann. Denn die Leute von Müller werden ja nicht zugeben, dass sie sich in dem schwersten Angriff geirrt haben, und ein Todesurteil kann schließlich auch anders begründet werden. – Wichtig könnte übrigens auch sein, zu wissen, ob Husen verhaftet ist.[7]

Nun kommen lauter Kleinigkeiten, die mir eingefallen sind. Der 28.8. ist der Namenstag von Augustin. – Du musst ja für die nächsten Monate Geld haben. Kann Jowo oder M. D.[8] nicht mit 2 oder 3000 RM ein Konto bei der Kreisbank einrichten und Dir Vollmacht geben? Das wird sich später ausgleichen lassen. – Asta und Jowo müssen ihre Rechte am Berghaus energisch vertreten. Eventuell hilft Carl Viggo dabei. – An Weihnachtsliedern wollte ich Deine Aufmerksamkeit auf Schenckendorff's «Brich an Du schönes Morgenlicht» lenken. Die Weihnachtsgeschichte kann dieses Jahr doch C'chen aufsagen; das ist für Dich doch auch weniger schlimm, als wenn Du sie lesen musst. – Wenn Du meinen Termin rechtzeitig erfährst und der Anwalt dazu bereit ist, kannst Du mir vielleicht etwas starken Kaffee machen und durch ihn mitschicken. – Hüte mein Adressbuch, es kann Dir nützlich sein. – Über das geistige Erbe ist auch Herr Johansson in Sigtuna, ein Ort in Schweden, Stiftelsen (?) unterrichtet und hat einen Bericht darüber.[9] Die Frage, ob und wie diese Hinterlassenschaft etwa sofort ausgenutzt werden kann, ist schwer zu beurteilen. Du sollst dann möglichst den Johansson, andere Freunde, die Jowo kennen muss, und eventuell Michael[10] heranziehen, abgesehen von denen von uns, die überleben; eventuell wäre auch Rösch oder Preysing zu erwägen, aber im Ganzen sollte es nicht in katholische Hände geraten. Eddy Waetjen könnte vielleicht einen praktischen Rat geben. Vielleicht kannst Du garnichts machen, aber ich schreibe es, damit Du Dich zurecht findest, falls es eine Möglichkeit gibt. – Wenn Schlesien besetzt wird, so nimm von Kreisau wieder Besitz und gehe zu Eckert im Grundbuchamt und bitte ihn, den Übergang auf das Reich von Amts wegen zu löschen, da sonst die Gefahr besteht, dass es als Staatseigentum von den Siegermächten eingesteckt wird. Man weiß nicht, ob das Sinn haben wird, aber es ist m. E. besser, sich dann wieder als Eigentümer zu gerieren, als nichts zu tun. Aber im Grunde ist das alles ja gleichgültig.

Mein Herz, ich kann mir nicht vorstellen, dass ich noch ein Mal Gelegenheit haben werde, an Dich zu schreiben. Ich schicke Dir deswegen auch Deinen Geburtstagsbrief[11] und C'chen's ersten Brief zurück. Ich will nicht, dass die Henker damit ihren Spott treiben. Vielleicht werden sie es garnicht tun, aber ich will ihnen auch nicht die Möglichkeit dazu bieten.

Nun auf Wiedersehen, mein allerliebstes Herz, mein Pim, meine zärtliche, freundliche, liebste Wirtin. Auf Wiedersehen hier oder dort. Beten wir zum Herrn, dass Er mich durch ein Wunder errette, glauben wir, dass Er das will und daher auch kann, aber beugen wir uns unter Seinen Willen, wenn Er es anders beschlossen hat, und seien wir überzeugt, dass Er es für unser Heil so beschlossen hat, auch wenn wir es nicht verstehen. Ich lasse Dich in schwerer äußerer Bedrängnis, mein Herz, aber, wie ich glaube, in großer innerer Stärke und Freiheit. Deswegen bin ich ohne Sorge um Dich und die Söhnchen. Er wird Euch behüten und Seine Hand über Euch halten. Mein Herz, ich muss Dich wieder daran erinnern, dass uns der Spruch eint:

«Leben wir, so leben wir dem Herrn,
Sterben wir, so sterben wir dem Herrn,
Darum, wir leben oder sterben, so sind wir des Herrn.»

J.

1 Der 13. Hochzeitstag. *2* Es ist nicht ersichtlich, wie Helmuth zu dieser Meinung kam. Einige ihrer Freunde standen ebenso wie Helmuth und Freya von Anfang an in Opposition zum Nationalsozialismus. *3* 14. Oktober 1944. *4* Siehe Anhang, S. 547 f. *5* Franz Reisert, Franz Sperr und Joseph Ernst Fürst Fugger von Glött. *6* Volksgerichtshof; häufig auch mit «VGH» abgekürzt. *7* Paulus van Husen wurde im August 1944 verhaftet. *8* Mütterchen Deichmann, Freyas Mutter Ada Deichmann. *9* Helmuth übergab dem Leiter des Nordischen Ökumenischen Instituts in Sigtuna, Harry Johansson, einen Bericht für Lionel Curtis; abgedruckt in: Freya von Moltke/Michael Balfour/Julian Frisby, *Helmuth James Graf von Moltke*, S. 212–220. *10* Michael Balfour. *11* Freyas Geburtstagsbrief vom 8. März 1944 ist abgedruckt in: *Im Land der Gottlosen*, S. 205 ff.

Helmuth James an seine Söhne Caspar und Konrad, 17. Oktober 1944

Tegel, den 17. 10. 44.

Lieber Caspar, lieber Konrad

Noch eines muss ich Euch sagen, weil es Euch niemand sonst sagen kann. Seitdem der Nationalsozialismus zur Macht gekommen ist, habe ich mich bemüht, seine Folgen für die Opfer zu mildern und einer Wandlung den Weg zu bereiten. Dazu hat mich mein Gewissen getrieben und schließlich ist das eine Aufgabe für einen Mann. Von 1933 an habe ich deswegen materielle Opfer bringen und persönliche Gefahren laufen müssen. In diesen ganzen Jahren hat Freya, die doch vor allem unter den materiellen Opfern litt und die immer in Sorge sein musste, dass ich verhaftet, eingesperrt oder getötet würde, niemals mich in dem, was ich für nötig hielt, gehindert oder auch nur belastet. Sie hat alles bereitwillig auf sich genommen; sie ist immer bereit gewesen, mich, wenn es sein muss, zu opfern. Und ich sage Euch, das ist viel mehr, als ich getan habe. Denn selbst Risiken zu laufen, die man kennt, ist garnichts gegen die Bereitwilligkeit, den, mit dem man sein Leben verbunden hat, Risiken laufen zu lassen, die man nicht übersehen kann. Und es ist auch viel mehr, als eine Kriegerfrau auf sich nimmt, denn die hat ja keine Wahl; ich hatte aber die Wahl und ein Wort von Freya hätte mich von mancher Sache zurückgehalten, die ich unternahm.

So, meine Lieben, ich möchte doch, dass Ihr wisst, was für eine tapfere Mutter Ihr habt. Liebt sie, liebt Euch untereinander und gedeiht an Leib, Herz und Seele.

Euer
Helmuth.

Freya an Helmuth James, 17./18. Oktober 1944

Dienstag Nachmittag.

Mein Jäm, es ist doch noch nicht so eilig. Heute früh erwartete ich es[1] auch und nahm mit Kummer die beiden alten Briefe mit Deinem schönen neuen in Empfang, aber wir haben in jedem Fall doch noch eine Weile Zeit, und der Haftbefehl scheint doch nur eine Formalität zu sein. Dass Du mit diesen Anderen und in der Reihenfolge auf einer Liste stehst, weiß ich schon seit voriger Woche und sagte es auch. Es lag ein Aktendeckel auf Schulzens Schreibtisch, wo ich Euch studieren konnte. Unten stand «Hoch- und Landesverrat». Ob daraus unbedingt die Schlüsse zu ziehen sind, die Du ziehst, weiß ich nicht. Jedenfalls sagte Schulze heute, aus der Geschäftsordnung ergäbe sich, dass Deine Verhandlung nicht vor dem 3. 11. sein könne, für diese Woche sei alles besetzt, und ab Ende der Woche bis zum 3. 11. tage der Senat nicht. Ich solle am 31. wieder zu ihm kommen. Er entschuldigte sich beinahe für das Hin und Her, ich konnte nur sagen, dass alles seine Vor- und Nachteile habe, sah aber nur Vorteile. Ich wurde wieder *sehr* gut behandelt und bekam Deinen schönen, lieben Brief vom 8. 10.[2] Wie gut haben wir es, mein Herz. Was wir nun aus dieser Pause für Schlüsse ziehen können und was wir tun können, übersehe ich noch nicht. Mit Dir scheint *die* Pause nichts zu tun zu haben, ich meine mich aber zu erinnern, dass ich aus Schulzens Worten auch entnehmen konnte, dass außerdem auch sachlich noch manches unklar sei. Tatsache ist, dass er an einer Anklageschrift gerade arbeitete, als ich ins Zimmer trat. Sie war handschriftlich in Bleistift und ganz roh. Ob es Deine war, kann ich nicht beschwören, aber ich las unten auf der Seite deutlich «Graf Moltke hat am 15. (14.?) 7. 41 …» mehr konnte ich nicht lesen. Ich habe mir aber das Datum für jeden Fall gemerkt. Ist es Dir bekannt? – Mir war auf alle Fälle sehr viel wohler, als ich heraus kam. Wir haben doch noch ein Weilchen, oder ist Dir das Leben in dieser Spannung doch sehr anstrengend? Das wohl, aber doch wirst ja auch Du es haben wollen, mein Liebster! Jeder Tag wiegt jetzt schwer und erscheint mir als ein großes Glück. – Der Besuch bei Freisler ist also auch noch nicht fällig. Soll ich nun bald zu Adrian gehen? – Du hast sehr schön an mich geschrieben, mein Liebster, ich habe auch den Größenwahn nicht davon bekommen, obwohl Du meine Leistung größer ansiehst, als sie ist. Meine wahren Leistungen vollbringe ich unbewusst, und gerade daraus erkenne ich, wie sehr ich nicht mir, sondern Gott gehöre. (Von heute früh, mein Lieber, ist Dein Brief, heute früh, gerade noch, hast Du das gedacht und geschrieben. So nah sind wir uns, mein Wirt!) Schön ist auch der Gedanke vom 3. Sohn, obwohl die Söhne ja nicht uns, wir uns aber wohl gehören. Vielleicht darf ich Dich aber länger tragen, etwas länger jedenfalls, mein Herz. Dich will ich immer tragen und nie gebären, mein Herz, und das darf ich auch. Ich habe manchmal in den 9 Monaten viel Sorge und Angst um Dich gehabt, aber nicht immer. Zwischendurch war es lange Zeiten ruhig und ich ohne Sorgen, obwohl ich niemals frei gewesen bin, aber überschätze es nicht. Ja, ich habe immer gefunden, dass ich bereit sein müsste, Dich zu opfern, weil das Leben des Menschen seinen wahren Wert erst bekommt, wenn man es einzusetzen bereit ist. Das ist etwas, was wir wohl doch erst in den letzten 10 Jahren gelernt haben. Ich sah Deinen Einsatz immer ein. So muss es sein, und daraus muss man dann auch die Konsequenzen ziehen können. Das müssen wir vielleicht. Aber bei den anderen Frauen ist es genauso, jedenfalls bei Marion genauso bewusst.

Was Du sonst noch schreibst, habe ich alles mit Einverständnis in mich aufgenommen. Die Briefe hättest Du ruhig behalten sollen. Ich schreibe Dir einen neuen, der mehr chiffriert ist, und den von C.chen gebe ich Dir zurück. Ich glaube nicht an den Spott der Henker. Was sollen sie aufbewahrt werden. Sie sind Deine, nicht meine, sie sollen Dich begleiten, aber ich kann auch verstehen, wenn Du frei von Sachen sterben willst, dann zerreiße sie zum Schluss. Ja, ich habe bisher keine Furcht vor der äußeren Bedrängnis, obwohl es mir bisher immer sehr leicht gegangen ist in äußerer und innerer Beziehung und das Schwere erst kommt, aber ausgerüstet bin ich wohl und das Andere braucht mich nicht zu kümmern.

Dass der Spruch uns eint, weiß ich sehr genau. Schreib es mir nur immer wieder! Sicher wollte ich noch anderes schreiben, was mir jetzt nicht einfällt. So mache ich mich zunächst mal auf meinen Lieblingsweg.[3] Wenn mir unterwegs noch etwas einfällt, schreibe ich es noch an. Es kann ja sein, dass dies doch bis übermorgen liegen bleibt. Mein Herz, mein Liebster, mein Wirt, mein Jäm. Zu Dir gehöre ich und werde mir dessen immer wieder beglückt bewusst.

Die Wichtigkeit der Anwesenheit anderer beim Termin leuchtet mir sehr ein. Darin kann ich auch was tun. Wer von Deiner Dienststelle? Ich halte leider von keinem was und sicher nicht von Bürkner. Oxé wird man als zu klein nicht herein lassen, aber vielleicht ist B. doch der Richtige. – Mittwoch Nachmittag: Siehst Du, der Brief blieb liegen, und inzwischen verstrich ein für mich glücklicher Tag. Ich habe Dich besucht,[4] ich habe an Dich gedacht. Du warst warm und gut bei mir, ich war garnicht allein. Es ging mir gut. Ich habe auch viele Plätzchen und *dicke Stücke* Schokolade verzehrt, denn das war ja zur Feier *unseres* Tages. Ich habe auch Tee getrunken und morgens schöne Sachen gelesen und Manschettenknöpfe genäht, war mal bei Edith[5] und habe Zucker abgeholt, aber sonst habe ich nicht viel getan, außer im Bewusstsein und Glück des Tages gelebt. Mein liebes Herz, ich liebe Dich, ich sage es zu gerne, ich liebe Dich sehr, ich liebe Dich zärtlich, mein winziger Ehewirt, mein Langer, mein Kleiner. Wieder mache ich mich auf. Es ist halb 7. Ja, ich sah, was auf meinem Brief von Dir drauf geschrieben stand. Nein, bitte schick mir kein Frigorölchen!! Illemie[6] schenkte sie. Ich gab 3 Stück an unsere Freunde, das waren meine. Ich habe *so viel lieber*, wenn Du sie isst, und fraß auch schon so viel zu unserem Fest. Ich muss weg. Mein Herz! Ich umarme Dich zärtlich. P.

1 Den baldigen Prozess. *2* Ein nicht erhaltener offizieller Brief. *3* Zu Harald und Dorothee Poelchau. *4* Freya war zum Wäschetausch im Gefängnis, hat Helmuth aber nicht gesehen. *5* Edith Henssel. *6* Illemie Baronin Steengracht von Moyland.

Freya an Helmuth James, 18. Oktober 1944 (?)[1]

Mein Lieber, wenn eine Frau so von der Liebe zu ihrem Mann verschlungen wird wie ich, dann wird sie, was ihr Weg auch sein mag, immer eine glückliche Frau bleiben. Wenn sie fühlt, wie das Feuer ihrer Liebe heiß und gut, schmerzhaft und beglückend in ihr brennt, so wird sie, überwältigt von Dankbarkeit ihrem Schöpfer gegenüber, der sie mit dieser Liebe gesegnet hat, nur darum flehen können, dass sie das Feuer weiter in sich tragen darf, dass sie weiter dem gehören darf, dem sie so tief und einmalig fest verbunden ist, dass ihre Liebe ihren Geliebten immer erreichen, immer wärmen, immer umgeben darf. Sie weiß, dass sie dazu der Hilfe bedarf, aber sie glaubt fest, dass sie ihr auch geschenkt werden wird. Merkst Du, dass sie eine sehr glückliche Frau ist, der das Schönste geschenkt wurde, was die Welt an Glück birgt. Aber noch ganz anders sieht es bei uns aus, denn es ist nicht nur von mir zu reden, sondern von uns. Auch Du, mein Geliebter, fühlst das Glück unserer Liebe, auch Du spürst, wie innig wir verbunden sind. So ist es nicht nur Du und ich, sondern es ist ein großes Wir. So schauen wir uns an und wissen viel und haben zusammen viel gelernt, so stehen wir nebeneinander vor Gott, und er weiß, dass wir zusammengehören. Du brauchst mich, und ich brauche Dich, um ein ganzer Mensch zu werden. Wir wissen es beide und auch, dass nichts uns trennen kann. So sind wir gut ausgerüstet, alle Stürme über uns wegbrausen zu lassen, ohne uns zu verlieren. Das alles brauchst Du garnicht geschrieben vor Dir zu sehen, weil Du es in Dir mit großer

Gewissheit trägst, weil Du das Gleiche von mir weißt. Aber heute ist ein Tag, der das Glück, das uns geschenkt wurde, mit großer Deutlichkeit erinnern macht. In großem Glanz liegt der gemeinsame Weg hinter uns, in großer Deutlichkeit liegen die Anforderungen, die der gemeinsame Weg von uns fordern wird, in unseren Herzen. Was hinter uns liegt, stärkt uns für das, was vor uns liegt. Noch vor 14 Tagen sah ich das Ende eines großen Glücks, empfand ich die Wehmut gegenüber dem Unwiederbringlichen. Ist es unbescheiden und exaltiert, wenn ich heute sehe, dass es doch nicht zu Ende ist, dass ein neuer Weg, ein neuer gemeinsamer Weg, wie immer er auch sei, vor uns liegt. Noch immer dürfen wir an unserer Gemeinsamkeit bauen, es mag anders werden als bisher, aber wir werden nicht getrennt. Mein Jäm, so bleibt uns heute nichts zu wünschen, als dass Gott nicht nur Dir und mir, sondern uns Kraft und Stärke gebe, zu verwirklichen, was wir als Möglichkeit vor uns sehen. Das Große ist ja, dass er nicht nur Dich und mich, sondern auch uns zu schützen bereit ist. Fühlst Du es auch so? So bin ich heute dankbar und glücklich und bereit, so war es heute ein schöner Tag, so warst Du mir nah, so bist Du es auch jetzt, so darf ich Dir gehören und sagen, ich bin und bleibe Dein P.

1 Das Datum ist unsicher.

Freya an Helmuth James, 19. Oktober 1944

Donnerstag Nachmittag

Mein liebes Herz, ich habe eben Deine Briefe wieder gelesen und mich an ihnen erfreut. Ich habe die meisten in Kreisau gelassen, aber ich habe ja schon wieder neue. Ich hätte Dir, mein Liebster, die Stelle aus Weisheit schon geschickt, aber ich habe hier keine Maschine. Ich bekomme aber morgen eine, die ich Ulla mitnehmen soll. Vergessen tue ich es auf keinen Fall. – Hans[1] ist da zu meiner Freude. Wir haben vorhin in der Stadt zusammen gegessen, und nachher nehme ich ihn mit zum Abendspaziergang. Was aus ihm wird, ist auch noch nicht heraus, aber nach Beendigung verschiedener kleinerer Aufgaben folgt Bereitstellung an die Soldaten. Nun werden die Aufgaben allerdings noch einige Zeit in Anspruch nehmen, aber viel mehr als 4 Wochen scheints nicht. Er muss nach Oberschlesien und noch einmal nach Italien. Was er von den Kindern und Dick[2] erzählt, klingt sehr gut, auch wohnt im Nebenhaus von ihnen ein verständiger alter Mann. Dick hat sich außerdem sehr mit der Kinderschwester befreundet, ist also nicht mehr so alleine. – Ich habe sonst nicht viel erlebt. Gestern Abend haben wir[3] Bratäpfel gegessen, jedes Ehepaar 2. Wieviel also Dein P.? Ich konnte sie kaum vertilgen. Hinterher haben wir Wein getrunken, richtig gefeiert haben sie uns. Ich habe das auch alles für uns entgegengenommen und es ist mir gut gegangen, nur wurde ich bald schläfrig vom Wein und der Tatsache allgemeiner Schonungsbedürftigkeit.[4] Ich hatte diesen Zustand in diesen Wochen sehr gefürchtet und bin nun erleichtert, dass er in eine so relativ stille Woche fällt. So habe ich heute auch nicht viel getan, nur ein bisschen herumgereist bin ich, aber einsames Stadtbahnfahren schätze ich durchaus. Ich habe nach dem Essen Karin Rittberg eine Aktentasche voll Sachen für Margrit Trotha an den Stettiner Bahnhof gebracht. Der Stettiner Bhf. wird für mich, solange ich lebe, mit Drögen und Fürstenberg[5] fest verbunden bleiben. Die ganze Atmosphäre von Drögen taucht gleich wieder vor mir auf und der Genuss Deiner mir so vertrauten und so von mir geliebten Nähe auch. Am 2.8. kamst Du so schön mir entgegen, als ich ankam. Ich hatte mich außerdem in der Mittagszeit mit Romai verabredet. Die ließ ich aber sitzen, weil es nicht so wichtig war und ich nach Hause und Dir schreiben wollte. Ich wollte mit Dir schwätzen und meine Gedanken an Dich und uns genießen. So fuhr ich über die Wannseer-Strecke durch nach Lichterfelde-West und dann mit dem Bus bis nahe hier. Du hast doch alleine in der Hortensienstr.[6] gewohnt – ich erinnere noch deutlich den Stich, den mir Dein Dauer-Serviettenring dort gegeben hat!!! – Nun ist das Merkwürdige, dass durch mein häufiges dort Wohnen im letzten Winter, das so eng mit Dir zusammenhing, ich das Gefühl habe, wir hätten gemeinsam die Erinnerungen an die Hortensienstr. Ich habe nämlich ein durchaus zärtliches Gefühl für die Hortensienstr. und fahre nie mit der Bahn vorbei, ohne sie zu betrachten. Denkst Du manchmal an den Peter? Beschäftigt er Dich? Ist er auch unter denen, die Dir den Weggang erleichtern? Wie stehst Du zu ihm, das interessiert mich. Ich habe ihn so gerne und bin auch seinen Frauen[7] nun sehr verbunden, ich habe ihn eigentlich richtig lieb, so wie ich meine und Deine Brüder liebe, und er stand mir in den letzten Monaten durch seine unermüdliche Hilfsbereitschaft und Freundschaft sehr nahe. Er liebte Dich wirklich! – Ich lese im neuen Testament herum, meistens die Stellen auf Deinem Zettel, die immer wieder.[8] Ich stehe mit Staunen und Entzücken und Dankbarkeit vor diesen unerschöpflichen Quellen der Hilfe und des Trostes und habe noch alles vor mir. Eine Stelle sagte mir Muto, die muss ich Dir weitergeben. Kennst Du sie? 2. Kor 6,3–10.[9] Schön ist sie, nicht wahr. Aber man darf über dem Paulus doch nicht die Evangelien vergessen. So habe ich gestern die Bergpredigt gelesen, aber man muss es immer, immer wieder tun. Man kann die Schätze nicht so schnell heben. Ich lese auch den 139. Psalm[10] oft. Der gefällt mir so gut. Ich lese ihn und denke an Dich und hoffe, dass er Dir immer wieder helfen wird, wenn Deine Ruhe bedroht ist. Ich bin, mein Herz, so sicher, dass Gott Dich nicht verlassen wird.

Gleich wird Hans anrufen, er will mich holen und wir wollen hier noch Brote essen. Dann muss ich aufhören, Tee machen und ihn dann bei der S-Bahn abholen. Dass ich Dir keinen Tee verschaffen kann, wurmt mich sehr, das verleidet mir ihn durchaus. Mein Jäm, für Dich habe ich noch Berge von Honig, würde ich immer Honig haben. Es haben aber jetzt noch viele andere davon bekommen. Es macht mir wirklich Freude, dass sich die Arbeit darum für dieses Jahr so besonders gelohnt hat. Als ich das Blecheimerchen letzthin aus Drögen zurücknahm, fürchtete ich, es nie mehr für Dich füllen und tragen zu dürfen, und das war doch falsch! – Adrian ist verreist, wird aber in den nächsten Tagen zurückerwartet. Ich habe also jetzt garnichts unternommen und warte auf Anweisungen. Was mag wohl neulich gewesen sein, als Du weg warst! Ob ich es heute Abend hören werde? Wenn ich mich in meiner Freude wiege, bekomme ich oft einen Schreck und frage mich, was ich wohl finden werde, wenn ich die Treppen heraufgegangen bin und auf den Knopf gedrückt habe. Wie schön, dass Hans bisher noch nicht angerufen hat. Es ist so schön, mit Dir zu schreiben. Ich sehe meinen lieben Kopf und meine lieben Hände vor mir. Ich küsse sie und liebe sie und bin bei Dir mit allen meinen Gefühlen und Gedanken. Gott behüte Dich, mein Herzenswirt. Ich bin und bleibe Dein P.

1 Freyas Bruder Hans Deichmann. *2* Freyas Schwägerin Senta Deichmann. *3* Harald und Dorothee Poelchau sowie Freya. *4* Freyas Monatsblutung, die häufig mit Migräne verbunden war. *5* Zwei Orte in der Nähe des Konzentrationslagers Ravensbrück. Für die Besuche von Freya wurde Helmuth in die Polizeischule Drögen gebracht, in der sich die «Sonderkommission Lange» befand, die nach dem 20. Juli 1944 eingesetzt worden war. *6* Die Wohnung von Marion und Peter Yorck von Wartenburg in Berlin-Lichterfelde. Seit Anfang März 1943 verbrachte Helmuth die Nächte bei den Yorcks. Nachdem seine Wohnung in der Derfflingerstraße bei den schweren Luftangriffen vom 22. bis 24. November 1943 ausgebrannt war, zog er ganz zu ihnen. *7* Marion und ihre Schwägerin Irene Gräfin Yorck von Wartenburg, genannt Muto. *8* Siehe Helmuths Brief vom 30. September 1944, S. 42. *9* Verse 9 und 10: «… als die Unbekannten, und doch bekannt; als die Sterbenden, und siehe, wir leben; als die Gezüchtigten, und doch nicht ertötet; als die Traurigen, aber allezeit fröhlich; als die Armen, aber die doch viele reich machen; als die nichts innehaben, und doch alles haben.» *10* Von der Allgegenwart Gottes: «Herr, du erforschest mich und kennest mich …»

Helmuth James an Freya, 19. Oktober 1944

Berlin, den 19. 10. 44.

Mein Lieber, Koblenz – Freiburg![1] Die Sachen, die Du gestern brachtest, waren köstlich. Aber entziehe Deinen Söhnchen keine Schokolade mehr zu Gunsten Deines gefräßigen Wirts. Die Nachricht hat mich natürlich sehr überrascht.[2] – Am 17. war ich bei Müller, und zwar etwa 45 Minuten. Er war sehr freundlich in der Form, genau im Bilde und hatte ein sehr gutes, wenn auch nicht ganz gerechtes Urteil über mich. Die Quintessenz war: «Sie sind ein Gegner des N. S. Sie haben mindestens Hochverräter gedeckt, indem Sie nicht aussagten, und uns zwar nicht formal, aber der Sache nach belogen; selbst wenn ich Ihre eigene Tätigkeit sehr milde betrachte, haben Sie zugelassen oder nicht verhindern können, dass sie in das Schlepptau der alten Füchse[3] gerieten und ihnen damit dienstbar wurden.» – Daneben versicherte er mir, er habe keinen Grund, Dreck hinter mir her zu werfen, und habe Dir deswegen auch gesagt, Du könntest die Söhnchen in Achtung vor ihrem Vater erziehen. So war der Gesamttenor der Unterhaltung auf baldige Tötung abgestellt, wie ja selbstverständlich war. Zweimal aber waren Andeutungen da, dass mit dem Urteil noch nicht alles aus sei. Die erste habe ich vergessen. Das zweite war zum Schluss, als wir uns verabschiedeten. Da sagte er: «Vielleicht können wir diese Frage noch einmal nach dem Urteil besprechen, aber zunächst müssen Sie einmal den Weg zum Volksgerichtshof antreten.» Das kann geschehen sein, um gegen etwaige Selbstmordabsichten gegenzuhalten. Das ist möglich. Aber vielleicht ist darin doch etwas. Wenn ich diese Äußerung mit einer anderen zusammenhalte: «Der Ärger über Ihr Verhalten ist verraucht; aber wir müssen hier nach kalten staatspolitischen Gesichtspunkten handeln, und die verlangen Ihre Verurteilung als Hochverräter», so scheint mir, dass dort eben eine ganz kleine Chance liegt, die aber zweierlei verlangt: *1.* dass die Verhandlung einigermaßen verläuft und dass von deren Standpunkt mein Bild nicht ganz katastrophal ist, und *2.* dass es einen kalten staatspolitischen Grund gibt, mich aufzusparen. Das erste setzt voraus, dass Freisler bearbeitet wird, das zweite, dass Adrian zieht. Die Hauptbearbeitung von Freisler würde ich sehr bitten, C. V. zu überlassen. Der ist in diesem Fall besser. An Stichworten würde ich ihm mitgeben, außer den Dingen, die C. V. ohnehin weiß: ein komplizierter Mensch, der dazu neigt, Dinge zu überfeinern; ein Mann, der Zweckpessimismus liebt und daraus Kraft saugt, vollkommen hoffnungslose Dinge anzufangen und durchzuführen; eine große Arbeitskapazität (Randnotiz: Daher nur in und von der Arbeit her zu beurteilen.); ohne Ehrgeiz. (Randnotiz: C. V. möglichst spät vor dem Termin.) – Adrian musst Du machen, möglichst auch nicht gar zu weit vor dem Termin, vielleicht 8 Tage etwa vorher. Dabei muss das Ziel sein: Selbst wenn der Mann eigentlich umgebracht werden müsste, gibt es doch staatspolitische Gründe, die dafür sprechen, ihn wenigstens solange aufzusparen, bis man weiß, ob man ihn nicht doch für eine Aufgabe braucht, die kein anderer erfüllen kann. Nicht begnadigen, sondern mit rechtskräftigem Todesurteil irgendwo einsperren, wo er unangenehm arbeiten muss, bis sich übersehen lässt, ob wir in absehbarer Zeit zu einem Frieden kommen und mit welcher Machtkombination, insbesondere, ob das Empire gegenüber U. S. A. dann *a.* so geschwächt, *b.* mit so viel Selbständigkeitsdrang hervorgeht, dass sie an einer Stütze durch geeinte Kräfte des Kontinents trotz Krieg weiter ein großes Interesse haben. – Auf der anderen Seite dieses Blattes findest Du meinen Brief an Müller, der diese Tendenz vorbereitet. M. E. müsste auch C. V. bei Freisler schon etwas in diese Kerbe hauen, jedenfalls muss er über Deine Schritte bei Adrian unterrichtet sein. Die einzige Chance, die ich sehe, liegt in der Aufsparung; ein Gnadengesuch muss zur Vollstreckung führen. Die Argumente: Er hat es sicher nicht gewollt, er ist wider Willen darein verwickelt, können alle nur dazu dienen, den Termin leidlich ablaufen zu lassen, sodass sozusagen ein 4+ herauskommt, wobei dann dieses «plus» es ermöglichen würde, um mit Staatsinteressen ein Aufsparen zu begründen. Ich hatte nicht den Eindruck, als wenn Müller mich verabscheute oder 100prozentig innerlich festgelegt sei. Mein Lieber, das Ganze ist recht kompliziert, wie alles, was Dein Wirt tut, und ich hoffe, dass, wenn Du darüber brütest, es etwas simpler wird. Du darfst ja Adrian gegenüber die alte Linie bis zum Termin nicht ganz fallen lassen.

Es war sehr lieb, dass Du gestern da warst, und Deine Nähe sehr beglückend. Ich habe auch gestern einen sehr heiteren Tag verbracht. Ich war plötzlich ganz sicher, dass alles gut ausgeht, auch ehe Deine Nachricht kam. Das ist im Augenblick immer sehr angenehm, wenn ich es auch missbillige. Heute ist es auch wieder weg und die alte Sicherheit aus Römer 14,8 ist wieder da. Das ist eben viel solider, aber das gestrige Vergnügen war doch schön. Sonst geht es mir gut, mein Herz. Ich fresse, mit Verlaub zu sagen, ständig und habe das Gefühl, dass Ihr alle ganz mager werden müsst, weil ich mich ständig auf Eure Kosten ernähre. – Die Nachrichten aus Kreisau freuten mich sehr, besonders, was Dein Haus betraf. Solltest Du im Berghaus wohnen bleiben, so wirst Du in einigen Jahren sehr schön Obst haben, und das ist doch so angenehm. Was machen eigentlich Deine Bienchen? Packt sie Dir jemand ein?

Mein liebes Herz, was immer geschieht, wir können für diese Wochen garnicht dankbar genug sein. Und das müssen wir immer wissen. Dass der Herr Dich in Seiner Hand erhalte und Seine Rechte Dich führen wird, des bin ich ganz gewiss, und ich glaube auch, dass Du die Geborgenheit und unsere Verbundenheit immer wirst bewahren können. Vielleicht nicht in der zur Bewegung neigenden Oberschicht, aber in den Substrata.[4] Auf Wiedersehen, mein Herz, der Herr behüte Dich. J.

[Es folgt der Entwurf eines Briefes an den SS-General Heinrich Müller.]

Tegel, den 18. 10. 44.

Gruppenführer! –

Zunächst möchte ich mich für die unverdiente Freundlichkeit bedanken, dass Sie mir gestern noch ein Mal Zeit gewidmet haben.

Da Sie mir einen ganz schwachen Schimmer einer Hoffnung ließen, dass mit dem Spruch des Volksgerichtshofes nicht alles zu Ende sei, möchte ich mir erlauben, folgendes zu sagen:

Gegen die Vorwürfe, die Sie mir gestern vorhielten, will ich mich wie folgt verteidigen:

1. Mir war bekannt, dass die Polizeidienststellen die Dinge, die ich über Beck–Goerdeler wusste, auch wussten; daher fürchtete ich von einer Anzeige für mich eine sehr schwierige Lage, ohne dass der Schaden behoben würde. Damit ist der moralische Vorwurf der Illoyalität Ihnen gegenüber natürlich nicht beseitigt.

2. Meine eigenen Bestrebungen waren auf die Klärung von Grundsätzen gerichtet, nicht auf praktische Politik. Wäre ich frei gewesen, so hätte ich auch nicht nur für meine Person verhütet, dass diese Arbeiten in das Schlepptau der alten Politiker genommen wurden.

Meine eigenen Arbeiten befassten sich überdies nur mit den untersten Zellen des Gemeinschaftslebens und ließen die zentrale Regierungsgewalt und erst recht den Führer außer Diskussion.

3. Subjektiv meine ich, dass man mir zubilligen sollte, dass ich alle die Jahre gegen alle umstürzlerischen Tendenzen angekämpft habe und auch der Meinung bin, dass ich weiter erfolgreich geblieben wäre, wäre ich nicht verhaftet worden. Es ist bitter, dass meine taktische Lage im Verfahren besser wäre, wenn ich wie Tausende – das ist nicht übertrieben – Anderer über diese Dinge mit einem gewissen Wohlwollen geschwätzt, nicht aber dagegen angekämpft hätte.

Sie haben mir gesagt, Sie wünschten mir einen gnädigen Richter. Ich kann nur um einen gerechten Richter bitten, und die Frage der Gnade kann sich erst nach dem Urteil erheben. Es ist mir besonders schwer zu denken, dass ich durch ein vollstrecktes Todesurteil unabänderlich mit

Männern zusammengekoppelt würde, die ich vom ersten Augenblick, in dem ich sie bemerkte, verabscheut und, solange ich frei war, ohne [?] bekämpft habe. Ich kann während dieses Krieges nicht um Gnade im eigentlichen Sinne bitten; ich kann nur darum bitten zu prüfen, ob nicht gerade ich der Gemeinschaft einen Dienst zu leisten vermag, der es möglich macht, mir zu gestatten, mir den Weg in die Gemeinschaft, sozusagen auf den Nullpunkt, zurück zu verdienen. Dies sage ich nur für den Fall, dass nach Ihrer Meinung der Verlauf der Verhandlung solche Erwägungen ermöglichen sollte.

Sie haben, Gruppenführer, erkannt, dass, was immer geschehen mag, meine Frau an dem Schicksal gewachsen ist. Darf ich aber, für den Fall, dass ich hingerichtet werde, bitten, ihre materiellen Schwierigkeiten nicht zu groß zu machen.

1 Stationen ihrer Hochzeitsreise an diesem Tag vor 13 Jahren. In Freiburg mussten sie die Reise abbrechen, da Freyas Vater gestorben war. *2* Die Nachricht, dass vor dem 3. November 1944 keine Verhandlung zu erwarten ist. Siehe Freyas Brief vom 17./18. Oktober 1944, S. 79. *3* Mitglieder der Goerdeler-Beck-Gruppe. Siehe Einleitung, S. 21 f. *4* «In den Schichten darunter».

Helmuth James an Freya, 20. Oktober 1944

Tegel, den 20. 10. 44.

Mein Lieber, welch schöner Brief kam an. Ich werde ihn behalten, bis ich ihn vernichte.[1] Dank, mein Herz. Den Brief von C'chen behalte. Es ist ein so lieber Brief, ich trage ihn in meinem Herzen, und vielleicht freut er später Dich und ihn. Denn er hat die ganzen Monate am Schrank meiner Zelle[2] angeheftet gehangen und war das Bunteste in der Zelle. Hundert Mal am Tage ist mein Blick darauf gefallen und hat mich an das goldene Herz erinnert, das sich dort, so Gott will, unter Deinen Händen entfaltet. Hier kann ich den Brief nicht anbringen, er liegt nur in meiner Mappe, und ich habe eben Sorge, dass er doch nur verloren geht. – Von der Dienststelle ist für die Verhandlung keiner gut genug. Bü.[3] keinesfalls, denn der hat einen zu mangelhaften Charakter. Oxé ist nicht klug genug. Am ehesten wäre schon Haus dafür geeignet, zumal er Anwalt ist. Vielleicht kann er mit Oxé oder für Bü. gehen oder weil er Anwalt ist. Aber Antoninus, der Büro-Offizier, wäre ganz schlecht, denn der mag mich nicht. Du müsstest das alles aber sehr vorsichtig einfädeln, damit vor allem nicht Oxé Schwierigkeiten macht. Es muss auch verborgen bleiben, dass es von Dir ausgeht. Am besten wäre es wohl, Du riefest Haus abends in seiner Wohnung an und träfest ihn auch irgendwann einmal dort oder woanders. Es ist eben auch wichtig, dass Du dann etwas hörst, vor allem, an welchem Punkte man vielleicht mit Argumenten einsetzen kann. Haus als alter Anwalt wird die Lage am ehesten verstehen. – Was der 15. 7. 41 soll, weiß ich nicht. Das Datum sagt mir garnichts.

Ich habe so das Bedürfnis, die Tage noch recht zu nutzen, stündlich an uns zu arbeiten und uns bereit zu machen. Nach der Anspannung der letzten 3 Wochen ist aber durch die Mitteilung, es sei noch bis zum 3. 11. Zeit, eine Entspannung eingetreten, und es geht nicht mehr so auf Hochtouren. Der Erfolg ist, dass ich mich für lauter Dinge interessiere, die vorher schon in der Versenkung verschwunden waren, wie die Kreisauer Felder, die Entwicklung Deiner Obstbäume, die Pflanzung im Hinterbusch[4] und so weiter. Ich amüsiere mich sehr über mich selbst. Aber wenn ich jetzt nachts aufwache, fallen mir plötzlich die blühenden Obstbäume im Garten ein, während ich mich vor 5 oder 6 Tagen in solchen Augenblicken immer mit Bibelstellen oder Gesangbuchversen beschäftigte. Man sieht eben, wie schwach das Fleisch unter normalen Verhältnissen ist.

Adrian würde ich versuchen, am Sonntag den 29. zu machen, wenn er Zeit hat, oder Samstag. Allerdings fällt mir gerade folgendes ein: Wenn er sehr willig ist, ist es natürlich besser, Du sprächest bald mit ihm, sagtest ihm, dass noch Zeit ist, dass es besser ist, die Sache erst gründlich zu überlegen, ehe man etwas startet. Das hätte den Vorteil, dass er sich mit der Möglichkeit, so etwas auszunutzen, erst etwas beschäftigt und die Geschichte dann nicht so ungegoren und roh startet. Ich weiß nicht, ob Du mit Dieter kannst. M. E. musst Du ihn oder Illemie in der Sache zum Bundesgenossen gewinnen, damit Adrian wirklich an der Sache arbeitet. Ich bin also dafür, dass Du mit Adrian bald startest, aber dafür sorgst, dass er nicht gleich weitergibt, sondern erst sorgfältig verdaut.

Ich schicke Dir mal einige Gesangbuch-Verse, die mich erfreut haben: 91/3, 206/5, 208/4, 217/5, 266/5, 340/4. Ich umarme Dich, mein Herz, der Herr behüte uns. J.

1 Freyas Brief zum Hochzeitstag am 18. Oktober, den Helmuth ihr später durch Harald Poelchau zurückgab. *2* Im Konzentrationslager Ravensbrück. *3* Leopold Bürkner; meist mit «Bü.» abgekürzt. *4* «Busch» hießen in Schlesien die zwischen den Feldern liegenden Waldstücke.

Freya an Helmuth James, 20. Oktober 1944

Freitag Abend.

Mein Lieber, ich sitze schon bei unseren Freunden, mein liebes Herz. Ich wollte erst Dein Briefchen in Empfang nehmen. Ich verstehe so gut, was Du schreibst: Bei mir ist es ähnlich. Auch meine Blicke haben durch diese Pause den Hang, sich wieder einem gemeinsamen Leben zuzuwenden, das wurde durch die Tatsache und das Ergebnis der M.schen Unterhaltung noch bestärkt, aber heute war die Erwinsche Verhandlung,[1] und wenn ich den Ausgang auch noch nicht erfahren habe, so stand er doch um 12, als ich den Anwalt im Kammergericht sprach, um ihm von Romai etwas abzugeben, eindeutig fest. Romai hat die beiden besten Freunde von Erwin bei sich, ist also nicht allein. Das Ganze hat mich aber heute vom falschen Optimismus ferngehalten. Mein Jäm, die Ansatzpunkte, von denen Du mir schreibst, sehe ich durchaus. Ich werde erneut mit C. Viggo sprechen und nächste Woche Adrian vornehmen. Ihm kann man ziemlich viel sagen, denn er möchte gerne helfen und ist sehr verzweifelt über die Sache. Das ist ihm durchaus ernst. Gestern Abend war ich erst mal eine Weile stolz, dass Du wirklich zu M. gekommen bist, und das trübte meinen Blick durchaus und machte mir alles zu rosig. – Mein Jäm, hier ist es schön und friedlich, und ich bin Dir nahe, mein geliebtes Herz. Ich habe heute auch nicht viel unternommen, bin nur mit Romai immer wieder herumgezogen. Ich hatte erwogen, über Nacht nach Kr. zu fahren, es war mir dann aber zu anstrengend. Der Grund wäre gewesen, dass ich Herrn Kronenburg sprechen muss, der zum 1. 11. die Schwesternstation, vielmehr den Kindergarten, wieder einmal der NSV einverleiben will.[2] Ob der Mann am Montag kann, ist nicht sicher, ich will es aber drauf ankommen lassen. – Mein Jäm, wenn dieser Brief morgen nicht zu Dir kommt, dann bist Du vielleicht bis Dienstag allein. Viele zärtliche Gedanken, viele, viele werden Dich aber ständig umgeben. Du weißt und fühlst das ja. Ich möchte morgen Vormittag auch deshalb noch hierbleiben, um Dich mit vielen Gedanken umgeben zu können. Ich mag mich so schnell noch nicht trennen, ich liebe die Nähe so! Mein Jäm, es scheint, dass Hans sogar mit mir kommen wird und Sonntag Mittag von Kr. aus nach Oberschlesien fährt. Das ist schön und erfreulich. Dass er mir viele Grüße an Dich auftrug, kannst Du Dir denken. Asta schrieb mir sehr lieb eine Karte zum 18., die ja für Dich mitbestimmt ist. Mein Jäm, wann soll ich C.chens Geburtstag[3] feiern, nächsten Sonntag? Es muss mit Liebe geschehen, denn er freut sich schon sehr und will viele Kinder einladen. Dann will ich wissen, ob ich in Dein Zimmer ziehen darf oder soll, wenn Du mich verlassen musst. Das ist eine kindliche und vielleicht müßige Frage, aber es tut mir wohl, sie mit Dir zu erörtern. Sonst muss C.chen hineinziehen, wenn Du mich lieber in Mamis Zimmer belassen willst. Ich weiß nicht recht, was ich will. Ich möchte gerne bei Dir wohnen.

Mein Jäm, mein Herz, die Freunde müssen wieder ins Bett. Es ist aber so reizvoll, ein ganz frisches Briefchen zu beantworten. Dank für die Verse. Ich habe sie schon vorhin einmal durchgelesen und mich anschließend sehr schön mit P. unterhalten. Wir sind ihm ja beide so dankbar, mein Herz, ich kann das garnicht in Worten ausdrücken, was er für uns in jeder Hinsicht tut und getan hat und für uns vielleicht noch tun wird. Ich bin ihm aus Herzensgrund ergeben und Du sicher auch. Aber nun muss er ins Bett, und daher muss ich Dich nur noch zärtlich und innig umarmen und dann aufhören. Gott behüte Dich, mein Herz, und mich mit Dir. Ich bin und bleibe Dein. P.

1 Der Prozess gegen Adolf Reichwein vor dem Volksgerichtshof. «Erwin» war der Deckname von Adolf Reichwein. *2* Der von Schwester Ida Hübner geleitete Kindergarten war eine private Gründung der Familie, die versuchte, die «Gleichschaltung» durch die Nationalsozialistische Volkswohlfahrt (NSV) zu unterlaufen. *3* Caspars Geburtstag war der 2. November, der in diesem Jahr auf einen Donnerstag fiel.

Helmuth James an Freya, 21. Oktober 1944

21. 10. 44.

Da ich mich nun schon viele Monate mit der Bibel befasst habe und dabei viele Umwege habe machen müssen, weil ich mich nicht immer zurecht fand, denke ich, dass Du vielleicht etwas von mir profitieren kannst; jedenfalls will ich versuchen, Dir einiges von dem zu berichten, was ich gefunden zu haben glaube.

1. Über das Verhältnis der verschiedenen Teile der Bibel zueinander.

Grob gesprochen zerfällt m. E. die Bibel in 4 Teile: erster Teil: Hiob, Psalmen, Sprüche, Prediger und Hohelied Salomo's; zweiter Teil der Rest des A. T.; dritter Teil die Evangelien und die Apostelgeschichte; vierter Teil die Apostelbriefe und die Offenbarung. Die Psalmen, und was dazu gehört, nehmen eine ganz besondere Stelle ein, sodass ich sie zuletzt behandeln werde. Die anderen Teile stehen in folgendem Verhältnis: Das alte Testament bereitet in Geschichte und Prophetie auf Jesu Kommen vor; die Evangelien und die Apostelgeschichte enthalten die Erlösungs- und die Heilsbotschaft, also das Kernstück; die Apostelbriefe und die

Offenbarung sind in Wahrheit Theologie, Auswertung der Heilsbotschaft. Das gilt vor allem von Paulus.

Daraus ergibt sich, dass kein Teil ohne den anderen bestehen kann. Vor allem, finde ich, muss man sich davor hüten, die rein intellektuell so ansprechende und fascinierende Theologie des Paulus zu sehr zu pflegen; man darf sie pflegen, aber nur, wenn man auf ihre Urquellen, und das sind eben die beiden anderen Teile, zurückgeht; Paulus kann weder das A. T. noch die Evangelien ersetzen. Das Schlimme ist, dass gegenüber Paulus und dem Johannes-Evangelium alles andere schön, aber intellektuell langweilig wirkt, während man eben bei Paulus beim hundertsten Lesen einer Zeile immer noch eine neue Facette seines Gedankens entdeckt. Man muss sich deswegen zu der Lektüre der anderen Teile zwingen.

Der Drehpunkt liegt in den 4 Evangelien, für mich im Johannes-Evangelium, weil m. E. abgesehen von seiner für mein Gefühl überlegenen Schönheit das Johannes-Evangelium das einzige Buch ist, aus dem man Sinn, Bedeutung, Stellung und Kraft des Heiligen Geistes zu verstehen vermag, der mir an allen anderen Stellen immer etwas unklar bleibt. Deswegen ist eine gründliche Kenntnis der Evangelien m. E. das erste, und die sollte einer zu intensiven Beschäftigung mit den Apostelbriefen vorangehen.

Danach kommt aber, so meine ich, eine allgemeine Kenntnis des A. T. Ich will, so wie es mir gerade einfällt, die Stellen aufzählen, die mir besonders wichtig erscheinen: die Schöpfungsgeschichte, der erste Bund mit Noah, der zweite mit Abraham, der Bund am Berge Sinai, der Prophet Elia, der Prophet Elisa, David und Salomo ganz ausführlich und dann aus den Prophetenbüchern alle Stellen, die sich mit der Heilsverkündung befassen; das ist ja immer wieder eingestreut. Man muss sich daran gewöhnen, jedes Wort des A. T. automatisch in Beziehung zu setzen zu Leben, Sterben und Auferstehung Christi. Nur so bekommt alles einen Sinn. Mir ist das inzwischen so in Fleisch und Blut übergegangen, dass ich letztlich sogar die Geschlechterregister mit Vergnügen gelesen habe. Auch die ganze Trennung in Juda und Israel gewinnt eben nur unter jenem Aspekt Interesse. Sonst sind das alles uninteressante jüdische Geschichten. Das ist sozusagen der Grundriss. Wenn man den erst einmal fest hat, dann gewinnt man auch an den vielen einzelnen Geschichten Freude, denn alle Geschichten des A. T. sind irgendwo im N. T. wieder aufgenommen, und man versteht manche Anspielungen im N. T. nicht, wenn man nicht die dazugehörige Geschichte des A. T. kennt. Die Verweisungen im Text reichen nicht immer aus, vor allem nutzen sie einem wenig, wenn man nicht den Zusammenhang kennt.

Erst mit diesem Unterbau kann man mit wirklichem Nutzen die

Theologie des Paulus beginnen, die von einer unglaublichen Tiefgründigkeit ist. Obwohl ich z. B. den Römerbrief sicherlich 100 Mal in meinem Leben gelesen habe, habe ich erst beim Auswendiglernen des ganzen 8ten Kapitels entdeckt, dass Paulus in den Versen 19–22 die These aufstellt, dass auch die Kreatur, also nicht nur die Menschen, sondern auch Tiere, Pflanzen und Steine erlöst werden werden. Ich bin mir über die Tragweite des Gedankens nicht klar, aber es folgt daraus sicherlich, dass die gesamte Schöpfung durch Adam erst gefallen und vergänglich wurde und nun in Christo auch die gesamte Schöpfung auferstehen wird. Das wieder heilt die ganze Auffassung von der Schöpfung in einem sehr fruchtbaren und für mich jedenfalls beglückenden Sinne. Vielleicht rede ich Unsinn, aber das ist es, was ich als theologischer Dilettant aus jenen Versen herauslese. Aber gerade aus solchen Einfällen Paulus' ersieht man, wie wichtig es ist, A. T. und N. T. gut zu kennen, denn m. E. hat er dafür keine Grundlage, und deswegen ist das m. E. Theologie, nicht Offenbarung. Im übrigen hat Paulus meiner Meinung nach mit dieser Bemerkung hundertfältig recht. Für mich gibt es in diesem Teil des N. T. neben den großen Paulusbriefen im Grunde nur noch die Johannesbriefe, die in anderer Weise, nicht so argumentierend, die gleiche Tiefe, mindestens, erreichen.

Nun kommen Hiob, Psalter, Sprüche, Prediger und Hohelied. Sie nehmen eine ganz selbständige Stellung ein, denn wenn man so will, enthalten sie, vor allem die Psalmen, alles in allem. Es ist manchmal kaum glaublich, dass die Psalmen vor Christi Geburt geschrieben sein sollen, wenn auch manche ganz alttestamentarisch wirken. Für die drei salomonischen Bücher gilt das weniger, aber Hiob und Psalmen sind mir doch sehr ans Herz gewachsen, und ich meine, dass sie, im Gegensatz zu den drei anderen Teilen, wohl für sich bestehen und auch immer wieder für sich gelesen und genossen werden können. Trotzdem können sie aber in ihrer Beziehung zu den anderen Teilen der Bibel verstanden und gelesen werden, aber während alle anderen Teile leiden, wenn man sie auseinanderreißt, ist das eben bei diesen Büchern nicht der Fall; sie nehmen eine Zwitterstellung ein: Sie sind selbständig, sind aber imstande, den Rest zu bereichern. (Übrigens sind die Klagelieder Jer. ähnlich.) Ich kann nicht sagen, dass ich innerhalb der Psalmen ein besonderes Schwergewicht auf bestimmte Psalmen lege. Mir stehen 90 + 91 am nächsten; aber es ist doch so, dass einem jeden Tag und jede Stunde ein anderer Psalm besonders nahe geht, je nach Stimmung, Anlass, Tages- und Jahreszeit. Man muss sich nur unter ihnen auskennen, damit man auch den richtigen auswählt, und dazu gehören Jahre. Auch innerhalb eines Psalmes liegt das Schwergewicht an einem Tage auf diesem, an anderen auf jenem Vers.

Neulich passierte es, dass jemand, der sehr gut im Psalter Bescheid weiß, sagte, «heute ist ein großartiger Tag, der steht unter dem Psalm 103». Als ich darauf erwiderte: «Ein Mensch ist in seinem Leben wie Gras», stellte sich heraus, dass er, obwohl er den Psalm am gleichen Tage schon 2 Mal gelesen hatte, diesen Akzent überhaupt nicht bemerkt hatte. Eines ist sicher: Wir als Laien werden den Psalm nie ausschöpfen, und damit muss man sich abfinden. Aber trotzdem sollte man soweit kommen, dass man für die wichtigsten Gemütsstimmungen, denen man unterliegt, vor allem für die, die einen am Gebet hindern, wissen sollte, an welchen Psalm man sich wenden kann, um sich zu helfen.

2. Über unsere Welt und das «Jenseits».

Mich hat von Kind an der Begriff der «Auferstehung» immer sehr gestört, ohne dass ich recht wusste, warum. Es kommen da auch einige sehr unschöne Bilder im A. T. vor, so, ich glaube, bei Hesekiel, das Bild von dem Leichenfeld, wo sich die umherliegenden Knochen mit Fleisch, Adern und Haut umkleiden.[1] Es ist im A. T. wie im N. T. für meinen Begriff sehr schwer zu verstehen, was die verschiedenen Schriftsteller sich eigentlich unter «Auferstehung» vorstellen. Und es ist auch misslich, diese Frage so ganz im Dunkeln zu lassen. Die Sedes materiae[2] ist die Auferstehungsgeschichte Christi, vor allem seine Erscheinungen, deren wichtigste mir persönlich die des Paulus zu sein scheint. Meine persönliche Lösung dieses Problems ist folgende: Wir können mit unseren Vorstellungen und Begriffen hier auf dieser Welt nur in dem Koordinatensystem von Raum und Zeit denken und begreifen. Es ist nun, mit Kant, vollständig unmöglich, irgendwelche Erkenntnisse aufzunehmen, die nicht durch Raum und Zeit bestimmt sind. Daraus folgere ich, dass das «Jenseits» eben in einem anderen Koordinatensystem als dem von Raum und Zeit hängt; daher können wir soviel darüber sagen, dass wir es nicht zu begreifen vermögen, und damit müssen wir uns zufriedengeben. Wenn man die Bibel mit diesem Vorurteil liest, so finde ich, dass sich viele dunkle Stellen ganz gut einfügen, vor allem, wenn man bedenkt, dass nach dem damaligen Erdbegriff «oben» und «unten» eben aus dem Raum herausfielen, während sie für uns «Raumbegriffe» sind. Dann aber ist auch der ganze «Jüngste Tag» nicht wörtlich zu verstehen, sondern einfach als das Ende jenes Koordinatensystems Raum–Zeit. Der Jüngste Tag ist eben kein Tag mehr, der zu diesem Koordinatensystem gehört, sondern ist etwas, was außerhalb dieser Kategorie liegt, daher von uns nicht begriffen werden kann. Die Befreiung Christi vom Raum ist in den Auferstehungserscheinungen deutlich zum Ausdruck gebracht. «Emmaus»,[3] er geht durch verschlossene Türen, er erscheint Paulus «im Himmel». Aber auch die Befreiung Christi von der Zeit ist an mehreren Stellen deutlich gemacht: Er ist ein Nachfahre Davids, war aber vor ihm und Abraham, war aber vor Johannes u. s. w. – Es kann sich bei solchen Erwägungen nie darum handeln, dass man das Unbegreifliche begreiflich machen will, sondern nur darum, dass man den Bezirk genau abgrenzt, bis zu dem man begreifen darf oder hoffen darf zu begreifen, Es ist also eine rein negative Funktion.

3. Über die Bergpredigt.

Der ethische Höhepunkt des N. T. ist die Bergpredigt. So sicher man auch mit Paulus den Glauben in den Vordergrund stellen und das Ethos in die zweite Reihe verweisen mag, so ist doch die Bergpredigt der Leitfaden, an dem man die Frucht des Glaubens, nämlich die rechten Werke, ausrichten kann und soll. Daher ist sie auch von jedem Standpunkt aus einer der wichtigsten Grundsteine. Mir ist sie jetzt, d. h. schon seit vielen Monaten, immer gegenwärtig. Ihre Höhepunkte sind für mich: «Darum sollt ihr vollkommen sein, gleichwie unser Vater im Himmel vollkommen ist» und die vorhergehenden Verse und «bittet, so wird euch gegeben», also im Grund die beiden Stellen, an denen die Bergpredigt in die anderen Teile der Bibel, in das Nichtethische verflochten ist. Aber gerade diese Tatsache, dass sie in der Forderung und in der Angabe des Mittels, die Forderung zu erfüllen, in der allgemeinen Offenbarung hängt, gibt ja erst dem Rest Realität und Gewicht. Die Bergpredigt ist häufig hingestellt worden als utopisch, als unrealisierbare Ideologie, als Idealvorstellung. So darf man sich nicht aus der Klemme ziehen. Die Bergpredigt enthält ganz konkrete und ganz reale Forderungen. Sie kennt durchaus die menschlichen Schwächen: «Ärgert dich dein rechtes Auge, so reiß es aus». Man muss die Forderung, die sie aufstellt, um sie klarer zu machen, häufig mit verwandten Stellen aus dem Evangelium vergleichen. Aber eines ist sicher: Zur Auslegung der Bergpredigt können nur die Evangelien dienen, kein Altes Testament und keine Apostelstelle. Ich meine, man müsste die Bergpredigt genau so lernen, wie man die 10 Gebote lernt, und man muss sie genau so beachten, wie man die 10 Gebote beachtet: Man verstößt dagegen, täglich, stündlich, aber man erkennt und weiß, dass dieser Verstoß Sünde ist und der Vergebung bedarf. Darum meine ich, dass die Bergpredigt ein Eckstein ist, der neben dem Glaubensgehalt der Evangelien seine eigene Bedeutung hat.

4. Über Paulus und Johannes.

Paulus und Johannes sind m. E. unerreicht, außer von David in den Psalmen. Paulus ist ein Lehrer und Denker, Johannes ein Priester und Seher. Paulus sagt alles doppelt, damit der Einfältige es nur ja verstehe, aber wenn man über die erste Stufe hinweg ist, merkt man, dass der Lehrer Paulus aus Gründen der Eindringlichkeit eine Wiederholung wollte, dass aber der Denker Paulus die Gelegenheit benutzt hat, um in die Wiederholung einen verborgenen neuen Gedanken unterzubringen. Das ist ungeheuer [?] und raffiniert. Z. B. in 1. Kor. 15 wiederholt der Anfang von 54 den Gedanken von 53. So habe ich es auch monatelang gelesen, bis ich entdeckt habe, dass das «wenn … dann» in 54 das Zeitproblem hineinbringt, und zwar auf eine ganz vieldeutige, geheimnisvolle Art. So ist das bei jeder Doppelstelle, auch Röm. 14,8. Der zweite Gedanke ist wohl eine Wiederholung, aber es liegt immer noch ein Geheimnis, ein Rätsel zusätzlich darin. Wieviel dieser Geheimnisse wir Paulus verdanken und wieviel Luther, kann nur jemand feststellen, der den Urtext zu lesen vermag. – Die Schönheit von Paulus liegt im Gedanken, in der Gediegenheit und Eindringlichkeit, nicht in der Empfindung.

Ganz anders Johannes. Der lebt in den großen Geheimnissen, die man nicht erklärt, die man nicht katalogisiert, nicht zu erklären versucht, sondern die man anschaut und erfühlt. Die Schönheit der Johannes-Texte ist daher auch viel unmittelbarer: Die Schönheit ist ein Teil der Form, in der das Geheimnis mitgeteilt wird, ist sozusagen Vehikel der Kunde. Man kann über einen Satz wie «Und das Wort ward Fleisch …» nicht nachdenken. Man weiß oder weiß nicht, was es bedeutet. Mir geht es auch so, dass ich das an einem Tag mit ungeheurer Intensität weiß, an einem andern Tag mir das mühsam rekonstruieren muss. Daher ist m. E. Johannes der größte Künder derjenigen Dinge, die überhaupt nicht begriffen werden können, vor allem von Bedeutung, Begriff, Funktion des Heiligen Geistes. Alles, was ich mir darüber vorzustellen vermag, stammt von Johannes, und ehe ich nicht Johannes kannte, war mir auch trotz großer Bemühungen der dritte Artikel der Confessio strohern. Die Sublimiertheit Johannes' ist eine Stufe höher als die Gabe des Paulus, es ist eben bei Johannes Offenbarung und bei Paulus Theologie.

Wie ich zu Peter stehe?[4] Etwas beschämt, weil ich das Gefühl habe, ihn nicht so zu lieben wie er mich. Ich habe ihn sehr geschätzt, ich war sehr mit ihm befreundet, er stand mir so nah wie meine Brüder und Deine Brüder, trotzdem habe ich schon immer das Gefühl gehabt, dass wir nicht ganz gleich stünden, dass er mehr gab, als er von mir empfing, dass er selbstloser mir gegenüber war als ich ihm gegenüber. Das hat mich immer etwas bedrückt. Ist das klar. – In der Zeit nach dem 20. Juli hat mich außerdem seine Beteiligung ihm gegenüber in eine Distanz gebracht, die ich vom ersten Tage an missbilligt habe, gegen die ich aber garnicht ankonnte. Das ist erst hier in Tegel besser geworden und wohl ganz überwunden. Die Kritik an ihm, die ich dabei fühle – man hat mir gesagt, er habe Staatssekretär von Goerdeler werden wollen –, bleibt, denn mir ist unverständlich, wie er sich dazu hat bereit finden lassen können, aber sie ist auf eine niedere Ebene gerichtet, die meine Beziehung zu ihm nicht mehr belastet, als wenn ich manchmal etwas nicht billige, was Du machst.

Nein, merkwürdigerweise befasse ich mich garnicht mit denen, die ich «drüben» zu treffen hoffe. Ich habe in den letzten 8 Tagen einen merkwürdig starken Lebenswillen entwickelt. Ich habe plötzlich das Gefühl bekommen, dass ich hier nicht fertig bin, dass ich hier noch etwas zu tun habe. Es ist alles anders als zur Zeit, als ich herkam. Dabei beschäftige ich mich garnicht mit äußeren Dingen, sondern versuche, mein Inneres zu polieren. Dabei berührt es meine Bereitschaft, mich umbringen zu lassen, garnicht, aber wenn ich vor 14 Tagen sagte «ein schönes Leben geht zu Ende»,[5] so sage ich jetzt vor allem, «ein Leben, dessen Auftrag nicht voll erfüllt war, geht zu Ende». Merkwürdig, nicht? Es belastet mich garnicht, es soll auch Dich nicht belasten, denn ob erfüllt oder nicht, entscheiden ja nicht wir. Mir ist nur so, als ob jemand in mir sagte: Du hast noch nicht erfüllt. Nun, wir werden es abwarten.

Zu C. V. Er muss natürlich bei F.[6] darauf halten, dass es nie in meiner Absicht gelegen haben könne, Gewalt zu gebrauchen, denn ich sei generell gewaltfeindlich. Das soll er ruhig etwas herausstreichen. Er kann es auch so sagen: Es fehle bei mir sicher am subjektiven Tatbestand, auch wenn das für mich infolge unglücklicher Verstrickungen schwer nachweisbar sei. Er muss also primär natürlich auf Zuchthaus-Strafe als Maximum halten. – Er kann auch sagen, ich interessierte mich für Ideenkonflikte, nicht für Machtkonflikte. Vielleicht auch folgendes: Ich hätte mich immer aus der Politik herausgehalten. Von den Sachen, für die ich mich interessiert hätte, wie Arbeitslager,[7] Dorfaufnahme etc., hätte ich mich immer zurückgezogen, sobald sie ins Fahrwasser der Politik geraten seien. Wenn ich in diesem Fall offenbar die Grenze zwischen geistigen Grundsätzen und Politik nicht genügend beachtet hätte, so müsse man mir zugute halten, dass ich ja während des entscheidenden halben Jahres verhaftet gewesen sei und doch offenbar meine Freunde erst in dieser Zeit ins Schlepptau der Politik geraten seien.

C'chen's Geburtstag würde ich am 29. feiern. Der folgende Sonntag ist doch zu gefährdet. – Ob C'chen oder Du bei mir schlafen, mein Herz, gehört zu den Fragen, über die sich der tote Mund nicht äußern darf. Das musst Du machen, wie Dir das Herze steht.

Was Du über Adrian sagst, freut mich sehr. Ich hatte es im Grunde erwartet. – Vielleicht schneidest Du mal bei ihm vorsichtig die Frage an, wer denn in die Verhandlung gehen wird, und sagst dazu, dass mich die Untergebenen von Müller offenbar hassten, sodass von denen kaum ein faires Urteil zu erwarten sei. Vielleicht hat Kaltenbrunner einen Adjutanten, den Adrian kennt und den er schicken kann, vielleicht sogar einen, der etwas mitzieht gegen die Leute unter M. Jedenfalls ist der Punkt sehr wichtig, denn wenn Lange etc. merken, dass jemand anderes dabei ist, so werden sie schon sachlicher berichten. Jedenfalls bitte ich Adrian, die Bedeutung dieser Frage ganz klar zu machen. Ein Mann von Kaltenbrunner direkt ist aber wichtiger als einer von meiner Dienststelle.[8] – Außerdem könnte Adrian sich überlegen, ob und wie er eventuell Bü. einbezieht. Bü. ist wahrscheinlich von ihm nachrichtenmäßig weitgehend abhängig, und ich halte es nicht für ausgeschlossen, dass er auf Druck von Adrian auch etwas tut und mindestens über meine Arbeit ein gutes Urteil abgibt. Das kann die Sache wiederum Adrian und Kaltenbrunner erleichtern.

Wie dünn alle diese Machinationen sind! Im Grunde ist es eben aussichtslos. Das muss man sich immer wieder klar machen. Nur ein act of God kann hier helfen. Aber man muss diese dünnen Spinnwebfäden spinnen, das hilft alles nichts.

1 Hesekiel 37,6. *2* «Sitz des Gegenstandes», im übertragenen Sinn: die Gesetzesstelle, die relevante Stelle. *3* Ort, an dem zwei Jünger dem auferstandenen Jesus begegneten (Lukas 24,13–35). *4* Siehe Freyas Brief vom 19. Oktober 1944, S. 83. *5* Siehe Helmuths Brief vom 1. Oktober 1944, S. 45. *6* Der Präsident des Volksgerichtshofs Roland Freisler; meist mit «F.» oder «Fr.» abgekürzt. *7* Siehe Biographische Notiz, S. 578. *8* Helmuth dachte an Vertreter seiner ehemaligen Dienststelle im Oberkommando der Wehrmacht.

Freya an Helmuth James, 23. Oktober 1944

Montag früh.

Mein liebes Herz, hier stehe ich wieder bei den Freunden und bringe kein fertiges Briefchen mit! Mein Herz, aber Du bist in den Tagen in Kreisau unaufhörlich mit mir gewesen und ich mit Dir. Ich hatte die ganze Zeit das schöne, sichere, warme Gefühl, was mir immer wieder Mut und Stärke gibt, dass wir wirklich eins sind und wo wir hingehören. Dabei ist es in Kr. doch so, dass ich gleich von Menschen und Dingen derart mit Beschlag belegt werde, dass es eben Alltag ist und das, was ich einesteils fürchte, aber es war alles im Fundament so sicher und so fest, dass es nichts machte. Du, mein liebes, liebes Herz, warst immer mit mir. – Nun höre ich zu meiner Freude, dass die letzten Tage garnicht so einsam für Dich waren. Was Du mir schreibst, mein Liebster, habe ich noch nicht gelesen, weil P. gleich weg muss und ich verzweifelt wäre, dürfte ich nicht schnell noch den Ausdruck vieler zärtlicher Gedanken zu Dir schicken. Ich hatte geplant, lange jetzt zu schreiben und den Brief nachzubringen, aber wir fanden das dann inopportun. Ich komme morgen mit Sachen. Sag, wenn Du etwas besonderes willst.

In Kr. war alles ruhig und friedlich. Ich war gestern den ganzen Vormittag in Schweidnitz: Kronenburg, Adam,[1] Maack, C. Viggo. Alles sehr erfolgreich über Schwester, Rentenannie,[2] Dich, Lenchens Bleiben 4 weitere Wochen. Adam und Maack waren einfach rührend über Dich und für mich. Maack weinte praktisch vor Verzweifelung! Ich war sehr beeindruckt. Sie halten aber auch alle so schön viel von Dir. Ich merke zwar, dass ich diese Versicherungen garnicht nötig habe, garnicht. Ich weiß, was ich weiß, ich kenne ihn und liebe ihn, kenne seine Fehler und Stärken und liebe ihn aus Herzensgrund. Ich schreibe noch ausführlich über alles. Dein P. bin ich.

1 Gemeint ist Wilhelm Adam. *2* Anne Marie von Moltke, siehe Helmuths Brief vom 24. Oktober, S. 101, Anm. 1.

Helmuth James an Freya, 24. Oktober 1944

Tegel, den 24. 10. 44.

Mein Lieber, zunächst prosaische Prosa. Meine Hemden reichen bis 1. 11. einschließlich. Bringe mir noch 1 graues, dann reiche ich bis 5. 11. einschließlich. Wenn Du dann am nächsten Dienstag Näheres erfahren wirst, dann bringe mir am Mittwoch, 1. 11., weitere Hemden. Bringst Du mir kein Hemd, so heißt das: Termin am 3. oder 4., bringst Du mir ein Hemd, Termin am 6.–8., zwei Hemden, Termin 9.–11., mehr Hemden, später. Socken und Taschentücher habe ich noch auf lange Zeit genug, Unterhosen auf 14 Tage. Am besten bringst Du morgen oder übermorgen nur ein Hemd und vielleicht ein Unterhöschen, außerdem brauche ich einen frischen Kopfkissenbezug. (Randnotiz: 1 Bleistift, bitte) Nächste Woche bringst Du mir dann auf alle Fälle 1 Pyjama und 1 Handtuch und Hemden je nach der Nachricht. Ich hoffe, dass das klar ist. – Von Essen bitte ich im Augenblick um Honig und Ende der Woche Butter und Zucker.

M. hatte mir gesagt, ich könne eine Verteidigungsschrift einreichen. Er würde sie an den V. G. H. weiterleiten. Das wollte ich zunächst nicht, habe mich aber jetzt doch daran gemacht und habe dazu folgende Fragen:

1. Inhaltlich. Ich bitte um strenge Zensur, Korrektur und Anregung.

2. Formal:

entweder schriftlich an M.

oder schriftlich an M. mit Bitte Weiterleitung an V. G. H. } Würde F.
oder schriftlich direkt an V. G. H. } es lesen?
oder mündlich in der Verhandlung. Wird man sich das anhören?
Ich unterstelle, dass mir Gelegenheit gegeben wird, das Ganze zu diktieren.

3. Zeitlich: Sofort oder unmittelbar vor dem Termin. Ich meine, dass wenn überhaupt schriftlich, dann sofort, was ja doch Anfang der neuen Woche bedeutet.

Mein Herz, Du wirst hoffentlich eben wohlbehalten zum Frühstück angekommen sein, denn es muss gerade 8 Uhr dort sein. Hoffentlich war zu Hause alles befriedigend, Söhnchen gesund und alle Leute lieb. Sag' mal, hast Du eigentlich ein zweites Mal geschleudert? Und wieviel Honig hast Du dies Jahr im Ganzen geerntet. Gab man den Toten früher eine Wegzehrung von Honig mit, so kann ich mich ja mit der Kenntnis Deiner Ernte begnügen. – Zu C. V.: Wir wollen die Sache nicht überraffinieren; er darf nicht so spät aufkreuzen, dass F. ihn vorher nicht mehr sehen kann. Lieber etwas früher als garnicht. Warst Du bei Herrn Kronenberg? Murrt die Rentenannie[1] weiter? Schreib doch wieder einen Brief über Schulze.[2]

Mir geht es beunruhigend gut. Irgendwo gefällt mir das nicht, und ich wünschte mir selbst eine etwas gedämpftere Laune. Aber man kann sich das leider nicht machen, und so muss ich es Ihm überlassen, was denn dieser Heiterkeitsausbruch soll. Wenn ich mir das mit meinem irdischen begrenzten Verstand überlege, dann sage ich mir: Das muss ein neues Tief geben, und das möchte ich so ungern in der Verhandlung haben; aber das sind ja ganz eitle Gedanken, wie ich weiß. – Es ist aber merkwürdig, wie man sich an den gewaltsamen Tod um einen her gewöhnt. Ich erlebe das ja nun schon länger als 9 Monate, denn da waren immerzu Leute, die umgebracht wurden, manchmal sehr kurzer Hand. Zuerst war mir sehr übel, wenn wieder einer abging, aber allmählich habe ich das ganz gelassen genommen, und die Nachricht über Erwin[3] hat mich betrübt, aber eben garnicht aufgeregt. Ich hoffe, dass das nicht Gewöhnung ist, sondern Erkenntnis; ich weiß es allerdings nicht, und es kann beides sein. Erst wenn ich dran bin und damit der Gewöhnungsfaktor ausscheidet, werde ich wissen, ob es Erkenntnis war oder nicht. Überhaupt gibt es eben für so viele Einsichten eine fleischliche und eine geistliche Deutung. Die fleischliche ist auch durchaus hochstehend und garnicht zu verachten; aber ich strebe nach der geistlichen und fühle mich immer wieder unsicher, ob ich die denn wirklich gefasst habe. Das Traurige ist nämlich, dass man solche geistlichen Gaben und Erkenntnisse nicht als sicheren Besitz nach Hause tragen kann, sondern dass sie vielmehr täglich neu errungen werden müssen; und wenn einem das ein Mal leicht fällt, dann ist das schon ein deutliches Zeichen, dass man vom Wege abgeirrt ist, wenn auch in bestem Glauben; vielleicht erringt man es nur mit dem Gehirn und nicht mit dem Geist, vielleicht hat man sich aus dem Geist ins Ethos geflüchtet. Das tiefste Misstrauen gegen sich selbst, dessen man fähig ist, ist in der Regel immer noch zu günstig für einen. Dieses an sich hoffnungslose Dilemma mit Heiterkeit zu betrachten ist etwas, was einem eben nur der Heilige Geist als Gnade schicken kann, oder eben das Fleisch in seinem Bequemlichkeitsbedürfnis. – So bin ich also voller Skepsis und Zweifel über meine eigene gute Laune, ohne dass es mir, leider, die Laune dämpft.

Mein Lieber, was immer Dein Schmerz um Deinen Wirt sein mag, sieh zu, dass Du den andern Frauen hilfst. Du und Marion, Ihr müsst auf dem Gebiet schon etwas leisten, denn erstens kanntet Ihr die menschlichen Grundlagen, zweitens seid Ihr, glaube ich, die fundiertesten, und drittens habt Ihr auch materiell, im Ganzen gesehen, Ausweichmöglichkeiten. Ich weiß ja, dass Du es ohnehin tun wirst, aber ich wollte, dass Du weißt, wie angenehm mir das wäre. Lass sie nicht alle auseinander laufen, sondern versuche es so zu machen, dass sie das Gefühl eines gemeinsamen Haltes und einer gemeinsamen geistigen Erbschaft behalten.

Mein Lieber, ich habe mit einem älteren Brief von Dir heute Nacht geschlafen. Ja, wir sind im Grunde doch ganz auf meinen Tod eingestellt, und das muss auch so bleiben. Er hat uns soviel Gnade und Glück in diesen Wochen geschenkt, dass wir nichts mehr in diesem Leben erwarten können. Aber Er schenkt, wie er will. Nur bekämpfen wir die tägliche, menschliche Hoffnung, die im Gegensatz zu der Hoffnung auf Ihn zu Schanden werden lässt.[4]

Ich umarme Dich, mein Herz.

J.

1 Es handelte sich um die zweite Frau von Helmuths Vater, der – nachdem Dorothy von Moltke 1935 gestorben war – Ende 1937 die 35-jährige Anne Marie Altenberg heiratete, die von den Kindern aus erster Ehe nicht akzeptiert wurde. Als der Vater 1939 starb, entstand ein Streit, der juristisch zu Gunsten von Dorothys Kindern ausging, aber von der «Rentenannie» über die NSDAP in Schweidnitz neu entfacht wurde. Sie versuchte, ein Wohnrecht im Schloss zu bekommen, was jedoch wegen starker Belegung durch Familie und andere Einwohner, darunter auch Bombenflüchtlinge, bis in den Herbst 1944 nicht gelungen war. Im Falle von Vermögenseinziehung nach einer Verurteilung von Helmuth wäre ein Sieg der «Rentenannie» mit Hilfe der Partei durchaus möglich gewesen. Schließlich enthielt das Urteil jedoch keine Konfiszierung. «Rentenannie» wurde sie genannt, weil ihre Ansprüche der Familie gegenüber durch eine Rente abgelöst wurden. *2* Das heißt: einen offiziellen Brief. *3* Adolf Reichwein wurde am 20. Oktober 1944 hingerichtet. *4* Römer 5,5: «Hoffnung lässt nicht zu Schanden werden.»

Freya an Helmuth James, 24.–26. Oktober 1944

Dienstag Abend

Mein Lieber, ich war sehr betrübt, dass ich Dir heute früh keinen friedlichen Brief schreiben konnte. An Dich zu schreiben nach diesen zwei Tagen Kreisau und das Briefchen schnell zu Dir zu bringen war mir sehr wichtig. Ich habe es aber schlecht gemacht, und es ist ja nachzuholen, ist es das?! Die Kostbarkeit eines jeden Tages und eines jeden Briefes, den ich noch schreiben darf, ist mir doch sehr bewusst, mein liebes Herz. Ich habe mich in der letzten Woche sehr viel mehr mit Deinem Leben als mit Deinem Tod beschäftigt. Woher es kommt? Ich weiß es nicht. Ich möchte vor allem nicht unsere vielleicht letzten Tage, die wir auf der Erde zusammen haben, mit zuviel Hoffnung kürzen, und doch spinne ich zu gerne an den dünnen Fäden und hoffe zu gerne. Es ist ein merkwürdiges Leben zwischen Leben und Tod und daher manchmal so intensiv. Stunden-, minutenweise ist es von unglaublicher Intensivität, und wieder vergehen viele Stunden, die zwar immer mit Dir, aber doch in ganz ruhigem Lauf dahinfließen, Stunden dieser für mich vielleicht kostbarsten Tage. Mein Herz, das ist alles nicht leicht gut und richtig zu leben, und doch ist es so erstaunlich, dass ich es in vielem als hohes Glück empfinde. Das verstehst Du doch, nicht wahr? – Ich bin sehr dankbar für alles, was Du über die Schrift schreibst. Ich habe es heute noch nicht alles lesen können, aber ehe der Tag zu Ende sein wird, komme ich noch dazu. Vieles ist mir klar, manches neu und schön. Ich habe heute gleich den Vormittag getippt, und als ich damit fertig war und bis zu C. D. gereist war, rief Romai an, und ich musste mich und wollte mich auch mit ihr treffen, ehe sie morgen nach Kreisau fährt. 3 Std. zwischen Urteilsfällung und Tod.[1] Alles den Frauen gegenüber sehr unmenschlich. Man darf nichts wissen, bis man es schriftlich bekommt. Denke aber ja nicht, dass mich das persönlich beeindruckt, auch Romai nicht. Es fällt nur auf die selbst zurück. Jedenfalls ist dieses Tempo immer noch üblich (aber nicht immer). Dann bekommen die Frauen auf Antrag scheints eine Art Rente und doch wohl praktisch ihre Sachen zurück. Mir ist das alles wirklich wurscht, aus tiefstem Grunde, Du weißt es, ich schreibe es nur, damit Du Dir ein Bild machen kannst. Die Kinder sollen nichts Böses bemerken usw. Ja, das hörte ich eben, und nun sitze ich, ehe ich zu den Freunden gehe, unter vielen fremden Menschen im Friedr. Str. Bhf.[2] und bin angenehm allein mit Dir. Hier ist eine so unpersönliche und anspruchslose Fülle. Die stört mich garnicht. Ich kann nicht so früh zu den Freunden gehen. Nun will ich Dir von Kreisau erzählen. Ich kam gut und schnell mit Hans nach Haus und ins Bett. Wenn ich dann in mein Bett falle, dann weißt Du ja, was ich denke. Ich denke es dankbar, dass es so war, und [bin] sicher, dass ich es weiter so denken werde, und wenn mich dann und wann alles überwältigt (aber dieses mal war es nicht so), dann fällt mir bisher immer gleich der Weg ein, der mich herausführt. Ich besah noch die süß schlafenden Söhnchen. C.chen sah zart aus, K. groß und stämmig und beide sehr nach meinem Geschmack. Der Sonntag Vormittag verging mit Puseln, aber erst kamen die beiden Jungen. Sie sind beide so zärtlich und lieb. «Wo warst denn Du?», sagte K. wieder, und C.chen sagte natürlich, es ginge ihm sehr gut, und hatte das offenbar sehr ekliche Furunkel ganz vergessen. K. steigt immer wieder aus meinem Bett, muss nach der Bahn zum Fenster rauskucken, Bücher holen usw., kommt aber immer wieder. Wir haben schön mit Hans gefrühstückt. Vor Tisch habe ich die Bienen eingepackt und in den Stöcken einstweilen die Briefe verborgen. Ich war auch kurz bei Zeumer und bei Schwester. Um 4 zog ich mit schön geputzten Söhnen – in den weißen Seidenhemden – zu Tante Leno zur Vesper. Sie hatte Geburtstag. Ich habe sie alle (die Tanten, C. Viggos, Schönchen[3]), die wirklich in großer Liebe an Dich denken – C. V. auch, aber am wenigsten – durch gute Laune und normales Auftreten beruhigt. Ich bin auch ruhig, es geht mir auch gut, aber die machen sich Sorge um uns. Auch Bertha und Frl. Hirsch! Hans kam uns holen. Oben hatten derweilen Hans und Walther[4] sich bei Ulla unterhalten, die ja, die Gute, immer noch mannstoll ist, denn sie hat einen scheußlichen Fuß und konnte den netten Männern doch nicht widerstehen und war den ganzen Tag auf. So, mein Herz, jetzt gehe ich zu den Freunden. – Mittwoch 15 Uhr. Beinahe ein ganzer Tag ist verstrichen, ehe ich wieder ein Stückchen schreibe, aber trotzdem war ich die ganze Zeit mit Dir beschäftigt und damit sehr zufrieden. Bei den Freunden habe ich gleich getippt und mich natürlich auch ein wenig unterhalten, und als ich sah, dass ich doch nicht schnell fertig werden konnte, bin ich schon um 9.30 nach Hause gefahren, gleich ins Bett gestiegen und um 6 wieder aufgestanden. Im Bett habe ich noch eingehend und beglückt Deinen Brief – hier kam der Zug nach Behnitz schon, es verging wieder viel Zeit, und ich schreibe nun in aller Frühe bei C. D. am Donnerstag und hoffe, das Ende dieses Briefes in 2 Std. noch ganz warm abzugeben. – über das N. T. und seine Schöpfer gelesen. Sehr schön ist das für mich. Ich genieße den Reichtum, den unerschöpflichen, den auszuschöpfen noch vor mir liegt. Ich weiß schon, wie groß er ist, vieles ist mir schon tief ins Herz gewachsen, aber doch noch sehr wenig, gemessen an der Fülle. Alles, was Du dazu schreibst, befriedigt mich sehr, manches war mir klar, manches muss ich erst erleben. Jedenfalls kannst Du mich im Vollbesitz dieses Schatzes zurücklassen, wenn wir uns trennen müssen, mein liebes Herz. – Von Kreisau will ich noch manches in meinem Brief über den V. G. H. schreiben, aber nicht alles. Der Montag war sehr besetzt. Ich radelte gleich früh in die Stadt, als Hans nach Oberschlesien abfuhr. Kronenburg will der Schwester nichts, die Übernahme der Kindergärten durch die NSV[5] ist aber befohlen. Es ist aber noch nicht heraus, ob Gemeindekindergärten dazu gehören, nur Gutskindergärten bestimmt. Es sei auch noch nicht heraus, ob der Gau die Schwester zulasse. Er will es jedenfalls befürworten, und als ich danach Adam[6] sprach, sagte der gleich, mit dem Gau sei die Sache jetzt schon geregelt: Die Schwester bleibe. Ich kann mit Kronenburg gut, und das verdanke ich nur der Rentenannie. Adam erzählte ich von Dir, mein geliebtes Herz, vorsichtig, aber deutlich. Er ist nicht bereit zu glauben, dass Du sterben musst. Er glaubt auch an Deine Unschuld und sagt, er habe ein ganz sicheres Gefühl. Seine Freundschaft und Hilfsbereitschaft ist jedenfalls groß und herzlich, und die Tatsache, dass dort solch ein Mann sitzt, für mich sehr angenehm. Sperlings setzt er in keinem Fall raus, die Sache mit Lenchen beim Arbeitsamt hat er geregelt. Das nächste war Maack, den ich trösten musste. Er hätte sich am liebsten für Dich umbringen lassen, er war verzweifelt, und was die Rentenannie angeht, will er auch alles machen, was ich Dir genau über den VGH erzähle.[7] – Jetzt bin ich wieder zu den Freunden gereist und habe mit gefrühstückt. – C. Viggo kommt, sobald ich ihn rufe. Er möchte Dir gerne helfen und ist sehr bereit, aber nicht erregt wie Maack. Über Dich hat er ein ganz gutes Bild, jedenfalls in seiner Beurteilung Deiner Position in dieser Sache. Ich war per Rad erst mittags zurück und fuhr nach dem Essen gleich 2 Stdn. mit Z. über die Felder, war im Schloss und wo ich sonst noch hinwollte, vesperte friedlich mit Asta, packte und fuhr um halb 8 über Breslau, wo ich Muto und Marion noch traf, ehe ich in den in Breslau eingesetzten Zug stieg und einen schönen Eckplatz ergatterte. Das war der Kreisauer Ablauf, und was ich seither hier gemacht habe, weißt Du. Ich bin noch nicht recht zur Ruhe gekommen, weil ich gestern Nachmittag wegen Cornelia Blumenthal in Behnitz war. Du schriebst mir gerade an dem Tag, mein Herz, dass ich mich um die Frauen kümmern müsse. Das werde ich tun, mein Lieber. Adrian habe ich nicht am Telefon erwischt, möchte das aber heute erreichen. Ich habe die Privatnummer von Haus. – Mein Lieber, ich bin voller Liebe, mein Herz, hoffentlich fühlst Du sie und sie wärmt Dich. Ich sehe Dich, mein Guter, auf Deinem Tisch in Deine Decke eingehüllt sitzen, wie es mir P. neulich erzählte. Gestern hat mich die Aussicht auf Deinen Tod wieder ganz fest vereinnahmt. Es ist absolut nötig, dass wir sie nicht verlieren. Das sehen zu können und doch nicht zu verzweifeln, sondern die Dankbarkeit zu fühlen und die starke Liebe, das ist unsere Kunst. Vor Dir steht der Tod, vor mir das einsame Leben, in dem unsere Liebe lebendig bleiben muss. Wir müssen beides und uns fassen und nah beieinander bleiben, mein liebes Herz, wie schwer und doch wie voll der schönsten Tröstungen. Ich liebe Dich sehr, mein Herz. Ich umarme Dich und bin und bleibe, bleibe, bleibe die Deine, Deine Wirtin, Dein P. und sonst niemandes «Dein».

1 Ab September 1943 wurden die Gnadenverfahren erheblich beschleunigt. «Die Hast mit der die ‹Gnadenverfahren› abgekürzt wurden ... erweckt den Eindruck, als habe sich das Reichsjustizministerium in einen Blutrausch gesteigert.» Viktor von Gostomski/Walter Loch, *Der Tod von Plötzensee,* S. 25. *2* Bahnhof Friedrichstraße. *3* Manon Schönberg. *4* Nicht bekannt. *5* Siehe Freyas Brief vom 20. Oktober 1944, S. 91, Anm. 2. *6* Gemeint ist Wilhelm Adam. *7* Das heißt: in einem offiziellen Brief.

Helmuth James an Freya, 26. Oktober 1944

26. 10. 44.

Mein Lieber, ich schreibe mal erst an Dich, denn mir scheint, dass ich nicht fertig werden werde. Ich habe es also umgearbeitet.[1] Es ist mir eigentlich noch zu lang für den neuen Zweck. Vielleicht sind noch Vorschläge möglich, was rausbleiben kann, ohne dass es unverständlich wird. Ich denke, ich werde morgen noch einen Entwurf machen, aber nur für mich. Mein Herz, es gibt nichts Neues, ich habe schlecht geschlafen, denn ich bin nach meinem ersten Aufwachen nicht wieder eingeschlafen, sondern habe mich mit meiner Verteidigung befasst, was auch ganz nützlich war. Je mehr ich darüber nachdenke, umso wichtiger scheint es mir zu sein, nichts zu entschuldigen, nichts abzuschwächen, sondern ganz offensiv zu verteidigen. Es gibt dann einen schweren Kampf, aber darin liegt, so scheint mir, die einzige Chance, nicht nur für mich, sondern vor allem für die ferner Beteiligten: Husen, C. D., Einsiedel u. s. w. Ich werde es jedenfalls versuchen.

Mein liebes Herz, ich habe keine Zeit mehr, etwas Zärtliches zu schreiben, denn ich muss versuchen, mit dem Schriftsatz so weit zu kommen wie möglich. Aber Du weißt ja alles. Reise gut, mein Lieber, umarme C'chen herzlich von mir, aber auch alle andern. Gott behüte Dich.

1 Es handelt sich vermutlich um eine Umarbeitung von Helmuths Verteidigungsschrift an den Volksgerichtshof.

Helmuth James an Freya, 26. Oktober 1944

Tegel, den 26. 10. 44

Mein Lieber, alles, was kam, war wie immer herrlich und wurde dankbar in Empfang genommen. Ich gebe Dir heute einen Brief an C'chen, der aber durch die Post ankommen muss, scheint mir, und 4 andere Briefe,[1] die Du nach Deinem Urteil nach meinem Tod aushändigen oder nicht aushändigen sollst. Die Briefe an die Söhnchen sind mit Bleistift geschrieben und werden sich daher nicht solange halten, wie es nötig ist. Deswegen musst Du entweder eine Abschrift machen oder die Briefe mit Fixativ behandeln, falls Du welches bekommen kannst.

Mir ist mal wieder einiges Geschäftliche eingefallen: Unterrichte Steinke von meinem Tod und der Konfiskation; es könnte sein, dass er gefragt wird, ob ich noch Geld zu bekommen habe.[2] Ich habe noch eine Anstandsforderung an Sarre von, glaube ich, 2500,–, es ist ja nicht gerade nötig, dass er das dem Staat zahlt. Vielleicht redest Du einmal mit ihm, wie man das macht. Wenn C'chen oder Du Kreisau zurück bekommt, so pass auf, dass Ihr nicht in die unbeschränkte Haftung für die Rentenannie geratet. Vielleicht erobert sie Kreisau für sich. – Mit Jowo verständige Dich, und zwar schriftlich darüber, dass im Falle Deines Todes vor der Verteilung des afrikanischen Vermögens er dafür Sorge tragen wird, dass C'chen und Konrad mein Viertel bekommen, während, wenn Du überlebst, Du das Gleiche für Inge[3] und Jowo's Kinder zusagst. Sobald es möglich ist, sollte eine solche Regelung auch mit Willo in nach süd-afrikanischem Recht verbindlicher Form erfolgen, denn der Stichtag ist 1953, also sehr weit hinaus.[4]

Mein Herz, seit gestern ist mir mein Tod wieder näher und realer, und ich bin sehr froh darüber. Ich bin trotzdem guten Mutes, oder vielmehr deswegen, und trotzdem entschlossen, für mein Leben zu kämpfen. Aber es ist garkein Zweifel, dass nur ein Wunder Gottes mich retten kann. Heute im Halbschlaf hatte ich einen merkwürdigen Gedanken, halb Gedanke, halb Traum. Ich kam zur Hinrichtung nach Plötzensee, und da sagte der Henker: «Wie soll ich denn den linken alleine hinrichten ohne den rechten; das geht ja nicht.» Und als man mich ansah, da warst Du an meiner rechten Seite angewachsen, wie die Siamesischen Zwillinge, sodass eine Hinrichtung unmöglich war. Es war sehr lieb und ich wurde ganz wach.

Ich wollte Dir ein Mal meinen Tageslauf genau beschreiben. Die Uhrzeiten sind geraten, weil ich ja keine Uhr habe: Das erste Mal wache ich wohl so um 1 Uhr nachts auf und lese dann Gesangbuchlieder, meist irgendeine Gruppe hintereinander laut vor mich hin, bis ich mich wieder schläfrig fühle. Dann wache ich definitiv wohl um ½6 auf und denke nach, denke an Dich, die Söhnchen und freue mich daran bis ½7. Dann, wenn die anderen aufstehen, lese ich die Lieder, die unter dem Abschnitt «Morgen» stehen. Danach stehe ich auf und tue, was ich kann, gieße Wasser ein, mache 100 Kniebeugen u. ä. Um 7.10 etwa werde ich aufgeschlossen, d. h. entfesselt, und wasche mich und räume auf und frühstücke. Das dauert je nachdem, was ich vorhabe, bis 8 oder ½9. Dann schreibe ich an Dich oder sonst etwas bis 9.15, wenn ich wieder gefesselt werde. Danach gehe ich bis 9.30 auf und ab und sage mir Psalmen vor. Dann kommen wir raus und um 10.10 sind wir wieder drin. Den ganzen Morgen von 10–11.45 verbringe ich mit Aufsagen der Bibelstellen, zu dem jetzt noch die Psalmen 111, 118, 139 und das Aufsagen von Römer 8 gekommen ist. Am Morgen kommt die Zeitung,[5] und wenn ich die lese, werde ich mit dem Aufsagen nicht fertig. Um 11.45 werden wir wieder entfesselt, und dann ist immer irgendwas vom Aufräumen nachzuholen. Um 12 gibt es Essen. Um 1 werden wir wieder gefesselt, und diese Zeit muss zu Dingen benutzt werden, die sich besser mit 2 Händen machen, wie Schreiben, Lesen mit Nachschlagen u. ä. Um 1 sage ich meine Bibelstellen fertig, fange vielleicht auch ein Kirchenlied an und setze mich dann auf meinen Tisch, das Keilkissen im Rücken, eine Decke unter mir und Deine schöne Decke um mich, die Füße auf dem Stuhl und lese. Von Zeit zu Zeit, ein oder zwei Mal die Woche, lese ich meine Aufzeichnungen über meine Aussagen durch. An den anderen Tagen lese ich systematisch das Gesangbuch, mache mir Verweisungen in Bibel und Gesangbuch. Übrigens lese ich zuerst, wenn ich sitze, auf alle Fälle einige Kapitel aus dem A. T. vor den Psalmen, aus dem N. T. nach den Psalmen, aus den Evangelien und aus den Briefen. Damit beginnt der Nachmittag immer. Um 4 werden wir wieder entfesselt; dann lese ich weiter, wenn ich nichts anderes zu tun habe, um ½6 gibt es Abendbrot, und um 6 müssen wir bettfertig sein und werden gefesselt. Dann lese ich die Abendlieder, bin ich in guter Form, denke ich dann noch nach, bin ich nicht ganz in Form, dann lese ich Lieder oder Psalmen, bis ich schläfrig bin, denke dazwischen an Dich, mein Herz, und schlafe früh ein. Das ist der Tag. Bisher hat er eigentlich noch nie recht gereicht.

So, mein Herz, ich bin seit der 5ten Zeile dieser Seite schon gefesselt, und jetzt kommen wir gleich raus. Leb wohl, mein Herz, voller Dank für die große Gnade dieser Wochen, voller Vertrauen, dass Er es so führen wird, wie es für uns am besten ist, voller Zuversicht, voller Bitten, Er möge Dich behüten und Seine Hand über Dir halten, er möge uns behüten und Seine Hand über uns halten. Jäm.

1 Einer der Briefe war für Schwester Ida Hübner bestimmt (siehe Anhang, S. 549 ff.), ein anderer für Freyas Mutter Ada Deichmann (siehe Anhang, S. 551 f.), ein dritter für Harald Poelchau. *2* Für Helmuths Rechtsberatung der jüdischen Familie Kempinski, für deren Firma Werner Steinke Prokurist war. *3* Ehefrau von Joachim Wolfgang von Moltke. *4* Es handelt sich um den Nachlass von Helmuths südafrikanischen Großeltern Rose Innes, der zu gleichen Teilen an Helmuth und an seine drei noch lebenden Geschwister gehen sollte. *5* Der *Völkische Beobachter.*

Freya an Helmuth James, 26. Oktober 1944 (?)[1]

[Eine von Rechtsanwalt Rudolf Dix inspirierte Kritik des Entwurfes für eine Verteidigungsschrift. Vermutlich sind die beiden Blätter kein eigener Brief, sondern gehören zu einem der Briefe von Freya.]

Der ganze 1. Teil muss wegbleiben. Wenn F. 2 Seiten gelesen hat, geht er hoch «Da haben wir wieder so Einen, der meint, alles besser zu wissen», «Wären die nicht solcher Meinung gewesen, wäre es garnicht dazu gekommen!», «Diese Intellektuellen!», «Die wollen wir ja gerade ausrotten» und so ähnlich. Mehr als 2 Seiten liest er garnicht davon, dann weiß er schon, dass er Dich umbringen muss. D.[2] hält ihn, den 1. Teil, für sehr ungünstig (hat mit seiner persönlichen Meinung nichts zu tun). Kurz und klar solltest Du schreiben, Granitblöcke müsstest Du machen, und der Inhalt ließe das auch durchaus zu. Es juckte ihn so sichtlich, die Verteidigung zu übernehmen. Er meint, Deine Verteidigungsschrift sollte nur 2 Seiten sein und ganz scharf.

Es müsse drin stehen etwa: Ich danke dem Gruppenführer Müller, dass er mir Gelegenheit gibt ... Ich bestreite, im Fall Goerdeler die Anzeigepflicht verletzt zu haben, weil ich nicht nur annahm, sondern wusste ... M. E. muss der V. G. H. die Richtigkeit der Tatsachen unterstellen, od. wenn er sie bezweifelt, muss er die führenden Persönlichkeiten als Zeugen hören.

In der Entgegnung auf die weiteren Vorwürfe musst Du allerdings Deine Arbeit hineinnehmen, aber nur kurz und scharf: In meiner Eigenschaft als Sekretär ... im OKW.[3] gehörte es zu meiner Pflicht, mich mit folgenden Fragen zu befassen ... Ich gebe zu, dass ich in der Behandlung dieser Fragen meistens nicht ... übereinstimmte. Diese Tatsache erzeugte für mich aber die selbstverständliche Pflicht, trotzdem im Rahmen meines Aufgabenkreises im Sinne meiner Auffassung zu wirken. Dies kann nicht Hochverrat sein, denn sonst wäre jeder Beamte mit eigener Ansicht ein Hochverräter (richtig vorgetragen sei F. solchen Argumenten durchaus zugänglich. Er verlange eigene Ansichten bei seinen Referenten).

Besprechungen dienten nur der geistigen Kontrolle dieser von mir eingeschlagenen Richtung und Haltung in meinem dienstlichen Bereich. Ruhig sagen, ganz von oben herab: Partei und Parteiorgane kamen als Widerstandszentren dann nicht mehr in Frage.

Vor allem nicht zu intellektuell sein! Sehr wichtig. Freisler antworten und in der Defensive ins Detail gehen. Er unterbricht Dich sonst rettungslos. Das ganze ist ein Schauspiel, und alles, was dazu beiträgt, es zu verschönern, nimmt F. gerne auf. Ergänzend zu diesem bekommst Du übermorgen einen Zettel mit Notizen über einen Vortrag, den F. am Sonnabend vor den Richtern usw. über die Rechtsprechung d. VGH. gehalten hat und den C. D. sich angehört hat. Als er mir beim Frühstück heute davon erzählte, dachte ich gleich, wie wenig das auf Deine Verteidigungsschrift passe, und das kam dann abrupt auch bei D. heraus.

Den Goerdeler-Punkt sieht D. als sehr günstig an.

Den 2. Vorwurf kann er nicht recht beurteilen, weil er den Inhalt der bekannten Gespräche nicht genau genug kennt. Er meint aber, es sei allerlei zu machen.

1 Datum ist unsicher. *2* Rechtsanwalt Rudolf Dix; meist mit «D.» abgekürzt.
3 Oberkommando der Wehrmacht.

Helmuth James an Freya, 26. oder 27. Oktober 1944[1]

[Ohne Datierung unter Freyas Brief vom 26. oder 27. Oktober 1944]

1. Sachlich klar und wird so gemacht. Dann aber ist implicite ein Angriff gegen SS darin enthalten.
2. Daher bitte nochmals zu prüfen, ob es richtig ist, die Sache jetzt schriftlich abzugeben, oder ob es nicht besser für die mündliche Verhandlung aufgespart bleibt. Ich kann es ja schreiben, nachdem ich Anklageschrift bekommen habe, und jetzt entwerfen. 2 Std. Zeit werde ich ja haben.
3. Ich bitte Bescheid am Samstag. Bis dahin habe ich dann den neuen Entwurf in 2 Exemplaren fertig. Fällt die Entscheidung für jetzt einreichen, so schreibe ich Montag früh an Müller und bitte um meine Abholung zum Diktat. Das kann dann nicht vor Mittwoch sein, sodass ich die neue Korrektur noch bekomme. Sonst bleibt es einfach liegen.
4. Bei dieser Beurteilung sollte C. V. darauf hinweisen, dass ich mein ganzes Leben tätig gewesen sei, und zwar immer mit Entschiedenheit und voller Auslastung. Auch im O. K. W. Wenn ich daher in der Haft blöd-

sinnige Sachen gemacht oder Erklärungen abgegeben oder nicht abgegeben haben sollte, so sei das garnicht verwunderlich, denn ich sei noch nie so untätig gewesen

5. Eben fällt mir noch zu 3. ein: Eine so aggressive Tendenz ist mit meiner bisherigen Haltung nicht recht vereinbar – nicht sachlich, sondern formal–; wenn aber die Anklage da ist, so ist doch sehr leicht zu erklären, dass ich dann meine Haltung ändere.

[Zusatz von Freya:]

Haben die zuständigen Herren alles gewusst, was sie sicher als Zeugen bestätigen werden, wenn es eines solchen Zeugnisses wegen Gerichtsnotarität noch bedarf

1 Datum ist unsicher.

Freya an Helmuth James, 26. Oktober 1944

Donnerstag Nachmittag

Mein liebes Herz, heute ist der Tag, an dem ich gleich auf etwas von Dir Empfangenes antworten kann, wenn ich bei den Freunden bin. Das liebe ich sehr. Es dauert auch nicht mehr lange, dann mache ich mich auf meinen so geschätzten Weg. Ich habe heute Nachmittag viele kleine Sachen getippt, auch die Stelle aus Weisheit, die mir wieder so gefiel. Ich habe auch den Auszug aus dem Vortrag von F. getippt und kann, wenn ich diesen wirren und diabolischen Inhalt in mich aufnehme, garnicht glauben, dass das für Dich gutgehen kann. Was für eine Welt, was für eine Einstellung, wo führt das alles hin, ganz abgesehen von unserem eigenen Schicksal!? Vor dem Schreiben habe ich gebadet und geschlafen. Beides hatte ich nötig, denn die letzten Nächte waren kurz. Ich las vorm Einschlafen einen schönen Aufsatz über das Lernen des Bogenschießens und einen, den letzten Brief von Dir. Den Aufsatz hatte ich von P. Mein Lieber, ich muss etwas Dummes, eine lächerliche Kleinigkeit sagen: Warum schreibst Du «Er» und «Ihm» groß, wenn Du Gott meinst? Es steht doch auch in der Bibel nicht groß, und mir scheint das in so garkeinem Verhältnis zu seiner wirklichen Größe zu stehen, dass man es auch lassen kann. Tu es nur ja, wenn es Dir angenehm ist, ich stoße mich immer nur ein wenig daran. Es hat für mich etwas Pastorales, welches ich auch in der Beziehung zu Gott missbillige. Kannst Du verstehen, was ich meine? Es ist so unwichtig, so unwesentlich, ich weiß es, aber da es mich störte, muss ich es sagen, weil ich Dir gegenüber, mein liebes Herz, in diesen Tagen nicht die geringste Störung haben will und alles aussprechen muss. – Eigentlich kam aus dem gestrigen Nachmittag nicht soviel raus, wie ich erhofft hatte, denn wir waren immer zu 4. Zwar waren Borsigs sehr lieb und nett und herzlich, vor allem auch für Cornelia,[1] aber ich hatte doch alleine mit ihr reden wollen. Die Arme, Arme tut mir schrecklich leid, denn es ist für sie scheints aus heiterem Himmel und völlig unerwartet gekommen, und sie hat keine Ahnung, was dahinter steht. Zu meiner Überraschung ist sie eine ganz alte Frau, aber das ist der Kummer, das Leid, was ganz ungelöst in ihr liegt. Wenn man sie ansah, drehte sich einem das Herz um. Sie ruft mich an, wenn sie nach Berlin kommt. – Morgen früh sollen Marion und Muto durchkommen und wollen so gegen 9 hier frühstücken. Sie fahren weiter nach Wiesenthal. Um 11 bin ich bei Adrian. Seine Frau ist auch hier. Das ist nützlich, denn mit Dieter kann ich nicht sehr. Ich habe den Verdacht, dass er nicht bereit zu einem Einsatz ist. Vielleicht ist das falsch. Er ist auch, glaube ich, noch irgendwo auf dem Balkan. Morgen Nachmittag habe ich vor, bei der Bressalina[2] Pantoffeln für C.chen zu nähen, weil sie eine Nähmaschine hat. Nach Kreisau mag ich wieder garnicht fahren, aber ich muss es schon wegen C.chen tun. Das findest Du ja auch? – Jetzt, mein liebes Herz, mein Wirt, mein Jäm, mache ich mich zu Dir auf. Dann schreibe ich dort weiter.

– Jetzt habe ich all die schönen Briefe in Empfang genommen und von denen an die Anderen nur den an Schwester bisher gelesen. Den finde ich sehr schön und für sie sehr trostreich. Ich bin jetzt schon ganz ärgerlich, über das Großschreiben so viel Aufhebens gemacht zu haben. Nimm es nicht ernst. Ich lasse es aber jetzt ruhig so stehen. Ist es nicht seltsam, dass auch ich seit gestern wieder Deinen Tod für das viel Wahrscheinlichere halte! Ganz deutlich fühlbar hat es gestern angefangen, sodass ich das Bedürfnis in mir fand, Dich zu dieser Einstellung auch wieder aufzurufen, denn es ist ohne Frage eine Gnade, so bewusst sterben und so bewusst Abschied nehmen zu können, und wir dürfen, mein Liebster, diese Möglichkeit, es beide fest zu sehen und zu leben, uns nicht durch Hoffen entgleiten lassen, das tun wir auch nicht, aber gerade das muss ich immer wieder denken und sagen. Mein Lieber, wie schön, dass ich an Dir angewachsen war,[3] wie schön, wie tröstlich. Mein liebes Herz, wie genieße ich es, dass Du noch da bist, dass ich noch Hand in Hand mit Dir stehe, dass Du noch da bist, dass ich Dir schreiben kann und Deine lieben Augen über meine Worte wandern, Deine lieben Augen. Ach, Jäm, hilf mir, wenn ich allein bleiben muss. Ich muss richtig, richtig alleine bleiben, um Dich zu behalten. Aber vielleicht ist der einsame Weg vor mir dann garnicht so lang. Wer weiß es! Es gilt nur die Bereitschaft zu nehmen, was uns Gott beschieden hat. Möge er uns beiden, uns die Kraft geben, die wir brauchen, möge er uns klein und sich in uns groß machen, dann geht das alles. Gute Nacht, mein liebes Herz! Schlaf gut. Ich umarme Dich und bin und bleibe immer Dein P.

1 Cornelia Blumenthals Mann Hans-Jürgen Graf von Blumenthal war am 13. Oktober 1944 unmittelbar nach seiner Verurteilung hingerichtet worden. *2* Katharina Breslauer. *3* Bezieht sich auf Helmuths Traum von den Siamesischen Zwillingen, siehe seinen Brief vom 26. Oktober 1944, S. 106.

Helmuth James an Freya, 27. Oktober 1944

[Ohne Datierung unter Freyas Brief vom 26. Oktober 1944]

Mein Herz, «er» wird klein geschrieben.

Über Dieter bin ich auch sehr skeptisch und meine eher, dass er bremst; nicht aus Unfreundlichkeit; aber so ist er.

Ich fresse Berge von Honig; habe vor allem heute Nacht einen ganzen Löffel Honig verschlungen, als es sehr kratzte. Der Honig ist so meines Pim's Produkt. Kein Fleischer, keine Molkerei steht dazwischen.

F.'s Vortrag ist interessant, aber beseitigt die letzten Zweifel. Der ist in vielen Teilen sonnenklar und direkt auf mich gemünzt.

Helmuth James an Freya, 28. Oktober 1944

Tegel, den 28. 10. 44.

Mein liebes Herz, ich will mich mal rasch ein wenig mit Dir unterhalten. Es ist nachmittags und wir haben keine Fesseln an, weil wir scheuern sollen, und das habe ich schon getan. Ich nehme an, dass Du heute früh nach Hause gefahren bist, um da C'chen feiern zu können. So wirst Du wohl jetzt in der Bahn zwischen Liegnitz und Kreisau sitzen, wenn ich auch nicht ahne, wie spät es ist. Denn es regnet und ist so dunkel, dass den ganzen Tage Licht brennt.

Ich hatte große Lust, mit Dir zu reden, weil ich traurig war. Es gab garkeinen Grund. Es ist aber so, dass dies Leben zwischen Tod und Leben eben anstrengend ist. Denn wenn man endlich zum Sterben ganz fertig und bereit ist, so kann man doch daraus keinen Dauerzustand machen. Das geht leider nicht; das Fleisch tut da nicht mit. So pendelt man zum Leben zurück, vielleicht nur wenig, man baut sich ein Kartenhaus und dann, wenn man das merkt, reißt man es wieder ein, und das hat das Fleisch eben sehr ungern. Es ist auch ein Fall, wo Übung nicht den Meister macht; es bleibt immer ganz gleich unangenehm. So ist das eben heute mal wieder; dann zwei eklige Luftangriffe in der Nacht – immer so nah, dass man die großen Brocken runtersausen hörte und bei der Explosion die Scheiben zitterten –, dann Dunkelheit und Regen. Da will eben der alte Adam nicht.

So hatte ich Lust, mit Dir zu reden, und tue es auch. Denk' nicht, dass es schlimm ist; garnicht, es muss eben immer dagegen gekämpft werden, und man muss um die Gnade bitten, dass man wieder ganz fest erkennt, dass sich ja garnichts ändert, dass man immer geborgen bleibt. Aber von dem sich Vorsagen dieser Tatsache bis zu ihrer vollen Erkenntnis ist eben ein Weg, und um die Gnade, diesen Weg durchmessen zu dürfen, muss man ringen.

Es ist in diesen Tagen besonders schwierig, weil ich an meiner Verteidigung arbeite und dann die Zuversicht der erfolgreichen Verteidigungsmöglichkeit in mir erzeugen muss, und das gibt dann in einer Mittelschicht des Bewusstseins die unangenehme Spaltung. Oben sagt mir mein Verstand: Quatsch, in der Mitte sagt es «Gott kann helfen, und so unrecht ist meine Haltung garnicht» und zugleich: «Behalte die Bereitschaft zum Tode, sonst kommst Du in Anfechtungen.» Und ganz unten heißt es: «Leben wir, so leben wir dem Herren, sterben wir, so sterben wir dem Herrn, darum wir leben oder sterben, sind wir des Herrn». Und diese tiefste Schicht ist eben leider nicht immer Herrscher über die beiden höheren.

So, nun habe ich Dir das einmal auseinandergesetzt, und damit ist es auch schon wieder ein Stückchen besser. Weißt Du, meine Hauptsünde ist die schwarze Undankbarkeit. Nicht nur für mein ganzes Leben, nein täglich. Welch' herrliche Wochen habe ich hinter mir; was ist mir alles geschenkt worden. Und dann tue ich so, als wäre es ein Unglück, wenn es aufhörte. Ich habe ja garkeinen Anspruch auf mehr! Statt demütig jeden neuen Glückstag entgegen zu nehmen, zittere ich vor Sorge, ob es noch einen gibt. Das erinnert mich an eine Geschichte aus meiner Kindheit, ich muss wohl 8 gewesen sein, denn es war schon im Krieg, aber ich hatte noch Privatunterricht bei Frl. Krome. Ich glaube, es war Sonntag vor Ostern, jedenfalls eine Zeit, zu der Ostereier schon Gesprächsthema waren; Ostern muss damals sehr früh gelegen haben; es war ein schöner Vorfrühlingstag und Mami sagte beim Frühstück, sie hätte für uns, das waren wohl Jowo und ich, eine große Überraschung. Und dann gingen wir los in den Langen Busch, und an der wärmsten Stelle unten an der Wiese, sagte Mami, hier sei nun die Überraschung. Jowo eilte auch begeistert auf die dort stehenden Schneeglöckchen zu, die ersten, die wir sahen, während ich wohl Ostereier erwartet hatte und mürrisch erklärte «ach, nur Schneeglöckchen». Mami war sehr böse mit mir, und es wirkte sich, soviel ich erinnere, auch auf die für mich bestimmten Ostereier oder auf die Speise mittags aus. Aber so undankbar bin ich immer gewesen. Warum soll ich eigentlich – von meinem Standpunkt aus – auch nur noch einen Tag leben: Ich habe mehr wahres Glück und vor allem Liebe genossen als irgendjemand, den ich sonst kenne. Warum soll das Glück der letzten Wochen denn weitergehen, auch nur noch einen Tag: Wer sonst hat es denn genossen? – Es gibt nur einen Grund, von mir aus gesehen, warum ich noch weiterleben müsste: um nämlich mein Teil an Züchtigungen noch zu empfangen.

Mein Herz, ich schreibe Dir das unter anderem, damit Du für mich bittest, dass ich Demut und Dankbarkeit lerne und dass mir die Gnade des Herrn in dem Auf und Ab dieser Tage beistehe und mich die stetige Grundlage nie aus den Augen verlieren lasse. – Und dann, dass Du bei den Söhnchen darauf achtest: Demut ist noch etwas anderes als Bescheidenheit, und Dankbarkeit muss ein Dauerzustand sein. Ich glaube übrigens, dass C'chen das haben wird.

Wenn ich auf diese Jahre zurücksehe, so finde ich, dass das Bild des Sämannes das Richtigste ist. Die Körner sind weit gestreut, und ich bin gewiss, dass sie eines Tages aufgehen werden, weil kein Gedanke in Gott verloren ist. Ob ein irdischer Zusammenhang noch sichtbar sein wird, ob unser Tod etwas bedeuten wird, das kann man nicht wissen. Vielleicht auch das. Es wäre gut, denn es würde alles beschleunigen. Vielleicht finden sich Wege; weißt Du, Deuel Wallace wäre ein möglicher Helfer, denn er war ja bis 41 da. Aber das ist gleichgültig von jedem nicht-politischen Standpunkt aus. Ich wollte folgendes sagen: Der Sämann ist von allen landwirtschaftlichen Figuren der glücklichste, denn er trägt die volle Hoffnung, und kein Hagel, kein Unwetter, keine Dürre hat seine Hoffnung schon begrenzt; alles ist möglich. Auch das ist eben beim Säen so schön.

Mein Herz, ich auch hoffe, dass wir ganz bewusst für dieses Leben Abschied nehmen werden und dass wir uns diese Kostbarkeit nicht durch trügliche Hoffnung verderben: Wir müssen aber immer auf der Wacht sein, dass nicht sozusagen der Zug abfährt, wenn wir gerade woanders hinausschauen. Ich bin jetzt wieder ganz in Abschiedsstimmung, ich denke über Dein und der Söhnchen künftiges Leben nach. Manchmal beschäftige ich mich mit dem großen Augenblick des Todes; ich zittere davor, dass mich dann die animalische Angst übermannt, dass ich sozusagen diesen Augenblick, in dem es darauf ankommt, den Glauben ganz fest zu halten, verpasse. Wie schwach sind wir doch! Nur Gnade kann uns da helfen, den Glauben festzuhalten und den Erlöser zu sehen. Poelchau würde wahrscheinlich darüber lachen und sagen, das sei alles Romantik; es ging so nüchtern zu und man sei so wenig Herr seiner selbst und seiner Sinne, dass da garnichts hülfe. Nun, ich muss es abwarten.

Ich schreibe Dir rasch einige Gesangbuchverse, mit denen ich mich beschäftige und die ich lerne: 208, 5 + 6 + 222, 7–12.[1] Und jetzt höre ich auf. Hoffentlich habt Ihr einen schönen Geburtstag. Ich danke Dir, mein Herz, denn ich bin jetzt ganz getröstet. J.

1 Auf den Tod und das Jenseits gerichtete Verse.

Freya an Helmuth James, 28. Oktober 1944

Sonnabend Mittag

Mein liebes Herz, jetzt fährt mein Zug vom Schles. Bhf.[1] Das macht aber garnichts, ich fahre erst um 5 und dann nur bis Liegnitz und sehe, wo ich da mein Haupt niedertun kann, um morgen in der Frühe wirklich zu Hause zu sein. Ich musste bei Adrian zu lange warten, er arbeitete, ich wartete 45 Min., und mehr Zeit hatte ich nicht. Aber nun hat es den Vorteil, dass ich noch an Dich schreiben kann, Dir wieder einmal sagen kann, mit welcher großen, warmen Liebe ich Dich zu umgeben suche. Meine Nähe zu Dir wird mir täglich ungezählte Male bewusst, meine Zusammengehörigkeit mit Dir ist das immer wieder beglückende Gefühl: die Verankerung neben und über mir! Es war eine eilige, wenn auch nicht hetzige Woche, ich habe nicht oft sitzen können und überlegen und lesen und nachdenken, und trotzdem habe ich sehr nah mit Dir gelebt. Allerdings gehört es zu der Köstlichkeit und Schönheit dieser Wochen, dass ich Frieden habe. Du wirst das gut verstehen. Verzeih das «er», aber es ist für mich doch darin ein wenig zu sehr der Buchstabe in der Beziehung zu Gott. Ich neige dazu, ihn zu unterschätzen und «ihn» aus dem Herzen zu erleben, Du wohl eher, ihn zu überschätzen. Ist das falsch? Ich bin eine winzige Anfängerin, ich weiß es; aber ich kenne den Weg, ich habe den Strom der Gnade erlebt, ich weiß unsere Bindung vor und in Gott, mein Geliebter, doch lebe ich nicht so oft so bewusst mit ihm wie Du. Es ist schon so: Er geht mit mir um, und ich weiß es garnicht, vielmehr: Ich weiß es ja genau, aber ich merke es nicht und wende mich nicht an ihn. Ich bin sehr unzufrieden darüber, aber ich fühle mich doch geborgen und weiß, dass Du gesagt hast: Lass mich erkennen, dass Du bist viel größer, als mein Herze ist. Mein Jäm, Deine Verse sitzen fest in mir. Ich bin dankbar zu wissen, was jeder Einzelne auf Deinem Weg bedeutet, aber nun erfüllen und stärken sie auch mich. Mein Jäm, ich bin ganz sicher, dass Du sterben musst, dass, so wie 1 + 1 = 2 ist, Dein Weg zum Tod führen muss, und dennoch weiß ich genauso sicher, dass Du gerettet werden und uns weiteres gemeinsames Leben auf der Erde geschenkt werden kann, nicht wird, aber kann, weil es eben nicht nur so ist, dass 1 + 1 = 2 ist. Ob ich nach dem Auf und Ab der letzten Wochen nun doch noch zuviel hoffe, ich weiß es nicht, ich weiß wirklich nicht, was in mir vorgeht, aber ich bin nicht niedergeschlagen, ich weine nicht mehr soviel, ich bin ganz ruhig und fühle – und nun fange ich wieder von vorne an – meine große Liebe. Du glaubst nicht, wie mich der siamesische Zwilling[2] immer wieder freut. – So, mein Jäm, jetzt muss ich Dir noch erzählen, dass ich Adrian von mir aus bat, den Brief nicht vor Dienstag zu benutzen, und was wirklich nett an ihm war: Er sagte, er müsse selbst noch über dem Brief brüten. So sei er zu defaitistisch, und dann würde ich wohlmöglich auch noch reinfallen. Das Argument sei zwar gut, aber es sei eben sehr schwer unanfechtbar schwarz auf weiß zu formulieren. Als ich ihm vorschlug, es nur zu *sagen*, meinte er, es sei durchschlagskräftiger, wenn er etwas *geben* könne. Also er brütet auch bis Mittwoch, dann weiß ich auch schon wieder was von Schulze. Du musst Dir aber ganz klar sein, dass ich bei *dem* den Termin nicht erfahre, sondern nur, wenn die Anklage heraus ist. Der Termin ist das Allerschwierigste. Darüber wird strengstes Stillschweigen bewahrt. Bei Erwin hat es dann noch mehr als 3 Wochen gedauert. Mittwoch sehe ich auch D. erst wieder, aber bis Dienstag habe ich es geschrieben. Da bekommst Du es dann erst mit Urteil und Di. Dein Original. Adrian gab mir zu erwägen, ob ich so einen Brief nicht noch an M. direkt schicken sollte. Das scheint mir nicht sehr überzeugend? – Oxé ist in Wien. Ich muss nächste Woche nochmal hin, aber nun habe ich doch auch Haus einen offiziellen Besuch gemacht. – Mein Lieber, ich sitze wieder im Wartesaal, der neutralen Fülle, und jetzt will ich mal sehen, ob unsere Freunde schon mal wieder zu Hause sind. Ob Du wohl jetzt auf Deinem Tisch sitzest! Ein Briefchen von C.chen habe ich heute über Schulze geschickt. Ich muss sehen, wann ich nun eigentlich die Pantöffelchen genäht bekomme, denn sie müssen Montag um 11 auf dem Geburtstagstisch stehen. Mein Jäm, Montag um 11 denk an uns und Dein strahlendes C.chen, und um 4 kommen lauter Kinder Kuchen essen!! Mein Herz, mein Lieber, ich umarme Dich zärtlich. Leb friedlich und unangefochten und lass Dich von Liebe umgeben. Ich bin und bleibe immer Dein P.

1 Schlesischer Bahnhof. 2 Siehe Helmuths Brief vom 26. Oktober 1944, S. 106.

Helmuth James an Freya, 30./31. Oktober 1944

30. 10. 44.

Mein Lieber, *1.* Mittwoch früh bitte ich also um meine Abholung zum Diktat, um meine Verteidigungsschrift zu diktieren. Dann kann ich also ab Donnerstag Nachmittag abgeholt werden. Wollen sehen, wie das wird.

2. Die Frage, wie ich mein eigenes Schuldbekenntnis beseitige, beschäftigt mich sehr. Es ist eine Erschwerung. Aber wenn die Verteidigung mit dem Wissen überhaupt durchschlägt, dann kommen wir auch über diesen Schwanz. Nur ist Zeit, Rat und Begründung von großer Bedeutung.

3. M. hatte seinerzeit ein Gnadengesuch an den Führer vorgeschlagen. Frage: *a.* Könnte nicht C.V. diese Frage bei Freisler anschneiden? Begründung: Familie, Name, Schändung aller Familienmitglieder, vollstrecktes Todesurteil stellt irreparablen Makel dar, und zwar für [die] ganze Familie, während nichtvollstrecktes Todesurteil mit späterer Regelung im Anlass einer allgemeinen Amnestie, oder Freiheitsurteil oder Gnadenerweis doch eine Reparatio zulässt. C. V. kann dieses Familieninteresse gut vertreten, Du nicht, denn er steht nah und doch fern genug. Dabei selbstverständlich Aufgabe von Kreisau. – *b.* Könnte ein solcher Gnadenantrag, wenn Freisler nicht will, was ich annehme, nicht mit F.'s Billigung oder ohne diese über Bürkner–Keitel laufen. Dabei könnte Bü – von Adrian getreten – meine Arbeit hervorheben und so C. V.'s Antrag unterstützen. Zweitens käme dabei der Gesichtspunkt «Moltke» noch stärker zum Ausdruck, wenn Keitel so etwas macht. Das müsste eventuell mal mit Haus geklärt werden. Bü ist natürlich miserabel für so etwas, aber vielleicht tut er es, wenn Adrian es will. Vielleicht kann Adrian, wenn erst einmal Bü breitgetreten ist, auch im F. H. Q.[1] noch etwas nachhelfen, indem er Rintelen bittet, sich der Sache anzunehmen; der tut es vielleicht bei Jodl. So könnte man u. U. folgendes zusammenbekommen: Familie – durch C. V. –; Militär-Moltke – durch Keitel –, meine Arbeit – durch Bü –, und müsste Widerstand beseitigen bei Freisler und Reichsf. SS.[2] – Die Familie hat eben bei Reichsf. SS verloren, aber beim Führer noch nicht. – Es bleibt auch die Frage, ob man vielleicht über Adam[3] auch eine gewisse Unterstützung durch den Gauleiter[4] bekommen kann, denn schließlich kennt Adam mich genau und ist persönlicher Referent des Gauleiters. Diese Frage wäre mit C. V. und Adrian zu erörtern, aber erst in einem etwas späteren Zeitpunkt. Ich fürchte nur die Parteikanzlei;[5] aber Adrian wird das am besten beurteilen können.

31. 10.

4. Bitte prüfe, ob Du mit Haus nicht besprechen kannst, dass, falls Anfragen vom V. G. H. über mich kommen, er sich darum kümmert, dass sie loyal beantwortet werden und er überhaupt Bürkner, der doch möglicherweise als Zeuge gehört wird, und auch Oxé in meinem Sinne bearbeitet; Bü hat die Neigung, von allem Unbequemen abzurücken; aber vielleicht nützt eine Rückenstärkung durch Haus doch etwas. Das wäre vor allem auch bei Oxé nötig, falls eine schriftliche Anfrage kommt; denn Bü wird sicher antworten wollen, davon wisse er nichts, und Oxé neigt dazu, dann Jawohl zu sagen. Vielleicht kann Haus da etwas helfen.

Du siehst, mein Herz, dass ich immerzu neue Projekte habe und Dich damit belade, obwohl sie im Grunde alle aussichtslos sind. Aber es ist ja blödsinnig, nicht alles zu versuchen, so vage es auch sein mag. – Noch etwas: 3 Frauen haben Sprecherlaubnis bekommen. Es ist möglich, dass bei diesen dreien besondere Umstände vorlagen, aber sie haben es alle drei von Schulze gehabt. Bei der einen waren allerdings besondere Umstände: Der Mann hatte Andeutungen über Selbstmord gemacht und hatte auch einen Versuch gemacht, und zugleich war der Sohn schwer verwundet. Aber, mein Herz, so schön es wäre, Dich zu sehen, wichtiger ist alles andere, und das Sehen kann nur zusätzlich sein. Im übrigen sind alle drei Fälle leichter als meiner. Ich habe also keine Hoffnung, aber auch das kann man nie wissen.

Mein Herz, dies ist sozusagen ein reiner Geschäftsbrief, und jetzt werde ich gleich gefesselt; aber vielleicht kann ich nachher noch etwas anschreiben. Mein Herz, ich habe um 10 und von 4 bis 6 Euer sehr zärtlich gedacht, besonders des kleinen C'chen's. Er war doch sicher selig und hüpfte wie ein Floh. Ich habe Dich dann in der Nacht, wo wir durch 2 für unsere Verhältnisse harmlose Alarme geweckt wurden, in der Bahn gesucht. Hoffentlich bist Du gut gereist, und jetzt bist Du vielleicht schon bei den Freunden. Ich wollte Dir nur erzählen, dass meine Seelenlage da ist, wo ich sie am liebsten habe: ganz tief unten, aber dort auf Felsuntergrund. Wenn ich sie nur da festhalten könnte, denn das Auf und Ab ist immer anstrengend. Für die Verhandlung brauche ich allerdings daneben, aber möglichst in einer anderen Schicht, einen starken Auftrieb, denn die jetzt gewählte Verteidigungslinie ist an vielen Stellen schwer zu halten und wird aller Kraft, alles Durchhaltewillens und ständiger Einfälle und Improvisationen bedürfen. Darum muss ich bitten und hoffe dabei auch auf Ulla. Benachrichtige sie nur, falls Du erfährst, wann die Verhandlung ist.

Mein liebes Herz, die relative Sicherheit der 14 Tage ist um, und jetzt sind wir wieder in einer Periode, wo man stärker als sonst empfindet, dass jedes Wort das letzte sein kann. So sei es. Wir wollen uns diese Kostbarkeit trotz der Wiederholung nicht nehmen lassen, dass wir uns immer wieder auf Wiedersehen, auf Wiederfinden, auf Nichttrennen sagen. Das ist ein Schatz, an dem für uns auch mehr hängt als irdisches Glück; es ist ein Mittel der Offenbarung geworden. Das soll es bleiben. Mein liebes Herz, der Herr behüte uns Beide, er erhalte uns Beide in seiner Gnade «beid hier und dort»[6] und, sollte dies das letzte Wort sein: Er halte seine Hand schützend über Dich und die Söhnchen und schicke Dir seinen Tröster. J.

1 Führerhauptquartier. *2* Reichsführer-SS Heinrich Himmler. *3* Landrat Wilhelm Adam. *4* Der Gauleiter von Niederschlesien, Karl Hanke. *5* Helmuth fürchtete, dass das Gesuch in der Parteibürokratie verloren gehen würde. *6* Nachgewiesen bei Martin Luther.

Freya an Helmuth James, 30. Oktober 1944

Montag Abend.

Mein Lieber, mit Hans fahre ich gleich ab zu Dir. Wieder wie jeden der letzten Montage bin ich voller Sehnsucht und Spannung, wie ich es wohl bei Dir finden werde, mein Herz, mein Lieber. Morgen muss ich ja auch zu Schulze und fürchte mich, was ich da wohl erfahren werde. Ich fürchte mich vor dem Ende dieser Wochen, mein Herz. Sie haben so viele Schätze enthalten und haben mich in vielem so verwöhnt, mein Lieber. Gott gebe, dass sie uns auch gestärkt haben. Merkwürdig ist, dass hier in Kr. die Vorstellung, dass Du sterben musst, einfach nicht Raum fassen will. Hier lebe ich zu sehr mit Dir zusammen in allen praktischen Dingen, hier kann ich einfach nicht glauben, dass Du hier nicht mehr als zu dieser Welt gehörig mit mir leben sollst. Jedenfalls war es diese beiden Tage wieder so. Ich habe nicht viel erlebt, mein Herz, denn ich hatte Schnupfen und habe mich gepflegt. Glück hatte ich zunächst, dass doch noch ein ganz später Zug von Liegnitz fährt, sodass ich um 2 in Kr. war. Um 2, so wie wir beide am 28. od. 29. 10. 31 auch angekommen sind.[1] Weißt Du das noch? Ich musste ein Weilchen schreien, aber als ich auf Großm. Schnittlers Höhe war, erwachten Hans und Lenchen, und ich lag kurz vor 3 in meinem Bett. Das war herrlich. Der Sonntag verlief mir wieder zwischen den Händen, d. h. ich nähte und nähte und nähte die Pantöffelchen, die dann auch sehr schön um 10 Uhr abends fertig dastanden. Sie sind aus dem Stoff, aus dem Dein uralter lieber Kr.-Anzug gemacht ist. Davon gab es noch einen Lappen. Sie haben rote Börtchen und Schwanenhals um die Öffnung. Konrad hat ganz ähnliche. Walther[2] war da und Hans, und es war alles friedlich. Nachmittags kam Romai:[3] Sie ist vollkommen gefasst. Asta war unangenehm von ihrer Gefasstheit berührt, aber ich kann es verstehen. Sie ist getragen von dem «wofür» und ist seit Wochen auf dieses eingestellt. Ich glaube ja, dass es trotz aller Einstellung doch dann ganz anders und viel schwerer ist, als man sich das vorzustellen vermag, denn es durchfährt mich manchmal mit großer, schrecklicher Schärfe, dass ich ohne Dich bleiben müsste, obwohl ich mit allen Kräften darauf zu halte. – Heute nun aber war der Geburtstag, und wir haben ihn in vollen Zügen genossen, es war ein großes Fest![4] C.chen war schon gestern ganz aufgeregt, ganz kribbelig und außer sich, und heute ging es schon um ¾6 im Schlafzimmer der Knaben los. Der Höhepunkt lag auf dem kinderreichen Nachmittag, aber morgens gab es Kränzchen und Blumen und Semmel und um 11 pünktlich den Geburtstagskuchen und Tisch. Er war sehr voll. Von uns Buch und Pantoffeln und Socken; von Asta der Höhepunkt: ein alter Wecker, der geht; von Carl[5] ein bezauberndes Etui mit Federhalter, Blei- und Buntstiften, Radiergummi und allem, was das Herz begehren kann. Dann gab es noch vielerlei Spiele und Bilder usw., sodass es sehr voll aussah, und in der Mitte lag Dein Brief mit Blümchen umgeben. Er war sehr befriedigt. Wir aßen schon um ¾12 mit Hans-Viggo[6] dicke Suppe und Apfelstrudel und stießen mit Erdbeersaft an. Dann gingen die Herren in die Schule und ich in den Hof. Es war mir aber zu kalt auf Z.s Wagen, deshalb ging ich bald ins Schloss, holte Speck und Wurst und erschnorrte bei Frau Z. 4 Eier. Dann besuchte ich Luchters, er ist noch sehr unbeweglich für 4 Wochen hier gewesen, fährt bald wieder in sein Lazarett nach Thüringen. Er sah ganz gut aus, und wir unterhielten uns eine Weile und unsere Ansichten waren ziemlich gleich. Ich sagte, er wüsste ja wohl, dass Du in Haft wärest. Das hätte er am liebsten geleugnet, so genierte es ihn, aber er sagte dann gleich, das sei heutzutage keine Schande. Ich ließ dann aber doch durchblicken, dass ich mich um Dich sorge. Das wies er aber entschieden von sich. Das alles gefiel mir sehr. Ganz in Ordnung kommt er aber nie wieder. Das eine Bein ist schon jetzt ein Stück kürzer. Auf dem Rückweg kam ich noch bei Frau Heide vorbei, die einen Jungen bekommen hat. Du weißt, der Mann hat eine Kopfverletzung und arbeitet wieder bei uns. Es sind ordentliche Leute, so wie man sich einfache deutsche Landarbeiter vorstellt. – Kurz nach 3 war ich wieder zu Hause, und es war dann auch höchste Zeit für die Festesvorbereitungen, denn C.chen brachte aus der Schule gleich Hans-Viggo, Clem,[7] Rita[8] mit um kurz nach 2, und schon gegen 3 war im Wohnzimmer ein Höllenlärm und größte Seligkeit. Bis zur Vesper spielten sie ununterbrochen Fliegeralarm. Mit der Vesper brach das Getöse ab und machte einem zielsicheren

Schweigen Platz, weil die Beschäftigung mit unzähligen Stücken Kuchen sie ganz absorbierte. Es waren 11 und am unteren Ende des ausgezogenen Tisches saßen Ulla, Asta, Hans und zeitweise ich. C.chen thronte, bekränzt mit Blumen um den Teller, von der hohen brennenden Kerze flankiert, auf meinem Platz und holte Hans-Viggo und Dietel[9] auf Wunsch neben sich. Sie fraßen alle! Torte, Mohn- und Apfelkuchen, Blümchen-Tee, Milch und Zucker. C.chen strahlte. Es gab noch allerlei Blumen im Garten, sodass auch sein Kränzchen die letzten Zinnien und Löwenmäuler, aber hauptsächlich Tagetes enthielt. Mitten auf dem Tisch war eine Vase mit den letzten schönen knall-roten Geranien. Nach der Sättigung brach die Horde wieder los, und wir vergnügten uns mit der «Reise nach Jerusalem», Topfschlagen, Schwarzer Peter, Blindekuh und noch mehr solchen Sachen. Es war ein Höllenlärm und eine restlose Befriedigung, bis ich sie um ¾7 herauswarf. C.chen hat es ungemein genossen. Konrädchen lief dazwischen als einziger Kleiner etwas für sich, aber doch sehr zufrieden herum. Er spielte immer wieder für sich allein, redete aber viel von C.chens Geburtstag. C.chen gelang es gerade noch, ohne Tränen erschöpft ins Bett zu fallen, während Konrad dann noch Lust auf Unterhaltungen hatte. Ich lauschte an der Tür, dass er sagte, nun … hier kam der Zug, und das kommt nun erst morgen dran, mein liebes Herz, denn ich bin schon bei den Freunden. Liebevoll Dein P.

1 Nach ihrer Heirat in Köln. *2* Nicht bekannt. *3* Rosemarie Reichwein wohnte nach der Zerstörung ihrer Berliner Wohnung seit August 1943 mit ihren vier Kindern im Schloss Kreisau und ab Frühjahr 1945 mit den Moltkes im Berghaus. *4* Caspars Geburtstag wurde bereits am 30. Oktober 1944 gefeiert. *5* Freyas Bruder Carl Deichmann. *6* Hans-Viggo von Hülsen. *7* Spielkamerad von Caspar. *8* Rita Stäsche. *9* Spielkamerad von Caspar.

Helmuth James an Freya, 31. Oktober 1944

31. 10.

Mein Lieber, danke für Deinen Brief. Das klingt alles sehr schön. Ulla soll sich nur durch die sichere Atmosphäre von Kreisau nicht verleiten lassen, nicht zu arbeiten. Sie muss sich darüber klar sein, dass es menschlich gesprochen keine Chance gibt. Mir liegt jetzt vor allem daran, dass ich die Verteidigungsschrift und den Brief an Müller, den Begleitbrief, möglichst schnell bekomme. D. soll sich mit der Korrektur nur Mühe geben,[1] denn wenn ich das jetzt von mir gebe, dann muss ich darauf stehen und kann nicht wieder davon ab. Deswegen ist es eben notwendig, auch das Schuldbekenntnis gleich mit einzubeziehen. Mach' es ihm nicht zu leicht, er soll sich ruhig anstrengen.

Wie schön, dass Du wieder da bist, mein Herz. Das ist immer so angenehm. Mein Lieber, wie warm bin ich bei Dir aufgehoben und bleibe es auch. Wenn ich Dich nur auch wärmte, ich meine auf immer wärmte – das wünsche ich mir. Mein Herz, wir haben ja wahrhaftig keinen Anspruch auf mehr Leben, denn wir haben so viel Gutes gehabt.

Ich umarme Dich, mein Herz. Morgen fängt ein neuer Monat an, und der wird wohl meinen Tod bringen; das wollen wir nie vergessen, um nicht törichte Hoffnungen zu nähren. Gott behüte uns. J.

Meine Versorgungslage: Zucker ist zu Ende
Wurst und Speck reichen bis Dienstag; falls aber damit zu rechnen ist, dass ich nicht vor Dienstag wegkomme, wäre auch da Nachschub erwünscht.
Butter wäre ein neues Stück vor dem Wochenende auch gut.

Bitte 1 Schachtel Streichhölzer
und 1 Kerze

1 Siehe Freyas Schreiben vom 26. Oktober 1944, S. 108 ff.

Freya an Helmuth James, 1. November 1944

Mittwoch früh.

Mein Lieber, mein liebes Herz, mein Jäm, ja, heute fängt ein neuer Monat an. Ich habe ihn auch betreten und dazu mein Herz in beide Hände genommen. Was mag er uns bringen, mein lieber Wirt! Wenn es noch so wahrscheinlich ist, mein Wirt, dass wir uns innerhalb der vor uns liegenden 4 Wochen trennen müssen, so glaube ich doch fest an die Möglichkeit, dass wir gemeinsam auch diesen Monat wieder verlassen dürfen. Mit dem Anblick dessen, was vor uns liegt, mein Geliebter, überwältigt mich auch immer das Gefühl unserer Geborgenheit. Diese Sicherheit ist ein unwägbarer Schatz. Gestern Abend bekam ich viele Sachen und habe sie noch nicht voll gesichtet, wohl aber alles gelesen und alles in mich aufgenommen, was für mich war. Wie gut, mein Lieber, verstehe ich jedes Wort dessen, was Du an dem traurigen Tag[1] geschrieben hast. Wenn es auch in diesem Stadium für mich ungleich leichter ist, so sind doch Deine Gefühle genau meine Gefühle und Deine Schwankungen auch die meinigen. Es kann zu großen Höhen nicht ohne die schweren Täler gehen, mein Armer. Der Weg ist schwer, ihn gut zu gehen eine große Aufgabe, aber die schweren Wege sind nun einmal die richtigen. Ja, ich will und werde bitten und habe gebeten, dass Du die Kraft, die Dankbarkeit, ja und auch die Demut haben wirst. Du hast mir geschrieben, wenn Du Gott um seinen Trost für mich bätest, so fühltest Du so sicher Deine Bitte bejaht. – So, mein Lieber, fühle ich mich auch, wenn ich für Dich bitte, und wenn ich es tue, so denke ich auch immer an die Stelle in der Bergpredigt, «Euer Vater weiß, was ihr bedürfet, ehe denn ihr ihn bittet». Mein Jäm, ich bin so überzeugt, dass er seinen Frieden und seine Kraft und seine Hilfe bei Dir haben wird, wenn die schweren Zeiten kommen werden. Darüber bin ich ganz beruhigt. Ich glaube nicht, dass Du dann in einem Tal sein wirst, und bist Du drin, so wirst Du Dich mit seiner Hilfe herausschwingen und ein Mensch sein nach seinem Bild. – Lange kann ich heute nicht schreiben, weil ich, wie Du weißt, viel zu arbeiten habe. Um 3.30 bin ich bei D., jetzt komme ich zu Dir heraus, und dann muss ich nach einer Adresse, die ich schon habe, Ausschau halten. Schulze wollte heute früh angerufen werden, um mir dann sagen zu können, wann er die Verteidigungsschrift abgibt. Eben 9.15 meldete er sich noch nicht. Ich versuche gleich wieder. – Ich habe noch von Konrads Reden vor sich hin im Bett erzählen wollen, als ich meinen Brief verlassen musste. Es war nichts besonderes, es sollte Dir nur zeigen, dass er wirklich schon ein kleiner Mensch mit eigenen Gedanken und Reaktionen ist. Er sagte: «Nun fährt die Reya wieder fort und lässt uns ganz allein, mit der Astali lässt sie uns allein, und dann müssen wir wieder alleine leben. Sie nimmt den Kuchen (Geburtstagskuchen) und fährt zum Pa.» So ging es eine ganze Weile. Mit C.chen hatte ich eine rührende Unterhaltung über Frau Pick: ja, er möge sie sehr gerne, auf meine Frage (sie ist aber manchmal verständnislos ihm gegenüber und schilt häufig, deshalb fragte ich): «Aber sie schimpft doch oft.» «Ach, das ist aber ganz friedlich»! Nein, Lenchen möge er weniger gern. Du siehst, dass er die Herzen durchaus erkannt hat und das Geschimpfe ganz überlegen betrachtet – hell, nicht! Erwins Tod nahm er ganz spielend. Bei Dir wird es ihn ganz anders beeindrucken und verstören, weil er Dich sehr liebt, aber ich weiß da vieles zu sagen, was ihm hilft. Dass Du noch lebst und beim lieben Gott bist, dass man Dich weiter liebhaben kann, dass man Dich aber nur nicht mehr sieht, nicht mehr anfassen, ach, mein Jäm, nicht mehr umarmen kann. So, und jetzt kommt die Arbeit, mein Herz. Über den Betrieb schreibe ich über Schulze.

Das Gesuch C. Viggo über Bürkner gefällt mir. Ich muss mir das Wie noch überlegen, und dazu muss ich mir Deine Vorschläge noch einmal in

Ruhe ansehen. Deine Schrift gefällt mir grundsätzlich, kann aber m. E. im 2. Teil doch noch kürzer sein. Ich nehme an, dass D. dafür sorgen wird.

Jetzt muss ich mich aufmachen. Leb wohl, mein Geliebter. Gott behüte Dich, und ich liebe Dich und bin und bleibe Dein P.

1 Siehe Helmuths Brief vom 28. Oktober 1944, S. 112 ff.

Freya an Helmuth James, 1. November 1944[1]

Berlin, d. 1. 11. 44

Wie geht es Dir, mein Lieber?

Ich freue mich, dass ich Dir ein Wörtchen so schreiben darf.

Zu Hause ist alles in Ordnung.

Diese Woche ist bestimmt noch kein Termin. Die Anklageschrift ist gefestigt, liegt aber noch bei Herrn Schulze im Panzerschrank. So hat er mir gesagt.

Was gibt es für uns sonst zu sagen! Wir sind uns sehr einig in allen Fragen. Ich bin Dir in großer Liebe ergeben

Was fehlt Dir noch?

Was möchtest Du haben?

Heute sollte ich vom Staatsanwalt Nachricht bekommen auf meinen Anruf, wann die Anklage an den Senat abgeht. Ich konnte ihn aber bisher noch nicht erreichen.

1 Brief mit Wäschetausch.

Helmuth James an Freya, 1. November 1944

[Geschrieben auf dem voranstehenden Brief von Freya vom 1. November 1944]

Mir geht es gut. Es gibt nichts Neues. Ich brauche nichts. Habe außer Hemden auch Taschentücher. Socken habe ich noch. Alles Essbare ist schön.

In großer Liebe J.

Helmuth James an Freya, 1. November 1944

1. 11. 44.

Mein Lieber, erst wieder das Geschäft:

1. Mir scheint, C. V. muss jetzt schleunigst kommen. Am besten wäre es, C. D. bestellt ihn gleich. Denn dass F. jetzt die Sache genau kennt, scheint mir sicher. Die Anklage geht gewiss erst ab – auch an den Senat –, wenn mit F. alles besprochen ist. – Die Gnadensache ist schwierig und wird auch für C. V. etwas Zeit erfordern. Er müsste versuchen, von Bü flankiert bis zu Keitel vorzudringen. Bitte ihn, uns diese Zeit zu schenken.
2. Aus dem gleichen Grunde ist Adrian–Round-Table[1] jetzt eilig. Das soll ja auf alle Fälle als Bremse wirken. Adrian soll nur schreiben, was er für richtig hält. Aber vielleicht rufst Du Illemie an und sagst, die Sache käme wohl in den nächsten Tagen, daher sei Eile geboten.
   Ceterum censeo:[2] C. V. sollte F. noch diese Woche sehen, und der Brief sollte auch diese Woche noch von Adrian an Kaltenbrunner weitergegeben werden. Ich würde auch die Gnadensache ruhig mit Illemie erörtern. Die ist raffiniert, sitzt Adrian auf der Pelle und kennt doch die Apparatur ein wenig.
3. Es sieht so aus, als habe mich ein Bayer, den ich kaum kenne, Sperr, belastet und behauptet, ich hätte mich mit Umsturzgedanken getragen. Frau Reisert soll doch ihrem Mann folgendes bestellen: Sperr müsse, wenn er tatsächlich Delp oder mich belastet hätte mit irgendetwas, was nach Umsturz aussehe, in der Verhandlung umfallen und sagen, er habe die Unterhaltungen verwechselt. Denn es stimmt ganz einfach nicht. Reisert wird nämlich neben ihm sitzen und sicher auch beim Transport zum Termin Gelegenheit haben, mit ihm zu sprechen.

Mein Lieber: 1 und 2 geht aber vor. Lass Dich von diesen beiden Dingen durch nichts Anderes abbringen. Auch der kleinste Stein, der zum Aufbau jener beiden Positionen beiträgt, ist wichtiger als sonst irgendetwas. Es wird viele Gänge erfordern, ehe da etwas steht. Bitte konzentriere Dich ganz auf diese beiden.

Mein liebes Herz, die Geschichten von Deinen beiden Söhnchen sind sehr schön. Die Ente war köstlich. Der alte Beamte heute meinte, Du hättest mir aber wenig zu essen mitgegeben, worauf ich sagte, Du wüsstest, dass es nicht erlaubt wäre, aber er meinte, etwas mehr hätte doch auch nichts getan. Ja, dieser Monat wird wohl eine gewisse Entscheidung bringen. Wir müssen ihr mit Vertrauen entgegensehen. Jedenfalls fühle ich mich zur Zeit ganz fest und ganz geborgen und demgegenüber ist alles andere gleichgültig. Der Monat Oktober 1944 wird also in unsere Annalen als ein ganz großer Monat eingehen, und wir können nur mit Dankbarkeit auf ihn zurückblicken. Und wer hätte ihm das prophezeien können, als ich ihn in einer Depression begann. Wir wollen nie vergessen, dass wir diesen großen Monat nebst Gott P. danken. Ein Christ. J.

1 Siehe Helmuths Brief vom 14. Oktober 1944, S. 72. *2* «Im Übrigen bin ich der Meinung».

Helmuth James an Freya, 1./2. November 1944

Berlin-Tegel, den 1. 11. 44

Mein Lieber, morgen ist nun C'chens Geburtstag, und ich will Dir doch zu Deinem ersten, mit Mühen erworbenen Söhnchen gratulieren. Nicht nur hast Du mich ganz überzeugt, nicht nur wäre der jetzige Augenblick viel schwieriger, wenn ich Euch nicht in Eurer gegenseitigen Hut zurücklassen könnte, nein, vielmehr: Ich kann mir mein, unser Leben ohne die Söhnchen garnicht vorstellen. Die Liebe zu den Söhnchen ist ein Bestandteil von mir geworden, und wenn ich diese Welt verlasse, so nehme ich sie mit. Mein Herz, das hast Du uns errungen mit viel Mühe und Sorgen und ohne irgendeine Unterstützung durch Deinen Wirt. Heut vor 7 Jahren war ich bei Eileen,[1] wohnte dort und bekam am Abend des 2. Dein Telegramm, und am Morgen des 3. telephonierten wir. Aus dem scheußlichen Wurm in Bonn ist nun ein Menschlein geworden mit einem so lieben, zarten Herzen, dass man garnicht dankbar genug sein kann, so etwas um sich zu haben. Ich traue fest darauf, dass er vor allem, wenn ich Dich verlasse, an Dir seinen Taufspruch[2] wahr machen und zum Segen an Dir werden wird. Gott erhalte ihm das Herz über all die Wunden hinweg, die ein solches Herz empfangen muss.

Es ist 4.30, das heißt hier Abend. Um 5.30 gibt es Essen, und um 6 werden wir ins Bett gelegt. Dein Tag ist ja noch lange nicht zu Ende, und Du wirst noch viel zu tun haben. Mein Lieber, das können sehr entscheidende Tage werden, und Zeit und Reihenfolge sind dabei sehr wichtig. Vielleicht kann auch D. zu der Aktion, die wir C. V. zumuten wollen, einen Rat geben. Mir scheint das wichtigste, dass C. V. rechtzeitig zu F. kommt, lieber zu früh als zu spät. Wenn es nach dieser Besprechung möglich erscheint, das Gesuch über Bü–Kei[3] an A. H. nach dem Termin zu richten, so wäre das wahrscheinlich besser, als wenn es vorher geschähe. Das alles will jedenfalls sorgfältig überlegt und besprochen sein. Vielleicht muss C. V. auch mit dem Oberreichsanwalt reden. Ich sage das alles nur als Anregungen. Ich kann von hier aus kein wirkliches Urteil haben. Nur sei unbescheiden in Deinen Ansprüchen an die Zeit und Gedanken der beteiligten Männer. Denn solche Dinge können nur mit Sorgfalt gehen.

Noch etwas materielles: Ich hätte gerne 1 Schachtel Streichhölzer, 1 Kerze und einen Aktendeckel und Ende der Woche Butter und Wurst. Sonst bin ich augenblicklich sehr gut versorgt. – Mein liebes Herz, heute war ich wieder sehr glücklich und gewärmt durch Deine Anwesenheit in diesem Hause. Das war sehr schön. Du bist ganz nah, mein Liebster. – Wenn ich jetzt meinen Schriftsatz noch loswerde, dann fühle ich mich gerüstet. Ich habe das Gefühl, dass mein inneres Gehäuse bereitet ist, sowohl zu kämpfen wie zu unterliegen; ich habe von allen Abschied genommen, ich habe meine Schulden erlassen erhalten, ich habe die Gewissheit, dass wir zusammen bleiben werden und dass auch Du mich nicht verlieren wirst, ich fühle mich so reisefertig. – Auf zwei Sachen will ich Dich noch hinweisen: Lukas 10,38–42 und das Lied 296. Leb wohl mein Herz, jetzt für diese Nacht, aber wenn es sein muss, auch für diese Welt. Der Herr behüte Dich.

J.

Es geht auf der anderen Seite weiter.

2. 11. morgens

Hast Du mal mit Adrian die Frage erörtert, wie Kaltenbrunner über den Termin unterrichtet wird. Ob nur durch Lange und Genossen, die mich hassen?

Guten Morgen, mein Herz, hoffentlich bist Du ganz heil, die Freunde und C. D. auch, und hoffentlich hast Du C. V. bestellen können. Es klang hier so, als sei es diesmal ein großer Angriff mit einer ganzen Anzahl von Maschinen. Hier in der Nähe war nichts, sie zogen nur über uns hinweg.

Mein liebes Herz, wie schön ist es, mit Gedanken an Dich einschlafen und mit gleichen wieder aufwachen zu können. Seit mich der Tag nicht mehr zerstreut, geschieht das viel regelmäßiger als sonst. Und Du kommst mir hier in Berlin so nah vor.

Wenn Du Schulze noch mal siehst, so würde ich, um einen Besucherschein zu erobern, mal folgendes Argument versuchen: Deine ganze Familie säße im Rheinland in ständiger Arbeit und Luftgefahr,[4] dabei würde ich August Joest herausstreichen und ihn mit den anderen vermengen. Daher könne von Deiner Familie keiner kommen, Dir beizustehen, was sie sonst täten, und da hättest Du doch wirklich einen Anspruch darauf, mich zu sehen. Bei uns seien auch schon alle Männer tot, verwundet oder im Felde und daher für Dich nicht greifbar. Eben kommen die Fesseln.

J.

Noch etwas: Sollte ich Ende des Monats noch leben und Du mir noch Sachen bringen können, so brauche ich dann – nicht vorher! – Seife und Rasierseife.

1 Eileen Power. *2* 1. Mose, 12,2: «Ich will dich zum großen Volk machen und will dich segnen und dir einen großen Namen machen, und du sollst ein Segen sein.» Im Abschiedsbrief an die Söhne vom 11. Oktober 1944, S. 64, von Helmuth verkürzt wiedergegeben. *3* Generalfeldmarschall Wilhelm Keitel. *4* Köln litt seit dem 28. Oktober 1944 unter einer alliierten Luftoffensive und stand am 1. November in Flammen.

Freya an Helmuth James, 2. November 1944

Donnerstag früh.

Mein Lieber, so hat die Schrift D's Beifall. Er hat überhaupt nichts daran geändert, außer ein paar Kleinigkeiten, die wir zusammen besprachen. Ich habe ihn noch einmal darauf aufmerksam gemacht, dass Du strenge Kritik wünschtest und dass man an Teil II vielleicht noch was kürzen könne, aber er meinte, «nein». Das Schuldbekenntnis allerdings betrachtet er auch als Klippe und sagte, auf solchen Sachen ritte F. unaufhörlich herum. Es sei im übrigen ein altes Stapo-Produkt. Er kenne diese kurzen zusammenfassenden Schuldbekenntnisse ganz genau. Die seien dann immer verhängnisvoll. Daher müsstest Du unbedingt schon in der Verteidigungsschrift, die *F. bekomme*, die Sache erwähnen. Er schlägt vor, am Ende der Schrift etwa zu schreiben: «Ich darf noch eins erwähnen: Mich bedrückt meine zusammenfassende Aussage vom 25. 9. 44,[1] welche ich in einem Zustand tiefer Gemütsdepression gemacht habe, und zwar in dieser kurzen zusammenfassenden Art auf Wunsch des mich vernehmenden Beamten, ohne damit im geringsten zum Ausdruck bringen zu wollen, dass dieser einen unzulässigen Druck ausgeübt hat. Wenn ich in dieser Zusammenfassung von «Schuld» spreche, so meine ich selbstverständlich in 1. Linie die mir gemachten Vorwürfe. Darüber hinaus fühlte ich mich wegen des Unglücks, in welches ich mich, die Meinen und meinen verpflichtenden Namen gebracht hatte, tatsächlich im menschlichen Sinne schuldig. In diesem Sinne bitte ich meine damaligen Ausführungen zu verstehen, die wohl dem Wortlaut nach, aber nicht in dem hier wiedergegebenen Sinn im Widerspruch zu meinen obigen Ausführungen stehen.» Mir ist nicht klar, ob das nicht hinter Teil I oder wirklich ans Ende gehört. In Begründung und Diktion kannst Du ja ruhig noch ändern, da Du die Hintergründe genauer kennst, dies soll nur die Linie der Verteidigung darstellen. – Schlecht finden wir alle den Brief an M. Sowohl in der Form wie im Gedanken. Auch doch noch zu untertänig. Es ist bei uns von ihm nun folgendes übrig geblieben:

> Gruppenführer! In der Anlage überreiche ich die Vert. Schrift, die Sie die Freundlichkeit haben wollten, an den VGH weiterzuleiten. Ich bitte darum, zu berücksichtigen, dass ich die gegen mich erhobenen Vorwürfe nicht kenne.
>
> Selbst wenn es nach Prüfung der Anklageschrift nötig sein sollte, neue Gesichtspunkte vorzutragen, so bleibt die Grundlage meiner Verteidigung immer die gleiche: dass ich keine Treuepflichten verletzt habe.
>
> Sie haben mir den Vorwurf gemacht, dass ich nach dem 20. 7. nicht die Initiative ergriffen habe, Ihnen mein Wissen zu unterbreiten. Ich habe mit größtem Erschrecken aus der Tageszeitung die Ereignisse vom 20. 7. vernommen. Nachdem aber die Tat geschehen war und doch die gesamte Schuld der Beteiligten der Stapo in allen Einzelheiten bekannt war, kam nach meiner Ansicht eine Anzeigepflicht noch viel weniger in Frage. Dass ich Bedenken trug, mein Wissen um die oben erwähnten Einzelheiten damals noch der Stapo von mir aus mitzuteilen, wird man verstehen. Ich hatte Scheu, in dieser Sache meiner Auffassung nach unschuldig verwickelt zu werden. –

Ob das wirklich inhaltlich so richtig ist, scheint mir persönlich nicht sicher. Ich gebe es so wieder, aber Du kannst es ja wieder ändern. D. meinte jedenfalls auch, dass Du auf Deine Illoyalität der SS gegenüber ruhig in dem Brief nochmal eingehen solltest, aber nicht zu sehr. Immer wieder hat er mir gesagt, Du solltest nichts zugeben, Dich nicht festnageln lassen.

In II.1 würden wir nicht sagen «Reichsführung», sondern «meisten Dienststellen», sonst habe ich nur noch ein paar Kleinigkeiten einfach gestrichen, einmal «weit» und den Satz, dass es unangenehm für Dich gewesen sei. –

Ich habe, mein Herz, bei den Freunden geschlafen! Das auch noch! So kam ich schon nach 10 ins Bett. Ich war nämlich so müde. Gleich muss er weg. Daher nur schnell noch: Vor dem *13.* geht die Anklage nicht raus. Wieder Pause! Warum, fragt man glücklich! Am 10. soll ich wieder zu Schulze. Dann will er mir auch unter Umständen *Sprecherlaubnis* geben!!! Wenn ich gute Gründe hätte!! «Aber Sie haben ja ein Gut ...» Also sehr wahrscheinlich! – Ich glaube nicht, dass Frau Reisert viel weiß. Ich sah sie nur kurz, heute aber wieder zw. 1 und 2. Er, R., hat Dich jedenfalls nicht belastet, aber von Sperr weiß sie nichts. Wir müssen sehen, wie wir das erledigen. Sie ist eine nette Frau. C. Viggo fährt heute nach Balfanz[2] und tauft am 7. in Schätz. Vor dem 7. ist also wohl der richtige Zeitpunkt.

Meine Liebe ist groß und meine Zeit klein. Ich hatte gestern ein sehr großes Programm, heute nicht, heute nur Adrian. Abends war ich zu müde zum Schreiben. Viel ist in meinem Herzen, viel Liebe, Glück und Dankbarkeit. Du weißt es! Immer Dein P.

1 Helmuth selbst spricht auch vom 29. 9., siehe seinen Brief vom 2. November 1944, S. 130, und vom 28. 9., siehe seinen Brief vom 10.–12. Dezember 1944, S. 309, aus dem hervorgeht, dass er an verschiedenen Tagen möglicherweise unter Drogeneinfluss verhört wurde. *2* Das Gut der Grafen Rittberg lag im westpommerschen Balfanz. Monika Gräfin Rittberg war Carl Viggo von Moltkes Schwester.

Helmuth James an Freya, 2. November 1944

2. 11. 44.

Mein Herz, welch überraschende neue Pause. Die ist sehr wertvoll, vor allem für die Frage C. V.–Bü. Lass Dich nicht hetzen, auch nicht von Deinem Wirt. Es ist noch wichtiger, dass solche Sachen gut, als dass sie schnell gemacht werden. Besonders mache Bü nur mit Haus. Auf keinen anderen ist Verlass. Nur sei nicht zu bescheiden, was Zeit anderer Leute anlangt. Nachdem wir nie etwas von irgendjemandem gewollt haben, können wir es uns jetzt ruhig leisten, etwas anspruchsvoll zu sein.

So, jetzt fühle ich mich ganz gerüstet. Die unglückliche Aussage vom 29.9.[1] muss eben genommen werden. Bei den unendlich vielen Hürden, an denen ich wahrscheinlich hängen bleibe, kommt es auf eine mehr auch nicht an. Ich habe leider den unglücklichen Objektivitätsdrang, der mich den gegnerischen Standpunkt immer sehen lässt. Das ist für dieses Verfahren kaum günstig. Nun, Gott vermag auch mit den ungeeignetsten Werkzeugen zu erreichen, was er will, und ich werde mich ja nicht mehr ändern.

Gestern Abend kam auch noch Dein Brief und der von C'chen. Beides beglückte mich sehr. Die Honigernte ist doch sehr schön; wenn Dein Wirt, die Drohne, noch längere Zeit leben sollte, bringt er Dich um diesen Schatz ganz mühelos, der Gefräßige. Mein Lieber, ich brauche ein paar Umschläge, vielleicht 1 Dutzend. Ich schreibe Dir rasch noch einmal die Lieder, mit denen ich mich jetzt beschäftige, zum Teil habe ich sie Dir schon geschrieben: 45,4 u. 5, 82,3, 91,3, 107,5, 153,1, 178,6 u. 7, 206,5, 208,4–6, 217,5, 222,7–12, 261,5 u. 6, 266,5, 340,4 u. 7. Ich beschäftige mich ja eigentlich nur mit dem lieben Gott und den zwei Beiden, meinem Pim und meiner Verteidigung, und bin sehr zufrieden mit dieser Beschäftigung. Mein Herz, die Aussicht auf eine Sprecherlaubnis ist herrlich. – Aber wenn es nicht geht, so ist es auch gut. Wir haben das letzten Endes nicht nötig und brauchen den Herrn Schulze nicht.

So, mein Lieber, solltest Du noch ein Mal nach Hause fahren, so bring doch, bitte, meine alte Aktentasche mit – nicht die von Papi,[2] sondern die liebe alte. Es wäre für mich nützlich, aber es geht auch ohne sie. Eine anständige will ich aber dem Henker nicht überlassen. Auf Wiedersehen, mein Herz, ich umarme Dich. Gott behüte Dich. J.

1 Möglicherweise meint Helmuth den 28. September 1944. Siehe seinen Brief vom 10.–12. Dezember 1944, S. 309. *2* Helmuths Vater Helmuth von Moltke.

Freya an Helmuth James, 2. November 1944

Donnerstag Vormittag

Mein Lieber, ich sitze bei Herrn Berber. Um 11.30 soll ich zu Adrian kommen, und vorher kann ich doch nicht mehr zu C. D. heraus. Um 1 will ich bei Frau Reisert sein. Da bleibe ich schon bis mittags in der Stadt und nachmittags dann friedlich bis zu meiner Abfahrt zu Dir bei C. D. Ich bin etwas müde, ohne mich elend oder erschöpft oder ausgenommen oder unglücklich zu fühlen. Die Nachtfahrten und der Schnupfen in Kr. haben mich nur sehr schlafbedürftig gemacht, und dem muss ich nachgeben, damit ich bei Kräften bleibe. Ich war deshalb mal nur wieder dankbar und habe wieder alle Freundschaft entgegengenommen, die mir so ohne Grenzen angeboten wird. Ja, ich bin mir ganz klar, mein Herz, dass P. uns nebst Gott zu dem Oktober verholfen hat, und Du kannst sicher sein, dass ich das nie, nie, nie vergessen werde. Die Fähigkeit zu danken haben wir wirklich, glaube ich, beide in diesen Monaten gelernt. Ich habe Deinen schönen Brief an ihn gelesen, und ich habe mich gefreut, dass Ihr Euch «Du» sagt. Ihr seid Freunde und wenn Ihr auch als solche vorher vielleicht nicht lange leben könnt, so ist es jetzt so intensiv wie selten. Welch ein Geschenk für Dich, für uns, mein Herz! So hab' ich also, um wieder zum Anfang zurück zu kommen, sehr gut in dem kleinen Kabinettchen links neben dem Eingang – erinnerst Du es; dort steht auch der einladende große Schreibtisch – geschlafen. Und jetzt warte ich drauf, meine schwarzen Haare säubern zu lassen, und das wird noch ein Weilchen dauern. – Mein Jäm, nun etwas ausführlicher über Herrn Schulze. Ich habe keine Ahnung, warum die fertige Anklageschrift im

Panzerschrank liegt und man im Haus einen Referenten anrufen muss und ich dann die Auskunft bekomme, vor dem 13. werde sie bestimmt nicht abgegeben, am 10. möge ich wiederkommen, dann sähe er klar, obwohl es dann auch noch möglich sei, dass es sich herauszögere. Ich meinte darauf, ob es, wenn es noch so lange dauere, nicht doch möglich sei, dass ich Dich spräche. Ja, aber es käme auf die Gründe an, die müssten ihm ausreichend erscheinen, aber ich hätte ja ein Gut, und da gäbe es ja sicher etwas. Nein, jetzt noch nicht, aber nächste Woche vielleicht gebe es Sprecherlaubnis. Ich solle auch nicht schon Dienstag dafür kommen, sondern ich solle ruhig damit bis Freitag warten. Er war wieder sehr höflich zu mir, beinahe freundlich, aber er ist ein kalter Mensch. Nachdem ich ihn gestern am Telefon garnicht bekommen konnte, war ich um 12 von Tegel aus noch einmal beim V. G. H. und lief ihm gerade in die Arme, als er weggehen wollte. Verstehst Du, was da vor sich geht? Hat der Senat noch zuviel zu tun? Was also nun mit der Aktion C. Viggo? Ist sie wirklich so eilig? Zunächst muss ich mal feststellen, wer von Deiner alten Dienststelle überhaupt da ist. Diese Woche ist Haus jedenfalls auf Urlaub und Oxé die ersten Tage der Woche bestimmt in Wien. C. Viggo – und noch mehr Fredchen[1] – wird nicht gerne allzu viel Zeit darauf verwenden, weil er nur noch bis zum 21. Urlaub hat und dann wieder weg muss. Daher muss es dann schnell gehen mit F. und Bü. Er muss doch wohl mit seiner Schrift in der Hand zu Bü. gehen und der es dann mit seinem Segen befördern? Ich hätte darüber ganz gerne noch nähere Anweisungen. Ich könnte z. B. C. D. schriftlich nach Balfanz mitgeben, was in C. Viggos Antrag u. a. stehen müsste, und die könnten es über Sonntag machen, und Montag käme C. Viggo zum Zuge. Am 7. kann er nicht. Dann käme also erst wieder der 8./9. in Frage. Reicht das nicht auch noch? – Jetzt, mein Lieber, werde ich wohl bald dran kommen. Noch etwas muss ich fragen: Du hast in 1 + 1 = 2 bei mir viel mehr hineingelegt, als ich drin hatte, und nun verstehe ich nicht, was Du meinst.[2] Ich wollte nur sagen, nach aller Logik der Menschen musst Du sterben, aber warum soll es unbedingt danach gehen, da es daneben doch noch vieles mehr gibt: Darum müssen wir kämpfen und auch in der richtigen Art und Weise hoffen. Warum legst Du mir 1 + 1 = 2 so dringend ans Herz? Soll das heißen, ich möge auch alles tun, was 1 + 1 = 2 enthält, so kannst Du versichert sein, mein Wirt, dass ich alles, alles, alles tun will, was nur Aussicht auf Erfolg haben könnte, darin sind wir ganz einig. Das sind wir überhaupt, mein Jäm, sehr einig. – Ich sehe, dass ich hier vor Adrian garnicht mehr dran komme. Zuviele Damen wollen sich verschönern. Wenn ich es nicht so schrecklich nötig hätte!! Mal muss man eben sitzen. Jetzt mache ich mich also erst zu Adrian auf. Illemie ist im Lande, aber nicht in

Berlin. Sie weiß auch sehr wenig Bescheid, und ich glaube, ich brauche sie auch nicht. Heute Nachmittag mehr, mein liebes Herz. – Jetzt sitze ich friedlich draußen und habe, nachdem ich mein Kleid genäht habe, am Schreibtisch sitzend Deine Briefe wieder gelesen. Ich finde nicht, dass Du so undankbar gewesen bist. Vielmehr ich finde, dass Dankbarkeit bei sehr jungen Menschen nicht erwartet werden kann. Sie müssen mit Selbstverständlichkeit nach allem greifen, was sich ihnen bietet. Die Dankbarkeit ist ein Gefühl der Reife. Mein Herz, sei dankbar, dass dies schöne Gefühl uns jetzt in solcher Fülle in einem so schweren Stadium geschenkt wird. Das bist Du ja, also sieh nicht auf die Undankbarkeit, sondern freue Dich der Dankbarkeit! Die Geschichte mit den Schneeglöckchen[3] habe ich nie ganz gebilligt. Es ist zu natürlich, dass Ostereier interessanter und 1. Schneeglöckchen vergleichsweise uninteressant sind, aber vielleicht würde ich das als Mutter auch sorgenvoller sehen. – Mein Jäm, das ist ja auch mein Herzenswunsch, dass Du mich immer auch weiter wärmen darfst und kannst. Es liegt ja nur an mir, aber ich habe oft Furcht, wie es mir gelingen soll, Dich mir nah zu halten. Ulla ist es gelungen, aber sie ist ein viel geistigerer Mensch als ich und hat ein Leben im Geist geführt. Und ich!! Ich könnte, aber tue nicht, vielmehr ich tue zuviel. Ach, mein Jäm, welche Aufgabe. Und sie enthält den Schlüssel zu der Dauer meines Glückes über Deinen Tod hinaus. Ich sehe es, ich sehe es deutlich. Gott helfe mir, Du, mein liebes Herz, helfe mir! Wie warm ist mir jetzt! Darf mir immer so warm bleiben! – So bescheiden wie Du bin ich leider nicht. Ich möchte bei aller tiefen Dankbarkeit so ungeheuer gerne noch mehr Leben mit Dir haben, nicht nur, dass ich möchte, denn so geht es ja Dir auch, ich habe so das Gefühl, dass wir auch mögen dürfen, dass wir doch noch Anspruch haben, weil einem eben manchmal ungeheuer viel geschenkt wird. Ich weiß, ich bin sehr unbescheiden. – Schluss!

Ich bin bei den Freunden. Wir haben geredet. Es hat sehr schöne und beglückende Briefe gegeben. Sie zeigen mir, dass es Dir gut geht, und das ist das Schönste für mich. Ich habe einen sehr rührenden Brief von M. D. bekommen. Sie versteht offenbar sehr gut, was in uns vorgeht, und hat für Dich in Köln in der Krypta der Gereons-Kirche von einem Freund eine Messe für Dich lesen lassen. Mir gefällt das sehr. Mein Geliebter, ich gehöre zu Dir – ich bin und bleibe in großer Liebe und immer Dein P.

1 Frede-Ilse, Ehefrau von Carl Viggo von Moltke. *2* Möglicherweise fehlt hier ein Brief von Helmuth. *3* Siehe Helmuths Brief vom 28. Oktober 1944, S. 113.

Helmuth James an Freya, 3. November 1944

Tegel, den 3. 11. 44.

Mein Lieber, ich will erst meine Einfälle der Zwischenzeit berichten: Die richtige Einstellung bei Bü, *a.* falls er als Zeuge erscheint oder polizeilich gehört wird, *b.* für die Gnadenaktion ist so wichtig, dass Ihr mal überlegen müsst, wie weit man Haus ins Vertrauen ziehen kann. Denn wenn er meine Verteidigungslinie ganz genau kennte, so könnte er doch viel mehr machen, als wenn er nur so rumrät. Im Gegenteil, womöglich sagt er Bü, er solle sagen, ich sei immer ein glühender Nazi gewesen, was doch gegenwärtig garnicht passen würde. Also denkt einmal darüber nach. Haus ist, glaube ich, mir wohlgesonnen, und Anwalt war er auch, sodass er die Sache richtig beurteilt. – Zweitens ist zu überlegen, ob Du nicht in der Gnadensache Sack[1] auch einspannst. Der kennt doch Keitel, weiß, was da zu machen ist und wie am gescheitesten. Wenn Du nicht einfach so hingehen willst, Dich darauf berufend, dass Du wüsstest, er habe sich in der Sache Kiep[2] für mich eingesetzt, so kann Oxé Dich einführen, der, glaube ich, mit ihm zusammen in der Schule war. Sack kennt auch die ganzen Hintergründe beim SD und bei Freisler. Auch Dix kann Dich bei ihm einführen. – Mit C. V. musst Du erwägen, ob Ihr nicht Bill[3] formell irgendwie mit teilnehmen lasst oder ihn jedenfalls unterrichtet, denn wenn ein Vorstoß qua Familie gemacht wird, hat er ein Recht, gehört zu werden, und man darf ihn keinesfalls verletzen.

Heute habe ich an M. geschrieben und gebeten, mich zum Diktat abholen zu lassen. Ich schreibe aber derweil den Schriftsatz in Tinte und Schönschrift ganz langsam, um auf alle Fälle gerüstet zu sein. Lässt M. mich bis 7. nicht abholen, schicke ich ihm den Schriftsatz in Tinte am 8. früh ab.

Mein Herz, Neues habe ich garnicht zu schreiben. Es geht mir sehr gut; es ist so angenehm, dass schönes Wetter ist, denn in den trüben Tagen ist in der Zelle wahrlich nichts zu sehen, und wir bekommen nicht den ganzen Tag Licht. Ich bin jetzt sehr mit dem Schriftsatz beschäftigt: Das Schreiben geht sehr langsam, weil ich so wie an C'chen etwa schreiben muss, und an Form und Inhalt bessere ich auch noch ständig ein wenig herum. Ich möchte ja auch, dass es sich gut liest, und leicht. – Ich bin der Meinung, dass das Beste wäre, C. V. erreichte von Freisler, dass der Termin solange hinausgeschoben würde, bis das Gnadengesuch an A. H. betrieben ist. Das wäre Petitum I; Petitum II: aus eigener Machtvollkommenheit nur Freiheitsstrafe; Petitum III: Wenn Todesstrafe, dann Hinrichtung hinausschieben bis eine Entscheidung auf das Gnadengesuch vorliegt.

Was macht eigentlich Dein Schnupfen? Ist der ganz vorbei? Fahre ruhig nach Kreisau, denn das nächste Wochenende wirst Du wohl hierbleiben müssen, weil das Gnadengesuch sicher nicht so schnell zu Stuhle kommt, selbst wenn C.V. bald zu Freisler vordringen sollte. Übrigens muss auch überlegt werden, ob M. von dem Gesuch unterrichtet werden muss, nachdem es läuft. Jedenfalls müssen M. oder F. darüber wissen. Aber Sack kann so etwas am besten beurteilen.

Leb wohl, mein Herz, wie schön sind diese Tage mit Dir, kostbare Perlen. Sollte ich Dich verlassen, was ja zu erwarten steht, so sind wir dafür wohl belohnt worden. Gott behüte Dich. J.

Schick mir auf alle Fälle noch einen Block.

1 Karl Sack war bereits am 9. August 1944 verhaftet worden. *2* Helmuth wurde im Januar 1944 verhaftet, weil er Otto Carl Kiep vor einem Gestapo-Spitzel gewarnt hatte. *3* Wilhelm von Moltke.

Freya an Helmuth James, 3. November 1944

Freitag Mittag.

Mein liebes Herz, gestern Abend habe ich wirklich 2 besonders schöne Briefchen bekommen. Ich habe sie eben wieder in Ruhe und mit viel Glück gelesen. Wenn Du doch in dieser guten, schönen Stimmung bleiben dürftest. Ich habe einen sehr friedlichen Morgen verbracht, habe mich nicht vom Schreibtisch weggerührt und jetzt ist es 2. Um kurz vor ¾ muss ich mich aufmachen. Ich will den Brief an Adrian wegbringen, einen an Dich über Schulze, den ich geschrieben habe, für P. einen Schein abholen, und um 5.30 bin ich bei Frau Reisert, die mich bestellt hat. Ich bin gespannt, was sie mir sagen will. Gestern habe ich ihr Deinen Auftrag mitgeteilt. Sie wusste nichts Böses über Sperr, und im übrigen leugnete sie emphatisch die Geschichte mit der Wurst! Wie P. mir sagte, stimmt sie aber doch. – Ich habe mich also jetzt dem C. Viggo-Projekt mit aller Macht zuzuwenden. Es wird aber einige Zeit dauern, bis es ins Rollen kommt. Ein paar Klippen sind schon da. Haus hat bis Ende Nov. Urlaub, kommt lediglich Montag noch einmal für 3 Tage nach Berlin, ist aber auch dann nicht offiziell im Amt. Erika Moltke weiß schon, dass wir Bü. sprechen wollen, und schlug Dienstag vor, aber das ist der Tag, an dem C. Viggo nicht kann. Montag kann er auch nicht recht, sodass ihm und mir eigentlich Mittwoch/Donn. richtig erschien und auch noch Zeit genug, denn vor dem 14. passiert ja nichts. Die weitere Schwierigkeit ist, dass Bü. eine Reise ins Hauptquartier nächste Woche plant, und dann muss er ja C. Viggos Gnadengesuch schon in der Tasche haben. Ich meine, ich sollte das mit Haus Anfang der Woche vorbesprechen und dann C. Viggo loslassen, aber es scheint alles etwas schwer unter einen Hut zu bringen zu sein und wird sicher noch viel Hin und Her ergeben, denn vor dem Besuch bei Bü. liegt ja noch der von C. Viggo bei F. Ich habe nun eben ein paar Notizen gemacht über das, was m. E. in dem C. Viggoschen Gnadengesuch drinstehen muss, und gebe Dir einen Durchschlag mit hinein. Sag Du dann noch, wenn Dir noch was Besseres oder mehr dazu einfällt oder was Du anders haben willst. Ich schicke die Notizen morgen mit C. D. nach Balfanz, und C. Viggo soll dann mit einem fertigen Entwurf hier ankommen. So habe ich es heute früh schon mit ihm abgesprochen. – Adrian war sehr überlaufen gestern und hatte den Brief zwar 3 Tage auf seinem Busen herumgetragen und warm zerknittert, aber nichts dran getan. Ich selbst bin der Ansicht, den etwas deutlichen Satz am Ende wegzulassen, denn an sich ergibt sich «mein» Gedanke ja schon aus der Schilderung des Tatbestandes, ohne dass ich ihn ausspreche. Der Brief ist dann nicht ganz so blumig, aber er genügt. So war Adrian einverstanden. Er ist ganz bereit, sich einzusetzen, weil es sich um Dein Leben handelt, aber er hatte sichtlich den Kopf voll. Dieter kam an mir vorbei, als ich vor Adrians Tür wartete. Er beschränkte sich darauf zu sagen, heute würde ich schlecht drankommen, er, Adrian, sei sehr besetzt, blieb nicht stehen, fragte nichts und tat nichts. Da habe ich eben auch keine Lust. Der treuherzige Schlitter sah mich wenigstens mit sanften Augen an, wusste aber nichts und bekam von mir auch nichts gesagt. Das ist schon abgetaner Laden – diese Bemerkung bezieht sich aber nicht auf unseren Fall, ist nur eine allgemeine Feststellung. Mein Herz, ich muss aufbrechen! – Jetzt bin ich bei den Freunden. R. kann an Sp. nicht ran und glaubt, dass immer ein Polizist dazwischen sitzen wird. Wir wollen jetzt versuchen, es über die Dame zu machen, die ihn versorgt,[1] denn R. war genauso entsetzt über die Möglichkeit einer solchen Aussage. Ich kann heute Abend hier nicht mehr tippen, weil die Freunde ins Bett müssen, daher bekommst Du den Durchschlag erst beim nächsten Mal. Noch sehe ich das Projekt C. Viggo nicht ganz vor mir, wohl das Gnadengesuch, aber nicht sein Auftreten vor Fr. mit den Petita.[2] Es wird garnicht zu alle dem kommen, aber wir werden ja sehen. Es kommt auch viel auf C. Viggos Art und Einsatzwillen an. Das alles kann nur C. Viggo machen, das sehe ich ein, aber ich habe immer noch das Gefühl, dass ich vor Fr. erscheinen müsste, um Dich zu ergänzen, so wie bei Neuhaus, wo es allerdings keinen Sinn mehr hatte. Für zusammen bin ich nicht, wenn, dann jeder allein, aber wie gesagt, die ganze Sache ist mir noch nicht recht klar. – Mein Lieber, wenn ich Frau R. sehe, dann merke ich, wie gut wir beide es haben. Mir geht es wirklich gut, und ich fühle mich glücklich und so fest mir Dir verbunden, dass ich einher gehe wie Eine, die gut und glücklich und sorglos verheiratet ist. Wie ist das nur möglich mit solchen Aussichten! Mein Verstand versteht es nicht. Heute haben mir 2 Leute gesagt, die nichts von unserer Lage wussten, ich sähe gut aus. Wie kommt das nur? Es geht mir gut. Mein Jäm, und wie glücklich bin ich, wenn ich lese, dass es Dir sehr gut geht. Besseres gibt es für mich garnicht. – Ja, ich habe vor, nach Kr. zu fahren, aber will schon Montag Mittag wieder da sein, um festzustellen, wie Büs Programm ist, und um mich bei Haus anzustellen. Dann werde ich wohl morgen mit dem 1. Zug fahren müssen, obwohl mir das bitter ist wegen der möglichen friedlichen Stunden. Aber ich muss wohl. Leb wohl, die müssen unbedingt ins Bett! Ich möchte nicht aufhören und nicht von Dir weg, aber Dein P. bleibe ich immer.

1 Die «Dame» ist ungewiss. Frau Reisert versorgte Franz Sperr in der Folgezeit öfter.
2 «Mit den Gesuchen». Bezieht sich auf die Wünsche, die Carl Viggo von Moltke bei Freisler vortragen soll. Siehe Helmuths Brief vom 3. November 1944, S. 134.

Helmuth James an Freya, 4./5. November 1944

Tegel, den 4. 11. 44.

Mein Lieber, ich fange mal auf alle Fälle mein Briefchen an. Ich verbringe meinen Tag jetzt hauptsächlich mit dem Schreiben des Schriftsatzes, habe aber noch kein einziges Exemplar ganz fertig und kann auch das erste frühestens heute Abend zu Stande gebracht haben. Eigentlich gefällt er mir jetzt ganz gut, und das ist schon ein schlechtes Zeichen. Aber es ist wahrlich eine tollkühne Verteidigung: Ich bin immer und offen nicht Eurer Meinung gewesen und deswegen straffrei. Aber sie ist ja im Kern wahr und die einzige These, die überhaupt eine vernünftige Linie bietet. Aber das setzt voraus, dass ich im Termin glückhaft operiere und die angedeutete Linie erfolgreich verstärke und gegen Einzelangriffe verteidige. Jedenfalls sehe ich dem mit Spannung entgegen. – Zu dem Erfolg gehört auch gutes Zusammenspiel mit Bü, falls bei dem zurückgefragt wird, und das kann nur über Haus sichergestellt werden; besprich mit P., wieweit Ihr ihn einbeziehen könnt. Er muss dafür sorgen, dass alle Erklärungen in meiner Sache dem Gericht oder der Polizei gegenüber durch ihn laufen; da er ja Anwalt war, lässt sich das gut begründen. Er muss aber wissen, was ich brauche, denn Bü kann mir meine ganze Verteidigung zerschlagen, wenn er törichte Auskünfte gibt.

Zum Gesuch C. V.: *1.* Zu der Abfassung muss m. E. Sack oder Dix, dann

F. gehört werden; denn es muss ja auf den Empfänger abgestellt sein und das kannst Du so wenig wie C. V. – *2.* Das Beste wäre, Freisler hätte seinen Segen dazu gegeben, auch dazu, dass es über Bü. läuft. Wenn er will, dass es über ihn läuft, umso besser. *3.* Ob Haus alleine Bü. richtig legen kann oder ob Adrian da helfen muss, musst Du mit Haus klären. – Mir scheint die richtige Prozedur: *a.* Entwurf des Gesuchs zwischen C. V. und Sack zu besprechen. *b.* Dann Besprechung C. V. mit Freisler. *c.* Dann Besprechung C. V. mit Bü. *d.* Dann Anfertigung eines Begleitschreibens Chef O. K. W.[1] an A. H. durch Haus, Oxé, Sack; vielleicht geht das aber nicht und muss anders laufen; das weiß Sack sicher am besten. *e.* Danach Besuch C. V.'s bei Keitel mit der Bitte, das Gesuch befürwortend weiter zu geben.

Schnell geht das alles nicht und ist keineswegs zwischen zwei Zügen zu machen, sondern kostet ein paar Tage. Das tut mir leid, aber das muss gut gemacht werden, denn dieser Bolzen darf nicht falsch geschossen werden. Weiter kann ich nicht viel dazu sagen, denn das Ganze kann sich nur als Produkt aus den Besprechungen ergeben, und es wäre eigentlich notwendig, dass C. V. diese Besprechungen führte und nicht Du, denn die Sache muss ganz klar für die Gesamtfamilie geschehen und nicht von Dir und nicht für mich. C. V. soll sich doch für diese Sache 14 Tage Nachurlaub geben lassen. Ist das alles C. V. zu lästig, so würde ich doch überlegen, ob Du nicht Jowo anforderst. Falkenhorst gibt ihm dann sicher Urlaub. Das ist immer noch besser, als wenn Du es machst, denn es muss eben ein Moltke machen und nicht die Frau des Täters. Aber C. V. ist natürlich tausend Mal besser, abgesehen davon, dass er allein mit F. sprechen kann. – Sei nicht zu bescheiden C. V. gegenüber; wir haben genug für die Familie geleistet, um hier ein Mal C. V. einzuspannen. Bill ist ja leider ganz ungeeignet. Hans-Adolf hätte das fabelhaft gemacht.

Was macht Dein Brief an Adrian? Den Text muss ich kennen.

Wenn F. C.V. gegenüber sagt, mein Verhalten sei ganz unverständlich oder unqualifizierbar, dann soll C. V. doch antworten, er, F., solle mich doch zur Abfassung einer Verteidigungsschrift auffordern. Denn es ist denkbar, dass entweder M. meinen Schriftsatz zu jener Zeit noch nicht hat oder dass, wenn er ihn hat, er ihn erst weiterreichen will, nachdem er über die von mir angeführten Tatsachen neue Ermittlungen angestellt hat. Und zur Zeit des Abgangs des Gesuchs müsste meine Verteidigung dort vorliegen, denn F. wird ja in jedem Fall gefragt. Mir scheint aber, dass C. V. bei seinem Besuch bei F. das Hauptgewicht auf dieses Gesuch legen und alles andere nur incidenter[2] anbringen sollte.

Nochmals: Ein solches Gesuch muss ganz sorgfältig überlegt sein, muss aus den verschiedenen Besprechungen herauswachsen und Zeit zum Ausreifen haben. Keinesfalls hat es Sinn, mit einem fertigen Produkt in eine solche Besprechung hineinzugehen: Man legt diese Besprechung dann auf eine bestimmte Lösungsform fest und übersieht dabei leicht, dass direkt nebenan eine viel bessere Lösung liegt. Du musst in der Sache selbst möglichst wenig tun, nur die Leute durch Vorbesprechungen vorbereiten, sie zusammenbringen und sie antreiben. Du musst vor allem deswegen gut über die Sache nachdenken, damit Du merkst, wenn Fehler gemacht werden; Dein Nachdenken darf aber nicht das von C.V. oder den anderen Männern ersetzen.

Meine Verteidigung zu II. ist m. E. auch eine gute Linie für C.D. und Einsiedel. Ich müsste nur wissen, ob sie die wählen wollen, falls ich gefragt werde, wer denn darüber Bescheid gewusst hat. – In meiner Verteidigung zu I habe ich jetzt gesagt: «In den Wochen, die ich nach Verlust meiner Wohnung bei Yorck wohnte, ist von den Männern, deren Name ich auch nur andeutungsweise im Zusammenhang mit jenen Plänen gehört hatte, kein einziger ins Haus gekommen.» Das ist m. E. richtig. Kannst Du aber, wenn Marion durchkommt, klären, ob sie etwas Gegenteiliges gesagt hat. Mir wurde nämlich auch ein Mal vorgehalten, die erste Besprechung Peter–Stauffenberg sei Anfang Januar gewesen, als ich noch da war. Was hat Marion gesagt oder was ist sie bereit zu sagen, falls es auf diesen Punkt zugehen sollte.

Sehr wichtig ist, dass ich einen guten Verteidiger habe, möglichst Dix.

Mein Lieber, ich habe immer so viele Vorschläge und Wünsche, dass Du Dich ja garnicht darin zurechtfinden kannst. Davon können viele blödsinnig sein, aber ich meine doch, Du solltest Dir die verschiedenen Anregungen immer rausschreiben, damit Du sie auf einem Zettel zusammen hast. Es ist ja klar, dass ich das auf diesem Gebiet fruchtbarste Gehirn habe, weil ich viel Zeit habe, mich mit allen Möglichkeiten zu beschäftigen; dafür ist mir die Realität draußen nicht klar.

Mein Herz, ich höre hier auf und schreibe weiter an meinem Schriftsatz. Hoffentlich geht es Dir besser und Du bist ausgeschlafen. Pfleg' Dich, mein Herz, diese merkwürdigen Zeiten können jeden Augenblick große Anforderungen an Dich stellen. Ich umarme Dich, mein Herz, J.

5. 11. 44.

Mein Lieber, gestern habe ich noch eines vergessen: wenn Du Zeit hast, so ruf doch ein Mal Vikki Bausch – Tel. Schoeller & Bausch – an. Der kümmert sich um Haubach. Sollte der Haubach sehen, so wäre es gut, wenn er Haubach genau über das unterrichtete, was ich über seinen und Carlo's Anzeigeversuch gesagt habe. – Zu Deinen Fragen, soweit sie nicht überholt sind: Mit meiner Bemerkung zu 1 + 1 = 2 wollte ich

Dich nur wieder ermahnen, nicht zu vergessen, dass menschlich gesprochen, nichts zu hoffen ist; nur keine Luftschlösser! – Ich freue mich, dass P. Dir meinen Brief gezeigt hat und dass Du ihn billigst; ich war nicht ganz sicher, dass Du ihn sehen würdest. – Was die Verzögerungen bedeuten, weiß ich nicht; ob augenblicklich überhaupt keine 20.7.-Verfahren stattfinden? Da keine Hinrichtungen waren, möchte man das fast meinen. Vielleicht sind noch grundsätzliche Erwägungen über die Behandlung dieser Fälle im Gange. Vielleicht betrifft es auch unseren Fall, sei es, dass zuviel anderes vorliegt, sei es, dass man wartet, ob man nicht doch Rösch fängt.[3] Aber wir können nur raten, und das hat doch keinen Zweck; beeinflussen können wir es nicht, nur C. V. kann vielleicht erreichen, dass der Termin bis zur Erledigung des Gnadenverfahrens ausgesetzt bleibt. – M. D. finde ich sehr rührend. – Mein Herz, Du hast mich mit Deinen Bemerkungen zum Recht junger Menschen auf Undankbarkeit ein wenig über mich selbst getröstet. Vielleicht hast Du Recht, und vielleicht bin ich da viel älter als ich selbst weiß. Das denke ich manchmal, wenn ich bemerke, wie gleichgültig mir vieles ist, was mir eigentlich, menschlich gesehen, nicht gleichgültig sein dürfte. – Dankbar genieße ich jetzt jeden Tag und jede Nacht: Sie geben mir Zeit zu denken, zu begreifen, zu erfassen, zu lernen und meinen Pim lieb zu haben. Ich merke immer, mit welchem Staunen mich alle Beamten betrachten, wenn sie bemerken, dass ich keine Bücher haben will; ich scheine der Einzige im ganzen Gefängnis zu sein. Aber die Wahrheit ist, dass ich garkeine Zeit habe zu lesen. Der Tag ist immer um, ehe ich fertig bin, und ich muss mich zwingen, von Zeit zu Zeit wieder meine Aussagen nachzulesen, vielmehr meine Notizen darüber, weil es mir um die Zeit so leid ist. Manchmal bin ich mit einer Zeile ganz lange beschäftigt, etwa mit Hiob 5,18 u. 19 oder mit «... ihre Seel' in deine Hand; lass sie dadurch werden kleiner und von allen Schlacken reiner, lauterlich in Dich gewandt.»[4] – Dann denke ich wieder daran, wie mein Pim wohl alles meistern wird und wie ich wohl am richtigsten für ihn bitten sollte. Es ist nämlich sehr schwer, richtig zu bitten, und so gut wie der König Salomo trifft man es ja nicht immer (2. Chron. 1,10); dann sage ich eine Stunde lang wieder vor mich hin, mich mehr am Zusammenhang und Zusammenklang als an einzelnen Gedanken erfreuend; manchmal denke ich dabei überhaupt nicht, weil ich meine Gefühle ganz genau kenne. So geht der Tag um. Dann beschäftige ich mich mit meiner Verteidigung, denke darüber nach, wie ungeeignet ich für eine solche Verteidigung bin, weil ich die Wertlosigkeit der Argumente auf beiden Seiten sehe, ich meine auch die der Anklage: wie falsch, wie hohl, wie verlogen! Und dann denke ich, das müssen die Leute doch selbst sehen, und dann muss ich mich mühsam erinnern, dass sie es eben nicht sehen und dass deren Weltbild von dem meinen so verschieden ist, als wären wir durch tausende von Jahren getrennt. – Ich habe das erste Exemplar meines Schriftsatzes fertig, will aber heute das zweite nicht anfangen, sondern mich nach

[Der Brief bricht hier ab]

1 Generalfeldmarschall Wilhelm Keitel. *2* «Beiläufig», «am Rande». *3* Augustin Rösch war untergetaucht, wurde aber entdeckt und am 11. Januar 1945 verhaftet. *4* Lied 107, «Jesu, der du bist alleine».

Helmuth James an Freya, 6. November 1944

Tegel, den 6. 11. 44.

Mein Lieber, sachlich habe ich dieses Mal nur 2 Sachen zu sagen: *1.* Was in dem Gesuch stehen muss, das muss vor allem irgendein Mann beurteilen, der solche Gesuche kennt, d. h. also am besten Sack, sonst Dix. Wir alle sind Laien. – Da Haus nicht da ist, was schlimm ist, würde ich versuchen, auf Sack umzusteuern. Wenn er es tut, und das glaube ich eigentlich, dann ist er natürlich noch besser als Haus. Man müsste eben darauf hinaus, dass Sack Bü. berät und bearbeitet. *2.* Vorsicht in der Sache Sperr! Die Dame, die ihn versorgt, muss sehr zuverlässig, vorsichtig und gut sein, sonst ist das zu riskant. Delp sagt, Sperr habe zweierlei gesagt: *a.* Sp. habe ihm, Delp, von Stauffenberg's Plänen erzählt; *b.* Sp. habe mit mir 43 über Umsturz generell gesprochen und nicht nur über Nachkriegspläne. Beides ist falsch, und er muss umfallen in diesen Punkten. *3.* fällt mir noch ein, wenn C.V. nicht recht will oder kann, so erwäge doch, durch Oxé telephonisch oder durch Kurier Jowo zu bestellen. Du musst einen Moltke-Mann für diese Sache verfügbar haben, und Bill ist zu wenig, selbst wenn er bereit ist. Es ist alles sehr schwierig und wird Zeit brauchen; aber klar kann man erst sehen, wenn C. V. bei Freisler gewesen ist. Wenn Du außerdem zu F. kommst, finde ich es auch gut.

Mein Herz, ich habe am Sonntag früh noch etwas geschrieben, habe aber den Nachmittag mit meiner üblichen Beschäftigung verbracht und abwechslungsweise den größten Teil des Markus-Evangeliums gelesen. An dem habe ich die geringste Erbauung: Es fehlt der Geist des Johannes-Evangeliums und die Schönheit von Matthäus und der Geschichtenreichtum von Lukas. Dafür hat man aber in Kürze alles zusammen, und selbst an den Rudimenten von Geschichten, die bei den anderen Evangelisten voll sind, erbaut man sich eben in der Erinnerung. – Jeden Tag, an dem ich aufwache, staune ich, dass ich noch lebe. Ich hätte das vor 2 Monaten nie geglaubt. Ich hatte ausgerechnet, dass ich am 5.9. hingerichtet werden würde, und wenn es bei den ursprünglichen Plänen der Polizei geblieben wäre, wäre ich auch am 10.9.[1] gehenkt worden. So kommt mir jeder Tag wie ein Geschenk vor. Heute Nacht hatte ich mal wieder garkeine Lust zu sterben; nicht dass es mich quälte, aber ich hatte eben keine Lust und fand die Aussichten auf das Reich Gottes doch recht vage und unklar und nicht recht plastisch. Glücklicherweise lache ich über diese Anfechtungen jetzt schon, wenn (Randnotiz: während) sie mich überfallen, jedenfalls wenn sie in dieser harmlosen Form kommen, und nehme sie nicht recht ernst. Wenn ich noch von Zweifeln gequält werden soll, müssen sie schon gründlicher kommen und tiefer ansetzen: so die ganz banalen «Fleisch»-Zweifel werden, mit Gottes und des Heiligen Geistes Hilfe, meiner nicht mehr Herr. Das Traurige ist nur, dass unser Geist ein so raffiniertes Instrument ist, dass, wenn er will, es ihm immer gelingt, noch eine Stufe tiefer zu steigen, als man erwartet, wie er eben auch höher hinauf kann, als man denkt. Diese Ausdehnung der Kapazität, die leider immer nach beiden Seiten gleichzeitig stattfindet, ist ein Prozess, der genauso Wachsschmerzen verursacht, wie ich sie am Körper zwischen 15 und 16 gehabt habe.

Ja, mein Herz, Deine Zukunft: wenn Du in zwei Schichten leben kannst: einer emsigen und einer beschaulichen, so ist es gut. Ob das so ist, kannst nur Du entscheiden. Dann ist die beschauliche eben aus Urgründen dem Heiligen Geist geöffnet, Gründen, die wir nicht kennen. Das ist, wenn Du es erreichst, wohl noch etwas Besseres, weil Sichereres als die geistige Kapazität, die Ulla z. B. hat. Die kannst Du Dir dann schenken, oder wenn Du sie hast, dann ist sie zusätzlich. Weißt Du, was ich meine: Ich glaube, Du könntest die Fähigkeit haben, Gott so sicher in Dir zu tragen, wie Du mich in Dir trägst, ohne je einen Gedanken an ihn zu wenden. Das kann schon sein und ist eine große Gnade. Dass Du es aber überdies durch den Geist könntest, wenn Du Dich zwängest, Dich anstrengtest, systematisch daran arbeitetest, ist für mich ganz ohne Zweifel. Aber dazu gehört Zeit, Kraft und Ruhe; ob Dir irgendeines dieser drei Dinge gegeben sein wird, wenn ich Dich verlasse, weiß ich nicht. Du musst das alles abwarten und dem Herrn anheimstellen. Er wird Dir schon geben, was Du brauchst.

Mein liebes Herz, wie schön, dass Du in Kreisau warst und Deine Söhnchen besichtigt hast. Ich hoffe sehr, dass Frau Pick auf alle Fälle bei Dir bleibt; lass sie keinesfalls aus Geldgründen gehen. Bis zu Kriegsende musst Du Dich eben durchwinden, wie es geht, und nicht unnötig sparen. M. D. wird Dir ja aushelfen. Später ist das anders; da musst Du mit dem auskommen, was Du hast. Weiß Frau Pick eigentlich, dass die meisten Männer, für die sie gekocht hat, schon tot sind: Carlo und Peter und Adam[2] und Haeften u.s.w.? – Hoffentlich wirst Du nicht durch die Ereignisse aus dem Berghaus gezwungen. Wenn Du da bleiben kannst, so wirst Du immer Deine Genüge und Deine Zufriedenheit haben, glaube ich. Deine Bienchen, die Obstbäume, so manches, das wir geplant haben, wird seine Frucht tragen und Dir helfen. Außerdem stehen wir uns rundum zur Zeit so gut, dass ich nicht glaube, dass Du Ärger haben wirst. Wie gut, dass wir uns in allem bescheiden gehalten haben und nun nicht eine große Veränderung nötig ist.

Mein Herz, ich höre auf, denn es wird gleich Essen geben, und bald kommst Du auch in Berlin an. Richtig, ich soll Dir noch schreiben, was ich brauche: 2 Hemden, Taschentücher, 1 Handtuch, dicke Unterhosen. Alles andere habe ich genug.

Leb wohl, mein sehr liebes, mein allerliebstes Herz, Gott behüte Dich.
J.

1 Im Zusammenhang mit der Verurteilung Carl Friedrich Goerdelers am 8. September 1944. *2* Adam von Trott zu Solz.

Freya an Helmuth James, 6./7. November 1944

Montag Nachmittag.

Mein Lieber, da bin ich wieder und sehr glücklich, wieder so nah zu sein. Ich bin hin und zurück schnell und gut gereist, besonders hin, denn um 2 war ich schon zu Hause und konnte noch mit C.chen zu Mittag essen, der gerade in der Küche von der Schule kommend angefangen hatte. Er freute sich so schön und erzählte mir dann gleich sehr zufrieden von seinem Leben und Wohlergehen. Er sah wohl aus, und Ulla und Asta waren begeistert, wie schnell er Schularbeiten gemacht hätte. Jetzt, im 2. Schuljahr, ist die Schule und alles, was dazugehört, schon zu einer Selbstverständlichkeit geworden: Er ist eben ein Schuljunge. Such mal ein Lied raus, was Du besonders liebst und was auch für einen kleinen Jungen geeignet ist. Das werden wir dann lernen. Ich war nämlich über meine alttestamentarischen Belehrungen am Sonntag im Bett letzthin nicht glücklich und habe nun angefangen, immer 3 Strophen Lied mit ihm zu lernen und danach Weltliches vorzulesen. Das alles aber wollte ich Dir garnicht zuerst erzählen, sondern als 1. die Nachricht von Frau Reisert aus ganz sicherer Quelle, über die sie mir morgen näheres erzählen wird, dass es auch in der Woche vom *13.–20.* nicht zur Verhandlung kommen wird. So sind wir jetzt schon bis zum 20. gerutscht, und diese Zeit, mein liebes Herz, gehört noch uns. Welches Glück! Ich bin überhaupt seit vielen Tagen schon so guter Stimmung und kann sie nur ganz vorübergehend unterdrücken. Ich bin nicht von eigentlichen Hoffnungen erfüllt, aber ich bin aus unerklärlichem Grunde ganz unbelastet. Ich frage mich immer wieder, wie das kommt und ob ich eigentlich leichtfertig bin, ich kann es aber nicht unterdrücken, und alle Menschen sagen mir, ich klänge und sähe so aus, als ob es besser ginge, und dabei ist das doch garnicht so. Sicher kommt es von dem Glück, das wir in diesen Wochen genossen haben. Ich habe immer wieder das Gefühl, als gingen wir Hand in Hand in diesen Wochen, und ich denke mehr «wir», als ich in all den Jahren gedacht habe. Ach, mein Jäm, welches großes Glück, Dir so nah zu sein. Wie magst Du die 3 Tage verbracht haben. Sicher hast Du viel geschrieben. Das ist ja ein mühsames Geschäft. Wie freue ich mich schon, wieder von Dir zu hören.

Bitte überleg Dir mal, was ich als Gründe für die Sprecherlaubnis angeben soll. Es muss so sein, dass es nur mündlich erledigt werden kann. Ich habe die Salden sämtlicher Konten bei mir, den neuen Feldfrüchte-Voranschlag, unseren alten Abschluss, an dem ich gestern sehr gearbeitet habe. Ich habe mir überlegt, ich wollte sagen, ich könne aus den verschiedenen Konten und den Überweisungen, die auf ihnen liefen, nicht klug werden und müsste darüber von Dir aufgeklärt werden, was für Geld es überall sei und was für Überweisungen. Ich müsste, um den neuen Voranschlag machen zu können, den Du immer gemacht hättest, mich mit Dir beraten an Hand des alten Abschlusses und des neuen Einnahmen-Voranschlags. Ich müsste über die Deckung der laufenden Betriebsschulden mit Dir sprechen. Bitte bessere diese Dinge auf, wenn Du es kannst, damit sie überzeugend werden, denn ich muss sie schriftlich einreichen und Schulze beurteilt sie. Aber, mein Jäm, von 1. Wichtigkeit ist es nicht und steht hinter Deiner Verteidigung und allem, was dazu nötig ist, meilenweit zurück. Ja, ich verstehe so gut, wenn Du sagst, dass wir letzten Endes den Herrn Schulze nicht brauchen, ich bin ganz Deiner Ansicht, aber wenn Herr Schulze wüsste, welches Glück es für mich bedeutet, nein für uns, mein Herz, uns zu betrachten, dann würde er die Erlaubnis nicht erteilen, denn das würde er uns nicht gönnen, da er Dich für einen Staatsfeind hält. Mein Jäm, welches Glück würde es bedeuten, Dein geliebtes Gesicht und Deine Hände zu sehen. Ach, wie ich meine Liebe zu Dir fühle, während ich das schreibe!

Ich war heute um 2 hier und habe gleich die Telefonate mit der Dienststelle[1] aufgenommen. Haus, der schon da ist, «Marianne» und Frl. Thiel sind ganz rührend, wie sie sich bemühen. Bü. weiß nun schon, dass ich ihn mit C. Viggo im Laufe der Woche sehen möchte. Ich werde noch hören, ob Mittwoch oder Donnerstag. Haus wird morgen oder übermorgen mit Bü. essen, und ich habe schon mit ihm abgemacht, dass ich ihn vor diesem Essen treffe, sodass Haus dann über Dich bei ihm sprechen kann. Über den Termin zu sprechen ist vielleicht noch verfrüht, höchstens anzudeuten, dass doch wünschenswert wäre, wenn einer von ihnen hingehen könnte. Ich habe das Gefühl, dass Bü., falls Haus nicht da sein sollte, Oxé hinschicken wird, und das ist dann wohl immer noch nicht das Schlechteste, falls es ihnen überhaupt gelingen sollte, *die* Karte zu bekommen.

In Kr. war es schön. Es hatte weiter viel geregnet, und Z. war immer noch nicht entsprechend weitergekommen. Immerhin sind jetzt nur noch Egge- und Grubberkartoffeln[2] draußen, alle Futterrüben zusammengefahren, ein ganz Teil Rüben mehr raus, viel Blätter in die Grube gefahren und die Raupe hatte geackert. Aber es ist noch auf 4 Wochen Arbeit da, wir brauchen einen langen Herbst. Z. musste sich zum Volkssturm[3] melden und ist in die 4. Gruppe eingereiht worden, die der Körperbehinderten. Geld hat er. Er hat wieder nur 3 Waggons Rüben verladen können. Gerstner und Kronenburg waren bei Schwester und haben ihr gesagt, auf die Dauer ihres Lebens könne sie bleiben. Danach sind sie aber vereint *wieder* im Schloss gewesen, um Frau Sperling zu bewegen auszuziehen! Ist es nicht ein Skandal! Offenbar wollen sie ihr irgendwo eine Prachtswohnung zur Verfügung stellen. Sie will aber um keinen Preis und wird sich höchstens mit Gewalt raussetzen lassen. Praktisch ist es aber überhaupt unmöglich, denn die sind sich ja garnicht klar, dass Sperlings ja in unseren Möbeln und mit unserem Geschirr und Töpfen wohnen. Wie wollen sie ihr das an anderer Stelle verschaffen! Vor allem sind er und sie Sperling aber entschlossen, auf keinen Fall zu weichen, und Frau Tscheuschner stützt Frau Sp. Das alles hätte mich nun noch nicht erregt, wenn die Rentenannie nicht Sonntag im Schloss erschienen und geräumt hätte und Frau Rausch gesagt hätte, sie habe es nun erreicht und werde in 10 Tagen einziehen. Ich habe nun Maack alarmiert, dass er heute mit Gerstner spricht und eventuell zur Partei geht, denn da sitzt ja der wahre Widerstand, aber Maack hatte wenig Lust zu letzterem, weil sie ihn auch nicht schätzten. Jedenfalls habe ich ihn wild gemacht. Ich habe ihm gesagt, dass es uns auch recht wäre, wenn wir auf Annahme der Ablösungsrente[4] klagen könnten. Aber Maack meinte, Recht hätten wir auf alle Fälle, aber die Partei täte doch, was sie wollte. In Kr. hat mich der Ausspruch der Annie sehr entsetzt, aber im Grunde ist es lächerlich, sich von so etwas erregen zu lassen: Sie kam unversehens aus dem Schloss und sagte «Heil H!» zu mir!!!

Ich habe jetzt festgestellt, dass von den Apfelbäumen im Mittelgang der 1. Goldparmänen und der 2. Landsberger Reinetten trägt. Ich habe das jetzt mit anderen Äpfeln vergleichen können. Wie die Äpfel an den Zäunen heißen, weiß ich aber noch immer nicht.

Ulla hatte einen Freund zum Wochenende da. Der arme Mann hat vor 3 Monaten seine Frau und beide Söhne (10 und 1½) in Stuttgart durch Bomben verloren, ein freundlicher, netter Mann. Dieser fragte Konrad, wie «der Andere» hieße. Konrad sagte: Caspar-Bruder. Zu nett ist, wie sehr die beiden aneinander hängen und sogar zusammen spielen. Schrieb ich Dir, dass sie nun beide abends «Träum vom Pa» sagen. Sie sind wirklich so lieb, und wenn ich nur so kurz da bin, auch so besonders zärtlich. Konrädchen machte noch Mittagsschlaf, als ich ankam. Ich weckte ihn später zur Vesper, und als er mich entdeckte, sagte er nur: «Du mir anziehen!» Das kommt dann in allen Variationen immer wieder, «Du mir waschen» kam am Abend. Morgens kamen sie beide zu mir ins Bett, und wir kuschelten so lange, dass wir erst um 9 Uhr frühstückten. Asta sah ich dieses Mal nicht, weil ich heute schon so früh aufbrach, jetzt aber, mein geliebtes Herz, muss ich ins Bett. Es ist inzwischen –

Hier kam das Bett, und jetzt sitze ich bei den Freunden am Dienstag früh. Ich habe noch fast nichts gelesen, fürchte aber, dass er gleich weg muss. Neben meiner Liebe schicke ich Dir daher nur schnell die Nachricht, dass Sack schon längst verhaftet ist,[5] bleibt also D., den ich aufsuchen werde. Ich möchte außerdem wissen: Soll ich nicht zu Fr. gehen? Ich würde wegen D. morgen gehen, aber will es nicht ohne Deine Einwilligung tun. –

Ich bin einig mit Deinen sachlichen Wünschen und bin schon ganz auf der Linie, auch schreibe ich mir schon längst Deine Anregungen heraus.

1 Nach der Zerstörung der Gebäude des Oberkommandos der Wehrmacht Ende November 1943 war Helmuths Dienststelle in eine Schule in der Lansstraße verlegt worden. *2* Zur Nachernte der Kartoffeln wird mit dem Grubber und anschließend mit der Egge über den Acker gefahren. *3* Ab Oktober 1944 mussten sich alle Männer zwischen 16 und 60 Jahren bei diesem militärischen Heimatschutzverband melden. *4* Siehe Helmuths Brief vom 24. Oktober 1944, S. 101, Anm. 1. *5* Seit August 1944.

Helmuth James an Freya, am oder nach dem 7. November 1944

[Ohne Datierung unter dem Brief von Freya vom 6./7. November 1944]

Geht der Weg Bü–Keitel nicht, so bleibt zu überlegen der Weg
a. Freisler direkt
b. Heini Rittberg oder Helmut Moltke[1] } beide im Generalstab Guderian.
Darüber müsst Ihr beraten.

Mein Herz, ich muss doch noch etwas schreiben: Das ist ein sehr schönes Briefchen und so lieb in der Stimmung. Gott erhalte sie Dir. Da passt mein Spr. 15,15[2] so gut dazu. Das ist alles, mein sehr Lieber. J.

Meine Hauptlieder schrieb ich Dir gerade; für C'chen sind vielleicht geeignet:

21
23 teilweise
266 teilweise
554
555
570
573 mit gereinigtem Text. Der Text in P.'s Gesangbuch ist nicht ganz richtig und enthält in Strophe 2 einen sinnentstellenden Fehler, es muss heißen:
«es geht durch unsre Hände, kommt aber her von Gott».

[Von Freya ergänzte Lied-Nummern und Bibelstellen aus späteren Briefen von Helmuth:] 269, 230,2, 232,4, Nr. 260, Spr. 18,14; 20,11, Lukas 17,21

Wenn Du mal bei der Dienststelle bist, kannst Du Frl. Thiel, wenn Du sie allein hast, mal fragen: ich hätte Dich gebeten, das Aktenzeichen festzustellen, das unsere Akte «Behandlung vom Feind besetzter Gebiete» oder so ähnlich hätte. Aber nur, wenn der Aktenplan nicht in Kreisau ist.

1. Bin sehr einverstanden, wenn Du zu Fr. gehst.
2. Sprecherlaubnis: Kürzung des Düngers und daher Änderung des ganzen Bestellungsplanes.
3. Rentenannie: Vergiss nicht, *ihn*, Sperling, zu alarmieren und Adam.[3] Gutwillig nichts.

Mein Lieber, alles andere habe ich schon geschrieben und will keinen neuen Brief schreiben. Heute sagte ich zu P: «Freya hat mir gesagt». Da siehst Du, wie ich mich fühle. J.

Frage Haus, was er meint, wenn Waltzog statt seiner geht, wenn er nicht kann. Du müsstest aber mit ihm gesprochen haben. Auch Jurist.

1 Helmut von Moltke, der Sohn von Wilhelm von Moltke. *2* «Ein Betrübter hat nimmer einen Tag, aber ein guter Mut ist ein täglich Wohlleben.» *3* Landrat Wilhelm Adam.

Helmuth James an Freya, 7. November 1944

Tegel, den 7. 11. 44.

Mein Lieber, die Formate meiner Billettchen werden immer merkwürdiger.[1] Aber ich verbrauche so viel von meinem kostbaren Papier für die Entwürfe und Reinschriften meines Schriftsatzes, dass ich etwas sparen muss, bis ich weiß, ob Nachschub von Dir kommt. Kannst Du mir auch, bitte, einen Umschlag verschaffen, in den die Bogen meines Blocks ungeknickt hineinpassen. Sie lesen sich nämlich glatt viel schöner, und ich muss es doch so attraktiv wie möglich machen, damit es auch wirklich gelesen wird.

Ziff. 5 zu I. habe ich noch etwas geändert. Hinter dem ersten Satz ist eingefügt, «... SS-Führer, der mich zu diesen Fragen garnicht vernommen, sondern mir lediglich eine Erklärung des Reichsführers SS übermittelt hatte.» Dann so weiter: «Damit will ich nicht etwa zum Ausdruck bringen, dass irgendein unzulässiger ...» weiter wie bisher. Das lässt mir die Möglichkeit offen, die «gemachten Vorwürfe» am Schluss des nächsten Satzes auf die Erklärung des Reichsf. SS zu beziehen. Fragen, die ich zu klären bitte:

a. Wird es für inopportun gehalten, die Vorwürfe ganz auf die «moralische» Erklärung Reichsf. SS zu beziehen und jede Beziehung von «Schuld» auf den kriminellen Tatbestand zu leugnen? Würde F. das doch nicht glauben und nur ganz sauer reagieren?

b. Wie würde eine Erklärung wirken, die auch stimmt: Ich hätte damals angenommen, dass die Kenntnis der Polizei nicht von der Anzeigepflicht befreit, sondern nur das Strafmaß berührt. Erst bei Abfassung des Schriftsatzes sei mir klar geworden, dass das ja ganz blödsinnig sei und dass diese Kenntnis schuldbefreiend wirkt?

Ich erbitte klare Anweisungen zu beiden Punkten, denn ich muss wissen, in welcher Richtung ich in der mündlichen Verhandlung am besten ausweiche.

Mein Herz, morgen wird also wohl C. V. kommen, und damit wird sich klären, ob F. ihn überhaupt sieht und was er dann sagt. Ich bin sehr gespannt.

Mir geht es weiter sehr gut. Gestern kam Dein Brief vom 2. 11.[2] Ich glaube, ich hatte vergessen, Dir zu sagen, dass ich C'chen noch einen zweiten Geburtstagsbrief über V. G. H. geschickt habe; mir schien das richtig. – Ich habe gestern Nachmittag zwei schöne Sprüche gelesen. Es ist ja so, dass einem an einem Tage ein Vers und an einem anderen ein anderer freut. Gestern war es Spr. 14,32 und 15,15.[3] Das nie veraltende ist eben der große Reiz aller geistigen Wahrheiten, ob sie 2 oder 2000 Jahre alt sind, ist ganz gleich. Und wenn man bedenkt, wie schnell alles Andere veraltet, so versteht man nicht, warum die Geisteswissenschaften so heruntergekommen sind und gegenüber aller Technik so gering bewertet werden. Das ist ja nicht erst in der letzten Zeit so, es ist zur Zeit, als ich studierte, schon so gewesen und wohl auch schon vor 1914 und vor der Jahrhundertwende. Mit dem Ende der Bescheidenheit ist die Zeit der Geisteswissenschaft zu Ende gegangen, und nun beherrscht uns die Technik. Ob unsere Söhnchen zu der Generation gehören, bei der es sich wieder wendet? Es ist wahrlich höchste Zeit! Warum haben wir das nicht früher richtig gesehen? Ich habe doch im Grunde einen anti-technischen Hang immer gehabt, aber erkannt habe ich es als Student auch nicht. Ich hätte ja sonst anders und anderes studiert. Ich war mir eben nur über das Negative klar, nicht darüber, dass man eben mit aller Macht den verschütteten Quell der Geisteswissenschaften anbohren und wieder erbohren müsse. Bis das Frucht tragen kann, wird mindestens eine Generation, vielleicht auch noch eine zweite dahingehen, und noch ist, wenn wir ehrlich sind, kein Anfang zu sehen. Man kann sich der kommenden Not freuen, wenn man denkt, dass sie dazu dient, den Weg zu weisen. Aber wird sie das? Es kommt mir immer so bekannt vor, wenn ich lese, wie Juda oder Israel gestraft werden, weil sie den Herrn verließen und anderen Göttern anhingen, die von Holz oder von Metall gemacht waren. Ob wir auch durch die babylonische Gefangenschaft 70 Jahre hindurch müssen? In Wahrheit ist eben doch das erste Gebot der Schlüssel zu allem anderen. Christus sagt es ja [in] Matthäus 22,34–40, Markus 12,28–34 und Lukas 10,25–28 auch, aber man muss es sich immer wieder vergegenwärtigen, dass jeder Dienst am Geschöpf Abgötterei sein kann. Man darf eben in jedem Geschöpf, es sei körperlich oder geistig, nur den Schöpfer lieben; sobald man einen Menschen, ein Volk, eine Idee um ihrer selbst willen liebt, und sei es auch in der sublimiertesten Form, so ist es eben Abgötterei und das erste Gebot ist verletzt. Vermag man das Kindern und Jünglingen zu lehren? Alle die Geschichten über Baal und Asthoreth und alle die anderen Gottheiten, zu denen die Juden abfielen, habe ich früher immer für törichte alte Fabeln gehalten, weil mir niemand recht ihren symbolischen Gehalt erklärt hat. Das erste Gebot schien mir selbstverständlich und problemlos und nur für die alten Juden schwierig, weil wir garnicht in Versuchung kämen, andere Götter anzubeten, abgesehen von Mammon und Bauch. Langsam ist mir das Gebot klargeworden, aber seine Schlüsselstellung habe ich eigentlich erst in Ravensbrück recht begriffen. Es ist eben das Gebot der Gebote: Wenn man das recht vor Augen hält, dann wird man in allen anderen Geboten zwar fehlen, aber immer die Korrektur fehlen.[4] Fehlt man aber im ersten, so merkt man es meist garnicht.

Mein Herz, ich bin ins Schwätzen gekommen, habe auch sonst nichts zu schreiben, als dass Du mir sehr wohl gefällst, dass ich allen Grund habe, dem Schöpfer für Dich zu danken, dass ich Dich lieb habe, mein Herz, und immer nur bitten kann, dass der Herr Dich in seiner Hand halten und Dich behüten möge mit und ohne J.

Eben fällt mir ein: Bei den Papieren, die aus Ravensbrück von Dir in dem Koffer geholt wurden, war möglicherweise ein Aktenplan vom Ausland. Sollte das der Fall gewesen sein, und sollte er noch da sein, so lasse ihn Dir doch schicken. Der könnte für mich nötig sein, falls Bü bestreiten sollte, dass ich mich um feindliche Besetzung Deutschlands zu kümmern hatte.

1 Der Brief besteht aus einem schmalen Papierstreifen. *2* Vermutlich ein offizieller Brief. *3* «Der Gottlose besteht nicht in seinem Unglück; aber der Gerechte ist auch in seinem Tod getrost.» Und: «Ein Betrübter hat nimmer einen guten Tag; aber ein guter Mut ist ein täglich Wohlleben.» *4* Es sollte vermutlich «finden» heißen.

Freya an Helmuth James, 8. November 1944

Mittwoch Nachmittag.

Mein liebes Herz, ich sitze bei den Freunden. Es ist noch nicht 6, und vor uns liegt alle Zeit, mich mit Dir zu unterhalten. Das ist ein sehr schönes Gefühl. Ich bin so früh hier, weil P. mich um 4 an den Schles. Güterbahnhof bestellt hatte, von wo wir gemeinsam einen Sack Gemüse herholen wollten. Ursprünglich waren wir beiden Frauen, Brigitte[1] und ich, bestellt, und hatten uns beide gleich darauf gefreut, P. helfen zu können, der für uns ständig das Beste tut, als wir aber heute von unserem Besuch in Tegel, jeder für sich, zurückkehrend hier nähere Weisung einholten, hieß es, «nur Freya», denn es war weniger als erwartet und das Lebendgewicht der Trägerin war entscheidend für P. Brigitte war sehr betrübt, und ist auch jetzt nicht da, und ich verspüre ein etwas schlechtes Gewissen ihr gegenüber: Ich habe es nämlich hier immer noch ein großes Stück besser als sie. Wir sind befreundet, und für Brigitte sind sie bei aller Liebe doch mehr die Helfer und Seelsorger. Wir stehen ihnen innerlich außerdem noch nahe. Das beschämt mich immer etwas. Ich finde überhaupt, dass ich es meistens irgendwie leichter und besser in den meisten Situationen habe wie viele der anderen Frauen, und finde das nicht ganz berechtigt, aber doch sehr angenehm. Ich weiß nicht, woran es liegt, und möchte nicht, dass ich denke, es liege an mir. So ist es. Jedenfalls muss ich immer wieder sagen, dass ich es hier so gut und schön habe und mich das Gefühl und die Gewissheit hier so freut, dass Du immer dabei bist, weil sie ja ‹uns› lieb haben und mit ‹uns› befreundet sind. Dies alles mit und durch die Freunde zu erleben ist sehr schön, denn auch Dorothee hat viel Teil an allem, nicht nur, weil sie zu P. gehört, sondern weil sie sehr bewusst und liebevoll dabei ist. Du weißt es ja, aber ich sage es Dir immer wieder zu Deiner Beruhigung, dass ich es hier gut und einen starken Halt habe. – Mein Herz, wie gerne bin ich heute wieder bei Dir gewesen. Nur hätte ich gerne gehabt, dass Du die Aktentasche doch behieltest und ein Schild mit Eigentum F. M. dran machtest. Was meinst Du dazu? Ich möchte sie natürlich gerne behalten, weil sie von Dir ist, aber ich möchte sie auch gerne noch ein Stückchen in Deiner Hand wissen. Mein liebes Herz, Du hast mir gestern lauter schöne Sachen geschrieben, die ich sehr genossen habe. Auch was Du über die Geisteswissenschaften schreibst, gefällt mir sehr. Was mag wohl aus alledem, was uns so sehr beschäftigt, werden? Mein Hang ist ja auch so sehr untechnisch, und ich habe mich oft gefragt, ob das nicht ein großes Manko bei uns ist und für unsere Kinder gefährlich werden könnte. Sicher ist die Aufgabe der Zukunft, die Überwertung der Technik zu überwinden, aber das ist nur möglich nach einem gewissen Verdauungsprozess, und ich habe bei uns beiden das Gefühl, dass unser untechnischer Hang sie uns garnicht erst verdauen lässt, weil wir sie garnicht verspeisen. Das ist ein Fehler. –

Mein Liebster, ich hatte erst den sachlichen Teil erledigen wollen und bin gleich tief ins Vergnügen verfallen. Ich berichte nun also: Sperr wollen wir durch Frau Reisert machen, die heute schon mal Essen für ihn abgegeben hat mit Grüßen. Frau R. kennt die Gepflogenheiten der Lehrter Str. ganz genau, und ihr kann man das, glaube ich, ruhig anvertrauen. – Ich war beim 1. Senat. Freisler hatte Termin, und seine freundliche Sekretärin sagte, es sei nicht üblich, dass er vor dem Termin jemanden empfange. Ich sagte, ich werde mich schriftlich anmelden, ließ es aber zunächst ganz, um nicht C. Viggo die Möglichkeiten zu nehmen.

Klar ist nur, dass C. Viggo auch dort in «eigener Sache» aufkreuzen muss, wenn er überhaupt Erfolg haben soll. Und dann bin ich auch noch durchaus skeptisch, ob es ihm gelingen wird. Zudem ist Freitag bestimmt Termin, aber die Reihenfolge der Besuche scheint mir nicht ganz so wichtig. Am gestrigen Nachmittag habe ich dann in der Dienststelle Oxé, Haus und Pfuel gesprochen, letzterer (nicht mein Fall) gebärdete sich wichtig und emsig, aber auch voll Teilnahme, soweit das sein eigenes Interesse zulässt, während O. und H. wirklich treu und besorgt sind. 1. Habe ich Haus versucht zu sagen, wie er Bü. heute Mittag, was Deine Person angeht, legen solle. Er sagte mir zu diesem Punkt, es bestehe kein Zweifel, dass Bü Dich für einen hervorragenden oder, sagte er, bedeutenden Arbeiter hielte und dass ihm Dein eventueller Tod «*sehr* an die Nieren» gehen würde. 2. Den Weg über Keitel fanden sie schlecht, sehr schlecht; er werde bestimmt garnichts tun, teils zittern und teils «20. 7. brüllen». So kamen sie nach längerem Hin und Her auf den Weg: Bü, Hewel, A. H. Das sollten wir aber auch ruhig mit Bü. besprechen. Auf Hewel, der mir unbekannt war, könnte auch Adrian einwirken, außerdem lobten sie diesen Mann Hewel sehr und sagten, er hätte des Führers Ohr. Soweit sind wir. Freitag um 8 kommt nun C. Viggo, und dann werden wir weitersehen. Vergessen habe ich noch zum Besuch beim 1. Senat, dass ich wegen der Anwaltsfrage zu einem sehr unsympathischen sächsischen Amtsrat geschickt wurde. Der sagte gleich, Dix käme nicht in Frage, sondern nur 7 Namen. Von denen dürfte ich einen aussuchen, den würde er dann als Offizialanwalt zuordnen. Von den 7 scheiden 2 aus, die schon vergeben sind. Es bleiben dann übrig: J. R.[2] Hercher (Peters[3]), Hugo Bergmann, Arno Weismann, Kunz und Frank. Der Amtsrat wollte, dass ich den Weismann nehme, von dem P. emphatisch abrät. Mir genügte schon die Tatsche, dass er diesem «ersten Anwalt» immer den «Spitzenangeklagten» zugewiesen hätte. Ich habe nun diese Liste verschiedenen Männern übergeben, die auf verschiedenen Wegen darüber Nachrichten einziehen. D. ist für Hercher, er ist anständig, aber alt. Frau R.s Bürovorsteher pries Hugo Bergmann. Zwischen diesen beiden ist praktisch wohl die Wahl. Nun bin ich aber entschlossen, nächste Woche noch einen Brief an Freisler in dieser Frage zu schreiben, wenn C. Viggo vorüber ist. Ich will versuchen, so an Fr. ran zu kommen, obwohl es unwahrscheinlich ist, dass es gelingt.

Inzwischen habe ich unterbrochen, weil ein Mann kam, der allerlei zu erzählen hatte und auch beschrieb, wie es zu dem Freispruch Bismarcks gekommen sei. Da ist viel und sehr Prominentes getan worden, und dann war es noch heikel. Das hat mir mal wieder die Gefahren, die uns bevorstehen, in aller Deutlichkeit vorgeführt, und mein Herz ging wieder um ein paar Lagen tiefer. Ach, mein Jäm, wie schwer ist es, die richtige Linie zu halten.

Was Du über das 1. Gebot schreibst, beschäftigt mich durchaus. Du hast ganz recht. Ich habe früher schon manchmal darüber nachgedacht, dass ich Gott nicht so lieben könne wie Dich. Das erscheint mir immer noch sehr schwer, obwohl ich große Fortschritte gemacht habe. Ich war mir immer schon klar, dass eine ganz große, starke Liebe die Gefährdung der Begrenzung nach oben und auch neben in sich trägt. Ich habe es aber nie so deutlich gesehen, wie Du es schilderst.

Dank für all Deine schönen Antworten auf meine Fragen. Mein Jäm, mein Herz, mein liebster Wirt. Was wird aus uns werden! Mein Jäm, mir graust oft vor der möglichen großen Länge allein vor mir. Werde ich die große Kunst besitzen, Dich in mir zu haben, Dein Leben zu spüren, Dich nicht zu verlieren und Dich doch nicht zu hemmen und zu stören. Mein Jäm, denk viel an mein Leben und rüste mich aus dazu, so gut Du kannst, mich und die Söhnchen mit mir. Ich versteh Lukas 10 am Ende sehr gut.[4] Du schriebst es ja auch an P. Ich weiß, ich weiß, ich weiß. Aber genügt, dass ich es weiß? Aber ich weiß auch, was noch dazugehört und woher ich Hilfe holen kann.

Jetzt, mein Jäm, will ich ins Bett fahren. Schon wieder ist es 9.30 und die Freunde sollen früh ins Bett. Ich schicke Dir den Adrian-Text. Gute Nacht, mein Jäm, mein Herz, mein Geliebter. Ich umarme Dich zärtlich. Dein P. bin und bleibe ich immer.

1 Brigitte Gerstenmaier. *2* Justizrat. *3* Der Anwalt von Peter Yorck war Hugo Bergmann. *4* Die Geschichte von Maria und Martha.

Helmuth James an Freya, 8. November 1944

Tegel, den 8. 11. 44.

Mein Lieber, das ist ja eine ganz köstliche Pute! Die hast Du aber schon sehr früh reif bekommen, oder ist es eine Notschlachtung. Kannst Du jeden Sonntag so ein Tier essen? Das wäre doch eine angenehme Hilfe. – Weißt Du, unsere Äpfel sind so unvergleichlich viel besser als irgendwelche, die P. mir sonst bringt, dass es geradezu erstaunlich ist, und zwar sowohl im Geschmack wie vor allem in der Gesundheit. Sie sind so schön gleichmäßig. Es ist wirklich eine Freude und wohl doch eine Folge unserer Pflege. Du solltest Dich, falls Du im Berghaus bleiben kannst, auf alle Fälle der Vogelpflege annehmen, dann würdest Du ganz herrliches Obst bekommen. – Nun zunächst wieder etwas Sachliches, das mir eingefallen ist. Es könnte ja sein, dass ich gefragt werde, wem ich denn gesagt habe, wozu ich die Informationen wirtschaftspolitischer u.s.w. Art bedarf. Tatsächlich habe ich es ja einer ganzen Anzahl Leute gesagt. Ich meine, ich sollte dann auch C.D. und Einsiedel nennen. Es erhöht die Gefahr für sie nicht, denn ich bin vor drei Monaten bereits nach ihren Personalien gefragt, und ich nehme an, dass man meinen Termin abwartet, ehe man sich entschließt, ob man sie festnehmen will oder nicht. Deswegen scheint mir keine Risikoerhöhung darin zu liegen. Auf der anderen Seite verbessert es aber ihre Verteidigung ganz erheblich, wenn sie sagen können, es sei für meine Arbeit im O. K. W. gewesen. Höre ich nichts anderes, so nehme ich an, dass ihnen das Recht sein würde, sie würden sich dann in Gesellschaft von Gramsch, Kadgien, Wense und ähnlichen finden, also garnicht übel. Ob ich C.D. je so etwas gesagt habe, weiß ich nicht. Einsiedel wusste über den Gladisch-Ausschuss[1] bestimmt Bescheid. Immerhin wäre es gut, wenn beide etwas erinnert würden, damit wir einigermaßen in einer Linie liegen. Es braucht nicht gleich zu sein, sondern hat bis zum Termin Zeit; Du musst nur, wenn Du mal Zeit hast, daran denken.

Von mir ist nichts zu erzählen: Während der wenigen Stunden, die der Tag hat, schreibe ich; erst an den Pim, dann Entwürfe zu Änderungen und schließlich Schriftsatz. Nachmittags lese ich vielleicht ein Stündchen in der Bibel, während ich zu den Liedern garnicht mehr komme. Um 4 höre ich auf und sage mir vor. Gespannt bin ich, ob Müller mich holen lässt. Ich lasse sonst den Schriftsatz ruhig liegen, bis ich weiß, wann die Anklage an den Senat geht, und schicke ihn dann direkt an den V. G. H. An Liedern, die eventuell für C'chen geeignet sind, ist mir noch 269 eingefallen.

Heute Nacht habe ich mich mit den Möglichkeiten der Rentenannie beschäftigt. Es hat mich garnicht aufgeregt. Aber das Tollste wäre, wenn sie jetzt ins Schloss käme und dann nach meiner Hinrichtung so als Verwalterin für das Reich eingesetzt würde. Ausgeschlossen ist das bei ihr keineswegs. Ich schreibe es nicht, um Dich aufzuregen, sondern nur, um Dir zu sagen: Lass Dich auch das nicht anfechten! Ärgere Dich nicht, auch wenn sie ihr Möglichstes tut, Dich zu ärgern; sie ist eine zu kleine Kröte, als dass man sich über sie ärgern könnte oder dürfte; jede Hürde, die sie errichtet, muss eben getrennt genommen werden, an Dich und die Söhnchen und das, was wirklich wichtig ist, kann sie ja nicht ran. – Aber kämpfe gegen ihren Einzug so lange es geht. Er, Sperling, ist der rechte Kämpe. Vielleicht ist C.V. auch so freundlich, ein Mal mit dem Kreisleiter zu sprechen. Er kann ihm doch eher den Star stechen als Du, die Du doch Partei zu sein scheinst. Hat sie tatsächlich erreicht, dass der

Gauleiter eine Beschlagnahmeanweisung erlässt, so musst Du Adam bitten, dass er mit dem Gauleiter spricht; wozu sitzt er denn da. Aber, mein Herz, ärgere Dich nicht und, wenn sie Dir doch reingesetzt wird, dann verhärte Dein Herz und setze sie bei der ersten sich bietenden Gelegenheit wieder raus, wenn es sein muss, vi et armis.[2] – Es wäre ja zu erwägen, ob wir nicht ruhig die Verpflichtung übernehmen, die Rente persönlich haftend und voll zu zahlen. Wenn ich in 3 Wochen tot bin, dann muss der Staat dafür einstehen und Dich belastet es nicht. Es bleibt nur die Frage, ob das in diesem Augenblick, in diesem Stadium noch etwas helfen würde. Aber Ihr könnt ja überlegen.

Mein Lieber, ich hatte gestern Deine Stimmung, oder vielmehr die Stimmung Deines gestrigen Briefes, so gelobt. Das tue ich weiter, aber nur dann, wenn Du unverändert mit meinem Tod rechnest und die Heiterkeit auf der Grundlage von «Leben wir, so leben wir dem Herrn, sterben wir, so sterben wir dem Herrn» ruht. Mit menschlichen Augen ist keine Hoffnung zu sehen; das müssen wir uns ständig klar vor Augen halten. Trotzdem müssen wir alles tun, denn Gott kann ja alles, und durch die unwahrscheinlichsten Mittel vermag er mein Leben zu erhalten. Die Heiterkeit ist sehr gut, aber sie muss auf so solider Grundlage stehen, dass sie auch durch meinen Tod nicht erschüttert wird. Nicht wahr, mein Lieber, darüber sind wir uns ganz einig. Ich fühle mich auch manchmal so, als wolle Gott mir das Leben erhalten; das schließt sich bei mir immer an die wunderbare Errettung Jeremia's an, auf die in Klagelieder 3, im letzten Teil, Bezug genommen ist. Die Lage von Jeremia war nämlich genauso aussichtslos wie meine. Und dann überkommt mich das Gefühl immer bei einem Liedvers – ich will mal sehen, ob ich ihn finde – da, sieh, ich habe es direkt aufgeschlagen: 230,2. In den Augenblicken ist es auch ganz echt, während wenn ich mich mit meiner Verteidigung befasse, dann quellen die unechten Hoffnungen, ein grässliches Gewürm, das so schwer zu bekämpfen ist. Eine Stelle, die sich auch damit befasst, ist der 118. Psalm. Aber das wichtige ist ja das: «fürchte Dich nicht» aus Josua 1,9 + Klagel. 3,57. Das ist es, worauf es wirklich ankommt, und darum muss man bitten und ringen.

Mal wieder einige Technika: meine Bibel und mein Gesangbuch lasse ich hier zurück für P. als Rückgabe an ihn. Bleibe ich nachher leben und Du kannst irgendwie an mich ran, so verschaffe mir bitte eine andere Bibel und ein anderes Gesangbuch, nicht meines. Denn eine Klarheit darüber, dass ich endgültig leben bleibe, kann es vor Kriegsende keinesfalls geben, und ich will nicht, dass diese beiden Bücher Dir verloren gehen, denn es waren meine treuesten Gefährten, und das wirst Du ihnen auch anmerken. Die Veilchen liegen bei Psalm 90 und 91, und jedesmal wenn ich von vorn nach hinten oder umgekehrt blättere, schlägt es da auf und ich rieche ganz kurz an ihnen, meines Pim gedenkend. Wenn ich so am Nachmittag richtig hintereinander Gesangbuch und Bibel lese, geschieht das gewiss 20 oder 30 Mal. – Vor meiner Hinrichtung habe ich noch Gelegenheit, Dir einen Brief zu schreiben. Ob ich davon Gebrauch machen werde, weiß ich nicht mit Gewissheit, zumal unsicher ist, ob Du ihn bekommst. Alle diese die Zensur passierenden Briefe sind doch etwas verlogen, und ich kann mir vorstellen, dass ich dann nicht einen leicht lügenhaften Brief an Dich schreiben möchte. Ziehe also aus der Tatsache, dass es keinen Brief gibt oder dass es einen gibt, der Dir verzerrt oder unruhig vorkommt, keine Schlüsse. Es ist zwischen uns alles gesagt, mein Herz, und was Neues stünde doch nicht drin. Fällt mir zufällig eine Wendung ein, die wahr, überzeugend und doch zensurfähig ist, so schreibe ich gewiss. Es kann auch sein, dass ich schreibe, weil ich fürchte, dass es sonst auffällt, oder weil das die einzig Art ist, bei der mich der Beamte, der ja neben mir sitzt, in Ruhe lässt und nicht stört. Ich kann ja in seiner Gegenwart nicht laut Psalmen aufsagen, was mir sicher das Liebste wäre. Denn im Grunde glaube ich, mein Herz, dass ich Dich dann schon verlassen habe und Dich nur noch in Gott suche. Ich habe mich damit ja sehr viel befasst, und ich wünsche mir, dass ich geistig meinen Tod sozusagen vorwegnehme und nicht mit meinen Gedanken hinten nachhänge, sondern mich dem vor mir Liegenden zuwende. Vielleicht ist das alles Unfug, und vielleicht ist man so in die Technik und den Betrieb dieses Vorgangs eingespannt, dass man damit voll beschäftigt ist; vielleicht ist auch die Realität oder umgekehrt die Unwirklichkeit des Vorganges so gewaltig, dass alle Vorbereitung wie Staub verweht. Ich weiß es nicht, und es kann einem auch niemand sagen, denn es wird bei jedem anders sein. Ich schreibe es Dir nur, damit Du keinesfalls irgendwelche falschen Schlüsse ziehst.

So, jetzt werde ich zum Haareschneiden geholt. Leb wohl, mein Herz. Der Herr behüte Dich und uns, und wenn es ihm gefällt, so errette er mein Leben. J.

Änderungen am Schriftsatz: I.2. b. am Schluss statt des letzten Satzes: ‹Mir war diese Auskunft, wenn ich sie auch etwa so erwartet hatte, für den Zweck, für den ich sie haben wollte, zu weich und unbefriedigend.›

I.4. 2. Absatz, erster Satz: streichen die Worte: ‹dass mir das das genaue Gegenteil zu beweisen scheint.›

I.5. erster Satz hinter SS-Führers festfahren: ‹der mich zu dieser Frage gar› – aber das weißt Du ja.

II.1. hinter O. K. W. einfügen: ‹, die rein beratender Natur waren,›

II.1. Mitte des ersten Absatzes; hinter: ‹Admiral Weichold gehabt› einfügen: ‹, da ich mich weigerte, eine Meinung zu vertreten, die ich für falsch hielt. In meinen Beziehungen …›

II.1. erster Absatz vorletzter Satz: hinter ‹Vorgesetzten gedankt worden› einfügen: ‹wenn auch zuweilen ungern und weil klar war, dass ich sonst um meine Entlassung bitten würde›. Dahinter fortfahren: ‹In all diesen Fällen handelte es sich letztlich um das Leben der Männer an der Front, daher habe ich es für meine Pflicht gehalten, meine Meinung auch gegen die der höchsten Offiziere mit aller Ehrlichkeit zu vertreten. Und wenn ich mich für die großen Unannehmlichkeiten, die das mit sich brachte, voll entschädigt fühle, wenn ich heute weiß, dass mancher Volkssturmmann mir sein Leben verdanken wird, weil ich unter schwersten Widerständen erreicht habe, dass sie schließlich die kritischen Herrn Generale als Kombattanten anzuerkennen bereit waren und so keinen Vorwand gegeben haben, unsere Volkssturmmänner als Freischärler zu behandeln, so muss ich mich doch dagegen wehren, dass mir die Einstellung, die diese und eine Reihe anderer Entscheidungen ermöglicht hat, heute zum Vorwurf gemacht wird. Mit dem Augenblick meiner Entlassung hätte ich kein Recht mehr gehabt, von der vorgeschriebenen Linie abzuweichen, solange ich aber eine Aufgabe wahrzunehmen hatte, die das Leben von Tausenden von deutschen Männern betraf, hatte ich die Pflicht, die nach meiner Meinung beste, nicht die für mich bequemste Lösung anzustreben.› Schluss des Absatzes.

II.2. a. erster Absatz letzter Satz:

a. am Anfang vor «Europa» einfügen: «einem geeinten».

b. in der Mitte hinter ‹notwendig sein würde› einfügen: ‹– wie die Presse ergibt, wird sie noch im Generalgouvernement angestrebt –›.

II.2. a. zweiter Absatz, vorletzter Satz hinter «klare Vorstellungen über» fortfahren: «die Gestaltungsmöglichkeiten hatte, da eine Rückkehr zu Formen, die vergangen waren, außer jeder Diskussion stand.»

II.2. b. vierter Absatz: hinter dem vorletzten Satz vor dem großen Buchstaben, der mit «im Leben wäre» endet, fortfahren: «und ob es gelingen würde, ihr Sozialprogramm in kurzer Zeit dem von den N. S. verwirklichten Stand anzunähern, also die Rückständigkeit zu überwinden.»

II.2. b. am Schluss folgenden Absatz einfügen: «Die Voraussetzung für die Verwirklichung jener Gestaltungsmöglichkeiten in der Praxis war eine Führerweisung für jedes betroffene Gebiet, durch welche die zentralen Verbindungen zuarbeiteten und die örtlichen Kräfte mit Vollmachten und Weisungen versehen wurden.»

II.3. a. Hinter den 2ten Absatz folgenden nun dritten einfügen: «Im Falle eines Siegfriedens wäre es meine Pflicht gewesen, die militärischen Dienststellen auf die außermilitärischen Folgen ihrer Forderungen für Verhandlungen hinzuweisen.»

Ganz am Ende des Schriftsatzes folgendes Zitat anfügen:

II.3 «*d.* Mir ist vorgehalten worden, ich hätte mindestens objektiv dazu beigetragen, dass ‹Gegnerschaften› gesetzt werden. Das genaue Gegenteil ist richtig; ich habe mich bemüht, nun ein Mal vorhandene potentielle Gegnerschaften in die nationale Aufgabe des Widerstandes gegen Ost und West, gegen inneren Bolschewismus und Separatismus für den Fall der Feindbesetzung aufzulösen.»

1 Der Ausschuss zur Fortbildung des Kriegsrechts unter Vorsitz von Admiral Gladisch, dem Moltke angehörte, arbeitete im Juni 1940 eine Denkschrift zur Neufassung des Kriegsvölkerrechts aus. Siehe Freya von Moltke/Michael Balfour/Julian Frisby, *Helmuth James von Moltke*, S. 132. *2* «Mit Waffengewalt».

Freya an Helmuth James, 9. November 1944

Donnerstag Nachmittag

Mein Lieber, heute ist nicht viel geschehen, aber der alte Strafrechtler Gens (Genz)[1] hat mir, wie auch D., zu J. R. Hercher geraten. Er habe mit ihm zusammengearbeitet. Pfuel hat sich noch nicht geäußert. Marion war ja damals von seiner menschlichen Haltung sehr angetan. Er ist das, was man einen alten Herrn nennt, der sicher nicht das Format und die Gewandtheit und Schnelligkeit von Dix hat. Ich glaube aber nicht, dass wir den kriegen. Bald muss ich mich ja entschließen. Marion ist übrigens, zur Beantwortung Deiner gelegentlichen Frage, *nie* verhört worden, keine der ganzen Frauen! Dann habe ich noch einmal mit Haus telefoniert, der erst heute in den Westen fährt, und der sagte mir, er habe gestern beim Mittagessen mit Bü gesprochen. Dieser wisse nun schon, dass wir mit dem Bittgesuch kämen, billigte den Weg über Hewel und sei bereit, die Beförderung zu übernehmen. Das wolle Haus mir schon «zu meiner Beruhigung» sagen. Erfreulich war dann noch, Bü. habe gesagt, er wisse bereits, dass Adrian bereit sei, die Sache seinerseits rückhaltlos zu unterstützen. Dass das schon ohne mein erneutes Auftreten funktioniert hat, ist mir sehr angenehm. Nun kann die Sache morgen starten. Um 15.30 Lansstr.[2] Bü und um 5 Dix. Am Vormittag der Versuch, zu F. zu kommen, bei mir der Besuch bei Schulze. Ich glaube aber sicher, dass F. Termin hat. Erst kommt C. Viggo hierher frühstücken, und dann werden wir wohl das Gesuch im Entwurf tippen. Ich bin etwas in Furcht, wie das alles gelingen wird. So ist jedoch das Programm.

Ist es nicht Zeit, dass Deine Schrift abgeht? Wird man sich nicht wundern, wenn Du einen so schön passenden Vorschlag hast? Sollten wir auf dem an mich geschickten alten Entwurf den Brief an M. [?]? Ich billige ihn. D. kann ich ihn morgen mit C. V. nicht vorführen: wegen D. nicht. C. V. braucht nicht alles zu wissen, das würde D. missbilligen. Sonst hatte der Entwurf doch keinen Sinn? Für alle Fälle schicke ich Dir den Brief wieder zurück. «5.» finde ich in Deiner Form besser, P. in D.s. Es kommt vielleicht daher, dass es in Deiner Form mehr Dir gemäß ist.

Vom Tage habe ich sonst nicht viel zu erzählen. Früh habe ich Plätzchen gebacken, die Du z. T. bekommen wirst, z. größeren Teil. Den anderen hat Sperr heute bekommen mit Brötchen,[3] d. h. morgen bekommt er sie. Dann war ich mit Liebesgaben von P. hier in der Nähe bei einer herzerfrischenden und bewunderungswürdigen Frau. Sie ist ganz allein, der Mann ist tot und die 6 Kinder in die Winde verstreut. Sie ist aber höchst tätig und auf eine ungemein sympathische herzhafte, natürliche, aufrechte Art. Ich fühlte mich auf angenehmste Weise durch sie erquickt. Danach habe ich die Plätzchen weggebracht und gegessen. Auf dem Rückweg bei der Bressalina für morgen eine Schreibmaschine geholt und bin dann wieder hier in dem von mir geliebten Frieden gelandet. Ich habe eben alle Deine letzten Briefe in Ruhe und Stille wieder durchgelesen und bald werde ich mich auf meinen Abendweg aufmachen.

Mein Herz, wenn ich mir klarmache, dass Du mir in solcher Stärke jetzt beistehst, dass Du mich, was auch kommt, für unseren künftigen Weg ausrüstest, dass von Dir auf mich Kraft und Ruhe und Zuversicht strömt, dann bin ich nicht nur voller Bewunderung, dass Du das kannst, sondern ich fühle deutlich, wie in Dir Gottes Kraft, Gottes Friede und seine Liebe wohnen. Hätte ich mir früher eine solche Situation vorgestellt, so wäre ich schon allein voller Sorge gewesen, wie Du das physisch aushältst, aber nun kannst Du selbst sagen, Du genießest jeden Tag und jede Nacht. Ich brauche nicht zu fragen, wie das möglich ist, denn ich weiß es und spüre es in meinem eigenen Herzen, mit Dir und durch Dich. Alle unsere kostbaren Gewissheiten fallen immer wieder mit beglückender Stärke über mich, wenn ich mir unserer Lage bewusst werde. Ach, mein sehr geliebter Jäm, gebe Gott, dass dies alles Dir in den schweren Tagen, die vor Dir liegen, in seiner Schönheit und Größe und Reinheit und Stärke erhalten bleibt. Es kommt gewiss nicht auf ein langes Leben an, aber es ist doch sehr schwer zu sterben und so bewusst zu sterben. Ja, wir bleiben verbunden und bleiben nah und leben weiter und werden uns wiederfinden und gehören für immer zueinander, aber das Sterben bleibt trotzdem schwer, und dem Tod gegenüber steht man immer allein. Da soll ich ja eben noch nicht mit, mein geliebtes, liebes

Herz, aber vielleicht kann der Henker Dich wirklich nicht umbringen, weil das Rechte noch leben soll![4] Wie Gott will, mein Herz. Ich möchte hoffen, weil ich es zu schön finde, mit Dir zu leben, und ein bisschen dürfen wir auch hoffen, weil wir kämpfen wollen – wie gern. Mein Jäm, ich liebe Dich sehr. Schon lange liebe ich Dich mit großer Inbrunst. Ich verstehe noch immer meine Tränen, die Mami und Asta nicht verstanden, wenn ich mich vor unserer Hochzeit von Dir trennen musste. Mir erschien alles Leben sinnlos, was nicht neben Dir war. Inzwischen habe ich gelernt, dass es auf die physische Nähe nicht so sehr ankommt – es kommt auf sie auch an, weil wir eben so schwache Kreaturen sind, aber nicht nur auf sie –, aber mein Leben erscheint mir immer noch sinnlos, wenn es nicht mit dem Deinen verbunden ist. Ich habe mich schon in Grundlsee als für Dich da seiend empfunden, sofort. Ich glaubte ja an den Grashalm um Deinen linken Daumen. So ist es. Gott helfe mir, Dich richtig weiter zu lieben! Ich umarme Dich zärtlich und sage, was Du schon lange weißt und was ich doch immer wieder aus Herzensgrund sage: Ich bin und bleibe Dein P.

1 Werner Gentz. *2* Helmuths ehemalige Dienststelle war dorthin ausquartiert. *3* Vermutlich mit versteckter Botschaft. *4* Bezieht sich auf den Traum Helmuths von den Siamesischen Zwillingen. Siehe seinen Brief vom 26. Oktober 1944, S. 106.

Helmuth James an Freya, 9. November 1944

Tegel, den 9. 11. 44.

Mein Lieber, was für köstliche Sachen Du mir gestern gebracht hast. Das war ja herrlich. Jedenfalls genießt sie Dein verfressener Ehewirt sehr. Auch Herr Gissel war ganz entzückt und sehr bereitwillig, sodass mir scheint, dass er sich von diesen Sendungen auch etwas verspricht. Er ist aber ein rührender Alter. Nachts war mir wieder einiges eingefallen, aber ich habe es vergessen. Doch: *1.* Wenn Du noch ein Mal nach Kreisau fahren solltest, ehe ich abgeholt werde, so bringe doch bitte ein Paar andere Schuhe mit, denn die, die ich jetzt habe, sind hinten ausgerissen. Es spielt in der Zelle keine große Rolle. *2.* Solltest Du in Kreisau leicht an die Entwürfe kommen können,[1] die die Bressalina seinerzeit abgeschrieben hat, so blättere sie doch mal durch und notiere auf einem Zettel die sogenannten «Betreffs» mit Datum. D. h. also die Worte, die bei «*Betr.*» stehen. Vielleicht fällt mir dabei noch das eine oder andere ein, das nützlich sein könnte. Du kannst auch, wenn die Zeit reicht, solche, die Dir in den Rahmen zu passen scheinen, lesen und den Inhalt in Stichworten angeben. Es ist vielleicht gut, mein Gedächtnis etwas aufzufrischen, damit ich, wenn ich gefragt werde, Beispiele weiß. Das Ganze ist aber nicht sehr wichtig, denn im Großen weiß ich ja Bescheid, *3.* Wenn Du morgen erfahren solltest, dass die Anklage doch Montag rausgeht, so müsste ich benachrichtigt werden, denn ich müsste dann meinen Schriftsatz schleunigst absenden.

Vor einem Monat hatte ich doch große Nerven vor der mündlichen Verhandlung. Nicht nur, dass ich nicht sah, wie sie gut ausgehen sollte, das sehe ich auch heute nicht, sondern ich trieb auch völlig im Ungewissen, wie ich mich eigentlich verteidigen, ja, wenn ich ehrlich bin, ob ich mich ernsthaft verteidigen sollte. Das ist dank Pim, P. und vor allem dem lieben Gott besser geworden, und ich sehe der Verhandlung jetzt ganz gelassen entgegen. Den Zustand muss ich mir jetzt bewahren. Ob praktisch von dieser Verhandlung – auch in ihren mittelbaren Wirkungen – irgendetwas abhängt, weiß ich nicht; vielleicht ist es nur so eine Betriebshaltestelle, eine Haltestelle, wo der Schaffner klingeln muss, aber Ein- und Aussteigen nicht erlaubt ist. Aber das ist ganz gleich: Ich muss eben doch versuchen, da wenigstens das Gefühl zu hinterlassen, dass ich eine vertretbare Meinung verfechte. Es wäre natürlich alles viel leichter, wenn ich nicht für mein Leben, sondern nur für die Sache kämpfen wollte, denn die Kombination macht es so schwer. Aber ich bin jetzt ganz getrost. Ich habe das Gefühl, dass man mir im Termin mit irgendwelchen Überraschungen aufwarten wird, die ich nicht kenne, vielleicht aus Aussagen von Goerdeler, vielleicht von Leuschner. Nun, das muss ich abwarten, es ist eben ein unfaires Spiel, aber das habe ich ja immer gewusst: Mit der rechten Hand auf den Rücken gebunden soll man sich gegen Angriffe von vielen Seiten wehren, ohne dass man vorher überhaupt weiß, woher sie möglicherweise kommen; und die wichtigsten Zeugen sind tot, sodass man ihre belastenden Aussagen nicht erfolgreich bekämpfen, ihre entlastenden nicht mehr extrahieren kann. Goerdeler als Zeuge wird ja schöne Sachen über mich sagen, denn gerüchteweise weiß er sicher viel mehr über mich als ich.

So segne ich an jedem Tag diesen Monat: Von wo ich ihn betrachte, immer ist es ein ungeheuer kostbarer Monat, und wir müssen täglich, stündlich für ihn danken. Es ist jetzt gerade ein Jahr her, seit Asta ihren ersten Anfall hatte[2] und damit die Unglücksserie begann. – Welche Prüfungen für meinen Lieben, und wie glücklich ist er bisher da durchgekommen. Gott erhalte Dir diese Stärke, mein Herz, diese tief begründete Heiterkeit, vor allem wenn ich Dich verlasse. Das, was mich am meisten bei meinem Abgang bedrückt, ist der Gedanke, dass Du dann vielleicht ganz alleine weinen musst, und das ist doch nur halb so nützlich wie das

Weinen bei Deinem Wirt. Du musst eben, wenn Du weinst, wissen, dass die Liebe Deines Wirts Dich umgibt und Deine Tränchen, die zwei Herren aus Verona[3] oder die vielen, auffängt; denn Weinen musst Du doch weiter können zu Deiner Entlastung. Gestern traf ich für meinen Pim Spr. 18,14.[4] Und für Deine Söhnchen, vor allem für C'chen, hoffe ich auf Spr. 20,11.[5] Dass ihm nur sein Herz erhalten bleibt und nicht in einer blödsinnigen Erziehung – nicht durch Dich – verhärtet wird. Er muss härter werden, als er ist, aber das wird er schon werden, aber sein Herz muss bleiben, wie es ist. Der Kummer, den ihm das bringen wird, die Wunden, die ein solches Herz empfangen muss, sind ein kostbarer Schatz; das muss er auch lernen. Wenn ich an die jetzt geltenden Erziehungsgrundsätze denke und an C'chen, so graust mir. Nur gut, dass die Praxis und das Leben eben doch stärker ist als solche Grundsätze.

Noch etwas ist mir nachts eingefallen: Ich besitze ja keine Kostbarkeiten. Aber meine beiden Uhren, die schenk ich hiermit den Söhnchen, desgleichen meine Manschettenknöpfe. Bleibe ich am Leben, werden sie sie mir ja leihen. Wenn Du nach solchen Sachen gefragt wirst, so sage, das hätte ich bei mir gehabt und es sei mir wohl abgenommen worden. Vielleicht sind sie nicht so kleinlich, aber man kann es nie wissen und muss auf alles gefasst sein. Jedenfalls ist das Geschenk eine ganz legale Basis, um diese Dinge nicht anzugeben.

Mein liebes Herz, ich habe sonst nichts zu schreiben. Du weißt, wie es bei mir aussieht. Ich bin ganz fest bei Dir und mit Dir zusammen verwurzelt, ich fühle mich den Anforderungen, die dieses Leben an mich noch stellen kann, durchaus gewachsen, ohne mir einzubilden, dass ich ganz ohne Angst sein werde, nein, aber ich werde ihrer Herr bleiben, und ich fühle mich auch klein, winzig und demütig genug, um in Gnade drüben aufgenommen zu werden, es sei denn, dass schon dieses Gefühl Hoffart ist. Ich kann, abgesehen davon, dass ich um mein Leben bitte, eigentlich nur bitten, dass ich in dieser Gewissheit bis in die letzte Sekunde erhalten bleibe. Das hilf mir bitten. Was ich für Dich bitte, ist mir natürlich leichter, weil man freier ist, wenn man für einen anderen bittet, und trotz aller Gemeinsamkeit bist Du insoweit ein Anderer. Ich umarme Dich. J.

Rasch zu dem Brief, den ich eben bekam: *1.* Wegen des Anwalts finde ich es richtig, Du versuchst Dix zu bekommen. Sichere Dir aber alternativ einen anständigen anderen. Das wichtigste ist, dass der Mann mir keinesfalls in den Rücken fällt, daher um keinen Preis den, den der Amtsrat wollte. *2.* Haltet Pfuel da draußen: der ist dumm und geschwätzig und zerstört alles, was er anfasst. *3.* Hewel ist gut. Der Mann nicht, aber der Weg Bü–Hewel ist gut, weil Hewel tatsächlich das Ohr von A. H. bis zu einem gewissen Grade hat. Es fehlt dann allerdings die militärische Note.[6] *4.* C.V. muss unbedingt überall in eigener Sache auftreten,[7] anders geht es überhaupt nicht. *5.* C.V. soll doch eventuell Fr. anregen, mich um eine Verteidigungsschrift zu bitten bzw. anzufordern. *6.* Er muss auch versuchen, bei Fr. die Zeit zu gewinnen, die nötig ist, um den Weg Bü–Hewel zu machen. Auf Hewel kann auch Adrian wirken; das ist richtig. *7.* Die Hauptsache ist eben, dass C.V. zu F. kommt, und ob das gelingt, erscheint mir nicht absolut sicher. Gelingt es nicht, dann der Weg Bü–Hewel mit Unterstützung Adrian und bei Kaltenbrunner oder über diesen versuchen, die nötige Zeit zu bekommen, damit das noch vor dem Termin geht. Besprich nur alles gründlich mit C.V. *8.* Bei Bü ist wichtig, dass er, wenn er gefragt wird, nicht sagt, er habe mich für einen glühenden N. S. gehalten, sondern im Gegenteil, er habe gewusst, dass ich es nicht sei, auch dass ich den Krieg für ernst hielte, habe mich aber meiner Arbeitskapazität wegen gehalten. Nicht wahr, das ist klar. Leb wohl, mein Herz. Montag haben Leute von hier Termin, die Pause ist um, und damit wird sich der Schluss wohl nähern. Darauf sind wir ja aber gewappnet. J. Nein, die Mappe will ich nicht. Es geht mit den Deckeln gut.

[Nachträgliche Notiz:] Vielleicht macht C.V. bei Fr. Dix,[8] wenn es sich gerade machen sollte.

1 In seinen Amtsakten; Material zur Unterstützung seiner Verteidigung. *2* Helmuths Schwester Asta hatte eine Fehlgeburt. *3* In den Briefen mehrfach gebrauchter Ausdruck für Tränen, vermutlich Bezug zu William Shakespeares Komödie *Zwei Herren aus Verona*. *4* «Wer ein fröhlich Herz hat, der weiß sich in seinem Leiden zu halten, wenn aber der Mut liegt, wer kann's tragen?» *5* «Auch einen Knaben kennt man an seinem Wesen, ob er fromm und redlich werden will.» *6* Der Dienstweg über Wilhelm Keitel. *7* Das heißt: im Namen der Familie, nicht als Fürsprecher für Helmuth. *8* Der Versuch, von Freisler Dix als Verteidiger genehmigt zu bekommen.

Helmuth James an Freya, 10. November 1944

Tegel, den 10. 11. 44.

Mein Lieber, meine Gedanken begleiten Dich auf all Deinen schwierigen und mühsamen Reisen heute. Sei nur nicht zu enttäuscht, wenn nicht alles so geht, wie man will. Das ist immer so. Was magst Du heute von Herrn Schulze gehört haben? Ob Du wohl eine Sprecherlaubnis bekommen wirst? Die Anwaltsfrage ist dumm, denn in einem solchen Fall spielt die Unterstützung doch eine sehr große Rolle. Aber die Hauptsache ist, dass er anständig ist und einem nicht in den Rücken fällt. Lass nur den Pfuel aus der Sache raus und erwehre Dich seiner Hilfe freundlich, aber bestimmt. Wenn Du mit Oxé sprechen musst, so bitte ihn doch darum, dass er Waltzog zuzieht. Der ist viel besser, wenn auch klein. Aber ein gutes Gespann sind die ohne Haus alle nicht.

Ja, mein Herz, das Sterben ist und bleibt unangenehm, und alle Vorbereitung auf dieses Ereignis ändert daran garnichts. Das muss man sich auch ganz klar vor Augen halten, um nicht plötzlich von der Unannehmlichkeit des Vorgangs überwältigt zu werden. Nun, das ist letzten Endes doch ein äußerlicher Vorgang, und irgendwie werde ich mit dem schon fertig und nicht nur, weil ich muss. Das Problem des Todes ist doch in der tieferen Sphäre nur eine Frage des Glaubens. Diese zu meistern ist unvergleichlich viel wichtiger und schwieriger. Man darf, so scheint mir, das ganze Leben hindurch von Zweifeln geplagt sein, aber die 1½ Stunden von meiner Einlieferung in Plötzensee bis zu meinem Tode, die müssen vor Zweifel geschützt sein. Darum muss ich vor allem bitten. «Es ist aber der Glaube eine gewisse Zuversicht des, das man hofft, und ein Nichtzweifeln an dem, das man nicht sieht», sagt Hebräer 11,1. Das Nichtzweifeln ist eben das Entscheidende. Das Schlimme ist, dass in so hochgezüchteten Menschen wie wir es nun ein Mal sind, der Teufel immer Ansatzpunkte hat, so z. B. kann ich mir vorstellen, dass er einem dann eingibt: «Du zweifelst ja nur deshalb nicht, weil Dein Fleisch Angst hat und den Gedanken des Todes anders nicht ertragen kann.» Gegen diese und ähnliche Zweifel suche ich mich zu wappnen, so gut ich kann; aber alles Wappnen ist eitel, denn in solchen Augenblicken kann einem nur der heilige Geist selbst helfen, der einem die Kraft geben muss zu sagen: Weiche von mir, Satanas! Alles Andere versinkt dann doch. Mein Herz, ich schreibe Dir das, damit Du genau weißt, um was Du für mich bitten musst, denn ich will meinen Liebsten als Fürsprech nicht entbehren. Kommst Du ein Mal nahe, so hoffe ich, Dir ganz nah beistehen zu können, ganze nahe, mein Herz.

Ich hoffe, Dir überhaupt beistehen zu können. Ich will doch auch nicht, dass Du mir entgleitest. Denk mal, so einen possessorischen Ehewirt hast Du. Nun kommt es raus. Werde nur nicht ungeduldig mit Dir selbst, mein Herz. Es handelt sich um eine geistliche, nicht um eine geistige Frage. Der ist mit Arbeit nicht beizukommen, sondern nur mit Bitten, Einfalt und demütigem Herzen. Im zweiten Vers von «Befiehl Du Deine Wege» ist es so ausgedrückt: «mit Sorgen und mit Grämen und mit selbsteigner Pein, lässt Gott sich garnichts nehmen, es muss erbeten sein». Und im Psalm 51,19 heißt es: «Die Opfer, die Gott gefallen, sind ein geängsteter Geist; ein geängstet und zerschlagen Herz wirst Du, Gott, nicht verachten.» Der Weisheit letzter Schluss ist für die Protestanten eben, dass es nur aus Gnade geschehen kann, und um die muss man bitten, und das ist garnicht leicht. In den Klageliedern 3 kommt zwei Mal die Lage vor, dass man nicht beten kann: ein Mal in Vers 8 und dann vor allem in Vers 44: «du hast dich mit einer Wolke bedeckt, dass kein Gebet hindurchkonnte». Da muss man eben durch und immer wieder durch, bis man zu Vers 57 gelangt, wo es dann heißt: «Du nahest dich zu mir, wenn ich dich anrufe, und sprichst: ‹fürchte dich nicht›.» Glaube nicht, dass andere das besser können und nur Du Dich verzettelst. Das tun alle bis auf die ganz großen Glaubenshelden, wie Luther: die sind in der Regel wohl ganz nah, dafür, wenn sie dann fallen, ist es auch viel schlimmer. In einer Anweisung zum Beten von Luther[1] heißt es so ungefähr: «Wenn ich nicht beten kann, dann lese ich eben solange in meinem Psälterlein, bis ich mich recht warm fühle, und dann geht es.» Alles, was was wert ist, braucht Zeit und kostet Kraft und Mühe. Und ein so kostbares Gut wie ein stilles Herz ist davon keine Ausnahme. Du musst Dir eben, und das ist der einzige Rat, den ich Dir geben kann, Zeit dafür nehmen, Dein Herz still und weit und sicher zu machen, genau wie Du Dir Zeit nehmen musst, um Deine Strümpfe zu stopfen. Manchmal wird es gehen und manchmal wird es nicht gehen, und damit musst Du Dich eben abfinden, aber Du musst immer darum ringen.

Und warum sollte Dir Dein Wirt entgleiten? Hast Du nicht in 1. Kor. 13,13 eine ganz eindeutige Antwort, dass über allem Vergänglichen drei Dinge bleiben, Glaube, Hoffnung, Liebe. Das ist das große Trio, und warum sollte nicht Dein sonst nichtsnutziger Ehewirt das bescheidene Werkzeug sein, das Gott gesandt hat, um Dich das zu lehren? Mein Herz, halte es nicht für einen Mangel, dass Du kein «geistiger» Mensch bist. Das könnte in Deiner Lage sehr gefährlich werden und Dich zu einem Kult des Toten verführen. Nein, mein Herz, ich bin und bleibe bei Dir und stehe neben Dir und bin in Dir, ohne dass dazu ein Tamtam nötig ist. Weißt Du, es wird wohl garnicht schwieriger für Dich sein, den rechten Weg zu finden, als bisher, im Gegenteil, vielleicht leichter. Wir gehen immer viel in die Irre, und wir beide sind auch viel in die Irre gegangen, und wenn Dir jetzt Dein Ehewirt aus der Zeit heraus vorangeht, dann wirst Du weniger in die Irre gehen als bisher, nur werden auch Deine Ansprüche an Dich selbst, den rechten Weg zu finden, gewachsen sein, und daher wirst Du garnicht recht bemerken, dass Du stetiger gehen wirst.

Und noch etwas, mein Lieber: Im Psalm 90 kommt vor: «Lehre uns bedenken, dass wir sterben müssen.» Es ist nämlich garnicht leicht, das zu bedenken. Kein Mensch kann das immer vor Augen haben; selbst in meiner Lage vergisst man es immer wieder, denn das Fleisch will es nicht wahrhaben. Dabei ist das ein sehr weiser Satz, denn man gewinnt dadurch einen ganz festen Pol, wie der Kompass den Nordpol. Die realistische Erkenntnis des Todes scheidet alles in Groß und Klein, in Wichtig und Unwichtig und bestätigt den 1. Kor. 13,13. Wenn Dein Wirt Dir voran gegangen ist, wird Dir viel leichter sein, diese Konstante anzuvisieren. Das ist der Pol nach vorn, und der Dank ist der Pol nach hinten. Zwischen den beiden, scheint mir, kann man wie eine Ponte[2] sicher über den Fluss kommen. – Ich werde zu geschwätzig, mein Herz, der Bogen macht mich aufhören. J.

1 Der genaue Wortlaut in: *Eine einfältige Weise zu beten, für einen guten Freund* von 1535. *2* Eine breite Fähre.

Helmuth James an Freya, 10. November 1944

Tegel, den 10. 11. 44.

Mein Lieber, aus meinen früheren Briefen sind einige Punkte noch nicht beantwortet, an die ich nur erinnern will: *1.* Wie steht Ihr, d. h. Dix, zu I.5 neue Fassung? Ich würde ja lieber noch mehr bestreiten, aber wenn er meint, dass F. dann gegen die Revocatio[1] ganz ablehnend wird, dann soll es so bleiben. *2.* I.5 ist jetzt unklar und muss in der mündlichen Verhandlung erläutert werden. Nach welcher Richtung am besten? Ich habe da in meinem Brief von Montag, glaube ich, zwei Vorschläge gemacht. *3.* Findet Brief an M. in der neuen Fassung Eure Billigung. – Nun habe ich noch ein Mal über Einsiedel nachgedacht. Mir scheint es geradezu geboten, ihn als Kronzeugen dafür anzurufen, dass alles im O. K. W.-Dienstbereich lag: das stärkt meine Position, denn er war Beamter, ihm konnte ich es sagen, und hilft damit mittelbar allen; es macht aber E.'s eigene Position m. E. ganz sicher, denn er hatte keinen Grund, seine Mitwirkung unter diesen Umständen zu versagen. Außerdem wusste er von dem Ausschuss Gladisch.[2] Er müsste nur ganz genau über das unterrichtet sein, was ich dazu gesagt habe. Bitte kläre das mit ihm. Ich würde dann, wenn ich gefragt werde, Gramsch, Kadgien, Donner, Einsiedel und eventuell C. D. als diejenigen nennen, die auf dem wirtschaftspolitischen Sektor wussten, dass ich die Angaben für Dienstzwecke benötigte. – Über die obigen Ziffern 1 + 3 hätte ich gern sobald wie möglich Bescheid, damit ich die Schriftstücke fertig stellen kann.

Ja, mein Herz, Du fragst, wie Du [Dir] die mit Schmerzen erworbenen Kostbarkeiten bewahren kannst, «dass die Seele nicht zerrinne in den Bildern dieser Welt».[3] Da kann Dir nur Gott zu helfen, und den musst Du bitten. Glaube nur nicht, dass andere Leute das besser machen, und werde nicht kleinmütig, wenn es Dir nicht gelingt. Wären wir Katholiken, so

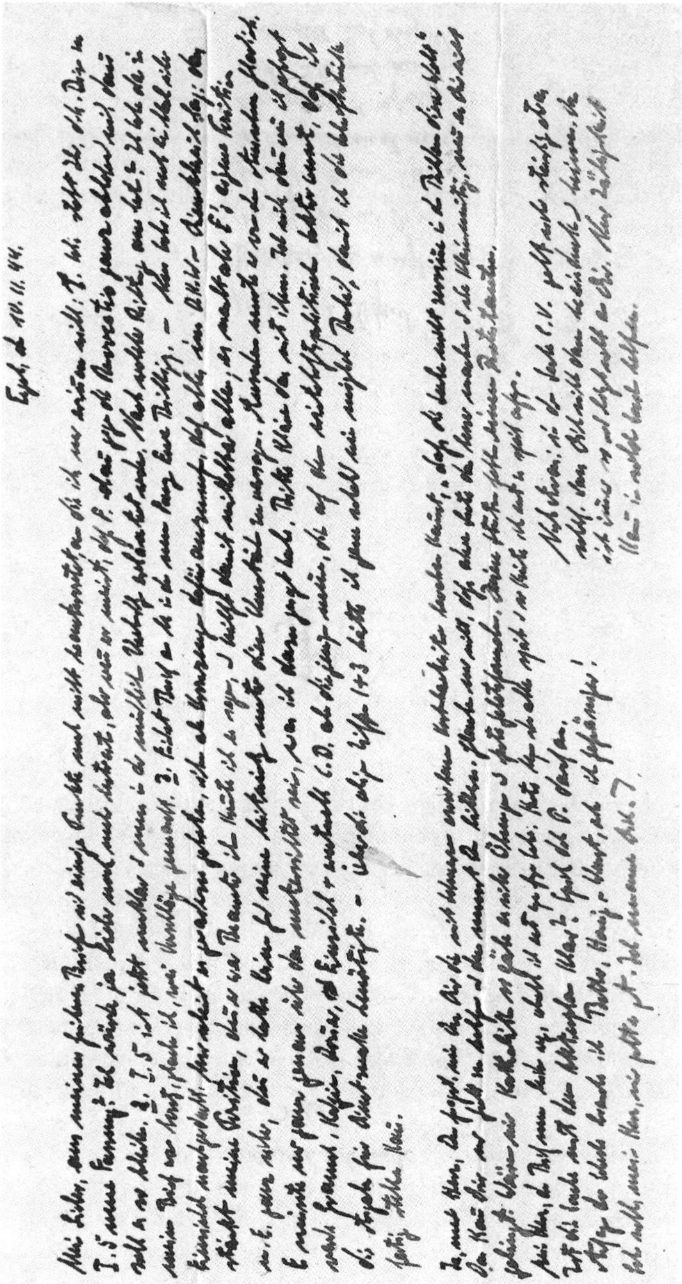
Tegel, d. 10. 11. 44.

gäbe es sicher Übungen und feste Gebetsformeln. Diese Stützen fehlen einem Protestanten.

Mein Herz, der Brief muss leider weg, obwohl ich erst angefangen habe. Heute Morgen wurde alles spät, und so konnte ich erst zu spät anfangen.

Ist die Sache mit dem Aktenplan klar? Sprich doch P. darauf an. Anfang der Woche brauche ich Butter, Honig und Wurst, ach ich Gefräßiger!

Leb wohl, mein Herz, mir geht es gut. Ich umarme Dich. J.

Noch etwas: in der Sache C. V. geht sicher ständig etwas schief. Lass Dich nicht davon beeindrucken und beirren. Das ist immer so und liegt nicht an Dir. Nur Zähigkeit kann in solchen Sachen helfen.

Nichts mit Pfuel! Hercher, wenn möglich so, dass doch noch Dix für ihn kommen kann. Du musst mal sehen. Aber schreibe M. auf alle Fälle und sprich mal generell mit ihm, ich möchte ihn noch sehen.

1 «Widerrufung». *2* Siehe Helmuths Brief vom 8. November 1944, S. 154, Anm. 1. *3* Aus der vierten Strophe von «Endlich bricht der heiße Tiegel».

Freya an Helmuth James, 11. November 1944

Sonnabend Nachmittag

Mein Liebster, mein Jäm, Du wirst mit Spannung auf das Ergebnis dieser Tage warten, und zusammenfassend muss ich gleich sagen, dass ich keine große Verbesserung der Lage aus ihrem Ergebnis entnehmen kann. Es ist schon so, dass man wenig tun kann und es der Tod sein muss, den wir im Auge haben müssen. Ich werde wohl am besten chronologisch erzählen, aber vorwegnehme ich, dass ich die Sprecherlaubnis *habe.* Das ist ein großes Geschenk für uns, mein Herz. Ich freue mich riesig, mein Herz, und habe schon jetzt Furcht, mich wieder von Dir trennen zu müssen. Aber das gehört nun einmal zu dem Glück, und ich darf es mir dadurch nicht verkleinern. Ich trage also den Schein in meiner Tasche und bin heute noch nicht angerast gekommen: Ich möchte, dass auch Du vorher weißt, dass und wann ich komme, und ich möchte auch genießen, dass es noch vor mir liegt. Ich werde mit P. den Tag besprechen. Ich möchte auch vorher Ruhe haben. Von mir aus käme ich Montag. – So, jetzt erzähle ich. C. Viggo kam gegen ½10 erst und ehe wir gefrühstückt hatten und er rasiert war, war es nach 10. Es gab aber Kaffee, und gleich

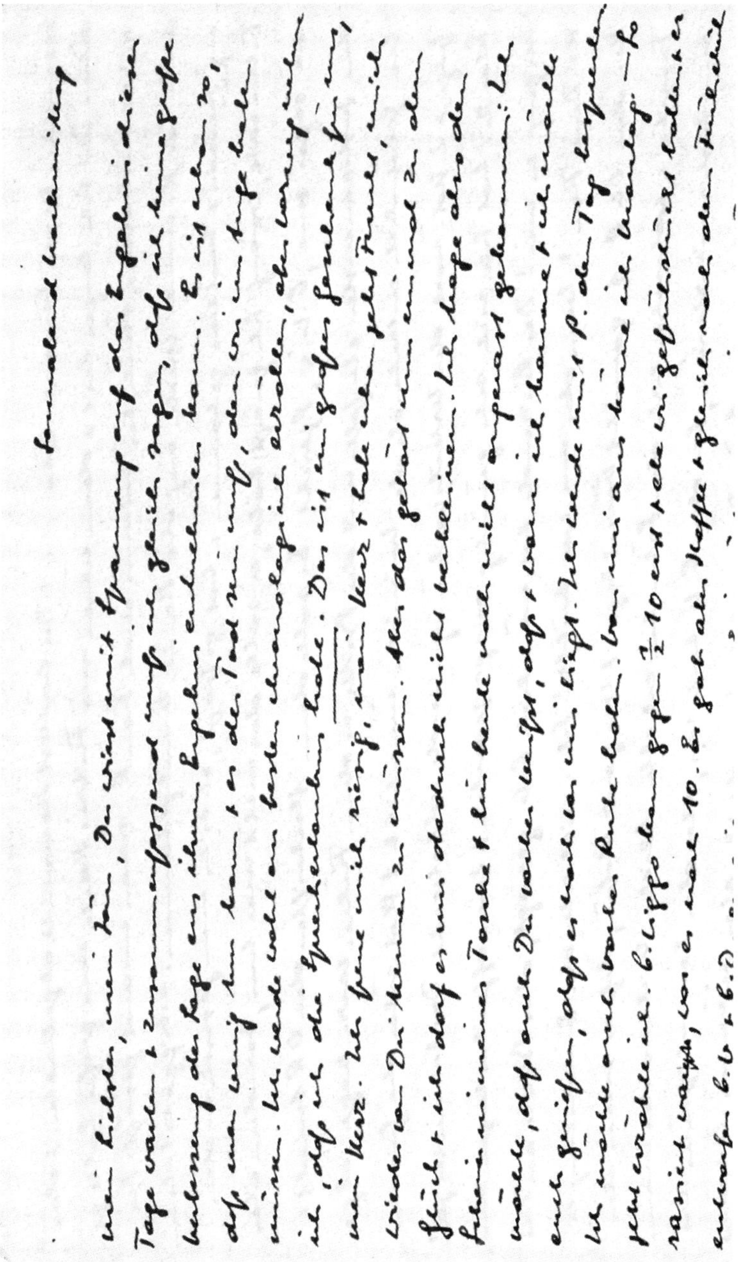
Sonnabend Nachmittag
Mein Liebster, mein Herz, Du wirst mit Spannung auf das Ergebnis dieser
Tage warten & zusammenfassend muss ich gleich sagen, dass ich keine grosse
Verbesserung der Lage aus ihrem Ergebnis entnehmen kann. Es ist eben so,
dass man wenig tun kann & es der Tod sein muss, den wir im Auge behalten
müssen. Ich werde wohl am besten chronologisch erzählen, aber vorwegnehmen
will ich, dass ich die Sprecherlaubnis habe. Das ist ein grosses Geschenk für uns,
mein Herz. Ich freue mich riesig, mein Herz & habe eben jetzt Furcht, mich
wieder von Dir trennen zu müssen. Aber das gehört nun einmal zu dem
Glück & ich darf es mir dadurch nicht verkleinern. Ich trage also den
Schein in meiner Tasche & bin heute noch nicht angerast gekommen: Ich
möchte, dass auch Du vorher weisst, dass & wann ich komme & ich möchte
auch geniessen, dass es noch vor mir liegt. Ich werde mit P. den Tag besprechen.
Ich möchte auch vorher Ruhe haben. Von mir aus käme ich Montag. – So
jetzt erzähle ich. G. Liggo kam gegen ½ 10 erst & da wir gefrühstückt hatten & er
rasiert war, war es nach 10. Es gab aber Kaffee & gleich nach dem Frühstück
entwarfen B.U. & B.D.

nach dem Frühstück entwarfen C. V. und C. D. gemeinsam unter Einwürfen von mir den 1. Teil des Gnadengesuchs. Wir ließen es dann liegen, weil ich bis 12 bei Herrn Schulze sein musste. Wir hielten uns dann längere Zeit im V. G. H. auf. Freisler saß dort vor in einer Verhandlung. Seine Sekretärin sagte, er habe in der Woche von früh bis spät an allen 6 Tagen Termine gehabt. Sie nahm C. V.s Wunsch entgegen, sagte aber gleich, heute habe er auch Sitzung, und heute früh, als C. V. um 8.30 anrief, hatte sie ihn noch nicht gesprochen, und er war wieder fort. C. V. schreibt nun von Schätz aus sofort, schreibt, er wolle das Gnadengesuch einreichen, und er wolle am Termin teilnehmen, damit Fr. wenigstens davon weiß. Ich glaube nicht, dass er ihn empfangen wird. Mittlerweile war Schulze, auf den ich währenddessen gewartet hatte, zurückgekommen und empfing uns, sagte mir zunächst, dass «gestern oder vorgestern» Anklage erhoben sei, dass aber der Termin bestimmt nicht vor dem 20., eher später sein werde und erteilte mir die Sprecherlaubnis, dann ging ich und C. V. blieb. Ich ging eilends zum Amtsrat Thiele, einem Herrn, der im braunen Rang sehr viel höher ist als in der Justiz, der die Termine ansetzt und die Anwälte verteilt. Mich hatte mit Schrecken befallen, dass er Dir vielleicht den Weismann auf unser Gespräch hin von sich aus zugeteilt hätte. Dem war aber nicht so, im Gegenteil, er sagte, er teile sie erst zu, wenn der Termin feststehe, und der zöge sich noch hin, finde ganz am Ende des Monats, vielleicht, ja wahrscheinlich, erst Anfang Dezember statt. Ich sagte wieder, ich wolle in der Nähe sein, selbst wenn ich den eigentlichen Tag nicht kenne, und ob ich mich, wenn ich bald nach Hause führe, drauf verlassen könnte. Er sagte da, ob Ende oder Anfang hänge davon ab, ob noch die Salzburger Termine dazwischen kämen oder nicht. Das wisse er aber bis Mittwoch und dann solle ich wiederkommen. Hercher könne ich genauso gut haben wie Weismann. Ich könne unter den 7 frei wählen. Ich habe nun Hercher noch nicht gesprochen, will das aber Montag tun. Inzwischen war C. V. bei Schulze, und da hatte der eine LGD.[1] dem anderen LGD. scheints ziemlich das Herz geöffnet. Sch. sei ziemlich mitgenommen von der Sache. «Es nimmt ihn mit», sagte C. V. Er habe immer wieder gesagt, er könne nicht verstehen, wie Du solche Sachen hättest machen können, und die Sache als ganz hoffnungslos dargestellt. Mir schien aber nichts besonderes Neues herauszukommen. Du hättest Konvente abgehalten, und das schon vor sehr langer Zeit, und dann schien mir Fritzis Karte[2] eine große Rolle gespielt zu haben. Ähnliches hat mir auch Frau Reisert schon einmal gesagt. Sie seien bei R. immer wieder auf die Karte zurückgekommen. C. Viggo ist dann auf Kreisau und Moltkes gekommen und hat gefragt, ob er zu einem Gesuch an den Führer rate, worauf Sch. gesagt habe, er solle das nicht nur tun, sondern das sei sogar seine, C.V.'s, Pflicht. Er solle dann Abschriften dem Oberreichsanwalt und dem Justizminister[3] ebenfalls mit der Bitte, es dem Führer vorzutragen, abgeben. Gewöhnlich entscheide der Minister innerhalb 1 Std. über die Gnadenfrage und 2 Std. nach der Urteilsverkündung werde vollstreckt.[4] Das kennen wir ja! Über Kr. hat Sch. sich sehr günstig ausgesprochen, und zwar offenbar wegen seiner Neigung zu mir! Der Reizende hat nämlich C. V. gesagt, das Beste an Dir sei Deine Frau! Wenn das nur was hülfe! Sch. will aber die Einziehung von Kr. dem Oberreichsanwalt garnicht vorschlagen und war ganz dafür, dass es sicher der Familie und wahrscheinlich den Söhnchen erhalten bliebe. Nicht so der Mann beim Justizministerium, bei dem C. V. heute war, aber das kommt später. Wir aßen dann und fuhren zu Bü. Der war sehr freundlich, aber wie immer. Zunächst schien er bestürzt, dass wir ein Todesurteil erwarteten – das war dumm, denn das hätte er von Haus schon wissen müssen –, vielleicht hat er aber auch nur so getan –, dann sagte er, Kiep und die Folgen seien ein großer Klumpen an der Arbeit der Abteilung. Er habe immer gesagt, Ihr solltet mit Eurem vielen Wissen vorsichtig sein, Ihr seiet besonders exponiert, und nun sei so etwas gekommen. Das sollte nur für Kiep sein. So etwa hieß aber alles in allem: Zwar fehlt mir ihr Mann noch immer sehr; zwar braucht Deutschland ihn auch noch einmal, ich weiß, dass er ein tüchtiger Arbeiter ist, aber mehr als das Gesuch befürwortend an meinen Dienstweg weitergeben kann ich nicht. Auf Hewel biss er garnicht an, sagte aber, Adrian wolle ihn ja unterstützen und Hewel gehöre zum A. A., und deshalb sollten wir das Gesuch über Adrian–Hewel auch noch einmal loslassen. Garantien, ob Keitel es weitergeben werde, könne er nicht geben; aber feststellen könne er, ob es weitergegangen sei, und Montag sei er schon im H. Q.[5] Das fand ich sehr wenig. Es fehlt an jedem Einsatzwillen bei ihm. Er fürchtet im Gegenteil sehr, dass sein Laden noch einmal was abkriegen könnte, dabei meint er es wirklich gut und ist ein netter Mann. Das ist eine kümmerliche Mischung. Danach fuhren wir wieder nach Hause. D. h. ich brachte auch noch einmal an, Du seiest ja nun einmal nie ein NS gewesen, worauf er sagte, das könne er noch nicht einmal sagen, denn in all den Jahren hättest Du nie geschimpft oder abfällige Bemerkungen gemacht, wie manche Andere. Nun ist ja die Frage des Nachfragens nicht so gefährlich, weil Haus ja am 26. wieder da ist. Der Rührende sagte noch am Telefon zu mir «In Gedanken immer dabei». Zu Hause machten wir das Gnadengesuch fertig, und daran tippte ich danach lange, weil ich es ohne Fehler machen musste. Wir schliefen dann hier, und ich konnte nicht zu den Freunden, was mir recht bitter war, auch heute früh nicht, weil ich bis 9.15 das Gesuch in der Lansschule haben musste. C. Viggo hatte um 10 noch im Justizministerium eine Verabredung, und da war es offenbar sehr unangenehm, ruppig und unfreundlich und war C. V. unangenehm. Er sprach 2 Männer. 1. Staatsanwalt Pieper und Ministerialrat Dr. Franke, die sagten, der Minister würde sicher die Sache nicht dem Führer vortragen, denn das sei ja 20. 7. C. V. sagte, nein, dass sei es sachlich nicht, aber er erwiderte, Du hättest ja direkte Vorbereitungshandlungen zum 20. 7., soweit er wisse, begangen. (Das ist doch objektiv *nicht wahr!*) Es ist eben sehr ungünstig, dass Du unter der Flagge segelst. Kr. würde sicher eingezogen, und wenn wir dann hinterher auf dem Gnadenweg, der insoweit sicher erfolgreich sein werde, versuchen würden, Kr. für die Familie zu erhalten, dann besser nicht für die Söhne. Daraus ergibt sich jetzt eine schwierige Frage für mich, zu der ich unbedingt Deine Meinung haben muss. Tue ich dann nichts, so bekomme ich Kr. vielleicht später für die Söhnchen wieder; tut die Familie was, so bekommt sie Kr. wieder und Peter[6] z. B. wird Eigentümer. C. V. sprach immer wieder von Peter, und ich muss ja sagen, dass sich mir das Herz im Leibe umdreht, wenn ich mir vorstelle, wie Peter Kr. im Nu wieder verwurschtelt haben wird. So geht das also keinesfalls. Uns Beiden kommt es ja auf den Besitz garnicht an – die Söhnchen können auch anders tüchtige Männer werden, aber zu denken, dass es innerhalb der Familie sichtbaren Auges in unfähige Hände kommt, worauf Du soviel gute Arbeit und erfolgreiche Mühe gewandt hast, das ist mir schrecklich. Wiederum ist Jowo auch nicht geeignet, denn der ist nicht bauernfähig, oder doch? C. V. habe ich angedeutet, dass ich es ja u. U. wieder bekommen könnte, und das hat ihm auch eingeleuchtet, sodass er meinte, man solle auf keinen Fall vorschnell handeln.[7] Man müsse ja jedenfalls alle Stämme der Familie dazu hören und Vollmachten einholen: Bill, Adam, Davy, Jowo, Peter. – Ach, mein Jäm, wie uninteressant ist das alles verglichen mit Deinem Leben. Aber es ist wichtig, an die Söhnchen zu denken und wie es für die am Besten ist. Das Andere ist uninteressant. Wie geht es Dir nun mein Herz, nach diesen Exkursen? Bist Du deprimiert oder hattest Du Dir weise keine Hoffnungen gemacht? Mein Jäm, es ist schon so: Nur Gott kann Dich retten, und er kann es, wenn er will, und will er nicht, so müssen wir uns trennen, Du musst den schweren Todesweg gehen, und ich muss das einsame Leben leben, muss mit Gottes Hilfe meine Flammen hüten und Dich und ihn weiter lieben. Auf dieser Basis, mein geliebtes Herz, geht es uns nämlich gut. Wenn wir da stehen, dann stehen wir gut. Ich fühle es deutlich! Nachdem ich C. V. in seinen Zug gesetzt hatte, denn vorerst kann er doch nichts mehr machen, war ich ganz deprimiert und suchte mir mühsam unseren Felsen, und dann fuhr ich zu Frau R. und traf da die Freundin von Haubach,[8] und beide Frauen waren so rührend erfreut, mich zu sehen, und hatten beide so sichtlich das Bedürfnis, sich durch mich trösten zu lassen. Das ist nun merkwürdig: Ich sage ihnen immer wieder: Rechnet mit dem Tod, anderes hat keinen Zweck, und doch mache ich denen immer den Eindruck von Frische und gebe ihnen Hoffnung. Dabei war mir heute ganz arm zu Mute, denen aber noch ärmer, scheints. Bei R. muss ich allerdings sagen, dass ich nicht an ein Todesurteil glauben kann, aber Frau R. rechnet auch damit. Sie ist eine nette Frau, klug, tatkräftig und mit weichem Herzen, auch nett anzusehen. Heute sah sie nur so elend aus. – Ich fahre dieses Wochenende nicht nach Hause, gleich gehe ich wieder zu den Freunden, und so könnte ich doch erst morgen weg. Da fahren keine D-Züge, und Montag möchte ich so gerne zu Dir. Auch muss ich dann den Hercher vornehmen. So lohnt es nicht recht, nach Hause zu fahren, ich bin auch froh, in Deiner Nähe bleiben zu können und vielleicht ein paar stille Stunden zu genießen, Dir und dem lieben Gott gewidmet. Ich sprach gestern aber mit Kr., sprach mit beiden Söhnchen. Ko. sagte nur rauh und zärtlich «Gute Tag, Reya». C.chen sagte gleich, er hätte wieder einen Brief von Dir bekommen, und brach in wirkliches Entzücken aus, als ich ihm sagte, ich dürfe Dich besuchen. Er machte gerade Schularbeiten und erzählte mir, er sammle Blätter, aus denen er dann Tabak machen werde. Ehe ich aufhöre, noch etwas Sachliches. Ich werde jetzt Abschriften meines Briefes an den Reichsführer,[9] an Peter und an Heini Rittberg schicken mit der Bitte nachzuforschen, ob der Reichsführer den Brief bekommen hat. So wird er wenigstens noch einmal an ihn erinnert. Morgen will ich das tun. Jetzt, mein Lieber, will ich noch an Adrian schreiben. Ich komme nämlich garnicht an ihn heran, und vielleicht braucht er mich garnicht zu sprechen, wenn es ihm klar ist und wenn er es tun will. Dann gehe ich zu den Freunden.

Ich umarme Dich sehr. Ich lebe ganz nah bei Dir und innig mit Dir vereint. Es geht mir gut, weil ich uns so wohl geborgen weiß. Die anderen Menschen haben es sehr viel schwerer. In großer Liebe bin ich immer Dein P.

Ob die Akten richtig sind, die wir aus dem Aktenplan rausgeschrieben haben, weiß ich nicht. Alle O-Akten sind Nachkriegspläne. Dann gibt es D 1 = «Verhalten im besetzten Gebiet und gegenüber feindlichen Ausländern im eigenen Gebiet» und dazu Heft 3 «Verhalten der Feindmächte in dem von ihnen bes. Gebiete der Achsenmächte und ihrer Verbündeten».

1 Landgerichtsdirektor. *2* Fritzi: Fritz Dietlof Graf von der Schulenburg. Vermutlich handelt es sich um die Landkarte, auf der die Gaue bzw. Wehrkreise eingezeichnet sind, für die der Kreisauer Kreis Landesverweser vorgesehen hatte. *3* Otto Georg Thierack. *4* Siehe Freyas Brief vom 24.–26. Oktober 1944. *5* Hauptquartier.

6 Helmuths Onkel Joachim Peter von Moltke. *7* Beim Gnadengesuch ging es um die Ehre der Familie, nicht um Helmuth und seine Nachkommen. Sollte Kreisau nach der Einziehung mit Hilfe eines Gnadengesuches der Familie zugesprochen werden, würde das nach Ende des Dritten Reiches nicht wieder aufzuheben sein. Darum sollte man jetzt besser keine Bemühungen unternehmen, den Besitz der Familie zuzusprechen. *8* Anneliese Schellhase. *9* Siehe Anhang, S. 548 f.

Freya an Helmuth James, 12. November 1944

Sonntag Morgen

Mein Lieber, guten Morgen! Ich bin ganz in Deiner Nähe und werde wohl auch bis Mittag hierbleiben, um noch Antwort von Dir zu bekommen. Ich darf hier essen, und dann fahre ich wieder zu C.D. Ich habe eine gute und schöne Nacht hier verbracht,[1] mein liebes Herz! Ich war gestern Abend erschöpft, nicht mit dem Körper, aber mit der Seele. Das viele Tun hatte mich doch mit Hoffnungen erfüllt, und dann erschien mir das Tun nicht gelungen, die Eindrücke deprimierten mich, ich fand es unwürdig, und ich hatte dann plötzlich keine Hoffnungen mehr. Wenn ich auch weiß, dass das der richtige Ort für unsere Herzen ist, so war es mir eben doch nicht gelungen, mein Herz dort zu halten, und der Sturz tut dann jedesmal wieder weh. Nun bin ich aber wieder unten eingerichtet, und nun geht es mir wieder fest und gut – ich glaube es mit Bestimmtheit sagen zu können. Wir sind, mein Herz, wirklich wohl geborgen; Du brauchst Dir auch keine Sorgen um mich zu machen, aber Du verstehst ja auch die Schwankungen, die nicht ausbleiben wollen. Dir selbst wird es ja in verstärktem Maße so gehen, und für Dich, mein Geliebter, ist es noch 1000 × schwerer. Ich will Dir aber keinesfalls vormachen, als sei es bei mir anders. Ich habe nur Furcht, dass auch Du Hoffnungen hegst und dass auch Du enttäuscht und deprimiert sein könntest von dem, was ich Dir berichtet habe. Der Gedanke quält mich, obwohl er mich nicht quälen dürfte, denn ich weiß, dass Du mit Gottes Hilfe schnell über solche Täler hinwegzukommen vermagst. Es muss für Dich aber schrecklich sein, zu bemerken, wie unfähig wir alles machen und wieviel besser Du es selbst machen könntest. C. Viggo ist aber kein starker Motor und auch, soweit ich festgestellt habe, garkein Verhandler. Er mag auch nicht als Bittsteller auftreten, kurz er setzt sich eben doch nicht mit solchem Gewicht ein, wie ich das in ureigenster Sache tue. Alles erscheint mir daher zu lahm, aber ich habe es nicht fertiggebracht, ihm mehr Odem einzublasen! Macht man sich zu allen diesen Gedanken aber klar, dass Gottes Wille Dich dennoch und unter Umständen auch durch C. V. zu retten vermag und Du auch genauso gut mit dem schönsten Gnadengesuch sterben kannst, so wird das Herz ruhig und ergibt sich in Gottes Führung, und das hat mein Herz heute Nacht getan.

Die lieben guten Freunde sahen mir schon von weitem an, dass ich nicht im Gleichgewicht war. Es muss wohl leicht zu merken sein, Du hättest es ja auch sofort gesehen, und so behielten sie mich in diesem herrlichen Hafen, und ich ließ allen Herren aus Verona[2] freien Lauf. Das war sehr wohltuend, und bald hatte ich mich wieder gefangen, Dich gefunden – nein, Dich hatte ich immer ganz fest, aber die wirkliche, unzerstörbare, ewige Verbindung zu Dir gefunden – und schlief dann gut und dankbar. Gott gebe, dass Du es auch nicht schwerer hast! Dir werden ja, mein Lieber, viel schwerere Prüfungen in Deiner Zelle auferlegt. Im Grunde ist das schönste, das diese Wochen uns geschenkt haben, unsere gemeinsame Vorbereitung auf Deinen Tod, mein Geliebter. Das ist das große Geschenk. Das müssen wir pflegen, sehen und leben. Wir wissen es ja beide, aber wir leben es nicht immer, weil eben das menschliche Herz sehr schwach ist – und wie stark vermag es doch auch zu sein. Mein Jäm, wie schwierig und kompliziert erscheint es manchmal, und wie einfach und sicher ist dennoch die Führung. Ich blicke mit staunender Verwunderung auf die Führung in unserem bisherigen Leben, in dem sie uns doch garnicht bewusst geworden ist, und doch war sie so deutlich sichtbar vorhanden.

Noch etwas ist mir heute Nacht, richtiger über Nacht, klar geworden: Wir werden uns nicht so sehen, als sei es das letzte Mal, mein Jäm. Wir wissen es garnicht, wir können es nicht wissen, und wir machen es uns sonst zu schwer. Ich hatte mich gefragt, ob wir uns nicht bewusst so sehen müssten, als sei es der Abschied. Ob mein Herz das aushalten könnte, das bezweifelte ich sehr, und daher meine Furcht. Aber heute früh weiß ich ganz genau, dass ich Dich sehen muss in dem reinen Glück, Dich sehen zu dürfen, nur von Freude und nicht von Schmerz erfüllt und von der Tatsache des *Lebens.* So werde ich kommen, mein Jäm, so kann ich mich schrecklich freuen. Komm Du auch so und lass den Tod nicht zu uns herein. Da hat er noch nichts zu suchen. Ich weiß es heute früh ganz genau.

Weiter beschäftigt mich noch die Frage, ob man C. D. und Einsiedel nicht doch belastet, wenn man sie so bewusst hereinzieht. Auch P. hatte von sich aus darüber nachgedacht und war nicht sicher. Man muss es jedenfalls ganz genau überlegen. Sie sind doch sehr am Rande, besonders C. D., der doch eigentlich *nichts* gemacht hat. Die Familie C. D. ist nicht widerstandsfähig, so gut sie veranlagt ist. Es fehlt an der rein physischen Kraft. Man sollte sie nicht unnötig gefährden. Bei E. ist es nicht so schlimm. Es ist sachlich für mich schwer zu beurteilen.

Mir gefiel I.5 und der Brief an M. Ich schreibe ihn ab. Leider konnte ich mein Datum am Freitag bei D. nicht einhalten und habe jetzt erst eines am Mittwoch, und das ist sehr spät. Ich muss mal sehen, wie ich das vorverlege.

Schon wieder ist ein Bogen voll! Ich kann wirklich unaufhörlich an Dich schreiben. Immer wieder sehe ich, dass wir es am besten von all den armen betroffenen Menschen haben, denn selbst die, die ihre Männer schon mehrfach gesehen haben, und auch Brigitte sind ihnen nicht so nahe, wie ich Dir sein darf, mein Geliebter, mein Linker![3] Brigitte ist zu sicher, dass sie ihn wiederbekommt. Mein Jäm, ich liebe Dich! Das fühlst Du ja aus jedem Wort. Ich bin und bleibe immer Dein P.

Für Kr. muss ich mich an die SS halten, ist mir eingefallen. Soviel ist mir gestern klar geworden: Vorsicht vor dem Justiz-Ministerium!

1 Bei den Poelchaus, siehe Einleitung, S. 16 f. *2* Das heißt: den Tränen. Anspielung auf William Shakespeares Komödie *Zwei Herren aus Verona*. *3* Bezieht sich auf Helmuths Traum von den Siamesischen Zwillingen, siehe seinen Brief vom 26. Oktober 1944, S. 106.

Helmuth James an Freya, 12. November 1944 (offizieller Brief)[1]

Strafgefängnis Berlin-Tegel

Mein Lieber, eigentlich habe ich nur zu berichten, dass es nichts Neues gibt. Es ist alles genau wie vorigen Sonntag: mir geht es gut, ich schlafe gut, bin nicht hungrig, bin gesund. Ich befinde mich in ganz ausgeglichenem Gemütszustand, bin den ganzen Tag mit angenehmen, befriedigenden, befreienden Gedanken beschäftigt, sodass ich immer erstaunt bin, wenn der Tag plötzlich um ist. Man lernt und erkennt erstaunliche Dinge, wenn man mehr als 9 Monate ganz alleine ist.

Mein Lieber, über allem schwebt aber die Gewissheit der absoluten, festen, durch keine Macht dieser Welt zerstörbaren Gemeinschaft mit Dir. Was wäre ich, was wäre mein Leben ohne den 18. Oktober 1931?[2] Das frage ich mich manchmal mit Staunen darüber, wie reich, wie unermesslich reich wir beide sind. Nichts, was jetzt kommen mag, kann uns auch nur ein Tüttelchen von diesem Reichtum rauben. So bin ich dankbar und glücklich, dankbar auch dafür, dass die erzwungene Isolierung mich diesen Reichtum erkennen lässt, den ich im Drang eines tätigen Lebens mehr für selbstverständlich genommen habe. Hier schmückt er mir mein Leben mit den schönsten Bildern.

Strafgefängnis Berlin-Tegel **Gefgs. I**

Name: Graf Moltke Vorname: Helmuth

Abt.: 8

Zug.-L. Nr. 1463 Kaff.-B. Nr. Zelle: 325

Mein Lieber, eigentlich habe ich nur zu berichten, daß es nichts Neues gibt. Es ist alles genau wie vorigen Sonntag: mir geht es gut, ich schlafe gut, bin nicht hungrig, bin gesund. Ich befinde mich in ganz ausgeglichenem Gemütszustand, bin den ganzen Tag mit angenehmen, befriedigenden, befreienden Gedanken beschäftigt, sodaß ich immer erstaunt bin, wenn der Tag plötzlich um ist. Man lernt und erkennt erstaunliche Dinge, wenn man mehr als 9 Monate ganz allein ist.

Mein Lieber, über allem schwebt aber die Gewißheit der absoluten, festen, durch keine Macht dieser Welt zerstörbaren Gemeinschaft mit Dir. Was wäre ich, was wäre mein Leben ohne den 18. Oktober 1931? Das frage ich mich manchmal mit Staunen darüber, wie reich, wie unermeßlich reich wir beide sind. Nichts was jetzt kommen mag kann uns auch nur ein Tüttelchen von diesem Reichtum rauben. So bin ich dankbar und glücklich, dankbar auch dafür, daß die erzwungene Isolierung mich diesen Reichtum erkennen lehrt, den

Ich habe es Dir schon früher ein Mal geschrieben, aber ich will es wiederholen, nachdem die Aspekte so viel drohender geworden sind: ich habe eine Bilanz gezogen und die ist so ausgefallen, wie ich es mir nie hätte träumen lassen. So ist mir bewusst geworden, aus welcher Fülle der Liebe und der Freundschaft, des Geistes und der Möglichkeiten ich durch und aus der Gnade habe leben dürfen.

So, mein Herz, ich habe nur einen Wunsch: dass, was auch immer uns auferlegt werden mag, Du die Gewissheit unserer Gemeinsamkeit behalten, aus unserem Reichtum leben, fest in Dir ruhen und allen Frieden für Deine Seele finden mögest. J.

1 Undatierter Brief, Datum erschlossen. *2* Tag der Hochzeit.

Helmuth James an Freya, 12. November 1944

Tegel, den 12. 11. 44.

Mein Lieber, viel und zärtlich habe ich Deiner gedacht und gehofft, dass Du nicht in Gruben gefallen bist, denn solche Unternehmungen wie die, mit denen Du Dich beschäftigst, sind strapaziös und für die Seele manchmal recht unangenehm. Richtig, da fällt mir ein, ich habe mich an einem andern Liedvers als dem, den Du kennst, besonders erbaut: 232,4: «Meine Seele grämt sich nicht, liebt hingegen Gott im Leiden; Kummer, der das Herze bricht, trifft und ängstet nur die Heiden; wer Gott in dem Schoße liegt, bleibt in aller Not vergnügt.» Das, mein Herz, haben wir wohl beide gelernt, und jetzt heißt es, in dem Schoße bleiben. Das ist eben leichter gesagt als getan, denn das ist kein Besitz, den man getrost nach Hause tragen kann, sondern man muss ihn sich alle Tage, ja jede Stunde neu erringen. Ist Dir eigentlich die Stelle Lukas 17,21 gegenwärtig: Jesus sprach: «Man wird auch nicht sagen: ‹Siehe, hier oder da ist es.› Denn sehet, das Reich Gottes ist inwendig in Euch.» Ich kam gestern wieder darüber, und es gibt mir immer einen Stoß, wenn ich bedenke, welch eine Forderung in diesem Ausspruch enthalten ist. Es ist eben so, dass wenn das Reich Gottes wirklich in einem ist, dann liegt man Gott im Schoße; aber der Teufel will es nicht leiden; und je komplizierter ein Mensch gebaut ist, umso mehr Ansatzpunkte hat jener Herr. Das Wahre ist aber, trotz aller Kompliziertheit in weltlichen Dingen, in diesen geistlichen Fragen einfältig zu sein. Das ist aber etwas, was für Deinen Wirt rasend schwer ist.

Mein Herz, ich habe eigentlich nichts zu schreiben. Ich erinnere Dich an Einsiedel und das Aktenverzeichnis oder das Aktenzeichen von Frl.

Thiel. Außerdem kann ich nur immer wieder sagen, dass es entscheidend wichtig ist, dass Bü nicht behauptet, er habe mich für einen glühenden N. S. und Siegesfanatiker gehalten. Wenn doch Haus zurück wäre, ehe Bü gefragt wird. Aber das ist ja praktisch aussichtslos. Denn ganz offensichtlich wendet sich F. jetzt wieder dem 20. Juli zu. Gestern sind 5 Mann von uns weggekommen. Nun, der liebe Gott braucht Herrn Haus nicht, wenn er mein Leben erretten will.

Meine Dankbarkeit über den Oktober ist unendlich groß. Ich war doch im Grunde schon vorher ganz ruhig und abgefunden. Aber jetzt fühle ich mich eben doch ganz anders: fester, geborgener, bereit, zunächst zu kämpfen. Und diese gefährliche Gespaltenheit in der Mittelsphäre: sich zum Sterben bereiten und sich zum Kampf um das Leben bereiten, die ist doch jetzt in der Tiefe aufgelöst in «Leben wir, so leben wir dem Herrn, Sterben wir, so sterben wir dem Herrn». Und in diesem Satz sind auch die beiden wichtigsten Menschen gleich mitverbunden: Mami und mein Pim. So habe ich in der Vereinfachung der Essentialia große Fortschritte gemacht und habe eine ganz andere Zuversicht, zu leben wie zu sterben.

So, jetzt schreibe ich weiter an meiner Verteidigungsschrift, denn die will ich heute fertig bekommen und dann Anfang der Woche ein neues Exemplar für den Anwalt fertigen. Ich würde ihn, den Anwalt, allerdings sehr gerne rechtzeitig vor dem Termin sehen. Leb wohl, mein Herz, ich umarme Dich, der Herr behüte Dich und die Söhnchen und erhalte Dich in seinem Schoß. J.

Helmuth James an Freya, 12./13. November 1944

Tegel, den 12. 11. 44.

Mein Lieber, nein, ich bin garnicht deprimiert. Ich hoffe, dass Du gesehen hattest, dass ich Dich vor der Reaktion der Depression schon gewarnt hatte. Ich will nun die verschiedenen Punkte nacheinander behandeln.

1. Einsiedel, meine ich, sollte ich ruhig hereinziehen. Geschehen wird ihm praktisch nicht viel; er muss jede Kenntnis von Goerdeler abstreiten, und bei dem anderen muss er sagen, dass er häufig von mir für OKW-Zwecke gefragt worden sei; so auch hier. M. E. steht er dann besser da als jetzt, denn er ist durch Maaß reingekommen. Haubach ist nach ihm gefragt, und mich hat man mal nach seinen genauen Personalien gefragt. Dass ich ihn nur nenne, wenn es entscheidend darauf ankommt, ist klar; aber ich meine, dass ich ihm das unter den Umständen zumuten darf. C. D. bleibt draußen.[1]

2. Der Weg Bü–Keitel ist eben nicht besser wie sein schwächstes Glied, und das ist nicht ein Mal Bü, sondern Keitel. Du müsstest aber vor allem feststellen, ob das Gesuch von Keitel überhaupt vorgelegt wird. Denn es ist sehr möglich, dass Keitel es ablehnt. Dann erscheint mir der Weg über Guderian qua Militär der nächstbeste. Der eigentliche Stoß müsste aber über Adrian–Hewel kommen; zum mindesten müsste Adrian Hewel bitten, sich im H. Qu. der Sache anzunehmen.
3. M. E. sollte C. V. Abschrift des Gesuches mit einem Begleitschreiben an Müller schicken. Das Begleitschreiben müsst Ihr machen. (Randnotiz: umseitig geändert)
4. Ich hatte schon befürchtet, dass C. V. lau sein würde und nicht gut. Ich weiß nicht, ob Du nicht doch Jowo bestellen solltest; der macht das sicher besser und könnte mindestens C. V. unterstützen und nach dem 20. für ihn wirken, als sein Vertreter, weil er wieder zur Front musste.
5. Ist Bill unterrichtet? Das scheint mir sowohl aus Courtoisie nötig, wie auch wegen des eventuellen Weges über den Sohn Adams,[2] wie auch wegen der Zukunft Kreisaus.
6. Adrian würde ich bitten, dem Hewel noch zu sagen, er solle zweierlei anbringen, was die Familie aus Bescheidenheit in dem Gesuch an den Führer nicht gesagt hat:
   a. dass sie schließlich an der Reichsgründung entscheidend beteiligt war.
   b. dass Hans-Adolf[3] mein Vetter und mit mir befreundet war.

   Hewel soll entweder Keitel veranlassen, das in dem Vorlageschreiben mit anzubringen, oder es selbst dazusetzen. Ich finde, dass man das Verdienst von H.-A. um das dritte Reich auch mit heranziehen soll.
7. C. V. sollte, so scheint mir, wenn er so lasch ist, keinesfalls allein zu Freisler, und da kein anderer Mann da ist, müsstest Du versuchen, dafür Jowo zu bekommen. Aber für das Gnadengesuch wäre ein Besuch bei Freisler schon sehr viel wert. Frage: Jowo zu Müller wegen des Gnadengesuchs?
8. Um jeden Preis muss Peter für Kreisau vermieden werden. Ich würde mich an Deiner Stelle eisern auf den Standpunkt stellen: die Söhnchen oder keiner. Sonst geht ein tolles intrigieren innerhalb der Familie los, und alles ist verkracht, ehe das nächste Jahr um ist, ein widerliches Schauspiel vor den Behörden des dritten Reichs. Ich bin entsetzt darüber, dass C. V. einen solchen Gedanken überhaupt in Erwägung gezogen hat. Dass Peter Kreisau überdies in 3 Jahren verwirtschaftet, ist sozusagen nur ein Nebenpunkt, aber man darf solche Fragen nicht zum Diskussionsgegenstand machen. Ich meine, Du solltest C. V. gleich noch einen Brief schreiben und ihn anflehen, er möchte um

Gotteswillen diese Frage jetzt ruhen lassen, bis Du ihn noch ein Mal in Ruhe darüber gesprochen hättest. C. V. ist eben doch n.s. und klein bei aller Nettigkeit. Ich würde dann die Sache mit Tante Leno besprechen, und die soll das bei C. V. applanieren, ehe dieser Fußball überhaupt in die Arena gerollt wird. Vielleicht ist es überhaupt besser, Du schreibst nicht an C. V., sondern an Tante Leno, falls die ihn nochmals sieht. Ich bin der Meinung, dass es besser ist, Kreisau ganz für die Familie zu verlieren, als daraus ein Handelsobjekt in der Familie zu machen. Auch dafür wird Jowo gut sein, der ja der nächste wäre und nicht Peter. Jowo bekäme selbstverständlich die Genehmigung, obwohl er nicht Landwirt ist, und er würde es immer noch besser machen als Peter. Tu Du selbst in der Sache möglichst nichts, damit es nicht so aussieht, als kämpftest Du um Hab und Gut. Besprich es mit Tante Leno, und wenn die richtig liegt, dann soll die dafür sorgen, dass nichts geschieht. Ob Du selbst mit Jowo sprechen willst, überlasse ich Dir. Er ist der nächste, und in Wahrheit verlangst Du von ihm den Verzicht. Tu es also nur, wenn Du ganz sicher bist, dass es gutgeht, sonst überlasse auch das besser Tante Leno oder bei Jowo eventuell Ulla. Ich habe keine Zweifel, dass Jowo richtig reagiert, bin nur nicht ganz sicher über Inge. Das beste ist, wenn die ganze Frage vor Kriegsende nicht angerührt wird, sondern das Gut solange eben unter Sequester[4] bleibt. Geht das nicht, dann müssen wir, musst Du sehen, über Tante Leno und Davy zu Rande zu kommen.

9. Meine Verteidigungsschrift geht morgen ab, und ich nehme an, dass sie spätestens Mittwoch oder Donnerstag bei Schulze ist. Ich meine, Du solltest dann doch im Auftrage von C. V. noch ein Mal zu Schulze gehen und fragen, ob er feststellen könne, ob C. V. zu Freisler könne. Vielleicht kannst Du bei der Gelegenheit feststellen, ob irgendeine Wirkung der Verteidigungsschrift zu spüren ist. – Auch den Brief C. V. an Müller musst Du bitte selbst im Vorzimmer abgeben, und zwar auch erst Freitag, damit dort dann auch die Verteidigungsschrift schon da ist.

10. Ist mit Adrian geklärt, ob Kaltenbrunner einen eigenen Mann in der Verhandlung hat oder auf die Nachrichten von Lange und Genossen angewiesen ist?

So, mein Herz, das war der Kram, der uns keinen Augenblick über die Tatsache hinwegtäuschen darf, dass ich in 10 bis 14 Tagen aller Wahrscheinlichkeit nach tot bin. Diese Erkenntnis muss unser Herz wie einen Fels machen, der von dem Schaum der Geschäftigkeit und der Hoffnungen nicht berührt wird. Mein Herz, wir haben kein Recht zu hoffen – im banalen Sinn –, wir haben aber ein Recht zu glauben, weil wir wissen, dass Gott alles vermag: er kann mich jederzeit aus den Händen dieser Männer erretten, und wenn er es nicht tut, so ist es zu meinem Besten und zu Deinem Besten. Wieviel verdanken wir dieser Erkenntnis nicht schon? Wir wären heute andere Menschen, wenn wir sie nicht hätten. Das, was Ulla kann, ist, unseren Glauben zu stärken, und darum müssen wir sie immer bitten. Sie soll tüchtig für uns arbeiten.

Nein, mein Pim, Du hast es schwerer als ich: Der Trubel, die Anstrengung, die unvermeidliche Hoffnung, die Enttäuschung über Menschen, die Freude über Menschen, das alles ist viel anstrengender als der Aufenthalt in der Zelle. Wenn man sich da zu Hoffnungen verleiten lässt, so kommt es nur aus einem selbst, und man muss sich dafür züchtigen. Du, der draußen ist, hast es schwerer. Deswegen hast Du es auch schwerer, als Marion, Clarita[5] etc. es gehabt haben. Aber Du wirst ja dafür auch hoch belohnt. Man sollte sich überhaupt nicht mit anderen vergleichen, denn das Entscheidende ist ja garnicht, wie schwer man es hat, sondern das Entscheidende ist die Relation von Gewicht und Tragfähigkeit.

Mein liebes Herz, voller Glück denke ich des morgigen Tages. Wie schön, Dich zu sehen. Ob es das letzte Mal ist, ist ja ganz gleichgültig. Seit Jahren schon habe ich Dich jedes Mal in dem Gefühl verlassen, nun sähe ich Dich nicht wieder; das ist mir garnicht neu. Auch Kreisau habe ich jedes Mal so verlassen. Ich bin glücklich, wenn Du da bist, und bin glücklich, wenn Du da gewesen bist, denn dann ist ein neues Bild meinem Schatz zugefügt. Mein Pim-Bilderbogen hieß im August bis Anfang September: Grundlsee – Bahnhof Fürstenberg, dann hieß er bis Hof Tegel und ab morgen wird er heißen bis Tegel Haus I. Wenn Gott will, fügt er noch etwas hinzu, auf das wir ohnehin keinen Anspruch haben, und dankbar können wir auf jeden Fall sein.

Im Grunde habe ich garnichts mehr zu sagen, mein Herz. Ich fühle mich heut wie ein Fels und weich wie köstlichste Daunen. Solange der Herr mir diese Verfassung erhält, bin ich unberührbar für Herrn Schulze, Herrn Freisler und den Henker und bin empfänglich und voller Dank für jeden Strahl der Sonne, für jeden freundlichen Gedanken, für das Klirren im Schloss, wenn P. kommt, für einen Brief vom Pim und für die Gegenwart des Pim. Sieh, wie reich ich bin, unermesslich reich.

Mein Herz, jetzt höre ich auf. Ich habe heute früh meinen Schriftsatz fertig gemacht, dann nach Tisch alles versandfertig geordnet, damit es morgen gleich abgehen kann, und seitdem an Dich geschrieben, erst den Brief über Schulze und dann diesen. Nun will ich mich dem Buch zuwenden, denn es ist Sonntag, und bald muss ich ins Bett, und da kann ich nur noch im Gesangbuch lesen, weil der Druck meiner Bibel für die Beleuchtung zu klein ist. Leb wohl, mein Herz, schlafe gut. J.

Bitte vergiss nie, dass Du Dich nicht ärgern sollst: weder über die Rentenannie noch über die Familie, falls sie sich um Kreisau raufen. Kämpfe um diese Dinge möglichst nicht selbst, sondern versuche Jowo oder Tante Leno vorzuspannen.

13. 11. morgens.

Mein Herz, wie freue ich mich dieses Tages. Welch ein Glück wird uns noch ein Mal beschert.

Da ich annehme, dass gleich der Vorsteher kommt, meinen Brief an Müller und V. G. H. abzuholen, nur ein Wort über etwas, was mir heute Nacht eingefallen ist in Abänderung von 3. umseitig.

[Es folgt in der Handschrift ein Absatz, den Helmuth gestrichen hat, da er ihn im Folgenden wiederholt.]

Ich will das noch ein Mal wiederholen, vielleicht habe ich noch Zeit. Ich würde also den Brief an Reichsf. SS richten, und zwar gleich und etwa folgendes schreiben:

Im Auftrage der Familie von Moltke überreiche ich in der Anlage ein Gnadengesuch für meinen Neffen H. J. M. an den Führer, und bitte darum, dass Sie, Reichsf., dieses Gesuch beim Führer befürworten.

Wenn ich diese Bitte an Sie richte, obwohl ich weiß, dass Sie schon ein Mal bereit waren, Rücksicht auf den Namen Moltke zu nehmen,[6] so bestimmen mich dafür folgende Gründe:

Die Familie v. M. ist eine ganz fest zusammengehörige Familie, die sich immer als Ganzes, als eine Sippe gefühlt hat und deren Mittelpunkt das meinem Neffen gehörige Gut Kreisau war. Die Familie hat als Ganzes nicht nur in der Vergangenheit Großes für das Reich geleistet, sie hat auch in den letzten Jahren in dem Botschafter in Warschau und Madrid[7] ihr hervorragendstes Mitglied aus der älteren Generation in den Dienst des großdeutschen Reiches gestellt. In diesem Kriege sind sämtliche waffenfähige Männer der Familie Soldaten, einer ist mit dem Ritterkreuz ausgezeichnet worden,[8] ein Bruder meines Neffen ist gefallen.[9]

Das Verfahren vor dem Volksgerichtshof, das, wie uns gesagt wurde, zu erwartende Todesurteil treffen die ganze Familie in allen ihren Gliedern schwer. Die Vollstreckung des Todesurteils würde aber diesem Makel der Familie den Charakter des Unabänderlichen, des Nichtwiedergutzumachenden geben. Die Familie bittet daher darum, sie davor zu bewahren und die Todesstrafe an ihrem schuldig gewordenen Glied nicht zu vollstrecken, damit ihm später Gelegenheit gegeben werden kann, das Geschehene vergessen zu lassen und nicht in Unehre zu sterben.

Eine solche Entscheidung, die nicht aus Gnade für das schuldig gewordene Familienglied erfolgt, sondern die den Schlag, den eine ganze Sippe fühlt, milderte, erbitten wir.

Noch ein Gedanke: Falls es nicht möglich sein sollte, das Gesuch jetzt zu befürworten, so wird gebeten, Gelegenheit zu geben, es nach dem Urteil zu erneuern, wenn diese noch zweifelhaften Fragen geklärt sind.

1 Weder Horst von Einsiedel noch Carl Dietrich von Trotha wurden je von den Nationalsozialisten verfolgt. *2* Es handelt sich um den Sohn von Adam von Moltke, Johannes Helmut, der sich im Krieg hervorgetan hatte. *3* Hans-Adolf von Moltke, war im Dritten Reich Botschafter in Warschau und Madrid. *4* Zwangsverwaltung. *5* Clarita von Trott zu Solz. *6* Siehe Einleitung, S. 28. *7* Hans-Adolf von Moltke, siehe Anm. 3. *8* Johannes Helmut von Moltke. Siehe Anm. 2. *9* Helmuths Bruder Carl Bernhard.

Helmuth James an Freya, 13. November 1944

Tegel, den 13. 11. 44.

Mein liebes Herz, welch eine herrliche halbe Stunde haben wir genossen. Ich fühle mich wieder ein Stück reicher, sicherer, glücklicher. Ich war so froh zu sehen, dass Du wohl aussahest, und wie schön Dein Föhlchen[1] geworden ist. Mein Herz, wir sind ein paar Mal dicht an der Wehmut vorbeigeglitten, und auch das habe ich genossen, denn so spürte man doch die Lava unter uns und in uns, die wir ohne diese gefährlichen Momente nicht so gesehen hätten. Mein Herz, wie müssen wir erneut danken, danken, danken, dass uns dies Glück beschert worden ist. Und mein Herz, hast Du bemerkt, dass wir keine Sorgen haben, dass wir voneinander wissen, dass wir unsre scheinbar getrennten Wege immer zusammen gehen, Du mit mir in die Ewigkeit und ich zu Deiner Wärme auf Deinem weiteren Lebensweg. Ich schreibe das so ohne Alternative, weil ich will, dass wir auf dieser Basis aufbauen und uns nicht in Bildern eines gemeinsamen Lebens verlieren. Aber glauben, mein Herz, glauben, dass der Herr mich erhalten kann, wollen wir mit aller Macht. Dazu haben wir nicht nur ein Recht, sondern eine Pflicht, denn auf diesem Glauben basiert alles. Luk. 17,20 z. B. Wir dürfen nicht glauben, dass Gott mich erretten will; darum müssen wir ihn bitten, und ob er es erhört, hängt von seinem Ratschluss ab. Wir müssen aber glauben und keinen Augenblick zweifeln, dass er mich erretten kann. Habe ich Dir schon das Lied 230,2 geschrieben? «Dein Geist hängt nie an menschlichen Gesetzen, so die

Vernunft und gute Meinung stellt. Des Zweifels Knoten kann Dein Schwert verletzen und lösen auf, nach dem es Dir gefällt. Du reißest wohl die stärksten Bande entzwei; was sich entgegensetzt, muss sinken hin; ein Wort bricht oft den allerhärtesten Sinn; dann geht Dein Fuß auch durch Umwege frei.» Auf diesen festen Glauben, dass bei Gott Wollen und Vollbringen eines ist, baut die Gewissheit, dass, wenn ich sterbe, er es so gewollt hat, und wenn er es gewollt hat, so war es zu Deinem und meinem Besten. Warum? Wieso? Was wäre sonst geschehen? Das sind Fragen, die uns nicht zustehen. «Und siehst Du ferner keine Spur, so glaube nur», sagt Lied 178 Vers 6. Mein Herz, Du weißt es ja auch, ich schreibe es nicht, um Dich zu belehren, sondern um Dich zu bestätigen, vor allem, wenn Du etwa ein Mal nicht weitersehen zu können vermeinst. Wenn der Herr mich in 10 oder 14 Tagen zu sich ruft, so ist für jeden leicht zu sehen, dass es zu meinem Besten sein kann und selbst vom menschlichen Standpunkt sehr wahrscheinlich ist. Aber dass es zu Deinem Besten ist, ist so viel schwerer zu sehen. Mein Herz, binde das Seil, an dem Du über den Strom steuerst, an die Pflöcke «Dank» hinter Dir und «Glaube» vor Dir, so wirst Du schon irgendwie über den Strom kommen. Und wenn Du die beiden Pflöcke ganz fest einrammst, dann solltest Du imstande sein, der Wellen zu lachen, wie hoch auch immer sie gehen mögen.

Noch, mein Herz, lebe ich und danke dem Schöpfer für mein Leben. Noch bitte ich immer wieder um meine Errettung, noch bitte ich um den Glauben, der mich an der Realität meiner Rettung nicht zweifeln lässt, und in dem allen musst Du mich unterstützen, und bitte Ulla, dass sie mich unterstützt. Erinnerst Du die Stelle Markus 9,24: «Ich glaube, Herr, hilf meinem Unglauben!».

Mein Herz, ich dachte Du würdest vielleicht nun nicht kommen, weil ich Dich mit einer neuen Aufgabe belastet habe, die Dir den Rest des Tages Unruhe machen wird, sodass Du die schöne halbe Stunde garnicht richtig in Dir ausklingen lassen kannst. Aber das geht schließlich in einer Elektrischen auch. Du warst so schön unbelastet von dem neuen Auftrag, dass ich fast gedacht hatte, Du hättest ihn nicht bekommen. Mein Herz, das war eine große Leistung, und ich danke Dir. Ich bin gespannt, wieviele Hindernisse sich jetzt in den Weg stellen werden, bis Du diese neue Sache unter Dach hast. Vielleicht telephonierst Du mal mit Bü darüber oder bittest Erika, sie soll ihm sagen: Ein Gesuch an Himmler, das über Keitel laufende Gesuch zu unterstützen, sei unterwegs; Bü solle also, falls Keitel bei Himmler anfangen will, ihm sagen, er müsse noch einen Tag warten, bis Himmler das Gesuch habe. – Darüber muss auch Hewel über Adrian aufgeklärt werden. Wenn die aber ohne Rückfrage bei Himmler vorlegen wollen, dann sollen sie es tun. Ich würde Adrian auch Abschrift des Schreibens an Himmler schicken. Ich meine, das Glücklichste wäre, wenn Adrian ein Mal mit Hewel darüber spräche. Die eigentliche Entscheidung in all diesen Sachen liegt nicht bei der Justiz, sondern beim S. D. Die Justiz kann nur ablehnen, nie positiv von sich entscheiden. Deswegen war C. V.'s Weg zur Justiz ganz falsch. Eigentlich müsste er das doch wissen. Ich kann nur immer wieder sagen, dass ich Jowo in diesem Stadium für den bei weitem Besten halte; der bringt es vorzüglich fertig, zu Himmler oder einem seiner Vertrauten vorzudringen; er kennt doch einen der SS-Obergruppenführer. Jowo's Fähigkeit to crash gates[2] kann hier u. U. sehr am Platze sein, und für die Familie setzt er sich doch immer sehr stark ein. Wenn ich die anderen Helden, C. V. und Bill, betrachte, dann muss ich sagen, dass Du an ihnen keine Hilfe hast, während Du an Jowo eine hättest. Dass über das Gesuch sofort entschieden wird, halte ich nicht für sicher, sondern für möglich, dass man den Termin abwartet. Solltest Du zu Müller vordringen, so rege das doch an. Dann hätte Jowo noch Zeit, wirksam zu werden.

Mein Herz, ich will Dich garnicht drängen, und denke nie später, «ach hätte ich doch». Mache, was Ihr für richtig befindet. Ich kann es von hier nicht beurteilen, nur scheint mir, dass alle diese Männer für Dich eher eine Last als eine Hilfe sind, und ich finde, Du bräuchtest eine Hilfe.

Mein Lieber, ich war glücklich zu hören, dass in Kreisau alles friedlich und lieb zu Dir ist. Das werden sie wohl auch bleiben. Lass es Dich keinesfalls anfechten, wenn irgendetwas mal schlimm aussieht. Alle solchen Wellen überwindet man durch Geduld und Zähigkeit, und Deine Stellung im Berghaus sollte doch unanfechtbar sein. – Welch' ein Glück, dass Du in der Afrikanischenstr.[3] so beheimatet bist. Leb' wohl, mein Herz, ich höre auf und muss ein wenig mit dem Satan ringen, nicht schlimm, nur ein wenig. Ich umarme Dich. J.

Später: Eben fällt mir etwas ganz Banales ein: Ich brauche dringend einen neuen Kopfkissenbezug; der alte geht völlig entzwei.

Jowo erreicht man: AOK[4] Norwegen, Stabsvermittlung und dann Namen oder erst Transportoffizier (T. O.) und dann Namen.

1 Vermutlich ein Kleidungsstück. *2* Seine Fähigkeit, schnell Zugang zu anderen zu finden. *3* Harald und Dorothee Poelchau wohnten in der Afrikanischen Straße 140 in Berlin-Wedding. *4* Armeeoberkommando.

Helmuth James an Freya, 14. November 1944

Tegel, den 14. 11. 44.

Mein Lieber, heute Nacht habe ich furchtbar mit dem Satan gerungen, und nur der Glanz Deines gestrigen Besuchs hat mich dann am Ende jedes Kampfes als Siegeskranz belohnt, und dann bin ich so zärtlich an Dich denkend immer wieder eingeschlafen, dass ich fast die Kämpfe zu segnen imstande war, die mir in der Ermattung das Bild meines Pim, rot, wohl, weich, lieb im grauen Föhlchen so schön anzusehen, verschafften.

Der Kampf ging um die Gnadensache, und schließlich bin ich zu dem Ergebnis gekommen, dass das Gesuch schlecht und der Weg falsch ist. Ich sage das so brutal, mein Herz, weil ich glaube, dass Du es genauso gut ertragen kannst wie ich. Der Herr hat es so gefügt, und wer weiß, ob es nicht gut ist. Der Fehler liegt teils bei mir, teils bei C. V. Ich will das auseinandersetzen, weil wir versuchen müssen, es zu reparieren.

1. Der Weg. M. E. wird Keitel es nicht vorlegen. Ich würde mich mit Erika darüber in Verbindung halten, und sie soll Bü. um genaue Auskunft treten. Ich halte es für besser, Keitel legt nicht vor. Legt er vor, dann muss alles laufen, wie es jetzt eingefädelt ist, und wir müssen das Ergebnis Gott anheimstellen. Ich bitte Dich aber, Bü. so sagen zu lassen: Wenn Keitel nicht selbst vorlegt, sondern entweder an Justizminister oder an Himmler weiterleiten will, dann soll er, Bü., das Gesuch zurückbringen. Dann würden wir direkt diese Wege gehen. Dieser Wunsch hinsichtlich des Weges ist meiner.

2. Der Inhalt. *a.* Ich darf überhaupt nicht vorkommen, denn das Gnadengesuch muss davon ausgehen, dass ich schuldig bin, und zwar den Tod verdient habe. Keine früheren Verdienste, keine Milderungsgesichtspunkte. Die weiß Himmler und Justizminister und sie sind wertlos.

b. Es gibt nur ein Argument: Wir sind eine der großen Familien des Landes, und wenn die Familie sich geschlossen – auf dem Papier – vor mich stellt, dann ist das ein Argument: in dem einen Mann werden wegen der Geschlossenheit auch die übrigen betroffen, und alle zusammen können auf so große Verdienste verweisen, dass diese Gnade rechtfertigen.

Auch hier liegt der Fehler bei mir: Ich hätte wissen müssen, und im Grunde habe ich auch gewusst, dass C. V. ein so egoistischer Mann ist, dass er sich niemals vor mich stellen würde. Mein Herz, wir haben den Fehler gemacht, zu glauben, dass andere ein so warmes Herz haben wie wir, und das ist falsch. Aber C. V.'s Gesuch atmet folgendes: Der Mann ist nicht so übel, und er hat nette Vorfahren und Verwandte, aber so ganz vor ihn will ich mich natürlich nicht stellen. Das ist überspitzt, aber im Ganzen ist es so. C. V. hätte nur genutzt, wenn er zu Freisler käme. Da er das nicht erreicht, ist jeder andere genauso gut.

3. Was nun? Wir wollen die Gnadeninstanz nicht einfach vorübergehen lassen. *a.* Ich bin also dafür, auf C. V.'s aktive Mitwirkung zu verzichten. Wenn Bill schwierig ist, dann soll C. V. unterschreiben, aber sonst würde ich ihn nichts machen lassen. Wenn Du Jowo bekommen kannst, wäre das das beste.

b. Mach morgen ein ganz neues Gesuch mit Dix und besprich mit ihm genau, wie es vorgelegt werden soll. Dabei gibt es folgende Möglichkeiten:

Gleichlautend an A. H. und Himmler. Das auf alle Fälle durch mich [?]

Frage? das Exemplar an A. H. über Himmler über Justizminister über Freisler?	} Das muss besprochen werden.

c. Wenn feststeht, dass das andere Gesuch nicht vorgelegt wird, spätestens, sagen wir, Freitag – wenn bis dahin nicht Keitel vorzulegen entschlossen ist, soll Bü zurückziehen –, geht das neue raus. Lass es von Dix schreiben, die kennen die Formalia sicher besser als Du, und nimm es möglichst Mittwoch schon mit. Lass es von Bill unterschreiben oder von C. V. oder Jowo.

d. An Himmler muss ein Begleitbrief gerichtet werden, aus dem sich ergibt, dass das andere Gesuch nicht vorgelegt worden ist, weil der Chef O. K. W. erklärt hat, er sei nicht zuständig.

e. Nachricht an Adrian mit der Bitte, über Kaltenbrunner darauf hin zu wirken, dass die Vollstreckung bis zur Entscheidung auf das Gesuch ausgesetzt bleibt und dass er sich beim Reichsf. SS. für die Vorlegung an A. H. einsetzt.

Mein armes Herz, das wird Dich sehr erschrecken. Lass es Dich nicht erschrecken. Der Herr will es so. Vielleicht ist es gut, dass C. V.'s Bemühungen fehlgeschlagen sind, vielleicht ist es gut, dass meine Rechtfertigungsschrift vor dem Gnadengesuch eingeht. Aber tröste Dich nicht mit solchen menschlichen Erwägungen: Der Herr hat es so gefügt, Dein Wirt hat Dich auf einen falschen Weg setzen müssen. Warum er das wollte, ziemt uns nicht zu fragen. Lass Dich aber nicht anfechten, sondern überwinde die Anfechtung. Seien wir glücklich, dass wir auf alles gewappnet sind, seien wir glücklich, dass wir unsere Liebe auch über meinen Tod retten werden, glaube mir, dass Gott mein Leben jederzeit beschirmen kann, wenn er will, und alle schönsten Anschläge zunichte machen wird, wenn er mich zu sich rufen will. J.

Mein Herz, ich habe den Satan nun überwunden und habe nur Sorgen um Dich. Überwinde ihn. Ich hatte erst gedacht, ich würde ihn Dir durch Schweigen ersparen; aber wenn dann womöglich Mitte nächster Woche Bü Dir gelegentlich sagen ließe, Keitel hätte Vorlage abgelehnt, dann wärst Du ja noch ganz anders in die Grube gefallen. So beiß Dich durch. Des Herrn Wille geschieht, und wenn er diese Wege wählt, so hat er seinen Grund. J.

Freya an Helmuth James, 14. November 1944

Dienstag früh

Mein liebes Herz, es war ein solches Glück, ein solches reines Glück, Dich zu sehen. Ach, mein Jäm, wie schön war es. Mit großem Glanz liegt die schöne Zeit in mir. Du sahst so wohl, so gut, so richtig aus, so wie Du aussehen musst, ganz wie mein Jäm, ganz wie immer. Ich kannte alles und sah es mit Entzücken und sah, dass alles von innen gut beschickt und ausgestattet war. Es war wirklich, mein Herz, so schön, wie es nur sein konnte, und ich weiß, dass Du auch zufrieden warst. Mein Jäm, es ist so außerhalb jeden Zweifels, dass wir eins sind und einig sind; es ist aber auch so fühlbar gewesen, dass Gott bereit ist, uns beizustehen, jetzt und in Zukunft. Er ist wirklich bei uns. Er hat uns, mir jedenfalls, auch geholfen, dass es so schön sein konnte. Als ich nämlich unterwegs zu Dir war, bekam ich plötzlich Furcht, was mein Herz machen würde, bis mir eine schöne Stelle einfiel, die ich am Sonntag hier bei den Freunden gelesen hatte: 1 Joh. 4,18.[1] Lies sie mal. Von da an hatte ich keine Furcht mehr, und als ich dann nach anfänglichem längerem Warten unerwartet schnell bei Dir war, war es nichts als Glück, obwohl ich durchaus den möglichen Abschied in dieser Welt im Herzen trug. Mein lieber Jäm, mein liebes Herz, mein Liebster, mein Ehewirt, wir müssen ihn auch im Herzen tragen. Ich sage es immer wieder. Ich sah, dass Du es tust, aber ich tue es auch. Es ist richtig so, und Du hast es sehr schön gesagt, dass wir nicht hoffen, aber glauben dürfen. Mein Jäm, Deine vielen lieben Worte, die Du mir in diesen Wochen auf den Weg gegeben hast, sind durch Deinen geliebten Anblick gestern alle bestätigt, beschienen und bestrahlt worden. Ja, Du bist wie ein Felsen und wie zarteste Daunen. Wie gerne will ich bitten, dass es so bleibt, dass Dein Glauben stark bleibt. Ich kann, ich vermag nicht zu zweifeln, dass es so bleiben wird und dass Gott Dir helfen wird. Aber nichts tue ich lieber, als darum bitten. Mein Jäm, mein Jäm, wie schön war es und wie dankbar bin ich. Ich hatte mir oft gesagt, dass es garnicht nötig wäre, dass wir uns sähen, aber das Sehen war nun eine so beglückende Bestätigung all dessen, was wir gelernt und erlebt und erfahren haben. Du sahest genau so aus, wie ich Dich fest in meinem Herzen trage, und alles war so, wie ich es kenne und so aus Herzensgrund, so innig, so zärtlich liebe. Hinterher ist mir nur eingefallen, dass ich mir Deinen Mund nicht allein besehen habe. Ich war so erfüllt von dem Ganzen, ich habe nur das Ganze gesehen, und das lag alles in den Augen und der Stirn. Wie lieb ich es alles habe, brauchte ich nicht erst zu finden, das wusste ich, und so war es nichts als eine mich tief beglückende Bestätigung, ein reiches Geschenk. Mein Jäm, ja, wir sind eins, und Gott will nicht, dass der Tod uns trennt. Ich weiß es fest und werde es über allen Kummer, allen Schmerz und alle Tränen hinweg durch mein ganzes Leben bis an sein Ende tragen dürfen. So bin ich manchmal wirklich getrost und freudig und weiß, was zählt und was nicht zählt, kenne die Pole vor und hinter mir. Du hast viel und schön an mich in Deinen letzten Briefen geschrieben. Sei nur recht geschwätzig. Das ist mein Glück und mein Gewinn. Dass wir aber im Fundament ganz einig sind und dass es darüber keine Worte mehr braucht, das bewies unser Beieinandersein auch!

Mein Jäm, ich habe wieder bei den Freunden geschlafen. Ich kam erst spät aus Nikolassee[2] hier an. Bill kam erst kurz vor 7 nach Haus, und ich konnte ihm das Gewünschte ja nicht innerhalb 5 Minuten extrahieren. Er ist unglaublich alt und reduziert geworden. Ich war ganz erschüttert von seinem Anblick. Alle waren sie sichtbar älter geworden. Bald erschienen dann noch Karin und Heini Rittberg. Er ist vor 4 Tagen mit seinen 30 Jahren Oberstleutnant geworden. Man braucht ihn nur ansehen, um zu wissen, dass er unter Umständen große Karriere machen kann. Er ist klug und kalt, ein begeisterter Soldat, kein eindeutiger Charakter und menschlich ganz ungebildet. Seine Frau ist ihm hingegen darin weit voraus, ist so, wie man als Frau sein muss. Für uns würde er sicher nie auch nur das Geringste tun. Er habe sich bewusst aus allem herausgehalten, das verlange seine prekäre Stellung. Ich habe den Eindruck, dass er zur SS neigt. Deinen Brief an den Reichsf. fand er sichtlich bei weitem am besten. Ob das Gesuch an den Führer überhaupt Sinn hat, weiß ich deshalb nicht, weil der Führer alles, was auch nur entfernt mit dem 20. 7. zu tun hat, umbringen lässt. Ob er erfährt, dass das bei Dir nicht so ist, ist unsicher. Na ja, wir wissen ja den Wert all dieser Schritte. Jedenfalls habe ich die Unterschrift und schicke nun noch alle Abschriften an Onkel Peter, der nachprüfen kann, ob der Reichsführer die Sachen bekommen hat. Übrigens kommt Heini zur Heeresgruppe Süd als I C.[3]

So, mein Jäm, das sind die Nachrichten. Heute gehe ich zu M., und dann versuche ich Hercher aufzutun und will an Fr. schreiben, für Dich ein Hemd waschen, schreiben und abends wieder bei den Freunden landen. So bin ich beschäftigt. Astas Anruf habe ich heute verpasst und werde ihn morgen früh wiederholen. Es sei alles bestens in Ordnung hat sie C. D. gesagt.

Gleich muss P. gehen. Daher sage ich: Leb wohl, mein Herz. Ich liebe Dich sehr und voller Dankbarkeit und bin mir wohl bewusst des Satzes, unter dem wir beide leben. Ich bin und bleibe Dein P.

1 «Furcht ist nicht in der Liebe, sondern die völlige Liebe treibt die Furcht aus; denn die Furcht hat Pein. Wer sich aber fürchtet, der ist nicht völlig in der Liebe.» *2* Wohnort von Wilhelm von Moltke. *3* Als dritter Generalstabsoffizier.

Helmuth James an Freya, 14. November 1944

Tegel 14. 11. 44.

Mein liebes Herz, Poelchau musste weg, kommt noch ein Mal wieder, und da ich aus meinen Kämpfen bisher immer einen Brief an meinen Liebsten gemacht habe, will ich damit ruhig anfangen. Vielleicht ist es noch nicht soweit, und fertig wird der Brief sicher nicht.

Du siehst, Dein stolzer Fels ist mal wieder geborsten und hat wieder einige Zeit in der Hölle zugebracht. Eines ist sicher, wenn ich noch Monate in dieser Lage bliebe, dann würde ich die Hölle besser kennen als Kreisau. Ich habe nämlich entdeckt, dass man jedes Mal tiefer in sie hineindringt. Dieses Mal war es meine Hoffart, meine mangelnde Demut, die mich trieben, und wenn Satan mir letzte Nacht nicht mit Schweif und Klauen erschienen ist, so nur, weil ja nachts bei mir das Licht brennt. Dein schöner, köstlicher, herrlicher, erquickender Besuch, dieser Glanz, in dem sich noch ein Mal mein ganzes Leben zusammenzufassen schien, hatte eine Mittelschicht in mir mal wieder sehr deutlich darauf aufmerksam gemacht, dass ein so bewusster Abschied vom Leben eben nicht ein Verstandesakt, nicht nur etwas Formales ist, sondern eben ein Schnitt ins Lebendige. Mit der fleischlichen Sehnsucht nach dem Leben kam die Erkenntnis der im fleischlichen Sinne Aussichtslosigkeit meiner Lage, und da war ich bei dem Gnadengesuch und dem, was ich darüber geschrieben habe, und von da an fühlte ich mich plötzlich von Hitler und Keitel und Bürkner und Müller und Himmler abhängig, und schwupps war ich aus Gottes Hand gefallen, oder so fühlte ich mich. Nun habe ich ja in den letzten Wochen manches gelernt, sprach mir Psalmen und Lieder und Bibelstellen vor, und sozusagen als ein Routinier wusste ich immer genau, was nun dran war, und dann kam der 139. Psalm und dann das rettende Bußgebet und dann die Einsetzungsworte des Sakraments des Abendmahls, und nun, sagte ich zu mir selbst, muss eigentlich Frieden sein, und ich stand dem lieben Gott so gewiss mit der Forderung gegenüber: jetzt habe ich alles getan, jetzt her mit deinem Frieden. Und diese Hoffart, gerade die Routine in der Teufelsbekämpfung war der Fallstrick; es ging immer tiefer und immer tiefer, und der liebe Gott dachte garnicht daran, zu tun, wie ich wollte, sondern ließ mich vom Teufel so quälen, dass der 10. (?) Oktober geradezu ein Freudenfest dagegen war.[1] Denn ich bemerkte, dass meine Routine, dass gerade das, was ich über diese Fragen gelernt hatte, das Übel war. Hatte mich damals der 139. Psalm herausziehen können, so kannte ich ihn jetzt zu gut, und alle die Hilfsmittel versagten eben gerade deshalb, weil ich sie nicht mit einfältigem Herzen hinnahm, sondern sie «gebrauchte». Und die Einfalt konnte ich in meiner Hoffart nicht finden. So hoffärtig war ich, mein Herz, dass ich sozusagen auf meine Qualen stolz war und mir sagte: Wie wenige Menschen in ganz Deutschland gibt es, die überhaupt die Fähigkeit haben, so gequält zu werden. Ich konnte nicht glauben, so kehrte ich zum Dank zurück, und dann kam das Bild meines Liebsten so schön aussehend im grauen Föhlchen, und dankbar schlief ich ein. Aber bald wachte ich wieder auf, und das Ganze ging von Neuem los. Plötzlich war ich dann ganz allein mit meiner Angst, ich werde gehenkt werden – etwas, was geradezu antiquiert ist –, und dem Teufel, der Dinge in Zweifel zog, die mir in der Oktober-Prüfung als ganz fest und absolut erschienen waren.

Ich hoffe und ich bitte, dass es vorbei ist. Ich schreibe es auch nur, weil ich glaube und fühle, dass es vorbei ist. Ich fühle mein Inneres noch so zittern, aber ich meine, das ist nur der Abklang und es ist vorbei. – Mein Herz, ich schreibe es Dir auch deswegen, weil ich zwar wieder glaube, dass Gott auch mein Leben erhalten kann, aber auch weiß, dass ich darauf weder im menschlichen oder geistlichen Sinne rechnen kann. Und da will ich, dass Du wenigstens so an der Frucht dieses Kampfes teilhabest und es Dir vielleicht eine Hilfe ist, wenn Du versucht wirst. Ich glaube nur, mein Herz, dass Du eben jene Einfalt hast, die mir fehlt, dass Du meine Hoffart nie haben kannst, sondern Dich viel demütiger dem Willen Gottes hingibst. Gott erhalte Dir das und erspare Dir die Wege in die Hölle, die ich gehen muss.

Ob ich meiner Hoffart noch Herr werde, ehe ich sterbe? Siehst Du, dass schon diese Fragestellung hoffärtig ist? Ich lasse sie trotzdem stehen, denn Du darfst es ruhig wissen, und der liebe Gott muss mir auf diesem Gebiet so viel vergeben, dass er diesen Gedanken auch noch mit vergeben wird. Die Demut ist jetzt für mich eben wichtiger als der Glaube, denn in dem Zustand, in dem ich jetzt bin, kann die Hoffart mich des Glaubens berauben. Eins habe ich gelernt: Die Hölle ist tiefer, als man glaubt, und wenn ich heute wieder daraus hervorkommen sollte, dann kann der nächste Sturz vielleicht noch tiefer werden. «Betet mit Furcht und Zittern» steht irgendwo und im 51. Psalm «ein geängstet und zerschlagen Herz wirst Du, Gott, nicht verschmähen». Mein Lieber, segne Deine Einfalt und bete für Deinen Wirt. Diese Stunden sind so, dass ich mich nach dem Henker sehne, kannst Du Dir das vorstellen.

Poelchau hat mir dieses gesagt: Kein subjektives Mittel kann helfen. Wir müssen wissen, und wenn es nur mit dem Verstand ist, dass wir objektiv durch die Taufe Gottes Kinder geworden sind, dass objektiv Christus für uns gestorben ist und dass das so ist, auch wenn wir es nicht fühlen, wenn uns die subjektive Gegenwart dieser Erkenntnis abgeht, ja wenn wir sie leugnen. Er hat mich auf Jes. 43,1+2[2] hingewiesen. Er hat recht. Aber es ist für ein hoffärtiges Gemüt sehr wenig und sehr bitter, denn es heißt, dass ich dann genau auf derselben Stufe bin wie Heinrich Himmler und A. H., falls sie getauft sein sollten. Welch eine Demütigung! Aber er hat recht, und ich muss es lernen, und ehe ich das nicht voll in mich aufgenommen habe, wird es auch nicht wieder zu neuen Höhen gehen. Bitte für mich, mein Herz, dass Gott mir in seiner Gnade und aus seiner Barmherzigkeit die Demut schenkt und dass ich sie nicht wieder verliere.

Mein Herz, «bettete ich mir in die Hölle, siehe, so bist Du auch da»[3] sagt sich sehr schön, wenn man nicht oder jedenfalls nicht tief drinnen ist. Wenn einem aber aller Glaube und jede Gewissheit genommen wird, ist es sehr schwer zu sagen: Ich merke zwar nichts davon, vermag es auch nicht zu glauben, es ist aber objektiv so.

So, mein liebes Herz, der Brief ist doch fertig geworden, und ich habe Dir mein Herz ausgeschüttet. Mein Herz, Du siehst, wie groß das Glück des gestrigen Tages war, wenn ich Dir sage, dass die Dankbarkeit dafür und das Glück Deines Bildes mir die Ruhe mehrfach gebracht hat, die meine «weisesten» Gedanken nicht bringen konnten. Im 5ten Vers von «Der Mond ist aufgegangen» heißt es so schön «Lass uns einfältig werden». Denk mal, wie schön wäre es gewesen, wenn ich das Gedicht nicht gekannt hätte und gestern einfach darauf gestoßen wäre; aber ich kannte es ja, ich habe es mir über 10 Mal aufgesagt, und es nutzte nichts, eben weil ich es kannte und es wegen der erwarteten Wirkung und nicht einfältig aufsagte. Gruppenführer Müller würde das einen komplizierten Menschen nennen.

Mein Herz, in was für einer Welt lasse ich Dich zurück. Was Du mir so von Dieter[4] und Hans-Heini Rittberg schreibst, macht einem das Herz erstarren. Welch Unglück muss kommen, ehe diese Mentalität ausgerottet wird. Bewahre Dich in dieser Welt, mein Herz, und lass Deine Söhnchen nicht so werden. Ich will nicht sein wie der Pharisäer in Lukas 18,9–14, aber ich will lieber alle Wunden erleiden, als in die Herzenshärtigkeit jener zu verfallen; die werden 1. Kor. 13[5] nie verstehen und sind dann arme Menschen, wir aber, mein Herz, sind reich, so reich wie die es sich garnicht vorstellen können. Bewahre diese Fähigkeit den Söhnchen. Ich glaube auch, dass sie es haben, wenn es ihnen nicht durch falsche Erziehung – ich meine nicht von Dir – ausgetrieben wird. Darum bewahre sie vor der Technik, womit ich nicht technische Berufe meine, obwohl die gefährlich sind. Dieter aber und auch C.V. sind genau solche Techniker wie ein Bauführer. – Und, mein Herz, zum hundertsten Male: Lass Dich nicht anfechten. Wir wissen jetzt, was groß ist und was klein, was wichtig und was unwichtig; bewahre Dir diesen Maßstab, und ich hoffe, mein Lieber, dass das, was wir uns in diesen Wochen haben schreiben dürfen, Dir dazu helfen wird.

Auf Wiedersehen, mein Herz, in dieser oder in jener Welt. Hilf glauben, dass der Herr auch mein Leben retten kann, wenn er will, und dass, wenn er nicht will, es zu unserem Besten dient. Der Herr behüte Dich und uns. J.

1 Es handelt sich um den 11. Oktober 1944. Siehe Helmuths Brief vom 12. Oktober 1944, S. 65. *2* «Fürchte dich nicht, denn ich habe dich erlöst; ich habe dich bei deinem Namen gerufen; du bist mein. Denn so du durch Wasser gehst, will ich bei dir sein, dass dich die Ströme nicht sollen ersäufen, und so du ins Feuer gehst, sollst du nicht brennen, und die Flamme soll dich nicht versengen.» *3* Zitat aus Psalm 139. *4* Siehe Freyas Brief vom 3. November 1944, S. 136. *5* Preis der Liebe.

Freya an Helmuth James, 15./16. November 1944

Mittwoch Mittag

Mein liebes, armes Herz, mein Jäm, wie teuer hast Du unser schönes Beieinandersein bezahlen müssen. Denn es war ja doch die Auslösung zu diesem schrecklichen Sturz. Schon eine Weile hatte ich mich in Deinem leuchtenden Hoch auf das zu befürchtende Tief gerüstet. Es wäre auch ohne den Besuch gekommen, aber nicht so abrupt und nicht, vielleicht nicht, so qualvoll. Aber es mag schon sein, dass es Dich auch hat wieder trösten können. Mein Herz, es ist nicht so, dass mich die Überzeugung, ich war der Anlass dieses Sturzes, unglücklich macht. Ansätze dazu waren gleich überwunden. Ich weiß zu genau, dass auch ein großes Glück für uns Beide darin lag und bleiben wird. Ich verstehe überhaupt den ganzen Vorgang zu genau in Dir. Seine Qual sprach aus jedem Wort, und doch weiß ich, dass ich sie nicht, auch nicht entfernt, zu ermessen vermag, mein armes Herz. Was mir noch kürzlich unverständlich war: dieses Ausmaß von Kampf und Qual bei unseren größten Glaubenden, das kann ich jetzt plötzlich verstehen. Mein Herz windet sich, wenn ich es mir vorstelle, und doch ist es so, dass unsere höchsten Geister die schwersten Kämpfe gehabt haben und haben bestehen müssen, und eben weil sie hohe Geister waren und ihnen die Demut und die Einfalt vor Gott nicht gelang, sie dann entsetzlich kämpfen müssen, was Mamsell von selbst in sich trägt. Ihr Armen! Mamsell muss für Euch beten! Auch ich, mein Jäm, auch ich, und mit welcher Liebe, aber diese schöne Einfalt oder vor allem die Demut, mit der ist es bei mir auch noch nicht weit her, eher mit der Einfalt als mit der Demut. Es ist nun so, dass in dieser Welt die Hochs und die Tiefs sich ablösen. Solange wir darinnen sind, können wir daraus so wenig heraus wie aus der Zeit. Es folgt aus dem Tief genauso sicher ein (mindestens) Höher wie umgekehrt. Fraglich nur ob es so:  geht oder so: . Mein Herz, Du brauchst nur soviel zu glauben, dass Gott uns liebt und uns gnädig ist. Er wird kaum von Dir verlangen, dass Du ihn in Deinem Loch so liebst wie sonst, Du wärest ja dann schon heraus, aber wenn Du da unten doch noch zu glauben vermagst, dass seine Liebe groß und er eben viel größer als unser Herz ist, dann lass den Satan nur toben, er kann nichts Wirkliches ausrichten. Das kann er sowieso nicht. Das alles weißt Du ja selbst, mein Herz, und so Gott will, ruhst Du ihm jetzt wieder im Schoße; Deine Furcht wird nur sein, dass Dich ein Tief trifft in den Stunden, in denen Du es nicht gebrauchen kannst. Gegen diese Furcht hilft aber nur Gottvertrauen. Ich, mein Herz, kann es nicht glauben. Er kann Dich prüfen, aber nicht verlassen. Vergiss den Garten Getsemane[1] nicht und auch nicht die letzten Worte Christi am Kreuz.[2] Leicht ist es nicht und wird es nicht sein, aber Du wirst doch siegen können, denn Gott wird Dich nicht verlassen. Daran glaube ich fest, mein geliebtes Herz. Dass es für Dich, mein wirklich komplizierter Wirt, alles sehr schwer ist, ist mir ganz klar: Wir gehören ja zu den Pharisäern oder zum mindesten zu den Reichen, und daher ist der Weg besonders schwer, weil wir uns aller unsrer stolzen Güter und Bürden, die in vielem die Quelle sublimsten irdischen Vergnügens sind, entledigen müssen. Ach, mein Jäm, ich weiß! Dass wir im Grunde genau auf der gleichen Stufe wie H. H., A. H. und F. stehen, ist uns sehr klar. Ich wage deren Funktionen und deren Gewicht auf Gottes Waage nicht zu beurteilen. So einfach ist es sicher nicht, dass auch Gott ihre Wege so wie wir verurteilt. Es bleibt zum mindesten das: «Vater vergib ihnen, denn sie wissen nicht, was sie tun». Mir scheint, mein geliebtes Herz, ich bin auch ein rechter Pharisäer, wie ich hier rede, dabei stehe ich mit Dir Hand in Hand und erwarte wie Du unser Schicksal aus seiner Hand. Ich möchte mit Dir in die Hölle und mit Dir heraus aus ihr und bin dessen garnicht fähig, bin viel zu primitiv und kann so stark garnicht empfinden. Es bleiben eben wirklich nur Glaube, *Liebe* – und die Hoffnung, mein Herzensjäm.

Jetzt, mein Jäm, muss ich zum Sachlichen schreiben. Erst einmal: C. Viggo tun wir Unrecht. Er hat sich für seine Verhältnisse sogar sehr eingesetzt. Er ist auch nett mit mir. Er tut auch ernstlich etwas. Dass es ihm unangenehm ist, wenn die Leute ihn schlecht behandeln (neulich die Leute im J. M.[3] und heute Lautz), kann man ihm nicht verdenken, und er trägt auch das noch mit Fassung. Nein, nein, ich hatte ein ganz schlechtes Gewissen, dass meine Äußerungen einen solchen Niederschlag bei Dir gefunden hatten. Ich war deprimiert, weil alles nicht glänzend lief – und weil es, wie sich dann erwies, 2 Tage vor Beginn des von Eva herstammenden Leidens[4] war, mit dem ich jetzt behaftet bin. Also nicht C. V. ist es schuld. Er kam ja auch singend und lachend gleich wieder an, als F. ihn auf heute bestellte, war dort und ist schon wieder abgereist. Ich finde auch sein Gesuch nicht schlecht. Ein Moltke-Spross kann kaum anders schreiben. Das kann man nicht verlangen. Auch seine Haltung Kreisau gegenüber ist alles Andere als entêtiert.[5] Im Gegenteil, heute entnahm er F.s Reden, dass F. die Vermögens-Einziehung garnicht aussprechen wolle, und findet auch Abwarten ganz richtig. Mein Jäm, das Ganze liegt an meiner Depression.

Die größte Gefahr des Gesuchs ist m. E. die, dass A. H. falsch drauf reagiert wegen 20. 7.-Verkoppelung. Was da genau drin steht, merkt dann A. H. garnicht. Wenn Keitel nicht funktioniert, was wir alle mit Sicherheit annehmen, dann bleibt noch abzuwarten, wie der Weg Adrian–Hewel funktioniert. Jetzt da wieder zwischen zu stoßen, wo es läuft und auch Freisler nun weiß, dass es läuft, scheint mir falsch, und ich habe den Eindruck, dass Du es im Lichte Deiner Depression übertrieben gesehen hast. Auch der Brief und Gesuch an den Reichsf. SS. ist jetzt auf gutem Wege. Der Adjutant von M. sagte mir, M. habe den Brief sofort befördert, und er sei wahrscheinlich schon heute, spätestens morgen bei H. H. Ob er dann noch eine Klippe des Adjutanten zu umschiffen hat oder ob er direkt dann da ist, das allerdings weiß ich nicht. Heute schon bei Bü nach dem Verbleib des Gesuchs nachzufragen erschien mir arg früh. Ich möchte noch bis morgen warten. Dann können wir immer noch neu anfangen, obwohl ich dafür im Grunde nicht bin. Das Ei ist nun einmal gelegt, und wir müssen seine Kratzer und Pünktchen in Kauf nehmen. Ein neues Gesuch hat neue Fehler. Günstig ist sicher, dass der Begleitbrief an H. H. besser ist als das Gesuch.

Mein Herz, mich schreckt das alles nicht so sehr, auch nicht, wenn Du mir neue Aufgaben gibst. Ich tue, was ich kann und was ich mit meinen schwachen Kräften mit möglichst guter Beratung fertigbringe. Dass mich meine Liebe und mein entschwindendes Glück antreiben, ist klar. Manchmal bin ich deprimiert, manchmal nicht. Du kennst den gefährlichen Wechsel, aber seit ich mit solcher tiefer Sicherheit weiß, dass wir in Gottes Hand sind und dass Tod und Leben darin wenig Unterschied machen, dass auch Leben und Tod nicht gar so was Verschiedenes sind, dass wir uns nicht verlieren, dass wir uns wiederfinden und noch manches mehr, seitdem bin ich ganz innen drin ruhig und unanfechtbar. Das bist Du auch, das weiß ich auch!

Jetzt muss ich erst mal zu D. gehen. Also: C. Viggo hat F. heute gesehen, mich empfängt er morgen um 8.30. – Mein Liebster, nun muss ich schnell ins Bett. Wo bin ich also wieder!? Ich bin heute mit dem Körper müde und froh, dass ich nicht mehr zu reisen brauche. So starte ich von hier aus zu F. Jetzt erzähle ich nur schnell noch. F. war sehr freundlich zu C. V., kannte aber die Akten noch nicht. C. Viggo hat das Gesuch angebracht, und F. hat gesagt, dass sowieso frühestens übernächste Woche Termin wäre. Er war natürlich aber im allgemeinen orientiert. Er wollte auch C. V. zum Termin kommen lassen, aber *Lautz* hat sich dem widersetzt. Der sei sehr kühl, sehr zurückhaltend und abweisend gewesen und habe gesagt, warum sich denn die Familie vor ihr schwarzes Schaf stellen wolle. Ganz im Gegenteil zu F. Über Kr. habe F. gemeint, die Einziehung werde er vielleicht garnicht aussprechen. Er war also sehr umgänglich, aber ich habe nicht den Eindruck, als habe C. V. auf F. einen Eindruck gemacht. Haubachs Braut, die heute früh bei ihm war und Dix haben wollte, hat garnichts erreicht. Er hat dann herumgeredet und sie eingepackt. Ich werde auch nichts erreichen, aber ich gehe hin. Noch habe ich keine Angst, aber ich werde sie wohl noch kriegen.

D. fand das Gesuch nicht schlecht. Es stehe nichts drin, was A. H. nicht gerne höre. Er gab den guten Rat, dem Exemplar beim Justiz M. noch einen Begleitbrief nachzuschicken: Es sei an A. H. und *H. H.* überreicht und man möge bis zur Entscheidung das Urteil (die Vollstreckung) aussetzen, damit, falls dann noch nichts entschieden ist, das wirklich abgewartet wird. Er meinte, sie würden dann doch Angst haben, ohne Bescheid zu vollstrecken. Zu Deinen Fragen meinte er, Du solltest Dich auf die «moralische» Schuld beschränken. Er fragt sich, ob Du als Anwalt das mit der Polizei hättest falsch beurteilen dürfen oder können, und meinte, Du hättest es einfacher bei der «moralischen» Schuld. Zum Brief an M. habe ich ihn nicht mehr gehört; das ist ja doch erledigt, aber die neue Fassung von 5.1, nein I.5 hat er gesehen. Ja, das Gesuch fand er eher *gut*, gerade die Sätze über Dich, während ihn Schande und Makel subjektiv störten. Das gehört aber aus C. V.'s Mund doch rein.

So, jetzt wollen wir das ruhen lassen. Hoffentlich schläfst Du schon, mein Geliebter, und kein Satan peinigt mein liebes Herz. Gleich schlafe ich auch. Ohne Hoffnung und mit vielen tröstlichen Wahrheiten gestärkt gehe ich müde in mein Bett. Dir gehöre ich, mein Herz, und beide sind wir des Herrn. Gute Nacht, mein Liebster. Mein Wille und der Wille zu Deinem Leben sind groß – glauben wir. Ich umarme Dich und bin und bleibe Dein P.

Guten Morgen, mein Herz. Ich frühstücke noch und dann gehe ich. Ich glaube nicht, dass es viel helfen kann, aber es ist in unserm Sinne, alles zu tun. Wie froh bin ich, dass heute P. wieder zu Dir kommt. Aber ich bin voll Vertrauen, dass Du wieder im Gleichgewicht bist. In großer Liebe, Dein P.

1 Matthäus 26,39: «Mein Vater ist's möglich, so gehe dieser Kelch von mir, doch nicht wie ich will, sondern wie du willst.» *2* Matthäus 27,46: «Mein Gott, mein Gott warum hast du mich verlassen?» Lukas 23,46: «Vater, ich befehle meinen Geist in deine Hände.» *3* Jusitzministerium. *4* Gemeint ist die Monatsblutung mit den von ihr verursachten Beschwerden. *5* «Starrköpfig», «eigensinnig».

Helmuth James an Freya, 15./16. November 1944

Tegel, den 15. 11. 44.

Mein Herz, ich bitte den Vater, dass Du die Pein, die ich Dir gestern Abend verursacht habe, inzwischen überstanden hast, dass es nicht zu fürchterlich war, dass Du wieder die Gnade voll empfindest. Verzeih, mein Lieber, aber wir sind heute mehr verheiratet als je in den vergangenen 13 Jahren, und so kann ich Dir meine Schmerzen nicht ersparen. Gebe Gott, dass ich Deine Schmerzen in der kommenden Zeit mittragen darf, oh mein Lieber.

Ich will nur in meiner Erzählung fortfahren, damit Du nicht nur das Versinken bekommst, sondern auch das allmähliche an-Land-Kommen. Ich glaube, es ist vorbei, und er hat mir seine Gnade wieder gesandt. Er hat es ja eben doch nicht ganz schlimm gemacht, denn er hat mir den Dank für Dich und Deine Nähe auch im schlimmsten Augenblick erhalten. Ja, ich hoffe, dass es vorbei ist, ich wage noch nicht, auf dem wiedergewonnenen Boden mich zu bewegen, mich bangt um meine eigene Sicherheit, und mein Herz zittert noch nach, aber ich glaube, es ist vorbei.

Gestern Abend habe ich aus Angst davor, ich könnte irgendwelche Ansprüche stellen, nicht formuliert gebetet, sondern habe gehofft, dass mich der Geist vertreten würde mit ‹unaussprechlichem Seufzen›.[1] So bin ich sehr lieb eingeschlafen, und als ich in der Nacht aufwachte, sagte ich plötzlich zu mir selbst: Du Esel, was steht denn im Hiob. Griff zu ihm und las 40,4+5[2] und 42,1–6.[3] Das war mir eine große Erleichterung, denn ich hatte ja die ganze vorige Nacht und den ganzen Tag gestern nicht in dem Buch lesen können. So las ich denn weiter, was alles Hiob geschwätzt hatte, 9 und 10, 13,15 bis Schluss, 19,25 bis Schluss, 23, 27, 28, 31. Und siehe da, diese Reden, die mir früher als garnicht so unrecht erschienen waren, in denen erkannte ich meine eigene Überheblichkeit wieder und fand sie ganz so verdammenswert, wie Hiob selbst sie später fand. Und dann schlief ich wieder ein.

Als ich dann am Morgen aufwachte und an meinen Pim gedacht hatte, ging es mir wieder gut, nur vertrug ich das Warten auf das Aufstehen nicht, denn ich traute mich noch nicht zu beten oder in Bibel oder Gesangbuch zu lesen, und da kam eine kleine Angstpanik über das Gnadengesuch. Es war aber nur ein kleines, ganz kleines Nachhutgefecht, und mir schien es eher als eine Bestätigung, dass er mich meine Anwesenheit in seiner Hand spüren lassen wollte, indem er zeigte, dass ich damit wieder fertig werden könnte.

So steht es jetzt. Ich habe mein Zimmer gründlich aufgeräumt und nachher sollen wir baden. Ich werde den Morgen über wieder nicht lesen, sondern ruhig an meiner Verteidigung arbeiten und einfach warten, bis er mich wieder ruft.

Ist das alles klar, mein Herz? Wo wir doch eins sind, will ich Dir doch die Frucht unserer Qualen hinterlassen. Leb wohl, mein Guter. J.

Am Abend, d. h. 4 Uhr.

Mein Lieber, der Tag ist um, und ich habe mit Sorge Deiner gedacht, nicht mit unangenehmer Sorge, sondern mit lieber Sorge, ob ich Dich nicht zu sehr beschwert, ob Du mit allem auch rein physisch fertig wirst. Mein Haupttrost ist, dass Du nun wohl bald, wenn ich zu pümpeln[4] beginne, in den Hafen der Freundschaft einläufst. Mein Herz, der Tag war bei mir sehr gut. Schon mittags fühlte ich mich wieder ganz stark, das innere Zittern ist weg, und Gott lässt mich wieder spüren, dass ich in seiner Hand bin, ganz fest und mit meinem Pim zusammen. – Ich will nicht darauf bauen, ich will nicht wieder schreiben, ich fühlte mich wie ein Fels, ich hoffe, dass ich belehrt bin, aber ich bin dankbar, dass ich wieder in seiner Gnade bin, und muss nun sehen, mich in Dank darin zu halten. Der

Nachmittag war so schön wie die Nacht. Ich habe wieder mit Bibel und Gesangbuch auf dem Tisch gesessen und Verweisungen geschrieben und dabei gedacht, dass sie vielleicht meinem Pim helfen werden, manchen Gedanken schneller zu finden, als es mir möglich war. Ich glaube, ich könnte an diesen Verweisungen ein Jahr arbeiten. Sie sind sehr unterschiedlich: Manchen Tag hält man sich an Äußerlichkeiten wie «Weinstock und Rebe», wie «Baum des Lebens» und ähnliches, und manche Tage findet man ganz zarte subtile Zusammenhänge, bei denen man das Gefühl hat, dieser Zusammenhang sei auch dem Dichter nicht bewusst gewesen. So war es heute, und das ist besonders schön.

Mein Herz, zwei Sachen sind mir noch in der Gnadensache eingefallen, wobei ich nicht weiß, ob es passt. *a.* Warum sollst Du nicht für die Familie Dix beauftragen, der dann erscheint, beauftragt von den Moltke'schen Männern, die wieder an die Front mussten. Ich finde die Belastung für Dich, wo doch immer die Fiktion bleibt, es ginge um mein Leben, zu schwer. Du solltest Dir nicht zumuten, in dieser Aufgabe zu arbeiten, abgesehen davon, dass es auch nicht gut ist, wenn Du nach außen zu viel erscheinst in dieser Sache. Die Gnadensache muss eine Angelegenheit der Moltke-Männer insgesamt sein; so muss Dix auftreten. Ich würde, wenn Ihr den Vorschlag billigt, es einfach so machen und C. V. und Bill davon benachrichtigen. *b.* Das laufende Gesuch, das Bü mithat, sollte am allerbesten nicht A. H. vorgelegt werden, sondern Keitel sollte es Himmler, möglichst mit einem befürwortenden Wort schicken mit dem Bemerken, er wolle es A. H. nicht vorlegen, weil es ihm nicht richtig erscheine, ihn jetzt mit solchen Sachen zu belasten. Diese Lösung erschiene mir optimal; also besprecht es.

Mein liebes Herz, jetzt weiß ich wieder ganz gewiss, dass ich von all diesen Dingen nicht abhänge, und kann sie ganz kühl betrachten. Dafür danke ich. Dir, mein Lieber, wünsche ich Stärke und Heiterkeit [?]. Gute Nacht, mein Herz, ich danke Dir immerdar. J.

16. 11. 44.

Guten Morgen, mein Herz, ich sehne mich schon sehr danach zu hören, wie es meinem Liebsten geht. Ob ich ihm auch nicht zu viel zugemutet habe? Mir geht es sehr gut. Ich fühle mich aber anders als vor dem 13., weiß selbst nicht recht wie, nicht so cocksure[5] – mir fällt gerade kein deutsches Wort ein – und aber noch ein wenig geborgener, aber ich wage das kaum zu denken und erst recht eigentlich nicht zu schreiben. Darum gehe ich jetzt zu Realia im menschlichen Sinn über, *1.* neue Sprecherlaubnis *2.* Deine Beerdigung (!), der Grafentitel (!) und nochmals das Eigentum an Kreisau betreffend. P. meinte, es wäre Dir lieb, wenn ich kurz meine Meinung sagte.

Inzwischen kam Dein Brief, der mich sehr befriedigte. Ich bin mit allem Sachlichen durchaus einverstanden; im Grunde ist es bei Gnadengesuch so, dass, je weniger ich davon weiß, umso besser. Ich will nur, dass Du Dich auch möglichst wenig damit belastest. – Mein Herz, alles, was Du zu meiner Stärkung schreibst, ist sehr schön und befriedigt, nein beglückt mich. Aber auch darüber brauchen wir ja nichts zu sagen.

Ich fahre also in meinem Brief einfach fort. Sprecherlaubnis. Ich würde vorschlagen, sobald Du aus Kreisau zurück bist, etwa wie folgt an Schulze zu schreiben:

> Auf Grund der Rücksprache mit meinem Mann, die Sie genehmigt hatten, habe ich inzwischen die Bestellungsfragen mit dem Inspektor besprochen. Dabei haben sich leider eine ganze Anzahl Meinungsverschiedenheiten ergeben, die ich nicht selbst zu entscheiden vermag, deren Entscheidung aber dringend ist, weil wir schon mitten in der Herbstbestellung sind.
>
> Es handelt sich dabei kurz um Folgendes: die Kürzung der Düngerlieferungen auf 40 %, die wahrscheinlich nur zu 17 % beliefert werden können, hat einschneidende Maßnahmen zur Folge. Der Beamte ist der Meinung, dass er die Zuckerrübenfläche verringern muss, eine Maßnahme, die infolge der mittelbaren Wirkung die Intensität des Gesamtbetriebes erheblich drücken und u. a. auch zu einer Verkleinerung der Viehbestände führen muss. Mein Mann verlangt hingegen die Aufrechterhaltung der Zuckerrübenfläche und will praktisch alles Getreide ohne künstlichen Dünger bauen. Das hält er für möglich, wenn einzelne Schläge anders bestellt und in den für Sommergetreide vorgesehenen Schlägen auch noch die schwächsten Stellen jetzt mit anspruchsloser Winterung bestellt werden. Schließlich will mein Mann durch Übergang zu anderen Sorten innerhalb der Getreidearten Erleichterung schaffen. Der Beamte hält nun einzelne der Vorschläge teils aus Gründen des Bodens, teile der Vorfrucht, teils der – da kam die Vernehmung zwischen[6] – Saatgutbeschaffung und vor allem der Arbeitsdisposition für undurchführbar und hat Gegenvorschläge gemacht. Da diese Frage nicht nur die nächstjährige Ernte betrifft, sondern tief in das Gesamtgefüge des Betriebes eingreift, fühle ich mich ganz außerstande, in diesem Konflikt zu entscheiden, und bitte daher, darüber noch ein Mal mit meinem Mann sprechen zu dürfen.

Das ist natürlich nur ein Vorschlag.

Deine Beerdigung, Grafentitel, Eigentum von Kreisau. Vorweg will ich sagen, dass mir natürlich alles gleichgültig ist und dass ich es garnicht geschrieben hätte, wenn P. nicht meinte, Dir sei es vielleicht angenehm. In dem für uns bereiteten Grab, könnte ich mir vorstellen, möchtest Du ungern alleine liegen, und von mir bleibt ja nichts übrig.[7] Wie Du oder C'chen das machst, wenn Ihr noch in Kreisau existiert, werdet Ihr ja sehen. Vielleicht legst Du Dich zu Mami. Aber was mir richtig scheint, ist, dass unsere beiden Namen auf den Stein neben Mami kommen, auch wenn keiner von uns darunter liegt. Ich finde, da gehören unsere Namen hin, und Ihr müsst sehen, das bei der Stiftung[8] durchzusetzen. Mein Nachfolger in der Stiftung ist übrigens Jowo.

Grafentitel: Im Ganzen würde ich dazu neigen, dass C'chen sich grafen soll, nicht unbedingt jetzt, aber in absehbarer Zeit. Wenn er Eigentümer des Guts ist, dann, wenn er anfängt, erwachsen zu werden. Ihr könnt es aber auch gleich machen. Besprich es mit Jowöchen, und er soll es mit der Familie klarieren. Ich würde es vielleicht deswegen für richtig halten, weil damit der Anspruch auf Kreisau sozusagen angemeldet bleibt und verhütet wird, dass jetzt etwa Peter sich graft. Aber nur keinen «fuss about it».

Eigentum von Kreisau: solange es Privateigentum gibt, sollte angestrebt werden, C'chen zum Eigentümer von Kreisau zu machen, und ich wäre immer dafür, andere Moltkes auszuschließen. Dass C. V. jetzt für abwarten ist, freut mich. Wenn Du Deine Finanzregelung besprichst, dann kannst Du bei dem S. D. vielleicht etwas erreichen; aber ich würde nicht drängen, vorsichtig sein und im Ganzen Jowo und Dix machen lassen. Exponiere Du Dich nicht. Auch Dix gegenüber sollte Jowo auftreten und nicht Du. Je geräuschloser, je besser. Die anderen Familienzweige würde ich überhaupt nicht fragen, wenn es jetzt zu machen ist; mit der Justiz würde ich kein Wort darüber verlieren, die können doch nicht entscheiden und werden immer sauer reagieren, um nicht dem S. D. suspekt zu werden.

Nun kommt meine heutige Vernehmung: Ich wurde geholt, um meinen Schriftsatz zu diktieren, also höchst loyal. Ich sagte, nun sei er schon auf dem Wege und ich hätte meinen Entwurf nicht mit. Ich hätte gedacht, ich werde nicht mehr gehört werden.

Dann Vernehmung über Adrian und Illemie: Merkwürdig und nicht ganz angenehm in der Fragestellung. Schlussfrage: Ob Adrian auch zu dem «Kreisauer Kreis» gehört und an den Besprechungen teilgenommen habe?[9] Wenn man bedenkt, dass der Fragende diese Besprechungen für Hochverrat hält, so ist es eigentlich ein starkes Stück, so etwas über einen aktiven Staatssekretär zu fragen. Der vernehmende Sturmbannführer machte aber eher einen törichten Eindruck und war nicht gut präpariert. Es ist also möglich, dass das nur ein Missgriff war und dass sie nur klären wollten, warum Steengracht sich für mich einsetzt.

Der zweite Punkt ist interessant, und dann kam die Pointe: Willo, Mami,

Verbindungen mit den Großeltern während des Krieges, meine Absicht, im Falle eines Krieges nach England zu übersiedeln. Das letzte besonders schön angesichts der Tatsache, dass ich da bin. Ich fühle mich doch mehr als Engländer denn als Deutscher. Die Grundlage dafür war die Photokopie eines 2 Seiten langen Maschinenbriefes, der aber sehr sorgfältig fern von mir gehalten wurde. Aus einer Frage musste ich auch entnehmen, dass drin stand, C. B. sei nicht tot, sondern zu den Engländern übergegangen. Ich kann mir nur eine Quelle denken, und das ist die Rentenannie. Denn wozu sonst gehässige Ausfälle über Mami: Wir seien britisch erzogen von unsrer Mutter. Da ich über alles glatt Auskunft geben konnte und den schwarzen Punkt Willo[10] konzedierte, aber sagte, er sei für uns verschollen und abgeschrieben, und mit den Großeltern hätten wir nur R. K.-Korrespondenz[11] gehabt, packte er die Sache wieder ein, ohne ein Protokoll aufzunehmen, und will sich meine Angaben zu meiner Person, die er nicht kannte, erst noch durcharbeiten. Ich nehme an, dass ich dann wieder geholt werde. Schön, nicht? Es ist mir glücklicherweise ganz wurscht.

So, mein Herz, jetzt höre ich auf. Mir geht es gut. Leb wohl, mein sehr Geliebter. Der Herr behüte Dich. J.

Findest Du es eigentlich schamlos, dass ich nach meinen Quälereien und Aufträgen sozusagen daneben sitze und sie aufzeichne und Dir schicke? Manchmal denke ich, dass es das ist.

1 Zitat aus Römer 8,26. *2* »Siehe, ich bin zu leichtfertig gewesen; was soll ich antworten? Ich will meine Hand auf meinen Mund legen.« *3* Hiobs Eingeständnis, Gott nicht richtig eingeschätzt zu haben. *4* Bei Helmuth und Freya gebräuchlicher Ausdruck für sanft schlafen. *5* «Zu sicher», «übermäßig zuversichtlich». *6* Unterbrechung. *7* Im August 1944 hatte Heinrich Himmler den Befehl gegeben, die Leichen der Hingerichteten zu verbrennen und ihre Asche auf die Berliner Rieselfelder zu verstreuen. Rieselfelder waren Anlagen, auf denen die Abwässer großflächig gereinigt, verrieselt wurden. *8* Die vom Generalfeldmarschall Helmuth von Moltke gegründete Familienstiftung war verantwortlich für die Grabstätte auf dem Kapellenberg. *9* Gustav Adolf Baron Steengracht von Moyland hatte keine Verbindung zum Kreisauer Kreis. *10* Willo war, von Helmuth unterstützt, nach Amerika gegangen, also für die Nationalsozialisten «abtrünnig» geworden. *11* R. K.: Rotes Kreuz.

Freya an Helmuth James, 16. November 1944

Donnerstag Nachmittag

Mein liebes Herz, was für ein schreckliches Wetter. Ob es Dir in Deiner Zelle sehr auf die Nerven geht, mein Liebster. Ich bin schon viel im Matsch herumgepatscht, habe aber glücklicherweise kleine Gummischuhe an und bin daher von unten trocken. Sehr behaglich fühle ich mich trotzdem nicht, und bei schwachem Körper – keine Krankheit, nur Schwächung – ist die arme Seele sehr viel mehr den Gefahren ausgeliefert als sonst. Ich weiß das ja schon, aber Du weißt ja, dass das schönste Wissen nichts nutzen kann. An solchen Tagen sieht mein Leben ohne Dich an meiner Seite entsetzlich trostlos aus, und ich sehe mich schwach gegenüber der Aufgabe, es weiter mit Dir zu leben, auch wenn Du mir vorneweg geeilt bist. Es ist nicht überwältigend, aber es ist da, und ich weiß schon, dass mir erst wieder wohler ist, wenn ich bei den Freunden auf dem Bänkchen sitze. Sie allein kennen mein Leben, unser Leben, und daher bin ich bei ihnen aufgehoben. Ich schreibe Dir das, aber es darf Dich nicht belasten. Du weißt ja, dass es nicht immer leicht gehen kann. Ich erzähle es Dir halt.

Was soll ich Dir nun von F. erzählen. Auch er war sehr freundlich, aber Dix will er nicht. Es solle alles, was mit dem 20. zu tun habe, in einem möglichst kleinen Kreis von Anwälten bleiben. Stünde D. als Pflichtverteidiger auf der V. G. H.-Liste, dann ja, auch wenn er sich drauf setzen ließe, aber das wolle D. verständlicherweise nicht, denn dann bliebe ihm keine Zeit für die Privaten. Also nein. Ich habe dann versucht, ihm zu gefallen, aber auch wenn ich es getan habe, nutzt es nichts. Ich kenne ihn nun. Er ist ein gefährlich sprunghafter Mann, aber ein Mensch ist er auch irgendwo, wenn auch einer, der ständig Theater spielt und dazu phänomenal klug sein soll. Ein sehr gefährlicher Mann, aber nur unter Umständen. Ihm Achtung einzuflößen ist jedenfalls von Bedeutung für sein Urteil. Dass C. V. an ihn garnicht rankommen konnte, ist mir klar. Er hat mir erzählt, es gebe auch Freisprüche, Bismarck sei freigesprochen. Ein Richter dürfe nie ein Fehlurteil fällen u. a. Phrasen mehr. So war es nicht unangenehm, aber gänzlich ohne Erfolg. Hinterher sprach ich erneut mit dem Amtsrat[1] und hörte noch nichts Neues, aber nach dessen ganzer Art muss ich entnehmen, dass er neulich den Rat mit R. A. Weismann auch ernst als Rat gemeint hat. Der ist auch nicht die Bosheit in Person. So was gibt es nicht. Die beten ihren Baal ganz reinen Gewissens und voller Überzeugung an. – Ich nahm also Hercher und war um 10 bei ihm und hatte einen sehr guten Eindruck von ihm. Der wird alles tun, was er kann, Dir zu helfen. Der fällt Dir nicht in den Rücken. Er ist energisch und etwas berlinerisch und alt, aber alles andere als mümmelig. Er ist ohne Frage ein solider alter Mann und ein anständiger. Mit so jemandem kann man arbeiten. Er hat Sinn für menschliche Sauberkeit. Kurz, er hat mir gefallen. Wann er zu Dir kommen kann, weiß ich noch nicht. In der nächsten Woche ist er furchtbar besetzt, und obwohl der Herr Chefpräsident gesagt hat, er käme schon in den nächsten Tagen zu Dir, stimmt das nicht. Er kann erst zu Dir, wenn der Termin bekannt ist, üblicherweise 2–3 Tage vorher, aber ich werde noch sehen, dass er übernächste Woche bestimmt kommen kann, denn schließlich habe ich das Wort des Präsidenten. – Inzwischen kam Einsiedel, um Instruktionen zu empfangen. Er war ganz wie immer. Ich ließ ihn die nassen Schuh und Strümpfe ausziehen und gab ihm ein paar Wollsocken von Dir, und das war alles bei ihm wieder komisch! Er ist ein gutes Tier. Er lässt Dir sagen, generell fürchte er, rangeholt zu werden, weil er eine falsche Großmutter hat. (Das kann sowieso nichts helfen; das habe ich ihm auch gesagt.) Abgesehen davon ist er zu allem bereit, das ist er überhaupt, denn vor allem anderen will er Dir zur Verfügung stehen. Er bittet aber, 1. nicht als einziger Sachverständiger genannt zu werden (kommt ja wohl auch nicht in Frage), und möchte in Kreisau nur so und nicht zu Zwecken aufgetreten sein, während er Dir hier zur Verfügung gestanden habe. Ich aß mit ihm Suppe, und wir gingen los, er zum Luftschutz,[2] ich zu den Freunden. Da sitze ich nun und erfuhr, was ich erwartet hatte, dass Du zufrieden warst und auch, dass man Dich geholt hat. Wohl zum Diktat? Wenn in die Pr. A. Str., dann bin ich da 10 vor 10 – halb 11 da vorbeigegangen, und Du warst vielleicht da! Hercher wohnt nämlich Friedrich-/ Ecke Zimmerstr. – Ich bin dankbar, dass Du gut geschlafen hast, mein Lieber, mein Guter, mein Herz. Ich will schon immer sagen: Du hast mich erst wieder darauf gebracht, dass wir ja mit dem Föhlchen schon sehr liebe Erinnerungen haben. Jetzt trage ich es noch viel lieber! – Dann möchte ich Dir noch sagen, dass ich mir Deine Bitte, mich nicht zu ärgern, sehr zu Herzen genommen habe. Mein liebes Herz, ich sehe Deine vor Mitleid gefüllten Augen immer vor mir, wenn ich dran denke, und das wird mir hoffentlich auch im Ärger so gehen.

Mein Liebster, wieviel Schönes haben wir in diesen Wochen erlebt. Wenn ich mir das ins Bewusstsein rufe, verschwindet und versinkt aller Kummer, und unsere Liebe und unser Glück leuchten in schönstem Glanz. Ich will mich auch nicht beklagen, ich will immer wieder danken und vor allem mit innigster Liebe bei Dir stehen, mein Herz. Ich möchte Kräfte haben für die kommenden Wochen. Ich möchte, mein Liebster, die kostbaren Tage nicht verpassen. Ich will lieber Kummer und Leid tragen und kämpfen müssen, aber dafür noch neben Dir stehen und die letzten Wochen und Tage so nahe bei Dir sein, wie nur eben möglich. Gott helfe uns dazu. Ohne seine Hilfe geht es nicht. Ich umarme Dich zärtlich, mein Jäm, und bin und bleibe für immer und voller Liebe Dein P.

Mir fällt noch ein: Bü. ist auf Dienstreise und das Gesuch daher nur bis zu Keitel zu verfolgen, bis er zurück ist. Aber seine eventuelle Abgabe an den Justizminister wird jedenfalls vermieden: Es wird dann zurückgegeben. Aber wie gesagt: Ich weiß noch nichts. Brigitte hat um 12 gehört: sehr wahrscheinlich am 7. oder 8. 12. Gute Nacht, mein Liebster. Heute muss ich mit Brigitte zu C. D.

1 Amtsrat Thiele. *2* Der organisierte Einsatz der Bevölkerung bei Luftangriffen.

Freya an Helmuth James, 16. November 1944[1]

Berlin, d. 16. Nov. 44

Mein Lieber, Du brauchst sicher nötig einen Kopfkissenbezug, aber den kann ich erst aus Kreisau mitbringen, weil hier keiner übrig ist. Ich komme gleich nächste Woche damit.

Es geht uns gut. Es war ein großes Glück, Dich zu sehen und festzustellen, dass es Dir gut geht.

Ich fahre morgen früh um 8 nach Hause und bin Dienstag früh wieder hier. Ich werde über Breslau hierher kommen, um die Patronatssache[2] zu klären und den Abend bei Wend[3] und Asta zu verbringen, da Wend Geburtstag hat und ich ihn (sie) sonst nicht sehe. Voriges Jahr am 17. begann Astas Unglück und damit die Serie!

Du weißt, wie es mir ums Herz ist, und ich wie Dir. So ist und bleibt es! Bleib, wie Du bist.

1 Brief mit Wäschetausch. *2* Das Patronat gab dem Besitzer von Kreisau das Recht, dem Konsistorialrat einen Vorschlag für die Besetzung des Pfarramts zu machen. *3* Wend Wendland, Ehemann von Helmuths Schwester Asta.

Helmuth James an Freya, 16. November 1944[1]

Mein Lieber, vielen Dank, ich brauche vor allem 1 Paar Schuhe und 1 Stück Seife, aber bitte ein ganz kleines, dreiviertel verbrauchtes Stück von Dir. Kein neues.

Mir geht es sehr gut. Herzliche Grüße an alle, schließe die Patronatssache ab. Gute Wünsche an Wend und Asta. Ich werde ihrer herzlichst gedenken. J.

1 Brief mit Wäschetausch.

Freya an Helmuth James, 17. November 1944

Freitag Nachmittag

Mein liebes Herz, ich habe scheußliche Kernseife im Gebrauch. Ich werde, mein Lieber, aber gleich ein kleines Stück schöne Seife anbrauchen und Dir Mittwoch bringen. Du sollst Dich wenigstens noch mit schöner Seife waschen können. Mein Wirt, es war schön bei Dir heute früh. Ich freute mich am «sehr gut», denn noch habe ich keine schriftliche Nachricht seit dem Dienstag bekommen. Obwohl ich weiß, dass es so ist, freute es mich doch. – Eben bekomme ich einen Anruf. F. ist nicht weggefahren, wie er wollte. Es kann sein, dass der Termin dann doch schon eher als jetzt erwartet ist, denn er wollte 6 Tage weg sein. Ich habe sofort beim Senat angerufen, aber dort ist schon niemand mehr. Ich werde also morgen nicht um 8, sondern erst um halb 11 fahren, denn die Auskunft muss ich noch haben, und bin ich nicht sicher, dass die nächste Woche noch ruhig bleibt, so weiß ich noch nicht, ob ich nicht morgen noch hinter Adrian herjage, um festzustellen, wie weit die Sache bei ihm ist. Mich hat der Anruf sehr bestürzt, ich habe daran bemerkt, wie glücklich ich doch im Besitze eines jeden Tages bin, und wie ich mich immer wieder neu richten muss und immer wieder neu anfangen muss, wenn ich das Ende kommen sehe. Mein Jäm, ich kenne den Weg, und ich fühle unsere Nähe, und ich bin gerüstet, aber jedes Krümchen Glück verführt mich wieder neu, und Dir geht es genauso, noch viel schlimmer. Aber je schwerer es ist, je mühsamer der Weg, desto stärker fühlen wir Gottes Trost und seine Hilfe, auch das weiß ich genau. Ja, ich bin gut ausgerüstet, bin ausgerüstet mit Glück und Dankbarkeit und weiß von Vielem mit Dir zusammen, was mir, was uns niemand nehmen kann. – Mein Jäm, mich beschäftigt die Ausrüstung für den Tag des Termins. Hast Du Kaffeebohnen genug? Ich werde versuchen, Hercher eine Thermosflasche mit Tee für Dich zu geben, aber ich bin nicht sicher, dass er an Dich ran kann. Außerdem bringe ich Dir noch einmal Schokolade mit. Die sollst Du in der Pause oder auch vorher essen. Es wird Dir schon gelingen, sie in die P. A. Str.[1] zu retten: Iss sie, mein Jäm, Deine Söhnchen bekommen auch mal wieder welche, und für sie ist dieser Tag auch wichtiger als Schokolade! Pfefferkuchen schmeckt denen auch. Was kann ich sonst noch tun? In die P. A. Str. darf man 1 oder 2 × in der Woche Essen bringen. Man weiß aber nicht, ob das mit den Tagen auskommt. Erwin ist übrigens garnicht da gewesen. So, das wäre das. Von mir gibt es sonst nicht viel zu erzählen. Den Tag des Termins werde ich alleine verbringen. Ich will mich nicht zerstreuen lassen. Ich werde sehen, ob ich erreiche, dass Hercher mich sofort anruft, wenn das Urteil gesprochen ist. Damit meine Gedanken und meine Gebete Dich danach begleiten können. Du sollst dann nicht mehr an mich denken, aber ich an Dich. Die einzigen Menschen, die ich an dem Tag sehen könnte, sind P.s. Ich meine, ich sollte keinen Versuch machen, ins Kammergericht zu kommen. Mein Anblick könnte Dich nur zerstreuen, und es ist beinahe unwahrscheinlich, dass ich Dich überhaupt sehe oder Du mich. Ich müsste dazu das Gelände genau studieren und die Frage, ob Ihr über den Gang in den Verhandlungssaal kommt, oder direkt. Ich kann das durch die Sekretärin im Anwaltszimmer feststellen lassen, die nett ist und die ich von Erwin her kenne. Ich möchte Deine Meinung hierüber haben. Schrieb ich Dir gestern schon: Der Amtsrat Thiele sagte mir: «Ich bin bisher in jeder Verhandlung gewesen. Man sieht schon am Auftreten und an der Haltung, ob einer schuldig oder unschuldig ist.» Ich bin sicher, dass Deine innere Haltung nicht nur für Dich, sondern überhaupt wesentlich ist. Ich glaube ja doch nicht, dass die Verhandlung *nur* eine Komödie, Tragödie ist richtiger, ist. Mindestens ist Deine Haltung für den Gang der Sache wichtig. Ich bin ja so froh, dass Du eine feste Linie hast und diese Linie kühn ist. Das erleichtert die Haltung. Mein Jäm, ich bin nicht ehrgeizig für Dich; die Schwere dieses Tages ist mir kaum ausdenkbar. Ich habe aber den Glauben, dass Du das gut überstehen wirst. Ich bitte Gott, dass er Dir Kraft und Stärke und Ruhe, Moltkesche Ruhe, geben wird. Außer dem Leben können sie Dir ja nichts nehmen! Ob Du das mit 38 oder 46 verlierst, ist so wesentlich nicht, wie, dass Du als reicher Mann stirbst: Du weißt wofür; Du stirbst im Glauben, Du stirbst nach einem kurzen, schönen Leben. Mich verlässt Du gestärkt, hast selbst mir dazu verhelfen dürfen, weißt, dass mir das Leben an sich leicht fällt; und wir beide wissen, dass wir uns nie verlieren werden, weil unsere Liebe uns auf immer vereint. Alle Höllen und alle Peinen, alle Tränen und alles Leid kann daran nichts ändern: «Furcht ist nicht in der Liebe, sondern die völlige Liebe treibt die Furcht aus.»[2] Findest Du das auch so trostreich und so schön, oder ist das nur für mich gerade so schön? Mein Jäm, Weihnachten wirst Du noch ganz nah bei mir sein, da musst Du mir wirklich helfen, denn sonst wird es zu schwierig. So, mein geliebtes Herz, jetzt fahre ich zu den Freunden. Ich hole mir unterwegs noch einen Brief von M. D. Als Haus vorhin anrief, freute ich mich richtig, dass der nette Mann wieder da ist. Er fährt aber nächste Woche noch einmal nach Godesberg. Jowo will ich auf alle Fälle bestellen, Haus wird vielleicht auch da sein. Aber vor allem gibt es P.s – P. war weise und sagte, ich solle ruhig um 8 nach Kr. fahren. Dorothee macht die Telefone, und sollte die Auskunft sehr beunruhigend sein, was wir alle nicht annehmen, so werde ich benachrichtigt. P. glaubt nicht, dass es so schnell gehen wird. – Über Deine Vernehmung bin ich starr! Es ärgert mich nicht, aber es ist doch erstaunlich. Ich dachte nicht, dass es so böse Menschen gibt! Über Adrian muss ich noch nachdenken. Aber auch das habe ich nicht für möglich gehalten. Ich hoffe, Du hast das für ihn eindeutig klären können. Mein 2. Brief ist ihnen doch in die falsche Kehle gegangen, scheint mir, aber das kann man auch noch nicht einmal wissen. Jedenfalls sehen sie Dich ganz falsch, und das ärgert mich beinahe. – Mein Lieber, und doch ist das alles «Kappes»,[3] und wir Glücklichen wissen, was zählt. Mein Lieber, meine Liebe ist groß. Gott behüte Dich, mein Herz, behüte uns. Ich bin und bleibe immer Dein P.

1 Die Gefangenen wurden meistens am Tag vor der Gerichtsverhandlung in die Gestapo-Zentrale in die Prinz-Albrecht-Straße gebracht, vermutlich zur administrativen Vereinfachung, möglicherweise auch zu verstärkten Vernehmungen. *2* Siehe Freyas Brief vom 14. November 1944, S. 189. *3* Unfug.

Helmuth James an Freya, 19. November 1944 (offizieller Brief)

Strafgefängnis Berlin-Tegel
19. 11. 44.

Mein Lieber, vergangene Woche kam kein Brief von Dir; so hoffe ich nun auf die ersten Tage der neuen Woche. Aber, mein Lieber, wie froh war ich, das Notwendigste wenigstens mit Dir besprechen zu können und Euch so wenigstens noch ein wenig beizustehen. Die Düngerfrage beunruhigt mich natürlich sehr, denn es gibt da nur die Wahl zwischen Herabsetzung der Intensität des Gesamtbetriebes oder dem Eingehen eines nicht unerheblichen Risiko's in der Halmfruchternte. Ich meine aber, dass wir den zweiten Weg gehen müssen. Wir müssen eben hoffen, dass uns das Wetter hilft und dass wir genügend Hilfskräfte haben werden, um durch Ackerpflege etwas von dem fehlenden Dünger zu ersetzen.

Mir geht es weiter im Ganzen gut. Ich habe mir durch meine kaputten Schuhe nasse Füße und durch diese eine Erkältung zugezogen, die in mir wandert und im Augenblick die Form eines Hexenschusses angenommen hat, nachdem sie vorher Kopf und Hals beehrt hatte. Es ist aber garnicht schlimm und wird in ein paar Tagen überstanden sein; ich erwähne es nur der Ehrlichkeit halber. Sonst sind Seele und Leib gesund und im Gleichgewicht.

Die Tage verfliegen mir wie im Sturm; sie sind so kurz, weil wir so lange im Bett liegen und so rasend viel schlafen. Heute beginnt mein elfter Haftmonat, und vor einem Jahr kam ich das letzte Mal für drei Tage friedlich nach Hause. Asta lag im Krankenhaus, und eh ich am 23. früh in Berlin ankam, war Derfflingerstr.[1] und Tirpitzufer[2] verbrannt, und danach gab es nur noch unbeschreiblich viel, wenn auch erfolgreiche Arbeit, bis zum 19. 1.,[3] mit dem die große Ruhe einsetzte.

Ob Du bei Deiner Rückkehr in Kreisau alles wohl und in Ordnung gefunden hast? Der November und Anfang Dezember sind immer unsere tückische Jahreszeit, in der alles dazu neigt zu kickern und bei dem ständigen Regen ist das gewiss eine Gefahr. Aber Frau Pick wird doch hoffentlich auf Deine Söhne gut aufpassen. Im späten Winter ist das dann nicht mehr so schlimm. Hast Du eigentlich in diesem Herbst Obstbäume bekommen? Wie ist es eigentlich in diesem Jahr mit dem Holzmachen? Z. sollte doch am besten den vorderen Teil des Hinterbusches fertig machen, müsste aber zum Frühjahr dort pflanzen. Ob Ihr noch Pflanzen bekommen könnt? Im Grunde wäre es sehr nötig, das fertig zu machen, nur wird das im Frühjahr schrecklich mit dem Zwang zu intensivster Ackerarbeit und Pflege auch der Wintersaat kollidieren. Denn was man denen an Dünger nicht geben kann, muss man an Hackarbeit zulegen.

Mein Herz, der Bogen ist zu Ende. Ich lasse einen Berg von Arbeit und Verantwortung auf Dir. Lass Dich nichts anfechten, bleib getrost und freudig. J.

1 Helmuths Wohnung in Berlin. *2* Sitz mehrerer Ministerien und Oberkommandos; auch Helmuth hatte dort bis November 1943 seine Dienststelle. Seine Abteilung wurde in die Lansstraße ausquartiert. *3* Der Tag seiner Verhaftung.

Helmuth James an Freya, 19. November 1944

Tegel, den 19. 11. 44.

Mein Lieber, erst habe ich eine kleine Liste sachlicher Dinge. Bitte frage doch gelegentlich Frl. Thiel *a.*, wie die Beihefte 1+2 zu D. 1.[1] heißen würden, *b.* ob das Beiheft 3 «Behandlung des von den Feinden besetzten Gebiets durch Achsenmächte» die alte, von mir angelegte Akte ist. Ich nehme das mit Sicherheit an. Aber frage es sie beides nicht in Gegenwart von Oxé; Du kannst es aber ruhig telephonisch anfragen, nur möglichst, wenn sie allein im Zimmer ist.

2. Zur Frage Grafentitel bin ich eigentlich der Meinung, C'chen sollte gleich gegraft werden. Das ist eigentlich das Einzige, was sich halten lässt. Aber vielleicht siehst Du noch ein Mal im Grafendiplom nach.

3. Vielleicht wäre es zweckmäßig, wenn Hercher, ehe er die Anklageschrift hat, im Auftrage der Familie einen Schriftsatz einreicht, in dem etwa folgendes steht: «Kreisau ist des Feldmarschall's wegen Erbhof geworden kraft Zulassung. Die Familie ist unterrichtet worden, dass die Gefahr besteht, dass das Vermögen des jetzigen Bauern eingezogen wird. Dadurch würde Kreisau die Erbhofeigenschaft verlieren. Es wird gebeten, für den Fall, dass eine Vermögenseinziehung ausgesprochen werden sollte, diese auf das erbhoffreie Vermögen des Bauern zu beschränken. Der Übergang des Erbhofes auf ein anderes Glied der Familie kann im Wege der Abmeierung[2] jederzeit erfolgen, nachdem Anklage erhoben ist.» Dabei erheben sich folgende Fragen:

a. Wer soll diesen Antrag stellen? Jowo, C. V., Bill, Davy für ihre Söhne?
b. Welcher Anwalt? Hercher, der mich vertritt, oder lieber Dix, damit Hercher nicht in der mündlichen Verhandlung darauf zurückkommen muss. Aber es muss mit Hercher besprochen werden.
c. Zustimmung des SD zu diesem Antrag?

4. Nächsten Mittwoch brauche ich noch keine Wäsche; die reicht bis übernächsten Mittwoch; nur Schuhe und Seife.
5. In Ravensbrück haben wir die Zeitungen über die 20. 7.-Verfahren nicht bekommen. Sollten sie beschaffbar sein, so wäre es vielleicht doch nützlich, wenn ich wüsste, was damals veröffentlicht wurde. Es handelt sich nur um die Zeitungen vom 5., 9. und 10. August.
6. Vielleicht kann P. mir eine Flasche essigsaure Tonerde bringen; die kann ich ja mitgebracht haben, und ich muss am Tage des Termins doch wenigstens nicht heiser sein.
7. Der Termintag: Kein Essen in die P. A. Ich nehme von hier Brot, Wurst und Speck mit, außerdem eine Büchse Sardinen, die ich für diesen Zweck schon immer gespart habe.
   Keine Schokolade. Ich habe eine Tafel Schokolade, türkische, für diesen Tag gespart. Das tut es reichlich. Ich glaube ja, dass man an so einem Tag nicht sehr hungrig ist.
   Vielleicht noch ein paar Kaffeebohnen.
   Komm nicht ins K. G.[3] Der Abschiedsblick würde uns nicht glücklich machen, verfehlen wir uns, dann bist Du unglücklich, sehe ich Dich, so weiß ich nicht, ob mich das für den Termin stärkt. Ich habe das Gefühl, dass ich mich am sichersten fühle, wenn ich vorher mit allem abgeschlossen habe und mich nur noch für diesen Kampf und seine Folgen rüste. Ein Blick zurück kann unter solchen Umständen gefährlich sein. – Bleib still zu Haus oder bei Poelchau's; stehe Deinem Wirt bei mit tiefer Ruhe. Lass Dich nicht zerstreuen an jenem Tag und sause nicht in der Weltgeschichte herum, es sei denn, dass sich irgendeine ganz außergewöhnliche Situation ergibt. Aber im Ganzen ist es so: Was bis dahin nicht präpariert ist, kann nicht mehr wirksam werden.

8. Ich habe natürlich ein großes Interesse daran, Hercher so früh wie es Sinn hat und möglichst ausführlich zu sehen. Bekäme er 2 Mal Sprecherlaubnis, ein Mal, ehe er die Akte gesehen hat, und ein Mal später, so wäre es noch besser. Ich komme bestimmt in die P. A. Nur die Leute aus der Lehrter Str. die ja schon in SD-Gewahrsam sind, bleiben dort; wir aber kommen am Tage vorher mittags hier weg. Hercher muss also spätestens am Tage vorher vormittags hier gewesen sein, besser natürlich früher.
9. Ich bitte um Honig und wenn möglich Rauchwaren.

Mein Herz, mit großer Zärtlichkeit habe ich heute früh, als um 6.30 die Aufstehglocke ausklang, Eurer gedacht, wie Ihr nun wohl zu dritt in Deinem Bett liegen würdet. Welch' ein liebes Bild war das. Hoffentlich findest Du zu Hause alles wohlauf. Heute vor einem Jahr kam ich das letzte Mal richtig friedlich nach Hause, denn der Schreck über Asta war schon im Abklingen. Am 21. waren wir zu dritt im Krankenhaus, und am 22. abends waren wir beide in Breslau, wo ich schlief; als ich um 11 nach Berlin kam, war die Derfflingerstr. verbrannt. Welch' ein Jahr für meinen Pim, und wie gut hat er es überstanden. Der Herr erhalte Dich in seiner Gnade, damit Du alles, was noch kommt, auch in dem Gefühl überstehst, dass Du in seinem Schoße liegst.

Der Trostbrief von M. D. an Dich hat mich sehr gefreut. Sie hat auch viel zugelernt; wenn man bedenkt, um was sie sich früher immer Sorgen machte, so ist die jetzige Stärke, die doch aus dem Brief im Ganzen spricht, sehr erfreulich. – Ja, mein Herz, ich darf mich nicht beklagen, wenn ich jetzt sterben muss. Ich bin sicher für den Tod so gut gerüstet, wie es mir nur möglich ist, ich habe eine reiche Ernte gehalten, ich hinterlasse Dich innerlich wohlausgerüstet und umgeben von Menschen, die die gleiche Ausrüstung in sich tragen und Dir beistehen können; ich hinterlasse Dich mit 2 lieben Söhnchen und in materieller Hinsicht in keiner katastrophalen, sondern in einer ordnungsfähigen Lage. Ich fühle mich auch ganz wegfertig. Aber das ändert nichts daran, dass mir das Sterben nicht einfach leichtfällt; das soll es wohl auch nicht; aber das merkwürdige ist, dass es mir jedes Mal, wenn ich mich wieder darauf rüste, schwerer wird, Abschied zu nehmen. Es ist so, als wenn Du eine Holzschraube immer wieder einschraubst und ausschraubst und dadurch der Gang etwas locker wird, sodass Du, wenn Du sie wieder einschraubst, eine Drehung tiefer schrauben musst, und das geht dann jedes Mal schwerer. Es tut garnichts, kommt mir auch garnicht darauf an, ist auch ein Zeichen dafür, dass der Lebenswille, den ich für den Termin brauche, da ist; ich will nur, dass Du weißt, dass man sich an so etwas nicht gewöhnt. Für Stauffenberg und auch für Peter war das viel leichter:

Geschwindigkeit ist eine Erleichterung. Trotzdem bin ich für jeden Tag dankbar, und wenn ich etwa nach meiner Verurteilung noch in der Prinz Albrechtstr. sitzen muss, so werde ich auch dort jeden Tag genießen; darüber ist kein Zweifel, aber ein schneller Tod nach dem Urteil ist eine Mildtätigkeit. Ob das eine absolute Gesetzmäßigkeit ist oder ob das am Alter liegt, weiß ich nicht; individuell ist es sicher nicht; ich habe den Eindruck, dass es nur ganz jungen Menschen, so bis 21 oder 25 viel leichter fällt zu sterben; je älter man wird, umso schwerer.

Mein Herz, jetzt kommt wieder etwas Anderes. Ich muss damit rechnen, dass ich wegen meines Schriftsatzes neu vernommen werde; denn manches darin wird den Herren nicht passen und sie werden mich wohl unter Druck zu setzen versuchen, damit ich abändere oder widerrufe. Andere Stellen werden wohl ihre Neugier erwecken, sodass sie mehr darüber zu wissen wünschen. Es ist möglich, dass sie mich dann bald in die Prinz Albrechtstr. holen. Lass Dich's nicht anfechten, aber sieh zu, dass Du mir Essen dorthin bringen kannst. – Ja, Weihnachten macht mir auch Sorge, wenn ich da gerade frisch tot bin. Überleg' doch mal, ob nicht unter den Frauen eine ist, die Herrn Thiel bestechen kann. Bestechlich ist er sicher. Vielleicht kann er den Termin bis nach Weihnachten schieben. Schließlich wäre Dir Weihnachten doch leichter, wenn ich noch lebte. – Dabei fällt mir ein: Hast Du Haubach eigentlich mitteilen können, was ich über die Anfragen von ihm und Carlo bei den SS-Führern in meinem Schriftsatz gesagt habe?[4] Das wäre ziemlich wichtig, wenn es geschehen könnte. – Noch etwas: Kümmert sich eigentlich jemand um Steltzer? Tu Du es nicht, aber wenn Jowo kommt, kann er der Frage vielleicht nachgehen und jemanden auftreiben. Oder vielleicht kann Frl. Schellhase das mit übernehmen. Die kleinste Kleinigkeit ist eben doch in der Zelle häufig eine große Stärkung.

Ja, 1. Johannes 4,18[5] finde ich auch sehr schön, und diese ganze Stelle von «Gott ist Liebe» bis zum Schluss ist jetzt in mein Lernprogramm mit aufgenommen. Die Stelle passt aber besser auf Dich als auf mich, weil bei Dir die mögliche Furcht um mich kreist, bei mir aber nach außen gewendet ist. Aber ich finde sie sehr schön und bin glücklich, eine Stelle zu lesen, die mich vornehmlich an meinen Pim erinnert.

Mein Herz, eines ist ganz sicher, und das ist, dass ich um die Erhaltung und Stärkung meines Glaubens immer wieder bitten muss. Wenn ich in dem Punkt sicher bin, dann ist alles gut, dann bin ich doch unanfechtbar, und vielleicht vermag ich dann etwas von dieser Sicherheit auch im Termin auszustrahlen. Das Schlimme ist nur, dass ich jetzt erkannt habe – d. h. intellektuell habe ich es immer gewusst –, dass ich gar keinen Anspruch darauf habe, glauben zu dürfen, dass aber schon das Glauben eine

Gnade ist, die durch keine Übungen, durch keine Konzentration, durch keinen Willen in mich hinein gebrannt werden kann. Es ist eben kein Bewusstes. Und daher lebe ich seitdem in einem Gefühl der Furcht, einer edlen Furcht sozusagen, ob er mir den Glauben erhalten wird. Wenn ich nachts aufwache, dann ist so eine Art spontane Reaktion der Gedanke: Glaube ich noch? Dieses Gefühl völliger Abhängigkeit ist eben neu, und ich hoffe, mit ihm meine Hoffart klein zu halten. Aber das ist immer wieder schwer.

Im übrigen, vor einem glaubensmäßigen Tief zu den entscheidenden Zeiten, also Termin und Hinrichtung, habe ich keine Sorge, weil das auf einem ganz anderen Niveau, sozusagen dem Prestige-Niveau, liegt und in den Beziehungen, die mich jetzt vor allem beschäftigen, spielt dieses Niveau garkeine Rolle: Das Tief ist schlimm, wann immer es kommt, und dieses Faktum ist so wichtig, dass demgegenüber die Frage, ob das gerade in eine Zeit fällt, in der ich es aus menschlichen Gründen nicht gebrauchen kann, ganz belanglos.

Eben kommt mir noch ein Gedanke zur Frage der Heraushaltung des Erbhofes. Ich würde doch sagen: Der Erbhof sei von mir immer als Treuhandeigentum angesehen worden, so wie es früher beim Fideikommiss[6] das Obereigentum der Familie gegeben habe. Diese Auffassung entspreche der seitherigen Übung und der Familientradition. Erträge habe Kreisau noch nie gebracht, ich hätte deshalb von anderem Einkommen – bitte nicht sagen, als Anwalt – gelebt und sogar noch Geld in Kreisau hineingesteckt. Das alles sollte, geschickt zusammengestellt, doch ein ganz gutes Argument geben. Ich meine, Dix sollte das machen und nicht Hercher, aber beredet es. Es wäre gut, vom Finanzamt Schweidnitz oder einfach von der Buchführungsstelle eine Zusammenstellung des «Einkommen aus Landwirtschaft» so wie es zur Steuer veranlagt wurde, für die letzten 10 Jahre zu beschaffen. Vielleicht eine Erklärung von Lieber,[7] etwa so:

> Wir haben die gesamte Buchführung des Erbhofes Kreisau seit 1930 unter uns. Die Erträge, die in den letzten 10 Jahren die Grundlage für die Einkommensteuerfestsetzung der [?] gebildet haben, waren folgende:
>
> …

Mein liebes Herz, voll Dankbarkeit blicke ich auf diesen 10ten Monat meiner Haft zurück. Wie schön war das. Jeden Tag, den Gott uns noch zusammen auf dieser Erde schenkt, müssen wir und werden wir mit Dank genießen, jedes Krümchen Glück aufpicken. Denn so groß unser Reichtum ist, so gesättigt mit glücklichen Gedanken wir sind, haben wir doch dieses Glück so recht aufnehmen gelernt und es in jedem Sekündchen genießen gelernt. Jeder Tag, der uns noch geschenkt wird, ist eben ein großes Geschenk, und wenn nun das Ende kommt, so gibt es eben etwas sehr Kostbares, wovon wir uns trennen müssen. Das wollen wir nicht verkleinern und uns nicht vormachen, es wäre nicht so schlimm. Es ist schlimm, und wir wollen trotzdem «Ja» dazu sagen, weil oder vielmehr wann es des Herrn Ratschluss ist, nicht nur «Ja», weil wir müssen, sondern auch «Ja», weil wir wollen, was er will, weil wir unseren Willen nur in seinem voll erfüllen können.

Leb wohl, mein Herz. Du kennst meine Gedanken, sodass ich nichts weiter zu sagen habe. J.

1 Aktentitel. *2* Entzug eines Meierhofs. *3* Zeitweilig tagte der Volksgerichtshof im Kammergericht. *4* Siehe Helmuths Brief vom 21. Dezember 1944, S. 376. *5* Siehe Freyas Brief vom 17. November 1944, S. 189. *6* Unveräußerliches und unteilbares Vermögen einer Familie. *7* Vermutlich der Steuerberater.

Helmuth James an Freya, 21. November 1944

Tegel, den 21. 11. 44

Mein liebes Herz, heute bin ich mal ein wenig lustlos. Garnicht schlimm, aber so ein Gemisch von ein wenig Kleingläubigkeit, etwas Erkältung, etwas Druck von der Dunkelheit in der Zelle und dem ständigen Wind draußen. Das muss wohl mal sein. Dabei ist es nichts, was der ernsthaften Bekämpfung wert wäre; es ist auf einem zu albernen Niveau. Heute Nachmittag werde ich mal nicht schreiben,[1] sondern mich ruhig fesseln lassen und in den beiden Büchern lesen und hoffe, dass es dann abends vorüber ist. Es liegt wohl auch daran, dass ich im Augenblick auf die Vernehmungen warte, denen mit einiger Sorge entgegen sehe und immerhin mit der Möglichkeit rechnen muss, dass ich zu diesem Zweck in die Prinz-Albrechtstr. überführt werde.[2] Das alles dürfte mich natürlich garnicht belasten, da ich schließlich auch in der P. A. in Gottes Schoß liege, aber «wie schwerlich lässt sich Fleisch und Blut, zwingen zu dem ewigen Gut».[3] Ich erzähle es Dir auch nur der Wahrhaftigkeit meiner Berichterstattung halber. Es ist kein bisschen einer ernsthaften Krise des Vertrauens zu Gott, nein, es ist alles auf einer ganz minderen Ebene, und da ich an meinen Sachen schreibe, bin ich nicht gewogen, mich von dieser Ebene zu erheben, und so schleiche ich auf dieser dahin. Aber am Nachmittag wird das in die Hand genommen und so Gott will auch bereinigt.

Mein Herz, nun bist Du also zurück, und ich bin sehr gespannt zu hören, wie alles war und wie Du alles gefunden hast. Hast Du auch Ulla gesagt, sie solle wacker für mich arbeiten? Wie mag es den Söhnchen gehen? Hoffentlich wird Dir jetzt keiner krank, denn das ist die schlimmste Zeit, krank zu werden. Die sinkende Sonne macht diesen Monat immer so unangenehm. – Du siehst, mein Lieber, ich habe im Grunde garnichts zu berichten. Ich habe diese Tage, d. h. den Montag, nur so hingebracht, habe mich mittel gefühlt, nichts besonders Schönes gedacht und den Tag recht vertrödelt. Seit ich an meiner Verteidigung ernsthaft arbeite, passiert das leider zuweilen, dass ich viele Stunden mit diesem Mist verbringe. Aber ich habe das Gefühl, ich müsste es tun und im Technischen wenigstens vorbereiten, was sich vorbereiten lässt. Nur ist es wiederum Unrecht, von den wenigen Tagen, die ich wahrscheinlich nur noch habe, so viel Zeit auf diese Dinge zu wenden.

Mein Lieber, mir ist folgendes eingefallen, aber nur für den Fall, dass ich in die P. A. komme: Du kannst ja Hercher sagen, ich hätte Dir bei unserer Sprechstunde gesagt, dass ich mit Datum vom 12. 11. eine Rechtfertigungsschrift an den V. G. H. gesandt hätte, und ihn fragen, ob er die in der Akte gesehen hat. Hat er sie nicht gesehen, dann würde ich überlegen, ihm eine Abschrift von dem Exemplar zu geben, das ich mit dem letzten Wäschetausch rausgegeben habe. Denn wenn er nicht ein Mal weiß, wie ich mich verteidigen will, wie soll das dann gehen, zumal ja möglich ist, dass die Herren in der P. A. mich so präparieren, dass ich nicht mit voller Kraft selbst auf diese Dinge zurückkommen kann.

Ach ja, eine Stelle in der Bibel hat mich gestern doch besonders erfreut, 2. Kor. 12,7–9, wo Paulus um Befreiung von dem Satan bittet und der Herr ihm nur antwortet «Lass Dir an meiner Gnade genügen.» Das ist sehr schön dargestellt. – Mein Herz, noch zu meinem Ausbruch über C. V.: Ich bin ihm keinen Augenblick gram gewesen oder vorwurfsvoll. Ich bin natürlich dankbar, dass er überhaupt etwas tut, und doppelt dankbar, wenn ich von Dir höre, dass er sich ganz energisch eingesetzt hat. Mein Ausbruch galt mehr mir: dass ich Dich ihm ausgeliefert hätte, wissend, dass er nicht zureicht. Ist das klar?

Mein liebes Herz, es ist schön, dass Du wieder in der Nähe bist. Morgen kommst Du wieder her, und darauf freue ich mich schon. Lass es Dir nur wohl ergehen, mein Lieber, bete für Deinen Wirt, *a.* dass der Herr ihm gnädig sei und seinen Glauben stärke, und *b.* dass er ihm das Leben erhalte. Wir haben ein Recht, darum zu bitten und auch daran zu glauben. Kennst Du eigentlich die Geschichte, wie der König Hiskia um eine Verlängerung seines Lebens bittet und Gott ihm 15 Jahre zugibt. Ich will mal rasch sehen, wo das steht. 2. Könige 20. – Das ist kein schöner Brief, mein liebes Herz, und eigentlich hättest Du doch einen sehr schönen wegen Deiner Rückkehr verdient. Aber ich habe Dich, auch wenn ich lustlos bin, ganz, ganz fest lieb, mein liebstes Herz, mein Teil von mir, den ich lebend oder tot nicht lasse. J.

1 Gemeint ist: an dem Schriftstück schreiben, wofür Helmuth offenbar entfesselt wurde. *2* Helmuth musste in der Gestapo-Zentrale in der Prinz-Albrecht-Straße mit Misshandlungen rechnen. *3* Zitat aus der Bach-Kantate «Ach Gott, wie manches Herzeleid».

Freya an Helmuth James, 20. November 1944

Kr. Montag Nachmittag

Mein Lieber, wie oft mögen Deine Gedanken uns hier gesucht haben. Mein liebes Herz, hier bist Du bei allem so sehr dabei. C.chen erörterte immer wieder die Frage, ob Du nicht bis Weihnachten herausgelassen werden würdest; alle denken so voller Liebe an Dich und voller Hoffnung auch. Ich fand jetzt den Abglanz meiner eigenen guten Stimmung, als ich das letzte Mal hier war, in allen Gemütern. Sie glauben alle, es stehe besser: Z., Schwester, Tante Leno, Frl. Hirsch, mein, Dein ganzes Haus war wohlgemuter – ohne Grund, aber dass sie es waren, war doch ganz schön. Wie sie aber alle an Dich denken! Wie sie Dich lieben, wie sie für Dich bitten! Ich möchte Dir das zu gerne übermitteln. Mein 3.[1] Gedanke, wenn etwas erfreulich ist, ist: Könnte er es sehen!: Unser C.chen, als er Sonnabend mit Schultasche, im grünen Lodenmantel und spitzer Mütze, mit schmutzigem Mund und Schlamm bespritzten Beinen an der Bahn stand, und wie sein Gesicht erstrahlte, als er mich sah. Wir zogen dann zusammen nach Hause, und er sagte gleich, er hätte erwogen, mir in die Schule Gummischuhe mitzunehmen!! Er hat sich wieder sehr verändert, nicht in der Art, da ist er ganz und gar unverändert und sehr kindlich, aber die Schule wird ganz anders behandelt und betrachtet. Er arbeitet viel schneller und präziser und eigentlich recht gut. Er schreibt schnell und ordentlich und rechnet nun bis zum 1 × 4 ganz schnell und gut. Er hat es nun verstanden, es fluppt nun. Genau so, wie er bisher fand, er könne nicht viel, so findet er jetzt sachlich und ruhig, er könne nun schon viel mehr und stünde viel besser in der Klasse. Er teilte mir auch gleich mit, Krauses Trecker werde von den Soldaten eingezogen, er dürfe nur noch Zuckerrüben nach Weizenrodau fahren und was weiß ich sonst noch. Er ist sehr erwachsen mit dem Herzen und ein großer, lieber Freund und sonst noch ein Spiel-Baby. Er und Konrad saßen gestern im Wohnzimmer nach der Vesper auf dem Boden und spielten mit alten

Spielkarten. Du weißt, wie und wo. Sie waren beide ganz versunken und sprachen eifrig dabei. Da dachte ich wieder: Könnte er doch einen Blick tun! Konrad, das arme Kind, hat arme Leut's Grind[2] auf dem Kopf und trägt eine merkwürdige Kapuze. Es stört ihn nicht sehr, aber es ist sehr unappetitlich, und anstelle seiner netten Löckchen hat er ölige Strähnen auf seinem Haupt. Mich stört es nicht. Die Söhnchen waren weitaus das Beste hier, sonst war es auch heimatlich und Dir nah, aber nichts besonderes gab es, aber ich empfand, was die Söhnchen in dieser bedrohlichen Lage für uns bedeuten, und war glücklich über sie. Sie sind dann auch so überströmend zärtlich mit mir, wollen beide nicht von mir lassen, und das ist sehr wohltuend für mich und eine große Verwöhnung. Wie das letzte Mal sagte Konrad gleich wieder: «Du mir anziehen». Er spielt sehr schön alleine. Das kann er besser als C.chen. Er sitzt einen ganzen Nachmittag auf dem Boden im Spielzimmer und fährt alleine mit kaputten Autos herum, lädt sie ein und aus. Heute war er im Bett, weil er Schnupfen hatte und es draußen sehr stürmte. Da hat er den ganzen Morgen alleine mit Büchern zugebracht. Im Haus war es friedlich, obwohl es wohl nicht ganz leicht zwischen Asta und der Pickin geht wegen Kompetenzstreitigkeiten. Lenchen geht nun Mittwoch, hoch befriedigt und mit dem Gefühl, dass ich ihr das verschafft habe: nach Hause. Sie wird ihre Mutter pflegen und die blinde Schwester vom Kaiser betreuen. Das ist natürlich sehr viel besser als Heliowatt![3] Kaiser hat nun den 4. und letzten Sohn verloren. Ist es nicht schrecklich. Sein Bruder, aus Köln geflohen, wird die 14 und 13 im Schloss beziehen. Schmudkes 4. Sohn ist auch gefallen, schrieb ich das schon! Welches Leid für alle diese Menschen! – Z. besuchte ich gleich am Sonnabend Nachmittag mit C.chen. Es ging ihm nicht schlecht, er fährt seine Rüben jetzt nach Weizenrodau, weil absolut keine Waggons mehr zu haben sind. Die Kartoffeln sind raus und fertig. Geackert hat er eine ganze Menge, aber die Rüben sind noch nicht alle raus. Diese Woche werden sie aber herauskommen. Noch 17 Morgen müssen gegrächelt werden. Für den Rübenheber war der Herbst auch wieder zu nass. 150 Ztr. Rüben werden wir sicher ernten. Wieviel Kartoffeln es genau werden, hat Z. noch nicht errechnet. Es ist ein schwieriges Wirtschaften mit dem dauernden Regen, aber in den 14 Tagen hat er doch ganz viel vor sich gebracht, und vor allem freuen einen

[Der Brief bricht hier ab]

1 Freya meinte vermutlich «Mein 1. Gedanke». *2* Vor allem bei Kindern vorkommende Grindflechte. *3* Es handelt sich möglicherweise um eine Anstellung bei den Heliowatt-Werken.

Freya an Helmuth James, 21. November 1944

Dienstag Nachmittag

Mein Lieber, ich hatte mich gestern Nachmittag so friedlich zum Schreiben gesetzt in dem Gefühl, viel Zeit vor mir zu haben, aber ein so gemächlicher Brief verlangt davon viel, und ehe ich mich versah, kam Ulla, die jetzt viel in meinem Zimmer wohnt und sitzt, da Asta auch in meinem Bett schläft, und kurz drauf die Vesper und C.chen. C.chen hatte mir versichert, er könne nicht schlafen; ich setzte ihm 2 Bonbönchen – immer noch von Deinen Pastillen – aus, er meinte, 1 ohne schlafen täte es auch, und schlief dann doch tief und fest und gut. Er braucht sehr viel Schlaf, das ist für sein Aussehen entscheidend. Er hat dann ganz rosa Farben und ist sonst manchmal sehr blass. Sein Gesicht ist letzthin männlicher geworden. Seine Nase wächst, seine Brauen sind sehr dunkel und sehr fein wie immer gezeichnet, und im Ganzen kann man jetzt auch bei ihm entdecken, dass *Du* und kein anderer Moltke-Mann sein Vater ist. Asta fand das auch neulich. Rädchen wachte mit ihm auf, blieb aber im Bett. Nach der Vesper mussten wir aber gleich weg, da um 5 im Schloss bei Tante Leno gesungen wurde: Editha,[1] Renate, Hans-Viggo, Katrin, Roland, Claus,[2] C.chen: Voradvent. Es war sehr nett. Dabei war noch Großvater Erwin,[3] ein sehr netter alter Mann und in vielem dem Sohn mich geradezu erschütternd ähnlich. Er war jetzt ein paar Wochen bei Romai, was ihm sehr angenehm war, aber er hat wie der Sohn keine Ruhe und will wieder zurück in seinen Westen, obwohl Romai ihn sehr gerne noch behalten möchte. Während die Kinder sangen, ging ich; ein paar Lieder sang ich aber noch mit und sagte mir und fühlte, dass, was auch immer geschehen würde, wir beide den Sinn von «Oh Du fröhliche …» Weihnachten auch noch wie heute zusammen bejahen würden und könnten. So hatte ich, während ich sang und auf mein zufrieden stotterndes C.chen herunter sah, einen von den beglückenden Augenblicken, in denen ich alles das, was wir beide als Gnade erfahren haben, in seiner ganzen Größe, Wärme und Fähigkeit, uns ganz zu erfüllen, empfand. Kennst Du das auch? Das brauche ich garnicht zu fragen. Ich weiß, dass Du es kennst. C.chen war ein bisschen traurig, als ich ging. Ich besuchte Schwester noch kurz und fuhr um 17.42. In Breslau sprach ich den Konsistorial-Rat. Wir werden den Pastor Sims wohl erst Mitte Januar bekommen, keine Christnacht haben und auch niemanden bei der Schwester.[4] Sonst wird es wohl keine Schwierigkeiten machen. Ich hörte von Sims noch folgendes: Er ist 6 Jahre Kaufmann gewesen und hat dann erst Theologie studiert. Sein 1. Examen hat er bei der B. K.[5] abgelegt, also sozusagen illegal, ist aber dann von dem schles. Konsistorium übernommen worden und hat dort seine 2. Prüfung gemacht und die vor nicht allzu langer Zeit. Er ist 36 Jahre. Ich hatte ja damals auch einen guten Eindruck von ihm. An sich ist: der B. K. nahe stehen, ihr aber nicht ganz verfallen sein, das, was wir brauchen. Wir müssen aber bis Mitte Dez. warten, bis wir ihn wählen können. – Hinterher war es sehr lieb bei Wend und Asta. Die sind Dir beide in solcher Liebe und Zärtlichkeit ergeben und zittern um Dich. Wend hatte einen schönen Geburtstagstisch, viele Blumen und Bücher. Asta sieht wohl und weich aus, Wend leidlich. Sie wollten ganz genau über Dich hören und schicken Dir mit vielen Grüßen ihre zärtliche Liebe. Ich verließ sie um 11 und hatte noch weiterschreiben wollen, ehe der Zug ging, aber wie Du gesehen hast, ging mir die Tinte aus. Ich hatte Hilfe beim Abtransport meiner Gepäckstücke und bekam einen netten Eckplatz. Ich habe das II. Kl.-Fahren auch bei Nacht jetzt aufgegeben. Ich habe eine ganze Menge und gut geschlafen. Für P.s habe ich eine Riesenkiste mitgebracht, in der von Bauern-Freunden Gans, Kuchen, Mehl, Äpfel drin waren; für Dich, mein liebes Herz, habe ich lauter schöne Sachen und Berge. Wenn Du sie nur alle noch bekommst. Voller Glück habe ich sie angeschleppt, und dann bekam ich noch ein herrliches Päckchen von Davy: Orangenmarmelade, Pfefferkuchen edelster Art, Eier, Birnen und etwas Quittenbrot. Letzteres habe ich nämlich auch gebracht. Das Glas Apfelgelee, das ich Dir morgen bringen wollte, lasse ich daher noch und bringe Dir lieber Davys, das ist noch schöner. Davy ist eben überhaupt sehr rührend und denkt, glaube ich, auch ständig an Dich. Endlich hat auch das 1. Rhodeländerhuhn von mir eingesehen, was es seinem Herren schuldet: Die 4 ersten Eier von der Nachzucht habe ich heute mitgebracht. Ich muss dann noch unbedingt sagen, dass die Pfefferkuchen, die Du neulich bekommen hast, C.chen für Dich ausgestochen hat, es war eine große Sache.

Ich habe aber in meinem gestrigen Brief noch nicht fertig von Z. erzählt. Er ist der Überzeugung, dass wir über kurz oder lang die Rentenannie mit Gewalt ins Schloss gesetzt bekommen werden, da die Partei es will.[6] Von dem Herrn Hentschel, bei dem Z. war, hat er sich ganz einwickeln lassen. Während er da war, brachte die Rentenannie Herrn H. Brötchen und Kaffee und sorgte für ihn, ist also scheints sine Schwan![7] Sie sei von früh bis spät ehrenamtlich tätig, sei tüchtig und fleißig, und es ginge nicht an, dass sie «unwürdig» wohne. Außerdem seien wir moralisch verpflichtet, sie aufzunehmen, besonders da auch der Landrat gesagt habe, wir hätten den Vertrag nicht richtig erfüllt. Alles Blödsinn! Aber wir sind nun einmal äußerlich machtlos. Im übrigen wird Sperling nicht wanken und nicht weichen, und vor Weihnachten kommt es nicht. Meine Sorge ist aber: Was geschieht, wenn Frau Tscheuschner mal plötzlich stirbt, die Gute? Aber, mein Herz, ich werde immer Deinen Blick vor mir sehen: Ärgere Dich nicht! Ich werde nicht.

Ich habe mich Dir gegenüber ja noch garnicht über den Brief geäußert. Ich war ja starr, dass ihre Bosheit so weit geht. Aber das wird ja nun hoffentlich doch zu schmierig sein, um sich durchzusetzen. Ungefährlich ist es jedenfalls nicht. Das heißt nun «Moltke»! Der Anwurf über Carl Bernd hat mich richtig getroffen. Es ist so gemein! Auch die anderen Punkte haben mich ziemlich erschüttert. Ich möchte nun genaue Anweisungen haben, wie ich mich verhalten soll. Ich habe dazu eigentlich keine Meinung, finde nur, dass man es weitergeben sollte, wenn es Adrian helfen kann. Das musst Du entscheiden.

So lange habe ich auf Deine Briefe nicht geantwortet, dass ich noch sagen muss, wie dankbar ich bin, dass Du mir so genau von Dir berichtet hast. Ich verstehe auch sehr gut, was Deine arme Seele leiden muss und warum, und wenn Du es beschreibst, so bin ich nichts anderes als sehr froh, dass ich daran teilnehmen darf.

Nun zu dem schönen Brief, den ich heute bekommen habe. Mit dem Grafentitel bin ich Deiner Meinung, übrigens auch mit unserer Beerdigung. Ob ich alleine oder nicht alleine liege, ist mir ganz gleich. Mein Leib interessiert mich garnicht, dass Deiner ganz verschwindet, wenn Du jetzt sterben musst, finde ich garnicht belastend, sondern eher schön, aber unsere Namen gehören allerdings zusammen. Dafür muss C.chen sorgen, wenn das alles überhaupt aktuell bleibt.

Ich freue mich, dass wir über mich am Tage der Verhandlung auch einig sind. Ja, ich will still zu Hause bleiben, und ich werde alles tun, Dir mit tiefer Ruhe beizustehen. Mein Lieber, mein Jäm, mein Ehewirt.

Ja, wir waren alle 3 am Sonntag im Bett und auch wieder lange. Er fing relativ spät – erst um 7 – mit einem Schrei von C.chen an, der nämlich den vorstürmenden Konrad davon abhalten wollte, mich zu wecken, was dadurch dann so spät geschah. Es wurde dann gekuschelt, gelesen, gelernt und gesungen.

Mein Herz, das ist ganz richtig, dass es immer schwerer für Dich wird, Dich aufs Sterben einzustellen. Das ist ja das Belastende an dieser langen Wartezeit. Das muss ja so sein. Im ersten Druck geht das viel, viel leichter. Du brauchst mir das garnicht auseinanderzusetzen, weil ich mir darüber ganz klar bin. Wir Menschen bringen es ja garnicht fertig, immer auf solcher Höhe oder Intensität zu leben. Wir gleiten immer wieder ab. Ich habe auch mit P. darüber schon gesprochen. Frage: Willst Du noch einmal insofern in die Welt zurückkehren, dass Du was Anderes liest, damit Du nicht ständig auf den Tod ausgerichtet bist? Ich weiß selbst nicht, ob das ein Rat ist, aber mir scheint es doch eine zu große Anstrengung, so lange warten zu müssen, obwohl es klar ist, dass wir gerne lange warten und dass Du es Dir möglichst erleichtern und Dich entspannen solltest. Eugen ist uns ja auf der anderen Seite beinahe unverständlich in seiner optimistischen Ruhe.

Ja, Haubach ist orientiert. Er hat dasselbe schon ausgesagt. Wir haben die Versorgung Steltzer mehrfach besprochen und auch was darin getan, aber ich weiß nicht, wie es jetzt funktioniert.

Ich verstehe jedes Wort, das Du über den Glauben sagst, mein Jäm, auch die Beziehung zur Verhandlung und Hinrichtung ist wahr. Du hast ganz recht. Im Grunde kommt es auf den Gang dieser Aktionen garnicht an, das Andere ist das sehr viel Wesentlichere. Ja, ich versteh die große Sorge, die darin für Dich liegt, und erkenne die Notwendigkeit der Fürbitte so sehr an. Dazu kann auch Ulla helfen. Wie sehr wir aus der Gnade leben, das lehrt mich jeder dieser kostbaren und anstrengenden Tage mehr. Für mich ist das aber alles nicht nur deshalb leichter, weil ich ein einfacherer Mensch bin, sondern weil ich hier draußen viel zerstreuter bin und nicht *so* bewusst lebe, wie Du das tust. Fast möchte ich Dir wünschen, dass Du es auch nicht immer so brauchtest. Ich habe so garkeinen Zweifel, dass er Dir seine Gnade schenken wird und erhalten wird, denn seine große Kraft ist doch die Liebe, die er uns schenkt. Mein Jäm, ich höre zunächst einmal auf, schreibe an M. D. und gehe zu den Freunden.

1 Editha von Hülsen. *2* Renate, Katrin und Roland Reichwein, Hans-Viggo von Hülsen, Claus Sperling. *3* Adolf Reichweins Vater Karl Gottfried. *4* Die Weihnachtsfeier in Schwester Ida Hübners Kinderhort war immer ein großes Ereignis. *5* Bekennende Kirche. *6* Siehe Helmuths Brief vom 24. Oktober 1944, S. 101, Anm. 1. *7* Vermutlich Volksmund.

Helmuth James an Freya, 22. November 1944

Tegel, den 22. 11. 44.

Mein Lieber, welch ein liebes Briefchen. Dass Z. in der Frage der Rentenannie nur nicht schwach wird. Kommt sie, dann muss es eben ertragen werden. Aber der Hauptbetroffene ist ja Sperling, und der muss es auch tun und durchhalten. Über die Aktion der Rentenannie gegen mich würde ich nicht sprechen. Es hat keinen Zweck und wirbelt den Schmutz nur höher. Es liefert Dir in dem Kampf gegen sie kein Argument. Du könntest es höchstens bei Adam[1] benutzen, wenn der einmal schwach werden will; aber nur unter 4 Augen und unter dem Versprechen, es nicht weiterzusagen. Sperling muss Weihnachten mit dem Kreisleiter sprechen und sich von ihm die Zusage geben lassen, dass nichts geschieht.

Nein, mein Lieber, ich will mich nicht zerstreuen. Ich habe zuviel Angst, kostbare Zeit zu verpassen. Jede Stunde ist wertvoll, und ich muss sie nutzen, *a.* um mich auf meinen Tod zu rüsten und *b.* um mir das Vertrauen, dass Gott mir das Leben erhalten kann, zu verankern. Ob das schwer ist oder leicht, ist ganz egal; wir leben hier in der Zeit, und die muss ich benutzen. Ich weiß, dass das vor Gott kein Argument ist und dass ich seine Gnade nicht verdienen kann; dass er mir sie genauso schenkt, wenn ich Karl May lese, wie wenn ich mich mit Bibel und Gesangbuch befasse. Aber ich will darüber nachdenken, selbst wenn ich weiß, dass ich es nicht verstehen kann. Ich habe auch das Gefühl, dass ich Dir so mehr helfe, und ich genieße ja auch jeden Tag trotz der Belastungen.

Denke über die Frage, Kreisau herauszuhalten, nach.

Schwester ohne Geistlichen gerade in diesem Jahr ist schwierig. Ihr müsst mal überlegen, was Ihr da tun könnt.

Mein Herz, hast Du gut geschlafen? Du musst ja todmüde gewesen sein. Adrian. Ja, wir müssen es ihm wohl sagen. Der Hauptfehler ist, dass er unsere Verbindung wittert.[2] Besprecht das ein Mal. Die Folge kann natürlich sein, dass er sich weniger für mich einsetzt, obwohl ein Rückzieher jetzt nicht viel nutzt. Ich habe den Eindruck, dass diese Sache zum Gegensatz Müller–Kaltenbrunner gehört. Es kommt ungeheuer viel darauf an, wie Du es ihm sagst. Vielleicht sollte man erst die Aktion Hewel abwarten. Beredet es jedenfalls sorgfältig, wie und was gesagt werden soll. Ich bin eigentlich bei weiterem Nachdenken dafür zu warten; denn es kann sich tatsächlich nur um eine Taktlosigkeit des Vernehmenden handeln. Müller kann nämlich nur angeordnet haben festzustellen, warum Steengracht sich so einsetzt, und der Beamte kann einfach von sich aus mehr gefragt haben. Es ist u. U. garnicht gut, St. unsicher zu machen. Aber ich bin natürlich befangen, und deswegen müsst Ihr schon allein entscheiden.

Wenn Haus zurück ist, musst Du überlegen, wie Du ihn soweit informierst, dass er bei Rückfragen Bü. richtig legt.

Mein liebes Herz, wie schön, dass Deine Söhnchen Dir gefallen und dass Du eine Hilfe an ihnen hast. Mein liebes, liebes Herz, ob Du wohl noch ein Mal Sprecherlaubnis bekommst? Es ist eigentlich nicht glaublich. Vergessen wir nie, dass der Abschied auf dieser Erde etwas sehr Reales ist, damit wir nicht überrascht werden. Es ist ein Fall von «wachet und betet». Und vergessen wir nie, dass Gott mein Leben erhalten kann auf hunderterlei Weise und dass wir ein Recht haben, ihn darum zu bitten.

Und danken wir für das, was wir gehabt haben. Leb wohl, mein Herz, bitte für Deinen Wirt. J.

1 Wilhelm Adam. *2* Ohne Information von Helmuth hätte Freya von seiner Vernehmung über Gustav Adolf Baron Steengracht von Moyland nichts wissen können. Dem Sicherheitsdienst war der Einsatz Steengrachts für Helmuth bekannt. Siehe Helmuths Brief vom 15./16. November 1944, S. 202.

Helmuth James an Freya, 23. November 1944

Tegel, den 23. 11. 44.

Mein liebes Herz, Dein herrlicher Kaffee und der heilige Geist haben mir gestern einen beschwingten und köstlichen Nachmittag verschafft. Ich habe selten einen Kaffee so genossen. Nun hoffe ich trotzdem, dass es weniger der Kaffee und mehr der heilige Geist war. Ich habe jedenfalls auf meinem Tisch gesessen, Lieder und Bibel gelesen und verglichen und mich an den schönen, wie zufällig auftauchenden Gedanken und Empfindungen gefreut. Immer, wenn das so ist, ist nur der Nachmittag viel zu kurz. Ich bin dabei gar nicht auf irgendetwas Besonderes gestoßen, aber wenn man so die Lieder durchgeht und sich Vers nach Vers überlegt, welche biblischen Scenen oder Aussprüche dem Vers kongruent sind oder ihm einen tieferen Sinn geben können, so sammelt man eine solche Vielfalt ein, die mich, jedenfalls zur Zeit, mehr befriedigt als der Versuch, einen Gedanken zu Ende zu verfolgen.

P. hatte mir nämlich gesagt, Glaube sei Gehorsam, und daran habe ich am Tage zuvor gedoktert, ohne zu mich befriedigenden Ergebnissen zu kommen. Ich habe das Gefühl, dass das nicht ganz richtig ist. Die beiden sind wie kongruente Dreiecke, die einen verschiedenen Neigungswinkel haben und sich deswegen in der Natur nicht decken. Gehorsam – wie bei Abraham, als er Isaak opferte, oder Christus in Gethsemane – setzt Glauben voraus. Niemand kann Gott gehorsam sein ohne Glauben. Aber es gibt eben einen Glauben, der weder ein Tun noch ein Dulden, sondern nur ein Anschauen bedeutet; wie etwa, als Christus den 2 Jüngern auf dem Wege nach Emmäus «die Schrift öffnet». Auch bei Paulus, wo sich Glaube und Gehorsam heischender Missionsbefehl in einer Erscheinung verbinden, ist es eben doch nicht ganz dasselbe: Er ist gehorsam, weil er glaubt, er bestätigt seinen Glauben, indem er gehorsam ist, aber er glaubt nicht etwa, weil er gehorsam ist. Es ist auch da eine ganz kleine, aber doch wichtige Koordinatenverschiebung. Du kannst diesen Absatz; wenn Ihr dazu gerade mal Zeit habt, P. ja vorlesen.

Wie Du siehst, geht es mir aber gut. Ich hoffe, dass ich nun wirklich ein wenig weniger hoffärtig geworden bin und weniger selbstsicher, aber doch wieder im Gefühl des Vertrauens: «Dein Vater kann nichts Schlimmes mit Dir tun, drum darfst Du nur dem frommen Vater traun». Wenn er nur die Gnade hätte, mich in diesem Zustand zu erhalten. – Ich wollte Dir nur ein paar Bibelstellen sagen, die mich in letzter Zeit sehr beschäftigt und beglückt haben: Hiob: 19,25–29; 42,1–6; Jesaja 42,1–3; Johannes 11,25+26; 2. Kor. 12,7–9; 1. Johannes 5,14+15; Hebräer 11,1.

Dass Ulla für mich arbeitet, beglückt mich sehr. Jeder stärkende Gedanke eines jeden Menschen ist mir ein Glück, und Ulla ist eben besonders stark. Trotz meiner zur Zeit wieder guten Verfassung fühle ich mich jeder Stärkung bedürftig und nehme sie glücklich an.

Jetzt etwas zu meiner Bibel: Mami's Bibel, die ich jahrelang, eben seit ihrem Tod, immer hatte, habe ich ein Mal aus Versehen in der Derfflingerstr. liegen lassen, während sie sonst immer mit mir reiste, und das war genau vor einem Jahr. Die ist also verbrannt. Eugen hat mir dann diese Bibel verschafft, die folgende Geschichte hat: Die englische Bibelgesellschaft hatte vor dem Krieg in Deutschland Bibeln drucken lassen, und ein Posten dieser Bibeln war bei Kriegsausbruch noch nicht geliefert. Diese beschlagnahmte der Feindvermögenskommissar und wollte sie einstampfen lassen, als Eugen sie für die Deutsche Evangelische Kirche rettete und dem Kommissar abkaufte. Darauf wurde der Hinweis auf die englische Bibelgesellschaft vom Titelblatt beider Testamente weggeschnitten, und daher sieht das so aus. Nur auf den Karten am Schluss ist noch der Hinweis auf die englische Bibelgesellschaft enthalten. Diese Bibel ist also praktisch die Bibel meiner Haft. Ich bekam sie direkt, ehe ich nach Konstantinopel fuhr, da war sie mit,[1] Weihnachten in Kreisau, 20 Tage in der Hortensienstr.[2] und dann in der Haft.

Mein Herz, den köstlichen Kaffee habe ich mit einer mangelhaften Nacht bezahlt, aber von den 13 Stunden im Bett habe ich sicher 8 geschlafen: Das wirkt nur hier schon mangelhaft; außerdem war ich sehr vergnügt noch im Bett. Dafür ist der Hexenschuss toll, und ich will morgen zum Arzt. Zu dumm, dass ich den wieder in Gang gebracht habe, nachdem er schon im Abklingen war. Solange man nichts von mir will, ist es egal, aber wenn ich gefesselt mit Koffer abziehen oder in einer Verhandlung längere Zeit stehen soll, wäre es sehr lästig. Vielleicht gibt mir der Dr. was zum Einreiben.

Deine Schätze, mein Herz, sind ja fabelhaft. Ich esse, scheint mir, Dein ganzes Geflügel auf. Dass Du Eier von der Nachzucht hast, ist schön; das bedeutet doch, dass sie mit der Mauser fertig sind. Halte nur zäh an Deinem Geflügel fest, denn so bescheiden wie wir sind wenige und deswegen können erst ein Mal andere abbauen.[3]

Nun noch einige Bitten und Vorschläge:

1. Delp bittet, dass, wenn möglich, Sperr gesagt wird, er, Sp., habe ihm doch von seiner Unterhaltung mit Stauffenberg erst nach dem 20. 7. berichtet.
2. Ist über Peters etwas bekannt? Vielleicht kann Einsiedel den mal suchen: Luftwaffenführungsstab I c oder in seiner Wohnung.
3. Gibt es Nachrichten von Husen?
4. Je mehr ich darüber nachdenke, umso wichtiger erscheint es mir, dass ich Hercher vor der Akteneinsicht schon ein Mal gesehen habe, damit wir besprechen können, auf was er achten muss. Nun wird er als Offizialverteidiger nicht gerne 2 Mal kommen, denn es bringt ihm nichts. Du musst deswegen ihm sagen, es gäbe ja anschließend an den Termin dann auf alle Fälle allerhand zu ordnen, und zweitens würde ich den Besuch bei mir mit dem Urteil über den Sonderantrag wegen Kreisau motivieren. Dann kann er die Besprechung liquidieren. Ich würde so sagen: Er muss sagen, ob er den Antrag der Familie billigt und wer ihn stellen soll; dann muss er aber mit mir gesprochen haben, denn ich gehe vor Kreisau vor. Überdies würde ich ihm anbieten, ihm zur Deckung derjenigen Arbeiten, die nicht durch die Offizialverteidigung gedeckt sind, jetzt einen größeren Betrag zu überweisen.
5. Über die Rentenannie kannst Du natürlich sprechen, wenn Du es als Argument brauchst, z. B. wenn Z. schwach wird. Denn dass diese Nachrichten nur von ihr stammen können, ist doch klar? Oder scheint Dir da ein Zweifel möglich?
6. Das Folgende ist eigentlich mehr für Jowo, vielleicht schreibst Du es ihm ab. Er wird durch meinen Tod Mitglied des Vorstandes der Moltke-Gedächtnisstiftung und der Familienstiftung.[4] Die anderen Mitglieder sind Klässel – Vorsitzender, Bill und Webski-Karlsdorf – für die Wernersdorfer.[5] – Jowo soll meinen Tod Klässel anzeigen und ihn bitten, die Folgen mit ihm zu erörtern. Jowo darf sich da nicht die Vorhand nehmen lassen oder gar Klässel verärgern, denn das kann sehr lästig sein. Möglicherweise hält er nämlich die Stiftung für befugt, über das weitere Schicksal Kreisau's mitzubestimmen. Das muss vermieden werden. Auch Webski und Bill darf er nicht verärgern. Am besten wird Jowo von Dir, Tante Leno und Davy gesteuert; diese ist ja praktisch der Chef der Wernersdorfer, und ich glaube nicht, dass Webski gegen ihren Wunsch handeln wird. Das geht aber nur gut, wenn er in Watte gepackt wird. Eventuell müsst Ihr beide das gemeinsam tun. – Jowo muss einen Nachfolger bestimmen. Mir liegt daran, dass – wenn Du in Kreisau bleibst – das Amt mit Großjährigkeit an C'chen fällt. Am liebsten wäre es mir, Jowo bestimmte C'chen und für seine Min-

derjährigkeit Dich; ob aber Klässel das tut, ist keineswegs sicher. Sonst bleibt nur C. V. übrig. – Sachlich wichtig ist zweierlei: dass Du weiter die Verantwortung für den Kapellenberg[6] behältst, vor allem, damit Dir nicht die Rentenannie reinspuckt, und dass meine Rehabilitierung auf dem Kapellenberg dokumentiert wird. Das hat alles lange Zeit, aber wenn Jowo Klässel und Webski jetzt verprellt, so kann das alles schwierig werden. Klässel erfordert Geduld, und am besten wäre es, wenn Du und Jowo ihn nach Kreisau einladen könntet, sobald Ihr wisst, was Ihr wollt. – Ihr müsst vor allem verbieten, dass alle über das Schicksal Kreisau's entscheiden wollen, und das geht nur, wenn Bill, Davy, Webski und Klässel, sowie in gewissem Abstand C. V. und Peter von Jowo unterrichtet werden oder von Dir. Aber auch nicht zu viel. Es muss ganz klar sein, dass die Frage in Kreisau behandelt wird, dass keiner drin rumzupfuschen hat, dass sie sich aber drauf verlassen können, nicht plötzlich von dritter Seite etwas darüber zu hören, ehe sie es von Euch erfahren. Das Ganze ist taktisch schwierig, weil eben verhütet werden muss, dass alle – vielleicht in ganz guter Meinung – glauben, sie müssten beistehen. Würde irgendeiner von sich aus zu einer Behörde laufen, ohne dass das mit Euch besprochen ist, so muss Jowo gleich entschieden dagegen Stellung nehmen, wenn auch freundlich. Nur die Rentenannie, die darf und wird ja auch extra tanzen. Auch das «Nichtstun» ist eine Entscheidung und muss allen Beteiligten verpflichtend auf die Seele gebunden werden, und zwar so, dass ihnen klar ist, dass, wenn etwas getan werden soll, Ihr den Startschuss gebt. Auch weiter, dass alle, wenn an sie etwas herangetragen werden sollte, darüber an Jowo berichten sollen. Am besten bleibt das Ganze ganz formal in der Hand eines Anwalts, auch wenn nichts getan wird, damit keiner behaupten kann, er habe Jowo gerade nicht erreichen können, Und wenn das Dix ist, dann muss Klässel, wenn er nun noch etwas im Justizministerium tun will – und das fürchte ich –, eben das genau mit Dix abstimmen.

7. Ich will an Müller schreiben wegen der Vernehmungen und lege den Brief bei. Bitte Bescheid.

Mein Herz, ich muss abschließen, denn gleich werde ich gefesselt. Leb wohl, mein Lieber, wie kostbar ist jeder Tag, jede Minute, wo ich das noch schreiben, sagen, denken darf. Mein Lieber, ich glaube, dass ich das Recht habe, Dir zu sagen: Ich bleibe bei Dir, bis Du mir folgst. J.

Ich sehe gerade, dass ich so tue, als stürbe ich. Das tue ich bei jedem Brief, denn er kann der letzte sein. Aber ich bin ganz stark im Glauben um mein Leben. Bleib' auch stark, mein Herz. Wir wollen mich diesen Leuten gegenüber nicht fallen lassen, kein Sekündchen. Aber in Gottes Willen wollen wir uns nicht nur ergeben, sondern freudig «Ja» dazu sagen. J.

1 Helmuth reiste Mitte Dezember 1943 in die Türkei. *2* Helmuth wohnte zeitweise bei Marion und Peter Yorck in der Hortensienstraße. Siehe Freyas Brief vom 19. Oktober 1944, S. 83. *3* Es war nur eine begrenzte Anzahl Federvieh pro Haushalt genehmigt. *4* Siehe Helmuths Brief vom 15./16. November 1944, S. 203, Anm. 8. *5* Es handelt sich um die Familie von Hans-Adolf und Davida von Moltke. *6* Die Grabstätte der Moltkes einschließlich des Mausoleums des Feldmarschalls.

Freya an Helmuth James, 24. November 1944

Donnerstag früh.[1]

Mein Liebster, jetzt ist endlich einmal wieder die wahre Schreibstunde. Es ist 6.15. Ob Du wohl schon wach bist? Sicher! Und sicher hast Du Deine liebevollen Gedanken schon zu mir gesandt. Mein Herz, wie geborgen und sicher ich mich bei und mit Dir fühle, das wird mir nur manchmal so recht klar, weil ich es meistens mit Selbstverständlichkeit hinnehme. Ich bin ganz fest bei Dir aufgehoben. Wie mag Dein Hexenschuss sein, mein Herz. Das kommt alles von der Erkältung. Ohne die kann es in einem so nassen Herbst auch nicht abgehen. Wickele Dich nur sehr gut ein. Ich werde Dir den schwarzen Schal schicken, wenn es geht. Wickele den um Dein Kreuz. Ich sagte Gissel gleich, er möge für Deine Wärme sorgen und das, meinte er, täte er auch. Sie täten ja überhaupt, was sie könnten, und so schlimm wäre es bei ihnen garnicht. Ich habe ihm wieder ein hübsches Ende Kreisauer Wurst verehrt, das hat er von allem, glaube ich, am liebsten. Mit Brigitte steht er noch zarter, aber er tut ja viel für uns, und gestern hat er mir doch einen tüchtigen Berg Esswaren abgenommen. Auf nächsten Mittwoch haben wir uns schon verabredet, «damit ich auch da bin». Ich war ja so glücklich, dass Du mir über den Kaffee schriebst! Ich habe ihn bei Dorothee gekocht, mit ihr. Er hat mir riesig wohl getan, mindestens so wohl wie Dir. Hoffentlich bleibst Du im Bett, wenn es heute nicht besser wird oder ist mit dem Hexenschuss, mein Herz. – Ich schreibe so früh, weil ich gestern nicht bei den Freunden war und heute früh ein Briefchen hinbringen will. Als ich um ½6 gestern nach Hause kam, war Einsiedel da und blieb, und am Abend wollte ich nicht schreiben, weil ich müde war. Ich bin augenblicklich mit dem Kopf gefährdet. Das ist das Gleiche, was Dir im Kreuz sitzt, mein Jäm. So ging ich schon kurz vor 10 ins Bett – für Dich ein wüstes Nachtleben – und schlief herrlich, bis der Wecker klingelte, und stand dann sehr gerne auf, weil ich den Tag so schön beginnen wollte. Gestern, mein

Herz, habe ich nicht viel geschafft und auch nicht viel der Muße gepflegt. Den Morgen kennst Du. In der Frühe hatte ich noch Mutter P. besucht, die hier draußen wohnt, und bis ich gemächlich, meinen Besuch bei Dir noch kostend, in die Stadt gefahren war, war es kurz vor 1, und um 1 war ich mit Henssel zum Essen bei Kranzler[2] verabredet. Er ist ein freundlicher und kluger Mann und uns durch Edith und auch selbst ein guter Freund und von der Sorte, die alles stehen lassen und helfen kommen, wenn es nötig ist. Das Ehepaar meint es sehr gut mit uns. Edith will immer die neuesten Nachrichten haben, und deshalb essen wir immer wieder zusammen. Ich musste danach noch einmal raus fahren, um den fertigen Brief an M. D. zu holen, denn Haus ist gestern Abend wieder nach Godesberg gefahren. Ich sprach ihn kurz. Er hat den Admiral garnicht gesehen, nur am Tel. gesprochen: Bü ist in der Schweiz gewesen. Es ist aber scheints tatsächlich so, dass A. H. *ausfällt.* Henssel sagt (er hat es von Stoeckel und der von Prof. Eicke, dem behandelnden Arzt), er sei sehr krank: beide Ohren vom 20. 7. her und außerdem solche Wucherungen, dass er nicht sprechen dürfe und könne. Haus wiederum sagte auf meine Frage sofort: Das sei sowieso egal, denn A. H. sei nun wirklich verrückt, und es käme doch nichts zu ihm. Wie Dein Fall dann zwischen die Kamarillen[3] geraten wird, das wird wohl kaum zu verfolgen sein. Der Einzige, der etwas tun kann, weil er von der ganzen Sache weiß, ist und bleibt H. H., aber ganz ohne weiteres wird der wohl auch nicht obsiegen, und wenn wirklich eine so erhebliche Divergenz M/Kaltenbrunner besteht, dann darfst Du auch nicht dazwischen geraten. Mir scheint, das ist unserem Einfluss nun doch völlig entzogen und kann sich nur noch schicksalhaft entwickeln. Unser Wissen um Gottes Kraft lässt einen das auch mit Ruhe ansehen. Wir wollen tun, mein Herz, was wir können, wo wir aber nicht mehr einwirken können, müssen wir es dem allgemeinen Gang anvertrauen. Du verstehst mich richtig, dass damit mein Eifer nicht etwa nachlässt, aber ich sehe nicht, wo ich hier noch was tun sollte. Du musst es mir sonst aufgeben. Mein liebes Herz, meine ganze Person ist ja nur der Wunsch, Dich hier auf der Erde behalten zu dürfen, ich bestehe aus nichts anderem. Ich kann darum kaum bitten, weil es einfach mein Leben, mein Ich bedeutet. Verstehst Du, was ich meine? Wenn er weiß, «wessen wir bedürfen, ehe denn wir bitten», so weiß er das ganz sicher.

Mein Jäm, Du hast mir wieder viele schöne Dinge geschrieben. Dass Du lustlos warst und vielleicht noch bist, kann ich gut verstehen. Das wird sich schon wieder geben. Mir wurde warm und glücklich, als ich dann am Schluss des etwas traurigen Briefes den schönen Satz von Deiner Liebe fand und dass Du mich tot und lebendig nicht lassen wirst. Mein Jäm, bitte nimm nie Rücksicht auf mich und schreibe weiter – solange wir noch das große Glück des Schreibens haben – genau so, wie es in Dir aussieht. Ich möchte auch die schwarzen Stunden immer weiter mit Dir teilen, da ich doch auch so viel Herrliches mit Dir erleben darf. Was mir aber in Deinen Briefen am wohlsten getan hat und mir sehr weitergeholfen hat in meinen Gedanken um Dich, war, dass Du schriebst, die Wartezeit stehe unter dem Tenor «wachet und betet». Ich war voller Sorge, wie Du das so lange aushalten solltest, aber so ist es richtig angesehen, denn so ist es nicht nur der Tod, auf den Du ausgerichtet zu sein brauchst, und auch nicht nur das Leben, sondern Du bejahst die unvermeidliche Spannung zwischen den beiden Polen und nimmst sie auf Dich und lebst in ihr, so gut Du kannst. Das ist sehr schön und tröstet mich sehr! Mein Jäm, ich möchte noch mehr schreiben, aber ich muss mich schon aufmachen. Unter 2 Stunden werde ich mit einem wirklich ausgeschriebenen Briefchen nicht fertig, brauche ich ja auch nicht, und heute Abend kann ich gleich wieder eins abliefern. Da bin ich wieder bei den Freunden. Jetzt will ich nur noch sagen, dass ich gestern mit Hercher telefonierte: Man sagte ihm, Mitte Dezember. Ich will aber nächste Woche versuchen, durchzusetzen, dass er zu Dir kommt, diese Woche ist er doch ganz und gar besetzt. Wegen der Sprecherlaubnis werde ich mich morgen erst umtun. Ich musste erst Zeit verstreichen lassen, weil ich doch gesagt hatte, ich wolle wieder nach Hause und daher den ungefähren Termin wissen. Ich kann ja nun wegen dringender Geschäfte wieder angereist kommen. Ich bin eigentlich ganz zuversichtlich, dass ich sie bekommen werde. Ich sehe heute Frau Reisert und Frl. Schellhase. Die sind ja sehr fleißig, und ich hoffe da Tips zu bekommen.

Mein Lieber, mein Herz, mein Jäm, mein Liebster, mein Teil, ich umarme Dich zärtlich und voller Liebe. Spürst Du sie, mein Geliebter, mein Wirt? Ach, sicher, denn sie ist groß und stark. Gott helfe uns und behüte uns, Dir vor allem, mein Herzenswirt. P. bin ich, und zwar nur Deiner, sonst niemandes Deiner auf der Welt.

1 Vermutlich muss es Freitag früh heißen. *2* Das Café Kranzler am Kurfürstendamm. *3* Die verschiedenen nach Macht strebenden Gruppen.

Freya an Helmuth James, 24. November 1944

Donnerstag Nachmittag.[1]

Mein Lieber, ich habe unsere Briefe geordnet. Ich habe neulich einen Teil nicht mitgenommen. Ich meinte, sie alle zu haben, aber es fehlte ein Stoß. Ich habe nun auf die Meinigen die Daten geschrieben und tue

Deine an die richtige Stelle dazwischen. Dabei lese ich Deine erneut. Ich lese übrigens auch meine manchmal, wenn sie von Dir zurückkommen, weil ich dann weiß, was in Dir vorgegangen ist. Wenn ich nun zu ihnen noch etwas sagen will, so werde ich es hier schreiben.

1. Ich habe C. Viggo nicht vor Dir verteidigt, weil Du ihm Unrecht tatest, sondern weil ich Dir von der Verve seines Einsatzes und seiner Leistung ein falsches Bild gegeben hatte, was ich unrecht fand.
2. Du schreibst, wir seien mehr verheiratet als je in den vergangenen 13 Jahren. Wie schön für mich, dass Du das so fühlst, wie schön. Es ist wahr, Du erzählst mir von Dir mehr, als Du je getan hast. Ich wollte manchmal mehr wissen! Wie glücklich und wie von Herzen dankbar bin ich dafür. Denke nie, Du könntest mich mit irgendetwas belasten. Du kannst mich nur beglücken. Dass von mir aus alles ist, wie es immer war, ist das Bezeichnende. Mein Jäm, ich liebe Dich schon in all den Jahren mit aller mir zur Verfügung stehenden Kraft. Vielleicht hat sich, ja, das hat er!, der Inhalt meiner Liebe, ihrer Möglichkeiten und ihr Ziel in diesen kostbaren Wochen geändert, nicht aber die Intensität. Ach, mein Jäm, es ist so schön, so lieben zu dürfen. Mir erzählte die kleine Schellhase heute, wie sehr Haubach und sie sich in diesen Wochen lieben gelernt hätten, wie es für H. Glück und Stärkung bedeute, dass sie so ganz für ihn da sei und ihn so liebe, dass er staune, es nach 46 Jahren und in einer solchen Situation zu erleben, und sie selbst auch, da sie trotz allem noch nie so glücklich gewesen sei. Ich war auch voller Staunen, welches Glück auch für diese beiden diese Wochen enthalten, und auch wieder beschämt und voller Dankbarkeit, wie gut wir es eine so lange herrliche Zeit gehabt haben.
3. Ich wusste nicht, ob ich Honig oder Marmelade am Mittwoch bringen sollte, und wählte die Marmelade, weil die Büchse unförmiger ist. Honig ist auch hier, aber ich mag P. nicht drängen. Auch den Schal habe ich nicht aufgedrängt, da er ihn auf Anhieb nicht nahm. Er liegt nun bei den Freunden. Zigaretten habe ich ihm schon gebracht, aber da es schweizerische sind, will er sie tauschen. Erinnere ihn mal dran. Das werde ich auch tun.
4. Ich lese Deine Sätze über Deinen Glauben, dass Du keinen Anspruch auf die Sicherheit und Gnade des Glaubens hast, dass Du Furcht hast, ob er Dir erhalten bleibt. Mein Jäm, ich möchte etwas dazu sagen und weiß selbst nicht recht, was. Ich verstehe, was Du meinst, und doch stimmt da irgendetwas nicht. Was ist es nur! Fraglos ist es eine große, die große Gnade, aber ich glaube, dass Gott sie wirklich gern schenkt. Er will doch viel lieber Gnade schenken, als nicht Gnade schenken. Er liebt uns ja, oder besser, er ist ja in der Liebe. Er will uns gewiss nicht

verlassen. Man ist nur häufig nicht fähig, die Gnade zu ergreifen. Da ist sie doch immer. Es liegt wohl alles daran, dass Du es soviel komplizierter und schwerer hast als ich und viel bewusster jetzt drin lebst als ich. Du bist viel wacher und betest viel mehr, ich lass mich viel mehr wiegen. Das ist viel einfacher. Aber wie wäre mir, wenn ich in der Zelle säße!! Das weiß ich nicht. Eins ist sicher: In diesen Sorgen brauchst Du wirklich die Fürbitte, damit es in Dir hell und licht und einfach sein kann und Du Dich nicht zu quälen brauchst.

Was Du über den Abschied von einander und von unserem glücklichen gemeinsamen Leben schreibst, ist ganz wahr, und ich sage «Ja» so wie Du. Ich schrieb Dir ja schon einmal, dass ich bei Hans-Adolfs Beerdigung damals in der Kirche so stark fühlte, dass uns viel bevorstünde und dass wir viel geschenkt bekommen hätten.[2] Ich sah das Kreuz auf dem Altar an und fühlte das große Glück, dass wir lebend dort nebeneinander saßen, und mit meinem heißen Wunsch, dass es so bleiben dürfte, fühlte ich zugleich meine Bereitschaft, das willig auf mich zu nehmen, was uns auferlegt sein mag. Ja, mein Jäm, es ist sehr schlimm. Neulich sagte ich mir mal, «das Schlimmste, was mir geschehen kann», aber das zu sagen fand ich auch wieder recht vermessen. Schlimm ist die Trennung, schlimm ist Dein Tod und das Sterben, und schlimm ist das Alleine-Bleiben, aber noch dürfen, müssen, sollen wir glauben – und ich glaube es auch aus Herzensgrund –, dass Gott Dich zu erhalten vermag.

5. Ich habe mir übrigens die «Betr.» in Kr. in den beiden Bänden angesehen ohne etwas zu finden, was unbedingt passen müsste. Wie kommt das? Jedenfalls schien mir das alles nicht auf der Hand zu liegen.
6. Sag mal, mein Jäm, die dicke Uhr, die kam aus Ravensbrück nach Hause, aber die dünne, die muss ich doch in Kr. haben. Kann sein, dass Asta sie aus dem Schub entfernt hat. Das vergaß ich sie zu fragen. Du wirst ja auch nichts anderes wissen. Ich will sie hüten, daher frage ich.
7. Das hast Du ja wohl dann gemerkt, dass die Pute auch nur ein Hahn war, aber auch er war in seiner Art nicht übel! Ich, Hühner-Züchterin!!
8. So, mein Herz, jetzt habe ich alles wieder durchgelesen, was ich hier habe. Es war schön und hat ganz lange gedauert, sodass ich mich bald schon wieder auf den Weg machen muss, um zu den Freunden zu kommen, besonders, da ich auf dem Weg noch den Brief an Jowo, den ich heute früh geschrieben habe,[3] bei der Dienststelle abgeben will; er soll mit Kurier gehen. Ich habe nicht geschrieben, er solle jetzt kommen, ich habe geschrieben, er solle sich auf Abruf bereit halten, und ich werde die Kreisau-Vorarbeiten auch schon alleine anfangen mit Hercher und Dix. Du hast Recht mit Deinen Vorschlägen. Sie gefallen mir.

Mein Jäm, heute war wieder so ein grauer, grauer Tag. Dann ist es dunkel bei Dir in der Zelle, und das ist schwer zu ertragen, mein Jäm. Hoffentlich war es nicht zu anstrengend. Der November ist schon an sich der schwierigste Monat des Jahres. Mein Herzens-Jäm! Ich habe den Vormittag bei den Frauen doch ziemlich vertan. Es war vielleicht gut, sie wieder zu sehen, aber es kam nicht viel dabei heraus, weder für sie noch für mich. Zu Hause hätte ich mich fruchtbarer beschäftigen können. Ich habe allein eine ganze Menge zu schreiben und zu ordnen. Das war mal wieder ein rechter Pim-Morgen. Das hätte mein Wirt nicht gebilligt! Vorher war ich aber mit meinem Brief bei den Freunden und fand sie gedrückter Stimmung. Sie haben Sorgen. P. wird Dir davon erzählen. Mir wurden übrigens Pillen angeboten, die anregend und belebend wirken, berühmte Pillen.[4] Willst Du davon 4 haben für den Termin? Sie sind eine Art Stimulanz wie Kaffe oder Tee. Hättest Du auf so etwas Lust? Oder lieber nicht? Ich war mir nicht ganz klar, wie Du auf die Möglichkeit reagieren wirst. Äußere Dich doch bitte dazu.

Es scheint möglich, Hercher eine Sprecherlaubnis zu verschaffen, noch ehe er die Anklage kennt, schon nächste Woche. Ich weiß nicht, ob ich die meinige schon morgen oder erst Anfang der neuen Woche betreiben soll! Ich muss auch unbedingt einen offiziellen Brief schreiben! – Mir scheint, dies ist ein trockener Brief, und dabei ist der Bogen schon zu Ende. Mein Herz ist aber voller großer, zärtlicher Liebe. Ich fühle mich Dir nah und bei Dir und mit Dir geborgen. Jetzt gehst Du schon ins Bett, mein Herz, es ist 6. Hoffentlich ist Dein Herz zufrieden und still, Du fühlst meine zärtlichen Gedanken und Deine Fesseln stören Dich nicht. Gute Nacht, mein liebstes Herz. Ich bin und bleibe Dein P.

1 Vermutlich muss es Freitag nachmittag heißen. *2* Siehe Freyas Brief vom 4. Oktober 1944, S. 47. *3* Siehe Freyas transkribierten Brief an Helmuths Bruder Joachim Wolfgang von Moltke im Anhang, S. 558 ff. *4* Siehe Helmuths Brief vom 10.–12. Dezember 1944, S. 312, Anm. 3.

Freya an Helmuth James, 25. November 1944

Samstag früh.

Mein Liebster, nicht ganz früh ist es. Ich bin bei den Freunden, und wir haben eben gefrühstückt. P. ist weg, und ich will ein Briefchen für meinen Liebsten schreiben, das morgen früh zu ihm kommen soll. Dass ich nicht nach Kr. fahre, war hauptsächlich P.s Meinung. Ich hatte das

Gefühl, eben erst wieder da zu sein, und die Erwägung, dass ich ja auf alle Fälle wegen Weihnachten ein längeres Wochenende in Kr. machen muss und am 1. Advent bei C.chen sein sollte, hat dann diese Pläne hervorgebracht. So bin ich da und bleibe da und finde das schön. C.D. ist nach Balfanz, und das wäre bei aller Liebe auch sehr ideal, wenn nicht heute über Sonntag der fremde Mann käme, der bei C.D. dann und wann ein Bett besucht. Jedenfalls wird er aber andere Pläne haben und mir die Einsamkeit lassen, die mir so sehr angenehm ist. Außerdem bin ich ab morgen Mittag hier. Zum Essen komme ich, und nachmittags wollen sie scheints irgendwo gehen und mich mitnehmen. Das tue ich mit großer Freude. Am nächsten bin ich Dir alleine und bei P.s. Heute Vormittag erledige ich den neuen Auftrag, und dann möchte ich mich wieder zu C.D. zurückziehen, weil ich wirklich viel, z. T. langweiligen Kram, schreiben muss und Frieden haben will. Da ich sowieso noch 2 Besuche für P.s in Lichterfelde machen muss und außerdem noch Brigitte sehen, die erkältet ist, so wird so arg viel Ruhe garnicht übrig bleiben. Wir werden ja sehen! Montag um 11 bin ich bei Hercher, und vorher will ich zum V. G. H. Gestern Nachmittag war es aber sehr schön! Ich hatte mir den gestrigen Tag für ein paar Wege in der Stadt vorgenommen. Ich wollte in die Päckchen unserer Soldaten was Nettes finden, aber das war ganz ausgeschlossen. Ich habe bei Amelang und Buchholz[1] ein paar nette kleine Bücher bekommen, aber sonst garnichts, ein paar Blöckchen, etwas Vorsatzpapier, ein paar Hampelmänner, das ist schon alles für einen ganzen Morgen. Ich hatte mir aber den Tag extra dafür vorgenommen, habe eine Sache nach der anderen probiert und habe nun mein Teil getan. An sich macht mir Weihnachten keine Sorgen, ich meine die Beschenkung. Ich habe noch soviel in Kreisau an alten Sachen, Stoffen und Kleinigkeiten, dass ich durch Lagerbrechen Weihnachten beschicken kann, ohne mich selbst zu sehr auszuplündern. Ich bin aber nicht bereit, Geld für Pröll[2] auszugeben. Anderes gibt es nicht. Die Soldaten bekommen eben Pfefferkuchen, Äpfel, ein Streifchen Quittenbrot und damit Schluss. Wenn Z. den Tabak noch nicht ganz in der Versenkung hat verschwinden lassen, was mir so scheint, bekommen sie noch etwas Tabak dazu. Der neue ist noch nicht fertig. Die Soldaten-Päckchen beschäftigen mich deshalb, weil bis zum 30. 11. die Päckchen raus müssen. Da es aber nur 7 sind, kann Asta ganz gut damit fertig werden. Bisher habe ich aber noch nicht einmal eine nette Postkarte, auf die ich unsere, Deine und meine, Weihnachtsgrüße schreiben kann, worum mir dieses Jahr besonders zu tun ist. Die werde ich aber noch bekommen, glaube ich. Mein Herz, wie kommen Dir diese Berichte aus einer sehr uninteressanten und lustlosen Welt vor? Das passt alles so schlecht zu dem, was in uns und auch in der anderen Welt, im Westen und Osten, meine ich, geschieht. Ich beschreibe es Dir aber, weil es nun einmal alles in meinem Leben auch vor sich geht und daher dazugehört. Als ich dann nach Hause kam, war ich müde in den Beinen, aber nicht erschöpft. Ach ja, vorher wollte ich noch sagen, dass ich Dich aber auf allen meinen Spaziergängen ständig sehr fest und gut in mir herumgetragen habe. Es sah sehr friedlich und schön in mir aus. Ich war mit Dir ganz beschäftigt und hatte die schöne und starke Gewissheit unserer Untrennbarkeit. Das ist ein herrlich beglückendes Gefühl! Mit diesen Gefühlen, Deinem letzten Brief und dem Buch habe ich mich dann auf ein Sofa gelegt und bin 2 Stunden da geblieben, habe die Stellen gelesen, die Du mir angegeben hattest, habe sie wieder gelesen und andere auch. Für mich ist es ja geradezu schön, was ich noch alles vor mir habe an ungehobenen Schätzen! Ich habe an Dich gedacht, für Dich gelesen und einen glücklichen Nachmittag so verbracht. Mein Jäm, wenn ich nur recht für Dich bitte! Ich glaube aber, dass meine Liebe das sicher tun hilft. Jedenfalls beglückte es mich alles sehr. Ich schrieb also nicht und machte keine Besuche und brach erst auf, als es Zeit war, zu den Freunden zu gehen, aber da kam Alarm, und ich war erst gegen 9 da. Hier fand ich wieder Menschen, einen netten Freund von Erwin und 2 sehr erfreuliche Frauen. Die eine, die Frau des Truchseß bei Dir, hat mir einen großen Eindruck gemacht: Sie ist etwas in der Art von Annemie Webski, so schlicht, gradlinig und fromm; sie sieht auch ein wenig so aus, hat aber mehr Charme als Annemie. Was mich an ihr so sehr beeindruckte, war die große innere Klarheit und Reinheit, die demutsvolle und einfältige Frömmigkeit und Ergebenheit in Gottes Willen. Wenn ich das so schreibe, so könntest Du denken, das sei aufdringlich stark hervorgehoben. Das tat es aber garnicht. Ihr ganzes Wesen atmete es aber derartig, und ich bin wahrscheinlich für so etwas jetzt viel empfänglicher als früher, dass man es sehr spürte, alle spürten es. Das war sehr schön für mich, denn sie hat vieles, was ich nicht kann, und sie hat mir in der Art, wie sie sprach, Wege gewiesen, die zwar nicht genau so, aber doch in der Richtung begehbar sind. Danach durfte ich hierbleiben und ging dankbar auf mein hiesiges Sofa, und nun kennst Du die Wege Deines P.

Mein Jäm, ich habe das Gefühl, dass meine letzten Briefe auch immer von Deinem Tod gehandelt haben. Du weißt ja, wie schwer es ist, die Lage dazwischen zu halten, in die wir gehören. Manchmal habe ich ihn ganz nahe vor Augen, manchmal ist er ganz fern. Eins ist aber immer unantastbar in mir: der Glaube, dass Du trotz allem gerettet werden kannst. Ich weiß ganz fest und ganz unverrückbar, dass Gott Dich zu retten vermag, auch wenn es unwahrscheinlich aussieht. Daran zweifele ich nie, mein Jäm. Ob er es tun wird, müssen wir abwarten, und mit Dir weiß ich, dass wir uns nicht nur in seinen Willen ergeben müssen, sondern auch wollen, ja, mein Jäm, das wollen wir. Aber «wachet und betet» ist unbedingt nötig, und bei mir ist das Fleisch ungeheuer schwach, mein Herz. Ich schlafe oft ein und bringe meine Gedanken nicht zusammen und schlafe eben, anstatt zu wachen, und das bei meiner großen innigen Liebe und meiner deutlichen Erkenntnis des Weges.

Mein Herzensjäm, jetzt habe ich einen dicken Bogen von mir erzählt. Wie mag es aber Dir gegangen sein! Ich freue mich schon sehr darauf, wieder eine Nachricht von Dir hoffentlich morgen Mittag zu bekommen. Wie mag der Hexenschuss sein? Ob Du auf Deinem Tisch gesessen bist und also zufrieden warst! Der Brief an M. gefiel mir. Ob Du geholt worden bist, aber doch wohl noch nicht. Ich sehe mir alle Polizei-Autos in der Stadt immer an, ob Du vielleicht drin sitzt. Wie es Dir vorkommen mag, plötzlich durch Berlin zu fahren aus Deiner Zelle heraus. An sich, mein Jäm, lebst Du jetzt wie ein Mönch und solltest auch so leben und die Früchte eines solchen Lebens genießen. Du tust das auch, aber die Liebe Deines P. zieht Dich immer wieder in die Welt hinein. Das ist eine Erschwerung für Dich, aber ich kann es nicht ändern, denn ich weiß zu genau, dass Du gemacht bist, eine Frau zu haben, und zwar, mein Jäm, gerade mich, die Dich zwar zerstreut, die Dir aber mit ihrer großen Liebe das Leben wärmt, solange Du es hast. Gott gebe, mein Geliebter, dass es Dir noch einmal wiedergeschenkt wird.

Ich umarme Dich zärtlich. Du weißt, wessen ich bin und bleibe: Dein P.

1 Zwei Buch- und Kunsthandlungen in Berlin. *2* Schund.

Helmuth James an Freya, 26. November 1944 (offizieller Brief)[1]

Strafgefängnis Berlin-Tegel

Mein Lieber, wieder ist eine Woche um, es ist Totensonntag und mit nächstem Sonntag fängt das neue Kirchenjahr an. Wie schön müssen jetzt die Adventsvorbereitungen schon sein. Lernt C'chen die Weihnachtsgeschichte? Denn da ich nicht da bin, muss er sie Weihnachten aufsagen, finde ich. – Mir gehen die Schwierigkeiten der Betriebsführung in den nächsten Monaten sehr im Kopf herum. In diesem Jahr müssen wir auf alle Fälle die generelle Betriebsintensität aufrechterhalten und vor allem versuchen, ohne Verringerung der Viehbestände auszukommen. Z. soll sich nur dagegen sträuben, denn bei unserem Kulturwartensverhältnis wäre es direkt falsch, den Viehbestand zu verringern. Wenn das bloß nicht schematisch gemacht wird. Ich wüsste gerne, ob Z. darüber schon etwas von der Bauernschaft gehört hat. Pass auf, dass er sich mit denen nicht fortzieht, sondern mach Du selbst etwas darin, wenn Du merkst, dass er nicht voran kommt.

Mir geht es ein klein wenig novemberlich. Es ist so dunkel in der Zelle, dass man den ganzen Tag bei der nicht gerade herrlichen elektrischen Beleuchtung sitzen muss. Aber das ist nun ein Mal der schlimmste Monat im Jahr, und mit dem 1. Advent geht es dann wieder aufwärts, trotzdem die Sonne sich das noch weitere 18 Tage überlegt. Im vorigen November war es bis zum 22. genauso, dann kamen die Luftangriffe und brachten so viel Arbeit, auf deren Erfolg man stolz sein konnte, dass zu Anfällen von Lustlosigkeit kein Raum und keine Zeit war. – Es ist aber garnichts als ein herabgesetztes Lebensgefühl. Sonst geht es mir gut bis auf meinen Hexenschuss. Seit gestern werde ich eingerieben, aber es wird nicht besser, sondern hat sich jetzt ischias-artig auf das linke Bein erstreckt. Solange niemand etwas von mir will, ist das aber komisch, und ich lache recht herzlich über meine unbeholfenen Manipulationen beim Bettenmachen und Aufräumen.

Mein Lieber, ich denke natürlich viel an Dich und die Söhnchen, wie es Euch ergeht und ob Ihr gesund, getrost und fröhlich seid. Vor allem, mein Lieber, lass Dich von nichts anfechten. Wir haben nun gelernt, was wichtig und was unwichtig ist, und das wirst Du mit Gottes Hilfe behalten, wie auch ich darum bitte. Die erste Voraussetzung aber ist, dass Du alles, was von außen kommt, als etwas betrachtest, was Dich in Wahrheit garnicht anfechten kann; das ist in großen Dingen merkwürdiger Weise im Grunde leichter als im kleinen Mist. Aber nimm es Dir vor.

Auf Wiedersehen, mein liebes Herz, lass es Dir wohl ergehen, umarme die Söhnchen, grüße die vielen, die gegrüßt werden wollen. Der Herr behüte Dich. J.

1 Datierung erschlossen.

Helmuth James an Freya, 26. November 1944

Tegel, den 26. 11. 44.

Mein Lieber, zunächst mal eine ganze Serie sachlicher Dinge wie Kraut und Rüben durcheinander:

1. Am Mittwoch brauche ich 2 Hemden, 1 Paar dicke, 1 Paar dünne Socken.
2. An Essen hätte ich gerne Honig, Butter, Zigaretten, Zucker.
3. Du kannst aus den Betr.'s nichts ersehen. Du hast mich missverstanden. Ich wäre dankbar, wenn ich eine Liste aller Betr.'s mit Datum bekommen könnte. Daran wird mir dann der Zusammenhang wieder einfallen. Es ist lediglich als Gedächtnisstütze für mich gedacht. Vielleicht kannst Du Asta bitten, es dieser Tage für mich zu schreiben. Sonst ist Deine Zeit in Kreisau zu knapp.
4. Haus kommt doch zurück. Meiner Ansicht nach – aber besprecht das – müsstest Du zweierlei mit ihm klären:
   a. Wo das Gesuch an A. H. ist, und wie es am besten weiter bearbeitet wird, wenn es nicht zu A. H. gelangt, also z. B. mit einem Empfehlungsschreiben an H. H.
   b. ihn so zu informieren über meine Linie, dass er bei einer Anfrage an Bü. richtig zu instruieren vermag und sich auch sicher einschaltet. Wegen dieser Sache würde ich die Besprechung mit Haus nicht zu lange hinausschieben.
5. Ich bitte um die Anregungspillen. Aber eine muss ich jetzt versuchen, damit ich ihre Wirkung erprobe.
6. Jowo kennt, soweit ich weiß, den Obergruppenführer Lorenz. Frage, ob das ein zusätzlicher Weg zu H. H. ist. Ich kann es nicht beurteilen.
7. Die Eier der neuen Hennen sind besonders gut. Hoffentlich legen sie auch viel.
8. Komme ich in die Prinz-Albrechtstr., so bringe mir, bitte, wieder etwas Geld.
9. Der Weg Hapig[1] ist m. E. für uns nicht gangbar.
10. Hingegen ist mir etwas Neues eingefallen. Du könntest ja Konrad[2] – nach sehr sorgfältiger Vorbesprechung mit P. – folgendes Projekt vortragen: Meine Linie: Nach Besetzung ist die Kirche der Hauptrückhalt des Deutschtums. Jetzt, nachdem die ersten deutschen Gebiete besetzt sind, bietet die Kath. Kirche ihren Schutz in den besetzten Gebieten allen an, den N. S. wie ihren Schäflein. Die Bischöfe werden entsprechende Instruktionen an ihren Klerus geben, dass insbesondere alle bestehenden innenpolitischen Differenzen zu begraben

sind und dass auch denen zu helfen ist, die bisher die Kirche angegriffen haben; außerdem Gegenhalten gegen alle separatistischen Tendenzen. – Dafür mit der Erklärung, dass es sonst schwer wäre, den Klerus, der ja überall irgendwo angegriffen worden ist und von dem jeder irgendeinen kennt, der im K. Z. ist oder hingerichtet, für eine entschlossene Verfolgung dieser Linie zu gewinnen, kann verlangt werden vom n. s. Staat: Verzicht auf Hinrichtung zum Tode verurteilter Geistlicher und Verzicht auf Hinrichtung der «Moltke-Leute», ob sie katholisch oder protestantisch sind. Ich kann aus folgenden Gründen da sehr gut herein:

a. weil ich diese Linie, dass Kirche Rückhalt sein muss, immer vertreten und dafür gewirkt habe, im Episkopat dafür bekannt bin, auch die aktivsten Katholiken, die Jesuiten, dafür gewonnen hatte;

b. weil mit meinem Kopf wahrscheinlich die Köpfe von Delp, Rösch und König fallen; (da Wienken gesagt worden ist, dass Rösch und König gefangen sind,[3] so ist klar, dass es auf die drei erstreckt werden muss);

c. weil ich eine causa celebris[4] bin, der Reichsf. SS sich damit befasst hat und befasst und an meinem Namen der einzige in den 20. Juli verwickelte katholisch-kirchliche Sektor hängt, ich auch in der Kirchenabteilung des S. D.[5] bearbeitet werde. Daher ist in meinem Fall leicht eine grundsätzliche Entscheidung zu bekommen, weil der Fall bekannt ist, und ferner deckt mein Fall als Präjudiz alle anderen Geistlichen, denn wenn der Jesuitenprovinzial leben bleibt, dann gilt das a fortiori für die anderen.

(Randnotiz: *d.* Weil über mich ein Einbruch in die katholischen Bischöfe möglich ist, denn dass ich mit ihnen gesprochen habe, steht durch viele Quervernehmungen fest.)

Es gibt natürlich unendliche Einwände. Zunächst muss klargestellt werden, ob Preysing so etwas überhaupt mitmachen würde. Wenn ja, dann muss er mit Wienken sprechen, den vielleicht P. präparieren kann; dann kommt Bertram an die Reihe. Aber vielleicht müssen auch die anderen Bischöfe, die Husen und mich kennen: Wienken + Gahlen = Husen, Dietz, Faulhaber, Rohracher = mich, zur Unterstützung aufgerufen werden. Dann bleibt der Weg zu überlegen. Wienken–Neuhaus ist schlecht; viel zu klein. Hingegen wäre Kaltenbrunner darauf anzusprechen. Müller geht nicht, weil der nur innerdeutsche Zuständigkeit hat. Wienken allein scheint mir nicht stabil genug. Aber wie das gestaltet werden soll, muss man ganz allmählich überlegen, und das ist dann ja auch im wesentlichen eine Frage für Konrad. Immerhin kannst Du ihm anbieten, die Sache mit Adrian zu erörtern, wenn es dazu kommen sollte. Wichtiger als diese Frage, die doch einige Zeit braucht, ist, ob, wann und wie man eine Vorankündigung loslassen kann, vor allem auf welchem Wege.

Mein Lieber, das ist eine sehr große Proposition, und Du kannst sie unmöglich allein oder auch nur hauptsächlich durchführen. An Hilfe steht Dir außer P. vor allem Peters zur Verfügung, der sich dieser Sache annehmen kann. Sollte Preysing überhaupt etwas zu tun bereit sein, was mir sehr zweifelhaft ist, weil er so skeptisch ist, so musst Du dann sofort aus der ganzen Geschichte ausscheiden. Du kannst nicht mehr geben als die Initialzündung und musst dann nur sehen, dass möglichst dabei auch Deines Wirts gedacht wird. Sonst kannst Du nichts tun.

Mein liebes Herz, Du hast so ein liebes, schönes Briefchen geschrieben. Es war so schön ruhig und geklärt und hat mich sehr erfreut. Mein Herz, der Herr erhalte Dir Dein Gleichmaß, auch wenn er mich zu sich ruft. Heute ist Totensonntag, und ich habe den Tag mit 1. Kor. 15 und Johannes 20+21 begonnen. Man gedenkt ja vor allem derer, die uns vorangegangen sind, aber heute ist es natürlich so, dass wir beide wohl mehr noch meinen Tod bedenken. Ich fühlte mich ihm heute Nacht, als ich aufwachte, nah und garnicht fremd, und später war er mir wieder sehr wenig willkommen. Wir sind eben ein schwankes Rohr,[6] und es erfordert täglich, ja stündlich neue Arbeit zu sehen, dass man aufrecht bleibt in allem Wind. Mir ist durch die letzte Krise alle Freude am Aufrechtstehen genommen, nein, nicht alle Freude, sondern aller Stolz. Es war bis dahin für mich auch so eine Art Prestigefrage, dass mich keine Schwäche überfiele. Aber der Herr hat mir ja nun sehr eindringlich gesagt: «Lass Dir an meiner Gnade genügen.» So bin ich für jeden Augenblick, in dem ich diese Gnade fühle, dankbar, weiß, dass ich es nicht verdient habe, und bitte darum, dass sie mir erhalten bleibe.

Mein Herz, meine Gedanken suchen Dich immer und finden Dich stets. Es kommt mir manchmal vor, als seiest Du mein Herz, das ganz groß und ruhig weiterschlägt, was immer geschieht, weil es eben nicht von meinem Nervensystem abhängt, sondern seine Kraft und Stabilität aus anderen Quellen schöpft. Verstehst Du das?

Mir, mein Lieber, geht es sehr gut. Das heißt, mein Zipperlein plagt mich weiter, aber es ist ganz unbedeutend und stört eigentlich nur beim Gehen und Aufräumen wirklich. Der Arzt hat mir eine Einreibe verschrieben, die m. E. nur gefärbtes Wasser ist, damit die liebe Seele Ruhe hätte. Als ich ihm sagte, ich bäte um Ichtiolsalbe oder Rheumasan, lachte er nur hart und meinte, so etwas gäbe es in der ganzen Gefängnis-Apotheke nicht. Es spielt aber keine Rolle und wird vorübergehen.

Mein Lieber, ob Du mir am Mittwoch etwas Tannengrün mitbringen kannst? Ich will doch auch etwas für Advent tun, besonders wenn es mein letzter ist. Sicher wird nächster Sonntag zu Hause sehr schön. Genieße ihn nur, denn ich genieße ihn durch Dich.

Das Problem des Zusammenhangs zwischen Glauben und Gehorsam und Vertrauen beschäftigt mich weiter sehr. Weißt Du, Hiob 5,27 ist eine dafür lehrreiche Stelle, denn da ist gehorchen ganz unzweifelhaft im Sinne von glauben verwandt. Wie schwer sind diese Dinge zu verstehen. Entweder man weiß sie oder man weiß sie nicht, verstehen kann man sie eigentlich nicht, nur versuchen, a posteriori sie zu erklären.

Mein liebes Herz, ich höre auf. Lass es Dir wohl ergehen; ich mute Dir an Aufgaben wirklich arg viel zu. Nimm nicht zuviel Verantwortung auf Dich, damit Du Dir nicht für irgendwelche schiefgegangenen Dinge später Vorwürfe machst. Das musst Du mir überhaupt versprechen, dass Du nie denken wirst: Hätte ich damals das oder jenes anders gemacht, so wäre mein Jäm vielleicht noch am Leben. Ich kann Dir alle diese Aufgaben nur zumuten, wenn Du das ganz fest versprichst. Es ist eben auch Unfug: Denn entweder will Gott, dass ich lebe, dann wird von all den unwahrscheinlichen Projekten vielleicht eines glücken, oder er sendet mir seinen Engel wie dem Petrus in Apg. 12, oder er will, dass ich zu ihm komme, und dann fällt mir ein Ziegelstein auf den Kopf. Vers 4+5 von «Der Mond ist aufgegangen» geben das sehr schön wieder. Trotzdem muss alles getan werden, denn wir wissen ja nicht, ob er nicht diese Projekte in meinem Kopf wachsen lässt, um so den Weg zu zeigen. Wachet und betet, das ist die Losung, mit der allein wir um mein Leben und um meinen Tod kämpfen müssen. Leb wohl, mein sehr liebes Herz. Ich umarme Dich. J.

Eben habe ich Deinen Brief noch ein Mal gelesen. Ja, ich habe den Freitag (Randnotiz: Dein Brief ist aber vom Freitag, nicht vom Samstag) Nachmittag – d. h. für Dich ist es der Mittag 12–4 – auf dem Tisch und sehr zufrieden verbracht. – Nein, bis mein Brief an Müller sich auswirken kann, vergeht sicher eine Woche. – Sollte Hercher kommen, so sage ihm, ich würde manchmal geholt, das hättest Du erlebt, aber wohl immer bis 10. Er solle deswegen am besten um 10.15 anrufen, ob ich da sei, und dann sofort rauskommen; ich möchte verhüten, dass er herkommt und ich bin weg.

Noch etwas zur Sache Konrad: Selbst wenn aus der ganzen Sache nichts wird, würde es für mich schon ungeheuer wichtig sein können, wenn in der P. A. Str. der Eindruck entsteht: Hier geht ein Korn von Moltke's Samen in einer für uns interessanten Weise auf. Das wäre schon erreicht, wenn ein ganz inoffizieller Vorfühler losginge.

1 Marianne Hapig wollte versuchen, durch bestimmte Personen Einfluss auf Heinrich Himmler auszuüben. *2* Konrad Graf von Preysing. *3* Augustin Rösch wurde erst am 11. Januar 1945 verhaftet, Lothar König wurde nie vom Sicherheitsdienst gefasst. *4* Ein berühmter Rechtsstreit, hier: aufmerksam verfolgter Prozess. *5* Der für Helmuth im Sicherheitsdienst zuständige SS-Sturmbannführer Karl Neuhaus war als ehemaliger evangelischer Theologe unter anderem für kirchliche Angelegenheiten zuständig. *6* Anspielung auf Friedrich Schiller, *Wilhelm Tell*, II,1.

Freya an Helmuth James, 26. November 1944

Sonntag Abend

Mein liebes Herz, heute Nacht bin ich wieder bei den Freunden. Sie sind schon im Bett, aber ich möchte Dir noch schreiben, weil P. morgen früh weg will und ich auch. Als ich am Mittag heute hier ankam, lag Dein Briefchen da. Ich las ihn aber erst nach dem Essen, auch Deinen Brief an Konrad.[1] Den tippte ich dann gleich ab zur Erleichterung für ihn und zog alsbald los, ihn hinzubringen. Es ist ein schöner Brief. Exzellenz war zu Hause und saß bescheiden in einem der Krankenzimmer des großen, modernen und unversehrten Krankenhauses in Hermsdorf. Da er da war, ließ ich mich bei ihm melden, wollte ihm den Brief lieber selbst in die Hand geben. Als er hörte: ein Brief von Dir, meinte er, der müsse aber gleich verbrannt werden, und las ihn gleich. Ich wartete und betrachtete ihn, der 2 × schwer seufzte, seine Umgebung, seine schönen Schuhe und den Ring und den klugen, durchaus pfäffischen Kopf. Aus seiner ganzen Art, wie er das Projekt behandelte, sprach, das muss ich vorausschicken, alles andere als Angst, was Du aus dem obigen Satz schließen könntest, auch ist er Dir fraglos wohlgesonnen und wünscht zu helfen, aber das Projekt lehnte er zunächst einmal aus 2 Gründen ab. Der 1. und wesentlichste: In Wahrheit habe die Kirche nichts zu bieten, denn sie hätten keinerlei Kontakt oder Einwirkungsmöglichkeit auf ihren Klerus in den besetzten Gebieten. Sie wüssten vom Aachener Bischof z. B. nichts mehr, und das Gleiche würde in Kürze mit Köln und Trier passieren. Die SS interessiere sich auch garnicht dafür, was aus den Deutschen in den besetzten Gebieten würde, und daher sei das, selbst wenn es objektiv Wert habe, für die ganz uninteressant. 2. habe er nun seit 12 Jahren immer wieder die Erfahrung gemacht, dass ein Eingreifen der kath. Kirche gegenüber der SS nur gefährdend und nicht nützlich sei. In diesem wichtigen Falle würden die sicher hoch befriedigt sein, dass die Kirche sich die Sache offenbar etwas kosten lassen wolle und sie daher also wirklich einen guten Schlag getan hätten. Das sei dann nur eine Bestätigung für sie, dass es gefährlich gewesen sei, und außerdem werde man es der Kirche als Schwächezeichen auslegen. Endlich sei es so gut wie ausgeschlossen, den Kardinal[2] und Wienken für die Aktion hochzukriegen. Also Ablehnung auf der ganzen Linie. Er verblieb allerdings so, dass er sich die ganze Sache reiflich überlegen werde, und falle ihm ein besserer Weg in dieser Richtung ein, so werde er Dix benachrichtigen. Der Hapig'sche Plan missfiel ihm auch. Der sei nur für kleine Fälle begehbar und wohl auch dann und wann erfolgreich gewesen. Das war der Besuch. Er sagte, es vergehe kein Tag, dass er nicht Deiner und all der vielen Anderen gedenke, und er baue immer noch darauf, dass man Dich Deines Namens wegen nicht umbringen, sondern kaltstellen werde. Vielleicht wäre es besser gewesen, den Brief vorerst nur abzugeben und später mit P. hinzugehen, aber nach seiner ganzen Art glaube ich kaum, dass viel anderes herausgekommen wäre. Dass H. H. in einem solchen Zeitpunkt, wo alles von ihm abhängt, auf Einflüsterungen einer alten Frau etwas gibt, wenn sie überhaupt zum Flüstern kommt, das glaube ich nicht. H. H. weiß von Dir. Ob es ihm in den Kram passen sollte, Dich zu erhalten, weiß man nicht, weiß er wohl selbst noch nicht.

Haus kommt erst am 15. 12. zurück in den Dienst. Er kommt für private Zwecke allerdings vorher noch einmal.

Ja, heute ist Totensonntag gewesen. Denke Dir, ich habe nicht mehr als an anderen Tagen an Deinen Tod gedacht, hingegen ausführlich an die uns Vorangegangenen. Im Gegenteil habe ich Dich mit viel Glück noch unter den Lebenden gefeiert. Ich erwachte um 7 und suchte Dich gleich, dann meldete ich Kr. an und las das Matthäus-Evangelium. Ich bin jetzt beim 20. Kap. Dann kam C.chen und erzählte allerlei von einer Reise mit Asta in die Stadt. Er lag bei Asta im Bett, die zurück nach Kr. gekommen war, da Wend über Sonntag Dienst hatte. Er muss neuerdings in der Kaserne schlafen. Das ist bitter für sie, aber ich war froh, dass Asta bei den Kindern war. Konrad kam auch und sagte mit tiefer Stimme, die dabei doch nach Ton und Art C.chen glich, «Guten Morgen» und auf meine Frage, er sei lieb. C.chen war sehr gesprächig und sagte mir am Schluss, ich solle immer gut schlafen und von Pa träumen. Das ist sein Segenswunsch! Er habe Buntpapier bekommen und gehe heute ins Schloss und habe gestern schwarzer Peter gespielt und die Schule sei schön usw. Sonst schien alles sehr friedlich und ohne Probleme. Nach Beendigung des langen Gesprächs dachte ich wieder an Dich und las weiter und stand erst nach 8 auf. Der fremde Mann, der Gute, war abends 10 Minuten nach seiner Ankunft gleich weiter nach Göttingen gefahren. So war ich abends und morgens wirklich alleine und sehr glücklich darüber. Ich musste zwar immerzu schreiben und bin auch noch nicht fertig, aber es war friedlich, und ich war immer wieder in zärtlichster Weise mit Dir beschäftigt. Von 9–10 hörte ich das Schatzkästlein mit schöner Musik und einigen schönen und einigen weniger schönen Gedichten für den Totensonntag. Kurz nach 11 machte ich mich unter strömendem Regen auf den Weg und überlegte mir, dass Du nun nicht gefesselt wärest. – Mein Jäm, Dein Satz über das Herz, das ich sein soll, macht mich sehr glücklich. Ich glaube, ich verstehe auch, was Du meinst. Wie gerne möchte ich immer weiter für Dich schlagen, wie schön, dass Du es manchmal so empfindest. Als ich hier an dem runden Tisch in Frieden saß und Deinen mir so lieben Brief in Deinen lieben Buchstäblein entzifferte und an den schönen Satz kam, wurde ich mir unseres großen Glücks wieder so stark bewusst. Welcher Reichtum ist uns geschenkt, mein liebster Jäm, und welch eine Gnade, das in seiner ganzen schönen Fülle empfinden zu dürfen. Dem gegenüber verblassen dann wirklich die Abschiedsschmerzen, und es bleibt das Gefühl des unverlierbaren köstlichen Besitzes. Sag mir mal, mein Herz: Bezieht sich Matth. 18,18+19[3] auch auf uns?

Nun muss ich gleich ins Bett und möchte Dir doch noch schnell erzählen, dass ich gegen 7 von meinem Ausflug zurückkehrte, und da kamen die Freunde auch bald. Wir aßen und saßen dann. P. las eine schöne Predigt von Gollwitzer vor, und daraus erfuhr ich manches und auch, dass es anderen Menschen auch nicht leichter zu gehen scheint mit ihrem Gehaben, denn die Predigt handelte vom Beten. Mein Jäm, hier bin ich Dir so nahe, und so im Hafen bin ich hier! Wie wäre das alles ohne die Freunde! Warum sind sie eigentlich beide so mit mir, als gehöre ich ganz zu ihnen. Ich nehme mir auch große, dicke Stücke von dem Kuchen, den sie mir immer anbieten. Ich bin nicht einmal beschämt. Ich bin nur dankbar und ganz darein ergeben, dass man solche Freundschaft nur hinnehmen und ganz nie vergelten kann. Es ist auch merkwürdigerweise viel bescheidener, zu nehmen, ohne an die Vergeltung zu denken. Ich bin ein scheußlicher Pharisäer von Natur und möchte immer mehr gegeben haben als nehmen und mich daran dann erbauen. Das ist auch vor Gott nicht besser, als alles für sich zu behalten, vor allem, wenn man sich selbst durchschaut. Bei Schönchen mag es wohl noch angehen! Meine Lust ist ja viel raffinierter als die der primitiven Egoisten, denn vor den Menschen stehe ich noch groß dabei da! So ist es, mein Jäm, nun versuche nicht, mit zärtlicher Hand Deines P.s Fehler zu beschönigen. Ich weiß ja, wo ich sie hintragen darf!

Mein Jäm, ich liebe Dich, ich liebe Dich, so sehr ich vermag, und möchte Dich behalten. Das brauche ich wohl nicht zu sagen, und dass es darauf nicht ankommt, weiß ich auch. Heute Nacht darf ich aber noch an

Dich schreiben: Schlaf gut, mein Herz, und ich umarme Dich. Das ist schon schön. Dein P. bleibe ich immer.

1 Konrad Graf von Preysing. 2 Adolf Kardinal Bertram, Erzbischof von Breslau. 3 Vers 18: «… was ihr auf Erden binden werdet, soll auch im Himmel gebunden sein». Vers 19: «… wo zwei unter euch eins werden auf Erden, warum es ist, dass sie bitten wollen, das soll ihnen widerfahren von meinem Vater im Himmel.»

Helmuth James an Freya, 27. November 1944

27. 11. 44.

Mein Lieber, Konrad[1] ist ein sehr kluger Mann, und seine Argumente sind sicher richtig bis auf eines: Ich meinte, dass weniger die Verbindung mit den jetzt besetzten Gebieten aufgenommen wird, als dass allen Geistlichen in gefährdeten Gebieten die generelle Weisung gegeben wird, also vor der Besetzung. Ob er im übrigen Recht hat, vermag ich natürlich nicht zu beurteilen, denn das hängt von der jetzigen Situation ab. Ich hätte das vor drei Monaten genauso beurteilt, und es geht auch erst, wenn die Herrscher sich etwas angeschlagen fühlen. Wann das der Fall sein wird, kann ich natürlich nicht sagen. Ich glaube aber, dass der Gedanke generell richtig ist, dass man versuchen muss, den Löwen daran zu hindern, im Todeskampf besonders giftig um sich zu schlagen. –

Matthäus 18,18 passt nicht, wohl aber 19 sehr. 18 bezieht sich m. E. auf gebunden wegen Sünden. – Mein liebes Herz, ich habe in mir einen Gedanken, einen Wunsch verborgen für den Fall, dass Du noch eine Sprecherlaubnis bekommst, worauf ich garnicht zu hoffen wagte, deswegen habe ich bisher nichts gesagt. Aber jetzt höre ich, dass Du dann eventuell schon in den nächsten Tagen kommen willst. Dieser Gedanke ist, ob wir nicht im Anschluss an die Sprecherlaubnis bei P. das Abendmahl feiern könnten. Wir haben es nie zusammen gefeiert, und es wäre so ein Schlussstein auf dem bisher durchschrittenen Wege. Aber die Hauptfrage bleibt, ob P. das für möglich hält. Es darf weder ihn noch uns gefährden, denn wir können es auch im Geiste zusammen feiern. Aber wenn er meint, dass der Vorsteher das zulassen würde, ohne dass daraus eine Affäre wird, dann wäre es schön. Ich habe mit ihm nicht darüber gesprochen, weil Du es wirklich wollen musst, nicht nur, um Deinem Wirt eine Freude zu machen.

Leb wohl, mein ruhiges, liebes, starkes Herz, J.

1 Konrad Graf von Preysing.

Freya an Helmuth James, 27./28. November 1944

Montag Nachmittag

Mein Lieber, für Dich ist jetzt schon Abend, es ist 17.30. Ich bin fertig mit meinem Programm und sitze in der hintersten Ecke des Wartesaals. Hier werde ich wohl eine Weile bleiben, denn ich kann bei den guten P.s. nicht schon so früh erscheinen, und hier sitze ich sehr friedlich und ungestört. Ich kann doch nicht mehr zu C. D. fahren. Das ist zu weit. Mein Jäm, das Beste: Ich habe eine neue Sprecherlaubnis in der Tasche. Mein schöner Antrag hat Herrn Thiele so gut gefallen, wie er vorher Herrn Schulze gefallen hat. «Ja, Frau Moltke, Sie sollen die Sprecherlaubnis haben», hieß es. Aber erst heute Mittag, denn heute war wieder große Verhandlung im K. G. und da waren alle Herren. So sprach ich Stier[I] nicht und versuche es morgen früh wieder, aber ich bin zunächst einmal glücklich, dass ich Dich wieder sehen werde. Ach, mein Jäm, wie freue ich mich, wie schön wird es wieder sein, meine Augen über Dich wandern zu lassen, Dich anzufassen, Dich zu sehen. Wie schön, mein Jäm! Mein Lieber! Nun weiß ich noch nicht, ob ich morgen schon kommen soll. Wenn es wieder beim Vorsteher ist, kann ich keine Wäsche tauschen, d. h. kein Essen bringen, das will ich daher Mittwoch wie immer tun. Da bleiben nur Dienstag und Donnerstag, und da Du doch vielleicht geholt wirst, ist es wohl besser, es morgen schon zu versuchen. Ich freue mich gerne ein bisschen an dem Besitz in der Tasche. ½ Std. ist uns zugesprochen!

Als ich unverrichteter Dinge um 9 vor dem VGH. stand, beschloss ich, Frau Lukas aufzusuchen, von der mir Frl. Hapig neulich erzählt hatte, sie sei da und ganz verlassen und verzweifelt. Ich war auch entsetzt, wie ich sie vorfand. Ich habe sie kaum erkannt. Sie hat Lukas einmal gesehen, er sei furchtbar gequält worden und das scheints vor allem in Breslau, er sei ganz weiß geworden und habe geweint. Aber mir scheint, im Ganzen ist er nicht schlecht im Stand, er hat nur seinem Herzen einmal Luft machen müssen. Er kann lesen und rauchen und ist in der Lehrter Str., noch sind die Akten nicht beim 1. Senat, aber sie fürchtet, dass es schnell gehen wird. Sie sieht alles viel schlechter, als man es sehen muss, und hat keine Seele, die sie tröstet. Sie kann einen sehr jammern in ihrer Hilflosigkeit. Ich habe ihr eine Stunde zugesprochen, aber hatte nicht das Gefühl, dass es ihr sehr half. Die arme Frau! Wir müssen Kontakt mit ihr behalten. Bis ich dann wieder bei C. D. war, war es 12. Dort fand ich einen Anruf von Frl. H., ich solle doch noch einmal kommen. Da ich vorher zu Thiele und hinterher zu Hercher wollte, konnte ich mir nur noch einen Grießbrei kochen, ein paar Brote essen und wieder losgehen. Dann ging es bei

Th. glatt. Frl. H. war selbst von ihrem Projekt abgerückt und hatte nun das neue, mich mit Frau Planck zusammenzubringen. Warum nicht?! Sie hat ihre Wünsche über Frau Himmler an H. H. herangebracht, aber ich glaube nach wie vor, dass der alte Planck der Grund war.[2] Im übrigen hat sie es noch nicht schwarz auf weiß. Alle diese Dinge spielten sich in der Großen Hamburger Str. ab. Ich lerne wirklich Berlin langsam recht ausgiebig kennen, denn der Vormittagsbesuch war in der Nähe des Kottbusser Tors. Frau Pl. sehe ich nun morgen zw. 1.15. und 1.30, und das vermittelte ihr Beichtvater, der nebenbei ein Bruder von der Frau Kleinert in Gräditz ist! Dann kam Hercher: Er hat mir wieder sehr gut von der menschlichen Seite gefallen. Meinen Versuch, ihn über Kreisau zu Geld zu bringen, schnitt er gleich damit ab, dass er sagte, er habe auch früher nie um Geld gearbeitet: Er wolle helfen. Ich bin überzeugt, mein Jäm, der fährt 10 × nach Tegel, wenn er darf und Dir das nutzt. Den kannst Du als menschlich vollkommen einwandfrei ansehen. Ich bin garnicht unzufrieden. Im übrigen stünde er auch für die Kreisauer Sachen zur Verfügung, war aber der Ansicht, dass man vorher nichts tun sollte. – Hier hieß es, es sei «dicke Luft»,[3] worauf ich mich umgehend auf den Weg machte. Ich kam auch noch an, und es war harmlos, wie Du ja auch gemerkt hast. P. ist heute Abend nicht da, aber ich fand Dein liebes Zettelchen. Ja, mein Lieber, Du weißt doch, dass ich will. Ich fände es sehr schön. Ich glaube, dass ich ganz darauf gerüstet bin. Nein, nicht um Dir eine Freude zu machen, nein, dafür könnte ich es nicht tun. Ich teile und bejahe Deinen Wunsch von ganzem Herzen und sage dazu «*ja*». Ob es aber gehen wird, muss P. sagen. Ich lasse ihm daher das Zettelchen da und komme morgen noch nicht, es sei denn, P. bestellt mich, weil es entweder schon geht oder nicht geht. – Ich komme nun auf Hercher zurück. Auf Anhieb meinte er, er würde bis kurz vor dem Termin keine Sprecherlaubnis bekommen, als ich aber sagte, ich wolle dafür zu Stier gehen, war er sofort bereit, zu Dir zu kommen, wenn er sie auf diese Weise bekäme. Nun kommt also morgen in der Frühe Stier dran. – Brigitte ist ganz bereit, sich an der Bestechung von Thiele zu versuchen, und sie hat auch gewisse Talente dafür. Sie soll mit einer Gans winken, aber wir müssen das Projekt erst noch ausführlich mit P. besprechen. Heute sagte er[4] mir, es stehe noch nichts über den Termin fest, und dabei besah er sich gedankenvoll das Programm, das er, wie er sagte, eben gemacht hatte. Er ist Ortsgruppenleiter von Rengsdorf, Herr Thiele, der mager und blass und sächsisch, aber wenn man ihn achtet, sehr freundlich ist. Ich habe bisher noch nirgends die leiseste Unfreundlichkeit zu spüren gekriegt. Da ich aber in dieser Angelegenheit mit ganz erhobenem Kopf herumgehe, so ist das auch schwer. Es kann aber noch kommen, macht mir aber nichts. Mir ist nur eines wichtig, und das weißt Du, mein liebes Herz. Mein Jäm, ich bin Dir ganz und gar ergeben. – Ich war heute Nacht wieder hier, da Brigitte am Abend nicht kam. Ich habe gut und viel geschlafen. Du hoffentlich auch, mein liebes Herz! Jetzt bist auch Du beim Aufstehen und Aufräumen. Es ist halb 8. – P. kam also abends, und ich besprach es mit ihm. Er muss nun heute erst sehen, aber gleich, beim Frühstück, werden wir wohl noch einmal drüber sprechen. Mein Jäm, es wäre sehr schön, aber ich fürchte etwas für P. Nur er kann das entscheiden. – Mein Herz ist voller Liebe und auch voller Glück, denn ich bin ganz Dir gehörig und bin so fest und gut mit Dir verbunden. P.

1 Landgerichtsdirektor Martin Stier. *2* Erwin Planck, ein Sohn des Physikers Max Planck, war seit Juli 1944 in Haft und am 23. Oktober 1944 zum Tode verurteilt worden. Sein Vater hatte sich mit Bittschreiben an Hitler und Himmler um eine Begnadigung bemüht, zunächst erfolgreich. *3* Kurz vor einem Bombenangriff. *4* Amtsrat Thiele.

Helmuth James an Freya, 28. November 1944

Tegel, den 28. 11. 44.

Mein Lieber, wie glücklich bin ich über die Sprecherlaubnis. Ich hatte das garnicht zu hoffen gewagt. Es wäre sehr schön, wenn wir anschließend das Abendmahl bei P. feiern könnten, aber schön ist es auf jeden Fall. – Ich habe erst wieder ein paar Kleinigkeiten, die mir eingefallen sind: *1.* Wenn Ihr (Wir) Kreisau behalten, dann muss für Carl Bernd's Andenken etwas geschehen.[1] Ich hatte immer gedacht, an die Ecke des neuen Familienbegräbnisplatzes einen großen Feldstein zu setzen und in den eine Platte einzulassen mit Blick ins Tal, nicht etwa auf den Weg. Oder eine Platte in das Steinmäuerchen bei Mami. *2.* Ich bitte Dich, einen neuen Block mitzubringen; zwar reicht der noch einige Zeit, wenn ich aber weiter so fleißig schreibe, brauche ich später vielleicht doch noch einen. *3.* Ich lese täglich aus den Evangelien 3 Kapitel und bin jetzt, d. h. gestern, bei Matthäus 19–21, wo Du auch gerade warst. Heute kommt also 22–24. Da Du auch gerade an der Stelle bist, dachte ich, wir könnten vielleicht zusammen weiterlesen, und wollte es Dir sagen.

Mein liebes Herz, alles, was Du schreibst, ist so lieb und stärkend und schafft mir so das Gefühl des Geborgenseins. Wenn Du nur Dein Gleichmaß durch all die möglichen Unglücke behalten mögest. Es ist eine Gnade, die Dir, nein uns, geschenkt ist, und um die wir alle Tage neu bitten müssen. – Die arme Frau Lukas. Ja, wenn Du Zeit hast, versuche ihr zu helfen. Vielleicht kann sie ein Mal feststellen, was Lukas über mich gesagt hat. Ich habe nichts gesagt, was ihn belasten könnte, außer, dass ich über die sachlichen Fragen: Selbstverwaltung und Kirche und Staat mit ihm gesprochen hätte und dass ich, als er mich 42 fragte, wer eigentlich Herr Goerdeler sei, ihm geraten hätte, ihn nicht zu sehen. Ich fürchte aber, dass er sich in neuerer Zeit irgendwie hat in die Sache hereinziehen lassen.

Ja, mein Herz, ob man an der Verschiebung des Termins arbeiten soll, müsst Ihr besprechen. Ich vermag es nicht recht zu beurteilen. Eines ist sicher: Die Kriegslage ist mal wieder labil und kann uns mindestens als Argument helfen, je später wir dran kommen. Aber mit menschlichen Augen ist kein Urteil über diese Frage zu gewinnen, denn u. U. kann ein Vorrücken der Feinde über den Rhein zu hastiger Verurteilung aller anstehenden Sachen führen, und ich habe ja überhaupt nur dann eine Chance, wenn man mir Zeit widmet: Über den Daumen gepeilt, muss ich gehängt werden. Mir ist diese ganze Erörterung ein klein wenig peinlich, und ich sehe daran, wie ich mich doch etwas verändert habe. Ich sehe zu klar, dass das alles Dinge «unter dem Strich» sind, dass ich eben in Gottes Hand stehe und ihm lebe und sterbe. Aber beredet die Frage ein Mal. Das primäre menschliche Gefühl ist, dass Zeit kostbar sein kann, denn die Feinde wollen ganz offenbar jetzt durch und werden alles daran setzen. Brechen sie an einer Stelle wirklich durch, dann kann alles sehr schnell gehen.

Mein Herz, ich schreibe nichts weiter, denn ich hoffe auf Dein Kommen, und dann sehen wir das, was ich jetzt noch sagen könnte, mit unseren Augen. Darauf hoffe ich. Leb wohl, mein sehr geliebtes Herz, umarme Deine Söhnchen, wenn Du sie siehst, und grüße alle. J.

1 Helmuths Bruder Carl Bernhard war am 30. Dezember 1941 gefallen.

Helmuth James an Freya, 28. November 1944

Tegel, den 28. 11. 44.

Mein Lieber

Eigentlich schulde ich Dir doch noch einen Bericht über den Sommer, und ich will mal sehen, ob es mir gelingt. Am 6. Februar kamen wir nach Ravensbrück: Kiep, Bernstorff, Scherpenberg, Kuenzer, Etscheid und noch ein Mann in einer grünen Minna. Ich hatte in der P. A. Herrn Witt zu meiner persönlichen Bewachung und Kiep hatte Herrn Motekus. Die kamen beide mit. In Ravensbrück waren tags zuvor die in dieselbe Sache verwickelten Frauen angekommen, von denen ich nur Hannah Kiep und Frl. Zimmermann kannte. Ich bekam meine Zelle 28, und neben mir war Kiep, auf der anderen Seite zwei SS-Aufseherinnen, über die ich ja in meinem Tagebuch berichtet habe. Als ich am 7. früh zum Ausgang kam, sah aus ihrem Zellenfenster Puppi[1] heraus, und ihre Zelle war so nah an dem Ausgang, dass wir etwas reden konnten.

In der ersten Zeit war ich sehr vorsichtig und zurückhaltend, weil wir erstens viel Bewachungspersonal hatten –2 SS-Aufseherinnen, Frl. Mewes die ich später für unseren internen Gebrauch «August» taufte, und eine andere, die beide zum Lager gehörten, und dann für uns 6 Männer und 6 Frauen 3 SS-Untersturmführer und 4 weibliche Polizeibeamte – und weil auch unter den Gefangenen viele SS-Männer und SS-Mädchen waren. Mit Puppi wechselte ich aber täglich ein paar Worte durchs Fenster, d. h. sie durchs Fenster und ich vom Ausgehplatz her. Wir gingen damals jeder allein. Ab Mitte März durften wir dann mit anderen Häftlingen zusammen gehen, solchen, die nichts mit uns zu tun hatten, und das arrangierte ich dann bald so, dass ich mit einem politischen Mädchen – Gerti – einer Düsseldorferin rauskam, die schon 2½ Jahre im Lager war, und die mir die ersten Lektionen über die diversen Insassen gab. Sie selbst war R. K.-Schwester gewesen und war wegen eines politischen Witzes eingesperrt worden, war im Lager in das Revier als Pflegepersonal gekommen und hatte dort ein Verhältnis mit dem SS-Arzt gehabt, der deswegen zu Zuchthaus verurteilt worden war, während sie in den Zellenbau in Einzelhaft kam und zeitweise schrecklich gequält worden war: 21 Tage ohne Essen in einer Dunkelzelle krummgeschlossen. d. h. Hände und Füße in eine Fessel geschlossen. Man hatte von ihr das Geständnis haben wollen, dass der Arzt bei ihr eine Abtreibung vorgenommen hätte.

Als Aufräumefrauen gab es 3 Bibelforscherinnen,[2] die bereits 7, 7 und 3 Jahre saßen: eine nette, dicke Ostpreußin, eine schlaue Berlinerin und eine sehr pfiffige und kluge Böhmin. Mit denen stand ich mich bald sehr zart.

Gerti kam am Ostersonntag, 9. 4., weg nach Auschwitz, zu gleicher Zeit etwa kamen die weiblichen Polizeibeamtinnen weg und Puppi, die wegen eines Kassiber-Schiebens mit Langbehn auf die Nordseite strafversetzt worden war, wo auch seit Anfang März Kiep hingekommen war, bekam die Zelle 26 neben mir. Ferner hatte ich mich mit Gerti's Hilfe soweit orientiert, dass ich nun ganz sicher war und wusste, auf wen man sich verlassen konnte und auf wen nicht. So sind aus der Besatzung, die den Sommer verschönte, noch zu erwähnen:

der 76er, Poseidon genannt, weil er das Gießen der Blumen hatte. Ein Mann, der für Kriegsdauer saß, dem man aber nichts Genaues nachweisen konnte. Er saß in Zelle 76, war nett und machte den Eindruck eines Technikers.

Carmen,[3] eine Schweizer Journalistin in meinem Alter, die für den S. D. gearbeitet hatte und nach dem Anschluss von dem S. D. abgefallen war. Sie lag schräg unter mir, bekam ein Mal 25 Schläge mit der Nagaika[4] und erzählte herrliche Geschichten. Im Mai oder Juni kam sie wieder ins «freie» Lager,[5] wo sie im Revier tätig war. Sie kam aber meist oder häufig unter irgendeinem Vorwand, wenn ich meinen Ausgang hatte, und war für mich eine großartige Informationsquelle. Sie heißt Mory und ist die Tochter eines Schweizer Arztes, war 1940 von den Franzosen als Spionin zum Tode verurteilt.

Unter mir lag «Schorsch», ein Gärtner von Siemens, der als freier Mann K. Z.-Lager-Insassen Briefe und Sachen von ihren Frauen mitgebracht hatte, zu 2 Jahren K. Z. «verurteilt» worden war und dann im August, als ich schon eingekleidet war,[6] ins «freie» Männer-Lager kam.

Mit unseren beiden Aufsichtsmännern Motekus und Witt und nachher Weber und mit den beiden SS-Mädchen hatten Puppi und ich ein ganz zartes, durch Lebensmittel stark untermauertes Verhältnis. Die beste von denen war «August». August war ursprünglich rauh, und Puppi behauptete, sie sei tückisch, aber ich hatte mich sofort an sie attachiert, und es stellte sich auch heraus, dass sie im Grund eine Perle war, wenn auch etwas mannstoll, was mir aber das Geschäft nur erleichterte. August war die Seniorin des Lagers, tüchtig und bei dem Lagerführer sehr geschätzt; sie wurde immer mitgenommen, wenn neue Aufseherinnen geworben wurden, und war den anderen Mädchen turmhoch überlegen. Wenn wir etwas haben wollten, dann bat ich immer August, und 24 Stunden später hatten wir es. Mit August hatte ich ein Mal eine Unterhaltung über Kindererziehung – sie hatte 2 –, und da stellte sich heraus, dass sie mit mir der Meinung war, dass es eine Kindererziehung ohne christliche Religion nicht gäbe, und dass sie deswegen ihre Mutter bei sich wohnen hatte, damit sie die Kinder nicht in den SS-Kindergarten geben müsste. Mit August also war ich ganz zart.

Dann gab es den «9er», der Zelle 9 hatte, sicher ein Mann der ehemaligen sozialistischen Arbeiterjugend, der als Funker während der Zeit nach 33 durch die ganze Welt gekommen war und im Kriege über Sibirien nach Deutschland zurückgekehrt, nach wenigen Wochen ins K. Z. wanderte und da nun das Kriegsende erwartete.

Dann gab es «Willi», einen Eisenarbeiter aus Graz, der den spanischen Bürgerkrieg auf kommunistischer Seite in der internationalen Brigade gekämpft hatte, dann nach Russland gegangen war und als russischer Agent an der Ostfront in unsere Hände gefallen war. Man ließ ihn leben, weil er vor Kriegsausbruch bereits ausgebürgert worden war, also nicht als Deutscher in Russland gekämpft hatte.

Dann gab es noch eine Menge wechselnder Personen: russische Partisaninnen, Pflegepersonal der russischen Armee, Polinnen – zwei sehr nette Mädel aus Warschau –, eine Ukrainerin mit Baby und Schwester,

SS-Männer, SS-Aufseherinnen aller Art, die ich bald alle kannte, oder vielmehr sie kannten mich, weil Puppi und ich nach Gerti's und Kiep's Abgang die Senioren des Zelllenbau's waren und überhaupt allerhand Vorrechte genossen. Aus dem freien Lager kannte ich Pela Potocka, die auch im Revier arbeitete und die ich durch Carmen aufgetan hatte, und eine ganze Reihe Polinnen aus der Küche, die sich manchmal mit mir unterhielten, wenn sie Essen brachten.

Eines Tages, ich glaube im Mai oder Anfang Juni, kam ich mittags von meinem Rundgang herein, und da stand: Isa Vermehren, die gerade eingeliefert worden war, und der ich so wenigstens aufmunternd zulächeln konnte. Ich ließ gleich durch die böhmische Bibelforscherin ermitteln, wo sie hingelegt wurde, und es stellte sich heraus, dass sie schräg unter mir, also unter Puppi und neben Schorsch lag. Wir klopften sie dann raus, und sie wurde erst ein Mal mit einem viertel Pfund Butter getröstet und in die Gemeinschaft aufgenommen.

Schließlich kam Anfang Juli in eine der guten Zellen, eine der besten, 36, die Puppi früher bewohnt hatte, ein Mädchen in schwarzem Kleid und platinblondem Haar und mit geschminkten Lippen. Als ich mittags raus kam, nickte sie mir freundlich zu, aber ich konnte nicht daraus klug werden, wer das war. Sie zeigte dann eine Zigarettendose, die ich kannte, aber die ich auch nicht gleich unterbringen konnte. Ich ging ganz voller Gedanken in meine Zelle zurück, denn es war ja sehr wichtig zu wissen, wer das neue Mädchen war. Plötzlich fiel mir ein, dass das die Zigaretten von Falkenhausen waren und dass dies die Prinzessin Ruspoli sein musste, die nur so mitgenommen war, dass ich sie nicht erkannt hatte. Ich stürzte also an mein Fenster und pfiff laut Falkenhausens Lieblingssong: «Dans un coin de mon pays», und in der Hälfte der ersten Strophe antwortete sie mit der zweiten Hälfte.

Das war die Besatzung des Sommers bis 20. 7.

Wir auf der Südseite hatten alle unsere Fenster «in Ordnung gemacht», d. h. so eingerichtet, dass man sie rausnehmen und sich rauslehnen und sogar den Kopf zum Gitter hinausstecken konnte. Wenn wir uns nun gegenseitig etwas mitzuteilen hatten, so pfiffen wir uns an, und zwar hatte jeder seinen Pfiff. Meiner war «Wem Gott will rechte Gunst erweisen», Isa's «Die Gedanken sind frei», Elisabeth Ruspoli, genannt Mary «Dans un coin» u.s.w. Puppi, genannt Erna, hatte keinen, denn die konnte ich ja rausklopfen.

Puppi hatte im April eine grässliche Krise, und da haben wir häufig sehr traurig darüber gesprochen. Sie bekam dann von ihrem Vater eine reformierte Bibel, und wir unterhielten uns eingehend über Bibeltexte. Ab Juni gingen wir auch immer zusammen zu unserem Rundgang raus und besprachen von der Bibel bis zu Ernährungsmaßnahmen für Mitgefangene und Bestechungsmaßnahmen für das Personal alles, operierten in diesen Dingen auch immer gemeinsam. Die Abendunterhaltung war aber meist über einen Psalm oder etwas Ähnliches.

Die drei, die unter uns lagen: Carmen, Schorsch und Isa ernährten wir tüchtig, denn die bekamen alle drei das schlechte Essen. Etwa Mitte Juni, nein Anfang Juni, erreichten wir, dass Isa rauf verlegt wurde, und zwar neben Puppi in Zelle 27. Ich hatte Isa nun sehr zugeredet, doch zu singen, und das begann sie dann erst vorsichtig, und bald war es zu einer stehenden Gewohnheit geworden, dass sie abends nach Schluss, also nach 10 Uhr, sang: erst italienische Volkslieder oder etwas Lustiges und zum Schluss geistliche Lieder: evangelische Kirchenlieder, «Der Mond ist aufgegangen» und katholische Kirchenmusik, wie vor allem den Gregorianischen Lobgesang. Als sie den das erste Mal sang, seufzte ein schräg unter ihr liegender österreichischer SS-Mann laut auf und sagte: «10 Jahre habe ich das nicht gehört!»

Schließlich im Juli – und das blieb so, bis ich neu vernommen wurde am 14.8. – erreichten wir, dass Mary, Isa, Puppi und ich abends so gegen 8 Uhr immer noch einmal rauskamen, etwa eine Stunde lang. Manchmal gingen wir dann langsam erzählend auf und ab, manchmal saßen wir mit dem Personal und unterhielten uns, manchmal sang uns Isa was vor. Häufig war auch der 76er, manchmal der 9er dabei, mitunter noch der eine oder andere von der sonstigen Besatzung.

Unser Haupttrumpf war, abgesehen von unserem, d. h. Puppi's und meinem, Essensnachschub, unsere Freundschaft mit August. Die anfängliche Ablehnung August's durch Puppi und Isa war, nachdem ich meine Unterhaltung über die religiöse Kindererziehung mit ihr gehabt hatte, einer innigen Freundschaft gewichen, und ab Anfang Juli hat August uns drei jeden Morgen je zwei in Fettpapier aufgebackene Semmeln mitgebracht und abends manchmal frische Pilze oder Bratkartoffeln gemacht. August hat also für unser Wohlleben sehr viel getan. Auch sonstige Einkäufe hat August für uns in der Stadt besorgt.

Das Essen spielte überhaupt eine große Rolle. Nachdem ich einen Tauchsieder zum Teekochen bei mir angeschlossen hatte, hatte Puppi sich eine Kochplatte kommen lassen und da wurden ganze Gerichte, z. B. herrliche Risottos, gekocht. Aber auch Schinken und Wurst von mir, Speck zu Kartoffeln, alles spielte eine Rolle, und Sonntags bekam die ganze Sonntagswache von uns Tee oder Kaffee.

In all dieser Existenz kamen dann immer wieder schreckliche Dinge vor: Fast täglich bekam irgendeine Frau aus dem Lager 25 Hiebe mit der Nagaika. Das geschah in unserem «Zellenbau». Meine Freundinnen aus der Küche erzählten mir das immer tags zuvor, denn dann gab es für die prügelnden Häftlinge Fleischzulage. Die Frauen wurden nackt in Gegenwart von Lagerführer und Arzt festgeschnallt und von zwei Mitgefangenen geprügelt. Schräg unter mir lag einmal eine, die hatte 75 bekommen, in drei Raten. Der Rücken war dann ganz aufgeplatzt, aber es war erstaunlich, wie schnell sie sich erholten. Dann gab es Männer, die wurden plötzlich morgens aufgefordert, mal «einen Spaziergang ums Lager zu machen», d. h. erschossen zu werden. Das geschah einem in meiner Nähe liegenden Häftling Emil, der ein Verhältnis mit einer Aufseherin hatte und sich weigerte, deren Namen preiszugeben. 14 Tage nach seinem Tod lag das Mädchen in Zelle 24 neben mir, eine Österreicherin aus der Umgebung von Wien, ich glaube Floridsdorf. Sie war aber eigentlich nur 7 Tage traurig und benommen und hatte sich dann sehr mit dem 9er angefreundet. – Dann kamen eines Tages 10 Häftlinge, die wegen eines Mordes an einem Mithäftling in Untersuchung gelegen hatten, um 5 Uhr früh weg. An sich ganz nette Männer, und wir dachten alle, der Kamin des Krematoriums, der meinem Fenster schräg gegenüber lag, würde wie toll rauchen. Aber dann hörten wir nach einer Woche, dass sie heil in Oranienburg im Lager seien und dort arbeiten müssten. – Dann hatten wir einen englischen Fallschirmagenten, der wurde eines Morgens zum Erschossenwerden abgeholt. – Schließlich war mit Schorsch zusammen ein Mann eingesperrt gewesen, der aus dem «freien» Lager ausgebrochen war; der wurde auch eines morgens abgeholt, und dann hörten wir, dass er mitten im Lager gehenkt worden war. – Zwei Russinnen, die nach Carmen's Abgang in deren Zelle kamen, übrigens besonders hübsche Mädchen von 19 und 20 Jahren, denen wurde alle paar Tage eröffnet, sie würden nun erschossen, weil sie bei der Arbeit Sabotage geübt hätten. – An der Nordseite, wo Willi, der 9er, zeitweise Isa als Strafe für ein Kassibergeschäft mit ihrer Schwägerin lagen, gab es täglich Prügelszenen und Strafestehen: Die Frauen mussten bei jedem Wetter von morgens 5 Uhr bis abends 10 oder 11 stillstehen.

Isa, die neben den 9er gelegt worden war, in Nr. 8, hatte mit diesem einen Morseverkehr, und an unsere religiöse Unterhaltung auf der Südseite gewöhnt, hatte sie gleich damit angefangen, ihn anzumorsen: «Glauben Sie an Gott?», worauf er prompt «Nein» erwidert hatte. Das war rasend komisch, denn Isa versuchte, ihn nun auf dem Morsewege zu bekehren, und musste bald das Rennen aufgeben. Isa war auch entrüstet, dass Puppi, die ja katholisch war, Bibel las, statt sich an das Messbuch zu halten, und tat nun ihr Möglichstes, sie ganz auf das Messbuch festzulegen: Dass die Bibel «schön» sei, fand sie ein Greuel; das war schon ketzerisch. – Ich merke, dass Elisabeth, sprich Mary, zu kurz kommt. Mir fällt auch gerade keine schöne Geschichte zu ihr ein, aber sie war durchaus auf gleich mit den beiden anderen Mädchen und eine große Bereicherung. Auch war sie besonders gut im Beschaffen von Nachrichten, weil sie sehr geschickt und ruhig zu fragen verstand.

Nachrichten waren für uns immer sehr wichtig. Vor allem war wichtig, immer zu erfahren, wer neu kam, wer in leere Zellen kam, wo Spitzel hingelegt wurden, warum Leute verlegt wurden, was bei Vernehmungen gefragt worden war. Dieser Nachrichtendienst hat sich nach dem 20. 7. sehr bewährt, denn so wurde ich wenigstens vor Überraschungen bewahrt. Peter's Ankunft erfuhr ich binnen 20 Minuten, auch dass Kleist und Schwerin mit ihm gekommen waren. Schacht und Popitz, Leber, Haubach, Leuschner, Maaß, Wirmer u. s. w. waren uns innerhalb 24 Stunden angezeigt, sogar mit Zellennummer, obwohl alles getan wurde, es uns zu verheimlichen. Hassell, der sehr schlecht behandelt wurde, bekam schon nach 48 Stunden seinen ersten Risotto durch die böhmische Bibelforscherin. Halder kam in Isa's Zelle 27 neben Puppi und war ein sehr gelehriger Häftling.

Am 14.8. nachts um 11 wurde ich zur Vernehmung geholt, und damit war klar, dass man mir ans Leben wollte. Bis zum 19. hat man aber alles beim Alten gelassen, nur war ich kurz zuvor auf die Nordseite gelegt worden unter irgendeinem Vorwand. Und so habe ich mich in den Tagen vom 15. bis 19. noch von allen herrlich verabschieden können. Die drei Mädchen haben mir versprochen, Freya später zu besuchen und ihr zu erzählen, wie meine letzten Monate waren. Mary vor allem wollte direkt von Ravensbrück nach Kreisau kommen und sich von da mit Ansembourgs in Verbindung setzen. Am 19. 8. wurde ich dann eingekleidet und in eine dunkle Zelle der Nordseite gesperrt, ohne Buch, ohne Papier zum Schreiben, ohne eigene Sachen, außer Socken und Taschentücher, mit schlechtem Essen und eine Woche ohne Ausgang. Trotzdem blieb ich nachrichtenmäßig mit den anderen in Verbindung, und wir sahen uns später, als ich rauskam, sekundenweise, weil ich, wenn ich rauskam, einen unserer Pfiffe losließ und dann, wenn die damals sehr strenge Bewachung nicht hinsah, schnell um die Ecke winkte. Wenn sie draußen waren und ich mich gemeldet hatte, pfiff Isa, die damals wieder auf die Südseite gekommen war, meine Lieblingslieder, lauter Mozart-Melodien. Als ich schließlich abfuhr, sah ich gerade Mary und konnte ihr auf Wiedersehen sagen, und die Bibelforscherinnen und August sahen sehr traurig hinter mir her.

1 Marie-Louise Sarre. *2* Zeugen Jehovas. *3* Carmen Maria Mory. *4* Spezielle Lederpeitsche, auch: Kosakenpeitsche. *5* Das eigentliche Konzentrationslager im Gegensatz zum Zellenbau. *6* Nach dem Attentat vom 20. Juli 1944 verlor Helmuth seinen Status als Schutzhäftling und musste u. a. Häftlingskleidung tragen.

Freya an Helmuth James, 29. November 1944

Mittwoch Abend und Nachmittag

Mein liebes Herz, ich bin noch sehr voll von dem, was wir heute Vormittag zusammen erlebt haben.[1] Es war sehr schön für mich, nur schön war es und nicht traurig. Eigentlich, mein Herz, ist es so, dass ich garnichts darüber zu sagen vermag. Ich bin anders als vorher und weiß doch nicht, wieso. Seit ich wusste, dass wir dies zusammen erleben dürften, habe ich immer wieder darüber nachgedacht und vor allem heute früh meine Gedanken ganz dahin gesammelt. In mir war die große Furcht, ich könnte trotz allem nicht würdig sein, aber ich war mir dann ganz klar; zum Gedächtnis des Todes Christi, in der Bereitschaft, seinen Weg als den einzig wirklichen Weg zu Gott zu erkennen, und durch seine Vermittlung und seine Hilfe das auf uns zu nehmen, was er uns beschieden hat, vor allem aber uns vor ihm und durch ihn zusammenschließen zu lassen. Ich war ganz fertig dazu, und als es dann soweit war, habe ich an das alles nicht mehr denken können. Ich war sehr benommen und empfand nichts als unsere große Bereitschaft: Welches Geschenk, mein Geliebter, neben Dir knien zu dürfen und mit Dir aus unseres Freundes Hand das empfangen zu dürfen. Mein Liebster, ich vermag noch nicht zu sagen, was in mir vorgegangen ist und was in mir wachsen wird. Ich fühle mich so, als hätte auch ich Kreuzchen auf der Stirn. P. hat es so schön und liebevoll gemacht. Er weiß ja so genau, was in unseren Herzen vorgeht zwischen Totensonntag und Advent. Es handelte so garnicht von Deinem Tod, sondern von unser beider Leben. Wir haben unsere Verbundenheit über den Tod hinaus besiegelt bekommen, und was auch kommen wird, dieses Siegel wird immer auf uns bleiben. Hattest Du auch heute früh die 3 Kapitel 25, 26 und 27[2] gelesen, die so besonders schön zu unserem Fest passten? Ich bin sehr glücklich, mit Dir immer weiter 3 Kapitel zu lesen. Das gefällt mir sehr. Ich habe auch den kleinen Katechismus[3] gelesen. Mein Herz, hier sitze ich, mein Herz ist übervoll, und ich vermag Dir nur von meiner Liebe zu sagen und der Gewissheit, dass wir für alles geborgen sind. – Dass es schön war, vorher bei Dir zu sein, weißt Du ja. Ich habe garnicht das Gefühl begrenzter Zeit gehabt, schon von Anfang an nicht, ich habe das Gefühl, eine lange Spanne mit Dir zusammengewesen zu sein, und das Zusammensein war mir gar kein Ereignis, sondern ein vertrauter Zustand. Oft ist Deine Nähe so stark und konkret, dass ich die Trennung garnicht empfinde. Deshalb war auch der Abschied für mich nicht so schmerzlich, denn Du bist mir nicht weggenommen worden. Mein Geliebter, das ist überhaupt die kostbare Frucht dieser Wochen, dass ich jetzt ganz sicher weiß, dass wir untrennbar verbunden sind. Erst musste ich mir das immer wieder klarmachen, aber jetzt gehört es als Bestandteil zu mir. Ich stehe immer wieder so wie Du erschüttert vor dem Reichtum dieser Wochen, und dazu gehört der heutige Tag in einer noch nicht von mir ausgeschöpften Tiefe. Wann, mein Herz, mögen wir uns nun wiedersehen! Wenn es sich noch etwas hinzieht, bekomme ich sicher wieder eine Sprecherlaubnis. Der berühmte Herr Thiele ist zunächst nicht da, weil in seinem Haus Diphterie aufgetreten ist. Heute erzählte aber die Sekretärin von Vikki, die immer für ihn Sprecherlaubnisse einholt, während ihrer Gegenwart sei er am Telefon gewesen, und da hätte Th. gesagt, vom 12.–23. säße der Senat in Nürnberg. Dagegen spricht, dass D. am 13. einen Termin hat. Ich referiere ohne Kommentar und ohne Meinung. Mein Herz, ich hatte vor, Dir in der Sprechstunde zu erzählen, dass Hercher sich eine Sprecherlaubnis beschaffen wird. Stier und Th. sagten beide, dass sei keine Schwierigkeit, selbstverständlich könne er schon vor der Akteneinsicht eine gewöhnliche Sprecherlaubnis bekommen.

Mein Lieber, mein heutiger Tag: P. sagte mir, als Du weg warst, ich solle bei Dorothee essen und ihn gegen 2 für den Besuch bei D. treffen. Das tat ich, denn hier konnte ich alleine sein und mich fassen. Ich war nicht verzweifelt, aber voller Tränen, eigentlich der Dankbarkeit, aber ich kann sie so wenig beschreiben wie meinen gesamten Zustand. Der Besuch bei D. war nicht eigentlich erfolgreich. P. kann Dir davon ja sein klügeres Urteil sagen. Er sah durchaus die über-Moltkeschen Möglichkeiten in dem Projekt, aber wusste auch keinen Weg, es in Angriff zu nehmen. Deinen geplanten Brief an H. H. fand er im Plan nicht schlecht: Es kommt aber natürlich sehr auf die Form an. Wir kehrten dann gemeinsam um, und ich blieb wieder hier. Jetzt ist es Abend, und ich fahre zu C. D., wenn der Brief zu Ende ist. Dort packe ich morgen früh und komme dann noch einmal nach Tegel, wo ich meine Handschuhe liegen ließ. Dort kann ich mir wahrscheinlich dann noch einen Brief von Dir holen, den ich gerne auf meinen Weg mitnähme. Harald meint – ich sage übrigens noch P. und Sie wegen der anderen Frauen und weil das jetzt noch praktischer ist –, ich solle schon mittags fahren, weil das weniger anstrengend sei. So fahre ich also. Obwohl 2 liebe Söhnchen mich erwarten, reiße ich mich mit Anstrengung von Deiner Nähe los. Ich bliebe lieber, aber es ist richtig und nötig, dass ich fahre. Wir sind einander doch nah, und wenn auch die Söhnchen mit Recht auf dem 2. Rang sitzen und meiner auch garnicht so sehr bedürfen, so ist es richtig, *1.* Advent bei ihnen zu sein. Wir sind ja einig. Es waren wieder sehr schöne Tage bei Dir, sehr kostbare. Es ist mir sehr gut gegangen, und ich bin sehr beschenkt worden, nicht in so reiner Form wie Du, weltlicher und zerstreuter, aber es dringt doch in mich ein und stärkt mich. Du weißt, mein Herz, wie meine Gedanken Deine suchen werden und dass meine Bitten zum Vater gehen werden, dass er Dich nicht verlässt, dass wir ihm beide im Schoße bleiben. Ehe ich fahre, schreibe ich noch einmal, und jetzt gehe ich nach Hause. Mein Geliebter, mein Jäm, als wir vor 13 Jahren zum ersten Mal Hand in Hand vor Gott standen, wussten wir noch nicht, wie reich er uns beschenken würde. Heute wussten wir es und haben uns ihm anders verbunden, uns von ihm helfen lassen. Ich fühle mich gesegnet für unser künftiges gemeinsames Leben: sehr reich fühle ich mich. Dich umarme ich in zärtlicher Liebe. Ich bin und bleibe immer Dein P.

1 Das gemeinsame Abendmahl. *2* Matthäus 25–27 mit der Darstellung des Abendmahls. *3* Martin Luthers Einführung in den christlichen Glauben.

Helmuth James an Freya, 29./30. November 1944

Tegel, den 29. 11. 44.

Mein Lieber, diesen Tag will ich nicht enden lassen, ohne noch ein Wörtchen mit Dir gesprochen zu haben. Mein Herz, unsere Abschiedsfeier, denn die war es und bleibt es, auch wenn Du noch ein Mal kommen solltest, hat wieder ein neues Stück Reichtum, einen neuen Schatz in uns gelegt, mit dem wir dem entgegen gehen können, was Gott uns bestimmt hat. Wir sind, dank der Tatsache, dass wir noch Zeit hatten, wiederum ein Stückchen besser gerüstet, alles zu ertragen, was uns auferlegt werden mag. Die Verbindung, die wir gefunden haben, die uns auch außerhalb dieser Zeit, ja außerhalb jeder Zeit bindet, die hat ein äußerliches Siegel empfangen; dabei ist das Wort äußerlich falsch; es ist nur in dem Sinn eines greif- und fassbaren Siegels gemeint. Mein Herz, wir nehmen das nun mit auf unseren Weg, der gemeinsam bleibt, eine communio, auch wenn wir uns nicht mehr mit diesen Augen sehen, mit diesen Ohren hören und mit diesen Händen fassen können. Wir gehen dahin, wohin er uns führt und sendet. Lies ein Mal das 21. Kapitel aus dem Johannes-Evangelium, Vers 18–23.[1]

Wir haben so viel über meinen Tod gesagt, mein Lieber, dass nichts Neues zu sagen bleibt. Damit wir die Worte nicht verlieren, will ich Dir nur rasch schreiben, dass die Einleitungsworte von P. bei Johannes 12,24[2] stehen und die beiden Lieder-Verse waren 206 Vers 5 und 339,4+5. – Nun, mein Lieber, wollen wir wieder bitten, dass er uns mein Leben erhalte. Gewisser als jemals wissen wir es heute, dass er es kann und dass er unsere Bitte erhören wird, wenn sie seinem Willen entspricht. Das Wort «Dein Wille geschehe» darf nie zu einem sich fallen lassen werden. Das weißt Du ja auch und hast auch keine Veranlagung dazu. «Ja» müssen wir sagen zu dem, was er uns schickt, nicht aber drohendes Unheil bejahen: Was vor uns Unheil ist, das muss, wenn es da ist, Gottes unerforschlicher, aber liebender Wille sein. Darum, mein Herz, bitte mit aller Kraft weiter für Deinen Wirt und lass Dich nicht durch die Abschiedsfeier beeinflussen. Aber das wirst Du auch nicht tun.

Ich habe noch ein Stündchen hier im Dunklen gesessen und nur voller Glück und Dankbarkeit an unsere gemeinsamen Reichtümer gedacht. Dazu gehört ja auch die Sprechstunde, die nur von der Feier überschattet war. Du sahst wohl aus, mein Herz, und so schön unvergrämt. Ich denke manchmal, wie schwierig alles wäre, wenn ich eine vergrämte Frau zurückließe und vielleicht jetzt schon die Spuren ihres Grams an ihr sähe. Leid ist gut, Gram ist schlimm. Vielleicht fällt Dir in 14 Tagen noch etwas Neues ein, dessentwegen Du mich sprechen musst, und vielleicht lebe ich dann noch. Ich wage nicht zu hoffen, aber ich hoffe, dass Du es jedenfalls versuchen wirst, und vielleicht gelingt es Dir, Herrn Thiele zu überrennen.

Zu meinem gestrigen Brief über Ravensbrück will ich nur noch nachtragen, wer noch so durchgelaufen ist und länger oder kürzer da war, ohne in meinem dortigen Leben eine erhebliche Rolle zu spielen. Aber vielleicht läuft Dir der eine oder andere mal über den Weg: Planck hat mal eine Woche neben mir gelegen, als ich auf der Nordseite war, Alvensleben-Neugattersleben lag auf meiner anderen Seite, Pechel, der Herausgeber der Neuen Rundschau,[3] Suhrkamp, der jetzige Inhaber des Beermann-Fischer-Verlages,[4] zwei Brüder, deren mir gerade entfallener Name mit W, anfängt, Verleger aus Berlin.[5] Frau Solf und ihre Tochter Gräfin Ballestrem, Halder + Frau, er einige Zeit neben Puppi in Zelle 27, wo er ein sehr netter Nachfolger von Isa war. Isa's Schwippschwägerin, die Schwester von Vermehren's Frau,[6] deren Namen ich nie wusste, Gisela heißt sie mit Vornamen, Frau Henschel, Frau des Legationsrats aus Ankara, erst putig, dann aber nett, Hermes, Geßler und Fehr, die mit mir eingekleidet wurden, mit Peter zusammen Schwerin und Kleist; Leuschner, Maaß, Leber und Dahrendorf, ein Gewerkschaftssekretär Nuschke, ein Gewerkschaftssekretär Groß, ein Marinepfarrer Kunkel. Eigentlich sind alle Männer außer Popitz, Schacht, Halder und mir irgendwann einmal fürchterlich geprügelt worden. Bernstorff und Kuenzer waren 14 Tage vollkommen geschwollen im Gesicht, und Kuenzer lag mehrere Tage zu Bett. Am schlimmsten hat man Langbehn behandelt – jetzt zum Schluss, anfangs war er so ein Sonderfall wie ich, und in der

P. A. brachte ihm sein Diener jeden Morgen auf einem Tablett ein opulentes Frühstück –; der wurde an Händen und Füssen gefesselt und sowohl in der Zelle wie bei der Vernehmung geprügelt.

Mein Herz, ich habe P. darum gebeten, mir eine Kerze, und eine Tülle zu geben. Sonntag um ½ 6, wenn ich ins Bett gehe, werde ich meine Birne ausschrauben, denn zu der Zeit sind keine Kontrollgänge, und die Kerze anstecken, denn Ihr werdet wohl gerade singen, und dann kann ich mit Euch singen; meist pfeife ich allerdings. Dabei fällt mir ein, dass ich Dir noch nie eine Beschreibung meiner jetzigen Zelle geliefert habe.

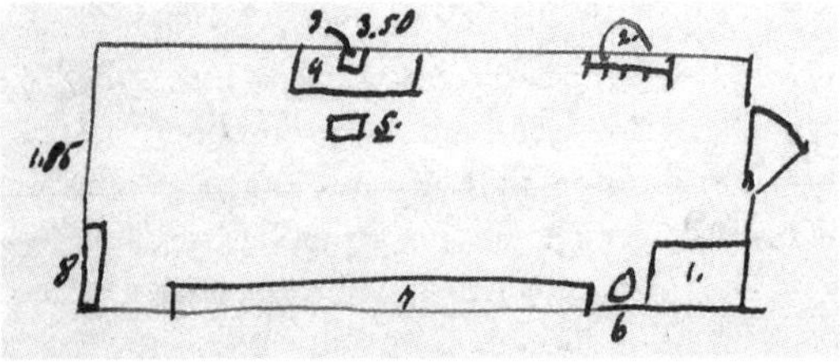

1. Kübel = Clo
2. Kleiderschrank und 2 Fächer offen für Wasch- und Essgeschirr
3. Lampe
4. Tisch 80–50 cm
5. Stuhl mit Lehne
6. Wasserkrug
7. Klappbett 1.95 × 1 m ganz gut
8. mein Koffer

Das Fenster, das früher ganz gut war, wohl 75 cm², ist durch eine Sperrholzplatte ersetzt, in der ein 20 × 20 Fensterchen sitzt. Das Fenster beginnt in 2 m Höhe, die Zelle ist etwa 2.75 hoch. Wenn ich im Bett liege, sehe ich jetzt folgendes Bild:

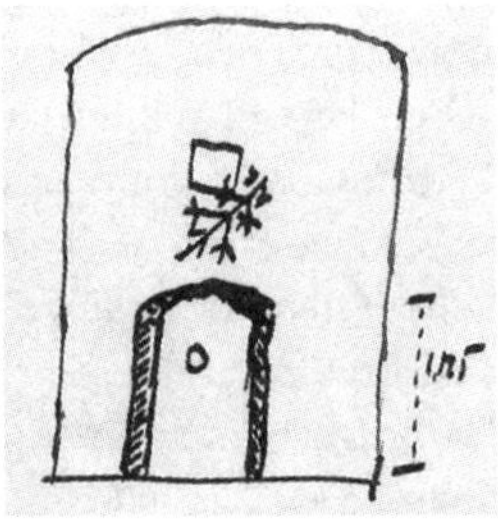

Da soll also dann mal die Kerze dran.

Mein Lieber, mein Leben, auch wenn ich weiterleben sollte, wird immer unter dem Satz stehen: «Leben wir, so leben wir dem Herrn, sterben wir, so sterben wir dem Herrn, darum wir leben oder sterben, so sind wir des Herrn.» Darum ist alles auf dieser Welt zwei-bezogen. Wenn wir am Sonntag Advent feiern, so feiern wir natürlich das Kommen des Herrn. Vielleicht kommt er in unser Leben als der, der mich befreien und erlösen wird, vielleicht als der, der mich zu sich rufen wird. Er kommt aber zu uns mit solcher Sicherheit und mit solcher Eindringlichkeit und Gewalt, dass wir wahrlich nicht an ihm vorbeisehen können. Wir wollen es ja auch nicht. Aber wir wollen dankbar sein, dass er mit solcher Macht, so gewaltig, so deutlich, so unüberhörbar zu uns redet, wie er zu Hiob im Donner geredet hat. Und wenn uns 10 Mal dabei Angst und Bange ist, wenn wir 100 Mal wie Adam und Eva uns lieber vor ihm verstecken möchten, als diese Sprache anzuhören, so müssen wir eben doch froh und glücklich sein, dass er uns einer solchen Ansprache wert befindet, und wir müssen glauben, dass er unsere Herzen so stärken wird, dass sie seine Rede ertragen können.

Genug für heute, mein Lieber; nur noch eines: Mach doch mit Dix für nächste Woche einen Termin aus; bis dahin habe ich etwas Neues ausgearbeitet. Dich, mein Herz, und die Söhnchen umarme ich als der Dir Verbundene.

30. 11. 44.

Guten Morgen, mein Herz, ich habe schon viel und heftig Deiner gedacht vom frühen Morgen an; nach einer guten Nacht, in der auch meine Schmerzen wieder ein wenig besser geworden sind, war heute früh der Abschiedsschmerz mal wieder groß. Es tut nichts, mein Lieber, und ist nur ein Zeichen für den Wert des Besitzes; ich hatte es auch erwartet und erzähle es Dir nur der Vollständigkeit halber. Es war nicht ein Mal eine Grube, nur eben Abschiedsschmerz.

Ich füge den Entwurf eines Briefes an H. H. bei; besprecht den mal nächste Woche am besten mit Dix. Ich weiß nicht, was klüger ist, nichts zu tun oder gegen den Stachel der «Verachtung» zu löcken. Jedenfalls diese Grundfrage muss erst ein Mal geklärt sein, ehe man sagt, wie man den Brief bauen soll. Ich möchte aber dieses Problem ein Mal zur Diskussion stellen. Ich habe nun wieder einige Einzelpunkte, die zum Teil nur Erinnerungen sind, weil ich nicht weiß, ob Du es behalten hast: *1.* Bitte um eine Liste der *Betr.* mit Daten. *2.* Bitte um Beschaffung der Beihefte 1+2 zu der Akte D. 1. von Frl. Thiel. *3.* Wenn ich umgebracht werde, so würde ich über Frl. Hapig und den Beichtvater[7] der Frau Planck eine sorgfältig überlegte Legende in Gräditz verbreiten lassen. Die Gelegenheit muss man wahrnehmen. *4.* Überlegt, ob es nicht richtig wäre, über Adrian–Hewel mal festzustellen, was aus dem Gnadengesuch geworden ist; ich sehe es sonst bereits beim Justizminister, denn die Zusage von Bü, dass es nicht dorthin kommt, ist doch nichts wert. Überlegt auch, ob Du Adrian–Hewel vielleicht darauf ansetzen sollst, dass an H. H. abgebeben werden soll mit einem Befürwortungsschreiben. Hewel und Adrian waren 3 Jahre lang die Verbindungsmänner von Ribbentrop zu H. H. und hatten immer abwechselnd Dienst bei H. H., waren auch danach ein Herz und eine Seele. Es ist allerdings möglich, dass Hewel, der

Blutordensträger[8] ist, über den Staatssekretär eingeschnappt ist, aber ich glaube, er ist auch Botschafter geworden. Ich finde es etwas gefährlich, die Sache ganz auf sich beruhen zu lassen. *4.* Ich habe Matthäus fertig und fange heute mit Markus an.

1 Jesus zu Petrus: «... und ein anderer wird dich gürten und führen, wohin du nicht willst. Folge mir nach.» *2* «Es sei denn, dass das Weizenkorn in die Erde falle und ersterbe, so bleibt's allein; wo es aber erstirbt, so bringt es viele Früchte.» *3* Rudolf Pechel gab die *Deutsche Rundschau* heraus. *4* Peter Suhrkamp leitete den S. Fischer Verlag; der Bermann Fischer Verlag war 1936 nach Wien verlagert worden. *5* Die Brüder Ewald und Günther Wasmuth. *6* Erich Vermehren war mit Elisabeth von Plettenberg verheiratet. Ihre Schwester war Gisela Gräfin von Plettenberg. *7* Siehe Freyas Brief vom 27./28. November 1944, S. 247. *8* Höchste Parteiauszeichnung der NSDAP und Ehrenzeichen zur Erinnerung an den 9. November 1923, den sogenannten Hitlerputsch.

Helmuth James an Freya, 3. Dezember 1944

[Fragment eines offiziellen Briefes; Datum erschlossen]

... großer Wärme sind ... Du wirst sie wohl alle zusammen haben. Nun ist es also De[zember ... in vier] Wochen ist Weihnachten. Du wirst allerhand Mühe haben, für die Kinder Spielsachen [zu] Weihnachten dieses Jahr herzurichten. Hast Du viele Kinder dieses Jahr? Da Hirsch tot und Krause eingezogen ist, wirst Du auch große Schwierigkeiten haben, einen anständigen Weihnachtsbaum zu bekommen, und für das Schloss brauchst Du doch auch 4 Stück. Ich meine, wir sollten den ganzen Bedarf für den Hof, Schloss und uns aus Ludwigsdorf beziehen; denn wenn ein Unkundiger im Wald Christbäume, noch dazu große sucht, macht er viel Schaden und bringt nichts Gescheites mit. Sprich mal mit Z. Es wäre nur zu prüfen, ob wir nicht aus der Schonung im Krautbusch kleine Bäume für das Dorf holten, denn die klauen sie uns doch, und dieses Jahr müssen sie reif sein. – Mir ist heute riesig weihnachtlich zu Mute, so kindlich-weihnachtlich wie seit Jahren nicht; ich möchte den ganzen Tag Weihnachtslieder singen. Ich habe übrigens ein neues Advents-Volkslied entdeckt, das mir sehr gut gefallen hat: «Es kommt ein Schiff geladen». Brummelt eigentlich Konrädchen schon mit? Nein, dazu ist er wohl noch zu klein, aber er sitzt auf Deinem Schoß und hört es sich an. – Wie ist es eigentlich mit Weihnachtsarbeiten? Habt Ihr dazu Material? Es ist doch gerade auf dem Lande das Arbeiten für Weihnachten dreiviertel der Freude und bereitet so gut auf das Fest vor. – Ich meine auch, mein Lieber, wenn Ihr bis Weihnachten noch keinen Pastor habt, so solltet Ihr doch eine Christnachtfeier machen. Sieh doch mal, ob das nicht zu ermöglichen ist. Dies ist das zweite Jahr, in dem ich nicht in die Christnacht komme; das erste war 1937, als wir zu den Großeltern fuhren.

Mein Lieber, ich habe nur von Weihnachten geschrieben, aber das ist am 1. Advent wohl auch zulässig. Leb wohl, umarme die Söhnchen und grüße die Vielen, die es erwarten. J.

Freya an Helmuth James, 4. Dezember 1944

Montag Abend

Mein Lieber, ich schreibe auf dem 1. Blatt von dem Block, den ich Dir mitbringe. Hoffentlich, mein liebes Herz, kommt er gut in Deine Hände und Du wirst es sein, der ihn beschreibt. Ich war so unbesorgt in diesen Tagen in Kr., und ich frage mich nun doppelt gespannt und besorgt, wie ich morgen alles vorfinden werde. Wie freue ich mich, wieder in Deine Nähe zu kommen. Mein Jäm, mein Herz ist voller Liebe! Ich schreibe dies im Schreibzimmer des «Reichshofs»[1] in Liegnitz. Eigentlich wollte ich jetzt bei Asta sitzen, aber ich verpasste in Königszelt den Anschluss und musste gleich durchfahren. Ich verließ Kr. schon um ½8 und ziemlich eilig und wäre sehr gerne noch 2 Std. länger geblieben, aber dafür habe ich nun sehr viel Muße in diesem Schreibzimmer, das ich schon auf der Hinfahrt entdeckt hatte, als ich auch den Anschluss verpasste und also erst nachts um ½3 in Kr. ankam. Es war heller Mondschein, als ich ankam. Das Ankommen ist mir jetzt immer schwer, weil es mir ohne Dich doch eben garnichts wert ist, und doch war es so schön, und diese Schönheit tat mir weh, als ich auf dem mondhellen Pfad vom Bahnhof kam. Ich zwang mich aber, das Thema zu wechseln, und zog mich rasch aus und besuchte die sanft schlafenden Söhnchen. C.chen erwachte voller Liebe und freute sich rührend, Konrädchen pümpelte fest. Ich dann auch in dem geschätzten eigenen Bett. Asta war noch im Haus. Morgens kamen gleich beide Knäbchen, und wir kuschelten und lasen sehr zufrieden, bis Asta kam und sich noch dazusetzte. Den 1. Tag wich Asta nicht von mir, wir waren im Haus, im Hof und im Schloss zusammen und hatten viel zu besprechen. Leider war Ulla erneut wenig wohl. Sie hustete schrecklich und hatte Stiche in der Seite und sah elend aus. Inzwischen liegt sie ganz im Bett, aber es geht ihr besser. Dr. Breucken kam zufällig, um ihr orthopäd. Schuhe zu verschreiben, und klopfte sie mal ab und sagte, es sei das Rippenfell, aber war nicht sehr besorgt. Aber das war erst am Sonnabend. Freitag beschäftigte mich die Tötung unserer überzähligen Hühner,[2] die

Verteilung des Syrups, das Heraussuchen von Stoff für Handschuhe für die Hofekinder, die Lebensmittelmarken-Wirtschaft. Nach Tisch schlief ich ein Stündchen, und dann gingen wir noch einmal kurz los, Asta und ich, während die Knaben schliefen. D. h. C.chen ist scheints dabei, sich das Schlafen abzugewöhnen, was sehr unerwünscht ist. Er sieht blass und zart aus, aber es fehlt ihm nichts. Er hat jetzt Einlagen in die Schuhe bekommen, weil er so sehr nach innen abkippt. Er ist sehr guter Dinge, fängt manchmal im Haus ein großes Gekreische und Geschrei an nur, weil er sich äußern muss. Unbefriedigend ist, dass er nie mit uns zu Mittag essen kann, weil er erst um halb 2 aus hat. Das bringt so entartete Tischmanieren zum Vorschein. Sonntag Mittag sagte ich, als wir um halb 2 noch beim Essen waren – es dauerte sogar bis 10 vor 2 –, jetzt denkt der Pa, dass wir schon fertig sind mit Essen. «Und», sagte C.chen, «er denkt, dass ich heute mit Euch essen kann.» Als Sonnabend am Tage einmal das Telefon klingelte, als er bei mir Schularbeiten machte und ich am Schreibtisch saß, sagte er – und ich wusste schon, was er sagen wollte, als er anhub zu sprechen –, «Wie schön wäre es, wenn das der Pa wäre und sagte, er wäre raus aus dem Gefängnis und morgen wäre er bei uns!» Ach, mein Jäm! Ich bin ja glücklich, dass er Dich so wirklich von sich aus und ganz ohne mein Zutun und so sehr liebt. Der Kleine führt Dich auch ganz häufig im Munde, denn er weiß, dass ich zu Dir fahre, und dass das Eier für den Pa sind, sagt er von sich aus, aber er kennt Dich ja doch nicht wirklich.

Z. sah ich Freitag nur kurz im Hof. Er ist noch mit seinen Rüben beschäftigt, hat noch keinen Mist gefahren, war aber ganz guter Dinge. Am 6. feiert er Silberne Hochzeit. Ich habe eine der silbernen Schüsseln, die wir von Joests zur Hochzeit bekamen, herrlich poliert und verpackt mit unseren Visitenkarten. Es ist ein sehr anständiges Geschenk. Weißt Du, die Du auch eine Zeit in der Derfflingerstr. hattest, aber wohl nie benutzt hast. Uns macht der Besitz nicht glücklich, Zeumers aber sicher. Gravieren konnte ich sie ja nicht lassen.

Der Freitag verkrümelte sich so. Samstag um 11 fuhr Asta weg. Schönchen kam zum Frühstück. Sie wollte von Dir hören. Ich bin früh aufgestanden und habe aufgeräumt und geschrieben und gepuselt. Mittags wollte ich ausgiebig in den Hof, aber da fuhr Z. nebst Gattin im Pelz soeben nach Schweidnitz. Da ging ich zu Schwester und kuckte überall rum und schleppte Semmel, Brot, Eier und tote Tiere ins Berghaus. Wir waren dort sehr beschäftigt, weil wir Sauerkraut machten. An sich geht es sehr friedlich im Berghaus zu. Frau Pick kocht vorzüglich, und ich habe das Gefühl, dass sie auch sehr glücklich dabei ist. Küche ist doch ihr wahres Element. Noch hat sie Konrädchen zuviel bei sich in der Küche, und ich habe ihn 2 × emphatisch unter Hinzuziehung Deiner Autorität entfernt. Er spielte dort kochen, aber das ist nichts! Sie sorgt nach wie vor herrlich für ihn, aber C.chen flüsterte mir zu, er habe neulich einen dicken Löffel Zucker in pure Milch bekommen, als er schon gevespert gehabt habe. Zucker in Milch empfinde ich nämlich als falsch und das ist auch proklamiert! Sie steckt dem Kleinen eben zu, was sie kann, und C.chen hat es viel nötiger. Ich habe nun auf ein von ihr für C.chen geschmiertes Brot vor ihren Augen mehr Butter getan, obwohl es nicht übel war, um sie etwas zu stubsen, er brauche es so sehr. Es geht auch alles in allem [in] Frieden, aber sie vergöttert das kleine Tier, was mich schon gleich auf C.chens Seite treibt. Übrigens ist auch Konrädchen sehr lieb mit mir, und Frau Pick hat er von sich aus am Freitag gesagt: «Wenn die Reyali wieder weg ist, dann bin ich wieder Dein Baby.» Im übrigen ist die gute Pickeliene und die kleine emsige Liesbeth unermüdlich und beide rührend! Lobend hervorheben muss ich auch einmal Frau Zimmer. Die lässt auf uns nichts kommen. Sie hält zu uns. Wir hätten ihr beigestanden, als es für sie schwierig gewesen sei, jetzt täte sie das Gleiche. Sie wohnt doch nahe an Gräditz und kauft dort ein, und da hört sie dann Schauergeschichten über uns, das ist ja klar! Ich war übrigens noch nicht bei Frau Kleinert, halte es aber auch für wichtig hinzugehen. Bei uns im Dorf ist aber alles friedfertig, scheint mir.

Sonnabend habe ich also auch Z. noch nicht gründlich gesehen, aber allerlei Leute im Hof, die alle sehr rührend waren. Romai war übrigens verreist. Sie holte sich ihre Tochter Renate wieder, weil Göttingen auch ziemlich erheblich angegriffen worden ist. Das Berghaus sieht nichts von ihr, wenn ich nicht da bin, scheint mir. Ich habe alle Tage die Kinder ins Bett gebracht mit großem Vergnügen. Um 8 lagen sie immer drin, und dann haben wir alle zusammen gegessen. Sonnabends habe ich dann noch Pfefferkuchen gebacken, während Frau Pick 9 junge Hühner ausgenommen hat! Hinterher habe ich dann noch Papierengelchen für die Singe-Kinder gemacht. Es machte mir große Freude, aber dass es ein solcher Erfolg werden würde, das hatte ich nicht erwartet. Du wirst auch einen bekommen. Ich machte 9, und das Komische war, dass sie alle verschiedene Gesichtsausdrücke hatten. Wenn sie nun in Mengen nebeneinander standen, war es wirklich ein herrlicher Anblick.

Sonntag Morgen feierten wir wie gewöhnlich. Bald können wir «Brich an du schönes Morgenlicht». Nach dem Frühstück ging ich mit beiden Söhnen los. Die Sonne schien und Kreisau war winterlich, aber schön. Wir kamen nicht nach Wierischau, wie wir vorhatten, denn erst blieb ich bei Z. hängen, während die Knaben erst hingebungsvoll auf einem Gummiwagen und dann in alten Papieren von Z. spielten. Der klagte mal wieder, dass er nichts finden könne, und saß in Wusten von Papier und sagte nur: «Wenn das der Herr v. M. sähe!» Deine Sache scheint ihm besser zu stehen, weil sie sich lange hinzieht – wie lange noch! ach, mein Jäm! was werde ich morgen hören – und weil seine Frau in der Stadt von ihrer Putzmacherin gehört hat – und die hat es vom Oberstaatsanwalt –, Deine Sache stünde nicht schlecht!!! Na, ja! – Wir sprachen dann über den Betrieb. Er hat zuviel Geld und will sich sehr gerne schröpfen lassen. 20 000.– will er ausspucken, wenn das Rübengeld reinkommt. 10 800.– muss er an Zinsen nachzahlen. Das haben wir schon ausgemacht. Soll er die Raupe noch auf den Betrieb übernehmen und die Steuern, soweit sie gemäß dem Vertrage, den ich noch nicht angesehen habe, vom Betrieb getragen werden können? Dein Vermögen besteht doch hauptsächlich aus Kr. Insoweit kann doch der Hof auch die Vermögenssteuer übernehmen? Für die Holzarbeiten will er mit dem Grimme auskommen. Er meinte, wir würden doch niemanden bekommen. Da mag er Recht haben. Frl. Hirsch sagte mir heute, der Vater habe immer gesagt, der Grimme sei ein vorzüglicher Holzfuhrmann, aber einen Baum richtig aufbereiten könne er immer noch nicht! Jedenfalls haben wir «für 600,– RM Pflanzen», und auch Z. ist von ihrer Qualität begeistert, auch die gewünschten Kiefern sind da. Das alles hat uns so gut das Kr. Forstamt verschafft, nachdem wir nichts erreichten. Wir redeten ein Weilchen hin und her, aber ohne Voranschlag in der Hand ist das alles nicht viel wert, besonders für mich nicht, die ich nie wirklich viel von allen diesen Sachen verstehen werde. Geschäftstüchtig bin ich nun einmal nicht! Außerdem bin ich jetzt auch garnicht mehr eingearbeitet. Dann rissen wir uns los: die Söhnchen noch viel weniger gerne von den dreckigen Akten am Boden. Wir waren dann noch bei Schmolkes. Unsere beiden Söhne gingen selig ab an den Teich, während ich die armen vergrämten Schmolkes besuchte. Sie sehen beide so traurig und so alt aus. Fast bin ich solchen armen Menschen gegenüber froh, dass wir es auch nicht leicht haben. Ich konnte garnichts sagen zu solchem Schmerz. Die beiden lebenden Söhne waren da, und ich sprach dann schließlich mit denen über den Volkssturm usw., während die beiden armen Alten teilnahmslos und so traurig dabei saßen. Unsere Söhnchen fand ich dann höchst zufrieden mit Binsen bewaffnet wieder, und wir zogen zum Essen nach Haus. Es gab fürstlich zu essen, zu Hähnen den wunderschönen Endiviensalat, der dieses Jahr in großen Mengen geraten ist. Dann ging Ko. schlafen und C.chen draußen unter Geschrei mit den von Z. geraubten Papieren spielen und ich an die Adventsvorbereitungen. Wir haben einen sehr schönen Kranz, dieses Jahr aus Tannen. Frl. Hirsch hat sie extra aus Ludwigsdorf geholt, wir hätten nirgends Tannen. Stimmt das? Ich weiß nicht, wo, aber das ist kein Grund. Tante Leno und ihre Kinder und die verlassenen Reichweinchen wollten alle kommen, damit Du uns auch, mein geliebtes Herz, wirklich im Berghaus finden würdest. Wir vesperten kurz nach 4. 9 Kinder waren es, Tannen und die Engelchen auf dem Tisch und etwas Lametta und Kerzen. Jedes Kind war von seinem Engel angetan, kannte ihn gleich, wollte wissen, wie er hieße, und nahm ihn als sein kostbares Eigentum mit nach Hause. Sogar Konrädchen lief mit Seinem rum und ließ ihn fliegen. Gesungen haben wir im großen Wohnzimmer. Dort hatten wir lauter Kerzenstümpfchen. Erst sangen wir von etwa 5–½6 mit Klavier. Das war für mich das beste Singen, denn ich brauchte nur an Dich zu denken und nicht die Kinder an der Stange zu halten. So sang ich und fühlte all das, was wir in diesen kostbaren Wochen erlebt haben. Um ½6 ging Tante Leno mit ihren Kindern, um unten[3] für Tante Ete[4] noch weiter zu singen, und wir holten dann noch Störcher und sangen mit Dir, mein Herz, ohne Klavier. C.chen war ganz begeistert, dass Du jetzt beinahe dabei wärest. So war es sehr schön! War es das auch bei Dir, mein liebes Herz, oder hattest Du Heimweh und warst traurig? Diese Frage beschäftigte mich sehr. Ich wollte so gerne, dass Du nicht traurig wärest. – Mein Jäm, ich muss schon zum Zug! Wie schade. Ich bin noch lange nicht fertig. Alles Wichtige ist noch nicht gesagt, aber ich muss jetzt weg!

1 Ein Hotel neben dem Bahnhof. *2* Es durfte nur eine bestimmte Anzahl Federvieh gehalten werden. Siehe Helmuths Brief vom 23. November 1944, S. 231. *3* «unten» bezieht sich auf das Schloss, das tiefer liegt als das Berghaus. *4* Margarete von Trotha.

Helmuth James an Freya, 5. Dezember 1944

Tegel, den 5. 12. 44.

Mein Lieber, Samstag war Hercher da, und ich konnte die 17 Seiten lange Anklageschrift überfliegen. Wenn es irgend möglich ist, muss ich sie so schnell wie möglich wieder bekommen, am besten eine Abschrift, die ich behalten kann, denn es steht so viel vollkommner Unsinn drin – ich hätte Goerdeler bei Beck ausstechen und mich an die Stelle Goerdeler's setzen wollen –, dass ich das einfach nicht behalten kann. Als ich zurück kam von der Besprechung mit Hercher, aß ich, und als ich mich danach niedersetzte, schlug ich ganz ohne Gedanken das Gesangbuch auf: Nr. 95 und las es auch anfangs noch ziemlich gedankenlos, weil mich natürlich die Anklageschrift beschäftigte, bis ich zu dem Vers kam:

«Die Feind sind all in Deiner Hand, denn all' ihr Gedanken,

Ihr Anschlag ist dir wohlbekannt, hilf dass wir nur nicht wanken.
Vernunft wider den Glauben ficht, auf's Künftige will sie trauen nicht,
Da du wirst selber trösten.»

Und als ich am Anfang in der ersten Zeile war, sagte ich zu mir: «Horch, wer spricht denn da?» Und in der letzten Zeile wusste ich, wer durch dieses Lied gesprochen hatte, das ich sicher schon 10 Mal gelesen habe, ohne es in diesem Zusammenhang zu sehen. Mein Herz, die Anklageschrift ist ein Wunder, denn der Angriff liegt vollkommen falsch. Von ernsthafter Kenntnis über Goerdeler wird bei mir überhaupt nicht – bis auf die eine Unterhaltung – gesprochen, und bei den anderen fast nicht. Von Vorbereitungshandlungen für 20. 7. ist keine Rede; eigentlich ist bei mir auch die Möglichkeit des Hochverrats bereits aufgegeben und es bleibt nur Defaitismus. Nun muss man dazu folgendes sagen: *a.* Defaitismus, wenn er als erwiesen angenommen wird, reicht auch. *b.* Freisler wird es auf die Wahrheit garnicht so ankommen. *c.* wenn vorn steht «hemmungsloser Defaitist» und «erbitterter Gegner des N. S.», so tut's das auch. *d.* schließlich können sie ja in der Verhandlung noch mit neuen Fakten kommen, mindestens zur Unterstützung der beiden Epitheta.[1] Also: Zu menschlicher Hoffnung ist garkein Anlass. Aber, mein Herz, wir sind verpflichtet, diesen Vorgang als ein Zeichen dafür zu werten, dass Gott uns hört; es wäre eitel Unglaube, das nicht zu tun. Er hat jedenfalls gezeigt, dass er enorme Hürden, die zwischen mir und einem weiteren Leben standen, mit einer Handbewegung wegschieben kann. Mein Herz, wir wollen genauso vorbereitet auf meinen Tod sein wie zuvor, denn wir kennen seinen Ratschluss heute so wenig wie zuvor. Und vor allem wäre es ganz falsch, irgendwelche menschliche Hoffnungen auf dieses Ereignis zu bauen, und deswegen bitte verbreite nicht, dass die Sache aussichtsreicher aussähe. Die einzige, der Du den ganzen Tatbestand sagen darfst, vielmehr bitte ich darum, dass Du es tust, ist Ulla mit der Auflage, nichts darüber zu sagen.

Eben kam Dein Brief, den ich aber erst nachher lesen will, denn nun bin ich voller Bitten an Dich, die ich erst loswerden will.

1. Ich brauche im Grunde z. Zt. nur Butter (+ Salz), alles andere ist zusätzlich; Wurst vor allem habe ich noch genug.
2. Wäsche: Ich bitte um 2 Hemden, Taschentücher, warme lange Unterhose, eventuell 1 Pyjama.
3. Dix: bitte
   a. Brief an H. H. begutachten.
   b. meinen Entwurf zu einer Äußerung; ist so etwas besser am Anfang oder Schluss? Angriff gegen Anklage oder ruhige Gegenüberstellung? Genügt das zur Kriegslage Gesagte, um aus dem Defaitismus heraus zu kommen?

4. Information von Haubach und Steltzer ist wichtig; aber dass die Frauen nicht hinlaufen.

5. Wichtig ist, wenn möglich festzustellen, wie lange wir noch Zeit haben. Kann aber Brigitte machen.

6. Hercher: wenn irgend möglich, möchte ich nächstes Mal eine Abschrift der Anklage haben. Überlegt, wie man ihm das sagt.
: wenn die Zeit knapp sein sollte, soll er Abschrift meines Schriftsatzes z. d. A. schicken, falls er da nicht ist.
: bald neue Rücksprache.

7. Haubach: vielleicht bezieht sich sein Geständnis nur auf
a. Kenntnis der Regierungsbildung Goerdeler im Juni 44
b. Kenntnis über illegale Gewerkschaftsorganisation
und nicht auf Kreisau.

Fliegeralarm. Hoffentlich stößt Dir nichts zu. P. ist ja im Hause. Ich packe dann immer alles weg, aber da es so lange dauert, schreibe ich jetzt auf meinen Knien und packe nur weg, wenn es wieder in die Nähe kommt.

8. Wenn von Lukaschek geklärt werden könnte, was er über mich gesagt hat, so wäre es gut.

9. Ich bitte um meinen Tauf- und Konfirmationsspruch.[2] Frau Pastor kann sie raussuchen.

10. Haubach: ich bin gefragt worden, warum Mierendorff unter dem Pseudonym Friedrich aufgetreten ist, und habe dazu gesagt: Da wir über die Katholiken Kaiser abservieren wollten, um Leuschner die Illusion katholischer Unterstützung zu nehmen, wollte M. nicht, dass Leuschner erführe, dass er sich daran beteiligte. Bitte festzustellen, ob Haubach schon gefragt ist und was er gesagt hat.

11. Ich hätte gerne einige wenige Pillen gegen Kopf- und Zahnschmerzen, damit ich nicht zur Verhandlung behindert bin.

12. Ich bitte, den Weg des Gnadengesuchs nachzuprüfen, möglichst über Adrian–Hewel.

13. Vielleicht rufst Du mal Erika Moltke an und bittest sie, Dich zu benachrichtigen, falls sie irgendetwas in meiner Angelegenheit erfährt, sei es über das Gnadengesuch, sei es über eine Anfrage der Stapo.

14. Ich bitte zu überlegen, ob Ihr nicht Peters bei Freisler einspannt, Peters war ja in Kreisau Pfingsten 42, das bisher nicht angetastet ist, und schon Jahre früher zur Vorbereitung der Arbeitslager.[3] Er könnte daher wohl sagen, er habe solche Besprechungen bei mir erlebt und die seien vollkommen harmlos oder so ähnlich. Da Peters F. von der Schule her kennen soll, wäre das immerhin zu erwägen.

15. Jowo kennt, soweit ich weiß, den Obergruppenführer Lorenz, mit dessen Schwiegersohn er bei Busch war. Frage an ihn; ob das eventuell einen neuen, nützlichen (?) Weg zu H. H. gibt? Eventuell ist das auch eine Frage an Dix. Ich weiß von L. nichts.

16. Ja, Z. soll die Vermögenssteuer vom Betrieb zahlen und, wenn er kann, auch die Raupe übernehmen.

Mein Lieber, Deinen Brief habe ich während der Pausen im Alarm gelesen. Ein sehr liebes Briefchen. Danke, mein Herz. Da P. gleich kommt, nur noch ein Wort: Advent war bei mir sehr schön; die Kerze brannte schön, ich war in Gedanken bei Euch und pfiff Weihnachtslieder; zwischendurch sang ich auch mal ein Verschen. – Ich bin leider recht steif, kann vor allem nur schwer stehen und fast nicht gehen; ich sacke dabei immer nach vorn zusammen. Heute ist auch der ganze Brustkasten schmerzhaft. Dabei sind die Schmerzen im Ruhezustand viel besser als zuvor. Ich will am Freitag, falls ich dann noch da sein sollte, mal sehen, ob der Arzt mich nicht ins Lazarett nimmt, damit ich einmal 2 Tage im Bett bleiben und schwitzen kann. So stört es mich garnicht, aber für die Verhandlung wäre es sehr hinderlich.

Mein Herz, ich höre auf, weil ein tückischer Wachtmeister eben die Station übernimmt. Leb' wohl, mein Lieber, lass es Dir wohl ergehen. Bitte weiter für Deinen Wirt und behalte ihn lieb. J.

1 Zusätze. *2* Siehe Freyas Brief vom 15./16. Dezember 1944, S. 339. *3* Siehe Biographische Notiz, S. 575.

Freya an Helmuth James, 5./6. Dezember 1944

Dienstag Nachmittag

Mein Liebster, wie schrecklich muss es heute früh für Dich wieder gewesen sein. Es waren ja so sehr viele Flieger. Mein Armer! Warst Du gefesselt? Hast Du Dich sehr gequält oder fühltest Du Dich zu sehr in seinem Schoße, mein Herz. Ich saß bei Dorothee und dachte an Dich und hoffte, dass Du Dich nicht zu sehr quälen müsstest. Bei uns war es harmlos. Man hörte nur die vielen, vielen Flieger, und wir dachten eigentlich, die Anstalt[1] wäre verschont geblieben. Die Kirchtürme lagen so unversehrt und friedlich da, als wir uns vom Dach die Lage ansahen. Allerdings hatte Borsig wieder viel abbekommen,[2] wenn auch lange nicht soviel wie «Argus».[3] Mein Herz, wie entsetzt war ich, als Dorothee mir sagte, die Anstalt sei wieder schwer getroffen. Des weiteren bin ich etwas perturbiert,[4] weil Frau Reisert scheints den Termin weiß. Ich habe Hercher noch nicht erreichen können, erst morgen früh um 9. Es soll zwischen dem 12. und 23. sein, also gerade wenn wir F. nach Nürnberg wünschten!

Jedenfalls schreibe ich noch an, was ich bei Frau R. erfahre. Ich will dort auf dem Wege zu den Freunden noch vorbei. Wiederum schien Frl. Hapig eine ganz andere Version zu haben von Anfg. Jan. Nun, mein Herz, das alles darf uns nicht umwerfen, aber es ist doch wieder mitsamt der Anklageschrift und ihrem Inhalt sehr aufregend. Mein Jäm, mein Jäm, wie fest müssen wir uns jetzt aneinander halten und wie sicher müssen wir im Schoße unseres Vaters sein. Es wird schon gehen, mein Herz. – Ich habe nicht soviel Muße, wie ich zum Schreiben haben möchte, weil ich erst noch Haubachs Aussage ergattern muss, was Schwierigkeiten macht. Ich hatte zu meinem Kreisauer Brief vor allem noch sagen wollen, dass ich Dich wieder so fest in mir trug. Am schönsten war das draußen. Ich kam nicht in Ruhe viel heraus, aber bei den wenigen kleinen Wegen, die ich alleine machte, strahlte mich alles an und versicherte mir, dass es uns beiden gehört und ich es für Dich mit durch meine Augen sehe. So kam ich z. B. von Raschke[5] kommend aufs Berghaus und die Berge zu und fühlte uns reich und süß und bitter und traurig und froh, alle unsere Schätze, Vergangenheit und Zukunft, und obwohl ich nicht sehr viel zur Besinnung kam in den Tagen, war alles fest und gut in mir enthalten – Mittwoch. Ich sitze und warte, dass Gissel mir die Sachen abnimmt. Brigitte sitzt neben mir: Sie hat Sprecherlaubnis, auch die 2. Es ist heute voll hier und daher die Stimmung nicht so gut, wie sie sein könnte. Mein Herz, ich sitze ganz in Deiner Nähe, und Du weißt es noch nicht. P. kommt nachher auch und soll dann dies Briefchen haben. Ich bin noch nicht sehr weit mit meinen verschiedenen Aufgaben. Dix spreche ich um ½3. Die Sache Haubach ist an sich schon weit fortgeschritten, aber ich muss dafür Frl. Schellhase noch einmal treffen. Durch den Alarm ist alles etwas ins Stocken geraten. Man kommt nicht von der Stelle. Gestern Abend sprach ich bei P. Tattenbach. Der lässt für Reisert einen Menschen auf H. H. los und wird bei der Gelegenheit sagen, es wäre gut, wenn H. H. Dich einmal spräche. Mir klang das ganz gut und P. auch, darum haben wir gebeten, es ruhig zu versuchen. Es wird zum mindesten nichts verderben, und es ist gut, wenn dann Dein Brief dazu kommt. Ich habe einen Satz in dem Brief gestrichen und P. auch dazu überzeugt. Der forderte den Gedanken heraus: dann hätte er es ja beizeiten sagen können; jetzt ist es zu spät. Obwohl ich verstehe, dass zweierlei gemeint ist und es sich nicht um den kriminellen Tatbestand handelt, ist das der erste Eindruck. Abgesehen davon tust Du Dich da an einer Stelle dicke, wo es nicht nötig ist. Ich bin gespannt, was Du dazu sagst. – Jetzt ist Gissel wieder herunter, und ich habe die gute Nachricht, dass es Dir besser geht, mein Herz! Wie froh bin ich, aber ich besorge doch noch das Medikament bei P.s Freundin, einer Ärztin, auch Schmerzpillen und auch das Belebungszeug. Du kannst dann sehen, ob

Du das alles gebrauchst oder nicht. Brigitte ist eben zum Vorsteher gewandert, und ich habe Eugen auf dem Gang die Hand gegeben. Ich warte auf sie, und vielleicht kann ich P. dann hier gleich den Brief noch lassen. Ich bin also noch in Deiner Nähe, mein liebes Herz, und Du weißt es wieder nicht! – Zu Hercher gehe ich morgen in der Frühe. Ich habe ihm eine Gans mitgebracht, und er hat die Akten zu Hause. Es wird schwer sein, mit der Abschrift etwas zu erreichen. Ich fragte nämlich in aller Harmlosigkeit am Telefon, ob Du schon eine Abschrift hättest, «nein». Das wäre aber sehr wichtig für Dich, wenn Du die dann bekämest, «von der Behörde, vor dem Termin». Ob er Dir keine schicken könnte, denn es wäre doch für Dich wichtig, sie bald zu haben. «Das ist ganz unzulässig»! Nun werde ich morgen früh sagen, Du hättest mich auf dem Wäschezettel um eine Abschrift der Anklageschrift gebeten. Aber ich glaube nicht, dass er drauf anbeißt. Ich glaube nicht, dass uns das gelingt. Er wird die Gefahr nicht auf sich nehmen wollen. – Mein Jäm, hast Du auch gestern das 1. Kap. bei Lukas gelesen? Es freut mich jeden Tag, dass wir das gemeinsam tun! Wann liest Du es immer? Ich habe jetzt ein schäbiges, kleines N. Testament mit Psalmen bei mir. Ich will P. das geben für Dich. Es schadet nichts, wenn das verschwindet. Ich finde es schöner für Dich, wenn Du doch etwas bei Dir hast. Du wolltest doch ganz ohne in die P. A. Str. ziehen oder war das nicht so? – Heute Nacht habe ich mit Jowo telefoniert. Er will nicht zum Termin kommen, aber ev. hinterher, wenn es möglich und nötig ist. Offenbar ist allerlei Durcheinander bei ihm im Stabe, und da wird ihm das Loskommen schwer. Er fürchtet, dass Inge evakuiert werden könnte; Karlsruhe ist schon. Sie telefonieren alle Woche einmal. – Brigitte ließ sehr grüßen und dann vor allem auch Marion, die mir einen schönen Brief geschrieben hat, aus dem hervorging, dass sie auch durch die Depressionen dieser Krankheit gut hindurch gekommen ist. Sie will ab Weihnachten in Breslau pflegen, und Muto will versuchen, auch nach Breslau zu kommen. Vorläufig vertritt sie in Wartha.[6] – Mein Herz, ich fürchte, ich muss mich doch aufmachen, sonst komme ich nicht rum. Ich schreibe wieder in Frieden, hoffe ich. Ob ich bei den Freunden schlafen kann, steht noch nicht fest, da vielleicht Brigitte abends hinkommt. Leb wohl, mein Liebster, ich umarme Dich zärtlich und fühle mich Dir in jeder Hinsicht sehr nahe. P. bin ich und bleibe ich die Deinige ganz und gar.

1 Gefängnis Tegel. *2* Die an der Rüstungsproduktion beteiligten Borsigwerke in Tegel wurden während des Krieges weitgehend zerstört. *3* Vermutlich die Argus Motorenwerke, ebenfalls ein Rüstungsbetrieb mit Zwangsarbeitern als KZ-Außenlager in Reinickendorf. *4* Verwirrt. *5* Ein Bauernhaus in der Nähe des Berghauses. *6* In Niederschlesien, heute die polnische Stadt Bardo.

Helmuth James an Freya, 6. Dezember 1944

[Unter Freyas Brief vom 5./6. Dezember 1944]

Bin heute Lukas 4–6. Ich lese meist nach Tisch. Über das Problem «Unglauben» habe ich sehr schön mit P. gesprochen, der mir sehr geholfen hat. Hoffentlich gelingt es Dir, Hercher davon zu überzeugen, dass ich ihn bald wieder sprechen muss. Bitte erörtert noch ein Mal die Frage, ob und gegebenenfalls wie man den Termin über Weihnachten verschieben kann. Natürlich mit P., nicht mit H. Vielleicht kann Frau Reisert da helfen. Mir geht es besser, aber ich muss sehr

[Die Notiz bricht hier ab]

Helmuth James an Freya, 5./6. Dezember 1944

Tegel, den 5.12.44.

Mein Lieber, eben war der Regierungsdirektor[1] bei mir und hat auf meinen Antrag wegen meines Rheumatismus meine Entfesselung angeordnet. Er will morgen noch ein Mal mit dem Oberreichsanwalt darüber sprechen, und ich hoffe, dass der nicht muckt. Jedenfalls ist mir dadurch der Abend geschenkt, denn ich kann jetzt ins Bett gehen, wann ich will und so will ich diese zusätzliche Zeit benutzen, Dir, mein Herz, in Ruhe zu schreiben.

Hoffentlich bekommst Du den Brief. Denn gestern war der Anwalt von Fugger[2] da und meinte, er rechne damit, dass es jeden Tag sein könne, wisse aber auch noch nichts Gewisses. Mir würden 8 Tage Zeit oder noch besser 14 im Augenblick viel wert sein, denn ich kann jetzt meine Verteidigung doch noch etwas ausbauen. Aber seien wir dankbar für die Zeit, die wir bisher gehabt haben, und überlassen wir das andere seiner Führung.

Mein Herz, zunächst muss ich noch sagen, wie schön Dein Kärtchen mit den zwei Sprüchen ist. Tausend Dank, mein Lieber. Ja, zwischen diesen 2 Sprüchen spannt sich unser ganzes Leben, und nun müssen wir bitten, dass der Herr uns noch ein Stück gibt. In meinen besten Augenblicken jetzt fühle ich mich wie ein kleines Eisenteilchen, das auf einer reibungslosen Fläche liegend von einem Magnet bewegt wird. Dann ist alles leicht: ob ich vor meinem Auge mich zum Galgen gehen sehe mit auf dem Rücken gefesselten Händen oder ob ich mich im Geist den Weg vom Bahnhof zum Berghaus machen sehe, beides scheint mir irgendwie gleich gnädig, auch wenn mein Fleisch nur die zweite Alternative will. Aber wenn ich bitten will, dann ist alles schwierig: bitte ich nur um mein Leben, dann scheint mir das Anmaßung und mangelnde Ergebung in Gottes Willen, bitte ich zugleich um Gnade für den Weg zum Galgen und für meinen Eingang in sein Reich, dann scheint mir das nach den Zeichen, die er mir gegeben hat, Unglauben und unzulässig und falsch. «Ein zu komplizierter Mensch», würde Herr Müller sagen. Ist das nun zu kompliziert, fehlt es mir eben an Einfalt und Demut? Mich hat das heute Nachmittag arg gequält, nicht unangenehm gequält, sondern eben so, wie einen so etwas quälen muss. – Wenn ich denke, «er will mich am Leben erhalten» und «so musst Du bitten», dann sage ich, Dein Fleisch redet; denke ich, «ich ergebe mich genauso gerne in seine Hände am Galgen», dann sage ich, das ist der Unglaube. Mein Herz, Du machst das sicher viel besser als ich, und daher bitte Du für mich; hilf Deinem schwachen Ehewirt. Der Satz «Leben wir, so leben wir dem Herrn, Sterben wir, so sterben wir dem Herrn», der geistlich und geistig so befriedigend und auch einfach ist, ist eben in Wirklichkeit sehr schwer, wenn man eben jene Demut, Ergebung und Einfalt nicht hat, die so bitter nötig ist. «Verkaufe alles, was Du hast, und gib es den Armen und komme und folge mir nach»[3] gilt eben für alle Gaben des Geistes genauso wie für die materiellen Güter. Von jenen sich zu trennen ist wohl noch schwerer als von diesen, und es geschieht eben nur aus Gnade.

Dass mein 1. Advent schön war, habe ich Dir schon geschrieben. Ich bin auch nie so darauf vorbereitet gewesen. Aber manchmal am Tage sehe ich mir den Zweig ganz glücklich an. Er ist zwar schön, er ist aus Kreisau, er ziert meine Zelle prächtig, aber er ist doch so schön arm. Er drückt so schön, so harmonisch jene vollkommene Armut aus, vor der eben alle Pracht und Herrlichkeit der Welt nichts ist. Und damit drückt er eben den ungeheuren Reichtum aus, der uns geschenkt ist. Auch sehe ich Dich, wenn ich den Zweig sehe, inmitten all der Kinder. Dass C'chen so rührend meiner gedenkt, beglückt mich natürlich sehr. Alles, was Du von den Söhnchen erzählst, finde ich schön. Hoffentlich bleibt das C'chen nur Weihnachten gesund. – Mein Herz, es ist sehr nahe an Weihnachten, wenn ich jetzt umgebracht werde, und ich zittere etwas für Dich, dass das dann noch garnicht verdaut ist. Ist das Verfahren noch nicht vorbei oder bin ich zum Tode verurteilt und noch nicht hingerichtet, so ist das eigentlich noch schlimmer. Wappne Dich, mein Herz: «Kummer, der das Herze bricht, trifft und ängstet nur die Heiden; wer Gott in dem Schoße liegt, bleibt in aller Not vergnügt.» Hoffentlich vermagst Du das, denn die vielen Kinder haben ja einen Anspruch auf eine fröhliche Weihnacht, auch wenn ihre Väter gerade umgebracht worden sind.

Ich habe ja doch Angst vor dem Termin. Das kann ich garnicht leugnen. Immer wenn ich Nachrichten bekomme, dass es nun jeden Tag kommen kann, dann schrecke ich ein wenig auf. Ich sehe das Ende unserer lieben, innigen fassbaren Verbindung, und ich sehe die Prinz-Albrechtstr. mit den möglichen Schrecken, die sie birgt, und ich sehe jene Verhandlung, von der mein Leben abhängt. Und es kostet mich dann jedes Mal eine neue Überwindung, mir klar zu machen, dass das alles Akzidentialia[4] sind und dass alles Wesentliche in Gottes Buch geschrieben steht. Wir sind eben schwache Menschen, erschütternd schwach. – Meist ist ja das Übel, wenn es ein Mal da ist, viel weniger schlimm als die Vorstellung, die man davon hatte. Wenn ich mit ruhiger Seele und mit Gottvertrauen dahin komme, wird das schon gehen.

Mein Herz, die Karte, die Du mir geschenkt hast, will ich nicht mit mir nehmen. Ich lasse sie im Gesangbuch liegen. Auch all Deine Briefe und die Photos von den Kindern gebe ich P. dieser Tage mit. Die Leute sollen garnicht in die Lage kommen, etwas von mir zu wissen, und dass Deine Karte in den Akten des Oberreichsanwalts enden könnte, ist mir sehr grässlich. Der Henker, von P. befragt, wie es ihm ginge, sagte neulich: Wir hatten wieder 10 Figuren. Wenn ich schon gehenkt werde, dann will ich eben auch eine Figur sein und sonst nichts. Ich trage Euch, mein Herz und die Söhnchen, in meinem Herzen, und woanders brauche ich Euch nicht.

Du wirst heute sehr müde sein, mein Armer, und hoffentlich kannst Du bei den Freunden schlafen. Dabei habe ich so unendlich viele Aufträge Dir geschrieben, dass Du gut die ganze Woche damit beschäftigt sein wirst. Racker Dich nur nicht ab, sondern mach' eine Sache friedlich nach der andern. Komme ich weg, ehe wir Ergebnisse haben, dann komme ich eben weg. Am eiligsten ist mir das Votum über den Brief an H. H. und über meine Verteidgungsrede und Hercher's Besuch. Denn ich könnte noch vieles zu meiner Verteidigung tun, wenn ich die Anklageschrift richtig durcharbeiten könnte. – Nun, ich will nicht wieder auf dieses Thema kommen, denn damit habe ich Dich schon weidlich gepestet. Ich les' jetzt noch ein wenig und steige dann ins Bett. Dich aber, mein Herz, befehle ich in Gottes Hände. J.

6.12.44.

Guten Morgen, mein Herz. Vor allem will ich Dir sagen, dass es mir heute anscheinend wesentlich besser geht. Ob mir tatsächlich die Entfesselung eine für Rücken und Bein ausruhendere Nacht verschafft hat oder ob der Tiefpunkt gestern war, weiß ich nicht; es ist auch gleichgültig. Es ist nicht etwa gut, aber nur wenig schmerzhaft, und es wird mir nicht mehr so schwer zu stehen. – Ich zittere, dass ich wegkomme, ehe Du den Brief bekommen kannst, sodass Du mich in körperlichen Schmerzen wähnst. – Es scheint nämlich doch jetzt zu werden; auch das habe ich Dir oben schon geschrieben.

Mein Herz, die Anklageschrift ist ein Wunder, das nicht geringer ist wie die Tatsache, dass der Schatten von der Sonnenuhr des Königs Ahas[5] 10 Stufen zurück ging. Es wäre ganz falsch, das nicht zu sehen und nicht darauf zu hören. Der Anwalt von Fugger hat ihm gesagt, wenn Freisler nicht einen schlechten Tag hätte und einen menschlichen Kontakt zu Angeklagten oder Verteidigern bekäme, dann könne er nicht sehen, wie auch nur ein Todesurteil aus dieser Anklage herauskommen könne. Das ist Unsinn und gesagt, um Fugger Mut zu machen und eben die Technik dieses Anwalts – Bode –, aber es zeigt doch, dass mein Eindruck von der Anklage als Eindruck richtig bleibt. Mein Herz, ich erzähle Dir das in der festen Zuversicht, dass Du den Unterschied zwischen menschlicher Hoffnung – für die kein Raum ist, absolut keiner – und durch ein Zeichen gestärkter Glaubenszuversicht, die sich in alle Wege des Herrn willig fügt, auch wenn sie geglaubt hat, eine andere Richtung zu erkennen, wohl zu ziehen weißt. Wir müssen wachen und beten und demütig tragen, was er für uns bestimmt hat. Ist das klar, mein Herz? Bleibe bereit, mich zu verlieren, auch wenn Du mit aller Kraft und allem Glauben, dass er es gewähren wird, um mein Leben bittest. Leb wohl, mein Lieber, hoffentlich bekommst Du noch den Brief. J.

[Nach dem Erhalt des folgenden «Wäschetausch»-Briefes von Freya vom 6. Dezember 1944:]

Nach dem «Wäschetausch». Mein Lieber, wie schön Du wieder alles bedacht und Deinen Wirt versorgt hast. Vielen Dank. Die Bonbönchen von C'chen sind wahrlich rührend, und ich werde ihm am Sonntag darüber schreiben. Mein Herz, Pyjama und Handtuch habe ich noch ein Mal zurückgegeben, weil ich es diese Woche noch nicht brauche und mich jetzt eben mal ganz auf Abruf oder, wie Carlo sagte, «Toter auf Urlaub»[6] fühle. Da habe ich dann gerne nicht mehr bei mir, als ich brauche. Den Honig habe ich umgefüllt, nicht etwa aufgegessen. – Dieses Leben auf kurzfristige Prolongation ist etwas sehr merkwürdiges: beängstigend und intensivierend. Im Ganzen anstrengend, aber nicht unangenehm anstrengend. Und wenn man denkt, dass man eigentlich immer so leben müsste, dass Gott keinem jemals den nächsten Tag zusagt. «Lehre uns bedenken, dass wir sterben müssen», sagt der 90te Psalm. Aber dazu sind wir eben nicht gemacht, es dauernd zu bedenken. Ich denke manchmal, ob, falls ich überlebte, dieses Gefühl des dem Tode geweiht Seins bei mir bliebe? Ich fürchte, dass es doch schnell überwuchert würde. – Diese Tage der Todesnähe – heute Morgen war es nicht so, wie Du gesehen hast, aber seit 10 Uhr ganz stark – sind bei aller Anstrengung im Grunde das beste; man kann es nur nicht durchhalten. – Mein Herz, ich sehe, dass ich Dir noch garnicht geschrieben habe, wie glücklich ich über Deine Anwesenheit im Hause war. Dankbar und glücklich, reich und beschenkt, ohne Hoffnung, aber voll Glauben und in großer Liebe zu meinem Pim. J.

Gerade bin ich fertig, und da fängt mein heutiges Bibelpensum mit Psalm 31 an.

1 Der Direktor des Gefängnisses. *2* Fürst Fuggers Anwalt hieß Bode. *3* Lukas 18,22. *4* Zufälligkeiten. *5* In 2. Könige, 20,11 heißt es zwar «Zeiger des Ahas», der König von Juda ist aber Hiskia. *6* «Wir Kommunisten sind alle Tote auf Urlaub.» Zitat aus der Verteidigungsrede des zur Münchner Räterepublik gehörenden Eugen Leviné.

Freya an Helmuth James, 6. Dezember 1944[1]

Berlin, d. 6. 12. 44

Mein Lieber, heute ist Nikolaus. Er bringt auch Dir was, mein Lieber! Du findest aber vor allem 2 Bonbons von Casparchen in ein Papierchen eingewickelt, die er Dir ausdrücklich schickt.

Wie geht es Deinem Rücken? Bitte genaue Auskunft! Ich bin in Kontakt mit einem Arzt.

Unter den Pfefferkuchen ist Dörrobst, alles natürlich von zu Hause.

Man sagt, der Termin sei für den 20./21. angesetzt. Hercher schien aber davon noch nichts zu wissen.

Mein Lieber, sonst bringe ich nichts besonderes außer meiner Liebe. Die aber ist groß und heiß und zärtlich.

1 Brief mit Wäschetausch.

Helmuth James an Freya, 6. Dezember 1944

[Unter dem Brief mit Wäschetausch von Freya vom 6. Dezember 1944]

Mein Lieber, heute wesentlich besser und keine wirkliche Unannehmlichkeit mehr; ich hoffe, dass es nun besser wird. Besonders kaum noch Schmerzen außer bei heftigen Bewegungen und nur Beschwerden im Aufrechterhalten beim Gehen.

Pyjama und Handtuch gebe ich noch ein Mal zurück, falls ich wegkomme. Ich brauche beides erst nächsten Mittwoch.

Sonst alles wie immer. J.

Freya an Helmuth James, 6. Dezember 1944

Mittwoch Nachmittag

In 20 Min., mein Herz, musst Du schon im Bett sein. Ich stelle mir das fast täglich vor, wie Du da einsteigst, während mein Tag noch munter läuft. Gestern und heute war er alles andere als beschaulich, aber das heißt nicht, dass mir diese Arbeit zuviel ist. Es ist garnichts: Ich wünschte, ich könnte noch viel mehr tun für meinen Herzensjäm. Es ist meine ureigenste Sache! Mitte September habe ich eines Abends in Kr. den Fidelio gehört. Wie ich den beneidet habe, und wie ich sehnsüchtig gewünscht habe, dass ich das auch tun könnte! Aber so ist es eben nur im Fidelio![1] Mein Herz, nun aber erst mal, was ich Dir von D. zu berichten habe:

Er ist dafür, dass Du diese Verteidigung auch jetzt noch schriftlich einreichst. In der Verhandlung bestünde die Gefahr, dass F. in seinem Temperament Dich unterbricht und keine Ruhe hat, das anzuhören. Da es überdacht sein muss und guter Wille zum Anhören gehört, hält er es für besser schon vorher.

Unklar ist 3. d. Hat nicht der Reichsführer zum geistigen Widerstand sich geäußert? Wir wussten nicht, was in der Proklamation zu Neujahr 44 gestanden hat. Bist Du darüber ganz sicher? Der letzte Satz des Absatzes ist nicht sehr gut gefasst.

4. meint D., solle nach dem 1. Satz weitergehen: «Eine Gruppe können wir allenfalls in unserem Widerstand gegen Goerdeler genannt werden.» Oder anders, aber nicht so kompliziert, wie Du es gemacht hast.

Sonst hatte er nichts dagegen einzuwenden.

Der Brief an den Reichsführer gefiel ihm grundsätzlich gut und ebenfalls der an den Gruppenführer. An der Formulierung der Ursachen für den maroden Zustand haben wir aber gedoktert, und D. gibt folgende Anregungen:

der ungeheuerlichen Übersetzung … (bleibt unverändert)

dem Leerlauf auf der einen und Mangel an Entscheidungsbefugnis auf der anderen Seite, mit der Folge eines unfruchtbaren, in seinen Wirkungen gefährlichen Geredes im Kreise der alten Ministerialbürokratie einschließlich des O. K. W. (D's Wunsch: diesen Punkt jedenfalls positiv auszudrücken)

und für die Zeit bis 1943

unerfreulich hoher Lebensstandard gewisser Kreise, als Nutznießer der Bestände der besetzten Gebiete, welches der Öffentlichkeit nicht verborgen geblieben ist

der Aufrechterhaltung eines gesellschaftlichen Lebens, ohne dass dieses eine gesunde soziale Funktion im Leben des Volkes darstellt.

Die letzten Worte konnte ich nicht recht lesen. Wenn es «Niederschrift» heißt, ist es gut. D. meinte auch «Eingabe», aber Niederschrift scheint mir besser.

So, das wäre das. Nein, noch: Gruppenführer Lorenz ist ein «versoffener Kavallerieoffizier». Seine Frau ist klug und hat ihn gemanaged. Ganz ungeeignet.

Auf dem Rückweg bin ich bei Frl. Thiel vorbeigefahren. Oxé war auf Dienstreise. Die alten D1-Akten sind verbrannt. Daher gibt es jetzt keine Sonderhefte mehr, sondern alles in einer Akte. An sich ist es das von Dir angelegte Aktenstück, aber es scheint nicht mehr richtig beieinander zu sein. Soll ich feststellen, was jetzt drin ist?[2] Das 1. Heft hieß früher: Zivilrechtsverkehr mit dem besetzten Frankreich. Klagen deutscher Staatsangehöriger vor französ. Gerichten. Vollstreckungsrechtshilfeverkehr. Heft 2 ist nie angelegt worden. – Erika Moltke wusste nur soviel, dass das Gesuch bei Keitel ist und dass es bestimmt nicht an den Justizminister gegeben wird.

Montag ist Haus wieder da und bleibt. Dann werde ich das erst weiter verfolgen, nicht wahr?[3] Dix sagte mir übrigens interessanter Weise, dass er am 21. 12. in Nürnberg vor F. verteidigen soll. Ich sehe nicht durch das alles durch. Vielleicht erfahre ich morgen bei Hercher was.

Mein Herz, die Freunde müssen ins Bett! Ich möchte viel Zärtliches zu Deinem schönen langen Brief sagen. Er hat mich sehr beglückt. Ich billige jedes Deiner Worte; über den Unglauben muss ich noch schreiben. Nein, das ist kein Unglauben, mein Herz, nein, garnicht. Alles, was Du schreibst, kommt Dir aus dem Herzen und geht in meines hinein. Wir sind sehr einig und sehr reich und sehr glücklich. Ich musste 2 Herren aus Verona[4] loslassen und sie fielen ganz wider Willen auf mein geliebtes Gekräusel. Ach, mein Herz, ich habe Dich nun einmal so lieb, so lieb, so lieb. Ich umarme Dich von ganzem Herzen!

Gott behüte Dich, mein Geliebter. Ja, er ist mit Dir, was immer er Dir bestimmt. Das zu fühlen erfüllt mich mit tiefem Vertrauen, mein liebes Herz. Dein P. bleibe ich in Leben und Tod.

[Darunter einige Stichworte und ein Satz von Helmuth:]
Ich bitte 3 Themen zu besprechen:
Propaganda, prophylaktisch
Unterbringung
Mackensen.
Zu der neuen Verteidigungsschrift und dem Brief an H. H. muss ich Hercher fragen; hoffentlich kommt der doch.

1 Ludwig van Beethovens Oper *Fidelio* handelt von der Rettung eines unschuldigen Helden durch seine Frau aus höchster Not unter Verteidigung der Prinzipien der politischen Freiheit, der Gerechtigkeit und der Brüderlichkeit. *2* Von Helmuth angekreuzt und mit «Nein» beantwortet. *3* Von Helmuth angekreuzt und mit «Ja» beantwortet. *4* Gemeint sind Tränen, eine Anspielung auf William Shakespeares Komödie *Zwei Herren aus Verona*.

Helmuth James an Freya, 6./7. Dezember 1944

Tegel, den 6. 12. 44.

Mein Herz, es ist wieder Abend und wohl bald 8 Uhr, denn ich habe nach dem Einschluss, also nach ½6, noch einige Lieder gelesen und dann den ganzen Römerbrief, langsam, aber mit mäßiger Aufmerksamkeit. Ich schreibe vor allem, weil ich mir über das angebliche, nein, das wirkliche Zeichen Gottes klar geworden bin. Es war von mir ein Rückfall in Undankbarkeit, dadurch ich nicht erkannt habe, dass ich ja von Zeichen Gottes umgeben bin: Warum nehme ich es denn als selbstverständlich hin, dass ich mich fast täglich mit Dir zu unterhalten vermag? Wo steht es denn geschrieben, dass von ein paar hundert Häftlingen ich ausgerechnet zu den 10 gehören muss, die hier in Tegel liegen? Ist es nicht ein großes Wunder, dass 3 bis 4 Mal die Woche, nein wohl noch öfter, P.'s Schlüssel in meiner Tür klirrt, dass ich einen Wachtmeister habe, der mir jetzt richtig wohl will und nicht nur, weil er Zigaretten bekommt, dass es Herrn Gissel gibt u. s. w.? Durch diese Zeichen und auch durch die, die mich in den letzten Tagen so beeindruckt haben, zeigt Gott mir an, dass er bei mir ist, dass er mich seine Gnade spüren lässt, aber er zeigt nicht damit an, dass ich den nächsten Luftangriff überlebe, nicht an einer

Krankheit hier plötzlich sterbe, und noch weniger, dass ich nicht von Herrn Freisler zum Tode verurteilt und von seinem Henker hingerichtet werde. Da haben wir in Wahrheit nur ein einziges Zeichen, aber das kann auch auf Deinen baldigen Tod deuten, und das ist jenes Gesicht, das unsere Vereinigung in C'chens 9tem Jahr zeigte.[1] Aber das braucht ja nicht zu bedeuten, dass es auf dieser Erde sein muss, und lässt uns daher auch über die uns jetzt bewegende Frage im Dunkel. Das ist auch gut so, denn wir sollen ja unsere Stärke eben darin beweisen, dass wir freudig auch im Dunkel gehen, auch dahin gehen, wo wir nicht hinwollen, wie es dem Petrus erst befohlen wurde in Johannes 21. – Ich bin zufrieden in dieser Erkenntnis, denn sie befriedigt meinen Intellekt mehr; das ist zwar gleichgültig, aber angenehm.

Mir ist zweierlei eingefallen: Kleist, ein Mitgefangener, ist heute freigekommen. Von dem könntest Du gehört haben, dass Herr Claus, mein Hauptwachtmeister, sehr nett zu mir ist. Erörtere mal mit P., ob Du ihm nicht ein paar Erbsen[2] ins Haus geben kannst oder sollst.

Das andere ist wichtiger. Ich würde an Deiner Stelle nicht zu Frau Kleinert gehen. Sondern mir scheint der richtige Weg der zu sein, dass P. Frl. Hapig vorschlägt, über den Bruder von Frau Kleinert und eventuell über einen katholischen Geistlichen in Schweidnitz, falls Hapig dahin eine gute Verbindung hat, eine Legende über mich in Umlauf zu setzen,[3] etwa folgenden Inhalts: hat mit 20.7. garnichts zu tun; hat aber einiges für einen Ausgleich zwischen den Konfessionen getan und war vor allem mit vielen katholischen Geistlichen sehr befreundet. Das ist S. D. ein Dorn im Auge gewesen; daher wollen sie Gelegenheit der Verfahren 20.7., bei denen es nicht so genau genommen wird, benutzen, Moltke unschädlich zu machen. Im übrigen dürfte das von der Wahrheit garnicht so weit entfernt sein. Aber denkt noch ein Mal darüber nach, was man am besten sagt. Du darfst keinesfalls bei der Aktion in Erscheinung treten, auch der Hapig gegenüber nicht; sie muss es vielmehr aus dem Born ihrer Kenntnisse geschöpft haben. Diese Art der Unterstützung von den Katholiken der Gegend würde Dir die Unterstützung von Krebs und ähnlichen Leuten auch sichern und segensreich wirken, vor allem gleich vorbeugend gegen meine Verurteilung im Rahmen 20.7. wirken; und damit habe ich ja wahrlich nichts zu tun. Wenn man die betriebsame Hapich darauf ansetzt und ihr klar macht, dass das für Deine Stellung in der Gegend sehr wichtig sein und den Nachteil meiner Hinrichtung in dieser Beziehung wieder aufheben kann, so wird das schon gehen.

Im übrigen bin ich nach wie vor für Zeitgewinn. Der Anwalt von Fugger hat ihm gesagt, Freisler würde zusehends milder, und lauter Fälle, die noch vor 4 oder 8 Wochen mit Todesurteilen bedacht worden wären, bekämen heute Zuchthaus. Auch sonst können gerade mir durch Zeitablauf Argumente zuwachsen. Also beredet diese Frage noch ein Mal von allen Seiten.

Wenn Inge evakuiert wird, wäre es das Vernünftigste, sie käme auch nach Kreisau, obwohl es für Euch in mancher Hinsicht bei langer Dauer schwierig sein kann. Immerhin musst Du mal mit Asta und Ulla darüber reden, denn ich glaube, Du musst es ihr anbieten, da sie auf diesem Punkt riesig empfindlich ist. Sie wird aus dem Westen nicht weg gehen, glaube ich. Pass nur auf, dass sie nicht das Gefühl bekommt, in Kreisau hätte sie aber keine Zuflucht in der Not. Gute Nacht, mein Herz, ich will jetzt pümpeln. J.

7.12.44.

Guten Morgen, mein Herz. Hoffentlich ist der Afrikanischen Str.[4] nichts zugestoßen heute Nacht. Nun, im Laufe des Tages werde ich es ja hören. Bei uns war es nicht so schlimm wie am Dienstag: Gesehen habe ich nur eine Bombe, d. h. ihren Feuerschweif, in der Luft gehört 2, und wohl insgesamt 3 oder 4 Explosionen waren so nah, dass das Haus schepperte. Das ist für unsere Verhältnisse nicht schlimm, und Angst hat man sowieso immer, sobald zu bemerken ist, dass sie diese Gegend gewählt haben. Da komme ich, solange die intensiven Geräusche anhalten, nicht drüber hinweg. Ich sage mir dann meist laut vor, um mich zu trösten. Man vergisst es aber sehr schnell. – Mein Lieber, mir geht es heute unverändert, eher eine Kleinigkeit besser. Wenn ich nicht die Kreuz-Schwäche hätte, die mich daran hindert, mich längere Zeit aufrecht zu erhalten, würde ich es kaum bemerken, so gering sind die eigentlichen Ischias-Schmerzen geworden; allerdings halte ich das linke Bein weiter krumm und strecke es auch im Bett ungern, aber ohne dass mir das Schmerzen macht. Die Krümme ist rein instinktiv-vorbeugend, scheint mir, nur um zu schonen. Ich hoffe also, dass es weiter abflauen wird, wickle mich dick ein, reibe mit Rheumasan, und so wird es schon werden. Auf das Lazarett werde ich wohl verzichten.

Ich beschäftige mich jetzt riesig viel mit meiner Verteidigung, versuche mir die mögliche Verhandlungslinie vorzustellen. Es kann aber dabei nichts rauskommen, ehe ich nicht wieder mit Hercher gesprochen habe und dessen Votum kenne; denn wir müssen ja gleichziehen; sonst wird es nichts. Mich stört das ständige Denken an diese Dinge etwas, denn es macht Unruhe, aber vielleicht ist es nötig. Ich habe das alles anfangs zu wurschtig genommen und im Grunde garnicht darüber nachgedacht, weil ich mir sagte: Umbringen tun sie Dich sowieso. Das war auch, als man mir erklärte, ich käme in einen Termin mit Goerdeler, richtig. Ich hätte nur rechtzeitig bemerken müssen, dass der erste Sturm sich etwas gelegt hatte. – Die Abende, die mir jetzt geschenkt sind, genieße ich sehr. Dann ist nämlich völlige Ruhe in dem sonst sehr lauten Haus; es schleichen nur Beamte herum, die durch die Gucklöcher gucken, aber garnicht reinkommen dürfen, solange alles in Ordnung ist, d. h. solange man sich nicht umbringt. So habe ich gestern den ganzen Römerbrief gelesen und will das eigentlich jeden Abend tun, dass ich einen großen Abschnitt hintereinander lese. Es fällt dabei manches unter den Tisch, wenn man so ein großes Stück auf ein Mal liest, dafür aber sieht man die Gesamtwirkung stärker. Und es ist eben doch erstaunlich, dass man einen Brief wie den Römerbrief an eine gerade erst vom Heidentum bekehrte Gemeinde schreiben und dass diese ihn verstehen konnte. Welch eine Kenntnis des alten Testaments, in dem diese Leute ja nicht aufgewachsen waren, und welche allgemeine Aufgeschlossenheit gehörte dazu. Ich zweifele sehr daran, ob man heute einen vergleichbaren Brief auch nur an eine solche Elitegemeinde wie die Dahlemer[5] schreiben könnte. Im übrigen ist die Dahlemer wohl deswegen keine Elitegemeinde in dem Sinne, weil sie zu intellektuell ist.

Mein Lieber, solltest Du diesen Sonntag nach Hause fahren, so bringe doch einen neuen Tannenzweig mit. Der wird mir hier, wenn ich tatsächlich am dritten Advent noch hier sein sollte, zu dürr und zu brandgefährlich, sodass ich ihn am nächsten Mittwoch gerne ersetzte. – Mir ist noch etwas zu Kreisau eingefallen: Ja, Tannen haben wir fast keine; nur im Langenbusch sind m. W. zwei und im Hinterbusch auch eine. Jetzt haben wir ja einige auf dem Kapellenberg gepflanzt. – Deutz.[6] Ich weiß nicht, ob wir nicht versuchen sollten, den Deutz doch irgendwie repariert zu bekommen, sonst wird man uns die Reifen dazu wegnehmen. Auf der anderen Seite hat es natürlich etwas für sich, den Deutz entzwei, aber reparaturfähig dastehen zu haben, damit man ihn bei erster Gelegenheit post eventum[7] wieder gebrauchsfähig machen kann. Wenn man dann auch keine Gummiräder hat, so kann er einen gewissen Teil seiner Arbeit auch mit Eisenreifen machen. Wenn man den zweiten Weg wählt, dann müssen aber die Ersatzteile da sein, und das kann man wieder nicht verantworten, wenn man ihn nicht repariert. So scheint mir im Ganzen die Reparatur der richtige Weg, wobei man hoffen muss, dass er für das Militär dann zu alt und nicht mehr gut genug ist, sodass er dem Betrieb verbleibt. Da Zugvieh sicher sehr knapp sein wird, wird es sehr wichtig sein, möglichst Raupe und Deutz für die Ackerarbeit zu haben, denn je schwieriger alle anderen Produktionsbedingungen werden, umso wichtiger ist, viel, gut und zur rechten Zeit ackern, schälen, grubbern etc. Das

Auge muss jetzt auf die primitivsten, auf die Grundarbeiten gerichtet sein; dazu gehört auch viel Hacken und Z. soll sehen, dass er für diese Arbeiten Geräte, Maschinenteile u.s.w. ausreichend zur Verfügung und zum Ersatz da hat. Das ist jetzt und für die nächste Zeit wichtiger als Dünger. Er soll den Winter dazu benutzen, sich mit diesen Dingen und mit Ersatzgliedern zur Kette der Raupe einzudecken.

Könntest Du mir, wenn Du das nächste Mal von Kreisau kommst, den Pelzfußsack mitbringen, den kleinen. Ich lasse ihn hier bei Gissel, wenn ich wegkomme. Du musst nur dann die Sachen wirklich abholen.

Mein Lieber, ich habe eigentlich nichts mehr zu sagen. Ich denke viel darüber nach, wie es Dir und den Söhnchen nach meinem Tode ergehen wird. Wie Ihr leben werdet. Eigentlich mache ich mir garkeine Sorgen darüber. Ich habe nur das Gefühl: Wenn Du meine Hinrichtung gut überstehst, dann wird Dich «das bisschen Chaos» auch nicht schrecken.[8] Und dass Du sie gut überstehen wirst, das glaube ich mit Sicherheit erwarten zu dürfen, denn ich fühle so sichtlich, dass das von allen meinen Bitten die ist, die Gott am liebsten hört. – Ich kann nicht leugnen, dass ich, je länger es dauert, umso weniger Lust habe, umzukommen; der Lebenswille, der vom 14. August bis etwa 14. Oktober ganz gering war, ist seitdem immerzu gewachsen. Ich war während jener 2 Monate ganz bereit zu sterben, so in dem Gefühl: Es muss eben sein und wird schon seinen Sinn, auch rein menschlich gesprochen, haben. Aber der Zug zum Leben ist seitdem gewaltig gewachsen; es ist wohl natürlich, aber sehr anstrengend. Ich beklage mich garnicht darüber, denn wenn mir dieses Leben noch ein Mal geschenkt werden sollte, so geht es eben nur durch Anstrengungen. Ich sage es Dir nur, weil dieser Anspannungszustand eben auch mal wieder zu Krisen führen kann. Es ist garkein Anzeichen im Augenblick dafür da. Im übrigen ist trotz der Anspannung jeder Tag, den wir den Termin später bekommen, menschlich gesprochen, ein Gewinn. – Ich bin übrigens gespannt, was Hercher Dir heute sagen wird und ob er Dir etwas sagen wird.

Mein Herz, ich höre auf. Leb wohl, mein sehr liebes Herz. Ob ich Dich noch ein Mal sehe? Ich bin unbescheiden, aber ich hoffe, dass ich auch dankbar bin; ich bemühe mich jedenfalls darum, für das Füllhorn der Gnade, das über uns ausgeschüttet worden ist, dankbar zu sein. Dich aber umarme ich. J.

Ich vergaß, dass mir mal wieder etwas Neues eingefallen ist, was mir selbst allerdings nicht sonderlich gefällt, aber Ihr könnt es mal erwägen; ich will es jedenfalls nicht unterdrücken. Wie wäre es, wenn man versuchte, Mackensen zu einem Brief an H.H. im Gnadeninteresse zu bewegen.

Motiv: der rangälteste Offizier für den Repräsentanten Moltke's. Es gibt zwei Wege zu Mackensen, die wohl beide gegangen werden müssten, wenn man etwas tun will. Der erste über Marie-Luise Mackensen geb. Ploetz, die schließlich meine Cousine ist und mit der ich als Kind und Halbwüchsiger auch ganz zart war. Sie ist intelligent und sogar gelernte Lehrerin. Ob Du sie direkt angehen solltest oder ob nicht der Umweg über Pussi Ploetz richtiger wäre, weiß ich nicht. Der zweite Weg geht über Schlange-Schöningen an den Adjutanten[9] von Mackensen, mit dem er sehr befreundet ist und der auch auf unserer Linie liegt. Dieser Weg müsste zuerst gegangen werden und nur, wenn der Adjutant will – das scheint so ein Onkel-Max-Typ[10] zu sein –, muss mit ihm geprüft werden, ob man Marie-Luise noch einspannen soll. Das Schlimme ist, dass es viel Arbeit macht und viel Zeit kostet, denn es geht ja nicht in Berlin zu erledigen; allerdings könntest Du Schlange zunächst schreiben, und er könnte dann eventuell Dich und den Adjutanten zusammen einladen. Das Aktivum dieser Wege ist, dass Schlange ja weiß, dass mir jede Gewalttendenz gefehlt hat.

1 Siehe Freyas Brief vom 12. Oktober 1944, S. 68. *2* Wegen der Nahrungsmittelknappheit waren Erbsen ein willkommenes Geschenk. *3* Mit der Legende wollte Helmuth feindlichen Reaktionen auf die Nachricht von seiner Verhaftung vorbeugen, siehe seinen Brief vom 30. September 1944, S. 43. *4* Siehe Helmuths Brief vom 13. November 1944, S. 186. *5* Die Gemeinde der Bekennenden Kirche in Berlin-Dahlem. *6* Ein Traktor. *7* Gemeint ist: «nach dem Krieg». *8* Die Vorhersage sollte sich im Jahr 1945 als ganz richtig herausstellen. *9* Oberstleutnant von Sell. *10* Bezieht sich auf Magnus von Mirbach.

Helmuth James an Freya, 7. Dezember 1944

Berlin, den 7. 12. 44.

Mein Herz, es ist für hiesige Verhältnisse schon wüstes Nachtleben, gewiss nach 7 Uhr, wahrscheinlich bald 8. Ich bin auch schon sehr müde, weil ich heute wie wild gearbeitet habe. Denn ich habe den Schriftsatz für den V. G. H. fertig; kommt Hercher nicht in absehbarer Zeit, schicke ich ihn einfach los. Desgleichen geht der Brief an H. H. ab, wenn ich nicht höre, Hercher werde in absehbarer Zeit wiederkommen. Dann brauche ich ihn lieber als Boten, weil ich sonst zuviel Angst vor dem Dienstweg habe. Mit beiden Schriftstücken bin ich eigentlich recht zufrieden: Es steht viel drin, obwohl sie kurz sind, und vielleicht merkt Herr Freisler, dass der Schriftsatz sich besser liest als das Geschwafel der Anklage. Ich habe auch den Eindruck, dass die Zensoren[1] ganz zufrieden waren. Wenn ich morgen früh genug Zeit habe, bekommst Du von beiden Abschriften mit, damit Du alles hast. Vielleicht schreibt es die Bressalina ab. Es wäre nicht schlecht, Einsiedel über die Äußerung zur Kriegslage zu unterrichten. – Dann kam am Nachmittag noch eine Vernehmung über Walter Bauer, was, glaube ich, für ihn wie für mich harmlos ist, obwohl er gesagt haben soll, wir hätten uns über die politische Neuordnung unterhalten, was ziemlich sicher nicht richtig ist. So war es ein «beschäftigter» Tag.

Und derweil arbeitet mein armes Herz unentwegt für seinen Wirt, immerzu, immerzu, mit der Gewissheit, dass es nichts nutzt, und dem Gefühl, dass man trotzdem alles tun muss. Wenn ich bedenke, was Du da alles für Gänge tun musst, immer von einem zum anderen, während ich nichts tue, als meine lästigen Aufträge für Dich auszuhecken. Mach' Dir nur keine Hoffnungen, mein Herz. Mit dem Wunder der Anklageschrift haben sich die Chancen gebessert, aber immer nur von 1 : 1000 auf 1 : 100. Das ist zwar eine große Verbesserung relativ, aber von einer ernsthaften Erfolgsaussicht so weit entfernt, dass man sagen muss: Mit menschlichen Augen ist keine Hoffnung zu sehen. Diese Erkenntnis müssen wir kühl, nüchtern und in aller Kälte stets vor unseren Augen behalten. Es kann ja eines Tages sehr schnell gehen, und darauf müssen wir beide immerdar gerichtet sein. Mein liebes Herz, schöne Aufgaben stelle ich Dir immer.

Jeden Abend aber bin ich froh, dass ich Dich dann bei den Freunden geborgen wissen kann. Was der Tag Dir auch für Enttäuschungen und Mühen gebracht haben mag, da bist Du jedenfalls im Frieden. Wie das alles ohne die wäre, kann ich mir garnicht vorstellen. Er hat mir die Losungen[2] für das Jahr 44/45 gegeben, und die werden wir jetzt auch immer zusammen lesen können, aber bei unseren 3 Kapiteln neues Testament können oder vielmehr wollen wir außerdem bleiben.

Der Tag heute war unbeschaulich; auch mit P. habe ich lauter unbeschauliche Sachen besprochen. Richtig, die Terminfrage intrigiert mich sehr, denn davon hängt ja das Tempo ab, in dem der neue Schriftsatz und der Brief an H. H. hinaus müssen. Mir will scheinen, dass die Herren vom V. G. H. schon Nebel verbreiten und uns die Sache eines Tages über den Kopf schicken. Aber ich werde ja morgen Neues hören: Es wäre mir sehr lieb, wenn es sich noch über Weihnachten hinauszöge,[3] dann kann ich vielleicht das Saargebiet in die Zahl der Territorien, in denen mein geistiger Widerstand jetzt blühen müsste, einbeziehen. Jedenfalls können mir durch Zeitablauf immer noch neue Argumente zuwachsen. Schließlich ist Elsass-Lothringen auch erst ein Ergebnis der letzten 3 Wochen, und das klingt doch schon besser als nur Eupen-Malmedy und Aachen.[4]

Sag' mal, mein Lieber, Du spuckst immerzu Speck und Gänse und Butter und Hühner und Eier und Zucker und und und mittelbar und unmittelbar für Deinen Ehewirt aus. Verhungerst Du nicht dabei? Das war alles ganz schön, als wir glaubten, es dauere 3 Wochen, aber nun geht es 2 Monate so, und das geht doch nicht so weiter. Willst Du nicht wenigstens den Vielfraß persönlich etwas kürzen? Er kann ja wirklich mit weniger auskommen, er brauchte z. B. keine Eier, keine Butter, kein Hühnchen und wäre mit Honig und Wurst und ab und zu einem Apfel auch schon sehr gut versorgt. – Der Kaffee war herrlich. Ich trinke jetzt immer nur die Hälfte warm und lasse die andere Hälfte für den Donnerstag Morgen. Der ist auch kalt noch sehr gut, und außerdem beeinträchtigt er meinen Schlaf so nicht. Du hast doch noch genug Kaffee, nicht wahr?

Wenn ich mir ansehe, mit wem ich zugleich verurteilt werde – Delp rechne ich auch dazu –, so ist wohl sicher, dass es in dem Komplex kaum ein 8er Team geben dürfte, das so sehr ausgesprochen «positiv christlich»[5] ist, denn selbst Haubach ist ja vor einem Jahr wieder zur evangelischen Kirche beigetreten und hat dabei von Gerstenmaier das Abendmahl empfangen. Steltzer, Eugen und ich sind ja eine gute Repräsentanz der Protestanten und Delp und Reisert der Katholiken, dabei weiß jedermann, dass Rösch da fehlt, weil sie ihn nicht haben,[6] und dass 4 katholische und 1 protestantischer Bischöfe uns sehr gewogen sind. Immerhin ist das eben doch besser, als mit Goerdeler und seinen Leuten umgebracht zu werden; das sind ja alles recht alberne Erwägungen, aber ich denke nun eben ein Mal daran, wie man aus unserem Tod, wenn der liebe Gott es so bestimmt hat, wenigstens Kapital schlagen kann, und das ist in dieser Kombination eben möglich, man muss es nur dick herausstreichen, und zwar müssen das die Katholiken vor allem tun.

Jetzt, mein Lieber, will ich nur noch mein Kompott essen, das ich mir eingeweicht habe. Ich schreibe Dir morgen, ob es gelungen war. Und dann gehe ich schlafen. Gott behüte Dich, mein liebes Herz, und uns. Und das wird er schon tun, darauf können, dürfen, nein müssen wir bauen. J.

1 Gemeint sind vermutlich Rudolf Dix und Harald Poelchau. *2* Bibeltexte der Herrnhuter Brüdergemeine für tägliche Lesungen. *3* Hoffnung auf das Vorrücken der alliierten Truppen. *4* Gebiete, die von den Alliierten erobert worden waren. *5* Die Nationalsozialisten verstanden ihre Ideologie seit 1924 als «positives», das heißt von allen jüdischen und kirchlich-konfessionellen Elementen gereinigtes Christentum. Traditionell meinte «positives Christentum» dagegen seit der Aufklärung das Christentum als Offenbarungsreligion, analog zum positiven Recht. *6* Augustin Rösch war nach dem 20. Juli 1944 untergetaucht. Siehe Helmuths Brief vom 4./5. November 1944, S. 140.

Freya an Helmuth James, 8. Dezember 1944

Freitag früh

Mein Liebster, es ist 6.15. Ich bin bei den Freunden, aber werde, bis P. geht, nicht genug Zeit haben, mich ganz auszuschreiben, das weiß ich schon. Ich habe gestern Abend hier wieder ein so schönes und so langes Briefchen bekommen, und zu allem möchte ich so viel sagen. Gestern Vormittag, nachdem ich von Hercher zurückkam, hätte ich gleich schreiben sollen, da hatte ich Zeit bis 3, aber da hatte ich vielerlei anderes zu tun und zu schreiben, was eilig war, und nachher habe ich noch eine Stunde geschlafen. Ich habe etwas Mangel an Schlaf diese Woche, und das muss ich schleunigst aufholen: Gestern Nacht ging ich Brigittens wegen gegen 10 mit ihr weg, und da blieben wir erst in Friedr. Str. 50 Minuten, dann aber auf halbem Wege wegen einem Blindgänger auf den Schienen ganz hängen und mussten dann auf Umwegen und hauptsächlich zu Fuß, gut geleitet von 2 freundlichen Eisenbahnern, die den gleichen Weg hatten, nach Lichterfelde Ost kommen. Um 1 waren wir da, um 6.30 musste ich raus, um beizeiten mit meiner Gans auf dem Rücken bei Hercher zu stehen. Wie das war, interessiert Dich am meisten: Er hat mir sehr viel gesagt, war ganz ohne Hemmungen mir gegenüber. Überhaupt hat er das Laster der alten Leute und redet gern und viel. Er hat mir also vor allem von dem Goerdeler-Punkt viel erzählt, den er für das Gefährlichste hielt. Von Dir hat er m. E. ganz das Bild, was er haben muss: Er hält Deine Ideen für ganz unpraktisch – besonders den Einsatz der Kirche findet er unmöglich, er findet, dass alles Hirngespinste (mein Wort, nicht seines etwa) sind, aber er hält Dich für einen reinen Idealisten und für ganz und gar unehrgeizig und weit davon entfernt, zu irgendeiner Macht zu streben. Das stimmt ja auch. Er hat auch schon ganz fleißig mit Deinen Unterlagen gearbeitet, hat aber die Niederschrift über den Goerdeler-Punkt noch nicht durchgearbeitet. Eine Abschrift der Anklage macht er nicht, aber er sagte: Dann muss ich wieder hin, damit er sie noch einmal lesen kann. Nun wird er ja, wie es scheint, auch Delp verteidigen. Da müssen wir erreichen, dass er Dich in der Zeit seines 1. Besuches bei Delp die Anklage lesen lässt. Wann das aber genau sein wird, und wie schnell es gehen wird, bis er selbst für Dich die nächste Sprecherlaubnis bekommt und beantragt, weiß ich nicht. Etliche Tage vergehen darüber. Jedenfalls habe ich es von Dir aus – auf dem Zettel beim Wäschetausch – sehr pressant gemacht. Er ist ja auch in jeder Beziehung willig. Es sehe «etwas brenzlig» aus, war seine Beschreibung Deines Falles. Er sieht es ernst an, aber keinesfalls hoffnungslos. Es kommt eben doch sehr, sehr viel auf Freislers Laune an. Dass es aber soweit schon gekommen ist, ist ein rechtes Wunder. Nun ist es ja so, worüber ich sehr glücklich und dankbar bin, dass es sicher erst *nach Weihnachten* sein wird. Der «20.» hat sich so ergeben: Thiele war nicht da. Eine Sekretärin hat Schwarzens Bürovorsteher (verteidigt Reisert) gesagt, bis zum 20. sei alles voll, dann aber käme er gleich dran. Tatsache bleibt aber, dass Freisler am 21. in Nürnberg einen Karmeliten-Pater aburteilen will, den Dix verteidigt. Ich halte also dafür, dass wir Weihnachten noch Ruhe haben. Ob sie zwischen Weihnachten und Neujahr sitzen werden?! Bis dahin ist jedenfalls noch Zeit und man wird mehr wissen. Es kann garkein Zweifel sein: Die Distanz vom 20.7. ist eine gute Sache! Der Wind weht ungleich sanfter in der Bellevuestr.,[1] das ist für uns sogar schon fühlbar. Wenn es auch alles für Dich nichts zu bedeuten braucht, so sind doch wirklich sehr viele Zeichen da, die auch für Dich die Hoffnung nicht verdrängen können. Ich meine, wir dürften hoffen, ohne das Eine, wirklich Wesentliche zu verlieren: die völlige Ergebung in Gottes Willen. Der Zeichen sind viele, dass Du mit gesammelter Kraft kämpfen sollst und kannst. Das Gesamtbild hat sich bei aller schweren Gefahr doch sehr verändert. Es wird immer schwieriger für Dich werden, mein geliebtes Herz: Das Leben ist näher, greifbarer und daher immer begehrenswerter; es wird immer anstrengender werden, in der Spannung zwischen Leben und Tod zu bleiben, die Spannung wird immer größer. Mein Armer, ich sehe deutlich, wie schwer, wie belastend das ist, aber Du wirst es mit Gottes Hilfe schon leben können, mein Geliebter. Ich habe jetzt großes Vertrauen in nicht Deine, sondern seine Stärke.

Mein Lieber, ich erzähle weiter von meinem Tag. Ich war um 4 bei der Reiserten und traf dort Tattenbach. Ich erfuhr außer zu dem Termin nichts Neues. Frau R. war wieder aufgelebt, sah ganz anders aus und hat wieder Hoffnung. Das mit Recht! Es wurde mir aber gesagt, Dein Name müsste in der Aktion H. H. für Reisert doch wegbleiben, da ja Frau R. so genau nicht über Dich orientiert sein könne. Mir schien das richtig zu sein. Tattenbach grüßt Dich sehr. Er hat an Breite und Gewicht und Alter gewonnen und gefällt mir sehr, wenn auch nicht so gut wie Rösch. Heute ist er bei Delp. Anschließend fuhr ich zu P.s Freundin, einer Ärztin, die etwas wie Frau Du.[2] ist. Sie hat 8 Kinder, 7 Lebende und dazu eine blühende Praxis. Sie hat mir für außen und innen etwas verschrieben, was ich nun heute besorgen will; sie hat mich aber außerdem vor den Belebungspillen sehr gewarnt, nach deren Wirkung ich gefragt habe: Es käschere zwar auf, bringe eine Art Geltungsdrang hervor, nehme aber gleichzeitig eine Redehemmung weg. Ein ähnliches Zeug hätten die Russen in ihren Monsterprozessen den Angeklagten gegeben! Du bekommst es also nicht, obwohl ich es schon in der Tasche habe. «Ich hasse dieses Zeug», sagte sie, und sie macht einen durchaus gewichtigen Eindruck. Da ich 1 Stde. warten musste, tat im Bahnhof Friedr. Str. Einsiedel das Gleiche. Er fährt heute für 3 Tage weg, und ich wollte ihn vorher noch instruieren. Das habe ich gründlich besorgt. Ich fragte ihn später, ob er viel Arbeit habe: «absolut garkeine» sagte er. Er fahre auch jetzt auf ein Gut in Posen, um zu essen, und besuche 1 Std. das Landeswirtschaftsamt Posen zur Rechtfertigung seiner Reise. Übrigens hatte ich ganz den gleichen Eindruck von Deiner alten Dienststelle. Da waren nur noch Mädchen! Adrian habe ich am Telefon gesprochen: Er ist in diesen Tagen sehr besetzt. Er bekommt daher heute ein Briefchen, und Montag machen wir ein Rendez-vous ab. Er wollte mich fraglos gerne sehen. Wir sind also einig, dass ich – nach gründlicher, verantwortungsbewusster Überlegung Deinerseits – nichts von der Vernehmung[3] sage. Ich glaube auch, dass das richtig ist. – Das war der Tag. Als ich um 9 hier landete, fand ich Brigitte und Tattenbach vor, aber Brigitte war schon 3½ Std. da und wusste, dass sie alleine nach Hause fahren musste! – Merkwürdigerweise hatte ich mich mit Deinem neuesten Projekt, die Fliegerangriffe betreffend,[4] auch schon, aber eigentlich rein negativ, beschäftigt. Wenn es missglückt, bedeutet es Deinen sofortigen Tod, und dass es missglückt, halte ich für sehr wahrscheinlich. Daran, dass ich die Folge des sofortigen Todes so befürchtete, bemerkte ich einmal wieder, wie sehr der Hoffnungspegel wieder wider allen anderen Willen, ganz hinter meinem Rücken, gestiegen ist. Es ist die alte, schwere, schwere Kunst, ihn auf richtiger Höhe zu halten. Henssels haben keine Wohnung mehr in Berlin. Frau Sarre hat, soviel ich weiß, lauter Rheinländer im Haus, aber das werde ich feststellen. Man wird auf Dich möglicherweise auch eine halbe Million aussetzen! Du hast ja gesehen, dass das fast immer gezogen hat. Kurz, ich habe Angst, aber vielleicht fällt mir noch was besseres ein und sie gibt sich. Du bist so scheußlich auffallend.[5]

Mein Jäm, ich sprach gestern Mittag mit Kr. Es war alles friedlich, aber Asta ist für 8 Tage nach Breslau gefahren. Ich sehe nicht ganz, wie die dann mit der Weihnachtsarbeit fertig werden sollen, und es ist niemand da, der Sonntag Advent feiert. Was meinst Du: Soll ich morgen Nachmittag um 5 fahren und Montag Mittag wieder hier sein? Oder soll ich dableiben? Das soll keinerlei Anwurf auf Asta bedeuten, denn ich würde ganz genauso handeln, wenn ich zu Dir könnte.

Mein Jäm, es gibt Frühstück und P. will weg. Du siehst, ich bin nur mit dem Sachlichen fertig und möchte noch vieles andere schreiben. Das muss also auf den nächsten Brief warten. Heute Nachmittag! Mein Herz, wie gut haben wir es noch immer, wie nah sind wir einander. Wie schön ist das! Ich habe Dich sehr lieb und bin und bleibe immer Dein P.

1 Sitz des Volksgerichtshofs. *2* Nicht bekannt. *3* Vernehmung Helmuths in Bezug auf Gustav Adolf Baron Steengracht von Moyland, siehe seinen Brief vom 15./16. November 1944, S. 202 f. *4* Der Gedanke, im Chaos eines Bombeneinschlags die Flucht zu versuchen. *5* Helmuth war zwei Meter groß.

Freya an Helmuth James, 8. Dezember 1944

Freitag Mittag.

Mein Lieber, es ist halb 2, und ich bin noch immer bei den Freunden! Mehr oder minder war ich den ganzen Morgen hier. Es kam so, weil ich erst mal für Dorothee 2½ Std. geplättet habe, und dann war ich in der Apotheke und bei der Post für P.s und sie wollten um 12 schon essen, weil Dorothee und der kleine Harald[1] in ein Krippenspiel sind, da behielten sie mich da, und ich habe jetzt noch schnell gespült. P. war auch da und geht in einer halben Stunde erst, und dann bleibe ich zurück und schreibe Dir in Frieden. Ich hätte in der Stadt Verschiedenes zu tun, den Brief an Adrian abgeben, von Hercher das Gnadengesuch abholen, das ich für die Namensträger des Kreisauer Stammes abschreiben und an sie schicken muss, zu Frl. Daehn[2] gehen und bei Amelang versuchen, ein bestimmtes Kinderbuch zu kriegen, was ich bei P.s gesehen habe, aber das ist alles nicht so eilig. Jetzt bleibe ich erst mal alleine in der Wohnung und schreibe an Dich in Ruhe und Frieden. P. brachte mir zum Essen wieder einen Brief von Dir. Ich bin ganz glücklich über diese Flut schöner Briefe. Ich bin auch so schläfrig alle Abende gewesen! Vielleicht schlafe ich nachher auch noch einen kleinen Abzug. – Mein Herz, ich bin so erleichtert, dass Du entfesselt bist; besonders für die Nacht ist es Deinem armen Körper sicher eine wirkliche Entspannung. – Wenn Du mit P. schon über den Unglauben gesprochen hast, wird es ja gut sein, und ich brauche dazu nichts zu schreiben, was nur kindischer sein kann. Ja, Du bist wirklich kompliziert, mein armes Herz, das ist mir nichts Neues, aber Du hast es deshalb so schwer. Trotz aller Zeichen steht es doch garnicht fest, was vor Dir ist: Leben oder Tod. Dass Du zum Tode Gottes Gnade sehr nötig hast und darum bitten musst, ist nur richtig. Das Bereit-sein zu beidem ist doch, was von Dir verlangt wird. Du musst weder um das Eine noch um das Andere bitten, sondern bitten, dass Du bereit bist, das zu tragen, was er Dir auferlegt hat. Mir gelingt es nie, einfach um Dein Leben zu bitten. Ich glaube nicht, dass unsere Bitten ihn bestürmen können, wir müssen uns schon in seinen Willen fügen, den wir nicht zu beeinflussen vermögen. Dass wir beide Dein Leben mit allen Fasern unserer Seelen erwünschen, das wird er ja wissen, das ist so selbstverständlich. Wir brauchen aber zu dem, was vor uns liegt, was es auch immer sein mag, seine Hilfe, seine Gnade, seine Kraft und vor allem das Gefühl, ihn erreichen zu können, ihm im Schoße zu liegen, und darum darf, muss, soll man bitten. Auch das mache ich schlecht in meinem Getriebe und bin oft so beschämt, aber er wird es schon wissen, und darauf verlasse ich mich. – Sehr recht hast Du mit den Gaben des Geistes. Wir gehören ganz und gar zu den Reichen und haben es daher sehr schwer. – Auch die Armut des Tannenzweiges gefiel mir sehr. – Ich bin jetzt voller Hoffnung, dass Du Weihnachten noch keinen Termin gehabt hast. Wer hätte das Anfang Okt. für möglich gehalten!

Es ist klar, dass Du Angst vor dem Termin hast, mein Lieber. Mir graut, wenn ich denke, was das für Dich bedeutet und was der Tag von Dir verlangen wird, aber, mein Jäm, ich weiß, dass Du ihn mit Gottes Hilfe meistern kannst, was dabei «meistern» heißt, weiß ich selbst nicht, das wird ja dann der Tag ergeben. Ich habe hier kürzlich eine Predigt von Gollwitzer, einem Freund von P., gelesen, darin fand ich, dem Sinn nach, den Gedanken, vor wem man Furcht habe, der sei der Herr des Fürchtenden. Schade, dass ich den Text gerade nicht finden kann. Ich fand das sehr einleuchtend und sehr ermunternd. Dass Freisler Dein Herr ist, kommt aber garnicht in Frage! – Jetzt ist auch P. gegangen. – Im übrigen finde ich wie Du alles, was mit der Nähe des Termins zusammenhängt, sehr beängstigend und traurig, aber, mein Herz, dann müssen wir uns tragen lassen und glauben und wissen, dass wir nicht allein sind. Aber wir zittern vor unserer eigenen Schwäche, ach, mein Herz. – Ich glaube nicht, dass die Prinz Albrecht Str. dann noch besondere Schrecken birgt, P. glaubt es auch nicht. Du musst jedenfalls ganz genau und fest wissen, dass meine Gedanken dann unaufhörlich bei Dir sein werden und dass ich Gott anflehen werde, Dich nicht zu verlassen, Dich fest in seiner Hand zu halten und Dich das fühlen zu lassen. Gott gebe, dass ich dann wirklich wachen und beten darf. – Mein Herz, ich lese Deinen Brief weiter durch: Ja, ich bin ganz fest davon überzeugt, dass Gott Dich zu retten vermag, daran zweifele ich nie. – Dein Brief, mein Herz, an C.chen ist sehr schön. Ich habe ihn mit der Post geschickt. – Sicher ist es eine Gnade, so auf den Tod zu leben zu müssen, und wenn Du weiter leben solltest, gelebt zu haben, weil Du dadurch Gottes Nähe so deutlich fühlst. – Ps. 31 passt wirklich sehr schön. – Was Du mir dann im nächsten Brief über die Zeichen geschrieben hast, ist schön und richtig. Ich bin ganz Deiner Ansicht. – An Claus und Gissel wollte ich je ein Weihnachtspaket schicken. Ich habe die Adressen: 1 Strang Wolle, 1 Wurst (auf Marken gekauft), 3 Zigarren, ein paar Äpfel, Pfefferkuchen und (Du hast ganz Recht) Erbsen. Das haben sie wirklich mehr als verdient. – Die Hapig-Klinsky-Kleinert-

Legende ist ein richtiger Einfall, aber ich besuche Frau Kleinert unabhängig davon, weil Gräditz schon jetzt voller Schauergeschichten von uns ist. Die Leute sind ja glücklich, so etwas zu haben. – An Inge werde ich schreiben. Offenbar bekommt ihr die Arbeit wie den meisten Menschen gut. – Ja, mein Jäm, es ist anstrengend, sehr sogar, und es wird so bleiben für Dich, mein Lieber, mein Armer, und sicher wird es wieder eine Krise geben, und sicher wird sie schrecklich sein, mein armes, liebes Herz, so schrecklich, wie ich mir das garnicht vorstellen kann, aber so sicher sie kommen mag, ebenso sicher wirst Du sie auch überwinden. Das weiß ich ganz gewiss! Wenn Du also ganz unten sein solltest, dann denke daran, dass Du mit Gottes Hilfe, und zwar auch ohne dass Du ihn darum bittest, wieder damit fertig werden wirst.

Mackensen missfällt mir.[3] Dir nicht auch inzwischen? Ich glaube auch garnicht, dass er bei H. H. sehr wirkungsvoll sein wird. Der hält sicher nichts von einem 95jährigen Mann und wird sich vielleicht noch ärgern, dass wir ihn von allen Seiten so bombardieren. Was meinst Du?

Jetzt, mein liebes Herz, schreibe ich schon zu Deinem letzten Brief, den Du gestern Abend geschrieben hast, als ich gerade Einsiedel traf. Ich kann nicht sagen, dass ich meine Wege mache in der Gewissheit, dass es nichts nutzt. Ich denke immer, wenn Gott Dich noch am Leben erhalten will, dann weiß man nie, auf welchem Wege, und muss sich jedenfalls bemühen. Ich bin weder überanstrengt, noch tue ich auch nur einen dieser Gänge ungern; ich bin eigentlich, so lange ich Dich ganz schön in Tegel untergebracht weiß und so innig hier mit Dir lebe, sehr glücklich. Zuviel ist uns geschenkt worden: Ich bin vor allem dankbar. Ich weiß, dass Du vielleicht sterben musst, aber ich weiß, dass Du vielleicht auch gerettet werden kannst. Ich halte nicht immer die rechte Linie zwischen den beiden Möglichkeiten, aber im Ganzen geht es mir gut. Das merkst Du ja auch. Ich muss Dir aber gestehen, dass ich mir doch seit der Anklage mehr Hoffnungen mache, weil es doch tatsächlich nicht ganz so schwarz aussieht, wie wir dachten; dem Oberreichsanwalt ist es jedenfalls sicher noch schwarz genug. – Die Losungen habe ich noch nicht. Sicher bekomme ich sie zu Weihnachten. Ja, wir wollen unbedingt bei den 3 Kapiteln bleiben. Ich liebe das sehr! – Ich fürchtete genau wie Du, dass es Vornebel um den Termin war, aber das scheint mir nicht der Fall zu sein. Ja, wenn es doch nur noch recht lange dauerte! – Ich wäre verzweifelt, wenn ich Dir freiwillig auch nur ein Krümchen entzöge. Speck und Wurst sind alle noch vom alten Schwein, das neue wartet schon aufs Schlachten.[4] Bei den Wenigsten legen schon die jungen Hühner, daher habe ich Eier. Die Hühner mussten vor der Zählung am 4. 12. tot sein.[5] Mein Haushalt hat sicher 10 Hühner verzehrt.

Die haben satt zu essen und gut und solide gekocht, Luxus ist nicht am Platz. Meine Butter isst Du schon bald ein Jahr, und das ist mein ganzes Glück, verdirb mir das nicht. Ich war ganz traurig, als ich im Sept. so viel Butter zu essen hatte. Hier esse ich manchmal, meistens sogar, Butter auf Kosten des Haushaltes, das kann ich nicht ändern. Die sitzen ja nicht im Gefängnis, und in der Stadt hätten sie eh nur die Hälfte. Die Kinder bekommen reichlich. Zucker haben Borsigs eine große Tüte gestiftet, aus der Du auch bekommen hast, da habe ich also nicht soviel geleistet. Ja, Tee und Kaffee habe ich noch. Ich versuche zu sparen, aber langsam, langsam gehen die Vorräte natürlich zurück.

Heute Mittag habe ich hier auch Dörrobst-Kompott gegessen. Ich hatte noch garnicht gelesen, dass Du Dir welches gemacht hattest, und sagte zu P.s «H. hat das gleiche Kompott heute gegessen»; es war aber gestern.

So, mein Herzensjäm, jetzt bin ich mit Deinen Briefen fertig und werde jetzt meine Besorgungen erledigen. Ich müsste auch unbedingt Strümpfe stopfen, denn fast jeden Tag zerlöchere ich ein Paar. Das ist schon immer so gewesen! –

½11: Ich gehe eben ins Bett. Die Freunde sind schon drin. Ich habe fürstlich gebadet. Mein Jäm, Thiele hat Hercher vorgestern gesagt, die Sache käme noch vor Weihnachten dran! Das braucht nicht zu stimmen, kann aber, und Brigitte muss Dienstag nun doch zu Thiele gehen. Wie mag sich das alles zusammenreimen?! Mir ist es wieder sehr in die Knochen gefahren. Es ist mir auch sehr unangenehm, Dich damit zu beunruhigen. Es ist schon so, dass Du gewappnet sein musst. Hercher meinte, Montag Klarheit zu bekommen. Außerdem erzählte er mir allerhand. Er hatte nämlich das Gnadengesuch zu Hause, und da fuhren wir miteinander dorthin. Er sagte auch, was mir wichtig schien: Man merke F. immer gleich zu Anfang an, wie ernst es stehe. Grundsätzlich ist das Urteil eben gefällt, ehe es anfängt, und umso wichtiger ist es, dass er die 2. Verteidigungsschrift vorher bekommt. Das muss jetzt heraus wie auch der Brief an H. H. Du kannst ja Hercher noch einmal Abschriften mitgeben, und er kann auch noch damit hingehen. Ich sah übrigens bei Hercher von weitem Deine Schrift und war beeindruckt, wie schön das geschrieben ist, einfach fabelhaft! Ich sagte Hercher, er solle Dich lesen lassen, wenn er Delp besucht, das will er auch versuchen, aber er meint, er bekäme für Delp noch keine Sprecherlaubnis, erst ganz kurz vor dem Termin, und dann hast Du ja die Anklage. – Mein Jäm, mein Herz, mein Geliebter, wie mag alles für Dich gehen! Mein Herz zittert, aber ich bin getrost. Vor allem müssen wir dort bleiben, wo wir wohl aufgehoben sind, und uns dem göttlichen Willen fügen. Schlaf gut, mein Allerliebster. Gute Nacht.

[Notiz von Helmuth unter dem Brief von Freya:]

Ulla soll sich tüchtig anstrengen. Ich danke ihr sehr.
Mir geht es gut, mein Herz, reise gut. J.

1 Der Sohn von Harald und Dorothee Poelchau. 2 Nicht bekannt. 3 Siehe Helmuths Brief vom 6./7. Dezember 1944, S. 284 f. 4 Landwirtschaftliche Betriebe unterlagen einer Kontrolle des Eigenverzehrs. Für das Schlachten von Schweinen brauchte man eine Genehmigung. Es war ein wichtiges Element der Ernährung in Kreisau und musste einschließlich Verwertung sorgsam geplant werden. 5 Siehe Helmuths Brief vom 23. November 1944, S. 231, Anm. 3.

Helmuth James an Freya, 8./9. Dezember 1944

Berlin, den 8. 12. 44.

Mein Lieber, heute bin ich schon seit ein paar Stunden unerklärlich müde, habe deswegen, nachdem die Ruhe im Hause eingezogen war, auch nicht, wie ich vorhatte, den Galaterbrief gelesen, sondern nur einige Lieder aus dem Gesangbuch. Jetzt wird es wohl 7 sein, und ich will nur noch eine kleine Abendunterhaltung mit meinem Pim führen, bis ich zu müde werde.

Ja, mein Lieber, die große zusätzliche Schwierigkeit, die das Auftauchen eines Schimmers menschlicher oder schein-menschlicher Hoffnung bedeutet, ist groß, merkwürdig groß. Der Tod ist mir eben nicht mehr ein so selbstverständlicher und auch ganz vertrauter und insoweit lieber Gefährte, wie er es war. Das ist sehr schade, denn es bedeutet, dass, wenn ich ihn wieder voll realisieren will oder muss, ich mich neu dahin durchkämpfen muss. Es ist so, dass man Gottes Willen, wenn er einem in den Kram zu passen scheint, freudig akzeptiert, und die Ergebung in einen dem Fleisch unangenehmen Weg eben sehr viel schwieriger ist. Das ist vielleicht etwas überspitzt ausgedrückt, aber leider ist etwas Richtiges daran.

Das Lächerliche an der ganzen Sache ist, dass man die jetzige Hoffnung garnicht als Hoffnung ansprechen würde, wenn man nicht mit voller Sicherheit mit dem letalen Ausgang gerechnet hätte. Denn sie ist in Prozenten ausgedrückt so klein, dass das ganze noch im Radius des hoffnungslosen Falles bleibt. Es ist ganz falsch, sich darüber Illusionen hinzugeben, und Hercher sollte nicht so positiv mit Dir reden. Es ist nur so, dass es Argumente gibt, die einen gutwilligen Richter überzeugen können. Zwingend können diese Argumente nie werden, weil sie bei mir im Subjektiven liegen; ihr Gewicht hängt daher von der Laune des Herrn F. ab. Denn dass sie richtig sind, ist ja fast bedeutungslos.

Diesem Wirrwarr gegenüber kann man sich eben nur immer wieder auf den einzig festen Standpunkt stellen: Gott ist alles möglich. Will er mich erhalten, so kann er es auf hunderterlei Weise tun, ohne dass wir vorher eine Ahnung davon haben, will er mich zu sich rufen, dann wird er eben, nachdem mein Freispruch gesichert erscheint, eine Bombe auf meinen Kopf fallen lassen. Könnte man diese Erkenntnis, die uns von der Laune des Herrn F. oder den Zufällen eines Gnadengesuchs oder eines sonstigen Schrittes frei macht, könnte man diese Erkenntnis ständig gegenwärtig und lebendig halten, so wäre man ein großes Stück weiter. Aber der Zug, an den «Hoffnungen» zu arbeiten, verwirrt den Blick und macht dadurch das Herz immer wieder unruhig. Wir sind eben ein ganz großer Misthaufen und sonst nichts, und das lernt man in einer solchen Lage eben immer wieder aufs Neue. Alles, was in einem nicht schlecht ist, ist eben schon ein Akt der Gnade, und diese Erkenntnis wäre doch auch viel schöner, wenn sie einem immer real gegenwärtig wäre. Aber auch dazu reicht es nicht. – Genug gestöhnt, mein Herz, das quält mich leider alles nicht so, wie es mich quälen müsste.

Nun kehre ich mal wieder zu den Hoffnungen zurück. – Erst ein Mal, ob Du nach Kreisau fahren sollst. Ich hatte das ursprünglich für selbstverständlich gehalten, aber bin jetzt eher der Meinung, Du solltest es nicht tun, weil es zu anstrengend ist. Ich habe Dir so viel zu tun gegeben, dass Du einen ruhigen Sonntag dazwischen eigentlich brauchst. Sobald wir definitiv wissen, dass ich vor Weihnachten nicht mehr drankomme – vorläufig stehen ja 22. und 23. noch zur Verfügung –, müssen wir auch überlegen, wie wir das Weihnachten machen. Das hängt ja auch davon ab, ob «nach Weihnachten» in Wahrheit «nach Neujahr» bedeutet, was erwünscht wäre. – Von den Fragen, die ich in früheren Briefen berührt hatte, will ich Dich nur erinnern an: Propaganda, Peters, Steltzer, Husen.[1] – Schließlich meine ich, dass wir für eine Zusammenarbeit unserer Anwälte sorgen müssten und jeder seinem Anwalt sagen muss, er solle keinesfalls zu Lasten eines Mitangeklagten Vorteile herausschlagen. Aber wichtiger als das ist doch eine Abstimmung der Anwälte untereinander und die gegenseitige Unterrichtung über die Verteidigung. Ich werde Hercher jedenfalls darauf verpflichten, und mit Fugger und Eugen ist das schon besprochen, sodass Du nur die Lehrter Str.[2] für diese Linie zu gewinnen hättest. – Dass Hercher kommen will, freut mich; hoffentlich kommt er nur bald, denn nach jeder solchen Aussprache, in der dann ein Abschnitt erreicht und Gewisses festgelegt wird, fällt einem dann etwas Neues ein, für das noch kein Raum war, solange man sich auf die Aussprache gerüstet halten musste. Wenn das im Rahmen des Taktes geht, kannst Du vielleicht Anfang der Woche rückfragen, mit der Erklärung,

Du gingest Wäsche tauschen und da erwartete ich sicher irgendeinen Bescheid. – Schließlich zu diesen Fragen: Jeder Tag, den wir den Termin verschieben können, ist viel wert, oder kann es sein.

Nun scheint mir Adrian wichtig. Ja, ich bin im Grunde auch der Meinung, dass man ihn über die Vernehmung nicht unterrichten sollte. Dazu war es doch zu [?]. – Hingegen solltest Du ihn nun über einiges Sachliche unterrichten, was Du von Hercher weißt oder wissen kannst, insbesondere die allgemeine Beurteilung. Dabei könntest Du wohl auch sagen, dass vieles in der Anklage offenbar vollkommen falsch sei, woher die Polizei diese Behauptungen habe, sei unklar, es sei eben nur bei den Verhandlungsmethoden des V. G. H. immer zweifelhaft, ob man imstande sei, auch mit den besten Argumenten durchzukommen. Ich würde es für richtig halten, Adrian das Gefühl zu geben, dass der Anwalt sich von meiner substantiellen Unschuld überzeugt habe auf Grund der Akten und der Rücksprache mit mir; damit er das Gefühl bekommt, das steht nicht so sehr nur auf Deiner Meinung. – Adrian muss hauptsächlich die Gnadensache klären und eventuell fördern. Ich würde aber versuchen, erst über Haus alles zu erfahren, was Du erfahren kannst, damit Du mit einem möglichst kompletten Tatbestand aufwarten kannst. Die Tendenz sollte m. E. sein – aber das besprich noch mit P. –, dass das Gnadengesuch A. H. an H. H. abgegeben wird mit einer Befürwortung der Wehrmacht – wegen Feldmarschall –, und, wenn das geht, einer Befürwortung A. A. – wegen Hans-Adolf.[3] – Dies zweite ist ein heikles Thema, weil wir ja nicht den Eindruck haben, dass zwischen H. H. und Ribbi[4] alles in Butter ist. Vielleicht wäre es da eben besser, wenn Adrian gelegentlich nur so Kaltenbrunner sagte «wir haben ja auch wegen H.-A. ein Interesse daran». Bleibt m. E. die Frage, ob Adrian einen Weg weiß, H. H. klar zu machen, dass er mich sehen sollte. Das ist insofern ein heikles Thema, als, wenn H. H. zur Begnadigung, ohne mich gesehen zu haben, bereit sein sollte, mein Anblick alles verderben kann. Also bin ich dafür, dass Du die Sache erst mit P. vorbesprichst und dann mit Adrian erörterst. – Verhüten musst Du, dass Adrian seinerseits etwas unternimmt, was auf Müller zu drücken geeignet sein könnte, denn das wissen wir ja nun, dass der dagegen schießt. Hewel wäre schon der geeignete Mann, wenn ich die Personen recht überschaue.

So, mein Herz, mein Allerliebster. Du wirst wohl jetzt bei den Freunden sein, wo ich Dich geborgen weiß, und ich werde pümpeln gehen. Ob Weizenkörner unter solchen Umständen immer so widerspenstig sind, wenn sie in die Erde gesenkt werden sollen?[5] Trotz allem weiß ich aber doch, dass sein Wille gut und zu unserem Heil ist und dass ich mich mit Freudigkeit darein ergeben will, ich glaube auch, wenn es da ist, wird es daran nicht fehlen. Ich hoffe ja auch auf Deine Hilfe, mein Herz. Und im übrigen, wer hat mir zugesichert, dass ich nicht in einer Stunde tot unter dem Schutt des Gefängnisses liege? Da ist eben unser Spruch: «Leben wir, so leben wir dem Herrn, sterben wir, so sterben wir dem Herrn» so schön und klar. In einer anderen Wendung sagt es Lied 208: «Denn der ist zum Sterben fertig, der sich lebend zu Dir hält.» Das alles ist aber eben leichter gesagt als getan. Darum bedürfen wir der Gnade, mein Herz, wir beide, denn obwohl ich immerzu nur von mir gesprochen habe, habe ich meinen Liebsten mitgemeint, den ich der Gnade unseres Herrn empfehle. J.

9. 12. 44

Guten Morgen, mein Herz, wo und wie magst Du gepümpelt haben? Erst will ich Dir einen Gesundheitsrapport liefern: Die Schmerzen sind immer geringer und treten ernsthaft nur bei ungeschickten Bewegungen auf; nur im Rücken habe ich dauernd so Schmerzen, wie man sie bekommt, wenn man viele Stunden schreibt und dabei einen krummen Rücken hat. Das ist also garnichts. Ich kann mich aber schlecht längere Zeit frei aufrecht erhalten, sei es sitzend oder vor allem stehend. Das geht eben einfach nicht. Wenn ich es stehend tue, beginnt dann nach einiger Zeit mein linkes Bein zu murren, das ich auch nur sehr ungern gerade mache. Fazit: Es geht langsam besser, und heute oder morgen muss ich anfangen, ein wenig zu simulieren, damit nicht etwa jemand auf den Gedanken kommt, mir wieder Fesseln zu geben.

Den Brief an H. H. schicke ich heute ab, nachdem wohl auf Hercher für die nächsten Tage doch nicht zu rechnen ist. Die Abschrift für Dich füge ich bei.

Vor allem bitte ich Dich jetzt um den neuen Block. Ich habe wohl nur noch 10 Blatt auf dem alten, und ich habe panische Angst davor, in der P. A. ohne Papier zu landen. Außerdem hätte ich gerne einen großen Umschlag. Meinen einzigen habe ich nämlich für den Brief an H. H. geopfert, um ihn nicht 3 Mal knicken zu müssen.

Wie beurteilst Du denn die Frage der Sprecherlaubnis? Dienstag sind ja wieder 14 Tage um. Je mehr er hat, je mehr er will; das ist eine alte Sache. Schreibst Du mir auch brav über den V. G. H.?

Mein Herz, ich habe eigentlich garnichts weiter zu sagen. Ich fühle mich im Augenblick ganz getragen, aber «sei nicht stolz, sondern fürchte dich», sagt schon Paulus im Römerbrief 11,20. – Zweiten Advent werde ich wieder um ½6 feiern, obwohl ich jetzt im ungefesselten Zustand frei bin, es auch später zu tun; aber ich denke, dass das eine ganz gute Zeit ist. – Mein Lieber, vor allem habe ich einen Wunsch, dass der gegenwärtige Zustand so lange dauern möge wie irgend möglich, nicht nur wegen seiner Kostbarkeit für uns, das gehört in eine andere Ebene und ist nicht wirklich von einem Tag mehr oder weniger abhängig, ist eben überhaupt nicht quantitativ zu fassen –, sondern vor allem, weil ich mit Recht oder Unrecht das Gefühl habe, dass jeder Tag die Lage ein klein wenig bessert. – In diesem Zusammenhang will ich auch noch ein Mal die Frage zur Diskussion stellen, ob ich nicht doch im Zusammenhang Reisert erwähnt werden sollte.[6] Denn es ist doch ganz klar, dass nichts Reisert so entlasten würde wie eine günstige Beurteilung meiner Person. Und die Reiserten kann doch sagen, dass sie sicher sei, dass ihr Mann nie mit Revoluzzern angebändelt haben würde und dass er ein völlig anderes Bild von mir gehabt hätte. Das würde doch die Frage ermöglichen, ob H. H. sich jenes Leitschaf nicht ein Mal besehen wolle, von dem die Schwärze auf die anderen abgefärbt ist. Also ich stelle das noch ein Mal zur Nachprüfung.

Damit Du Dinge, die ich gestern Abend schrieb, nicht missverstehst und

[Der Brief bricht hier ab]

1 Gemeint sind die Propaganda im Dorf Gräditz und die Informationen für den im Gestapo-Gefängnis Lehrter Straße inhaftierten Theodor Steltzer und die Kreisauer Freunde Hans Peters und Paulus van Husen, denen noch kein Prozess drohte. *2* Die im Gestapo-Gefängnis Lehrter Straße Inhaftierten Theodor Haubach, Franz Reisert, Theodor Steltzer und Franz Sperr. *3* Hans-Adolf von Moltke war von 1934 bis 1939 Botschafter in Warschau und von Januar bis März 1943 Botschafter in Madrid. *4* Außenminister Joachim von Ribbentrop. *5* Siehe Helmuths Brief vom 29./30. November 1944, S. 262, Anm. 2. *6* Siehe Freyas Brief vom 5./6. Dezember 1944, S. 271.

Freya an Helmuth James, 9. Dezember 1944

Sonnabend Nachmittag

Mein Lieber, ich habe Deinen Brief noch nicht gelesen, aber bekommen, und sitze noch voller Glück auf meinem ungehobenen Schatz. Eben bin ich bei den Freunden angekommen und habe nicht mehr allzu viel Zeit. Es ist ¾5 und um 6.02 geht mein Zug von Zoo. Die Frage ist nur, ob ich erst Friedrichstr. einsteigen soll und daher das Risiko laufe, keinen Platz zu bekommen. Denn einstweilen ist es hier so sehr behaglich, und ich möchte gerne noch mit Dir schwatzen. Mein liebes Herz, zu erzählen habe ich garnicht viel. Früh habe ich noch einmal an Adrian geschrieben, weil ich den gestrigen Brief nach dem Besuch bei Hercher in Sachen Termin zu optimistisch fand und deshalb nicht abgab. Ich habe auch einen offiziellen Brief geschrieben. Die habe ich beide weggetragen und außerdem ein Päckchen Essen von jemand Fremden zu Frau Reisert für Sperr. Dann bin ich zu C. D. gefahren, habe mit dem gesprochen, gegessen, getippt und dann 5 Engelchen gemalt: Helmuth, die Freunde und Eugen je eines, und Delp bekommt noch eines nach. Wir haben erst eben das schönste für Dich ausgesucht. Auf dem Weg hierher habe ich noch Frl. Schellhase gesprochen. Sie brachte die Antwort von Haubach. Sie möchte gerne H. noch einmal Deine Verteidigungslinie etwas ausführlicher reingeben. Kannst Du dafür eine kleine Notiz machen? Ich gebe Dir die Sachen rein. Es bezieht sich alles auf Goerdeler, und nur die Sache scheinen die Anwälte gefährlich zu finden. Schreib doch auch für Steltzer ein Zettelchen, wie Du es haben willst. Ich tippe das ab. – Jetzt habe ich doch Deinen schönen Brief gelesen. Mein armes Herz, wie anstrengend ist es für Dich. Da hat es Eugen leichter in seiner absoluten Sicherheit. Ich billige sie aber nicht. Mein Lieber, es ist ja ganz berechtigt, dass das alles in Dir vorgeht, und Du darfst Dich nicht zu streng beurteilen. Der liebe Gott weiß ja auch, dass wir arme und schwache Leute sind, aber er ist bereit, in uns zu wohnen! – Ich muss aufhören. Bald bin ich wieder da. Mein Herz bleibt hier und alle meine Gedanken. Wie ich Dich liebe, mein Herz! Deine bin und bleibe ich. P.

Ich bin da! Der Zug war ausgefallen. Ich bin bei den Freunden! Armes C.chen! Ich ließ eben anrufen! Mein Jäm, ganz nah bin ich und voller Liebe! Freue mich des Tages, den ich so noch mit Dir leben kann, mein süßes, liebes, geliebtes Herz! Lies mal Lied *4*. P. hat uns das heute früh vorgelesen. Es ist schön, Advent so intensiv wie bisher noch nie und mit Dir, mein liebes Herz, zu begehen. C.chen kommt etwas zu kurz, aber ich hoffe, es bei ihm nachholen zu können. Ich bin jetzt so erfüllt davon, dass dieses Kind am 24. auch für Dich und mich, für uns und unsere Sorgen und Nöte geboren wird und wir uns freuen dürfen. Zärtlich, zärtlich P.

Helmuth James an Freya, 9./10. Dezember 1944

Tegel, den 9. 12. 44.

Mein Herz, ich will rasch ein kleines «Moll»-Briefchen anfangen, denn das gehört ja auch dazu. Hercher ist eben weg. Ich bin sehr erfreut, dass er da war, denn so sind wir wieder ein Stückchen weiter gekommen. Ob er den Schriftsatz einreichen will, will er sich noch überlegen; er meint, es wäre vielleicht besser, das in meiner Erklärung zu sagen und nicht schon jetzt. Jedenfalls muss ich Dich in diesem Zusammenhang um eines bitten: Ich habe ihm 2 Exemplare des Schriftsatzes mitgegeben in der Annahme, ich hätte ein drittes. Das habe ich aber nicht; ich muss ihn daher bitten, mir ein Exemplar oder eine Abschrift zurück zu geben, damit ich es bei meinen Unterlagen hätte.

Er meinte, wir kämen bestimmt noch vor Weihnachten; das habe Thiele ganz definitiv gesagt mit der Erklärung, «Hermes, Fehr und so weiter kommt dann erst nach Neujahr». – Weiter hat er gesagt nach Durcharbeitung meiner Unterlagen, er hielte den Fall für sehr schlecht, weil das Gericht «meine Erklärungen sicher garnicht werde hören wollen». Daher rechnet er mit Todesurteil. Das ist nicht neu, aber es ist doch geeignet, die etwas optimistischeren Versionen zu zerstören. Außerdem sagte er mir, es werde sicher sofort vollstreckt, wenn auch einige Ausnahmen davon gemacht worden seien. Votum im Ganzen: Weihnachten erlebe ich nicht mehr. Bei aller Moll-Stimmung auf diese Darlegungen hin fühle ich mich im Augenblick bei unserem Vater geborgen und bitte, dass er mir dieses Gefühl erhalten möge, nicht Gefühl, diese Gewissheit. Mein Herz, und auch Dich wird er in seiner Gnade halten.

Unter diesem Aspekt ist Adrian beides, wichtig und auch eilig. – Jetzt gibt es Essen.

Abends. Ich bin gerade fertig mit Abendbrot, und der Wachtmeister hat mir schon gute Nacht gesagt. Nun schreibe ich erst, ehe ich weiterlese. Das Votum von Hercher auf Grund meiner Unterlagen – die Gerichtsakte will er Anfang der neuen Woche ansehen – ist folgendes: Gefahr Nr. 1 ist diese einzige Unterhaltung mit Goerdeler und Beck[1] plus meinem Schuldbekenntnis. Gefahr 2 Defaitismus,[2] Gefahr 3 einzelne Punkte aus dem um Kreisau herum gerankten Gespräch, darunter vor allem die Landkarte. Jedes dieser Dinge kann tödlich ausgehen, und zusammen müssen sie eigentlich tödlich sein. Er hat das alles nicht so pointiert gesagt, aber das ist es, entspricht ja auch meinem Votum. – Nun sagt er, zu jedem dieser Punkte gibt es eine gute, mindestens eine ausreichende Erklärung, aber wenn nicht ein Wunder geschieht, wird F. und das Gericht diese Erklärung garnicht hören und keinesfalls verstehen wollen. Das Hören können wir bis zu einem gewissen Grade im Zusammenspiel erzwingen, das Verstehen natürlich nicht. Es ist sicher mehr anzunehmen, dass F. mit fertigem Todesurteil beginnt und es sich für ihn nur darum handelt, festzustellen, wie er es begründet. Daraus erhebt sich für uns m. E. die Frage, ob nicht doch versucht werden sollte, Peters noch auf Freisler anzusetzen, etwa mit folgender Erklärung: Ich kenne Moltke; der ist ohne Ehrgeiz oder Machtstreben und bestimmt kein Revoluzzer; ich habe im Jahre 1927–28 mit ihm zusammengearbeitet in Sachen Waldenburg und Arbeitslager;[3] dabei haben wir mehrere größere Besprechungen in Kreisau gehabt und aus denen sind schließlich die Arbeitslager und auch sonst manches Nützliche hervorgegangen; seine Theorien sind manchmal blödsinnig, seine Praxis aber nicht; haben Sie die Geduld, ihn sich anzuhören, denn ich bin überzeugt, dass er, was immer gegen ihn vorliegen mag, aufzuklären im Stande ist, wenn man ihm dazu Gelegenheit gibt. So, nun Schluss mit diesen Thema. Die Erde ist wieder schön hart unter den Füßen, und die rosa Wölkchen sind zerstoben; trotzdem ist eine so schlechte Anklageschrift ein Vorteil; nur seien die immer so schlecht, meinte Hercher.

Mein Herz, erinnere Poelchau an die Losungen. So wie es jetzt aussieht, möchte ich annehmen, dass Du Weihnachten schon meine erben kannst, sodass sie Dir dann nicht viel nutzen. Mein Lieber, wenn wir getrennt werden, lesen wir weiter unsere 3 Kapitel täglich, und sollte ich dann noch leben, so fangen wir nach der Offenbarung wieder bei Matthäus an. Morgen 10. kommt Lukas 16–18; Lukas und Johannes lassen sich durch 3 teilen, bei Apg. lesen wir das 28ste Kapitel mit dem 27. zusammen, desgleichen bei Römer und den beiden Korinthern das 16., 16. und 13. mit dem 15., 15. und 12.; Philipper, Kolosser + 1. Thessalonicher je nur ein Tag, ebenso 2. Thimotheus; Philemon und 1. Petrus 2 Tage; 1. bis 3. Johannes 2 Tage. Hebräer 13 zu 12; Jakobus + Judas zusammen 2 Tage; Offenbarung 22 zu 21; Matthäus 28 und Markus 16 zu 27 bzw. 15. Notiere Dir das in Deine Bibel; ich tue desgleichen in meiner, damit wir wenigstens gleichlaufen, solange ich lebe, obwohl nicht anzunehmen ist, dass wir auch nur mit der Apostelgeschichte fertig werden. «Aber meine Zeit steht in deinen Händen», sagt der 31. Psalm. – Ich habe es mir übrigens auch in das kleine N. T. geschrieben.

Mein Herz, denke nicht, ich sei niedergeschlagen. Nein, das bin ich nicht. Aber es ist nur richtig, vollkommen auf den nahe bevorstehenden Abschied gerichtet zu sein und sich nicht in allerhand Hoffnungen zu verlieren. Es gibt nur eine Hoffnung und das ist die auf den Herrn. Er hat uns in diesen Wochen so sichtbar gesegnet, dass wir nach dem Spruch: «Wer hat, dem wird gegeben», alles «Recht» haben, mehr zu erwarten. Wir dürfen mehr erwarten, denn wir haben bemerkt, dass er uns hört. Weißt Du, mein Lieber, warum ich Dir so gerne über dieses Thema schreibe? Nicht nur, weil ich Dich lieb habe, nicht nur, weil ich Dir und mir noch möglichst viel mitteilen möchte, ehe ich von dannen gehe, sondern auch, weil mir dabei licht und leicht um die Seele wird. Ich sehe es dann schwarz auf weiß vor mir, wie es zu sein hat; ich habe alles an meines Liebsten Herz gelegt, und dann sagt es sich so viel leichter zu dem manchmal müden Ross: hic rodus hic salta.[4] Wenn ich nicht den Kampf in Gethsemane kennte, so würde ich mich täglich in die Hölle verdammen. Aber dann sage ich mir, wenn Jesus getrauert und gezagt hat, darfst

Du es ja wohl auch noch. Welche ungeheuere Realität alle diese Worte bekommen haben. Weißt Du, ich habe vordem garnicht gewusst, was Trauern und Zagen in dem Zusammenhang ist; ich habe auch nicht gewusst, was dahinter steckt, wenn er sagt «... ich trinke ihn denn, so geschehe dein Wille.» So lerne ich das nun und denke voller Schmerz an Leute, die jenes Vorbild, jenes Licht nicht haben; die können nur verzweifeln oder darüber hinhuschen, es vor sich selbst verbergen. Ich bin dankbar, dass ich das nicht brauche: Jeden Abend wenn ich einschlafe, steht er ganz sichtbar vor mir, und mein erster Gedanke, wenn ich nachts oder am Morgen aufwache, ist an jenen Gang zum Galgen, den ich vielleicht in 10 oder 14 Tagen antreten muss. Das ist der Sporn, der mich zu jenem «wachet und betet» zwingt, und dazu wird man eben nur gezwungen; die Jünger konnten garnicht anders als schlafen, denn ihnen fehlte dieser Stachel. Außer mit diesen Gedanken und dem, was aus Euch nachher wird, befasse ich mich nur, aber immer wieder, mit meiner Verteidigung. Die Zeitung lese ich zwar noch von Anfang bis Ende, aber manchmal erst nach 2 Tagen; ich lese sie nur, wenn ich auf etwas warte und mich nicht erst konzentrieren will oder unruhig bin und mich nicht gleich konzentrieren kann oder müde bin.

In unserer Freistunde gehe ich jetzt immer schleichend im inneren, kleinen Kreis auf gleicher Höhe wie Delp und Eugen im großen, und da haben wir stets das gleiche Gespräch über den Glauben. Sie behaupten, man müsse beten für sein Leben und daran glauben, dass diese Bitte erfüllt werden wird, während ich eben immer wieder sage, dass das zu weit geht: Was Gott will, kann ich ihm nicht vorschreiben, auch nicht vorglauben. Ich kann nur glauben, dass er mein Bestes will und Dein Bestes und der Söhnchen Bestes. Weiter geht es nicht. Über Nacht fallen dann allen dreien neue Argumente ein, und am Morgen geht es weiter. – Delp hat übrigens mit uns Termin, sagte Hercher. Das heißt also, dass man nicht mehr damit rechnet, Rösch und König zu bekommen. – Dass Delp gestern in den Jesuitenorden aufgenommen ist,[5] ist mir eine rechte Freude. Nicht nur, weil es gelungen ist, das im Gefängnis zu machen, sondern vor allem, weil ich es ihm Anfang 43 verdorben habe, weil ich Rösch gesagt hatte, ich fände es doch toll, dass ausgerechnet die Jesuiten einen so undisziplinierten Bruder hätten; ich wusste damals nicht, dass Delp noch nicht das große Gelübde abgelegt hatte, und Rösch sagte mir darauf, er werde ihn erneut zurückstellen. Das war ja nicht beabsichtigt.

Genug des Geschwätzes für heute, mein Liebster. Du bist nun hoffentlich bald zu Hause und verpasst nicht den Anschluss in Liegnitz. Ob ich Dich vielleicht nächste Woche sehe? Der Herr behüte Dich und uns, mein liebes Herz. J.

10.12.44.

Guten Morgen, mein Herz, es ist 7 Uhr, und ich wähne Dich jetzt mit den beiden Söhnchen im Bett, mit dem einen lesend und lernend und den anderen in Ruhe haltend. Welch' liebes Bild für mich. Ich bin gerade fertig mit Aufstehen und Bettmachen – das ist ja wegen der Entfesselung auch eine halbe Stunde früher –, und nun will ich nur schwarz auf weiß sagen, dass meine Gedanken sehr zärtlich bei Euch sind. Denn zu erzählen habe ich fast nichts. Doch, vielleicht dreierlei: Ein Luftangriff, der bei uns mittlerer Güte war – ein Mal war es arg hell über uns, vier Bomben gesehen und vielleicht ein Dutzend Einschläge so, dass Türen und Fenster tüchtig schepperten –, ist gnädig vorübergegangen. – Zweitens ist mir folgendes eingefallen: Du machst doch mit Hercher ein neues Gnadengesuch. Pass nur auf, dass, wenn dieses etwa nach dem Urteil eingereicht wird, es nicht das andere aussticht. Denn das Gnadengesuch nach dem Urteil ist eine reine Formalität und muss abgelehnt werden. Es muss also klar – ob im Text oder Begleitschreiben ist wohl gleich – darauf hinweisen, dass das Hauptgnadengesuch dem Führer und dem Reichsführer SS vorliegt. Bitte berede das mit P. und dann mit Hercher. Mir ist alles recht, was Ihr macht, ich habe garkeine Anlage zur Panik im Augenblick wie vor einem Monat, sondern wollte nur auf das mögliche Durcheinander hinweisen. Weitere Frage: Wie wäre es, wenn man auf irgendeinem Wege, denn Du kannst das nicht tun, in den SS-Kanal gibt, vielleicht über das Ersatzheer, vielleicht über Keitel: Wenn Ihr den Mann schon nicht zu Zuchthaus begnadigen wollt, dann begnadigt ihn doch zu einem Himmelfahrtskommando, so wie es bei zum Tode verurteilten Soldaten gemacht wird. Besprich das mal mit P.

Heute Nacht war ich lange wach, weil ich über meine Verteidigung, meine törichten Aussagen, meine eigene Schwäche etc. nachdenken musste, wobei ich immer wieder zu dem Ergebnis kam, rational ist ganz klar, nicht nur, dass ich verurteilt, sondern auch, dass ich hingerichtet werde. Das ist wahrlich nicht neu, und ich erzähle Dir nur, dass ich mich dabei ganz geborgen und sicher gefühlt habe und daher garnicht verzweifelt war, nicht ein Mal über meine eigene Dummheit. Das war im Grunde sehr befriedigend, und ich war riesig dankbar, das wieder ein Mal ganz sicher zu fühlen, dass er mich genau so fest hält, wenn jeder Schimmer menschlicher Hoffnung dahin war, und ganz sicher und klar kam seine Verheißung: Ich kann dich auch am Leben erhalten. Es war also eine schöne wache Nacht, an deren Ende ich nur sagen kann: Sei nicht stolz, sondern fürchte Dich. Ach, wenn ich doch wenigstens das gelernt hätte.

Inzwischen ist mir noch folgendes eingefallen: Die Frage, was man bei Luftangriffen machen soll,[6] könntet Ihr mal mit dem freigelassenen Kleist besprechen. Rede mal mit P. darüber. K. wird sicher alles tun, was er kann.

Schließlich will ich Dir doch meinen neuen Tageslauf mitteilen: Ich wache jetzt so zwischen ½6 und 6 auf. Dann döse ich, denke, suche meine Seele zu ordnen und sage mir was vor. Die Mischung hängt immer davon ab, wie schläfrig ich bin und wie mir sonst zu Mute ist. Um ½7 stehe ich auf, und bis 7 bin ich angezogen und mein Bett ist gemacht. Dann räume ich – außer Sonntags – auf, und dann gibt es Frühstück, das ich meist etwas hinziehe und dabei lieben Gedanken lebe. Zwischen 8.15 und 8.30 sitze ich dann und beginne zu schreiben, bis wir rauskommen, das ist jetzt frühestens 9.30 bis 10, meist etwas später. Dann dauert es jetzt bis 1, bis wir Essen bekommen, und diese Zeit verbringe ich meist mit Arbeit an meiner Verteidigung, Brief an Pim und sonstiges Schriftwerk. Dazwischen lese ich auch den O. K. W.-Bericht, lese auch manchmal ein klein wenig in der Bibel oder wiederhole irgendetwas, was ich auswendig lernen will. Nach Tisch, also so von 2 ab, lese ich eigentlich bis zum Schlafengehen nur noch Bibel und Gesangbuch und schreibe dem Pim. Um 5 gibt es Abendbrot und ab 6 ist es ganz still. Wann ich ins Bett steige, weiß ich nicht, glaube aber, dass es meist nicht vor ½9 sein dürfte. Und von da bis ½6 schlafe ich jetzt durch, wenn nicht Fliegeralarm oder solche Gedanken wie letzte Nacht mich wecken. In all diesen Phasen fliegen meine Gedanken zu meinem Pim, ich betrachte zärtlich seine Karte mit den Sprüchen, die im Gesangbuch liegt, und freue mich meines Reichtums, und dazwischen trauere ich, dass mein Pim in kurzer Zeit vielleicht allein auf dieser Welt sein wird, und wundere mich, wie ich ihm da wohl werde helfen können. Auch Traumvorstellungen von meiner Rückkehr nach Kreisau kommen manchmal auf; denen lasse ich aber keinen Raum, weil das nachher zu anstrengend ist.

Leb wohl, mein Lieber, mein allerliebstes Herz. Der Herr behüte Dich und uns, und seinem Willen wollen wir uns freudig fügen. Mehr kann ich nicht sagen, leb wohl. J.

Eben lese ich noch ein Mal Deinen letzten Brief, der noch hier ist, weil gestern Hercher kam und P. ihn nicht abholen konnte. Ja, mir missfällt Mackensen im Grunde auch; ich wollte es nur anbringen, da er mir nun ein Mal eingefallen war.

Ich habe auch noch eine Bitte: Kannst Du, bitte, feststellen, wieviel Gaue die N.S.D.A.P. hat. Das ist wichtig, sogar recht wichtig für meine Verteidigung in der Landkartenfrage.[7] Außerdem, ob Bayern in 2 Gaue geteilt ist, m. W. ja: München und Nürnberg, aber vielleicht sind es mehr.

1 Am 22. Januar 1943 in der Wohnung von Peter Yorck von Wartenburg. Siehe auch Helmuths Brief vom 21. Dezember 1944, S. 377 f. *2* Fehlender Glaube an den Endsieg war für die Nationalsozialisten ein schweres Delikt. *3* Siehe Biographische Notiz, S. 578. *4* «Hier ist Rhodos, hier springe». Auf Aesop zurückgehendes geflügeltes Wort, sinngemäß: Zeig hier und jetzt, was du kannst! *5* Dass dies gelang, hatte eine große Bedeutung für Alfred Delp. Siehe Roman Bleistein, *Alfred Delp*, S. 331. *6* Siehe Freyas Brief vom 8. Dezember 1944, S. 290. *7* Siehe Freyas Brief vom 11. November 1944, S. 173, Anm. 2.

Helmuth James an Freya, 10.–12. Dezember 1944

Tegel, den 10. 12. 44.

Mein liebes Herz, eben habe ich die Kerze am Tannenzweig über meiner Tür ausgeblasen, und damit ist meine 2te Advent-Feier beendet; es wird wohl 6.15 sein, und nun drängt es mich, mal wieder mit meinem Liebsten zu reden. Mein Herz, Dein schöner Engel steht neben mir und deckt seine Flügel sehr lieb über mich. Dank, mein Herz. Ich habe kurz nach ½6 schon die Kerze angesteckt, ein Stück Zweig angesteckt, damit es weihnachtlich dufte, wobei sich herausstellte, dass der Zweig sehr dürr und abfallend ist, sodass es schön wäre, wenn ich einen frischen bekommen könnte für den Fall, dass ich dritten Advent noch erlebe. Dann habe ich Deine große Kerze auf meinen Tisch gestellt, Deinen Engel dazu und habe den Anfang der Evangelien Lukas und Johannes gelesen, d. h. Lukas 1,26–56 und die Hartm. Adventslieder aus dem Gesangbuch, dann habe ich nur noch still dagesessen, das Licht betrachtet und des kommenden Herrn, meines Pim und der Söhnchen gedacht, bis es Zeit war, die Kerze auszublasen, damit ich gegebenenfalls noch etwas für nächsten Sonntag habe. Richtig, Jesaja 59,16–21 und 60 habe ich auch noch gelesen.

Mein Lieber, mir ist so garnicht nach Abschied zu Mute, sondern nach Ankunft. Ich bin daher weiter zufrieden, obwohl ich alle menschliche Hoffnung so merkwürdig tief begraben habe, wohl tiefer, als es bei ganz nüchterner Überlegung nötig wäre. Ich bin mal wieder beim Kellerbau. Trotzdem ist mir eben nicht nach Abschied zu Mute, ohne dass ich weiß, warum. Ob das Fleisch nicht will und das dann mit Allgewalt nachkommt? Ich habe eben das Gefühl, als würde der Herr kommen und mich irgendwie ganz sanft führen, nicht wieder so über Stock und Stein wie im Oktober und November um die Monatsmitte. – Um Deine Söhnchen kümmert sich sicher Tante Leno. Wo so viele Kinder da sind, werden sie schon singen. Das ist zwar nicht so schön, wie wenn Du da bist, aber ich bin doch auch froh, dass Du hiergeblieben bist. Ich meine nämlich, dass es jetzt vielleicht doch noch früher kommt und dass sie uns irgendwo hinschicken, wenn sie Zeit finden. Das Schlimme ist nur, dass es für Dich nächsten Sonntag vielleicht noch schwieriger ist wegzufahren. Nun, wir müssen es abwarten. – Bitte benachrichtige Ulla, dass es jetzt anscheinend in das letzte und damit entscheidende Stadium tritt. Ich lasse ihr sehr danken für ihre bisherige Hilfe, aber sie sei weiter sehr nötig, denn mit menschlichen Augen sei unverändert kein Land zu erblicken, sondern nur ein ganz mechanischer Ablauf von der Abfahrt in Tegel bis zum Kamin in Plötzensee, bei dem der V. G. H. in Wirklichkeit nur so eine Betriebshaltestelle ist, eine Haltestelle, wo der Schaffner «freie Bahn» läuten muss, aber keiner aus- oder einsteigen kann.

Mein Herz, mir ist im Augenblick weniger bange, als mir vor einer Woche oder im Laufe der Woche war, trotzdem ich in der Woche voll Hoffnungen, wenn auch kleiner Hoffnungen war. Wir sind eben ein merkwürdiges Gebilde: Der Vernunft können wir nicht untertan werden, weil sie gegen die Glaubens- und Lebens-Kräfte zu schwach ist, dem Glauben können wir uns nicht ganz hingeben, weil wir des Fleisches, und dazu gehört auch die Vernunft, nicht mächtig sind und weil Glaube eben eine Gabe der Gnade ist, die wir überhaupt nicht regulieren können. Nur die Lebenskräfte, die könnten zur Herrschaft gelangen, und dann ist es mit uns ganz aus. – Es bleibt die Liebe und das Bitten. Insofern ist 1. Kor. 13,13 falsch, denn Glaube und Hoffnung sind nicht originäre, mit der Liebe gleichzustellende Faktoren, denn um diese beiden muss man stündlich bitten. – Eines ist ganz sicher, man wird nie ganz abgeklärt diesen Dingen gegenüberstehen, und auch das, was die Stoiker geredet haben, ist eben bis zu einem gewissen Grade nur vorübergehend als Haltung möglich und sehr häufig Pose. Zur völligen Abgeklärtheit kommt man wohl nur durch ein Maß von Leiden, das den Tod als das kleinere Übel, rein menschlich gesprochen, erscheinen lässt. Ein normaler Mensch vermag es aber nicht, ständig in der real empfundenen Gegenwart des Todes zu leben, darüber habe ich keinen Zweifel.

Mein Herz, bei aller Nüchternheit der Betrachtung, die, da wir es ja vertragen können, ruhig etwas brutal sein darf, müssen wir, d. h. Du, an der Linie festhalten, dass alles geschehen muss, was möglich ist. Die gewünschte Darstellung meiner Verteidigung, die ich in einem rohen Entwurf fertig habe, schließe ich morgen ab, und die sollten Haubach, Steltzer, Sperr und Reisert bekommen. Sie alle müssen da an irgenwelchen Stellen mitziehen. – Dann müsste die Aktion Peters versucht werden; darüber ist, glaube ich, alles gesagt, und danach käme die Teilung des alten Gnadengesuches über Haus und Adrian. Das Ideal wäre wohl folgendes, dass Keitel die Sache an H. H. weitergibt mit dem Bemerken, die Wehrmacht würde es begrüßen, wenn das Gesuch berücksichtigt werden könnte. Aber das ist natürlich viel mehr als der Gummilöwe je machen wird; infolgedessen kann es sich nur darum handeln zu prüfen, welche Fassung für ihn noch akzeptabel sein würde. Frage: Ob Haus das bei Keitel unterstützen kann mit der Erklärung, das A. A. werde es gleichfalls begrüßen wegen Hans-Adolf? Da ist alles sehr schwierig, und ich bin nicht sicher, ob Keitel nicht versucht, darauf zu sitzen, bis ich tot bin. Vielleicht hat Adrian von Hewel etwas erfahren. Ich würde Adrian die Lage so darstellen, wie Hercher mir gesagt hat: Meine Verteidigung ist gut, und vor jedem normalen Gericht würde ich damit durchkommen, aber F. werde sich die Verteidigung einfach nicht anhören oder sie anhören und vorgeben, sie nicht zu verstehen; daher wäre eben das wichtigste, Freisler darum zu bitten, mich sachlich und gründlich anzuhören. Das ist ja mit dem Gnadengesuch teils verquickt, teils davon unabhängig, weil es eben schon eine Gnade ist, wenn man vom V. G. H. überhaupt angehört wird. – Haus ist in den Dingen sicher ein guter Berater; lass nur möglichst Oxé und auf alle Fälle Pfuel draußen. Weiter ist bei Haus wichtig, dass er sicherstellt, dass etwaige Anfragen an Bü., mit denen ich allerdings nicht rechne, nicht ohne ihn beantwortet werden. Du kannst ihm, Haus, ja jetzt allerhand sagen, denn Du kannst es ja von Hercher haben. – Wichtig ist schließlich, dass Hercher die anderen Anwälte genau über meine Verteidigungslinie unterrichtet Am besten wäre es, er gäbe ihnen meinen Schriftsatz vom 12.11. und den Entwurf des neuen Schriftsatzes zu lesen, und am besten wäre es wiederum, die Anwälte gäben das ihren Klienten zu lesen. So könnte man eine ganz einheitliche Verteidigungslinie bekommen. Da ich aber schon nicht glaube, dass Hercher meine Schriftsätze wird abschreiben lassen, so fürchte ich, müssen wir uns mit dem Kassiber-Unwesen[1] zufrieden geben. – Mein Herz, welch' eine Aufgabe für Dich. Lass Dich nur nicht von Deinem Wirt oder gar von eigener Unruhe hetzen. Was geht, das geht, was nicht geht, dass will eben der liebe Gott nicht. Lass doch die Bressalina was abschreiben, und wenn Du zu schreiben hast, kannst Du ihr ja auch diktieren. Tu jedenfalls alles, was zu Deiner Erleichterung möglich ist. – Hercher hat mir übrigens beim zweiten Mal noch besser gefallen. Er hat eine nüchterne, praktische Ader und bemüht sich, alles zu vereinfachen und herauszufinden, auf welche Dinge sich im Tatsächlichen die Verhandlung voraussichtlich festbeißen wird. Das ist mir sehr nützlich.

Gute Nacht, mein liebes Herz, ich les jetzt noch ein wenig. Der Brief geht ja erst übermorgen weg. Ach ja, was ich an Sachen brauche, kann ich gleich noch schreiben: 2 Hemden, Pyjama, Handtuch, lange Unterhosen, 1 Paar dicke, 1 Paar dünne Socken; Schreibblock, Butter, Honig, Zucker. Wurst und Speck habe ich noch. – Noch etwas, hat Dir P. erzählt, dass mir der Gedanke gekommen ist, meine blödsinnigen Aussagen[2] seien durch Pervitin (?)[3] hervorgerufen? Die haben mich nämlich nach der zweiten schlaflosen Nacht um 10 wieder geholt und haben mich dann bis 2 sitzen lassen, weil der Regierungsrat nicht zurück sei. Dann kamen sie mit dem Vorschlag, ob ich nicht etwas essen wollte, und dann kam «aus der Kantine» ein großer Teller ganz gute dicke Suppe. In dem kann das Teufelszeug ja gewesen sein; gleich nach dem Essen ging dann die Vernehmung los, und ich erinnere mich wohl des Geltungsdrangs, an dem ich doch sonst nicht leide. Am 28. haben sie das Gleiche noch ein Mal gemacht. – Ich weiß es natürlich nicht, aber das gäbe wenigstens eine rationale Erklärung für mein kaum fassbar törichtes Verhalten. Nur, es kann auch Dummheit plus Gemeinheit sein, wobei die Dummheit überwiegt. – Schließlich habe ich heute eine lange Unterhaltung mit Claus gehabt und habe da unsere Legende von der kirchlichen Einstellung als wahre causa angebracht. Und das hat gefunkt, kann ich Dir sagen; Feuer und Flamme war er dafür, denn auch er und dieser und jener seien in ihrem Fortkommen behindert, weil sie in die Kirche gingen und ihre Kinder konfirmieren ließen. Wie ein Sturzbach kam das raus und hat mir gezeigt, dass die Legende richtig ist; sie muss nur mit aller Macht jetzt verbreitet werden. – Der Herr behüte Dich und uns. J.

11.12.44.

Den ganzen Tag über habe ich mich schon auf den Abend gefreut, an dem ich wieder mit meinem Liebsten schwätzen will. Dabei gibt es garnichts zu berichten. Aber ich sehe mein Stundenglas auslaufen und denke: Rede mit ihm, derweil Du noch kannst. – Ich habe heute über Tag ein mittellanges Notizchen über meine Verteidigungslinie gemacht, das ich Dich bitte, wenn das geht, allen 4 in der Lehrter Str. Sitzenden[4] zuzustellen mit der Bitte, etwaige Unstimmigkeiten mitzuteilen. Besonders dankbar wäre ich für eine Mitteilung von Sperr darüber, was er eigentlich gesagt hat. Sperr ist auch noch ein Mal daran zu erinnern, dass er Delp über seine Unterhaltung mit Stauffenberg erst nach dem 20.7. unterrichtet hat. Schließlich bitte ich auch, ein Exemplar dieser meiner Verteidigungslinie auf dünnem Papier herzugeben, damit Eugen und Delp es noch schwarz auf weiß sehen.

Mein Lieber, ist Dir in unserer gestrigen 3-Kapitel-Lektüre Lukas 18,1–7[5] aufgefallen. – Mein Herz, ich weiß jetzt nicht, ob ich Dir nicht eine zu düstere Schilderung im vorigen Brief gegeben habe; vielleicht ist es zu düster gewesen. Es bleibt ein großer Fortschritt gegenüber dem 1. Oktober, indem heute doch wenigstens eine argumentierbare Verteidigungslinie da ist, und zwar nicht Dinge, die das Geschehen in einem milderen Licht erscheinen lassen, sondern schuldaufhebende Argumente. Die Argumente anzubringen ist eine kleine Chance, mit ihnen gehört und völlig verstanden zu werden eine noch kleinere, aber es bleibt bei 1 : 100 und fällt nicht zurück auf 1 : 1000. – So wollen wir auch nicht vergessen, dass Gott uns seine Gnade sichtbarlich in diesen jetzt 2½ Monaten geschenkt hat, dass er uns immer wieder durch neue Zeichen und Wunder, denn das ist vieles davon, bewiesen hat, dass er bei uns ist, uns hält, uns trägt, uns hört. Wir dürfen daraus die Zuversicht schöpfen, dass er auch fürderhin bei uns sein wird, uns halten und hören wird. Ob er unsere Bitte um mein Leben erhören wird, ist aber eine ganz andere Frage. Dies alles soll nur das Gleichgewicht wiederherstellen, das, so schien mir nachträglich, in meinem letzten Briefe vielleicht etwas gelitten hatte.

Mein Herz, ich bin riesig besorgt um Dein Weihnachten, aber ich kann's nicht ändern. Ich sage Dir ganz klar, dass ich finde, dass ich vorgehe, es sei denn, dass feststeht, dass wir nicht mehr vor Weihnachten drankommen. Mir ist Deine Gegenwart in Berlin riesig kostbar, vor allen Dingen bei der Verhandlung und nachher. Ich will dann das Gefühl haben, dass Du mit ungeteiltem Herzen und ungeteilter Aufmerksamkeit mir beistehst. Verstehst Du das? Es gibt aber auch praktische Fragen: Es kann sein, dass vertagt wird und wir dann sehen müssen, wieder Verbindung zu erlangen, es kann sein, dass ich zum Tode verurteilt, aber nicht hingerichtet werde, und es kann dann notwendig sein, noch ein Mal ganz energisch alle Gnadenstrippen zu ziehen, selbst wenn es keinen Zweck hat; es kann sein, dass man dazu Hercher bezirzen muss, um aus ihm Argumente, die sich vielleicht im Termin ergeben haben, herauszubekommen, u.s.w. Ich komme also zu dem Ergebnis, dass, wenn wir vor Weihnachten Termin haben, Du aller Wahrscheinlichkeit Weihnachten nicht nach Hause kannst, es sei denn, ich werde gleich hingerichtet. – Mein Lieber, das ist alles sehr anspruchsvoll, aber ich denke, die Sache ist doch so wichtig, dass ich das sagen darf. Vergällen werde ich Dir Weihnachten in etwas auf alle Fälle, und voriges Jahr haben das die Söhnchen besorgt;[6] Du hast schon eine taktlose Männerschar.

Mein Herz, und bin ich Weihnachten tot, was ja der bisherigen Normal-Praxis entsprechen würde, so ist es ja auch nicht schön, nach Hause zu fahren und Weihnachten zu feiern. Mein armes Herz, das alles bedrückt mich, und ich wäre sehr glücklich, wenn wir es noch bis Neujahr hinausschieben könnten. Strengt Euch jedenfalls an. Ich kann nur immer hoffen, dass wir durch die lange Vorbereitungszeit, die uns der Herr geschenkt hat, nun wahrlich beide so gerüstet sind, dass wir dies alles zu meistern vermögen, mit seiner Gnade. Denke mal, wie alles wäre, wenn ich am 10.9. mit Adam[7] hingerichtet worden wäre, wie ursprünglich vorgesehen war. Die Welt sähe für Dich doch sehr anders aus, und ich wäre auch anders abgeschieden. – Der 31. Psalm, den ich jetzt täglich lese und wohl bald lesen werde, erquickt mich sehr.

Noch etwas ganz anderes ist mir eingefallen. Ich beurteile die Chance, dass Caspar Kreisau behält, nicht schlecht. Wenn ich höre, dass bei Wentzel schon längst die N. S. drinsitzt, dass bei Fugger eine Kommission des S. D. zur Besichtigung des Gutes da war, so will mir doch scheinen, als sei man bereit, uns etwas besser zu behandeln. Aber da wird manches auf die Verhandlung ankommen. Da aber den Antrag nicht Du stellen solltest, sondern die Männer der Familie, ist wohl am richtigsten, nicht Hercher, sondern Dix macht die Sache; aber Hercher muss zugezogen werden, denn es ist ganz klar, dass sich aus der Verhandlung Argumente ergeben werden, die Dix theoretisch nicht kennen kann. Pass nur auf, dass diese ganze Frage mit Würde behandelt wird und nicht etwa eine Schweifwedelei entsteht. Jowo sollte eigentlich darin ganz taktfest sein, aber den anderen Männern traue ich allen nicht. – Wenn bloß die Rentenannie mit Willo und Mami da nicht rumgeistert.[8] Dann müsst Ihr sofort auf Grund gehen und bis auf die Nachkriegszeit verschieben. – Mein Herz, Dein Engel mahnt, ich solle noch etwas lesen. So wünsche ich Dir eine gute Nacht, mein Herz, nach einem sicher langen, anstrengenden und nicht gerade ermutigenden Tage. Lass es Dich nicht anfechten. Pümpele gut und sanft. Der Herr behüte Dich und uns. J.

Richtig, einen Rapport über meine Gesundheit schulde ich Dir noch: Die Kreuzschwäche ist wesentlich besser, das linke Bein im Ganzen unverändert, der darin steckende permanente Schmerz ist vom Knie in die Wade gerutscht und hat etwa das Gefühl eines sehr kleinen Wadenkrampfes. Bei einer allerdings sehr ungeschickten Bewegung heute tat der ganze Ischias-Nerv von der Hüfte bis an den Knöchel – einen Augenblick riesig weh, es gab sich aber sehr schnell, fast so schnell, wie es gekommen war; Spazierengehen heute erstmalig wesentlich leichter. Also insgesamt: Tendenz aufsteigend. – Dafür behauptet Eugen, er werde krank; das wäre sehr unangenehm, denn wir müssen für den Termin auch körperlich kräftig sein.

12. 12. 44.

Guten Morgen, mein Liebster, eben höre ich, dass wir heute in einer Woche Termin haben sollen. Fugger's Anwalt hat es ihm gesagt. Wenn ich nur fest in Gottes Hand bleibe und Du auch, so wird dieser Tag gewiss ein Tag Gottes sein wie jeder andere auch, ohne Schrecken. Der Herr war gnädig mit mir, als Fugger es mir eben sagte, und ich habe mich garnicht darüber erschreckt. Wenn ich nur bei ihm bleiben darf, aber darauf traue ich. Was auch jener Tag für uns bringen mag, mein Herz, unsere Liebe kann er nicht antasten, sondern sie wird auch aller Ereignisse jenes Tages Herr bleiben. Leb wohl, mein Herz. J.

1 «Kassiber-Unwesen». Siehe Einleitung, S. 18. *2* Vermutlich bezieht sich Helmuth auf seine Verhöre im August 1944 in Drögen oder in der letzten Septemberwoche im Gestapo-Gefängnis Lehrter Straße, siehe seinen Brief vom 1. Oktober 1944, S. 45 f. *3* Psychopharmakon aus der stimulierenden Substanz Methamphetamin. *4* Gemeint sind Theodor Haubach, Franz Reisert, Franz Sperr und Theodor Steltzer. *5* Gleichnis von der bittenden Witwe und dem ungerechten Richter, Ermunterung zum Bitten, welches Gott erhören wird. *6* Durch ihre Erkrankung. *7* Adam von Trott zu Solz. *8* Siehe Helmuths Brief vom 15./16. November 1944, S. 203.

Freya an Helmuth James, 11. Dezember 1944[1]

Montag Nachmittag

Mein Lieber, der große Block liegt bei den Freunden und da er Mittwoch zu Dir wandern soll, werde ich so wie so nicht mehr auf ihm schreiben. Ich muss mir in Kreisau noch einen holen, müsste, mein Herz, denn ich fürchte, die langen Briefe, die ich so gerne schreibe, sind gezählt. Ganz sicher scheint es nicht zu sein, dass sie noch vor Weihnachten mit Euch fertig werden. Sie möchten gerne, aber ob sie mit ihrem Programm nächste Woche fertig werden, ist wohl noch nicht ganz gewiss. Diese Woche wird es wohl mit Sicherheit nicht mehr sein. Soviel Anstand traue ich Herrn Thiele zu: Nachdem Hercher mir nämlich heute Mittag sagte, Thiele wisse den Termin noch nicht, bin ich zum V. G. H. gefahren, nachdem ich meinen Antrag auf Sprecherlaubnis geschrieben hatte. Ich habe Thiele gesagt, Hercher hätte mir berichtet, es wäre noch vor Weihnachten, und da bäte ich noch einmal um Sprecherlaubnis. Da sagte Thiele, aller Voraussicht nach würde es nächste Woche sein. «Soll ich da meinen Antrag gleich da lassen»? «Nein, kommen Sie Freitag od. Sonnabend. Dann werde ich Ihnen noch einmal Sprecherlaubnis bei Ihrem Mann geben». Da Herr Thiele wirklich in seiner Art ein freundlicher

Mann ist, so wird er mich bestimmt nicht betrügen wollen. Morgen müssen wir nun Brigitte losschicken. (Ist schon heute da gewesen. War nichts zu machen) Ich glaube nicht sehr an ihre Durchschlagskraft. Ich glaube eher, dass sie nicht fertig werden könnten, aber sie werden sich sicherlich bemühen, Euch im alten Jahr noch zu erledigen. Außerdem ist letzten Endes Freisler der Entscheidende. Es ist schon eine besonders anstrengende Woche, die vor Weihnachten. Wie wird das alles gehen, mein Jäm! Dieses ist kein Verzweiflungssatz, es ist nur ein Seufzer. Es wird alles schon irgendwie gehen. Wir müssen uns beide tragen lassen und in das schicken, was Gott uns auferlegt hat. Es liegt ein gewisses Glück, eine Möglichkeit der Entspannung in der teueren Gewissheit, dass wir ganz vereint, ganz untrennbar in Gottes Hut sind. So sehe ich Kummer, Schmerz, Leid und einen schweren Weg für Dich vor mir, aber keine Verzweifelung, und bis zum Schluss bleibt mir der Glaube, dass Gott Dich am Leben zu halten vermag, sicher. Mein Jäm, wieviel reicher lässt Du mich zurück, wenn Du sterben musst, wie vor 3 Monaten. Wir hatten ein reiches, glückliches, harmonisches, gesegnetes, nie getrübtes gemeinsames Leben hinter uns und erkannten es voll Dankbarkeit und Glück, wir waren reich im Anblick der Vergangenheit, aber, mein geliebtes Herz, jetzt sind wir reich im Hinblick auf die Zukunft. Wir beide sind vollkommen durchdrungen von der Gewissheit, dass wir nicht nur für dieses Leben zusammen gehören, dass unsere Liebe stärker ist als der Tod, dass ich Dir genau so zugehörig bleiben darf, kann, werde, auch wenn Du von mir gehst, dass die Trennung nur in der Materie, nicht im Geist liegen wird, dass Du mich und ich Dich in Gott immer finden kann. Ach, mein geliebtes Herz, möge Gott uns beide in dieser Gewissheit erhalten, möge er mir erlauben, Dich auf Deinem Wege ganz nah zu begleiten und Dich, mein geliebtes Herz, weiter ganz nah und fest in mir zu tragen, wenn Du gehen musst. Ja, wir wollen bereit sein dafür, bereit sein für das, was uns zugedacht ist. Das ist alles, was Gott von uns verlangt. Mein Lieber, ich verstand sofort den Ton des Briefes, den P. mir gestern brachte.[2] Er ist die beste Stimmung für das, was vor Dir liegt. Ich fühle es gleich. Sie ist ernst und traurig und geborgen und das ist die einzig wirklich gute Stimmung und die, in der wir uns und ihm am allernächsten sind. – Das alles, mein Geliebter, kommt so aus mir heraus geflossen. Ich hatte eigentlich noch Sachliches schreiben wollen und konnte dann nicht an mich halten. Da ich bald zu den Freunden gehe und dort schlafen werde, kann ich aber noch viel an diesem Brief schreiben. Peters kommt hoffentlich Mittwoch früh nach Berlin; er ist jetzt in Hamburg. Ich habe unter Wendland aus Kreisau angerufen und werde morgen ein Briefchen abgeben. Hoffentlich schickst Du mir morgen das, was ich für Steltzer und Haubach in der

Lehrter Str. brauche, sonst muss ich es selbst machen, das ist dann sicher nicht so gut, aber es ginge auch. An H. kann man täglich schicken, an St. nur Montag und Donnerstag, und seine gute alte Freundin[3] ist noch ungeübt in solchen Sachen. – Adrian hatte mir eben noch keinen Termin im Büro hinterlassen, den bekomme ich aber morgen sicher. – Hercher kann ich erst nach dem Wäschetausch abmachen. – Jetzt esse ich und dann gehe ich; es ist 6.20. – Leider ist es nicht ganz so ideal hier, wie ich dachte, denn ich fand Brigittchen vor und werde mich also wohl wieder zurück nach Lichterfelde-Ost bewegen müssen. Wie dem auch sei, ich habe mich jedenfalls in das kleine Zimmer zurückgezogen und will in Frieden diesen Brief zu Ende schreiben. Es war vielleicht ganz gut, dass der Zug am Sonnabend nicht fuhr, denn Sonntag früh begann der labile Zustand. Da wäre das Kreisauer Unternehmen arg anstrengend gewesen, während ich hier einen sehr stillen Tag hatte. Nun muss ich mich noch 2–3 Tage ohne Haut fühlen, ohne Schale und sehr angegriffen, dann ist es wieder überstanden. Es ist schon besser, es kommt beizeiten. Erst ging ich noch mit den beiden Haralds in Deiner Nähe spazieren. Es war ein richtiger Sonntags-Spaziergang, ganz dem kl. H. gewidmet; ich kuckte, wenn ich konnte, auf das nahe Gebäude, in dem mein Herz sich befand, und betrachtete den an sich schönen Wald und freute mich an den beiden netten Männern, aber ich fror und fühlte mich nicht allzu wohl. Die arme Dorothee saß mit Grippegefühlen hier, kochte aber ein schönes Sonntagsessen, was wir dann hier vorfanden. Ich durfte spülen und ging dann ab, das Ehepaar hier im Sonntagsfrieden lassend. Wenn ich so etwas sehe, bin ich nicht einmal wehmütig, weil ich ja noch so reich bin und war. Ich weiß aber, wie kostbar und wie schön so etwas ist. Ich wurde sehr gefragt, wiederzukommen, obwohl ich sie alleine bleiben lassen wollte. Sie haben immer so viele, viele Menschen, und wenn ich auch von uns das Gefühl habe, dass wir ganz dazu gehören und sie sich an uns freuen und uns gerne besitzen, so weiß ich von mir zu gut, wie gerne ich alleine mit Dir bin. Trotzdem ging ich in der Absicht, wiederzukommen. Daraus wurde aber nichts, denn ich wollte mit Faulbrück (Randnotiz: alles sehr friedlich. C.chen diskutierte die Frage mit mir, ob er Rita, Dietel, Grete mit ins Schloss zum Singen nehmen könne.) 14 und mit Wannsee 123 telefonieren und das 2. kam erst nach 7. Außerdem freute sich C.D. so sichtlich, dass ich kam und er nicht alleine bleiben musste, hatte so sehr das Bedürfnis, sich zu unterhalten, dass ich blieb. Ich lag auf der Couch und hatte es friedlich, stopfte mal wieder Strümpfe, und nachher hörten wir ein schönes Haydn-Konzert, was ich eigentlich schon wieder bei P.s hatte genießen wollen. C.D. war sehr aufgeschlossen und voller Fragen an die Zukunft für die, die übrig bleiben. Ja, was soll man da sagen! Er war nett und normal. Er meint es überhaupt sehr gut, aber er ist doch nur eine halbe Portion. Dass ich heute früh erst mal bei Peters anrief und nicht, wie ich ursprünglich vorhatte, gleich in seine Wohnung fuhr, bewährte sich durchaus, und so blieb ich überhaupt zu Hause bis Mittag, las unseren Lukas und unsere Losung, die ich jetzt auch habe. Ich meinte die so sehr schönen Losungen der Brüdergemeinde, die, dachte ich, hätte P. Dir gegeben. In denen hatte ja auch am 29. das Weizenkorn gestanden.[4] Mein liebes Herz, eindeutig bezieht sich das Weizenkorn aber nicht auf den fleischlichen Tod. Wahrscheinlich bist Du auch der Meinung; Du bezogst es auf ihn, als Du von Deiner Widerspenstigkeit sprachst, aber wohl nicht nur auf ihn. Das ist ja gerade so schön an dem Spruch, dass er alles offen lässt, aber die Hingabe fordert.

Ja, mein Herz, wir werden uns also diese Woche noch einmal sehen und sprechen können. Das ist eine wunderschöne und liebe und kostbare Aussicht, mein Liebster. So wie ich jetzt gerade hier sitze, würden mich aber alle Kräfte verlassen und ich würde meine Tränenbäche fließen lassen. Das geht aber nicht, denn das ist nicht schön für Dich und mit Gottes Hilfe wird es auch anders kommen, ich will es ihm lieber überlassen, wie es gehen wird, denn es ist an sich unser beider Herzenswunsch. –

Mein Jäm, Dein «Moll»-Briefchen ist schön; ich besitze es gerne. Ja, bei mir sind die rosa Wölkchen auch weg. Auch mir geht es im Fundament gut und sicher und ich bin Dir so nah, so nah, mein Herz. Ich verstehe so gut, dass Du mir das immer wieder sagen willst, was uns hält und bindet. Ich kann es auch gar nicht genug hören und bin immer wieder dankbar und glücklich über jedes Wort, das Du mir sagst. Ja, wir dürfen viel erwarten, ja uns ist unbeschreiblich viel geschenkt, und daraus schöpfe ich auch das feste Vertrauen, dass er Dich nicht verlassen wird und dass er mir helfen wird, zu wachen und zu beten mit Dir, mein Geliebter. Verliere nicht die Ruhe und den Mut, mein Jäm, fühl Dich nur ganz in seinem Schoß, lass Dich aus seiner Hand nicht fallen, mein Geliebter. Er lässt Dich ganz bestimmt nicht fallen. Es wird doch genau so gehen, wie er will. Ergib Dich in seinen Willen. Alles das wünsche ich auch alles für mich.

So, mein Jäm, langsam muss ich aufhören. Die Freunde wollen mich gerne hier behalten, aber Brigitte ist genau so arm wie ich und ich darf sie nicht im Stich lassen. Ich möchte 1000 × lieber hier bleiben, aber das arme Mädchen findet es auch nicht schöner als ich, dass nächste Woche wahrscheinlich die schöne Zeit zu Ende sein wird, und es ist ausgeschlossen, dass sie hier weggeht in dem Gefühl, dass ich geborgen hier sitze und sie alleine in die schwarze Nacht muss. Siehst Du, jetzt habe ich mir Mut zugesprochen und mit Erfolg. Das ist ein deutlicher Fall von geforderter

Nächstenliebe, der Levit[5] ist nicht weit von mir, wenn ich da bleibe. Also gehe ich und finde Dich genau so von Lichterfelde aus wie von hier, und in Gottes Reich werde ich Dich auch finden. Wer weiß, ob Du wirklich so bald dahin verschwinden musst. Wer weiß, was Gott mit uns vorhat! So muss es vor allem bei unserem lieben Spruch bleiben: «Leben wir, so leben wir dem Herrn, sterben wir, so sterben wir dem Herrn; darum wir leben oder sterben, sind wir des Herrn» – mein Jäm, aber trennen will er uns nicht:

Ich bin und bleibe immer Dein P.

1 Nur in Kopie erhaltener Brief. Das später eingefügte Datum 18. 12. 44 ist unwahrscheinlich. *2* Siehe Helmuths Brief vom 9./10. Dezember 1944, S. 302. *3* Frau Graf. *4* Siehe Helmuths Brief vom 29./30. November 1944, S. 262, Anm. 2. *5* Eine Anspielung auf das Gleichnis vom Barmherzigen Samariter, Lukas 10,32.

Helmuth James an Freya, 12. Dezember 1944

Tegel, 12. 12. 44.

Mein Lieber, sehr glücklich bin ich über Dein Briefchen, das mich, wie alle Worte von Dir, stärkt und tröstet; ich bin aber garnicht trostbedürftig. Ich meine, Du wirst es schon richtig verstehen. Weißt Du, wenn ich die Sprüche und Bibelstellen bedenke, die mich durch meine Haft begleitet haben, so sind sie immer ganz ohne Beziehung auf den irdischen Ablauf gewesen. Am Abend meiner Verhaftung schlug ich Jeremia 11,18 und Jona 1,9 auf. So ablehnend gegen jede Neugier ist die Heilige Schrift immer gewesen. Nun soll am Dienstag Termin sein, und weißt Du, was für Bibelstellen bei meiner laufenden Lektüre dran sind: bei uns beiden Johannes 18–21, in dem Jahresplan Jesaja 54,7–10, in meinem Alten Testament vorderster Teil 4. Mose 22–24, im mittleren A. T. Psalm 109–114, im hinteren A. T. Jeremia 19–21. Ich werde ja die alttestamentlichen Stellen nicht lesen können, so musst Du es für mich tun.

Mein Lieber, konkret sind 3 Sachen zu tun, so will mir scheinen: Adrian, Peters und meine Verteidigungslinie. Hercher sage doch bitte folgendes: *1.* ich müsste das eine Exemplar wiederhaben – das schrieb ich Dir ja schon –*2.* ich bäte ihn, sich noch ein Mal soviel Zeit zu nehmen, dass wir die Anklageschrift Satz für Satz durchsprechen könnten, weil so viel Falsches drin stünde. – Lass die Bressalina schreiben und die Sache bei Dir abholen. Du hast morgen so viel vor. (Randnotiz: Und Haus! Hast Du mit ihm schon gesprochen: *a.* Gnadengesuch; *b.* falls Anfrage kommt; *c.* Anwesenheit im Termin; *d.* Himmelfahrtskommando für mich.)

Das große Glück, dass Du eine neue Sprecherlaubnis bekommen sollst, will ich noch nicht vorweg konsumieren und zittere davor, ob es klappen wird. Wenn Du schon Freitag kommen könntest, wäre es sicher besser als Samstag, weil es dem Vorsteher sicher Samstag miserabel passt und weil immerhin möglich ist, dass wir schon Samstag wegkommen. Normalerweise würden wir, wenn Dienstag Termin ist, Montag Mittag abgeholt werden.

Noch etwas Technisches: Ich will meine Decke, schmutzige Wäsche, Deinen Schal hier lassen, wenn ich wegkomme. Mit Claus habe ich schon gesprochen, der will es entgegennehmen und Gissel geben. Nun sprich mal mit Gissel morgen darüber, dass er es verwahren soll, bis Du es holst. Wir könnten es auch so machen, dass, wenn wir den Termin definitiv wissen, Du es am Tage vorher vormittags abholst. Dann bin ich gerade noch da. Das ist eigentlich schöner, als wenn Du dann in das leere Haus noch ein Mal kommen musst. Ja, machen wir es doch so: Wenn es beim Termin am Dienstag bleibt, dann kommst Du Montag vormittags zum abholen. Bin ich schon weg, dann habe ich es hinterlassen, bin ich noch da, können wir ein Grüßchen tauschen.

Mein Herz, ich bitte Dich also, nicht nach Kreisau zu fahren. Die müssen sehen, wie sie zu Rande kommen. Du sollst die Weihnachtswoche ausgeruht beginnen, und mir ist Deine Nähe sehr kostbar; außerdem geht es schon wegen der Sprecherlaubnis nicht. Und dann bitte bleibe in Berlin, bis ich tot bin oder bis klar ist, dass es sich noch längere Zeit hinziehen wird, ohne dass Du etwas tun kannst. Aber wenn es sich hinzieht, ist immerhin möglich, dass ich wieder hierher zurück komme. Wird der Termin vertagt oder werde ich nicht zum Tode verurteilt, so fahre selbstverständlich.

Noch ein Nachtrag zu oben: Hast Du Peters die Sache auch dringlich genug gemacht. Du musst mal sehen, wie Du erreichen kannst, dass Du ihn nicht verpasst, denn er kommt meist nur auf einen Sprung in die Wohnung, und er kommt sicher im Laufe der Woche nicht noch ein Mal nach Berlin, oder höchstens noch ein Mal. Ich würde Peters eventuell in Hamburg anrufen. Warum unter Wendland und nicht unter Moltke? Auskünfte aus seinem Haus sind nie sehr zuverlässig.

Mein Herz, heute Abend schreibe ich Dir in Frieden. Dank für Karte und Betr.-Liste. Ich, mein Herz, bin zur Zeit ganz in Frieden und hoffe, dass das so bleibt. Ich bitte um seine Gnade, und ich fühle ganz sicher, dass ich den Ausgang des Termins nicht wirklich weiß. Ich ergebe mich ihm, er schützt uns. J.

(Randnotiz: Kannst Du vielleicht feststellen, wieviele Wehrkreise[1] wir haben.)

(Zusatz: Beschwichtige Ulla, die ich um ihre Hilfe bitte und der ich danke.)

1 Siehe Freyas Brief vom 21. Dezember 1944, S. 371.

Helmuth James an Freya, 12./13. Dezember 1944

Tegel, den 12. 12. 44.

Mein Lieber, heute hatte ich allerhand zu tun und so war ich mit dem Lesen nicht so vorangekommen; drum habe ich nach dem Abendbrot noch viel gelesen, und so ist es jetzt spät und ich bin müde. Ich will daher nur noch ganz wenig mit meinem Pim reden. Und das tue ich auf dem neuen Block, den ich ja jetzt kaum gebrauchen werde; ich behalte ihn aber trotzdem, denn auf meinem alten sind nur noch 3 Blatt, und wenn die Henkersknechte einen meiner schönen Blocks nehmen, ist es schließlich auch nicht so schlimm.

Aller Wahrscheinlichkeit nach, d. h. nach rein menschlicher Rechnung, bin ich heute in einer Woche um diese Zeit schon tot. Ich habe heute an meinen alten Abschiedsbrief an Dich[1] gedacht und mir überlegt, dass ich Dir eigentlich einen neuen schreiben müsste und dass ich es jetzt eigentlich nicht könnte. Mir ist im Augenblick so wenig nach Abschied zu Mute; es ist nur eben so, als wäre das, was ich mit meinem menschlichen Verstand als den entschiedensten Abschied ansehen müsste, eben kein Abschied. Gebe Gott, dass diese Gewissheit Dir und mir fest und unverbrüchlich erhalten bleibt; wenn er uns diese Sicherheit erhält, so hat er uns das größte Geschenk gegeben, was er uns überhaupt zu geben vermag. Wenn er mir nun noch die kreatürliche Angst vorm Sterben nähme, dann würde ich ganz fröhlich nach Plötzensee ziehen in dem Bewusstsein, dass er mich ruft und ich ihn sehe, in ihm leben, in ihm auch Dich weiter lieben und finden werde. Das ist meine Sehnsucht, so sterben zu dürfen, wenn es so beschlossen ist, und ich zittere und zage, ob er mir das schenken wird; denn ich kann ja nichts dazutun, ich kann nur hoffen, beten und glauben, dass er mich halten wird. – Neben diesem Gefühl ist ganz stark das Bewusstsein, dass er mich retten wird, wenn er will, und ich bin froh, dass auch das im Augenblick nicht in jener Spannung zu dem anderen Gefühl und zu den rationellen Erwägungen steht, in der es zeitweilig war. Wenn er mir auch dieses Gefühl nur erhalten wollte. Du siehst, ich habe noch um Vieles zu bitten, dabei ist merkwürdig, dass es mir seit einer Woche etwa garkeine Anstrengung macht, um mein Leben zu bitten, wie es der König Hiskia[2] tat, während ich das früher immer als anmaßend empfunden habe. Jedenfalls stehen über meiner jetzigen Verfassung 2 Sätze: «Wachet und betet» und «Sei nicht stolz, sondern fürchte Dich.» Der 31. Psalm ist mir im Augenblick ein ständiger Gefährte meines Tages geworden, und ich lese ihn sicher 2 oder 3 Mal täglich.

Mein Lieber, mir ist mal wieder etwas Praktisches eingefallen: Es ist ja möglich, dass die Hyänen,[3] die den Raub plündern wollen, eher in Kreisau aufkreuzen als Du; denn Du kannst doch hier noch aufgehalten werden. Du musst Asta und Zeumer für diesen Tag klar instruieren, dass das Berghaus mir nicht gehört und dass die Sachen im Berghaus mir auch nicht gehören, dass die Leute da also nichts zu suchen haben. Asta muss nach meinem Urteil in Kreisau bleiben, bis Du kommst, denn Ulla kann das Haus nicht allein verteidigen. Sie muss eben für die Zeit auf ihren Wend verzichten. Haben die nämlich dort erst ein Mal die Speisekammer ausgeräumt und das restliche Haus umzingelt, dann ist es schwer, etwas zu machen. Asta muss sich dem stellen und sagen: «mein Miteigentum, mein Miteigentum»,[4] und Z. muss sie darin unterstützen.

Gute Nacht, mein Herz, ich will jetzt pümpeln. Morgen kommst Du ja Wäsche tauschen, und von morgen an wirst Du auch wieder ganz kräftig sein. Wie gut, dass Du nicht mit optimistischer Version in Kreisau warst und dann müde, abgehetzt und geschwächt in diese Moll-Stimmung gerietest. Schlafe gut, mein Lieber. J.

13. 12. 44.

Denke Dir, mein Lieber, eben kommt P., der wider Erwarten herkam. Ich hatte riesige Lust, Dir zu schreiben, sah den Engel an, der vor mir stand, und der sagte: Nein, denn sonst verdirbst Du Dir den Abend, an dem es sich so viel besser schreibt. Und da kam P. – Mein Herz, die Hauptsensation ist, dass wir anscheinend nicht 19. oder 20. Termin haben, sondern 19. und 20. Sollte sich das bewahrheiten, was ich kaum zu hoffen wage, so bietet das eine Chance, denn es heißt, dass Freisler uns anhören wird. Wenn das wahr ist, dann ist das wohl ein Erfolg meines Schriftsatzes. Ich bin aber glücklich, dass mich solche Nachrichten aber nicht nach oben[5] in Bewegung setzen; wenn ich nur immer so klar vor Augen halten kann: «Meine Zeit steht in Deinen Händen». Verstand und Glaube sagen es mir, und doch ist es garnicht leicht, es immer zu wissen. Die Kreatur, die wir eben auch sind, ist schon etwas Verächtliches.

Mein Herz, Dein «Wäschetausch» war ja herrlich heute. Der Fußsack wärmt mich ganz köstlich, die Schokoladenbonbons sind einfach himmlisch, hoffentlich hast Du auch welche gegessen, und das Kärtchen sehr lieb. Ich bin jetzt mit allem für den voraussichtlichen Rest meines Lebens versorgt. Bring mir am Montag nichts mehr mit, auch keinen Kaffee, denn ich muss die Nacht von Montag auf Dienstag gut schlafen. Wäsche brauche ich auch nicht mehr, auch keine langen Unterhosen.

Nun komme ich noch ein Mal zu Weihnachten unter der Unterstellung, dass der Termin bleibt. Es kann drei Entscheidungen geben: Todesurteil, kein Todesurteil, Vertagung. Du fährst ab, wenn Vertagung, kein Todesurteil oder vollstrecktes Todesurteil. Das ist ganz klar. Das Problem erhebt sich nur, falls ein Todesurteil herauskommt, das vor Weihnachten nicht mehr vollstreckt wird. In diesem Fall solltest Du, meine ich, am 23. mittags nach Hause fahren und am 27. wieder hier sein. Während dieser Tage ist ja doch nichts zu machen, weil niemand da ist, und wenn ich Dich bei Deinen, nein unseren Söhnchen weiß, bist Du mir genauso nah wie hier: Auf die 360 km kann es wahrlich nicht ankommen, wenn wir entschlossen sind, uns auch durch den Tod nicht trennen zu lassen. Für die Tage vom 21.–23. mittags und vom 27.–X gilt aber zweierlei: *1.* meine ich, dass, nachdem wir uns auf die Linie geeinigt haben, alles zu tun, was möglich ist, sollte das auch nach einem Todesurteil geschehen, sei es über Haus–Bü–Keitel, oder Peters (Jowo, C. V.)–Freisler, oder Adrian–Hewel, oder Adrian–Kaltenbrunner, oder Du direkt zu Müller, oder sonst ein Weg, der Dir, P., Dix, Hercher oder wem sonst noch einfallen kann. *2.* habe ich das Bedürfnis, so wahnsinnig unbescheiden bin ich, in den Tagen, in denen ich auf meine Hinrichtung warte, das Gefühl zu haben, dass Du Dich ausschließlich mit mir beschäftigst und nicht im Alltag verschwindest; bist Du zu Hause, dann kommt der Alltag ganz zwangsläufig. Mein Herz, es ist sehr viel, was ich von Dir verlange, denn ich spanne Dich auf die Folter und raube Dir die Entspannung, die Kreisau für Dich bedeutet. Ich bitte Dich aber darum. Zieht sich dieser Schwebezustand, ohne Entscheidung und ohne dass ich irgendwo wieder auftauche, längere Zeit, also etwa über den 6. Januar hin, und ist klar, dass Du doch nichts mehr tun kannst, sondern er Dich nur noch foltert, so fahre nach Hause.

Wenn ich am 21. noch nicht hingerichtet bin, so sieh doch zu, am 22. zu mir durchzudringen. Dann brauche ich wieder etwas Wäsche und etwas Essen. Das wird Dir schon gelingen, auch in der P. A. – Über meine Hinrichtung müsst Ihr einen Nachrichtendienst organisieren, damit Du es jedenfalls sofort erfährst. Ich möchte annehmen, dass, wenn ich im S. D.-Gewahrsam bleibe, Neuhaus oder Lange, jedenfalls aber Müller für mich zuständig ist. Werde ich von der Justiz verwahrt, so komme ich wahrscheinlich nach Tegel, jedenfalls aber werde ich nicht lange verborgen bleiben. – Werde ich also noch verwahrt, so versuche ich, Schreiberlaubnis zu bekommen, und Du versuchst, Wäsche zu tauschen – immer nur wenig.

Mein liebes Herz, es sind sehr große und sehr unangenehme Ansprüche, die ich an Dich stelle. Hoffentlich ist das wenigstens klar, was ich will, oder vielmehr, um was ich Dich bitte.

Noch etwas Sachliches: Wenn Du zu Hercher gehst, falls Du nicht schon da warst, so ist eben meine Hauptbitte, dass er noch ein Mal mit reichlich Zeit kommt, weil ich die ganze Anklageschrift mit ihm durchgehen will. Das zweite, was mir wichtig erscheint, ist, dass er als der leitende Anwalt die Initiative ergreift, um sich mit den anderen Verteidigern zu verständigen und sie vor allem über meine Verteidigungslinie zu unterrichten und festzustellen, wo da mit ihren Mandanten Schwierigkeiten bestehen. Ich vergaß neulich, diese Sache mit ihm zu erörtern. Schließlich liegt mir sehr viel daran, sicher zu sein, dass mein Schriftsatz vom 12. 11. bei den Akten ist.

Claus war sehr glücklich über den Speck. Ich sagte ihm, er hätte ein Weihnachtspaket bekommen sollen, aber da ich nun weg wäre und meine Frau keine Lust hätte, nach meinem Abgang noch herzukommen, käme eben etwas so formlos. Claus hat richtige Angst um uns. Er war über unseren Termin noch aufgeregter als wir und ganz bleich. «Es würde mir das ganze Weihnachten verderben, wenn Sie nicht durchkämen». Außerdem ist er ganz unglücklich, dass er voraussichtlich nächste Woche die Abteilung nicht hat, weil er Nachtdienst machen muss, und uns deswegen am Mittag nicht verabschieden kann.

Ich erinnere nochmals an die Notwendigkeit der rechtzeitigen Propaganda[6] in Kreisau und Schweidnitz; ich sagte es schon P., aber erinnere ihn noch ein Mal dran. Denn Weihnachten, wenn alles zu Hause ist, muss das in Stadt und Land rum sein, damit wir den Vorsprung gewinnen, vor allem, wenn ich dann tot bin.

Mein liebes Herz, wenn mich der liebe Gott so in seiner Hand behält, wie er es gestern und heute tat – d. h. er tut es immer, aber er lässt es mich nicht immer spüren –, dann brauchst Du um mich garkeine Sorge zu haben, dann kann ich wirklich sagen: «Der Herr ist mit mir; darum fürchte ich mich nicht; was können mir Menschen tun!» (Psalm 118). Ich bin voller Dankbarkeit, denn er ist sehr gnädig mit mir. Mitten in irgendeiner Beschäftigung kann ich plötzlich aufhören und ihn um seine Hilfe bitten, und er hört sich das freundlich an. Er sagt mir aber immer wieder eines: Was ich mit Dir vorhabe, das sage ich Dir nicht, «Lass Dir an meiner Gnade genügen». Das tue ich denn auch und bin nicht neugierig.

Zur Zeit zittere ich garnicht vor dem Termin, sondern bin eigentlich froh, dass es nun durchgestanden ist. Ich glaube, eine Hinausschiebung wäre mir jetzt eher unangenehm, wenn ich mich auch in mancher Hinsicht darüber freuen würde. Aber alle früheren Male, wenn ich den Termin um die Ecke zu sehen vermeinte, hatte ich Angst und war immer in der Gefahr einer gewissen Panik, dass dieser oder jener Schritt nur noch rechtzeitig vorher gemacht würde. Das alles fehlt jetzt. Ich kann nur immerzu bitten, dass mir diese Sicherheit erhalten werden möge.

Mein Herz, am Dienstag lesen wir zusammen die Passionsgeschichte aus dem Johannes-Evangelium, aber auch das herrliche 21. Kapitel, welches sagt: Beide sind Jünger: der, der nachfolgt dem Kreuz, und der, der nicht nachzufolgen braucht. Und am Mittwoch lesen wir Himmelfahrt und Pfingsten. Und Du liest für mich am Dienstag die Geschichte, wo Bileam geholt wird, um zu fluchen, und statt dessen segnen muss.[7] – Mein Herz, über dem allen sind wir so sicher, so sichtbarlich, so dauerhaft, so über Tod und Leben hinaus verbunden, dass wir ergeben alles aus seiner Hand entgegennehmen werden und können. Er hat uns in diesen Monaten unbeschreiblich gesegnet, darum sind wir froh, was immer das äußere Schicksal bringen mag. Ich bin in garkeiner Märtyrer-Stimmung, nicht die Spur, aber ich verstehe jetzt, dass es garnicht so unerhört war, dass die frühen christlichen Märtyrer singend sich von wilden Tieren zerreißen ließen. Es ist im Grunde viel leichter, sich singend in so etwas zu schicken, als zu murren. Nur, ob man singt oder murrt, das vermag man selbst nicht zu fabrizieren, sondern das ist eben ein Akt der Gnade. Das aber ist für Menschen, die nicht in ähnliche Lage kommen oder sie jedenfalls wirklich miterleben, eigentlich nicht zu verstehen.

Was werden nur die Söhnchen eines Tages zu diesen Dingen sagen? Werden sie solche Probleme verstehen? Werden sie aus unseren Anstrengungen etwas lernen, etwas ja auf alle Fälle, denn Du wirst sie doch nach der Erfahrung dieser drei Monate anders erziehen, als es ohne diese drei Monate gewesen wäre. Das ist ganz sicher. Wenn sie nur verstehen lernen, was dahintersteckt. Ich denke manchmal, ob unsere Söhnchen eines Tages diese Briefe lesen werden und sie verstehen? Weißt Du, was uns vor allem noch fehlt: das Bewusstsein, einer sichtbaren Kirche anzugehören. Wir sind in diesen Dingen doch noch zu individualistisch. Vielleicht kommt auch das noch, und wenn es kommt, wird eben auch die Institution der Kirche wieder blühen.

Es fällt mir noch etwas ein. Ich würde in die P. A. gerne Honig mitnehmen, darf aber in die P. A. kein Glas und kein Metall nehmen. Kannst Du vielleicht eine Marmeladendose aus Papier-Maché (schreibt man das so?) auftreiben? Auch ist bis dahin meine Einreibe zu Ende, und ich bitte

Dich, mir noch eine Flasche zu beschaffen. Ich gieße es dann hier in Gefängnis-Behältnisse um und hoffe, dass die P. A. mir die dann gestattet. Immerhin ist möglich, dass ich am Dienstag Abend vom langen Stehen rasende Schmerzen habe und am Mittwoch wieder auf Draht sein muss. Denn dass ich den Hauptteil bestreiten muss, ist ganz klar: Stehe ich durch, so ist die Schlacht für die anderen halb gewonnen, selbst wenn sie mich umbringen, lasse ich mich kleinkriegen, ist sie für die anderen ganz verloren und C. D., Einsiedel und Husen etc. sind gefährdet.

Mein Herz, ich höre auf, denn ich kann nur immer wieder das Gleiche sagen. Der Herr behüte Dich und uns, oder wie es seit tausenden von Jahren heißt: «Der Herr segne dich und behüte dich; Der Herr lasse sein Angesicht leuchten über dir und sei dir gnädig; Der Herr erhebe sein Angesicht über dich und gebe dir Frieden» (4. Mose 6,23–26). Hunderte von Malen habe ich diese Formel gehört, ohne sehr viel dabei zu denken; heute ist mir jedes Wort dieser Formel ein Begriff. Und auch seit 2000 Jahren fast sagen die Menschen: «Leben wir, so leben wir dem Herrn, sterben wir, so sterben wir dem Herrn; darum wir leben oder sterben, so sind wir des Herrn». Werden wir noch zu der Größe aufwachsen, dass wir diesen Formeln neue von gleicher ewiger Gültigkeit werden anfügen können? Es dürfte nicht außer unserer Reichweite sein, wenn der Herr uns in seiner Gnade erhält. J.

1 Vermutlich Helmuths Brief vom 1. Oktober 1944. *2* Siehe Helmuths Brief vom 21. November 1944, S. 216. *3* Gemeint sind Vertreter des Sicherheitsdienstes nach Einzug des Vermögens. *4* Das Berghaus hatte Helmuth als gesondertes Vermögen gemeinsam mit seinen Geschwistern geerbt. *5* Gemeint ist die obere Gemütslage, in der er sich leichter Hoffnungen macht. *6* Siehe Helmuths Brief vom 6./7. Dezember 1944, S. 281. *7* 4. Mose, 22–25.

Freya an Helmuth James, 13. Dezember 1944[1]

Berlin, d. 13. Dez. 44

Mein Lieber, guten Morgen! Hier bringe ich Dir Wäsche. 1 Hemd kommt in der Sprechstunde noch mit. Ich stellte zu spät fest, dass nur noch 1 sauberes da war. Auch bekommst Du noch eine dickere Unterhose. Den kleinen Fußsack schenken wir C. D. zu Weihnachten. Ich erstand ihn mal vor ein paar Jahren. Brauche ihn die paar Tage noch.

Heute ¾12 bin ich bei Adrian

Morgen 1 Uhr treffe ich Peters

Die Zweige sind aus Kreisau. Ich habe jedesmal einen Packen mitgebracht, und sie lagen hier noch im Kühlen.

Es geht mir gut. Ich bin gut aufgehoben und ruhig. Ich weiß, wohin ich gehöre und immer gehören werde. Wir haben uns fest bei der Hand, mein liebes, liebes Herz.

Schreib mir auf, was Dein Rücken macht!

Du weißt ja alles sonst!

Der Speck ist für Claus

1 Brief mit Wäschetausch.

Helmuth James an Freya, 13. Dezember 1944

[Auf der Rückseite des voranstehenden Briefes von Freya]

Mein Lieber, es geht mir viel besser und der Seele sehr gut. Ich glaube in ein paar Tagen ganz in Ordnung zu sein.

Hercher bitte, bitte, um eine neue Besprechung mit mir und frage, ob mein Schriftsatz vom 12.11. beim Gericht ist, ferner ob er sich mit den anderen Anwälten abgestimmt hat.

Mein Herz, ganz nah bist Du. Wie schön. Alles Gute für Adrian. J.

[Darunter Notizen von Freya:]

Rückgabe des 2. Schriftsatzes
Delp
Gnadengesuch
andere Anwälte
Besprechung Gnadengesuch

Freya an Helmuth James, 14. Dezember 1944

Donnerstag früh.

Mein liebes Herz, bei den Freunden bin ich und habe herrlich geschlafen. Ich war todmüde gestern Abend. Eigentlich wollte Jowo heute Nacht anrufen, aber ich habe gestreikt. Ich wollte doch abends vor allem hier sein, Brigitte kam nicht, und ich hatte noch nicht an Dich geschrieben, da musste ich bleiben, und bei C.D. haben wir den Hörer abgelegt und das arme Jowöchen betrogen. Er wird ja nächste Nacht wieder versuchen. Ich war so selig, hier abends zu landen, und da fand ich nun auch noch ein neues, ganz unerwartetes Briefchen vor, ein ganz frisches und sehr liebes.

Ich nahm es mit ins Bett, und dort las ich es, denn ich landete erst gegen 9 und um ½10 gingen wir schon ins Bett. Deine Briefe genieße ich unglaublich. Sie sind so schön und wie Gespräche. Es dauert richtig lange, bis sie gelesen sind, und ich finde dann immer wieder noch was Neues. Ja, mein liebes, liebes Herz, wir können uns wirklich keine Abschiedsbriefe mehr schreiben; es ist nicht mehr zu sagen, aber immer wieder das Gleiche, und das können wir wohl auch beide immer wieder hören. Der liebe Gott möge uns nun helfen, das zu leben, was wir erfahren haben. Ohne ihn geht es nicht, aber ich bin voller Zuversicht auf seine Hilfe so wie Du. Wir müssen jetzt den Weg so gehen, wie wir wissen, dass er gegangen sein muss, mit vollkommen offenem und bereitem Herzen uns seiner Führung anvertrauen. Als ich gestern Nachmittag rein physisch so erschlagen war, ging mir ganz deutlich wieder auf, dass das jetzt keine Tage zum Trauern und Kopfhängen sein dürfen, sondern Tage ruhigen Wachseins und voller Bitten und großer Nähe und inniger Verbundenheit und einer Stärke, die uns nur Gott verleihen kann. Um das alles muss ich ihn für uns beide bitten, bitten aber vor allem darum, dass er Dich ganz fest, ganz sicher spüren lässt, wie lieb er Dich hat, dass er Dich zu tragen und zu helfen bereit ist und dass Du das auch deutlich spürst, mein Geliebter.

Mein Herz, was schreibst Du da von Ansprüchen um Weihnachten herum. Das ist ja alles Unsinn. Ich gehöre doch zu Dir. Soweit ich es kann, gehe ich den Weg *mit Dir*, den Du gehen musst. Ich muss beinahe lachen, wenn Du Dich um mein Weihnachten besorgst. Ich bin doch da ganz uninteressant. Das relativ glücklichste Weihnachten feiere ich in Deiner Nähe, aber natürlich sind die Söhnchen zu bedenken, und zu denen muss ich, wenn eben möglich am 24., und zwar nur am 24. Alle anderen Tage sind uninteressant. Nach dem 24. komme ich, wenn der Fall so liegt, dass es richtig ist – und Deine Darstellung der Möglichkeiten ist so richtig –, so schnell wie möglich wieder. Das ist nur eine technische Frage, und die wird sich schon irgendwie lösen lassen. Ich mache mir über alle diese Fragen sehr wenig Gedanken, weil wir ja nicht wissen können, wie die nächste Woche sich entwickelt, und das muss man abwarten. Du sollst nur wieder eines mit vollkommener Gewissheit wissen: Alle meine Gedanken werden nur bei Dir sein, ich werde nur für Dich da sein und möglichst in vollkommener Ruhe und unabgelenkt da sein. Dazu helfe mir Gott. Das ist ja eine der großen Gnaden für mich, dass mir diese Möglichkeit gegeben ist, Dich begleiten zu dürfen. Dazu brauche ich Liebe, Ruhe, Gottvertrauen, vollkommene Ergebung in seinen Willen – und keinen Alltag. Da hast Du ganz recht. Wir sind uns sehr einig, und Du brauchst nicht von unbescheiden oder so etwas zu reden, denn das gibt es zwischen uns garnicht: Wir sind eins. Mein liebes, süßes, geliebtes Herz! Sag nicht, Du seiest nicht süß; Du bist es natürlich nicht, aber es ist ein Wort, was meine Liebe gerne benutzt. Ich merke eben, dass ich heute Nacht irgendwie angenehm von Dir geträumt haben muss: ich weiß nichts mehr, aber während ich das schreibe, huscht irgendein lieber, sympathischer Schimmer über meine Seele, ist schon vorbei, war aber da. So, siehst Du, bin ich immer noch glücklich, ich darf es nur nicht von Angst verschütten lassen. –

So, mein Liebster, jetzt brauchst Du noch einen Bericht. Der Wäschetausch war lieb. Ich bin so zu Hause in Deinem Bau da! Merkwürdig, wie heimatlich selbst Gefängnisse zu werden vermögen. Das Wartezimmer, P.s Zimmer, des Vorstehers Zimmer und gegenüber Gissels Stube, wo ich ihm immer die Sachen übergebe, das sind mir sehr liebe Räume. Hinter der Tür geht es dann zu Dir, und jedes Klirren dieser Tür verbindet mich ein wenig mit Dir. Ich habe immer einen kleinen Drang, hinzulaufen und rauf zu sehen, ob ich Dich nicht entdecken kann, und ich sehe Dich immer wieder bei unserem 1. Sehen dort die Treppe heraufgehen und Dich nach mir umdrehen. Mit Gissel besprach ich das Abholen der Sachen. Ich meine: Ich komme Montag noch mal, aber lasse die Sachen ruhig noch da. Ich habe immer die Hoffnung, dass es doch vielleicht ohne die P. A. Str. gehen könnte, gleich von «zu Hause» aus. Du solltest alle die winzigen Annehmlichkeiten so lange wie möglich haben. Sie gehören jetzt schon so zu Deinem Inventar in «25».[1]

Zu Adrian kam ich zu spät, weil mich nämlich Frl. Schellhase am frühen Morgen 30 Min. vergeblich hatte warten lassen. Die fehlten mir dann. Bei Dir habe ich mich nämlich bis zum Schluss nicht gehetzt, habe mich noch in aller Ruhe mit Gissel unterhalten, das war mir wichtiger. So musste ich eben bei Adrian warten und schrieb derweilen an M. D., zu der ich wieder eine Verbindung haben werde, weil Haus nun ein Büro in Godesberg hat. Adrian war freundlich, herzlich und voller Mitleid für mich. Er hat das Gesuch hin und her und her und hin überlegt, ganz bereit, das zu tun, was Dir am förderlichsten sei. Er war aber dann nicht für den Weg: vom A. A. zu H. H. Er meinte, wenn H. H. dasselbe Gesuch, das doch nicht an ihn gerichtet sei, so oft bekäme, das könne unter Umständen ungünstig wirken. Er meinte, ich solle es wenn, dann lieber über Keitel versuchen, weil das eine klare Zuständigkeit sei, und meinte weiter, ich solle doch selbst noch einmal an H. H. ein paar Worte schreiben und die ev. Absendung mit Müller besprechen. Ich solle sehen, was Onkel Peter in seiner Nachfrage erreicht habe. Hewel habe gesagt: Ja, aber ich muss unbedingt einen günstigen Moment abpassen. Ob das gewesen sei, wisse Adrian nicht. Er meinte aber, wenn bis jetzt noch nicht, dann zurücknehmen. So war das. Enttäuscht es Dich?

Dann war ich auf Umwegen über Frl. Hapig bei Hercher, wo ich 1 Std. wartete, dann aber sehr angenehm drankam. Ich kann gut mit ihm. Er ist ein sauberer Mann und hat das Herz auf dem rechten Fleck. Viel Hoffnung hat er mir nicht gemacht, das ist auch sauber. Deine Verteidigung vom 12.11. *ist bei den Akten.* Gott sei Dank! Das ist jedenfalls gut. «Mit der 2. Schrift warte ich noch etwas, aber die gebe ich auch noch hin.» Sonnabend kommt er zu Dir und Delp, zu Delp zuerst, da er da noch garnicht war. Dessen Anklage hat er auch. Mit den anderen Anwälten will er sich nicht abstimmen. Das sei unmöglich, abgesehen davon, dass die Fälle auch alle ganz anders lägen. (Er flucht vor allem auf Eure Unterhaltung mit Goerdeler! Wenn die nicht wäre!) Das 2. Exemplar der 2. Verteidigung bringt er Dir mit. Ich mache kein Gnadengesuch mehr an den Justizminister mit ihm. Mein Jäm, das hat garkeinen Zweck! Darüber sind P. und H. und ich – und D. uns ganz einig. Warum sollen wir etwas unternehmen, von dem wir mit solcher Bestimmtheit wissen, dass es keinen Sinn hat. Bist Du anderer Meinung? H. hat versprochen, mich beide Tage anzurufen, wenn die Verhandlung zu Ende ist. Er hat versprochen, mir dann sofort Bescheid zu geben. Damit waren wir fertig. Hinter mir kam ein nett aussehender langer, dünner Mann bei H. dran, der der Sohn von Salm sein soll.

Ich fuhr dann nach Hause, denn es war 4 und ich hatte noch nicht gegessen, aber für solche Fälle ist Frl. Luischen bei C. D. sehr nett. Die ist überhaupt eine Seele und gebildet, ich mag sie sehr gerne. Ich bekam gleich Reis und einen Tee und machte ein Päuschen, war aber so müde, dass ich noch nicht schreiben konnte, musste auch nach 1 Std. wieder weg, um Mutter P. zu besuchen. Es war der Todestag ihres Mannes, und ich hatte was abzugeben und mit ihr zu sprechen. Danach kam ich nur noch her, aber alle Bahnen waren mal widerspenstig, und es dauerte lange. Gewöhnlich reise ich aber gut und schnell und kenne Berlin und seine Verkehrsmittel an allen Ecken. So war es dann wirklich eine selige Landung, als ich hier landete. Unsere 3 Kap. las ich noch im Bett, aber heute wohl noch mal nach.

Das Kassiber-Geschäft ist noch nicht sehr weit. Geschrieben ist es – die Bressalina ist in München, aber ich habe ihre Maschine –, und heute bekommen Eugen und Delp es, aber es scheint mir etwas umfangreich für Reisert und Sperr. Haubach wird es wohl bekommen, aber ob es heute früh die alte Freundin[2] von Steltzer schluckt, muss ich erst sehen. Ich habe etwas Angst, in letzter Minute unvorsichtig zu sein. Frau R. kommt erst heute aus Bayern zurück. C. D. und Einsiedel sollten es auch gestern Abend noch studiert haben. Heute Mittag um 1 hoffe ich Peters zu treffen. Das ist m. E. das wichtigste. Die Propaganda habe ich noch nicht bewältigt.

Claus und Gissel bekommen in jedem Fall ein Weihnachtspaket. Gissel hat auch Angst vor dem Termin. Ja, dass 2 Tage angesetzt sind, wusste ich. Das Rezept für die Bonbons habe ich von Frl. Luischen. Wir haben alle hier was abbekommen, als ich sie bei den Freunden kochte. Die ganze Wohnung roch gut danach. Wie schön, dass sie Dir gefallen.

Heute muss ich außerdem noch mit Haus konferieren. Da werde ich auch die Wehrkreise feststellen.[3]

Mein Liebster, zu einem 3. Bogen habe ich jetzt keine Zeit mehr, aber heute Nachmittag schreibe ich doch weiter. Ich muss jetzt am Schluss das wichtigste noch einmal sagen: Mein geliebtes Herz, bleibe fest und gut und sicher verankert, halte Dich an der Hand, in dem Schoß, der sich Dir immer anbietet. Finde Dich dort mit mir zusammen gut und sicher getragen. Bleibe fest und ruhig und im Stande, die letzten gemeinsamen, sicheren Tage auf der Erde zu genießen. Du musst jetzt beweisen, dass er uns nach seinem Bilde geschaffen hat und Du ein Mensch bist, trotz aller selbst verschuldeten Fehler der Gnade zugänglich und so, wie er ihn haben will. Bleibe ruhig, mein vielgeliebter Jäm, mein großer unverlierbarer Schatz, mein Herz. Morgen, denke ich, werde ich Dich besuchen! Du weißt, wie sehr ich Dir gehöre: Ich bin und bleibe für immer Dein P.

1 Helmuths Zellennummer, auf offiziellen Briefen Nr. 325. *2* Frau Graf. *3* Der Kreisauer Kreis hatte eine Landkarte erstellt, auf der für eine Neuordnung Deutschlands Wehrkreise und dafür vorgesehene Landesverweser eingezeichnet waren.

Helmuth James an Freya, 14. Dezember 1944

Tegel, den 14. Dezember 1944.

Mein liebes Herz, guten Morgen. Die große Neuigkeit ist, dass der liebe Gott weiter sehr gnädig zu mir ist und dass ich meinen Pim ganz gewaltig lieb habe. Du siehst, das Thema der letzten Monate ist ganz unverändert, ist alle Tage neu und aufregend und beglückend und immer mit der Furcht vor dem Herrn gepaart, er könnte mir zeigen wollen, dass ich garkeinen Anspruch auf seine Gnade habe. Darum sage ich ihm und mir immerzu, dass ich keinen Anspruch darauf habe und dass ich für jede Sekunde der Gande dankbar bin und dass ich für deren Fortdauer nur bitten und immer wieder bitten kann und ihm sagen, dass ja auch mein sehr viel lieberer Pim ihn bittet. Und der Liebe meines Pim fühle ich mich so sicher, wie ich noch nie einer Sache sicher gewesen bin. Mein Herz, dies ist die Revue der vergangenen Stunde, wie es im Grunde die Revue der vergangenen Monate ist.

Nun ist mir mal wieder eine sachliche Notwendigkeit eingefallen: Wir müssen vor dem Urteil den neuen Pastor gewählt haben, denn danach sind wir wahrscheinlich nicht Patrone, sondern der S. D., und der wird sich was pusten und uns einen neuen Pastor anschaffen. Da der Patron nach strengem Recht nicht vertreten werden kann und da Deine Vollmacht nicht auffindbar ist, so halte ich es für wichtig, dass ich den Brief unterschreibe. Der Brief muss vor dem Urteil dem Konsistorium – glaube ich – zugehen, aber ich nehme an, dass sie die Sachen nicht sehr genau nehmen werden, wenn sie nur einigermaßen gedeckt sind. Dabei ist mir nun wieder eingefallen, dass es vielleicht ganz nützlich wäre, Du hättest noch ein Dutzend Blanko-Unterschriften von mir, und deswegen meine ich, Du solltest mir einige Briefbogen im Normalformat, ach nein, warum eigentlich. Ich gebe P. heute einfach ein Dutzend Unterschriften von mir mit, und Du kannst dann drüber schreiben, was Du brauchst. Vor allem würde ich dann die Vollmacht noch ein Mal darüber schreiben, so wie die Kreisbank sie hat. Du musst nur vorsichtig in der Wendung sein, sobald Du offiziell erfährst, dass das Vermögen eingezogen ist, denn von da an weißt Du ja, dass Du über mein Vermögen nicht verfügen darfst, auch wenn Du es mit der Vollmacht kannst. Du kannst mit den Blanko-Unterschriften aber durch Zurückdatieren u. U. Dir später noch manche Sache erleichtern.

Mein Lieber, mir ist vor allem wichtig, dass an dem oder den Verhandlungstagen Du und Ulla und alle, die es können und wollen, für mich bitten. Ich möchte, wie immer es ausgeht, das Gefühl haben, während dieser Stunden fest umgeben zu sein; das ist mir ganz unglaublich wichtig, denn es hängt so unendlich viel davon ab, dass ich nicht schwach werde, und zwar nicht nur für mich. Denke an das Gleichnis von der bittenden Witwe.[1] Es geht sicher so, wie Gott will, aber vielleicht, nein sicher, will er gebeten sein. Ich rede jetzt garnicht vom Ausgang, sondern vom Verlauf. Es muss mir gelingen, die erste Wucht der Offensive wie ein Wellenbrecher zu teilen, damit sie nicht Lust verspüren, weiter bei uns zu rühren, denn dann greift das auf zu viele andere über. Sie dürfen auch bei mir keine weiteren Kenntnisse vermuten. – Ich habe zur Zeit garkeine Nerven und bitte darum, dass der Herr mich in dieser Verfassung erhält und mich in dieser Verfassung den Termin überstehen lässt, aber ich darf auch keine kriegen. – Mein Herz, ich habe so viel Grund, nicht nur dankbar zu sein, sondern auch mit Gottvertrauen der Verhandlung entgegen zu blicken. Wenn ich es recht betrachte, habe ich in meinem Leben nur aussichtslose Sachen zu machen gehabt, und er hat mich immer durchgesteuert: von den Arbeitslagern und der Arbeit für Waldenburg,[2] die als undurchführbar galten, über die Sanierung von Kreisau,[3] die kein einziger Sachverständiger für möglich hielt, über meine Anwaltstätigkeit, die uns wie ein Wunder ernährt hat, über die Sache Kempinski,[4] die völlig verloren war, als ich sie anfing, bis zu meiner Arbeit im O. K. W., die mich in diesem Staat eigentlich in lauter Gewissenkonflikte hätte stürzen müssen. Ich habe deswegen allen Grund zu wissen, dass er auch dieses Verfahren wunderbar zu lenken vermag, wenn er es für richtig hält – aber er kann ja auch meinen, dass ich nun genug gelernt hätte.

Und wenn ich bedenke, dass ich ohne seinen Schutz mehrmals umgekommen wäre: von dem Sturz in den Mühlgraben im Leiterwagen als kleines Kind, über den Sturz im Hochwasser mit der Brücke hinter dem Schloss, über das Versacken im Tonschacht und das Verschüttetwerden in der Sandgrube,[5] über das schwere Bleifenster, das an meinem Kopf direkt vorbeifiel in der Josefstädterstr.[6] bis zu der Bombe in der P. A. Hat er nicht wahrlich deutlich genug zu mir gesprochen und mir gezeigt, dass er allein mich rettet und erhält – wie könnte ich da zweifeln, dass er es auch jetzt vermag und dass, wenn er mich zu sich ruft, er dafür seinen Grund hat, der Segen bedeutet nicht nur für mich, sondern auch für Dich und die Söhnchen. – Und schließlich, wenn er mich in 11 Monaten der Haft nie verlassen hat, wenn er mich in diesen Monaten nur 3 Mal hat peinigen lassen und mich nachher gelehrt hat warum, weil nämlich meines Herzens Härtigkeit und Blödigkeit Dinge nicht erkannte, die es hätte erkennen müssen, – warum sollte er mich da im Kammergericht oder vor dem Galgen in Plötzensee verlassen? – Das alles versuche ich so fest, so eisern zu wissen, dass es ein Bestandteil von mir ist, den nichts von mir zu trennen vermag, und so bin ich von ihm wohl ausgerüstet; ich muss nur die Rüstung wirklich anlegen und gebrauchen und nicht lau werden.

Nun kommt mal wieder etwas Sachliches. Das Ergebnis des Termins für Steltzer und mich ist wichtig für die Canaris-Leute, allerdings nur ein abschließendes Ergebnis, also nur ein vollstrecktes Todesurteil oder die Tatsache, dass wir definitiv dieser Sache wegen nicht umgebracht werden. Ihr müsst überhaupt sehen, dass vor allem mein Tod bei all' den Gefährdeten schnell bekannt wird. Steltzer's ist für Bonhoeffer–Dohnanyi wichtig. Haubach ist, glaube ich, jetzt gleichgültig, Eugen ist für Pressel–Bachmann wichtig, aber die sind ja frei; Delps Tod wird ja durch seine Ordensbrüder verbreitet werden, Du brauchst und sollst das nicht etwa machen, aber Du sollst P. daran erinnern, dass es geschieht. – Sehr wichtig kann auch sein, dass verfrühten Nachrichten über meinen Tod entgegengetreten wird.

Nun noch zur Propaganda.[7] Du solltest m. E. über Schwester ganz vorsichtig dieselbe Version verbreiten: nichts mit dem 20. Juli, sondern wegen der kirchlichen Einstellung und des Ausgleichs mit Katholiken ist diese

Gelegenheit benutzt worden. War schon seit Januar in Haft. Diese Legende ist ja, so wie unser Verfahren jetzt aufgezogen ist, garnicht falsch, sondern der Wahrheit vielleicht sehr viel näher, als wir denken. Vielleicht verbreitest Du es auch über Annemie Webski und die Tanten. – Ich möchte mit dem 20.7. wahrlich nichts zu tun haben, und es ist wichtig, dass eine positive Gegenparole erscheint; bloßes Bestreiten ist zu wenig. Mit dieser Legende würden wir durch unseren Tod wenigstens auch noch gleich etwas zur Ausrichtung der Gegenkräfte beitragen. Die Hapig soll nur sehen, dass das in Schlesien gut verbreitet wird. Auch Adam[8] gegenüber würde ich etwas in dieser Richtung andeuten, jedenfalls ganz entschieden jeden Zusammenhang mit dem 20.7. leugnen. Merian und Werkshagen sind auch gute Kanäle. Nimm Dich jedenfalls dieser Sache als einer ernsthaften Angelegenheit an. Du musst nur sehen, dass es nicht zu deutlich von Dir kommt, und deswegen ist die Hapig so wichtig als Bestätigung.

Mein Herz, ich denke, dass ich jetzt aufhören werde. Heute Abend schreibe ich ja weiter. Der Herr behüte Dich und uns. J.

1 Lukas 18,1–7. Siehe Helmuths Brief vom 10.–12. Dezember 1944, S. 309. *2* Siehe Biographische Notiz, S. 575. *3* Helmuth übernahm 1929 von seinem Vater die Verantwortung für das hochverschuldete Gut, das kurz vor der Übernahme durch die Gläubiger stand. *4* Helmuth war Rechtsverwalter der jüdischen Familie Kempinski. Siehe seinen Brief vom 26. Oktober 1944, S. 106, Anm. 2. *5* Siehe Helmuths Kindheitsbericht in: Brakelmann, *Helmuth James von Moltke*, S. 366 ff., S. 374. *6* In der Josefstädter Straße 68 in Wien befand sich die Wohnung von Eugenie Schwarzwald. *7* Der Versuch, in der Umgebung von Kreisau gezielt Informationen über Helmuth in Umlauf zu bringen, um Anfeindungen vorzubeugen. Siehe Helmuths Brief vom 6./7. Dezember 1944, S. 281. *8* Landrat Wilhelm Adam.

Helmuth James an Freya, 14./15. Dezember 1944

Tegel, den 14. 12. 44.

Mein Lieber, es ist Abend und obwohl ich Dir heute früh ausführlich geschrieben habe, gibt es ja wahrlich viel Neues, und ich habe ein reiches Feld vor mir. Erst wollen wir mal hoffen, dass der 8.1. nicht eine Finte ist, sondern stimmt. Und dann geht es weiter. Wenn es stimmt, so kann man nur mit dem 118. Psalm sagen: «Es ist vom Herrn geschehen und ist ein Wunder vor unseren Augen.» Denn dass diese Verschiebung nicht nur ein Vergnügen für uns ist, sondern auch ein sachlicher Vorteil, ist ganz unzweifelhaft. Ich war übrigens zunächst garnicht so begeistert, wie ich hätte sein müssen, weil ich so auf den 19., 20. präpariert bin und war.

Nun müssen wir alles neu überlegen. Ich bin dafür, dass Du nun am

Samstag nach Kreisau fährst und erst nach Weihnachten für den Endspurt zurückkommst, mit neuen Kräften. Ich bin nicht dafür, dass Du noch ein Mal hin und her reist; es ist zu mühsam, und Du solltest Deine Kräfte schonen. Es sind dabei folgende Sachen zu überlegen: meine Versorgung, der Kassibertausch, das Gnadengesuch, Besprechung mit Haus. – Meine Versorgung ist zwar unwichtig, aber das wirst Du nicht wahrhaben wollen. So lass doch jemanden aus Kreisau kommen. Vielleicht kann Lenchen das noch machen. Die soll eben mitbringen, was nötig ist, und Du kannst es mir noch einfiltern, wenn Du willst; sonst tut es sicher auch Brigitte. Ich habe Essen und Wäsche bis Donnerstag, den 21. einschließlich. Für die Zeit nachher reicht nur Honig und Zucker, sonst nichts, auch keine Wäsche. – Der Kassibertausch hat ja, wenn definitiv feststeht, dass wir über Neujahr verschoben werden, Zeit. Mach bloß nichts Unvorsichtiges und veranlasse auch die anderen nicht dazu; sie sollen nur tun, was absolut sicher erscheint, denn ein Fehlschlag kann uns ganz mächtig in die Bude hageln. – Das Gnadengesuch. Zunächst Deine Besprechung mit Adrian. Ich verstehe den ganzen Stand nicht, will mich auch nicht reinmischen, lasst nur die Sache nicht schludern. Eine Entscheidung brauchen wir nicht; damit haben wir garkeine Eile, wir müssen aber sicherstellen, dass das Gesuch so plaziert und bekannt ist, dass SD und Justizminister vor der Entscheidung nicht vollstrecken. Das musst Du m. E. mit Hercher und zuvor Kontrolle mit Dix besprechen. – Meine Erinnerung ist doch, dass 1 Exemplar Keitel hat und 1 Exemplar Hewel und dass Hewel sich mit Keitel deswegen in Verbindung setzen sollte. Ist das so? Ich glaube nicht, dass es gut ist, wenn ich in der Sache rumfummele; aber lass Dich reichlich und immer wieder von Dix beraten, damit wir da nicht zwischen allen Stühlen durchsegeln. Meine Meinung ist kurz folgende: Es kommt garnicht darauf an, dass auf das Gesuch je eine Entscheidung erfolgt, es kommt nur darauf an, dass Justizminister und S. D. nicht vollstrecken, und deswegen ist es garnicht schlecht, wenn alles ruht, sofern sichergestellt ist, dass bei S. D. und J. M. blockiert ist. Für den S. D. müsste ja eigentlich der Brief an H. H. genügen. Aber ich kann das nicht beurteilen. Wenn Keitel auf dem Gesuch sitzt mit Verabredung mit H. H. bis zum Urteil, so ist alles gut. Sitzt er hingegen drauf, um nach der Vollstreckung die Achseln zu zucken, ist alles schlecht. Jedenfalls lass Dich in der Sache beraten und unterrichte Hercher. – Ehe Du fährst, musst Du Haus sehen und den Tatbestand über das Gnadengesuch feststellen. Kommt Dir die Sache böhmisch vor, so musst Du sehen, ob Dix zwischen Weihnachten und Neujahr da ist, sonst musst Du ihn auch noch vor Deiner Abreise sehen. Die Abgabe von Keitel an H. H. war von mir nur als Vorschlag gedacht, um die Zuständigkeit H. H. zuzuschieben, bei dem die Entscheidung doch liegt, wenn es

A. H. nicht vorgetragen wird. – Du siehst, mein Herz, ich kann Dir garnicht sagen, so oder so sollte es gemacht werden, denn dazu ist die Sache viel zu kompliziert. Ich will nur nicht, dass Du Dich in einer so schwierigen Sache mit Verantwortung übernimmst. Denn wenn überhaupt etwas zu machen ist, so wird es immer formal über die Gnadeninstanz gehen. Ich weiß eben doch nicht, ob Du nicht die Gnadensache auch formal Dix übertragen solltest, dann hätte er einen Status, unmittelbar mit Haus zu sprechen, und er hätte eben doch gewisse Verantwortung und hätte Deine Wege und Schritte zu steuern. Von einem Brief von Dir an A. H. verspreche ich mir nichts.[1] Du müsstest, so scheint mir, so viel im Geschäftsgang hinterlassen, dass der neueste Stand der Gnadensache – Ermittlungen Onkel Peter; Wo ist das Gesuch und was ist damit beabsichtigt? Hat Keitel H. H. angefragt? Hat Hewel Keitel gesprochen? Hat Hewel noch vor, bei Gelegenheit die Sache anzubringen? – über Weihnachten festgestellt wird und dass Du dann genau unterrichtet wirst.

Nun kommt das, was ich gleichfalls als Sensation empfinde, dass für mich 2 Tage vorgesehen sind, Mäder soll gesagt haben, eventuell 3. Dass das nur für mich ist, ist klar, denn mit mir steht und fällt der Rest, nur Haubach hat noch etwas selbständigen Tatbestand. Ich sehe dies als günstiges Zeichen an, nämlich als Zeichen dafür, dass Freisler nicht mit fertigem Urteil, mindestens nicht mit fertiger Urteilsbegründung ankommt; und das bedeutet, dass wir eine Chance haben, die vielleicht nicht das Urteil, aber die Gnadenerwägungen zu beeinflussen vermag. Ich werde Hercher, wenn er am Samstag kommt, nach seinem Urteil darüber fragen. Ich sehe darin ein Zeichen der Unsicherheit; denn soviel ich weiß, hat bisher nur die erste Gruppe,[2] also mit Peter, 2 Tage gehabt, die späteren sind m. W. sämtlich an einem Tage verarbeitet worden. Ist diese Beurteilung richtig, so beeinflusst sie auch wieder die Gnadensache, denn es ist doch anzunehmen, dass, wenn eben mit der Verhandlung eine Klärung unklarer Zusammenhänge und Hintergründe beabsichtigt ist, eben auch die Gnadensache garnicht entschieden werden kann vor dem Urteil, und dass diese Tatsache allein völlig ausreichend erklären würde, warum alles ruht. Daher wäre es also sehr wichtig zu klären, was eigentlich H. H. mit dem Brief an ihn nebst Abschrift des Gnadengesuchs gemacht hat und zu machen beabsichtigt. Aber wer kann das klären. Du jedenfalls solltest dort nicht für die Familie aufkreuzen, sondern immer nur als Gattin.

Dieser ganze Erguss ist ein einziges Fragezeichen. Ihr müsst das mal durchgehen und besprechen, und von dieser Sache würde ich an Deiner Stelle die Abreise nach Kreisau abhängig machen. Denn ein wenig müsste sie wohl gefördert oder jedenfalls auf dem Wege sein, ehe Du abreist, denn zwischen Weihnachten und Neujahr ist doch nichts zu machen, und nach Neujahr hast Du nur noch eine Woche. Im Grund ist nur eine Frage wichtig: Blockiert der jetzige Stand[3] die Vollstreckung eines Todesurteils? Bejaht man diese Frage, so haben wir Zeit wie Heu. – Schluss mit dem Thema.

Sag' mal, mein Herz, P. stammelte so etwas davon, die Rentenannie habe den Kampf eingestellt. Too good to be true. Aber ich hoffe ja, Dich morgen oder übermorgen zu sehen, und dann werde ich das ja gewiss hören. Den Vertrag über die Einstellung der Möbel soll Maack machen, denn der muss den nachfolgenden Prozess auch führen. Lieber wäre es mir, wir stellten nicht ein, sondern bezahlten die Einstellung beim Spediteur in Schweidnitz. Das ist billiger als der Prozess um die Schrammen an den Möbeln, zerbrochene Stuhlbeine und fehlende Nippes-Sachen.

Mein Herz, der 8.1. bedeutet, dass noch ein Mal drei volle Wochen geschenkt sind, von denen Du allerdings eine den Söhnchen und der Heimatfront widmen musst, damit Du mit ganz freiem Rücken den Endspurt beginnen kannst. Wir müssen jedenfalls ungeheuer dankbar sein. Es zeigt uns eben immer wieder, dass er bei uns steht, und so dürfen wir auch hoffen, dass er uns weiter seine Gegenwart spüren lässt. – Mein Herz, mich überfällt die Müdigkeit, und ich muss pümpeln. Schlaf gut, mein Herz; Du telephonierst wohl heute mit Jowöchen. Der Herr behüte Dich und uns. J.

15.12.44.

Guten Morgen, mein Herz. Ob Du wohl heute kommen wirst? Vielleicht hast Du noch zuviel zu tun. Mir ist eingefallen, dass ich oben vergessen habe zu sagen, aber das ergibt sich ja wohl unzweideutig, dass ich das Gesuch nicht zurückziehen würde, nur weil noch nichts geschehen ist. Außerdem darfst Du nie vergessen, dass es ein Gesuch der Männer der Familie ist, über das Du nicht ohne weiteres verfügen kannst.

Hätte mir jemand am 28. September, als ich hierherkam, gesagt, ich wäre Weihnachten noch am Leben, so hätte ich ihn für schlechthin wahnsinnig erklärt. Selbst den 1.11. hielt ich damals für ein ganz unerreichbares Ziel und war riesig glücklich, den 18.10.[4] miterlebt zu haben. Gott hat uns sichtlich beschirmt und gesegnet, und wir können dafür garnicht genug danken. Er gibt uns auch das Recht zu glauben, dass er weiter bei uns sein wird, sei es, dass der Weg zum Galgen oder nach Kreisau führt oder ganz woanders hin. Wir müssen ihn nur fleißig bitten und, wie lange es sich auch hinziehen mag, nie aufhören, zu wachen und zu beten. Denn er will gebeten sein. – Ich kann mich dem Gefühl, 3 Wochen noch vor mir zu haben, noch garnicht recht hingeben, denn so wunderbar scheint es mir. Also morgen kommt ja Hercher, und dann werde ich es wohl bestätigt bekommen. Mein Herz, ich merke, dass ich keine Lust habe zu schreiben, weil ich doch mit der Möglichkeit rechne, Dich zu sehen. J.

Es geht doch noch weiter. Ich bin Dir noch einen Rapport über meine Gesundheit schuldig. Der Rücken ist praktisch schmerzfrei und das einzige, was absolut nicht besser werden will, ist der Ischias-Nerv. Der tut immer unter dem Knie recht weh, ist in Waden und Oberschenkel fast ständig zu spüren und weckt mich manchmal nachts, wenn ich auf der linken Seite liege. Außerdem hat er es garnicht gerne, wenn ich mich strecke oder gerade aufzurichten versuche. – Von den Medizinen gehen beide Mitte der kommenden Woche zu Ende. Ich komme mir vor wie ein Baby, das zu früh gekommen ist und lebt, wenn man es garnicht erwartet.

Der Fußsack ist ganz köstlich. C. D. muss eben auf sein Weihnachtsgeschenk noch etwas warten.

1 Es liegt vermutlich eine Verwechslung vor: Freya hatte in ihrem Brief vom 14. Dezember 1944 einen möglichen Brief an H. H. erwähnt, nicht an A. H. *2* Von Angeklagten des Widerstands vor dem Volksgerichtshof. *3* In Bezug auf das Gnadengesuch. *4* Freyas und Helmuths Hochzeitstag.

Freya an Helmuth James, 15. Dezember 1944

Freitag früh

Mein liebes, liebes Herz, anstatt eines langen, schönen Briefes bekommst Du nur ein paar Worte, weil ich gestern nach meinem unbeschreiblichen Glück über die weitere Atempause vollkommen in Kopfschmerz-Lethargie versank, aber so komplett wie schon lange nicht mehr. Ich sah noch Peters, der sehr nett, sehr willig und sehr erfreut war, dass er das mit Zeit vor sich machen könne, und dann fuhr ich nach Hause und verfiel der Lethargie. Dass ich nicht zu den Freunden ging, wird Dir ja das beste Zeichen sein. Um 6 ging ich ins Bett. Übrigens hatte ich die Anlage schon am Morgen, aber das Glück hat es dann wohl zu gut mit mir gemeint und ist über meine Kraft gegangen. Ich habe ein wenig Furcht, dass Du, mein geliebtes Herz, innerlich schon so gerüstet warst, dass Dir die Umstellung Anstrengung macht. Ich weiß es nicht genau. Ich, mein Herz, bin einfach selig! Und so dankbar! Dankbar dem lieben Gott, der uns hilft! Es sollte sogar schon Mo/Di sein und Mittwoch hatte Hercher Hermes, und der kommt auch wirklich schon dran, das bedrückt mich richtig, denn um den steht es auch schlecht,[1] sagt Hercher. – Mein Lieber, ich schreibe jetzt schon in der S.-Bahn. P. will früh weg, ich bin zwar auch früh aufgestanden, aber es ging nicht hurtig, und ich musste mir einen Brei kochen und Tee, und dann rief Marinkchen[2] an, der ich telegraphisch Bescheid gegeben hatte. Die waren auch alle ganz selig.

Jetzt ist es kurz nach 7. Ich war aber ganz außerstande, gestern Nachmittag zu schreiben. Auch unsere 3 Kapitel habe ich mit den heutigen noch nachzulesen. Jetzt muss ich Dir noch erzählen, wie das gestern bei Thiele war: Ich sagte, ich komme schon um die Sprecherlaubnis, da ich befürchtete, man werde Dich in die P. A. schon am Sonnabend holen. Da sagte Herr Th.: «Ja, aber der Termin findet jetzt garnicht statt. Der Chef hat dringend nach Klausenburg fahren müssen.» «Dann wird es also zw. W. und Neujahr sein.» «Nein, aber nein! Frühestens Anfang Januar! Über die Verschiebung werden ja Einige sehr froh sein.» «Zu denen gehöre ich auch.» Dann eine Unterhaltung über die Kinder. Herr Th. hat einen Sohn von 2½ von dem er sehr begeistert ist. Hierauf zückte ich meinen den Dünger betreffenden Antrag und sagte gleich, ich werde aber wohl erst nächste Woche zu Dir gehen. Darauf bekam ich 30 Min. Sprechzeit – ihm sei es egal, wann ich gehe. Dann kam ein fremder Mann herein in Weihnachtsstimmung. Der wollte wissen, wann der Senat mit seinen Sitzungen nach W. wieder anfange. «Ach, nicht vor Anfang Jan.! Warten Sie mal!» Dann besah er den Kalender: «Vor dem 8.1. nicht mit größeren Sachen; kleinere Sachen vielleicht, das müssen wir erst sehen.» Dann ging der fremde Mann und ich auch. So glücklich war ich schon lange nicht mehr. Ich telefonierte gleich in der Zelle, im Automaten, und erreichte P. noch, und so erfuhrst Du es wohl auch schon zw. 10 und 11. Auch benachrichtigte ich alle meine Genossinnen gleich und kam mir vor, wie ein Weihnachtsengel. Ich war so selig. Hoffentlich bist Du auch zufrieden. Ich bin gespannt, was P. gleich sagen wird. Ach, mein Jäm, es ist so schön, mit Dir noch Weihnachten zu feiern und, so Gott will, auch mit Dir noch 1945 zu beheben. Seit Du mir voriges Jahr zu Neujahr schriebst, wir könnten dankbar sein, wenn wir 44 alle gemeinsam noch verlassen würden, hat mich dieser Gedanke nie losgelassen. Nun sind die Aussichten gut, dass wir noch zusammen sind. Obwohl wir dieses Jahr nicht nah beieinander sind, werde ich Dir vielleicht in Wirklichkeit näher sein denn je. Ist das nicht auch ein Wunder! Ach, mein Jäm, wie dankbar müssen wir wirklich sein.

Nun noch etwas Technisches: Zw. dem 22. und 24. kann ich nicht reisen. Da ruhen alle Geschäftsreisen und nur dringende Familien-Reisen sind gestattet. Ich muss also am 21. schon hier weg. Ich muss aber auch noch mal nach Kr., um vielerlei zu holen. Was soll ich also tun: Dieses Wochenende kurz fahren und dann wieder am 21.? Soll ich Dich dann am 21. besuchen? Wie hast Du es am liebsten? Über Neujahr kann ich ja dann ruhig bei Dir bleiben. Es entsteht dann nur noch die interessante Frage, wann das Schwein stirbt:[3] ob vor dem Termin oder erst hinterher. Dazu muss ich nämlich in der Woche 2–3 Tag zu Hause sein ohne Lenchen. Das ist ein herrliches Problem, aber doch für die Ernährung des Berghauses von höchstem Interesse. –

Wir kommen scheints zum Frieden mit der Rentenannie. So wenig wichtig ist mir diese Sache, dass ich im letzten Brief einfach vergaß, Dir das zu berichten: Ich sehe noch nicht ganz hinter die Zusammenhänge. Jedenfalls wurde mir gesagt, sie verzichte auf ihre Ansprüche im Schloss, wenn ich bereit sei, die Möbel, die sie in Schweidnitz nicht unterbringen könne (ob bei Frl. de Niem od. in einer neuen Wohng. weiß ich nicht), ins Schloss zu nehmen. Das habe ich zugesagt. – Jetzt bin ich gleich da, und P. will sicher gleich weg. Überlege, wie ich meine Pläne einrichten soll.

Der Brief ist unordentlich, aber die Liebe und die Dankbarkeit riesig. Du weißt es. P.

1 Andreas Hermes wurde ebenfalls zum Tode verurteilt; seine Hinrichtung wurde aber mehrmals aufgeschoben, so dass er schließlich beim Einmarsch der sowjetischen Truppen freikam. *2* Helmuths Schwester Asta. *3* Landwirtschaftliche Betriebe unterlagen einer Kontrolle des Eigenverzehrs und durften nicht ohne Genehmigung schlachten.

Freya an Helmuth James, 15./16. Dezember 1944

Freitag Abend bei C. D.
= 3. Advent! ½6 Uhr!

Mein Lieber, mein Herzensjäm, mir war ganz klar, was in Dir vorgehen würde, wenn Du jetzt wieder auf Pause umstellen müsstest, wo Du schon ganz gerüstet für die Fahrt, für die Schlacht warst. Für mich war dieser Wechsel leichter als für Dich und mehr «nur angenehm». Für Dich, mein Herz, ist der erneute Übergang zur «Entspannung» viel schwerer. Du warst bei allem Lebenswillen jetzt auch wieder so nah beim Tod und ganz vertraut mit ihm. Nun geht alles von Neuem an. Mein Herz, das Ganze ist nun einmal eine große Prüfung für Dich, eine ganz schwere, und Du hast Dich von vorneherein dazu entschieden, sie so, wie sie sich Dir bietet, ganz auszutrinken. Da hast Du es schwerer als Eugen, der seiner Hoffnung so sicher ist, und schwerer als Delp, der nichts hat, was ihn so ans Leben bindet wie Dein lebendiger Pim. Derselbe Unterschied ist bei den beteiligten Frauen. Aber Du hast auch viel Hilfe, bekommst viel Kraft geschenkt, bist nie verlassen und wirst Deinen Weg schon gehen. Meine Liebe geht mit, soweit sie kann, mein liebes, liebes Herz. Wieder ist jedenfalls diese Verschiebung eine erstaunliche Fügung.

Nun bin ich heute nicht bei Dir gewesen, und Du hast es so halb erwartet. Ich möchte lieber kürzer vor Weihnachten kommen. Außerdem war ich heute früh noch sehr wackelig auf den Beinen, Du hättest gleich gesehen, dass ich Kopfschmerzen gehabt habe. Nein, ich muss innerlich ganz vorbereitet Dich besuchen gehen, und dazu warte ich, bis ich vom Wochenende zurück bin. Sag mir, an welchem Tage Du mich dann gerne sehen willst. Überleg es mal! Nein, mein Herz, ich will jetzt nicht mehr als eine Woche von Dir weggehen, nein, nein. Ich fahre morgen um 10.30, ohne noch Deinen ausdrücklichen Segen zu haben; ich bin doch ganz schön bei Kräften, und so anstrengend ist doch das auch garnicht. Ich hatte erwartet, P. werde 2 × bei Dir sein und mir noch Antwort von Dir bringen. Ich bin dann um 7 in Kr., und Sonntag Nacht fahre ich wieder zurück, sodass ich dann wieder bis Donnerstag bei Dir sein kann. Ich kann Dir dann von allem zu Hause berichten und heranbringen, was Du essen kannst und was P.s vielleicht freut. Ich wäre vielleicht morgen schon um 8.12 gefahren, aber ich habe heute praktisch den ganzen Tag für M. D. ein paar Handschuhe gestrickt, die sie sich im Sommer schon gewünscht hat, weil morgen erst der Bote nach Godesberg fährt. Ich habe auch für sie und Großmutter Schnitzler ein Engelchen gemacht und Briefe geschrieben. Ich berichtete Dir wohl schon, dass sie sich mit Joests zusammentun wird.[1] Die kommen erst, wenn es nötig wird, mit 2 Autos zu ihr, bleiben, solange es geht, haben für den Zweck schon Essen bei ihr geparkt, und wenn es unhaltbar würde, fahren sie mit der Ponte über den Rhein und ziehen sich in ein Jagdhaus nicht weit weg zurück, vielleicht auch nach Gudenau, je nachdem. Buschs gehen aber mit Großm. Schnitzler nach Weimar, aber M. D.s Schritte = Bleiben. Was für ein Segen, dass sie so ganz auf ihre Füße gefallen ist seit 1940. So habe ich aber den heutigen Tag ihr gewidmet und war auch sehr froh, den Vormittag über noch still auf Dorothees Sofa zu sitzen und nichts zu unternehmen. Da fand P. mich noch, als er zum Essen kam, aber danach ging ich. P. fand, ich solle nicht reisen, aber heute früh klang C.chens Stimme so dringend, als er fragte: «Kommst Du Sonntag?» Da sagte ich gleich ja. Bis über Weihnachten weg sein, bei der Vorstellung dreht sich mir das Herz im Leibe um. Hier lebe ich ja mit Dir, hier gehöre ich hin, und die Knäbchen muss ich besuchen. Hoffentlich bist Du nur einverstanden.

Jetzt, mein Herz, gehe ich bald ins Bett. Ich wurde mit den Handschuhen nämlich so spät fertig, dass ich heute Abend nicht wieder zu den

Freunden konnte, ich musste das Päckchen nämlich noch zur Lansstr. bringen. Daher fahre ich, wie heute, in der Frühe hin und bin den Abend über hier gewesen. Einsiedel war da und brachte Spielzeug für die «Casparchen», wie Dorothee sagt, der gute Mann. Außerdem bat er innig um Grüße an Dich. Er ist ein treues, gutes Tier. C. D. und der fremde Mann sind noch nicht da. Sachliches schreibe ich heute Abend nicht mehr, nur eins noch, weil ich weiß, dass es Dich freut, mein Herz: Heute schrieb Frau Pastor mir Deine Tauf- und Konfirmationsverse, und die sind so besonders schön und passen so gut zu Deinem Leben und seinen jetzigen Wegen, dass es eine Freude ist: Taufe Röm. 8,38/39,[2] siehe dazu Lied 150 11,12; Konfirmation 1. Kor. 15,58.[3] Das freut Dich sicher! Du bist wirklich eingerahmt von schönen Sprüchen ohne und mit P. Nun gute Nacht, mein liebes Herz. Es ist nach 11. Du schläfst hoffentlich schon gut! – Sonnabend früh. Guten Morgen, mein liebes Herz! Hoffentlich hast Du gut geschlafen. Bei mir war es fest und gut. Ich bin von selbst um 6 ganz ausgeschlafen erwacht. Gleich fanden meine Gedanken Dich. Bald werde ich mich aufmachen zu den Freunden, denn ich will in Ruhe dort sein. P. will auch erst um 9 dort weg, und sein Weg geht leider ja doch nicht zu Dir. Morgen aber wird er wohl kommen. – Mein Lieber, ich schulde Dir noch einen Bericht über Peters: Er meinte, der Fall Wachsmann, in dem er schon einmal bei F. war, beweise ihm, dass es mit einfach Hingehen nicht getan sei. Es müsse wenn eben möglich zwangloser vor sich gehen. Er wolle sehen, einen besseren Vorwand zu finden, ev. einen Vortrag in der Verwaltungsakademie ihm vorschlagen und bei der Gelegenheit etwas sagen. Er müsse sich das genau überlegen, und ich möchte es derweilen mit einer Freundin von ihm, Frau Friedrich – P. kennt sie auch als sehr zuverlässig – besprechen, die sei sehr ideenreich und der falle vielleicht auch noch ein Weg zu den Beisitzern ein und überhaupt ein Weg. Er wies weit von sich, dass F. ein Schulfreund von ihm sei. Solche Freunde habe er auch in der Schule nicht gehabt – schade für uns –, aber er kenne ihn aus seiner Arbeit in der Verwaltungsakademie und seinen Lagern. Er habe immer wieder mit ihm zu tun gehabt. Er scheut sich also garnicht, hinzugehen. Im übrigen ist er ausgesprochen strafversetzt nach Hamburg in einen Flakstab – das weißt Du wohl. Dorothee erzählte mir, sie bzw. P. hätten ihn mit einem Freund von sich draußen beim Luftwaffenführungs-Stab zusammenbringen wollen, aber dessen Vorgesetzter habe gesagt, Peters habe politisch einen so schlechten Ruf, dass er da draußen nicht mit ihm verkehren könne. Das nimmt ihm für unsere Sendung an Gewicht. Er war ganz unverändert und sehr nett. Nur sieht er jetzt wirklich nicht mehr wie ein Junge aus. Er ist mager und sehr viel älter geworden.

Ja, das Gnadengesuch ist sehr wichtig. Ich lasse es nun wieder bis Montag liegen und bespreche es dann erneut mit Haus. Du hast noch nichts über einen neuen Vorstoß bei Müller ganz kurz vor dem Termin gesagt, um H. H. zu erinnern. Der hat doch jetzt zuviel im Kopf. Was macht man nur? Es ist auch falsch, zu früh etwas zu unternehmen, dann wird es wieder vergessen. Ich habe daher die Tendenz, nicht zuviel zu unternehmen, weil man es letzten Endes doch nicht beeinflussen kann, dabei möchte ich so gerne.

Mit Frau Friedrich bin ich jedenfalls Montag um 11 verabredet. – So, mein Herz, jetzt sitze ich bei den Freunden. Zu schreiben habe ich eigentlich nichts mehr. D. h. wann könnte ich aufhören zu schreiben: Ich kann immerzu mit Dir reden. Mein Lieber! Mach Dir nur einmal recht klar, dass nur die Söhnchen und ich es sind, die Dir Deine jetzige Lage wirklich schwer und anstrengend machen. Tust Du uns aus Deinem Sinn, so wird das Sterben für einen Mann, wie Du es bist, ganz leicht, trotz der blühenden Apfelbäume und der Sonne über den Kreisauer Bergen. Ich bin mir darüber ganz klar, weil es mir trotz allem liegt, mir nichts vorzumachen. Ich habe von jeher gewusst, dass meine Existenz Dein Leben leichter und erträglicher macht, dass ich Dich aber an diese Welt und ihre Freuden binde. Ich bin eben viel mehr eine Kreatur dieser Welt als Du und vom Geist sehr weit entfernt. Deswegen wird sich der liebe Gott meiner auch annehmen, da ich ja mit zu seiner Schöpfung gehöre, also zu ihm braucht die Verbindung nicht weit zu sein, aber Dich ziehe ich auf die Erde herab, mache Dich lebensfähiger und glücklicher zum Leben auf dieser Welt und binde Dich an sie. Nun ist es wahr, dass unsere Liebe mehr als das ist. Das weiß ich und glaube ich. Die hilft Dir ja auch sterben, aber der P. im Föhlchen, den man anfassen und sehen kann, der macht es Dir schwer! Mein armes, süßes, liebes Herz, trotzdem ich das weiß, bejahe ich mich dennoch neben Dir; ich weiß, dass ich es Dir schwer mache und will es garnicht ändern. Es ist eben schwer für Dich. Gott weiß auch das und hat mich mit Dir vereinigt und vereint. Ich bin ja auf Dich losgestürzt mit Urgewalt, als ich Dich traf. Wenn das keine Führung war! Für mich gab es garkeine Wahl mehr; als ich Dich gesehen hatte, tat mein Herz sich auf, und drin wohnst Du und bleibst Du. Hätten wir nicht geheiratet, säßest Du auch noch drin, und das wusste ich von Anfang an. Ich habe es Dir oft erzählt. Aber jetzt hänge ich Dir wie ein lieber Klotz am Bein und habe meine irdische Macht noch durch 2 Söhnchen verstärkt. Sei Dir darüber nur ganz klar, vielleicht hilft Dir diese Klarheit. Mich beschäftigt das so sehr, weil die Pause das alles wieder neu aufbringt. Was zwischen uns letzten Endes gilt, mein liebes Herz, ist nur die Liebe. Die hilft auch mir, die reine Kreatur zu überwinden, und gibt mir Mut und Kraft die hellen goldenen Gassen zu sehen, die vereint uns mehr als alles andere, und die stärkt Dich auch in Deinem Kampf mit der Welt und dem Teufel. Meine Liebe ist ganz, ganz bei Dir und umfängt und wärmt Dich: Ach, mein Jäm, sie brennt mich wie Feuer! Sie findet Dich immer und ist bei Dir und bittet für Dich bei dem Vater, der alleine Dir wirklich beistehen kann.

Mein Herz, ich reiße mich los! Gott behüte Dich, uns; er lasse Dich nicht alleine. So schnell ich kann, komme ich wieder in Deine Nähe. Aber auch in der Entfernung ändert sich nichts.

Dein P. bin ich und bleibe ich immer

1 August und Gabriele von Joest waren Verwandte, die ein zwischen Köln und Bonn gelegenes Gut besaßen und die Ankunft der Allierten Truppen mit Freyas Mutter Ada Deichmann in Bad Godesberg erwarten wollten. *2* «Denn ich bin gewiss, dass weder Tod noch Leben, weder Engel noch Fürstentümer noch Gewalten, weder Gegenwärtiges noch Zukünftiges, weder Hohes noch Tiefes noch keine andere Kreatur mag uns scheiden von der Liebe Gottes, die in Christo Jesu ist, unserm Herrn.» *3* «Darum, meine lieben Brüder, seid fest, unbeweglich und nehmet immer zu in dem Werk des Herrn, sintemal ihr wisset, dass eure Arbeit nicht vergeblich ist in dem Herrn.»

Helmuth James an Freya, 16. Dezember 1944

Tegel, den 16. 12. 44.

Mein Lieber, wenn nicht das Wunder geschehen wäre, dann säße ich jetzt in der P. A. und könnte Dir nicht schreiben. So schreibe ich nun an diesem Brief mit besonderer Dankbarkeit. – Zum Plänemachen kommt dieser Brief zu spät. Ich will nur eines, dass Du Dich nicht mit Hin- und Herfahren abrackerst, denn der Januar hat es ja dann in sich, und Dein Zusammenbruch, wenn auch kleinerer Art, über die Erlösung von dem vorweihnachtlichen Termin ist ein deutliches Zeichen dafür, dass Du Schonung brauchst. – Lass mich lieber ohne Sachen, als dass Du 2 Mal fährst; aber mir scheint, es müsste sich doch jemand finden lassen, der Dir bringt, was Du brauchst. – Das Schwein würde ich vor mir sterben lassen, denn es ist möglich, dass Du nach dem Termin hier noch Versuche machen musst, es ist auch möglich, dass Du dann ab sofort nicht mehr als Selbstversorger giltst, jedenfalls nicht an das Schwein rankommst, da hängt man doch von der Gnade des schlesischen S. D. ab, und dem sollte man sich nicht aussetzen. Kannst Du nicht für die 2 Tage des Schlachtens die Ida borgen. Die hat doch um diese Jahreszeit sicher mal 2 Tage Zeit. Mir scheint es das beste, wenn Du das alles gleich anschließend an Weihnachten machst und nicht hin- und her-jükkelst. Vorausgesetzt, dass das

Schwein reif ist. Vielleicht schlachtet er Dir's auch noch vor Weihnachten, obwohl das eine Hetze und nicht wahrscheinlich ist. Ich wäre also dafür, dass Du spätestens am 20. nach Haus fährst, am 27., 28. schlachtest und am 29. oder 30. hier wieder anrückst. Dann haben wir gerade noch eine Woche vor uns, denn wenn am 8. Termin ist, komme ich am 6. weg.

Jetzt kommt leider viel Technisches, was Dir auch wieder etwas Arbeit machen wird: Gestern wurde ich zur Vernehmung zu Lange geholt, der riesig freundlich war – was immer ein übles Zeichen ist –, dem ich sogar wieder die Hand geben musste, eine Handlung, von der ich jetzt 4 Monate dispensiert war. Die Vernehmung kann nur ein Vorwand gewesen sein, denn es war über einen mir ganz unbekannten Mann, gegen den gewiss nichts vorlag, und es war Lange auch sichtlich gleichgültig, was ich sagte, das ganze Protokoll 20 Zeilen. Vorher aber sagte er mir, er habe vom Gruppenführer meinen Schriftsatz bekommen – der lag vor ihm, völlig zerlesen –, und er habe mir zu sagen, und zwar von Müller, dass diesem eine solche Unverschämtheit doch noch nicht vorgekommen sei, ihn als Entlastungszeugen anzuführen;[1] er könne sich nicht denken, dass das eine sehr geschickte Art der Verteidigung sei. Selbstverständlich würden sie den Schriftsatz weitergeben; ihnen sei das ganz egal. Sie hätten selbstverständlich nichts gewusst und wenn sie mal so täten, als wüssten sie was, so sei das noch lange kein Grund, nicht anzuzeigen. Ich sagte daraufhin, das wäre ich nicht bereit zu glauben, denn erstens hielte ich dazu zu viel von ihnen und ihrer Intelligenz, und zweitens habe Müller es mir selbst bestätigt. – Dann kam die Vernehmung. Dann sagte er, über Mami und Willo würde ich noch vernommen, und dann, also vielleicht eine halbe Stunde nachdem wir das Thema geschlossen hatten, fragte er, ob ich noch etwas zu meinem Schriftsatz zu sagen hätte, worauf ich erwiderte: Nein. – Das Ganze sehr merkwürdig. Jedenfalls war klar, dass sie den Schriftsatz noch nicht weitergereicht hatten, vielmehr ist das Exemplar, das jetzt beim V. G. H. ist, das Doppel, was ich beigelegt hatte und das offenbar – wie ich gehofft hatte – der Oberreichsanwalt gleich abgenommen und dabehalten hat. Hoffentlich kommen sie nicht dahinter. Sicher ist, dass der Schriftsatz irgendwo getroffen hat, denn sonst wäre das Exemplar nicht so zerlesen gewesen. Wenn meine Anführung von Müller als Zeuge ihn nur verärgert hat, wäre es dumm, wenn es aber zugleich das Bild des naiven Utopiers bestätigt hat, kann es nützlich sein.[2] Wie immer es ist: alea jacta sunt,[3] und ich kann jetzt nicht mit der Wimper zucken, sondern muss schnurgerade auf dieser Linie bleiben. – Klar ist aber, dass sie das Todesurteil durch meine Schrift nicht gefährdet sehen, denn sonst hätten sie mehr Anstrengungen gemacht, Gegenminen zu plazieren.

Nun war heute Hercher da, hat hauptsächlich mit Delp gesprochen, mir aber die Anklage zu lesen gegeben. Aus der Unterhaltung mit ihm war klar, dass er die Gerichtsakte zwar gelesen hat, aber flüchtig. Ich habe ihm nun bestimmte Fragen gestellt, vor allem festzustellen, ob vielleicht Vernehmungsprotokolle von mir fehlen. Ruf ihn doch bitte noch ein Mal an; wenn er die Gerichtsakten einsieht, möchte er, bitte, feststellen, ob alle Protokolle von mir und ob meine beiden Briefe an Huppenkothen[4] da sind. Aber auch, ob die Kiep-Protokolle bei den Akten sind. – Weiter hat er erklärt, er hielte die Kenntnis der Polizei für keine Verteidigung; die Anzeigepflicht bestehe absolut. Ich habe ihn an Dix verwiesen. Bitte rufe Dix an und sage ihm das. Ich ließe ihn sehr bitten, Hercher tüchtig einzuheizen, denn wenn er mich in diesem Punkt mit seinem Plaidoyer verlässt, so ist das übel. Dix soll ihn ganz scharf machen. Nun zur Anklage. Der Eindruck ist weiter der gleiche, dass kaum verständlich ist, warum die Offensive so falsch liegt. Nur in einem Punkt hat das genaue Studium eine neue Schwierigkeit gezeigt; meine Hauptbelastung ist nicht Maaß, sondern offenbar Steltzer. Von dem stammt vieles, was nach meinem ersten Eindruck von Maaß zu stammen schien. Unter diesen Umständen wäre es wichtig, *a.* ihn mit meiner Verteidigungslinie vertraut zu machen, und *b.* von ihm eine klare Darstellung zu bekommen, wie er sich in diese Linie einfügen kann. Vielleicht kann das Frau Graf (?) im Weihnachtstrubel erledigen. Von Maaß kommen einige ganz dummme Anwürfe und eine ganz blödsinnige Darstellung der Besprechung in Kreisau «im August 43». Damit müssten wir fertig werden. Von Steltzer kommt der Mist über «Führungskreis aus Bischöfen und Gewerkschaftlern», die eine Art Regierungsersatz oder Führerersatz darstellen sollten. Außerdem behauptet er – nach der Anklage –, in meinem Auftrag nach München gefahren zu sein. – Wir müssen also versuchen, von Steltzer eine Zusage zu bekommen, dass er seine Aussagen so halten kann, dass sie mit meiner Verteidigung harmonieren, denn ich habe keine Lust, von Freisler in einen Konflikt mit St. gebracht zu werden.[5] – Die Aussagen Sperr und Reisert passen, soweit ich sehen kann, sehr gut, und von der ganzen Korona scheint mir nur noch Steltzer nicht in Reih und Glied zu stehen.

Nun kommt meine Gesundheit: Der Ausflug gestern ist mir ganz miserabel bekommen. Ich war in der P. A. so steif, dass ich die größte Mühe hatte, die Treppen hinaufzuklimmen, und war nur noch in meinem Ischias-Nerv. Die restlichen Rheumaschmerzen sind weg, der Ischias aber reagiert auf unfreundliche Kälte oder starke Beanspruchung sofort. Ich würde gerne etwas dagegen tun, denn in dem jetzigen Zustand kann ich keine 15 Minuten hintereinander stehen. Und dabei ist mir nun ein anderer Gedanke gekommen. Wir müssen ja ruhig weiter versuchen, den Termin zu verschieben, denn es bleibt dabei, dass jeder Tag ein Gewinn ist. Frage: Ob Du Anfang Januar mal mit Thiele sprichst, ihm sagst, ich sei so krumm, dass ich nicht stehen könne, wolle aber nicht ins Lazarett, weil der Termin bevorstehe und ich vorher auch durch Lazarettbehandlung nicht in Ordnung kommen könnte. Ob nicht wenigstens soviel Zeit noch wäre, dann würde ich am Freitag, das ist immer der Arzttag, meine Übernahme ins Lazarett betreiben; aber das hätte eben nur Sinn, wenn ich mindestens 14 Tage bis 3 Wochen liegen könne; alles andere nutzt nichts. – Zweiter Gedanke: Ob es nicht eine Krankheit gibt, die man künstlich erzeugen kann, ohne dass sie gleich durch Spritzen kurierbar ist, und die einen fest ans Bett oder wegen Ansteckung in Quarantäne bindet? An sich wäre es garnicht übel, wenn ich so am 5.1. auf ein bis zwei Monate verhandlungsunfähig wäre. Aber es müsste natürlich etwas sein, was auch ein bösartiger Arzt, denn das würde der hiesige sein, einfach nicht übersehen kann. Am besten wäre natürlich Fleckfieber oder irgendetwas anderes, bei dem die Leute Angst vor Ansteckung haben. Besprich das doch mal mit P. und Muto.[6] Gegen das künstlich krank machen bestehen natürlich sicher Bedenken, aber wir befinden uns immerhin in einer sehr ungewöhnlichen Lage.

Der Engel, mein Lieber, ist sehr lieb und behütet mich bestens. Eine Bitte habe ich noch: Weihnachten brauche ich noch eine Kerze; wenn Du sie P. entwendest, musst Du sie ihm wiedergeben. – Schluss des sachlichen Teils, glaube ich.

Mein liebes Herz, Dein Zusammenbruch auf die gute Nachricht und die dadurch bewirkte Entspannung hat mir ein Mal wieder recht klar gemacht, wie anstrengend das alles für Dich, mein Armer, ist. Das geht nun schon 2½ Monate so, und ich denke mit Schrecken daran, wie es Dir gehen mag, wenn nun das Wahrscheinliche eintritt und ich umgebracht werde. Mein Armer, dass Dich das Glück der gewonnenen drei Wochen so mitgenommen hat, zeigt, dass Du Dich schonen musst. Ruhe Dich bis Neujahr aus, denn in der Zeit ist hier sachlich doch nichts zu machen; es ist daher die Zeit, wo Du am ehesten entbehrlich bist. Nur das Kassibergeschäft musst Du vorher so entriert haben, dass es während Deiner Abwesenheit abgewickelt wird. – Richtig, das Schwein Weber, der mich abholte, fragte, ob Du schon ein Mal Sprecherlaubnis gehabt hättest. Das kann nur Geschwätzigkeit gewesen sein. Aber bitte sei vorsichtig, vor allem mit unseren Briefen. Du musst im Grunde immer mit Deiner Verhaftung rechnen, wenn es auch jetzt ohne besonderen Anlass nicht mehr zu erwarten ist. Richte Dich jedenfalls so ein, dass kein Unglück geschieht, wenn Du verhaftet werden solltest.

Ja, mein Lieber, natürlich bin ich über die Verschiebung froh und dankbar. Ich habe allerdings den Eindruck, dass ich dadurch weniger berührt war als P. und Du, Eugen und Delp und Claus. Ich fühlte mich so geborgen, dass ich dem Termin ohne innere Anspannung und Anstrengung entgegen sah. Ich war dafür sehr dankbar und kann nur darum bitten, dass er mich wieder so in seinen Schutz nimmt, wenn der Termin heranrückt. Aber dadurch war es keine solche Erlösung. Ja, ich freue mich auch, Weihnachten noch ein Mal erleben zu dürfen, und es ist bei aller Ungewissheit doch auch in Kreisau für Dich und die anderen leichter, als wenn ich gerade tot oder verurteilt, aber noch nicht hingerichtet wäre.

Den Tag, mein Herz, habe ich mit einer mir sehr lieben Beschäftigung verbracht, die Dich hoffentlich erreichen wird. Ich will ehrlich sagen, dass ich nie damit gerechnet hatte, Weihnachten noch zu leben, und so waren leider auch meine weihnachtlichen Gedanken für andere, selbst für meinen Liebsten, steril. Darum ist das nicht so, wie ich es gerne gemacht hätte; es ist vielmehr eine Skizze und keine wirkliche Ausführung. Dann ist es auch viel zu schnell entstanden, denn ich will es P. morgen mitgeben, da ich ja nicht weiß, wann Du fährst und ob ich P. vorher noch ein Mal sehe. – Komme übrigens nicht am letzten Tag zu mir, denn es ist immer möglich, dass ich zu einer Vernehmung geholt werde. Lebe wohl, mein Herz, ich will pümpeln. Schlaf gut. Der Herr behüte Dich und uns. J.

1 In der Verteidigungsschrift behauptete Helmuth, dass die Gestapo von den Aktivitäten von Carl Friedrich Goerdeler wusste und daher keine Pflicht bestand, ihn anzuzeigen. *2* Helmuth hoffte, dass der Volksgerichtshof ihn als abgehobenen Theoretiker betrachten würde. *3* Die Würfel sind gefallen. *4* Helmuth schrieb im März 1944 im Konzentrationslager Ravensbrück zwei Briefe im Zusammenhang mit den Verhören zum Solf-Kreis und Otto Carl Kiep an die Gestapo. Siehe *Im Land der Gottlosen*, S. 98 und 103. *5* Der Prozess gegen Theodor Steltzer wurde im Januar 1945 abgetrennt. *6* Irene Yorck von Wartenburg war Ärztin.

Helmuth James an Freya, 17. Dezember 1944

17. 12. 44.

Guten Morgen, mein Herz, wo magst Du sein? Vor allem wollte ich Dir noch ein Mal eines schreiben: Die Sache sieht nach aller menschlichen Vernunft ganz unverändert aussichtslos aus. Lass bloß nicht das Gefühl in Dir aufkommen, dass, nachdem ein Wunder geschehen ist, auch ein neues geschehen muss. Nicht wahr, Gott hat uns nur gezeigt, dass er mit uns ist und bei uns; er hat in keiner Weise angedeutet, dass er mich retten will. Wir haben alles Recht, ihn zu bitten, dass er mir noch ein Stückchen Leben zulege, wie er es dem König Hiskia[1] getan hat, wir wissen auch ganz bestimmt, dass er mich in jeder Lage zu retten vermag. Aber weiter dürfen wir nicht gehen. Es gibt nur diesen Weg, und der ist, ihm zu vertrauen und ihn zu bitten. – Rede auch, bitte, sehr sorgfältig mit Ulla; sage ihr, wie sehr ich da ihrer Hilfe bedarf, dass ich ihr danke und sie bitte, weiter für mich zu arbeiten.

Mein liebes Herz, wie werden sich diese Monate ein Mal rückschauend für Dich ausnehmen? Was wirst Du von ihnen in 20, 30 Jahren, wenn Du dann noch lebst, denken? Zuerst dachte ich, es handele sich um Tage, dann wurden daraus Wochen, und jetzt sind es mehr als 3 Monate. Lass es nur keinen Abschluss, kein Ende werden. Nun, das weißt Du ja; Du musst diese Zeit besitzen und behalten, Du musst bewahren, was Du mit so viel Schmerzen erworben hast, und Du musst sehen, dass eines Tages auch die Söhnchen davon profitieren. Bei all diesem muss Dir Gott helfen, denn alleine vermagst Du es doch nicht.

Da war eine Störung. – Die Rentenannie finde ich natürlich gut, aber sei vorsichtig. Was heißt verzichten? Wem gegenüber, auf welche Dauer? Maack soll sich die Sache gut ansehen, und auch Sperling soll sich der Partei gegenüber, am besten beim Kreisleiter, äußern. Nur nicht jetzt lau werden, sondern sowohl «praktisch» wie rechtlich Nägel mit Köpfen. M. E. sollte Sperling auf einer schriftlichen Erklärung sei es der Rentenannie oder der Partei bestehen. Denn die Rentenannie tut das nicht aus Nächstenliebe. Man muss froh sein, aber nun auch Klarheit schaffen und nicht alles nur in Gesprächsform behandeln. Sonst sind die Möbel im Schloss nur das trojanische Pferd. Deswegen bin ich eben dafür, dass die Möbel auf unsere Kosten in Schweidnitz gespeichert werden. Aber sie muss den Lagervertrag abschließen und wir nur zahlen. Bitte sei vorsichtig.

1 2. Könige 20. Siehe Helmuths Brief vom 21. November 1944, S. 216.

Helmuth James an Freya, 17. Dezember 1944 (offizieller Brief)

Strafgefängnis Berlin-Tegel
17.12.44.

Mein Lieber, dritter Advent ist heute, und ich denke voller Zärtlichkeit an Euch, wie Ihr da mit den vielen Kindern singt; sicher ist auch die Aufregung für und über Weihnachten schon sehr groß. Ob Ihr Schnee habt? Hier ist seit gestern schönes, klares, kaltes, aber schneeloses Winterwetter. Hoffentlich gibt es nach dem trockenen Sommer einen schneereichen Winter. Mein Rheuma ist ganz weg, aber Ischias ist geblieben, und zwar recht übel. Wo das nur herkommen mag? Ich habe so etwas nie mehr gehabt, seit ich meine Mandeln los bin. Augenblicklich ist es so, dass ich ganz außerstande bin, 10 Minuten aufrecht ohne Anlehnen zu stehen, und grade vermag ich ohnehin nicht zu stehen oder nur mit Mühe und Schmerzen. – Es ist ja keine fürchterliche Krankheit, aber es ist sehr lästig. – Sonst geht es mir sehr gut. Trotzdem ich mich kaum bewege, weil mir das zu weh tut, kann ich mich gut warm halten, und so ist alles ganz angenehm. – Geschehen ist hier garnichts, weil eben nichts geschieht. Die Ereignisse sind eigentlich immer drohende Luftangriffe oder die Angriffe selbst. Aber auch da haben wir jetzt einige Tage Frieden gehabt.

Mich beschäftigt der Betrieb natürlich weiter sehr. Ich sehe ja aus der Zeitung, was es alles für Schwierigkeiten geben muss. Z. kann ja improvisieren, aber ich fürchte doch, dass der Betrieb herunterkommen muss. Vor allem wüsste ich gerne, ob Ihr schon Klarheit darüber habt, ob und wie unsere Viehbestände reduziert werden müssen. Ich bin ja wegen der Stickstofflage dafür, jedes Rind und Schaf zu halten und sich mit Händen und Füßen gegen einen Abbau zu sträuben. Abwärts geht es immer sehr schnell. Das Schlimme ist nur, dass, wenn wir jetzt den Lanz abgeben müssen, eigentlich die Ochsen gehalten werden müssten, denn wir sind doch sonst einfach zu schwach bespannt. Zu dumm, dass Ihr das alleine regeln müsst, denn Z. macht gerade solche Sachen schlecht, selbst wenn er sich nicht gerade mit der Bauernschaft anlegt.

Wie ist eigentlich dieses Jahr die Möglichkeit, den Polen[1] Urlaub zu geben. So etwas gibt es sicher garnicht. Das ist sehr dumm. Wenn es irgend geht, soll Z. sich wieder eine Methode ausdenken, wie er den Polen klarmacht, dass die Sperre nicht von uns ausgeht. Denn wir werden ja nächstes Jahr noch viel mehr auf deren guten Willen angewiesen sein als früher.

Wie ist es eigentlich dieses Jahr mit der Rücklieferung von Öl und Margarine gewesen. Hast Du Dich ein Mal darum gekümmert, oder hat Z. das autokratisch erledigt, da ich nicht da war.

Leb wohl, mein Lieber, meine Gedanken begleiten Dich und alle Kreisauer immerzu auf ihren Wegen. Nun bitte ich Dich noch, allen von mir ein gesegnetes Fest zu wünschen; hoffentlich wird es für alle schön. J.

1 Dienstverpflichtete polnische Landarbeiter ersetzten deutsche Landarbeiter, die zum Militär eingezogen waren.

Helmuth James an Freya, 17. Dezember 1944

Berlin, den 17. 12. 44.

Mein Lieber, um ½6 habe ich meine Kerzen am Zweig angezündet, ein wenig guten Geruch durch Anbrennen eines Ästchens verbreitet, die lange Kerze hinter mir aufgestellt und angesteckt, das elektrische Licht ausgedreht, abwechselnd Advents- und Weihnachtslieder gelesen, gesungen oder gepfiffen und nur die Kerze angeschaut und während der ganzen Zeit lieb und zärtlich an Dich und die Söhnchen gedacht, wie Ihr wohl gerade mit all den anderen Kindern sänget. Ich habe am Schluss die große Kerze ausgemacht und zugesehen, wie die Kerze am Ast ganz ausbrannte. Dann habe ich erst den Weihnachtsbrief an C'chen geschrieben, und jetzt siehst Du ja, was ich tue. – Dieser Abend war sehr schön und wird es bleiben, und das ist mir besonders lieb, weil ich einen «müden» Tag hatte, müde im Geist. Ich war nicht eigentlich traurig, sondern es war eben nur so, dass Kopf, Herz und Seele nicht mehr recht wollten; sie wollten garnichts tun, und das ist immer schlimm, weil das dann entstehende Vakuum unweigerlich von Erwägungen über den Termin und seine völlige Aussichtslosigkeit und über die militärische Lage, die auch keinen Lichtblick «one way or another» bietet,[1] angefüllt wird. Das ist immer sehr gefährlich, denn das ist das obere Ende einer schiefen Ebene. Kannst Du Dir einen «müden» Tag vorstellen: Am liebsten würde ich dann, so fühle ich mich in diesen Augenblicken, bis zum Termin fest schlafen; nur nicht noch ein Mal die intellektuelle Anstrengung, den Stoff zu meistern und ihn verstehbar darzustellen, nur nicht noch ein Mal die Kampfbereitschaft neben der Todesbereitschaft «herstellen» und erkennen, sondern eben nichts mehr; bis es soweit ist.

Im übrigen bin ich undankbar, denn der Tag hatte zwei weitere Lichtblicke: P. kam wieder wie jetzt jeden Sonntag; und dann brachte er einen Brief. Der arme P. hat sich ganz scheußlich an der Oberlippe geschlagen, aber es scheint gerade noch ein Mal gut gegangen zu sein. Der Brief, mein Herz, freute mich sehr. Über Tauf- und Konfirmationsspruch bin ich riesig glücklich. Beide gehören zu meinem eisernen Bestand, und ich habe sie mir beide im Laufe dieses Jahres viele hundert Mal vorgesagt, ohne zu wissen, dass es meine Sprüche waren. Ist Dir auch aufgefallen, dass mein Konfirmationsspruch räumlich, aber vor allem geistig Konrädchen's Taufspruch[2] benachbart ist. Es sind jedenfalls beides besonders schöne und mir jetzt auch sehr nahestehende Sprüche.

Was Du über Deine Funktion in meinem Leben schreibst, billige ich, glaube ich, nicht ganz. Es liegt darin eine Überschätzung zu meinen

Gunsten. Aber ich will nichts weiter dazu sagen, weil ich mich heute weniger kenne als je zuvor. Ich kenne mich zur Zeit bei mir garnicht aus, und je mehr ich unter dem Druck von mir selbst gesehen habe, umso weniger kann ich mir, wenn ich ehrlich bin, einen Reim auf mich selbst machen. Sterbe ich, so bin ich so oder so auf die Gnade angewiesen, und ich brauche mich mit meinen eigenen Rätseln nicht herumzuschlagen; sollte der Herr mich aufbewahren, so wird sich das alles schon wieder in irgendeinen Rahmen hineinziehen und hineinpassen.

Im übrigen ist zu Mitgefühl mit mir garkein Anlass, denn ich habe es im Grunde doch sehr gut. Die Kräfte können ohnehin nur von oben kommen, denn das ist alles jenseits rationaler Möglichkeiten. Und ist die Gnade groß, so wie sie es in der vergangenen Woche war – nein, die Gnade ist immer unendlich, es muss heißen, ist die gnadenhaft gewährte subjektive Empfänglichkeit für die Gnade groß –, dann erscheinen riesige Berge wie Maulwurfshügel, und wird einem diese Empfänglichkeit nicht gewährt, dann ist jeder Maulwurfshügel ein Montblanc. Kurz, das hängt nur von der Relation ab und kann nicht absolut verstanden werden.

Die Nachrichten über Peters haben mich sehr gefreut. Du musst ihn in etwa über meine Verteidigungslinie informieren, ehe er zu F. geht. Sage ihm, ich sei nach ihm gefragt worden, er käme aber nicht wieder vor, vor allem nicht in der Anklage. Unterrichte ihn auch darüber, dass er, wenn er je gefragt werden sollte, P. nicht erwähnt. – Dann die Gnadensache. Ermittele erst über Haus den Tatbestand und spreche dann mit Dix. Ich kann es wahrlich nicht beurteilen. Dass die Sache im S. D.-Sektor vergessen ist, halte ich für ausgeschlossen. Ich halte für möglich, dass H. H. a limine[3] abgelehnt hat, halte auch für möglich, dass bei der Unklarheit des Tatbestandes «Kreisau» entschieden worden ist, nach dem Termin die Gnadenfrage zu prüfen, und halte schließlich für denkbar, wenn auch sehr unwahrscheinlich, dass F. gesagt worden ist, dass auf ein Todesurteil kein entscheidendes Gewicht gelegt würde, falls es sich umgehen ließe. – Ob mit Keitel oder Jodl darüber gesprochen ist, weiß ich nicht; man müsste es eigentlich annehmen, weil sonst schwer verständlich ist, wie die 6 Wochen auf dem Gesuch sitzen können, ohne es vorzulegen, ohne es ab- oder zurückzugeben. Meine eigene Diagnose geht dahin: Jodl hat mit H. H. gesprochen, und sie haben beschlossen, nach dem Urteil zu prüfen, ob etwas zu machen sei, oder sie haben beschlossen, keinesfalls eine gnadenweise Ermäßigung in Erwägung zu ziehen, also auch nicht vorzulegen, sondern zu vollstrecken. Ob ein Vorstoß bei Müller richtig wäre und wann, hängt von dem Tatbestand ab, und das musst Du dann mit allen Einzelheiten mit Dix erörtern. Das Ganze ist ein typisch taktisches Problem und Dix der genau richtige Mann. Sieh also, dass Du in absehbarer Zeit einen Termin von ihm bekommst. Dabei müssen die drei Linien: Keitel, Hewel, Himmler erwogen werden. Du darfst m. E. keinesfalls irgendwo auftreten, sondern höchstens Dix für die Moltke-Männer. Wenn Keitel nicht an H. H. abgibt vor der Entscheidung, dann kann es sich bei H. H. und damit bei Müller nur darum handeln, die Vollstreckung zu blockieren. Das alles ist recht schwierig mein Herz, und ich frage mich, ob es nicht das Beste wäre, Du bätest Haus, mal mit zu Dix zu kommen; sonst kommen nämlich schon garnicht die richtigen Fragestellungen für Haus' Rückfrage bei Jodl zustande. Die Texte des Gesuchs und die Briefe an H. H. hat Dix doch? – Du sagst doch, Onkel Peter könne feststellen, ob das Gesuch bei H. H. gelandet ist. Ist das geschehen? Im Ganzen bin ich der Meinung, dass jetzt nur festgestellt werden muss, was eigentlich aus dem Gesuch geworden ist, und nur, wenn sich dann etwas Besonderes ergibt, ein Nachstoßen in Frage kommen kann. Du solltest aber bei keiner dieser Aktionen auftreten. Ich meine also, man kann jetzt nichts tun, um das Urteil der entscheidenden Männer zu beeinflussen; man kann nur feststellen, ob die Schreiben nicht irgendwo büro- oder bearbeitungsmäßig ganz falsch liegen. Das Einzige, was sachlich vielleicht geschehen könnte, wäre eine Abgabe von Keitel mit einem Befürwortungsschreiben an H. H. Das hätte m. E. Hand und Fuß, ob es aber wirklich richtig ist, kann ich auch nicht beurteilen.

Nein, über M. D. hattest Du mir noch nicht geschrieben. Ich finde diesen Plan gut. – Wenn ich morgen früh noch Zeit habe, schreibe ich Dir auf die Rückseite den Anfang der Anklage, soweit ich ihn abgeschrieben habe. Das ist für Einsiedel und C. D. interessant. Beide kommen, wie Delp mir sagte, auch in seiner Anklage vor.

Hercher: Außer den beiden Dingen, um deren Feststellung ich ihn hier gebeten hatte – was Steltzer gesagt hat, und ob mein Protokoll vom 21. 9. «Umsturzführer[?]» da ist, was Du beides am besten nicht weißt –, bäte ich ihn *a.* zu kontrollieren, ob alle meine Briefe und Protokolle vorgelegt sind – eine Liste hat er –, und *b.* in der Hauptakte festzustellen, ob noch sonstige Beweismittel z. B. Aktennotizen des S. D., Vernehmungen anderer Männer über mich, vielleicht Bericht der Stapo Schweidnitz vorliegen und mit welchem Inhalt, *c.* den in der Anklage zitierten Brief Canaris an Bamler vom Januar 43 zu lesen und sich darüber vielleicht eine Notiz zu machen, *d.* recht bald wieder zu kommen, denn es gäbe noch viel Arbeit. – Ich hätte gerne gelegentlich Nachricht über das Kassibergeschäft der Vorwoche.

Mein Herz, ich werde jetzt pümpeln. Ich kann zum Schluss nur wieder sagen, was ich in der heutigen Nachschrift zu meinem gestrigen Brief gesagt habe: Mit menschlichen Augen gibt es keine Rettung, sondern da geht der Weg schnurgerade nach Plötzensee an den Galgen. Gott vermag alles, und alle Argumente gelten vor ihm nichts. Wir haben ein Recht, um mein Leben zu bitten, solange das «Dein Wille geschehe» dadurch nicht übertönt wird. Wir sollen auch alle Schritte unternehmen, die irgendeinen Sinn haben, aber wir wollen nie vergessen, dass nur Gott dieses Schicksal zu wenden vermag und dass wir das wahre Ziel, ihm alles anheimzugeben, sich von ihm leiten zu lassen, seinen Willen zu ehren, durch keine Geschäftigkeit aus den Augen verlieren dürfen. Er hat uns so viel geschenkt, dass wir ganz sicher sein können, dass er uns hört, auch wenn seine Gerichte unbegreiflich und seine Wege unerforschlich sind. Mein Herz, er behüte Dich und uns. J.

Eben fällt mir noch eine Sensation ein: Eines der Eier von den neuen Hühnern – mit der sprenkligen sehr guten Schale –, das ich heute Abend aß, bestand nur aus Dotter. Nur ganz unten an der abgeplatteten Spitze hatte es vielleicht in der Höhe einer Bleistiftbreite Eiweiß: es war einfach ein riesiger Dotter mit ganz wenig Eiweiß. Ich dachte zuerst, es sei schlecht, als es unter der Schale ganz gelb war. – Noch etwas: Wann Du kommst, ist von mir aus gesehen ganz gleich, nur lass es nicht auf den letzten Tag; das ist zu riskant. – Wenn Du in die Lans-Schule gehst, so lass Dir doch von Frl. Thiel 3 große Umschläge für mich geben und erfrage dort auch die Zahl der Wehrkreise.

1 Die Einschätzung könnte sich auf die am Vortag begonnene Ardennenoffensive beziehen, den letzten Versuch der Deutschen, den Ring der Alliierten im Westen zu durchbrechen. *2* 1. Korinther 16,13: «Wachet, stehet im Glauben, seid männlich und seid stark.» *3* «Kurzerhand», «ohne Prüfung des Sachverhalts».

Helmuth James an Freya, 18. Dezember 1944

18. 12. 44.

Guten Morgen, mein Herz. Ob Du eine sehr schlimme Nacht gehabt hast? Ich scheue diese Reise für Dich und denke immer, dass bei der großen Anstrengung, die diese Zeit für Dich bedeutet, diese Reise doch sehr viel wird. Schlaf' Dich nur gut aus. Ich will Dir nun auch ein Mal den Anfang der Anklage schreiben, denn daraus wirst Du die Tonart schon bemerken:

Graf Moltke, der auf Grund starker kirchlicher Bindungen und infolge skurril gemischter föderalistischer, teils reaktionärer, teils marxistischer Ansichten seit jeher Feind des n. s. Reichs und seit Jahren hemmungsloser Defaitist ist, verstand es schon seit 1940, eine Reihe von Staatsgegnern verschiedener Richtungen an sich heranzuziehen. Dieser Kreis setzte sich aus Vertretern der Adelsschicht wie Yorck, Schulenburg, Schwerin, Haeften, Trott, Einsiedel, Trotha und Husen,[1] ferner aus Geistlichen beider christlichen Konfessionen wie Delp, König, Rösch, Gerstenmaier und aus dem kirchlich stark gebundenen Steltzer, sowie aus alten Marxisten und Gewerkschaftsfunktionären wie Mierendorff, Leuschner, Maaß, Reichwein, Haubach und anderen zusammen. Von Moltke versammelte seine politischen Gesinnungsfreunde in den Jahren 1941 bis 1943 wiederholt zu oft mehrere Tage dauernden Versammlungen auf seinem Schloss in Kreisau um sich, wo dann zahlreiche politische Fragen in bewusster Gegnerschaft zum N. S. und in betont defaitistischer Haltung erörtert wurden. Dabei versuchte er im Laufe der Zeit in zunehmendem Maße und schließlich mit sichtbarem Erfolg, die zunächst mit den gegensätzlichsten Anschauungen erschienenen Teilnehmer dieser Zusammenkünfte auf eine von ihm vertretene staatsfeindliche Linie von einer gewissen einheitlichen Geschlossenheit auszurichten. Neben den Besprechungen in Kreisau fanden zahlreiche, denselben Gegenstand betreffende, kleinere Unterredungen mit wechselnder Beteiligung in Berlin in den Wohnungen von Moltke's und Yorck's, aber auch in München statt. In allen diesen der Zahl nach nicht mehr feststellbaren Zusammenkünften propagierte v. M. unentwegt den Gedanken, dass Deutschland den Krieg mit Sicherheit verlieren und damit der Führer und der N. S. beseitigt werden würde. Es gelte, so führte er weiter aus, sich schon jetzt auf diesen Zeitpunkt zu rüsten und dafür ein Not- und Auffangprogramm aufzustellen. Als solches entwickelte er folgenden Plan: An die Stelle des die Volksgemeinschaft tragenden N. S. hätten die christlichen Kirchen beider Konfessionen als das politische Zeitgeschehen überdauernde Ordnungselemente zu treten.

Weiter bin ich mit dem Abschnitt nicht gekommen. Hinterher kommt noch eine üble Stelle bei Steltzer, die so heißt:

Im Spätfrühjahr 1943 hielt Steltzer im Auftrage des Grafen von Moltke in der Wohnung des Pater's Delp in München eine Besprechung ab, an der weiter Dr. Mierendorff, Rösch, Reisert und Fugger teilnahmen. Einleitend erklärte Steltzer, er habe im Auftrage des Grafen von Moltke einen Bericht über die militärische Lage zu geben, so wie sie das O. K. W. sehe. … (Fazit: Krieg verloren). Ebenso fasse auch Moltke eine deutsche Niederlage ins Auge, die gleichbedeutend mit dem Sturz des n. s. Regimes sei. Für diesen Fall wäre erforderlich, schon jetzt ein Rahmenprogramm aufzustellen. Dabei sei daran gedacht, dass ein populärer General als Reichsverweser die Situation zu retten versuche. Dann müssten in den Gauen Leute sein … Streng föderalistische Verfassung mit weitgehender Selbständigkeit der Gliedstaaten. Die Moltke'schen Ideen würden sich nur im Rahmen einer Militärdiktatur verwirklichen lassen.

Es wäre wichtig, Reisert über diesen Schmarrn zu informieren, auch Steltzer, wenn das geht. Es ist aber notwendig, dass mit Steltzer und Sperr irgendein Zeichen ausgemacht wird, aus dem sich ergibt, dass sie die Sachen bekommen haben, selbst wenn sie keine Antwort geben können.

Mein liebes Herz, leb wohl, ich will ein wenig an meiner neuen Besprechung mit Hercher arbeiten. Der Herr behüte Dich und uns. J.

1 Helmuth schrieb «Hülsen», sicherlich ein Versehen.

Helmuth James an Freya, 18./19. Dezember 1944

Tegel, den 18. 12. 44.

Mein Lieber, aus Versehen schrieb ich beim Datum ganz in Gedanken verloren hinter der 18. eine 10. Zu 18. gehört eben 10,[1] so scheint es mir. Wir sind aber ⅙tel Jahr über den 13. Jahrestag hinweggekommen, während ich kaum geglaubt hatte, den 18.10. zu erreichen. Das heißt auch, dass morgen der zwölfte Monat der Haft beginnt. Fast ein Jahr, und wie schnell ist es vergangen. Wenn ich ehrlich bin, so muss ich sagen, dass ich diese 11 Monate in meinem Leben nicht missen möchte. Ich habe manches gelernt, ich habe zu vielem eine ganz neue Beziehung bekommen, ich habe gelernt, mit mir ganz allein zufrieden zu sein, ich habe die Bibel kennengelernt, wie es mir sonst wohl nie möglich gewesen wäre, ich habe Tiefen und Höhen erlebt, bin gedemütigt und wieder aufgerichtet worden. Ob der liebe Gott mich dieses alles hat erfahren lassen, um mich reif für den Tod zu machen, oder ob er mich mit diesem noch ein Mal in die Welt entlässt? Schon die Frage ist ungebührlich, denn es steht uns eben nicht an, Gottes Ratschluss erraten zu wollen, wir vermögen es auch nicht. «Das Herz aber ist ein verzagt Ding»,[2] sagt Jeremia, und möchte gerne wissen. Dabei ist er doch so freundlich zu uns und zu mir, und er erlaubt mir mal wieder zu fühlen, dass er mich in seiner Hand hält, jetzt gegenwärtig. Die Zukunft aber ist wie der Baum der Erkenntnis, man darf nicht, auch wenn man möchte; und man lernt, dass man kein Recht hat, den nächsten Morgen noch zu erleben, geschweige denn den 8. oder 9. Januar zu überleben. Das ist eine schwere Schule, weil man es nie lernen kann, außer in der wirklich und definitiv letzten Stunde und Minute; da muss man es hoffentlich lernen.

Wie magst Du gereist sein? P. hatte noch keine Nachricht; aber mir ist eingefallen, dass Du ihn ja in Brandenburg wähntest, und deswegen vielleicht Dich garnicht meldetest. Es wäre sehr ärgerlich, wenn Du die Nacht in Liegnitz hättest verbringen müssen. Nun werde ich wohl morgen früh Nachricht bekommen. Du wirst ja auch wohl morgen oder übermorgen oder Donnerstag zur Sprechstunde kommen, und darauf freue ich mich schon sehr. Wie schön, mein Lieber. Vergiss nicht, zum Schluss mir Kreuzchen auf die Stirn zu machen. Das hast Du schon in Grundlsee getan, und ich will, wenn der Herr es so bestimmt hat, auch mit einem Kreuzchen vom Pim zum Galgen gehen.

Mein Herz, kannst Du mir wieder einen frischen Tannenzweig zu Weihnachten mitbringen? Die stauben hier so schnell voll und sind dann grau und nicht grün. Um 2 ist die hiesige Weihnachtsfeier, und Du wirst dann wohl gerade aufbauen: ein winziges Weihnachten, denn Asta wird wohl auch in Breslau sein, oder wird es gelingen, Wend nach Kreisau zu bekommen?

Ich bitte Dich, noch folgende Fragen mit Dix zu erörtern: Müller hat mir doch erklärt, er müsste mich zum Tode verurteilen und hinrichten lassen. Wenn ich will, findet sich sicher eine Gelegenheit, das anzubringen, und zwar so, dass Freisler daraus entnimmt, dass Müller mir gegenüber die Sache als causa judicata[3] hingestellt hat, sodass die Verhandlung diesem politischen Entschluss nur Ausdruck zu geben hat. Frage: Wie reagiert Freisler auf eine solche Mitteilung, die an sich doch ungehörig ist und das Gericht und die Richter herabsetzt? Sagt er daraufhin: Nun gerade nicht! Wenn Müller solche Sachen macht, werde ich ihm zeigen, dass ich auch anders kann; so etwas tut man, aber man sagt es nicht. Oder ist ihm das ganz wurscht und freut er sich eher über das Eingeständnis enger Zusammenarbeit zwischen Polizei und V. G. H.? Nach der Beschreibung von Freisler könnte ich mir vorstellen, dass er auf den Schein seiner Entscheidungsfreiheit sehr bedacht ist. Besprich das bitte mit Dix. – Im Kassibergeschäft ist das Wichtigste der Ausbau einer zweiseitigen Verbindung mit Steltzer. – Dix wirst Du wohl auch nach Weihnachten erreichen können, aber vielleicht kannst Du wenigstens einen Termin bekommen.

Wichtig ist noch, dass Hercher möglichst bald wieder kommt. Jeder Besuch von ihm fördert neue Gesichtspunkte, Schwächen und Möglichkeiten zu Tage, und dadurch, dass Delp und ich aus ihm Honig saugen, schaffen wir ganz gut. Brigitte soll doch auch sehen, dass Mäder zu Eugen kommt. Da das, was wir da lernen, dann erst durch die Kassiberpost verarbeitet werden muss, so brauchen wir immerzu Zeit, und zwar eine ganze Menge Zeit; daher müssen die Anwälte sich eilen, wenn man ihnen auch den wahren Grund nicht sagen kann.

Mein Herz, ich habe nichts mehr zu schreiben, als dass ich Dich immer wieder ermahnen muss, Dir klar vor Augen zu halten, dass mir nach aller menschlichen Erkenntnis der Galgen absolut sicher ist, dass daher alles Machen und Treiben und Rennen zu keiner menschlichen Hoffnung berechtigt. Nur bitten dürfen wir, und Gott führt es ja doch, wie er will, und er kann mich retten; dass er es will, darum dürfen wir ihn bitten. Aber weiter, mein liebes Herz, kann ich Dich daran erinnern, dass er uns die Gewissheit gegeben hat, dass uns kein Tod trennen kann und dass wir letztlich zusammen nur ein Schöpfungsgedanke von ihm sind. So ist's, so war's, so bleibt's. J.

19. 10. [12.] 44.[4]

Guten Morgen, mein Herz, ob Du schon gesehen hast, was für eine schöne Stelle im Jesaja heute unser Jahresplan hat. Und wir lesen heute zusammen ja das schöne 21. Kapitel des Johannes-Evangeliums. Mir ist aus jenem Buch und vor allem aus dem Johannes-Evangelium so Vieles so kostbar geworden, dass ich nicht recht zu klassifizieren vermag, aber das 21. Kapitel gehört für mich ganz gewiss in die Spitzengruppe.

Heute Morgen ist mein Ischias das erste Mal wesentlich besser. Ich berichte es, obwohl ich noch nicht jubeln will, denn es ist immer noch störend und kann wiederkommen. Wenn wir uns sehen, mein Herz, werde ich solide darüber klagen, denn sonst kommen die auf den Gedanken, mich wieder zu fesseln, und diese Freiheit möchte ich mir gerne erhalten. Nimm also nicht ernst, was ich Dir da sage. Es kann stimmen, aber es braucht nicht zu stimmen. – Im Augenblick sitzt es jedenfalls vor allem wieder im Kreuz, und das ist nicht so schmerzhaft wie Bein und Knie.

Nachts ist mir noch folgendes eingefallen. Um die Frage, wieweit Kenntnis von Abwehr und Polizei ein Entschuldigungsgrund ist, wird möglicherweise ein harter Kampf entbrennen, wenn Freisler nicht, um dieser Diskussion zu entgehen, einfach sagt, die haben nicht gewusst, basta! Diesen Kampf muss ich bei der Einstellung von Hercher auch im Juristischen im wesentlichen alleine führen, denn Dix wird nicht imstande sein, Hercher mit dem nötigen furor zu erfüllen. Ich wäre nun sehr dankbar, wenn ich von Dix eine Unterlage dafür bekommen könnte: Welche Argumente sind bei Freisler die besten? Was steht in der Begründung des freisprechenden Urteils Zarden? Gibt es ein schriftliches Urteil Z.? (Randnotiz: Oder was hat F. gesagt?) Kann ich daraus vielleicht die entscheidenden Sätze bekommen? Wie beurteilt Dix die Lage, wenn als nicht nachgewiesen angesehen wird, dass die Polizei, wohl aber, dass die Abwehr wusste? Denn dass Abw. wusste, hat Lange selbst am Freitag mir nicht abgestritten. Ist ein Wehrmachtsangehöriger[5] nicht schon dann entlastet, wenn er wusste, dass die zuständige militärische Stelle unterrichtet war? Muss er dann darüber hinaus die Polizei benachrichtigen? Gibt es über diese Fragen vielleicht Entscheidungen, die Du mal nachlesen könntest? – Weiter: wie weit kann ich mich hinter Haubach's Anzeige decken,[6] wenn nachgewiesen wird, dass er in meinem Auftrage oder im Einvernehmen mit mir zur Polizei gegangen ist? Willst Du bitte diese Fragen mal ganz technisch mit Dix ganz genau prüfen und mir ein Gutachten machen? Wir sind uns klar, dass es sich in Wahrheit nicht um Juristerei handelt, aber trotzdem ist es besser, das juristische Gerüst genau zu kennen. Ich werde mir hier den Dalcke[7] geben lassen, den es hier gibt. – Bitte tritt Dix, dass er das sorgfältig macht, obwohl er mich nicht vertritt. Ich habe den Eindruck, dass um diese Frage der heißeste Kampf entbrennen wird.

Leb wohl, mein Herz, ich warte jetzt noch ein Mal auf Nachrichten. Hoffentlich bist Du wohl und kräftig. J.

1 Der 18. Oktober 1931, Helmuths und Freyas Hochzeitstag. *2* Jeremia 17,9. *3* Richterlich entschiedener Fall. *4* Hier schrieb Helmuth versehentlich 19.10.44. Siehe den Anfang des Briefes. *5* Helmuth war durch seine Tätigkeit im OKW Angehöriger der Wehrmacht. *6* Siehe Helmuths Brief vom 21. Dezember 1944, S. 376. *7* Albert Dalcke, *Strafrecht und Strafverfahren*, eine Sammlung der wichtigsten Gesetze des Strafrechts und des Strafverfahrens, in zahlreichen Auflagen erschienen.

Freya an Helmuth James, 17.–19. Dezember 1944

Sonntag Abend

Mein Lieber, ich bin gespannt, wie es sich auf dem gewellten Papier schreiben wird. Diesen Block ließ C.chen auf dem Schlitten liegen, und ein Freund von ihm ließ den Schlitten auf dem Steg bei den Kiefern in den Graben rutschen, und da wurden halt die ersten Bogen nass, aber nur die ersten. C.chen hatte aber großen Wert darauf gelegt, den Block eigenhändig rauf zu transportieren. Es war ein wunderschöner Wintertag mit warmer Sonne und blauem Himmel und jetzt am Abend hellen Sternen; dazu eine dünne Schneedecke, aber immerhin so dick, dass beide Söhnchen im Schlitten mitkamen und C.chen nach Tisch mit Skiern in die Sonne verschwand und darauf ganz munter herumrutschte. Wie schön Kreisau da aussah, kannst Du Dir, mein liebes armes Herz, ja vorstellen. Ich bin auch nicht weit gegangen, nur vom Berghaus in den Hof und zur Schwester, aber das war alles strahlend und schön. Jetzt habe ich sehr viel Muße, Dir, mein Herz, zu schreiben, sitze nämlich mit dem Rücken zum Ofen im Dienstraum im Kreisauer Bahnhof. Dieser Brief sollte eigentlich in Liegnitz entstehen, aber nun hat unser kleiner Zug, der um 10 vor 10 gehen soll, schon 120 Min. Verspätung. Ich hatte erwogen umzukehren, aber sie sind zu Hause alle gleich ins Bett gegangen, als ich aufbrach, und wenn ich jetzt auch nach Hause ginge und erst mit dem Frühzug führe, weil in Liegnitz mein Anschluss sehr gefährdet ist, und ich schriebe erst noch an Dich, würde ich auch nicht viel schlafen, etwa von 12–½5, und so habe ich Chance, doch den Anschluss noch zu bekommen und wenn nicht, im Reichshof einen Sessel zu beziehen, das ist auch nicht schlimm. So sitze ich hier friedlich, schreibe, lese, stricke und sehe, wie weit mich heute Nacht noch die Züge tragen werden. Mir ist eine solche Nacht so egal. Es war auch kein fürchterlich anstrengender Tag, denn ich habe mich nur auf die Sammlung der Berliner Sachen und die Kinder und eine Unterhaltung mit Romai nach Tisch konzentriert. Ich kam mit etwas Verspätung gestern um ½8 heil an. C.chen stand mit Liesbeth an der Sperre aus dem Schloss vom Singen kommend und schrie voller Erstaunen «Reyali», als er mich sah. Sie hatten ihm zum Spaß gesagt, es käme eine fremde Frau mit einem Paket, das müssten sie holen, und dann war ich es. Er fuhr mit meinem Rucksack gemeinsam im Schlitten nach Hause. Dort saß Konrad in der Küche und aß Ei und Butterbrot, riesig und auch sehr befriedigt, mich zu erblicken. Wir aßen dann alle zusammen mit Ulla, der es viel besser geht, und Frau Pick und ich brachten dann beide Söhnchen noch ins Bett. C.chen sah wohl aus, war rundlicher, zwar nur ein bisschen, aber für mich sichtlich, mit langen Haaren und wieder ein bisschen verändertem Gesicht. Um die Nase herum ändert er sich weiter. Die wird größer, und sein ganzes Gesicht hat einen erwachsenen Zug bekommen, mehr wie ein Junge. Das sieht alles sehr nett aus, wenn auch vielleicht weniger hübsch. Das Beste ist und bleibt vorläufig an ihm sein Herz. Ich suchte heute z. B. zwei lange Unterhosen von Dir und sagte, wie schrecklich es sei, wenn Asta die alle nach Breslau genommen hätte. Dann fand ich noch 2 von Wend. 10 Min. später traf ich C.chen, der mich voller Aufregung fragte, ob ich denn auch die Unterhosen gefunden hätte. «Gott sei Dank», sagte er dann voller Sorgen. Gestern fragte er mich erst einmal strahlend, an was er wohl denke. Das war natürlich Weihnachten, heute früh im Bett fragte er mich aber wieder, da sagte ich erst Weinachten, und das war falsch, und als 2. sagte ich «an den Pa», und das war richtig. Er denkt sehr häufig und ganz selbstverständlich und eben voller Liebe an Dich, und das ist jedesmal eine wahre Freude für mich. Er ist gut in Form, vergnügt und unterwegs mit irgendwelchen Kumpanen und recht beschäftigt von seinem Leben, nicht verwöhnt und ganz folgsam. Das kleine Riesentier gefällt mir weniger, obwohl es sehr begeisternd ist. Man merkt langsam den verzärtelnden Einfluss einer verliebten Kinderfrau, der guten Pickin. Das Essen steht bei ihm ganz im Vordergrund; er bekommt scheints alles, was sein Herz begehrt; er ist viel in der Küche, obwohl ich das energisch untersagt und sogar Dich – höchste Autorität bei Frau Pick – angeführt habe; er ist, der immer so mutig war, ganz pimpelig und faul, weil er enorm groß und eher dicklich ist. Das macht alles garnichts, denn es wird schnell vergehen, wenn z. B. Ulla wieder mehr bei Kräften ist oder Asta mehr da. Er ist dabei helle und durchaus unternehmend in seiner Art, nimmt es ganz ruhig mit C.chen auf, attackiert den. Grundsätzlich sind die beiden einander aber sehr zugetan. Heute früh, ehe wir rausgingen und ich noch im Haus herumpuselte, fand ich sie z. B. im großen Zimmer vereint Auto in einem Sessel spielend. – Es ist hier leider jetzt schwieriger mit dem Schreiben geworden, weil der gute Mann mit seiner Arbeit fertig ist und nun sehr gesprächig wurde. Leider hat mein Zug inzwischen 150 Min. Verspätung bekommen, und die Aussichten auf Anschluss werden immer geringer, aber nun bleibe ich schon dabei und muss mich ev. in Liegnitz vergnügen, denn jetzt schläft unweigerlich alles zu Haus. – Ich zog bald nach dem Frühstück heute mit ihnen los. – Vor dem Frühstück war es so lieb wie immer, allerdings 1 – (nein, viel mehr als 1) am allerliebsten, mit ihnen im Bett. Sicher hast Du an uns gedacht, mein Herz. C.chen war ganz Ohr und Konrad musste immer wieder aussteigen und neue Sachen holen und dann wieder hereingehoben werden und mit meinen Haaren spielen. Im Hof gibt es einen großen Kummer: Der Krause ist vermisst. Kaum war er draußen, war er versprengt, und man weiß von seinem Schicksal nichts. Plätschke ist gefallen, der mit ihm eingezogen wurde im Sept., und Kammel ist – aus Wierischau – vermisst. Die arme Krausen ist ganz verzweifelt und unglücklich und so mit Recht. Man kann ja auch wenig wirklich Tröstliches sagen. Am tröstlichsten ist ihr sicher, dass ich auch schwere Sorgen habe. Ich hatte, während die Jungen vorm Schloss in der Sonne mit ihrem Schlitten spielten, eine lange Unterhaltung bei der Ida mit ihr, der Krausen und der Rosen. Sie waren alle drei rührend und voller wirklicher Anhänglichkeit für Dich. Der Gustav frage in jedem Brief nach Dir. Du habest doch immer Allen geholfen. Sie seien doch mit Dir hier aufgewachsen, und so lang und breit. Keiner spräche was Schlechtes. Ich holte mir dort eine schöne Gans für P.s und dann 20 braune Eierchen, wovon ich 15 hier im Sack für meinen Jäm habe. Ich habe eine primitive Freude und Lust, wenn ich für Dich Sachen einpacke, und zittere immer ein bisschen, ob ich sie auch bis zu Dir bekommen werde. Ich ließ meine Knaben an der Pumpe in der Sonne und ging zu Z. Die neue Sekretärin sah ich nicht, und mit Z. sprach ich nur ein kurzes Weilchen. Er kann nun mit dem Schnee nicht mehr nach Weizenrodau mit den Rüben fahren. Er verlädt wieder, aber es geht langsam. 10 000 hat etwa G. und 10 000 W. bekommen,[1] und ca. 5000 sind noch da. Etliches liegt noch auf dem Feld, aber vor allem türmt sich eine große Schanze im Hof. 3.– pro Doppelzentner ist jetzt bezahlt worden, und Z. will nun 14 400 RM auf 1237 überweisen. Die Dreschmaschine ist kaputt, die Raupe ebenfalls. Es ist leider bisher sehr wenig geackert. Der Dampfpflug soll allerdings von Ludwigsdorf aus jeden Tag kommen. Rüben-, Flachs- und Kartoffelacker sind noch zu pflügen. Marion war da und sei klein gewesen, voller Angst vor den Russen. Wenn die kämen, sei alles aus. Im Kuhstall war ich nicht: Wir füttern aber noch Blätter; es ist ziemlich das Gleiche, aber wir haben auch noch viele trockenstehende Kühe. Z. hat Sorgen um seinen 2. Schwiegersohn, der seine Offiziersbewährung bei den Fallschirmern abmachen soll. Er war überhaupt unaktiv, ließ alles über sich ergehen, wartet ab, tut sein Bestes ohne übermäßigen Aufwand. An die Russen in Kreisau glaubt er nicht. Über Dich ist er optimistischer, weil es schon so lange dauert. Er wollte viel Neues von mir wissen, was ich ihm durchaus nicht bieten konnte. Ich traf dann Tante Leno mit kleinstem Enkel fahrend. Sie kam mit mir zur Schwester. Sie hat jetzt alle 5 Kinder da, der Haushalt scheint leicht und gut zu gehen. Tante Leno ist sehr beteiligt an unseren Ereignissen, ebenso Tante Ete; ich bewundere Tante Lenos Lebenskraft und -tüchtigkeit, wie sie diesen neuen großen Lebenskreis mit Leichtigkeit beherrscht und erfüllt. Die Kinder sind ganz zu Hause bei ihr. Morgen bekommt Tante Ete endlich ihren Ofen, d. h. wird mit dem Setzen begonnen. Schwester ging es gut: Sie war in Fahrt. Freitag ½5 ist Bescherung-Kleinkinderschule. *Herr Z.* hatte gesagt, ohne Pastor ginge das aber doch nicht, und sie solle doch den Leutmannsdorfer drum fragen. Er würde ihn fahren. So kommt der wirklich und wird wohl danach bei uns essen. Ich muss ihn noch einladen. Keiner weiß recht, wie er ist, aber Annemie Webski wird das wohl wissen. – Montag Nachmittag. Hier hörte ich auf. Die 120 Min. verwandelten sich in mehr, ich beschloss den 5.28. zu nehmen und nach Hause zu gehen, stellte dann aber fest, dass mir *der* P.sche Weihnachtsbaum geklaut worden war, während ich friedlich beim Bahnhofsvorsteher saß, und musste nun die arme Frl. Hirsch wieder wach machen, um mir den [?]-Baum zu holen, den es glücklicherweise noch gab. Bis ich den hatte, war die Wartezeit rum, und ich fuhr ganz schön mit einem Fronturlauber gegen Morgen von Liegnitz weiter und landete zu spät, um P. dies noch mitzugeben, aber es war trotz allem keine schlimme Nacht. Mach Dir keine Sorgen um solchen Unsinn. Ich fuhr mit richtigen freundlichen Landsern, die mich mit Schmalzbroten traktierten und meine Wolle zum Wickeln hielten und je einen Apfel bekamen. Hier landete ich gleich herrlich, aß und schlief und wusch mich und tat sonst nichts. Höre mein Jäm, mach Dir keine Sorge um meine Belastung. Ich bin am Donnerstag mit Kopfweh aufgestanden; dass denen ein solcher Stoß nicht bekommen könnte, ist klar. So sehr war der «Zusammenbruch» keiner, denn der Ansatz war schon da. Du wirst ja sehen, dass ich wohl bin. Mein Herz, ich freue mich riesig auf den Besuch bei Dir und werde morgen versuchen zu kommen. Mein Jäm, wie herrlich die Aussicht, Dich zu sehen. Ich liebe an Kreisau nicht, dass es mir dort viel schwerer, zeitweise unmöglich ist, Dir meine bewusste, ungeteilte Aufmerksamkeit zu geben. Das ist klar, denn es ist zuviel zu tun, und ich möchte, wenn ich schon da bin, auch alles beieinander halten, die Zeit für die Knäbchen und die Dinge nützen. Ich weiß, dass Du in mir immer drin bist, ich verliere Dich nicht eine Sekunde, und die Verbundenheit geht manchmal mit wärmender, beglückender Gewissheit in mir bewusst auf, aber das genügt mir jetzt nicht. Ich möchte viel konzentrierter auf Dich hin leben, und das kann ich nur hier. Du weißt ja selbst, wie das ist. Die Zeit ist zu kostbar und ich finde es hassenswert, auf das Schwein Rücksicht zu nehmen, aber Du hast wohl recht. Ich muss erst sehen, ob es sich am 27. technisch machen lässt. Das wahre «Ausruhen» kann ich daher auch nur hier in Berlin. Da ruhe ich friedlich in Dir, und wenn ich auch Schmerzen und Kummer in Wellen leiden muss, so ist da doch auch unendlich viel Glück. So wie es mit Dir ist, so ist es aber auch mit dem lieben Gott. Das verstehst Du doch alles sicher ganz genau, mein Geliebter.

Ich muss Dir noch erzählen, dass mich gestern nach Tisch Romai eine Weile besuchte. Ihre Haltung ist schön und würdig und nicht so ungelöst, wie es den Anschein hat. Sie ist eine tapfere und tüchtige Frau. Wenn sie sich nur der Welt gegenüber, nein ihrem Inneren und den dortigen Möglichkeiten gegenüber nicht zu sehr verhärtet! Das ist die Gefahr. Sie muss es ihrer Fassung wegen, denn sie trägt sehr schwer an ihrem Schmerz. Marion ist viel gelöster und dem Peter auch weiter sehr stark verbunden, während bei Romai die Trennung viel schärfer zu sein scheint. Sie sucht die Arbeit, Marion die Muße, das ist ein sehr bezeichnender Unterschied. –

In der Erleichterung, die der Donnerstag brachte,[2] ließ ich erst mal alle Sorgen fahren; so erleichtert fand ich dann auch zu Hause die ganze Atmosphäre. Ich habe aber mit Ulla ganz ausführlich wieder gesprochen, und sie ist sehr und ständig mit Dir beschäftigt und kennt auch die menschliche Aussichtslosigkeit. Als ich selbst dann wieder hier war, hatte ich, noch bevor ich Deinen ersten Brief in der Hand hielt, schon wieder den dunklen und doch so geborgen sich anfühlenden Boden erreicht, den Dein Brief dann sehr bestätigte. Ja, mein Herz, ich weiß, ich weiß.

Gerade, dass es ein Anfang sein muss, weiß ich, und dass ich der Hilfe von oben so sehr bedarf. Ob Du mir wirklich selbst wirst beistehen können! Es wird Dich jedenfalls geben, mein Herz, und ich darf Dich finden und weiß, wo. So schrecklich trennt der Tod uns nicht, wie wir das beide doch noch vor 3 Monaten dachten. Ach, mein Jäm. Wenn ich aber die Worte Deiner Anklage in aller ihrer Schärfe lese, dann scheint es mir unerkennbar, wie Du den Klauen entgehen kannst, aber dass Du trotzdem gerettet werden kannst, das glaube ich fest. – Was Du zum Sachlichen schreibst, habe ich verstanden. Ich werde Dix in der Familien-Gnadensache einspannen und mich auf die anderen gewünschten Wege begeben. An sich ist gerade der Steltzer Kassiber schon unterwegs. Gestern hatte er Geburtstag, und da sollte ein Besuch gemacht werden, aber vielleicht geht es besser bei der Sprecherlaubnis. Die Anderen werde ich wohl ohne weiteres auf den Weg bekommen, besonders da P. einen guten Weg zu Sperr hat, den ich selbst als gut beurteilen kann. –

Mein Herz, für heute bin ich sehr schläfrig und muss die Nacht aufholen. Ob ich noch zu C. D. fahre oder hier bleibe, muss ich noch sehen, und ehe Du noch diesen Brief liest, mein Herz, komme ich schon und fasse Dich an.

Gute Nacht, mein liebes Herz, gute Nacht. Ich bin so froh, wieder nah zu sein. Schlaf gut, mein Herz, und wohl aufgehoben. Du weißt ja, wessen ich bin, und Neues gibt es nicht zwischen uns, aber das Alte gut und fest. Ich umarme Dich zärtlich. Dein P. bin ich und bleibe ich immer. –

Dienstag früh. Ich bin hiergeblieben und habe köstlich geschlafen. Nun rüsten sich alle meine Gedanken auf den Besuch bei Dir. Ich werde wohl heute etwas Wäsche und Essen mitbringen und Donnerstag noch einmal kommen, anstatt morgen. Mein liebes, liebes Herz.

1 Es handelt sich um Zuckerrübenfabriken. *2* Die Verschiebung des Prozesses auf Januar 1945.

Helmuth James an Freya, 19. Dezember 1944

Tegel, den 19. 12. 44.

Mein Lieber, nun ist die kostbare halbe Stunde wieder in unseren Besitz eingegangen und wie anders war sie wieder als die früheren. Nur in einem war sie gleich: dass sie beglückend und herrlich war. Mein Herz sah sehr wohl und lieb aus, nicht erschöpft und nicht überanstrengt. Mein Herz, bei mir war der Hauptunterschied zu den früheren Sprechstunden, dass ich vom ersten bis zum letzten Augenblick nicht den Willen, sondern die vollkommene Gewissheit hatte, dass ich mit Dir weiterleben werde. Ich schreibe Dir das nur, weil ich mich gewiss fühle, dass Du daraus keinerlei Hoffnung schöpfst; ich kann Dir nicht sagen, woher diese Gewissheit kam, ob von oben oder aus dem animalischen Lebenswillen, der durch Deinen Anblick immer stark angeregt wird. Es ist auch ganz gleich, denn ich bin zu sicher, dass ich mich Gottes Führung blind anvertrauen muss und dass er nicht daran denkt, mir vorher zu offenbaren, wohin er mich führen will. Da ich das so genau weiß, so glaube ich, dass kein Rückschlag kommen wird.

Nun, um gleich meine Äußerungen zu meiner Gesundheit zu korrigieren: Die Schmerzen sind heute fast nicht vorhanden, solange ich krumm bleibe. Die Krümme ist echt, der Bericht über die Schmerzen war ad usum delphini[1] gefärbt.

Mein Lieber, ich habe eine neue Aktion vor, nämlich Müller zu versöhnen. Den Entwurf meines Briefes gebe ich hier mit, damit Du über Weihnachten darüber nachdenken kannst, und zwischen Weihnachten und Neujahr musst Du es mit Dix und P. besprechen. Ich bin zwar der Meinung von P., dass man mich hängen wird, wenn man mich zum Tode verurteilt, und ich bin weiter der Meinung, dass, wenn ich gehenkt werde, die schnellste Prozedur die mildeste ist, aber trotzdem muss ich versuchen, auch nach dem Urteil Zeit zu gewinnen, in der Hoffnung, dass sich dann vielleicht doch ein Ausweg bietet. Das ist anstregend, aber wir haben so angefangen und müssen jetzt auch so durchhalten.

Ich beschäftige mich jetzt in Gedanken viel mit meiner Verteidigung, und ich muss sehen, dass ich Hercher zu noch recht vielen Besuchen hier bewegen kann, denn jedes Mal gibt es ein Stückchen Information mehr, und jedes Mal wird die Vorbereitung ein klein wenig besser. Wenn ich Steltzer und Haubach noch hier hätte, würden wir, glaube ich, eine Verteidigung zusammenkriegen, bei der Freisler denken würde, die Akten seien vertauscht, und das, ohne dass wir unseren polizeilichen Aussagen widersprechen. – Ja, die Einleitung der Anklage ist schön massiv. Tatsächlich ist es nur so, dass konkret über mich sehr wenig gesagt ist, alles sind Insinuationen. Über Haubach und Steltzer ist konkret viel mehr gesagt, obwohl sie von Schimpfworten frei bleiben; die sind alle auf mich verwandt und verbraucht worden.

Mein Herz, Deine Nachrichten aus Kreisau freuten mich sehr, denn so im Ganzen klingen sie gut. Es wäre eine große Erleichterung, wenn auf der Front der Rentenannie ein auch die Partei bindender oder jedenfalls stillender Friede zustande käme. Denn diese Laus im Pelz wäre doch eine tägliche Irritation und die kannst weder Du gebrauchen noch Romai, noch die Tanten. Ich bin auch sehr erleichtert, dass der Verkehr mit der Rentenannie sich über Maack abwickelt. – Dass Tante Emma weiter zahlt,[2] ist ja sehr nützlich und macht Dich so schön unabhängig, denn das ist ja kein Vermögensstück, was man beschlagnahmen kann, selbst wenn sie Dein Vermögen mit beschlagnahmen sollten. Aber ich meine, dass Du überhaupt in diesem Punkt relativ wenig Schwierigkeiten bekommen wirst. – Bitte sage der Krause, dass ich in großer Anteilnahme ihrer gedächte und hoffte, Krause wäre in Gefangenschaft und sie bekäme ihn eines Tages wieder. Bitte grüße auch die sonstigen Höfler von mir, die Rosen und die Meiern etc. Sag ihnen, dass ich ihnen schöne Weihnachten wünschte und häufig an sie dächte, was auch stimmt. Dass Deine Hühner so viel legen, finde ich ja großartig, aber mehr als 1 Ei am Tage esse ich keinesfalls, so gib mir also nicht zu viel. – Froh bin ich auch, dass es Ulla besser geht. – Grüße auch Liesbeth und die Pickin sehr von mir. Die Treue der Pickin rührt mich sehr, denn schließlich ist sie für uns doch eine Neuerwerbung, und ein Landhaushalt ist ihr im Grunde nicht ganz kongenial. Was macht eigentlich die Ziege von Marion? Ist die auch mit dem Staat verfallen oder kannst Du sie retten? – Herzlich grüße natürlich auch Schwester. Ich werde sehr an Euch denken am Freitag um 4.30. Wenn Dir nur Schwester noch einige Zeit erhalten bleibt. – Dass Du Tante Leno und Tante Ete und die kleinen Hülsenfrüchte[3] grüßt, ist klar. Der Leno'sche Haushalt im Schloss rundet das Schloss jetzt so ab. Er hält nicht nur die Rentenannie ab, er ist auch sonst sehr angenehm. Auch Frau Tscheuschner grüße sehr, und Sperlings bestelle einen Weihnachtsgruß. Er soll sich nur anstrengen, die Sache Rentenannie ganz klar zu kriegen, und nicht jetzt lau werden, weil gerade keine Offensive im Gange ist. Man muss jetzt ganz eindeutig Nägel mit Köpfen machen. Nimm doch die Möbel so, dass Du berechtigt bist, sie bei einem Spediteur unterzustellen. – Nun kommt Romai. Sage ihr bitte, wir alle empfänden den Schmerz über Meister Erwin's Tod sehr stark und das wäre garnicht dadurch gemildert, dass wir wahrscheinlich hinterher müssten, nein, wirklich nicht. Wir wüssten aber ganz genau, dass das für die Frauen viel schlimmer wäre als für uns, und wir könnten nur bitten, dass sie den Frieden in sich bewahrten und dass alle unsere Frauen so gut es ginge zusammenhielten, unser geistiges Erbe verwalteten und unseren Kindern hülfen, eine richtige Einstellung zur Hinrichtung ihrer Väter zu bekommen; denn Hass oder Widerstand seien keine zulässigen Haltungen. Wir wissen ja nicht, wie das, was wir wollten, eines Tages beurteilt werden wird, wir wissen nicht, ob das Samenkorn nicht trotz oder vielleicht gerade wegen unseres Todes aufgehen wird, wir müssen's abwarten.

Mein Herz, dies ist der Weihnachtsbrief für ein merkwürdiges Weihnachten. Durch Gottes Fügung lebe ich noch, während ich normalerweise wohl gerade vor 3 Stunden etwa umgebracht worden wäre, und so Gott will, lebe ich auch Weihnachten noch. Ich wünsche Dir, den Söhnchen, Deinem Haus und allen, die dazu gehören, ein gesegnetes Fest. Uns wird dieses Fest in diesem Jahr wohl mehr bedeuten als je zuvor, denn wir wissen eben doch viel genauer als früher, was diese Geburt für uns, für Dich, für mich und die Söhnchen bedeutet. Im Lied 207 von Novalis heißt es: «Was wär ich ohne dich gewesen, was würd ich ohne dich, Herr, sein? Zu Furcht und Ängsten auserlesen, stünd ich in weiter Welt allein. Nicht wüsst ich sicher, was ich liebte, die Zukunft wär ein dunkler Schlund; und wenn mein Herz sich tief betrübte, wem tät ich meine Sorgen kund?» So können wir wahrlich eine frohe Weihnacht feiern, denn uns ist in den letzten Monaten mehr geschenkt worden, als wir vorher als im Bereich des Möglichen liegend auch nur ahnten. So gehen wir einer klaren, hellen Zukunft entgegen, und wenn sie damit meinen Tod bringt. «Furcht ist nicht in der Liebe», sagt der erste Johannesbrief. Alle Menschen haben einen Anspruch auf eine frohe Weihnacht, auch wir, auch die Krausen, auch Romai, auch die alten – mir fehlt der Name des Köl'schen Stellmachers[4] –, vor allem aber die Kinder. – Ich, mein Herz, werde gewiss eine frohe Weihnacht feiern und werde weder am Freitag Nachmittag noch am Sonntag um 2 bei unserer Feier, noch am Sonntag Abend wehmütig sein, sondern glücklich Eurer gedenken.

Mein Herz, über dem allen wollen wir nicht vergessen, dass ich aller menschlichen Voraussicht nach in 3 Wochen tot bin, und wollen uns dafür rüsten, damit es uns nicht überfällt wie ein Dieb in der Nacht. «Wachet und betet» ist die einzig zulässige Parole, und mit der wollen wir es ihm anheimstellen. Der Schatz, den wir uns in diesen Wochen nicht ohne Mühen erworben haben, dieser Schatz ist genauso schwierig zu erhalten wie zu erwerben, und wir dürfen nie träge darin werden. Das wissen wir aber beide, mein Lieber, wir wollen uns nur immer wieder ermahnen und erinnern. Schlaf' gut, mein Herz, nach diesem schönen Tag, der den 12ten Monat[5] eröffnet. Morgen werde ich noch ein wenig schreiben, ehe Du übermorgen den Brief bekommst.

1 «Zum Gebrauch des Kronprinzen», sinngemäß: für den Empfänger zurechtgemacht. Helmuths Schilderung der Schmerzen in dem offiziellen Brief vom 17. Dezember 1944 war für den Zensor/die Mitlesenden «gefärbt». *2* Freya erhielt eine monatliche Zahlung von ihrer Tante Emma Schroeder, geb. Deichmann. *3* Die fünf Kinder von Helmuths Vetter Hans Carl von Hülsen zogen zu ihrer Großmutter Leonore von Hülsen (Tante Leno), nachdem beide Eltern bei einem Bombenangriff ums Leben gekommen waren. *4* Von Freya später hinzugefügt: Kaiser. *5* Seiner Inhaftierung.

Freya an Helmuth James, 20. Dezember 1944

Mittwoch Vormittag

Mein liebes Herz, es war so schön, bei Dir zu sein. Es war aber so, dass ich garnicht an eine Trennung zu denken vermochte, dass ich garkeine Sensation empfand, da bei Dir zu sitzen, weil ich Dir so erstaunlich nahe bin. Das Sehen ist ein großes Glück, aber es ist nicht in sich das Wichtigste. Ich weiß zu genau, wie alles aussieht, es gehört so zu mir, ich liebe es so, es ist meins, und ich bin ihm, dem lieben Herz, so nahe; das ist das größte Glück. Aber eines kommt zum anderen, und so war es ein großes liebes Geschenk. Es wäre nur noch schöner, wenn man garnichts zu sagen brauchte, denn wir füllen die Zeit uns mit Reden und könnten sitzen und uns besehen. Das wäre das Beste. Ich war etwas entsetzt über Deine Krummheit und weiß nach dem Briefchen, das ich gestern Abend noch bekam, nun nicht, ob ein bisschen Simulieren dabei war. Sonst sahst Du richtig aus, so wie Du auch von innen bist, und ich habe mir alles sehr zärtlich betrachtet. Ach, mein liebes Herz, so bin ich: Zwar fühle ich deutlich, wie wir zusammen vor Gott stehen, fühle mein Herz offen und bereit für alles, was uns bevorsteht, bin ruhig und bei Dir sehr glücklich, aber da wir nun noch ein bisschen Zeit haben, so ist Dein Tod gleich wieder in die Ferne gerückt, nicht weil ich viel Hoffnung habe, sondern weil eben noch etwas Zeit ist. Mein Jäm, verstehst Du das! Da geht «wachet und betet» gleich wieder in den Hintergrund, und im Vordergrund steht alles das, was *zu tun* ist = die Bonbons, die Plätzchen, aber auch Hercher, Dix und Peters. Dabei muss ich noch einmal sagen, dass mir die Nähe nach oben und neben mir dabei sehr deutlich und warm und wirklich und allein wesentlich bleibt.

Mein Liebster, Du siehst schon am Blei, dass ich unterwegs schreibe. P. kommt heute Nachmittag nach Tegel, und das will ich nicht ungenutzt vergehen lassen. Wie wirst Du Dich freuen, wenn Du unverhofft seine Schritte hören wirst. Mein Jäm, ich weiß, dass Du jetzt mit Vernehmungen rechnest. Ich behalte diese Möglichkeit immer in mir wach und hoffe und bitte, dass sie Dich nicht quälen werden. Denke nach dem oben Gesagten nicht, ich tauchte vollkommen unter in Weihnachtssorgen und unwichtigen Dingen. Wisse fest und sicher, dass mein Leben jetzt nur für Dich da ist und meine ganze Person zu Dir gehört und nach besten – schwachen Kräften – mit Gottes Hilfe Kräften Dich stärken will. Vergiss das nie! Das hast Du auch nicht! Deine Kreuzchen habe ich auch schon bedacht, ehe ich sie in Deinem lieben Briefchen fand. 1 × hast Du sie nicht bekommen, als wir uns zum 1. Mal in Tegel sahen. Aber in

Grundlsee hast Du einen Kuss auf die Stirne bekommen. Wann die Kreuzchen angefangen haben, weiß ich auch nicht, aber den Kuss auf die Stirn erinnere ich ganz genau – wie wir in dem Zimmer nach hinten heraus standen, in dem Du meinen Sonnenstich gepflegt hattest. Es war meine Initiative, und Du dachtest wohl, es zielte woanders hin, aber ich wollte nur dorthin, weil mir der Gedanke noch garnicht gekommen war, dass ich Dich auch woanders hin küssen könnte. Dabei hatte ich Dich schon schrecklich lieb und zitterte dann bis Köln um den 1. Brief! Ach, mein Jäm, eine aus der Flut zärtlichster, liebster Erinnerungen. Neulich an irgendeiner dunklen Stelle fiel mir plötzlich unser 1. Spaziergang auf die Alm mit den beiden Eichhörnchen ein. Weißt Du das auch noch, und wie schön, lieb, zärtlich und dabei so bescheiden das war. Wir haben es schon sehr gut gehabt. – Mein Jäm, was schwätze ich und habe so viel zu erzählen und so wenig Zeit. Ich sitze von Hercher kommend bei Kranzler und habe gegessen und werde jetzt den Brief zu den Freunden bringen, wo P. um 1 startet. Ich muss gleich weg. Um ½3 treffe ich Frl. Schellhase, um ½4 Dix. Gestern war ich bei Haus, bei Mutter P., bei Frau Friedrich, habe bei C.D. geschlafen und hoffe, heute Nacht bei den Freunden bleiben zu dürfen, da ich in Lichterfelde schon aufgepackt habe. Jetzt fahre ich erst mal los. – Da bin ich, und da P. garnicht gerne hatte, dass ich so pünktlich kam, sondern ein paar Minuten auf «meinem» Sofa liegt, kann ich noch ein Wörtchen zusetzen, während der pümpelt. Ich werde Dir von allem heute Abend ausführlich erzählen. Es gibt keine aufregenden Neuigkeiten, aber ich werde Dir den Gang meiner Schritte genau berichten. Nichts tue ich lieber als das. – In der U-Bahn fiel mir ein: Dem Sinn nach war es ja doch ein Kreuzchen. – Da ist er schon! Heute Abend mehr, mein Herz. Morgen hoffe ich Dich zu besuchen. – P. gab mir eben den Umschlag zu Weihnachten. Wie ich mich freue. Mein Lieber, ich habe Dich lieb von ganzer Seele, ganzem Herzen, ganzem Gemüte.[1] Wie glücklich hast Du mich mit Deinem «Schöpfungsgedanken» gemacht.[2]

Weg muss nun Deine.

1 Matthäus 22,37. *2* Siehe Helmuths Brief vom 18./19. Dezember 1944, S. 355.

Helmuth James an Freya, 20. Dezember 1944

Tegel, den 20. 12. 44.

Mein liebes Herz, sehr glücklich war ich, Deinen Brief zu bekommen und Dir meinen angefangenen mitzugeben. Und nun schreibe ich weiter und fange ein Mal mit dem Sachlichen an:

1. Ich habe mit Schrecken gesehen, dass die Reichsbahn für morgen Zulassungskarten einführen kann. Bist Du sicher, dass Du alles hast, was Du für den letzten Zug brauchst?

2. Meine Feder ist entzwei und das Schreiben eine Qual. Kannst Du mir vielleicht Halter und Feder mitbringen, dann bin ich unabhängig?

3. Besprecht, wenn Ihr Zeit habt, die Gnadensache noch ein Mal, sodass P. genau im Bilde ist.

4. Vor allem aber besprecht den Brief an Müller, denn wenn Ihr ihn im Ganzen billigt, möchte ich ihn eigentlich doch bald abschicken und nicht erst nach Deiner Rückkehr. Nachdem ich das Schuldbekenntnis am 29. 9. abgegeben und jetzt auf moralische Schuld modifiziert habe, kann ich, so scheint mir, in einem solchen Brief nicht völlig so tun, als sei von allen Gesichtspunkten aus alles in Ordnung. Ob es anders formuliert werden muss, ist eine andere Frage. Aber wenn Ihr meint, dass Ziff. 4 ganz wegbleiben kann, so ist mir auch das recht.

5. Den Brief an Ulla nimm bitte mit und gib ihn ihr so, dass Asta es nicht merkt. Sie könnte sonst gekränkt sein, dass sie keinen hat, und das möchte ich nicht. Ich kann aber nicht einfach einen normalen Brief jetzt schreiben und über diesen Weg laufen lassen, bei dem P. sein Leben riskiert,[1] und etwas Anderes habe ich Asta nicht zu schreiben. Darum sieh bitte, dass das keine Panne gibt.

Ja, mein Lieber, ich habe gerade in letzter Zeit an den Weg zu Adler, den Weg auf die Alm, den Grassring, den Weg nach Aussee am Tage nach Daisy's[2] Abreise, den Weg auf die Felswand und ähnliches mich erinnert. Ich habe mir immer eingebildet, es sei ein Kreuz und ein Kuss auf die Stirn gewesen, aber vielleicht habe ich das Kreuz nur in Gedanken unterschoben.

Den Morgen habe ich heute in einiger Unruhe verbracht, weil einer unserer Leute hier, Wentzel-Teutschenthal, um ½8 zur Hinrichtung fertig gemacht wurde, ich wusste, dass P. nicht kommen wollte und die den unglücklichen W. mit offener Zellentür, in der Herr Claus oder ein anderer Beamter stand, bis ½1 warten ließen und ihm dann sagten, er werde um 2 geholt werden. Inzwischen kam aber P., und das war gut, und nun ist Wentzel schon eine halbe Stunde weg und wird wohl jeden Augenblick gehenkt werden. Erzähle Z., dass W. tot ist, und auch Scholz-Babisch interessiert Z. vielleicht.

Eben kommt Claus mit der Nachricht, dass zu unserem Termin noch ein 9ter kommt. Ich nehme an, dass das Husen ist. Das ist natürlich sehr wichtig, vor allem ist wichtig, ob sie vielleicht doch König gefasst haben. Jedenfalls muss mit diesem 9ten so schnell wie möglich die Verbindung aufgenommen werden, und vielleicht kann sich in Deiner Abwesenheit Frl. Hapig darum kümmern. Wenn es Husen ist, so muss er meine Verteidigungslinie recht bald bekommen. Außerdem muss ihm und Haubach und Steltzer gesagt werden, dass wir alle Gerüchte über Goerdeler von Peter, Adam[3] und Haeften bekommen haben und dass die sie ihrerseits regelmäßig von der Abwehr und der Polizei bekamen.

Mein Ischias ist heute eher wieder etwas besser. Die Schmerzen sind im Lauf der letzten Tage wesentlich geringer geworden, nur muss ich mich eben krumm halten; mich gerade zu halten ist sehr anstrengend und auf die Dauer auch schmerzhaft. An den Feiertagen will ich im Bett bleiben und sehen, ob es dadurch besser wird. An Werktagen bleibe ich so ungern im Bett, weil ich dann so unfertig bin, wenn ich abgeholt werden sollte. Ja, Vernehmungen sind bei mir jetzt immer möglich, und das ist ein unangenehm unsicheres Gefühl. Es kann aber auch sein, dass sie die bis nach dem Urteil aufsparen, weil sie dann ganz ungehemmt mit mir umspringen können. Ob das kommt oder nicht, steht glücklicherweise in Gottes Hand, und wenn er mir das zuteilt, so wird er mir auch die Kraft zuteilen, es zu tragen. Wenn er mich nur nicht in das Gefühl sinken lässt, als wäre ich von Müller, Freisler oder gar von Lange abhängig. Solange ich das Gefühl habe: «Ein Christenmensch ist ein freier Mensch und niemandem untertan»[4] geht alles.

Nun, mein Herz, wird P. gleich kommen, den Brief abholen, und damit Du nicht wieder einen ohne Schluss bekommst, höre ich auf. Reise gut, mein Herz, komm gut wieder zurück, grüße alle zu Haus, die Söhnchen und Asta und Ulla, die Pickin und Liesbeth u.s.w., u.s.w. Allen wünsche ich ein gesegnetes Fest. «Freut Euch in dem Herrn allewege, und abermals sage ich: Freuet Euch!» heißt es in Philipper 4,4, und das, mein Herz, gilt auch für uns. Wir haben so viel Grund zu Dank und Freude, dass wir uns nicht vor der Zukunft ängsten dürfen, sondern dass wir getrost dem entgegengehen, was der Herr über uns bestimmt hat, es sei Leben oder Tod. Ich sage Dir nochmals, ich fürchte mich vor dem Tode nicht, und ich bin sicher, Dich und die Söhnchen zu behalten, ich sage aber ganz ehrlich, dass mich der Abschied schmerzt und dass ich Angst vor dem Sterben habe; beides ist aber auf einer Basis, auf der ich eigentlich so gut wie alle anderen im Stande sein müsste, es zu überwinden, zumal eben der Untergrund, so meine ich, so hoffe ich, so bitte ich, ganz fest und solid ist. Ich habe nur einen Weihnachtswunsch: dass der Herr uns spüren lassen möge, wie er es bisher getan hat, dass er uns in seiner Hand hält. Mein liebes Herz, ich bin und bleibe allerwege Dein J.

P. S. Mache, bitte, Asta klar, dass sie eisern in Kreisau sitzen muss von dem Augenblick meiner Verurteilung bis zu dem Augenblick, in dem die Beschlagnahmefrage einigermaßen klar ist; sonst seid Ihr plötzlich ausgeplündert.[5]

1 Helmuth war bewusst, dass Poelchau mit *jedem* Brief sein Leben riskierte. *2* Daisy Freyberg. *3* Adam von Trott zu Solz. *4* Martin Luther. *5* Das Berghaus hatte Helmuth als gesondertes Vermögen gemeinsam mit seinen Geschwistern geerbt. Siehe seinen Brief vom 12./13. Dezember 1944, S. 319.

Helmuth James an Freya, 20. Dezember 1944

Tegel, den 20. 12. 44.
abends.

Mein liebes Herz, da nun morgen früh noch eine Gelegenheit ist, sollst Du noch ein drittes Weihnachtsgrüßchen mit auf den Weg nehmen. Wir werden uns diese Tage ganz innig nah sein und uns kein Sekündchen aus Herz und Sinn verlieren. So wie ich Dich auf den vielen Wegen bei den vielen Mühen geleite, die Deiner warten, so wie ich mit Dir und durch Dich die Freude der Söhnchen sehe, so wirst Du bei mir in meiner Zelle gegenwärtig sein, wenn ich meine Weihnacht feiere und wenn ich an P.'s Feier am Sonntag um 2 teilnehme. Ich werde ja diese Tage im Bett bleiben. Ich denke, dass ich Samstag nach Tisch einsteige, wenn die Gefahr des Abgeholtwerdens vorüber ist, und Dienstag früh wiedererstehe in der Hoffnung, dass das meinen Gliedern wohl tun wird. Weihnachten feiere ich dann wieder um ½6; das ist der freundlichste Augenblick, weil dann Wachewechsel ist und sich niemand für uns interessiert. Sollte in Deinem Brief eine andere Zeit als wünschenswert angegeben sein, so richte ich mich danach, denn am Sonntag hat Herr Claus Dienst, und da kann ich im Grunde feiern, wann ich will.

Mein Herz, die Beständigkeit und Unzerstörbarkeit unserer Zusammengehörigkeit ist etwas, was ich wie einen festen Besitz mit mir herumtrage, um den ich glaube, garnicht mehr bitten zu müssen, sondern für den ich nur danken kann. Mir scheint, dass den auch Paulus mit seinem 1. Kor. 13,13[1] meint. Ich hoffe, dass es nicht hoffärtig ist, wenn ich das sage. Außer diesem brauche ich nur noch eines, das Gefühl, nein die Gewissheit der untrennbaren Zusammengehörigkeit mit Gott. Darum muss ich täglich, stündlich bitten, und die stolze Gewissheit, die Paulus in meinem Taufspruch[2] Römer 8 am Ende verkündet, die betrachte ich täglich als ein Wunder. Ich kann daran nur mit Zittern und Zagen denken, denn ich fühle immer von mir, dass er mir diese Gewissheit entziehen könnte, ich meine die subjektive Gewissheit. Ich sage mir immer: Wenn Du diesen Satz zu Ende geschrieben hast, ist sie vielleicht fort, denn Du hast auf diese Gnade keinen, auch nicht den geringsten Anspruch. Und das ist mein großer Weihnachtswunsch, dass er mir diese Gnade erhalten möge durch die Tage der Verhandlung und hernach bis zum Galgen in Plötzensee, wenn das der von ihm bestimmte äußere Ablauf ist. Gegenüber diesem Wunsch, zu dem ich Dich um Deine Fürbitte bitte, ist die Bitte um mein Leben, zu der mich so vieles treibt, doch zweitrangig. Für Dich, mein Herz, erbitte ich Stärke und Trost und Frieden. Ich weiß nicht warum, aber ich fühle mich in diesem Punkt so spürbar erhört, dass ich diese Gnade wie selbstverständlich erwarte und hinnehme, obwohl sie doch garnicht selbstverständlich ist.

Mein Lieber, besprich noch ein Mal alles genau mit Ulla. Sie soll mir nur ruhig Rat oder Direktiven geben, falls sie das für richtig hält. Ich kann zwar doch nur tun, wozu mich meine eigene Erkenntnis, mein Temperament, meine Anlagen in Stand setzen, aber ich bin in einer Lage, die ich als unerhört schwierig empfinde, weil sie so gespalten ist, für Rat sehr dankbar. Nur mit Eugen'schem Optimismus kann ich nichts anfangen. – Wir müssen unverrückbar vor Augen halten, dass nach aller menschlichen Erkenntnis ich in 3 Wochen etwa umgebracht werden werde und dass nur Gott dieses Ereignis abzuwenden vermag, es ihm allerdings auch ein leichtes ist, es abzuwenden. Unsere Parole muss sein: «Wachet und betet», auch wenn wir noch 20 Tage Zeit haben. Mein Lieber, aber über dem allen steht tröstend das Wort von Mamis Beerdigung: «Leben wir, so leben wir dem Herrn, Sterben wir, so sterben wir dem Herrn, darum wir leben oder sterben, so sind wir des Herrn.» – Mein Herz, ist das ein Weihnachtsbrief? Ich sage Dir: Ja! Denn die Geburt Christi ist die Grundlage für alle diese Erkenntnisse; und darum sind alle unsere Weihnachtslieder, auch «O du fröhliche», für uns heute zehn Mal wahrer, wichtiger, gehaltvoller als früher. Selbst die Gewissheit des baldigen, ja des unmittelbar bevorstehenden Todes kann ihm nichts rauben. Im Gegenteil. – Der Herr segne Dich, mein liebes Herz. J.

1 «Nun aber bleibt Glaube, Hoffnung, Liebe, diese drei; aber die Liebe ist die größte unter ihnen.» *2* Siehe Freyas Brief vom 15./16. Dezember 1944, S. 339.

Helmuth James an Freya, 21. Dezember 1944[1]

21. 12. 44

Guten Morgen, mein Herz, ich freue mich schon auf Dein Kommen. Ich schreibe nur, um Dir zu sagen, dass es mir heute wieder ein wenig besser geht; ich glaube auch, dass ich mich ewas gerader halte, kann das jedoch nicht selbst beurteilen und werde P. bitten, das zu begutachten. Sonst ist alles, wie es gestern war. J. Und immer sein wird. J.

1 Brief mit Wäschetausch.

Freya an Helmuth James, 21. Dezember 1944

Donnerstag früh.

Mein liebes Herz, gestern Abend war ich sehr beschäftigt mit Deinem Weihnachtszubehör – Geschenk kann man es wirklich nicht nennen – und danach mit dem Präparieren der Gans – die schön und fett ist – und dann mit meiner eigenen Müdigkeit, sodass ich das Schreiben auf die frühen, lieben Morgenstunden verschob. So sitze ich jetzt – eben angezogen –, die Freunde schlafen noch. Mein Lieber, ich entledige mich erst des Sachlichen. Komme ich nicht über das heraus, so findest Du mehr in einem weiteren Briefchen, das ich hier hinterlasse. Ich muss sehen, dass ich 13.38 wegkomme, denn ein späterer Zug bringt mich nicht mehr nach Haus. Ich muss aber schlafen, weil ich morgen zuviel zu tun habe. – Zunächst noch zu den Wehrkreisen. Haus stellte mich vor die Karte und ließ sie mich besehen. Sie ist quasi geheim, eben nur für den Dienstgebrauch, aber Dir konnte sie ja bekannt sein. Ich zeichnete auf, was ich mit Bestimmtheit erinnerte, ging gleich dazu in Frl. Thiels Saal – sie selbst war nicht da. Es fehlen Einige. Wenn Du die noch brauchst, sehe ich sie beim nächsten Besuch nach (über VI bin ich nicht ganz sicher, ob es wirklich Sachsen ist). – Mit Haus besprach ich das Gnadengesuch. Wie alle, die es gut meinen, war er sehr zögernd darüber, weil man nicht weiß, was günstig wirkt. Er will den Tatbestand erforschen und war sehr dafür, dass Dix (= Felix in Zukunft) bei Bürkner nachfragt. Nun war aber Felix dafür nicht zu haben. Er meinte, das sei nicht seine Sache. C. Viggo solle das tun und sah auch garnicht ein, warum ich es nicht in C. Viggos Namen machen könne. Wir haben daher nun so überlegt: C. Viggo schreibt einen Brief an Bürkner, und gleichzeitig schlägt Haus vor, das Gesuch doch – sich damit bestens seines entledigend – möglichst mit einem befürwortenden Brief von Hewel (?) an H. H. weiterzuleiten. Soweit das Gnadengesuch. Mit P. möchten wir in diesen Tagen wohl nicht mehr zuviel Sachliches reden, der ist sehr beschäftigt, ja belastet, von seiner Predigt, die er Sonntag um 10 in Dahlem halten muss. – Ich gehe nun chronologisch weiter. Noch ist Dein Werk bei keinem der Männer in der Lehrter Str.[1] Es ist so groß. Graf und Schellhase haben es in Händen. Reisert ist nervenkrank und ganz unfähig, etwas aufzunehmen. Frau R. ist dabei, ihn in eine Nervenklinik bringen zu lassen. Er macht immer wieder Selbstmordversuche, ist ernstlich krank und wird wohl vielleicht dann garnicht mit drankommen. Das für Husen behält P. Die Weihnachtskuchen sind an sich die wahren Transportmittel. Ob es wirklich Husen ist! Nicht angenehm! Sperr haben wir raus gelassen. Er hat noch keinen Kassiber bekommen, sagt er! Dann hat er ihn also verschlungen![2] – In der Nacht vorgestern habe ich dann Peters Freundin, Frau Friedrich, besucht – von 11–1. Sie wohnt nicht weit von C.D., und ich hatte unglaubliches Glück und bekam gerade die letzte S-Bahn. Sie ist eine kluge und nette Frau und wird mit der nötigen Vorsicht die Sache überlegen. 1. Wie ist Fr. am besten zu bearbeiten? 2. Gibt es einen guten Weg zu H. H.? Daran arbeitet sie nun. Sie ist zwischen 40 und 50 und kennt Dich, wohl von Peters her. – Gestern früh kam Einsiedel zum Frühstück und transportierte mir herrlich meinen Koffer, weil ich ja in Lichterfelde abschloss. Ich zeigte ihm den Anfang der Anklage. – Hercher war sehr freundlich. Ich sagte ihm alle Deine Wünsche, die er sich alle notierte. Auch: bald kommen! Er ist ein netter Mann, aber hat viele Fehler des alten Mannes. Die Bereitschaft zum Reden ist uns davon ganz nützlich, denn ich kann mit der Zeit eine ganze Menge wissen.[3] Gestern Nachmittag kam dann noch ein ausführlicher Besuch bei Felix. Es ist ja doch ein Jammer, dass der Dir nicht beisteht, denn es jückt ihn, und er legt dann gleich los, und was man auch gegen ihn sagen kann: das versteht er glänzend. Na, er ist der nicht! – Selbstverständlich wird er Hercher entschieden anfeuern. Es gibt ein schriftl. Urteil Zarden. Er wird es einsehen (Das kann *er*) und H. dann davon berichten. Ruft H. eher an, so will er ihn an Görisch verweisen (den Staatsanwalt über Schulze), der über Schulze sitzt. Nach wie vor beurteilt er den Punkt günstig. Er will Dir nicht die entscheidenden Sätze geben, aber den Sinn. Zu dem Fall Zarden habe schon der Oberreichsanwalt auf Freispruch plädiert. Was nun das Wissen der Abwehr angeht, so bejahte er auch da schon Deine Entlastung. Wenn Du wusstest, dass Dein nächster militär. Vorgesetzter wusste, und das auch noch die für solche Fälle zuständige Stelle war, so musste Dir das als Offizier genügen. Du konntest annehmen, dass Canaris anzeigte. Sonst hättest Du ja angenommen, dass er ein Staatsfeind ist: «Wollen Sie mir zur

Last legen, dass ich wusste, dass Canaris nicht weitergäbe!» Entscheidungen gibt es über diese Frage nicht. Felix ist der Meinung, dass Du durch Haubach, wenn er wirklich angezeigt hat mit Deinem Wissen und Einverständnis, auch gedeckt bist. (Dazu folgendes Zettelchen, das ich gestern von Haubach empfing: Helmuth: meine 2. Information zu Gestapo Winter 42/43. Unser Gespräch Frühjahr 43: Helmuth: «Dieses verbrecherische und lächerliche Treiben der Goerdeler-Leute kann ich nicht mehr ansehen. Will Anzeige machen.» Ich: «Ist nicht nötig, habe schon getan.» Helmuth sehr einverstanden, auch mit der Angabe über Kreisau {seine Bemerkung: weiß der SD ja schon lange – wir haben auch nichts zu verbergen}, versprach strengstes Stillschweigen und hielt dies auch.) – Dann fragte ich Felix noch, wie Fr. auf die Stapo usw. reagieren würde. Worauf er sagte: Fr. ist völlig unberechenbar, einmal so und dann wieder so. Bismarck hat in der Verhandlg. zu einer Aussage gesagt; «Ja, die habe ich gemacht, aber nur, weil ich vorher so sehr geprügelt worden bin.» Worauf Fr. zu Kaltenbrunner lt. Felix gesagt haben soll (K. hörte im Saal zu): «Hören Sie, Herr Kaltenbrunner?» Rechnen kann man aber darauf nicht. – So, das war Felix. Nun hätte ich sehr gerne das Kassiber-Gesch. sorgfältig und langsam weiterbetrieben – mit Frau Graf fertig und mit Husen neu –, aber das kann ich nun nicht mehr, und P. will das weiter fördern. Er macht es ja auch sehr gut, aber er hat sonst schon genug Arbeit. Lieber langsam und vorsichtig, aber die Kuchen sind so günstig. – Nun noch der Brief an Müller. Sicher ärgert ihn ein neues Schreiben, weil Du ja ständig Briefe schreibst, aber das macht garnichts. Ich finde, Du solltest ruhig schreiben. Nur finde ich ein paar schwere Fehler drin: Der 2. Satz muss weg. Du darfst nicht so dicke zeigen, dass Du weißt, dass es ihnen unangenehm ist. Das macht sie ja letzten Endes klein und ärgert ihn wieder. Das «schlechte Gewissen» ist zuviel. Nur nicht devot! «kein Gegner, sondern Bundesgenosse» ist zuviel, «kein Gegner» genügt doch. «Missfallen unter den bestehenden Machtverhältnissen» ist auch zu dicke. Das musst Du alles noch besser machen. Nur erklären, aber nicht anbieten, dass Du ändern würdest. Zeigen, dass Du gerne mit ihm auf einer Linie bist, aber nicht ihm zu Liebe Dich drehen. Es ist äußerst schwierig und delikat. Du must noch etwas brüten und es P. zeigen, ehe Du es abschickst, aber schicken, meine ich, solltest Du bald, denn sonst ist alles schon so festgefahren. Es muss doch impulsiv auch von Dir kommen. Dies mein unmaßgebliches Urteil.

Siehst Du, mein geliebtes Herz, die Zeit ist rum, und noch steht nichts von Weihnachten und Liebe im Brief. Das kommt nun in dem nächsten, obwohl Du es ja alles weißt, auch ohne es geschrieben zu sehen, aber ich kenne das, wie's einen freut, wenn es dasteht. Mein Liebster, mein Jäm, mein Wirt. Ich verlasse Dich nicht, denn meine Gefühle und alles, was lieben kann in mir, gehört ja Dir. Ich schreibe an P. von Kr. aus. Du wirst also was hören, obwohl Briefe langsam gehen werden. Ich schreibe auch, wann ich wiederkommen werde = so schnell wie möglich. Ich denke, wir werden um ½6 bei uns einbescheren. Am 1. Feiertag werden wir alleine sein, am 2. werden die Hülsens wohl kommen und eine Pute essen. Zwischen ½1 und 1 werden wir wohl immer essen.

Jetzt muss ich aufhören, und nachher komme ich Dich besuchen.

P.

1 Es handelt sich um die Verteilung der Kassiber an Steltzer, Haubach, Reisert und Sperr. *2* Der Kassiber war im Gebäck enthalten. *3* Freya musste ständig aufpassen, dass sie durch ein Zuviel an Wissen nicht die Existenz der Korrespondenz preisgab.

Freya an Helmuth James, 21. Dezember 1944[1]

Donnerstag 10.30

Mein Lieber, ich sitze hier unten bei Dir, habe ein bisschen zu warten. Da schreibe ich mein Weihnachtsbriefchen, denn nachher wird es schnell gehen müssen. Was habe ich zu sagen, was Du nicht wüsstest. Allem voran steht das Glück und die Dankbarkeit, dass Du noch da bist. Ich kann deshalb nicht traurig sein, sondern bin glücklich. Ich weiß Dich, mein Herz, wohl geborgen und aufgeschlossen, Weihnachten als einen Segen zu fühlen wie sonst nie. Ich weiß Dich im Äußerlichen auch aufgehoben und von den lieben Freunden besorgt. So fahre ich getrost ab und ganz sicher, mit Dir innig verbunden zu bleiben, Deine Gedanken bei mir zu wissen. Sei wirklich nicht traurig, mein geliebtes Herz! Bleibe sicher und gut in Gottes Hand. Wir feiern Weihnachten zusammen, ob wir gleich getrennt sind. Wie schön, dass wir das können. Was danach kommt, wird eine neue Sorge sein. Ich stehe immer wieder voller Staunen vor dem Reichtum dieses Jahres und fühle mit Sicherheit, dass aus alledem ein Weg in die Zukunft geht, den wir, wie er auch ausfalle, gemeinsam gehen dürfen und werden. Mein Herz, das sind alles Dinge, über die wir jetzt oft gesprochen haben, doch sind sie immer wieder neu und herrlich. Willst Du auch wieder hören, wie sehr ich Dich liebe: Du kannst es immer wieder gesagt bekommen, aber wichtiger ist, dass Du es spürst. Ich werde den lieben Gott bitten, dass er uns Weihnachten ganz nahe beieinander feiern lässt, dass er uns spüren lässt, dass er bei uns ist und wir beieinander. – Jetzt kam Gissel und nahm mir die Sachen ab, und gleich weißt Du, dass ich hier unten sitze. Von P. habe ich schon das

Briefchen, aber habe es noch nicht gelesen. Das tue ich erst draußen. Da bringe ich auch Claus noch sein Paket. Nun leb wohl, mein liebes, liebes, liebes Herz. Bleiben wir beieinander, so wie wir gehören, und bleiben wir fest geborgen bei dem Vater, der Dich behüten möge. Dein P. bin ich!

1 Brief mit Wäschetausch.

Helmuth James an Freya, 21. Dezember 1944

Tegel, den 21. 12. 44.

Mein Lieber, mit lauter Schätzen erschien Gissel heute morgen, und da wusste ich, dass mein liebes Herz im Hause war, garnicht weit entfernt. Und so packte ich mit doppelter Freude die Köstlichkeiten aus, die mein Lieber für mich hergebracht hatte; wie lieb und prächtig das war. Dann kam ein ganz prächtiger Zweig, wirklich ein ganz besonders schöner, der nun meinen Eingang ziert mit der weißen Kerze, die des 24ten harrt. – Heute ist auch der kürzeste Tag, und das freut mich auch, denn die steigende Sonne macht eben doch mehr Mut als die sinkende. Und in 14 Tagen wird es auch schon spürbar länger hell. Wir leben bei der jetzigen Wetterlage ständig bei elektrischem Licht, und das ist nicht angenehm, zumal die einfache 15er Birne grell, aber nicht hell ist.

Ich habe Dich mit Trauer scheiden fühlen und mich selbst darüber gewundert, denn Du bist mir doch überall gleich nah. Aber Deine physische Nähe im Umkreis von maximal 30 km ist mir eben sehr angenehm, und ich bin damit so verwöhnt, dass mir eine Woche unglaublich lange erscheint. Das soll Dich nicht beeinflussen, schnell zurückzukommen, denn das ist morgen sicher schon anders und wieder ganz in Ordnung; ich erzähle es mehr, als irrationales Phänomen und um Dir zu zeigen, wie glücklich ich über Deine Nähe bin.

Eben ging der Vorsteher rum und verteilte Briefe, aber keinen für mich. Dabei habe ich festgestellt, dass ich den letzten offiziellen Brief von Dir am 29. 11. vom 22. 11. bekommen habe. Das ist doch arg auffällig, und Du solltest häufiger schreiben, scheint mir. – Es ist jetzt 6, und wenn ich richtig rechne, müsstest Du ungefähr in Liegnitz sein. Hoffentlich ist die Reise nicht zu fürchterlich, und hoffentlich bist Du um 9 zu Hause, damit Du Dich für den anstrengenden Tag morgen mit einer guten Nacht rüsten kannst.

Da ich das sonst bis zu Deiner Rückkehr vergesse, muss ich Dir etwas Sachliches schreiben. Aber schreibe Du es Dir auf einen Zettel, denn sonst kannst Du es auch nicht behalten.

1. Ich wäre dankbar, wenn ich zwei richtig große Umschläge und einige Büroklammern bekommen könnte; die kann mir das O. K. W. ruhig schenken.
2. Die Sache mit Theo[1] verhält sich anders. Im Herbst 42, wahrscheinlich November, jedenfalls nach Kreisau, sagte ich Carlo, wir müssten den Onkel[2] schrecken, damit er dem Oberbürger[3] den Laufpass gäbe. Deswegen müsste eine formelle Anzeige bei der Stapo gemacht werden, obwohl das sinnlos wäre, denn die wüssten ja, warum sie nicht zuschlügen.[4] Immerhin sollte er oder Theo das tun, damit sie den Onkel über die Reaktion unterrichten könnten. Darauf berichtete mir Carlo 14 Tage später, es sei bei dem Besuch in der Prinz Albrechtstr. nichts Verwendbares herausgekommen, denn die hätten gesagt: «wissen wir, wird beobachtet, weiteres ist nicht zu veranlassen». Ob Theo oder Carlo da waren oder beide, ist mir nicht mehr erinnerlich. Dann kam die Unterhaltung mit Theo etwa so, wie er sie schildert, aber m. W. haben wir dann besprochen, dass noch ein Vorstoß gemacht werden sollte, den dann wieder einer von ihnen machen wollte, weil sie ja nun die Leute kannten. Für mich ist ziemlich wesentlich, dass die erste Initiative von mir ausging, und das hat Carlo dem Theo doch sicher gesagt. – Auch meine Haltung in dem Gespräch Frühjahr 43 ist nicht ganz zutreffend. Ich wusste ja, dass die Stapo die Sache kannte und dass eine Aussage nichts ändern würde, weil die ja Gründe hatten, nicht zuzuschlagen, und meine Äußerung war eigentlich mehr ein Stoßseufzer «ach wenn doch endlich zugeschlagen würde, wir wollen doch noch ein Mal anzeigen».
   Es wäre gut, das abzustimmen, aber nur auf 100 % zuverlässigem Wege, sonst kann man es besser in den kleinen Divergenzen lassen, obwohl die Frage meiner Initiative schlechthin entscheidend sein kann.
3. Wegen des Gnadengesuchs bin ich ganz der gleichen Meinung: Wenn man sicher ist, dass es nicht im Papierkorb liegt, dann nicht daran rühren, auch m. E. nicht an H. H. weitergeben. Aber m. E. sollte man den Tatbestand soweit klären, dass man weiß, dass es nicht im Papierkorb liegt. Alles andere ganz behutsam und lieber zu wenig als zu viel.
4. Die Nachrichten von Felix freuten mich. Bitte bemühe Dich nur, mich möglichst bald in den Besitz der wichtigsten Argumente zu setzen. Ich muss die Partie sehr gut lernen, denn an Hercher werde ich günstigstenfalls eine lahme Unterstützung haben. Vielleicht mache ich ein kleines Gutachten für ihn, muss aber alles dafür durch Dich bekommen; presse Felix also gut aus. Auf die exakten Formulierungen kommt es mir nicht an, wenn nur die Argumente scharf sind und bei Umformulierung klar bleiben. Frage an Felix: soll ich eventuell auf

Fall Zarden Bezug nehmen? Erzählt hat es mir tatsächlich Albrecht vom S. D., und die Zarden selbst hat es Puppi erzählt und mit mir auch gesprochen. Durfte sie das, oder ist so ein Urteil geheim? Ich werde es gewiss nur tun, wenn es nötig ist, aber ich wüsste gerne, ob ich es dann tun kann oder ob ich das Hercher überlassen muss.

5. Wenn Du Felix noch ein Mal siehst, so frage ihn, was er von meinem neuesten Einfall hält, der – um mit Delp zu sprechen – realiter wahr ist. (Welchen Grad von Wahrheit Delp damit bezeichnet, ist mir nicht ganz klar; es kann sein, dass das bei ihm nur bedeutet: etwas, von dem er verlangt, dass wir es glauben. Ich benutze es im Augenblick, um etwas tatsächlich Wahres zu bezeichnen.) Die ganzen Gerüchte, die wir je empfangen haben, kamen alle über Peter, Trott und Haeften und von Abwehr und 2 Polizeidienststellen: dem Polizeipräsidenten von Berlin[5] und der Dienststelle Schellenberg[6] – Ausland S. D. –. Welches Gewicht hat diese Tatsache in der Frage der Anzeigepflicht? – Schließlich sage ihm noch, dass die Nichtanzeige bei mir nicht als Fall des 139[7] behandelt wird, sondern als Begünstigung, dass mir aber scheint, dass alle Argumente, die meine Anzeigepflicht verneinen, a potiori Begünstigung ausschließen. Oder gibt es da noch einen besonderen Dreh. – Weißt Du, ich schreibe für ihn noch ein Mal einen genauen Tatbestand dieser Sonderfrage; vielleicht tippst Du den für ihn und siehst, ob ihm noch etwas dazu einfällt:
Im Jahr 40, zwischen Norwegenfeldzug und Frankreichfeldzug, drangen die ersten Gerüchte über Pläne von Beck–Goerdeler an mein Ohr. Die kamen von Peter von Abwehr. Die steigerten sich und verdichteten sich in den folgenden Jahren, ohne dass ich je mit irgendeinem Goerdeler-Mann wissentlich in Verbindung gestanden oder von einem solchen etwas über diese Pläne gehört hätte. Alles kam immer aus Abwehr- oder Polizeiquellen. Im Herbst 42 erfolgte dann meine Bitte an Mierendorff, anzuzeigen, um damit Leuschner zu schrecken; um dieselbe Zeit etwa der Brief Canaris an Bamler, in dem C. sagt, er habe mit Reichsf. SS darüber gesprochen. Dann kam die Unterhaltung mit Schulenburg, in der Sch. mehr oder weniger behauptete, dass Beck und G. sich ernstlich mit Umsturzplänen trügen und mich dafür gewinnen wollten. Nachdem ich das abgelehnt hatte, meinte er, mindestens für den Fall der Niederlage sei eine Abklärung mit Beck und G. gut. Das lehnte ich zunächst auch ab. Darauf sagte er, B. sei garnicht festgelegt, und es sei durchaus möglich, dass ich feststellte, dass er einen Umsturz genauso ablehne wie ich, und deswegen solle man ein Mal über die sachlichen Probleme reden. Darauf brachte er eine Besprechung Beck–Goerdeler–Popitz–Hassell–Peter–Adam[8]–

Eugen–ich zustande, die ich nun vor allem dazu benutzen wollte, Beck von allen Umsturzgedanken abzubringen und ganz klar zu machen, dass das für uns nicht in Frage käme. Daher fing ich mit einer geharnischten Philippika gegen jeden Umsturz an und bat Beck, sich nun dazu zu erklären. Das hat er nicht getan, und wir sind nach allgemeinem Geschwätz auseinander gegangen, sodass von Umsturz an diesem Abend überhaupt nur ich gesprochen habe. 2 Tage darauf hat Beck mir im Namen der anderen alten Herren sagen lassen: *a.* sie seien über meine Attacke höchst ägriert; *b.* er stelle fest, dass niemand außer mir über Umsturz gesprochen hätte, *c.* die Unterstellung, dass irgendeiner der älteren Herrn an einen Umsturz dächte, weise er mit Entschiedenheit zurück; sie hätten keine Absichten dieser Art, und er bäte mich, das zur Kenntnis zu nehmen; alle anderweiten Gerüchte seien ohne jede reale Grundlage.

Frage: Entsteht durch die Unterhaltung Schulenburg eine konkrete Anzeigepflicht? Entsteht sie durch die Besprechung zu 8 erneut? Denn von diesen beiden Besprechungen wusste die Polizei und die Abwehr nichts. Was sie wusste, war nur, dass sich G. und B. mit Umsturzplänen trügen. Sie wusste also lediglich das, was mich zu der Vermutung veranlasste und meine Attacke hervorrief, der aber kein Echo folgte.

Aus all diesen Erwägungen sehe ich jedenfalls eines: Jeder Tag, den wir gewinnen können, um über diese Dinge nachzudenken, ist unendlich viel wert, denn es wimmelt von Komplikationen, die bedacht werden müssen; im Grunde sind wir eben noch lange nicht fertig. Es ist seit dem 22. oder 23. 10., als ich anfing, die allerersten Argumente für eine denkbare Verteidigung zu ahnen, doch kaum eine Woche vergangen, in der mir nicht irgendetwas Neues eingefallen wäre. Wenn nur der Hercher besser wäre! Aber das wichtigste ist schließlich, dass er menschlich in Ordnung ist und einem nicht in den Rücken fällt.

Gute Nacht, mein Herz, jetzt jükkelst Du hoffentlich schon auf der Strecke Liegnitz–Kreisau. Ich höre für heute auf. Schlaf wohl, und der Herr behüte Dich und uns. J.

1 Theodor Haubach. *2* Wilhelm Leuschner. *3* Carl Friedrich Goerdeler. *4* Die Kreisauer entschlossen sich erst zur Anzeige, nachdem sie wussten, dass der Fall der Gestapo bekannt war. *5* Fritz Dietlof Graf von der Schulenburg. *6* Walter Schellenberg war Generalmajor der Polizei und Leiter der Geheimdienste von SD und Abwehr im Reichssicherheitshauptamt. *7* Paragraph 139 Strafgesetzbuch: Straflosigkeit der Nichtanzeige geplanter Straftaten. *8* Adam von Trott zu Solz.

Helmuth James an Freya, 24. Dezember 1944 (offizieller Brief)

Strafgefängnis Berlin-Tegel
24. 12. 44.

Mein Lieber, jetzt bist Du wohl mit dem Weihnachtszimmer gerade fertig und hast sicher häufig an mich gedacht, wie wir das sonst zusammen aufzubauen pflegten. So haben auch meine Gedanken Deinen Tag begleitet, der wohl, abgesehen vom Wegtragen von Geschenken für den Hof, ganz dem Hause gewidmet war, denn dieses Jahr gibt es doch keine Christnacht, nicht wahr? – Ich verbringe den Tag im Bett in der Hoffnung, über die Feiertage, während derer ich ja sicher nicht für irgendetwas geholt werde, meinen Ischias etwas ausheilen zu können. Die Zelle ist jedenfalls für Weihnachten ein sehr geeigneter Aufenthalt, denn dadurch wird einem klar, dass all der Zauber, der für uns nun ein Mal Weihnachten umgibt, dass die Lieben und die Lieder, der Baum und die Geschenke alles nur Zutaten sind und dass es nur auf die eine Zeile des Lukas-Evangeliums ankommt: «Denn Euch ist heute der Heiland geboren». Ich hoffe und wünsche, dass auch Ihr ein gesegnetes Fest habt und dass vor allem Du nicht etwa durch meine Abwesenheit bedrückt bist. Und eigentlich fühle ich mich ganz sicher, dass bei Dir alles so friedlich und fröhlich ist, wie es dieser Tag verlangt.

Seit gestern ist es hier sehr kalt und heute Morgen sollen hier in der Stadt am Hause 12° Kälte gewesen sein. Da kein Schnee liegt, ist das für die Saaten nicht gut. Und wenn ich denke, dass bei uns die Winterfurche für die wichtigsten Früchte noch nicht gemacht ist, so ist mir sehr wenig wohl zu Mute. Am schlimmsten ist es für die Rüben. Aber Z. soll keinesfalls die Rübenfläche verkleinern. Lieber spät bestellen. Jedenfalls sehe ich mit großer Sorge auf die Bestellung 45. Z. muss versuchen, den Lanz zu halten, und dann muss er sehen, dass er zum Frühjahr den Dampflug bekommt, wann es am günstigsten geht; mir scheint, Achtert hat meine Abwesenheit benutzt, um uns schlecht in den Turnus einzurangieren.

Heute Abend, mein Lieber, wenn Ihr einbeschert, werde ich mit vollem Herzen Euer gedenken und an Eurer Freude teilnehmen. Ich hoffe zu hören, dass die Kinder «oben» und «unten» alle gesund, fröhlich und glücklich waren und voll auf ihre Kosten gekommen sind. Dann ist wieder ein Weihnachtsfest zu dem Schatz hinzugefügt, den auch wir alle mitbekommen haben. – Dies ist der letzte Brief, der Dich dieses Jahr erreicht. Es geht ein Jahr der Sorgen zu Ende, mein Lieber, und ich bin glücklich in der Gewissheit, dass uns diese Sorgen und was noch kommen mag, nichts anhaben, da wir dankbar und fröhlich diesen großen Tag feiern dürfen. J.

Helmuth James an Freya, 24./25. Dezember 1944

Tegel, den 24. 12. 44.

Mein Lieber, ein Wort muss ich mit meinem Liebsten auf dem Papier reden, ehe die Kerzen gelöscht werden müssen. Es wird wohl 6 Uhr sein, und meine Gedanken, die Dich schon den ganzen Tag begleiten, suchen Dich seit einer halben Stunde beim Singen, Lesen und Bescheren. Mein Herz, von Dir kam, soeben erst geöffnet, Krippe, Strahlenkranz und Liederbüchlein. Die Krippe, die Du wirklich prächtig erdacht hast, steht auf meinem Tisch und sieht auf mich herab, den Stern mit Strahlenkranz habe ich so an die Tischkante gehängt, dass ich ihn stracks anschaue, wenn ich liege, und das Büchelchen habe ich zu etwa zwei Dritteln beim Schein der hinter mir stehenden großen Kerze gelesen, die mir auch zu diesem Brief leuchtet, während die Weihnachtskerze am Zweig über der Tür brennt. – Ich liege ja seit gestern fest im Bett bis Mittwoch, in der Hoffnung, dass mein Bein das gerne haben wird. – Heute Mittag habe ich der Weihnachtsfeier zugehört, die Poelchau sehr nett gemacht hat. – Mein Herz, ich höre jetzt auf, denn ich will die Kerzen löschen und das Licht wieder anmachen und damit das Weihnachtsfest beenden, das wahrscheinlich mein letztes ist. Ich bin nicht traurig, nein, dankbar bin ich, dass ich es noch ein Mal erleben durfte, denn gerade das Gefühl, dass es wohl mein letztes ist, macht mir das Geschenk dieses Tages doppelt groß und doppelt froh. – Alle meine Gedanken sind bei Dir, mein Lieber, und erbitten Gottes Segen für uns. J.

25. 12. 44.

Nun ist der erste Feiertag vorüber, und ich will die Stille des Abends zunächst benutzen, meinem Pim zu schreiben. Krippe, Stern und das Liederheftchen haben mich den ganzen Tag begleitet und hätten mich, wäre es nötig gewesen, an meinen Liebsten erinnert. Es war aber wahrlich nicht nötig. Eben habe ich noch ein Mal Weihnachten gefeiert, meine beiden Kerzen angesteckt und Weihnachtslieder teils still, teils laut gelesen, teils gesungen, teils gepfiffen. Eben habe ich die Lichter wieder gelöscht. – Was mag mein Lieber heute getan haben? Mir war nicht ganz klar, ob die Schlösser[1] heute raufkommen wollten oder ob das morgen geschieht. Ich hoffe aber sehr, dass Du die Tage im Ganzen doch friedlich verbringen kannst, denn Deiner wartet ja hier dann wieder das anstrengende Warten auf den Tod Deines Wirts oder seine Rettung mit der winzigen Chance im menschlichen Bereich.

Um gleich zu diesem interessanten, nein hautnahsten Thema zu kommen: Dein Wirt hat wieder arg mit Hoffnungen zu kämpfen. Alle die hoffnungslosen Lagen, die sich durch ein Wunder gelöst haben vom Sturz in den Mühlgraben,[2] über die Arbeit für Waldenburg und die Arbeitslager, zur Sanierung von Kreisau[3] und der Bombe[4] im vergangenen Januar, haben das Gefühl, dass auch diese Lage sich lösen wird, mächtig genährt. Ich kann eben zu Zeiten garnicht dagegen an, und doch ist es nur der Versucher, der eine neue Falle stellen will. Oder ist es vielleicht doch die Zuversicht, die Gott mir einflößen will? Nur Demut und Einfalt können mir da den Weg weisen, und beide habe ich in so unzureichendem Maße. – Ich habe mich auch wieder viel mit meiner Verteidigung befasst, das geht immer Hand in Hand. Und auch da vermeine ich einen grauen Schimmer zu sehen; nicht einen Lichtstreif, aber einen Schimmer, und ich habe eben das Gefühl, dass, wenn Freisler und ich einen guten Tag haben, ich den Weg durch all die Widersprüche, die meine bisherigen Aussagen bei meiner jetzigen Verteidigung enthalten, laufen kann, und zwar gerade weil es so viele Widersprüche sind, dass ich sagen kann: Es ist doch klar, dass ich unter einer völlig anderen Voraussetzung ausgesagt habe. Ich habe dieses Gefühl, dass ein grauer Fleck am fernen Horizont zu sehen sei, auch früher gehabt, so in der Sanierung von Kreisau im November 29, in der Sache Kempinski. Ich kenne das Gefühl, und das hat natürlich den Antrieb zu den Hoffnungen geben. – Ich erzähle Dir das alles nicht, um Dir Hoffnung zu erwecken, dazu ist kein Anlass; nein, sondern eigentlich, um Dir von mir zu erzählen, vor allem, damit Du nicht erstaunt bist, wenn mal wieder ein tüchtiges Tief herankommt.

Nun komme ich aber noch zu etwas solideren Themen. Gestern Abend und in der Nacht habe ich den Propheten Jesaja ganz gelesen, und zwar zum ersten Mal in meinem Leben so in einem Niedersitzen. Eines ist ganz klar, nämlich dass man es tun und immer wieder tun muss, denn bei dem stückweisen Lesen verliert man zu viel von dem Zusammenhang. Es ist aber eine sehr schwere Lektüre, sehr viel schwerer als selbst das Johannes-Evangelium oder die paulinischen Briefe. Ich glaube aber, dass es noch größer, noch gewaltiger ist. Du wirst staunen, dass ich das sage. Aber ist nicht der, der nicht sieht und auch weiß, dass er keine menschlich fassbare Bestätigung bekommen wird, größer als der, der verkündet, was er gesehen oder in objektiver Form erfahren hat? Die vollkommene Gewissheit des in keiner Weise offenbarten Erlösers, die Jesaja erfüllt, ihn in aller Anfeindung sicher macht, die den Jeremia nicht verlässt, da er in die Schlangengrube geworfen wird, die Hiob beseelt, ist sie nicht stärker, gewaltiger als das, was nach der Geburt des Heilands kommt, eben weil es sich nicht auf irgendwelche Daten, sondern nur auf viele hundert Jahre zurückliegende Verheißungen stützt. Man wird ja traurig, wenn man sieht, was damals Menschen gegeben ward und wie schwer wir schon um viel simplere Dinge ringen müssen. – Ich will nun heute Nacht das Johannes-Evangelium lesen und will sehen, dass ich in ein paar Tagen den Jesaja noch ein Mal lese. Man müsste ihn 50 Mal lesen, dann würde man anfangen, ihn zu verstehen. Das Schöne, für mich, gerade am Jesaja, aber auch am Jeremia ist, dass nichts Außergewöhnliches passiert, wie bei Elias und Elisa, David und Jona u.s.w. Das sind alles ganz prosaische, unpathetische Geschichten. – Je mehr ich in diesen Monaten gelesen habe, umso fester hat sich in mir die Überzeugung verankert, dass das «Neue Testament und Psalmen» eine Missgeburt[5] ist. Man sollte es niemandem ersparen, das A.T. zu kennen. Und so unglaublich schwer das A.T. für uns ist, so glaube ich doch, dass es für demütige Herzen viel leichter ist als für uns und sicher leichter, als wir glauben. Denn da helfen eben die vielen kräftigen Bilder, und ich erinnere mich wohl, dass ich als Kind das A.T. sehr liebte, weil es so schöne Geschichten hatte. Für uns kommt dann eine Periode, in der wir das A.T. nicht recht verstehen, die Geschichten und Bilder uns aber nicht mehr genügen. Durch diese Periode bin ich erst in der Haft durchgekommen und lese jetzt selbst Geschlechtsregister, Volkszählungen und Ähnliches, ohne zu springen. Kurz, ich hoffe vor meinem Tode noch etwas mehr Verständnis für Jesaja zu haben als heute und mir dann recht klein, jämmerlich und blamabel vorzukommen.

Heute über Tag habe ich einige Sachen von P. gelesen, darunter einen Vortrag von Gollwitzer über die Bibel,[6] der genau zu meiner gegenwärtigen Verfassung passte. Leider hat mich eben den ganzen Tag über meine Verteidigung so beschäftigt, dass ich immer wieder, auch in unserer gemeinsam gelesenen Apg. aufhören musste, um irgendeinem sich vordrängenden Gedanken Vorfahrtsrecht zu gewähren. Ich habe das sehr ungern, denn es zeigt einen Zustand mangelnder Konzentration an; aber ich vermochte ihm nicht abzuhelfen. – Für meine Verteidigung habe ich mich dann auch noch über 2 Stunden gründlich mit dem Parteiprogramm befasst, das ich in dem Dalcke fand, den man mir hier geliehen hatte. Ich muss das auch vor dem Termin noch ein Mal tun. Wenn nur all diese Arbeit einen Sinn hätte! Immerhin weiß ich jetzt, wie ich marschieren muss, um überhaupt eine Chance zu haben, und außerdem weiß ich, dass ich die Linie unter dem Wutgeschrei von Freisler und der SS und unter ständigen Unterbrechungen und Gegenzügen und Versuchen, auf ein anderes Gebiet zu kommen, möglicherweise durch Stunden und Stunden ganz allein durchhalten muss. Ich bin ganz gespannt, ob das geht, ob das gegen einen so übermächtigen Gegner wie Freisler durchzustehen ist, der stimmungsmäßig und prozesstaktisch alles auf seiner Seite hat. Ich muss nur hoffen, dass der Kampf sich tatsächlich um die Dinge drehen wird, auf die ich mich jetzt präpariere, und nicht um ganz andere. Aber auch deswegen ist ein baldiger Besuch von Hercher so wichtig, denn ich muss versuchen, das Feld durch einen Schriftsatz noch etwas abzustecken.

Aber auch das ist «eitel und haschen nach Wind»,[7] wenn der Herr nicht will und nicht hilft, und es würde ein Wunder sein, wenn es gelänge. Diese Tatsache muss ich mir alle Stunden und immer wieder und immerzu vor Augen halten. Es ist schon ein Wunder, dass es überhaupt so weit gekommen ist; es ist ein noch größeres Wunder, wenn es gelingt, nicht hingerichtet zu werden. Das ist ganz klar. Darum kann ich nur durch ständiges, inständiges Bitten gerettet werden, wie der König Hiskia,[8] als er eine kranke Drüse hatte, oder der Prophet Jeremia, als er in die Schlammgrube geworfen wurde.[9] Damit, mein Herz, sind wir wieder bei der alten Weisheit. Und dann kann ich nur noch darum bitten, dass ich wirklich, ‹ich lebe oder sterbe› des Herrn sei. J.

1 Die Tanten und die Familie Reichwein, die im Kreisauer Schloss lebten. *2* Siehe Helmuths Brief vom 14. Dezember 1944, S. 330. *3* Siehe Biographische Notiz, S. 575. *4* Siehe Freyas Brief vom 29. September 1944, S. 38. *5* Im Dritten Reich geläufige Ausgabe der Bibel ohne Altes Testament. *6* «Die Bibel und der Mensch von heute», ein gedruckter, 1940 in Berlin-Dahlem gehaltener Vortrag. *7* Zitat aus Prediger 1,14. *8* Siehe Helmuths Brief vom 21. November 1944, S. 216. *9* Jeremia 38,6.

Helmuth James an Freya, ohne Datum, Dezember 1944

Mein Herz, das ist zwar nicht gelungen, aber ich wollte doch, dass Du wüsstest, wie es hier aussieht, ehe ich ausziehe. Da Du die Gegenstände sicherlich erkennen wirst, so sage ich Dir: Der Kreis ist die Lampe; darunter hängt Dein Stern, genau in Augenhöhe, darunter steht Deine Krippe und rechts davon Dein Engel, rechts davon das Gesangbuch, links von der Kerze das Tintenfass und ganz links die Bibel aufgeschlagen. – Trotz aller Stümperhaftigkeit bin ich zufrieden mit der Skizze und mache keinen zweiten Versuch, denn ich bin sicher, dass Deine liebenden Augen erkennen werden, dass es «zellig» ist und dennoch lieb und nicht verlassen. Und das gerade wollte ich vermitteln. Dass der Tisch schiefe und ungerade Beine hat u.s.w. u.s.w. musst Du dafür in Kauf nehmen. Der

Stern hängt genau in Augenhöhe beim Sitzen, und ihn schaue ich ganz unverwandt an, wenn es nötig ist. Er ist dabei ein sehr wichtiges Requisit.

Freya an Helmuth James, 24./25. Dezember 1944

Kr. d. 24. 12. 44

Mein Lieber, der Tag ist zu Ende. Tausend mal sind meine Gedanken zu Dir geflogen und immer haben sie Dich gefunden. Hoffentlich war es so, wie ich hoffte, dass Du ruhig und zufrieden und geborgen warst, wie es mein Herzenswunsch war. Ach, mein Jäm, es war kein schwerer Tag, denn ich fühlte Dich uns so nahe, so nahe, dass es noch nicht einmal wehmütig war. Es war ein glücklicher Tag, weil ich immer und ständig voller Dankbarkeit war, dass Du noch da bist und mit uns so verbunden lebst, voller Dankbarkeit für – Du weißt ja, was alles! Glücklich aber auch im Anblick der 2 beseligten Jungen. Das war das einzig wirklich Traurige, dass ich es genoss und Du den lieben Anblick nicht haben konntest. Es war ganz und gar ein Tag der Beiden, und ich bin nun am Abend froh, zur friedlichen Besinnung zu kommen, und werde wohl das alles nicht mehr genau berichten, was ich Dir haargenau erzählen möchte: Das bleibt für morgen. Der Tag soll uns nicht zu Ende gehen, ohne ein Wort der Liebe an Dich, mein geliebtes Herz, geschrieben zu haben. Sicher haben Deine liebenden Gedanken mich davor bewahrt, diesen Abend in verhetztem Zustand zu begehen. Ich bin ganz schön mit allem fertig geworden, habe die beiden Nächte allerdings zum Teil dazugenommen, hatte aber dadurch heute einen ganz friedlichen Tag mit vielen Gedanken an Dich. Jetzt will ich die noch weiterspinnen und Dein liebes Geschenk und das der Freunde mit ins Bett nehmen und noch ein wenig feiern. Mein Jäm, Dein Werkchen ist mir so lieb. Ich finde es sehr schön, schön zusammengestellt und schön und liebevoll gemacht. Ich nahm es mit herunter und las es nach der Bescherung, und jetzt will ich eben nicht so lange schreiben, dass ich erschöpft ins Bett sinke, sondern will bald gehen, es ist erst ½11 und C.chen war erst um 10 im Bett, damit ich es noch einmal lese und feiere, was für uns heute Abend wirklich zu feiern ist und uns beide mit seinem Licht so schön bescheint und beschienen hat. Das, was ich Dir von den letzten Kreisauer Tagen zu berichten habe, sind lauter liebe und angenehme Kreisauer Eindrücke. Da ich aber einen richtigen Schnupfen habe seit heute Mittag und den Brief daher doch nicht zum 7-Uhr-Zug bringen werde, lasse ich diesen Bericht auf morgen, sage Dir Gute Nacht, mein liebes Herz, und gehe ins Bett, um Dich erst recht zu finden. Denke nur mal, wie glücklich ich bin, das noch so sagen zu können, und die arme Romai unten!! Ich hatte sie eigentlich jetzt spät noch besuchen wollen, aber der Schnupfen hielt mich ab. Auch von ihr erzähle ich Dir morgen. Gute Nacht! – Nun ist der 25. Es ist kurz nach 7. Ich bin eine halbe Stunde erst wach und habe sie schön verbracht, habe Dein Geschenk genossen, an Dich gedacht, an alle Freunde, habe unsere 3 Kapitel gelesen und mich Dir nahe gefühlt. Viel und gut habe ich geschlafen. Ausnahmsweise schlafen beide Jungen noch ihre glückliche Erschöpfung aus. Mein Herz, ich erzähle Dir zuerst mal von gestern: Ich musste am Vormittag die Geschenke in dem Hof herumtragen, dazu nahm ich beide Söhnchen mit. Die Sonne strahlte über einen sehr kalten Morgen und es war unheimlich glatt. Beide Knaben sind nicht nur wohl, sondern sehen auch richtig blühend aus. Die November-Krise ist vorüber, der scharfe Frost und Sonne bekommt ihnen gut. Konrädchen, von Mutz[1] und mir – sie kam in der Nacht meiner Ankunft, ich schrieb es über den VGH. – schon etwas scharf herangenommen, stampfte mutig durch die Gegend, C.chen kegelte, lief, hüpfte, beide mit ihren rotberänderten Zipfelmützen und K. jetzt schon in Deinem Mantel mit Futter drin. C.chen verließ uns schon beim Schloss auf der Peile, wo es ja auch sehr anziehend war. Ich zog dann mit K. alleine weiter. Ich habe dieses Jahr dem Zimmer und dem Kaiser je ein Paar Stiefel von Papi geschenkt, ebenso Störcher, und alle 3 waren einfach selig. Auch das Resultat der Bescherung bei Schwester sammelte ich ein und fand richtige Freude darüber vor, was ich garnicht erwartet hatte. Vor allem redete ich aber überall über Dich, lange und ausführlich und überall Deine Grüße verteilend, und überall fand ich herzliches Echo, Mitleid, Sorge, Empörung in verschiedenen Graden, überall aber viel Anhänglichkeit an Dich, und das so spontan, dass ich dran glaube und es Dir weitergebe ohne Verschönerungen, ganz objektiv. Du weißt, dass ich von jeher skeptisch über die Anhänglichkeit der «Leute» gewesen bin. Ich muss aber sagen, dass ich ein natürliches, nicht herrschaftliches, sondern nachbarliches Freundschaftsgefühl empfunden habe, das mich für uns, aber vor allem auch für Dich sehr freut. Ich habe ruhig gesagt, das ich mir sehr Sorgen um Deine Zukunft mache, und habe auch auf Erwin verwiesen, der auch nicht viel gemacht hätte, der nämlich überall hier sehr populär war. So war ich gut beschäftigt, mein Herz. Lenchen, die Tanten, Kaisers, Meiers, Zimmers und noch mehr. Mittags war ich zu Hause, nachdem ich die lieben Söhnchen wieder eingesammelt hatte. Während ich nämlich bei Lenchen war – die Mutter hat jetzt schwere Tb –, war auch K.chen auf dem Eise. Sie waren so vernügt und unbeschwert und C.chen einfach toll vor Freude. Er brach immer wieder los voller Aufregung. Siehst Du ihn nicht vor Dir, wie er springt und hüpft und rennt und sich freut. Zu Mittag war Tante Ete bei uns, zum 1. Mal ohne Kinder od. Kindeskinder, nur von Neffen und Nichten umgeben. Wir aßen nur eine gute Suppe mit Reis. Die Pickin ist natürlich froh, ein paar Tage so gut kochen zu können. Ich muss aber sagen, dass sie gut einteilt und nicht den Hang hat, zuviel auf einmal zu tun. Nach Tisch schliefen die Kinder, C.chen freiwillig auch, schon um die Zeit, die schreckliche Zeit, zu erschlagen! So schliefen sie beide wie die Säckchen, und Mutz und ich hatten schwer zu tun. Dass alle meine Gedanken nach 2 bei Dir waren, während ich den Baum schmückte, das weißt Du. Ach, mein Herz! Ich stellte es mir so deutlich vor! Mein liebes Herz. Wir haben einen ganz wunderhübschen Baum. Könntest Du ihn sehen! Er ist zierlich, geht, nachdem wir ihn noch mit Büchern etwas erhöht haben, bis zur Spitze des Spiegels, ist ganz, ganz ebenmäßig gebaut, ganz und ganz schlank, ganz voll, ganz reizend ist er. In ihm hängen nun außer dem Lametta und weißen Kerzen eine ganze Menge von den kleinsten rotwangigen Äpfeln, die Du, mein Herz, jetzt immer isst. Das sieht wunderhübsch aus und ist so recht aus Kreisau. Mutz hat liebevoll mitgeschmückt und noch die Tische aufgestellt, und aufgebaut[2] habe ich dann alleine. Beide Jungen unterm Baum auf einem Tischbrett wie immer, rechts daneben K.s herrlicher Böllerwagen, höchst liebevoll vom Zimmer gebaut, links Deine alte Spieltruhe, die C.chen bekommen hat. Auf dem Brett viele bunte, schöne Sachen. Am Abend vorher hatte mich die Verzweifelung gepackt, dass Deine alte Eisenbahn eben doch nur noch ein Wrack ist, trotz aller Reparaturen, aber wir haben sie dann ganz nebensächlich aufgebaut, und natürlich erwies es sich dann, dass es auch schon herrlich ist, dass die Lokomotive ohne Wagen rückwärts zeitweise fahren kann. Die Wagen werden eben geschoben, aber das kommt erst gleich. «Wir» waren wie immer an der Heizung. Liesbeth auf dem engl. Tisch, Frau Pick auf Mamis Truhe, Frau Neumann und Mutz auf Deinem gekauften Tisch und Ulla auf einem kl. runden Nähtisch. Es sah alles wieder sehr schön aus. Ich wurde gerade sehr gut fertig. Um 5 tranken wir im großen Zimmer Tee, und pünktlich um ½6 fingen wir an. C.chen war halb tot vor Freude. K. erinnerte auch vom vorigen Jahr noch was, denn als ich ihn neulich fragte, zeigte er, wo der Baum steht, und sagte, darunter seien Jörg und er gewesen. Bei C.chen war die Übung der vergangenen Jahre doch schon ganz fest eingewurzelt, und voriges Jahr spielte [er] im Chor ganz gleichwertig mit, vor allem, weil er das Christkind gesehen hatte. Er war und ist noch voller tiefstem Glauben und sieht oder hofft immerzu Engel zu sehen. Beim Mittagessen kamen Renate und Roland mit einem Paket, ohne dass er es wusste, und jemand sagte, ein Engel sei da und bringe etwas. Du hättest seine staunenvollen Augen sehen müssen! Ich ging raus, den Engel abzufertigen. Wir feierten aber sehr schön und sehr andächtig. Erst sangen wir «Ihr Kinderlein …» Das war besonders schön, weil ganz wider mein Erwarten und ganz nach Deinem: K. schon die 1. Strophe ganz schön richtig und voller Begeisterung mitsang. Beide Jungen saßen auf dem Kölner Bänkchen in weißen Blusen und mit Schlipsen – auch K. bestand darauf. Zwischen ihnen und mir war der brennende Adventskranz. Da saßen sie nebeneinander und sangen: C.chen laut und wie ein Junge, K. ein bisschen hinterher, aber voller Begeisterung. Es war ein so lieber Anblick, und mir drehte sich nun das Herz deshalb herum, weil ich ihn Dir, Dir, Dir, mein Herz, so sehr gegönnt hätte. Es sind wirklich so liebe kleine Jungen! Dann las Ulla, Du weißt, wie schön, und K. kam auf meinen Schoß. Dann sangen wir «Stille Nacht» und C.chen sagte völlig ungeniert und ganz flüssig und mit liebenswürdigem Gesicht – am liebsten hätte er die Hände in den Taschen gehabt – «Brich an Du schönes Morgenlicht» auf. Dann sangen wir «Oh du fröhliche», und ich verließ sie, während sie noch einmal die «Kinderlein» und «Vom Himmel hoch» sangen. Dann ging die Türe auf und das Glück begann. Der Baum war so reizend, dass beide Knaben sich dem auch nicht entziehen konnten, dann aber ging es los; C.chen war selig und war überhaupt nicht zu halten: der Tuschkasten, die Eisenbahn, die Bücher und alles, alles, alles. K. gemächlicher, aber nicht weniger hingebungsvoll und bald damit beschäftigt, alle Papiere zu falten und alles in seinen Wagen zu verladen. Der Pickin habe ich den schönen Kreisauer Fuchs[3] verehrt. Ich trage ihn ja doch *nie*. Ich habe mich an seinem Besitz sehr gefreut, aber da ich ihn doch nicht trage, habe ich mich nun von ihm getrennt, und ihre Begeisterung war so groß, dass es sich wirklich lohnte. Auch Liesbethchen, das gute eifrige Kind, das hier mit Frau Zimmer gelebt hatte, um das Haus sauber zu kriegen, war glücklicherweise sehr gut bedacht. Asta hatte mir auf die Flachsscheine[4] einen sehr schönen karierten Leinenstoff besorgt für ein Kleid. Auch für Stäsches war es noch einmal üppig. Die mussten natürlich zur Komplettierung von C.chens Glück bald erscheinen und sagten auch Gedichte auf. Ich habe halt alles, was ich noch hatte, rausgeholt, und da war alles da, aber nun ist Schluss. Mutz habe ich die prächtige, chice Tasche verehrt, die Pierre Fischbacher mir damals schenkte und die meiner Art auch nie entsprechen wird. Auch sie freute sich sehr und war starr. Bei mir selbst war es deshalb auch sehr voll, weil das gute Marinkchen mir eine Flut kleiner Pakete wie M. D. gemacht hatte mit den nützlichsten Sachen drin, Papiere, Klopapier, Wischlappen u. s. immer weiter. Sie hat das sehr liebevoll gemacht, und C.chen hat mich mit einer selbstgestickten Tasche beglückt, ganz nach Schönchens Geschmack, aber rührend mit Perlenhaufen auf Stramin von herrlicher Hässlichkeit. Auch Romai hat mich sehr beschenkt: C. Becker[5] und Meister Ekkehardts Schriften. So sieht es voll wie immer bei uns aus. Merkst Du, mein liebes Herz, das alles wie sonst war. Dass Asta nicht da war, war uns beiden schwer, ihr beinahe noch schwerer, sie wäre viel lieber hier gewesen samt ihrem Wend. Aber der Abend stand so vollkommen im Zeichen des Glückes der beiden Jungen, dass es auf uns und unsere Gefühle garnicht ankam, und das war gerade richtig.

Mein Herz war still und dankbar und blieb es, nahe an Deinem. Wir haben allen Grund dazu. Ich las Dein Geschenk, ich las den schönen Spruch und Bild der Freunde. Wie lieb von ihnen, dass sie es erst bei Dir hatten. Ja, es ist eigentlich Dein Spruch, aber deshalb gerade auch meiner. Gerade das macht mich ja so glücklich, dass Dein Spruch auch meiner sein kann. Nun sammele ich aber ohne Dich den äußeren Reichtum von Kreisau dazu, und ich möchte Dir die Liebe und Heimatlichkeit, den Weihnachtsglanz so gerne vermitteln, dieses alles, was schon unsere vergangenen Jahre so schön gemacht hat, und da bin ich traurig, dass Du in Deiner Zelle es nicht sehen kannst, sonst bin ich nur dankbar. – Jetzt, mein Herz, ziehe ich mich an und schreibe weiter, sobald es geht, denn es ist noch viel zu erzählen, was Dich freut, aber das Wichtigste ist wenigstens gesagt. – Es ist bald 12, und da wollen C. Viggos kommen und schon um ½2 wieder wegfahren. Sie sollen diesen Brief dann befördern. Ich habe aufgeräumt, gefrühstückt, mit C.chen gespielt und Ulla besucht. Dort haben wir lange über Dich, Mami und unseren Glauben gesprochen, nachdem ich ihr Deinen Brief vorlesen durfte, der sie offenbar sehr beglückt hat. Es ist auch, mein Herz, ein sehr schöner Brief. Es steht alles drin, es ist ein schönes, klares Bild von Dir in Deiner schweren Lage und wie gut Du doch geborgen bist. Ulla hatte ihn schon 2 × gelesen. Ich habe ihn ihr erst gestern gegeben. – Ich muss Dir noch von C.chen erzählen: der 1. Jubelschrei über die Eisenbahn! Und dann gleich «die kann man ja hemmen»! (Man kann auch fast nichts anderes mit der Lok. machen). Dann heute, als er gefragt wurde, was am schönsten sei: «Die Eisenbahn!» Sie ist unerreicht! «Die Waggons fahren besser als die Lok.» Das sind Aussprüche, aus denen Du die objektive Qualität des Geschenkes ermessen kannst. Aber er sitzt den ganzen Tag auf dem Boden und arbeitet an seinen Schienen und fuhrwerkt mit den alten Wägelchen, auf die der Stellmacher neue Dächer gemacht hat. – So, jetzt ist Carl Viggo da, und wir haben sehr gut gegessen, und ich habe alle auf Dein Wohl trinken lassen. Das nutzt ja nichts, aber kein Sekündchen dürfen sie alle vergessen, dass Du hier bist, hier hingehörst, hier entscheidest und hier bleibst: Du und was Du vertrittst. Da saßen wir, Deine Söhnchen und ich, und Du warst ganz fest bei uns! Jetzt höre ich auf, und bald schreibe ich den nächsten Brief über Schwester und alles Andere.

Voller zärtlicher Liebe bin und bleibe ich Dein P.

1 Maria Schanda. *2* Die Geschenke auf die Tische verteilt. *3* Als großer Schal getragener Fuchspelz, zumeist samt Kopf des Tieres. *4* Bezugsschein für bestimmte rationierte Waren, in diesem Fall Flachsprodukte. *5* Carl Heinrich Becker, preußischer Kultusminister und Hochschulreformer der Weimarer Zeit.

Helmuth James an Freya, 27./28. Dezember 1944

Tegel, den 27. 12. 44.

Mein Lieber, merkwürdig müde bin ich, obwohl es erst ½6 ist, und will daher erst ein Mal schreiben. Ich nehme an, dass die Müdigkeit daher rührt, dass ich letzte Nacht schlecht geschlafen habe, weil ich an den Bett-Tagen über Tag zu viel gedöst habe. – Nun will ich auch von meiner Gesundheit beginnen, über die Du gewiss einen exakten Bericht erwartest. Im Ganzen ist es durch das Liegen nicht besser geworden. Vielleicht hat sich die Besserung, die vor etwa 8 Tagen oder 10 Tagen begann und zuerst sehr merklich war, dann aber nur ganz geringe Fortschritte machte, festgesetzt; das ist möglich, aber es ist kaum spürbar. Die eigentlichen Schmerzen sind bedeutungslos, wenn ich nicht ungeschickte Bewegungen mache, den rechten Arm strecke, das linke Bein stoßend bewege oder ähnliches tue. Das unangenehmste ist aber die Schwäche im Stehen und Gehen, beides geht gerade fast nicht und auch in gekrümmter Haltung nur kurze Zeit. Machen lässt sich da, glaube ich, garnichts. Ich muss eben abwarten, ob es besser wird, und halte die beiden empfindlichsten Stellen: Kreuz und linker Oberschenkel und linkes Knie ständig in ein Frottierhandtuch und Deinen Schal eingewickelt. So im Zellenleben stört es mich nicht, abgesehen davon, dass ich mir eben in der Zelle garkeine Bewegung mehr mache.

Mein Herz, Deine schöne Krippe steht neben mir und hat meine Blicke schon den ganzen Tag immer wieder auf sich gezogen. Das Gleiche gilt von Deinem Stern, der vor mir hängt, und Deinem Engel, der immer auf mich aufpasst. So bin ich wohl behütet. Wo hast Du nur Krippe und Stern her?

Ob nun heute Dein Schwein gestorben ist, und wie mag es gewesen sein? Das ist ja dieses Jahr fast noch wichtiger als sonst. Hoffentlich war es gut im Gewicht und hatte auch reichlich Speck. Pass nur auf, dass Dir nicht das alles im Falle einer Konfiskation geplündert wird. Und wirst Du morgen mit dem Schwein fertig werden? Ich freue mich nämlich schon sehr auf Deine Rückkehr.

Nun kommt erst mal allerhand Sachliches:

1. Du findest in der Anlage eine Abschrift des Briefes an Müller und den Entwurf eines Schriftsatzes, den ich Hercher einzureichen vorschlagen möchte[1] und den ich bitte, mit Felix zu erörtern. Es stehen da viele Fragen drin, wie Du sehen wirst. Vor allem liegt mir auch daran, eine recht sorgfältige Beurteilung der besten Rechtsargumente möglichst bald zu erhalten, denn ich habe das Gefühl, dass mir auch noch mehr Tatsächliches einfallen wird, wenn ich die Argumentation genau kenne.
   Ich bin jedenfalls der Meinung, dass ich die Tatsache, dass wir alles von Polizei und Abwehr gehört haben – was wichtig ist –, zu einem großen Schlager ausbauen muss, ohne Rücksicht darauf, dass mich das in Konflikt mit dem S. D. bringen muss. Ich nehme an, dass das auch die Meinung von Felix ist.
2. Die Kassiber-Geschäfte mache bitte nur unter ständiger Ermahnung zu Vorsicht. Lieber etwas nicht tun, als Risiken laufen. Denn ein gefangener Kassiber kann alles, was wir bisher erreicht haben, zerstören und muss ohne weiteres den Kopf kosten. Dazu haben wir schon zu viel eingeheimst, als dass wir das jetzt riskieren könnten. Nichts von

den jetzigen Einzelheiten ist dieses Risiko wert. Das wichtigste von meinem Standpunkt ist Steltzer über München.

3. Dass ich Hercher bald wieder sehen möchte, weißt Du. Mit dem habe ich noch häufig zu ackern, und wir müssen sehen, noch ein Mal Zeit zu gewinnen. Denn mit ihm geht alles langsam. Ich bin aber froh, dass ich ihn habe, denn alle anderen scheinen wirklich von sehr zweifelhafter Loyalität zu sein.
4. Wichtig, sogar sehr wichtig ist, dass Haus aufpasst, ob Bü zu irgendeiner Äußerung aufgefordert wird, und dass er, wenn irgend möglich, über meine Verteidigung in II meines Schriftsatzes vom 12. 11. soweit informiert wird, dass Bü nicht geradezu eine unmögliche Erklärung abgibt. Er soll jedenfalls sehen, dass «er als Jurist» zugezogen wird.
5. In der Gnadensache bin ich mit allem einverstanden. Vorsicht ist die Mutter der Porzellankiste. Jedenfalls bin ich dagegen, dass Du Dich bei Bü. erkundigst. Erst soll Haus den Tatbestand klären. Ich bin eben nur von einem abgrundtiefen Misstrauen gegen Keitel erfüllt.
6. Überlege doch mal, ob Du mir nicht die wichtigsten Aufsätze von Freisler beschaffen kannst, eventuell von Bücherei wenn es so etwas noch gibt, oder von Felix oder Hercher. Ich muss doch auch ihn etwas studieren. – Dumm, dass mir das erst jetzt einfällt, denn es ist sehr wichtig.
7. Mit Wäsche bin ich ganz am Ende, außer mit Taschentüchern. – Die Kombination ist nicht praktisch, lieber sind mir lange Unterhosen. Vielleicht gibst Du mir jetzt nur ein bisschen Wäsche, und ich schreibe dann für den nächsten Mittwoch genau, um was ich Dich bitte.
8. Hoffentlich bringst Du einen anderen Anzug mit, denn meiner hat einen Knopf an entscheidender Stelle verloren, und zwar offenbar draußen; jedenfalls kann ich den Knopf nicht finden. Hast Du keinen anderen Anzug, so schicke mir, bitte, einen kleinen schwarzen Knopf. [Nachträglich:] Habe ihn inzwischen gefunden.
9. Was meinst Du denn zu einer neuen Sprecherlaubnis «mit Gründen»?
10. Ich bitte um 2 od. 3 Sicherheitsnadeln. Ich brauche auch einen neuen Block!
11. Weißt Du, die Äpfel von dem oberen Baum sind wirklich herrlich. Ich habe den Eindruck, dass sie in der Qualität in den letzten Jahren besser geworden sind: Sie sind so schön fest und gesund. Das ist wirklich eine Freude. Wenn ich sehe, was es sonst hier so für Äpfel gibt, dann kann ich nur sagen, dass an unsere nichts heranreicht. Wenn wir

tatsächlich in dem doch rauhen Klima unserer Lage so prächtige, gesunde Äpfel so ohne Dünger und ohne Spritzen etc. produzieren können, so müsste das doch eine ernstzunehmende Proposition sein, denn auch die Erntemengen sind seit Deinen Bienchen doch sehr befriedigend.

12. Desgleichen muss ich meiner Bewunderung über die Himbeermarmelade Ausdruck geben. Es kommt mir vor, als sei sie dieses Jahr noch besser gelungen als sonst und als schmecke sie noch stärker nach Himbeeren.

13. Welches sind eigentlich Deine Sprüche zu Taufe und Konfirmation?[2]

Mein Lieber, ich habe die Tage im Bett vielleicht noch mehr an Dich und Deine Söhnchen gedacht als sonst, weil ich eben manchmal lange Zeit nichtstuend gelegen habe, was ich sonst nicht tue. So habe ich Euch verfolgt, mir überlegt, ob Dein Bett oder das Weihnachtszimmer am 25. früh für die Söhnchen die größere Anziehungskraft hatte, ob Ihr wohl draußen wart, ob Ihr schönes Winterwetter hattet u. s. w. So war ich ständig lieb beschäftigt. Nun bin ich auf Nachrichten sehr gespannt.

Ich habe dann den Weg überdacht, den Gottes Gnade uns vom 28.9. an geführt hat. Die vielen Beweise seiner Gegenwart, seiner Fürsorge, seine Liebe, die er uns hat spüren lassen; wie er uns gezeigt hat, dass er uns auch in dem Unglück meines Todes, auch in der Betrachtung dieses Unglücks halten und tragen kann, wie er durch eine Fülle von einzelnen kleinen «Zufällen» es uns ermöglicht hat, aus dem vollkommen hoffnungslos verlorenen Tatbestand ganz allmählich eine Verteidigung aufzubauen, die, wenn ich die an sich richtige Behauptung, dass alle Nachrichten von Polizei und Abwehr stammten, aufrecht erhalten und glaubhaft machen kann, zum ersten Mal selbst menschlich gesprochen eine Chance bietet. Das alles ist ein Wunder, und wir müssen es dankbar annehmen. Wenn ich nur die beiden wildgewordenen Theologen[3] nicht hätte, die mir immer einreden wollen, sie hätten dem lieben Gott in die Karten geguckt und wüssten daher, wie das Spiel ausgeht. Sonst sind sie mir sehr lieb, aber in der Beziehung unerträglich.

Eines ist aber sicher: An dieser Geschichte müssen wir, wenn wir irgend noch dazu die Zeit haben, viel arbeiten, denn es kommt entscheidend darauf an, mit dem ersten Schlag, mit dem ersten Satz in dieser Frage, im Rechtlichen und im Tatsächlichen überzeugend zu wirken. Denn da alle wirklichen Zeugen tot sind, so kann es nur dann gehen, wenn ich vollkommen überzeugend wirke. – Auch Felix muss sich tüchtig anstrengen, denn an Hercher habe ich eben intellektuell garkeine Hilfe. Wenn er wenigstens die Akten des V. G. H. fleißig lesen würde. Aber ich fürchte, dass er auch das nur oberflächlich erledigt.

Mein Herz, wir müssen ja damit rechnen, dass wir nur noch bis zum 6. Zeit haben, und da die Woche mit dem 2. beginnt, hast Du sehr wenig Zeit, Deine vielen Aufträge unterzubringen. Vielleicht bekommen wir mehr Zeit, aber zunächst wissen wir es nicht. Da scheint mir nun das Wichtigste Felix und die genaue Argumentation zu sein, dann auch Haus; alles Andere kommt erst in ziemlich weitem Abstand, wenn ich auch die Schriften von Freisler gerne hätte, aber mit Auswahl; nur das, was in etwa einschlägig ist. Sieh mal zu, wie Du das alles ineinander dividieren kannst. Das beste wäre schon, Herr Thiele bzw. sein Chef würden noch einige Zeit an dem Termin schieben. Ob mein Ischias ein Argument ist?

Weißt Du, worüber ich u. a. besonders glücklich bin? Dass jetzt die Sonne scheint und ich nachmittags immer so ein bis 2 Stunden ohne elektrisches Licht sitzen kann. Dieses ewige, schlechte elektrische Licht ist nämlich grässlich, zumal es nachts auch brennt. Am 21.12 habe ich mir den Sonnenstand um 3 nachmittags eingezeichnet und sehe mit Freuden, dass die Sonne schon erkennbar unter dem Strich bleibt, also höher steht.

Gute Nacht, mein Herz, ich will pümpeln. Der Herr hat so Vieles an uns getan, dass wir nicht genug danken können und dass wir wahrlich mit vollem Glauben bitten dürfen, er möge uns weiter helfen. Er wird es tun. J.

28.12.44.

Guten Morgen, mein Herz. Ob Du mit Deinem Schwein kämpfst und Deine Gedanken schon nach Berlin voraus schickst? Du wirst ja nun bald kommen. Heute Nacht habe ich lecker geschlafen für meine jetzigen Verhältnisse; solange ich mir nicht durch Auf- und Abgehen, Kniebeugen und ähnliche Exerzitien wieder Bewegung machen kann, kann ich nicht erwarten, so zu schlafen wie anfangs.

Es gibt nichts Neues, mein Herz, außer dass ich Dich sehr lieb habe; das ist nämlich alle Tage neu. Vor allem bin ich gespannt auf Nachrichten von zu Hause. Weißt Du, heute vor einem Jahr bin ich zum letzten Mal zu Hause weggefahren. Oder war es am 27.? Wir fuhren um 3 in die Stadt und gingen zu Schönchen, die gerade wieder zum Leben zurückkehrte, und dann zum Tee zu Landrats und von da nach Breslau, wo wir einen Blick auf C'chen taten, und dann fuhr ich ab. Ich habe im Augenblick eine mir selbst nicht geheuere Zuversicht, dass ich diesen Weg eines Tages wieder zurückfinden werde, und warte nur auf einen tüchtigen Dämpfer. Es ist so schwer, in dem richtigen Gleichgewicht zu bleiben; dazu müsste man den ganzen Tag beten, und dann ist es auch eine Frage der Gnade. Hilf auch Du mir, mein Lieber, ich habe es bitter nötig. J.

[Es folgt ein Entwurf für einen Schriftsatz von Rechtsanwalt Wolfgang Hercher an den V. G. H.; siehe Anhang, Seite 558 f.]

1 Hercher reichte den Schriftsatz nicht ein. *2* Siehe Freyas Brief vom 30./31. Dezember 1944, S. 411. *3* Gemeint sind Alfred Delp und Eugen Gerstenmaier.

Helmuth James an Freya, 28./29. Dezember 1944

Tegel, den 28. 12. 44.

Mein Lieber, infolge der vielen Briefe, Schriftsätze und Entwürfe, die ich meist in mehreren Ausfertigungen herstellen muss, kurz infolge der großen Produktion des Dezember, geht mein Block wieder zu Ende, und ich muss sparen, bis ich von Dir wieder einen neuen bekomme. Darum bekommst Du heute diesen halben Bogen. – Heute kam Dein herrlicher Brief über den 24ten. Das hat mich alles sehr beglückt, besonders natürlich die Beschreibung über die Söhnchen. Ich bin so froh, dass Du offenbar keine neuen Sorgen in Kreisau vorfandest, dass vor allem alles gesund war. Jetzt geht es ja bergauf und Krankheiten sind nicht so eklich. Nett, dass Mutz da war. Ihr wäret sonst arg wenig gewesen, und sie ist doch eine Hilfe. Aber den V. G. H.-Brief habe ich nicht bekommen, überhaupt keinen seit dem 22.11. Du musst ihnen sagen, dass ich Dich bei der Sprechstunde gefragt hätte, warum Du nie mehr schriebest, sonst ist das womöglich eine Falle, obwohl ich daran bei der Justiz nicht recht glaube. Dabei fällt mir ein – obwohl das nicht hierhin gehört –, wie angenehm es ist, in einem Justizgefängnis zu sein. Die Atmosphäre atmet eben doch noch einen Rest von Recht, und man hat nicht das beängstigende Gefühl, überall könnten Fallen, Spitzel, Abhörapparate sein, plötzliche Vernehmungen zu unmöglichen Nachtzeiten u. s. w. Ich habe es in Ravensbrück doch wahrlich gut gehabt, aber ich bin lieber hier und wäre auch ohne P. lieber hier.

Schade, dass Asta nicht da war; sie fehlt in dem Bild. Ich hoffe aber, mit der Zeit über Schwester, die Tanten und Romai noch zu hören. Ich bin aber froh, dass Du mit den Leuten ganz ehrlich über die Sache gesprochen hast. Es ist sehr wichtig, dass sie das Gefühl garnicht erst bekommen, wir hätten etwas zu verbergen, und das lässt sich nur durch vertrauensvolle Offenheit vermeiden. C'chens Aussprüche über die Eisenbahn sind wahrlich klassisch, aber sicher ist eine kaputte Eisenbahn für lange Zeit eigentlich viel schöner als seine gewesen, weil man die ganze schonen und vorsichtig behandeln muss. – Ich freue mich auch, dass alles wieder nett üppig war. Wie mag Weihnachten 45 werden? Mal hat der Ausverkauf ja ein Ende. Allerdings werden auch relativ schäbige Geschenke mit der fortschreitenden Verelendung immer kostbarer, und Dein ganzer Koffer alter Schuhe kann nächstes Jahr eine Goldgrube sein. – Auch dass Du mit Ulla eingehend gesprochen hast, ist mir sehr lieb und wichtig, und ich bin gespannt zu hören, was sie meint. – Ist C. V. noch oder schon wieder da? Ich dachte, er sei am 20.11. wieder an die Front gegangen.

Ein merkwürdiges Jahr geht für mich zu Ende. Ich habe es eigentlich vor allem unter Leuten verbracht, die für einen gewaltsamen Tod präpariert wurden, und viele von denen haben ihn inzwischen erlitten: Kiep, Frl. v. Thadden, Langbehn, Hassell, Peter, Schwerin, Schulenburg, Popitz (?),[1] Maaß, Leuschner, Wirmer und sicherlich 10 oder 11 K.Z.-Häftlinge. Mit all diesen Leuten habe ich doch in einem Hause gelebt, an ihrem Schicksal teilgenommen, gelauscht, wenn sie zu Verhören weggeholt wurden oder wenn sie ganz weggebracht wurden, fast mit allen über ihre Angelegenheit gesprochen und gesehen, wie sie mit allem fertig wurden. Und hier in Tegel sind auch schon, glaube ich, etwa 10 aus meiner Gruppe hingerichtet worden. Der Tod ist so ein Begleiter des ganzen Jahres geworden. Und wenn mich am Anfang die Aufforderung an «Emil» zu einem «Spaziergang ums Lager» riesig aufregte, so sind eben diese gewaltsamen Tötungen so zum Alltag geworden, dass ich das Verschwinden einzelner Männer traurig, aber doch wie ein Naturereignis hinnahm. Und nun, sage ich mir, bin ich dran. Kann ich es bei mir auch wie ein Naturereignis hinnehmen? In der Verfassung kam ich her; eigentlich war mir nur der Umweg über den V. G. H. lästig, und hätte mir jemand gesagt, Todesurteile können auf Antrag des Angeklagten auch durch Strafbefehl verhängt und dann gleich vollstreckt werden, so hätte ich Ende September den Antrag gestellt. So sehr war ich in der Atmosphäre befangen, dass man über das Hingerichtetsterben nur keinen «fuss»[2] machen dürfe. Und wo bin ich jetzt? Die Landschaft ist einfach nicht wiederzuerkennen. Jetzt will ich ganz definitiv nicht sterben, darüber ist garkein Zweifel. Das ständige Arbeiten an den Argumenten, mit denen das zu vermeiden sei, hat in mir den Willen, um diese Sache herumzukommen, ganz mächtig angeregt. Wenn ich die vielen Schritte bedenke, die jeder in sich ganz [?] waren, von denen eigentlich jeder – retrospektiv betrachtet – nur dazu gedient hat, die Argumente zu klären, so muss ich sagen, dass sie nachträglich eben einen sinnvollen Zusammenhang erweisen und dass aus diesem allen jetzt eine Verteidigung erwachsen ist, die sich immerhin doch hören lässt (Ich bin gespannt, was Hercher von der neuen Version sagen wird.). – Das alles ist ein Wunder, was nicht bedeutet, dass sich daraus überhaupt Schlüsse auf die Zukunft ziehen lassen; davon bin ich, abgesehen von stundenweisen Schwächeanfällen, weit entfernt. Aber aus einem psychologisch auf Nicht-Verteidigung eingestellten Angeklagten ohne ein ernsthaftes Argument zu seiner Entlastung ist ein Mann geworden, der entschlossen ist, alles zu tun, was seiner Verteidigung dienen kann, und dann hat er auch eine immerhin diskutable Verteidigungslinie, die ihm immerhin schon wieder soviel innere Sicherheit gegeben hat, dass er sich garnicht scheut, immerhin reichlich unverschämte Briefe an H. H. zu schreiben.

So endet das Jahr, das ich in unmittelbarer und ganz vertrauter, ich möchte sagen vertraulicher Nachbarschaft mit dem Tode verbracht habe, in einem Widerstandswillen, der viel entschlossener ist, als er es auch nur am 19. Januar war, oder vielmehr am 24. 1. – Und trotzdem, mein Herz, muss ich jeden Augenblick freudig bereit sein zu sterben, dieses Gefühl, dafür bereit zu sein und sich ohne Widerstand gegen Gott darein zu schicken, wenn er es befiehlt, das muss ich mir erhalten. Nach dieser Zeit der Vorbereitung darf ich nicht plötzlich davon überrascht werden, und wenn es dreist durch eine Bombe wäre. Darum ist eben der Mahnruf «wachet und betet» so nötig, und doch versinke ich immer wieder in «Schlaf», wenn ich sehe, dass noch 8 oder 14 Tage bis zum Termin Zeit sind. Es ist eben tatsächlich auch für jemanden, der so viel Zeit daran wendet wie ich, einfach unmöglich, in jedem Augenblick die unmittelbare Gegenwart des Todes zu spüren. Dagegen lehnen Fleisch und Blut sich wild auf.

Ich denke jetzt manchmal – was ich seit Monaten nicht getan habe – darüber nach, wie alles wäre, wenn ich am Leben bliebe, und wundere mich, ob ich das wohl alles wieder vergessen würde oder ob man aus dieser Zeit doch ein reales Verhältnis zum Tod und damit zur Ewigkeit behält. Ich komme zu dem Ergebnis, dass auch das Fleisch und Blut alles daransetzen würden, diese Erkenntnis wieder zu verdrängen, sodass ein ständiger Kampf nötig wäre, um die Früchte dieser Zeit zu retten. Wir sind eben ein jämmerliches Geschlecht, darüber ist kein Zweifel, nur wissen wir es meist garnicht, wie jämmerlich wir sind. Jetzt weiß ich auch, warum Paulus und Jesaja, Jeremia und David und Salomo, Moses und die Evangelisten nie veralten: Sie waren eben nicht so jämmerlich; sie hatten ein Format, das für uns unerreichbar ist, auch durch Menschen wie Goethe, ja selbst wie Luther nicht erreichbar. Was diese Männer erlebt und erfahren haben, das werden wir nie ganz verstehen. Man fragt sich nur, ob damals solche Männer vielleicht in größerer Zahl existiert haben? Man muss doch annehmen, dass nur ein Bruchteil von dem überliefert ist, was existiert hat. Wie ist es aber möglich, dass solche Männer damals existierten? Die sind doch wie eine andere Spezies

Mensch. Und warum unter den Juden? Und warum heute auch unter den Juden nicht mehr?

Genug geschwätzt. Dass aber H. H. mir dazu verholfen hat, dass ich im 5ten und 6ten Kriegsjahr statt zu fröhnen oder mich umbringen zu lassen, mich ganz diesen Gedanken und Fragen hingebe, ist wohl auch ein rechtes Wunder und schwerlich in seiner oder Müller's Absicht gelegen.

Eben fällt mir noch ein: Ich vergaß P. zu fragen, ob irgendwelche neue Nachrichten über Husen vorliegen, und ob man weiß, ob er oder wer sonst unser 9ter Mann ist. Gute Nacht, mein Herz, der Herr behüte Dich und uns. J.

29. 12. 44.

Guten Morgen, mein Herz. Eben habe ich mit gleicher Freude Deinen Brief über Weihnachten zum dritten Mal gelesen, und nun wird er bald wieder weggehen. – Über Nacht ist mir noch eingefallen: Bekommst Du eigentlich meine Briefe über den V. G. H.? Ich habe jeden Sonntag geschrieben und jeden zweiten Sonntag außerdem an C'chen, so zuletzt an ihn am Sonntag, den 17.

Krippe und Stern und Engel stehen an ihrem Platz. Nun bin ich vor allem gespannt zu hören, wann Du kommen wirst, aber auch alles andere über Schwester u. s. w. interessiert mich brennend. Bald schreib' ich wieder. J.

1 Johannes Popitz wurde erst am 2. Februar 1945 in Plötzensee hingerichtet.
2 «Kein Aufheben machen».

Freya an Helmuth James, 26./29. Dezember 1944

Kr. Dienstag Abend,
Weihnachten

Mein liebes Herz, nun geht Weihnachten zu Ende. Wie mag es bei Dir gewesen sein! Ich weiß so genau, wie ich es für Dich wünschte. Ob Du bis heute früh wirklich im Bett geblieben bist, ob es still, friedlich, dankbar, weihnachtlich in Dir war, ob Du uns und unserem friedlichen Trubel mit Deinen Gedanken nahe gewesen bist! Ich habe sehr das Gefühl, bei letzterem die Sicherheit, denn Deine liebenden Gedanken haben mich so deutlich spürbar durch diese Tage geleitet. Ohne sie wäre es sicher nicht alles so gut und glatt und schön gegangen. Bei uns war es schön, aber ein wenig zu inhaltsreich, um viel bewusste und erfüllte Ruhe zu bringen. Alles war fest im Bewusstsein vorhanden, aber oft war es überdeckt von den so harmlosen Geschehnissen. Ganz abgesehen von unserem persönlichen Schicksal, habe ich oft in diesen Tagen mit Entsetzen den Unterschied zwischen dem schrecklichen Krieg im Westen und der mit Weihnachtenfeiern beschäftigten Stimmung bei uns bedacht. Hier ist es so vollkommen friedlich – noch! Es waren zwei für Kinderherzen ideale Weihnachtstage. So fand auch Konrädchen, als er gestern Abend müde und zufrieden von sich gab: «Es war ein schöner Tag heute früh»! Beide Tage voller Sonne und Kälte und abends voller spielender Kinder. Dem konnte sich auch Romai nicht entziehen. Erst sah ich sie mit gequältem Gesicht mitten in der Arbeit. Sie hat sich bis in die Nächte hinein mit Vorbereitungen gemüht und sah sehr angestrengt aus, aber als sie am 23. nachmittags mit uns hier Tee trank – sie war zufällig oben –, als ich sie gestern in ihrer wieder wunderhübschen Wohnstube kurz besuchte und als sie heute Nachmittag mit allen 4 Kindern mitsamt den Hülsenfrüchten hier oben gespielt hat – da war sie ganz gelöst, und zwar, wie mir schien, weihnachtlich gelöst. Das ist ein rechter Segen. Sie ist auch gestern ganz allein, wegen zu großer Kälte allein, in die Kirche gegangen. Mit ihren Kindern ist sie, glaube ich, recht zufrieden im Schloss, obwohl es technisch für sie da oben wirklich nicht leicht ist. Aber die Hülsenfrüchte sind für ihre Kinder ein Gewinn. Besonders macht die große Renate bei den großen Mädchen sehr nett mit, musizieren und nähen und was so Mädchen eben treiben. Alle Reichwein-Kinder sind auch in guter Verfassung und machen ihr Freude, nur ist Roland blass und zart. Wenn man aber dort heraufkommt und sieht die Bilder dieses lebendigen, lebensvollen, beweglichen und zur Aktion bereiten Mannes überall an der Wand hängen mit einem Tannenzweig dahinter, dann steigt einem Wut, Kummer und Schmerz immer wieder in die Höhe, ja auch Wut – eine seltene Regung bei mir, die sicher falsch ist. Ach, mein Jäm, und was steht Dir, was uns bevor! Dazu kann man nur eines sagen und das wissen wir! Also sage ich nichts und erzähle Dir weiter.

Von Schwester muss ich Dir vor allem noch ausführlich berichten.[1] Am 22. war Asta noch hier und wir machten alles zusammen. Der ganze Morgen verging mit Vorbereiten der Bescherung. Wir aßen früh und gingen dann gemeinsam aufbauen und kamen noch einmal hierher zurück, weil ich gerne mit beiden Söhnchen von hier starten wollte. Das geschah auch. Die Tische wirkten ganz wie immer, Schwester hatte es bunt und reizend mit viel Seidenpapierbeuteln in allen Farben, und unsere Handschuhe und Drum und Dran, zu dem Asta noch sehr beigetragen hatte, füllten auch freundlich. Der Baum war ganz wie immer, so etwas dünn und doch so lieb. Ich habe ihn mit Walters Hilfe angezündet und sah Dich ständig vor mir das tuend. K. saß auf meinem Schoß, aber

C.chen kam singend mit hereinspaziert und war dieses Jahr wirklich ganz und gar zu den Kindern gehörig, dem mütterlichen Schoß in richtiger Weise entrückt. Er schoss dann und wann ein paar zärtliche Blicke zu uns, aber doch nur wenige, denn er war ganz absorbiert von den Vorgängen, meldete sich eifrig, kam dran und sagte klar und langsam und gänzlich ohne Scheu zwei schöne Sprüche auf: «Lasset uns ihn lieben, denn er hat uns zuerst geliebet» und dann «Ehre sei Gott in der Höhe und Frieden auf Erden und den Menschen ein Wohlgefallen». Das war eine richtige Freude, weil er es so garnicht vor uns aufsagte, sondern vor Schwester, er produzierte sich so garnicht, sondern er antwortete und hatte das alles wirklich gelernt. Er sang auch heftig mit und saß neben dem Meier, Martin so selbstverständlich und vergnügt, dass es eine Freude war. Nachher gab es noch die üblichen Zwerge, von denen er ein ebenso ungenierter war. Die Kinder waren alle gut bei der Sache, und Schwester stand lieb und reizend wie alle Jahre davor, dann und wann ein Kleines auf dem Arm wiegend, was Kummer hatte. Dann kam der Pastor, ein netter Mann, sichtlich beeindruckt über die Möglichkeit und den Inhalt einer so christlichen Weihnachtsfeier. Er machte es dann theoretisch sehr nett, indem er ihnen eine Geschichte erzählte, praktisch war sie zu lang und wenn auch christlich, so doch nicht gut gewählt, aber sie hielten alle gut aus – C.chen fand sie auch sehr schön – und waren dann alle rührend entzückt von den Gaben. Auch C.chen und K. waren hell begeistert, als sie auch wieder ein Päckchen bekamen, so wie die Reichweinchen auch. Der Pastor kam dann mit uns nach Haus: Ich sagte ihm sofort von Dir, und das löste ihm Herz und Zunge komplett, und so war der Abend nicht schwer zu bestreiten. Er ist Tiroler und evgl. geworden, hat eine schlesische Frau und hat es offenbar schwer in Leutmannsdorf. Ich gab ihm ein paar Pfefferkuchen und ein Stückchen Speck mit: Da bekam ich gestern ein Briefchen, etwas so lange Entbehrtes mache große Freude. Das aus einem Dorf mit vielen Bauern. Das ist bezeichnend! Mit Asta war der Tag auch lieb, sie war sehr wehmütig, weg zu müssen, sie wäre lieber in Kr. und bei den Knäbchen mit ihrem Wend gewesen, aber es ging nicht. Wir starteten am 23. früh zusammen mit C.chen, dessen Haare nach Bändigung schrien und mit dem ich die diversen Erbsenpakete[2] ablieferte. Um 11 kamen wir wieder heraus. Ich merkte, wie anregend eine Stadt fürs Lesen ist: C.chen war ständig damit beschäftigt und ein richtiger kleiner Neuling. Er liest jetzt gut und flüssig und liebt es sehr, K. vorzulesen, was der dann, noch häufig mit umgedrehtem Buch, auch macht. Vorhin kam er auch angerannt und sagte voller Eifer, eine alte Uhr zückend: «Es ist schon viertel nach Uhr!» Ich habe dann weitergemacht mit Pausen und ohne Hetze und dafür lang und wurde, wie ich

Dir schon schrieb, mit allem gut fertig. Zu kurz ist bisher nur Z. gekommen, aber der kommt nun morgen und übermorgen noch dran.

Den guten Block habe ich bei den Freunden gelassen. Daher geht es nun wieder auf dem kleinen weiter. Gestern Nachmittag war ich wieder mit beiden Söhnen bei den Tanten. Dort waren die Tische überwältigend, aber Stimmung und Luft nett. Es ist erfreulich, dass die großen Töchter[3] ganz fähig sind, von ihrem Elternhaus etwas lebendig zu erhalten: Sie waren dazu schon groß genug und tun es mit Emphase und Bewusstheit, und das dokumentiert sich so reizend in ihrer Haltung und Beschützung der Großmutter gegenüber. Es sind sehr wohlgeratene Kinder. Beide Söhnchen konnten sich erst hier oben und dann unten nicht trennen, hatten furchtbar viel zu spielen. Auf dem Rückweg besuchten wir noch Z.s und kurz ich Romai, und um ½8 waren wir wieder oben. Mutz ist riesig angenehm im Haus: Sie ist ganz zu Hause und macht sich ständig auf geschickteste Weise nützlich. Sie ist nur noch einmal gekommen, «ehe die Russen nach Wien kommen», sie wollte uns noch mal besuchen. Sie sagt: Wir hätten es gut; wir wären dabei; das lohnte sich; darüber müsse man sich freuen, wenn man so dabei sein könne, wie immer es ausginge! Sie fände das auch speziell für mich beinahe beneidenswert. Ich teile ihre Ansicht grundsätzlich durchaus. Das ist es ja gerade! Aber außerdem weiß sie noch garnicht, was diese Monate uns alles geschenkt haben. Sie sagt: «Was hast Du für ein schönes Leben, von welcher Seite man es auch betrachtet», und meint nicht zuletzt dabei auch Kr. und die beiden lieben Söhnchen. Sie sind gewiss nichts besonderes, aber es sind zwei sehr liebe kleine Jungen. 100 × am Tag lacht mir das Herz über irgendetwas und würde es Dir auch lachen: Ich wecke sie heute um ¾4, weil um 4 die anderen Kinder kommen sollten. Beide schlafen fest. Ich ziehe die Gardinen auf und gehe wieder heraus und lasse sie aufwachen und ziehe mich derweilen selbst um. Knapp 10 Min. später komme ich wieder herein, da liegen sie *beide* schnurrend in Konrads kleinem Bett: C.chen war dahin zum Aufwachen übergesiedelt und gleich kommt K.s «Reya, Du mir anziehen!» Er spricht zu schön, eben ganz anders als C.chen, und in dieser Sprache redet er nun von sich aus mit allen Leuten. Unten auf der Brücke hinterm Schloss plötzlich abends zu dem fremden Pastor: «Herr Pastor, Herr Pastor, Herr Pastor! Frau Pastor hat ein ganz großes Huhn gekriegt. Es hat an der Treppe gehangt. Und eine ganz große Gans!» Der übliche Einzug der toten Tiere hatte ihm tiefen Eindruck gemacht – Frau Pick auch.

Heute früh war ich nun in der Kirche. Es war ein rührender und sehr schöner Gottesdienst, nämlich in Herrn Pastors Studierstube. Es sollte nur gelesen werden von dem Faulbrücker Lehrer, und da waren sehr wenig Menschen da, vielleicht 10 und einige Kinder, aber darunter waren Schwester, Herr [Kels(?)] und ich, die [Bend] Pauline. Die Predigt war aber schön, die Lieder auch und die Stimmung schön. So habe ich es genossen. Du hast mich wohl gestern dort vermutet, mein Herz, aber da fürchtete ich die Kälte zu sehr und hatte auch Angst vor dem Pastor. Ich hatte von der Kirche aus Herrn Z. besuchen wollen, aber die Sonne schien so herrlich, dass ich lieber erst die Söhnchen herausholen wollte. Ich fand sie noch genau so alleine zusammen im Weihnachtszimmer, wie ich sie verlassen hatte, und wir gingen mit Mutz los, aber Z. verpasste ich wieder. Der war unterwegs. So ging ich nur in Ruhe durch den Kuhstall. Der ist nicht überwältigend, aber auch nicht miserabel. Ich muss mich mit Lachmann noch über ein paar Deckdaten unterhalten. Fetter waren sie inzwischen, fand ich, nicht mehr geworden.

Nach Tisch war ich eine Weile im Apfelkeller, es gibt dort viel Arbeit, deren ich nur einen kleinen Teil tat. Viele Äpfel müssen jetzt verarbeitet werden. Ich möchte Dir noch von dem schönen Kindernachmittag erzählen, aber das wird jetzt zu spät. Ich habe mir gerade überlegt, dass es keinen Sinn hat, den Brief noch abzuschicken. Die Post geht häufig 3 Tage. Da nehme ich es lieber mit. Jetzt ist es schon sehr spät, aber ich wollte gerne langsam schreiben und habe den 1. Teil des Abends noch mit Ulla verbracht, die vorlas, und nachher noch ein Weilchen am Radio gestrickt, um allerlei Nachrichten zu hören. So ist es jetzt Zeit, ins Bett zu gehen, besonders da ich noch lesen will und nicht möchte, dass mir die Augen sofort zufallen. – Bald, mein Herz, komme ich wieder näher, bald, bald, es beginnt mich schon zu drängen, zumal das Schwein noch nicht drankommen kann. –

Freitag früh 5 Uhr: Mein Lieber, jetzt bin ich wieder da. Eben bin ich angekommen mit einem Wiener Zug, der 5 Std. Verspätung hatte und den ich um ½12 in Liegnitz erwischte. Ich bin um ½9 mit 60 Min. Verspätung von Kr. gefahren, und der Besuch bei Asta ist wieder ins Wasser gefallen. Mutz und Marion haben mich an die Bahn gebracht. Ich hatte gedacht, eine Weile im Schreibzimmer des Reichshofs zu verbringen, aber der verspätete Wiener Zug brachte mich nun schneller und früher her, und ich sitze jetzt, bis eine zivile Zeit anbricht und ich zu den Freunden gehen kann im Friedr. Str. Wartesaal. Mein Lieber, nun bin ich wieder da! Wie mag es Dir, mein Herz gegangen sein. In mir war es all die Tage allzu unbesorgt. Das habe ich nicht gerne. Ich habe an Deinen Tod garnicht gedacht; ich war nicht imstande, ihn zu fassen, ich hatte in mir eine kaum bis zum Bewusstsein stoßende Sicherheit, dass Du leben wirst; es war nicht bewusstes Hoffen, keineswegs, aber diese merkwürdige Sicherheit. Denke nicht, dass ich an sie glaube, im Gegenteil, ich fürchte sie, aber die ganzen Weihnachtstage war sie vorhanden. Es fehlt dann das so wichtige Wachen; die innere Wachheit ist mir selbst so wichtig, und sie gelingt mir in Kr. nicht so gut, wie ich es richtig und angenehm finde. Jetzt aber erzähle ich Dir erst genau weiter. Von den Weihnachtstagen blieb nur noch der Dienstag Nachmittag, der von 12 Kindern bevölkert war. Sie kamen zur Vesper und hinterher spielten wir sehr schön, Schreibspiele und Topfschlagen. Es waren alle von 3 bis 16 da, nur Claus Sperling hatte ich vergessen, das war betrüblich. Konrad und Sabine mussten genauso nach dem Topf schlagen wie Romai und ich. Es war sehr vergnüglich, und sie zogen recht befriedigt ab. C.chen musste dann sehr schnell ins Bett. Er war ganz erschöpft von den Feiertagen, viel mehr mitgenommen als K., der sich auch sehr gut unterhalten hatte, aber doch nicht so intensiv ist. K. ist jetzt ganz gesprächig, stürzte sich auch gleich auf Marion und war voller Stolz, dass sie mit ihm schlief – sie kam aber erst am Mittwoch Nachmittag –, wollte sich auch schön bekleiden für sie und schrie natürlich um 5 Uhr gestern strahlend: Marion, ich bin ausgeschlafen! C.chen hingegen schlief tief und angestrengt auf meinem Sofa bis in den Morgen hinein. Aber da bin ich noch nicht. – Das Schwein zu schlachten gelang mir nicht, denn zwischen W. und Neujahr hat der Fleischer mit sich selbst zu tun. Er ist von jetzt an bestellt bis zum 19. 1. Zu dem Termin habe ich ihn nun anberaumt. Im Notfall kann ich es auch plötzlich umbringen lassen und kann es auch ohne mich sterben. Es war anders nicht zu machen. Es wiegt schon 4 Ztr. und alle anderen haben schon geschlachtet, aber haushaltstechnisch bin ich garnicht eilig. – Mittwoch Vormittag habe ich im Haus gepuselt, war mit den Kindern im Hof. Z. habe ich in den 8 Tagen zu wenig gesehen, das wurmt mich durchaus. Ich bin mit ihm im Hof herumgegangen und habe mich unterhalten, und nach dem Essen bin ich wieder zu ihm herunter gegangen und mit ihm nach Niedergräditz zu den Futterrüben gefahren. Den Tag vorher war er gerade in Wierischau, als ich runterkam, und gestern mit seiner ganzen Familie in Schweidnitz. Immerhin habe ich mir allerhand erzählen lassen: Vor den Feiertagen war 8 Tage lang ein Monteur f. d. Raupe von Famo da und sagte, sie sei ganz verstellt gewesen. Wir reparieren nun noch andere Sachen weiter an ihr, aber sie geht nun wieder. Es ist aber viel zu festgefroren, um ackern zu können, und der Dampfpflug ist auch in Ludwigsdorf steckengeblieben. Weißt Du, mein Herz, eigentlich sollte ich Dir diese Sachen im offiziellen Brief schreiben, der heute auch unbedingt noch entstehen muss. Hier berichte ich Dir weiter das Berghaus-Geschehen. Mittags am Mi. kamen die beiden Wernersdorfer Töchter,[4] gingen später ins Schloss; um ½5 kam Frl. Hirsch zur Vesper und um ½6 Marion. Die Wernersdorferinnen verpassten abends den Anschluss und kamen um 9 zurück: 1 schlief in Astas Kammer, die andere auf dem Wohnzimmer-Sofa im gr. Zimmer. Wir saßen friedlich zusammen im gr. Zimmer und steckten auch den Baum wieder an. Ulla macht jetzt wieder große Fortschritte, isst gut, ging weit spazieren und nimmt wieder zu. Das tun mit Frau Picks Küche Alle. Ob es nur besser gekocht wird od. ob es sich sehr auf die Dauer bemerkbar machen wird, muss ich erst abwarten. Gestern um 11 kam Asta noch dazu, und damit war der Tag mit Menschen gut belegt. Außerdem packte ich und tröstete Frl. de Niem über die Rentenannie. Es scheint, dass das Landratsamt ihr ein 2. Zimmer bei Frl. de Niem zuschlagen will. Dann geht eine große Räumerei los, denn Frl. d. N. hat natürlich viel mehr alte Sachen, als wir je besessen hätten, und ich muss ihr materielle und moralische Hilfe geben, denn die Rentenannie ist ihr Kreuz, das sie schließlich nur uns zuliebe auf sich genommen hat. Nun macht die mit ihr, was sie will. – Meine Geldangelegenheiten sind ungeordnet, wenn auch in sich in Ordnung. Ich habe aber ziemliches Durcheinander und müsste dem mal nachgehen, aber ich lasse das nun erst ruhig einmal, weil ich Zeit dazu brauche wie auch zum Voranschlag, der ja immer noch nicht gemacht ist. Das alles ist aber relativ unwesentlich. Wenn ich aber in Kr. bin, erscheint es mir vordringlicher. Ich habe in den 8 Tagen garnicht sehr viel geschafft, aber Familienleben lässt sich mit intensiver Arbeit nicht vereinbaren, und ich habe gefunden, dass das Familienleben noch wichtiger ist. Hoffentlich findest Du das auch, mein Liebster.

Nun aber bin ich wieder hier, und alle Gedanken können sich wieder ungehindert auf Dich, mein Herz, konzentrieren. Das ist die mir weitaus liebste Beschäftigung. Heute – in 1½ Std. werde ich von Dir hören und Dir auch gleich anschließend einen schönen Besuch machen. Hoffentlich geht es Dir wirklich gut, wie ich das Gefühl hatte. Was mag der Ischias-Nerv machen! Alles das hoffe ich in Bälde zu hören.

Ich werde jetzt bei Mutz hier wohnen. Sie selbst bleibt noch «8 Tage» in Kreisau, ich hoffe mehr, denn ihr Einfluss im Haus und bei den Kindern ist sehr gut. Asta fürchtet mit Recht, das ihr inniges Leben mit Wend nicht von langer Dauer sein wird, und will es ausnutzen. In 8 Wochen wird sie nicht mehr reisen können und muss in Kr. bleiben. Es geht ihr gut, und sie sieht Mami wieder viel ähnlicher. Ich habe aber mit ihr fest abgemacht, dass sie sich um die Bücher kümmert, denn Frl. Nazbola ist zwar älter, aber was sie kann, scheint mir nicht viel zu sein, und wenigstens müssen die Bücher von uns kontrolliert werden: durch Asta die laufende Buchführung, durch mich der Voranschlag. Das ist das Minimum, das wir jetzt *nicht erfüllen*.

C.chen brachte ich gestern noch ins Bett, Frau Pick ihr goldenes Konrädchen. C.chen kam dann nach meinem Abschied noch weinend aus dem Zimmer gelaufen, weil ich nicht mehr gehört hätte: «Viele Grüße an den Pa!» Ich brachte ihn dann wieder in sein Bett und redete ihm zu. Er sagte, ja, er wisse das alles, aber er hätte gedacht, ich sei schon weg, ehe er das noch gesagt habe. «Träum alle Nächte vom Pa!» war dann sein Abschied, und das murmelte der Kleine dann auch. Marion sagte, sie habe noch nie eine Frau um ihr Kind beneidet, aber Muto und sie seien sich ganz einig, dass sie Konrädchen gerne haben möchten. Hast Du wirklich eine Vorstellung von seiner merkwürdigen Mischung von Gewichtigkeit und eigenem Inhalt und Babyhaftigkeit? Er ist dann wieder sehr in sein Spiel vertieft und rast mit C.chen herum, «Wolf» spielend mit großem Geschrei. Überhaupt wird er immer lebhafter.

Marion geht es gut. Das ist wirklich schön und sehr erfreulich zu erleben, weil es nicht Haltung, sondern Inhalt ist; Haltung ist es bei Romai. Und Marion ist auch nicht sie selbst, sondern sie ist in sehr viel besseren Händen. Sie ist viel mehr Gefäß, und das ist sehr schön. Sie ist so garnicht zerstört, und dadurch ist die Kontinuität so gesichert. Nirgends ist ein Bruch. Das ist ein Wunder!

So, mein Herz, bald kann ich aufbrechen. Jetzt stricke ich noch einen Daumen zu meinen Handschuhen. Ich habe nämlich keine Wollhandschuhe mehr. Die sind alle kaputt.

Ich umarme Dich zärtlich. Gott behüte Dich weiter! Das ist mein größter Wunsch! P.

1 Es folgt die Schilderung der Weihnachtsfeier im Kindergarten bei der Schwester Ida Hübner. *2* Es handelt sich um Weihnachtsgeschenke. *3* Ignes, Editha und Renate von Hülsen. *4* Monika und Maria von Moltke.

Helmuth James an Freya, 29./30. Dezember 1944

Tegel, den 29. 12. 44.

Mein Lieber, es ist zwar garnicht meine Schreibezeit, aber ich bin so zufrieden über Deine ausführlichen Nachrichten und über Deinen Besuch und die Schätze, die Du mir wieder geschickt hast, und die Zelle ist dank des klaren Wintertages hell, sodass ich kein Licht brauche, und das Fenster ist offen, weil es so milde draußen ist, dass ich mir das leisten kann, und ich muss die neuen Federn ausprobieren, und Krippe, Stern und Engel schauen so ermunternd zu – Du wirst zugeben, dass das zwingende Gründe sind, Dir zu schreiben, obwohl ich eben erst, nach dem

Essen, mit dem Wegpacken Deiner Schätze fertig bin. Mein liebes Herz, was immer mich «drüben» erwarten mag, ich bin doch sehr dankbar, diese Tage und damit Euer ganzes Weihnachten noch miterlebt zu haben. Das ist ein großer Schatz, den ich im Schatzhause verwahre. Ich habe hier so schön Zeit, mich ganz bewusst zu freuen, während ich mich draußen zwar auch freute, aber zugleich doch immer etwas anderes zu tun hatte. – So, heute Abend geht es weiter.

30. 12. 44.

Abendliche Ruhe ist eingezogen, und da ich morgen auf eine Transportmöglichkeit hoffe, so will ich jetzt in Frieden schreiben. Erst will ich noch alle die Notizchen auf meinem Zettel erledigen.

1. Wäsche. 1 weiteres Hemd genügt, 1 kleine U-Hose – ich trage jetzt immer 2 übereinander –, 1 gewöhnliches Handtuch. Sonst nichts.

2. Essen. Ich bin ja fürstlich ausgestattet und brauche weder Wurst noch Speck, noch Zucker, hingegen wäre Honig am Mittwoch sehr angenehm, möglichst in einem Gefäß aus irgendeiner Masse, die nicht Blech und nicht Glas ist, denn beides darf ich in der P. A. nicht haben.

3. Das Buch habe ich nicht behalten, weil der Name der Bressalina drin stand.

4. Den Anzug, den Du gestern mitnahmst, lass doch in Berlin, damit er da ist, falls eine neue Auswechselung nötig ist, denn ich kann mir diesen ja zerreißen, beschmutzen oder sonst ungeeignet machen. – Der neue Anzug ist fürstlich und ist zu schade für die Henkersknechte, aber das hilft nichts.

5. Davy's Paket rührt mich sehr. Willst Du ihr ausdrücklich danken und ihr sagen, ich hoffte sehr, dass die Verbundenheit zwischen Kreisau und Wernersdorf als den beiden Stammgütern in der nächsten Generation so erhalten bliebe, wie Hans-Adolf und ich uns das vorgestellt hätten, pourvu, dass es so etwas noch gibt.

6. Nur zur Kontrolle: Ich habe heute Römer 4–6 gelesen.

7. Ich bitte um Büroklammern und eine Schachtel Streichhölzer.

8. Ich bitte noch um eine Handvoll Kaffeebohnen, denn ich muss ja nur für 2, eventuell drei Tage vorsorgen.

9. Sind die Birnen von dem uninteressanten, vieltragenden Kompottbaum? Die sind recht gut.

10. Ich freue mich, dass das Schwein so fett ist, jedenfalls so schwer. Der 19. ist natürlich ein riskanter Tag, aber das ist schließlich ab 8. jeder, und es ist besser einer, der am Schluss der Woche liegt, wie der 19., da Du am Donnerstag, wenn ich nicht abgeholt bin, getrost abreisen kannst, da dann vor Montag nichts ist, während Anfang der Woche immer Überraschungen möglich sind. Nun, zunächst müssen wir mal abwarten. Das Wettrennen zwischen dem Schwein und mir ist also noch nicht, wie ich annahm, zu Gunsten (?) des Schweins entschieden. Das ist über den Tod wahrscheinlich genau meiner Meinung: dass 4 Ctr. noch kein zureichender Grund ist.

11. Schönchen kommt in Deinem Brief nicht vor. War sie garnicht draußen?

12. Sperlings und Frl. Tscheuschner kommen nicht vor. Hast Du ihn, Sperling, zur Partei gehetzt? Ich hoffe Claus Sp. läuft mit und wird nicht etwa irgendwie uninteressanter. Sp.'s sind für uns doch im Augenblick sehr wichtig, und wenn ich auch überzeugt bin, dass ihr eigenes Interesse so stark auf unserer Seite engagiert ist, dass nichts sie von unserer Seite reißen kann, so ist doch wichtig, dass sie sich auch immateriell betreut und gebunden fühlen.

13. Vergiss die Patronatssache nicht. Ist der Pastor nicht von uns gewählt, ehe ich verurteilt bin, so kann es die größten Schwierigkeiten geben.[1]

14. Dass ein Waffenstillstand mit der Rentenannie denkbar erscheint, ist mir sehr angenehm. Hoffentlich geht das auch ohne Dich weiter, und hoffentlich ist Sperling nicht zu faul, sich um die Sache zu bemühen, wo sie gerade während seiner Anwesenheit etwas besser steht. Bisher ist es immer so gewesen, dass die Krisen kamen, wenn er unerreichbar war. Gerade vor einem Jahr Weihnachten haben wir die Schlossbewohner auf die drohende Gefahr aufmerksam gemacht, und im Januar ging es auch los. Wie gut, dass wir Sp. vorher unterrichtet hatten.

15. Aus einem mir von P. geschenkten Bilderbogen habe ich zwei Köpfe von Johannes (Dürer) und Jesaja (Michelangelo) ausgeschnitten und in die Bibel getan. Die wirst Du ja dann sehen. Aus den beiden anderen schönen Bildern – der Rest war Kitsch – habe ich einen Adventskalender für die Söhnchen für nächstes Weihnachten zugeschnitten. Ich muss Dich «nur» bitten, ihn zu kleben, weil ich keinen Leim habe. Verzeih, dass ich Dich damit behellige, denn das ist eine ziemliche Arbeit, aber was soll ich tun? Und Adventskalender wird es doch nächstes Jahr gewiss nicht geben, und für C'chen ist es doch etwas, wenn er alle Tage einen Tag wegstreichen kann. Der Erzengel Gabriel passt nicht ganz zu dem Text, denn er verkündet gerade der Maria und nicht den Hirten, aber er ist doch ein sehr schöner Engel von Grünewald.

16. Ich schicke den Haftbefehl mit.[2] Für mich habe ich eine Abschrift gemacht, dachte aber, dass Dir das Original, auch wenn es keinen Stempel hat, u. U. nützlich sein könnte. Du musst es nur sicher aufbe-

wahren, denn das segelt an sich als «Geheime Reichssache» – g. Rs. beim Aktenzeichen – unter dem höchsten Geheimschutz, den die zivilen Behörden kennen.

So, Schluss des Zettels.

Nun berichte ich zunächst, dass ich gestern den Arzt sprechen wollte und ihm hatte sagen lassen, ich wollte von ihm vor allem ein Attest haben, damit ich bei der Verhandlung sitzen könnte, denn Stehen wäre ganz ausgeschlossen. Er wurde abberufen, ehe ich dran war, ließ mir Pillen schicken, die ich Euch zur Begutachtung mitgebe;[3] er will, dass ich 3 am Tage nehme. Außerdem ließ er mir sagen, wegen des Attestes sollte ich mich zu ihm melden, wenn ich den Termin genau wüsste. Das sieht also so aus, als sei er bereit, das Attest zu erteilen. Jedenfalls werde ich mich am Freitag wieder zu ihm melden, falls ich dann noch da bin, und vom 8. als Termin reden, selbst wenn der 8. nicht wahrscheinlich sein sollte, weil uns sonst der Termin plötzlich über den Hals kommt. – Mein Zustand ist so, dass ich im Sitzen nichts und im Liegen fast nichts verspüre, die Schmerzen überhaupt ganz geringfügig sind, das Gehen und Stehen aber einfach nicht geht. Nach 3 Runden, das sind wohl 100 m, muss ich mich eben setzen. – Es wäre zu überlegen, ob man das benutzen kann, um eine Verschiebung oder späte Ansetzung des Termin's zu erreichen. Wenn Du es für richtig hältst, so würde ich vorschlagen, dass Du mit Thiele darüber sprichst, ihm sagst, der Arzt wollte mir für den Termin ein Attest geben – das könnte er natürlich auch bald haben –, er, Thiele, könne ja aber den Vorsteher Kurth von Haus I mal anrufen, der wisse darüber genau Bescheid, wie Du aus der Sprechstunde gesehen hättest, und schließlich sagst, Du hättest bei der Sprechstunde bemerkt, dass ich doch so behindert sei, dass es mir sehr schwer fiele, mich längere Zeit auch sitzend zu konzentrieren – ist nicht wahr! –, und das wäre doch für eine solche Verhandlung schlechthin unmöglich; ob man nicht etwas warten könne, bis das besser sei, der Arzt behandele mich, es sei aber wohl noch nicht ganz klar, was es eigentlich sei. Vielleicht lässt F. sich darauf ein, wenn er das Attest bekommt. Ich meine, ein solcher Vorstoß bei zunächst Thiele könnte doch nichts schaden.

Wenn der Termin naht, also Anfang nächster Woche, wenn Du bei Thiele feststellst, dass er in der am 8. beginnenden Woche sein wird, ist auch ein anderer Vorstoß zu erwägen, nämlich, dass ich von Tegel zum Termin geholt werde und nicht nach der P. A. komme, weil jeder Umzug, Koffer packen oder gar tragen für mich fast unmöglich sei. Du müsstest bei Thiele klären, wo das organisiert wird und ob diese Abweichung möglich ist und bei wem sie durchgesetzt werden muss. Eventuell muss das ja Hercher machen.

Es ist Dir klar, dass Hercher nicht da war. Bei mir war er im Grunde erst ein Mal, denn das zweite Mal kam er für Delp, und ich bekam nur eine Gnadenration ab. Das war mir genau so recht, weil ich, während er Delp verarbeitete, die Anklageschrift sorgfältig las und dann abzuschreiben begann. Aber es ist noch so vieles zu arbeiten, dass er bald wieder kommen muss, selbst wenn wir noch nicht gleich dran sein sollten. Vor allem ist es nämlich so, dass ich leichter weiterdenke, wenn ich das jetzt Angehäufte losgeworden bin, und vor allem möchte ich mir ein weiteres Stück der Anklage abschreiben. Schließlich muss ich von ihm erfahren, was eigentlich Steltzer gesagt hat, und dann will ich sehen, wie er auf die neue Tour mit der Polizei als Gerüchtequelle reagiert. – Du musst mal sehen, ob und wie Du den guten Alten wieder in Bewegung setzen kannst. Für einen Offizialverteidiger mit einer absoluten Monopolstellung ist er eben doch rührend beflissen.

Wenn Du Haus siehst, so grüße ihn schön von mir, wenn das geht, ich ließe ihm ein gutes neues Jahr wünschen, und ich dächte noch mit viel Freuden an die Gans – unsere –, die wir am Neujahrstage 44 bei ihm mit Kiep verzehrt hätten. – Haus ist u. U. eine sehr wichtige Position; denn Bü.'s bin ich mir eben doch garnicht sicher, und er kann mich durch blödsinnige Auskünfte mindestens in eine taktisch sehr schwierige, d. h. zusätzlich schwierige Lage bringen. Ich meine, Haus sollte von meiner Verteidigung zweiter Teil einschließlich meiner Stellung zur Frage des Kriegsverlaufs möglichst viel wissen und dann sehen, dass auf alle Fälle keine Auskunft hinausgeht ohne seine Mitwirkung. Du musst mal sehen, wieviel Du von Hercher erfahren haben kannst.

Nun eine Frage für Felix. Eine Halbwahrheit: Als mir gesagt worden war, ich sollte gleich mit Goerdeler verarztet werden, hatte ich angenommen und habe das auch dem vernehmenden Kommissar gesagt, dass das so unter dem Gesichtspunkt der Sühne – sprich Geiselmaßnahme[4] – geschehe, denn strafrechtlich sei ich doch uninteressant. – Ich denke, ich könnte dieses Argument gut gebrauchen, wenn ich gefragt werde, warum ich denn mit all der funkelnagelneuen Verteidigung jetzt, 4 Monate nach den ersten und 3 Monate nach den letzten Vernehmungen, herauskomme. Es würde sich vielleicht ganz gut machen, wenn ich als Erklärung sagte: Strafrechtlich sei an der ganzen Sache, nachdem die Polizei ihre Kenntnis zugegeben hatte, doch so absolut nichts gewesen, jedenfalls nach meiner Meinung, dass ich die ganze Geschichte von meiner Einkleidung an bis zu der mir in dürren Worten mitgeteilten Hinrichtung als reine Sühnemaßnahme betrachtet hätte, bei der es auf die strafrechtliche Seite oder gar auf eine Schuld garnicht angekommen wäre. Ich hätte mich eben als Geisel gefühlt, und alles hätte auch ganz gut in das

Bild gepasst, das mir ja aus den vielen Geiselmaßnahmen in den besetzten Gebieten, die ich bearbeitet hätte, bekannt gewesen sei, bis dann hier die lange Wartezeit kam. Denn Geschwindigkeit sei eben eine der Essentialia der Geiselmaßnahmen. Und einige Tage nach der Besprechung mit Müller sei mir dann erst der Gedanke gekommen, dass man womöglich glaube, ich hätte mich strafrechtlich vergangen, und darauf hätte ich zunächst ins Ungewisse hinein meinen Schriftsatz vom 12. 11. gestartet.

Ich habe das jetzt etwas pointiert. Dass mir eine solche Erklärung ein Alibi für all die Ungereimtheiten meiner Aussagen verschaffen würde, ist klar. Es würde diese Aussagen stark entwerten, eben es mir leichter machen, sie in ganz neuem Licht zu glossieren. Was aber würde Freisler dazu sagen, denn darin ist doch implizite enthalten, dass er so etwas mitmachen würde? Ich könnte ja sagen «auf Grund neuer Rechtsgrundlagen, die politisch für richtig gehaltene Geiselmaßnahmen ermöglichten» oder so ähnlich. – Ich käme damit in die Lage zu behaupten, Schulderklärung etc. sei alles unter diesem Aspekt zu sehen. – Frage mal Felix. Wenn «Nein» ist's klar, wenn «Ja»: schriftlich oder durch Hercher oder nur mündlich.

Hier kommt mir, was Du Felix sagen musst, sehr zugute, dass ich eben seit Jahren Geiselspezialist, d. h. -gegner, bin, aber dadurch fast von allen Geiselaktionen in West- und Nordeuropa unterrichtet worden bin und die Geiselbefehle der Wehrmacht von mir gemacht sind; übrigens nach dem 19. 1. 44 von A. H. abgeändert, da der Widerstand von dem guten Oxé natürlich nicht ausreichte.

Mein Herz, ich habe den Eindruck, dass dies ein rechter Geschäftsbrief wird mit einer Fülle recht schwieriger Aufträge für Dich. Eigentlich lag das garnicht in meiner Absicht, aber ich befasse mich eben doch laufend mehr und mehr mit meiner Verteidigung, und da gibt es immer wieder Gesichtspunkte, bei denen ich mir nicht recht traue, und dann schaue ich an allen Ecken, wo sich noch irgendein kleines Argumentchen verborgen haben könnte. Wenn ich nur die Anklage und damit wirklich festen Boden unter den Füßen hätte. – Mein Herz, ich habe das Gefühl, dass ich Dir die Sachen in den letzten zwei Briefen zu rosig geschildert habe. Ich will das auf alle Fälle korrigieren. Wenn man mich heute fragte, wie ich den Prozess beurteile, so würde ich ohne Einschränkung sagen: Todesurteil. Nicht wahr, dabei müssen wir bleiben. Aber ich gebe zu, dass ich rein menschlich gesehen die Chancen heute höher als 1 % schätze, nicht viel höher, aber doch höher. Dabei gehe ich allerdings davon aus, dass Steltzer's Aussagen sich so deuten lassen, dass ich da rauskomme und dass es keine mir noch unbekannten Haken gibt, etwa durch Husen, dadurch, dass König gefangen wird, oder Ähnliches. Ich arbeite jetzt eben hauptsächlich an dem Goerdeler-Komplex, weil Hercher den für den schlimmsten hält, aber wenn ich da das Gefühl habe, dass wenigstens Hercher Licht sieht, dann muss ich mich wieder den Kreisauer Sachen zuwenden, denn da halte ich persönlich die Gefahr des Defaitismus für das schwerste. Deswegen ist aber Zeit wichtig und jeder Tag, den wir gewinnen, kostbar. Deswegen müssen wir wenigstens einen Versuch machen, aus meinem Ischias Kapital zu schlagen. Kommen wir nämlich von der Liste der relativ dringlichen Sachen herunter, dann haben wir sicherlich wieder 1 Monat bis 6 Wochen gewonnen. – Da Du ja gestern und heute sicher nichts machen konntest, es sei denn, dass Du mit Haus gesprochen hast, so steht Dir eine tolle Woche bevor, vor allem wenn wir gleich Anfang der übernächsten Woche drankommen sollten.

Mein liebes Herz, morgen schreibe ich wieder, und ich feiere mit dem alten Zweig und dem Kerzenrest auch morgen um ½6 Silvester, sprich Jahresschluss plus Nachweihnacht. Und dann fängt das neue Jahr an. – Ich schreibe morgen, ich will nicht jetzt an den ganz anders ausgefallenen Brief noch neue Gedanken, d. h. alte, anhängen. Die können für morgen bleiben.

Gute Nacht, mein Herz, schlafe gut. Der Herr behüte Dich und uns, er, dem wir schon so viel Dank schulden. J.

Es kam Dein V. G. H.-Brief vom 7.12.

1 Das Patronat gab dem Besitzer von Kreisau das Recht, dem Konsistorialrat einen Vorschlag für die Besetzung des Pfarramts zu machen. Siehe Freyas Brief vom 16. November 1944, S. 206. *2* Siehe Anhang, S. 547 f. *3* Er traute dem Anstaltsarzt nicht. *4* Einer von Helmuths Versuchen, seine Aussage vom September 1944 zu relativieren.

Freya an Helmuth James, 30./31. Dezember 1944

Samstag Abend.

Mein liebes Herz, ich sitze bei den Freunden. Sie schreiben auch rechts und links von mir am runden Tisch, an dem wir damals zusammen gevespert haben. Ich sitze auf dem Söfchen unter der Lampe auf meinem Stammplatz. Gegen 5 bin ich schon hier eingelaufen, war bis kurz vor 7 ganz allein in der Wohnung. Das war so geplant. Erst habe ich mir Tee gekocht, weil ich fror, dann habe ich im Gesangbuch gelesen und den Römer-Brief angefangen. Da sind wir doch wohl alle beide? Manchmal befällt es mich mit Sorge, dass ich etwas vertapern könnte und Du woanders liest. Die Losungen lese ich übrigens nicht immer, oft, aber manchmal nicht. Ich habe etwas Halsschmerzen, und daher friere ich mehr als sonst. Es ist aber ganz harmlos, und ich fühle mich garnicht krank. Bis die Freunde kamen, haben mich dann Deine schönen, lieben Briefe beschäftigt. Die reiche Fracht, die ich hier schon vorfand und die sich gestern Abend noch um einen vermehrt hat. Ich habe alles herausgeschrieben, was ich zu meinem Programm brauche, nur die zu tippenden Stellen noch nicht, und habe alles sehr genossen. Mein Herz, ich habe keine Ahnung von Jeremia, von Jesajas, von Hesekiel und Jona! Du wirst sie mir aber mit der Zeit verschaffen. Es hat mir ziemlichen Eindruck gemacht, dass Du diese Männer für *so* bedeutend hältst. Ist die Weisheit nicht nur deshalb so zeitlos, weil die menschlichen Nöte, Bedrückungen, Sorgen und Qualen im Grunde immer gleich bleiben und diese Männer den Weg gefunden haben, ihrer Herr zu werden, und dieser Weg auch ganz gleichgeblieben ist? Aber ich kann und darf das nicht beurteilen und höre es mir einstweilen mit Staunen an. – Mein Herz, es ist so schön, Dir wieder in Ruhe zu schreiben, und wie habe ich die stille Zeit mit Dir und meinen Gedanken heute Nachmittag genossen. Merkwürdig, dass auch bei mir die Hoffnungen so stark waren und auch noch sind. Ich schrieb es ja schon. Auch mich beschäftigte das «Wachen und Beten» und seine Mängel in meinem Herzen ja auch immerzu. Das Gleiche finde ich nun bei Dir, mein Herz. Es wird sich schon wieder ändern, und sicher ist nur, dass wir uns der göttlichen Führung unbedingt und mit bereitem und geöffnetem Herzen anvertrauen müssen. Das ist das Einzige, was er von uns verlangt. Wie schwer das manchmal für Dich sein wird, das weiß ich genau, aber ich bin überzeugt, dass es Dir immer wieder gelingen wird, mein liebes Herz, fest überzeugt.

Die Krippe mit dem Strahlenstern darüber ist auf dem Umschlag des Liederheftchens, das ich Dir schickte. Ich habe es nur bemalt und ausgeschnitten. Du weißt ja, dass ich nichts Eigenes zeichnen kann. Ich hatte mir schon eine ganze Weile den Kopf um eine Krippe für Dich zerbrochen. Von diesen Heftchen hatte ich schon eine ganze Anzahl im Frühjahr für alle Kinderhaushalte unserer Bekannten zu Weihnachten erfolgreich kommen lassen. Von denen brachte ich für Dich eines mit und gab ihm den uninteressanten neuen Umschlag. So entstand das Krippchen aus Dorothees schönem Malkasten bemalt. – Sehr viel alte Schuhe von Papi habe ich nicht mehr. Ich habe mit der Zeit schon eine ganze Reihe Paare verschenkt, aber alte Kleider habe ich noch viele: Anzüge. – Ich habe keine Ahnung von meinem Taufspruch. Mein Konfirmationsspruch heißt: «Halte was Du hast, dass niemand Deine Krone nehme.» P. hat gerade festgestellt, dass es [in] Offenb. 3,11 steht. Hast Du auch nur den Schatten einer Erinnerung, wie wir, d. h. mit welchem Bibelwort, wir getraut sind? Ich nicht. Ich erinnere nur noch, dass der Pastor etwas von Sonne sagte. Mein Lieber, es stimmt, was Du vom vorjährigen 28. 12. sagtest. Nur hast Du vergessen, dass wir noch zu Asta schlafen gingen und in Wends großem Bett zusammen schliefen und Du erst am nächsten Morgen abfuhrst. Ich brachte Dich auf die Bahn, wir hatten eine ganze Weile auf den Wiener Zug zu warten und gingen auf und ab. Ich sehe auch noch vor mir, wie der Zug sich in Bewegung setzte und Du winktest – wie immer, mein Herz, und ich Dich ganz gefasst und ruhig ziehen ließ. So war es. Bald drauf schriebst Du mir dann, die Aussichten für die Zukunft für Dein Kommen nach Kr. seien sehr schlecht und wir müssten uns an die Vergangenheit halten. Ach, mein liebes, liebes Herz, wäre es Dir vergönnt, den Weg zurückzufinden! Ich wage dies garnicht auszusprechen. – Mich wunderte es eigentlich nicht, dass das Bett Dir nicht geholfen hat. So schnell geht das eben nicht mit der Wärme, denn nur sie alleine ist ja die Helferin. Es ist mir sehr unangenehm, dass es sich garnicht bessern will, denn es behindert Dich ja doch sehr. Außerdem wundert mich diese merkwürdige Schwäche, die doch eigentlich nicht vom Ischiasnerv herrühren kann. Seltsam! Ich hörte von Gissel, Du seiest wieder beim Arzt.

Mein Herz, ich habe noch garnichts getan, seitdem ich hier bin. Gestern bin ich immerzu hier sitzen geblieben. Nach Tisch habe ich geschlafen und blieb doch schläfrig. Die Truchsessin kam zur Vesper mit der sehr netten dicken Braut vom jüngsten Bonhoeffer, die, dem Truchseß verwandt, ihn[1] hier laufend betreut. Das war eine sehr schöne Vesper. Wir haben uns über lauter höchst fesselnde Dinge unterhalten, und sie gefiel mir wieder so gut. Gefällt er Dir auch? Ist er auch so schlicht und gerade, dabei hat sie sehr viel Charme und Schwung und eine Klugheit, die aus dem Herzen kommt. Ich bin ganz beschämt in ihrer Gegenwart, aber ich lasse mich gerne beschämen. Sie hat wirklich viel von Annemie Webski, nur ist sie weniger simpel und weltgewandter. Der Vorsteher scheint das Ehepaar auch sehr zu lieben, denn sie haben 65 Min. gesprochen! Über 45 sind wir, glaube ich, noch nicht gekommen, aber ich sehe nie auf die Uhr. Bei Truchsessens tut es auch die Maria von Wedemeyer (besagte Braut).[2] Mir kommt aber die Zeit bei uns eigentlich doch immer lang vor, nicht kurz. Dir auch? Der Fall Truchseß ist aber überhaupt milder, und abgesehen davon gönne ich jedem seine «lange» Zeit von Herzen. Gleich anschließend an diese Frauen kam ein P. bekanntes Ehepaar Martini, er Schriftleiter, sie Schauspielerin, und nach dem Essen Frau Friedrich, Peters Freundin. Es war ganz nett, aber es war keine Unterhaltung, sondern es wurde, teilweise recht komisch, geredet. Von heute erzähle ich Dir, glaube ich, erst morgen früh, denn ich bin müde und möchte meinen Hals ins

Bett bringen. P. wird morgen ja nicht so früh aufbrechen. Gute Nacht, mein liebes, gutes Herz, schlafe gut, schlaf lecker, mein Herzens-Jäm.

Sonntag, noch im Bett: Mein liebes Herz, fröstelnd und mit Halsschmerzen bin ich ins Bett gegangen und wache nun wohl und glücklich nach einer langen und köstlichen Nacht wieder auf. Ja, ausgesprochen glücklich und dankbar bin ich wieder aufgewacht: Der ganze Reichtum meines, unseres Lebens war mir gleich ganz bewusst, Deine Nähe und unsere große Geborgenheit. So durfte ich den letzten Tag dieses Jahres schön, dankbar friedevoll beginnen – mit Dir und fest in Gottes Hand. Oh, mein Jäm, wie dankbar können wir sein, allein schon, weil wir uns dessen so bewusst sein dürfen. Ich bin, mein Herz, so glücklich auch darüber, dass ich hier so nah bei Dir dieses Jahr verlassen und das Neue anfangen darf, so ganz mit Dir. Was auch das Neue bringen wird, wir verlassen das schwere Alte gemeinsam und nur dank Gottes Gnade ungebrochen, ja neu gestärkt. Darüber kann man wirklich jubilieren, und gerade das tut mein Herz voller Glück. – Nun muss ich erst aufstehen. – 10.30. Die Freunde sind spazieren gegangen; die Sonne scheint. Ich fürchte nur, dass es sich wieder bezogen haben wird, ehe sie in Dein Fensterchen scheint. Aber vielleicht bist Du vor kurzem in ihr auch spazieren geschlichen. Wir haben erst gefrühstückt, und dann habe ich für Dorothee die Küche aufgeräumt und abgewaschen, während sie schon losgingen. Jetzt schreibe ich noch diesen Brief fertig, den Du heute Nachmittag hoffentlich bekommen wirst. Dann fahre ich gen Lichterfelde-Ost. Dort fand ich nämlich gestern Vormittag etliche Handwerker damit beschäftigt, die Heizung wieder in Gang zu bringen. Alles war noch fest eingefroren, und obwohl alles abgelasssen war, war doch in den Knien Wasser genug gewesen, um diverse Rohre zu zersprengen. Es war eine tolle Schweinerei und eine Grabeskälte. Ich musste eine Weile bleiben, als mich aber dann Frau Siemens, der ich ein Paket von Davy zu bringen hatte, zum Essen einlud, floh ich gerne aus dem schmutzigen Eiskeller. Dort regiert jetzt nur der arme fremde Mann, da C. D. und Luischen noch unterwegs sind. Immerhin brauchte ich Mutzens Bett daher nicht und blieb auch diese Nacht bei den Freunden, die wegen zu großer Kälte ja die Mutter schon früher nach Hause gebracht hatten. So werde ich hier auch heute im Laufe des Tages wieder ankommen, gegen Abend denke ich. Bei C. D. will ich mit Kr. telefonieren und Briefe schreiben. In diesen Hafen werde ich wieder einlaufen und hier auch mit Dir das Jahr beschließen. Näher bei Dir und besser könnte ich das garnicht. Ich werde voller Glück sein, dass Du noch so nah bei mir bist, dass es Dir relativ so gut geht, dass wir gemeinsam das Jahr 1945 betreten, so gemeinsam und so verbunden, mein Herz, dass sich meine Wünsche für Dich ausschließlich an Gott im Himmel richten müssen, da sie auch für mich gelten. Mein Herz, möge er Dir Kraft, Stärke und Frieden geben, alles, was vor Dir liegt, zu bestehen mit seiner Hilfe. All dessen bin ich ganz zuversichtlich. 1945 wird uns noch schwerer werden als 1944, aber unsere Schritte sind viel sicherer geworden, weil wir sie weniger auf uns gestützt tun. Angst, Furcht, Elend, Verzweifelung und der Tod werden die Welt regieren, und wir Glücklichen kennen die Hand, die durch das alles hindurch helfen kann. So betrete ich mit Dir 1945 voller Hoffnung, nicht voller konkreter Hoffnung, aber mit einem nicht zu definierenden glück- und dankvollen Gefühl der Zuversicht, das von Deinem vielleicht so nahen Tod garnichts weiß. Merkwürdig! Dabei steht der Anfang des neuen Jahres für uns fraglos unter: «Wachet und betet»! Wie schön, dass ich bei den Freunden, also bei Dir sein kann. Ganz nah, ganz nah! So schlafen wir wohl beide, wenn 1945 beginnt. Ob wir drin leben oder sterben, wir bleiben beieinander und sind doch nicht unser, sondern des Herrn. Er muss uns helfen, diese Erkenntnis in uns zu verwirklichen. Gott behüte Dich und uns. Ich umarme Dich, mein geliebtes Herz, und bin und bleibe Dein P.

1 Dietrich Bonhoeffer. *2* Maria von Wedemeyer betreute in Tegel auch Dietz Baron von Truchseß.

Freya an Helmuth James, 31. Dezember 1944/1. Januar 1945

Sonntag Abend

Mein Lieber, eigentlich bin ich reif fürs Bett, denn es ist gleich 11, und ich möchte das neue Jahr auch nach alter lieber Gewohnheit mit Dir schlafend beginnen, aber P. muss morgen zeitig gehen, und da will ich wenigstens das Sachliche noch aufs Papier setzen. Es war sehr nützlich, dass ich bis 5.30 in Lichterfelde gesessen habe, denn erst rief Haus an, den ich anschließend um 6 sah und den Alarm dort erlebte, und dann rief kurz drauf Hercher an und sagte der *8./9.* sei der neue Termin. Also gleich als erster. Ich rief darauf gleich Felix an, und der bestellte mich auf 4.30 am Dienstag, nachdem er am Vormittag das Urteil Zarden einsieht. Hercher war sehr gesprächig wie immer. Er habe versucht, die Akten zu lesen, aber die seien jetzt beim Chef. Der habe sie mit nach Hause genommen, außerdem fahre er bis zum 4. nach Landsberg, aber vom 4. od. 5. an täte er dann nichts anderes. Immerhin heißt es, dass er nicht vor dem 4. od. 5. zu Dir kommt. Den 2. Schriftsatz von Dir habe er nicht eingereicht. Er halte mündliches Vorbringen für besser. Haus sagte dann, Keitel habe das Gnadengesuch erst mal an W. R. (Wehrmacht-Recht)[1] abgegeben. Was es dort macht, erforscht seit gestern Nachmittag Waltzog, und ich bekomme in Kürze Bescheid von ihm (Haus). Das wird Dir wohl nicht gefallen. Von da geht es sicher nicht zu A. H. Wenn die es nur nicht dann doch noch an den Justizminister abgeben! Das können wir ja ev. noch bremsen. Bü. reist Dienstag nach Italien und kommt vor dem 8.–10. nicht zurück. Das ist ja nur gut. Haus meint, er (Haus) würde aber jedenfalls zugezogen und werde gut aufpassen. Er ist sehr dabei; gestern besuchte ich Oxé 5 Minuten, als ich Haus nicht antraf, um auch ihn mal aufzusuchen – es war außerhalb der Dienststunden, aber ich kam von Siemens aus dort vorbei. Da merkte ich, dass es ihn nach wie vor auch sehr beschäftigt, aber ich habe ihn nicht zugezogen, nur besucht. Das sind die Neuigkeiten: Schön sind sie nicht. Trotzdem bin ich froh, dass wir es schnell erfahren haben. Die 3 Wochen Aufschub erschienen eine Ewigkeit, und wie schnell rasen sie jetzt ihrem Ende zu, mein geliebtes Herz. Die letzte Woche wird hauptsächlich Arbeit sein, aber doch nicht nur. Mein Lieber, schreib mir bitte noch einmal genau, was Steltzer über München wissen soll. Morgen sehe ich hoffentlich Frl. Schellhase. – Frau Lukaschek sagte mir übrigens damals – das vergaß ich immer –, ihr Mann habe ihr in der Sprechstunde gesagt, er habe niemanden belastet. Das ist ja sehr summarisch, aber sie sagte es. – Ich kam wegen des Alarms erst sehr spät (¾9) hier an, aber nach dem Herumirren – 2 Straßenbahnen hörten mittendrin auf – war das Einlaufen besonders schön. Ich bekam noch Abendbrot, und nachher las er uns einige schöne Gedichte und Einleitung und 1. Kapitel eines Buches von Lilje über die Offenbarung[2] vor. Das war schön. Dann erst gab er mir den schönen Adventskalender. Sehr schön und sehr lieb ist er! Er gefällt mir sehr gut. Ich wollte erst meinen Augen nicht trauen und meinte erst, es sei ein Geschenk an die Freunde, bis ich CASPAR + KONRAD entdeckte. Es macht sich sehr schön so, aber ich weiß noch nicht, ob ich es nicht so wie es ist mit den Klammern lasse. Das ${}^{\mathrm{H}}_{\mathrm{C}}\mathrm{M}^{\mathrm{F}}_{\mathrm{K}}$ ist auch sehr lieb. Es hat mich wieder sehr beglückt. Ach, Jäm, was wird bis dahin aus uns Allen geworden sein! Sorgen wir uns nicht! Ich gehe jetzt ins Bett, mein Herz. Ich beende dieses Jahr mit Gedanken an Dich und mit der Bitte, dass Gott uns weiter führen möge – seinen Weg. Mein letztes Wort an Dich soll daher, mein geliebtes Herz, auch sein: Gott behüte Dich. – Mein erstes Wort an Dich muss auch sein: Gott behüte Dich auf allen Deinen Wegen. Jetzt ist das neue Jahr da. Hoffentlich hast Du es friedlich im Schlaf begonnen. In den letzten Minuten des alten Jahres bin ich noch eingeschlafen und habe gut und friedlich bis 6.30 geschlafen. Zu sagen habe ich nichts Neues, mein Herz. Ich fühle mich Dir nah und bin voller zärtlicher Liebe. Alles, was wir gemeinsam besitzen, ist unser köstlichster Schatz. In dem Brief von M. D., der nichts besonderes enthielt, der aber von ihrer sehr liebevollen Sorge um Dich und uns voll ist, schreibt sie: Ihr tragt das Licht in Euch. Das sei das einzige, was uns helfen könne, und sie hat Recht. Mein liebes Herz, immer wieder muss ich Dir sagen: Ich bitte um Kraft, Stärke und Geist für Dich und stehe Dir mit meinem ganzen Inneren, mit Liebe und mit Hingabe zur Seite. Du weißt es, dass es mein Glück ist und bleibt, Deine Frau zu sein. Was soll ich Dir Neues sagen: Es ist alles unser alter, köstlicher Besitz, aber die Tatsache, dass wir gemeinsam 1945 betreten dürfen, macht es mir in aller Schönheit und Fülle wieder klar, und dankbar nehme ich es hinein in unser schicksalschweres Jahr und seinen schicksalschweren Monat Januar. – Ich bin sehr für eine Krankheitsaktion. Ich bin zu aller, aller Arbeit bereit. Nutze mich nur recht aus.

In großer zärtlicher Liebe umarme ich Dich. Ich bin und bleibe immer Dein P.

1 Wehrmacht-Rechtsabteilung beim OKW. *2* Hanns Lilje, *Das letzte Buch der Bibel. Eine Einführung in die Offenbarung Johannes*, Berlin 1940.

Helmuth James an Freya, 31. Dezember 1944/1. Januar 1945

Tegel, den 31. 12. 44.

Mein Lieber, dies ist der letzte Abend eines für uns sehr bedeutsamen Jahres, das sich, wir leben oder sterben, aus unserem Leben mit großer Strahlkraft hervorheben wird, denn es hat uns gemeinsam etwas geschenkt, was uns hoffentlich nie verloren gehen wird: einen festen Glauben. Es ist ganz gewiss das wichtigste Jahr in meinem Leben gewesen, und wenn ich bedenke, dass es unter einem Zustand verflossen ist, der gemeinhin als Prüfung angesehen wird, so frage ich erstaunt: Wo ist die Prüfung? Ich habe drei Tage in diesem Jahr gehabt, die mir schwerer waren, als mir je etwas gewesen ist, der 24. März,[1] der 10. Oktober[2] und der 13. November.[3] Aber ich habe doch nachher immer gesehen, dass es nur der Preis war, der für das Überwinden einer neuen Stufe gezahlt werden musste, und überdies hatten diese Tage nichts mit der Haft zu tun oder mit der Ungewissheit des Kommenden. Nein, mein Herz, ich kann mich über das Jahr nicht beklagen, und auch Dein Schicksal in diesem Jahr vermag ich nicht schlimm zu finden, obwohl es schlimmer war als meines, weil Du in steter Ungewissheit leben musstest. Wahrlich, wir können nur mit Dank auf 1944 zurück sehen.

Was nun kommt, steht in Gottes Händen, und aus diesen wollen wir es freudig und getrost annehmen, auch wenn es mein Tod vielleicht schon in wenigen Tagen sein soll. In diesem Fall, mein Herz, verlasse ich Dich in dem Gefühl, dass Du durch die letzten Monate so wohlgerüstet bist, das, auch das zu tragen, dass Dir kein Unfall zustoßen wird. Und um Dich an meinen verehrten Jesaja zu gewöhnen, will ich Dir sagen, was der Herr durch ihn in 46,4 verheißt: «Ja, ich will euch tragen bis ins Alter und bis ihr grau werdet. Ich will es tun, ich will heben und tragen und erretten.» Bitten wir, mein Herz, dass er uns die Fähigkeit gibt, uns heben, tragen und erretten zu lassen, und sei es am Galgen in Plötzensee oder im Keller der P. A., in der Ungewissheit, die vielleicht Dein Teil ist, und in wilder Soldateska und brennendem Berghaus.

Die unmittelbare Nähe meines Todes, die ich eigentlich seit dem 20. Juli ständig gespürt habe, ist seit Weihnachten nicht mehr da. Was ich daraus machen soll, weiß ich nicht. Ich bin nicht uneingeschränkt glücklich darüber, weil ich das Gefühl habe, dass das auf einer Schwachheit des Fleisches beruht, das das ‹wachet und betet› satt hat. Aber es ist kein Zweifel, dass mein inneres Klima sich verändert hat. Intellektuell ist dafür kein Grund einzusehen, und ich rechne durchaus damit, nächste Woche umgebracht zu werden; aber zwischen dem ‹damit rechnen› und der spürbaren Gegenwart des Todes ist ein himmelweiter Unterschied.

Nun kehre ich zu Jesaja zurück. Nein, Jesaja hat nichts Menschliches ausgesprochen, hat keine Lösung für menschliche Nöte gefunden. Jesaja redet von ganz etwas Anderem, nämlich von Gottes Willen mit der Welt. Von menschlichen Nöten und ihrer Überwindung durch den Glauben redet Hiob, bis zu einem gewissen Grade Jeremia, aber der größte der Propheten, Jesaja, interessiert sich für die Nöte der Menschen nicht, denn er berichtet von Gott. Und da will ich Dir folgendes raten: Wenn Du ein Mal Zeit hast, so lies Dir die Kapitel 40 bis 45, die einen Höhepunkt bilden, laut vor und dies möglichst wiederholt. Das ist bei diesen nicht nur deswegen so schön, weil sie solche Höhepunkte haben, sondern vor allem, weil garkeine Längen in diesen Kapiteln sind. Sieh mal, gleich 40 fängt mit der schönen Tröstung an: «Tröstet, tröstet mein Volk», «denn die Herrlichkeit des Herren soll offenbart werden» (5), und dabei zeigt sich: «Alles Fleisch ist Gras und alle seine Güte ist wie eine Blume auf dem Felde» (6). «Aber seine Herde wird er weiden» (11). Und dann kommt die gewaltige Darstellung der Allmacht des Herrn in 12–31. Dann kommen Kapitel 41 und 42, die in ganz parallellem Aufbau die Gestalt des Erlösers in zwei ganz verschiedenen Aspekten zeigen, mit ihren Höhepunkten für mein Gefühl in Versen 10 und 14 bzw. 7 und 16. Sieh mal, gerade diese 2 Kapitel, die zeigen so deutlich, dass Jesaja nur von Gott redet und davon, dass Gott die Absicht hat, der gefallenen Schöpfung einen Erlöser zu schicken. Israels besondere Erwählung erleichtert im Grunde nur die Darstellung und ist genau so eigentlich nur incidenter, nur gleichnishaft erwähnt, wie die Blinden in Kap. 42. Sieh mal, für uns ist es doch nach Christi Geburt schwer zu verstehen, dass Gott durch den Erlöser den Sündenfall auslöschen und bei der ersten Schöpfung durch eine Neuschöpfung wieder anknüpfen will. Welche unerhörte Qualitäten muss ein Mann gehabt haben, der mehrere hundert Jahre vor Christi Geburt diese Dinge in so eherner, jeden Zweifel ausschließenden Form aussprechen konnte? Wen gibt es denn überhaupt in der Geschichte der Menschheit, außer Christus, der so gelassen, so selbstverständlich alle Zweifel überwindet? Andere Menschen ringen mit Zweifeln und sehen «durch einen Spiegel in einem dunkeln Wort», dieser Mann Jesaja hat aber «von Angesicht zu Angesicht» gesehen (1. Kor. 13). Vergleiche das mal mit Paulus, dem sehr gescheiten und vielleicht klügeren und geschulteren: Da gibt es nur ganz wenige Sätze, die so vollkommen frei von Argumenten verkünden, was und wie Gott ist und was er tut. Paulus ist uns viel näher, aber der größere ist Jesaja; das steht für mich außer Zweifel; ich meine überhaupt, dass Jesaja der größte der Propheten ist, in der Tat ein Mann von einem Format, wie wir es uns nicht vorstellen können, ein Mann, der eben Gott wahrlich von Angesicht zu Angesicht sah. Als Prophet ist er größer als Mose, dessen auch ganz überdimensionale Qualitäten auf etwas anderem Gebiet liegen. Zur Zeit Jesu meinte man offenbar, Elia sei der größte Prophet (das ergibt sich z. B. aus Matthäus 17,1–13). Was auf uns von Elia gekommen ist, rechtfertigt das m. E. nicht; er hat Wunder getan, Jesaja nicht, aber seine Worte haben nicht das Gewicht der Worte Jesaja's. – Aber nun weiter: Es kommt dann das 43. Kapitel mit dem eindrucksvollen Eingang, wo in dem ersten Vers eigentlich schon alles steht. Du musst dann eigentlich das 53. Kapitel dazu lesen. Achte mal auf 43,25: «Ich, ich tilge deine Übertretungen um meinetwillen …» Nicht damit wir gerecht werden, nein, Unsinn, wir können ja in die Hölle fahren, das ist Gott ganz gleich; nein, um Gottes willen, weil er «Lust» hat, weil es seinem Ratschluss gefällt, weil er eben neu schöpfen will, vergibt er Sünden, und zwar in der Form des stellvertretenden Leidens Christi. Und dann kommt die Abkanzlung aller guten Werke in 26–28; Paulus ist keinen Schritt weiter, nur ist es uns bei ihm leichter verständlich, weil er eben argumentiert, während Jesaja sagt: So ist es eben im Reich Gottes, und ihr werdet dazu garnicht gehört; das sagt er ausdrücklich auch in 45,9: «Wehe dem, der mit seinem Schöpfer hadert, eine Scherbe wie andere irdene Scherben. Spricht auch der Ton zu seinem Schöpfer: Was machst Du? Du beweisest deine Hände nicht an deinem Werk.» Und dann, verglichen mit Römer 9,19–23, die wir gerade heute gelesen haben. Paulus will lehren, überzeugen, Jesaja sagt ganz brutal: So ist es. Und dann in Kap. 44 diese überlegene Verachtung für den Götzendienst in 10–20 und dann wieder die Erlösung in 22 und 23. Und da ist wieder das Große an dieser Konzeption, dass alles sich über die Erlösung freut, nur die Erlösten, die sind eben nur Objekt und nicht beteiligt. Vergleiche dazu ein Mal Römer 8,19–22. Bei beiden ist klar, dass auch die Kreatur erlöst wird, sobald der Mensch erlöst wird, und dazu Jesaja 11,6–8 und 65,25 –, aber die Darstellung von Jesaja ist doch gewaltiger, eben weil der Mensch darin keine Rolle spielt: Die Kreatur applaudiert, weil Gott den Menschen zu dem Ziel geführt hat, zu dem er ihn haben wollte, obwohl der Mensch garnicht wollte. – Ich höre auf, denn es ist alles zu unvollkommen und soll auch nur dazu dienen, Dir den Geschmack an Jesaja beizubringen. Fange mit jenen Kapiteln an und nimm vielleicht 53 noch dazu, und wenn diese 6 Kapitel Deinen vollen Beifall haben, dann lies allmählich die restlichen Kapitel von 46 bis zum Schluss und erst dann den Anfang. Und wenn Du Jesaja wirklich genießt, dann wirst Du auch die anderen Propheten entdecken. Ich bin jedenfalls der Meinung, dass sie größer sind als die Evangelisten und Apostel, nur hatten die eben einen reiferen Stoff. Jesaja vor allen ist ein Gigant, und die nichtjüdische Welt hat ihm nichts Ähnliches gegenüberzustellen. Er ist eben ein Mann, der «von Angesicht zu Angesicht» geschaut hat, und selbst Luther konnte nicht ein Mal den Anblick des Teufels ertragen, und nur von Mose wird berichtet, er habe Gott gesehen. Das ist im Format etwas ganz Anderes, als wir uns auch nur vorzustellen vermögen, und ohne das Jahr 44 hätte ich das nie bemerkt.

Hiob, die Psalmen, die lyrisch reden vom Menschen, und die werden einem lieb, weil man dort Hilfe und Trost, Kraft und Vertrauen findet. Das sucht man in Jesaja im Grunde vergeblich. M. E. missversteht man ihn da, wo man Trost und Hilfe zu finden meint. Das ist ihm ganz gleichgültig; er [?] objektive Daten; wenn jemand daraus Trost saugt, wie etwa aus 43,1–3, so ist das ein Zufall, nicht der Sinn. Der Mann ist über die menschlichen Anfechtungen zu erhaben, jedenfalls dann, wenn er als Prophet redet. Mir ist Daniel und Salomo und die Psalmen viel lieber als Jesaja, weil ich eben ein kleines Gräschen bin, das gerne Trost und Hilfe sucht und bekommt, ich bin eben kein Heroe. Aber die Größe des Jesaja sehe ich stehend, wie eben ein Gräschen aus dem Tal die Spitze des Himalaja betrachtet in der traurigen Erkenntnis, dass dort in jenen Regionen ein Gräschen nicht wachsen kann.

Na, das wäre ja wahrlich ein Brief für Herrn Freisler. Ob er das verstünde? Er müsste mich ja umbringen lassen, und zwar sowohl, wenn er es nicht versteht, wie noch viel mehr, wenn er es versteht.

Nun komme ich noch ein Mal zu der Krippe. Ich habe nämlich längere Zeit über die Farben nachgedacht und fand sie zu sorgfältig gemacht für Handarbeit von Dir, war aber sehr überrascht über die fabelhaften Farben und kam zu dem Ergebnis, dass es ein farbgetreuer Nachdruck nach einem mittelalterlichen Bild sein müsse, da die Farben so besonders gut waren. Lediglich das Grüne am Überwurf des einen der Könige schien mir «verdruckt». Das ist doch wohl ein großes Kompliment über Deine Leistung. Es ist jedenfalls eine sehr schöne Krippe, und Du bekommst sie mit der Bibel zurück, wenn ich hier fortkomme.

Nein, unseren Trauspruch weiß ich nicht. Ob M. D. Deinen Taufspruch kennt?

Ich lege die Neujahrswünsche von Eugen und Delp bei, und hier ist meine Antwort:

> Liebe Freunde, Eure Wünsche zum neuen Jahr haben mich sehr gefreut, und ich erwidere sie von Herzen. Wenn wir dieses Jahr 45 heil wieder verlassen sollten, so können wir wahrlich mit dem 118. Psalm sagen: «Es ist vom Herrn geschehen und ist ein Wunder vor unseren Augen.» – Um unseren Streitpunkt zu klären, will ich folgendes sagen: Der Herr hat uns wunderbar bis hierher geführt; er hat in den letzten zwei Monaten auch im menschlichen Kausalzusammenhang Stellen gezeigt, die uns günstige Wendungen vorbereiten und ermöglichen können; er hat uns durch vielerlei Zeichen gezeigt, dass er bei uns ist. Daraus schließe ich, dass, wenn ich ständig darum bitte, er uns weiter spüren lassen wird, dass er bei uns ist; aber das kann er am Galgen in Plötzensee genau so gut wie in der Freiheit in Kreisau oder sonstwo. Ich will meinem Fleisch nicht erlauben, sich auf das Faulbett angeblicher göttlicher Verheißungen weiteren Lebens zu legen, und das täte es so gerne. Ich muss es mit dem Bewusstsein des nach menschlicher Erkenntnis in wenigen Tagen oder höchstens Wochen bevorstehenden Todes ständig züchtigen, wenn ich es im rechten Zustand des «Wachet und betet» erhalten will. Ich kann nicht glauben und kann mir auch nicht erlauben zu glauben, dass Gott mir heute offenbaren wird, was er morgen mit mir vor hat. Mir jedenfalls antwortet er, sobald ich neugierig werde, wie er es Paulus in anderem Zusammenhang getan hat: «Lass dir an meiner Gnade genügen.» – Das dürft Ihr aber nicht Unglauben nennen, genau so wenig, wie ich Euch für Magier halte. Und damit Gott befohlen! und ins neue Jahr. Ich finde Lukas 1,74+79[4] sehr schön, aber vielleicht darf ich meinem Temperament gemäß vorschlagen, Römer 14,8 nicht aus den Augen zu lassen. Eines aber ist gewiss: dass wir ohne Unterlass beten dürfen und müssen. H.

Ich dachte, Dich würde dieses Dreigespann amüsieren.

Es ist inzwischen spät geworden, und ich will pümpeln. Mein liebes, starkes, gutes, mutig klopfendes Herz, bleibe bei mir. Der Herr behüte Dich und uns. J.

1. Januar 1945.

Mein Herz, jetzt wünsche ich Dir ein gesegnetes neues Jahr. Ich habe gerade unsere heutige Römerstelle 10–12 gelesen, und die enthält einige sehr schöne Sätze für uns und für dieses Jahr. So wollen wir es denn getrost beginnen und aus Gottes Hand entgegennehmen, was er uns schickt, es sei Tod oder Gefängnis oder Freiheit, es sei Mühsal oder wilde Soldateska oder Zerstörung oder Verschleppung oder Friede. Die Spanne an Möglichkeiten, die dieses Jahr sichtbar vor uns ausbreitet, ist ungeheuer groß, und wir können nur um eines bitten, dass wir in Gottes Hand uns weiter fühlen dürfen und dass er uns seine Gnade, seinen Beistand nicht entzieht. Wir haben so Vieles uns über diese Frage gesagt, dass jetzt nichts mehr zu sagen nötig ist; auch wenn wir morgen auf immer getrennt würden, wüssten wir ganz genau in dieser Hauptfrage Bescheid. So beginnen wir das Jahr wohlgerüstet.

Eben kam P. mit Deinem sehr lieben Brief, mein Herz, mit seinen schlechten, na das ist zuviel gesagt, Nachrichten. Mir gefällt die Abgabe an W. R. garnicht, denn ich möchte annehmen, dass es von da schon zum Justizminister gesendet ist. Aber wenn Haus sich darum kümmert, ist ja alles geschehen, was jetzt möglich ist. Sprich bitte noch ein Mal mit Hercher, wenn Dix für meinen Schriftsatz ist, und sage ihm dann, ich müsste ihn dringend sprechen, ehe Freisler die Akten liest, denn ich habe das Gefühl, dass der Schriftsatz nötig ist. – Den Arzt will ich also versuchen morgen zu sehen, ob das gelingt, weiß ich noch nicht. – Mein Herz, es wird eine stürmische Woche für Dich, und dabei kommt doch Blü Blü,[5] wenn ich nicht irre. Wie schlecht passt das. – Besprich auch mit Felix, ob nun alles getan sei, um die hemmende Wirkung des Gnadengesuchs sicher zu stellen. – Mit Steltzer und München ist nur folgendes: St. soll wissen, *a.* dass ich von seinem ganzen Münchener Unternehmen nichts wusste, sondern dass er es offenbar mit Peter arrangiert hat; *b.* dass Carlo unter dem Namen Friedrich bei den Münchener Freunden aufgetreten ist, weil wir über die gegen Leuschner's Freund Kaiser schießen wollten und Carlo nicht wollte, dass L. wisse, er sei dabei; *c.* dass ich vor allem nichts davon je gehört habe, dass Reisert und Fugger Landesverweser werden sollten. – Wenn es geht, so denke auch daran, mir eventuelle einschlägige Aufsätze von Freisler zu beschaffen, das ginge aber wohl nur von Felix. – In der Krankheitssache kannst Du vor Mittwoch gewiss nichts tun, gehe also nicht schon morgen zu Thiele oder Schulze. Sehe ich jedoch den Arzt morgen nicht, so musst Du wohl ohnehin zu Thiele oder Schulze gehen.

Der vorige Absatz ist etwas durcheinander, weil ich jeden Augenblick die Rückkehr von P. erwarte und alles unterbringen wollte. Leb wohl, mein Herz, der Herr behüte Dich und uns. J.

Was ist mit Husen? Oder wer ist der 9.?

1 Siehe Helmuths Brief vom 26. März 1944, abgedruckt in: *Im Land der Gottlosen*, S. 224. *2* Helmuth meint den 11. Oktober 1944, siehe seinen Brief vom 12. Oktober 1944. Am 11. Oktober hatte er seinen Abschiedsbrief an die Söhnchen geschrieben. *3* Am 13. November 1944 hatten Helmuth und Freya Sprecherlaubnis. *4* «dass wir, erlöst aus der Hand unsrer Feinde, ihm dienten ohne Furcht unser Leben lang …» «… auf dass er erscheine denen, die da sitzen in Finsternis und Schatten des Todes, und richte unsere Füße auf den Weg des Friedens.» *5* Ausdruck für die Monatsblutung.

Helmuth James an Freya, 1. Januar 1945 (offizieller Brief)

Strafgefängnis Berlin-Tegel
1. 1. 45.

Mein Lieber, alle meine Wünsche für ein gesegnetes neues Jahr sind bereits heute morgen zu Dir geeilt, zu Dir und den Söhnchen. Welch ein merkwürdiges Jahr liegt hinter uns, welch ein ungewisses vor uns. Wir werden es aber getrost und unverzagt durchschreiten.

Mir geht es leider nicht besser, vielmehr bin ich weiter krumm und kann weder gehen noch stehen. Ich ahne nicht, was das ist, und kann seit drei Wochen den Arzt nicht erreichen. Das ist sehr dumm und störend.[1]

Ich hoffe, dass Ihr schöne Weihnachten gehabt habt. Das Wetter war hier kalt und klar, aber ohne Schnee. Jetzt hat es geschneit, und es sieht auch immer wieder nach Schnee aus, aber viel kommt nicht herunter. Die Tage, an denen es nachmittags klar ist, genieße ich immer besonders, weil an diesen Tagen die Sonne in mein Fenster scheint, und nach den vielen grauen Tagen ist das sehr angenehm.

Mir geht es übrigens, abgesehen von dem störenden Rücken, gut, und ich bin friedlich und zufrieden. – Wie schön ist in diesen Tagen der Weihnachtsfrieden in Kreisau, wenn alles so schön aussieht und sich neu stärkt für das kommende Jahr. Ob Ihr schon im Holz arbeitet oder ob Z. das bis nach Neujahr lässt? Was mag die Raupe machen? Es ist sehr schlimm, dass die Winterfurche nicht mehr geschafft werden konnte; das zusätzlich zu fehlendem Dünger ist eine schwere Vorbelastung des nächsten Jahres.

Ich hoffe sehr auf Nachrichten über Weihnachten und über den Betrieb.

Mein Lieber, eigentlich habe ich weiter nichts zu schreiben. Du weißt ja alles, und wir wissen beide, dass wir zusammen und geborgen sind. So wird es, was immer geschehen mag, ein gesegnetes neues Jahr sein. J.

1 Diese Bemerkung richtet sich an den Zensor des Volksgerichtshofs.

Helmuth James an Freya, 1./2. Januar 1945[1]

Tegel, den 1. Januar 1945.

Mein Lieber, nun ist der Ernst wieder ganz handgreiflich nah, und wir müssen uns damit befreunden, dass ich vielleicht schon in wenig mehr als einer Woche umgebracht bin. Ich will Dir nur immer wieder sagen, dass alles für ein Todesurteil und seine Vollstreckung spricht, so weit die mit menschlichen Augen zu übersehende Kausalreihe reicht. Aber es ist genau so gewiss, ja noch viel gewisser, dass Gott, wenn es seinem Ratschluss entspricht, Abweichungen in diese Kausalreihe hineinbringen kann, die nachher garnicht so wunderbar aussehen, wie sie es sind. Es wäre aber ein Wunder, und nur unsere Gebete können dazu helfen, alles andere Tun und Laufen geschieht ja nur, weil wir denken, vielleicht will Gott gerade diesen oder gerade jenen Weg gehen. Unter diesem Vorbehalt steht alles. Das wichtigste ist und bleibt, dass, wenn wir auch noch so sehr um mein Leben bitten, wir beide ganz bereit sind, freudig seinen Ratschluss zu ehren, wenn er mich zu sich zurück ruft. Freudig, mein Herz; das ist für uns nicht leicht, und nur er kann uns die Kraft dazu geben.

Und nun noch etwas. Über die Zeit nach meinem Tode ist doch wirtschaftlich und außerwirtschaftlich alles gesagt. Ich nehme an, dass Du es Dir entweder notiert hast oder es rekonstruieren kannst. Ich rede also nicht noch ein Mal davon. Nur folgendes will ich wiederholen: Die tote Hand darf nicht regieren, d. h. dass alles von mir nur Anregungen sind, an die Du Dich in keinem Fall gebunden fühlen darfst. – Was Kreisau angeht, so bin ich der Meinung, dass Ihr das Berghaus zäh verteidigen solltet und das auch könnt, dass aber in allen anderen Fragen die Aufrechterhaltung der Würde wichtiger ist als das Ergebnis; glücklicherweise bist Du ja materiell nicht von Kreisau abhängig; aber Deine Forderungen an Kreisau würde ich auch verteidigen. – Unseren Tod sollt Ihr, sobald sich Gelegenheit bietet, mit aller Entschiedenheit ausnutzen, politisch und, wenn in Kreisau ein Usurpator sitzt, wer immer er sei, auch wirtschaftlich.

Nun komme ich auf einige praktische Fragen.

1. Peters muss ja auch diese Woche angesetzt werden. Das vergaß ich heute Morgen. Frau Friedrich muss also wohl *a.* sich einen geeigneten

Vorwand ausdenken; *b.* für Peters einen Termin mit Freisler vereinbaren; *c.* sofort mit Peters telephonieren und ihn vorwarnen und *d.* dann Peters bestellen.

2. Ich meine, Du solltest Mittwoch nicht zum Wäschetausch kommen, es sei denn, dass Du wirklich Zeit haben solltest, was ich mir kaum denken kann. Verbinde doch Wäschetausch mit der letzten Sprechstunde, falls Du für die eine Genehmigung erhalten solltest, und komm, wenn es Dir möglich ist. Das späteste ist wohl Freitag, weil wir Sonnabend geholt werden, und obwohl das meist erst nach dem Essen geschieht, kann man sich nicht darauf verlassen.
3. An Wäsche brauche ich nur 1 Hemd und 1 Handtuch. Ich gebe Dir alles zurück, was über den 11. hinausreicht, sodass ich am 11. dann alles benötige, wenn ich dann noch leben sollte. Abgesehen davon, dass ich den Henkersknechten auch nicht 1 Taschentuch gönne, was ich vermeiden kann, scheint es mir ganz praktisch, wenn ich nichts mehr habe und daher eine Verbindung nötig ist.
4. Hercher muss ich auf alle Fälle noch 2 Mal sehen, auch wenn Felix den Schriftsatz nicht für nötig halten sollte. Er soll also möglichst Mittwoch oder Donnerstag das erste Mal kommen.
5. Die Krankheitstour: Sehe ich den Arzt nicht, so kannst Du ruhig sagen, ich hätte versucht, den Arzt zu sehen seit drei Wochen, aber hätte ihn nicht erreicht. Denn meine ursprünglich dem Arzt gegebene Darstellung, dass es Hexenschuss und Ischias sei, sei offenbar falsch, und nun gäbe es noch nicht ein Mal eine Diagnose. Du musst gleich dagegen vorbauen, dass die Sache ad acta gelegt wird, wenn der Arzt sagt «rheumatische Beschwerden».
6. Ich nehme an, dass Du die Gnadensache mit Felix besprechen wirst. Wenn W. R. noch nicht an das Justizministerium abgegeben hat, was ich eigentlich für sicher halte, dann ist ja nur zu prüfen, ob und wie das nun weiter gehen soll, wobei der Justizmin. möglichst ausscheiden muss. – Ist es aber beim Justizministerium, dann ist zu überlegen, ob und wie man die Vorlage an A. H. durch das Justizministerium verhüten und die Sache H. H. zuspielen kann. Eventuell müsste das Gesuch zurückgezogen und ein neues über H. H. an A. H. oder nur an H. H. gemacht werden. Jedenfalls ist Justizministerium der Tod dieses Gesuchs;[2] das ist ganz klar. Aber da musst Du mit Felix wirken und eventuell muss C. V. noch ein Mal heran, wenn er erreichbar ist, um das Gesuch zurückzuziehen, denn ein anderer kann es ja nicht. Dumm, dass die Woche so kurz ist. Vielleicht kann man auch ein neues Gesuch an H. H. machen und den Justizmin. bewegen, das alte so lange nicht vorzulegen. Im übrigen glaube ich, dass die garnicht

vorlegen, sondern «kraft Ermächtigung» ablehnen. Aber gerade weil sie das C. V. gesagt haben, könnte man es zum Anlass nehmen, es aus diesem Kanal zurückzuziehen.

7. Werde ich zum Tode verurteilt und nicht gleich hingerichtet, so solltest Du, getreu unserer These, alles tun, was dann noch möglich ist; vor allem scheint mir dann die Frage Hewel akut und der Weg an die SS, sei es Müller direkt, sei es Kaltenbrunner. Am besten wäre es, Du besprächest das mit Felix zuvor und ließest Dir sowohl von Adrian wie von Felix eine Zeit für den 11. frei halten, damit Du dann auch wirklich gleich losschießen kannst. Es ist klar, dass die Chancen dann 1 : 100 000 sind. Aber versuchen sollte man es auch dann. Es bleibt allerdings zu überlegen, ob Du nicht C. V. oder Jowo für den 11. auf alle Fälle bestellen solltest, denn ich finde immer, dass Du zu sehr mitverurteilte Partei bist und dass eben nur die Familiengesichtspunkte ziehen können und die kannst schließlich nicht Du vertreten. – Mit Buchholz müsst Ihr in Plötzensee ein sorgfältiges Nachrichtensystem ausdenken, damit Du telephonisch über meine Hinrichtung unterrichtet werden kannst; denn offiziell darf er es nicht sagen.

8. Werde ich nach dem Urteil in der P. A. festgehalten, so musst Du versuchen, erst über das Gefängnis, dann über Lange und schließlich über Vorzimmer Müller die Erlaubnis zum Wäschetausch zu bekommen. Vielleicht kann dazu Hercher helfen. Aber immer nur ganz wenig Wäsche, damit es bald wieder nötig ist. Gib mir auch immer ein Inselbändchen mit, und ich werde dann versuchen, durch Anstreichen Nachrichten zu geben. Damit das nicht zu leicht entzifferbar wird, wollen wir ausmachen, dass ich auf einer ganzen Anzahl Seiten anstreiche, aber nur die geraden oder nur die ungeraden gelten. Welche, musst Du rauskriegen. – Gebe mir gleich ein Inselbändchen mit; es muss aber frei von Anstreichungen sein, denn ich habe keinen Gummi.

So, mein Herz, damit ist das Geschäft beendet. Denk Dir, dass ich neulich beim Briefschreiben tatsächlich unsere liebe Nacht in der Arndtstr. voriges Jahr vergessen hatte und unseren letzten freien Spaziergang auf dem Bahnsteig. Dabei hatte ich kurz zuvor, wie in diesen Monaten mehrfach noch sehr lieb an jenen Abend zurückgedacht, auch daran, dass wir das Mozart'sche Requiem gespielt haben, wenn auch nicht ganz bis zum Ende. Und außerdem vorher «Dans un coin de mon pays.»[3] Das weißt Du sicher auch noch genau. Das war sehr lieb.

Mein Herz, hast Du Lindi[4] bei Dir? Ich bin etwas unglücklich, dass das nun in Tage fällt, wo Du aufgerauht bist. Denn es ist mir doch sehr wichtig zu fühlen, dass Du Dich ganz geborgen fühlst und aus Deiner festen Burg[5] mir mit Deinen Gebeten und Gedanken beistehst. Das Beste an der Sache ist die gründliche Vorbereitung und die 3 Tage.[6] Wenn ich die Widersprüche meiner früheren Aussagen einigermaßen überzeugend beseitigen kann, und ich glaube, dass das möglich ist, so liegt in der Gründlichkeit eine Chance. Denn ich bin oberflächlich vom n. s. Standpunkt verdammungswürdig und in der wahren Tiefe ganz verdammungswürdig; aber dazwischen gibt es eine dünne, wenn auch sehr dünne Schicht, in der ich akzeptabel oder notfalls akzeptabel bin. Dass F. bis in die wahre Tiefe vordringt, halte ich für ausgeschlossen; das wird er höchstens ahnen. Tut er es, na, dann sterbe ich wenigstens für das Richtige. Wahrscheinlicher ist, dass er nur die Oberfläche durchdringt, und da ist es eben denkbar, dass ich ihm die dünne Mittelschicht plausibel machen kann. – Im übrigen, eines ist ganz sicher: Es ist besser, von A. H. gehängt zu werden, als von einer Bombe zu sterben. Das hat doch noch mehr Sinn.

Ich hoffe, mein Lieber, Du bemerkst, dass ich ganz getrosten Mutes bin. Angenehm ist mir die Aussicht, heute in 8 Tagen schon dran zu sein, natürlich nicht, aber das verlangt auch niemand von mir. Mich beschäftigt der Termin auch ungeheuer, und in meinem Kopf tauchen immer wieder die schwierigen, empfindlichen Punkte auf, auf denen F. sicher rumhacken wird. Ich werde mich in allen diesen Tagen auch immerzu damit beschäftigen, und das wirst Du auch an den Briefen merken. Aber das musst Du mir gestatten.

Ein Mal muss der Biss in den Apfel gewagt werden. Ob am 8. oder 15. oder am 15. 2. ist letztlich gleichgültig, wenn ich auch der Meinung bin, dass jeder Tag uns neue Argumente bringen kann, aber man kann es nicht wissen, und vielleicht ist ein ausgeruhter Freisler weniger gefährlich als ein in voller Fahrt befindlicher. – Wir wollen versuchen zu verschieben, aber wir wollen keinesfalls unser Herz dran hängen. Darum sei nicht enttäuscht; wenn es nicht gelingt. Im Augenblick habe ich keine Anlage zur Panik, wie sie mich im November befiel, und ich darf sie auch nicht bekommen.

Mein Herz, damit sind wir bei dem A. und O. «Meine Zeit steht in Deinen Händen. Errette mich von der Hand meiner Feinde und von denen, die mich verfolgen», sagt der 31. Psalm. Aber nicht nur das, sondern Ruhe und Stärke, Ausdauer und Überzeugungskraft, an jenen 3 Tagen, Frieden im Herrn, wenn es nicht gelingt und der Weg zum Galgen führt, Gewissheit und Sicherheit im Glauben, alles das kann mir nur Gott geben. Nirgends auf dieser Welt ist das zu haben, und so muss ich immer wieder sagen: Hilf mir, mein Herz, bitte für mich, denn ich habe es bitter nötig; nicht weil ich mich in Gefahr des Schwachwerdens fühlte, nein, sondern weil das alles so große Gnaden sind, dass man beinahe zaghaft wird, darum zu bitten.

Nun gute Nacht, mein Lieber, der Herr behüte Dich und uns. J.

2. 1. 45

Mein Lieber, eben war ich beim Arzt, der meinen Rücken abgeklopft und festgestellt hat, dass es nur die Nerven sind, die neuralgisch affiziert sind. Er will mir nun zusätzlich Lichtbäder geben und ein Attest, dass ich nicht zu stehen vermag, sondern sitzen muss. Das ist sachlich ganz beruhigend, aber für die Verschiebung des Termins zu wenig. Immerhin kannst Du ja einen Vorstoß machen, denn das kann Dir niemand übelnehmen; das gehört ja unzweifelhaft zu den Privilegien der Ehefrau. Ich würde es ganz darauf stützen, dass ich eben auch im Sitzen davon so mitgenommen sei, dass ich nicht ein Mal die halbe Stunde der Sprechstunde freudig durchgehalten hätte. Sieh' mal zu, was Du machen kannst, sei es über Schulze, sei es über Thiele–Freisler oder Thiele–Stier (??heißt der so, der Vertreter von F.?). Ich glaube nicht, dass sie darauf eingehen werden, denn der Medizinalrat wird am Telephon eine ganz lauwarme Auskunft geben. – Die Frage, ob nicht das Sitzen für mich auf alle Fälle ein Vorteil ist, ist m. E. garnicht entschieden. Denn einen sitzenden Mann brüllt es sich viel schlechter an, er kann sich dem psychologischen Druck solcher Aktionen besser entziehen, und schließlich kann ich mich dann auch immer wieder mit einem Blick in meine Aufzeichnungen erfrischen, und das kann auch nützlich sein. Kurz, versuche es, eine Verschiebung zu erreichen, aber wenn es nicht gelingt, ist es auch nicht schlimm.

Mir, mein Herz, geht es gut, ich bin ganz getrost und freudig und bin mir ganz klar darüber, dass es gehen wird, wie der Herr es will. Solange ich daran keinen Zweifel habe und nicht anfange, mich von Herrn Freisler oder dem Henker, oder Herrn Müller oder H. H. abhängig zu fühlen, ist alles gut. Du wirst ja die Woche schwer zu arbeiten haben, mein Herz. Der Herr behüte Dich und uns. J.

Richtig: Versuche doch auch, wenn der Termin nicht verschoben wird, zu erreichen, dass ich hier bleiben kann, damit ich *a.* nicht umziehen muss und damit ich *b.* meine Lichtbäder und Einreibungen weiter bekommen kann. Sage, Du wissest das von Gissel. Dass ich vorher wegkomme, kannst Du ja von Hercher wissen.

1 Dieser Brief blieb versehentlich eine Nacht auf Harald Poelchaus Schreibtisch im Gefängnis Tegel liegen. *2* Ab September 1943 wurden die Gnadenverfahren erheblich beschleunigt und fast alle Gesuche umgehend abgelehnt. Siehe Freyas Brief vom 24.–26. Oktober 1944, S. 102. *3* Siehe Helmuths Brief vom 28. November 1944, S. 252. *4* Gemeint ist die Monatsblutung. *5* Mit Burg ist wiederholt Freyas Körper mit seiner Verlässlichkeit gemeint. *6* Die für die Verhandlung angesetzten drei Tage.

Freya an Helmuth James, 2. Januar 1945

Dienstag früh.

Mein liebes Herz, ich schreibe im Bett, denn die Wärmeverhältnisse haben sich bei den Freunden durch Koksmangel sehr verschlechtert. Nur am Abend kommt eine erträgliche Temperatur zustande, und nachts hört die Heizung wieder ganz auf. Dieser Tatsache verdanke ich es aber, dass ich seit meiner Rückkehr hauptsächlich hier gelebt habe, und das war ja mehr als erfreulich. Ein bisschen Frieren tut garnichts. Ich gehe ja immer wieder aus und gehe mich warm. Die Freunde sind sehr liebevoll mit mir, und ich glaube, meine Anwesenheit ist ihnen wirklich selbstverständlich und fällt sozusagen garnicht auf. Ich hoffe es sehr. Ich bin vollkommen zu Hause hier, nur dem kleinen Harald missfällt das zuweilen. «Da ist sie ja schon wieder»!, sagt dann sein etwas schlecht gelauntes Gesicht. Er ist ein sehr netter und sehr kluger Knabe, aber an ihm sehe ich erst, wie rührend gut gelaunt C.chen immer ist und auch wie wenig frech. Harald ist aber sehr viel begabter als C.chen. Ich war ja die Feiertage über immer wieder lange Zeiten weg, aber morgens und abends und auch einmal mittags war ich doch hier. – Mein Herz, einen sehr schönen Brief zum Jahreswechsel habe ich von Dir bekommen. Ja, so ist alles, mein Herz. Wir sind so verschiedene Menschen, und doch sind wir so einig und dürfen so uneingeschränkt zueinander gehören. Ich liebe Dich so sehr und vermag Dich doch in einer gewissen Objektivität zu sehen, und so, wie Du mir dann erscheinst, mein liebster, sonderbarer Wirt, liebe ich Dich dann erst recht. Mein Herz! Eure Neujahrsgrüße haben mir sehr gefallen; ich fand sie schön, aber auch das Wie und Wo zum Amüsieren. Ich muss überhaupt über die sich ergebenden Konstellationen in diesen letzten Monaten häufig lachen. Du weißt ja, dass ich es so gerne tue, und P. macht immer mit. Inhaltlich bin ich ganz und gar Deiner Ansicht. Die beiden Brüder[1] verstehen Dich garnicht und merken nicht, dass Deine Einstellung das Ihre nicht aus-, sondern einschließt. Das hindert aber nicht den Bund, und der ist ja auch eine der Stützen der letzten Monate.

Wichtiges zu melden habe ich nicht. Ich war bei der Schellhäsin und gab ihr ein Kassiberchen über die Anzeige-Divergenz. Theo hat Dein Werk am 24. bekommen. Sie war in Furcht, dass Du Theo durch Hinstellen von Carlo als halb verrückt belasten könntest, aber ich kann das nicht sehen und finde keinerlei Belastung von Theo in der ganzen Sache. (?) Sie ist absolut zuverlässig und hofft, es in der nächsten Sprecherlaubnis zu erledigen. Vorläufig ist der Mann Knut, mit dem die Lehrter Str. steht und fällt, seit dem 24. weg. Das ist auch der Schellhäsin Hauptfreund. Am 24. hat sie Theo ¾ Std. mit aufgesparter Sprecherlaubnis in Knuts Schlafzimmer mit Weihnachtsbäumchen und Geschenken gesehen. Der Knut ist gewiss kein Nazi und ein Mann mit Herz, aber er soll sehr gefährdet sein, und man weiß nicht, ob er nicht definitiv weg ist. Dass ihm seine Gefangenen wirklich am Herzen liegen, ist keine Frage. Frau Reisert ist noch in Bayern. Er nach wie vor auch in der Lehrter. Trotz aller Anträge bei Schulze usw., aber es soll ihm wieder besser gehen. Bia[2] sitzt ja auch in der Lehrter. – Ich habe versucht, von Frau Lukaschek Husens Adresse zu bekommen, sie aber noch nicht erreicht. Das hätte ich gerne noch gestern erledigt. So habe ich nur noch einen Brief aus Kr. vom 27. beim V. G. H. abgegeben. Vormittags habe ich gespült, gelesen und mein blaues Wollkleid gestopft, das in einem Mottensack samt dem besten schwarzen Löcher bekommen hat – eben kommt Harald als gnädiger Wolf hier an. Ich kenne solche Wölfe! Es wird dann wohl ein Krickel-Krackel werden, bis der Wolf abgezogen ist! Hast Du übrigens von C.chen die Weihnachtspostkarte? Mir scheint, der V. G. H. hat sich bemüht, Dir meinen Weihnachtsbrief möglichst schnell zuzustellen. Ich weiß garnicht, wer eigentlich dort die Briefe zensiert. Der Wolf ist weg! – Zum Essen kam um 12 P., und wir aßen im Alarm in Hut und Mantel ein gutes Mittagessen. Dorothee kocht gut und flink und voller Abwechslung. Es war recht komisch. Als mein Kleid fertig war, zog ich zur Schellhäsin, Dorothee hatte ¾ des Weges mit mir und wir hatten großes Vehikel-Pech. Manchmal geht es glänzend, und dann braucht man wieder die doppelte Zeit. Der Angriff vorgestern hat überall kleinere Störungen erzeugt. Um 6 war ich zurück: Wir wollten die Jupiter-Sinfonie hören, aber sie ging unter in häuslichen Geräuschen. Wir haben friedlich gesessen und waren alle müde und sind früh ins Bett gegangen. Daher bin ich auch schön, richtig früh von selbst aufgewacht und habe mich so friedlich und uninteressant, so als stünde uns garnichts besonderes bevor, mit Dir unterhalten. Das war sehr schön, mein liebes Herz. Sagte P. Dir, dass ich am 31. mittags mit Kr. telefonierte, mit C.chen und Ko., Mutz und Frau Pick sprach und feststellte, dass alles friedlich war? Ich wollte es schon gestern berichten. – Ja, an sich ist Blü-Blü[3] zu erwarten, und letzthin war es immer erstaunlich pünktlich, aber ehe es nicht da ist, sorge ich mich nicht drum. Manchmal überschlägt es ja, und manchmal belastet es mich nicht sehr und vorüber geht es immer. Heute will ich mich um Husen kümmern, mittags mit Henssel essen und um ½5 zu Felix gehen. Dafür habe ich fast alles schon präpariert. Ich muss nur den Schriftsatz für Hercher noch abtippen.[4] Ich glaube, dass H. immer schlecht zu beeinflussen sein wird. Der tut nur, was er will. Alte Leute sind stur bei aller Gutwilligkeit.

Steltzer mache ich erst Donnerstag früh. Mit Haus spreche ich noch heute. – Inzwischen stehen die

[Der Rest des Briefes ist vermutlich verloren]

1 Gemeint sind Alfred Delp und Eugen Gerstenmaier. *2* Paul Yorck von Wartenburg. *3* Gemeint ist die Monatsblutung. *4* Ergänzung zu Helmuths Verteidigungsschrift.

Freya an Helmuth James, 2. Januar 1945

Dienstag Abend.

Mein Jäm, mein liebes Herz, mein Wirt und noch einmal mein Jäm, mein Liebster, alle diese Namen muss ich mit Freude, mit Dankbarkeit und Glück, mit zärtlicher Liebe an Dich schreiben, denn viele Briefe kann ich Dir vor Montag nicht mehr schreiben, mein süßes, mein geliebtes Herz. Ich realisiere trotz allem die Möglichkeit noch nicht, dass heute Dienstag ist und Du in einer Woche schon tot sein kannst. Ich glaube ganz deutlich nicht, dass es so ist. Das hat mit hoffen nichts zu tun und auch nicht mit Bereitschaft (vielmehr mangelnder), ich glaube nicht, dass sie Dich sogleich umbringen werden, selbst wenn sie Dich zum Tode verurteilen. Davon abgesehen fühle ich, dass es jetzt kommt, dass wir jetzt gerüstet sein müssen, dass wir jetzt auf dem stehen müssen, was uns die letzten Monate geschenkt haben. Ich weiß, mein Herz, was mein Teil sein wird. Ich sage Dir noch einmal, was Du schon weißt, dass ich an beiden Tagen zu Hause bleiben werde, und zwar alleine. Du hast mir gesagt, ich möge in tiefer Ruhe sein: Dazu helfe mir Gott, den ich für Dich bitten werde. Abends werde ich zu den Freunden gehen, aber dort schlafen werde ich kaum können, weil ich in den Tagen Brigitte nicht alleine nach Hause fahren lassen kann. Das ist aber unwesentlich und hängt auch vom Urteil ab. Mein Lieber, die ganze schwere Last dieser Tage liegt auf Dir, mein Herz. Vergiss nicht einen Augenblick, dass Du in Gottes Hand stehst und dass all Dein Kämpfen nur zu seinem Ziel führt, dass er der Starke ist und nicht Herr Freisler und auch nicht Du, dass er für uns sorgt und nicht wir. Wenn er Dein Herz in einer so schweren Lage leicht machen kann, und das kann er, dann musst Du allem mit Ruhe und ohne Furcht entgegen sehen. Ich weiß, es sagt sich leicht, aber es ist auch der uns vorgezeigte und einzig mögliche Weg. Mein Herzensjäm, dass wir das beide jetzt so genau und für uns beide wissen, das ist zu schön.

Es ist 11 und die Freunde schon im Bett und Brigitte nach Hause. P.

hat Deinen heutigen Brief offenbar auf seinem Schreibtisch gelassen und will ihn früh morgen holen. So bekommst Du morgen dieses Briefchen.

Ich will jetzt nur noch das Sachliche schreiben. Das Wichtigste ist wohl Felix. Das Urteil Zarden kannst Du verwenden; es ist in öffentl. Sitzung verkündigt. Die entscheidenden Sätze hat Felix abgeschrieben und in einen Brief an Hercher gesetzt, in dem steht, ich solle den verschlossenen Brief überbringen, kenne den Wortlaut, habe aber nicht selbst diese Auskünfte erhalten. Diesen Brief soll H. Dir dann mitbringen. Ich habe ihn aber ruhig aufgemacht, werde ihn wieder verschließen, nachdem ich Dir die entscheidenden aus Fr.'s Feder stammenden Sätze abgeschrieben habe:

«Freilich war sie (die Zarden) zugegen, als Reckzeh zurückgekommen ihrem Vater über die Schweizer Reise Bericht erstattete. Aber da war ihr Vater schon gewarnt und sie wusste das. Sie hielt deshalb Reckzeh, wie dieser auch selbst bestätigte, nun für Jemanden, der mit der Polizei zusammenarbeitet. Sie hatte deshalb keine Veranlassung, nun der Polizei zu melden, was Reckzeh wusste. Deshalb ist sie freigesprochen worden.» Mir scheint das doch recht schön!

Über H.s Schriftsätzchen war er kurz. Das müsstest Du H. überlassen, aber es sei eine alte goldene Verteidigerregel: möglichst wenig «Schutzschriften» vorher. Man lege sich fest, man gebe Argumente ev. zur Unzeit aus der Hand, man übertreibe unwesentliche Punkte und mache sich u. U. selbst Fallen. Er hatte also auch Verständnis, dass H. Deinen 2. Schriftsatz nicht eingereicht hätte. Außerdem sage er Dir zum Trost, Fr. habe eine so scharfe und schnelle Auffassungsgabe, dass er auch den kleinsten Verteidigungsgedanken sofort erkenne und bewerte – wenn er überhaupt wolle. Wolle er aber nicht, so helfe auch der Schriftsatz vorher nichts. (Im übrigen hat er doch die Akten schon studiert. Er hatte sie ja schon mit zu Hause. Für vorher kommt H. jedenfalls zu spät.) So hat Felix zu den einzelnen Punkten und Fragen keine Stellung genommen. Er wollte nicht und fand es nicht so wichtig. Dass eine besondere Anzeigepflicht der Unterhaltungen mit Fritzi und den Großen[1] gegeben sei, lehnte er ab. Zudem ergaben die doch nichts über einen Umsturz. Mir schien, der Brief an M. gefiel ihm. Den Streit mit dem S. D. hatte er ja auch von allem Anfang an kommen sehen.

Die Nichtanzeige wird z. T. als Mittäterschaft, z. T. als Begünstigung und z. T. als Sonderdelikt aus 139[2] behandelt. Im Fall 20.7. oft das Erste. Darüber könne man Bände schreiben, und das ergebe sich auch erst in der Verhandlung.

Es gäbe ungezählte Aufsätze von Fr. in der J. W.[3] Aber er riete Dir ab, das zu studieren. Das habe keinen Sinn. Auch ändere sich seine Meinung.

Die Unterhaltung endete mit Felixens dringender, entschiedener, ausführlicher Ermahnung an Dich, *nicht zu kompliziert* zu sein. Nur keine formaljuristischen Fragen aufwerfen, nur keine Jurisprudenz, nur nicht zu intellektuell! Reib denen nur nicht zu sehr unter die Nase, dass Du ein komplizierter Mensch bist, mein liebes Herz, das wird Dir schwerfallen, aber Du musst Dich bemühen. Ja, das war wohl Felix.

Bei Henssel bekam ich gute Pillen für Dich: 4 Koffein-Pulver, die wach und klar machen und auch ev. Schmerzen stillen, besser noch als Gelonida.[4] Wirkung 4–5 Std. 3 leichte und gute Schlaftabletten f. die Nacht von Montag auf Dienstag. P. meinte, ich solle Dir morgen nur die Hälfte geben und das andere in die P. A. hereinzubringen versuchen, aber ich sehe nicht, wie ich da beizeiten an Dich ran komme. P. fürchtet, dass man Dir alles abnehmen könnte. Was meinst Du?

Die Jagd nach Husen ist mühsam. Frau Lukas gab mir die Adresse, aber ich musste ihr dafür 1 Stde. zusprechen. Sie braucht dringend Beistand, ist ganz verloren, unglücklich, ungeschickt und in ihr eigenes Elend versunken. Nach Felix ging ich dann zu Husens, traf aber die ledige Schwester, zu der ich wollte, nicht an, kam aber mit einer total und verrückt verängstigten, vorwärts und rückwärts lügenden und mir nicht gefallenden Frau zusammen, die sagte, auch Frl. v. H.'s Schwester sei nicht da, es aber sichtlich selbst war.[5] Zu ihrer Strafe kam der Alarm, und ich musste mit in ihren gemütlichen Splittergraben,[6] wo wir uns mit ihr und zwei Töchtern von ihr distanziert freundlich unterhielten. Sie hatte tiefstes Misstrauen gegen mich und tat so, als sei das Gegenteil der Fall. Nicht schön, aber eher arm. Der Lukascheken hat sie, die über 1 Jahr bei ihr in Wölfelsgrund war, das Haus verboten! Aus Angst! Da kann man nichts machen, und daher werden wir auch über bloßes Wissen in keinem Fall herauskommen. Ich habe sie morgen um 2 auf den Bhf. Fr. Str. bestellt, aber bezweifele sehr, ob sie kommen wird. Zwischendurch war ich mal in Lichterfelde, habe Betten gemacht und ein Hemd für Dich gebügelt und versucht, Kr. zu erreichen wegen Ulla, aber bisher noch ohne Erfolg. Weihnachten war Husen jedenfalls noch in Fürstenberg,[7] aber das wäre ja kein Grund. Ich habe immer noch das Gefühl, dass der 9. in Wirklichkeit der 8., nämlich Delp ist. Aber ich weiß ja nicht genau, wie es an Dein Ohr gedrungen ist.

Ich muss ins Bett. Morgen komme ich Dich besuchen, mein liebes Herz. Ich bringe Dir noch Gänsefett und Putenbeine, die ich noch aufgespart hatte, frisch von einer 2. Pute. Sie müssen morgen früh noch gebraten werden.

Haus anzurufen kam ich schließlich nicht mehr dazu. Peters soll aber heute Nacht alarmiert werden. Es scheint, dass er erst am 10. wiederkommen will, und das ist ja zu spät.

Ich muss Dir noch die Sprüche aufschreiben, die am 8. und 9. in Dorothees und Haralds Büchlein der Herrenhuter stehen, aber nicht mehr heute Nacht. Du schläfst schon, mein liebes Herz, und ich gleich auch. Ich komme Dir dann nahe und schlafe vereint mit Dir. Zärtlich umarme ich Dich! Du weißt, wessen ich bin und bleibe.

[Darunter Notiz von Helmuth:]

Lass Husen schießen! Für den ist es doch zu spät. – Der Anwalt von Fugger beachtete es.

Alles ist gut. J.

Der Satz Zarden ist sehr gut.

1 Die Gruppe um Carl Friedrich Goerdeler. *2* Paragraph 139 des Strafgesetzbuches: Straflosigkeit der Nichtanzeige geplanter Straftaten. *3* Die *Juristische Wochenschrift*, eine von nationalsozialistischen Rechtsvorstellungen geprägte juristische Fachzeitschrift. *4* Ein Schmerzmittel. *5* Es handelt sich um zwei Schwestern, ein Frl. van Husen und eine verheiratete Schwester, die sich verleugnete. *6* Tief ausgehobene, abgedeckte Gräben, in denen man notdürftig vor den Splittern der Sprengbomben geschützt war. *7* Das heißt im Gefängnis des Konzentrationslagers Ravensbrück.

Helmuth James an Freya, 2./3. Januar 1945

Tegel, den 2. 1. 45.

Mein Lieber, soeben habe ich zum Beginn des Abends noch ein Mal Deinen Brief gelesen, der hier blieb, weil mich der Sanitäter «zum Lichtbad» holte. Die Abende sind rar jetzt. Es gibt außer dem heutigen höchstens noch drei, an denen ich meine Unterhaltung mit Dir dem Papier anvertrauen kann, und dann beginnt die Grat-Wanderung, an deren Ende wahrscheinlich der Galgen in Plötzensee steht. Ich sage das immer wieder, nämlich mir zu gut, denn tatsächlich ist mir das Gefühl des bevorstehenden Todes nicht näher gekommen. Ich habe mit dem Herrn so viele Monate zusammen gelebt, dass mir sein plötzliches Verschwinden eher missfällt. Ich denke, er kommt dann zur Unzeit plötzlich um die Ecke und erschreckt mich womöglich. Es ist jedenfalls ein merkwürdiges Phänomen, und ich bitte Dich, es Ulla mitzuteilen, und zwar am besten durchs Telephon, wenn das geht. Ich will mich ja in all diesen Dingen führen lassen und rede mir nicht zu, den Herrn nun in meine Gegenwart zu zwingen. Ich weiß natürlich nicht, ob das etwas ist, was psychologisch zu erklären ist, eine Art Abwehr, nachdem es nun ernst ist, oder ob es eine andere Seelenlage oder vielleicht sogar noch eine Kleinigkeit mehr andeutet. – Mir ist diese Betrachtung meiner selbst manchmal sehr unappetitlich; aber nachdem ich in all diesen Dingen keine Naivität mehr habe, so muss ich mich wohl so gut ich kann betrachten, und das tue ich ehrlich nur, wenn ich mich mit P. oder Dir unterhalte. Ich bin eben ganz merkwürdig von Grund auf fröhlich, viel mehr als ich das vor dem 21.[1] war; da war ich innerlich bereit und angespannt. Im Augenblick fehlt jede Anspannung, und wenn ich in der Verfassung zum Termin ginge, so ginge ich so hin, wie man in einen Laden geht, etwas zu kaufen. Ich wundere mich selbst, und es ist mir eben nicht ganz geheuer. Wenn mir Gott die Gnade geben sollte, mich in der Verfassung zu erhalten, so wäre das ein unglaubliches Geschenk. – Aber ich sehe eben durch diese Verfassung die Bedrohung garnicht in ihrem rechten Ernst: d. h. intellektuell sehe ich sie in ihrem vollen Ernst, intellektuell sage ich mir: Da kann nur ein Todesurteil rauskommen. Aber mein Inneres macht nicht mit, ja realisiert das garnicht. Das ist vielleicht Ulla; es ist jedenfalls eine Verfassung, die für Ulla viel günstiger ist als meine vor-weihnachtliche. Telephoniere nicht, aber schreibe ihr.

Manchmal denke ich über das Schicksal unserer langen schriftlichen Unterhaltungen nach. Ob die für Dich und die Söhnchen auch nach 10, 20 oder mehr Jahren ein lesenswerter Stoff sind. Sie sind doch aus einer Situation geboren, die schriftlich wohl selten niedergelegt sein wird, weil eben normalerweise dann der Kontakt zerrissen oder kontrolliert ist. Wenn diese Zeit vorbei ist, wenn ein Mal wieder wirklicher Frieden eingezogen ist, was wird man dann zu solchen Erwägungen sagen. Wird man sie verstehen? Wird man glauben, dass das extreme Lagen waren, die die Menschen hysterisch machten, wird man begreifen können, dass der Mensch, dieses wunderliche Tier, sich selbst an das Hingerichtet-Werden gewöhnen kann? Ich weiß, dass ich nicht verstand, wie P. es aushielt, Woche für Woche viele Leute zum Schafott zu begleiten, als ich ihn kennenlernte. Und jetzt wundert mich das garnicht mehr.

1. Mit dem Vorsteher habe ich verabredet, dass meine Rasiersachen, Nagelschere und Nagelfeile, die beim Hausvater deponiert sind, Dir ausgehändigt werden, wenn Du das nächste Mal kommst. Komme ich dann in die P. A., so bringe sie mir bitte hin und frage dort, ob ich rasiert würde oder ob Du meine Rasiersachen abgeben solltest. Ich möchte nämlich keinesfalls unrasiert bei Herrn Freisler auftreten.
2. P. bitte ich, mir doch noch die Stumpen zu geben, die er hat, denn für die P. A. und ähnliche Orte ist das ja die einzig zugelassene Währung, und bis ich hier wegkomme, habe ich nur noch ½ Schachtel Zigaretten; das ist zu wenig.
3. Ich meine, dass ich die Frage in Deinem Brief über einen neuen Vor-

stoß bei Müller schon beantwortet habe, und zwar in meinem gestrigen; vor dem Termin würde ich nichts mehr tun, außer zu versuchen sicherzustellen, dass das J. M. nicht vorlegt; irgendein Schritt beim S. D. ist überflüssig; die haben mich gewiss nicht vergessen, und ein neuer Vorstoß wird nichts ändern. – Anderes gilt für die Zeit vor dem Termin nur, falls auch formell von dem Justizminister auf H. H. umgesteuert werden muss. – Nach dem Termin würde ich alles noch ein Mal versuchen; da kann bitten und drängeln nicht mehr schaden und vielleicht nutzen. Nur ist mir eben zweifelhaft, ob nicht Jowo oder C. V. (?) besser wären, obwohl sie es schlechter machen. Aber berede das mit Felix und eventuell Adrian.

So, nun kann ich zu meinen Tagesereignissen kommen. (Richtig, noch eins: Morgen beginnen wir mit 1. Kor., nicht wahr?) Der Sanitäter, ein Wachtmeister Mittelstädt, holte mich um 11 ab «zum Lichtbad». Der Dr. war gerade weg, und wir gingen in das Untersuchungsgefängnis. M. setzte sich auf den Stuhl des Doktors, lud mich ein, Platz zu nehmen, und dann ging es los: Warum denn der 20. Juli vorbei gegangen wäre, und ob sich nicht bald etwas Neues bilden würde, und der Krieg sei ja verloren, und das könne man garnicht schnell genug realisieren und sich danach richten, und die Rede[2] sei ja toll gewesen, kein Wort für die Toten, und nur das Volk leide, aber die Herren da oben, die merkten ja nichts, na, wenn das mal umschlüge, das würde ein Erwachen geben, und dass die alten Familien sich so eingesetzt hätten, das würde ihnen unvergessen bleiben, und der Medizinalrat, der hasste uns und sei der Meinung, nichts sei für uns schlimm genug, und dem sei es ganz gleich, ob ich eine schlimmere Sache hätte als Neuralgie, der würde garnicht dran denken, wirklich zu helfen, und Budapest[3] und die Luftangriffe und die vielen Hinrichtungen u. s. w. Mit dem Medizinalrat könne er natürlich kein Wort sprechen, auch unter den Wachtmeistern gäbe es einige 100prozentige, aber die meisten dächten wie er. Dann um ¾12 hatte er sich ausgeschüttet und entließ mich in Gnaden und sagte, er würde mich zum Lichtbad nach Tisch abholen.

Dann holte er mich ab, und er sagte, er habe Tabak gebaut, wisse aber nicht, wie er ihn fermentieren sollte, worauf ich ihm sagte, da könntest Du ihm Rat geben, und er sollte sich von Herrn Gissel sagen lassen, wenn Du wieder da seist. Dann zogen wir ins Lazarett.

Da wurde ich von einem Kalfaktor betreut, der mir eine ähnliche Rede hielt wie Herr Mittelstädt, diesen auch über den grünen Klee lobte und sagte: «Hier sind wir alle eines Sinnes, nur der Medizinalrat darf es nicht merken.» Dann kamen Herr Mittelstädt und ein anderer Wachtmeister und setzten sich zu mir, um zu schwätzen. Thema: Karnickel und

Hühner. Es sei doch jetzt die Kontrolle und Zählung,[4] und da hätten alle Wachtmeister ihre überzähligen Kaninchen und Hühner im Lazarett einquartiert. «Im Gefängnis ist es am sichersten.» Er hätte noch 8 Hühner, und 2 habe er nur nach der Meldung, denn mehr dürfe er nicht haben. Blutenden Herzens habe er seine junge Henne jetzt geschlachtet, aber mit weniger als 8 Hühnern könne er nicht auskommen. «Von was sollen wir denn leben, wenn es bald nichts mehr zu essen gibt.» Und Kaninchen! 3! Das sei doch zum Lachen! Was solle er denn mit 3 Kaninchen. Ja, das Futter, das brächten immer Gefangene mit, die draußen auf Kommando seien. Er müsse sich gerade welches mitnehmen, denn die roten Kameraden klauten zuviel für ihre eigenen im Lazarett einquartierten Kaninchen. – Was sagt denn der Medizinalrat dazu, wagte ich zu fragen. «Ach, der erfährt das doch nicht; na, das fehlte auch noch. Dem geht nichts ab, solange es nicht anders wird, denn der schiebt ja mit der Partei und der SS.» Und das meiste davon von dem Kalfaktor. Ich muss sagen, dass mir so etwas von offener, wenn auch nur für sich bedachter Feindschaft noch kaum vorgekommen ist, und ich habe den Eindruck, dass das Lazarett so eine kleine Sammlung von Staatsfeinden ist, die sich unter dem Schutz des nichtsahnenden Medizinalrats sehr geborgen fühlen. Es scheint nicht schwer, ihn zu betrügen, und solange das gelingt, ist alles in Butter.

Jedenfalls haben wir verabredet, dass ich morgen nach Tisch wieder gehe und das alle Tage mache, bis ich wegkomme. Vielleicht hilft es doch ein wenig, und jedenfalls kann es nichts schaden. Nach der Rückkehr fragte ich Claus, was der Mittelstädt für ein Mann sei. «Auf den können Sie sich verlassen, der denkt so wie er redet; dem kann das dritte Reich garnicht früh genug zu Ende gehen.» Übrigens fragte ich ihn, was er von meiner Sache hielte, ob er einen Anhaltspunkt dafür hätte, dass es mehr wäre als neuralgische Nervenreizung. Nein, meinte er, aber Rückenmark könne man ohne Punktion (?) nie ausscheiden; für alles andere säße es zu tief. Eine Punktion würde der Medizinalrat unter keinen Umständen für nötig erklären, eher bisse er sich die Zunge ab; vor allem aber nicht, weil mein Termin bevorstünde und er annimmt, «dass er Sie dann jedenfalls los ist».

Schön war auch noch, dass Herr Mittelstädt darüber enttäuscht war, dass ich garnicht ausreichend staatsfeindlich sei: «Na, ja, Sie müssen natürlich jetzt Ihren Fall dekorieren, aber wenn Sie durchkommen, können wir vielleicht noch ein Mal darüber reden.» Noch ein schöner Ausspruch: «Wenn sich das erst wendet, das gibt ein Massaker; da bleibt von den Schwarzen und Braunen nicht ein Mal jemand übrig, der seine Kumpane beweinen könnte. Glauben Sie das?» – Das alles einem Mann, der zwar mit der Erkennungsmarke – für Herrn Mittelstädt ein Orden – des 20. 7. ausgezeichnet ist, den er aber, ehe er loslegte, keine 10 Minuten lang gesehen hatte.

Ich glaube trotz Herrn Mittelstädt, dass die Diagnose richtig ist. Denn beim Abtasten des Rückens und Abklopfen des Rückenwirbels war ganz klar zu merken, dass die schmerzhafte Stelle – die im Gebrauch nicht schmerzhaft ist, weil sie sich dann offenbar schont – die großen Nervenstränge sind, die von den letzten Rückenwirbeln in das linke Bein gehen. Das war ganz eindeutig zu spüren. Und ich erkläre mir den Schwächezustand jener Rückenpartie eben damit, dass diese Nervenbündel, die mir nie wehtun, es fertig bringen, den Rücken zu zwingen, sich zu schonen und nichts zu tragen, damit sie nicht ran müssen.

Ich bin sehr gespannt zu hören, was Felix gesagt hat, vor allem aber bin ich gespannt, ob es Dir gelungen ist, Hercher zu aktivieren. Ich meine, es geht ja auch ohne Hercher, aber ich möchte *a.* ihn in der Frage Goerdeler davon überzeugen, dass strafrechtlich von mir nicht mehr verlangt werden konnte, als ich getan habe, und *b.* mindestens ein Mal kontrollieren, wie denn meine Eröffnung, dass alles von der Polizei kam, auf so ein Gehirn wirkt.

Vor allem, mein Herz, reg Dich über nichts auf. Was nicht klappt, klappt eben nicht. Und wenn das Gnadengesuch beim R. J. M.[5] ist und es bei ihm bleibt und er es nicht vorlegen wird, nur selbst ablehnen, dann muss es eben so sein; Gott muss, wenn ich errettet werden soll, so vieles machen, dass doch alles Rennen und Laufen nichts weiter sein kann als einzelne Fäden des Kanvas, in den Gott das ihm beliebende Muster sticken will, vielleicht sehr nötige Fäden, daher ist das Laufen und Rennen nicht überflüssig, aber eben doch nur Fäden.

Ich sehe die Tage dahin schwinden. In einer Woche um diese Zeit kann ich schon tot sein. Ob Freitag Abend noch schön ist, hängt davon ab, ob P. Samstag noch ein Mal kommt. Ich bin aber nicht die Spur wehmütig darüber; ich sehe nur zu, dass es so ist. Wir haben ein voll gerüttelt Maß von Gnade gehabt, wir dürfen um mehr bitten und werden uns zu bescheiden wissen, wenn unsere Bitte nicht erfüllt wird. Sterbe ich jetzt, so sterbe ich in dem Gefühl, mein Haus wohl versorgt zu haben, weil das Herz meines Pim gut ausgestattet ist, weil ich sicher bin, ihm weiter beistehen zu können, weil ich von allen und allem habe Abschied nehmen können, weil ich alle Geschäfte, die mir bisher aufgetragen waren, erledigt habe. Will Gott mir einen neuen Auftrag erteilen, so nehme ich es dankbar an, aber ich fahre nicht in dem Gefühl des Unfertigen ab. Irgendwie bin ich fertig, mindestens an einem Abschnitt. Dass ich das Gefühl, habe, dass Du keine materiellen Schwierigkeiten zu haben brauchst, ist mir sehr angenehm, weil ich auch glaube, dass Du mit denen irgendwie fertig werden würdest. – Entschließt Du Dich aber, in Kreisau zu bleiben, dann musst Du diesen Entschluss mit aller Energie durchzuhalten versuchen und Dich weder von Freund noch Feind vertreiben lassen. Romai und Du, Ihr müsstet doch zusammen eine ganz erhebliche Schutzwirkung haben.

Da bin ich wieder bei meinem Tod angelangt. Ich möchte noch leben; darüber ist garkein Zweifel mehr; und ich will alles tun, was dazu dienen kann. Aber es bleibt immer ein ceterum censeo: «wachet und betet». Nur Gott kann da helfen, und der will gebeten sein. Und darum, dass er uns erhört, darum müssen wir ständig und immer wieder ringen.

Richtig, noch ein Wort zu Deiner Bibellektüre. P. hat immer sehr schöne Bibelstellen, wenn er mit einem spricht, und das ist schließlich seelsorgerlich das, worauf es allein ankommt. Aber er neigt dazu, das, was ihm in der Bibel nicht passt, zu eliminieren. So argumentiert er die Streitfrage Helmuth contra Eugen auf der Basis von 1. Johannes 5,14+15 und übersieht dabei die für mich viel schwierigere Stelle Markus 11,24. Ich habe ihn schon mehrfach auf solchen Sachen ertappt; vom seelsorgerlichen Standpunkt ist dagegen nichts zu sagen. Aber wenn Du ein Mal die Bibel wirklich ernsthaft zu lesen beginnst, dann darfst Du Dich nicht auf das beschränken, was Dir passt, sondern musst Dich auch und gerade mit dem rumschlagen, was Dir nicht passt. Nur keine bequeme Auswahl! Deswegen meine ich, dass meine Methode richtig ist, die ganze Bibel Wort für Wort immer wieder von vorne bis hinten zu lesen. Dass man Lieblingsstellen hat und die immer wieder außerdem liest, ist klar, aber die Grundlage muss eine ganz systematische Lektüre sein.

So, mein Herz, wieder ist ein Abend um. Jetzt gibt es höchstens noch 3.[6] Leb wohl, mein Herz. Der Herr behüte Dich und uns. J.

Es freut mich, dass Du meinen Adventskalender schön findest. Hoffentlich wird C'chen ihn schön finden. Er darf täglich dann einen Tag abstreichen.

3. 1. 45.

Mein liebes Herz, ob Du wohl wieder in der Nähe geschlafen hast? Meine Gedanken waren heute schon am ganz frühen Morgen flugs bei Dir und meinten, Dich lecker pümpelnd gefunden zu haben.

Es kommt jetzt noch eine Bitte nach, die, wenn Du sie nicht erfüllen kannst, ganz gleich ist. Mache jedenfalls keine Anstrengungen dafür. Ich habe nämlich heute zum ersten Mal seit Monaten meine innere Manteltasche ausgeräumt und dabei entdeckt, dass die Hälfte der Schokoladentafel, die ich für den Termin gespart hatte, verschwunden ist. Ich kann mich nicht erinnern, davon gegessen zu haben, kann andererseits nicht verstehen, wie und wann es geklaut sein kann. Aber wie dem auch sei, es ist weg. Da nun 2 bis 3 Verhandlungstage sind, so ist eine halbe Tafel etwas knapp. Solltest Du also noch etwas Schokolade in Berlin haben, so schicke mir doch, bitte, noch eine Kleinigkeit; aber nicht viel. Es geht auch ohne, denn ich habe genug Zucker, und der tut es schließlich auch.

Sonst ist alles unverändert. Ich schreibe heute Abend weiter. Der Herr behüte Dich, mein Herz, und uns. J.

1 Der erwartete Termin im Dezember. *2* Es handelt sich vermutlich um die Rede Adolf Hitlers zu Neujahr. *3* Vermutlich ist die Schlacht um Budapest gemeint, bei der die Rote Armee am 25. Dezember 1944 die Stadt einschloss. *4* Wie auf dem Land so war auch in den Städten die Tierhaltung rationiert. *5* Reichsjustizminister. *6* Helmuth zählt die Abende vor dem erwarteten Transfer in die Gestapo-Zentrale in der Prinz-Albrecht-Straße.

Freya an Helmuth James, 3. Januar 1945

Mittwoch Abend.

Mein liebes Herz, hier werden im Radio wunderschöne Choräle von Bach gespielt, die mich erfassen, aber nicht auflösen. Merkwürdig, dass es mir auf meine Weise genau, genau so geht wie Dir. Ich schrieb es ja schon immer wieder. Ich weiß daher so ganz genau, was Du meinst und wie das ist. Auch ich bin nicht angespannt, auch ich bin heiter, auch mir geht es gut, und mein Verstand ermahnt mich immer wieder, den Dingen ins Auge zu blicken, mein Inneres will aber nicht heran. Ganz nah fühle ich mich Dir, aber auf eine selbstverständliche, natürliche, unaufregende, zukunftssichere Art. Ganz ruhig ist alles und ganz geborgen mit Dir, aber nicht so, als stände mein ganzes Leben in wenigen Tagen auf dem Spiel. Mein Herz, wir sagen uns immer wieder das Gleiche, und ich will es auch immer wieder von Dir hören, dass wir fest in Gottes Hand ruhen, dass wir uns garnicht sorgen brauchen und auch nicht sollen, das wird er auch für uns tun. Das zu wissen wird für Dich in den Tagen sehr wichtig sein, und ich bitte aus ganzem Herzen, dass es so sein möge. Ich will nichts, mein Liebster, als ruhig und gleichmäßig für Dich klopfen, ganz ruhig und ganz stetig, aber nur für Dich, nur für Dich, auch darum bitte ich. – Heute bekam ich früh die 2 schönen langen, lieben Briefe. Ich war begeistert von Deiner Lazarettbeschreibung und habe es den Freunden auch vorgelesen, die es auch sehr genossen haben. Es gehört zu einer der vielen komischen Situationen in einer sehr ernsten Sache, aber es ist doch noch mehr als komisch. Herr Mittelstädt hat mir übrigens gleich sehr gut gefallen. Es war ja so schön, Dich zu sehen, mein liebes Herz. Es war lieb, aber auch ganz ohne Sensation, ganz selbstverständlich erschien mir auch das, obwohl ich, als ich gehört hatte, Du seiest unterwegs und kämest wieder zurück, bei jedem Schlüssel an die Tür lief und durch einen winzigen Spalt blickte. Vor den Frauen hinter mir brauchte ich mich ja nicht zu genieren. Die haben alle ähnliche Gefühle. Da kamst Du dann ganz krumm und lahm, mein liebes Herz. Mich kränkt es nicht, aber es sieht sehr unangenehm für Dich aus. Ja, vielleicht ist es günstig, wenn Du sitzen kannst. Sonst sahst Du wie immer aus. Dein Bart gefiel mir auch. Ich hätte Dich gerne noch länger betrachtet, aber die beiden guten Alten[1] waren ja schon freundlich genug. – Ja, mein Herz, Deine Gedanken fanden mich richtig friedlich hier pümpelnd. Ich bin nämlich spät ins Bett gegangen und habe bis 7 fest geschlafen. Auch heute Nacht bleibe ich noch hier, weil Brigitte heute nicht hier ist. Ich muss aber morgen ganz früh starten. Noch bin ich aber nicht bei meinem morgigen Programm. Erst besehe ich noch Dein 2. Briefchen, was ich noch dazu sagen möchte.

Ich freue mich, dass Dir die Nacht in der Arndtstr. noch eingefallen ist, d. h. noch besser, dass Du nur gerade mal nicht dran gedacht hast, denn so bin ich nun einmal, dass das alles auch sehr wichtig in meinem Leben ist und fest dazugehört. Mein Lieber, ich bin Dir eben ganz und gar verbunden, Du weißt es ja. Mach Dir bitte um meine Gesundheit keine Sorgen. Noch ist es nicht soweit, und vielleicht überschlägt es und wenn nicht, geht es auch. Du sollst denken, dass ich in meiner Burg[2] wohne und Dir beistehe. Es wird schon so sein! Mach Dir nur um mich keine Sorgen. So, und jetzt will ich Dir vom heutigen Tage erzählen.

Der Vormittag, das weißt Du ja, gehörte meinem Jäm in eigener Person. Ich habe gebraten, gespült, Kaffee gekocht usw. Brigitte tat das Gleiche. Ich habe auch ihre Sahne geschlagen, und als es soviel wurde, bekamst Du ab. Das befriedigte mich sehr. Da war der Kaffee schon gekocht, sonst hätte ich einfach mehr gemacht. Dann habe ich lange im Wartezimmer gesessen, bis Du kamst. Es war zu schön. In der Tram habe ich immer wieder voller Freude an unsere Begegnung denken müssen. Brigitte war schon vorgefahren. Ich bin ja immer wieder am liebsten nach so etwas im Wartezimmer allein od. mindestens spreche ich nicht gerne, aber das gelingt nicht immer, weil ich schon allerlei Bekannte habe. Ich traf B. dann hier. P.s waren alle 3 unterwegs, und wir machten uns Eierkuchen und tranken Tee und sagten uns, dass unsere liebsten Männer jetzt auch gut zu essen hätten. Dann zog B. zu Thiele, ich hingegen räumte noch auf und war um 2 im Wartesaal, aber natürlich kam die Schwester Husen nicht. Nur aus Angst nicht, glaube ich! Dafür saß ich neben einem waschechten Kölner, der morgen hinfährt und ein schnell geschriebenes Briefchen an M. D. in Siegburg in den Kasten steckt. Das war schön. Herr Thiele war wie immer sehr freundlich. Von Termin-Verschiebung habe ich nichts gesagt. Dazu ist er zu untergeordnet, aber die Sprecherlaubnis, mein liebes Herz, habe ich schon in der Tasche. Ist das nicht schön? Freitag komme ich. Nun geht es aber weiter. Auf die Transportfrage angeredet, sagte Th., dazu hätten sie nichts zu sagen. Das machte Obersturmbannführer Kiesel – der ist Dir wohl bekannt – und noch besser Untersturmführer Wehrstädt. Kiesel war verreist, aber W. war da. Ich sagte, was immer dumm ist, dem Mädchen meinen Wunsch. Die holte eine Karte aus einer Kartothek und ging weg. Dann kam sie wieder und sagte: «Sie brauchen sich garkeine Sorgen zu machen, Frau Gräfin, Ihr Mann wird direkt von Tegel mit dem Wagen abgeholt und zur Verhandlung gefahren.» Ich war skeptisch und fragte, ob ich mich darauf fest verlassen könne. Das bejahte sie eifrig. Was kann ich nun tun, um festzustellen, ob das nicht nur eine Lüge ist? Ich will mich hinter Herrn Wickenberg stecken, mit dem habe ich auch schon ein Rendez-vous in der Lehrter Str., aber nach Deinem Brief zu urteilen, wird er ja nicht sehr zugänglich sein. Ich möchte, dass er Herrn Wehrstädt noch einmal anruft. Jedenfalls möchte ich noch etwas Aufsehen erzeugen. Aber die Sache in der P. A. Str. ging mir etwas arg leicht, nachdem Herr Th. schon bejaht hatte, Du kämest vorher noch woanders hin, eine Änderung allerdings auch für möglich hielt. Soll ich noch mal zum tückischen Weber? Ach nein, die werden nur erst aufmerksam. Mal sehen, ob Wickenberg was tut. Mit Haus habe ich telephoniert: Der Adjutant von Keitel hat W. R.[3] ausdrücklich gesagt, das Gesuch solle aber nicht zum Justizminister gegeben werden. Haus war sicher, dass es nicht dort gelandet sei, wusste aber sonst noch nichts und war bereit zu bohren. – Wichtig erscheint mir noch, Dir schleunigst zu erzählen, dass in der schriftl. Mitteilung über das Datum des Termins, die Hercher mir schickte, steht, «Sitzung im Saal II, Bellevuestr. 15». Also keine Tam-Tam-Sache! Das mag ich gerne! – Peters weiß Bescheid. Ihm ist noch eine andere, ev. bessere Möglichkeit eingefallen, die er heute Nacht Frau Friedrich telephoniert, und morgen Nacht gehe ich dann zu ihr, das zu besprechen. Er erwägt die Sache, wollte am 9. kommen. Ebenso kommt am 9. ein Mann, der H. H. sehr nahe steht, an den Frau F. heran kann. Das will ich mir auch erzählen lassen. Für die Aktion, falls sie in Frage kommt, genügt der 9. ja noch. Morgen habe ich ein herrliches Programm. Hör mal an: Start kurz nach 6, Brief bei Hercher abgeben, nach Lichterfelde fahren, mit Kr. telefonieren. ¾10 Frau Graf, ¾11 Schellhasin am Lehrter Bhf. Dazwischen Dr. W. Für P. einen Hasen bei Renée Sintenis abholen, ein Päckchen bei «Mutz» abgeben, zu Dorothee fahren. Ab 3 bei der Wäsche helfen, hinterher Bohnenkaffee trinken, zu Trothas fahren, weil Margrit morgen über Tag da ist, dort zu Abend essen und von da zu Frau F. per Rad, denke ich, denn es ist nicht weit, fahren. Wenn Du Zeit hast, lass Deine Gedanken mit mir reisen, dann geht es alles glatt und ohne Hetze. Aber weil es morgen viel wird, will ich jetzt ins Bett. Morgen schreibe ich am Mittag, wenn ich hier gelandet bin.

Jetzt schreibe ich noch die schönen Verse für den 8. und 9.

8. «Ich will ihnen meine Furcht ins Herz geben, dass sie nicht von mir weichen.» Jes. 32,40
   «Betrübet nicht den heiligen Geist Gottes, mit dem ihr versiegelt seid auf den Tag der Erlösung.» Eph. 4,30
9. «Eine linde Antwort stillt den Zorn, aber ein hartes Wort richtet Grimm an.» Spr. 15,1
   «Jesus schwieg still.» Matth. 26,63

Gute Nacht, mein Liebster. Dein bin ich für Leben und Tod. Du weißt es. Dich liebe ich mit allen meinen Kräften. Dir bin ich von Gott zugehörig geschaffen. Darum darf ich mit Dir gehen auf allen Deinen Wegen und Du auf meinen.

Freitag komme ich Dich besuchen!

Deine

1 Gemeint sind die Wachtmeister Claus und Gissel. *2* Mit Burg ist wiederholt Freyas Körper mit seiner Verlässlichkeit gemeint. Siehe Helmuths Brief vom 1./2. Januar 1945, S. 425. *3* Wehrmacht-Rechtsabteilung beim OKW.

Helmuth James an Freya, 3./4. Januar 1945

Tegel, den 3. 1. 45.

Mein liebes Herz, noch drei Briefe höchstens gibt es, und dieser ist einer von diesen kostbaren. Wie schön war es, Dich heute zu sehen. Ich hatte nämlich gehofft, dass es klappen würde, und schon ganz von ferne hatte ich Dich deswegen erspäht. Sollte das der letzte Blick gewesen sein, den ich in diesem Leben auf meinen Liebsten getan habe, so wäre das doch sehr schön; denn wir waren beide fröhlich und guter Dinge. – Noch schöner ist es, wenn Du noch ein Mal kommen kannst, aber das war doch schon sehr viel. Und was für Schätze hast Du mir mitgebracht, mein Herz. Das war ja mal wieder riesig üppig. Ich habe nach Tisch erst Himbeersaft mit Schlagsahne und dann Kaffee mit Schlagsahne getrunken, denn die musste ja weg. Die gute Edith. Ich lass ihr vielmals danken.

Der Abend ist schon weit fortgeschritten, denn ich habe wie wild gearbeitet. Die neueste, unangenehme Sensation ist, dass der Anwalt von Eugen diesem gesagt hat, wir würden alle in Abwesenheit der anderen vernommen und dann käme die Gegenüberstellung, um jeden mit Hilfe des anderen zu überführen. Mit meiner schönen Hoffnung, dass ich mit meiner ersten Darlegung das Gerippe für alle geben könnte, ist es also nichts. Daraus ergibt sich folgendes: Bei Reisert fürchte ich nichts; bei Sperr muss ich auf den lieben Gott hoffen, dass er nicht zu fürchterliche Sachen zusammenerzählt; aber notwendig ist, dass Theo, Steltzer, Eugen, Delp und ich eine Phalanx bilden und wir uns nicht gegenseitig aufreiben. Darum habe ich neue K.'s[1] für Theo und Steltzer verfasst, die ich in der Anlage beifüge. Den für St. gebe ich an P. noch ein zweites Mal in Schönschrift, falls er ihn direkt anbringen kann. Aber ich bitte Euch zu überlegen, ob und was bei St. möglich ist, denn der scheint mir die Hauptgefahr zu sein. Es wäre schon ein Segen, wenn es gelungen wäre, ihm den großen K. zuzuleiten. Vielleicht kannst Du die K.'s noch kürzen, falls Du erinnerst, was St. schon weiß, desgleichen bei Theo. Es tut mir leid, Euch noch ein Mal mit diesem Geschäft zu belasten, aber nun ist das ja von viel größerer Wichtigkeit als zuvor. Ich bitte auch zu prüfen, ob die beiden wissen, dass Maaß und Reichwein tot, Rösch und König weg sind. Auch das ist wichtig.

Dann habe ich einen Brief an Puppi[2] geschrieben. Den bin ich ihr wegen Langbehn schuldig, denn sie sitzt da unter lauter Leuten, die nichts darüber wissen. Aber der Brief hat Zeit und Frau Sarre[3] soll ihn nur übergeben, wenn es ganz sicher ist. – Übrigens gilt das auch für die wichtigen K.-Geschäfte, die im vorigen Absatz behandelt sind.

Nun weitere geschäftliche Erwägungen:

1. Das Gnadengesuch kann nur C. V. zurückziehen, und zwar in Person, indem er dem Mann sagt: Du hast mir gesagt, Du würdest nicht vorlegen, darum habe ich es nicht an Dich gerichtet; nun ist es aus Versehen bei Dir gelandet; ich erneuere es jetzt über H. H. und ziehe dieses zurück. Ich meine schon, dass C. V. dazu herkommen muss. – Aber *ob* das überhaupt geschehen sollte, falls das Gesuch beim Justizminister ist, und ob nicht eine solche Aktion noch schlimmer wäre als nichts, das musst Du mit Felix klären. Eventuell musst Du eben C. V. morgen Abend bestellen, damit er im Laufe des Freitag da ist, auch auf die Gefahr hin, dass nichts geschehen braucht. Immerhin wäre zu erwägen, auch dann, wenn man nicht zurückziehen kann, H. H. doch noch mehr Entscheidung zuzuschieben, als in dem jetzigen Schreiben an ihn geschehen ist.

2. Darf ich Dich noch erinnern an:
   2 Schachteln Streichhölzer – das ist sehr wichtig; meine sind fast zu Ende und das K.-Geschäft erfordert ständig welche.
   einige, vielleicht 3 Sicherheitsnadeln, falls es so etwas gibt.
   1 Reclam- oder Inselbuch, das ich wieder rausgeben kann.[4]
   Ich bitte dann, dass P. die Sachen mitbringt.
3. Schließlich, wenn Du die Rasiersachen für mich in der P. A. abgibst, so gib bitte auch ein Fass Tinte mit ab und 10,– RM. Nimmt man Dir die Sachen nicht ab, nun, dann ist es eben nichts, und dann werden die mich ja irgendwie rasieren, nehme ich an.
4. Die Pille ist eine Schlaf-Pille. Das Pulver ist Coffein. Das schlucke ich einfach so? Und das macht nicht geschwätzig? Da bist Du ganz sicher?
5. Wollte ich Dir erzählen, was an jenen Tagen bei meiner Bibellektion dran ist:

Montag:	Josua 10–12	Dienstag:	Josua 13–15	Mittwoch:	Josua 16–18
	Hohelied 4–8		Hiob 1–3		Hiob 4–6
	Hesekiel 25–27		Hesekiel 28–30		Hesekiel 31–33
	Markus 4–6		Markus 7–9		Markus 10–12
	2. Kor. 1–3		2. Kor. 4–6		2. Kor. 7–9

Eben fällt mir noch zum ersten Absatz dieses Briefes ein: Der Himbeersaft ist herrlich. Ich trinke seit Wochen schon keinen Kaffee mehr, denn der ist ungenießbar geworden, sondern statt dessen immer Wasser, und so kommt der Saft mir sehr zu pass.

6. Ich gebe P. morgen alle Deine Briefe mit und die Bilder von den Söhnchen. Ich will nichts Persönliches in fremde Hände fallen lassen. Krippe, Engel, Stern und Weihnachtsheft lasse ich im Gesangbuch liegen, das P. ja am Samstag bekommen wird. Ich habe dann nur noch das neue Testament und die Psalmen. Habt Ihr den Eindruck, dass es sich nachher noch länger hinziehen wird, so bring mir bitte eine Bibel, aber nicht meine. Aber eine Woche nach dem Urteil kann ich schon nur mit N. T. auskommen.
7. Mein Rücken ist doch, so will mir scheinen, etwas besser. Vielleicht macht er bis Montag noch einige Fortschritte.
8. Ich hinterlasse bei Gissel ein Paket mit allem, was ich nicht mitnehmen kann oder will. Er verwahrt es, bis Du es holst.
   Schluss des geschäftlichen Teils.

Mein Herz, über unsere letzten Briefpaare muss ich wahrlich lachen, denn wir haben uns immer ganz genau das Gleiche geschrieben. Nicht nur die gleichen Gedanken, sondern die auch noch an den gleichen Fragen erörtert und zum Teil in den gleichen Wendungen. Da sieht man, wie einig wir sind. Welch ein großer Schatz ist uns geschenkt worden, wie reich sind wir gemeinsam, und wie reich werden wir bleiben, selbst wenn ich Dich verlassen müsste, nein muss. Denn davon im Konjunktiv zu schreiben ist bei der Lage wirklich vermessen. Mein Herz, ich muss mich eben immer wieder ermahnen, nicht zu vergessen, dass ich mich in einer aussichtslosen Lage befinde und dass menschlich gesprochen ich eben «ein toter Mann» bin. Ich bin aber weiter von einer merkwürdigen Zuversicht erfüllt, dass ich es nicht bin. Dabei will ich nicht sterben, bin aber letzten Endes auch ganz bereit dazu. Ich stelle mir den Transport nach Plötzensee, das Umkleiden, den Gang zum Galgen immer wieder plastisch vor, aber es gelingt mir nicht, es so recht nah auf der Haut zu fühlen wie 44. Woher kommt das? – Ich habe, das hat garnichts damit zu tun, heute mit großem Genuss Lied 150 gelesen und will einige Strophen davon noch lernen, darunter auf alle Fälle Vers 5.[5]

Mein sehr Lieber, was soll ich Dir denn noch erzählen. Dass ich Dich sehr lieb habe? Dass es so bleiben wird? Ja, das ist so. Wir sind zwar getraut, «bis dass der Tod uns scheide», aber das liegt nur daran, dass diese Trauformeln von Leuten gemacht worden sind, die nicht auf ihre Hinrichtung warteten. Sonst würden sie nicht so dummes Zeug schreiben. Aber der liebe Gott meint es eben besser als unsere Trauformel, des sind wir ja gewiss. – Lass Dich nur von allem nicht anfechten. Wenn Du bewusst Deinen Wirt drangegeben hast, dann solltest Du gegen alles andere eigentlich gefeit sein, scheint mir. Ich wünschte nur, die Söhnchen blieben Dir erhalten und Du ihnen. Ja, C'chen ist ein sehr liebes Kind; aber Landkinder sind auch weniger unartig als Stadtkinder, weil sie sich ganz anders austoben können. Nach Deinen Beschreibungen scheint mir doch auch Konrädchen leicht veranlagt zu sein und nicht schwierig. – Wenn die Söhnchen von mir etwas mitbekommen haben, so mache ich Dich auf eines aufmerksam, was die Umwelt bei mir nie realisiert hat, dass ich und Willo und in geringerem Maße Carl Bernd und Jowo, uns ganz langsam entwickeln. Ich war in Schondorf um viele Jahre hinter Carl zurück,[6] nicht intellektuell, aber in allem anderen; das hat meine Umwelt nie realisiert. Auch in Potsdam,[7] wo ich doch lauter Erfahrungen machte, die reifebeschleunigend wirken müssten, vor allem meine Übersetzertätigkeit für Richardson und damit das «große Leben» in Berlin, bin ich jünger geblieben als meine gleichaltrigen Kameraden; auch die Sanierung von Kreisau hat mich nicht gealtert, auch nicht mein Ehestand mit dem Pim, und ich glaube, wenn ich ehrlich bin, dass ich auch heute trotz 38 Jahren noch längst nicht ausgereift bin. – Man gerät nämlich in Spannungen und Zwiespalte, die einem die anderen nicht anmerken und nicht glauben, zumal ich ja immer der jüngste bei allen Sachen war, die ich unternahm: bei Edgar und Dorothy[8] und deren Umgebung, bei den

Verhandlungen mit all den Ministerien in Berlin über die Arbeitslager,[9] bei den Sanierungsverhandlungen zu Kreisau und auch jetzt auf der Anklageschrift und vorher; ich bin immer der Jüngste gewesen, und wenn man dann auch noch weiß, dass man im Grunde noch jünger ist, so ist das manchmal ganz schwierig und wäre wohl bei mir noch viel schwieriger gewesen, wenn nicht so Vieles aus dem Zwang entstanden wäre und deswegen keine Widerrede duldete. Jedenfalls kann ich nach meiner Erfahrung nur sagen: nichts forcieren; bei Leuten, die langsam reifen, muss man eben Geduld haben.

Mein Herz, ich bin leider sehr müde, und es fällt mir auch nichts Rechtes mehr ein, woran ich Dir irgendetwas Liebes und Schönes demonstrieren kann. Und so werde ich jetzt ins Bett steigen. Mein sehr liebes Herz, wie gut sind wir in Gott geborgen: Möge er uns in dieser Sicherheit und Gewissheit erhalten, dann wird uns kein Unfall, kein Tod schaden oder schrecken. Wir müssen getrost und unverzagt durch jene Tage hindurch, und steht an ihrem Ende der Galgen, so müssen wir auch da getrost hinauf. Und mit seiner Hilfe geht das ganz gewiss. Aber dass er mich zu retten vermag, dass wir ihn darum bitten, ja dass wir ihn mit Bitten darum bestürmen dürfen, das ist auch ganz gewiss. Alle Arbeit, die ich jetzt ständig tue – meine Vernehmungsnotizen und meine Verteidigungsniederschriften lesen, K.'s schreiben u.s.w. –, ist alles «eitel und Haschen nach Wind».[10] Es muss aber geschehen, weil er will, dass wir uns anstrengen, aber die wahre Möglichkeit für meine Rettung liegt in unser aller Gebet, dessen Ende aber immer bleiben muss: Dein Wille geschehe. Er wird gewisslich geschehen. Schlaf wohl, mein Herz, wir wollen nur immer daran denken: «leben wir, so leben wir dem Herrn, sterben wir, so sterben wir dem Herrn, darum wir leben oder sterben, sind wir des Herrn.» Der Herr behüte Dich und uns. J.

4. 1. 45.

Guten Morgen, mein liebes Herz. Ich habe eben fürstlich gefrühstückt und dabei wessen gedacht? Ich war wieder sehr früh wach und hatte sehr lieb Zeit, friedlich zu denken. Wenn ich die ungeheuren Gefahren dieses Termins bedenke, so sage ich mir nur immer wieder: Menschliche Augen können keinen Weg aus dem Netze sehen, der nicht an irgendeiner Stelle in einem anderen Netze landet. Aber Gott kann alles, und er kann auch uns und den Herrn Freisler so führen, dass wir uns plötzlich zu unserem gegenseitigen Erstaunen außerhalb des Systems von Netzen finden.

Mein Herz, ich habe nichts Neues zu schreiben, außer immer und immer wieder, dass ich mit, bei, in Dir bleibe, wohin immer Gott mich führen mag. J.

1 Kassiber. *2* Brief vom 3. Januar 1945, in: Helmuth James von Moltke, Völkerrecht im Dienste der Menschen. Dokumente, S. 313. *3* Die Schwägerin von «Puppi» Sarre. *4* Siehe Helmuths Brief vom 1./2. Januar 1945, S. 425. *5* Strophe 5: «Nichts, nichts kann mich verdammen, nichts nimmt mir meinen Mut; die Höll und ihre Flammen löscht meines Heilands Blut. Kein Urteil mich erschrecket, kein Unheil mich betrübt, weil mich mit Flügeln decket mein Heiland, der mich liebt.» *6* Dort lernte er Freyas Bruder Carl Deichmann kennen. Siehe Biographische Notiz, S. 576. *7* Siehe Biographische Notiz, S. 576. *8* Edgar Mowrer und Dorothy Thompson, zwei amerikanische Journalisten. *9* Siehe Biographische Notiz, S. 578. *10* Zitat aus Prediger 1,14. Siehe Helmuths Brief vom 24./25. Dezember 1944, S. 383.

Helmuth James an Freya, 4./5. Januar 1945

Tegel, den 4. 1. 45.

Mein liebes Herz, dieser ist also aller Voraussicht nach, d. h. aller menschlichen Voraussicht nach, der vorletzte Brief, den Du von mir bekommen wirst. Das schreibe ich ganz ohne Wehmut, so, als wäre es das natürlichste von der Welt. Ob das auch so sein wird, wenn ich morgen zum letzten Mal «J.» schreibe. Ich wundere mich über mich selbst, denn ein echter Moltke müsste jetzt mindestens den Tränen nahe sein, und davon ist garkeine Rede. – Du bist aber jetzt in Lichterfelde, und Ihr schwätzt wahrscheinlich lieb vor Euch hin, und Du, mein Herz, denkst Deines Wirts. Dass Dein Brief, der heute kam, schon wieder dieselben Dinge behandelte wie meiner, überraschte mich garnicht mehr. Wir haben eben nur ein Herz und einen Blutkreislauf und sind eben ein Schöpfungsgedanke. Das zeigt er uns aufs Freundlichste immer wieder in neuen Zeichen. Wenn mir unter dem Ansturm am Montag und Dienstag das Herz flatterhaft werden will, so kann ich dann denken: Wo ist mein Herz? Es schlägt ja ganz ruhig, still, stetig und voll Vertrauen in Gott weiter in Lichterfelde, und dann wird auch meine flatterhaft gewordene Dependance sich wieder beruhigen. Und so wird es mir in Plötzensee gehen, wenn ich dahin muss, und so wird es weiter bleiben. Und gehe ich zum Vater ein, mein Lieber, so weißt Du, dass Dein Herz da oben still und nun endgültig geborgen für Dich weiterschlägt und helfen will Dich [zu] stillen, wenn es Dir ein Mal zuviel werden sollte.

Nun erst ein Mal etwas Geschäft. Könnte ich hier bleiben, so wäre das wahrlich sehr angenehm. Auf das Wort eines Untersturmführers würde ich in einer solchen Sache garnichts geben. Das beste wäre es wohl, wenn auch der Oberreichsanwalt eingeschaltet wäre, sei es Schulze oder Görlich (?).[1] Aber es hängt ja zunächst davon ab, ob Du bei Wickenberg (?) etwas erreicht hast, dem Arzt. Wenn der nicht mitzieht, dann müssen wir eben auf das Wort des Untf. hoffen. Ich werde mich auf alle Fälle morgen noch ein Mal zu ihm melden lassen und ins gleiche Horn stoßen. – Du wirst mich ja morgen sehen. Ich finde, dass ich eine Kleinigkeit besser bin.

Dann bleibt es natürlich dabei, dass die K.-Geschäfte nur gemacht werden dürfen, wenn es wirklich sicher geht. Nur jetzt nicht im letzten Moment da einen Fehler machen.

Ich bin ja gespannt, was Du in der Gnadensache nun feststelllen wirst. Mich sollte es sehr wundern, wenn W. R. das nicht an das Justizministerium abgegeben haben sollte. Möglich ist es natürlich, dass der Chef O. K. W.[2] tatsächlich erst das Urteil abwarten will, ehe er ablehnt, etwas zu tun. Aber das wäre für ihn schon sehr viel. Das im Augenblick für uns Wesentliche ist, dass das Justizministerium so benachrichtigt sein muss, dass es nicht aus seiner allgemeinen Ermächtigung heraus ablehnen kann, sondern mindestens abwarten muss, ob Chef O. K. W. oder H. H. vorlegen. Ich weiß nicht, ob nicht C. V. tatsächlich am Mittwoch oder spätestens Donnerstag aufkreuzen müsste, um zu prüfen, was dann noch geschehen kann und was für Argumente sich vielleicht aus Termin oder Urteil ergeben. Zum Termin darf er nicht kommen? Nun, Hercher ist ja geschwätzig genug. – Weiter eine interessante Neuigkeit: Die Frau des zum Tode verurteilten Bolz hat nach dem Todesurteil Sprecherlaubnis bekommen.

Dass in der uns von P. geschenkten Bibellese am 9. Petri Fischzug dran ist, mit dem schönen Vers 8, hast Du gesehen. Dank für die anderen Stellen. Ich habe sie noch nicht recht in mich aufnehmen können, habe sie aber notiert. Der Tag vergeht im Augenblick so rasend schnell, denn 2 Stunden dauert es immer, bis ich vom Lichtbad zurück bin, und die fehlen mir bitter. Morgen wird wohl Hercher auch kommen, und für den habe ich noch etwas zu arbeiten. Ich arbeite eben immerzu an dieser Verteidigung, wie Du auch an den K.-Aufträgen merkst. Ich habe jetzt als ‹Information für Hercher› eine Legende über Kreisau Herbst 42/Pfingsten 43 gemacht. Wenn ich dazu komme, bekommst Du noch eine Abschrift für Einsiedel. Wenn Eugen, Delp, Theo und ich in der Darstellung einigermaßen zusammenhalten, dann müssten wir doch Steltzer's möglichen Unsinn als eine Unterhaltung mit Peter abtun können.

Ja, dass die Verhandlung im kleinen Kreise stattfinden würde, habe ich mir gedacht. Die werden sich hüten, einen Mann öffentlich zu verurteilen, in dessen Vernehmungsprotokollen steht, der Reichsf. SS sei doch auch irgendwie beteiligt gewesen. Aber je kleiner, je besser. Kommt Haus? Es ist aber klar, dass die SS-Atmosphäre, die da herrschen wird – denn Lange, Huppenkothen und der ganze Schwarm, Neuhaus und sein Schwarm, die werden natürlich da sein –, eine unglaublich feindselige

Ausstrahlung bewirken und eine gute Claque abgeben werden. Aber: «die Feind sind all in deiner Hand, denn all' ihre Gedanken, ihr' Anschläg sind dir wohlbekannt, hilf, Herr, dass wir nicht wanken»,[3] passt da sehr gut. – Die Schwester Husen ist eine ausgemachte Pute, mit der lässt sich natürlich nichts machen.

Mein liebes Herz, morgen kommst Du also; wie schön. Ich finde es nur schön, und noch Anfang Dezember hätte ich riesige Wehmutsorge gehabt. So freue ich mich ganz ungeteilt. Ich bin auch heute rasiert worden, sodass ich nicht mehr ganz so wild aussehe. Eigentlich war Thiele doch mit Sprecherlaubnis sehr anständig, jedenfalls viel besser als Schulze. – Wenn ich nur wüsste, woher diese veränderte Temperatur in uns kommt? Ob es daran liegt, dass wir gegen den Gedanken meines Todes abgestumpft sind? Ob daran, dass jetzt, wo es ernst wird und ich in wenigen Tagen vielleicht schon umgebracht werde, das Fleisch revoltiert und den Gedanken nicht aufnehmen will? Oder ob Gott mich nur stärken will? Ich weiß es nicht und betrachte es mit Erstaunen.

Zu meinem Tode habe ich garnichts mehr zu schreiben. Du weißt alles ganz genau. Ich bin wahrlich kein Heroe, habe auch keine Lust zu sterben, aber irgendwie wird es mir schon so gelingen, dass ich keinen Augenblick dabei vergesse, dass ich in Gottes Hand bin und bleibe, ja ganz fühlbar in seine Hand zu fallen im Begriff bin. Er wird mir schon dazu helfen. Und Dich, mein liebstes Herz, wird er auch zu trösten wissen; auch darüber bin ich viel unbesorgter als vor einigen Monaten. Es ist eine große Gnade, dass wir wechselseitig über einander so ruhig und beruhigt sein können.

Noch aber dürfen, ja müssen wir bitten, dass Gott mein Leben erhalten möge; da seine Handlungen über dem Kausalgesetz stehen und unabhängig von ihm sind, so gibt es genau so wenig einen Grund, warum er mich umbringen lassen will, wie es einen Grund gibt, warum er mich leben lassen will. «Ist denn Gott ungerecht?», fragt Paulus an einer Stelle, die wir gerade zusammen gelesen haben. «Das sei ferne; aber wer bist Du denn, dass Du mit Gott rechten willst? Spricht auch ein Topf zum Töpfer: warum machst Du mich so?»[4] Das ist alles sehr schön, und wenn wir nur fähig wären, uns die Welt ohne Kausalgesetz vorzustellen, wäre das Glauben überhaupt viel leichter. Aber das können wir eben genauso wenig, wie wir aus Raum und Zeit heraus können; und auch das lehrt Herr Kant.

Mein Pim, der Tag ist um. Es ist alles geschrieben und alles gesagt. Schlafe gut, mein Herz, bewahre Deinen Frieden, was immer geschehen mag, so wirst Du damit auch den meinen bewahren. Der Herr behüte Dich und uns. J.

Noch eines: Peters, nach dem ich ja, allerdings ganz oberflächlich, gefragt bin, muss wissen, dass er P. unter keinen Umständen erwähnt. Außerdem ist oder wäre für mich eben besonders nützlich, wenn Peters sagen könnte, er habe an mehreren Wochenendbesprechungen in Kreisau schon seit 27 oder 28 teilgenommen. So etwas Ähnliches.

5. 1.

Mein Lieber, guten Morgen, nun kommst Du also bald, hoffentlich klappt alles. Ich habe noch eine Bitte: die Bibelstellen der Losungen der Brüdergemeinde für 8., 9. habe ich verlegt, vielleicht vernichtet. Bitte schreib sie mir auf alle Fälle noch einmal raus. J.

Erledigt; habe es eben gefunden.

Noch später; stimmt: Jer. 32,40, Eph. 4,30 – Spr. 15; Matth. 26,63

1 Gemeint ist Gerhard Görisch, der allerdings Oberstaatsanwalt war; Oberreichsanwalt war Ernst Lautz. *2* Wilhelm Keitel. *3* Aus der Bach-Kantate «Wo Gott der Herr nicht bei uns hält», Lied 95. *4* Römer 9,14–20.

Freya an Helmuth James, 4./5. Januar 1945

Donnerstag Nachmittag

Mein liebes Herz, die Wäsche ist gewaschen, und das Programm ist abgewickelt, aber bald muss ich zu C.D.s aufbrechen. Jetzt bin ich müde und möchte nichts mehr tun, aber heute muss ich noch. Morgen wird es ruhiger. Als wir aber die Wäsche hängen hatten und Bohnenkaffee und Semmeln gegessen hatten, ging Dorothee mit Sohn einkaufen, und ich saß hier still und las meinen Korinther-Brief; es war heute kein so besonders schönes Stück, aber das Lesen war schön, und ich war Dir ganz nah. Ich hätte ja in der Zeit auch schon schreiben können, aber beim Lesen bin ich so besonders mit Dir verbunden, dass es mir auch sehr kostbar ist. Tue ich es erst am Abend im Bett, dann bin ich manchmal zu müde und genieße es nicht, wie ich möchte. Heute war es aber sehr schön. – Alles ging sonst nach Wunsch. Ich tat alles, was ich tun wollte, gab Hercher den Brief ab und sprach dann mit Kr., mit Ulla und Mutz. Ulla sagte ich alles, was Du gesagt haben wolltest, und glaube, es gelang; ich berichtete über Körper und Seele, und sie weiß nun gut Bescheid. Mutz kommt Montag Mittag und bringt dann Schokolade mit, die ich Dienstag früh dann Hercher geben werde. Hier habe ich keine mehr. Nein, das Coffein-Zeug soll genau wie starker Café wirken. Macht der Dich geschwätzig? Es ist sicher gut. Asta schrieb einen lieben Brief: Ab Montag früh ist sie in Kr. und bleibt dort: «Nun werden wir wie eine feste Mauer stehen. Am 8./9. bin ich in Kreisau und bleibe dort. Viel lieber noch möchte ich nach Berlin kommen, um bei Dir und H. zu sein. ... Ulla und ich, wir werden ganz nah bei Euch sein.» Sonst bin ich nicht für Verbreitung des Termins, aber an Schwester will ich ihn noch sagen lassen und an Romai. Ist sonst noch jemand, von dem Du es möchtest? Erst traf ich Frau St. und Fr. Graf. Am 24. hat er[1] mit einem Kuchen, aber nicht in ihm, sondern unter ihm – er war in einer Papiermanschette vom Bäcker hergestellt –, also in relativ leichtsinniger Weise, Dein Schriftsätzchen bekommen. Wie es hereingekommen ist, wussten die Frauen noch nicht. Heute hat er in 2 von mir geschmierten Brötchen einen Zettel von Eugen bekommen, in dem ich in a., b. und c. die 3 Punkte aus Deinem Brief abgeschrieben hatte: *a.* München von Peter, *b.* «Friedrich», *c.* Du nichts von Landesverwesern. Ich werde noch einmal ganz genau kontrollieren, was uns noch fehlt und ob es sich dann noch lohnt. Ich neige zu «nein». Bei Theo ist es alles viel leichter, aber der hat alles schon bekommen. Die Schellhäsin, die ich auch traf, hatte von ihm seinerseits eine lange Beschreibung seiner Linie, aus der ich nur entnahm, dass er Carlo auch als halb verrückt darstellte und alles sehr konform mit Dir liegt. Ich glaube nicht, dass es für Dich noch wichtig ist, es zu sehen. – Jetzt muss ich zu Trothas aufbrechen. Jetzt ← dies war U-Bahn, aber das war zu krackelig.[2] Inzwischen bin ich nach langem Warten am Bhf. Friedr. Str. bis Potsdamer Platz gediehen, wo Alarm ausbrach. Hier sitze ich nun beim Licht von einer Taschenlampe und werde wohl auch noch eine Weile sitzen bleiben. Wenn es so friedlich bleibt, habe ich nichts dagegen, weil ich Dir noch weiter schreiben kann. Ich habe vor, heute Abend noch zu P.s zurückzukehren, damit ich morgen nicht zu spät zu Dir komme. Ich möchte aber erst noch Hercher fragen, wann der zu Dir kommt, damit wir nicht kollidieren. Du musst auch den Kopf für Deine Verteidigung dann frei haben, auch nach H.s Besuch, finde ich. Es hängt aber alles von der Entwicklung dieses Abends ab, denn wenn es zu spät wird, komme ich nicht mehr zu P.s. Wo dann mein müdes Haupt hinfällt, weiß ich noch nicht. Inzwischen habe ich alles St. betreffend sorgfältig gelesen und bin sicher, dass er alles inzwischen erfahren hat. Für Theo das schreibe ich ab und überlasse es dann der Schellhäsin, ob ja od. nein. – Mein Herz, es gibt nichts Neues. Es war heute ein voller Tag und dann verschwindet die Existenz der Seele unter der Geschäftigkeit. (Ich holte übrigens nach der Unterhaltung mit der Schell*häsin* einen *Hasen* für P. und gab dann ein Päckchen bei Mutzens Mieterin Frau *Haase* ab, das war beides in der Kurfürstenstr.) Aber ich fühlte sie unten drunter ruhig geborgen und sehr nahe Dir, mein geliebtes Herz. Ich bin immer noch merkwürdig sorglos und voller Dankbarkeit für unsere Nähe. Es ist mein Herzenswunsch, dass ich nur für Dich jetzt da sein darf. Für Dich lebe, klopfe, bitte. Ich kann Dir garnichts Neues sagen. Aber ich denke, Du wirst das Alte, Liebe, Wohlbekannte auch immer wieder gerne hören: Wir haben uns lieb, wir gehören zusammen; diesen Bund hat Gott gesegnet. Daraus erwächst uns eine sichere Zukunft, was auch immer unser äußeres Schicksal sein mag. Mein liebes, liebes Herz. Wie sehr sind wir beschenkt worden, dass uns das so ganz klar geworden ist und wir das – mit dem Besten, unserer Geborgenheit bei Gott – mit solcher Gewissheit in uns tragen. Mein Ehewirt, mein Jäm, mein Herz. Wie nah sind wir einander und sind doch ein Jahr schon getrennt! – Mir fällt noch ein, dass ich von dem ergebnislosen Gespräch bei Dr. Wickenberg noch nichts erzählt habe. Ich traf ihn in der Lehrter Str. Er war weder unfreundlich noch freundlich; er war vollkommen neutral und sagte, er könne nichts tun. Das sei lediglich eine Transportfrage und darauf habe er keinen Einfluss. Kurz, er wollte nicht. Das sah ich ihm, dem fischäugig blickenden, auch gleich an und erwartete nicht viel. Was kann ich nun noch tun. Ich habe ja das Gefühl, als bliebest Du in Tegel. Hoffentlich stimmt es. – Adrian ist immer so schwer zu erreichen; heute gelang es wieder nicht. Morgen muss ich mir mehr Zeit dazu nehmen. – Ich möchte noch mal zu Stier gehen und dem sagen, Du seiest lahm und krumm und er solle das dem Präsidenten vorher sagen. Es ist besser, wenn Fr. das vorher weiß, finde ich. – Soll ich Hercher Tee od. Kaffee in der Thermosflasche f. Dich geben??

Freitag früh.

Guten Morgen, mein Herz, ich bin bei Frau Friedrich geblieben, zumal mich da der 2. Alarm überkam. Ich bekam dort noch ein warmes Bad, war aber erst um ½2 im Bett. Um 7 startete ich wieder und sitze nun auf dem Bänkchen bei den Freunden, die frühstücken. Unterwegs rief ich Hercher an, und der sagte 1. der Termin ist auf *Die/Mi* geschoben. 2. Fr. hat immer noch die Akten «hinter sich». H. hat sie noch nicht einsehen können. Er will erst kommen, wenn er sie gesehen hat. Ist das in Deinem Sinne od. soll ich versuchen, ihn Dir heute schon vorher zu schicken. Sonst kommt er u. U. erst Montag! Ich werde das in der Sprecherlaubnis erörtern. Ich komme also heute, mein Herz, und freue mich, freue mich sehr! P. und ich meinen, ich sollte nicht mehr warten. Hoffentlich war der Alarm nicht unangenehm bei Dir.

Peters *kann* erst am 10. kommen! Der Mann, den er schicken wollte, RA Lenz, früherer naher Pressereferent von Fr., sitzt. Peters wird also sehen, ob er am 10. noch früh genug da ist, aber er hat an sich bei aller Bereitschaft kein großes Vertrauen in seine eigene Aktion. Ich sprach ihn selbst in der Nacht.

Frau F. hat dann scheints noch gute Beziehungen zu dem Adjutanten von Himmler, die können aber auch erst am 9. aktiviert werden. Das genügt dafür ja aber.

So, mein liebes, liebes Herz, P. kaut am letzten Bissen. Morgen kommt er nicht zu Dir, wegen der Verschiebung. Ich hätte diesen ganzen Brief lieber mit mehr Muße geschrieben, damit Du was Liebes hättest, aber ich hoffe, Du spürst, dass meine Liebe groß, warm und innig auch in ihm fließt. Du weißt ja, dass ich gestern tätig sein musste. Heute ist es ruhiger, aber Dorothee hat einen sehr hässlichen Finger und braucht Hilfe. Auch heute bin ich in schönster Nähe zu Dir und bei Dir aufgewacht, auch heute fühle ich mich fest geborgen. Du auch? Gott gebe es! Ich glaube es aber zu wissen. Ich umarme Dich mit großer, inniger Zärtlichkeit. Ich bin und bleibe Dir ganz zugehörig. Immer Dein P.

1 Theodor Steltzer. *2* «Jetzt» ist verwackelt geschrieben.

Helmuth James an Freya, 5.–7. Januar 1945

Tegel, den 5. 1. 1945.

Mein liebes Herz, ein Sekündchen war ich traurig, dass wir uns heute nicht sehen würden, weil ich eben immer die Angst habe, dass dann doch noch etwas dazwischen kommt und es womöglich ganz ausfällt, und dann, weil Du mir so leid tatest, dass Du nun lange gewartet hattest und unverrichteter Dinge wieder abziehen musstest. Aber von all diesem abgesehen ist natürlich morgen noch besser, weil es noch später ist – wenn es gelingt. In all den Wechselfällen: Luftangriff, Abholung durch S. D. u. s. w. ist so etwas eben immer zweifelhaft.

Sachlich habe ich nur eines zu schreiben: Gibt es ein Todesurteil, so versuche alles, was Dir einfällt, aber lass Dich dabei von Dix beraten und tritt möglichst wenig selbst in Erscheinung, denn Du bist doch sozusagen mitverurteilt. Ich meine eben, Du musst Dir dann Jowo oder C. V. bestellen. Dieser kann es wirklich tun, da er doch nun viele Monate zu Hause ist. – Ferner: Mir fehlen zu meiner Ausrüstung noch: das kleine Büchelchen, was ich mit angestrichenen Worten wieder rausgeben kann[1] – ganz gleich, was es ist –, 2 Schachteln Streichhölzer und Sicherheitsnadeln. Ich hoffe, Du gibst das P. mit. Vor allem die Streichhölzer sind mir sehr nötig. – Übrigens habe ich in meine U.-Hose eine kleine Pillen-Tasche innen eingenäht mit einem Stück Stoff, das ich hatte. Um das zu finden, müssen sie mich schon ausziehen, und das tun sie in der P. A. nicht. – Die sachliche Frage aus Deinem Brief hatte ich auf dem Zettel beantwortet. – Erinnere P. an Aussagen über die K.-Geschäfte und an Kollontay. Darüber sprach ich mit ihm.

Über den Satz aus Asta's Brief, dass sie nun in Kreisau bleibt und die Stellung verteidigen wird, habe ich mich sehr gefreut; es ist mir eine große Beruhigung. Denn es wäre doch möglich, dass sie nach dem Urteil, aber vor der Vollstreckung, also zu einer Zeit, in der Du noch in Berlin sein musst, sich Kreisau's bemächtigen. So haben sie es ja bei Wentzel-Teutschenthal gemacht, bei dem ja alles schon ein H.-J.-Lager,[2] sprich Trümmerhaufen war, als er noch hier lebte. – Es ist aber auch möglich, dass sie da garnicht rangehen; denn es ist überraschend, dass sie sich noch überhaupt nicht gerührt haben. Selbst bei Fugger, der doch gewiss nicht zum Tode verurteilt wird, haben sie schon besichtigt. Asta soll also, bitte, ausharren, bis Du zurück bist und eigentlich noch länger, bis die Sache klar ist, denn Du bist eben doch kein Schutz.

Auch bin ich froh, dass Ulla benachrichtigt ist. Ich fühle mich ganz getrost, aber jetzt merke ich im Untergrund eine gewisse Unruhe bei allen Nachrichten über Verschiebung, Abholung, u. s. w. Aber das ist wohl mehr eine Reflex-Nervosität. Ich bin so ruhig wie vor Weihnachten, nur viel zuversichtlicher. – Unser theologischer Disput ist auf höchstens 5 Minuten von den 30 der Freistunde zusammengeschrumpft, weil wir so vieles Sachliche zu besprechen haben, denn wir müssen uns eben leider darauf rüsten, ganz eisern gegen Steltzer zu halten, wenn seine Aussagen tatsächlich gewissen Teilen der Anklage zu Grunde liegen sollten. Sehr unangenehm. Hoffentlich ist das K.-Geschäft mit St. gutgegangen. – Der theologische Disput, dessen genauen Streitpunkt der intelligente Delp immer noch nicht begriffen hat, wie Du aus seinem letzten Zettel gesehen haben wirst, hat mir eine spontane Unterstützung durch Buchholz gebracht, der ohne zu zögern sagte, meine Auffassung sei die einzig mögliche, und nicht ein Mal irre wurde, als ich ihm sagte, sie sei m. E. gut lutherisch. Er sagte, Gethsemane sei die Haltung, die gefordert würde, und die Rettung als solche sei kein zulässiges Objekt des Glaubens – d. h. das sind meine Worte. – Ich war darüber sehr erfreut.

Dass Frau Reisert anscheinend endlich Erfolg gehabt und ihren Mann aus unserer Sache rausgekriegt hat, freut mich sehr. Auch, dass wir Fugger los sind, ist eine Bereicherung, denn er ist zu naiv und töricht, wenn auch sehr nett und so lieb. Hoffentlich wird der nur nicht als Zeuge angebracht, das wäre ganz schlimm. – Es wäre mir angenehm, wenn Konrad[3] wüsste, wann wir Termin haben; aber das kann ihm ja Frl. Hapig sagen.

Und damit, mein Herz, bin ich bei unserem alten Thema angelangt: Gottes Gnade an uns durch die 3 Monate. Wir sind über ein Jahr getrennt und mehr verheiratet denn je; wir sind von einer äußeren Katastrophe bedroht und fester geborgen denn je; alle Deine äußeren Verhältnisse sind so, dass ein fürsorglicher Ehemann darüber ganz grau werden müsste, und ich bin ohne den Schatten einer Sorge; wir gehen zwei tollen Tagen entgegen, und ich bin ganz gewiss, dass Du sie im tiefsten Frieden, ja mit durchaus fröhlichem Herzen durchleben wirst. – Und all das ist uns aus reiner Gnade geschenkt. Wenn das möglich ist, was sollte dann noch möglich sein? Es ist eine gnadenreiche Zeit gewesen, das müssen wir mit Dankbarkeit sagen.

Mein Herz, ich höre für heute auf. Der Brief geht doch erst Sonntag weg, und eben kommt der zweite Alarm, und wenn der vorüber ist, will ich ins Bett gehen, falls ich dann dazu noch Gelegenheit haben sollte. Der Herr behüte Dich und uns. J.

Tegel, den 6. 1. 45.

Mein Lieber, wie schön war das dreiviertel Stündchen mit meinem Pim. So lieb und zärtlich. Ganz gewärmt stieg ich wieder oben in meine Zelle, und Du zogst zu P.'s. Mein Herz, es wäre ja noch besser gewesen, garnicht zu reden, aber ich dachte, ich gebe Dir das Stichwort Weihnachten, denn haben wir zu wenig zu reden, dann kürzt er uns womöglich die Zeit. Aber ich sah, wie schön Deine Briefe sind, denn es gab nicht ein Mal das kleinste Farbtönchen, das nicht so gewesen wäre, wie ich es mir vorgestellt hatte. Wohlig sah mein Herz aus und zufrieden. Dass das vielleicht unser letzter Blick auf dieser Welt gewesen ist, ist mir garnicht mehr zum Bewusstsein gekommen, als es schon immer war, wenn ich von Kreisau abfuhr. Drum war es auch kein bisschen traurig oder wehmütig. Wie anders war das bei der ersten Sprechstunde. Eine ganze Welt liegt dazwischen, eine Welt von Zuversicht und Vertrauen und, wenn das nicht schon wieder meine alte Freundin Hoffart sein sollte, auch ein wenig Demut, die ersten Rudimente.

So, nun geht also der Streit los. Als ich zurück kam, wartete ich eine Stunde auf Hercher, und als er dann nicht kam, bat ich Gissel, bei Trothas anzurufen, Du möchtest Hercher alarmieren, denn ich fürchtete, er käme nicht mehr. Der gute Gissel gab sich auch große Mühe, konnte aber bei Trothas keine Antwort bekommen, und bei P.'s wollte ich ihn nicht anrufen lassen. Aber als Gissel mal wieder ganz unglücklich erschien, kam Hercher. – Es ist ärgerlich und vielleicht sehr erschwerend, dass er die Akten nicht gelesen hat; ich habe ihm nun den vollständigen Tatbestand den Goerdeler-Komplex betreffend gegeben, d. h. dass auch alle Gerüchte von der Polizei stammten, und das und der Brief von Dix bewogen ihn zu folgendem Urteil:

a. Der Mann, der die Anklage gemacht hat, ist überzeugt, dass ein Todesurteil herauskommt;

b. Die Anklage ist sicher vorher mit Freisler, mit S. D. und Justizminister besprochen;

c. Folglich kommt Freisler mit der Meinung an, es gebe ein Todesurteil;

d. Die Erklärungen, die ich jetzt zu allen kritischen Punkten zu geben vermag, verändern den Tatbestand so weit, dass das Gericht nicht gezwungen ist, ein Todesurteil zu fällen;

e. Ob Freisler sich umstimmen lässt, hängt nur von dem persönlichen menschlichen Eindruck ab, den er gewinnt, und von keinen Beweisfragen; will er sich umstimmen lassen, dann wird er auch ohne weitere Beweise mir so viel glauben, dass er sein Urteil begründen kann; will er sich nicht umstimmen lassen, dann wird er mir eben so wenig glauben, dass er sein Urteil begründen kann;

f. Vor zwei Monaten hätte dieser Tatbestand mit Notwendigkeit zum Todesurteil geführt; die Anklage sei auch so abgefasst, als sei ich einer der großen Sünder; tatsächlich handele es sich jetzt aber nur noch um Aufräumearbeiten, sodass ein 20.7.-Fall u. U. heute milder beurteilt wird, als derselbe Fall beurteilt werden würde, falls er neu aufträte.

g. Anhören würde F. mich ganz gewiss, schon des Namens wegen.

Mir hat Hercher wieder sehr gut gefallen. Er kennt eben Freisler; er kennt die Mätzchen; er ist nicht klug, aber in diesen Prozessen sehr erfahren. Er sagte auch: keine Jurisprudenz, die spielt garkeine Rolle; keine Ansichten äußern, sondern nur Tatsachen berichten, die aber ruhig bis in die kleinsten Details. Alles einstecken, nicht zurückbrüllen, sich nicht gegen Insulte wehren, sondern trotz Brüllen und Insulten ganz ruhig bei der eigenen Darstellung verharren, auch da, wo man Ansichten sagen will, so einkleiden, dass sie als Tatsachen auftreten. «Freisler ist begabt, genial, sehr feinfühlig, aber nicht klug», war H.'s zusammenfassendes Urteil. Kurz, er sagte: Wir werden's versuchen.

Du siehst, dass auch hier eine allmähliche Schwenkung eingetreten ist und dass Hercher eben nicht mehr einen Zwang zum Todesurteil sieht. Damit, sagte er, kommt es auf die Schulderklärung garnicht an. Will er verurteilen, so hat er genug Stoff, will er nicht zum Tode verurteilen, kommt er auch über die Schulderklärung hinweg. Im übrigen werden wir Zeit haben wie Heu: Er nimmt auch noch einen dritten oder vierten Tag hinzu, das ist ganz gleich.

Dies alles gehört zu den Luftgespinsten, die die Gefahr heraufbeschwören, dass man ihnen folgend immer wieder von dem Ziel abkommt. Ich schreibe es Dir trotzdem so ausführlich, weil eben hier die gleiche Wandlung vorgegangen ist wie bei uns, dass das Todesurteil nicht mehr mit so absolut erscheinender Sicherheit prognostiziert wird.

Im übrigen, was interessant ist: Fr. hält sich eng an die Anklage; es könnte sein, dass er noch neues Material hereinbrächte, es sei aber nicht sehr wahrscheinlich, und er fällt das Urteil nur auf Grund der in der mündlichen Verhandlung erörterten Dinge und niemals auf Grund irgendwelcher sonstiger Informationen. Alles sehr interessant, und es rundet doch das Bild dahin ab, dass F. zwar ein fanatischer und unbeherrschter, aber doch ein bedeutender politischer Richter ist.

Mein Herz, ich bin glücklich, dass Du mich grade fandest. Ich kann die Unterschiede nämlich nicht merken. Hercher hat das Attest mit und will sehen, dass F. die Sitzgenehmigung vor der Verhandlung erteilt.

Dies, mein Lieber, ist also der letzte Brief in dieser wichtigen Woche und damit vielleicht der letzte Brief in diesem Leben überhaupt, denn ich kann ja Mittwoch Abend schon umgebracht sein. Es bleibt dabei, dass das der Ausgang ist, der nach menschlicher Voraussicht weiter zu erwarten ist, und ich möchte nicht durch meine Darstellung von Hercher's Beurteilung Hoffnungen menschlicher Art in Dir erweckt haben. Nun, wir haben es so oft gesagt: Nur bei Gott gibt es eine Hoffnung; er vermag diese Sache zu wenden, sodass ich wieder zum Leben zurückkehre, und darum dürfen wir ihn bitten. Wir müssen aber beide bereit sein, seinen Schluss zu ehren, falls er es anders mit mir bestimmt und mich auf dem Wege über Herrn Freisler zu sich ruft. Das wissen wir beide ganz genau, nicht wahr, mein Herz. Trotzdem nehme ich keinen Abschied von Dir, mein sehr liebes Herz, weil ich zu sehr das Gefühl habe, nun werde ich Dir auch im Tode so verbunden bleiben, dass ein Abschied eine Gotteslästerung wäre. Denn das hat er uns doch wahrlich gelehrt, dass er uns nicht trennen wird, eben auch durch den Tod nicht. Dieser Verheißung fühle ich mich doch ganz sicher.

So habe ich nur eines zu sagen: Sorge Dich nicht und um nichts; bleibe mein Ruheanker, der mir in den kommenden Tagen Ruhe und Frieden zuklopft mit jedem Puls; bleibe ich am Leben, so danken wir Gott; nimmt er mich zu sich, so danken wir ihm auch. Aber ein Recht haben wir dann, ihn drum zu bitten, dass er uns auch noch ein Stück gemeinsamen Weges auf dieser Erde schenkt. Der Herr behüte Dich und segne Dich und uns. J.

7. 1. 45.

Mein liebes Herz, wie lieb haben sich unsere Gedanken schon getroffen. Guten Morgen. Es gibt natürlich garnichts Neues. Ich kann aber wieder ganz von vorne anfangen und Dir sagen, dass ich Dich sehr lieb habe, dass wir eben ein Schöpfungsgedanke sind, und, wenn der Herr mich zu sich ruft, Du in mir mitreist, und ich in Dir hier bleibe. Was willst Du noch hören, mein Herz? Dass ich keine Furcht habe und keine Nerven und dass ich bitte und hoffe, dass das so bleibt; dass ich weiß, dass Herr Freisler, der Henker und ich alle in Gottes Hand stehen, und dass es nur von ihm abhängt, ob und wie er uns aufeinander einwirken lässt; dass ich auf Euer aller Bitten zu schweben hoffe wie auf Engels-Flügeln, es sei zurück ins Gefängnis oder an den Galgen; dass ich voller Dankbarkeit bin für ein schönes und reiches und mit Liebe erfülltes Leben, für die letzten drei Monate mit ihren unglaublichen Gnaden, für Dich und die Söhnchen, für P. und all die anderen Freunde.

So ziehe ich also wohlgerüstet los, und um was mehr könnte ich bitten? Leb wohl, mein sehr liebes Herz, der Herr behüte Dich und uns. J.

Mein Herz, noch etwas Neues. Ich kann mich nicht entschließen, mich von meiner Bibel oder dem Gesangbuch zu trennen und mich mit einem N. T. zu begnügen. Und wenn ich nur noch 3 Tage zu leben habe, so finde ich doch, dass Du den Rest Deines Lebens leichter ohne diese beiden Bücher auskommst als ich in den drei Tagen. Ich bin eben zu sehr an das A. T. gewöhnt. Werde ich zum Tode verurteilt und lebe noch einige Zeit nach den Urteil, so brauche ich sie doch erst recht. Wenn der Herr sie Dir zukommen lassen will, wird sich schon ein Weg finden, entweder, weil ich als zum Tode Verurteilter wieder herkomme, oder weil ich in Plötzensee die Bücher als dem Herrn Pfarrer gehörig deponieren kann.

Nun noch eines: Ich wollte gerne in jenen Tagen mit Eugen zusammen die gleichen Lektionen lesen und bat ihn, sie zusammenzustellen. Die gebe ich Dir nun noch. Dienstag und Mittwoch früh hat er durch Aufschlagen gefunden:

	Morgen	Abend	Lesung der Brüdergemeinde	Unsere Lesung
Sonntag	Mark 11,20–26	Röm. 4,16–55	Jes. 66,2	1. Kor. 13–16
Montag	Ps. 31	Röm. 8,24–39	Jer. 32,40b	2. Kor. 1–3
Dienstag	2. Chron. 32,7,8, 20–22	Luk. 5,1–11	Spr. 15	4–6
Mittwoch	Ps. 23, Haggai 2,9	Matth. 14,22–33	Maleachi 2,5	7–9
Donnerstag	Ps. 118	Luk. 1,68–79	Jer. 32,40a	10–13
Freitag	Jes. 12	Hebr. 11,1–2; 12,3	2. Mose 3,14/15	Galater 1–3
Samstag	Josua 2	Offenb. 21,1–9	5. Mose 32,39	4–6
Sonntag	Joh. 17	Apg. 12	Ps. 37,5	Epheser 1–3.

1 Siehe Helmuths Brief vom 1./2. Januar 1945, S. 425. *2* Ein Lager der Hitler-Jugend. *3* Konrad Graf von Preysing.

Freya an Helmuth James, 6./7. Januar 1945

Abend

Mein liebes Herz, wie wunderschön war es heute bei Dir, wie gut haben wir uns getrennt. Hoffenlich, mein geliebter Jäm, bist Du auch so glücklich und untraurig in Deine Zelle wie ich in die Welt zurückgekehrt. Ich habe in der Zeit, in der wir da gemeinsam saßen, nur gefühlt, wie fest wir zusammengehören, wie sicher ich bin, dass das immer so bleiben wird, und von Trennungsweh brauchte ich garnichts zu verspüren, obwohl meine Augen immer wieder über Dich glitten, über das Liebste, was es für mich gibt, und ich wusste, dass ich das alles vielleicht auf dieser Welt nicht wiedersehen werde. Ich wusste es und glaubte es doch nicht. Nein, noch anders, ich meinte, mir zureden zu müssen, es zu glauben, aber es gelang nicht. Ich war ganz ehrlich und machte mir nichts vor, und doch konnte ich nur glücklich über Deine mir so vertraute, so gewohnte und so geliebte Nähe sein. Es war wieder ganz selbstverständlich, aber ich habe es doch als etwas ungeheuer kostbares empfunden, so nah bei Dir sitzen zu können. So war es bei mir! So schön, so Schatz bereichernd. Gott gebe, dass es bei Dir auch nicht zu schwer war, dass Du nicht gepeinigt worden bist in Deiner Zelle, dass Dir es nicht zu anstrengend war, dass ich nicht wieder an Dir gezogen habe in dieses herrliche gemeinsame Leben. Ich hoffe, Hercher hat Dir geholfen und Dich in Deine Verteidigung, Deine Arbeit und Deine Überlegungen hereingezogen und von traurigen Gedanken an uns abgezogen. Mein liebes Herz, wie sehr liebe ich Dich und wie froh bin ich, Dich so lieben zu dürfen; was würde ich nicht tun, um Dir und mir Dein Leben erhalten zu können, und weiß doch so genau, dass wir ja so zutiefst erfahren und begriffen haben: «Dein Wille geschehe.» Mein Jäm, mein Liebster, vielleicht *ist* dieser Brief der letzte, den ich je an Dich schreibe, vielleicht, aber es kommt auf das Briefeschreiben nicht an, es kommt selbst auf das Miteinanderleben nicht an, aber es kommt auf die Liebe an. So schreibe ich Dir aber heute, da ich noch schreiben kann, noch einmal von meiner Liebe. Was auch immer geschieht, Du bist das Glück meines Lebens, Du bist mein Reichtum, Du bist mein Leben. Was wäre ich ohne Dich! Ich bin Dir zugewachsen. Kaum war ich erwachsen, so warst Du da, und ich wusste, dass ich die Deine war. Ich weiß es jetzt mehr denn je, Du weißt es auch. Mein Herz, Du musst jetzt alles auf den Weg vor Dir konzentrieren, auf den Termin und auf den Tod. Du darfst jetzt nicht mehr an mich denken, und das hast Du auch nicht nötig, denn meine Liebe wird Dich unermüdlich und unverdrängbar umgeben. Sie wird Dich einhüllen und wärmen, wenn Deine Feinde Dich umgeben, sie wird mit Dir gehen, wohin Du auch gehen musst. Nie, nie, nie hat sie ein Ende. Sie hat mein Leben reich gemacht und wird mein Leben reich erhalten. Immer werden wir uns in unserer Liebe finden, hier oder dort. Gott wird uns dazu helfen, der uns in diesen Monaten so deutlich, so stark und so wunderbar geholfen und beigestanden hat. Er wird auch in den schweren Tagen vor Dir bei Dir bleiben und wird mir helfen, Dir auch beizustehen. Ihm müssen wir uns fest anvertrauen und bei ihm bleiben, dann wird uns nichts wirklich Böses zustoßen. Wir wissen zu genau, dass er uns den richtigen Weg führt. Du weißt, dass wir in allem ganz einig sind, und dass ich mich so wie Du Dich, dass wir uns seinem Willen bereitwillig ergeben, zu dem, was kommt, ja sagen, das auf uns nehmen, was uns auferlegt ist. Ich weiß, dass Du das Deine tragen wirst, und wenn Du sterben musst, so bleibe ich halt alleine noch, bis ich Dir folgen kann, aber ich bin ganz gewiss, Dich nicht zu verlieren, Dich wieder zu finden. Du kennst mich ja, ich werde mich oft freuen und lachen und vieles schön finden, aber zu Dir werde ich immer gehören, die Deine werde ich immer bleiben. Das brauche ich garnicht noch zu sagen, aber ich sage es, weil ich es Dir heute noch sagen kann. Wir sind eins und bleiben eins. Wir waren glücklich, wir sind glücklich und wir bleiben glücklich. Wir sind zusammen dankbar und zusammen aufgehoben, wir bleiben zusammen, und kein Tod kann uns trennen. Ich jammere auch nicht, denn unser Leben müssen wir bereit sein einzusetzen. Ich billige alles, was Du tatest, aus Herzensgrund. Ich will nicht erst große Worte machen, die nur so tun könnten, als wären wir nicht eins, aber da wir es sind, so gehört auch das dazu und gibt mir Mut und Haltung und Stolz. Das alles deutet aber zu sehr auf Deinen Tod: den sollen wir für möglich halten, aber wir brauchen nicht fest an ihn zu glauben. Erst müssen wir kämpfen, und bei dem Kampf brauchst Du meine Liebe. Du hast sie, Du hast mich. Ich werde klopfen und wärmen und bitten und Deiner gedenken ohne Furcht, ohne Unruhe, ganz bereit und doch entschlossen, zu kämpfen um uns. Bleib auch Du ruhig und fest verankert, geborgen in Gott und verbunden mit Deinem Pim. Dann werden die Gaben Deines Geistes und Deines Kopfes und Herzens schon zu Hilfe kommen, denn Du kämpfst ja auch nicht für Dich allein! Ich könnte noch lange, lange weiter schreiben und doch ist nichts mehr neu und alles gesagt zwischen uns. Es ist lebendig in uns, und das ist das, was wichtig ist. Ich höre darum jetzt davon auf, geh schlafen und schreibe morgen früh von dem, was ich Dir alles noch erzählen möchte. Gute Nacht, mein Ehewirt, nein mehr, mein Liebster, schlaf wohl und ruhig, wie ich auch. Gott behüte Dich! – Sonntag früh. Guten Morgen, mein liebes Herz, das hast Du sicher auch schon heute früh an mich geschrieben. Es ist nach halb 8. Die Freunde sind noch im Bett. Wie magst Du geschlafen haben. Es wäre gut, wenn Du noch gut schliefest! Ich fand Dich wohl aussehend, nur ein wenig so, als hättest Du die Nacht vorher nicht allzu gut geschlafen. Ich habe Dich mir ganz eingehend und ganz kritisch betrachtet und alles, was ich sah, gefiel mir. Du siehst vollkommen ungebrochen aus, vollkommen ruhig, ganz ausgeglichen und gesund. Ich habe es mir nicht nur liebevoll, sondern auch mal kritisch betrachtet. Du weißt, dass ich das fertigbringe, und da hast Du ausgesprochen gut bestanden, mein Liebster! Du warst auch entschieden gerader, ganz wesentlich, verglichen mit Deiner Rückkehr vom Lichtbad und meiner letzten Sprechstunde. Gerade sein und das Attest haben ist die beste Lösung, daher halte Dich nur krumm genug, wenn es nötig sein sollte, aber ganz normal wirst Du ja kaum schon sein. – Mein Herz, ich schicke Dir die schöne Sendung aus Kr., die ich gestern bekam, und glaube, dass sie Dich genau so freuen wird wie mich, denn sie ist ja wirklich für uns beide. Ist sie nicht von Mutz sehr liebevoll gemacht. C.chen hat das allerdings ganz und gar alleine gemacht, das sieht man ja deutlich. So war auch Deine Postkarte, da hatte auch niemand Linien für ihn gemacht, und er hatte sich einfach hingesetzt und geschrieben. Ich habe gestern Nachmittag von C.D. aus mit Kr. telefoniert und lange mit C.chen geschwätzt. Er war voller hoch klingender (mit der Stimme) Worte, von Schnee und Konrad und Schule und Soldaten, die in Kr. geübt hätten. Er war entzückt, dass ich Dich so lange gesehen hätte und am Schluss kam «Träum vom Pa!» Ja, das habe ich sehr nötig. Dabei träume ich selten von Dir, weil ich es immer gleich nicht mehr weiß. Wenn ich aber träume, dann sind es immer ganz selbstverständliche Beieinandersein. Die Häuser sind das Berghaus und Stäsches Haus, Du erkennst auch einige Merkmale bei näherem Hinsehen! – Ich habe zu Hause gesagt, dass es erst Dienstag, Mi. ist. Ich weiß noch nicht, ob Mutz od. Marion Montag mit Sachen kommt, aber Eine kommt und ich bekomme Bescheid. – Dorothees Finger ist noch sehr böse, das ist sehr lästig für sie, denn sie kann praktisch nichts tun. Ich tue gerne alles, was ich kann, aber Du gehst auf der ganzen Linie vor, und darüber besteht auch nirgends ein Zweifel. So steht schon fest, dass ich die Termintage nichts tue. Bis dahin wird es auch schon wieder besser sein. Ich bleibe auch dabei, dass ich früh an beiden Tagen zu Hercher gehe und dann über Tag in Lichterfelde bleibe und abends nach Herchers Anruf zu den Freunden fahre. Das bleibt mein Programm. Ich werde meine Gedanken bei Dir haben und beim lieben Gott und werde etwas stopfen oder nähen oder etwas tun, was lediglich meine Hände beschäftigt. Ich werde Dich nicht mit Gedanken und Wünschen bedrängen, ich werde nur da sein und mich durch

Gott führen lassen. Er wird mir helfen, ruhig zu bleiben und so, wie Du mich brauchst. Sollte das Todesurteil am 2. Tag herauskommen, oder wann es herauskommt, dann werde ich sofort geschäftig. Ich verzweifele bestimmt nicht, das brauche ich Dir wohl nicht zu sagen, da Du so genau weißt, wie es in mir aussieht – und ich in Dir. Mein geliebtes Herz, mein Jäm, mein Liebster. – Nach der Sprechstunde war ich noch eine Weile bei Dorothee, schrieb an Freisler und kam um 1 zum V. G. H., aber dort tat schon niemand mehr was. Der Pförtner ist ein netter Mann, war immer hilfreich zu mir, drum gab ich ihm eine Zigarre. Stier war noch da. Ich verschwand daher in die Telefonzelle, um ihn anzufragen, ob ich noch kommen dürfe, und als ich eben nach Groschen suchte, kam der Pförtner und holte mich, da Stier eben im Torweg erschien. Ich sagte ihm, was ich sagen wollte, und wurde meinen Brief los. Er war freundlich wie immer und sagte, was ich vom Pförtner auch schon wusste, dass Fr. auch *heute* noch Termin in Klagenfurt hat. Ob er da Dienstag schon verhandeln wird, ist sicher nicht, aber kaum ist er da, so kommt Ihr eben dran. Schulze war schon weg und das Geschäftszimmer des Senats vollkommen ausgestorben, sodass ich nach den Briefen nicht mehr fahnden konnte. Ich fuhr nun in die Lansstr.[1] Oxé spricht heute mit Jowo. Der soll sich bereit halten und ev. sofort nach dem Urteil, das Oxé ihm wieder durchgibt, losfahren. Ich glaube, das Fliegen von Oslo herüber ist auch nicht ohne Gefahr. Soll ich deshalb doch C. Viggo holen? – Ich stellte dann mit Haus und Oxé fest, dass die Auskunft, das Gnadengesuch sei an W. R. abgegeben, nicht stimmt. Die sitzen sicher noch drauf! Oder es ist im Papierkorb. Haus hat dann gleich einliegenden Brief geschrieben. Ich wollte Onkel Bill unterschreiben lassen. Als sich aber dort niemand meldete, unterschrieb ich selbst unter seinem Kopf zügig «von Moltke», und der Brief ist gestern um 4.15 schon vom Tirpitzufer[2] abgegangen und ist heute bei Keitel, dem widerlichen Waschlappen, oder seinem Adjutanten. Der Hewelsche ist wieder bei Adrian. Unterwegs ist nur der an den H. H. Haus war wieder sehr nett. «Jetzt müssen wir mal was für unseren Grafen tun», sagte er zu Frau Tharant, und dann diktierte er, sich mit mir beratend. Was nutzt alle Intelligenz, wenn der Charakter nichts wert ist. Selten kommt beides zusammen. Bei Haus ist das in angenehmem Maß der Fall. Bü. wird soeben von Keitel aus Bozen zurückgerufen, der wird also wohl doch erreichbar sein. Ich fuhr dann zu C. D., um nach Hause zu telefonieren. Das gelang auch und ebenfalls mit Balfanz, um die Nr. von Onkel Peter zu erfahren. Inzwischen sollte C. D. mit ihm sprechen. Ich tat sonst nichts bei C. D., obwohl ich schon schreiben wollte, aber er hatte sich in dem warmen Zimmer so ausgebreitet, dass es unbehaglich war. So trank ich mit ihm Tee und fuhr dann wieder hier heraus. Hier gab es dann zu tun und Menschen, bis ich anfing zu schreiben. Vor allem musste ich das Hasenvieh noch häuten, und nun muss es noch gespickt werden, das macht eine tolle Arbeit! – Blü-Blü[3] kam schon vorgestern abend. Hast Du es mir vielleicht gestern sogar angesehen? Bis zum Termin ist es jedenfalls überstanden, und jetzt geht es mir auch garnicht schlecht. Ich mache Dir nichts vor, mach Dir aber keine Sorgen um mich. Ich wäre außerstande, Dich auch nur im kleinsten jetzt zu betrügen, selbst nicht aus Rücksichtsnahme, weil wir zu sehr eins sind und Du es dann doch irgendwie merken würdest. Nein, die Burg[4] hält ganz gut, aber das liegt sicher nur am Fels, auf dem sie steht, und weil sie einen so vortrefflichen Besitzer hat! Sie ist aber immer schon ein treuer Gefährte, diese Burg, und ich weiß, wie dankbar ich für sie sein kann. Wenige verfügen über eine so sichere und feste, und ich empfinde jetzt manchmal ein richtiges, abgelöstes Gefühl der Dankbarkeit ihrer Treue gegenüber. – Mir scheint, mein Herz, damit hätte ich alles erzählt, gleich wird es hier Frühstück geben, und die Stille ist zunächst vorüber. – Wie dankbar wir unseren Freunden sein können, ist garnicht auszuschöpfen, das ist ein Kapitel für sich, und auch darüber bedürfen wir beide keines ausdrücklichen Gedankenaustausches, aber wenn dies der letzte Brief sein sollte, der Dich je von mir erreicht, so gehört ein Wort über ihre Liebe und Freundschaft bestimmt hinein. Was wäre aus uns ohne sie geworden, drinnen und draußen! Der liebe Gott möge sie behüten. Sie steht hinter ihm an Format durchaus nicht zurück, und sie ergänzen sich auf genau so selbstverständliche Weise wie wir. Die gehören auch zusammen.

Ich habe Dir unsere Sprüche auf ein Zettelchen geschrieben. Nimm sie mit oder lass sie da, ganz wie Du magst. Du brauchst von mir nichts stoffliches mitzunehmen, denn Du trägst mich fest in Dir, so wie ich Dich. So ist dieser Brief kein Ende und kein Anfang, sondern nur einer der vielen Siegel auf etwas sehr viel schöneres und beständigeres, wofür es keine rechten Worte gibt, das wir besitzen als kostbarsten Schatz und nie zu verlieren brauchen und werden. Daher soll auch keine Träne mehr auf diese Worte fallen, denn wir haben nur Grund, getrost und freudig, dankbar und glücklich zu sein und unser Menschenschicksal als Gottes Kinder gemeinsam auf uns zu nehmen, gemeinsam – so wird es bleiben hier oder dort. So sag ich, Gott behüte Dich, uns! Ich bin und bleibe immer

Dein P.

1 Das heißt: zu Helmuths früherer Dienststelle der Völkerrechtsgruppe im Amt Ausland/Abwehr des OKW. *2* Das heißt: vom Sitz des Oberkommandos der Wehrmacht. *3* Die Monatsblutung. *4* Bezeichnung für Freya bzw. ihren Körper. Siehe Helmuths Brief vom 1./2. Januar 1945, S. 425.

Helmuth James an Freya, 7./8. Januar 1945

Tegel, den 7. 1. 45.

Mein liebes Herz, wie schön, Dir noch ein Mal schreiben zu können, obwohl ich garnichts mehr zu schreiben weiß, denn wir haben's uns ja ausführlich und in ganz klaren Worten gesagt. Ich will's auch nicht wiederholen, auf dass es nicht durch die Wiederholung leide und sich abschwäche, wie Abschiedsgrüße, wenn der Zug nicht abfahren will. Darum sage ich nur, dass es mich eben freut, Dir noch ein Nacht- und morgen früh noch ein Morgen-Grüßchen schicken zu können.

Wie schön war C'chens Brief und Bild. Es ist lieb, dass er so unbefangen bereit ist zu schreiben. Und Berghaus und Stäsche's Haus mit Sonne und Mond zu gleicher Zeit nebeneinander ist durchaus zu erkennen. Aber auch der Brief von Mutz ist sehr nett mit Händen und Löckchen von Konrad. Dass der nur das C'chen nicht aussticht. Es beängstigt mich etwas, dass alle so sichtlich auf ihn fliegen. Nun, bald bist Du ja wieder zu Hause mit Wirt im Himmel oder Gefängnis, und dann wird das rechte Gleichgewicht gewiss erhalten bleiben.

Ja, mein Lieber, ich suche Dich an den Termintagen bei C.D. in der Wohnung und abends bei den Freunden. Tue nichts; auch nichts in meinen Sachen, denn das ist doch alles entweder zu spät oder zu früh; außerdem besteht immer die Gefahr, dass so etwas Dich unruhig macht. C.V. und/oder Jowo würde ich so bestellen, dass einer von ihnen am Morgen nach dem Urteil da ist, gibt es kein Todesurteil, dann fährt er eben wieder nach Haus; gibt es ein Todesurteil, dann muss aber sofort etwas geschehen, vor allem muss dann aus Hercher herausgequetscht werden, was für Gnadenchancen die Verhandlung geboten haben mag, sozusagen wie groß der Schuldgrad ist. Ziel aller solcher Bestrebungen muss H. H. sein.

P. wird Dir ja erzählt haben, dass es mir gut geht. Ich bitte darum, dass es so bleibt, was immer geschehen mag. Wenn der Herr mich so hält wie jetzt, dann kann mir garnichts geschehen.

Über das Anstreichen in dem Buch habe ich mir folgendes überlegt: Ich werde ganze Worte unterstreichen und außerdem unter einzelne Buchstaben Punkte machen, beides dünn. Ich werde damit immer auf S. 5 anfangen, und es gelten nur Striche und Punkte auf den ungraden Seiten. Jedesmal wenn Du kommst, bringe ein neues Buch mit. Da ich keinen Gummi habe, sind unkorrigierbare Fehler möglich. Kommen die vor, so mach ich einen Strich an der Seite, und die mit Seitenstrich versehenen Zeichen gelten dann allesamt nicht. Ob das wohl funktioniert?

Schade, dass beide P.'s etwas marode sind. Ich lasse ihnen gute Besserung wünschen. Leb wohl, mein Herz, gute Nacht für heute. J.

8. 1. 45.

Mein liebes Herz, guten Morgen darf ich Dir noch ein Mal schreiben. Ist nicht der 8. der Tag, an dem wir zum zweiten Mal bei den Großeltern ankamen?[1] Ach nein, es muss der 6. oder 7. gewesen sein, denn wir verließen Southampton ja am 24. und fuhren 14 Tage. – Heute Morgen habe ich schon sehr lieb an Dich gedacht, obwohl ich jetzt sehr beschäftigt bin mit Ordnen von Sachen und Gedanken und mit inneren Vorbereitungen. Es ist eben leider nötig, dass ich mich mit dem Stoff der Verhandlung immer wieder beschäftige, denn es ist eben sehr viel Stoff, und er kann von den verschiedensten Seiten her angegangen werden. Beim Nachdenken über die Anklage bin ich aber jetzt zu der Auffassung gelangt, dass der ganze erste, Kreisau betreffende Teil nur Dekoration ist, nur meine innere Einstellung illustrieren soll, um dann aus der einen Besprechung mit Goerdeler zu schließen: Wenn der Mann mit diesen Auffassungen sich mit Beck und Goerdeler zusammensetzt, so ist er eben auch dann Mittäter, wenn er G. selbst ablehnt. Das würde die Kreisauer Sache entlasten, was für die draußen ja nützlich ist.

Mein Lieber, ich schreibe nichts mehr. Ich habe Dich lieb, und ich bin mit Dir glücklich, und dabei bleibt es. J.

Eben, mein Herz, kamen Deine Briefe vom 21. und 27.12.[2] und C'chens sehr schöne Karte. Ich freute mich riesig, das alles noch bekommen zu haben. Ich habe gestern aber weder C'chen noch Dir geschrieben. Bis Ihr die Briefe bekommen würdet, ist ja alles entschieden, und was sollen diese Briefe dann selbst für C'chen. Und geht es gut, so wirst Du wohl eine Woche überspringen können und C'chen auch.

1 Ihre Ankunft bei Helmuths Großeltern in Kapstadt, Südafrika, im Jahr 1937. *2* Es handelt sich um zwei nicht erhaltene offizielle Briefe.

Freya an Helmuth James, 8. Januar 1945

Montag früh

Mein liebes Herz, heute hat mein Wecker mich im Stich gelassen, und ich erwache eben durch die Tür von der Freunde Schlafzimmer. Wenn Du nur auch so viel und fest geschlafen hast wie ich! Ich kam um 10 aus Nikolassee[1] hier an, fand alles schon schlafend und beschloss, Dir auch erst ganz wach und in Muße heute früh zu schreiben und ebenfalls zu schlafen. Das tat ich also und habe es von 10.15 bis 6.45 ununterbrochen besorgt. So viel habe ich schon lange nicht geschlafen! Du siehst, dass Du um meine Ruhe ganz unbesorgt zu sein brauchst. Wenn es nur auch bei Dir so sein könnte! Der Schlaf in diesen Nächten ist sehr wichtig für Dich, aber mein liebes, liebes Herz, ich werde mich nicht sorgen, sondern Dich nur lieben und unseren Vater für Dich bitten. Vertrauen haben und Liebe ist wichtiger als Sorge haben, und so ist es bei mir. Es ist merkwürdig, wie ruhig ich bin: ich bin dafür da, zu sorgen, dass es bei Dir auch so bleibt. Nur in Augenblicken der Unruhe darfst Du jetzt noch an mich denken und überzeugt sein, dass ich nicht nervös, nicht unruhig, nicht verzweifelt, nicht traurig bin, vielmehr fühle, wo wir geborgen sind, Vertrauen habe, Gott bitte und uns ihm ganz ans Herz lege. Denk dran, dass ich heute Nacht 8½ Std. geschlafen habe: Ich klopfe wirklich gut und gleichmäßig. Es erscheint mir wie ein Wunder, es ist auch eines!

Ich war gestern Nachmittag, nachdem ich mit Glück und vollem Einverständnis Deinen lieben, lieben Brief gelesen und unsere Kapitel gelesen habe, die ja so besonders schön waren – heute fangen wir den 2. Kor. Brief an –, bei Brigitte. Die wohnt ja auch in Lichterfelde. Sie rief früh traurig an, und ich wollte sie nicht im Stich lassen. Sie hat nun wieder von ihrer scheußlichen Kartenlegerin gehört, die mich schon einmal mit guten Prophezeiungen ganz aus dem Konzept gebracht hat. Damals hat es mich noch mehr belastet als gestern, aber sie konnte es auch gestern wieder nicht bei sich behalten; damals habe ich Dir auch nicht davon berichtet, weil ich Dein empörtes Gesicht vor mir gesehen hätte, der Du solche Dinge so ablehnst, aber heute kann ich es nicht fertig bringen, Dir nicht zu sagen, dass die Frau, die vor Weihnachten keinen Termin wahr haben wollte, ihn jetzt kommen sieht und sagte, Ihr würdet beide durchkommen, wenn es auch äußerst gefährlich und äußerst kippelig sei. Sie hat sogar gesagt, leider kämet Ihr hinterher in verschiedene Zuchthäuser (od. Gefängnisse). Verzeih, mein geliebtes Herz, dass ich Dir so etwas schreibe. Ich schäme mich deshalb, weil ich doch jetzt Dein Mitträger sein soll und Dich nicht mit Unnötigem belasten darf. Ich kann von mir aber mit ganz reinem Gewissen sagen, dass ich Brigittens Haus nicht anders verlassen habe, wie ich es betreten habe. Mein Vertrauen liegt beim lieben Gott. Von der Weisheit seiner Führung bin ich zutiefst und ganz fest überzeugt. Wir wissen, dass es an uns nur liegt, uns dieser Führung ganz offen und ganz bereitwillig anzuvertrauen. Leicht wird unser Weg auf keinen Fall sein, aber mit ihm gegangen und fest vereint hier oder in der anderen Welt, dessen dürfen wir sicher sein. Da bin ich wieder bei unseren alten lieben Worten!

Nun noch etwas Sachliches: C. D. hat mit Onkel Peter gesprochen. Die etwas wirre Auskunft war, dass der Reichsführer das Gesuch in «seiner 1. Fassung» an Kaltenbrunner weitergegeben habe. Jedenfalls ist es dann dort gewesen, und an K. kann ich ja noch durch Adrian ran. Ich will dem das heute noch in einem Briefchen mitteilen. Damals zu Anfang hat K. ja gesagt, es käme auf Deine Rechtfertigung im Termin an. Ich werde versuchen, noch einmal selbst mit Onkel Peter zu sprechen, um ganz genau orientiert zu sein.

Die armen Bills haben am 4.12. ihren Hello verloren und waren sehr traurig.

Ich muss heute erst Hercher überreden, Euch Brote und Tee zu bringen. Rechne damit nicht mit Selbstverständlichkeit. Ich wurde, die ich das als ganz sicher glaubte, durch Brigitte stutzig, deren neuer Anwalt, der ihr im ganzen gut gefällt, das nicht tun will. Nimm Dir auf alle Fälle mit, was Du kannst. Ist es erst Mittwoch, dann versuche ich Dienstag, falls Ihr in die P. A. kommt, was Brigitte auch bejahte, dorthin Essen zu bringen. Ich eile Euch jedenfalls dorthin nach und stelle die genauen Bedingungen dort fest. Wo Du auch bist und bleibst, ich kratze an Deiner Tür. Ich bleibe Dir auf den Fersen.

Gott weiß, ob dies der letzte Brief ist! Ich will so nicht denken. Du sollst auch so nicht denken! Fühl Dich nie verlassen auf Deinen schweren Wegen, mein Liebster, mein Jäm! Ich darf an Deiner Seite bleiben und bin es, auch wenn wir lange, lange, lange – den Rest meines Lebens nichts von einander hören. Wir sind eins und dürfen es bleiben. Gott helfe Dir in diesen schweren Tagen, er helfe uns beiden. Kennst Du das schöne Mörike-Gebet: «Herr, Dir in die Hände sei Anfang und Ende, sei alles gelegt!»[2] Leb wohl! Gott behüte Dich. Dein P. bin ich und bleibe ich, aber als allerletztes schreibe ich noch einmal: «Leben wir, so leben wir dem Herrn, sterben wir, so sterben wir dem Herrn; darum wir leben oder sterben sind wir des Herrn.»

1 Vermutlich Wohnort von Wilhelm von Moltke. *2* Aus Eduard Mörikes Gedicht «Zum neuen Jahre».

Helmuth James an Freya, 10. Januar 1945

Berlin, den 10. Januar 1945.

Mein Lieber, denk' mal wie schön, dass ich noch ein Mal hier nach Tegel zurückgebracht worden bin, dass die Würfel, deren Fall schon genau feststeht, sozusagen auf der Kante noch ein Mal halten. So kann ich noch in Frieden einen Bericht schreiben.

Erst mal den Schluss vorweg: Um 3 Uhr etwa verlas Schulze, der keinen üblen Eindruck macht, die Anträge: Moltke: Tod und Vermögenseinziehung; Delp: desgl.; Gerstenmaier: Tod; Reisert und Sperr: desgl.; Fugger: 3 Jahre Zuchthaus; Steltzer und Haubach abgetrennt. Dann kamen die Verteidiger, eigentlich alle ganz nett, keiner tückisch. Dann die Schlussworte der Angeklagten, wobei Dein Wirt als einziger verzichtete. Eugen war, wie ich am Schlusswort merkte, etwas unruhig.

Nun kommt der Gang der Verhandlung. Alle diese Nachrichten sind natürlich verboten.

Es war in einem kleinen Saal, der zum Brechen voll war. Anscheinend ein früheres Schulzimmer. Nach einer langen Einleitung von Freisler über Formalien – Geheimhaltung, Verbot des Mitschreibens etc. – verlas Schulze die Anklage, und zwar nur den kurzen Text, der auch im Haftbefehl[1] stand. Dann kam Delp dran, mit dem seine zwei Polizisten vortraten. Die Verhandlung spielte sich so ab: Freisler, den Hercher sehr richtig beschrieben hat: begabt, genial und nicht klug, und zwar alles dreies in Potenz, erzählt den Lebenslauf; man bejaht oder ergänzt, und dann kommen diejenigen Tatfragen, die ihn interessieren. Da schneidet er aus dem Tatbestand eben Dinge heraus, die ihm passen, und lässt ganze Teile weg. Bei Delp fing es damit an, wie er Peter und mich kennengelernt hat, was zuerst in Berlin besprochen ist, und dann kam Kreisau Herbst 42 dran. Auch hier die Form: Vortrag von Freisler, in den man Antworten, Einreden, eventuell neue Tatsachen einbauen kann; besteht aber die Möglichkeit, dass man dadurch den Ductus stören könnte, so wird er ungeduldig, zeigt an, dass er es doch nicht glaubt, oder brüllt einen an. Der Aufbau für Kreisau so: Zuerst waren es allgemeine Erörterungen mehr grundsätzlicher Art, dann wurde der praktische Fall der Niederlage erörtert, und zum Schluss wurden Landesverweser gesucht. Die erste Phase möge noch angehen, obwohl überraschend sei, dass alle diese Besprechungen ohne einen einzigen Nationalsozialisten stattfanden, dafür aber mit Geistlichen und lauter Leuten, die sich später am 20. 7. beteiligt hätten. – Die zweite Phase aber sei bereits schwärzester Defaitismus allerdunkelster Art. Und das dritte offene Vorbereitung zum Hochverrat. – Dann kamen die

Münchener Besprechungen dran. Das stellte sich zwar alles als viel harmloser heraus, als es in der Anklage stand, aber es hagelte Pflaumen gegen die katholischen Geistlichen und gegen die Jesuiten: Zustimmung zum Tyrannenmord – Mariana;[2] uneheliche Kinder; Deutschfeindlichkeit u. s. w., u. s. w. Das alles mit Gebrüll mittlerer Art und Güte. Auch die Tatsache, dass Delp bei den Besprechungen weggegangen war, die in seiner Wohnung stattfanden, wurde ihm als «echt jesuitisch» zur Last gelegt: «Gerade dadurch dokumentieren Sie ja selbst, dass Sie genau wussten, dass da Hochverrat getrieben wurde, aus dem Sie gerne das Köpfchen mit der Tonsur, den geweihten, heiligen Mann heraushalten wollten. Der ging derweil wohl in die Kirche, um dafür zu beten, dass das Komplott auch in Gott wohlgefälliger Form gelänge.» – Dann kam Delp's Besuch bei Stauffenberg dran. Und schließlich die am 21. 7. erfolgte Mitteilung Sperr's davon, dass Stauffenberg ihm Andeutungen über einen Umsturz gemacht habe. Diese beiden letzten Punkte gingen glimpflich ab. Bemerkenswert in der ganzen Vernehmung, dass ich in jedem 2ten Satz von Freisler irgendwie vorkam: «der Moltke-Kreis», «Moltke's Pläne», «gehört auch zu Moltke» u. s. w.

Als Rechtsgrundsätze wurden verkündet:

«Der Volksgerichtshof steht auf dem Standpunkt, dass eine Verrattat schon der begeht, der es unterlässt, solche defaitistischen Äußerungen wie die von Moltke, wenn sie von einem Mann seines Ansehens und seiner Stellung geäußert werden, anzuzeigen.» – «Vorbereitung zum Hochverrat begeht schon der, der hochpolitische Fragen mit Leuten erörtert, die in keiner Weise dafür kompetent sind, insbesondere nicht mindestens irgendwie tätig der Partei angehören.» – «Vorbereitung zum Hochverrat begeht jeder, der sich irgendein Urteil über eine Angelegenheit anmaßt, die der Führer zu entscheiden hat.» – «Vorbereitung zum Hochverrat begeht, der zwar selbst jede Gewalthandlung ablehnt, aber Vorbereitungen für den Fall trifft, dass ein anderer, nämlich der Feind, die Regierung mit Gewalt beseitigt; dann rechnet er eben mit der Gewalt des Feindes.» Und so ging es immer weiter. Daraus gibt es nur einen Schluss: Hochverrat begeht, wer dem Herrn Freisler nicht passt.

Dann kam Sperr. Der zog sich aus der Kreisau-Affäre – mit Recht ein wenig auf meine Kosten – einigermaßen heraus. Es wurde ihm aber folgendes vorgehalten: «Warum haben Sie nicht angezeigt? Sehen Sie, wie wichtig das gewesen wäre: Der Moltke-Kreis war bis zu einem gewissen Grade der Geist des ‹Grafen-Kreises›, und der wieder hat die politische Vorbereitung für den 20. Juli gemacht; denn der Motor des 20. Juli war ja keineswegs Herr Goerdeler, der wahre Motor steckte in diesen jungen Männern.» Sperr im ganzen freundlich behandelt.

Nun Reisert. Er wurde sehr freundlich behandelt. Er hat drei Besprechungen mit mir gehabt, und es wurde ihm vor allem zur Last gelegt, dass er nicht schon nach der ersten bemerkt hätte, dass ich ein Hochverräter und schwerer Defaitist sei, und dann noch zwei andere Besprechungen mit mir gehabt hätte. Ihm wurde vor allem der Vorwurf gemacht, nicht angezeigt zu haben.

Schließlich Fugger. Der machte einen sehr guten Eindruck. Er war eine Zeit lang elend gewesen und hatte sich nun wieder erholt, war bescheiden, sicher, hat keinen von uns belastet, sprach nett bayrisch und hat mir noch nie so gut gefallen wie gestern; ganz ohne Nerven, während er hier immer schreckliche Angst gehabt hatte. Er gab sofort zu, dass, nach dem, was ihm heute gesagt worden sei, ihm klar sei, dass er hätte anzeigen müssen, und er wurde so gnädig entlassen, dass ich gestern abend dachte, er würde freigesprochen werden.

Hingegen war auch in den anderen Vernehmungen der Name Moltke immerzu zu hören. Wie ein roter Faden zog sich das durch alles durch, und nach den oben angeführten «Richtsätzen» des V. G. H. war ja klar, dass ich umgebracht werden sollte.

Nun vielleicht eine kleine Einschiebung über das Bild:

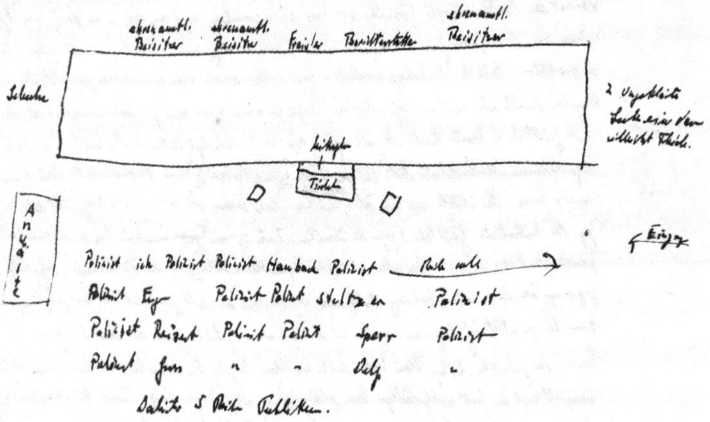

Die ganze Verhandlung wird durch das Mikrophon auf Stahlbänder für das Archiv aufgenommen. Du wirst sie Dir also, solltest Du Lust dazu haben, später ein Mal vorspielen lassen können. Man tritt vor den Tisch, die beiden Polizisten mit, die sich rechts und links auf die beiden Stühle setzen; für Reisert und mich wurde sofort und ohne dass wir fragten ein Stuhl bereitgestellt. Schulze, Freisler und Berichterstatter in roten Roben. Typisch war ein Vorfall: Aus irgendeinem Grunde wurde ein St. G. B.[3]

gebraucht, weil Freisler etwas daraus vorlesen wollte. Es stellte sich aber heraus, dass keines aufzufinden war.

Nun kommt der zweite Tag. Da fing er mit mir an. In mildem Ton ging es los; sehr schnell, sozusagen rapid; Gott sei Dank, dass ich flink bin und F.'s Tempo spielend mitmachte; das machte übrigens sichtlich uns beiden Freude. Aber wenn er das bei einem Mann exerziert, der nicht ganz schnell ist, so ist der verurteilt, ehe er bemerkt hat, dass F. die Personalien hinter sich gelassen hat. Bis einschließlich der Besprechung mit Goerdeler und meiner Stellung dazu durchaus glatt und ohne viel Aufhebens.

Dann kam mein Einwand, Polizei und Abwehr hätten davon gewusst. Da bekam F. Tobsuchtsanfall Nr. 1. Alles, was Delp zuvor erlebt hatte, war einfach eine Spielerei dagegen. Ein Orkan brach los: Er hieb auf den Tisch, lief an so rot wie seine Robe und tobte: «So etwas verbitte ich mir; so etwas höre ich mir garnicht an.» Und so ging das immer fort. Da ich ohnehin wusste, was rauskam, war mir das alles ganz gleich: Ich sah ihm eisig in die Augen, was er offenbar nicht schätzte, und plötzlich konnte ich nicht umhin zu lächeln. Das ging nun zu den Beisitzern, die rechts von Freisler saßen, und zu Schulze. Den Blick von Schulze hättest Du sehen müssen. Ich glaube, wenn ein Mensch von der Brücke über dem Krokodilteich im Zoo hinunterspringt, so kann der Aufruhr nicht größer sein. Na schön, damit war das Thema erschöpft.

Nun kam aber Kreisau, und da hielt er sich nicht lange bei den Präliminarien auf, sondern steuerte schnurstracks auf zwei Dinge los: *a.* Defaitismus, *b.* das Aussuchen von Landesverwesern. Über beides neue Tobsuchtsanfälle gleicher Güte, und, als ich mit der Verteidigung kam, das alles sei aus dienstlicher Wurzel hervorgegangen, dritter Tobsuchtsanfall: «Alle Behörden Adolf Hitler's arbeiten auf der Grundlage des Sieges, und das ist im O. K. W. nicht anders wie woanders; so etwas höre ich mir garnicht an, und selbst wenn es nicht so wäre, so hat eben jeder einzelne Mann die Pflicht, selbständig den Siegesglauben zu verbreiten.» Und so in langen Tiraden.

Nun kam aber die Quintessenz: «Wer war denn da? Ein Jesuitenpater! ausgerechnet ein Jesuitenpater! ein protestantischer Geistlicher, 3 Leute, die später wegen Beteiligung am 20.7. zum Tode verurteilt worden sind! Und kein einziger Nationalsozialist! Kein einziger! Und da will ich doch nur sagen: Nun ist aber das Feigenblatt ab!» «Ein Jesuitenpater, und ausgerechnet mit dem besprechen Sie Fragen des zivilen Widerstandes! Und den Jesuitenprovinzial[4] kennen Sie auch! Und der war auch ein Mal in Kreisau! Ein Jesuitenprovinzial, einer der höchsten Beamten von Deutschlands gefährlichsten Feinden, der besucht den Grafen Moltke in Kreisau! Und da schämen Sie sich nicht! Kein Deutscher kann doch einen Jesuiten auch nur mit der Feuerzange anfassen! Leute, die wegen ihrer Haltung von der Ausübung des Wehrdienstes ausgeschlossen sind! Wenn ich weiß, in einer Stadt ist ein Jesuitenprovinzial, so ist das für mich fast ein Grund, garnicht in die Stadt zu gehen! – Und der andere Geistliche.[5] Was hatte der dort zu suchen? Die sollen sich ums Jenseits kümmern, aber uns hier in Ruhe lassen. – Und Bischöfe besuchen Sie! Was haben Sie bei einem Bischof, bei irgendeinem Bischof verloren? Wo ist Ihre Befehlsstelle? Ihre Befehlsstelle ist der Führer und die N.S.D.A.P.! Für Sie so gut wie für jeden anderen Deutschen, und wer sich seine Befehle in noch so getarnter Form bei den Hütern des Jenseits holt, der holt sie sich beim Feind und wird so behandelt werden!» Und so ging das weiter. Aber das war in einer Tonart, der gegenüber die früheren Tobsuchtsanfälle noch wie das sanfte Säuseln eines Windchens waren.

Ergebnis dieser Vernehmung «gegen mich» – denn zu sagen «meiner Vernehmung» wäre Quatsch –: Ganz Kreisau und jede dazu gehörige Teilunterhaltung ist Vorbereitung zum Hochverrat.

Ja, richtig, das muss ich noch sagen: Nach diesem Höhepunkt ging es in 5 Minuten zum Schluss: Die Unterredungen in Fulda und München, das alles kam überhaupt nicht mehr dran, sondern F. meinte, das können wir uns nun wohl schenken, und fragte: Haben Sie noch etwas zu sagen? Worauf ich nach einigem Zögern, leider, erwiderte: «Nein», und damit war ich fertig.

Nun geht es in der Zusammenfassung weiter: Wenn die anderen Leute, deren Namen vorgekommen sind – übrigens nicht in der Verhandlung, denn nachdem die Sache so lief, haben wir uns alle gehütet, auch nur noch einen Namen zu nennen –, noch nicht verhaftet sind, so vielleicht als quantité négligeable. Werden sie aber verhaftet und haben sie irgendeine Kenntnis gehabt, die über die rein gesellschaftliche Unterhaltung über solche Fragen hinausgeht oder die diese Fragen in Zusammenhang mit möglicher Niederlage bringen, so müssen sie mit Todesstrafe rechnen. Also das trifft vor allem Einsiedel. C. D. und Peters – der ganze wirtschaftliche Teil ist nicht vorgekommen und um Himmels willen darüber kein Wort – müssen von folgenden Dingen ganz fernbleiben: *a.* Goerdeler-Kenntnis; *b.* vorbereitete oder systematische Besprechungen; *c.* Geistliche aller Art; *d.* Möglichkeit der Besetzung irgendeines Reichsteils, geschweige denn Niederlage; *e.* Besprechungen über irgendwelche organisatorische Fragen «Landesverweser» «Gewerkschaft» «Landkarte» u. s. w.

Einsiedel muss sagen: Ihn habe nur das Problem Planwirtschaft interessiert, das er gegen allerhand Einwände vertreten habe, und er sei nur Oktober 42 dort gewesen, nachher habe er sich nur manchmal mit mir unterhalten, rein gesellschaftlich; auch in Kreisau sei er häufig so zur Erholung gewesen. Am besten war er auch im Okt. 42 14 Tage auf Urlaub bei uns und da kamen die anderen. Das muss sehr sorgfältig überlegt werden, denn ich fürchte, dass Maaß sich explicite geäußert hat. Das muss er alles rundweg bestreiten. Nach der auf uns angewandten Judikatur werden beide, C.D. und Einsiedel, zum Tode verurteilt; denn auch C.D. hat wesentlich mehr gewusst und mitberedet als Reisert. Am besten übermalt Ihr diesen Absatz ganz dick, sobald Ihr ihn gelesen habt, denn der genügt ja als Beweismittel.

Letzten Endes entspricht diese Zuspitzung auf das kirchliche Gebiet dem inneren Sachverhalt und zeigt, dass F. eben doch ein guter politischer Richter ist. Das hat den ungeheuren Vorteil, als wir nun für etwas umgebracht werden, was wir *a.* getan haben und was *b.* sich lohnt. Aber dass ich als Märtyrer für den heiligen Ignatius von Loyola[6] sterbe – und darauf kommt es letztlich hinaus, denn alles andere war daneben nebensächlich –, ist wahrlich ein Witz, und ich zittere schon vor dem väterlichen Zorn von Papi, der doch so antikatholisch war. Das andere wird er billigen, aber das? Auch Mami wird wohl nicht ganz einverstanden sein.

(Eben fällt mir noch etwas zum Tatbestand ein. Mich fragte er: «Sehen Sie ein, dass Sie schuldig sind?» Ich sagte im wesentlichen Nein. Darauf Freisler: «Sehen Sie, wenn Sie das immer noch nicht erkennen, wenn Sie immer noch darüber belehrt werden müssen, dann zeigt das eben, dass Sie anders denken und damit sich selbst aus der kämpfenden Volksgemeinschaft ausgeschlossen haben.»)

Das Schöne an dem so aufgezogenen Urteil ist Folgendes: Wir haben keine Gewalt anwenden wollen – ist festgestellt; wir haben keinen einzigen organisatorischen Schritt unternommen, mit keinem einzigen Mann über die Frage gesprochen, ob er einen Posten übernehmen wolle – ist festgestellt; in der Anklage stand es anders. Wir haben nur gedacht, und zwar eigentlich nur Delp, Gerstenmaier und ich, die anderen galten als Mitläufer und Peter und Adam[7] als Verbindungsleute zu Schulenburg etc. Und vor den Gedanken dieser drei einsamen Männer, den bloßen Gedanken, hat der N. S. eine solche Angst, dass er alles, was damit infiziert ist, ausrotten will. Wenn das nicht ein Kompliment ist. Wir sind nach dieser Verhandlung aus dem Goerdeler-Mist raus, wir sind aus jeder praktischen Handlung heraus, wir werden gehenkt, weil wir zusammen gedacht haben. Freisler hat recht, tausend Mal recht; und wenn wir schon umkommen müssen, dann bin ich allerdings dafür, dass wir über dieses Thema fallen.

Ich finde, und nun komme ich zum Praktischen, dass diese Sache, richtig aufgemacht, sogar noch ein wenig besser ist als der berühmte Fall

Huber.[7] Denn es ist noch weniger geschehen. Es ist ja nicht ein Mal ein Flugblatt hergestellt worden. Es sind eben nur Gedanken ohne auch nur die Absicht der Gewalt. Die Schutzbehauptungen, die wir alle aufgestellt haben: Polizei weiß, dienstliche Ursache, Eugen hat nichts kapiert, Delp ist immer gerade nicht dabei gewesen, die muss man streichen, wie sie auch Freisler mit Recht gestrichen hat. Und dann bleibt übrig ein Gedanke: Womit kann im Chaos das Christentum ein Rettungsanker sein? Dieser eine einzige Gedanke fordert morgen wahrscheinlich 5 Köpfe und später noch die von Steltzer und Haubach und wohl auch Husen. Aber dadurch, dass in dieser Verhandlung das Trio eben Delp, Eugen, Moltke heißt und der Rest nur durch «Ansteckung» dies trägt, dadurch, dass keiner dabei ist, der etwas anderes vertrat, keiner, der zu den Arbeitern gehörte, keiner, der irgendein weltliches Interesse betreute, dadurch, dass festgestellt ist, dass ich großgrundbesitzfeindlich war, keine Standesinteressen, überhaupt keine eigenen Interessen, ja nicht ein Mal die meines Landes vertrat, sondern menschheitliche, dadurch hat Freisler uns unbewusst einen ganz großen Dienst getan, sofern es gelingt, diese Geschichte zu verbreiten und auszunutzen. Und zwar m. E. im Inland und draußen. Durch diese Personalzusammenstellung ist dokumentiert, dass nicht Pläne, nicht Vorbereitungen, sondern der Geist als solcher verfolgt werden soll. Vivat Freisler!

Das auszunutzen ist nicht Deine Aufgabe. Da wir vor allem für den heiligen Ignatius sterben, sollen seine Jünger sich darum kümmern. Aber Du musst ihnen diese Geschichte liefern, und wen sie von Wurm's Leuten zuziehen, ist gleich; am besten wahrscheinlich Pressel. Ich berede das morgen noch mit P. Kommt es raus, dass Du diesen Brief empfangen und weitergegeben hast, so wirst Du auch umgebracht. Tattenbach muss das klar auf sich nehmen und im Notfall sagen, er habe es von Delp mit der letzten Wäsche bekommen. Gib dies Exemplar nicht aus der Hand, sondern nur eine Abschrift, und bei der muss sofort so übersetzt werden, dass es von Delp stammen kann, also bei ihm in der Ich-Form.

So, das ist dieser Teil; der Rest kommt gesondert. J.

Dass Konrad, Dietz und Faulhaber, wohl auch Wienken, unterrichtet werden müssen, ist klar. Lass das aber andere machen. Nichts Derartiges ist Dein Geschäft. Wenn sie nicht gänzlich verschreckt sind, sollten sie aus unserem Tode nett Kapital schlagen können.

1 Siehe Anhang, S. 547 f. *2* Juán de Mariana, spanischer Jesuit des 17. Jahrhunderts, der den Tyrannenmord billigte. *3* Strafgesetzbuch. *4* Augustin Rösch. *5* Eugen Gerstenmaier. *6* Der Gründer des Jesuitenordens im 16. Jahrhundert. *7* Adam von Trott zu Solz. *8* Gemeint ist Kurt Huber, der an der Abfassung der Flugblätter der Widerstandsgruppe «Weiße Rose» beteiligt war, die die Geschwister Hans und Sophie Scholl verteilten. Er wurde dafür am 13. Juli 1943 hingerichtet.

Helmuth James an Freya, 10./11. Januar 1945

Tegel, d. 10. 1. 45.

Mein liebes Herz, zunächst muss ich sagen, dass ganz offenbar die letzten 24 Stunden eines Lebens garnicht anders sind als irgendwelche anderen. Ich hatte mir immer eingebildet, man fühle das nur als Schreck, dass man sich sagt: Nun geht die Sonne das letzte Mal für Dich unter, nun geht die Uhr nur noch 2 Mal bis 12, nun gehst Du das letzte Mal zu Bett. Von all dem ist keine Rede. Ob ich wohl ein wenig überkandidelt bin, denn ich kann nicht leugnen, dass ich mich in geradezu gehobener Stimmung befinde. Ich bitte nur den Herrn im Himmel, dass er mich darin erhalten möge, denn für das Fleisch ist es sicher leichter, so zu sterben. Wie gnädig ist der Herr mit mir gewesen! Selbst auf die Gefahr hin, dass das hysterisch klingt: ich bin nur voll Dank, eigentlich ist für nichts anderes Platz. Er hat mich die 2 Tage so fest und klar geführt: Der ganze Saal hätte brüllen können, wie der Herr Freisler, und sämtliche Wände hätten wackeln können, und es hätte mir garnichts gemacht; es war wahrlich so, wie es in Jesaja 43,2 heißt: «Und so du durch Wasser gehst, will ich bei dir sein, dass dich die Ströme nicht sollen ersäufen; und so du ins Feuer gehst, sollst du nicht brennen, und die Flamme soll dich nicht versengen.» – Nämlich deine Seele. Mir war, als ich zum Schlusswort aufgerufen wurde, so zu Mute, dass ich beinahe gesagt hätte: Ich habe nur eines zu meiner Verteidigung anzuführen: «Nehmen sie den Leib, Gut, Ehr, Kind und Weib, lass fahren dahin, sie haben's kein Gewinn, das Reich muss uns doch bleiben.»[1] Aber das hätte doch die anderen noch belastet. So sagte ich nur: ich habe nicht die Absicht, noch etwas zu sagen, Herr Präsident.

Es ist nun noch ein schweres Stück Weges vor mir, und ich kann nur bitten, dass der Herr mir weiter so gnädig ist, wie er war. Für heute Abend hatte Eugen uns aufgeschrieben: Matthäus 14,22–33 (Randnotiz: Ich sehe eben, es war gestern Lukas 5,1–11). Er hatte es anders gemeint; aber es bleibt wahr, dass dies für mich ein Tag eines großen Fischzuges war und dass ich heute Abend mit Recht sagen kann: «Herr, gehe von mir hinaus! Ich bin ein sündiger Mensch.» Und was haben wir, mein Lieber, gestern Schönes gelesen: «Wir haben aber solchen Schatz in irdenen Gefäßen, auf dass die überschwengliche Kraft sei Gottes und nicht von uns. Wir haben allenthalben Trübsal; aber wir ängsten uns nicht. Uns ist bange; aber wir verzagen nicht. Wir leiden Verfolgung; aber wir werden nicht verlassen. Wir werden unterdrückt, aber wir kommen nicht um. Und tragen allezeit das Sterben des Herrn Jesus an unserem Leibe, auf dass auch das Leben des Herrn Jesus an unserem Leibe offenbar werde.»[2] Dank, mein Herz, vor allem dem Herrn, Dank, mein Herz, Dir für Deine Fürbitte, Dank allen Anderen, die für uns und für mich gebetet haben. Dein Wirt, Dein schwacher, feiger, «komplizierter», sehr durchschnittlicher Wirt, der hat das erleben dürfen. Wenn ich jetzt gerettet werden würde – was ja bei Gott nicht wahrscheinlicher oder unwahrscheinlicher ist als vor einer Woche –, so muss ich sagen, dass ich erst ein Mal mich wieder zurecht finden müsste, so ungeheuer war die Demonstration von Gottes Gegenwart und Allmacht. Er vermag sie eben auch zu demonstrieren, und zwar ganz unmissverständlich zu demonstrieren, wenn er genau das tut, was einem nicht passt. Alles Andere ist Quatsch.

Drum kann ich Dir nur eins sagen, mein liebes Herz: Möge Gott Dir so gnädig sein wie mir, dann macht selbst der tote Ehewirt garnichts. Seine Allmacht vermag er eben auch zu demonstrieren, wenn Du Eierkuchen für die Söhnchen machst oder Puschti beseitigst, obwohl es das hoffentlich nicht mehr gibt. Ich sollte wohl von Dir Abschied nehmen – ich vermag's nicht; ich sollte wohl Deinen Alltag bedauern und betrauern – ich vermag's nicht; ich sollte wohl der Lasten gedenken, die jetzt auf Dich fallen – ich vermag's nicht. Ich kann Dir nur eins sagen: Wenn Du das Gefühl absoluter Geborgenheit erhältst, wenn der Herr es Dir schenkt, was Du ohne diese Zeit und ihren Abschluss nicht hättest, so hinterlasse ich Dir einen nicht konfiszierbaren Schatz, demgegenüber selbst mein Leben nicht wiegt. Diese Römer, diese armseligen Kreaturen von Schulze und Freisler und wie das Pack alles heißen mag: Nicht ein Mal begreifen würden sie, wie wenig sie nehmen können!

Ich schreibe morgen weiter, aber da man nie weiß, was geschieht, will ich in dem Brief jedenfalls jedes Thema berührt haben. Ich weiß natürlich nicht, ob ich nun morgen hingerichtet werde. Es mag sein, dass ich noch vernommen, verprügelt oder aufgespeichert werde. Kratze, bitte, an den Türen; denn vielleicht hält sie das doch von zu argem Prügeln ab. Wenn ich auch nach dem heutigen Erfolg weiß, dass Gott auch diese Prügel zu nichts machen kann, selbst wenn ich keinen heilen Knochen am Leibe behalte, ehe ich gehenkt werde, wenn ich also im Augenblick keine Angst davor habe, so möchte ich das lieber vermeiden. – So, gute Nacht, sei getrost und unverzagt. J.

Hercher, der ja ein lieber Mann ist, der war etwas schockiert über meine gute Laune; daran siehst Du, dass es garnicht zu unterdrücken war.

11. 1. 1945.

Mein Lieber, ich habe nur Lust, mich ein wenig mit Dir zu unterhalten. Zu sagen habe ich eigentlich nichts. Die materiellen Konsequenzen haben wir eingehend erörtert. Du wirst Dich da schon irgendwie durchwinden, und setzt sich ein anderer nach Kreisau, so wirst Du das auch meistern. Lass Dich nur von nichts anfechten. Das lohnt sich wahrhaftig nicht. Ich bin unbedingt dafür, dass Ihr sorgt, dass die Russen meinen Tod erfahren. Vielleicht ermöglicht Dir das, in Kreisau zu bleiben. Das Rumziehen in dem Rest-Deutschland ist auf alle Fälle grässlich. Bleibt das dritte Reich wider Erwarten doch, was ich mir in meinen kühnsten Phantasien nicht vorstellen kann, so musst Du sehen, wie Du die Söhnchen dem Gift entziehst. Ich habe natürlich nichts dagegen, wenn Du dann auch Deutschland verlässt. Tu, was Du für richtig hältst, und meine nicht, Du seist so oder so durch irgendeinen Wunsch von mir gebunden. Ich habe Dir immer wieder gesagt: Der tote Mann kann nicht regieren. – Geldliche Sorgen brauchst Du Dir aber auch nicht zu machen. Solange das Deichmannhaus zahlt und solange Du die Hypothek auf Kreisau behältst – wobei Du nur eisern dabei bleiben musst, sie sei mit Deinem Geld erworben, teils Erbschaft nach Großmutter Schnitzler, teils Schenkung von Tante Emma (Wodan)[3] –, wirst Du immer genug zum Leben haben, und wenn auch beides wegfallen sollte, werden sich genug Leute finden, die Dir aushelfen.

Ich denke mit ungetrübter Freude an Dich und die Söhnchen, an Kreisau und all die Menschen da; der Abschied fällt mir im Augenblick garnicht schwer. Vielleicht kommt das noch. Aber im Augenblick ist es mir keine Mühe. Mir ist ganz und garnicht nach Abschied zu Mute. Woher das kommt, weiß ich nicht. Aber es ist nicht ein Anflug von dem, was mich nach Deinem ersten Besuch im Oktober, nein November war es wohl, so stark überfiel.[4] Jetzt sagt mein Inneres: *a.* Gott kann mich heute genauso dahin zurück führen wie gestern, und *b.* und wenn er mich zu sich ruft, so nehme ich es mit. Ich habe garnicht das Gefühl, das mich manchmal überkam: Ach, nur noch ein Mal möchte ich das alles sehen. Dabei fühle ich mich garnicht «jenseitig». Du siehst ja, dass ich mich lieb mit Dir unterhalte, statt mich dem lieben Gott zuzuwenden. In einem Liede –208,4– heißt es: «denn der ist zum Sterben fertig, der sich lebend zu Dir hält.» Genau so fühle ich mich. Ich muss, da ich heute lebe, mich eben lebend zu ihm halten; mehr will er garnicht. Ist das pharisäisch? Ich weiß es nicht. Ich glaube aber zu wissen, dass ich nur in seiner Gnade und Vergebung lebe und nichts von mir habe oder von mir vermag.

Ich schwätze, mein Herz, wie es mir in den Sinn kommt; darum kommt jetzt etwas ganz anderes. Das Dramatische an der Verhandlung war letzten Endes folgendes: In der Verhandlung erwiesen sich alle konkreten Vorwürfe als unhaltbar, und sie wurden auch fallengelassen. Nichts davon blieb. Sondern das, wovor das dritte Reich solche Angst hatte, dass es 5, nachher werden es 7 Leute werden, zu Tode bringen muss, ist letzten Endes nur folgendes: ein Privatmann, nämlich Dein Wirt, von dem feststeht, dass er mit 2 Geistlichen beider Konfessionen, mit einem Jesuitenprovinzial und mit einigen Bischöfen, *ohne die Absicht, irgend etwas Konkretes zu tun*, und das ist festgestellt, Dinge besprochen hat, «die zur ausschließlichen Zuständigkeit des Führer's gehören». Besprochen was: nicht etwa Organisationsfragen, nicht etwa Reichsaufbau – das alles ist im Laufe der Verhandlung weggefallen, und Schulze hat es in seinem Plaidoyer auch ausdrücklich gesagt («unterscheidet sich völlig von allen sonstigen Fällen, da in den Erörterungen von keiner Gewalt und keiner Organisation die Rede war»), sondern besprochen wurden Fragen der praktisch-ethischen Forderungen des Christentums. Nichts weiter; dafür allein werden wir verurteilt. Freisler sagte zu mir in einer seiner Tiraden: «Nur in einem sind das Christentum und wir gleich: wir fordern den ganzen Menschen!» Ich weiß nicht, ob die Umsitzenden das alles mitbekommen haben, denn es war eine Art Dialog – ein geistiger zwischen F. und mir, denn Worte konnte ich nicht viele machen –, bei dem wir uns beide durch und durch erkannten. Von der ganzen Bande hat nur Freisler mich erkannt, und von der ganzen Bande ist er auch der einzige, der weiß, weswegen er mich umbringen muss. Da war nichts von «komplizierter Mensch» oder «komplizierte Gedanken» oder «Ideologie», sondern: «Das Feigenblatt ist ab». Aber nur für Herrn Freisler. Wir haben sozusagen im luftleeren Raum miteinander gesprochen. Er hat bei mir keinen einzigen Witz auf meine Kosten gemacht, wie noch bei Delp und bei Eugen. Nein, hier war es blutiger Ernst: «Von wem nehmen Sie Ihre Befehle? Vom Jenseits oder von Adolf Hitler!» «Wem gilt Ihre Treue und Ihr Glaube?» Alles rhetorische Fragen, natürlich. – Freisler ist jedenfalls der erste Nationalsozialist, der begriffen hat, wer ich bin, und der gute Müller ist demgegenüber ein Simpel.

Mein Herz, eben kommt Dein sehr lieber Brief. Der erste Brief, mein Herz, in dem Du meine Stimmung und meine Lage nicht begriffen hast.[5] Nein, ich beschäftige mich garnicht mit dem lieben Gott oder meinem Tod. Er hat die unaussprechliche Gnade, zu mir zu kommen und sich mit mir zu beschäftigen. Ist das hoffärtig? Vielleicht. Aber er wird mir noch so vieles vergeben heute Abend, dass ich ihn schließlich um diese letzte Hoffart auch noch um Vergebung bitten darf. Aber ich hoffe ja, dass es nicht hoffärtig ist, denn ich rühme ja nicht das irdene Gefäß, nein, ich rühme den köstlichen Schatz, der sich dieses irdenen Gefäßes, dieser ganz unwürdigen Behausung bedient hat. Nein, mein Herz, ich lese genau die Stellen der Bibel, die ich heute gelesen hätte, wenn keine Verhandlung gewesen wäre, nämlich: Josua 19–21, Hiob 10–12, Hesekiel 34–36, Markus 13–15 und unseren 2ten Korintherbrief zu Ende; außerdem die kleinen Stellen, die ich auf den Zettel für Dich geschrieben habe. Bisher habe ich nur den Josua und unsere Korintherbriefstelle gelesen, die mit dem schönen, so vertrauten, seit Kind oft gehörten Satz schließt: «Die Gnade unseres Herrn Jesu Christi und die Liebe Gottes und die Gemeinschaft des heiligen Geistes sei mit Euch allen. Amen.» Ich habe das Gefühl, mein Herz, als wäre ich autorisiert, Dir und den Söhnchen das mit absoluter Autorität zu sagen. Darf ich da nicht den 118. Psalm, der heute Morgen dran war, mit vollem Recht lesen? Eugen hat ihn sich zwar für eine andere Lage gedacht, aber er ist viel wahrer geworden, als wir es je für möglich hielten.

Mein Herz, darum bekommst Du auch Deinen Brief trotz Deiner Bitte zurück. Ich trage Dich mit hinüber und brauche dafür kein Zeichen, kein Symbol, nichts. Es ist nicht ein Mal so, dass mir verheißen wäre, ich würde Dich nicht verlieren; nein, es ist viel mehr: ich weiß es.

Eine große Pause, während derer Buchholz da war und ich rasiert wurde, außerdem habe ich Kaffee getrunken, Kuchen und Brötchen gegessen. Nun schwätze ich weiter. Der entscheidende Satz jener Verhandlung war: «Herr Graf; eines haben das Christentum und wir Nationalsozialisten gemeinsam, und nur dies eine: wir verlangen den ganzen Menschen.» Ob er sich klar war, was er damit gesagt hat? Denk mal, wie wunderbar Gott dies sein unwürdiges Gefäß bereitet hat: In dem Augenblick, in dem die Gefahr bestand, dass ich in aktive Putschvorbereitungen hineingezogen wurde – Stauffenberg kam am Abend des 19. zu Peter –, wurde ich rausgenommen, damit ich frei von jedem Zusammenhang mit der Gewaltanwendung bin und bleibe. – Dann hat er in mich jenen sozialistischen Zug gepflanzt, der mich als Großgrundbesitzer von allem Verdacht einer Interessenvertretung befreit. – Dann hat er mich so gedemütigt, wie ich noch nie gedemütigt worden bin, sodass ich allen Stolz verlieren muss, sodass ich meine Sündhaftigkeit endlich nach 38 Jahren verstehe, sodass ich um seine Vergebung bitten, mich seiner Gnade anvertrauen lerne. – Dann lässt er mich hierher kommen, damit ich Dich gefestigt sehe und frei von Gedanken an Dich und die Söhnchen werde, d. h. von sorgenden Gedanken; er gibt mir die Zeit und Gelegenheit, alles zu ordnen, was geordnet werden kann, sodass alle irdischen Gedanken abfallen können. – Dann lässt er mich in unerhörter Tiefe den Abschiedsschmerz und die Todesfurcht und die Höllenangst[6] erleben, damit auch das vorüber ist. – Dann stattet er mich mit Glaube, Hoffnung und Liebe aus, mit einem Reichtum an diesen Dingen, der wahrlich überschwenglich ist. – Dann lässt er mich mit Eugen und Delp sprechen und klären. – Dann lässt er Rösch und König entlaufen, sodass es zu einem Jesuitenprozess nicht reicht und im letzten Augenblick Delp an uns angehängt wird. – Dann lässt er Haubach und Steltzer, deren Fälle fremde Materie[7] hereingebracht hätten, abtrennen und stellt schließlich praktisch Eugen, Delp und mich allein zusammen, und dann gibt er Eugen und Delp durch die Hoffnung, die menschliche Hoffnung, die sie haben, jene Schwäche, die dazu führt, dass ihre Fälle nur sekundär sind und dass dadurch das Konfessionelle weggenommen wird, und dann wird Dein Wirt ausersehen, als Protestant vor allem wegen seiner Freundschaft mit Katholiken attackiert und verurteilt zu werden, und dadurch steht er vor Freisler nicht als Protestant, nicht als Großgrundbesitzer, nicht als Adliger, nicht als Preuße, nicht als Deutscher – das alles ist ausdrücklich in der Hauptverhandlung ausgeschlossen, so z. B. Sperr: «Ich dachte, was für ein erstaunlicher Preuße» –, sondern als Christ und als garnichts anderes. «Das Feigenblatt ist ab», sagt Herr Freisler. Ja, jede andere Kategorie ist abgestrichen – «ein Mann, der von seinen Standesgenossen natürlich abgelehnt werden muss», sagt Schulze. Für welch eine gewaltige Aufgabe ist Dein Wirt ausersehen gewesen: All die viele Arbeit, die der Herrgott mit ihm gehabt hat, die unendlichen Umwege, die verschrobenen Zickzackkurse, die finden plötzlich in einer Stunde am 10. Januar 1945 ihre Erklärung. Alles bekommt nachträglich einen Sinn, der verborgen war. Mami und Papi, die Geschwister, die Söhnchen, Kreisau und seine Nöte, die Arbeitslager[8] und das Nichtflaggen[9] und nicht der Partei oder ihren Gliederungen angehören, Curtis und die englischen Reisen,[10] Adam und Peter und Carlo, das alles ist endlich verständlich geworden durch eine einzige Stunde. Für diese eine Stunde hat der Herr sich all diese Mühe gegeben.

Und nun, mein Herz, komme ich zu Dir. Ich habe Dich nirgends aufgezählt, weil Du, mein Herz, an einer ganz anderen Stelle stehst als alle die anderen. Du bist nämlich nicht ein Mittel Gottes, um mich zu dem zu machen, der ich bin, Du bist vielmehr ich selbst. Du bist mein 13tes Kapitel des ersten Korintherbriefes. Ohne dieses Kapitel ist kein Mensch ein Mensch. Ohne Dich hätte ich mir Liebe schenken lassen, ich habe sie z. B. von Mami angenommen, dankbar, glücklich, wie man dankbar ist für die Sonne, die einen wärmt. Aber ohne Dich, mein Herz, hätte ich «der Liebe nicht». Ich sage garnicht, dass ich Dich liebe; das ist garnicht richtig. Du bist vielmehr jener Teil von mir, der mir alleine eben fehlen würde. Es ist gut, dass mir das fehlt; denn hätte ich das, so wie Du es hast, diese größte aller Gaben, mein liebes Herz, so hätte ich vieles nicht tun können, so wäre mir so manche Konsequenz unmöglich gewesen, so hätte ich dem Leiden, das ich ja sehen musste, nicht so zuschauen können und vieles andere. Nur wir zusammen sind ein Mensch. Wir sind, was ich vor einigen Tagen symbolisch schrieb, ein Schöpfungsgedanke. Das ist wahr, buchstäblich wahr. Darum, mein Herz, bin ich auch gewiss, dass Du mich auf dieser Erde nicht verlieren wirst, keinen Augenblick. Und diese Tatsache, die haben wir schließlich auch noch durch unser gemeinsames Abendmahl, das nun mein letztes war, symbolisieren dürfen.

Ich habe ein wenig geweint, eben, nicht traurig, nicht wehmütig, nicht weil ich zurück möchte, nein, sondern vor Dankbarkeit und Erschütterung über diese Dokumentation Gottes. Uns ist es nicht gegeben, ihn von Angesicht zu Angesicht zu sehen, aber wir müssen sehr erschüttert sein, wenn wir plötzlich erkennen, dass er ein ganzes Leben hindurch am Tage als Wolke und in der Nacht als Feuersäule vor uns hergezogen ist und dass er uns erlaubt, das plötzlich, in einem Augenblick, zu sehen. Nun kann nichts mehr geschehen.

Mein Herz, die letzte Woche, vor allem der gestrige Tag haben sicher manche meiner Abschiedsbriefe überholt gemacht. Die werden sich demgegenüber lesen wie kalter Kaffee. Ich überlasse es Dir, ob Du sie trotzdem absenden willst, ob Du was dazu sagen oder schreiben willst. Dass ich die Hoffnung habe, dass die Söhnchen eines Tages diesen Brief verstehen werden, ist klar; aber ich weiß, dass es eine Frage der Gnade ist und nicht irgendeiner äußeren Beeinflussung. – Dass Du alle Leute grüßen sollst, ist auch klar, auch solche wie Oxé und Frl. Thiel und Frau Tharant. Ist es Dir ein Angang, sie anzurufen, so lass es; es spielt keine Rolle. Ich zähle sie nur auf, weil es so die äußersten, extremsten Fälle sind. Da Gott die unglaubliche Gnade hat, in mir zu sein, so kann ich nicht nur Dich und die Söhnchen, sondern alle Lieben und unendliche, die mir viel ferner sind, mitnehmen. Das kannst Du ihnen sagen.

Jetzt noch eines. Dieser Brief ist in Vielem auch eine Ergänzung zu meinem gestern geschriebenen Bericht, der viel nüchterner ist. Aus beiden zusammen müsst Ihr eine Legende machen, die aber so abgefasst sein muss, als habe sie Delp von mir erzählt. Ich muss darin die Hauptperson bleiben, nicht weil ich es bin, nicht weil ich es sein will, sondern weil der Geschichte sonst das Zentrum fehlt. Ich bin nun ein Mal das Gefäß gewesen, für das der Herr diese unendliche Mühe aufgewandt hat.

Mein Herz, mein Leben ist vollendet, und ich kann von mir sagen: Er starb alt und lebenssatt. Das ändert nichts daran, dass ich gerne noch etwas leben möchte, dass ich Dich gerne noch ein Stück auf dieser Erde begleitete. Aber dann bedürfte es eines neuen Auftrages Gottes. Der Auftrag, für den mich Gott gemacht hat, ist erfüllt. Will er mir noch einen neuen Auftrag geben, so werden wir es erfahren. Darum strenge Dich ruhig an, mein Leben zu retten, falls ich den heutigen Tag überleben sollte. Vielleicht gibt es noch einen Auftrag.

Ich höre auf, denn es ist nichts weiter zu sagen. Ich habe auch niemanden genannt, den Du grüßen und umarmen sollst; Du weißt selbst, wem meine Aufträge für Dich gelten. Alle unsere lieben Sprüche sind in meinem Herzen und in Deinem Herzen. Ich aber sage Dir zum Schluss kraft des Schatzes, der aus mir gesprochen hat und der dieses bescheidene irdene Gefäß erfüllt:

Die Gnade unseres Herrn Jesu Christi und die Liebe Gottes und die Gemeinschaft des heiligen Geistes sei mit Euch allen. Amen.

J.

1 Lied 90, «Ein feste Burg». *2* 2. Korinther 4,7. *3* Vermutlich handelt es sich um eine Beteiligung an der Kohlenzeche Wodan. *4* Siehe Helmuths Brief vom 14. November 1944, S. 187. *5* Dieser Brief von Freya, vermutlich vom 10. Januar 1945, ist nicht erhalten. *6* Siehe Helmuths Brief vom 31. Dezember 1944, S. 416. *7* Gewerkschaftsthemen. *8* Siehe Biographische Notiz, S. 575. *9* Da der Gutsinspektor Adolf Zeumer an seinem Haus die Hakenkreuzfahne aufzog, konnten die Moltkes das eigene Flaggen umgehen. *10* Siehe Biographische Notiz, S. 577.

Freya an Helmuth James, 11./12. Januar 1945

Donnerstag Abend.

Mein Herz, Du lebst noch, wie schön! Schulze hat Hercher auch gesagt, so schnell würde jetzt keinesfalls mehr vollstreckt. Mein Glück ist groß, dass ich Dich noch bei mir habe. Ich habe auch Bericht und Brief schon mittags in vollen Zügen genossen, noch ehe ich wusste, dass Du am Abend noch leben würdest. Es waren furchtbar anstrengende Tage, aber ich war alle Zeit sicher, dass Du in der Sonne der göttlichen Gnade warst, und war unbesorgt und so dankbar, dass Du immer in Tegel warst. Es gab vieles zum dankbar sein – ich war es auch, aber es war trotzdem das anstrengendste, was ich bisher erlebt habe. Bewusst und langsam sollte ich mich von Deiner Nähe trennen, Schritt vor Schritt, ach Gott, es ist entsetzlich schwer, und wenn es schon im Frieden und mit Gott geschah, wenn, wenn, wenn – es ist doch sehr schwer zu ertragen, trotz aller Hilfe und allem Trost und aller Liebe und aller Güte.

Nun darf ich noch einmal um Dich kämpfen, noch einmal ein Aufschub, den wir nutzen können. P. glaubt nicht, dass es zu etwas führen wird, und es ist anstrengend für Dich, wieder neu zu beginnen, aber ich bin dankbar und glücklich, dass ich wieder anfangen kann.

Jetzt aber bin ich müde und werde in Deiner Nähe schlafen und morgen in der Frühe zu C.D. fahren. C.Viggo ist schon da. Jowo kommt Sonnabend. C.Viggo möchte ich auf Thierack hetzen. Adrian geht zu Kaltenbrunner, sobald der zurückkommt, und ich versuche an Müller heranzukommen. Auch Schulze will ich wieder frequentieren.

Was Du schreibst, gefällt mir sehr, ja ich bin glücklich, dass Du *richtig* und nicht für Goerdeler stirbst. Es ist dramatisch zu lesen! Deine Stimmung habe ich allerdings anders eingeschätzt und war so beglückt, wie viel unheiliger, wie selbstverständlich, wie lächelnd sie war. Ich bin nun zu müde, sonst würde ich mehr darüber schreiben, ich armes Erdenstück. Ach, mein Jäm, heute war ich mir meiner ganzen tiefen, großen Schwäche so bewusst, meiner Armseligkeit, meiner Kleinheit. Dann gab ich dies auf und dachte an das vom Magnet bewegte Eisenteilchen, da wurde mir gut zu Mute. Nicht viel später kam Dein Brief. Ich habe den ganzen Morgen so nach (um) Fassung ringen müssen und wollte auch noch *nur* bei Dir sein, wollte, wollte, wollte und konnte nicht, bis ich nicht mehr wollte, da wars besser. Ich konnte einfach nicht nur an Dich denken, wie ich mir so zutiefst wünschte. Gestern und vorgestern war ich ganz, still und ruhig, aber heute voller Tränen.

Nun gute Nacht, mein liebes Herz! Noch einmal gute Nacht, gute Nacht! Noch gehörst Du dieser Welt, der ich Jammergestalt angehöre. [Dein] P. umarmt Dich.

Guten Morgen, darf ich sagen, mein geliebtes Herz, guten Morgen, bei mir!

[Die letzten Worte sind unleserlich]

Helmuth James an Freya, 12. Januar 1945

Tegel, den 12. Januar 1945.

Mein Lieber, schon wieder ein Brief. Gottes Gnade ist mit uns beiden so sichtbarlich, dass es mich fast nicht mehr überraschen würde, wenn mir eben der Gang nach Plötzensee nun noch von der animalischen Angst befreit würde oder wenn ich überhaupt am Leben bliebe. Ihm ist wahrlich alles möglich. Meine Erleichterung gestern, als Eugen und Reisert mit 7 bzw. 5 Jahren Z.[1] davonkommen, kannst Du Dir garnicht vorstellen. Ich konnte mich nicht enthalten, mich zu Eugen umzusehen, der das aber garnicht bemerkt hat, glaube ich, weil er völlig entrückt war.

Außerdem war es natürlich auch ein besonderes Geschenk für mich, dass Kreisau nicht eingezogen wird. So kommt dann mein Testament zum Zuge, wonach C'chen es bekommt und Du als Vorerbin es bis zu seinem 25ten Lebensjahr hast. So kann es also auch keinen Familienstunk geben.

Die Urteilsbegründung unterließ jeden Hinweis auf die wahre Debatte, die zwischen Freisler und mir stattgefunden hatte. Davon war im Urteil[2] nichts mehr zu spüren. Es wäre ja auch von Freisler's Standpunkt aus töricht gewesen. Natürlich wäre es noch besser gewesen, das hätte auch im Urteil gestanden, aber das war nun nicht der Fall. – Eugen wurde mit Z. bestraft, weil er «ein politischer Schafskopf, ein Kirchenbürokrat und auch noch nicht sehr helle» sei. «7 Jahre Z.» würden «ihn hoffentlich veranlassen, umzulernen und ein rechter Kerl» zu werden. Wie gut, dass die wahre Debatte nur zwischen F. und mir war, denn sonst hätte Eugen diese Maske nie aufbehalten können. Mit mir hat F. über das Christentum und die Kirche gesprochen, nicht mit dem an sich zuständigen Eugen.

Es wurde zu spät für unsere Hinrichtung noch am gleichen Tage, denn die Verkündung war wohl so 5.15 beendet. Hercher sagte mir, Du seiest bei Kaltenbrunner. Nun, wenn der Herr will, bleibe ich am Leben und bin sehr bereit dazu. Aber im Grunde nehme ich an, dass wir, Delp und ich, heute abgeholt werden. Aber das werden wir ja alles erleben. Sollte ich heute nicht geholt werden, so weißt Du ja, dass ich Wäsche: 1 Hemd, 1 Pyjama, 2 Taschentücher und eventuell auch 1 Unterhose (Randnotiz: auch 1 Paar Socken) sowie Seife brauche. Sollte tatsächlich noch ernsthaft an der Gnadenfrage erwogen werden, so könnte ich ja eigentlich meinen schönen Anzug gegen einen schlechten und meinen Mantel gegen den blauen Trenchcoat mit Kamelhaarfutter tauschen. Der schöne Anzug war schließlich nur für die Verhandlung da, und Du kannst ihn ja in Berlin lassen, damit ich ihn anziehen kann, falls ich noch zu irgendeiner Größe geschleift werde. Aber das alles gilt ja nur für den mir höchst unwahrscheinlichen Fall, dass ich nicht heute oder morgen umgebracht werde.

Über Eugen bin ich einfach selig. – Übrigens Reisert ist verurteilt zu 5 Jahren wegen Nichtanzeige meiner Bestrebungen, obwohl er nicht wusste und nicht wissen konnte, dass irgend jemand anderes beteiligt war, und obwohl feststand, dass er nicht von mir um Landesverweser befragt worden ist. Also ein Zeichen dafür, was C.D. und Einsiedel erwarten würde, wenn sie angeklagt würden. – Ich habe ja immer auf dem Standpunkt gestanden, dass es schon möglich sei, dass er für sich eine wirkliche Verheißung bekommen hat. Ich habe ihm und Delp nur immer bestritten, dass man sich eine solche Verheißung ertrotzen kann. Eugen war ganz mitgenommen; viel mehr als Delp und ich.

Ich bin jetzt wieder gefesselt. Es geht mir auch wesentlich besser, fast gut; daher will ich dem ekligen Arzt nicht wieder auf die Bude rücken, sondern ruhig gefesselt bleiben. Es ist ja nur für wenige Tage, und sollte es länger sein, nun so werde ich es auch noch ertragen, vielmehr, das ist schon ein viel zu großes Wort.

Solange ich in meiner jetzigen Verfassung bleibe, d. h. so lange Gott die unaussprechliche Gnade hat, mich immerzu wissen zu lassen, dass er sich um mich bekümmert, kann mir garnichts, schlechthin nichts geschehen. Darum muss ich eben bitten und flehen.

Heute fangen wir den Galaterbrief an, mein Herz. Ich habe nichts mehr zu schreiben als immer wieder dasselbe, mein Lieber, mein Herz. Wieviele letzte Briefe habe ich Dir nicht schon geschrieben. Nun ist das wieder einer. Aber ob er es ist, steht nur in Gottes Hand, und wir haben alles Recht zu sagen:

«Meine Zeit steht in deinen Händen.»
«Errette mich von der Hand meiner Feinde und von denen,
die mich verfolgen.»

J.

1 Zuchthaus. *2* Siehe Anhang, S. 564.

Helmuth James an Freya, 12./13. Januar 1945

Tegel, den 12. 1. 1945.

Mein Herz, bleierne Müdigkeit hat mich jetzt um ¼4 überfallen, und ich werde glücklich sein, wenn ich um 6 im Bett liegen werde. Das ständige Hoch drei Tage lang hat mich eben erschöpft, zumal ich drei Nächte nur mit Pillen geschlafen habe, weil ich über Tag immerzu Kaffee trank, Coffein und Kaffeebohnen aß und deswegen garnicht erst versuchte, ohne Pillen zu schlafen, sondern beim Zubettgehen stets eine nahm. Nun sehne ich mich nach einer langen ungestörten Nacht.

Mein Armer, Dein Brief von gestern Abend und heute früh zeigt mir, wie anstrengend das alles für Dich war. Es ist eben viel schwieriger zuzuschauen, als betroffen zu sein. Nun, so hoffe ich, ist das überstanden. Der Termin ist vorbei, und ich kann deswegen ruhig an die Gnadensache denken und Dir dabei helfen. So will ich mal anfangen zu schreiben, was mir so alles einfällt.

1. C.V. und Jowo sollen doch mal sehen, ob sie nicht eine Sprecherlaubnis für mich, nein mit mir ohne Zeugen bekommen können, um

die Gnadenfrage zu besprechen. Vielleicht wird dem C. V. als Landgerichtsdirektor das genehmigt.

2. Die Tatsache, dass keine Vermögensbeschlagnahme ausgesprochen ist, ist ein günstiges Symptom. Denn das war beantragt, und auch Hercher hatte es als selbstverständlich erwartet. Ich kann mir nicht vorstellen, dass F. einfach vergessen haben sollte, das zu verkündigen; sondern ich halte das für sicher.
Um sozusagen in Parenthese dabei zu bleiben. Das bedeutet sehr viel. Es kann keine interne Familiendiskussion über Kreisau geben. Du bleibst Selbstversorger, die Rentenannie bekommt keine neue Ansatzstelle; es kommt kein Beamter nach Kreisau, der herumschnüffelt, etwa Lebensmittel und Kleider fürs Volksopfer wegführte, Zeumer ist gesichert, und auch sonst kommt niemand Neues auf den Hof; die Frage des Kapellenbergs erhebt sich nicht, wir bleiben Gräditzer Patron, Schwester wird nicht neu gefährdet, Tanten, Tscheuschners, Romai, Sperlings, Frl. Hirsch, alle sind gesichert. All das ist sehr angenehm. – Zu tun ist daraufhin nur eines: Sobald Du es definitiv von Hercher oder dem V. G. H. bestätigt bekommen hast, sodass es nicht etwa nachkommt, dann musst Du, bitte, Kto. 171 und 1147 abdecken und die laufenden Zahlungen an Asta und die Söhnchen von 171 stoppen, bis das Jahr um ist, für das sie es im voraus bekommen haben. – Werde ich umgebracht, so tritt mein Testament ein.

3. Das Urteil steht auf 2 Füßen: *a.* weil ich meine Besprechung mit Beck–Goerdeler im Januar 43 nicht angezeigt habe, *b.* weil ich selbst Hochverrat getrieben habe.

4. Zu a. ergibt sich aus dem Urteil kein für das Gnadenverfahren wesentlicher Faktor. Aber aus dem Verfahren Folgendes:
Ich war und bin nach wie vor der Meinung, dass Polizei und Abwehr von der Sache Goerdeler gewusst haben, vor allem, weil meine Nachrichten von da stammten. Ich habe das schriftsätzlich vorher mitgeteilt und auch die Polizei nochmals davon unterrichtet. Die Polizei hat Hercher vor Beginn des Termins dienstlich mitgeteilt, sie wünschte nicht, dass ihre Kenntnis erörtert würde. Darauf habe ich im Termin nur von der Kenntnis der Abwehr zu sprechen begonnen. Das hat Freisler im Termin nicht zugelassen und mir diese Verteidigung abgeschnitten. Dass aber die Abwehr wusste, ergibt sich aus der bereits erfolgten Hinrichtung Hansen (Chef Abwehr I) und der Verhaftung Canaris, Oster, e. t. c., die ich ja in der Haft gesehen habe.
Im Termin ist festgestellt worden, dass ich mich auf's Schroffste gegen Goerdeler gewehrt, auch alle meine Freunde ständig davor ge-

warnt hätte, sich mit ihm einzulassen, nein, mehr, sich auf irgendwelche auf Umsturz zielende Besprechungen einzulassen.

5. Zu b. ist im Termin folgendes festgestellt: ich habe nach ganz allgemeinen, grundsätzlichen Erörterungen der Frage, wie man den Widerstand im Falle feindlicher Besetzung von Landesteilen oder des Gesamtreiches organisieren und aufrecht erhalten könne, gesagt, man solle sich doch ein Mal überlegen, was für Männer eventuell in den einzelnen Landesteilen für eine solche Aufgabe in Frage kämen, und hätte meinerseits Lukaschek für einen geeigneten Typ gehalten. Es ist ausdrücklich festgestellt, dass ich mit niemandem, auch mit Lukaschek nicht, darüber gesprochen hätte, ob er Landesverweser werden wollte. Und es ist mit keinem Wort davon geredet – im Urteil findet sich nicht eine Andeutung darüber –, dass ich etwa mir auch nur Gedanken über eine neue Zentralregierung gemacht hätte.

6. Wenn ich richtig aufgepasst habe, ist auch keine Rede von Feindbegünstigung gewesen, die sonst immer mit angenommen wird.

7. Im Urteil kommt auch ganz klar zum Ausdruck, dass ich kein Reaktionär in dem Sinne bin, wie wir den Begriff verstehen. Aber «ein Reaktionär ist jeder, der etwas Anderes will als der N. S.» (Freisler in der Verhandlung).

8. Plaidoyer von Schulze und Urteilsbegründung sagen ganz klar: Im Grunde hat dieser Fall mit dem 20.7. nichts zu tun, sondern hängt nur aus Zufall daran. Vielmehr sagte Schulze: Dieser Fall unterscheidet sich von allen anderen, die sonst mit dem 20. 7. zusammenhängen.

9. Der Ton der Urteilsbegründung verrät eine gewisse Sympathie und der mich betreffende Schlusssatz: «darum hat er sich an die Macht bringen wollen» kam völlig unvermittelt und entspricht nicht dem Gesamttext.

10. Die Defaitismusfrage ist nicht Gegenstand der Verhandlung gewesen. Man müsste dann vielleicht das im Gnadenverfahren sagen, was ich für die mündliche Verhandlung präpariert hatte. Du kennst ja meine Äußerung zur Kriegslage aus dem Schriftsatz vom 8. 12.

11. Summa Summarum: Es ist sozusagen ein Todesurteil mit 3–. Einer der Hauptgründe, weswegen ich mich F.'s Wunsch, meine ganze schriftsätzlich vorbereitete Verteidigung zu übergehen, gebeugt habe – abgesehen von dem, über das ich gestern schrieb, dass ich die klare Fragestellung und Entscheidung: «wir verlangen beide den ganzen Menschen» nicht überschatten wollte –, war der, dass ich ihn damit bei seinem klaren Entschluss, zum Todesurteil zu kommen, nur gezwungen hätte, weiteres Material heranzuziehen, das Urteil viel härter zu begründen und damit diese Argumente für das Gnadenverfahren auszuschließen.

12. Bei dieser Sachlage ist zu prüfen:
  a. ob ich C. V. sprechen kann, sodass er diese Dinge vorbringen kann; oder
  b. ob ich selbst ein Gnadengesuch schreiben soll und an wen.

Das ist alles, was mir zur Gnadensache einfällt. Ich bin für etwas Anderes zu müde. Es gibt gleich Abendbrot, und dann gehe ich ins Bett. Gute Nacht, mein Herz, pümpele gut. J.

13. 1. 45.

Guten Morgen, mein liebes Herz. Ich habe ein tüchtiges Stück geschlafen. Da ich um 6 angefangen habe, habe ich gegen Morgen ein wenig wachgelegen. Das war ja klar. Aber jetzt bin ich frisch und kann mich Deiner Trauer liebevoller widmen, als es in den letzten Briefen war, in denen ich auch sachlich zu überwältigt war.

Ja, mein Herz, es ist traurig, dass ich umgebracht werde, und zwar viel, viel trauriger für Dich als für mich. Das wollen wir garnicht verkleinern, und ich will es auch nicht verkleinern. Dass mir, wenn der Herr so bei mir bleibt wie jetzt, weder Tod noch Sterben, noch Abschiedsschmerz irgendwie schwerfallen werden, ist für Deinen Schmerz garkein Trost. Im Gegenteil, wenn Du Dich um meine Angst und meine Furcht so bemühen müsstest, wie es in den letzten Monaten der Fall war, dann würde Dir Deine Trauer vielleicht geringer vorkommen, während Du Dich ihr jetzt eben ganz hingeben kannst. Du schriebst über Deinen schlimmen Donnerstag, dass, als Du mich mit aller Kraft suchtest, Du mich nicht finden konntest, und dass es Dir erst gelang, als Du den Kampf aufgabst. Das wird wohl auch der rechte Weg sein. Bin ich ein Mal von dieser Welt gegangen, so können alle Deine irdischen Qualitäten, alle irdischen Kräfte und Fähigkeiten mich nicht wieder zu Dir zaubern. Das wären höchstens Träume oder Wahnvorstellungen. Du kannst mich dann nur in dem Herrn finden. Da bin ich dann eben, und ich will Dich locken und rufen und mich bemühen, damit Du mich dort findest und damit er seine Hand über Dir hält, damit Du mich dort findest. Aber wo anders bin ich dann eben nicht mehr. Und gerade bei meinem Tod, bei dem die Asche in die Winde verstreut wird,[1] wird das besonders klar gemacht: kein Grab, keine Platte, kein Teil meiner Gebeine bietet Dir irgendeinen Anhalt, sondern ich bin eben nur bei dem Herrn zu finden, und bei ihm bin ich Dir nachher genau so nahe wie jetzt. – Und um das nicht nur zu begreifen, sondern ganz fest zu wissen, dazu ist eben seine Gnade nötig, die er sich nicht abtrotzen lässt. Man kann nur bitten, dass er sie einem schenkt, und er wird sie Dir auf Deine und meine Bitte gewiss genauso schenken, wie er sie mir geschenkt hat und jede Sekunde neu schenkt. Denn es ist ja kein Besitz, den man halten und mit sich herumtragen kann, sondern sie muss einem jede Sekunde neu geschenkt werden; dazu sagt ja Paulus auch: «darum seid nicht stolz, sondern fürchtet euch!» nämlich dann, wenn einem die Gnade geschenkt ist. – Das hat mit Erdenkloß garnichts zu tun. Wir sind alle ganz gleichermaßen Erdenklöße oder irdene Gefäße; wir sind alle gleich unwert seiner Gnade; wir sind alle gleich minder; die Unterschiede, die zwischen den irdenen Gefäßen bestehen, sind so völlig gleichgültig im Verhältnis zu seiner Gnade, zu dem Schatz, den er vielleicht, d. h. wenn er will, in diese irdenen Gefäße gießt, dass sie eben nicht bestehen. Zwischen dem Henker, Herrn Freisler, A. H., einem Raubmörder, P., Eugen, Delp und mir ist kein Unterschied, der für das Auge Gottes einen Grund dafür geben könnte, einem von diesen die Gnade zu schenken, einem anderen nicht.

Und damit komme ich zum Schluss dieses Teils: Es gibt für Dich keinen irdischen Trost für meinen Tod. Das, was man da sagen kann, hält alles im Ernste nicht stand und kommt letzten Endes darauf hinaus: Es vergisst sich. Und das gerade soll es nicht, denn es soll ja Frucht tragen. – Es gibt auch einen mystischen Trost, der das Gefühl innerer Verbundenheit erhalten kann; ich glaube, Marion hat ihn, jedenfalls hat sie die Anlage zur Mystik. – Aber das ist für Dich nichts, mein Herz. Du kannst nur eines tun: immer und immer wieder demütig bitten, dass der Herr Dich mit seiner Gnade erfülle, dass er, wie es bei Johannes – ich glaube 14 – heißt, zu Dir komme und bei Dir Wohnung mache. Und dann, mein Lieber, wirst Du auch mich dort finden. Dass ich den Herrn unablässig heute schon darum bitte und dass ich das auch weiter tun werde, weißt Du ja, und warum sollen wir nicht glauben, dass er diesen Bitten willfahren wird? Es ist ja notwendig, dass man das glaubt, und gerade dieser Glaube ist eine der Voraussetzungen dafür, dass er kommt.

Aber genug davon. Ich jedenfalls bin gegen «Haltung». Trauer ist Trauer und Schmerz ist Schmerz, und man braucht sich keines zu schämen. Haltung verhärtet leicht das Herz, und für Dich wäre das ganz unmöglich. Du darfst nie denken, Du seiest «mir eine gute Haltung schuldig». Das ist ganz belanglos.

Nun, noch bin ich nicht tot, und der Herr kann mich heute genau so retten, wie er es gestern und vor 10 Jahren tun konnte. Ob durch eine Gnadenaktion oder durch eine Bombe, das ist ihm ja alles ganz gleich leicht und schwer. Darum, mein Lieber, dürfen wir weiter zu ihm flehen und ihn weiter bitten, dass er mein Leben erhalten möge. Wir wollen weiter darum ringen. Und Du, mein armes Herz, musst auch draußen darum kämpfen mit all den Anstrengungen, mit all den wieder aufwachenden und wieder absterbenden und enttäuschten Hoffnungen. Das ist sehr schwer, und ich hoffe, dass er Dir auch dazu die Kraft geben wird. Aber was auch an Hoffnungen zerrinnen mag, Du darfst nie aufhören, ganz fest zu wissen, dass er mich retten kann.

Vielleicht klingt das alles sehr pharisäisch. Mein Herz, ich will Dir gegenüber wahrlich nicht pharisäisch sein, sondern mein Herz blutet mit dem Deinen, und wenn ich manches vielleicht kälter, nüchterner, kühler, unmenschlicher sage, als ich sollte, so musst Du es mir vergeben. Ich habe Dir ja schon vorgestern geschrieben, dass ich durch Dich das 13. Kapitel des 1. Korintherbriefes in mir trage, durch Dich, mein Herz, und eben nicht von mir. Leb wohl, mein Lieber, ich umarme Dich.

Der Herr behüte Dich und uns.

J.

Eben, mein Herz, waren wir draußen, und da sagte mir Eugen, heute morgen sei Jona 2 drangewesen, während ich Dir und mir aufgeschrieben hatte, Josua 2. Lies also noch Jona 2. J.

Später: Nachdem ich den Satz rasch geschrieben hatte, habe ich aufgewischt und selbst den Jona gelesen, und dabei ist mir folgendes klar geworden, was richtig oder auch unrichtig sein kann, weil es eben meinem Fleisch zu gut gefällt, als dass ich mir selbst traute.

Jene dramatischen Worte, die Freisler mir sagte und deren Höhepunkt der Satz war: «Sehen Sie, Ihr Christentum und wir haben nur eines gemeinsam: Wir verlangen den ganzen Menschen», die sind garnicht gesagt, um diesen bedeutenden Repräsentanten des Nazismus zu zwingen, sich klar zu bekennen, sie sind nicht gesprochen, um Leuten unseres Schlages, die noch nicht alles begriffen haben, die Augen endgültig zu öffnen, denn dann hätten sie eben nicht zu mir allein gesprochen werden dürfen, sondern vor einem viel größeren Forum – nein, mit diesem Wort hat Freisler als Prophet Gottes mir Gottes Auftrag an mich mitgeteilt. Darum ist es nur an mich gerichtet gewesen. Das heißt aber, dass Gott mich auf dieser Welt noch brauchen will, ja überhaupt erst anfangen will, mich zu brauchen, dass der 10.1.45 nicht der Schluss meines Lebens, sondern der Schluss meiner Lehrjahre war, dass ich jetzt wie Jona im Bauch des Walfisches bin und wieder ausgespien werde.

Ich schreibe das, mein Herz, mit solch apodiktischer Sicherheit, ich weiß selbst nicht, warum. Ich habe nur mit solcher Sicherheit die andere Auffassung vertreten, dass ich Dir diese auch sagen will. Vielleicht ist auch kein Zufall, dass es auf die Stunde 3 Tage her ist, seit Freisler mir das sagte, denn Jona war 3 Tage im Bauch, und vielleicht bin ich eben, jetzt gerade vor 5 Minuten von dem Fisch ausgespien worden. Wir wissen es nicht, mein Herz. Aber eines sehen wir eben mal wieder, dass Gottes Wege unerforschlich sind. Vielleicht ist auch diese neue Erkenntnis von mir nicht richtig; vielleicht will er mich doch zu sich rufen; mag sein, aber wir müssen eben immer wieder ganz klar erkennen, dass auch die nächste Sekunde in Gottes Hand steht und wir über ihren voraussichtlichen Inhalt garnichts, absolut nichts wissen können.

Der Herr behüte Dich, mein Herz.

J.

Bitte gib Ulla einen genauen Bericht.

1 Die Asche aller Widerstandskämpfer wurde auf die Berliner Rieselfelder verstreut.

Freya an Helmuth James, 13. Januar 1945

Samstag Morgen

Mein liebes Herz, guten Morgen. Ich habe sehr gut und fest geschlafen. Jetzt ist es schon halb 10, ich habe ein bisschen geräumt und Dorothee geholfen, die schon wieder etwas an ihrer rechten Hand hat. Mein Liebster, heute muss ich noch einmal ausführlich von mir schreiben, wenn es mir gelingt, denn so wie ich bei Dir dies alles miterleben darf, so musst Du es auch bei mir. Du, mein Herz, hast ganz im Licht gestanden. Gott sei Dank, bei Dir war es so, wie es sein sollte, mein Lieber, sehr gnädig und sehr schön, ich aber habe Dir dabei nicht geholfen, obwohl ich es so gerne wollte. Es ist dies alles sehr schwer zu beschreiben, weil es mir so klar, dass ich es beschreiben könnte, nicht ist. Ich fühle nur deutlich, dass ich es nicht richtig gemacht habe, dass der Friede in den 3 Tagen kein Friede vom lieben Gott war, so sehr ich mich auch bemüht habe. Ich habe mich nämlich von früh bis abends immerzu bemüht, bei ihm und für Dich da zu sein, und alle Bemühung mit allen unseren schönen Texten, mit allen unseren kostbaren Erlebnissen war dabei nichts wert. Man hat es von außen nicht bemerkt und ich selbst ja auch nicht recht, ich weiß garnicht, ob Harald es z. B. gemerkt hat. Aber als ich am Donnerstag Mittag trotz allem ganz am Rande meiner Kräfte war – in jeder Weise –, als ich merkte, dass ich es nicht fertig brächte, Dich in Gedanken bis zu Deinem Tode zu geleiten, und es doch immer wieder wollte, da kam Dein Brief, und ich bemerkte, dass ich es falsch gemacht hatte; es war ganz klar, dass mein Brief Dein Herz nicht erreichen konnte, od. – wie soll ich sagen – ins Leere ging, denn ich war ja selbst im Leeren. Da wurde ich dann ganz klein und arm und auch so zerschlagen, so armselig, wie ich mein Lebtag nicht gewesen bin, so nichtig, ja so erbärmlich – und Du lebtest, welches Glück! Gestern über Tag war das mit Geschäftigkeit mit Carl Viggo überdeckt, aber die Kleinheit war mir sehr gegenwärtig. Gegen 5 war ich dann wieder hier an Körper und Seele zerschlagen, und wie ich dann so gänzlich erledigt allein auf meinem Sofa hier lag, da wusste ich dann plötzlich, wie es richtig ist, und nun glaube ich es ganz und gar zu wissen, obwohl ich um diese Gewissheit zittere, wie Du um die Deine im November,[1] obwohl ich auch mich noch nicht zu rühren wage und noch ganz neu und vorsichtig gehe. Als ich aus meinem Zimmer kam, heute früh, sagte Dorothee ganz beglückt, als sie mich sah: Heute siehst Du ja wieder ganz anders aus! So ist es auch. Wie soll ich es beschreiben. Der Unterschied ist eben wirklich nicht groß zwischen dem Leben vor und dem Leben nach dem Tod, und auch der Schritt, der uns so riesig dünkt, ist klein und so viel selbstverständlicher, als wir es glauben. Jetzt lebst Du noch bei mir, und eines Tages wirst Du eben plötzlich nicht mehr auch bei mir, sondern nur in mir, anders weiterleben, vielleicht wirst Du auch weiter neben uns leben, aber es ist tatsächlich nicht so wichtig, was geschieht, ob Du getötet wirst oder ob Du am Leben bleibst, denn das, was wichtig ist, bleibt, deshalb muss ich nicht denken und dabei sein wollen, sondern unser Leben leben, deshalb muss *ich* nicht aus den kostbaren Büchern meine Nähe zu Dir und Gott und auch nicht durch ständiges Flehen und Bitten zu fassen suchen, sondern ich muss mit meiner großen Liebe zu Dir still, selbstverständlich dem lieben Gott geöffnet, alltäglich und natürlich weiterleben. Dann ist er bei mir, denn er ist es schon oft, ja meistens gewesen, ganz ohne dass ich es realisiert habe, dann bin ich aber auch bei Dir, wie ich es immer gewesen bin. Mein Herz, meine Fürbitte für Dich ist nicht mein Gebet, mein Leben ist es, mein Sein, meine Existenz, mein Zu-Dir-Gehören im Leben, wo immer das Leben gelebt wird. Das ist mir nun so bewusst geworden, obwohl mein ganzes Leben und jedes Wort, das ich an Dich in diesen Monaten gerichtet habe, es Dir wohl schon gezeigt haben, es *Dir* vielleicht ganz klar war. Du hast ganz Recht, die Allmacht Gottes dokumentiert sich bei mir gerade, wenn ich für die Söhnchen Eierkuchen backe, gerade dann. Ich weiß genau, wie sehr er mich in allem gesegnet hat, auch in meinen für dieses Leben so geeigneten Gaben, aber nun will er auch, dass ich mich ihm und Dir auch so erfülle. Daher war es falsch und anspruchsvoll und hoffärtig, ihn so mit Gewalt für Dich ergreifen zu wollen, Du hattest das auch garnicht nötig, denn klopfen lässt er mich ja sowieso für Dich, und geklopft habe ich auch, aber was ich sonst noch dazu getan habe, war Unfug – und Du bist nicht gestorben, sondern Du lebst noch hier bei mir. Wir sollen nun garnicht mehr darüber nachdenken, was kommt, ich jedenfalls nicht, ich fühle meine Liebe und meine Nähe zu Dir und wenn Du tot bist, bleibt es so. Ob Du nun stirbst oder ob Du lebst, was ich genau wie Du für genauso möglich halte, genau noch so wie immer, so ist es gut, aber es ändert sich in keinem Falle so sehr viel. Das alles habe ich in diesen Monaten durchaus schon erfasst gehabt. Darum ging es mir so gut, weil uns das ja alles so deutlich geworden ist dank Gottes Fügung, aber nun habe ich es auch gelebt in diesen 3 Tagen. Wie soll ich das beschreiben? Verstehst Du mich gut? Trotz dieser Stümperhaftigkeit? So wie ich lebe, lebe ich ihm und für Dich. Anderes soll ich nicht. Also werde ich das nun weiter tun, ihm und für Dich, ob Du lebendig hier oder dort bist. Vielleicht bist Du dann eines Tages tot, vielleicht in 2 Wochen, vielleicht in 2 Jahren, vielleicht in 20 Jahren, ich weiß nun, dass das garnicht viel Unterschied macht, nein, ich wusste es immer, aber ich habe es nun erfahren, dass ich auch nicht den Auftrag habe, diesen Schritt mit meinen Gedanken zu verfolgen, sondern mit meinem Leben dabei zu sein. Das werde ich und bin ich, mein Geliebter. Dann ist es nämlich garnicht schwer. Die ungeheure Last dieser 3 Tage zeigte mir ja, dass es so nicht richtig war. Wenn es richtig ist, dann ist es viel natürlicher, viel erträglicher, garnicht so gewaltig, wie es auch genau so sein wird, wenn ich sterbe. Von mir verlangt Gott nur die Hingabe an ihn, an Dich und auch an viele andere Menschen, alles Andere wird er so fügen, dass es richtig und erträglich für mich ist. Du hast ja selbst gesehen, mit welcher Leichtigkeit ich durch dieses Jahr gekommen bin, so ist es richtig, und so werde ich nun auch Deinen Tod erleben, wenn er kommt, und das alles nur dank seiner Güte und Hilfe und Gnade, die er mir schenkt, ohne dass ich selbst darum bitte. Ich bin mit Dir sein Kind, mein Herz ist darin wirklich ganz einfältig, und er wird mich darin auch erhalten und mich vielleicht befreien von allem Ehrgeiz, alles zu bewältigen, was ich garnicht zu bewältigen brauche. – Deshalb werde ich nun still weiterleben, hier und in Kreisau, tagaus, tagein und selbstverständlich mit Dir. – Vielleicht erscheint Dir das alles garnichts Neues, etwas, was wir beide schon ganz genau wussten, aber es ist bei mir doch noch etwas dazugekommen an Gewissheit, und das musste ich Dir deshalb so gut es ging berichten. Hast Du das verstanden, mein Lieber! Von nun an wird von mir kein Brief mehr der Letzte sein, denn alle letzten Briefe habe ich schon geschrieben, und doch schreibe ich vielleicht – ganz wie Gott will – noch viele Briefe. – So, das alles von mir, aber alles, was von mir handelt, handelt auch von Dir! –

Jetzt noch Einiges von der Geschäftigkeit. C. Viggo war nun bei Hercher und bei Lautz. Hercher, um genug zu wissen, und Lautz, um die Gnadenaussichten zu besprechen. Schulze hatte Sitzung. Zu dem gehe ich noch einmal. Lautz sei erst sehr kühl gewesen, aber schließlich sehr erwärmt. Offenbar hat sich C. Viggo sehr ins Zeug gelegt und große Mühe gegeben. Er hat über Dich, über Mami und Daddy, über mich gesprochen und mit großem Einsatz für Dich. Lautz sei ganz bei der Sache gewesen und habe ihn sogar zum Bleiben bewogen, habe ihm aber nicht viel Hoffnung gemacht. Er habe ihm gesagt: Wenn von außen ein Anlass kommt, dann sofort, aber von sich aus tut der Justiz M. nichts, da nutzt auch kein Hingehen. Praktisch kommt es also auf Kaltenbrunner, Müller und H. H. heraus, wie wir schon wissen. Adrian hat mir nun fest versprochen, sofort zu Kaltenbrunner zu gehen, wenn der zurück ist, was dieser Tage sein muss. Müller ist auch erst Montag od. Dienstag wieder da. Ich habe versucht, ihn zu sprechen und lief nur Huppi[2] in die Arme, der inzwischen «Stabsführer» geworden ist. Der hatte aber natürlich nichts zu sagen. Ich nehme sicher an, dass Müller mich seinem Versprechen gemäß bald empfangen wird – das ist dann das Letzte, das ich tun kann, wenn Du mir, mein liebes Herz, nicht noch etwas Neues aufgibst. – Wie ist es nun mit einer Sprecherlaubnis? Willst Du mich sehen? Lieber ja oder lieber nicht? Tu es nicht, wenn es Dir schwer zu sein scheint, aber ich meine eigentlich, auch das sei für uns selbstverständlich, wenn es technisch geht. Nun ist, glaube ich, Schulze wieder zuständig. Hercher war beeindruckt, wie «matt» Sch. in seinem Plaidoyer gewesen sei. Geht es ihm vielleicht auch langsam zu nahe? Es spräche für ihn.

Dann möchte ich von Dir noch wissen, welchen Landwirt ich mir zu Hilfe «gegen» Z. suche:[3] Meier, Werkshagen od. vielleicht den Gütermannsdorfer Penke? *W.* ist mir eigentlich nicht kräftig genug. Überlege Dir diese Frage noch einmal gut und mit wem ich die besprechen soll. Wäre auch ein Inhalt f. d. Sprecherlaubnis!

Deinen Haftbefehl und die ev. Benachrichtigung von Deinem Tode lasse ich mir in russisch übersetzen. Das kann mir vielleicht mal nützen.

Sonst, mein Herz, habe ich keine Sorgen, auch um Dich nicht, nein garnicht. Ich glaube fest zu wissen, dass Gott bei und mit Dir ist, und auch der letzte Gang, wenn Du ihn tun musst, nicht so schwer sein wird, wie Du glaubst. Ich bin dessen ganz sicher, mein Geliebter. Auch Du musst nun still und richtig weiter leben und nicht auf Deinen Tod warten. Das Lied hat ganz recht, dass Du zum Sterben fertig bist, wenn Du Dich lebend zu ihm hältst. Das wirst Du schon tun, und so wird es nichts besonderes sein, wenn sie Dich eines Tages holen sollten. Ich bin dann auch bei Dir, selbst, wenn ich garnichts davon weiß, weil ich immer bei Dir bin. Dass ich Dir so nah wie möglich bleibe = viel hier, ist ja selbstverständlich. –

Über Reisert und Eugen bin ich genau so glücklich wie Du. Selig war ich. – Jetzt kommt Harald und will den Brief. Leb wohl, mein heiß geliebtes Herz! P.

1 Siehe Helmuths Brief vom 14. November 1944, S. 192. *2* Walter Huppenkothen. *3* Freya brauchte einen landwirtschaftlichen Berater zur Kontrolle des Inspektors Zeumer.

Helmuth James an Freya, 13. Januar 1945

Tegel, den 13. 1. 45.

Mein Lieber, ja, ich habe alles gut verstanden und zum Teil wohl schon heute Morgen beantwortet. So ist das eben, wenn man nicht an der richtigen Stelle sitzt, und darüber helfen die schönsten Sprüche nicht hinweg. Danach fühlt man sich am Anfang ganz unsicher; man traut sich nicht recht, aber dann, wenn man merkt, dass alles wieder im Lot ist, wird es umso besser, und man wird bescheidener und kühner.

Es ist jetzt so etwa 3.15. Ich habe noch Fesseln an, aber wie Du siehst, geht das Schreiben ganz gut. Ich will morgen, wenn auch wieder ein offizielles Briefchen an Dich geht, an den Regierungsdirektor schreiben und sehen, ob ich sie wieder loswerden kann. Gehst Du zu Schulze, so kannst Du ja mal sehen, ob Du meine Entfesselung anbringen kannst; denn dass zum Tode Verurteilte gefesselt werden, kann Dir ja irgendjemand gesagt haben. Es gibt nur eine Begründung und das ist mein Ischias, vor allem nachts, und Du musst ihm sagen, dass Du ganz sicher wärest, dass ich mich nicht umbrächte.

Dann, mein Lieber, die Sprecherlaubnis. Natürlich will ich Dich sehen. Nein, nein, ich bin absolut nicht jenseitig eingestellt, und davor, Dich zu sehen, fürchte ich mich garnicht. Komm nur bald, denn vom menschlichen Standpunkt gesehen, kann die Hinrichtung jeden Augenblick angeordnet werden. Außerdem, wenn Du bald kommst, gelingt es vielleicht noch ein zweites Mal. Ja, Schulze wird wohl dafür zuständig sein.

Über die Gnadensache habe ich mit P. nicht gesprochen, weil der Walfisch[1] dazwischen kam. So schreibe ich mal wieder einiges, was mir dazu einfällt. Ich meine, dass nur 3 Männer interessant sind: Müller, Kaltenbrunner, H. H. Während bei denen operiert wird, muss das Justizministerium warmgehalten werden, damit die nicht einschnappen. Das scheint mir die Generallinie zu sein.

Der zweite Hauptpunkt scheint mir zu sein, dass Jowo und C. V. agieren müssen und Du möglichst wenig. Daher bin ich auch garnicht sicher, ob Dein Besuch bei Müller jetzt schon richtig wäre. Was Müller Dir zugesagt hat, war eine Rücksprache, ‹wenn alles vorüber ist›, d. h. wenn ich tot bin.

Drittens scheint mir richtig, dass Hercher dem Kaltenbrunner schreibt, und zwar etwa so:

Wie ich höre, sind Sie auch mit dem Fall des Grafen Moltke befasst worden, und ich darf dazu folgendes sagen. Ich habe G. M. verteidigt, und die Verteidigung war ganz wesentlich auf der Schutzbehauptung aufgebaut, dass der G. M. wusste, dass die Angelegenheit so mindestens einzelnen Beamten der Polizei und den zuständigen Chefs der Abwehr bekannt war. Graf Moltke ist der Meinung, dass das mindestens für die Abwehr garnicht zweifelhaft sein kann. 5 Minuten vor Beginn der Verhandlung wurde mir mitgeteilt, dass die Polizei die Behandlung dieser Frage nicht wünschte. Ich habe Graf Moltke davon unterrichtet, der daraufhin sofort damit einverstanden war, diesen Einwand fallen zu lassen, obwohl damit, wie sich gezeigt hat, seine Verurteilung zum Tode mit Sicherheit zu erwarten war.

Ich erlaube mir anzuregen, dass diese Handlungsweise des Angeklagten, da die Verteidigung sein Leben dem dienstlich geäußerten Wunsch der Polizei sofort unterordnete, im Gnadenverfahren berücksichtigt wird.

Ich nehme an, dass Sie darüber unterrichtet sind, dass G. M. jede hochverräterische Tätigkeit im eigentlichen, nämlich die zentrale Regierungsgewalt betreffenden Sinne auf das schärfste abgelehnt und unter seinen Freunden bekämpft hat, wie in dem Verfahren vor dem V. G. H. festgestellt worden ist.

M. E. müsste man versuchen, Hercher zu einem Brief etwa diesen Inhalts zu bewegen, wobei eben überhaupt zu überlegen bleibt, ob Hercher nicht in die Gnadenangelegenheit mindestens mit eingeschaltet werden sollte. Schreibt er einen solchen Brief, dann müsste der auf irgendeinem Wege befördert werden, der sicherstellt, dass Kaltenbrunner ihn wirklich liest. Denn ich halte für sicher, dass Müller ihn in den Papierkorb wirft.

Damit sind, glaube ich, die Argumente, die von mir aus gewonnen werden können, erschöpft. Die restlichen Argumente sind Familienargumente. Ich kann nur dann neue Argumente liefern, wenn ich auf meinen Brief an H. H. hin nochmals geholt werde. Ich meine aber, dass, sobald Kaltenbrunner diesen Brief hat, eventuell zugleich unter Überbringung dieses Briefes der Versuch gemacht werden müsste, dass Jowo und C. V. – am besten eben zusammen – oder einer von ihnen zu Kaltenbrunner gelangt. Ich glaube kaum, dass Müller zu erreichen ist. Aber vielleicht ist es wichtiger, trotzdem erst zu Müller zu gehen. Das alles sind Dinge, die sehr sorgfältig besprochen werden müssen, wohl auch mit Adrian. An

Fakten, die meine Einstellung beleuchten, könnt Ihr ja auch meine Erklärung an Goerdeler nehmen, warum er nichts tun darf, nämlich jenen Text von «Glaube und Treue», der in meinem Schriftsatzentwurf vom 8.12. steht. Das habe ich so in der mündlichen Verhandlung bekundet, und das haben auch alle als in den Rahmen passend geschluckt, Schulze hat ihn sogar zitiert.

Es ist durchaus möglich, dass Schulze eine gewisse Sympathie für mich hat, denn sein Plaidoyer war eben matt, wie Hercher sagt. Auch die Tatsache, dass er mich zitiert hat, deutet in die Richtung. Ich weiß es nicht, aber Du wirst es ja merken. Hat er das wirklich, dann kann er natürlich ein wertvoller Bundesgenosse werden, zumal wenn man ihm sagte, was er vielleicht nicht weiß, dass ich auf meine Hauptverteidigung auf Wunsch der Polizei verzichtet habe.

Im Ganzen bin ich nur dafür, dass Ihr alles langsam und sorgfältig macht. Sie werden mich ja nicht aufhängen, solange sie wissen, dass Gnadenerwägungen schweben. Außerdem müsst Ihr natürlich jetzt klar ziehen, was eigentlich aus C. V.'s altem Gesuch geworden ist. Du wirst das alles ja in Frieden machen, mein Herz. Ich bin, so glaube ich, über jene Stadien, in denen ich plötzlich eine Panik bekomme, längst hinaus und hoffe, dass der Herr mich nicht wieder da hinein stoßen wird. Ich meine jetzt wahrlich zu wissen, dass meine Zeit in seinen Händen steht, und wenn ich morgen oder in 10 Tagen oder in 3 Monaten nach Plötzensee an den Galgen komme, so bin ich ihm nicht ferner als jetzt, und wenn er mich das spüren lässt, dann will ich mir eben auch an seiner Gnade genügen lassen. Und das musst Du auch. Genug für heute, mein liebes, liebes Herz. Klopf nur stark und stetig weiter. Der Herr behüte Dich und uns. J.

1 Die Mitteilung Eugen Gerstenmaiers, dass Jona 2 am 13. November 1944 für die gemeinsame tägliche Lektüre angesagt war. Siehe Helmuths Brief vom 12./13. Januar 1945, S. 490.

Helmuth James an Freya, 14. Januar 1945

14. 1. 45

Guten Morgen, mein liebes Herz. Ob es Dir wieder ganz gut geht? Ich will rasch noch ein Mal Deinen Brief lesen. Ja, mein Herz, ich habe das alles gut verstanden. Es ist nichts Neues, aber die Gewissheit sitzt nun um eine Drehung der Schraube tiefer.[1] Diese Drehungen sind eben nun ein Mal schmerzhaft; das ist klar. Wie gut, dass ich nicht am Donnerstag umgebracht worden bin, denn es wäre Dir doch traurig gewesen, am letzten Tage außer Schritt mit mir gewesen zu sein. Ja, mein Herz, das war das erste Mal in all diesen Monaten, dass wir nicht ganz gleichgerichtet waren. Auch in Deinem Samstag-Brief ist noch ein Fehler: Du schreibst, mir würde der Gang nach Plötzensee sicher nicht so schwer, wie ich ihn mir vorstellte. Ich bin im Augenblick – und mit Gottes Hilfe auch für die Zukunft – durchaus darüber weg. Als ich nach der Urteilsverkündung den Saal verließ, dachte ich ja, es ginge nach Plötzensee, und war ganz heiter darüber und ganz unbeschwert. Im Augenblick, so glaube ich, ist es so, dass es mir ganz gleichgültig – das Wort ist nicht richtig, aber Du wirst es schon richtig verstehen – sein würde, wenn die Tür aufginge und ich abgeholt würde. Wenn ich an die Sorge denke, die ich früher, vor allem im November hatte, wenn in der Zentrale das Telephon klingelte und dann Herr Claus gerufen wurde, so kann ich nur voller Dankbarkeit die Gnade zu ermessen suchen, die mir geschenkt worden ist.

Heute ist allerdings ein grauer Tag. Aber auch dieses Graue färbt im Grunde nur die Oberfläche, und darunter ist es wie immer. Ich habe schlecht geschlafen; weil ich gefesselt werde, steige ich wieder um 6 ins Bett und liege dann viele Stunden wach und döse und das so unscharf, d. h. die Gedanken, die ich dabei zu fassen vermag, sind unscharf, dass eben Vieles mir grau erscheint. Dann ist eine Änderung gekommen, offenbar für alle Gefängnisse, dass bei weniger als 0° Temperatur der Rundgang ausfällt, weil man für die Gefangenen nichts mehr anzuziehen hat. Claus sagte, die meisten hätten nur Hemd und Hose und auch das häufig in Fetzen. Darunter leiden wir nun mit, und es bedeutet ja, dass ich z. B. Eugen nicht wiedersehen werde, da es doch nicht wärmer als 0° werden wird, ehe er nach Brandenburg[2] kommt. Dieses Fehlen jeglicher frischer Luft ist unangenehm. Ich habe es ja in Ravensbrück schon ein Mal eine Woche oder 14 Tage erlebt, aber da war es draußen warm, sodass man das Fenster stets offen halten konnte. Ich will nun mal wieder mit Mittelstädt kosen, vielleicht kann ich meine Lichtbäder fortsetzen und so täglich einen kleinen Spaziergang machen. Am meisten entbehre ich aber die tägliche Unterhaltung mit Eugen. – Nun, das sind aber Lappalien, und wie ich schon sagte, das Graue geht nicht tief, und mit Gottes Hilfe wird es auch nie tief gehen. Außerdem sieht es so aus, als könnte nachmittags die Sonne scheinen.

Mein Herz, der Termin ist vorbei; ich brauche mich nicht mehr mit meiner Verteidigung zu befassen, und die Gnadenaktionen werden ja Ansprüche an Euch und nicht an mich stellen. Dadurch ist jetzt Raum in meinem Gehirn und in meiner Zeit, denn ich kann mich nicht den ganzen Tag nur mit Bibel und Gesangbuch befassen. Ich lebe ja vielleicht nur noch kurz, ja nach menschlicher Voraussicht überlebe ich das Ende dieses

Monats nicht mehr, aber ich will trotzdem so leben, als bliebe ich am Leben; alles andere ist Unfug. Ich bin nicht für «nur lesen», sondern ich will sozusagen etwas zwischen den Zähnen haben. Nun müsst Ihr, bitte, mal sehen, was Ihr mir beschaffen könnt. Ich könnte ja in dem Kant fortfahren, aber am liebsten würde ich anfangen, Russisch zu lernen. Ich bin ja unbegabt für Sprachen, aber vielleicht kann ich so viel lernen, dass ich es wenigstens lesen kann. Willst Du versuchen, mir so etwas zu beschaffen; vielleicht gelingt es Edith. Da mein Vermögen nicht beschlagnahmt ist, ist ja alles bei mir nicht mehr so gefährdet. Außerdem lasse ich auf alle Fälle das meiste hier, wenn ich wegkomme, gleichgültig ob ich nach Plötzensee oder in die P. A. komme. Ich kann aber jetzt, wo außer dem Tod kein festes Ziel mehr vor mir liegt, nicht mehr nichts tun; das wäre eine geradezu leichtfertige Belastung meiner Nerven, die ganz sinnlos wäre; denn auf was soll ich mich denn jetzt konzentrieren.

Dass alle meine Vorräte zu Ende gehen, ist Dir wohl klar. Nur Zucker habe ich noch für 8–10 Tage. Alles andere ist morgen oder übermorgen zu Ende. – Hemden reichen bis 21., Taschentücher bis 19., Unterhosen bis 21., Pyjama bis 28., ein gewöhnliches und ein Frottierhandtuch wären erwünscht; dass ich jetzt einen anderen Anzug haben möchte, habe ich Dir wohl schon gesagt; der ist für das Gefängnis und für Plötzensee zu schön. Ich meine, eine dicke graue Flanellhose und der graue Rock mit Weste wären gerade richtig. – Auch Decken und Fußsack hätte ich gerne wieder. – Verzeih all den Brassel. – Auch einen Block brauche ich bald wieder. Noch etwas fällt mir ein: Wenn ich Zigaretten bekommen könnte, so wäre das sehr schön.

Den Haftbefehl und die Benachrichtigung über meinen Tod würde ich vorschlagen, nicht nur ins Russische, sondern auch ins Polnische und Tschechische zu übersetzen.

Ich habe einen Brief an Z. entworfen, den ich für Dich beifüge. Überleg' Dir mal, ob er Dir so recht erscheint, was Du geändert oder zugesetzt haben willst. Den Brief würde ich dann über V. G. H. schicken und Dir eine zweite Reinschrift geben; kommt er innerhalb eines Monats nach meinem Tode nicht an, so gib Z. Dein Exemplar; aber es wäre natürlich besser, er käme über V. G. H.

Mein liebes, zärtliches Herz, lass Dich nur von nichts anfechten. Bleibst Du in Gottes Hand geborgen, so kann Dir nichts zustoßen, auch wenn Dein Wirt von Dir genommen wird. Das ist ja alles garnicht so wichtig, wie wir das immer glaubten. Aber es ist ganz unverändert so, dass ich im Innersten nicht an meinen Tod in Plötzensee glaube, trotzdem ich nicht sehe, wie ich darum herumkommen soll. Es kann sehr wohl sein, dass das eine rein psychologisch zu erklärende innere Abwehr ist; vielleicht ist es das; vielleicht steckt dahinter aber doch eine tiefere Gewissheit und Zuversicht und der Glaube an den neuen, nein den alten, aber jetzt klar formulierten Auftrag. Was immer geschieht, mein Herz, wir haben in diesen Monaten ganz eindeutig und unmissverständlich erfahren, dass Gott uns führt, sich um uns ganz persönlich kümmert und dass Ihm fest vertrauen die einzig mögliche Haltung ist; alles andere findet sich. Wenn er uns in dieser Gewissheit erhält, dann kann uns garnichts geschehen. – Dir, mein Lieber, bin ich in fester, in Gott zusammengefügter Liebe so zugetan, dass uns nichts zu trennen vermag. Wir sind eben wahrlich ein einziger Schöpfungsgedanke und bleiben es, wenn und solange wir in Gott bleiben. – Ja, mein Lieber, unsere irdische Zusammengehörigkeit, die endet eines Tages, vielleicht heute, vielleicht morgen, vielleicht in 10 Tagen, vielleicht in vielen Jahren, aber ganz gewiss dann und erst dann, wenn es Gott gefällt. Aber jene andere Zusammengehörigkeit, die bleibt bestehen, die könnten, vielleicht, nur wir selbst zerstören, und das werden wir nicht tun, er wird's auch nicht zulassen.

Du fährst wohl im Laufe der Woche, Dein Schwein zu schlachten. Grüße alle sehr und sage Ulla, sie soll kräftig weiterarbeiten. Besprich alles ganz genau mit ihr. So werden wir, mein Herz, weiter einen Tag an den anderen reihen, bis wir wieder vereinigt sind, auf dieser Welt oder in jener. J.

1 Siehe Helmuths Brief vom 19. November 1944, S. 212. *2* In das Zuchthaus Brandenburg-Görden.

Helmuth James an Freya, 15. Januar 1945

Tegel, den 15. 1. 45.

Mein Lieber, heute beginnt also die Woche, die Dir, mein Lieber, viel Mühe und gewiss auch Kummer und Enttäuschung bringen wird, denn es geht nie etwas so, wie man es wünscht und sich einbildet, dass es gehen müsste. Ich habe nun nochmals über die ganze Gnadenaktion nachgedacht und habe dazu folgendes zu sagen:

1. Das Gnadengesuch, das zu Keitel gelangte, muss jetzt auf H. H. umgelenkt werden, damit es nicht doch irgendwie an A. H. gelangt und von diesem abgelehnt wird. Darum kann sich vielleicht Haus noch ein Mal bemühen.

2. Eine Offensive auf H. H. selbst kann nur auf krummen Wegen gehen, nicht direkt von Jowo oder C. V. aus. Das ist eine Frage, die ich garnicht zu beurteilen vermag. Von Müller verspreche ich mir im

Grunde wenig, wenn es nicht auch gelingt, ihn in der Sache selbst etwas weicher zu stimmen. Das kann eigentlich nur dann geschehen, wenn er mich noch ein Mal kommen lässt. Trotzdem ist Dein Besuch bei ihm richtig und wichtig, denn er wird keineswegs zu einer Verhärtung führen. Du kannst m. E. drei Petita anbringen: *a.* er möge sich für meine Begnadigung einsetzen; *b.* er möge Jowo und C. V. anhören oder ihren Besuch bei Kaltenbrunner begünstigen; *c.* er möge mich anhören. – Die Hauptoffensive muss sich daher auf Kaltenbrunner richten, dem ja, nach Peter's[1] Mitteilung, das Gnadengesuch von H. H. gegeben worden ist. M. E. sollten Jowo und C. V. Kaltenbrunner besuchen und nicht Du. Du bist eben doch sozusagen mitverurteilt.

3. Sachlich gibt es m. E. nur einen Gnadengrund, und das ist die Familie, die vielen Vettern, für die Kreisau ein gewisses Zentrum ist, von denen mehrere gefallen sind u. s. w. Also etwa das, was im Brief an H. H. steht. – Der schwache Punkt da ist Willo, und Jowo und C. V. müssen darauf gut eingepaukt sein.

4. Zur Erweichung der Position müssen aber noch andere Gründe angeführt werden:
 a. das, was in C. V.'s Gnadengesuch über mich steht;
 b. mein Schriftsatz vom 12.11., auf dessen Vortrag ich dem Wunsch der Polizei entsprechend verzichtet habe,
 c. meine im Termin festgestellte Feindschaft gegen alle Umsturztendenzen.

Diese drei Dinge, vor allem *b.*, kannst Du schon bei Müller anschneiden, aber auch diese Sachen muss vor allem C. V. vortragen, weil er auch das rechtliche Gewicht des Schriftsatzes vom 12. 11. beurteilen kann. Er kann m. E. mit Recht sagen, nachdem mir diese Verteidigung aus staatspolitischen Gründen im Termin abgeschnitten worden ist und ich mich dem auch gefügt habe, obwohl mir die Konsequenz klar war, sei es nur recht und billig, diese Dinge im Gnadenverfahren zu berücksichtigen, zumal doch, soweit er höre, unstreitig sei, dass mein militärischer Vorgesetzter, der für diese Dinge zuständig war, nämlich Canaris, davon gewusst habe, und ich hätte annehmen können, dass er das Notwendige veranlassen würde.

5. Adrian muss, wenn möglich, zu erreichen versuchen, dass Kaltenbrunner Jowo und C. V. empfängt und es nicht auf Müller allein abschiebt; eventuell also K. und M. Ich glaube nicht, dass Jowo dieser Besprechung allein gewachsen ist, weil ihm die nötige Rechtskenntnis fehlt, und C. V. ist unzweifelhaft besser geeignet, als Du es bist, weil er eben neutraler ist. M. E. sollte Adrian über die in 3 und 4 dargestellten Gründe in großen Zügen unterrichtet sein. (Randnotiz: Vielleicht wäre es gut, wenn Adrian K. sagte, ich hätte mich ja immer für eine enge Zusammenarbeit mit dem S. D. eingesetzt.)

6. Was mit dem Justizministerium geschehen muss, habt Ihr wohl besprochen. Wenn C.D. dazu bereit ist, wird er es ja ausreichend klären. M. E. braucht da nicht mehr zu geschehen, als dass sie unterrichtet sind und dass sie uns so viel Zeit lassen, dass alles in Ruhe gemacht werden kann.
7. An Hilfspositionen bei Kaltenbrunner ist an 3 zu denken: *a.* dass Bü ihn doch ein Mal anruft oder ihm einen Brief schreibt; ich glaub ja kaum, dass es zu erreichen ist, aber Haus kann es mal versuchen; nicht einen Brief qua O. K. W., sondern einen rein persönlichen Brief als mein früherer Vorgesetzter, in dem er lediglich sagt, wenn sich Gesichtspunkte für eine Begnadigung finden ließen, so würde er das sehr begrüßen oder so ähnlich; *b.* ein O. K. W.-Schreiben, in dem das Gnadengesuch der Familie an H. H. abgegeben wird; *c.* ein Anruf oder ein Brief von Guderian als Chef des Generalstabes qua «Moltke». Übrigens könnte eventuell Adrian auch etwas von Hans-Adolf sagen.
8. Zu erwägen bleibt, ob ich mich rühre. Das könnte in zwei Richtungen geschehen. Ein Mal könnte es dem Justizmin. gegenüber als notwendig empfunden werden und das müsste C. D. klären. Zum anderen könnte ich an Müller schreiben. Ich lege noch einen Entwurf bei, der noch sehr roh ist.

So, das ist das, was ich dazu zu sagen habe. Mein liebes Herz, die Hauptlast dieses Geschäfts – damit meine ich nicht die Haupttätigkeit, sondern die hauptsächliche seelische Last – liegt auf Dir. Und ich kann nur bitten, dass der Herr Dir ein ganz getrostes, ruhiges Herz schenkt, das sich durch nichts trüben lässt, auch dann nicht, wenn definitiv alles misslingt. Getrost und freudig ist das Motto für diese Aufgaben; freudig auch dann, wenn ich gehenkt werde. Hole Dir nur C.V. und Jowo heran. C.V., der jetzt monatelang Urlaub gehabt hat, kann ruhig dafür etwas Zeit opfern. Das lässt sich eben alles nicht so übers Knie brechen und in wenigen Stunden abtun. Warum sind eigentlich beide Männer weg? Es geht mir garnicht um mich, sondern ich finde es nicht richtig, dass sie Dich da sitzen lassen. Du bist zu bescheiden und hast sie ziehen lassen. Ich würde das jetzt ein Mal aufstecken und von ihnen verlangen, dass sie bei Dir bleiben. Diese Sache ist eine Moltke-Angelegenheit, und wenn irgendein anderer von der Familie in der Lage wäre, müsste ich doch auch mich tagelang damit befassen. Für diese Dinge braucht man Zeit, weil man sie immer wieder bereden muss, und mit einzelnen Vorstößen ist es nicht getan. Du kannst nicht alles vorbereiten und die Männer dann nur zum Schlussakt immer kommen lassen, weil sie dann nämlich bei dem Schlussakt über die Zusammenhänge nicht genügend unterrichtet sind, wenn sie nicht erlebt haben, wie es dazu kam. Deswegen hat diese Abwesenheit auch sachliche Nachteile. Ich schreibe Dir das nur, weil ich doch weiß, dass Du zu bescheiden bist und an Fredchen und Inge denkst. Das ist aber in diesem Fall falsch. Schon dass C. D. zum Justizministerium geht, ist nicht so gut, als wenn C. V. es täte, denn der kennt dann diese Sache wieder nur aus zweiter Hand; außerdem wirkt es immer komisch, wenn immer wieder andere kommen. – Da C. V. nichts zu tun hat, so wäre ich dafür, Du bätest ihn, doch noch für 14 Tage nach Berlin zu kommen. Ich vermag nicht einzusehen, warum Du, nur weil Du tüchtig bist, eine Arbeit übernehmen sollst, die in erster Zuständigkeit den Moltke-Männern und nicht Dir zufällt. Warum muss denn P.[2] zu R. A. Behlig[3] gehen und nicht C. V. oder Jowo? P. macht es wahrscheinlich besser, aber es ist eben doch nicht richtig. – Ich schreibe das ganz ohne einen Schatten eines Vorwurfs oder gar der Bitterkeit, sondern nur zur Feststellung. Ich kenne doch die beiden Männer. Jowo ist zu allem bereit, hält es aber im Grunde für ganz aussichtslos, und C. V. ist im Grunde zu einer systematischen Anstrengung nicht recht bereit; das liegt nun ein Mal seinem Charakter nicht. Und beide reden sich damit heraus, dass Du ja alles zum besten machst.

Genug davon. Mein Herz, ich bin zu sicher, dass Gottes Wille geschehen wird, mit und ohne C. V. und Jowo, als dass mich das alles aufregte. Hat er beschlossen, dass ich zu ihm kommen soll, so würde es gleichgültig sein, ob C. V. sich in der P. A. sozusagen einnistete, und hat er beschlossen, dass ich hier noch etwas tun soll, so vermag er mich auch zu erhalten, wenn alles scheinbar falsch gemacht wird. Es bleibt aber unsere Aufgabe, alles so gut wie möglich zu machen. Ich habe nur Sorge um Dein Herz. Dass es mir nur nicht unruhig wird, sondern gläubig und fest auf dem Wege wandelt, der allein zu unserem letzten Ziel führt. – Um Deinen Wirt brauchst Du keine Sorge zu haben: Der Herr ist ihm bisher so gnädig gewesen, dass nicht einzusehen ist, warum er ihn nicht weiter tragen und in seiner Gnade halten wird. Dass ich nun weiß, dass keine Anstrengung, keine Übung, eben kein «Werk» mir die Ruhe und den Frieden geben kann, sondern allein seine Gnade, wird es mir hoffentlich ermöglichen, mich immer wieder ganz auf seine Gnade zu werfen. Dabei will ich Dir noch eines sagen: Vor dem Gang nach Plötzensee scheue ich mich nicht; die größere Gefahr ist der Zeitablauf bis zu einer Entscheidung. Mein Herz, Dich trage ich in mir, mit mir, bei mir, neben mir. Du gehst mit mir nach Plötzensee, wenn das sein muss, und Du wirst auch mit mir zu unserem Vater kommen. Des bin ich ganz gewiss. Das hat uns ja Paulus so überzeugend klar gemacht. Aber, mein Lieber, ich bin dem Tod nicht näher als vor einem Jahr, auch da konnte er jeden Augenblick kommen, und auch heute kann er jahrelang verziehen. Das müssen wir wissen, dass meine Zeit genau wie die Deine in Gottes Hand steht und dass wir fest glauben dürfen, dass er mich auch aus dieser Gefahr retten wird, wenn es seinem Ratschluss entspricht, wenn er noch einen Auftrag für mich auf dieser Welt hat.

Der Herr behüte Dich, mein Herz, und uns. J.

1 Joachim Peter von Moltke, «Onkel Peter». *2* Harald Poelchau. *3* Vermutlich handelt es sich um Rechtsanwalt Kurt Behling.

Freya an Helmuth James, 15. Januar 1945

Montag früh

Mein Lieber, ja, es geht mir wieder gut. Schon seit Sonnabend früh, als ich Dir das ja schrieb. Sicher hast Du Recht, dass es eine Drehung an der alten Schraube war, sicher, aber eine wichtige Drehung. Ich war glücklich, dass Du Dich dessen so liebevoll und verstehend annahmst und mir lauter Dinge sagtest, die ich mir in ähnlicher Form gerade selbst gesagt hatte.

Nein, nicht weil ich Dich jenseitig glaube, fragte ich nach der Sprecherlaubnis, sondern weil ich dachte, es könne Dir anstrengend sein, aber beides ist Quatsch, das stimmt. Auch in der Todesfurcht habe ich Dich nicht falsch verstanden, wie Du glaubst. Ich vielmehr bin ganz sicher, dass Dir das nicht schwer sein wird, ganz sicher immer gewesen, aber Du schriebst so davon, als sei es nur das noch, was als Last übrig geblieben, und auch an diese glaube ich eben nicht, wenn es dann soweit ist. Insofern war es kein inneres, sondern wohl ein technisches Missverständnis, denn Du wolltest das wohl garnicht sagen.

Mein Herz, aber lauter betrübliche und belastende nebensächlichere Dinge sind zu beklagen: vor allem die Fessel, die ich so furchtbar hasse, dann der fehlende Ausgang. Eugen kann lt. P. ganz gut noch 3 Monate in Tegel bleiben, so schnell geht das nicht. Vielleicht kann man auch zur Frage des Spaziergangs etwas tun, und jedenfalls musst Du weiter viel Ischias haben, selbst wenn es besser sein sollte. Besprich mit P. noch einmal Dein Programm. Wir fragten uns, ob Griechisch nicht leichter und zu mehr führend sei. Überlegt es mal. Außerdem soll er Dir ein Buch von Lilje[1] bringen. Mein Herz, bis Du alles hast, was Du jetzt brauchst, wird etwas Zeit vergehen, weil ich nur 1 × kommen kann und dann alles da haben muss. Ich habe Dir gestern lange und sorgfältig den anderen Anzug sauber gemacht, ich musste auch waschen und nähen, weil ich selbst ganz aus dem Leim ging, und so ging der Vormittag und nach Tisch bei C. D. sehr schnell herum. Ich habe den Anzug schon hier, aber es fehlt mir allerlei Essen aus Kreisau, Honig und Marmelade. Ich hatte es neulich mit Marion bestellt, aber sie haben es vergessen, die Dummen. Was ich habe, schicke ich und fange heute mit P. schon an.

Einstweilen weiß ich nicht, wo ich so recht anfangen soll mit meiner Arbeit. Ich möchte Dich versorgen und möchte meine Gänge antreten. Das Eiligste scheint mir Schulze zu sein, damit wir doch an die richtigen Leute im J. M. rankommen, damit die warten. Mit denen muss C. V. dann noch einmal die Gnadenfrage besprechen: Er wird noch einmal dafür kommen. Jowo habe ich weiterfahren lassen auf Abruf, da ich am Sonnabend eingehend mit Adrian gesprochen habe. Der meinte erst Müller, weil Kaltenbrunner doch bei dem zurückfragt und weil der ein Mann ist, der nicht übergangen werden darf. Dann er[2] zu K., und dann wird man erst sehen, ob Jowo noch zu K. soll. Daher habe ich ihn erst nach Baden fahren lassen. Inzwischen habe ich den Text von Tante Lottis[3] Brief: Die ganze Kleinheit und Unfähigkeit und dabei Hilfsbereitschaft ist in dem Brief, und das hat nun eine direkte Verbindung zu H. H.!! Ich werde an Onkel Peter schreiben ohne Bezug auf diesen Brief. Ihr Brief an H. H. ist aber von Margrit Trotha dem Inhalt nach inspiriert und vielleicht daher nicht schlecht. Nun, das entzieht sich unserer Einflussnahme. – So, jetzt haben wir Dir was zu essen zurecht gemacht. Morgen bringe ich mehr Butter und Wurst und Marmelade. Die Seife ist ein Geschenk von Marion. – Mein Herz, den blauen Mantel muss ich behalten, solange ich in Kreisau bleibe. Den und den Kr. Anzug, das sind doch meine liebsten Stücke! Den lieben Mantel will ich nicht abgeben, viel lieber den kostbareren. – Asta möchte, wenn es geht, Sprecherlaubnis haben, das werde ich versuchen. Ebenso Jowo. Ich will versuchen, ob C. Viggo Dich alleine sprechen kann, bezweifele es aber sehr. –

Mir scheint, dies ist ein dürftiges Briefchen, denn P. muss weg. Ich war müde gestern Abend, und dann war die Nacht gestört und ich wachte nicht auf, aber es geht mir gut, mach Dir keine Sorgen. Ich bin bestens aufgehoben und trage Dich in mir und wärme Dich mit allen meinen Kräften, wärme Dich in Deiner Gräue, mein geliebtes Herz. Dein P. bin ich und bleibe ich.

1 Hanns Lilje, *Das letzte Buch der Bibel. Eine Einführung in die Offenbarung Johannes*, Berlin 1940. Siehe Freyas Brief vom 31. Dezember 1944/1. Januar 1945, S. 415.
2 «Adrian». 3 Lotte von Moltke.

Helmuth James an Freya, 15. Januar 1945

Tegel, den 15. 1. 45.

Mein liebes Herz, mit diesem Briefanfang wird nicht viel werden, denn es gibt gleich Abendbrot, und ich habe soeben noch ein kleines Briefchen über unsere jetzige Lage an Delp schreiben müssen. Nun will ich gleich an Dich über dasselbe schreiben und Deine Aufmerksamkeit auf Röm. 4,18+21 richten. – Es wäre Dir in diesen letzten Tagen, d. h. jenen der letzten Woche, nicht so schwergefallen, wenn Du nicht zu viele menschliche Hoffnungen aufgebaut gehabt hättest. – Meine Lage ist im Augenblick so: ich bin ganz gewiss, einen Auftrag von Gott empfangen zu haben. Nicht mehr. Also nicht eine feste Verheißung, dass er mir das Leben erhalten will, aber einen Auftrag, der, nach unserem menschlichen Verstande, nur durch Weiterleben erfüllt werden kann. Halte ich das mit der wunderbaren Geschichte mit Jona 2 zusammen, so ist es sehr viel und kommt einer Verheißung weiteren Lebens sehr nahe. Ich fühle mich so wie Gideon, als der Engel mit ihm gesprochen hatte und er zwar annahm, er sei ein Bote Gottes, aber doch noch einige weitere Zeugnisse haben wollte, zuerst das Feuer aus dem Felsen und dann das eine Nacht betaute und die andere Nacht trockene Fell. Das steht in Richter 6. – Das, was mir widerfahren ist, ist ganz unzweifelhaft oberhalb der menschlichen Sphäre. (Übrigens in dem Philipperbrief, den wir heute ganz lesen, findest Du Paulus in einer ganz ähnlichen Lage: Er sieht, dass er u. U. durch seinen Tod den Auftrag auch erfüllen kann, der ihm für dieses Leben geworden ist, nur hatte er da schon viele Jahre lang gewirkt.) Ich habe garkein Recht, daran zu zweifeln, und tue es auch nicht. Nun kommt das Glaubensgebot in Röm. 4,18+21: «Und er hat geglaubt auf Hoffnung, da nichts zu hoffen war … und wusste aufs allergewisseste, dass, was Gott verheißt, das kann er auch tun.» Das, mein Herz, ist ein Gebot auch an uns, denn wir sind nun ein Mal eine Einheit. Und es ist garkein Zweifel, dass dieses Glaubensgebot uns in nächster Zeit vor ganz ungeheuer schwierige Lagen stellen wird. Meiner Natur ist es nicht gegeben, mit Gideon oder Eugen um weitere Zeichen zu bitten, die klarmachen, wie der Auftrag erfüllt werden soll, durch Leben oder Sterben. Wir müssen uns mit dem Jona begnügen; aber Jona und die menschliche Vernunft zusammen führen dazu, dass, soweit unsere Augen sehen können, der Auftrag durch Leben erfüllt werden muss. Jedenfalls müssen wir ohne zu schwanken auf diesem Wege gehen. Führt dieser Weg zum Weiterleben auf dieser Welt, so steht uns eine ganz große Prüfungszeit bevor. Das ist klar. Es wird viel schwerer sein, die dann vor uns liegenden

Wochen und Monate völliger Ungewissheit, die jeden Tag durch meinen Tod beendet werden kann, zu überstehen, ohne kleingläubig und kleinmütig zu werden, als das ganze hinter uns liegende Jahr. Und bei der Bedeutung, die Gott immer wieder dem blinden, bedingungslosen Glauben gibt – denke nur an Petrus auf dem Meer –, ist ganz sicher, dass ich auch nur am Leben bleiben werde, wenn wir diese Glaubensprüfung überstehen. Auch das ist eine Frage der Gnade, aber wieder nicht so, dass wir uns nicht anstrengen müssten. – Das alles, mein Herz, ist reichlich unklar. Ich glaube nur, dass auch die Verheißungen an Abraham, an Gideon u. s. w. diesen Männern ursprünglich auch nicht klarer waren, sondern dass sie die völlige Klarheit über den Inhalt der Verheißung eben auch erst voll begriffen haben, als sie erfüllt war. Wir wissen nur eines ganz gewiss, dass Gott mit uns gesprochen hat; nicht nur so, wie er mit allen Menschen spricht, indem er ihnen die Wunder seiner Schöpfung und seiner Führung zeigt, sofern sie sehen können; nein, zu uns hat er ganz unmittelbar gesprochen so wie zu Mose aus dem brennenden Busch. Dieser Gnade können wir uns nur durch bedingungslosen Glauben wert erweisen.

Mein liebes Herz, in was für Aufgaben bis Du geraten? Ich zittere, wenn ich an diese Last denke: Du hast allein rein äußerlich unglaublich viel Arbeit, zumal Du auch noch Deinen Wirt versorgen willst, wenn das auch in die zweite Linie gehört; alle diese Aufgaben sind für Dich und andere nicht ungefährlich und schließlich tust Du jeden Schritt in dem Bewusstsein, dass er vielleicht den Tod Deines Wirts herbeiführen kann, falls er nicht gelingt. Wir wollen nur fleißig darum bitten, dass der Herr Dir dafür die große Kraft geben möge, dass er Dir über die Enttäuschungen und über zerfallende menschliche Hoffnungen hinweg helfen möge und dass er Dich fest in dem Glauben erhalte, denn wir wissen aufs allergewisseste, dass, was Gott verheißt, das kann er auch tun. – Eines ist sicher: meine Zeit steht in seinen Händen und nicht in denen von A. H., H. H., Kaltenbrunner, Müller und Genossen; die sind nur instrumental.

Was immer geschieht, mein Herz, was immer der Herr mit uns vorhaben mag, er hat uns in diesen Monaten sehr große Gnade erwiesen; er hat uns einen ganz kleinen Blick in seine Ratschlüsse tun lassen, in die Unergründlichkeit seiner Wege und die Unerschöpflichkeit seiner Mittel. Wie wenigen Menschen wird das geschenkt! Wie wenige Menschen können in dem Gefühl sterben oder leben, dass ihnen Gott selbst ein Thema, einen Auftrag nicht nur gestellt, sondern offenbart hat. So, mein Herz, sind wir auch für die Tage vom 9.–11. Januar 1945 nichts als Dank schuldig.

Mein Herz, mein sehr Lieber, mein Allerliebster, genug von jenem unerforschlichen, unaufklärbaren, unaussprechbaren Thema. Ob wohl je ein

Verfahren vor dem V. G. H. so stark und überwältigend mit Theologie bearbeitet worden ist? – Vielen Dank für das Essen; wo hast Du nur die vielen Eier her? Bitte danke Marion vielmals für die Seife, die herrlich ist und mich sehr beglückt. Meine war gerade zu Ende.

Mir geht es sehr gut. Die Gräue ist verschwunden. Mein Ischias ist fast weg, aber ich gebe noch tüchtig damit an, in der Hoffnung, meine Fesseln los zu werden, und habe gestern mit dem Regierungsdirektor darüber gesprochen, der Schulze anrufen will; von sich aus kann er es natürlich nicht tun. Gestern holte Mittelstädt Eugen und mich gerade ab, als ich über die Fesseln schrieb. Im Leben ist es doch meist so, dass man das Angenehme, solange es da ist, als selbstverständlich ansieht und seine Annehmlichkeit erst erkennt, wenn man es verloren hat. Mit den Fesseln ist es glücklicherweise genauso: Hat man sie an, so findet man es garnicht so schlimm, sondern gewöhnt sich – dieser ganze Brief ist gefesselt geschrieben –, wird man sie aber los, so ist es eine ungeheuere Freude und Erleichterung. Diese Freude versuche ich mir zu verschaffen, und gelingt das nicht, so tuts auch nicht viel.

Dorothee's Camelie ist jetzt voll aufgeblüht und sehr schön. – Sonst habe ich wohl nichts zu berichten. Ich wünsche Dir nur physische und seelische Kraft für diese Zeit, mein Herz, und vor allem Gottes Gnade. Leb wohl, mein Lieber, ich umarme Dich. Der Herr behüte Dich und uns. J.

[Zusatz von Helmuth unter dem Brief von Freya vom 15. Januar 1945, nachdem er seinen Brief bereits abgegeben hatte.]

Mein liebes Herz, mein heutiger Brief ist – hart für Dich, wie ich merke. Verzeih! Ich kann ihn nun nicht mehr ändern. Lies ihn weicher, als er klingt. Ich bin ganz weich und gegen niemanden hart; aber sehr zärtlich für den Pim. Meine Versorgung hat Zeit. Alle Gänge in der Hauptsache gehen vor.

Gut, dass Du Onkel Peter geschrieben hast. Da die eine unmittelbare Verbindung zu H. H. haben, würde ich doch vorschlagen zu überlegen, ob sich daraus nicht etwas machen lässt. Vielleicht könntest Du einen Brief auf diesem Wege befördern. Nur vorsichtig, dass Müller nicht verärgert wird. Ich bin da ganz Adrian's Meinung. Ich meine, dass wegen der rechtlichen Fragen nur C. V. in Frage kommt, nicht Jowo, oder beide zusammen.

Frage: Kann nicht über Peter der Gedanke an H. H. herangebracht werden: Schön, begnadigt den Mann nicht, aber lasst ihn leben bis zu Kriegsende, bis man sehen kann, ob man ihn nicht noch brauchen kann.

Mein Herz, Friede ist das wichtigste, Friede bis ganz in die Tiefe; da soll dann die Oberfläche ruhig rauh sein. – In unserer heutigen Epheserstelle ist 4,9[1] sehr passend für Deine letzte Woche, wenn uns das auch immer nur in kleinem Maßstab widerfährt: Man kann eben nur auffahren, wenn man zuvor hinuntergefahren ist.

Leb wohl, mein liebes, liebes Herz, bleibe in seinem Frieden und liege dort still vor Anker. Vergiss nicht unseren schönen Satz:

«Leben wir, so leben wir dem Herrn, sterben wir, so sterben wir dem Herrn, darum wir leben oder sterben, so sind wir des Herrn.» J.

Richtig, noch etwas: Die Fesseln sind garnicht schlimm. So herrlich es ist, sie los zu werden, so wenig machen sie einem im Grunde aus, wenn man sie hat. Auch bin ich, so scheint mir, durch die Erfahrungen weniger beeindruckt von Luftangriffen, sodass sie mich auch da nicht so stören. Die letzten waren hier nicht schlimm, aber ich

[Der Brief bricht hier ab]

1 «Dass er aber aufgefahren ist, was ist's, denn dass er zuvor ist hinuntergefahren in die untersten Örter der Erde?»

Freya an Helmuth James, 15./16. Januar 1945

Montag Nachmittag.

Mein liebes Herz, ich habe Dich lieb, sehr, sehr lieb, und morgen komme ich Dich besuchen. Das ist sehr schön! Dann bekommst Du endlich Deine Decke und den Fußsack wieder, bekommst Zigaretten, Handtücher und noch was zu essen und hoffentlich einen guten Kaffee. Tee schmeckt leider immer so schlecht aus der Thermosflasche. Mein Herz ist voller Liebe und Zärtlichkeit. Es möchte Dich wärmen und streicheln, wenn es grau um Dich ist und wenn Du gefesselt bist. Es kann ja nicht immer die schöne hohe Stimmung herrschen, es wird nun wieder die kleine, sichere, geborgene, die alltägliche einziehen, und da möchte mein Herz ganz nah an Deinem sein, ist es auch.

Ich schreibe in Lichterfelde, weil ich mit C. Viggo telefoniert habe. Es ist 5 Uhr. Alle lieben Briefe habe ich nicht bei mir und möchte sicher noch manches zu den einzelnen Dingen, die Du schreibst, sagen. Ich war unglücklich, dass ich heute früh nicht Zeit zum Schreiben hatte. Der Alarm hat mir die Nacht zerstört – Du wirst sicher hinterher noch ganz anders wachgelegen haben –, ich wachte dann zu spät auf und hatte den

Wecker nicht aufgezogen. Die ganze Nacht dachte ich dabei tief unten: Ich muss noch schreiben, ich möchte noch schreiben, weil ich mich ärgerte, dass ich gestern mit werkeln den Tag vergeudet hatte. Das war zwar alles sehr nötig, aber nötig ist manches, was man doch nicht tut, und schreiben ist glücklicherweise das nötigste – und liebste. Deshalb fange ich hier erst schon mal an, um auch ein bischen nur schwätzen zu können. Der Tag war nicht sonderlich angenehm: Wie Du schon so oft gesagt hast, bin ich dem Auf und Ab des Hoffens und Aufgebens so preisgegeben, und in diesem letzten Stadium ist das am anstrengendsten. Das wäre garnicht auszuhalten, wenn ich mir nicht immer wieder zwischendurch vergegenwärtigte, dass es der liebe Gott ist, dem wir angehören, dass er entscheidet, und wenn er sich meiner Blödheit bedient, wenn unsere Versuche misslingen, dann ist auch das sein Wille. Du stirbst auch garnicht schlecht, wenn Du so stirbst; es ist auch alles rund und schön, aber was sein Wille ist, das wird sich finden. So ging es mir immer wieder gut und geht es mir auch jetzt gut, was Du ja wohl schon beim ersten Wort gemerkt haben wirst. Erst war ich beim V. G. H. Der ist leicht angebombt, Fenster kaputt und Schutt überall. Schulze kam in der Pause aus der Sitzung – ich ahnte da noch nicht, was ich hier eben erst erfuhr, dass Haubach, Steltzer, Groß heute dran sind, und da kam Schulze raus. Er war verschlossen, irgendwie gehemmt mir gegenüber, aber streng, sachlich. Er sagte mir die Gnaden-Referenten im J. M., die gleichzeitig auch über das «wann» entscheiden. Er sagte, die Entfesselung müsse vom Arzt ausgehen, dann ginge es gleich, allerdings nach Vortrag bei Lautz. Er gab mir 2 Sprecherlaubnisse – aber mehr nicht, Jowo wird er eine geben, aber nicht ohne Beamten, und Asta, da sie von auswärts kommen muss, bekommt keine. Ich auch nur 2, weil ich sagte, auf mich fällt jetzt die ganze Verantwortung für Kr., und da muss ich nach einer kurzen Reise nach Hause gleich noch einmal hin. Ich nehme aber an, dass ich durch die Stapo vielleicht noch mehr bekommen kann. In der Pr. A. Str. war Müller noch nicht; Mi. soll ich wieder nachfragen. Ich ging drauf ins J. M. Ich wollte erst zu dem Dr. Pippert, der auch in der Verhandlung war, aber der war natürlich bei Haubach usw. Da ging ich zum Franke, bei dem C. Viggo schon mal war. Er ist ein sehr unsympathischer Mann, SS am Knopfloch, aber er trägt dem Minister vor, und mit ihm bespricht er es, und zwar wenige Tage, nachdem die Urteilsgründe ihm schriftlich vorliegen, und dann entscheidet der Minister, sein Bescheid geht an den Oberreichsanwalt, und der vollstreckt dann. Ich sagte, wir brauchten noch Zeit, und er sagte, diese Woche hätten wir noch bestimmt, dann würde er dem Minister wohl vortragen. Er war erst sehr verschlossen bissig, wurde aber mit der Zeit sehr viel aufgeschlossener, gab zu, dass Dein

Fall so gut wie garnicht mit dem 20.7. zusammenhinge, und interessierte sich auch durchaus für das Wissen der Polizei. Ich musste ihm irgendetwas sagen, was über das ihm schon bekannte Gnadengesuch herausging, um den Trieb nach Zeit zu motivieren. Ich war vorsichtig, sei versichert, aber ich musste etwas Sachliches sagen. Als ich einmal sagte, «Sie geben zu, dass ...», erwiderte er mir, «ich gebe garnichts zu, denn ich bin ja garkein Gegner, sondern mir ist das alles ja auch sehr wichtig, und der Fall Moltke beschäftigt uns auch durchaus.» Ich kann aus der Unterredung nur sagen: 1. Er hat mich, glaube ich, auf kein Glatteis geführt. 2. Er war interessiert und ist nicht ohne Erwägen des Falles. 3. Er hatte eine gewisse Achtung vor mir, mit der er mich dann entließ. 4. Er ist ganz unentscheidend, hat aber mit dem Minister über den Fall zu reden. 5. Da C. Viggo da schon war, war es nicht falsch, dass ich alleine noch mal hinging. 6. Hoffnung hat er mir natürlich keine konkrete gemacht. Ich ging hinterher noch zu Ministerialrat Eggensberger, von dem Harald gesagt hatte, zu ihm müsse C. Viggo gehen. Ich wollte C. Viggo ansagen, stellte aber fest, dass er zuständig für den Strafvollzug, aber nur für die Anstalten, also für Eugen, ist. Da merkte ich erst recht, wie eklich Herr Franke war, denn Herr E. war ein Mensch. Dem tat es beinahe leid, dass er für mich auch nicht das Geringste tun konnte. Ich war froh, dass ich mal wieder einem Menschen begegnet war, und ging dann Essen und fuhr des weiteren zu Haus. Da gab es nichts Neues, aber viel Herzlichkeit und viele Grüße an Dich und richtigen Kummer um Dich. Dr. Friede kenne einen Mann, der Deine Sache mit bearbeitet habe und auch beim Termin war: Du hättest einen sehr guten Eindruck gemacht, Du seiest aus der Goerdeler-Sache praktisch raus, aber Du hättest selbst eine ganze Menge getrieben, Du habest eine Art Schlüsselstellung eigener Art gehabt! So Haus. Am Gnadengesuch Keitel haben wir nichts gemacht, weil C. Viggo den Adjutanten kennt und an den geschrieben hat, außerdem kommt der Mittwoch nach Schweidnitz und da C. Viggo noch einmal herauf – wahrscheinlich, so habe ich eben mit ihm abgesprochen. – So, mein Herz, jetzt ziehe ich wieder in Deine Nähe. Morgen wird sich Herr Wickenberg um Dich kümmern und erneut Deine Entfesselung, wie ich hoffe, in die Wege leiten. Mir ist so drum zu tun, dass Du noch mal frei davon kommst. Mir ist es schrecklich, wenn ich mir Dich gefesselt in Deinem Bett vorstelle. Vielleicht kannst Du auch weiter Lichtbaden zu Deiner Abwechslung. Mach Dich nur recht krumm, auch bei mir.

Nachher schreibe ich weiter! – Nun bin ich schon eine ganze Weile bei den Freunden, habe einen Berg zu essen bekommen und sitze nun friedlich auf dem Sofa. Wie gut, das ich diesen Brief schon angefangen hatte, bevor ich den Deinen hier bekam, denn so siehst Du ganz deutlich, dass ich auch schon ganz friedlich war, obwohl es so war, wie Du erwartet hast, und noch ehe Dein lieber Zuspruch mich traf. Nein, Dein Brief ist garnicht hart. Ich weiß genau, was Du meinst. Partiell hast Du auch recht. C. Viggo sagte auch selbst mit beschäftigtem Gesicht: «Es müsste eigentlich jemand von uns bei Dir bleiben. Es geht nicht, dass Du alleine hier bist.» Ich mag sie aber nicht dauernd am Bein haben, das spielt auch eine Rolle, und so sind sie eben nicht, dass sie die Sache selbst in die Hand nehmen, mir sie sozusagen entreißen wollen. Nun kommt Keitels Adjutant übermorgen nach Schweidnitz, wo er seine Frau sitzen hat, und ihn will C. V. sprechen, ehe er wieder her und ins J. M. kommt. Ich war befriedigt zu sehen, dass Deine Pläne in der Gnadensache mit meinen Vorstellungen übereinstimmen.

Den Brief mit dem Antrag an Keitel, das Gesuch an H. H. weiterzuleiten, haben wir ja schon am 5. 1. abgeschickt, und am 6. 1. hat Keitel das gehabt. Morgen schreibe ich ein kleines Briefchen an Adrian mit Hinweisen und sehe, dass ich aus Hercher ein Schriftstück presse.

Mir scheint, für das Schwein werde ich nicht viel Zeit haben, wenn Müller nicht kommt. Ich reiße mich auch garnicht drum, wenn wir nur noch so wenig Zeit haben.

Ich bin nicht dafür, dass Du noch mal an Müller schreibst. Du musst Dich unnütz klein machen. Wir müssen Deine Argumente verwenden, wenn möglich Hercher, aber der ist stur, wie Du weißt.

Du schreibst sonst sehr lieb und schön, mein Herz, und hältst mich gut und warm und zeigst mir den rechten Weg, den ich ja kenne, auf dem ich aber jetzt auch bleiben muss. Mit dem Wollen ist es allerdings da nicht getan – Du weißt das ja, aber das bis in alle Tiefen herein Wissen, die Bereitschaft unserer Herzen, daran muss ich festhalten, dann wird Gott uns sicher führen.

Du schreibst gefesselt besonders schön. Der Brief erinnert mich an die blaue Seite meines schönen blau-roten Perserteppichs,[1] den Du mir 1935 im Frühjahr von Kr. nach Berlin zu Edith geschrieben hast. Kannst Du Dich entsinnen?

Denke Dir, Schulze hat mir keine Beschränkung im Briefeschreiben auferlegt! Das ist schwierig und zeigt, wie sicher er mit Deinem Tod rechnet.

An den Walfisch,[2] mein Geliebter, glaube ich nicht! Das schlägt zu sehr in Eugens Fach,[3] aber wer kann es wissen. Ich habe mit meinem menschlichen Urteil nicht viel Hoffnung für Dein Leben, aber lassen wir das, wir brauchen das nicht zu erörtern, weil wir das zu genau wissen. Mein Herz, aber es ist schön, hier zu sitzen und an Dich zu schreiben. Wie ich es genieße! Ich sitze und schwätze mit meinem Herzens-Wirt, mit meinem Jäm, den ich so lieb habe. Gestern, als ich bei Trothas in den Splittergraben[4] zog, drehte C.D. noch ganz in der Entfernung irgendwie den Kopf, sodass ich den Bruchteil einer Sekunde an Dich erinnert wurde. Mir ging das Wissen um jede kleinste Bewegung von Dir und die liebevolle Gewohnheit, Vertrautheit mit sehnsuchtsvoller und schmerzhafter Freude durchs Herz. So wird es mir hoffentlich in 20 od. 40 Jahren, wenn ich die Organe zur Aufnahme solcher Dinge dann noch habe, auch noch gehen. Oft stelle ich mir vor, wie Du zur Tür herein od. auf mich zu kommst, wie Du neben mir gehst, und oft gehst Du neben mir über den Acker; ich sehe Dein Gesicht, wie es sich meine Anstürme gerne gefallen lässt. Dann bin ich immer sehr glücklich. Ach, die Flut der großen und kleinen Erinnerungen. – Ich war ganz selig, richtig beglückt über Eugens und Deinen Ausflug zum Lichtbad. Hoffentlich bleibt es nun dabei! Wie hoch erfreulich. Was ist das überhaupt noch für ein herrliches gemeinsames Leben! Wie könnte das sein!

Ich habe gestern, als ich mit Kr. sprach, Ulla durch Asta ausdrücklich sagen lassen, sie soll sich tüchtig ran halten und Asta solle ihr genau berichten. Du kannst also ganz sicher sein, dass sie dabei bleibt. Beide Jungen (– C.chen sagte, «Sehr gut!!!» ginge es ihm. Mit 3 Ausrufungszeichen klang es –) sagten «Träum vom Pa» am Schluss, auch Konrädchen, offenbar ganz von sich aus. –

Ich lese noch einmal Deinen lieben Trostbrief,[5] den ich so sehr liebe. Nein, zu viel Haltung ist gewiss bei mir keine Gefahr, aber es ist sehr unangenehm, wenn ich vor Adrians Tür furchtbar mit den Tränen zu kämpfen habe, wo ich doch gleich etwas Sachliches mit ihm zu reden habe, und da ist der Begriff der Haltung hilfreich. Nein, pharisäisch hast Du garnicht geschrieben, sehr liebevoll und voller Verständnis. Ich sprach mit Marion gestern Nachmittag über die Verbindung. Sie hat nun das, was ich mir auch erhoffe: das Wissen um Peters lebendig sein, weiterleben, weiter zu ihr Gehören, und sie hat das Gefühl, dass er lockt und ruft, dabei ist sie durchaus lebensbejahend. Das ist alles wirklich sehr schön bei ihr, schöner könnte es nicht sein, weil so garkein Bruch vorhanden ist; es geht einfach anders weiter, sie hat nur den Sinn für eine neue Dimension entdeckt. Den haben wir Menschen aber als Anlage alle! Es ist uns ja aufgegeben, uns von Gott finden zu lassen, diese Abhängigkeit und Zugehörigkeit in uns wachsen und leben zu lassen. So glaube ich fest! Du doch auch, mein liebes Herz.

Mein Jäm, die Freunde sind längst im Bett. Ich werde nun gleich auch gehen. Ich habe unseren Epheser-Brief noch nicht gelesen. Die Losungen sind diese Woche wirklich besonders hilfreich gewesen. Für mich auch nach den 3 Tagen und ihrer Erlösung das schöne Wort: «Ja, lieber Mensch, was bist Du denn, dass Du mit Gott rechten willst!» Röm. 9,20 und dazu 5. Mose 32,39.[6] Hattest Du die Texte noch? Das heutige ist schwer zu fassen: Eph. 3,20. Dazu Jes. 33,6. Mein Herz, ob Du schon schläfst! Sicher längst, denn es ist 11 Uhr, mein armer Gefesselter.

Morgen, mein Herz, schreibe ich erst an Onkel Peter, offiziell und an Adrian. Das sollte heute alles schon fertig sein, aber schwätzen mit Dir ist tröstlich und nötig und kostbar und wäre unbeendbar fortzusetzen. Gute Nacht, sage ich, gute Nacht! Gott behüte Dich, mein Herz. Viele Menschen denken an Dich und bitten Gott um Dich, viele lieben Dich, manche hoffen auf Dich, ich aber, ich darum immer Glückliche, gehöre zu Dir, bin die Deine, und Gott helfe mir, es immer zu bleiben. Ich umarme Dich zärtlich. P.

Dienstag. Guten Morgen, mein geliebtes Herz. Es gibt nichts Neues zu sagen! Ich habe aber köstlich und gut geschlafen und bin sehr getrost und freudig aufgewacht, und nun bin ich voller Freude, Dich bald zu sehen. Ich habe Dich so lieb, Du weißt es. Ich werde Dich bald umarmen. P.

1 Helmuths Brief von 1935 erinnerte Freya an einen Perserteppich. *2* Jonas Gebet im Bauch des Fisches (Jona 2). *3* Eugen Gerstenmaier rief Helmuth wiederholt zum bedingungslosen Glauben an die Rettung auf. *4* Tief ausgehobene, abgedeckte Gräben, die notdürftig vor den Splittern der Sprengbomben schützten. *5* Siehe Helmuths Brief vom 12./13. Januar 1945, S. 485 ff. *6* «Sehet ihr nun, dass ich's allein bin und ist kein Gott neben mir! Ich kann töten und lebendig machen, ich kann schlagen, kann heilen, und ist niemand, der aus meiner Hand errette.»

Helmuth James an Freya, 16. Januar 1945

16. 1. 45.

Mein liebes Herz, wie schön war es, Dich zu sehen und zu sehen, dass es Dir im Ganzen gut geht. Es ist eben alles für Dich viel schlimmer als für mich. Lass es Dich nur nicht anfechten. – Du hast mir auch schon einen sehr schönen Brief geschrieben, aus dem ich ersah, dass der Schock im Abziehen ist. Zwei Sachen will ich Dir sagen: Der Walfisch ist nicht so wie Eugen. Eugen will Antworten erzwingen und sucht sie in der Schrift. Ich hingegen wollte garnichts, sondern war ganz naiv und wurde plötzlich von dieser Mitteilung überrascht. Ich kann nicht sagen, dass die Tatsache, dass ich diese Mitteilung genau 3 Tage nach Freisler's Angebrülle erfuhr, ein Zufall ist. Die Stelle war auf den vierten Tag nach meiner Vernehmung angesetzt, und ich kam 24 Stunden später dran, die Stelle sollte am Morgen im Bett gelesen werden und durch den Schreibfehler[1] wurde es später Vormittag, fast Mittag; nie haben Eugen und ich über die Stelle gesprochen, und ausgerechnet an dem Tage musste er mir sagen, Jona 2 sei dran.

Ich bestreite mit aller Entschiedenheit, dass das Zufälle sind, und es ist etwas ganz anderes als Eugeniaden,[2] die allerdings für mich nicht passen.

Das zweite ist folgendes. Ich bitte ein Mal zu überlegen, ob Du nicht Onkel Peter einen Brief schreibst mit einer sachlichen Darstellung dahingehend, mir seien meine Verteidigungen abgeschnitten worden, die ich vorher, Monate vorher, mitgeteilt hätte, und damit hätte nichts Anderes herauskommen können. Dass aber die Abwehr gewusst habe, sei in Wahrheit ganz unstreitig; dass ich mit den Goerdeler-Leuten vollkommen gebrochen und nie einen von ihnen gesehen hätte mit Ausnahme einer Besprechung, wo ich Beck die gröbsten Vorhaltungen gemacht hätte, sei ebenfalls unstreitig; dass ich mit allem anderen, was ich getan hätte, mindestens das Richtige zu tun beabsichtigt hätte, sei Dir sicher, denn alle, die mich gesehen hätten, wüssten, dass ich in diesen Jahren nur für meinen Dienst gelebt und auch Kreisau darüber vernachlässigt hätte. So ungefähr, vorsichtig, ohne Spitze gegen die Polizei, nicht übertrieben. Und dann würde ich ihn fragen, in einem Extra-Brief, ob er nicht Abschrift dieses Briefes an H. H. gelangen lassen könnte, also als eigenmächtige Handlung von sich. Der Brief müsste sehr vorsichtig sein, vielleicht meinen mangelnden politischen Ehrgeiz und meine sozialistischen Tendenzen als bei ihm bekannt betonen, vielleicht auch sagen, dass ich immer über die schlechte Haltung der Berliner Offiziere und Beamten gestöhnt hätte. – Vielleicht auch ein Wort darüber, dass ich wohl von Yorck hinter's Licht geführt worden sei, denn seine Beteiligung an dem Putsch sei Dir völlig unverständlich; aber damit würde ich vorsichtig sein. Vielleicht kann man auch sagen, dass ich über all diese Fragen, die den Gegenstand meiner Verteidigung ausmachten, soweit Dir bekannt, auch nie vernommen worden sei; vielmehr sei mir das ganz einfach abgeschnitten worden.

Deine Unterhaltung mit Herrn Franke finde ich sehr bemerkenswert. Vielleicht gelingt es Dir doch, in diese Mauern ein Bresche zu schlagen. Ich finde jedenfalls eins: ob ich umkomme oder nicht, Du hast in diesen Monaten einen Grad der Verhandlungsfähigkeit erlangt, der Dir in jedem Fall in den vor uns liegenden Zeiten sehr zugute kommen wird. Du siehst ja, dass viele Dinge leichter sind, als man denkt, wenn man sie nur ruhig und frontal angeht. Das wird Dir ja eine schöne, feste Sicherheit geben, denn wenn Du mit all diesen Feinden über das Leben Deines Wirts verhandeln kannst, wirst Du ja mit allen anderen Problemen auch irgendwie fertig werden.

[Der Brief bricht hier ab]

1 In dem Kassiber von Eugen Gerstenmaier. *2* Eugen Gerstenmaiers Neigung, aus Bibeltexten konkrete Angaben über ihr Schicksal herauszulesen.

Freya an Helmuth James, 17./18. Januar 1945

Mittwoch Abend

Mein Liebster, müde bin ich, aber meiner Seele geht es gut. Es war alles heute garnicht sonderlich ermunternd, aber ich bin ganz befriedigt und ruhig hindurchgeschifft – keine Leistung von mir, Du weißt ja, wer einem so etwas verschafft. Hoffentlich ist es bei Dir auch so, wenn auch ganz anders. Meine Gedanken fanden Dich so, fanden Dich friedlich und so, wie Du mir gestern gegenüber gesessen hast. Mein Herz, es war gestern ganz besonders schön bei Dir. Ich hatte mich schon so gefreut, und diese Freude wurde noch übertroffen. Es war schön, vertraut, zärtlich, nah, selbstverständlich und garnicht traurig. Ich war schon so froh, dass ich mit reiner Freude kommen konnte. Ich konnte so schön sehen, wie es in Dir aussah, es war so erfreulich zu fühlen, was uns alles so ganz selbstverständlich verbindet. Dann waren es doch eigentlich 2 Sprechstunden durch den Alarm, und mindestens 2 Küsschen haben wir plus gemacht. Alles war sehr beglückend. – Hier war ich hinterher bald alleine, da Dorothee und der kleine Harald unterwegs waren. Ich aß viel und saß dann mit den Beinen an der Heizung und schrieb. So verging der Nachmittag, denn nachher musste ich tippen, und zwischendurch saß ich und las unseren Philipper-Brief. Da ich diese Briefe alle zum ersten Mal zusammenhängend lese, so überlese ich, auch wenn ich ganz und gar dabei bin, vieles. Das tut man aber wohl immer wieder, und immer wieder erfassen einen neue schöne Stellen. Ich bin ja aber am Anfang des immer wieder Lesens, Du kennst alles schon sehr gut. Ich freue mich aber jeden Tag der gemeinsamen täglichen Lektüre. Ich verstehe das Programm Deiner Bibellektüre nicht ganz, die ich in den 3 Verhandlungstagen ja mitgemacht habe; ich verstehe 1. ältester Teil A. T., 2. neuerer Teil A. T. Wie aber kamst Du zu dem Markus-Evglm.? Wann hast Du denn im N. T. wieder angefangen? Als wir zu den Briefen kamen? Übrigens hat mir gerade das Markus-Evglm. in den Tagen zu schaffen gemacht, und zwar alles im 11. Kap., das ganz besonders schön ist. Da steht erstens die Geschichte vom Feigenbaum, und dann kommt die Stelle (24): «Alles was Ihr bittet in Eurem Gebet, glaubet nur, dass ihrs empfangen werdet, so wirds Euch werden.» Vorher die Geschichte mit dem verrückbaren Berg. Es ist mir schwer, mit dem Allen fertig zu werden, obwohl ich vielleicht den Anfang davon verstehe – Hier brachte ich Harald zu Bett, weil Dorothee immer noch das Wassser meiden muss, und daran schloss sich gleich das Abendessen, zu dem nicht Marion und Brigitte, wie erwartet, sondern Marion und Davy kamen, weil Brigitte solche Zahnschmerzen hat, dass sie nicht weg könnte. Außerdem hat sie schon ihr Cörnchen[1] da, mit dem sie morgen Eugen besuchen wird. Eigentlich sollte sie heute Abend Eugens langen Bericht über die Verhandlung[2] vorlesen, auf den ich sehr gespannt bin. Sicher gibt er ein ganz anderes Bild als der Deine, und gerade darauf bin ich gespannt. Marion erzählte, der Mann Bondo (Untergebener von Neuhaus), aus der Meinekestr., der Peter scheints sehr verehrt, sei in Eurem Termin gewesen und habe gesagt, Eugen habe aber Schwein gehabt, dass er mit einer so milden Strafe weggekommen sei, bei dem Moltke habe es ja ganz dicke gelegen! Sie hat auch allerlei Mythen über Peters Verteidigungsrede gehört, die sehr schön sind, wenn sie stimmen. Er hat ihnen wohl die Wahrheit gesagt, und das ist sicher wohltuend gewesen. Bondo habe versichert, bei Peters Rede habe einem das Herz geklopft. – Davy hat ein großes Stück Butter für Dich mitgebracht. Marion war sehr erfreut, dass Du die Seife so schön fandest. Sie habe sich das Stück auch seit Anfang des Krieges gespart! Das ganze Fest war zu Ehren des Perlhahns, den M. P.s mitgebracht hatte und von dem Du morgen sicher auch noch ein Stück bekommst. Nun sind sie aber wieder weg und die Freunde im Bett, und ich sitze wieder friedlich alleine und schreibe voll Freude und Glück über meine Lieblingsbeschäftigung. Ja, von dem Tag will ich Dir weiter berichten. Die Briefe trug ich als erstes heute vor 9 aus. Mir war kalt, als ich aufstand, es war mir von innen nicht schlecht zu Mute, aber ich war nicht rüstig und unternehmungsbereit aufgewacht, sondern so, als sei und bleibe das Bett der schönste denkbare Platz, ich konnte mich zum Tagewerk nicht entschließen, und da besah ich mir erst mal die Losungen, und da fand ich für mich sehr geeignet und sehr ermunternd Ps. 46,5,6.[3] Ich fuhr zum VGH mit dem Brief an Dich und traf Schulze schon auf der S-Bahn-Treppe; ich ging ins A. A. und traf Dieter und drückte ihm den Brief an Adrian in die Hand; ich fuhr zum Schles. Bhf und postete das Exemplar an Onkel Peter. Ich fuhr in die P. A. Str. und gab beim Gruppenführer den Brief an H. H. ab. Müller war immer noch nicht zurück; Freitag/Son. sollte ich wieder anfragen. Nun ging ich zu Hercher, der versicherte mir, er könne keinerlei Brief an die Polizei schreiben, denn es sei Dir unbenommen geblieben zu versuchen, Dich mit Deinen Argumenten zu verteidigen. Lange habe lediglich gesagt: «Die Polizei hat nichts gewusst.» Nicht: «Moltke soll sich so nicht verteidigen.» Er würde sich gehütet haben, so etwas zu sagen, meinte Hercher. Er verstand schon gut, dass so ein Brief erleichternd wirken würde, aber es treffe nicht zu und er könne ihn nicht schreiben.[4] Dann las er meinen Brief an H. H. und schrie laut bei dem von ihm gestrichenen Satz, der stimme nicht! Du seiest wegen eigenem Hochverrat verurteilt; die Erwägung von Landesverwesern für eventuell besetzte Gebiete und u. Umständen das ganze Reich, die Erwägung, dass dann die NS-Regierung verschwunden sein könne durch Gewalt des Feindes, die Besprechung der Einheitsgewerkschaft, die Erwägungen über die Karte, das sei alles Hochverrat und stehe auch so im Urteil. Wenn ich das ließe, so würde es als falsch festgestellt, aber gegenteiligen Erfolg erzielen. Ich besprach noch mit ihm, ob ich irgendwie zum Ausdruck bringen könnte, dass Du den Führer nicht hättest antasten wollen, aber das verlangt eine zu komplizierte Darlegung, die m. E. für den H. H. ganz ungeeignet ist. Also strichen wir den Satz. Ich holte mir den Brief aus der P. A. wieder zurück, schrieb ihn in Lichterfelde neu, gab ihn in neuer Fassung bei Adrian mit einer Bemerkung auch zum 1. Brief an ihn ab und fuhr 1 zweites Mal zum Schles. Bhf. Das aber erst am Nachmittag. In Lichterfelde tippte ich, aß, packte und telefonierte. Ich erfuhr, dass C. Viggo kurzfristig an die Front geholt worden ist und also nicht mehr kommen kann. Als ich nun um 16.30 wieder in die P. A. kam, war der Gruppenführer inzwischen eingetroffen. Ich hatte wieder leise Zweifel, ob er überhaupt weg war. Jedenfalls empfängt er mich um 3 Uhr morgen Nachmittag. Morgen Vormittag gehe ich mit C. Dietrich zu Herrn Prost im Justiz-Ministerium. Damit ist meine Tätigkeit wohl auch ziemlich erschöpft. Ich weiß nicht, was ich dann noch tun kann. Ich habe das Gefühl der Unzulänglichkeit aller meiner Schritte und habe doch das Gefühl, dass niemand da ist, der es besser machen könnte. Ja, ich stelle mir manchmal kurz vor, wie es wäre, wenn Jowo drin und Du draußen wärst, aber dann wärest Du eben nicht das, was Du doch bist. Wie würdest Du Dich schön einsetzen! Bei Jowo ist ja der gute Wille durchaus da, aber er weiß ja garnicht Bescheid und kann auch nur nach Weisung arbeiten. Unter der Verantwortung leide ich deshalb nicht, weil ich viel zu fest von der Richtigkeit der göttlichen Fügung überzeugt bin, die eben vielleicht von Dir den Tod verlangt und ihn dann trotz und sicher wohl doch nicht wegen meiner armseligen Bemühungen verlangt, und weiter, weil weit und breit niemand zu sehen ist, der es besser machen kann! Aber armselig kommen mir meine Bemühungen durchaus vor, und ich bin alles andere als stolz, wenn ich von so einem Tag dann wieder hier lande. Du bist eben drin, mein Herz, und Dein Winzling plätschert draußen herum, plätschert in ureigenster Sache und gibt sich alle Mühe, aber plätschert eben doch nur. Aber ich bin nicht verzweifelt darüber, ich bin ganz sicher und ganz nah bei Dir untergebracht und hoffe und bitte, dass es so bleiben kann, und bald hört auch die Aktivität auf, weil nichts mehr zu unternehmen ist, und dann geht unsere Sache einen Weg, auf den wir keinen Einfluss mehr haben, und sicher den Weg, den Gott will. Hercher beschäftigte die Sache immer noch sehr. Er meinte, ich solle sehen, mit

Thierack zu reden, es komme auch auf den an, und er habe das Gefühl, es würde jetzt nicht mehr vollstreckt werden, es wehe ein anderer Kurs, nein Wind, od. es werde ein anderer Kurs gesteuert. Das sei so sein Gefühl, denn nachdem er mir den Hochverrat so dicke geschildert hatte, sagte ich, es habe ja dann garkeinen Sinn, auch nur das Geringste zu unternehmen. Das fand er nicht.

Als ich nun heute Abend mein Programm für morgen arrangierte, sagte mir C. D., Kreisau habe bestellt, der Fleischer habe abgesagt. Irgendwas von Hefe kam noch vor, sodass ich eher glaube, die zu Hause haben kein Brot für die Wurst gebacken und daher dem Fleischer abgesagt. Wie dem auch sei, das Schwein muss immer noch länger leben, und Deine alte, echt helmuthische Frage, wer das Rennen gewinnt, mein liebes, liebes, gutes Herz, das Schwein oder Du, ist noch nicht entschieden. Wie kann man so etwas nur aussprechen oder denken, würde Herr Hercher und der Vorsteher sagen. Jedenfalls habe ich keine Eile, morgen Nachmittag nach Hause zu fahren. Vor Freitag früh tue ich es bestimmt nicht. Ich warte erst ab, was sich ergibt. (Nachträglich: Wie ist Dir denn zu Mute?)

Ich überlege, was ich sonst noch erzählen will. Ach ja: Klein Öls[5] ist seit einer Woche von der Stapo beschlagnahmt. «Auf Kriegsdauer», sagen sie, aber die Familie befürchtet, dass die hinter den alten Verzichtvertrag von Paul Yorck gekommen sind und zum mindesten den Anspruch von Peter gegen Paul als dem Reich zugefallen betrachten. Paul kommt in Bälde auf Kriegsdauer in ein K. Z. Das hat H. H. jetzt Davy schriftlich mitgeteilt.

Jetzt ist es ¾12. Ich werde wohl ins Bett müssen. Ob Du, mein Lieber, wohl heute schon ohne Fesseln schläfst! Das wäre mir trotz aller Deiner Reden ja doch sehr angenehm. Schreib mir mal, wie Du die Geschichte vom Feigenbaum verstehst! Schreib mir auch mal über das Beten. Dadurch, dass es neben dem Berg steht, wirkt es so konkret, wie ich nicht glaube, dass es sein soll. Dann ist es auch ganz fest mit der Regelung der Schuldner verbunden. Ich würde gerne Deine Gedanken darüber hören.

Deinen Walfisch trage ich mit Staunen mit mir herum. Ursprünglich war es bei Eugen auch nichts anderes. Er hat es nur dann zu Eugeniaden ausgebaut – und hat für sich auch Recht gehabt. Das Zellenleben macht ja sehr viel empfänglicher für solche Weisungen. Ich bin durchaus bereit, an sie zu glauben. Jetzt gehe ich erst mal ins Bett. Ich bin ganz glücklich, wenn ich mich noch so schön mit Dir unterhalten kann. Vielleicht gibt es morgen früh noch mehr zu schreiben. Erst schlafe ich mal. Gute Nacht, mein liebes Herz. Ich umarme Dich.

Donnerstag Morgen; Guten Morgen, mein Jäm, es wird nicht mehr viel mit dem Schreiben. Das Alärmchen hat uns ja alle geweckt. Als wir bei Vorentwarnung gleich wieder ins Bett gingen, dachte ich, wie Du nun auch wach dalägest (mit Fesseln?), und wusste Deine Gedanken bei mir. Ich wollte lange bei Dir bleiben, aber Du kennst ja Deinen P. und den Schlaf. Es dauerte nicht lange und da schlief ich wieder. Manchmal denke ich wirklich, dass sich meine primitive und geringere Art – genau wie bei meinem Vater – in meiner Ausgeliefertheit an den Schlaf zeigt, aber ich weiß wohl, was für ein Geschenk er ist, denn was würde aus mir ohne meinen immer wieder treuen, tiefen Schlaf.

Ich kann doch noch ein Weilchen schreiben, und sagen möchte ich immer etwas. Vor allem noch dies: Was soll ich nun weiter tun? Wie weit darf ich noch ruhig bei Dir sitzen bleiben oder muss ich nach Kreisau? Ich muss ja genauso wie Du so tun, als lebest Du weiter. Schreib mir mal, wie es Dir angenehm ist und wie Du es Dir vorstellst. Du weißt ja, wo ich am liebsten bin.

Du weißt auch, dass, wo ich auch bin, mein Leben und meine Person auf Dich ausgerichtet ist. Wenn Du also ohne mein Wissen sterben solltest, so bin ich trotzdem bei Dir.

Harald geht! Dein P. bin ich

1 Cornelia Gerstenmaier. *2* Eugen Gerstenmaiers Bericht über die Gerichtsverhandlung ist abgedruckt in: *Streit und Friede hat seine Zeit. Ein Lebensbericht*, Frankfurt a. M. 1981, S. 215 ff. *3* Vers 6: «Gott ist bei ihr drinnen, darum wird sie fest da bleiben; Gott hilft ihr früh am Morgen.» *4* Siehe Helmuths Briefentwurf vom 17. Januar 1945, S. 496. *5* Das Stammgut der Familie Yorck von Wartenburg.

Helmuth James an Freya, 17./18. Januar 1945

Tegel, den 17. 1. 45.

Mein Lieber, von mir ist nichts Neues zu berichten. Meine Gedanken begleiten Dich ständig auf Deinen anstrengenden Gängen und versuchen, Dich zu wärmen, Dir über die Enttäuschungen und Schwierigkeiten hinwegzuhelfen, Dir beizustehen. Mein liebes Herz, welch eine Aufgabe für Dich! Wie wirst Du das nur alles aushalten? Heute früh war ich ganz zufrieden, aber nach Tisch kam eine graue Welle, weil ich bestimmt damit gerechnet hatte, mit Eugen zum Bestrahlen zu gehen, aber Mittelstädt nicht kam. Es ist ja ganz bedeutungslos, aber es zeigt eben, wie wichtig es ist, nie etwas zu erwarten, nie auf etwas zu warten. Ich ärgere mich über einen solchen Anfänger-Fehler. Dabei ist mir dann eingefallen, dass Ihr vielleicht etwas dafür tun könnt, dass Eugen hier bleibt, solange ich hier bin; denn seine Anwesenheit ist mir natürlich eine große Hilfe. Und wenn Eggensberger im R. J. M. ein Mensch ist, kann er es vielleicht tun. Aber kümmere Dich um diese Sache nur, wenn Du es mal nebenbei erledigen kannst, denn Du brauchst ja Deine Kräfte wahrlich für andere Dinge. – Leider ist Claus 14 Tage krank. Das ist schade, zumal sein netter Vertreter jedenfalls heute auch nicht da ist. Hoffentlich ist der nicht auch krank, denn die heutige Garnitur ist eigentlich eher nicht angenehm.

Aber diese graue Welle ist im Verschwinden, war auch garnicht schlimm und hätte mir bei sorgfältiger Disziplin garnicht zu passieren brauchen. Ich schreibe auch meinem Liebsten, um nur ganz schnell wieder im Glanz unterzutauchen. Wenn Du nach Kreisau fahren solltest, und das hängt doch davon ab, ob Du Müller heute oder morgen erreichst, dann bringe mir einen neuen Block mit, denn dieser geht in dieser Woche zu Ende; fährst Du nicht, so kannst Du mir vielleicht irgendwelches anderes Papier beschaffen. – Mein Herz, der Glanz Deines gestrigen Besuchs und des schönen Briefes erleuchtet mich noch ganz. Mein Lieber, wir gehören so eng, so vollkommen zueinander, dass ich mir garnicht vorstellen kann, dass Du mich nicht immer in Dir finden wirst, wie ich auch sicher bin, Dich mitzunehmen, wenn ich abberufen werde. Mein Lieber, um mich brauchst Du Dir wahrlich keine Sorgen zu machen. Ich glaube, dass ich jetzt so sterbensfertig bin, dass, wenn Gott mir nicht neue Prüfungen auferlegen will, jener Gang zum Galgen für mich keine große Sache mehr ist. Das alles ist viel schlimmer für Dich, und Du musst jetzt gepflegt und gewärmt werden, nicht ich. Diese grauen Stunden, die dazwischen kommen, die sind nicht schlimmer als graue Stunden in der Freiheit. Man interessiert sich nur mehr für sie, weil man dazu Zeit hat. Das sind alles garkeine Angelegenheiten. Du wirst ja auch an mir gesehen haben, dass ich nicht die Spur vergrämt bin.

Deinen Stern habe ich wieder aufgehängt und sehe ihn nun mit Freuden an, wenn es nötig, und auch, wenn es nicht nötig ist. Sachlich ist mir noch eines eingefallen: Wenn Ihr wieder mit dem R. J. M., Herrn Franke (?), sprecht, so könnt Ihr ihm ja vorschlagen, mich selbst ein Mal kommen zu lassen, da die Polizei mich zu jenen Themen eben einfach nicht vernimmt. – Mein Herz, ich habe nichts weiter zu

18. 1. 45.

Mein Lieber, da wurde ich durch die Fesselung unterbrochen und wollte dann nicht weiterschreiben. Oder war es etwas Anderes? Ich schrieb statt dessen den Brief an Zeumer und den an Hans-Heini. Die

Duplikate bekommst Du hier mit, wenn ich sie bis dahin fertig habe, die Erstschriften gehen am Sonntag ab. Ich habe in dem Brief an Hans-Heini nichts von Penke geschrieben. Ich fand, dass schon genug darin steht, und dass er sich erst ein Mal Dir gegenüber lösen sollte,[1] ehe man ihn bittet, einem Penke zu vermitteln. Im übrigen wirst Du in der ersten Zeit garnicht so sehr des Rats bedürfen, denn was den Betrieb angeht, wird sich ziemlich zwangsläufig entwickeln, und die Hauptentscheidungen über Bleiben und Gehen, Vieh behalten oder abgehen lassen, wirst Du doch alleine treffen müssen; da kann Dir niemand viel helfen; es ist auch weniger eine Frage, wie man sich entscheiden soll, sondern ob man sich durchsetzen kann. Und dazu kann Dir auch Penke nicht helfen.

Mir geht es gut, mein Lieber. Ich habe viel geschlafen, wohl von 7 an, und bin erst kurz vor dem Alarm aufgewacht, und der muss wohl so gegen 5.30 gewesen sein. Meine Seele ist im tiefsten Grunde sehr wohl geborgen, nur die Oberfläche zittert von Zeit zu Zeit; aber eigentlich weniger um mich, denn ich fühle mich wahrlich so, als könnte mir nichts geschehen. Ich habe nur zwei Schwierigkeiten: die erste ist die, dass ich mich immer ermahnen muss, nicht an der Rettung meines Lebens glaubensmäßig irre zu werden. Ich habe kein Recht, mich da ganz einfach fallen zu lassen, und dazu neige ich immer wieder. Ich muss aber immer und immer wieder darum kämpfen, ganz genau zu wissen, dass Gott mich retten kann, und mehr als das, mir auch Zeichen dafür gegeben hat, dass er es will, wenn ich auch an meiner Interpretation zweifeln darf. Jedenfalls ist das eine ganz neue Seelenlage. Ich muss auch mit P. darüber sprechen. Aber es ist schon so, dass es mir bequemer ist, an meinen Tod zu glauben als an mein Leben. Damit muss ich eben immer wieder ringen. Ganz verstehen kann ich diese Sache nicht, denn sie scheint mir psychologisch falsch zu sein. Es sieht mir jedenfalls arg nach einer neuen Versuchung aus. – Aber im Grund ist das garnichts, mein Herz; es ist wirklich bedeutungslos, gehört aber zum Bild, und deshalb berichte ich es. – Meine zweite Hauptsorge ist aber mein Pim. Meine Gedanken fliegen natürlich vor allem zärtlich zu ihm, aber doch immer mit dem Gefühl: Wie wird es ihm gehen? Wie soll er das durchstehen? Die Lage ist jetzt umgekehrt wie vor dem Termin: Jetzt muss ich mich bemühen, meinem Pim Stärke zu spenden, so gut ich das kann; leider kann ich es nicht so gut wie mein Lieber. Ach wie oft denke ich: Jetzt geht er in die P. A. und Müller empfängt ihn nicht, oder ist unfreundlich zu ihm, oder Adrian ist nicht erreichbar u.s.w. Ich weiß doch, wie solche Dinge sind; sie gehen immer schlechter als man denkt, und hier hängt doch meines Liebsten Herzblut daran, und er hat keinen Wirt, bei dem er die Herren aus Verona[2] laufen lassen kann. Ach, mein Herz, was habe ich Dir da aufgebürdet. Pfleg' Dich nur. Dein Wirt ist im Augenblick ganz uninteressant, der ist nur Objekt, und Du bist viel wichtiger. Schone Dich. Gerade Deiner Kräfte wegen schiene mir ein kurzer Aufenthalt in Kreisau gut. Aber ich rede Dir nicht drein. Hast Du in Kreisau ständig das Gefühl, dass Du gerade das Entscheidende verpasst, so hilft Dir Kreisau ja auch nicht. Ach, mein Herz, könnte ich Dir nur besser beistehen!

Nur eines kann ich Dir immer und immer wieder sagen: Wir sind ganz untrennbar in Gott verbunden, wir sind bei ihm ganz sicher aufgehoben. Er wird tun, was für uns gut ist. Und auf diesem Grund sind wir ganz unanfechtbar. Da kann uns kein Müller und kein Kaltenbrunner, kein Himmler und kein Henker treffen. Dazwischen steht die undurchdringliche Wand der Liebe Gottes, die uns vor allem beschirmt. In dieser Burg sind wir frei, und nur aus dieser Burg können wir streiten. Mein liebes, liebes Herz, ich möchte Dich wärmen und beschirmen, ich möchte Dich stärken und Dir helfen; mach Dir um mich garkeine Sorgen, d. h. um mein Inneres. Leb wohl, mein Lieber, ich habe nichts weiter zu sagen, als dass ich immer wieder dasselbe wiederholen möchte. Ich umarme Dich. Der Herr behüte Dich und uns. J.

1 Hans-Heini Rittberg war Freya gegenüber nicht bereit gewesen, sich für Helmuth einzusetzen. Siehe Freyas Brief vom 14. November 1944, S. 190. *2* Gemeint sind Tränen. Anspielung auf William Shakespeares Liebeskomödie *Zwei Herren aus Verona.*

Helmuth James an Freya, 18. Januar 1945

Tegel, den 18. 1. 45.

Mein Lieber, Dein schöner, friedlicher Brief, den ich gerade gelesen habe, hat mich recht beschämt. Hier sitze ich und zittere, und derweil gehst Du stracks vor Dich hin, als wäre das alles nichts. Ja, ja, ich weiß, warum es Dir gelingt, und es ist auch nur mein gemeiner, erbärmlicher, durch nichts zu rechtfertigender Kleinglauben. Ja, mein Herz, es ist die Gnade Gottes, die es Dir ermöglicht, das alles zu tun. – Ich gebe Dir einen Brief von Eugen mit, der auch etwa zum Thema gehört, nicht in etwa, nein völlig.[1]

Du fragst nach meiner Bibellektüre: Ich lese immer 2 mal 3 Kapitel aus dem N. T. und versuche es immer so einzurichten, dass ich mit dem einen bei Matthäus wieder anfange, wenn ich mit dem anderen in den Römerbrief eintrete. Um das zu tun, muss ich am Schluss immer etwas mehr als 3 Kapitel lesen. Ja, wenn man ganze Kapitel liest, dann überschlägt, nein, überliest man immer wieder Stellen. Das ist unvermeidlich. Einzelne Verse liest man sorgfältiger. Mir haben nur die 5 × 3 Kapitel, die ich seit langem täglich lese, natürlich eine sehr angenehme allgemeine Übersicht verschafft; aber für ein normal tätiges Leben ist wohl 3 Kapitel schon zu viel.

Die Frage, was und wie man glauben und was, wie und um was man beten soll, ist ungeheuer schwer, und ich vermag sie nicht zu beantworten; vielmehr beantworte ich sie mir jeden Tag anders. Die zwei Peilpunkte für das Gebet sind das Vaterunser, das uns ja in der Bergpredigt klar geboten ist, und das unaussprechliche Seufzen des Geistes in Röm. 8,26. Etwas, was mir heute artikuliert gut und überzeugend ist, klingt mir am nächsten Tag blass und inhaltslos. Markus 11,24[2] ist dabei eine besonders anspruchsvolle Stelle, der ich nie gewachsen sein werde. – Auch um den Glauben muss ich alle Tage neu ringen. Plötzlich überfällt mich aus irgendeiner hässlichen Falte die Überzeugung, dass «das alles Mist ist». Das ist fürchterlich, aber dauert glücklicherweise meist nur Minuten. Also so eine Sache wie der Walfisch setzt mir ganz rasend zu. Ich sage mir: Von mir wird Glaube verlangt. Nicht etwa, damit etwas Bestimmtes geschehe, oder wie Eugen sagt, nicht als conditio, aber als ganz selbständige Forderung. Meine eigene Seligkeit hängt auch davon ab, dass ich gezeigt habe, dass ich zu glauben vermag und nicht gegenüber rationalen Zweifeln schwach werde. «Denn wie kann man das hoffen, das man sieht»[3]. Man muss ja gerade dann glauben, und nur da zeigt sich die Kraft, die Demut, der Gehorsam, wenn alle rationalen Gesichtspunkte dagegen sprechen. So wie ich das jetzt ansehe, ist es so, dass Gott von mir den Glauben fordert, dass er mein Leben erretten wird, und zwar auch dann, wenn ich tatsächlich gehenkt werde. Oder vielmehr, dass er zu mir geredet hat und dabei zu verstehen gegeben hat, er brauche mich noch auf dieser Welt. Das ist eben rasend schwer, und wenn sich das womöglich viele Wochen oder gar Monate hinziehen sollte, so wird das noch viele Kämpfe kosten. Warum das so ist, weiß ich nicht. Ich habe auch garnicht zu fragen.

Ja, mein Lieber, Du musst, wenn nun alles geschehen sein wird, was geschehen kann, wieder zu einem einigermaßen normalen Leben zurückkehren. Aber lass uns noch die nächste Woche abwarten. Ich habe ja das Gefühl, dass ich, wenn überhaupt, dann bald hingerichtet werde, und so können wir vielleicht die nächste Woche noch abwarten. Siehe, mein Lieber, das schreibe ich nur, weil meine ratio mir sagt, so ist es; aber schon im Schreiben habe ich das Gefühl, dass ich es eigentlich nicht schreiben dürfte, weil es meiner Glaubenspflicht widerstreitet. Warten wir also noch ein wenig, bis wir über Müller und Kaltenbrunner Bescheid wissen.

Du siehst Deinen vor kurzer Zeit noch ganz geklärten Wirt jetzt in Zweifeln auf einer ganz anderen Ebene zerrissen. Mir scheint, der Walfisch hat mich am Samstag nicht ausgespieen, sondern vielmehr erst in seinen Bauch aufgenommen, und da sitze ich nun und bete und schreie zum Herrn. Der Herr behüte Dich, mein sehr liebes Herz. Jäm.

1 Siehe Anhang, S. 566 f. *2* «Alles was ihr bittet in eurem Gebet, glaubet nur, dass ihr's empfangen werdet, so wird's euch gegeben.» *3* Römer 8,24.

Freya an Helmuth James, 19. Januar 1945

Freitag früh 7 Uhr

Mein Liebster, bei Müller bin ich gewesen und bei dem Mann Prost im J. M. Vormittags mit C. D. bei Prostens Mitarbeiter, weil Prost selbst nicht da war. Von beiden Besuchen will ich Dir ausführlich erzählen, aber das wird nicht fertig, ehe P. geht. Ich war gestern Abend zu müde, richtig müde, körperlich erschlagen, um Dir zu schreiben, ich habe mich auch nicht bemüht, heute früh aufzuwachen, weil ich erst mal uferlos schlafen musste, und das habe ich auch getan. Ich habe gut und ruhig geschlafen, und mein Traum ging nur irgendwie darum, dass ich den 18. 10.[1] mit Dir verbringen wollte, und Du warst dann auch da, oder wir waren nah beieinander – ich weiß es nicht mehr genau, aber es ist wieder ein freundlicher Schatten geblieben, und das ist ein angenehmes Gefühl. Mir geht es überhaupt nicht schlecht, es war nur ein grausam anstrengender Nachmittag, und völlig ohne Erfolg ist er verlaufen, wie ich es selbst garnicht anders erwartet hatte; dass es mich alles aber garnicht gequält hat, sondern mir nur anstrengend war, dafür war ich sehr dankbar. Ich habe das merkwürdige Gefühl, dass es garnicht so wichtig ist, ob sie Dich töten oder am Leben lassen, nicht einen Augenblick verloren. Ich kann nur wieder sagen: Ich weiß, woher mir das kam. – Ich schreibe jetzt noch im Bett und daher mit Bleistift. P.s stehen eben auf, da bin ich in mein liebes Höhlchen verdammt, und zum vor ihnen aufstehen habe ich zu lange geschlafen. Unangezogen sitzen kann man auch nicht, dazu ist es zu kalt. Ich schreibe mich noch ganz und gar aus an Dich, und dann fahre ich nach Kreisau, und Montag komme ich wieder und bleibe wieder nah bei Dir, mein liebes, süßes Herz. – Zuerst muss ich Dir erzählen, dass Du mich mindestens so liebevoll und gut begleitet hast wie ich Dich. Als ich oben im Vorzimmer von M. saß und ein Weilchen – vielleicht 15 Min. – warten musste, wusste ich Deine Gedanken fest und liebevoll bei mir und war kein bisschen unruhig. Ich hatte noch schön Zeit, meine Gedanken liebevoll zu Dir zurück zu schicken und zu wissen, dass von mir ja letzten Endes auch nichts abhängt. – Dann muss ich auch vorweg noch sagen:

Ich mag nicht, dass Eugen in der Glaubensfrage so an Dir zerrt. Was für Eugen gilt, den ich in seiner ganzen Haltung und Art sehr bewundere und liebe, der mir in diesen Monaten, ohne dass ich ihn sah, sehr ans Herz gewachsen ist, gilt noch lange nicht für Dich. Damit will ich nicht sagen, dass ich an Deine Verheißung nicht glaube. Ich bin ganz bereit, daran zu glauben und weiß, dass auch Du es musst. Zu mir hat Gott so nie gesprochen, aber ich glaube aufrichtig, dass er es zu tun vermag, wie ich fest glaube, dass er alles zu tun vermag. Aber ich weiß, dass unsere Linie die der Bereitschaft ist. Warum sollte sich das plötzlich so ganz ändern. Gott verlangt von Dir Glauben, ja, an ihn, an seine Allmacht, seine Liebe, seine Kraft, seine Lebendigkeit und seine Wirklichkeit, warum er Glauben an etwas so menschlich Konkretes wie die Erhaltung Deines Lebens verlangen soll, das kann ich nicht verstehen. Er verlangt, dass wir daran glauben, dass er alles tun kann; sollte er mehr verlangen? Mach keinen Kampf in Dir, lass Dich ihm los, quäl Dich nicht, lass ihn rein. – Ich gebe jetzt den Brief weg, weil P. gehen muss, und schreibe dann von der Welt weiter. Mein Liebster, ich bin voller zärtlicher Liebe, mein liebes Herz. Dein P. bin und bleibe ich.

1 Freyas und Helmuths Hochzeitstag.

Freya an Helmuth James, 19. Januar 1945

Freitag nach dem Frühstück.

Mein liebes Herz, eine Stunde habe ich genau Zeit zu schreiben, dann muss ich weg, um den E-Zug zu kriegen und um 7 zu Haus zu sein. In der Nacht von So. auf Mo. komme ich zurück. Um 11 waren C. D. und ich bei dem jungen, lieben, harmlosen Ebersberg, Adjutant von Thierack. Es war eine maßlos komische Situation, denn bald sagte der junge Mann, nachdem C. D. würdig im Namen der Familie gesprochen hatte, ja Goerdeler sei nicht das Wesentliche, sondern das, was sie technisch den «Kreisauer Kreis» nennten, und kurz drauf aus Herzensgrund, es sei immer wieder ihre Erfahrung, dass die Ehefrauen kämen und von nichts eine Ahnung hätten, was ihre Männer getrieben hätten, und es garnicht für möglich hielten. Es war neben C. D. ausgerechnet wirklich schwer, nicht zu lachen. Bei C. Viggo wäre die Rolle leichter zu spielen gewesen. Wir brachten an, sie sollten warten, und der junge Mann ermunterte mich sehr, Herrn Prost selbst noch einmal aufzusuchen, was wir aber gleich beschlossen, ohne C. D. zu tun!! Er sagte auch, Thierack sei für 10 Tage noch auf Dienstreise, und als er das rausgelassen hatte, tat es ihm leid, und er sagte, er wisse aber nicht, ob es dann nicht vorher vom Staatssekretär entschieden werde, was ich für ausgeschlossen halte. Kurz, der Besuch war komisch, aber gänzlich unwichtig, und ich war froh, als ich den guten C. D. wieder herausgestoßen hatte. Mein Eindruck vom J. M. ist überhaupt der, dass G. in Verbindung mit Dir eine ganz geringe Rolle spielt gegenüber der Erkenntnis, dass Deine eigenen Pläne *mindestens* genau so gefährlich waren wie die von Herrn G. – Um 3 war ich dann bei Müller, wohl gestärkt durch eine Tasse dicken Kaffees bei Dorothee. Ich muss gestehen, dass ich eine ganz genaue Darstellung des Ganges der Unterhaltung nicht zu geben vermag. Ich empfand als steigend unsympathisch, dass M. mich sozusagen von Dir (vor ihm!) trennen wollte, aber es gelang ihm Gott sei Dank nicht, weil sich das so zuspitzte, dass er sagte, es täte ihnen leid, dass ich mitgefangen wäre – da wir doch alle Deutsche seien –. Das konnte ich dann schön zurückweisen und sagen, ich ließe mich gerne mit Dir verurteilen, denn ich gehöre zu Dir. Er fing gleich so an, dass er sagte, man (ich) könne garnichts mehr für Dich tun, denn Du seiest ein Hochverräter, und es ginge nicht, dass die lebten und an der Front die Anderen für D'land stürben. Auch aufsparen könne man Dich nicht, denn was hätte man 18 für schlechte Erfahrungen mit der Methode gemacht.[1] Die Leute wären dann alle aus den Zuchthäusern gekommen und wären dagewesen. (!!!) Außerdem sei das ungerecht – Dich am Leben zu lassen –, wenn man jetzt schon viele Andere für weniger hätte sterben lassen. Das könne auch kein Reichsführer und selbst kein Führer ändern, denn die hätten darin – dem Sinn nach – keinen eigenen Willen mehr. Aber selbstverständlich würde er meinen Brief an den H. H. sofort und bestens befördern – und das macht er auch. Ich sagte, mir könne man eh nichts anhaben. Ich sähe ihren Standpunkt als vollkommen konsequent ein, aber ich kenne Dein Wollen viel zu genau, um nicht zu wissen, dass Du nur die besten Intentionen gehabt hättest. Ob er mich über Dich aufklären solle od. diese Illusion lassen, meinte er. Das könne er machen, wie er wolle, denn weder das Eine noch das Andere brächte mich aus meiner Sicherheit, denn ich verstünde sie und Dich, sie Dich aber nicht. Es kam dann ein Hinweis auf das Wissen um das Wissen der Polizei. Du hättest ihm das Wort im Munde herumgedreht bei einer mir und Dir zuliebe gewährten Unterredung, denn leider hätte die Polizei vom 20. 7. eben wirklich nichts gewusst. Es sei erklärlich, dass Du Dich an jeden Strohhalm klammertest; aber *das* sei doch nur mit Haftpsychose zu erklären. Ich habe nicht versucht, das alles richtigzustellen, denn es hätte eine zu genaue Kenntnis der Details vorausgesetzt, die ich mir denn doch nicht leisten konnte; ich hätte es gekonnt bzw. Du, denn na ja … das ist ja klar! Auch Dein Brief, den Du nachher noch geschrieben habest, bewiese, dass Du im Grunde Deine Schuld einsähest. (!!)

Er sei im Frühsommer ganz ernstlich an Deinem Schicksal interessiert gewesen; da hättest Du die Chance in der Hand gehabt – und hättest sie verpasst. Kurz, mein Herz, dieser «mächtige» Mann hat ein sehr tiefes persönliches Ressentiment gegen Dich. Wird das H. H. nicht teilen? Lieber! Mit Recht haben sie es! Gut, dass sie es haben, denn mit denen gibt es keinen Kompromiss! – Dass er mit mir persönlich so sehr freundlich war, war mir so unangenehm. «Hätte er sich Ihnen nur mehr untergeordnet». Das mochte ich garnicht hören. Am Schluss: «Wenn Sie je einen Wunsch od. eine Schwierigkeit haben, dann kommen Sie zu uns. Wir sind garnicht so, wie man von uns sagt!» Ach, mein Jäm, sie haben keine Ahnung, und ich kam mir so minder vor, dass ich ihm so einen guten Eindruck machte! Verstehst Du das? Es war garnicht traurig, aber es war eklich. Ganz anders bei Prost. Den suchte ich bald hinterher auf, nachdem ich der Bressalina die ihr zur Verwahrung gegebenen Briefschaften entrissen hatte.[2] Wir trafen uns in einem Café. Prost ist ein ernster deutscher Beamter, schwer kriegsbeschädigt aus dem vorigen Krieg, Landgerichtsdirektor, Sachbearbeiter von Franke und gleichzeitig rechte Hand des Ministers, also wohl im J. M. der geeignete Mann. Der setzte sich mir gegenüber und sagte garnichts, *nichts.* Er sagte, nun sagen Sie mal alles an Persönlichem, aus persönlicher Kenntnis Ihres Mannes, was Sie sagen wollen. Sachlich gibt es ja garnichts zu sagen, denn was Sie da wissen, ist ja nur rudimentär. Sie können ja nicht viel wissen, und ich kann darüber nichts sagen. Ich sprach dann über Deine Grundhaltung: nichts mit Goerdeler, kein Reaktionär, keine Standesinteressen, keine persönlichen Interessen, kein Umsturz. Es ging dann ein wenig hin und her. Er sagte, ja, er kenne die Angelegenheit bis ins kleinste Detail. Das Sachliche, das entschieden sie schon nach sehr reiflicher und sehr bedrückender Überlegung – aber sie wollten bei dieser Entscheidung auch das Persönliche wissen. Es war sehr viel schwerer, da zu sprechen, weil ich seine Reaktionen nicht bemerken konnte, da er schwieg und ich von seiner tiefen Ernsthaftigkeit und fehlendem Fanatismus trotz Hakenkreuz überzeugt war, sodass ich das starke Bedürfnis hatte, ehrlich zu sprechen. So konnte ich es nicht lassen, am Schluss zu sagen: Und wenn Du sterben müsstest, so würdest Du das wohl verstehen (= gut fertig bringen) und ich das Übrigbleiben auch. Da kam auch bei ihm: Es wäre gut, wenn ich nicht mitgestraft würde. Das habe ich noch deutlicher und besser als bei M. zurückgewiesen, gesagt, ich gehöre absolut zu Dir. Da bekam er wohl Sorge um die Erziehung der Moltke-Sprösslinge und sagte, ich müsse aber auch an die Gerechtigkeit glauben und nicht mit D'land zerfallen. Da konnte ich es wieder nicht lassen zu sagen: ich glaubte, das, wofür Du immer gestanden wärest, das lebe auch ohne Dich weiter, und meine Überzeugung sei, dass es so oder so in D'lands Schicksal einmünden werde, das habe weder mit der jetzigen Regierungsform noch mit Dir zu tun, sei ganz überpersönlich, und daran glaube ich und daher fürchte ich mich garnicht vor inneren Schwierigkeiten meinen Söhnen od. D'land gegenüber, wie immer es auch mit Dir ausginge. «Ich möchte Ihnen keine falschen Hoffnungen lassen und Ihnen auch keine rauben», war das Ende und eine höchst ehrfurchtsvolle Entlassung. Vielleicht, mein Jäm, habe ich zuviel gesagt. Ich glaube kaum, dass es etwas verderben kann, aber diesem wirklich ernsthaften, anständigen und von eigenen Überzeugungen erfüllten Mann gegenüber konnte ich nur so reagieren, wie wir wirklich sind: Sieh zu, ob Du das umzubringen Dir leisten kannst. Das hat er wohl verstanden.

Ich muss weg! Schleunigst! Gott behüte Dich!

Heute ist der 19.[3] Ich weiß es wohl! Welch *reiches* Jahr!

Sieh Dir die Losungen an: 5. Mos. 8,18
Phil. 4,13

Ich nehme Dich mit und bleibe Dir nah in großer, heißer, starker, ungetrübter und so Gott will unangefochtener Liebe P.

1 Nach der Revolution von 1918 gab es eine Amnestie für politische Häftlinge.
2 Siehe Vorwort., S. 9. *3* Der Jahrestag von Helmuths Inhaftierung.

Helmuth James an Freya, 21./22. Januar 1945

Tegel, den 21. 1. 45.

Mein Lieber, es tut mir leid, dass Du bei Deiner Rückkehr keinen Brief vorfinden wirst, aber ich hatte angenommen, P. sei am Samstag bei den Frauen[1] und werde Sonntag kommen. Nun kam er gestern und kommt heute nicht. – Deine beiden Briefe vom 19. habe ich mit großer Freude gelesen. Ich bin so glücklich, dass Du so gnädig durch all diese Schwierigkeiten getragen wirst. Mir scheinen beide Unterhaltungen, die mit Müller und die mit Prost, gut gelungen. Mir scheint aus Prost's Haltung hervorzugehen, dass das R. J. M. doch eine gewisse Selbständigkeit in der Gnadensache sich bewahren oder neu erkämpfen will. Sieht Dir das nicht auch so aus? Nun liegt ja da garkein Gnadengesuch. Wenn nun definitiv feststeht, dass über SS nichts zu machen ist – d. h. wenn Kaltenbrunner entweder ablehnt, Dich zu sehen, oder in der Besprechung klar ablehnt, etwas zu tun, so könnte es ja nichts schaden, wenn das alte Gnadengesuch – vielleicht mit geändertem Datum – nun dem R. J. M., sprich Prost gegeben würde. Ach nein, es müsste ja etwas geändert werden, weil der Termin vorüber ist; aber das könnte Bill ja unterschreiben. Die zweite Anregung ist die: solltest Du Prost nicht eine kurze Notiz geben *a.* über die aus der Sache stammenden Gründe zu weiterer Prüfung, *b.* über die persönlichen Gründe, *c.* über die Familiengesichtspunkte. Vielleicht kannst Du damit dann noch ein Mal zu ihm gehen und ihm dabei folgendes sagen: Nach dem, was Du von dem Anwalt gehört hättest und was Du in Drögen[2] gesehen hättest, wäre es Dir ganz klar, dass ich nie von einem Mann mit weitem Blick und richterlicher Einstellung vernommen worden wäre, denn es gebe ja keine Voruntersuchung; die Kriminalbeamten, die mich vernommen hätten, die hättest Du ja zum großen Teil gesehen, und dass die mich garnicht verstehen könnten, sei ganz klar; und aus deren Berichten sei schließlich das Bild geformt. Das könntest Du natürlich nicht schreiben, aber ihm wolltest Du es wenigstens ein Mal sagen. – Die Notiz stelle ich mir etwa so vor:

a. Moltke hat sich gegen alle Umsturztendenzen gewehrt aus ganz grundsätzlichen Erwägungen; wie kann man glauben, dass er die mit Machtträgern versehenen Pläne Goerdelers bekämpft, um dasselbe dann ohne Machtmittel betreiben zu wollen.
M's Verteidigung ist ihm im Termin zu beiden Fragen, G. und Kreisauer Kreis, abgeschnitten worden und ist überhaupt nicht behandelt; offenbar um andere Dienststellen nicht hineinzuziehen; dass mein Vorgesetzter, der für die Bekämpfung von Umsturztendenzen zuständige Offizier, Canaris, von der Sache gewusst hat, sei doch stadtbekannt; deswegen erscheine es Dir wichtig, meine in der Verhandlung abgeschnittene Verteidigung bei den Gnadenerwägungen zu berücksichtigen.

b. Da kannst Du wiederholen, was Du ihm gesagt hast, aber ganz kurz, und dann würde ich zur Erwägung stellen, noch folgendes positiv anzuführen: M's Ziel war: *1.* ein geeintes Europa unter deutscher Führung mit einem mindestens verbündeten England als Träger der Seemacht und *2.* Durchsetzung des Sozialismus in ganz Europa.

c. Kreisau; Hans-Adolf; alles draußen, daher kommt kein Mann; C. V. war bei O. R. A.,[3] ist aber wegen Lage an der Ostfront zurückgerufen. Ich würde überlegen zu sagen: Im übrigen kennt die Familie ihn viel zu gut, um nicht voll zu ihm zu stehen, oder so ähnlich, vielleicht positiv gewendet.

Klar, das alles ist im Grunde gleichgültig, aber nachdem wir die Sammlung von Strohhalmen begonnen haben, wollen wir auch bis zum Ende bei dieser Linie bleiben. Petitum, m. E. nur mündlich vorbringen: Prüft die Sache noch ein Mal, seht Euch den Mann noch ein Mal an – bisher reine Polizeigesichtspunkte –, oder hebt ihn ohne förmliche Begnadigung mal erst auf, bis nach Kriegsende die Frage einer Amnestie geprüft wird.

Mich interessiert sehr, dass bei Prost und Ebersberg, also im R.J.M., der «Kreisauer Kreis» das Hauptgravamen ist. Ich dachte, das hätte bisher nur Freisler entdeckt. Bei Müller ist das nämlich nach meinem Gefühl nicht so. Wahrscheinlich sind Thierack und Fr., die das ja offenbar ganz genau besprochen haben, gemeinsam darauf gekommen. Deswegen scheint mir eben auch alles, was in der Gnadensache geschieht, aussichtslos. Sie haben eben begriffen, dass in Kreisau die Axt an die Wurzel des N. S. gelegt werden sollte und dass nicht nur wie bei G. eine gewisse Fassadenänderung vorgenommen werden sollte. Es ergibt sich auch aus einer Bemerkung von Fr. in der Sitzung, die ungefähr so war: Wenn Stauffenberg die Triebkraft im militärischen und G. im organisatorischen Sektor war, so war es Moltke im geistigen Sektor. Wenn man sagt, durch Yorck ist das alles zusammengekommen und der sollte Staatssekretär in der Reichskanzlei werden, so ist das auch garnicht so unrichtig. Dass sie das alles für hochexplosiv ansehen, ergibt sich auch aus den Nebenstrafen: Maschke, der von Goerdeler mindestens genauso viel wusste wie Fugger von mir, hat 2, Fugger 3 Jahre Gefängnis, und Reisert, der fast nichts wusste und mich nur 2 × gesehen hat, hat 5 Jahre Zuchthaus. Auch Eugen wurde sehr eingehend darüber befragt, wie er mich kennen gelernt hätte. Aber Eugen ist ja ein Sonderfall, der nur wegen Dummheit so mild abgekommen ist. – Erstaunlich ist, dass sie C.D., Einsiedel und Peters in Ruhe lassen. Aber sie sind wohl der Meinung, dass sie sonst immer weiter greifen müssten und dass mit meiner Beseitigung und der Liquidierung der am unmittelbarsten Beteiligten die ernsthafte Gefahr behoben ist. Das ist in mittelbarer Kausalität wohl auch richtig. – Aus Müller's Bemerkung über 18, «sie wären dann alle wieder da», entnehme ich, dass seine Siegeszuversicht etwas gelitten hat. Sonst ist der Satz doch eigentlich nicht zu verstehen. Das Aufheben ohne Begnadigen lässt sich begründen mit dem Hinweis auf eine nach dem Siege doch zu erwartende Amnestie, und dann könnte sich ja ergeben, dass man solche Leute doch noch brauchen kann.

Im Ganzen ist eines befriedigend: Da ich auf dumm nicht spielen konnte, wie Eugen, so ist es immer noch besser, ich werde wegen Kreisau beseitigt, als wegen einer 10trangigen Rolle bei Goerdeler. Richtig, eben fällt mir noch zu der Notiz, und zwar zu *b.*, ein: Du solltest da sagen, ich hätte nie nach irgendwelcher Macht gestrebt. – Wenn Du Prost noch ein Mal sehen solltest, so kannst Du ihm vielleicht auch noch ein Mal sagen: Weder Du noch ich – denn Du hättest mich ja gesehen – seien im geringsten bitter; wir verstünden, dass sie ihre Rolle spielen müssten, aber es schiene uns traurig, dass Deutsche versuchten, andere Deutsche wegen ihrer abweichenden Meinung zu töten, vor allem in einem Fall, wie dem meinen, wo ich meine abweichende Meinung am gehörigen Ort immer offen und nicht im geringsten provokatorisch gesagt hätte. Du wüsstest ja, was für schwierige Kämpfe dienstlicher Art ich deswegen zu Kriegsbeginn gehabt hätte. Wenn man das nicht wolle, so hätte man mich ja jederzeit anderweit verwenden können, wo diese grundsätzlichen Fragen nicht ständig aufkämen.

Nun kehren wir zu dem viel fruchtbareren Thema des lieben Gottes zurück. Erst eine kleine Eugeniade: In Deinem Brief stehen die Losungen für den 19. Und als P. weg war, fiel mir ein, dass Du sie doch jetzt immer liest und dass ich sie mir eigentlich von Eugen für heute wenigstens geben lassen könnte. Das habe ich noch nie getan, noch nicht ein einziges Mal. Ich schickte also den Kalfaktor rum, und die heutige Losung ist Richter 6,23/24![4] So etwas passiert mir nun jedes Mal, wenn ich Eugen [um] etwas bitte, was ich immer ganz naiv tue und keineswegs mit dem Ziel, eine Antwort zu bekommen. Ich habe ihn nur gefragt, weil ich wissen wollte, was Du heute läsest. – Im übrigen ist der heutige Lesetext Johannes 14,27 ja auch für mich riesig interessant. Die Stelle kenne ich allerdings sehr gut. Ich kann mich doch aber nicht einfach hinstellen und sagen: Das ist alles Zufall. Das ist doch unmöglich. Gestern war das erste Mal, dass ich Eugen um so etwas gebeten habe, seit dem Jona. – Für Deinen Zuspruch und Deine Ermahnung in dieser Frage bin ich sehr dankbar. Die Periode der Anfechtungen ist aber, glaube ich, vorüber, wo ich glaubte, mich nur verkrampfen zu müssen. Aber ich muss dabei bleiben, dass … hier stocke ich schon. Und ich schreibe wohl auch besser nicht weiter; denn es ist eben unaussprechlich. – Merkwürdigerweise hat mir das negative Ergebnis bei Müller riesig geholfen. Ich weiß nicht, warum, aber es war, als wäre ein Druck von mir gewichen, und dieser Druck war eben die menschliche Hoffnung; mir wurde es leichter, als die nun vergangen war und ich sozusagen keine Kräfte mehr aufzuwenden brauchte, um sie aufrecht zu erhalten. Der Herr ist wieder sehr gnädig mit mir, eigentlich seit gestern früh. Es ist alles wieder eingependelt auf der alten Linie der Bereitschaft, gehorsam und freudig Gottes Willen zu erfüllen. Aber es ist eben doch nicht ganz die alte Linie, nur kann ich nicht genau definieren, wo die Differenz liegt. – Ich fühle mich so in der Haltung: Was sind schon Herr Müller, Herr Thierack und der Henker vor Gott: Menschen und Instrumente, mit denen er vielleicht auch auf mich einwirken will. Sie wissen es nicht und können einem deswegen leid tun, aber von mir aus gesehen ist eben alle Macht des Herrn Müller nichts, wenn Gott will.

Ich lese mit großer Freude Lilje's Buch über die Offenbarung.[5] Ich weiß nicht, ob es gut ist, weil ich über die Offenbarung zu wenig weiß, aber es interessiert mich deswegen sehr. Vor allem ist die Übersetzung anscheinend sehr gut. Ich bin eben doch sehr damit beschäftigt, mir zu überlegen, was ich eigentlich finden werde, wenn ich nach Plötzensee muss. Und ich bin eben durch Herrn Kant und die Schrift davon überzeugt, dass ich nicht auf das jüngste Gericht warten, sondern irgendwie sofort im Reich Christi leben werde. Ich falle nur aus unseren drei Kategorien: Zeit, Raum, Kausalität heraus in einen Zustand, den wir uns deshalb nicht vorstellen können, weil wir eben nur in diesen drei Kategorien zu denken vermögen. Aber wenn es dort keine Zeit mehr gibt, dann ist eben das in der Offenbarung beschriebene Reich Christi dort schon jetzt, weil dort eben alles «Jetzt» ist; infolgedessen kann ich auch nicht warten. – Je weniger man davon zu verstehen vermag, umso mehr möchte man darüber nachdenken, aber für dieses Leben kommt es letzten Endes nur darauf an, dass der Herr mir die unerschütterliche Gewissheit erhält, dass er mich von dem Schuppen in Plötzensee aus unmittelbar in seinen Armen aufnimmt. Alles Andere ist dann gleichgültig. Dir, mein Herz, werde ich mich schon irgendwie in den drei Kategorien bemerkbar machen.

Eben kam die Zeitung. Was machen wir denn nun, mein Herz? Hoffentlich kommst Du überhaupt morgen. Das wird eine fürchterliche Reise werden. Und dann musst Du bis zum 26. zurück oder garnicht. Das ist ja eine sehr unangenehme Entscheidung. Dazu kommt, dass heute Namslau im Bericht des V. B. über die Kriegslage genannt ist. Das sind, wenn ich mich nicht irre, 100 km von Kreisau. Den von Halder und mir erwarteten Südkessel haben die Russen arg weit nach Norden angesetzt, sodass, wenn sie nicht doch weiter südlich über die Oder gehen, Ihr doch sehr nah an der Schlacht seid, und wenn sie die Bahnstrecke über Oppeln schneiden, bleibt unsere Linie die einzige Verbindung zu der Südarmee. Nun, vielleicht drehen sie doch noch weiter nach Süden. Ich habe eigentlich erwartet, dass sie nur hart über dem Industriegebiet nach Westen vorbeistoßen würden, jedenfalls ein gut Teil oberhalb Oppeln über die Oder gehen. Das bleibt im Grunde auch wahrscheinlich, denn sonst bekommen sie noch die Malapane und die Neiße und die Oder, und die sind denn doch ein erhebliches Hindernis. Der gestrige Wehrmachtsbericht und alles drum und dran klingt sehr düster, denn offenbar sind die Russen jetzt auch im Norden hinter dem Weichselbogen durch die Front durch. Was kostet das für Menschen! Da kann man nur sagen: Was macht da schon ein Mann mehr gehenkt aus. Aber so denkt Gott nicht, so handelt er nicht, so versuchen Nazis zu denken, und selbst die können es nicht schaffen, wenigstens nicht bei Grafen. Welch ein Leben, mein Herz! Wenn nur der Herr uns die Fähigkeit gibt, dies alles richtig, d. h. im rechten Geist und Glauben, zu verdauen, wie immer es weitergehen mag.

Ich bin aber vom Thema abgeglitten, das hieß: *a.* Kommst Du morgen? *b.* Wenn ja, reist Du am 26. wieder zurück? Das erste werde ich erleben. Das zweite ist sehr schwer zu beantworten. Eigentlich müsstest Du jetzt zu Hause sein. Auf der anderen Seite kann Deine Anwesenheit hier sehr wichtig sein. Der 26. ist Freitag. Bis dahin wird sich wohl geklärt haben, ob Du Kaltenbrunner noch sehen kannst und ob Du noch ein Mal mit Prost sprechen kannst, sollst, willst etc. – Deine Nähe ist mir riesig angenehm, wie ich Dir schon mehrfach gesagt habe, aber wenn ich alles ehrlich prüfe, komme ich eigentlich zu dem Ergebnis, dass Du nach Kreisau fahren müsstest. Nun, vielleicht entscheidet sich alles schnell. – Aber es ist dann so, dass praktisch kaum eine Verbindung zwischen uns bestehen wird, denn Briefe werden ewig reisen, und wenn Schlesien Operationsgebiet wird, dann wird es auch mit dem Telephon aus sein, und womöglich hast Du die Russen im Haus, ehe Du auch nur weißt, ob ich tot bin. Alles sehr unerfreulich. Du bist dann so etwa in der Lage wie Frau Tharant, deren Mann verwundet in russische Hand gefallen ist – 1941– und die nichts von ihm weiß. Nun, wir werden noch darüber reden – falls Du kommst – und müssen ohnehin uns und alle dem Herrn anvertrauen. Für Euch wäre es ein Segen, wenn die Russen jetzt schnell kämen, denn bis zur schlesischen Grenze werden sie gewiss kommen, und gelangen sie dann nicht durch Schlesien, dann seid Ihr Frontgebiet mit all den reizenden Folgen, die das hat. Lieber schnell besetzt als Monate lang Front. Was würde Herr Müller zu diesem Satz sagen?

Im übrigen ist die Lage immerhin so, dass es gerechtfertigt erscheint, jedes Mittel zu ergreifen, um die Hinrichtung aufzuschieben. Denn vielleicht läutet diese Offensive das Ende des Krieges ein. In 8 Tagen werden wir darüber mehr wissen. Es kann natürlich genauso gut wieder eine Front geben, die viele Monate hält. Jedenfalls, solange wir nicht wissen, dass es halten wird, können wir ja ruhig bei Herrn Prost versuchen, eine Nachprüfung einzelner Fragen – wie z. B. die der Kenntnis der Abwehr – anzuregen.

Zur Abwechslung komme ich mal auf mein hiesiges Leben. Ich bitte Dich nämlich, mir etwas Kaffee für Herrn Mittelstädt zu geben: Nur ein kleines Tütchen. Ich will ihm nicht jedesmal eine Zigarette geben, aber ich will, dass er mich recht oft holt; so habe ich mit etwas Kaffee gewinkt. P. meint, diese Woche hätte ich noch – ich halte allerdings für möglich, dass der Minister wegen der Lage im Osten und wegen der Reiseschwierigkeiten schon heute oder morgen zurückkommt –, und es ist viel unterhaltender im Lazarett als hier, wo wir überhaupt nicht mehr herauskommen und seit Claus weg ist in jeder Beziehung schlechter behandelt werden. Im Lazarett ist es hingegen warm, still, friedlich, nur Eugen kann nicht mehr mit, denn Mittelstädt hat offenbar einen Rüffel bekommen, weil er uns zusammen mitgenommen hat. Dafür (!) habe ich einen Sanitätskalfaktor drüben aufgetan, der aus Schweidnitz ist und dessen Frau eine Willmer aus Oberweistritz ist und dort auch wohnt, eine Kusine, so meinte er, von der Ida. Ist das nicht komisch. Die Belegschaft des Lazaretts ist aber nicht nur defaitistisch, das sowieso, sondern sie rechnet auch mit einem Aufstand und meint, dafür sei alles bestens vorbereitet.

Das andere, was ich noch sagen wollte, ist folgendes: Es gibt über den Termin auch einen Bericht von Delp. M. E. sollte Tattenbach Abschrift von Eugen's und meinem Bericht mitbekommen und, falls wir umgebracht werden, sofort eine einheitliche Legende verbreiten, auch nach dem Ausland, wenn er das kann. Da Ihr ja doch nicht wieder werdet zusammenkommen können, so müsste er das mitbekommen. Ihr könntet auch hier einen machen und nicht unsere Berichte T. mitgeben, sondern gleich die fertige Legende. Gerade wenn jetzt das Chaos losgeht, kann das sehr wichtig und sehr nützlich sein. Ob Ihr Jowo einen mitgebt, könnt Ihr auch überlegen. Aber es ist klar, dass sie erst losgelassen werden darf, wenn wir tot sind. Auch sonst kann Jowo ja sehr wichtig für Dich sein.

So, nun habe ich mich wohl gründlich ausgeschwätzt. Ich habe nur zu berichten, dass es mir gut geht. Mein Rücken ist sehr viel besser, und ich muss tüchtig angeben, um nur meine Lichtbäder aufrecht erhalten zu können. Auch meine Nerven sind ganz friedlich. Leider beobachte ich mich selbst ständig, um zu sehen, ob mich bestimmte Dinge nervös machen, und das ist schlecht. Ich vermag es aber nicht abzustellen. Es ist eben doch eine große Spannung, wenn man jede Minute von 8 Uhr früh bis 6 Uhr abends zur Hinrichtung abgeholt werden kann, und solange man es so gut hat wie ich, muss man noch zufrieden sein. Denn alles ist eben doch wie ein Wunder. Normalerweise, d. h. nach der Praxis bis Anfang Dez., wäre sofort vollstreckt worden, und wir hätten uns nicht mehr gesehen. Du wüsstest auch nichts über den Termin. Ich könnte in der P. A. sitzen, wo niemand ran kann, die Leute unfreundlich sind, die Gefahr von Vernehmungen immer besteht, auch kein Ausgang ist und kein Lazarett und kein Eugen und vor allem kein P. und P. Der Herr ist sehr gütig mit uns, und wir müssen ihm beständig danken. – Und umkommen würde ich wahrscheinlich jetzt, wenn ich draußen wäre, denn als 07[6] müsste ich bestimmt bei der jetzigen Lage an die Front, und als schlecht Ausgebildeter oder Unausgebildeter hat man keine ernsthafte Chance. Und für was würde ich dann sterben! Ich finde eben, dass, selbst wenn ich umgebracht werde, Ihr beide, Marion und Du, es viel besser habt als Davy, denn Ihr seid wenigstens auf der richtigen Seite, während Davy das Staatsbegräbnis ihr ganzes Leben nachgehen wird.

Sehr zärtlich habe ich heute morgen an Euch gedacht und habe gehofft, alles friedlich zu finden. Leb wohl mein Herz. Der Herr behüte Dich und uns. J.

Nachtrag zu oben: Mir scheint es u. U. richtiger, nicht ein Gnadengesuch der Familie an R. J. M. unter den oben erwähnten Umständen zu richten, sondern auch da von vorneherein darauf auszugehen, Aufschiebung der Vollstreckung, bis nach Kriegsende die Amnestiefrage geprüft wird. Aber überlegt das ein Mal.

22. 1. 45.

Guten Morgen, mein liebes Herz, ich fürchte, Du liegst irgendwo auf der Bahn nach einer grässlichen Nacht, mit überfüllten, kalten Zügen, die unendliche Verspätung haben. Was werde ich froh sein, wenn ich höre, was mit Dir ist, ob Du kommst, da bist oder in Kreisau geblieben bist. – Ich habe gut gepümpelt. Gestern vergaß ich zu schreiben, dass Rösch gefangen ist.[7] Das bedeutet eine neue Gefahr für P.[8] – Nun muss ich Dir noch schreiben, was ich brauche: 2 Hemden, 1 Handtuch, 1 Kopfkissenbezug, 4 Taschentücher; außerdem fände ich, Du solltest mir, wenn Du sie da hast, ein Paar schlechte dicke Socken geben, denn die von Dir letztes Jahr gestrickten sind viel zu schön für die Henkersknechte oder das Volksopfer;[9] die gebe ich Dir lieber wieder zurück. – An Essen brauche ich Zucker, Honig; Speck und Butter reichen bis Ende der Woche. Wurst reicht bis Mittwoch.

So, nun schreibe ich weiter nichts, aber dass ich Dich sehr lieb habe, mein Herz, und dabei bleibt's. J.

1 Im Frauengefängnis Moabit. Siehe Einleitung, S. 15. *2* Das heißt bei den Besuchen Freyas in der Polizeistation von Drögen, wo der Sicherheitsdienst den im Konzentrationslager Ravensbrück inhaftierten Helmuth verhörte. *3* Oberreichsanwalt. *4* «Aber der Herr sprach zu ihm: Friede sei mit dir! Fürchte dich nicht; du wirst nicht sterben. Da baute Gideon dem Herrn dort einen Altar und nannte ihn ‹Der Herr ist Friede›. …» *5* Hanns Lilje, *Das letzte Buch der Bibel. Eine Einführung in die Offenbarung Johannes*, Berlin 1940. *6* Helmuth gehörte zum Geburtsjahrgang 1907. *7* Augustin Rösch wurde am 11. Januar 1945 verhaftet. *8* Mögliche Aussagen Augustin Röschs hätten Harald Poelchaus Verwicklung in den Kreisauer Kreis ans Licht bringen können. *9* Anfang Januar wurde zu einer «Volksopfer»-Sammlung aufgerufen, die der Ausrüstung des «Volkssturms» dienen sollte.

Helmuth James an Freya, 23. Januar 1945

23. 1. 1945

Mein Lieber, nur ein Wörtchen will ich Dir schreiben. Wo magst Du sein, mein Herz? Ob Du in Berlin, oder ob Du umgekehrt bist? Solltest Du etwa diesen Brief nach meinem Tod bekommen und nicht in Berlin sein, so denke nicht, ich sei darüber traurig gewesen, dass Du nicht hier bist. Darüber sind wir doch beide durch die Lehre der letzten 3½ Monate erhaben geworden. Bist Du da, so ist das eine zusätzliche Freude, und sehen wir uns noch einmal, so sind wir darüber sehr glücklich. Sobald feststeht, dass Du hier nichts mehr für mich tun kannst, musst Du mich verlassen und nach Hause fahren, denn da wird jetzt allerhand fällig sein. Ob Mutz auch bleibt? Das wäre nützlich. Gestern soll «im Raum von Breslau» im O. K. W.-Bericht gestanden haben, und die Wachtmeister berichteten, Frauen und Kinder seien aus Breslau evakuiert und zum Teil in Berlin angekommen. Bekämpfe nur die Panik. Jetzt in den Flüchtlingsstrom zu geraten ist reiner Selbstmord. Große Sorge habe ich, dass man Vieh abschlachten wird. Hoffentlich wird Dein Schwein nun wirklich bald sterben, sonst wandert das in andere Mägen.

Mir geht es gut, mein Herz. Ich bin nicht unruhig oder friedlos. Nein, kein bisschen. Ich bin ganz bereit und entschlossen, mich Gottes Führung nicht nur gezwungen, sondern willig und freudig anzuvertrauen und zu wissen, dass er unser, auch Dein, meines Liebsten, Bestes will. Gestern war ich wieder zum Lichtbad. Ich habe jetzt die beiden Kalfaktor, den Oberweistritzer und der mir das Lichtbad gibt, und den hiesigen Sanitätskalfaktor, einen Hirschberger, durch Zigaretten gewonnen, und der sorgt nun dafür, dass ich mit rüberkomme. So hoffe ich, dass dieses Divertissement häufig gelingen wird, solange ich hier bin. Ich brauche leider dann nur, falls ich nächste Woche noch existiere, noch Zigaretten. Im Lazarett bekomme ich rohe Kohlrüben und ab heute wollen sie mir Weißbrot mitgeben. Sie versichern, dass sie es nicht den Kranken, sondern den Wachtmeistern entziehen!! Tolle Zustände. – Die russische Offensive hat unsere Popularität beachtlich gesteigert: «Nun sieht ja auch der Dümmste, was Sie uns ersparen wollten. Und dafür werden Sie nun gehängt!» So oder ähnlich wird geredet.

Leb wohl, mein Herz. Der Herr behüte Dich und uns. J.

Wenn Du den Haftbefehl übersetzen lässt, würde ich an Stelle von «Rechtsanwalt» und «Berlin-Lichterfelde», «Landwirt» und «Kreisau» setzen und sagen, das sei später berichtigt worden, falls jemand Dich fragt. Es kommt auf beiden Seiten, im rubrum und in der Anschrift, vor.

Später: Mein Lieber, wie schön zu wissen, dass Du da bist. Wie sehr lieb. Eben brachte [der Wachtmeister] mir frisches Fleisch, Schlagsahne und Semmeln. Sonst nichts anderes, als dass ich Dich, mein sehr liebes Herz, sehr lieb habe und dabei bleibt's. J.

Freya an Helmuth James, 23. Januar 1945

Dienstag halb 10

Mein Lieber, da bin ich wieder oder besser noch einmal, denn ich fürchte, mein Platz wird nun wieder in Kreisau sein, es sei denn, Du meinst, ich solle die Knaben mitbringen = fliehen. Wend möchte Asta sowieso gerne nach Mecklenburg zu Wendlands haben. Wo steht das: «wehe dann den Schwangeren und säugenden Müttern!»?[1] Ich bin ja aber als Deine Schülerin (Deine Frau, Deine Liebste, die Deine) für Bleiben. Eines, mein liebes Herz, habe ich in diesen Tagen beginnender schwerer Unruhe sofort bemerkt: Wie gut wir doch aufgehoben sind beim lieben Gott, wie wenig uns eigentlich dann geschehen kann, obwohl Hunger, Kälte und Landstraße ja Bedrängungen sind, die nicht zu verachten sind. Die armen, armen Menschen! Vor allem die armen Mütter mit kleinen Kindern. Diese Kinderwagen, diese weinenden, frierenden Kinder, vor Zügen, die sie nicht mehr aufnehmen konnten in Liegnitz! Dabei sorgte Liegnitz sehr gut mit offenen Koksöfen auf den Bahnsteigen, mit guter Suppe und Milch für die Kinder. Aber vorweg: Kreisau ist noch ganz friedlich, aber der Kreis Schweidnitz nimmt den gesamten Kreis Oels auf = wir bekommen 350 Oelser Flüchtlinge nach Kr. und wir 25 ins Haus. Sie sollen heute od. gestern kommen. Wir haben am Sonntag Nachmittag die 3 vorderen Zimmer (Ess-, Kamin- und Wohn-) ausgeräumt, die Türen zum Hausflur und dem gr. Wohnzimmer zugestellt, und dort sollen sie herein – aber in der Waschküche muss für sie gekocht werden, und es erheben sich natürlich eine Unzahl von kleineren und größeren Problemen, die irgendwie gelöst werden müssen. Des weiteren ist eben zu befürchten, dass die Russen doch schon bei Oppeln über die Oder gehen, und dann sind sie schnell in Kr. bzw. diese Linie wird Schlachtlinie, und wir müssen doch weg. Das aber sind alles Entscheidungen, die nur von Tag zu Tag getroffen werden müssen, und auf das alles sind wir mehr oder weniger gerüstet. Nur fürchte ich, dass ich unserem Herzen nicht nachgeben darf, sondern nach Kr. muss oder enger gesagt, dass mein Platz, was ich auch tue, bei den Knaben sein muss. Heute sieht der Wehrmachtbericht ja wieder ruhiger aus, und vielleicht dauert es noch ganz lange; dann nämlich werde ich vielleicht doch noch Möglichkeit zum Pendeln finden, denn Mühsale scheue ich absolut nicht. Gestern bin ich nämlich noch garnicht schlecht gereist. Zwar fuhr der 5.28 in Kr. erst 7.28 ab, und ich hatte schwere Sorgen, ob ich hereinkäme, und kam auch nur herein, weil das russische Mädchen – ein angenehmes und nettes Wesen –, die in Stäsches Haus wohnt, mich von hinten presste und stieß und selbst nicht mehr hereinkam, aber in Keischwitz!! stieg der Mann, der einen Eckplatz bei mir hatte, aus, und ich saß bereits und saß still und winzig bis Liegnitz und warm genug. In Liegnitz mussten wir allerdings 2 Std. auf dem Bahnsteig warten, denn immerzu sollte der D-Zug nach Berlin kommen, und anstatt dessen kamen Sonderzüge mit Flüchtlingen, die den Bahnsteig mit ihren Ballen und Kindern füllten; es waren geschlossene Ortschaften. Endlich kam ein kurzer und stark gefüllter D-Zug. Hereinkommen erschien mir ausgeschlossen, aber beim Auf-und-Abgehen an dem gefüllten Zug kam ich am Küchenwagen vorbei und sah, dass dort nur noch 2 Soldaten hereinwollten, und sagte dem Letzten, er möge doch noch ein wenig drücken, und das tat der, und plötzlich war ich drin. Dann nachher saß ich vorn auf meinem Sack, den Rucksack auf dem Schoß in irgendeiner Ecke und schlief. Hätte ich nicht Kopfschmerzen gehabt, weil ich das Aspirin liegen ließ, so wäre es eine angenehme Reise gewesen, denn wir fuhren gut, wenn wir auch erst in Arnsdorf eine andere Lok. bekommen mussten und auf allen Stationen lange standen, weil die Leute sich immer wieder zusammenrüttelten und neuer Platz entstand. Kurz vor Köpenick stand dann der Zug, und nachdem ich eine Stunde gewartet hatte, stieg ich mit ein paar Soldaten aus, und wir wanderten über die Geleise zum S-Bhf. Köpenick, und um 11 war ich hier. Müde war ich allerdings sehr, denn in Kr. habe ich alles andere als viel geschlafen. Freitag war ich erst um 12 Uhr nachts da, Samstag hörten wir bis tief in die Nacht fremde Sender, und Sonntag war ich zwar um ½11 im Bett, aber um ½5 wieder draußen. Das Schönste in Kr. waren weitaus die Knäbchen. C.chen war sofort wach, als ich um 12 ins Zimmer kam. (Sie hatten mich nämlich alle nicht erwartet, weil das Tel. kaputt war, aber die gute Mutz war sofort wach und hatte mich als Einzigste fest erwartet.) Er war ganz glücklich, und selbst das kleine dicke Biest machte die Augen halb auf und lächelte: Das war sehr schön, und morgens kamen sie beide in mein Bett, aber ich hatte sehr Kopfweh, konnte mich an meinen beiden zärtlichen Söhnen aber doch sehr freuen. Das Offensichtlichste an ihnen ist, dass meine lange Abwesenheit sie ganz nah zueinander gebracht hat. Sie sind wirklich Brüder und lieben sich glühend, und da C.chen ein Baby ist, spielen sie auch herrlich zusammen, rasen zusammen um den Esstisch – der steht jetzt im gr. Wohnzimmer, aber Samstag noch nicht – unter großem Geschrei, lachen sich tot und amüsieren sich herrlich. Sonntag legten sie sich nach Tisch einträchtig unten auf das Sofa und wollten dort zusammen schlafen. C.chen nur, weil er zuviel gegessen hatte, denn sonst braucht er ja sonntags nicht. Als sie am Samstag früh zu mir kamen, sagte C.chen: «Dear mother, I love you very much!» Sehr schön ausgesprochen, von Mutz gelernt. Konrädchen sollte auch was sagen, meinte aber, er habe kalte Füße, und als die dann wieder warm waren, sagte er, die Decke über den Kopf gezogen: «Liebe Reya, du bist da, da freuen wir uns tralala.» Das war alles sehr lieb. C.chen sieht sehr gut und etwas dicker aus, hat keine Schule mehr, lernt nichts, ist viel draußen, weiß nicht viel aus dem Hof, radelt gut und läuft selten, aber ganz unerschrocken Ski. Konrädchen ist etwas dünner geworden, seitdem Dr. Breucken gesagt hat, es fehle ihm nichts, er sei nur zu dick. Das war ja sehr nützlich für Frau Pick! Frau Picks Regiment stößt öfters an, aber sie kocht gut und hat selbst unter ihrer Küche schon 16 Pfd. zugenommen. Sie essen einfach und gut. Ulla hat ein fürchterliches Ekzem am Auge, ist halb zugebunden und ziemlich elend. Mit Dir beschäftigt sie sich unausgesetzt. Asta war in Breslau, und alle waren voll von ihren Mecklenburger Plänen, die ihr selbst sehr zuwider waren; als ich abends dann Breslau erreichte, waren beide Wendlands weg, und man sagte mir, sie sei wohl abgereist. Sonntag früh rief sie plötzlich Z. aus Schweidnitz an, der ihr einen Schlitten in die Stadt schickte. (C.chen fuhr natürlich mit und habe sehr nett von Pilzen bis wo die Kirchallee steil wird, kutschiert, erzählte mir Asta. Er rief auch selbst Z. an, ob er mitfahren könne. Es fällt mir auch eben noch ein: Beide Jungen räumen mittags jetzt immer den Tisch ab, und zwar unter Konrads Führung. Der zieht C.chen dann mit. Alles, alles wird sorgsam weggebracht, aufs Tablett, in die Schübe. Sehr nette Dienerchen sind das! Zuletzt fegt C.chen den Tisch ab. «Konrad, bring mir bitte ein Messer!» funktioniert auch sofort, und schließlich ist er doch erst 3 Jahre.) So ist sie also noch friedlich in Kr. Aber was weiter! Sie ist wohl und normal, aber die Gefahr ist, dass, weil das 2. Kind relativ schnell nach dem 1. kommt, die Nähte in ihrem Leib platzen könnten. Daher keine Erschütterung! Sie ist aber per Lastauto bis Gr. Merzdorf gefahren! Breslau wird, soweit ich weiß, rechts der Oder ganz und links von Frauen, Kindern und alten Leuten geräumt und sei zur Festung erklärt. – Soweit das Berghaus. Um das Schloss habe ich mich nicht bekümmert. Z. ging es gut. Er ist recht mitgenommen von Dir. Er betrachtet es aber so etwas als «Fallen». Er lässt Dir sagen, alles, was in seiner Macht stünde, würde er immer für Kreisau tun, aber ich müsse mich auch sehr drum kümmern «im Interesse des Betriebes», denn ewig sei er nicht. Da hinein passt Dein Brief sehr gut, den ich zwar in seiner endgültigen Fassung noch nicht gelesen habe. Ich habe nichts Grundsätzliches mit ihm gesprochen. Du und die Russen standen ganz im Vordergrund. Wir haben die Hälfte Flachs verladen und dreschen jetzt. – Lachmann, Rehlas und Präbelt sind zum Volkssturm weg. – Brigitte muss weg und nimmt den Brief mit. Du merkst ja, mein Herz, dass ich wenig Zeit in Kr. hatte, da ich – sie geht –. Ich komme morgen und schreibe noch viel weiter!

Liebe, Liebe, Liebe, mein Herzensjäm; immer bleibe ich Dein P.

Ich trug Dich so fest bei mir. Das war sehr schön zu fühlen.

1 Matthäus 24,19.

Freya an Helmuth James, 23. Januar 1945

Dienstag Mittag

Mein liebes Herz, um mich der Sache Prost zu widmen, lese ich erst noch einmal Deinen langen, lieben Brief durch und antworte dabei auf die anfallenden Fragen so, wie sie mir begegnen. Ja, zum mindesten tut das R. J. M. so, als hätte es etwas zu sagen, ich glaube aber nicht daran. Es wird ihnen schwer, dass sie nicht Gnade üben können, aber ich glaube kaum, dass *sie* eine Alternative haben einschl. Herrn Thierack. Schließlich sind Herr Prost und Herr Franke auch dazu da, uns anzuhören, das ist sozusagen ihre Pflicht. Abschrift des Gnadengesuches der Familie liegt bei ihnen, was auch P. und F. bekommt. P. hat mir eine sachliche Argumentation überhaupt abgeschnitten und gesagt, ich könne nur Bruchstücke wissen, er dürfe mir nichts sagen, daher habe eine solche Erörterung gar keinen Sinn. Ich solle mich auf das Persönliche beschränken. Darin kann man ja allerlei Grundsätzliches sagen, aber ob es einem geglaubt wird, erscheint mir zweifelhaft. M. E. ist Dein Petitum (Aufsparen) nur etwas, was dem Reichsführer einleuchten könnte, niemandem anders. Der Justiz liegt so ein halber Weg bestimmt nicht: Die kennen nur töten oder begnadigen. Das einfache Nichthinrichten liegt mehr der SS, aber in Deinem Fall ist Müller entschieden dagegen. – Müller ist sich auch über die relative Bedeutung von Kr. klar, denn er sagte mir ja, Goerdeler sei auch nichts anderes als ein Theoretiker gewesen, und sagte, Du seiest ein Hochverräter und die müsste man eben vernichten. Ich vergaß neulich, Dir zu schreiben, dass der freundliche und naive Ebersberg sagte: Nur durch Goerdeler sind wir ja an das alles herangekommen; die hatten ja lauter Listen und die haben wir komplett bekommen. Wie die das nur machen konnten, solche Listen zu haben!

Wir hätten das alles (bezog sich auf das, was sie «technisch den Kreisauer Kreis nennen») sonst ja nie herausbekommen! Im Ganzen muss ich schon sagen, haben sie sich ein ganz zutreffendes Bild von allem gemacht. Daher habe ich auch das Gefühl, dass keines meiner (Deiner) kleinen Argumente etwas ausrichten kann. (Dass Du absolut unehrgeizig bist und keinerlei eigene Interessen vertrittst, habe ich Prost und Franke schon gesagt.) Du bist und bleibst für sie ein Hochverräter; wenn Du willst, hast Du damit eine größere Stellung, aber für die Begnadigung bewirkt das wenig, vielmehr das Gegenteil. (Dem Sinn nach habe ich P. auch schon gesagt, wir seien nicht bitter. Ich habe ihm ja mehr od. minder gesagt, Du stürbest dann für etwas, was Deine Person fraglos überlebte, und daher ergäbe sich daraus auch, dass ich keine inneren Konflikte zu überstehen hätte, denn ich glaubte daran auch. Ich habe gesagt, wir hätten uns den Tag vorher gegenüber gesessen und kein Wort darüber verloren, es aber beide ganz genau gewusst. Das war ja gerade der Höhepunkt unserer Unterhaltung und das machte P. auch Eindruck. Deshalb hätte ich C. Viggo auch gerne noch einmal hinterher hingeschickt, aber der ist ab in den *Westen*. Sollte er noch freikommen, so will er auch noch einmal zu Prost. Jowo hat aber keinen Sinn. – Ja, die Bemerkung über 18 von Müller hat mich auch erfreut. – Noch einmal zu Prost: «Dann stirbt er also als Märtyrer», sagte er *ganz ernst*. Ich fand das etwas zuviel und sagte schnell: «Jedenfalls stirbt er dann für ein Ideal.» Aber Du siehst, eigentlich wurde eben auch bei Herrn Prost nur Dein Tod beredet. So beendete ich den Donnerstag mit dem Gefühl, dass alle meine Versuche und Bemühungen vergeblich gewesen seien, ich nun nichts mehr dazu tun könne und nun auch aufhören müsse mit Tun. Mein liebes, liebes Herz, es ist schon so: Unsere Augen können keine Rettung aus Deiner Lage ringsum erspähen, nirgends sehe ich ein Fünkchen, es sei denn, der Reichsführer selbst tut was, und auch das halte ich für unwahrscheinlich. Nein, ich sehe nichts. Aber dieses letzte Jahr und diese letzten Monate haben uns gelehrt, dass das vor Gott nichts zu bedeuten hat, haben uns das ganz klar, geradezu greifbar gelehrt, sodass wir sagen können: Noch lebst Du, und solange Du lebst, gibt es Möglichkeiten, dass Du am Leben erhalten werden kannst. Ich befinde mich in einem Zustand, den ich nicht als Hoffnung bezeichnen kann, aber ich plane ruhig, wo Deine Hemden gewaschen werden können und woher Wurst und Butter für Dich kommen können, wenn ich weg muss, und plane ganz langfristig und habe dazu wahrlich keinen Grund, bin auch nicht voller Hoffnung, aber die Tage vom 9.–11. haben mir gezeigt, dass *ich* so leben muss, so dahin, mit Dir. Wie fest trage ich Dich bei mir mein Herz, ganz ganz, fest und mit der felsenfesten Sicherheit, dass daran auch Dein Tod nichts ändern kann. Das hat mich der liebe Gott, und hast auch Du, mein Herz, mich gelehrt. *Deine* Lage hingegen ist sehr viel schwerer, weil Du eine ganz konkrete Nervosität jeden Tag zu überwinden hast. Diese Woche *ist* jedenfalls Thierack *noch nicht* da. Die ist bestimmt noch ruhig. Es ist natürlich leicht, von draußen zu sagen, was ich sagen möchte, denn Du bist den ganzen Tag mit Dir allein, und das ist etwas ganz anderes als mein Leben. Trotzdem frage ich, ob es Dir nicht möglich ist, die Gedanken an die mögliche Hinrichtung mit Willen und Bewusstsein auszuschalten, eben zu leben, Dein Zellenleben, das ja auch ein sehr lebendiges sein kann und bei Dir ist, Dich lebend zu ihm zu halten, aber doch nicht täglich mit dem Tod zu rechnen. Kann man das in der Zelle? Es wäre gut, wenn Du das könntest. Wenn Du dann geholt werden solltest, so hast Du noch sehr viel Zeit, wahrscheinlich zuviel, Dich auf den eigentlichen Tod einzustellen. Jetzt musst Du jedenfalls noch leben. Ist das ein unmöglicher Wunsch? Ich möchte so gerne, dass Du Dich in diese kaum erträgliche Spannung nicht hineinsteigerst. Wenn es nun noch Wochen dauert, wie sollst Du das aushalten! Ach mein Jäm, was wird jetzt allen Menschen auferlegt und was sind sie doch imstande auszuhalten und was erst, wenn sie wissen, dass Gott trotz allem bei ihnen ist und weiß, wie schwer es alles ist. Ich weiß mich darin, mein Herz, so fest verbunden mit Dir. Ja, wenn Du sterben musst, haben es auch Marion und ich besser als andere Frauen, die ihren Mann für A. H. verloren haben. Das habe ich schon von jeher gefunden. Auch darin, mein Herz, weiß ich mich Dir ganz, ganz fest verbunden!

Nun bleibt nur die große Frage zu beantworten: Soll ich nach Kreisau zurück? Kann ich hierbleiben? Soll ich die Jungen auch herholen bzw. zu Edith? Eigentlich kann ich letzteres auch ab Freitag schon nicht mehr. Der Hauptsinn der Zugbeschränkung ist ja gerade die Abstoppung des Flüchtlingsstromes. Wie wird es Dir gehen, wenn Du nichts mehr von uns hörst, mich nicht mehr siehst und das Gefühl meiner so nahen Nähe nicht mehr hast? Es fällt für Dich ein wesentlicher Bestandteil Deines Lebens weg, selbst wenn es noch gelänge, einen Brief pro Woche zu organisieren, was schon schwierig genug sein dürfte. Was, mein Jäm, soll ich tun? Von mir will ich in der Verbindung garnicht sprechen, Du bist vielmehr die Hauptperson, Du und die Söhnchen. Was wird nun kommen? und wie? Wenn wir Front werden, müssen wir doch weg. Welche Entschlüsse! Lebst Du nicht mehr, so würde ich noch fester an Kr. festhalten wie so. Ich habe aber doch das Gefühl, wir werden uns in den nächsten Tagen noch zu einer Entscheidung durchringen. Die zu Hause rechnen auch damit, dass ich nur kurz bleibe und dann wieder nach Hause zurückkomme. Jedenfalls werde ich mir jetzt noch eine Sprecherlaubnis besorgen und sehen, dass ich aus Adrian etwas herausbekomme.

[Der Brief bricht hier ab. Von Freya später hinzugefügt: hat H. nicht mehr erreicht.]

Anhang

Weitere Dokumente

Die im Folgenden abgedruckten Briefe von Helmuth James und Freya von Moltke befinden sich wie ihre gesamte Korrespondenz im Deutschen Literaturarchiv Marbach.

Der Haftbefehl gegen Helmuth James von Moltke, 11. Oktober 1944[1]

Der Ermittlungsrichter
des Volksgerichtshofes
O J 21/44 gRs.
181/44
556

Berlin, den 11. Oktober 1944.

Haftbefehl

1. Der am 11. März 1907 geborene frühere Rechtsanwalt
   Graf Helmuth von Moltke aus Berlin-Lichterfelde-West
2. der am 15. September 1896 geborene kaufmännische Angestellte
   Dr. Theodor Haubach aus Berlin-Grunewald
3. der am 25. Aug. 1906 geborene Konsistorialrat
   Dr. Eugen Gerstenmaier aus Berlin-Dahlem
4. der am 17. Dez. 1885 geborene frühere Oberstleutnant
   Theodor Stelzer [sic] aus Hamburg
5. der am 11. Febr. 1878 geborene Oberst und Gesandte a. D.
   Franz Sperr aus München
6. der am 28. Juni 1889 geborene frühere Rechtsanwalt
   Dr. Franz Reisert aus Augsburg
7. der am 26. Okt. 1895 geborene Großlandwirt
   Josef-Ernst Fürst Fugger von Glött aus Kirchheim i/Bayern
   sind zur Untersuchungshaft zu bringen.

Sie werden beschuldigt, gemeinschaftlich es unternommen zu haben, mit Gewalt die Verfassung des Reiches zu ändern und den Führer seiner verfassungsmäßigen Gewalt zu berauben und damit zugleich im Inland während eines Krieges gegen das Reich der feindlichen Macht Vorschub zu leisten.

Verbrechen nach §§ 80 Abs. 2, 81, 91b, 73, 47 StGB.

Sie haben im Inland und zwar von Moltke bis zu seiner Festnahme im Januar 1944, Dr. Haubach, Dr. Gerstenmaier, Stelzer und Sperr bis zum Sommer 1944, Reisert und Fürst Fugger von Glött im Jahre 1943 zusammen mit anderen es unternommen, die nationalsozialistische Regierung nötigenfalls mit einer gegen den Führer gerichteten Gewalttat zu stürzen, um sich selbst oder ihre Gesinnungsgenossen in den Besitz der Macht zu bringen.

Die Untersuchungshaft wird verhängt wegen Fluchtverdachts, weil mit hoher Strafe bedrohte Verbrechen den Gegenstand der Untersuchung bilden.

Gegen diesen Haftbefehl ist das Rechtsmittel der Beschwerde zulässig, die besonderer Zulassung bedarf.

gez. Dr. Ehrlich, Landgerichts-Dir.

1 Aus: Ger van Roon, *Neuordnung im Widerstand*, S. 594 f.

Freya von Moltke an Heinrich Himmler, 11. Oktober 1944[1]

Berlin, d. 11. Oktober 1944

An den Reichsführer SS Reichsminister Himmler

Sehr geehrter Herr Reichsminister,

Auskünften von Herrn Gruppenführer Müller und einem Herrn beim Oberreichsanwalt muss ich entnehmen, dass ich um meines Mannes Leben zu fürchten habe. Wie ich weiß, haben Sie, Herr Reichsführer, einmal bereits für meinen Mann eingegriffen und sein Auftreten vor dem Volksgerichtshof vermieden. Es ist mir klar, dass Sie das nicht wiederholen wollen und können, und nach Allem, was ich über die mir im Ganzen unklaren Zusammenhänge in Erfahrung bringen konnte, Anklage gegen meinen Mann erhoben werden muss.

Wenn ich mich dennoch heute erneut an Sie wende, so tue ich das nicht nur aus der großen Not heraus, die meine Kinder und mich durch den Verlust des Vaters und Mannes, die auch die ganze Familie v. M. schwer treffen würde – denn dieses Schicksal, so schrecklich es ist, trifft auch Andere, die es zu tragen haben –, sondern ich glaube mich als die Frau meines Mannes berechtigt, auch bei Ihnen für meinen Mann sprechen zu dürfen. Ich habe in den Kriegsjahren miterlebt, wie uneingeschränkt und selbstlos mein Mann seine Person, seine Arbeitskraft und seine Fähigkeiten als Mitarbeiter im OKW und als Landwirt eingesetzt hat, um Deutschland zu dienen. Ich habe zu oft von ihm gehört, dass diese Zeit nur bezwungen werden könne, wenn jeder Deutsche mit voller persönlicher Hingabe an seinem Platz kämpfe. Er hat das schon zu einer Zeit vertreten, als unser Kampf viel weniger gefahrvoll erschien, hat sich voll eingesetzt und mit sich selbst niemals gespart. Jede Nachprüfung wird das bestätigen. Zwar muss man das mit Selbstverständlichkeit von jedem deutschen Mann verlangen, wer aber so sein Teil beigetragen hat wie mein Mann, kann auch vom Standpunkt des Staates aus nicht vernichtenswert erscheinen. Es ist doch so, dass Deutschland seine Männer braucht und brauchen wird, und ich darf ruhig behaupten, dass mein Mann zu denen gehört, die Deutschland wohl zu dienen im Stande sind.

Seine Schuld kann ich nicht beurteilen, da ich seine Tat im Einzelnen nicht übersehe. Das, was ich über sie und den 20. Juli weiß, zwingt mich, gerade folgendes zu sagen: mein Mann hätte den Umsturz, wenn er davon gewusst hätte und wenn es in seiner Macht gelegen hätte, immer mit aller Kraft bekämpft. Mein Mann ist kein Reaktionär, weder in seiner Haltung noch in seiner Lebensweise, und kann den Politikern, die hinter dem Umsturzplan standen, nicht verbunden gewesen sein.

Ich weiß: nicht die Anklage und nicht die Verurteilung und auch nicht die Sühne kann von meinem Mann genommen werden. Ich bitte aber als seine Frau und als deutsche Frau – als solche glaube ich ein Anrecht auf die sorgsame Überprüfung dieser für meine Kinder und mich schwerwiegendsten Frage zu haben –, das Leben meines Mannes zu erhalten.

Heil Hitler!

Freya von Moltke

1 Es handelt sich um eine Zweitschrift des Briefes aus dem Nachlass von Freya von Moltke.

Helmuth James von Moltke an Schwester Ida Hübner, 24. Oktober 1944

Tegel, den 24. Oktober 44

Liebe Schwester,

Ich hoffe, dass dieser Brief Sie nach meinem Tode erreichen wird. Vor allem möchte ich mich bei Ihnen für alle die Liebe und Treue bedanken, die Sie ein Leben lang uns erwiesen haben. Stehen Sie auch weiter bei den Meinen und stützen Sie sich gegenseitig.

Es tut mir leid, Ihnen den Schmerz meines Todes antun zu müssen, denn ich weiß, dass Sie Tatsache und Art meines Todes schwer treffen wird. Liebe Schwester, Sie werden gewiss sagen: «warum muss ich so viele Menschen überleben?» Ich habe mir in diesen letzten Wochen, wenn auch ganz ohne Bitterkeit gesagt: «ist es zu verstehen, dass ich jetzt, wo man mich am Nötigsten braucht, weggenommen werde?» Gottes Wege sind eben wunderbar und wir haben kein Recht nach Erklärungen zu suchen. Es sind Seine Wege und darum sind sie gut und richtig. Denken Sie nur an Jesaja 55, Verse 8 + 9 oder Römer 11, Verse 33–36. Darum, liebe Schwester, sind wir es schuldig, das, was uns verordnet ist, ohne Murren anzunehmen, und wie ich Seinem Ruf aus dieser Welt freudig und zuversichtlich folge, so muss ich Sie ermahnen, freudig zu bleiben, wenn Er es wünscht. Stärken Sie sich an dem, was Paulus von sich im Brief an die Philipper 1, Verse 23 + 24 schreibt: «ich habe Lust abzuscheiden und bei Christo zu sein, was auch viel besser wäre, aber es ist nötiger im Fleisch bleiben um euretwillen». Denken Sie, wie vielen Sie schon geholfen haben, wie vielen Sie in den vor Ihnen liegenden schweren Zeiten helfen werden, wie Sie auch den Meinen helfen werden, und lassen Sie sich daran genügen. Das ist die Ermahnung, liebe Schwester, die ich Ihnen als ein Entschlafener zurufen möchte.

Um derentwillen habe ich Ihnen geschrieben. Da ich aber schreibe, will ich Ihnen Folgendes sagen: ich sterbe für eine gute und gerechte Sache, für eine, für die man eben auch bereit sein muss, sich umbringen zu lassen. Mit dem Attentat und Putsch, mit dem ich zusammengekoppelt werde, habe ich nicht das Geringste zu tun. Aber ich bin wie ein stiller Sämann übers Feld gegangen und das eben will man nicht. Der Samen aber, den ich gesät habe, der wird nicht umkommen, sondern wird eines Tages seine Frucht bringen, ohne dass irgend jemand wissen wird, woher der Samen kommt und wer ihn gesät hat. Des bin ich auch zufrieden und kann mir nichts Besseres wünschen. Vielleicht werden die, die ich lieb habe, und zu denen rechne ich Sie ganz besonders, von der Frucht noch Nutzen haben, vielleicht dauert es auch länger, vielleicht ist auch mein Tod nützlicher, als mein Leben hätte sein können. Wir müssen es dem Herrn überlassen.

Noch zwei Wünsche habe ich an Sie, liebe Schwester: sehen Sie zu, dass Sie alle Weihnachten mit Freuden feiern.[1] Je dunkler die Zeiten, umso strahlender die Verheißung jenes Tages. Lassen Sie keinen Schatten über jenes Fest fallen. Der zweite Wunsch ist, dass Sie den neuen Pastor etwas über uns und unsere Vergangenheit unterrichten. Er soll nicht mit dem Gedanken anfangen, er sei in ein Nest von Schwerverbrechern geraten. Er soll sich auch besonders der Kreisauer Station annehmen, darum bitte ich sehr.

Nun Gott befohlen, liebe Schwester, der Herr behüte Sie, so wie er mich wunderbar durch diese Monate der Prüfung geführt hat, die ich in vieler Hinsicht zu den reichsten Monaten meines Lebens zähle. Sie, Ihre Station, das ganze Dorf, das ich in mein Herz geschlossen habe, befehle ich in Seine Hände.

Ihr
Helmuth Moltke.

1 Das Weihnachtsfest des Kindergartens war ein Höhepunkt im Kreisauer Kalender.

Helmuth James von Moltke an Ada Deichmann, 4. November 1944

Tegel, den 4. November 1944.

Liebes Mütterchen Deichmann,

dieses Leben will ich nicht beschließen, ohne von Dir mehr als nur in Gedanken Abschied zu nehmen, denn schließlich verdanke ich Dir durch Freya, und auch durch Dich selbst, so viel Schönes und Gutes und hinterlasse auch Dir durch meinen Tod soviel Kummer und Sorge, dass ich mich bei Dir bedanken und Dich auch trösten muss.

Du weißt ja genau, wie glücklich mein Leben mit Freya gewesen ist, und ich habe auch Dir dafür zu danken, dass wir dieses Glück haben ohne Hemmungen erringen und genießen dürfen. Ich habe Dir aber vor allem dafür zu danken, dass Du Freya in den Zeiten von Caspars Entstehung und erster Babyzeit so hilfreich beigestanden und den ausfallenden Ehegatten nicht nur insoweit ersetzt hast, sondern ihm die Gewöhnung an seinen Sohn und spätere Liebe zu ihm so leicht gemacht hast. Wie sehr ich Deine Freundschaft in diesen Jahren genossen habe, wie froh ich war, dass Du eine gewisse Zugehörigkeit zu Kreisau empfandest, weißt Du ja selbst. In den Dank für ein schönes Leben, mit dem ich abscheide, wirst auch Du, liebes Mütterchen, mit einem nicht kleinen Teil eingeschlossen.

Dass Deine sorgenden Gedanken in der nächsten Zeit viel bei Freya und den Söhnchen sein werden, weiß ich, und bin auch dafür dankbar. Ich sterbe aber in der durch nichts Konkretes zu belegenden Gewissheit, dass ich alle drei in den kommenden Stürmen geborgen zurücklasse. Wir haben in diesen letzten Monaten und Wochen, in denen es uns erlaubt war, uns auf die Trennung vorzubereiten, vieles gelernt, was wir unter anderen Umständen wohl nie gelernt hätten. Und wenn ich Dir von der dadurch erlangten Sicherheit nichts mitteilen kann, weil sie eben nicht übertragbar ist, so denke ich doch, dass Dich dieses Gefühl mindestens tröstet. Freya hat zu der Stabilität, die sie von Hause aus hat, doch noch eine neue Stärke erworben, die es ihr ermöglichen wird, aus dem Schmerz, den ich ihr bereite, auch noch neue Kraft zu ziehen.

Ich hoffe sehr, dass Ihr in absehbarer Zeit Euch sehen könnt, ich hoffe, dass Du ihr wirst helfen können, nach dem Kriege ihre materiellen Verhältnisse wieder zu ordnen, und dass Du ihr bei den vielen schwierigen Entscheidungen, vor die sie gestellt werden wird, wirst helfen können. Darum bitte ich Dich auch sehr. Aber im Grundstock ist Freya, so glaube ich Dir versichern zu können, heute auch durch meinen Tod nicht zu treffen.

Lebe wohl, liebes Mütterchen, grüße alle Überlebenden, Großmutter Schnitzler und Buschs, Joests und Werners.[1] Ich verlasse sie alle ungern, aber bereitwillig und mit dankbaren und liebenden Gedanken.

Mit dem herzlichsten Dank und den besten Wünschen für Dich, liebes Mütterchen, küsse ich Deine Hand.

als Dein sehr getreuer
Helmuth James.

1 Nora und Werner von Schnitzler.

Freya von Moltke an ihre Mutter Ada Deichmann, 8. November 1944

Berlin, d. 8. Nov. 44

Liebe Meki,[1]

Durch glücklichen Zufall, weil ich mit Herrn Haus, der auch in Helmuths früherer Dienststelle arbeitet, mehrfach Besprechungen hatte, weiß ich, dass er diesen Brief direkt nach Godesberg mitnehmen wird. Herr Haus ist ein sehr netter, sehr anständiger, kluger und Helmuth wohlgesinnter Mann, Adjutant bei Admiral Bürkner, Direktor der Colonia, glaube ich, und hat seine Frau und seine Tochter kürzlich nach Godesberg in «Sicherheit» gebracht. Ich bin glücklich, Dir auf diesem Wege einmal deutlich schreiben zu können, dass es Helmuth und auch mir wirklich gut geht. Helmuth's Haltung ist erstaunlich und sehr, sehr erfreulich. Man kann es eigentlich nicht mehr Haltung nennen, weil es ganz von innen heraus und etwas Gewachsenes, nicht Angenommenes ist. Er leidet vorläufig nicht, er wird mit allem gut fertig, er ist körperlich bisher wohl gewesen. Gott gebe, dass es so bleibt! Entsprechend gut geht es mir. Die Lösung des Rätsels aber ist, dass der Pfarrer in Tegel und seine

Frau[2] gute alte Freunde von uns und Menschen von seltener Qualität sind. – Ich habe Dir am 3., glaube ich, auf Deinen Brief vom 29. 10. ausführlich geantwortet und das über den I. G. Kurier ins Rheinland geschickt. Ob der Brief aber angekommen ist!? Ich schrieb, dass mich die Messe[3] sehr gefreut hat, und inzwischen weiß ich dasselbe von Helmuth. Ich schrieb, dass Du ganz Recht hast mit dem, was Du geschrieben hast, und dass das Schöne ist, dass wir das alles in großer innerer Gemeinschaft erlebt haben, H. und ich, sodass in diesen letzten Wochen eine seltene Krönung unserer Verbundenheit uns sehr beglückt hat. Wir betrachten beide die letzten Wochen als ein großes Glück und Geschenk und sind beide grundsätzlich innerlich gewappnet, obwohl beide voller Kampfeswillen. Wenn Du also, geliebte Meki, in der nächsten Zeit garnichts mehr von uns hören solltest, so darfst Du, was auch immer geschehen mag, ohne Sorge sein. Es wird schon gehen! Wir sind keineswegs ergeben in den unvermeidlichen Tod, wir werden ihn beide auf uns nehmen, wenn er verlangt wird, aber wir halten es beide für durchaus möglich, dass es gut geht, weil es eben doch Wunder gibt. Objektiv sieht es schlecht aus, und wir bemühen uns, den Tod niemals aus dem Auge zu verlieren, aber doch sind wir beide nicht in hoffnungsloser Stimmung. Im Gegenteil, ich verstehe meine Heiterkeit und Zufriedenheit angesichts solcher Aussichten oft selbst nicht. Aber wir fühlen uns eben fest in Gottes Hand. Getan haben wir wohl bald alles, was man tun kann; diese Woche kommt noch C. Viggo und wir, nein die Familie von Moltke will ein Bittgesuch an Hitler schicken. Das wird uns noch viel zu schaffen machen. Arbeit gibt es überhaupt genug, aber ich schlafe wie immer gut, habe genug zu essen, bin bei C. D. gut und vollkommen unabhängig untergebracht und verbringe fast alle Abende bei den Freunden, die auch mit mir rührend sind. Er steht H. sehr nahe und hat ihm viel geholfen. Sie sind wirkliche Freunde. So verfliegen uns die Tage – es klingt merkwürdig – zu schnell. Vor dem 20. wird kein Termin sein. Soviel wissen wir, mehr noch nicht. Viel später als der 20. wird es aber wohl kaum werden.

In Kr. sind alle sehr rührend zu mir und die Jüngelchen riesig lieb. Ich bin bisher jedes Wochenende zu Hause gewesen.

Was soll ich sonst noch schreiben? Jetzt bist Du, glaube ich, über das Wichtigste orientiert. Sinn dieses Briefes soll vor allem sein, Dir noch einmal zu sagen, falls wir bald auf längere Zeit getrennt werden, dass Du ohne schwere Sorge an uns denken sollst. Denn «wir» bleiben wir auch, wenn Helmuth sterben muss. Darüber sind wir uns einig und sind uns ganz klar. Helmuth hat viel Schönes an mich geschrieben in diesen Wochen, auch für Dich habe ich einen Brief, falls er ums Leben kommt, wirst Du ihn kriegen. Aber es ist auch durchaus möglich, dass er leben wird, und das hoffst Du mit uns. Ich weiß mich von Deinen Gedanken und Deiner Liebe ständig umgeben und Helmuth auch. So können wir, glaube ich, allerlei Stürmen stand halten.

In großer Liebe und mit vielen, häufigen Gedanken, *sehr* wünschend, dass es Dir nicht zu schwer gehen wird und Du am Leben bleibst! Ein dicker Kuss, liebe Meki

Freya.

1 Der Kosename für Freyas Mutter Ada Deichmann. *2* Harald und Dorothee Poelchau. *3* Ada Deichmann hatte in St. Gereon in Köln für Helmuth James eine Messe lesen lassen.

Freya von Moltke an ihre Mutter Ada Deichmann, 21./22. November 1944

Berlin, den 21. Nov. 1944

Liebe Meki,

man sagte mir, dass der gute Herr Haus sich morgen wieder auf den Weg nach Godesberg machen will. So beeile ich mich, Dir wieder einen ausführlichen Brief zu schreiben. Mit großer Freude und ebenso großer Dankbarkeit habe ich Deinen von ihm in Empfang genommen. Du hast mir da viel Schönes und viel Wahres und viel Tröstliches aufgeschrieben. Helmuth hat es auch gelesen und hat sich auch daran gefreut. Ich finde es nicht nur gut und rührend für mich, sondern es ist außerdem sehr schön, daraus Deine ruhige und feste Einstellung zu sehen und zu fühlen. Die klingt auch aus jedem Wort Deines Briefes. An sich ist das ja alles nicht schön. Ich würde Dir so sehr gerne durch Herrn Haus noch einmal ein Stück Speck schicken, da Fett doch offensichtlich Dein Engpass sein wird und Fleisch, aber ich habe Hemmungen, ihn damit zu belasten. Das kann man doch wirklich nicht unter den heutigen Reiseverhältnissen? Frachten kann man doch niemandem aufladen! Vielleicht finde ich noch mal jemanden Besseres dafür, aber ich betrachte Herrn Haus schon als einen wahren Engel.

Inzwischen habe ich vor allem am vorigen Montag Helmuth gesehen. Ich hätte keinen besseren Eindruck von ihm haben können, als ich ihn hatte. Er sah ausgesprochen wohl, nicht einmal sehr blass, sondern eher bräunlich aus, ausgeschlafen und nicht sehr mager, und Kopf, Hände, Auftreten und Aussehen war ganz so, wie es immer gewesen ist. Sein Ausdruck war warm und sehr beseelt und vollkommen sicher und ausgeglichen. Es war ein ganz großes Glück, das zu sehen und zu empfinden.

Wir sahen uns etwa eine halbe Stunde in Anwesenheit des Vorstehers des Hauses, also feierlicher, als es bei gewöhnlichen Häftlingen ist wegen deren Gefährlichkeit! Wir haben uns wohl eine halbe Stunde unterhalten. Er hat Tee getrunken und Brötchen und Plätzchen gegessen: Wir hatten nichts besonderes zu sagen, wollten uns aber gerne gegenseitig besehen. Ich hatte eine gewisse Furcht gehabt, ob ich das mit seinen ganzen Ausmaßen überstehen könnte, und hatte schließlich beschlossen, nicht so hinzugehen, als sei es das letzte mal, aber es war doch vorher schwer, bis ich ihn dann sah und alles gut war. So war es wirklich sehr schön.

Vor diesem schönen Ereignis war Carl Viggo hier und hat ein ganz schönes Gnadengesuch der Familie gemacht. Ich schicke Dir die Abschrift. Es ist etwas lau, aber man kann schwer mehr erwarten, und es ist sorgfältig gemacht. Wir haben das gleiche Gesuch auf zwei Wegen losgelassen. Einmal über Helmuths früheren Vorgesetzten im OKW[1] zu Keitel, der es aber wohl nicht A. H. vorlegen wird, und dann noch über Steengracht–Hewel. Der Gesandte Hewel sitzt im Haupt Quartier und hat das Ohr des Führers, sagt man. Schließlich haben wir es noch mit einem Begleitschreiben an den Reichsführer SS geschickt. Der ist und bleibt ja doch der wichtigste! C. Viggo war auch beim Staatsanwalt, beim Oberreichsanwalt, bei Freisler und im Justizministerium und hat auch die Vermögensangelegenheiten = die Zukunft Kreisaus besprochen, die eigentlich nicht schlecht aussieht; obwohl sie mich zunächst mal garnicht interessiert, muss sie doch der Söhnchen wegen erörtert werden. Die Familie wird Kreisau bestimmt behalten, aber wenn schon, dann soll es auch Caspar haben. Bei Freisler war ich dann auch noch persönlich. Ich wollte einen bestimmten Anwalt haben,[2] den wollte man mir nicht geben, hat ihn mir auch nicht gegeben, aber ich habe mir dabei doch Herrn Freisler ansehen können. Ich wollte natürlich mehr, als ihn besehen, aber das gelang mir nicht, auch C. Viggo nicht, der quasi in eigener Angelegenheit, nämlich der der Fam. v. M. bei ihm auftrat. Er war sehr freundlich und liebenswürdig mit mir, aber ich habe leider keinerlei tiefen Eindruck auf ihn hinterlassen. Er sagte, er habe die Akten noch nicht gesehen, habe nur so von der Sache gehört und das stimmt auch sicher. Der Anwalt, der nun H. verteidigen wird, ist ein anständiger, sympathischer alter Herr,[3] aber eben alt, sehr alt. Ich glaube aber, dass für H. viel wichtiger ist, mit ihm in einer Linie zu liegen und möglichst viel selbst zu machen als einer, der plötzlich nach einer anderen Seite wie er zieht. Dieser alte Herr wird alles tun, was er kann, um H. beizustehen. Den Eindruck habe ich.

Man hat mir wieder gesagt, dass der Termin nicht vor dem 5. 12. kommen würde. Vielleicht also noch später, aber wohl doch nicht viel. Es scheint, dass es schon wieder neue interessante Fälle gibt, die wichtiger sind. Umso besser! Es sollte schließlich schon in den ersten Oktobertagen sein und ist schon zwei Monate herausgezogen!

Ich bin ganz erschüttert, wie schwer es die armen Buschs mit der Sorge um Uli haben.[4] Es ist völlig ausgeschlossen, dass sie etwas von ihm hören. Bitte sag ihnen doch, wie sehr ich an sie denke und hoffe, dass nichts an den lieben guten Uli kommt. Wenn man hört, wo es überall hintrifft!! Schmolkes haben jetzt ihren 4. Sohn verloren, der gute Kaiser hat alle 4 Söhne verloren. Es ist grausig.

Natürlich ist Dein Leben durchaus gefährlich, aber ich sehe vollkommen ein, dass Du es so machen willst. Wenn ich mir vorstelle, dass die arme Oma sich auf die Reise machen soll, dann sträuben sich wirklich alle Haare vor Entsetzen. Kreisau wird ihr ja viel zu weit im Osten sein. Dass ich sie jeden Tag mit Wonne aufnähme, versteht sich ja von selbst, aber die Ruhe ist doch da auch nicht voll gewährleistet. Warum will sie denn nicht nach Weimar?

Merkwürdig, wie man lernt, die schrecklichsten Sachen ganz ruhig zu diskutieren! Die Begriffe vermögen sich gewaltig zu verschieben!

Ich komme heute früh aus Kreisau zurück. Daher tippe ich auch so scheußlich, scheint mir, weil ich die Nacht über gefahren bin. Die Jüngelchen waren so lieb wie immer. Vielleicht noch lieber! Sie sind ein ganz großer Trost, wenn sie mich in ihrer rührenden Zärtlichkeit in Empfang nehmen. Caspar ist ja schon ein richtiger großer Freund. Der sorgt für mich. Er erwägt, mir Gummischuhe an die Bahn zu bringen, sorgt, dass ich nicht geweckt werde, legt mir Plätzchen auf den Nachttisch und ist lieb, wo er nur kann. Im Übrigen lernt Ulla mit ihm und er macht schnelle und gute Fortschritte. Er hat scheints jetzt heraus, dass man schnell und präzise arbeiten kann und muss. Es geht jetzt viel besser. Die Beiden zusammen sind freundlich und zärtlich. Konrädchen, das arme Kind, hat zwar gerade unter seinen Löckchen, die sich in öliger Salbe zu scheußlichen Strähnen entwickelt haben, einen richtigen armer Leuts Grind, den sie mit Liebe zu kurieren suchen. Ich hoffe, er geht bald weg. Es juckt ihn nicht, ist aber eine ekliche Sache. Lenchen geht in diesen Tagen. Es müsste auch ohne sie gehen, obwohl Frau Pick keine Land-Kocherin ist, aber es wird schon gehen. Zunächst ist ja Ruhe und wenn wir schlachten, muss ich eben mitarbeiten, das macht ja nichts. Asta bekommt im Frühjahr wieder ein Kind, das weißt Du noch nicht. Hoffentlich entsetzt es Dich nicht ungebührlich. Der Moment ist sehr schlecht gewählt, war auch gar nicht ihre Absicht, aber sie ist doch froh, dass es wieder funktioniert hat. Er[5] ist noch immer in Breslau und sie kümmert sich in der Woche sehr hingebungsvoll und rührend um meine Sachen.

Ulla war sehr krank, ist aber wieder besser dran und im Haus nach wie vor sehr angenehm. Es gibt wohl manchmal kleine Reibungen, weil ich nun schon sehr lange nicht da bin, aber das ist vergleichsweise uninteressant und im Grunde ist jeder Einzelne rührend und denkt nur an Helmuth und mich. Kreisau ist ein ausgesprochener Rückhalt, außer dass die Rentenannie putscht und stänkert, wo sie kann, und auch noch immer mit aller Gewalt ins Schloss will. Sie wird die Partei auch noch so aufsässig machen, dass sie sie mit Gewalt hereinsetzen werden. Es ist eine ganz scheußliche Sache. Einstweilen sträubt sich Herr Sperling und an dem wird es liegen, ob sie rein kommt oder nicht.

22.11.44

Inzwischen ist nicht viel geschehen. Ich habe heute bei Helmuth Wäsche getauscht und ihm außer einer Thermosflasche starken heißen Kaffees, die ich gleich leer wieder mitnahm: 1 gebratenen Hahn, 2 gekochte Eier, 1 Topf Marmelade, Butter, Plätzchen und Quittenbrot und 2 Birnen mitgebracht. Dafür bekommt der alte Wachtmeister ein Stück Wurst. Das ist ein Weg. Speck, Wurst, Apfel, Honig und Butter hat H. laufend. So schön ist das eingespielt. Hoffentlich bleibt es noch weiter so!!! Der Rechtsanwalt sagte mir, man habe ihm heute Mitte Dezember für den Termin genannt. Zeit – Zeit – Zeit!

Ich weiß sehr genau, dass wirkliche Liebe weiterlebt. Daher sind H. und ich nicht wirklich zu trennen, oder wir auch nicht, liebe Meki. Ich habe erwogen, Dir H's schönen Brief heute mitzuschicken, tue es aber doch nicht, weil er doch für den Fall seines Todes geschrieben ist. Sorg gut für Dich, liebe Meki, und komme gut durch diese schreckliche Zeit.

Ein dicker Kuss von Freya.

Grüße vor allem auch Omama sehr! Ich weiss nicht recht, was ich ihr schreiben soll. Erzähle ihr ausführlich von mir!

1 Leopold Bürkner. *2* Gemeint ist Rudolf Dix. Siehe Freyas Brief vom 16. November 1944, S. 204. *3* Wolfgang Hercher. *4* Ulrich Busch, Freyas Vetter, war in russische Gefangenschaft geraten. *5* Astas Ehemann Wend Wendland.

Freya von Moltke an Joachim Wolfgang von Moltke, 24. November 1944

Berlin, d. 24. Nov. 44
Lichterfelde-Ost
Schillerstr. 3

Mein lieber Jowo, wieder wirst Du sehr auf Nachricht warten. Es gibt dabei keine großen Neuigkeiten. Inzwischen war C. Viggo in Berlin. Die Familie hat in seinem Namen eine Art Gnadengesuch an den Führer gemacht, und dieses Gesuch haben wir mit einem Begleitschreiben auch an den Reichsführer SS geschickt. Der Termin wird nicht vor dem 5.12. sein. Dem Anwalt hat man gesagt: Mitte Dezember. Die Anklage ist vor etwa 10 Tagen erhoben, aber der Senat ist so beschäftigt, dass es nicht schnell geht, und das ist jedenfalls gut. C. V. war bei Freisler, ich war bei Freisler, alles sehr freundlich und höflich, aber ohne tiefen Eindruck. Ich habe Helmuth am 13. eine halbe Stunde friedlich gesprochen: Er sah ausgesprochen wohl aus, ganz unverändert und sicher und ruhig in Auftreten und Haltung. Auch äußerlich alles gut im Stand und wie immer, gepflegt und schön. Er fand das Gleiche von mir, und es war eine halbe Stunde voller Glück trotz aller Wehmut, die wir beide bis an den Rand des Überfließens empfanden. Nun ist es so, Jowöchen, es gibt zwar im Augenblick nichts Konkretes zu tun, aber ich meine, Du solltest doch vor dem Termin hierherkommen. Es wäre gut, wenn ein Moltke-Mann dann auftreten könnte, und ich habe Dich doch 1000 × lieber als C. Viggo, der außerdem dann vielleicht nicht verfügbar ist. Schon alleine wegen Kreisau wärest Du sehr wichtig. Es scheint, dass man es jedenfalls der Familie belassen will. C. Viggo hat überall darüber vorgefühlt. Entweder die Konfiscation wird garnicht ausgesprochen, dann ist es klar und das wäre das Beste. Oder man muss es auf dem Gnadenwege zurückbekommen. Dann ist die Frage, ob ich es für C. chen zurückbekommen kann oder ob das Schwierigkeiten machen wird. Sag nicht, das alles sei egal, denn was auch kommt, ist es doch unsere Pflicht, um den Besitz von Kr. zu kämpfen. Ich kann und will den Kampf nicht selbst führen. Dazu brauche ich einen Moltke-Mann, und ich finde, dass es dann doch unter uns jetzigen Kreisauern bleiben müsste und dass Du es auch besser als jeder Andere machen würdest. Die Vorarbeiten werde ich schon machen. Ich möchte auch nur, dass Du Dich auf die Reise einrichtest und wir uns einigen, wie Du am schnellsten zu erreichen bist auf Abruf. Es gäbe ja auch sonst viel zu sagen und zu erzählen, denn ein richtiges Bild kannst Du Dir von unserem jetzigen Leben auch nicht machen. Mach Dir nur einstweilen nicht zuviel Sorgen, mein Guter, es ist einstweilen nicht so schlimm!

In Kr. bin ich fast jedes Wochenende. Dort ist bisher alles ganz friedlich. Die Jungen sind wohl und lieb, Asta, Ulla und Frau Pick, das sind gute Hüterinnen. Asta geht es gut. Ulla war recht elend, aber es geht wieder besser. Im Schloss ist es auch sehr friedlich, bis auf die Rentenannie, die wieder gewaltig stänkert und fraglos H. gerne umbringen möchte. Sie ist ein unglaubliches Biest. Z. führt alles so gut es geht weiter. Das ist die Lage.

Machst Du Dir um Inge Sorge? Hoffentlich nicht zu sehr! Die Adressen schrieb ich ihr vor langer Zeit. Ob sie sie bekam? Kartoffeln konnten wir nicht schicken wegen absoluter Frachtsperre. Ich werde ihr in diesen Tagen schreiben, denn jetzt habe ich weniger Arbeit. Ich war immer ausgiebig beschäftigt, aber vor allem, weil ich auch immer stundenlang unterwegs bin.

Nun will ich sehen, wie ich den Brief am besten zu Dir bekomme. Lass es Dir gut gehen. Die guten Gedanken aller unsrer Freunde und Lieben stärken uns fühlbar, und so geht es uns tatsächlich bisher garnicht schlecht.

Alles Liebe und Gute! Noch ist nicht aller Tage Abend.

Von Herzen

Freya.

Entwurf für einen Schriftsatz von Rechtsanwalt Wolfgang Hercher an den Volksgerichtshof, 27./28. Dezember 1944[1]

Die Besprechung mit dem Angeklagten Graf Moltke hat ergeben, dass er, um sich kurz zu fassen, in dem Schriftsatz vom 12. 11. die Darstellung unter I. so unvollständig gehalten hat, dass m. E. die Schlüssigkeit seiner Darstellung nicht voll hervor tritt. Deswegen möchte ich jene Darstellung ergänzen:

1. Der Angeklagte hat alle Gerüchte über Goerdeler's angeblichen Pläne von Yorck, Trott und Haeften gehört und diese hatten sie wiederum von Polizei- und Abwehrdienstellen, [und] zwar Yorck von der Abwehr, Trott und Haeften von der Polizei. Aus dem Kreis der Freunde des Herrn Goerdeler drangen solche Gerüchte nicht zu dem Angeklagten, weil dort seine Feindschaft gegen alle solche Gedanken bekannt war, denn der Angeklagte hat stets abgelehnt, einen Mann kennen zu lernen oder ihn, falls er ihn kannte, dienstlich oder privat zu sehen, dessen Name mit irgendwelchen Umsturzplänen in Verbindung geraten war, und warnte auch seine Freunde regelmäßig vor Umgang mit solchen Männern. Im übrigen ist der Angeklagte der Meinung, dass überhaupt nicht streitig sein kann, dass Polizei und Abwehr über das, was er wusste, informiert waren.

2. Der Angeklagte hat sich nicht damit begnügt, zu warten, bis die zuständigen Stellen die Zeit zum Zuschlagen für gekommen hielten, weil er sich für die Haltung der ihm gesellschaftlich nahestehenden Kreise verantwortlich fühlte und hoffte, mindestens möglichst viele Männer von einer Beteiligung an diesen Erörterungen abhalten zu können.
3. Die Ausnahme von der Vermeidung jeden Kontakts mit Goerdeler ist die Begegnung im Winter 42/43. Das Ziel dieser Begegnung war vom Angeklagten aus gesehen:
   a. festzustellen, ob Beck tatsächlich solchen Plänen Gehör schenkte;
   b. zu versuchen, Beck von solchen Plänen abzubringen; daher eröffnete er die Besprechung mit dem massiven Angriff gegen jeden Umsturzgedanken.
   Die Besprechung selbst ergab keinen Anhalt dafür, ob Beck–Goerdeler solche Pläne verfolgten oder nicht, so dass der Angeklagte am Schluss der Besprechung so klug war wie zuvor, also höchstens genau so viel, wahrscheinlich aber weniger wusste als die Polizei- und Abwehrdienststellen, von denen er die Gerüchte aus zweiter Hand hatte.
4. 2 Tage nach der Besprechung ließ Beck durch Schulenburg über Yorck dem Angeklagten sagen:
   a. er und die anderen älteren Herren seien entrüstet über den taktlosen, durch nichts provozierten Angriff des Angeklagten;
   b. er, Beck, stelle fest, dass niemand von Umsturz gesprochen habe als der Angeklagte;
   c. er bäte, zur Kenntnis zu nehmen, dass weder er noch irgendein anderer der älteren Herren an einen Umsturz oder eine neue Regierungsbildung dächten; alle derartigen Gerüchte entbehrten jeder Grundlage.

Mir scheinen diese Tatsachen für die Schlüssigkeit des Vortrages in dem Schriftsatz vom 12. 11. mindestens von großer Bedeutung zu sein. Über diese Frage hat auch eine Begegnung mit dem Bearbeiter des R. S. H. A. stattgefunden, die zu dem als Anlage 1 beigefügten Schreiben Anlass gegeben hat. Der Angeklagte hat mir auch schriftliche Informationen gegeben, aus denen ich einen Auszug als Anlage 2 beifüge.

1 Der Entwurf war dem Brief von Helmuth an Freya vom 27./28. Dezember 1944 beigefügt.

Helmuth James von Moltke an Harald Poelchau, 9. Januar 1945

Tegel, den 9. 1. 45.

Lieber Herr Pfarrer,

dies ist nur ein Abschiedsgruß, der Ihnen sagen soll, dass ich getrost und freudig hier abfahre. Ich habe vorzüglich geschlafen, bin zufrieden und ohne einen Schatten von Unruhe aufgewacht, habe fürstlich gefrühstückt und mir köstliche Brote gemacht, und da ich jetzt noch ein wenig Zeit habe, will ich noch ein wenig lesen.

Was der Herr mit uns vorhat, können wir getrost ihm überlassen. Ich bitte nur darum, dass er uns in seiner Gnade erhalte, und an der wollen wir uns genügen lassen.

Kommen wir heute Abend wider Erwarten zurück, so bekommen Sie Bescheid.

Mit herzlichem Dank für alle Liebe. Gott befohlen!

stets Ihr

Moltke.

Der Kreisauer Kreis in der Einschätzung des Volksgerichtshofs, 9. Januar 1945[1]

Der Kreisauer Kreis war eine Gruppe von Defaitisten und Gegnern des Nationalsozialismus, die der ehemalige Leiter der Amtsgruppe Ausland im OKW, Kriegsverwaltungsrat (Rechtsanwalt) Helmuth Graf von Moltke, seit etwa 1940 auf seinem Gut Kreisau in Niederschlesien um sich versammelt hatte. Die Gruppe setzte sich zusammen aus reaktionären, föderalistischen, konfessionellen und syndikalistischen Elementen. Es fanden wiederholt in Kreisau, aber auch in Berlin und München Besprechungen statt. Gegenstand der Besprechungen war ein sog. Auffangprogramm, das dann durchgeführt werden sollte, wenn es zu einem Zusammenbruch des Nationalsozialismus käme. Das Programm sah vor, daß anstelle des Nationalsozialismus die christlichen Kirchen beider Konfessionen als das Zeitgeschehen überdauernde Ordnungselemente treten sollten. Die Reichsgewalt selbst sollte nicht ganz zerschlagen, aber doch weitgehend auf etwa 12 nach Stammesgesichtspunkten zu gliedernde Reichskreise verlagert werden, an deren Spitze je ein Landesverweser treten sollte. Die Arbeiterschaft sollte nach syndikalistischen Gesichtspunkten in Gewerkschaften zusammengefaßt werden.

1 Aus dem an den Leiter der Parteikanzlei, Martin Bormann, erstatteten Prozessbericht über die Verhandlung am 9. Januar 1945 (Bundesarchiv NS 6/20), in: Walter Wagner, *Der Volksgerichtshof im nationalsozialistischen Staat*, Stuttgart 1974, S. 773.

Helmuth James von Moltke in der Einschätzung des Volksgerichtshofs, 10. Januar 1945[1]

5. Helmuth Graf von Moltke.

37 Jahre alt, Rechtsanwalt (Spezialanwalt für Völkerrecht), Kriegsverwaltungsrat in der Amtsgruppe Ausland im OKW, Bauer auf Gut Kreisau in Niederschlesien, verschwägert mit dem bereits gerichteten Graf York [sic] von Wartenburg.

Moltke erfuhr Ende 1942 auf dem Wege über York [sic] von Wartenburg und von der Schulenburg von den Plänen Gördelers [sic]. Er lehnte diese zwar scharf ab. Er sah in Gördeler einen zweiten Kerenski, dessen Regierung zwangsläufig sowohl mit einem Führermord als auch mit der Dolchstoßlegende belastet und daher nur von kurzer Lebensdauer sein würde. Formulierte auch auf einer Besprechung, die im Januar 1943 auf Kreisau stattfand, und an der u. a. Gördeler, Beck, Popitz, von Hassel [sic], Schulenburg und Jessen teilnahmen, seine Ablehnung Gördelers scharf, so daß der beabsichtigte ‹Brückenbau zu den Aktivisten› unterblieb. Statt aber nun eine Strafanzeige zu erstatten, begegnete er der ‹Eroberungssucht› Gördelers, also dem Bestreben Gördelers, aus dem Kreisauer Kreis Leute zu sich hinüberzuziehen, lediglich durch eine weitere Aktivierung dieses Kreises. Er stand mithin trotz Gegnerschaft zu Gördeler genau wie dieser von Anfang an im Lager der Reichsfeinde. Entwickelte in zahlreichen Besprechungen sein sog. Auffangprogramm, über das ich bereits in meinem gestrigen Fernschreiben das Nähere gesagt habe. Die Karte, die er bei den Besprechungen über die beabsichtigte Neugliederung des Reiches herumzeigte, hatte er sich, wie sich erst in der Hauptverhandlung herausstellte, auf krummem Wege (über York von Wartenburg) aus dem Innenministerium beschafft, wo sie früher im Rahmen von Reichsreformarbeiten hergestellt worden war.

Eine riesenlange, doch schwächliche Erscheinung, die aus gesundheitlichen Gründen im Sitzen vernommen wurde. Statt ehrlich Farbe zu bekennen, brachte M. immer wieder juristische oder philosophisch sein sollende Spitzfindigkeiten, verstieg sich zu der Behauptung, er habe sich auf Grund seiner dienstlichen Stellung im OKW befugt gehalten, sein Programm vorzubereiten, d. h. abseits der NSDAP für den Fall feindlicher Besetzung des Reiches oder von Teilen des Reiches ‹Widerstandsbewegungen› zu organisieren und die entsprechenden Leute dafür auszusuchen. Freisler hatte M. zunächst in aller Ruhe vernommen. Schließlich riß ihm aber hörbar der Geduldsfaden. Er herrschte M. an, er lasse sich nicht von ihm zum Narren halten. Durch Einlegung einer kurzen Pause gab er dem Verteidiger des M. Gelegenheit, diesem den Standpunkt klarzumachen. Als Freisler ausführte, daß nach der Auffassung des Volksgerichtshofs abartig schon der sei, der überhaupt die Möglichkeit einer deutschen Niederlage in Betracht ziehe, antwortete M., ihm sei diese ‹Judikatur› des Volksgerichtshofs unbekannt gewesen, in seiner dienstlichen Tätigkeit im OKW habe er ohne Widerspruch seiner Vorgesetzten ständig eine solche Möglichkeit mit in Betracht gezogen (Freisler hinderte ihn an weiteren Ausführungen hierzu). M. versuchte bis zum Schluß, seinem ‹unfassbar unanständigen Treiben› (Freisler) ein moralisches Mäntelchen umzuhängen. Vom Defaitismus völlig zerfressen, dabei ein ungewöhnliches Charakterschwein. Niederdrückend nur, daß er Graf Helmuth von Moltke hieß.

1 Aus dem an den Leiter der Parteikanzlei, Martin Bormann, erstatteten Prozessbericht über die Verhandlung am 10. Januar 1945 (Bundesarchiv NS 6/20), in: Walter Wagner, *Der Volksgerichtshof im nationalsozialistischen Staat*, Stuttgart 1974, S. 779.

Kassiber von Helmuth James von Moltke an Carl Dietrich von Trotha, 10. Januar 1945

1. Todesstrafe beantragt
gegen: Moltke + Vermögenseinziehung
Delp + Vermögenseinziehung
Gerstenmaier
Reisert
Sperr
Fugger: 3 Jahre Zuchthaus.
Steltzer, Haubach, Groß abgetrennt.
Nach Meinung der Verteidigung wird entsprechend anerkannt werden.
Urteilsverkündung morgen 16 Uhr.
Wir erwarten Vollstreckung morgen Abend.

2. Moltke + Delp geht es gut.
Gerstenmaier etwas mitgenommen.

3. Moltke auch während der Verhandlung nicht einen Augenblick unruhig trotz furchtbaren Gebrülls; nicht ein Mal klebrige Hände.
4. Wenn möglich morgen noch ein Mal Kaffee, ruhig kalt.
5. Erbitten Besuch des Pfarrer's für morgen.

Das Urteil gegen Helmuth James von Moltke vom 11. Januar 1945[1]

Im Namen des Deutschen Volkes!

In der Strafsache gegen

1. den früheren Rechtsanwalt, Erbhofbauer und ehemaligen Kriegsverwaltungsrat Graf Helmuth von Moltke aus Berlin-Lichterfelde-West, geboren am 11. März 1907 in Kreisau,

...

zur Zeit in Haft

wegen Verrats u. a.

hat der Gerichtshof, 1. Senat, auf die am 23. Oktober und 9. November 1944 eingegangenen Anklagen des Oberreichsanwalts in der Hauptverhandlung vom 9., 10. und 11. Januar 1945 ...

für Recht erkannt:

Helmuth Graf von Moltke wusste von Goerdelers Verrat. Zwar lehnte er seine Mitarbeit scharf ab, warnte auch seine politischen Freunde vor Goerdeler, aber er meldete sein Wissen nicht.

Er selbst, in Defaitismus befangen, bildete einen Kreis, der für den Fall eines Zusammenbruchs unseres Reiches mit Nichtnationalsozialisten die Macht ergreifen sollte.

Durch dies alles ist er für immer ehrlos geworden.

Er wird mit dem Tode bestraft.

1 Aus: Alfred Delp, *Gesammelte Schriften*, Bd. 4, S. 409–412.

Helmuth James von Moltke an Pater Alfred Delp, zwischen dem 13. und dem 23. Januar 1945[1]

Lieber Delp,

Lügen müsste ich, wenn ich behaupte, ich hätte Ihr Briefchen ganz entziffern können. Aber ich wüsste nicht, wieso ich Ihnen etwas zu vergeben hätte. Wenn Sie meinen, dass Sperr, Reisert und Fugger nicht gerade Säulen für uns waren, so tut das nichts. Wer kann wissen, wozu dies alles im Plan des Herrn nötig ist. Für uns gibt es nur eines: uns freudig seiner Führung anzuvertrauen, auch wenn wir im Dunkeln gehen müssen und unseren Pfad nicht vor uns sehen können. – Dass in den zwei Termintagen die drei «Kleinen» eine notwendige Rolle gespielt haben, ist klar. Reisert hat bekundet, dass ich ein merkwürdiger Adliger und Großgrundbesitzer war, der eine großgrundbesitzfeindliche und unjunkerliche Wirtschafts-, Agrar- und Kulturpolitik vertrat, und Sperr hat mich sozusagen von den Schlacken des meinem Namen anhaftenden Preußentums befreit. So bleiben Sie, Gerstenmaier und ich als das wahre Objekt des Prozesses übrig; und damit ging die wahre Offensive Freislers gegen die katholische Kirche und gegen die protestantische Kirche, gegen mich, der ich von allen Interessen, von aller Gewalt befreit war, der ich ein protestantischer Laie war, dessen Beziehungen zu Katholiken Gegenstand der schwersten Angriffe waren, gegen mich konnte der Nationalsozialist Freisler eben nur vorgehen als gegen den Christen schlechthin. Das hat ihn zu jenen extremen, klaren Äußerungen über die letzte Unvereinbarkeit von Christentum und Nationalsozialismus gezwungen, die, selbst wenn wir fallen, als fruchtbarer Samen ins Land gehen werden. Diesen Gegenspieler zu Freisler oder dieses Opfer konnte eben nur ich abgeben und auch nur in dieser merkwürdigen Konstellation. Darum ist nichts zu vergeben. Wir haben als Leidende einen Auftrag erfüllt. Hat der Herr uns einen weiteren Auftrag erteilt, wie ich gehört zu haben meine, so wird er uns auch dafür erhalten. Will er uns zu sich rufen, so hat der 9.–11. Januar 1945 unserem Leben einen Sinn gegeben, den viele, ja die meisten, die heute sterben müssen, vermissen werden. Dafür kann es nur Dank geben, auch wenn der Weg nach Plötzensee führt.

Die Wartezeit, die uns noch geschenkt ist, wird mancherlei Prüfungen bringen. Glauben wir fest an unseren weiteren Auftrag! Aber Sie wissen, dass ich für meine Person der Meinung bin, dass, obwohl der Herr mir durch Freislers Mund einen Auftrag gegeben hat, er mir damit nicht kundtun wollte, ob er mir zur Erfüllung dieses Auftrags auch eine Lebensspanne von Stunden, Tagen oder Jahren gibt. Darum müssen wir im Glauben sicheren, festen, freudigen Schrittes unsere Bahn gehen, auch wenn wir den Weg nicht sehen.

Darum Gott befohlen! Der Weg führe uns in die Freiheit oder zum Galgen.

Stets Ihr
Moltke

Im übrigen hoffe ich, dass Sie einen Bericht geschrieben haben, der jenes dramatische Moment des unüberbrückbaren Gegensatzes zum Christen klar hervortreten lässt, denn wir wollen, wenn man uns schon umbringt, doch auf alle Fälle reichlich Samen streuen.

1 Aus: Alfred Delp, *Gesammelte Schriften*, Bd. 4, S. 436 f.

Eugen Gerstenmaier an Helmuth James von Moltke, 18. Januar 1945[1]

T., 18. Januar 1945.

Lieber Helmuth,

Ihr einjähriges Jubiläum[2] will ich doch nicht vorbeigehen lassen, ohne Ihnen einen Gruß zu sagen. Heute vor einem Jahr hat die Bewährung begonnen. Für uns alle. Und was liegt alles dazwischen! Hat sich nicht alles in einem Ausmaß vollzogen, wie wir es uns so doch nicht vorgestellt haben? Sowohl die Not wie die Hilfe, das Grauen wie die Gnade!

Ich habe Ihnen schon gesagt, dass ich ganz so wie Sie dieses Jahr als den Abschied von der Jugend – von den Lehrjahren, wie Sie sagen – empfinde. Gewiss einer festen Berufung Gottes. Nach Seinem Willen gehen wir der Höhe des Mannesalters entgegen – zu Seinem Dienst. Dass wir es zusammen tun dürfen, ist mein unablässiges Gebet nicht nur für Sie und die uns nahe stehen, sondern auch für die Schar namenlos Elender, die Männer braucht, die durch Gottes Güte zu helfen willens sind.

In diesen Tagen habe ich viel über Ihren Brief nachgedacht. Und ich will bei dem Chronisten-Wort gehorsam stehen bleiben. Nein, nicht ein einzigesmal hat mich Gott auf mein so ernstliches Gebet sitzen lassen. Wie sollte ich mich *nach* der Erfahrung eines so großen Wunders noch umwerfen lassen!

Ich meine nur Folgendes: Gott will eisernen Gehorsam. *Mein* Kampf ging immer darum, dass ich mich nicht selbst betröge. Und Gott hat mir und Ihnen gezeigt, dass Er sich die Freiheit vorbehalten hat, aller Psychologie zum Trotz uns *unmittelbar* im Geiste und in der Wahrheit anzureden. Warum sollen «die Schuppen», die von Ihren Augen fielen, nicht auf Befehl Gottes gefallen sein? So fängt es an. Dann kommen viele Anfechtungen und Zweifel. Da kann man nur sagen: Siehe, hier bin ich. Tue, was Dir gefällt. Aber dass *Du*, Gott, mit mir geredet hast, dass Du mich zum Leben willst – daran halte ich fest, bis mir die Augen brechen. Durch dick und dünn. – Und das ist schwer.

Übrigens ist es nicht richtig, dass Gott uns nicht auch sagen, jedenfalls zuweilen sagen will, was Er mit uns in der nächsten Sekunde vorhat. Er sagt zwar nicht dies und jenes, aber Er sagt z. B.: Jetzt wird nicht geträumt und gefaselt, sondern tapfer gestorben, und Er sagt auch zuweilen *sehr* nachdrücklich, jetzt wird *nicht* gestorben, hör auf mit Deiner Todbesessenheit, jetzt wird *noch* tapferer, *noch* großherziger, *noch* kühner, *noch* gläubiger und hingegebener – d. h. die Bibel «demütig» – gelebt. Gelebt in meinem Dienst! Das sagt Gott z. B. auf den Blättern der Bibel viel öfters als das Umgekehrte.

Ich bin *sehr* dankbar, dass Gott Sie der Todbesessenheit entrissen hat. Er greift dem Tod und dem Teufel in den Rachen und zieht uns heraus. Aber es *muss* geglaubt sein. Der Glaube ist zwar nicht die prima causa für das, worum wir bitten, ja vielleicht nicht einmal immer die conditio sine qua non, aber es sieht in der Bibel doch oft so aus. Ich denke z. B. an Jeremia 39,18-Schluss, oder an Hebr. 10,35 und 38/39, überh. Hebr. 11/12, vor allem aber an Röm. 4,18–22, wo Paulus ein gewaltiges Thema des ganzen A. T. aufnimmt und mit den immer wiederholten Aussagen Jesu verbindet, denken Sie nur – ich greife wahllos in die Fülle – an Luk. 5,12/13; Luk. 7,7–9; Matth. 15,28 usw. Wobei ich gestehen muss, dass das alle Maße sprengende Wort Mark. 9,23[3] jedenfalls in seiner buchstäblichen Bedeutung auch jetzt noch *meine* Kraft übersteigt. Aber dafür müsste ich eigentlich Buße tun in Sack und Asche. Überhaupt – ich, der Theologe, ausgestattet mit allen Graden akademischer theol. Weisheit kann, nein *darf* jetzt nur mit Hiob sagen, was Hiob 42,5/6 steht. Das heiße ich *das* Wunder.

Also, lieber Helmuth, wollen wir uns mit Gottes Hilfe weiter durchbeten und durchglauben. Bleiben Sie fest, fest, fest! Sie können es auch, es *wird* nicht über die Kraft gehen, denn Gott ist doch *mit uns.*

Herzlich Ihr E.

1 Quelle: Deutsches Literaturarchiv Marbach. *2* Am 19. Januar 1944 wurde Helmuth James verhaftet. *3* «Wenn du könntest glauben! Alle Dinge sind möglich, dem, der da glaubt.»

Freya von Moltke an ihre Mutter Ada Deichmann, 24. August 1945

Berlin, den 24. 8. 45

Sehr geliebte Meki,

Gestern bekam ich die ersten Nachrichten von Dir, die von Eddy Waetjen stammend über Mr. Gaevernitz zu mir drangen. Ich war sehr, sehr glücklich zu hören, dass es Dir gut geht, sogar recht gut und Du, so wurde mir gesagt, einen sehr netten und erfreulichen Lebenskreis in

Godesberg hättest. Hoffentlich stimmt es. Ich habe im Grunde meines Herzens nie Angst um Dich gehabt und bin ziemlich sicher, dass ich Dich in absehbarer Zeit wiederfinden werde. Ich hatte erwogen, jetzt gleich zu versuchen, mich von den Engländern oder Amerikanern mit herübernehmen zu lassen. Es geht aber etwas schwerfällig und braucht Zeit, wenn es auch an sich, glaube ich, durchaus möglich wäre, und so mache ich den Versuch noch nicht, weil Schlesien so turbulent ist, dass ich nicht wage, die Kinder und das Haus lange allein zu lassen. Ich habe schon ein paar Mal an Dich auf verschiedenen Wegen geschrieben. Ob Du was davon bekommen hast? Es ist mir jedenfalls mit den Jüngelchen in all den Monaten garnicht schlecht gegangen.[1] Wir hatten alles, was wir brauchten, und das Berghaus kam unangetastet und ungeplündert und unverändert durch all die Stürme hindurch. Wir waren mal ein Weilchen im Riesengebirge, während welcher Zeit Marion und Muto Yorck das Haus allein hüteten, aber dann waren wir gleich zurück, denn die Russen kamen hier und dort. Es ist uns auch nichts passiert. Ich frage mich aber angesichts eines solchen grausigen Hexenkessels, der Schlesien jetzt ist, wie lange das Berghaus eine solche Oase bleiben kann, und fürchte, dass das nicht ewig gehen wird. Daher kam ich nach Berlin. Das ist eine mühselige Prozedur, weil man zwei Tage auf vollen Kohlenwagen sitzen muss. Personenzugverbindung gibt es nicht (ich weiß nicht, ob man sagen kann, noch nicht), und unterwegs wird einem von Banditen, wenn man Pech hat und das haben viele Leute, alles geplündert – mir bisher nicht –, aber man kommt an. Hier versuche ich nun, eine Möglichkeit aufzutun, die Jüngelchen, falls nötig, im Winter in die Schweiz zu Schwester Helen[2] zu expedieren. Ich versuche es auf zwei Wegen, beide Wege sind gut und ich hoffe auf Erfolg. Ich melde mich hier auch an, was ich als Frau von Helmuth ohne weiteres kann, und kann dann hier mit den Jungen, wenn nötig bei Marion Yorck wohnen, wo ich auch immer zu erreichen bin: Lichterfelde-West, Hortensienstr. 50. Gleichzeitig versuche ich Frau Reichweins Kinder nach Schweden zu bringen, damit wir, wenn die Zustände unhaltbar werden, die Kinder schnell herausbekommen können. Heraus kommt man immer, denn die Polen wollen jeden Deutschen gerne los werden.

Ich habe hier meine Lage mit allerlei Freunden besprochen. Manche sind der Ansicht, dass ich Kreisau schleunigst aufgeben sollte. Manche meinen, ich sollte es bis zu den endgültigen Friedensverhandlungen versuchen zu halten, weil doch ein Restgut herauskommen könnte. Ich kann mich noch nicht recht entschließen, das völlig intakte und doch so mit Moltkeschem Leben getränkte Berghaus freiwillig den Polen preiszugeben. Ich warte noch auf einen besseren Weg und denke mir, dass der noch kommen wird. Jedenfalls habe ich jetzt hier an die Welt angeknüpft und das tat mir wohl. Ich bin zwar nie allein gewesen in den Monaten und kann, so glaube ich sagen zu dürfen, auch nie in meinem Leben wieder wirklich allein sein, nachdem ich mich so wunderschön habe von Helmuth trennen dürfen, aber ich möchte Euch Alle und gerade Dich vor allen Anderen so gerne wieder finden. Poelchau ist z. B. auch auf der westlichen Seite und noch ein Mann, auf den ich viel gebe, erwägt auch den Abmarsch in den Westen. Das alles zieht mich sehr und andererseits interessieren mich die Russen noch, und ich kann nicht recht glauben, dass es wirklich unmöglich sein sollte, wie es für uns alle bisher absolut den Anschein hat, mit ihnen in wirklichen Kontakt zu kommen. Sie sind wilde, unzivilisierte, aber großzügige, unbürokratische und in der Potenz sehr starke Menschen, nur in ihrer Mentalität so vollkommen verschieden von uns, dass man sie nicht fassen kann. Außerdem haben sie das uns so recht bekannte und genau so schillernde System.[3] Das ist das schlimmste. Dass sie mir erlauben, noch Kartoffeln und Brot in Kreisau zu essen, ohne dass ich mit aufs Feld komme, und das werde ich bestimmt nicht tun, weil ich es falsch finde, ist schon erstaunlich, denn natürlich habe ich im Hof schon längst nichts mehr zu sagen. Dort herrschten erst Polen und dann Russen, aber Herr Z. ist am Rande noch da und das ist recht angenehm.

Das Berghaus und seine Atmosphäre ist gut und lieb. Die 6 vergnügten, unbelasteten Kinder, Frau Pick und Liesbethchen, die aufs Feld in Arbeit geht, deren Mutter, die sich eines Tages einstellte, fast nichts isst und alle Schmutzarbeit macht, Frau Reichwein höchst energisch und tüchtig, das ist alles sehr angenehm. Marion und Muto sind immer zeitweise da gewesen und eigentlich die, die mir wirklich nahe stehen. Frau Pick war sehr herrschsüchtig, hat Konrad ungemein verzogen und hat schlechte Nerven und war daher bei aller Liebe und ständiger Arbeit in meinem Sinne oft sehr schwer zu ertragen in diesen Zeiten und verträgt sich auch garnicht mit Frau R., die die Wohnzimmer nach vorne heraus für sich bewohnt, aber gemeinsamen Haushalt mit uns macht.

Deine Enkelkinder sind, glaube ich, allerliebste Bürschchen. Mir gefallen sie jedenfalls sehr gut. Dabei kann ich sagen, dass sich meine Stellung zu ihnen durch Helmuths Tod nicht verändert hat. Ich habe Helmuth noch sehr fest und nah und habe mich daher mit meiner Liebe nicht an sie klammern müssen, aber sie sind rührend mit mir. Du kennst ja Casparchens liebes Herzchen. Er sorgt richtig für mich und ist rührend mit mir, wenn ich Kopfschmerzen habe oder nicht in Ordnung bin. Er ist ein richtiger Freund und wir drei ein sehr nettes, eng verbundenes Klübchen. Konrad ist weiter fest in sich ruhend, aber alles andere als ein ernstes Kind. Er ist immer vergnügter geworden und verleugnet sein rheinisches Blut jetzt auch garnicht mehr, hat aber viel von Helmuth, was mich natürlich besonders freut. Er ist bestimmt und wirkt wie eine kleine Persönlichkeit, während Caspars Charme seine strahlende Liebenswürdigkeit und Herzenswärme ist. Er ist dabei eine quiselige Range und ein wüster Knabe geworden. Anzusehen sind sie beide sehr nett. Gelernt hat Casparchen, der sich jetzt offiziell mit Stolz Helmuth nennt und das auch auf seine Hefte schreibt, auch etwas, da wir eine Lehrerin, eine junge Nette, bei uns wohnen haben, die das Dorf unterrichtet. Im Augenblick haben die Polen die Schule geschlossen, aber ich hoffe, dass wir sie wieder eröffnen werden, sonst machen wir im Berghaus weiter. Du siehst, wir sind erstaunlich, wirklich erstaunlich gut durch diese Zeit hindurch gekommen. Ich habe überhaupt viel erstaunliches seit vorigem Jahr, seit wir uns nicht sahen, erlebt und bin ganz ungewöhnlich beschenkt worden. Ist es nicht schon ein wahres Wunder, dass ich das sagen kann nach dem, was alles geschehen ist? Ich werde dann ganz unscheinbar und bescheiden, wenn ich das furchtbare Elend der Menschen überall sehe. Ist das bei Euch auch so, od. ist das nur hier im Osten so? Man dürfte es eigentlich garnicht ertragen können, es zu sehen, aber man tut es.

Ja, Meki, mehr als einen Bogen will ich lieber nicht schreiben. Wenn doch der Brief ankäme. Ich schicke ihn mit so vielen wärmsten Gedanken und Wünschen ab. Der größte Wunsch ist, Dich möglichst bald wiederzusehen, aber Du sollst sehen, sehr lange wird das nicht mehr dauern. Sieh zu, dass Du mal einen Brief mit Deinen englischen Freunden nach Berlin bekommst, der kommt dann mit der Zeit bestimmt zu mir. Wie gerne sähe ich Deine liebe Handschrift wieder vor mir.

Leb wohl, grüß alle sehr! Ich umarme Dich zärtlich und voller Sehnsucht. Mittwoch fahre ich wieder nach Kreisau.

Freya

1 Siehe Freyas Bericht: *Die letzten Monate in Kreisau*, abgedruckt in *Helmuth James von Moltke, Anwalt der Zukunft*, S. 317 ff. *2* Schwester Helen leitete ein Kinderheim in Flims im Engadin, in das Freya im Winter 1943/44 die kränkelnden Söhne schickte, um sie auszukurieren. *3* Freya sah Parallelen zwischen dem Herrschaftssystem der Sowjets und dem der Nationalsozialisten.

Freya von Moltke über Harald Poelchau, 24. Mai 1985[1]

Ehe ich Harald selbst kannte, hatte mir Helmuth schon voller Bewunderung von ihm gesprochen: «Hier ist dieser unglaubliche Mann, Pfarrer am Gefängnis Tegel, der mit den zum Tode Verurteilten die letzte Nacht vor der Vollstreckung des Urteils verbringt. Er ist ein heiterer, freundlicher, ganz unfeierlicher Mann, zum Lachen eher aufgelegt. Wie hält man solch ein Leben aus?! Er begleitet die verurteilten Männer und Frauen bis zum Schafott und ist bei ihrer Hinrichtung anwesend». Dann lernte ich ihn persönlich kennen. Er hatte eine nüchterne, ganz unsentimentale Art, er war so ganz und gar das Gegenteil von salbungsvoll und hinter und in seinen sehr blauen Augen saß Lustiges. Ich habe ihn wohl höchstens zweimal gesehen, ehe er zur ersten Tagung in Kreisau kam. Ich glaube, wir hatten ihn und seine Frau Dorothee da schon einmal in ihrer Wohnung in der Afrikanischen Straße zwischen Wedding (?) und Tegel besucht, denn Helmuth war fasziniert von H. Ihr einziger Sohn, auch H., war nur etwas älter als unser älterer Sohn Helmuth Caspar. Sie hatten eine gemütliche Wohnung mit hübschen alten Möbeln auf dem höchsten Stockwerk und schon früh erinnere ich mich an das kleine geschwungene Sofa, auf dem wir saßen, das später ein solcher Friedensplatz für mich wurde. Auf der 1. Kreisauer Tagung Pfingsten 1942 erinnere ich H. auch deutlich. Er beteiligte sich lebhaft an Bildungs-, Schul- und Kirchenfragen, die uns auf dieser Tagung beschäftigten. Als Schüler Tillichs fühlte er sich als religiöser Sozialist und damit vertrat er einen uns wesentlichen Standpunkt. Er ist während der nächsten Jahre immer in Verbindung mit uns geblieben, aber wir haben ihn nicht regelmäßig gesehen. H. war nur bei dieser 1. Tagung in Kreisau. Er kam dann mehrfach zu meinem Mann zum Mittagessen in unsere kleine Wohnung über der Garage in der Derfflingerstr. 10, z. B. auch an dem Tag, an dem unser 2. Sohn, Konrad, am 23. 9. 41 geboren wurde. H. war dauernd damit beschäftigt, gefährdete jüdische Menschen zu verstecken; und in ihren Verstecken mussten sie auch ernährt werden. Sie erhielten ja keine Lebensmittelmarken. Daher bat H. uns immer um Brotmarken und andere entbehrliche Lebensmittel, und als wir begannen, in Kreisau Erbsen feldmäßig anzubauen, wozu es erst während des Krieges kam, schickten wir ihm mehrfach einen Sack voller Erbsen, die er an seine Schützlinge verteilte. Rückschauend erscheint es mir wenig, was wir in dieser Art taten. (Lies mal die Briefe nicht nur auf Carlo, sondern auch auf Harald hin durch). Er sprach uns manchmal davon, wie die Menschen, die er betreute, die letzte Nacht ihres Lebens mit ihm verbrachten. Er saß oft nur still bei ihnen; manche wünschten zu sprechen; viele hatten Grüße an ihre Nächsten. Oft konnte er diese, da es sich ja fast immer um aus politischen Gründen Verurteilte handelte, nicht bestellen, hat sie aber sorgsam bewahrt und nach dem Krieg ausgerichtet. Er habe über religiöse Fragen nur dann gesprochen, wenn die Verurteilten das wünschten. Er habe eine christliche Abendmahlfeier angeboten. Oft sei dieses Angebot angenommen worden. Junge Menschen seien im allgemeinen leichter gestorben als ältere Menschen. Fast allgemein seien die Verurteilten ruhig zur Hinrichtungsstätte gegangen und ruhig gestorben. Viele waren bereit, für ihre Sache zu sterben.

Mein Mann wurde am 19. 1. 44 von der Gestapo verhaftet. Er war also am 20. Juli 1944, dem Attentatsversuch gegen Hitler, nicht beteiligt. H. auch nicht. Erst im Laufe der folgenden Wochen ergab sich durch Aussagen Anderer, dass mein Mann mit vielen unmittelbar Beteiligten in naher Verbindung gestanden hatte. Bei H. ist das nie herausgefunden worden. Erst Ende Sept. 44 wurde mein Mann aus dem Gefängnisflügel des Frauen-KZ Ravensbrück, wo er seit Ende Januar in Haft war, nach Berlin gebracht. Zuerst in das Gestapo Gefängnis in der Lehrter Str. Dort wurden aber soviele Zellen durch Bomben zerstört, dass viele Gefangene nach Tegel in das alte Justiz-Gefängnis verlegt werden mussten. Darunter auch mein Mann. Als ich meinem Mann, der in Sträflingskleidern war, einen Anzug bringen wollte, wurde ich von der Lehrter Str. nach Tegel geschickt und rief sofort vom Bahnhof Lehrter Str. der Stadtbahn Poelchau an und sagte ihm, Helmuth sei im Gefängnis Tegel. Er wusste das noch nicht, bestellte mich aber für den folgenden Morgen in seine Sprechstunde mitten im Tegeler Gefängnis. Man ließ mich auch ohne weiteres ein, als ich verlangte, Pfarrer Poelchau zu sprechen. Er nahm mir einen Brief ab, den ich an meinen Mann geschrieben hatte, und sagte, er werde versuchen, Helmuth zu besuchen, obwohl eine allgemeine Direktive ausgegeben worden sei, dass die Pfarrer die politischen, mit dem 20. 7. 44 zusammenhängenden Gefangenen nicht besuchen dürften. Er sagte, er würde einem solchen Verbot nur folgen, wenn es ihm persönlich angesagt würde – das geschah niemals. Abends rief ich bei ihm an und erfuhr, dass er einen Brief für mich habe. Was das für mich damals bedeutete!

Nun entwickelte sich der wunderbare Briefverkehr zwischen Helmuth und mir. Fast täglich gingen Briefe hin und her und diesen unschätzbaren Freundesdienst leistete Poelchau nicht nur für uns, sondern auch für viele andere Gefangene. Er brachte ihnen auch Lebensmittel und vor allem: er stand, wie vorher fremden Menschen, nun seinen Freunden mit Rat und Gespräch zur Seite. Er wurde auch einmal angezeigt: er ginge immer mit gefüllter Aktentasche in bestimmte Zellen und käme mit leerer Aktentasche herunter. Es lagen in Tegel die Freunde Delp, Gerstenmaier und Moltke und sie blieben dort. Andere wurden in die Lehrter Str. zurückverlegt. Poelchau ging nun ohne Aktentasche in die Zellen, aber er trug Wurst und Käse, Honig und Eier in seiner Jacke zwischen Oberstoff und Futter, wo das Futter entzwei war, wie in einer Tasche.

Das Gespräch mit seinen Freunden wurde in diesen Monaten auch für Poelchau sehr bedeutungsvoll und die Freundschaften vertieften sich. Für mich wurde die Wohnung in der Afrikanischen Straße ein wunderbares Refugium. Zwar wohnte ich weiter bei Helmuths Vetter Carl Dietrich von Trotha in Lichterfelde Ost. Dessen Familie war evakuiert. Aber ich fuhr täglich nach Tegel. Neben Harald stand seine ihm ganz ebenbürtige Frau Dorothee. Ihr Tun für uns war lebensgefährlich, aber das ließen sie in ihr Bewusstsein nicht ein. Sie taten, was sie für richtig hielten, und viele besorgte Frauen stiegen tagaus, tagein die vielen Treppen hinauf, um sich Rat und Zuspruch zu holen. Dabei war Poelchaus nüchterne, sachliche, trockene und doch sehr mitfühlende und einfühlende Weise äußerst wohltuend. Er machte uns allen nichts vor und doch ging Kraft und Zuversicht von ihm aus. Er warnte mich gleich, ich solle mein Haus bestellen und meine Kinder in gute Hände geben, denn ich werde sehr wahrscheinlich auch geholt werden. Dass dies nicht geschah, schiebe ich auf die Tatsache, dass die Gestapo seit Helmuths Verhaftung meine Bewegungen und mein Leben in meinen Briefen an Helmuth genau verfolgt hatte. Und viele der anderen Ehefrauen wurden auch nach einigen Monaten wieder freigelassen.

Ich bin in diesen Monaten auch immer wieder nach Kreisau gefahren, wo unsere Söhne in der Tat mit Helmuths Schwester und noch vielen anderen, Flüchtlingen von den Bomben und Freunden, gut versorgt waren. Die meiste Zeit war ich aber in Berlin!

Endlich kam am 10. und 11. Jan. 1945[2] die Verhandlung meines Mannes mit einer ganzen Reihe von Angeklagten vor dem Volksgerichtshof und er wurde zum Tode verurteilt. Es hatte so lange gedauert, weil der Volksgerichtshof ab 20. 7. 44 viele Urteile zu fällen hatte. Entgegen der üblichen Gepflogenheit, nach der die zum Tode verurteilten unmittelbar nach der Verurteilung hingerichtet wurden, kamen Helmuth und die Mitangeklagten wieder zurück in die Gefängnisse, und ich erhielt durch Poelchaus Hand zwei große Briefe von Helmuth, in denen er den Prozess genau beschrieb.

Wir schwebten dann weiter zwischen Hoffen und uns auf Helmuths Tod vorbereiten. Wir glaubten uns noch sicher, denn der Justizminister musste ein Gnadengesuch, das wir gemacht hatten, erst ablehnen, ehe das Todesurteil vollzogen werden konnte, und der Justizminister, hatten wir erfahren, war für mehrere Wochen abwesend, aber er kehrte wegen dem Druck der anrückenden russ. Armee vorschnell zurück. Unerwartet starb Helmuth am 23. Januar. P. hatte ihn morgens noch gesehen und mittags war die Zelle leer. Ich hatte den Tag bei Poelchaus in der Wohnung verbracht und Poelchau überbrachte mir die Nachricht. Es traf auch ihn tief.

Danach vergingen viele Monate, ehe wir uns wiedersahen. Auch P. verließ mit seiner Frau und ihrem Sohn Berlin. Sie gingen zu Truchseß in Franken und wurden im Haus der Familie aufgenommen. Herr von Truchseß war auch inhaftiert gewesen. Auch seine Frau hatte sich Rat bei P.s geholt, aber Truchsess kam frei, und sie hatten die Poelchaus eingeladen, das Ende des Krieges bei ihnen zu erwarten. Im August 1945, als ich zum ersten Mal wieder in Berlin war, war er noch nicht zurückgekehrt. Ob ich ihn schon im November 1945 in Berlin gesehen habe, als ich dort mit meinen Kindern etwa 3 Wochen war, ehe ich zu meinem Bruder nach Frankfurt/Main ging, weiß ich nicht mehr. Im Frühjahr 1946 war ich wieder ohne meine Kinder längere Zeit in Berlin. Ich war in Sorge um meine Freundinnen Marion und Irene Yorck, die von Berlin aus zurück nach Schlesien gezogen waren, das doch jetzt Polen gehörte.

1 Die handgeschriebene Notiz von Freya fand sich in ihrem Nachlass. Die Umstände ihrer Entstehung sind leider nicht bekannt. *2* Es sollte 9. und 10. Jan. 1945 heißen.

Biographische Notiz

Helmuth James von Moltke wuchs in einem unkonventionellen Haushalt in Niederschlesien auf. Obwohl er am 11. März 1907 als dritter Erbe des Generalfeldmarschalls Graf Helmuth von Moltke in eine der berühmten Familien Deutschlands hineingeboren wurde, waren weder sein Vater noch er typische Repräsentanten des preußischen Adels. Sein Vater hatte als junger Mann an einer schweren Krankheit gelitten, die er mit Hilfe von Anhängern der Christian-Science-Bewegung überwinden konnte, was ihn zeitlebens zu einem Gläubigen dieser Sekte machte. Seine Frau Dorothy Rose Innes traf er, als sie achtzehnjährig mit ihrer Mutter als «paying guest» nach Kreisau kam. Sie war Südafrikanerin schottischen Ursprungs, ihr Vater ein angesehener Politiker und Jurist in Südafrika, der später Oberster Richter der 1910 ausgerufenen Südafrikanischen Union wurde. Dorothy stammte aus einem demokratischen, liberalen Haushalt und erzog ihre Kinder in dieser Tradition.

Helmuth tat sich als Schüler nicht besonders hervor, blühte aber als Student in Berlin, Breslau und Wien auf. Kontakte zu amerikanischen Journalisten in Berlin und vor allem der Kreis um die Reformpädagogin Eugenie Schwarzwald in Berlin und Wien beeinflussten ihn.

In Schlesien interessierten Helmuth und seinen Vetter Carl Dietrich von Trotha die desolaten sozialen Verhältnisse im Waldenburger Kohlerevier. Mit Unterstützung von Landrat Karl Ohle bemühten sie sich, durch eine Hilfsaktion das Los der Bergarbeiter zu verbessern. Carl Dietrich studierte in Breslau, wo er den Rechtshistoriker Eugen Rosenstock-Huessy kennenlernte. Die von Rosenstock inspirierten freiwilligen Löwenberger Arbeitslager brachten 1927 Industriearbeiter, Bauern und Studenten zu Gesprächen und gemeinsamer Arbeit zusammen und führten zu der Bekanntschaft der Moltkes mit Rosenstock.

1929 überließ Helmuths Vater seinem Sohn die Verantwortung für die Sanierung des schwer verschuldeten Gutes Kreisau. Es gelang Helmuth, eine Insolvenz zu verhindern. Er hatte gerade seine Referendarprüfung in Breslau bestanden und begann seine Ausbildung als Referendar in der Nähe von Kreisau. So konnte er sich gleichzeitig mit dem neuen Gutsinspektor Adolf Zeumer um das Gut kümmern. Zusammen mit seiner Mutter und seinen beiden jüngsten, noch schulpflichtigen Geschwistern lebte er nun im «Berghaus», in das die Moltkes im Jahr 1928 aus dem weiträumigen, schwer heizbaren Gutshaus, dem «Schloss», übergewechselt waren.

Das Jahr 1929 wurde für den zweiundzwanzigjährigen Helmuth zu einem Wendepunkt: Im österreichischen Grundlsee traf er die achtzehnjährige Freya Deichmann, die mit ihren beiden Brüdern dort ebenfalls Sommergast bei den Schwarzwalds war. Freya Deichmann stammte aus einer der wohlhabendsten Familien Kölns. Ihr Vater Carl Theodor war Seniorpartner der angesehenen Privatbank Deichmann & Co, die in den fünfzig Jahren vor Freyas Geburt maßgeblich an der Finanzierung und Expansion des Kohlebergbaus und der Montanindustrie im Ruhrgebiet beteiligt war. Ihre Mutter Ada Deichmann, geb. von Schnitzler, stammte ebenfalls aus einer angesehenen Kölner Familie. Sie heirateten im Jahr 1905, als Ada gerade neunzehn Jahre alt war. Freya wurde als jüngstes Kind 1911 geboren.

Im Ersten Weltkrieg wurden in beiden Familien die Männer eingezogen, mussten allerdings nicht direkt an die Front. Deshalb übten die Mütter den wesentlichen Einfluss auf ihre Kinder aus. Ada Deichmann hatte liberalere Ansichten als ihr Mann, der zum Monarchismus tendierte, und spielte eine wichtige Rolle im Kölner Kulturleben. Freya, die in einer rheinischen Großfamilie aufwuchs, zeigte wie Helmuth wenig Interesse an Schule und Lernen. Ihr älterer Bruder Carl verbrachte einige Jahre in dem reformpädagogischen Landerziehungsheim Schondorf am Ammersee, wo er 1923 Helmuth begegnete. Beide verließen die Schule frühzeitig. Helmuth machte sein Abitur 1925 in Potsdam, Carl in Godesberg bei Bonn. Später war es dann Carl, der den Kontakt zu Helmuth wieder aufnahm.

In diesen Jahren machte die Familie Deichmann – wie die Moltkes – eine finanzielle Krise durch. Auf Grund der Weltwirtschaftskrise wurde das Bankhaus Deichmann & Co. 1931 zahlungsunfähig. Freyas Vater war persönlich haftender Gesellschafter und sein Vermögen daher Teil der Insolvenz. Auch für die Deichmanns war die Zeit des Wohlstands vorüber. Die beengteren Verhältnisse machten aber weder den Müttern noch ihren Kindern viel aus. Dank eines großen Netzwerks von Verwandten und Freunden litt niemand Not. Die Kinder wurden alle in den dreißiger Jahren selbständig, aber die Väter hatten keinen Anteil an der wirtschaftlichen Erholung. Freyas Vater starb fünfundsechzigjährig wenige Tage nach der Hochzeit von Helmuth und Freya. Helmuths Vater hatte eine Anstellung als deutscher Vertreter der Christian Science angenommen und musste fast ständig in Berlin sein, spielte also nach 1929 in Kreisau keine größere Rolle mehr.

Im Oktober 1931 heirateten Helmuth und Freya in kleinem Kreis kirchlich im Haus von Freyas Eltern in Köln. Als Dorothy von Moltke im Winter 1931/32 nach Südafrika fuhr, um ihre Eltern zu besuchen, ließ sie den Kreisauer Haushalt in der Obhut ihrer jungen Schwiegertochter. Das Gut Kreisau spielte eine zentrale Rolle für die große Familie von Moltke, und Freya fand sich gut in ihren neuen Aufgaben zurecht. Allerdings gab es innerhalb der Familie politische Spannungen mit den konservativeren Mitgliedern, die den liberalen Ansichten von Helmuth und seiner jungen Frau kritisch gegenüberstanden.

Die Machtergreifung der Nationalsozialisten bedeutete das Ende von Helmuths Plänen für eine Karriere als Richter. Unter den neuen Machthabern wollte er nicht arbeiten. Allerdings musste er seinen Lebensunterhalt verdienen, denn Kreisau warf kein Geld ab. 1932 hatte er mit Freya seinen Wohnsitz nach Berlin verlegt, und dort sollte in Zukunft das Zentrum seines beruflichen Lebens sein. Freya studierte Jura, während er die juristische Referendarzeit durchlief und 1934 sein Assessor-Examen bestand.

Im selben Jahr begannen für Helmuth und Freya eine Reihe von Besuchen im Ausland. Zweimal, 1934 und 1937, fuhren sie für längere Zeit zu den Großeltern nach Südafrika. Helmuth erkannte, dass er durch eine Spezialisierung auf internationales Privatrecht häufige Auslandsreisen und Kontakte zu Menschen außerhalb des Einflussbereichs der Nationalsozialisten rechtfertigen konnte. Er entschied sich daher, auch in England die Zulassung als Anwalt zu erlangen, und begann ein Studium bei einer der vier englischen Anwaltskammern, der «Honorable Society of the Inner Temple» in London, das er 1938 erfolgreich als Barrister beendete. In Berlin schloss er sich einer Anwaltskanzlei an und gewann Klienten – oft jüdischer Herkunft –, die sich selbst und ihr Vermögen aus Deutschland außer Landes retten wollten. Freya konnte in dieser Zeit, ohne vorher die Referendarprüfung abzulegen, ihre juristische Doktorarbeit abschließen.

Im Jahr 1935 starb Dorothy von Moltke unerwartet im Alter von einundfünfzig Jahren. Sie war im Berghaus der Mittelpunkt der Familie gewesen. Nun war eine große Lücke entstanden, die Freya ausfüllte. Ihren Lebensmittelpunkt verlagerte sie nun nach Kreisau, wodurch sie und Helmuth häufig getrennt waren. So begann eine rege Korrespondenz; Helmuths Briefe wurden inzwischen zum größten Teil publiziert – nur die Abschiedsbriefe aus dem Gefängnis Tegel waren der Öffentlichkeit bisher nicht bekannt.

Trotz Helmuths Bedenken dagegen, in politisch so schwierigen Zeiten Kinder in die Welt zu setzen, wurde im November 1937 ihr erster Sohn Helmuth Caspar geboren, 1941 folgte der zweite Sohn Konrad.

Als im September 1939 der Zweite Weltkrieg begann, ließ Helmuth sich als Kriegsverwaltungsrat dienstverpflichten und kam als Sachverständiger für internationales Recht in die Abteilung Ausland des Oberkommandos der Wehrmacht. In dieser Position konnte er versuchen, einige der Exzesse des Regimes abzuschwächen. Besonders in Fragen der Behandlung von Kriegsgefangenen und der Geiselnahme bemühte er sich immer wieder, die nationalsozialistische Rechtsauslegung an das international anerkannte Völkerrecht zu binden. Seine dienstlichen Reisen ins Ausland verband er mit Kontaktaufnahmen zu Gegnern der Machthaber.

Aber auch in Deutschland und unabhängig von seinem Dienst ging Helmuth zusammen mit Freya seit Beginn des Krieges von einer allgemeinen Gegnerschaft zum Regime zu aktivem Widerstand über. Helmuth tauschte sich hierfür intensiv mit Peter Graf Yorck von Wartenburg aus. Gleichzeitig zog er seine Freunde aus der Zeit der Löwenberger Arbeitslager hinzu, und sie erweiterten den Kreis nach und nach mit vertrauenswürdigen Menschen unterschiedlichster Herkunft und Orientierung: Sozialisten, Großgrundbesitzer, Gewerkschafter, Kapitalisten, Sozialdemokraten sowie katholische und evangelische Christen und Kirchenvertreter. In vielen kleinen Gruppen meist in Berlin und auf drei größeren Zusammenkünften auf dem Gut Kreisau sprachen sie über eine grundlegende Neuordnung Deutschlands nach dem Ende des Nationalsozialismus. Dabei ging es um die zukünftige Organisation von Staat und Gesellschaft, Recht und Demokratie und um die Eingliederung Deutschlands in die Gemeinschaft europäischer Staaten. Die Konzepte und Protokolle, die aus diesen Treffen hervorgingen, die «Kreisauer Pläne», blieben von den Nationalsozialisten unentdeckt. Aber man schmiedete nicht nur Pläne. Helmuth und einige seiner Freunde bemühten sich intensiv darum, die Alliierten über die Existenz der verschiedenen Widerstandsgruppen zu informieren, damit sie die Forderung nach bedingungsloser Kapitulation aufgaben und mit dem Widerstand in Deutschland zusammenarbeiteten. Sie fanden jedoch kein Gehör.

Im Januar 1944 wurde Helmuth verhaftet, weil er einen Bekannten, Otto Carl Kiep, vor einem Gestapospitzel gewarnt hatte. Nach kurzem Aufenthalt im Gefängnis des Reichssicherheitshauptamtes in der Berliner Prinz-Albrecht-Straße wurde er als Schutzhäftling in den Gefängnisbau des Konzentrationslagers Ravensbrück verlegt. Mit dem Bekanntwerden seiner Verbindung zu den am Attentat des 20. Juli 1944 Beteiligten wurden ab 19. August seine Haftbedingungen verschärft. Am 28. September kam er nach Berlin in das Strafgefängnis Tegel. Hier konnte er dank der Hilfe des Gefängnisseelsorgers Harald Poelchau fast vier Monate lang

Freya von Moltke mit ihren Söhnen Helmuth Caspar und Konrad in den späten fünfziger Jahren am Wannsee

heimlich mit Freya korrespondieren. Am 11. Januar 1945 wurde er verurteilt und am 23. Januar hingerichtet.

Freya blieb zunächst mit ihren Söhnen und der ebenfalls verwitweten Rosemarie Reichwein und ihren vier Kindern in Kreisau. Als die sowjetischen Truppen näher rückten, flohen sie vorübergehend ins Riesengebirge, kehrten aber bald zurück und blieben unter polnisch-russischer Besatzung bis in den Herbst 1945 auf dem Gut.[1] Auf Veranlassung ihres englischen Freundes Lionel Curtis wurden Freya und ihre Söhne im Oktober 1945 von den Engländern aus Schlesien herausgeholt und nach Berlin gebracht.

Nach einem Aufenthalt in der Schweiz zog Freya mit ihren Kindern 1947 nach Kapstadt in Südafrika. Die Großeltern waren gestorben, aber die früheren Freundschaften bestanden noch, und so konnten Caspar und Konrad dort in Frieden aufwachsen. Freya fand eine Stelle als Sozialarbeiterin in einer Organisation für behinderte Kinder. Das Unrecht der Apartheidgesetze ließ sie das Land jedoch 1956 wieder verlassen und nach Deutschland zurückkehren. Sie schrieb gemeinsam mit Annedore

1 Diese Zeit hat Freya in *Die letzten Monate in Kreisau* beschrieben, siehe Freya von Moltke/Michael Balfour/Julian Frisby, *Helmuth James von Moltke*, S. 317 ff.

Leber ein Geschichtsbuch zur Weimarer Republik und zum Dritten Reich für die Oberschulen[2] und begann mit der Transkription von Helmuths Briefen, die später für die Zeit vom 22. August 1939 bis zum 18. Januar 1944 von Beate Ruhm von Oppen herausgegeben wurden.[3]

1956 traf Freya Eugen Rosenstock-Huessy wieder, den sie vor seiner Auswanderung nach Amerika 1933 flüchtig in Berlin kennengelernt hatte. Es begann eine enge Beziehung. Nach dem Tod seiner Frau im Jahr 1960 zog Freya zu Rosenstock-Huessy in den US-Bundesstaat Vermont. Rosenstock-Huessy (1888–1973) war Rechtshistoriker, Soziologe und Philosoph. Er hatte an verschiedenen Universitäten gelehrt und zahlreiche Bücher geschrieben. In seinem Haus gingen viele verschiedene Menschen ein und aus, dazu kamen nun auch Freyas Freunde und Verwandte. Wie schon in Kreisau führte sie auch hier wieder ein großes, gastliches Haus. Nach Rosenstocks Tod beschäftigte sie bis in ihr hohes Alter die Verbreitung seines Werks ebenso wie das Vermächtnis von Helmuth.

Kreisau lag seit 1945 hinter dem Eisernen Vorhang. Freya hielt eine Rückkehr der Moltkes als Besitzer schon früh für unmöglich und auch nicht für erstrebenswert. Sie und Helmuth hatten immer gewusst, dass die Überlassung des Gutes an Polen ein Teil des Preises war, der für die Verbrechen der Nationalsozialisten gezahlt werden musste. Aber schon in den sechziger Jahren hatte Freya die Vision, dass Kreisau noch einmal eine Rolle im Verhältnis zwischen Polen und Deutschland spielen könnte. Mit Hilfe von polnischen und ostdeutschen Bürgerinitiativen wurde seit 1989 die Realisierung eines «Neuen Kreisau» vorangetrieben, das der deutsch-polnischen und der europäischen Verständigung dienen sollte. Am 12. November 1989, drei Tage nach dem Fall der Berliner Mauer, wurde in Kreisau eine Versöhnungsmesse gefeiert, die die Regierungschefs beider Länder initiiert hatten. Die Umgestaltung von Kreisau (heute Krzyżowa) in eine Stiftung für europäische Verständigung unterstützte Freya von Anfang an tatkräftig.

Freya musste den unerwarteten Tod ihres Sohnes Konrad am 19. Mai 2005 in Vermont erleben und starb selbst achtundneunzigjährig am 1. Januar 2010. Gedenksteine in Kreisau und auf dem Friedhof in Norwich, Vermont, tragen heute die Namen von Freya und Helmuth.

2 Siehe Annedore Leber/Freya von Moltke, *Für und Wider.*

3 Siehe Helmuth James von Moltke, *Briefe an Freya.*

Literatur

Bleistein, Roman: Alfred Delp. Geschichte eines Zeugen, Frankfurt/M. 1989
Bonhoeffer, Dietrich/Wedemeyer, Maria von: Brautbriefe Zelle 92, München 1992
Brakelmann, Günter: Der Kreisauer Kreis. Chronologie, Kurzbiographien und Texte aus dem Widerstand, Münster 2003
Brakelmann, Günter: Die Kreisauer: Folgenreiche Begegnungen. Biographische Skizzen zu Helmuth James von Moltke, Peter Yorck von Wartenburg, Carlo Mierendorff und Theodor Haubach, Münster 2003
Brakelmann, Günter: Helmuth James von Moltke: 1907–1945. Eine Biographie, München 2007
Delp, Alfred: Im Angesicht des Todes, Freiburg 1958
Delp, Alfred: Gesammelte Schriften, Band 4: Aus dem Gefängnis, Frankfurt/M. 1984
Gerstenmaier, Brigitte/Gerstenmaier, Eugen: Zwei können widerstehen. Bericht und Briefe 1939–1969, Bonn u. a. 1992
Gerstenmaier, Eugen: Streit und Friede hat seine Zeit. Ein Lebensbericht, Frankfurt/M. u. a. 1981
Gostomski, Victor von/Loch, Walter: Der Tod von Plötzensee. Erinnerungen, Ereignisse, Dokumente 1942–1945, Meitingen/Freising 1969
Harpprecht, Klaus: Harald Poelchau. Ein Leben im Widerstand, Reinbek 2004
Hoffmann, Peter: Claus Schenk Graf von Stauffenberg. Die Biographie, München 2007
Jessen, Olaf: Die Moltkes. Biographie einer Familie, München 2010.
Köhler, Jochen: Helmuth James von Moltke. Geschichte einer Kindheit und Jugend, Reinbek 2008
Die Kreisauerin. Freya von Moltke im Gespräch mit Eva Hoffmann in der Reihe «Zeugen des Jahrhunderts», Göttingen 1996
Leber, Annedore/Moltke, Freya von: Für und Wider. Entscheidungen in Deutschland 1918–1945, Berlin u. a. 1961
Meding, Dorothee von: Mit dem Mut des Herzens. Die Frauen des 20. Juli, Berlin 1992
Moltke, Dorothy von: Ein Leben in Deutschland. Briefe aus Kreisau und Berlin: 1907–1934, hg. von Beate Ruhm von Oppen, München 1999
Moltke, Freya von: Europäische Menschlichkeit in den Jahren der Unmenschlichkeit, Vortrag am 19. Juli 2004, Gedenkstätte Deutscher Widerstand
Moltke, Freya von: Erinnerungen an Kreisau: 1930–1945, München 1997
Moltke, Freya von/Balfour, Michael/Frisby, Julian: Helmuth James von Moltke, 1907–1945. Anwalt der Zukunft, Stuttgart 1975
Moltke, Helmuth James von: Briefe an Freya, 1939–1945, hg. von Beate Ruhm von Oppen, München 1988
Moltke, Helmuth James von: Im Land der Gottlosen. Tagebuch und Briefe aus der Haft 1944/45, hg. von Günter Brakelmann, München 2009
Moltke, Helmuth James von: Zeitgenosse für ein anderes Deutschland, hg. von Günter Brakelmann, Münster 2009

Poelchau, Harald: Die letzten Stunden. Erinnerungen eines Gefängnispfarrers, aufgezeichnet von Graf Alexander Stenbock-Fermor, Berlin 1949

Poelchau, Harald: Die Ordnung der Bedrängten. Autobiographisches und Zeitgeschichtliches seit den zwanziger Jahren, Berlin 1963

Roon, Ger van: Neuordnung im Widerstand. Der Kreisauer Kreis innerhalb der deutschen Widerstandsbewegung, München 1967

Roth, Karl Heinz/Ebbinghaus, Angelika (Hrsg.): Rote Kapellen – Kreisauer Kreise – schwarze Kapellen, Hamburg 2004

Spiegelbild einer Verschwörung. Die Kaltenbrunner-Berichte an Bormann und Hitler über das Attentat vom 20. Juli 1944; geheime Dokumente aus dem ehemaligen Reichssicherheitshauptamt, hg. von Archiv Peter, Stuttgart 1961

Ullrich, Volker: Der Kreisauer Kreis, Reinbek 2008

Yorck von Wartenburg, Marion: Die Stärke der Stille. Erzählung eines Lebens aus dem deutschen Widerstand, München 1987

Die Originale der Briefe liegen im Deutschen Literaturarchiv Marbach unter der Signatur: DLA Marbach, A:Moltke, Helmuth James von

Bildnachweis

Bildarchiv Preußischer Kulturbesitz: Seite 15, 30 Mitte, 31 Mitte

Bildarchiv Preußischer Kulturbesitz/Bayerische Staatsbibliothek/Archiv Heinrich Hoffmann: Seite 30 unten, 31 oben, 31 unten

Bildarchiv Preußischer Kulturbesitz/Erika Groth-Schmachtenberger: Seite 20

Deutsches Literaturarchiv Marbach: Faksimiles

Familie von Moltke: Seite 14, 30 oben, 579

Harald Stephan Poelchau: Seite 16

ullstein bild – dpa: Seite 17

Abkürzungen

A. A.	Auswärtiges Amt
A. H.	Adolf Hitler
A. T.	Altes Testament
Bü.	(Leopold) Bürkner
C.chen, C'chen	Caspar (von Moltke)
C. D.	Carl Dietrich (von Trotha)
C. V.	Carl Viggo (von Moltke)
D.	(Rudolf) Dix
F./Fr.	(Roland) Freisler
J. M.	Justizministerium
H. H.	Heinrich Himmler
K.	Konrad (von Moltke)
Kr.	Kreisau
M. D.	Mütterchen (Ada) Deichmann
M.	(Heinrich) Müller
N.S./n.s.	Nationalsozialismus, Nationalsozialist/nationalsozialistisch
N. T.	Neues Testament
OKW/O. K. W.	Oberkommando der Wehrmacht
O.R.A.	Oberreichsanwalt
P.	(Harald) Poelchau *oder* Pim (= Freya von Moltke)
P. A./P. A. Str.	Prinz-Albrecht-Straße
RA	Rechtsanwalt
Reichsf. SS	Reichsführer SS (Heinrich Himmler)
R. J. M.	Reichsjustizminister, Reichsjustizministerium
RM	Reichsmark
R. S. H. A.	Reichssicherheitshauptamt
SD/S. D.	Sicherheitsdienst
VGH/V. G. H.	Volksgerichtshof
W. R.	Wehrmachts-Rechtsabteilung
Z.	(Adolf) Zeumer

Verzeichnis der Gesangbuchlieder

Das Verzeichnis nennt alle Gesangbuchlieder, die in den Briefen – oft nur mit der Nummer – erwähnt werden. Es folgt dem *Evangelischen Gesangbuch für Brandenburg und Pommern* aus dem Jahr 1931 (Verlag Trowitzsch & Sohn, Berlin und Frankfurt a. d. Oder).

Lied 4: «Auf, auf ihr Reichsgenossen»
Lied 21: «Brich an, du schönes Morgenlicht»
Lied 23: «Hilf, Herr Jesu, lass gelingen»
Lied 45: «O Haupt voll Blut und Wunden»
Lied 82: «Schmückt das Fest mit Maien»
Lied 91: «Erhalt uns, Herr, bei deinem Wort»
Lied 95: «Wo Gott der Herr nicht bei uns hält»
Lied 107: «Jesu, der du bist alleine»
Lied 150: «Ist Gott für mich»
Lied 153: «Mir ist Erbarmung widerfahren»
Lied 178: «Es ist schwer, ein Christ zu sein»
Lied 206: «Ach mein Herr Jesu»
Lied 207: «Was wär ich ohne dich gewesen»
Lied 208: «Bei dir, Jesu, will ich bleiben»
Lied 217: «Auf meinen lieben Gott»
Lied 222: «Warum sollt ich mich denn grämen»
Lied 230: «So führst du doch recht selig, Herr»
Lied 232: «Meine Seele senket sich»
Lied 239: «Auf Gott und nicht auf meinen Rat»
Lied 260: «Wenn ich, o Schöpfer, deine Macht»
Lied 261: «Wie groß ist des Allmächtgen Güte»
Lied 266: «Gott des Himmels und der Erden»
Lied 269: «Wach auf, mein Herz, und singe»
Lied 296: «Was macht ihr, dass ihr weinet»
Lied 340: «Endlich bricht der heiße Tiegel»
Lied 554: «Schönster Herr Jesu»
Lied 555: «Weil ich Jesu Schäflein bin»
Lied 568: «Der Mond ist aufgegangen»
Lied 570: «Müde bin ich, geh zur Ruh»
Lied 573: «Wir pflügen und wir streuen»

Personenverzeichnis

Decknamen sind kursiv gesetzt.

Adam: *siehe* Moltke, Adam von
Adam: *siehe* Trott zu Solz, Adam von
Adam, Wilhelm: Landrat in Schweidnitz, persönlicher Referent des Gauleiters von Niederschlesien, Karl August Hanke. 99, 104, 117, 147, 155, 220, 222, 331
Adrian: Deckname für Gustav Adolf Baron Steengracht von Moyland.
A. H.: *siehe* Hitler, Adolf
Albrecht, Erich: Gesandter 1. Klasse, Vortragender Legationsrat in der Rechtsabteilung des Auswärtigen Amtes. 377
Alvensleben-Neugattersleben, Werner von: 1875–1961, Berufsoffizier, dann Bankier, nach dem 20. Juli 1944 verhaftet und in das Gefängnis des Konzentrationslagers Ravensbrück eingeliefert, verurteilt zu zwei Jahren Gefängnis. 259
Ansembourg, Graf Gaston d': 1897–1959, luxemburgischer Gesandter in Brüssel, 1941 nach drei Monaten Gestapo-Haft mit seiner Ehefrau nach Liegnitz (Schlesien) entlassen. 255
Antoninus: Büro-Offizier, Völkerrechtsgruppe. 88
Asta: *siehe* Wendland, Asta Maria
August: *siehe* Mewes, Margarethe
Augustinus: 57 Anm. 9, 72 Anm. 3, 76

Bach, Johann Sebastian: 217 Anm. 2, 439, 450 Anm. 3
Bachmann, Wilhelm: enger Freund Eugen Gerstenmaiers und dessen Kollege im Kirchlichen Außenamt, im Juni 1944 verhaftet und bis Februar 1945 in «Schutzhaft». 330
Balfour, Michael: 1908–1995, englischer Freund der Moltkes. Historiker, Beamter, arbeitete im britischen Ausschuss für politische Kriegsführung, schrieb mit Julian Frisby die erste Biographie über Helmuth James. 77
Ballestrem, Lagi Gräfin von: geb. Solf, 1909–1955, Tochter von Johanna und Wilhelm Solf, Teilnehmerin an der «Teegesellschaft» ihrer Mutter, von März bis Oktober 1944 inhaftiert in Ravensbrück, danach im Frauengefängnis Berlin-Moabit, am 23. April 1945 aus der Haft entlassen. 259
Bamler, Rudolf: 1896–1972, Generalleutnant, 1942/43 Chef des Generalstabes Armeeoberkommando Norwegen. 350, 377
Bauer, Walter: 1901–1968, Volkswirtschaftler, Unternehmer, Mitglied der Deutschen Demokratischen Partei (DDP), Anhänger der Bekennenden Kirche, 1944/45 in Haft, Prozess vor dem Volksgerichtshof. 286
Bausch, Erika: Ehefrau von Viktor Th. Bausch.
Bausch, Viktor Th.: genannt «Vikki», 1898–1983, nahm 1938 Theodor Haubach in seine Firma «Felix Schoeller & Bausch» auf. 139, 257
Beck, Ludwig: 1880–1944, 1938 wegen der Kriegspläne Adolf Hitlers als Chef des Generalstabs des Heeres zurückgetreten, gemeinsam mit Carl Friedrich Goerdeler Kopf des militärisch-nationalkonservativen Widerstands. Nach dem gescheiterten Attentat vom 20. Juli 1944 noch in

derselben Nacht zum Selbstmord gezwungen. 24 f., 87, 267, 301, 377 f., 465, 486, 515, 560, 562
Becker, Carl Heinrich: 1876–1933, Orientalist und Hochschulreformer, von 1925 bis 1930 preußischer Kultusminister. 388
Beethoven, Ludwig van: 280 Anm. 1
Behling, Kurt: 1906–1974, Strafverteidiger am Volksgerichtshof; wurde von Roland Freisler nicht zu den Prozessen nach dem 20. Juli 1944 zugelassen; hatte sich um Begnadigungen bemüht. Später Verteidiger bei den Nürnberger Prozessen gegen die Kriegsverbrecher. 503
Berber: Freyas Friseur in Berlin. 131
Bergmann, Hugo: Pflichtverteidiger am Volksgerichtshof. 152, 153 Anm. 3
Bernstorff, Albrecht Graf von: 1890–1945, Botschaftsrat, ab 1933 Bankier, nach dem 20. Juli 1944 verhaftet und zeitweise im Gefängnis in Ravensbrück inhaftiert, von der SS im Gestapo-Gefängnis Lehrter Straße in Berlin im April 1945 ermordet. 249, 259
Bertha: ältere Dame im Dienst von Leonore von Hülsen im Schloss Kreisau. 103
Bertram, Adolf Johannes: 1859–1945, Kardinal, Erzbischof von Breslau, Vorsitzender der Fuldaer Bischofskonferenz, die eine Beschwichtigungs- und Anpassungspolitik gegenüber dem NS-System betrieb. 239, 243
Bia: *siehe* Yorck von Wartenburg, Paul
Bill: *siehe* Moltke, Wilhelm von
Bismarck-Schönhausen, Gottfried Graf von: 1901–1949, 1935 Regierungspräsident in Stettin, 1938 in Potsdam, 1943 SS-Oberführer, wegen des Verdachts der Beteiligung am 20. Juli 1944 im Konzentrationslager, Freispruch am 23. Oktober 1944. 152, 204, 373
Blumenthal, Cornelia Gräfin von: geb. von Schnitzler, Ehefrau von Hans-Jürgen Graf von Blumenthal. 104, 111
Blumenthal, Hans-Jürgen Graf von: 1907–1944, am 13. Oktober 1944 hingerichtet. 112 Anm. 2
Bode: Pflichtverteidiger am Volksgerichtshof, Anwalt von Fürst Fugger von Glött. 276
Bolz, Eugen: 1881–1945, Zentrumspolitiker, verhaftet am 12. August 1944, am 21. Dezember zum Tode verurteilt, am 23. Januar 1945 zusammen mit Helmuth James hingerichtet. 448
Bondo: Mitarbeiter von Karl Neuhaus, der im Reichssicherheitshauptamt für die Vernehmung der Mitglieder des Kreisauer Kreises zuständig war. 517
Bonhoeffer, Dietrich: 1906–1945, Theologe, Vertrauter von Hans Oster und Hans von Dohnanyi (Amt Ausland/Abwehr im Oberkommando der Wehrmacht), mit Helmuth James im April 1942 auf Dienstreise nach Skandinavien, im Konzentrationslager Flossenbürg am 9. April 1945 hingerichtet. 330, 412
Bormann, Martin: 1900–1945, Leiter der Parteikanzlei der NSDAP, ab 1943 «Sekretär des Führers». 562 Anm. 1, 563 Anm. 1
Borsig, Barbara von: Ehefrau von Ernst von Borsig. 111, 294
Borsig, Ernst von: 1906–1945, Besitzer des Gutes Groß-Behnitz, auf dem mehrere agrarpolitische Tagungen des Kreisauer Kreises stattfanden. 111, 294
Breier: SS-Kriminalkommissar, für die Vernehmung von Helmuth James in Berlin und Drögen zuständig. 42
Breslauer, Katharina: Sekretärin im Rechtsanwaltsbüro von Helmuth James. 9, 111, 159, 160, 286, 308, 316, 327, 405, 528
Bressalina: *siehe* Breslauer, Katharina
Breucken, Dr.: Arzt in Kreisau. 263, 540
Brigitte: *siehe* Gerstenmaier, Brigitte
Buchholz, Peter: 1888–1963, seit 1943 katholischer Gefängnispfarrer in Plöt-

zensee, in großer Übereinstimmung mit seinem evangelischen Kollegen Harald Poelchau, mit dem zusammen er auch die Gefangenen im Gefängnis Tegel betreute. 32 f., 425, 454, 479
Bü.: *siehe* Bürkner, Leopold
Bürkner, Leopold: 1894–1975, Kapitän zur See, als Chef des Stabes der Abteilung Ausland/Abwehr im Oberkommando der Wehrmacht vom 1. September 1939 bis 30. Juni 1944 Vorgesetzter von Helmuth James. 80, 88, 98, 117, 118, 123, 125, 126, 130, 132, 134, 135 f., 137, 138, 141, 144 f., 147, 150, 152, 158, 163, 171, 179, 180, 185, 187, 188, 189, 191, 196, 200, 205, 223, 229, 238, 261, 308, 320, 371, 391, 408, 415, 462, 502, 552, 557 Anm. 1
Busch, Ernst: 1885–1945, Generalfeldmarschall, ab 1943 Oberbefehlshaber der Heeresgruppe Mitte in Russland. 269
Busch, Ulrich: Vetter von Freya. 556
Buschs: Maria und Clemens Busch, Schwester und Schwager von Ada Deichmann. 338, 552, 556

Canaris, Wilhelm: 1887–1945, seit März 1938 Chef im Amt Ausland/Abwehr des Oberkommandos der Wehrmacht, wurde 1944 kaltgestellt, nach dem 20. Juli 1944 verhaftet und am 9. April 1945 im Konzentrationslager Flossenbürg hingerichtet. 330, 350, 372 f., 377, 486, 530
Carl: *siehe* Deichmann, Carl
Carlo: *siehe* Mierendorff, Carlo
Carl Viggo/C. Viggo: *siehe* Moltke, Carl Viggo von
Caspar: *siehe* Moltke, Helmuth Caspar von
C. B.: *siehe* Moltke, Carl Bernhard von
C. chen, C'chen: *siehe* Moltke, Helmuth Caspar von
C. D.: *siehe* Trotha, Carl Dietrich von
Clarita: *siehe* Trott zu Solz, Clarita von
Claus: Wachtmeister im Tegeler Gefängnis, war Helmuth James zugetan. 281, 292, 309, 317, 321, 324, 327, 345, 367, 368, 369, 375, 436, 442 Anm. 1, 498, 521, 534, 557
Claus: *siehe* Sperling, Claus
Clem: Spielkamerad von Caspar. 120
Cörnchen: *siehe* Gernstenmaier, Cornelia.
Curtis, Lionel: 1872–1955, englischer Denker und Autor, Mitherausgeber der außenpolitischen Vierteljahresschrift *The Round Table*, Gründer des Royal Institute of International Affairs, Mitglied von «Milner's Kindergarten» in Südafrika und Freund der Familie Rose Innes, Gesprächs- und Briefpartner von Helmuth James. 45, 55, 66, 74 Anm. 4, 74 Anm. 5, 77 Anm. 9, 480, 579
C. V.: *siehe* Moltke, Carl Viggo von

D.: *siehe* Dix, Rudolf
Daddy: *siehe* Rose Innes, Sir James
Dahrendorf, Gustav Dietrich: 1901–1954, sozialdemokratischer Politiker mit Verbindung zu den Mitgliedern des Kreisauer Kreises Carlo Mierendorff, Theodor Haubach, Adolf Reichwein, Julius Leber und Wilhelm Leuschner, vom Volksgerichtshof zu sieben Jahren Zuchthaus verurteilt. 259
Daisy: *siehe* Freyberg, Daisy
Davy: *siehe* Moltke, Davida von
Deichmann, Ada: geb. von Schnitzler, 1886–1975, Mutter von Freya. 76, 108 Anm. 1, 133, 140, 142, 208, 212, 222, 229, 326, 338, 341 Anm. 1, 350, 388, 415 f., 420, 441, 551, 552 Anm. 2, 551–557, 567–570, 576
Deichmann, Carl: 1906–1985, Bruder von Freya, Kontaktmann von Helmuth James zum niederländischen Widerstand. 27, 120, 576
Deichmann, Carl Theodor: 1866–1931, Bankier, Vater von Freya. 88 Anm. 1, 575
Deichmann, Hans: 1907–2004, Bruder von Freya, Mitglied im Schwarzwald-Kreis in Wien, tätig bei

der I. G. Farben in Italien, unterstützte den italienischen Widerstand. 82, 84, 90, 103, 104, 119, 120, 121
Deichmann, Senta: genannt «Dick», geb. Fayan-Vlielander-Hein, 1912–1978, Ehefrau von Hans Deichmann, ihre Kinder Maria, Thomas und Josefa waren oft in Kreisau. 82
Delp, Alfred: 1907–1945, Jesuit, Mitglied des Kreisauer Kreises, theologischer Gesprächspartner für Helmuth James, mit dem er in Tegel Zelle an Zelle die letzten Monate verbracht hat, hingerichtet am 2. Februar 1945. 20, 21, 25, 29, 31, 125, 141, 226, 239, 287, 288, 289, 294, 300, 303, 309, 324, 327, 330, 337, 342, 345, 350, 352, 354, 377, 394 Anm. 3, 408, 420, 430 Anm. 2, 432, 443, 448, 454, 468 f., 471, 473, 474, 478, 480, 481, 484, 489, 506, 535, 563, 564 f., 573
Deuel, Wallace R.: bis 1941 Korrespondent der *Chicago Daily News* in Berlin, häufiger Gesprächspartner von Helmuth James, der mit ihm und seiner Frau Mary eng befreundet war. 114
Dick: *siehe* Deichmann, Senta
Dietel: Spielkamerad von Caspar. 121, 314
Dieter: *siehe* Mirbach, Dietrich von
Dietz, Johannes Baptista: 1879–1959, Bischof von Fulda, in Kontakt zum Kreisauer Kreis. 239, 474
Dix, Rudolf: in späteren Briefen auch *«Felix»* genannt, 1884–1952, Rechtsanwalt, Strafverteidiger, engster juristischer Berater von Freya und Helmuth James. 41, 50, 57, 61 f., 67, 108, 109, 116, 121, 123, 124, 126, 128, 129, 134, 137, 139, 141, 146, 152, 158, 159, 162, 163, 166, 168, 176, 188, 197 f., 200, 202, 204, 211, 214, 227, 232, 243, 257, 261, 268, 270, 271, 278 f., 287 Anm. 1, 289, 311, 320, 327, 332, 343, 349 f., 354, 355, 356, 361, 362, 365, 366, 371, 372 f., 376 f., 392, 393, 408, 409, 414, 421, 423, 425, 429, 431 f., 435, 437, 443, 453, 456, 555, 557 Anm. 2
Dohnanyi, Hans von: 1902–1945, Jurist, mit Ludwig Beck, Hans Oster und Erwin von Witzleben an der Vorbereitung eines Staatsstreichs beteiligt, ab 1939 im Amt Ausland/Abwehr im Oberkommando der Wehrmacht, Schwager von Dietrich Bonhoeffer, Kontakte zu Helmuth James. Am 9. April 1945 wurde er im Konzentrationslager Sachsenhausen ermordet. 330
Donner, Otto: 1902–1981, Staatswissenschaftler, Leiter der Dienststelle Vierjahresplan im Reichswirtschaftsministerium. 166
Dorothy: *siehe* Thompson, Dorothy

Ebersberg: Adjutant von Reichsjustizminister Otto Georg Thierack. 526, 531, 541
Eckert: Grundbuchbeamter in Schweidnitz. 77
Eddy: *siehe* Waetjen, Eduard
Edgar: *siehe* Mowrer, Edgar Ansel
Edith: *siehe* Henssel, Edith
Editha: *siehe* Hülsen, Editha von
Eggensberger: Ministerialrat im Reichsjustizministerium. 511, 521
Ehrlich, Dr.: Landgerichtsdirektor. 548
Eicke, Werner: 1911–1988, Mitarbeiter der militärärztlichen Akademie, einer der Ärzte von Adolf Hitler. 229
Eileen: *siehe* Power, Eileen
Einsiedel, Horst von: 1905–1948, früher Freund von Helmuth James, promovierter Volkswirt, wirtschaftspolitischer Experte im Kreisauer Kreis. 105, 139, 154, 166, 175, 178, 179, 205, 226, 228, 286, 290, 293, 323, 327, 339, 350, 352, 372, 448, 472 f., 484, 531
Emil: inhaftiert im Gefängnis des Konzentrationslagers Ravensbrück, wurde außerhalb des Lagers erschossen. 254, 395
Emma, Tante: *siehe* Schroeder, Emma
Erika: *siehe* Moltke, Erika von
Erwin: siehe Reichwein, Adolf

Ete, Tante: *siehe* Trotha, Margarete von
Etscheid, Alfred: 1878–1944, Rechtsanwalt, Mitarbeiter der Abwehr, kam mit Helmuth James nach Ravensbrück, im September 1944 in Gestapo-Haft umgekommen. 249
Eugen: *siehe* Gerstenmaier, Eugen

F.: *siehe* Freisler, Roland
Falkenhausen, Alexander Freiherr von: 1878–1966, General, von 1940 bis 1944 Militärbefehlshaber in Belgien und Nordfrankreich. Nach dem 20. Juli 1944 abgelöst und bis Kriegsende im Konzentrationslager Dachau interniert. 252
Falkenhorst, Nikolaus von: 1885–1968, Generaloberst, von 1942 bis 1944 Wehrmachtbefehlshaber in Norwegen. 138
Faulhaber, Michael von: 1869–1952, Kardinal, Erzbischof von München und Freising, über die Münchener Jesuiten im Kreisauer Kreis Kontakt zu Helmuth James. 239, 474
Fehr, Anton: 1881–1954, bayerischer Staatsminister für Ernährungsfragen, am 22. Juli 1944 zusammen mit Andreas Hermes und Otto Geßler verhaftet, im Konzentrationslager Ravensbrück inhaftiert. Ein Prozess gegen ihn fand nicht mehr statt. 259, 301
Felix: in späteren Briefen Deckname für Rudolf Dix.
Fischbacher, Pierre: Gast aus Paris im Sommer 1939, zu Beginn des Zweiten Weltkrieges gefallen. 388
Fr.: *siehe* Freisler, Roland
Frank: Pflichtverteidiger am Volksgerichtshof. 152
Franke, Dr.: Ministerialrat im Reichsjustizministerium. 172, 510 f., 515, 528, 541 f.
Frau Pastor: *siehe* Wild, Frau
Fredchen: *siehe* Moltke von, Frede-Ilse
Freisler, Roland: 1893–1945, 1934 Staatssekretär im Reichsjustizministerium, ab August 1942 Präsident des Volksgerichtshofes. 21 f., 27, 28, 29, 30, 32, 41, 43, 61 f., 67 Anm. 1, 79, 85, 86, 97, 99, 100, 108, 109, 110, 111, 117, 125, 126, 128, 132, 134, 135, 136, 137, 137 Anm. 2, 138, 141, 146, 147, 148, 149, 151, 152, 158, 163, 166, 170, 176, 180, 181, 182, 188, 191, 195, 196, 197, 204, 207, 268, 269, 271, 276, 278, 279, 281, 285, 288, 292, 294, 295, 296, 301, 308, 313, 319, 320, 333, 336, 339, 343, 349, 354, 355, 362, 368, 372, 373, 381, 382 f., 391, 393, 407, 409, 419, 421, 424, 426, 427, 430, 431, 434, 445, 452, 456, 457, 458, 462, 468–474, 475, 476, 478, 480, 484, 485, 487, 489, 490, 514, 531, 541, 555, 558, 563, 565
Freyberg, Daisy Baronesse von: 1913–2010, Künstlername Daisy d'Ora, Schauspielerin, Freundin aus dem Schwarzwald-Kreis in Wien. 367
Friede, Dr.: Mitarbeiter von Helmuth James im Kaiser-Wilhelm-Institut für ausländisches öffentliches Recht und Völkerrecht. 511
Friedrich: Deckname für Carlo Mierendorff.
Friedrich, Frau: Bekannte von Hans Peters. 339, 340, 366, 372, 412, 423, 441, 442, 452, 453
Frisby, Julian: 1911–2000 (?), Gartenbauarchitekt, englischer Freund der Moltkes, der vor dem Krieg Gast in Kreisau war und nach dem Krieg die erste Moltke-Biographie mitverfasste. 45
Fritzi: *siehe* Schulenburg, Fritz Dietlof Graf von der
Fugger von Glött, Joseph Ernst Graf Fürst: 1895–1981, im monarchistischen Widerstand in Bayern, verurteilt zu drei Jahren Gefängnis, Flurnachbar von Helmuth James im Tegeler Gefängnis. 20, 29, 76, 273, 276, 281, 296, 311, 312, 352, 421, 433, 454, 468, 470, 531, 547 f., 563, 564

Gaevernitz, Gero: eigtl. «von Schulze-Gaevernitz», Mitarbeiter von Allen W. Dulles. 567
Galen, Clemens August Graf von: 1878–1946, Bischof von Münster/Westfa-

len, hielt Predigten gegen die Euthanasie-Aktionen, die Helmuth James vervielfältigte und verbreitete. 239
Gens (Genz): *siehe* Gentz, Werner
Gentz, Werner: Strafrechtler, während der NS-Zeit Amtsrichter, bis 1933 im Justizministerium, verhalf Poelchau zu der Stelle im Gefängnis Tegel. 158, 160 Anm. 1
Gerstenmaier, Brigitte: geb. von Schmidt, Ehefrau von Eugen Gerstenmaier. 21, 150, 176, 206, 228, 234, 247, 248, 269, 271, 272, 288, 290, 294, 313, 314, 315 f., 324, 354, 430, 440, 466, 467, 516 f., 541
Gerstenmaier, Cornelia: genannt «Cörnchen», Tochter von Eugen und Brigitte Gerstenmaier. 517
Gerstenmaier, Eugen: 1906–1986, Mitarbeiter von Bischof Theophil Wurm und im Kirchlichen Außenamt, Mitglied des Kreisauer Kreises, am 20. Juli 1944 verhaftet, mit Helmuth James und Alfred Delp zusammen im Tegeler Gefängnis, vom Volksgerichtshof zu sieben Jahren Zuchthaus verurteilt. Von 1954 bis 1969 Präsident des Deutschen Bundestags. 20, 21, 26, 29, 31, 76, 222, 225, 272, 287, 296, 300, 303, 309, 311, 327, 330, 332, 337, 345, 352, 354, 370, 378, 394 Anm. 3, 420, 430 Anm. 2, 438, 443, 448, 451, 458, 468, 473, 474, 475, 478, 479, 480, 483, 484, 489, 490, 494, 497 Anm. 1, 498, 504, 506, 508, 511, 512, 513, 514, 517, 519, 520 f., 523, 524, 526, 531, 532, 534, 535, 547 f., 563, 565, 566 f., 573
Gerstner: Mitglied der Schweidnitzer NSDAP. 145
Gerti: im Zellenbau Ravensbrück inhaftierte Rot-Kreuz-Schwester, die nach Auschwitz kam. 250, 252
Geßler, Otto Karl: 1875–1955, von 1920 bis 1928 Reichswehrminister, Verhaftung nach dem 20. Juli 1944, sieben Monate Haft im Gefängnis des Konzentrationslagers Ravensbrück. 259
Gissel: Hauptwachtmeister im Tegeler Gefängnis. 160, 228, 271, 280, 284, 292, 317, 326, 327, 374, 375, 412, 427, 435, 442 Anm. 1, 444, 455
Gladisch, Walter: 1882–1954, Admiral, bis 1943 Reichskommissar am Oberprisenhof in Berlin. 154, 166
Goerdeler, Carl Friedrich: 1884–1945, Jurist und Politiker, Kopf des konservativen militärisch-zivilen Widerstands, zusammen mit Alfred Delp und Johannes Popitz am 2. Februar 1945 hingerichtet. 24 f., 26, 29, 40, 43, 44, 46, 76, 87, 96, 108, 109, 143 Anm. 1, 161, 179, 249, 267, 268, 269, 278, 283, 287, 288, 300, 301, 327, 345 Anm. 1, 368, 373, 377 f., 378 Anm. 3, 408, 410, 433 Anm. 1, 437, 455, 465, 469, 471, 472, 473, 483, 486, 497, 511, 515, 526, 527, 528, 530, 531, 541, 559, 560, 562, 564
Goethe, Johann Wolfgang von: 396
Gollwitzer, Helmut: 1908–1993, Theologe der Bekennenden Kirche, Pfarrer in Berlin-Dahlem. 244, 292, 382
Görisch, Gerhard: Oberstaatsanwalt, u. a. Vertreter der Anklage gegen Carl Friedrich Goerdeler, Wilhelm Leuschner, Josef Wirmer, Ulrich von Hassell, Paul Lejeune-Jung im Prozess vor dem Volksgerichtshof am 8. September 1944. 372, 447
Graf, Frau: versorgte Theodor Steltzer im Gestapo-Gefängnis Lehrter Straße. 328 Anm. 2, 343, 372, 373, 441, 451
Gramsch, Friedrich: 1894–1955, Ministerialdirektor in der Dienststelle Vierjahresplan im Reichswirtschaftsministerium. 154, 166
Granny: *siehe* Rose Innes, Lady Jessie
Grete: Spielkameradin von Caspar. 314
Grimme: Kreisauer Holzarbeiter. 266
Groß, Nikolaus: 1898–1945, Bergmann, Sekretär im Gewerkverein christlicher Bergarbeiter, Schriftleiter der *Westdeutschen Arbeiterzeitung*, mit Alfred Delp bekannt, Kontakte zu Carl Friedrich Goerdeler und Jakob Kaiser, zur selben Zeit wie Helmuth

James im Gefängnis des Konzentrationslagers Ravensbrück. Er wurde am 23. Januar 1945 zusammen mit Helmuth James hingerichtet. 259, 510, 563

Guderian, Heinz: 1888–1954, General und Inspekteur der Panzertruppen, ab 20. Juli 1944 bis Kriegsende Chef des Generalstabs des Heeres. 147, 180, 502

Haase, Frau: Mieterin von Maria Schanda 451

Haeften, Hans Bernd von: 1905–1944, Studium der Rechtswissenschaften, Austauschstudent in England, ab 1933 ohne Parteimitgliedschaft im Auswärtigen Amt, gemeinsam mit Adam von Trott zu Solz Vertrauensmann des Widerstands im Auswärtigen Amt, Mitglied des Kreisauer Kreises. Er wurde am 15. August 1944 hingerichtet. 143, 352, 368, 377, 559

Halder, Franz: 1884–1972, ab 1938 als Generaloberst Chef des Generalstabs des Heeres, von Adolf Hitler im September 1942 entlassen, nach dem 20. Juli 1944 verhaftet und mit seiner Frau Gertrud im Zellenbau von Ravensbrück inhaftiert, von amerikanischen Truppen in Südtirol befreit. 255, 259, 533

Hanke, Karl August: 1903–1945, Funktionär der NSDAP. Ab 1941 Oberpräsident und Gauleiter von Niederschlesien. Als Nachfolger Heinrich Himmlers letzter Reichsführer-SS. 119 Anm. 4, 155

Hans: *siehe* Deichmann, Hans

Hans-Adolf: *siehe* Moltke, Hans-Adolf von

Hansen, Georg Alexander: 1904–1944, Oberst, unter Wilhelm Canaris Chef der militärischen Abwehr, im Zusammenhang mit dem 20. Juli 1944 verhaftet und am 8. September 1944 hingerichtet. 486

Hans-Heini: *siehe* Rittberg, Hans-Heini Graf von

Hans-Viggo: *siehe* Hülsen, Hans-Viggo von

Hapig, Marianne: 1894–1973, Sozialarbeiterin, hielt gemeinsam mit Marianne Pünder (1898–1980) Kontakt zu Alfred Delp im Tegeler Gefängnis. 238, 243, 246 f., 261, 271, 281, 292, 327, 331, 368, 454

Hartmann, Karl Friedrich: 1743–1815, württembergischer Pfarrer und Kirchenlieddichter. 70

Hassell, Ulrich von: 1881–1944, Jurist im diplomatischen Dienst, von Reichsaußenminister Joachim von Ribbentrop 1938 in den Ruhestand versetzt, war Teil des Widerstandskreises um Carl Friedrich Goerdeler, Ludwig Beck und Johannes Popitz. Er wurde vom Volksgerichtshof zum Tode verurteilt und am 8. September 1944 hingerichtet. 25, 43, 255, 377, 395, 562

Haubach, Theodor: 1896–1945, Schriftsteller, Redakteur einer sozialdemokratischen Zeitung, engagiert im «Reichsbanner Schwarz-Rot-Gold», Pressereferent beim Innenminister Carl Severing und beim Berliner Polizeipräsidenten Albert Grzezinski, nach 1934 zwei Jahre im Konzentrationslager Esterwegen, Mitglied des Kreisauer Kreises, am 23. Januar 1945 zusammen mit Helmuth James hingerichtet. 20, 29, 31, 76, 139, 172, 179, 213, 222, 231, 255, 269, 271, 287, 299 Anm. 2, 300, 307, 312 Anm. 4, 313 f., 327, 330, 333, 352, 356, 362, 368, 373, 376, 428 f., 443, 448, 451, 468, 474, 480, 510, 547 f., 563

Haus: Hauptmann, loyaler Mitarbeiter von Helmuth James in der Völkerrechtsgruppe im Amt Ausland/Abwehr des Oberkommandos der Wehrmacht. 88 f., 104, 116, 117, 118, 130, 132, 134, 135, 136, 137, 138, 141, 144 f., 148, 152, 158, 164, 171, 179, 208, 223, 229, 238, 243, 279, 297, 308, 316, 320, 326, 328, 332, 333, 340, 349, 350, 366, 371, 391, 393, 408, 410,

414 f., 421, 430, 432, 441, 448, 462, 500, 502, 511, 552, 554
Heide: Frau eines Landarbeiters in Kreisau. 120
Heini: *siehe* Rittberg, Hans-Heini Graf von
Helen, Schwester: leitete ein Kinderheim in Vlims im Engadin, in das Freya im Winter 1943/44 ihre beiden Söhne schickte. 568
Hello: *siehe* Moltke, Helmut von
Henschel: Frau des Legationsrates Reinhard Henschel in Ankara; in Sippenhaft im Konzentrationslager Ravensbrück. 259
Henssel, Edith: Freundin der Familien Moltke und Deichmann; verheiratet mit Karl Heinz Henssel. 81, 229, 290, 442, 499, 512, 543
Henssel, Karl Heinz: geb. 1917, Buchhändler und später Verleger. Über seine Ehefrau Edith mit Moltkes befreundet. 229, 290, 429, 432
Hentschel: Mitglied der Schweidnitzer NSDAP. 220
Hercher, Wolfgang: Berliner Rechtsanwalt, Pflichtverteidiger von Helmuth James. 27, 31, 152, 158, 168, 170, 173, 191, 204, 205, 207, 208, 210, 211, 212, 214, 216, 225, 226, 230, 232, 234, 241, 246, 247, 257, 267, 269, 270, 272, 273, 275, 277, 279, 280, 282, 284, 285, 288, 291, 294, 296, 297, 298, 299, 300, 301, 302, 303, 304, 305, 308, 310, 311, 312, 314, 316, 320, 321, 324, 327, 332, 333, 334, 335, 342 f., 350, 353, 354, 355, 362, 365, 366, 372, 376 f., 378, 383, 390, 391, 392, 394, 395, 407 f., 409, 410, 414, 421, 423, 425, 427, 429, 431, 437, 441, 448, 450, 451, 452, 455 f., 457, 459, 461, 464, 467, 468, 476, 482, 484, 485, 493, 494, 496, 497, 512, 517 f., 518 f., 555, 557, 558, 559
Hermes, Andreas: 1878–1964, Reichstagsabgeordneter für das Zentrum, seit 1939 Kontakt zum Kölner Kettelerhaus-Kreis um Bernhard Letterhaus und Nikolaus Groß; Verbindungen zu Wilhelm Leuschner, Josef Wirmer und Carl Friedrich Goerdeler, mit Helmuth James im Gefängnis im Konzentrationslager Ravensbrück. 259, 301, 335
Hewel, Walther: 1904–1945, Teilnehmer am Hitler-Putsch 1923, Mithäftling Adolf Hitlers in Landsberg, 1937 SS-Sturmbannführer, 1938 Chef des Persönlichen Stabes des Reichsaußenministers Joachim von Ribbentrop, Legationsrat 1. Klasse, Verbindungsmann des Auswärtigen Amtes zur Reichskanzlei, 1940 Gesandter 1. Klasse, beging am 2. Mai 1945 Selbstmord. 152, 158, 162 f., 171, 180, 185 f., 196, 223, 261 f., 269, 297, 308, 320, 326, 332, 333, 350, 372, 425, 462, 555
H. H.: *siehe* Himmler, Heinrich
Himmler, Heinrich: 1900–1945, 1929 Reichsführer-SS, 1936 Chef der deutschen Polizei, 1939 Reichskommissar für die Befestigung des deutschen Volkstums, 1943 Reichsinnenminister, 1944 Befehlshaber des Ersatzheeres, Versuch von Geheimverhandlungen mit den Westmächten, im April 1945 durch Adolf Hitler von allen Ämtern enthoben. Im Mai 1945 beging er in britischer Haft Selbstmord. 27, 28, 57, 65, 74 Anm. 3, 117, 148, 173, 183, 185 f., 187, 188, 190, 191, 193, 195, 196, 197, 200, 229, 238, 239, 243, 247, 257, 261, 268, 270, 271, 275, 278, 280, 284, 285, 286, 289, 293, 294, 297, 298, 299, 304, 308, 326, 332, 333, 340, 349, 350, 372, 376, 377, 395, 397, 424, 427, 435, 441, 443, 448, 453, 462, 464, 467, 494, 495, 496, 500, 501, 502, 505, 507, 508, 512, 515, 517, 518, 519, 523, 527, 528, 541, 542, 548, 555, 558
Hirsch: Kreisauer Förster. 262
Hirsch, Frl.: Mitarbeiterin im Kreisauer Schloss, Tochter des Kreisauer Försters. 103, 217, 266, 359, 402, 486
Hitler, Adolf: 1889–1945, Reichskanzler. 25, 26, 44 Anm. 10, 57, 65, 69 Anm. 3, 76, 87, 117, 126, 134, 138, 152, 162, 170 f., 172, 180, 183, 188,

190, 191, 193, 195, 196, 197, 200, 229, 238, 297, 304, 333, 409, 415, 424, 426, 439 Anm. 2, 471, 478, 489, 500, 507, 527, 529 Anm. 1, 543, 553, 555, 572

Huber, Kurt: 1893–1943, Musikwissenschaftler und Psychologe, Mitglied der Widerstandsgruppe «Weiße Rose», am 13. Juli 1943 hingerichtet. 473

Hübner, Ida: Gemeindeschwester, von 1907 bis zum Kriegsende 1945 in Kreisau, zuständig für Krankenpflege und Kindergartenarbeit, engster Kontakt zu den Moltkes. 33, 51, 56, 66, 91 Anm. 2, 99, 103, 104, 108 Anm. 1, 111, 145, 217, 219, 223, 264, 330, 341, 356, 358, 359, 363, 386, 389, 394, 397, 398, 399, 400, 451, 486, 549–551

Hülsen, Editha von: Tochter von Hans Carl und Editha von Hülsen. 219

Hülsen, Ehregott Wilhelm Karl von: 1859–1903, Kgl. Preuß. Major a. D., Ehemann von Leonore von Hülsen. 59

Hülsen, Hans Carl von: 364 Anm. 3

Hülsen, Hans-Viggo von: Sohn von Editha und Hans Carl von Hülsen. 120, 121, 219

Hülsen, Leonore von: genannt «Tante Leno», 1875–1961, Ehefrau von Karl von Hülsen, 1859–1903, Schwester von Helmuth James' Vater. Ihr Sohn Hans Carl von Hülsen (also ein Vetter von Helmuth James) und dessen Ehefrau Editha kamen bei einem Flugzeugabsturz auf ihr Haus im November 1943 ums Leben. Ihre Kinder Ignes, Editha, Renate, Hans-Viggo und Matthias kamen bei der Großmutter im Kreisauer Schloss unter. 59, 66, 67 Anm. 6, 103, 181, 183, 217, 219, 226, 227, 267, 306, 359, 363, 374

Huppenkothen, Walter: 1907–1979, SS-Standartenführer, Führer der Einsatzgruppe I in Polen, ab Juli 1941 Gruppenleiter im Reichssicherheitshauptamt, Mitglied der «Sonderkommission 20. Juli». Er verhörte Helmuth James in Drögen. 41, 343, 448, 494

Husen, Frl. van: Schwester von Paulus van Husen. 440, 449

Husen, Paulus van: 1891–1971, Zentrumspolitiker, Landrat in Schlesien, Kontakt zu Hans Lukaschek, ab 1934 am Oberverwaltungsgericht in Berlin, dann Rittmeister beim Oberkommando der Wehrmacht, Mitglied des Kreisauer Kreises, im August 1944 verhaftet, im April 1945 vom Volksgerichtshof zu drei Jahren Haft verurteilt, am 25. April 1945 beim Einmarsch der sowjetischen Truppen befreit. 76, 105, 226, 239, 296, 323, 368, 372, 373, 397, 409, 422, 429, 432, 433, 474

Ida: *siehe* Hübner, Ida

Ignatius von Loyola: 473, 474

Illemie: *siehe* Steengracht von Moyland, Illemie Baronin

Inge: *siehe* Moltke, Ingeborg von

Jessen, Jens Peter: 1895–1944, Staats- und Wirtschaftswissenschaftler, beteiligt am 20. Juli 1944, am 30. November 1944 in Plötzensee hingerichtet. 562

Jodl, Alfred: 1890–1946, Chef des Wehrmachtsführungsstabes im Oberkommando der Wehrmacht. 117, 349, 350

Joest, August von: 1892–1971, Verwandter von Freya aus Eichholz bei Bonn, beteiligte sich an Diskussionen im Hause Borsig. 127, 264, 338, 552

Joest, Gabriele von: 264, 338, 552

Johansson, Harry: Leiter des Nordischen Ökumenischen Instituts in Sigtuna, Schweden, mit dem Helmuth James auf seiner Skandinavienreise 1943 gesprochen hatte. 76 f.

Jörg: Spielkamerad von Caspar. 387

Jowo: *siehe* Moltke, Joachim Wolfgang von

Julian: *siehe* Frisby, Julian

K.: *siehe* Moltke, Konrad von

Kadgien, Friedrich: Ministerialrat, Leiter der Geschäftsgruppe Devisen in der

Dienststelle Vierjahresplan im Reichswirtschaftsministerium. 154, 166
Kaiser: Stellmacher in Kreisau. 364, 385, 386, 556
Kaiser, Jakob: 1888–1961, christlicher Gewerkschaftsführer, 1938 mehrmonatige Gestapo-Haft, Kontakte zu Carl Friedrich Goerdeler, nach dem 20. Juli 1944 untergetaucht. 269, 421
Kaltenbrunner, Ernst: 1903–1946, SS-Obergruppenführer, General der Polizei und der Waffen-SS, ab Januar 1943 Chef des Reichssicherheitshauptamts, der Sicherheitspolizei und des Sicherheitsdienstes. 27, 76, 97 f., 125, 127, 163, 181, 188, 223, 229, 239, 297, 320, 373, 425, 467, 483, 484, 494, 495, 496, 501, 505, 507, 523, 524, 529, 534
Kammel: vermisster Landarbeiter aus Kreisau. 358
Kant, Immanuel: 23, 53, 94, 449, 499, 533
Katrin: *siehe* Reichwein, Katrin
Keitel, Wilhelm: 1882–1946, Chef des Oberkommandos der Wehrmacht, 1940 zum Generalfeldmarschall befördert. 117, 125, 126, 134, 138, 147, 152, 171, 180, 185, 187, 188, 189, 191, 196, 200, 205, 279, 304, 308, 320, 326, 332, 333, 349, 350, 391, 414, 441, 462, 500, 511, 512, 555
Kempinski, Hans: jüdischer Besitzer des Hotels Kempinski in Berlin, von Helmuth James in Fragen der Emigration beraten. 108 Anm. 2, 330, 381
Kerenski, Alexander: 25, 562
Kiep, Hannah: Ehefrau von Otto Carl Kiep. 249
Kiep, Otto Carl: 1886–1944, im Auswärtigen Dienst, von 1939 bis 1944 Verbindungsoffizier zwischen dem Auswärtigen Amt und dem Amt Ausland/Abwehr im Oberkommando der Wehrmacht, als Mitglied des Solf-Kreises im Januar 1944 verhaftet, mit Helmuth James im Konzentrationslager Ravensbrück, am 26. August 1944 hingerichtet, seine Frau Hannah – ebenfalls in Ravensbrück inhaftiert – überlebte. 28 Anm. 31, 40, 44 Anm. 8, 134, 171, 249, 250, 252, 343, 345 Anm. 4, 395, 408, 578
Kiesel, F.: Obersturmbannführer im Justizministerium. 441
Klässel, Oskar: Präsident der Moltkestiftung, Leiter der Abteilung Familiengüter im Preußischen Justizministerium, Herausgeber eines Kommentars zum Reichserbhofgesetz, Berlin 1940. 226, 227
Kleinert, Frau: wohnte im Nachbardorf Gräditz, ihr Bruder war Priester. 247, 265, 281, 292 f.
Kleist, Ewald-Heinrich von: geb. 1922, Sohn von Ewald von Kleist-Schmenzin (1890–1945), beteiligt am 20. Juli 1944, mit Helmuth James im Konzentrationslager Ravensbrück, wurde im Dezember 1944 aus dem Gefängnis Tegel entlassen. 255, 259, 280, 305
Klinsky: Katholischer Geistlicher, Bruder von Frau Kleinert. 292
Knut: Leiter des Gestapo-Gefängnisses Lehrter Straße. 428 f.
Kollontay, Alexandra Michailowna: 1872–1952, russische Revolutionärin, Gesandte der Sowjetunion in Norwegen und Schweden. 454
König, Lothar: 1906–1946, Jesuit aus München, Mitglied des Kreisauer Kreises, nach dem 20. Juli 1944 untergetaucht. 239, 303, 352, 368, 409, 443, 480
Konrad: *siehe* Moltke, Konrad von
Konrad: *siehe* Preysing, Konrad Graf von
Krause: vermisster Kreisauer Landarbeiter. 217, 262, 358, 363, 364
Krebs: Superintendent des Kirchenkreises Schweidnitz, der für die Gemeinde Gräditz, zu der Kreisau gehörte, zuständig war. 281
Krome, Frl.: Hauslehrerin von Helmuth James ab 1913. 113
Kronenburg: Verwaltungsbeamter in Schweidnitz. 90, 99, 100, 104, 145

Kuenzer, Richard: 1875–1945, Legationsrat a. D. im Auswärtigen Amt, Schriftleiter der katholischen Zeitschrift *Germania*, mit Helmuth James im Konzentrationslager Ravensbrück, in der Nacht vom 23. zum 24. April 1945 von der SS in Berlin ermordet. 249, 259

Kunkel: Marinepfarrer, mit Helmuth James im Zellenbau in Ravensbrück. 259

Kunz: Pflichtverteidiger am Volksgerichtshof 152

Kurth: Vorsteher des Hauses I im Gefängnis Tegel. 183, 245, 246, 272, 317, 326, 375, 407, 412, 434, 519, 555

Lachmann: zuständig für den Kreisauer Kuhstall, zum Volkssturm eingezogen. 401, 541

Langbehn, Carl Julius: 1901–1944, Rechtsanwalt in Berlin, vermittelte 1943 Gespräche zwischen Johannes Popitz und Heinrich Himmler, mit Helmuth James in Ravensbrück, hingerichtet am 12. Oktober 1944. 53, 250, 259 f., 395, 443

Lange, Herbert: 1909–1945, SS-Sturmbannführer und Kriminalrat, ab 1942 im Reichssicherheitshauptamt, Leiter der «Sonderkommission 20. Juli», die nach Drögen verlegt wurde. 41, 76, 98, 127, 181, 320, 342, 355, 368, 425, 448

Lautz, Ernst: 1887–1979, ab 1939 Oberreichsanwalt am Volksgerichtshof. 21, 41, 49, 126, 196, 197, 273, 275, 293, 342, 372, 447, 493 f., 510, 530, 554, 564

Leber, Annedore: geb. Rosenthal, 1904–1968, Ehefrau von Julius Leber. 579 f.

Leber, Julius: 1891–1944, ab 1934 sozialdemokratischer Reichstagsabgeordneter, von 1933 bis 1937 in Haft, dann als Kohlenhändler in Berlin tätig, Mitglied des Kreisauer Kreises, nach Treffen mit Kommunisten verhaftet, zusammen mit Theodor Haubach und Helmuth James in Drögen verhört, am 20. Oktober 1944 verurteilt und hingerichtet. 44 f. Anm. 25, 255, 259

Lenchen: Haushaltshilfe im Berghaus Kreisau. 99, 104, 119, 123, 218, 332, 337, 386, 556

Leno, Tante: *siehe* Hülsen, Leonore von

Lenz, Otto: 1903–1957, Rechtsanwalt, wurde im Januar 1945 zu vier Jahren Zuchthaus verurteilt. 452

Leuschner, Wilhelm: genannt *«Onkel»*, 1890–1944, Gewerkschafter und Sozialdemokrat, zunächst Mitglied des Kreisauer Kreises, Kontakt zum Goerdeler-Beck-Kreis, am 8. September 1944 verurteilt und hingerichtet. 161, 255, 259, 269, 352, 376, 377, 395

Leviné, Eugen: 1883–1919, Revolutionär, KPD-Politiker, nach dem Ende der Münchner Räterepublik am 5. Juni 1919 wegen Hochverrats hingerichtet. 277 Anm. 6

Lieber: vermutlich Steuerberater 214

Liesbeth: Küchengehilfin von Frau Pick im Berghaus. 265, 357, 363, 368, 387, 388, 569

Lilje, Hanns: 1899–1977, ab 1927 Generalsekretär der Deutschen Christlichen Studentenvereinigung in Berlin, Kontakt zu Widerstandskreisen, mit Helmuth James, der seine Gottesdienste besuchte, kurz zusammen im Gestapo-Gefängnis Lehrter Straße. 415, 504, 532

Lionel: *siehe* Curtis, Lionel

Lorenz, Werner: 1891–1974, von 1937 bis 1945 Leiter der «Volksdeutschen Mittelstelle», Bevollmächtigter für internationale Beziehungen im Stab des «Stellvertreters des Führers», 1943 SS-Obergruppenführer. 238, 269, 279

Lorenzen, Dr.: Referent von Martin Bormann in der NSDAP-Parteizentrale, Prozessberichterstatter. 28

Lotti, Tante: *siehe* Moltke, Hertha-Lotte von

Luchter: Mitarbeiter im Kreisauer Betrieb. 120

Luischen: Haushälterin von Carl Dietrich von Trotha. 327, 328, 413

Lukas, Frau: *siehe* Lukaschek, Frau
Lukaschek, Frau: versorgte Hans Lukaschek im Gefängnis. 246, 248, 415, 429, 432
Lukaschek, Hans: auch «Lukas» genannt, 1885–1960, Mitglied des Zentrums, Landrat und Oberpräsident in Schlesien, ab 1933 Rechtsanwalt in Breslau, Mitglied des Kreisauer Kreises, Freispruch durch den Volksgerichtshof, am 22. April 1945 aus der Gestapo-Haft entlassen. 246, 248, 269, 487
Luther, Martin: 23, 119 Anm. 6, 163, 258 Anm. 3, 369 Anm. 4, 396

M.: *siehe* Müller, Heinrich
Maack: Rechtsanwalt, der für die Moltkes in Schweidnitz arbeitete. 99, 104, 145, 334, 346, 363
Maaß, Hermann: 1897–1944, Sozialdemokrat, 1924 Geschäftsführer des Reichsausschusses der deutschen Jugendverbände, 1933 entlassen, Mitarbeiter und Geschäftspartner von Wilhelm Leuschner, im gewerkschaftlichen Widerstand, zunächst Mitglied des Kreisauer Kreises, am 20. Oktober 1944 hingerichtet. 45 Anm. 25, 179, 255, 259, 343, 352, 395, 443, 473
Mackensen, August von: 1849–1945, Generalfeldmarschall, anwesend bei der Beerdigung von Wilhelm II. 1941 in Doorn. 280, 284 f., 285, 293, 305
Mackensen, Marie-Luise: geb. Ploetz, Cousine von Helmuth James. 285
Mäder, Rudolf: Pflichtverteidiger von Eugen Gerstenmaier. 333, 354
Maerkert, Ida: genannt «Mamsell», langjährige Köchin im Berghaus, starb 1939. 195, 535
Mami: *siehe* Moltke, Dorothy Gräfin von
Mamsell: *siehe* Maerkert, Ida
Mariana, Juan de: 1536–1624, Jesuit, der unter bestimmten Umständen den Tyrannenmord billigte. 469
Marianne: Mitarbeiterin in der früheren Dienststelle von Helmuth James in der Völkerrechtsgruppe. 144
Marinkchen: *siehe* Wendland, Asta Maria
Marion: *siehe* Yorck von Wartenburg, Marion Gräfin
Martin: Sohn der Höflerfamilie Meier. 399
Martini: Ehepaar, das mit Harald Poelchau befreundet war. 412
Mary: *siehe* Ruspoli, Elisabeth Prinzessin
Maschke, Walter: 1891–1980, Gewerkschafter und Sozialdemokrat mit Verbindungen zu Wilhelm Leuschner und Hermann Maaß, am 19. Januar 1945 zu zwei Jahren Gefängnis verurteilt. 531
Max, Onkel: *siehe* Mirbach, Magnus von
M. D.: Mütterchen Deichmann, *siehe* Deichmann, Ada
Meier: Höflerfamilie aus Kreisau. 363, 386, 399, 494
Meister Ekkehardt: 388
Merian: landwirtschaftlicher Mitarbeiter in Kreisau. 331
Mewes, Margarethe: genannt «August», 1914–1998, Aufseherin, später Blockführerin im Zellenbau von Ravensbrück. 250, 251, 253, 255
Michael: *siehe* Balfour, Michael
Mierendorff, Carlo, 1897–1943, Journalist und SPD-Politiker, von 1933 bis 1938 in verschiedenen Konzentrationslagern, Mitglied des Kreisauer Kreises, beim Luftangriff auf Leipzig am 4. Dezember 1943 ums Leben gekommen. 40, 139, 143, 213, 269, 276, 352, 376, 377, 421, 428, 451, 480, 571
Milner, Alfred Viscount: 1854–1925, britischer Politiker, Oberkommissar der britischen Regierung in Südafrika, im Ersten Weltkrieg Kriegsminister, danach Kolonialminister, Förderer junger politischer Talente, die Helmuth James in England kennenlernte: Lionel Curtis, Philipp Kerr (später Lord Lothian) u. a., die sich im Umfeld der Zeitschrift *The Round Table* sammelten. 72, 73
Mirbach, Dietrich von: genannt «Dieter», 1907–1977, Verwandter von Helmuth James, Mitarbeiter von Baron

Gustav Adolf Steengracht von Moyland im Außenministerium. 74, 89, 111, 112, 136, 194, 517
Mirbach, Magnus von: genannt «Onkel Max». Helmuth James lebte bei ihm in Potsdam von 1923 bis 1925. 285 Anm. 10
Mittelstädt: NS-kritischer Wachtmeister im Gefängnis Tegel mit Dienst im Lazarett. 435–437, 440, 498, 508, 520, 534, 535
Moltke, Adam von: 1887–1963, Sohn des Generalstabschefs Helmuth von Moltke (1848–1916), Onkel von Helmuth James. 172
Moltke, Anne Marie Gräfin von: genannt «Rentenannie», geb. Altenberg, 1902–1952, seit 1937 zweite Frau von Helmuth James' Vater Helmuth von Moltke, erhob Wohn- und Erbansprüche gegenüber Kreisau. 99, 100, 104, 106, 145, 147, 154 f., 183, 203, 220, 222, 226, 227, 233, 311, 334, 337, 346, 363, 403, 406, 486, 557, 559
Moltke, Asta Maria von: *siehe* Wendland, Asta Maria
Moltke, Carl Bernhard von: genannt «Carl Bernd», 1913–1941, Bruder von Helmuth James, gefallen 1941 in Griechenland. 38, 70, 183, 203, 221, 248, 445
Moltke, Carl Viggo von: 1897–1990, Onkel von Helmuth James, Landgerichtspräsident, wichtiger Beistand in Rechtsfragen und beim Gnadengesuch, Kontakte zu Roland Freisler. 41, 71, 76, 85 f., 90, 97, 99, 100, 103, 104, 109, 117, 123, 125, 126, 127, 130, 130, 130 Anm. 2, 132, 134, 135 f., 137 Anm. 2, 137 f., 139, 140, 141, 145, 149, 151 f., 154, 158, 159, 163, 168, 168–171, 172, 174 f., 180 f., 186, 187 f., 194, 196, 197, 198, 200, 202, 204, 211, 216, 231, 232, 320, 371, 388, 389, 395, 424, 425, 435, 443, 448, 453, 462, 464, 483, 485 f., 488, 492, 493 f., 495, 496, 497, 500, 501, 502 f., 505, 508, 509, 510, 511 f., 518, 526, 530, 542, 553, 555, 558
Moltke, Davida von: genannt «Davy», geb. Yorck von Wartenburg, 1900–1989, Schwester von Irene, Paul und Peter Yorck von Wartenburg, Ehefrau des Botschafters Hans-Adolf von Moltke. 66, 172, 181, 211, 220, 226, 227, 403, 413, 516, 517, 519, 535
Moltke, Dorothy Gräfin von: genannt «Mami», geb. Rose-Innes, 1884–1935, Ehefrau von Helmuth von Moltke, Mutter von Helmuth James. 24, 38, 45, 47, 48, 69, 73, 91, 101 Anm. 1, 113 f., 160, 179, 202, 203, 225, 248, 311, 342, 370, 387, 389, 403, 473, 480, 494, 575, 577
Moltke, Erika von: weitläufig Verwandte mit Kontakten zu Heinrich Himmler. 135, 185, 187, 269, 279
Moltke, Frede-Ilse von: geb. von Gosslar, 1897–1976, Ehefrau von Carl Viggo von Moltke. 132, 503
Moltke, Hans-Adolf von: 1884–1943, Vetter von Helmuth James, Ehemann von Davida Gräfin Yorck von Wartenburg, im diplomatischen Dienst, bis 1939 Botschafter in Warschau, Gutsbesitzer von Wernersdorf in Niederschlesien sowie langjähriger Gesprächspartner von Helmuth James, starb als Botschafter in Madrid. 47, 138, 180, 184 Anm. 7, 228 Anm. 5, 232, 297, 308, 403, 502, 530
Moltke, Helmut von: genannt «Hello», 1913–1944, Sohn von Gertrud und Wilhelm («Bill») von Moltke, am 4. Dezember 1944 gefallen. 147
Moltke, Helmuth Bernhard Graf von: 1800–1891, Generalfeldmarschall. 28, 203 Anm. 7, 211, 228 Anm. 6, 575
Moltke, Helmuth Graf von: genannt «Papi», 1876–1939, Vater von Helmuth James. 101 Anm. 1, 131, 385, 411, 473, 480, 575
Moltke, Helmuth Caspar von: genannt «C.chen», geb. am 2. November 1937, ältester Sohn von Freya und Helmuth James. 15, 22, 27, 32, 33, 37, 38, 39 Anm. 4, 39, 40, 45, 46, 47, 48, 50, 51, 53, 54 f., 57, 59, 63, 64, 65, 68, 70, 71,

74, 75, 76, 77, 78, 80, 85, 88, 90 f., 97, 103, 105, 106, 107, 111, 112, 114, 116, 118, 120 f., 123, 125, 126, 130, 134, 142, 143, 146, 147, 148, 149, 151, 153, 154, 162, 171, 172, 173, 179, 194, 202, 207, 210, 212, 216, 217 f., 219, 220, 221, 223, 226 f., 234, 236, 237, 243, 249, 257, 261, 262, 263, 264, 265, 266, 267, 274, 275, 276, 277, 280, 284, 292, 294, 300, 303, 304, 310, 311, 314, 320, 322, 325, 330, 334, 336, 338, 339, 340, 346, 348, 356, 357, 358, 359, 360, 362, 364, 368, 369, 385–389, 392, 393, 394, 397, 398–401, 402, 404, 406, 415, 422, 428, 429, 434, 438, 444, 445, 458, 461, 464, 465, 476, 477, 479, 480, 481, 484, 486, 492, 513, 529, 538, 539 f., 543, 551, 553, 555, 556, 558, 568, 569, 570, 571, 573, 577, 579

Moltke, Hertha-Lotte von: genannt «Tante Lotte», geb. Heine, 1900–1958, Ehefrau von Joachim Peter von Moltke. 505

Moltke, Ingeborg von: genannt «Inge», geb. von Dippe, 1913–2000, Ehefrau von Joachim Wolfgang von Moltke. 106, 181, 272, 282, 293, 503, 559

Moltke, Joachim Peter von: genannt «Onkel Peter», 1880–1963, Sohn von Wilhelm von Moltke (1845–1905). 172, 180, 181, 190, 202, 227, 326, 333, 350, 462, 467, 501, 505, 508, 515, 517

Moltke, Joachim Wolfgang von: genannt «Jowo», 1909–2002, Bruder von Helmuth James. 55, 66, 74, 76, 77, 106, 113, 138, 141, 172, 180, 181, 183, 186, 188, 202, 208, 211, 213, 226 f., 232, 238, 269 f., 272, 311, 320, 324, 334, 425, 435, 445, 453, 462, 464, 483, 485, 495, 496, 500, 501, 502 f., 505, 508, 510, 518, 535, 542, 558 f.

Moltke, Johannes Helmut von: 1916–2006, Sohn von Adam von Moltke, genoss Ansehen aufgrund heldenhafter Leistungen im Russlandfeldzug. 180, 184 Anm. 8

Moltke, Konrad von: geb. am 23. September 1941, gest. am 19. Mai 2005, jüngster Sohn von Freya und Helmuth James. 14, 22, 32, 33, 37, 38, 39 Anm. 4, 39, 40, 44, 45, 46, 48, 50, 51, 53, 54, 55, 59, 63, 64, 70, 74, 75, 77, 78, 85, 103, 106, 107, 119, 120, 121, 123, 125, 126, 142, 146, 149, 151, 153, 154, 162, 171, 172, 173, 179, 194, 207, 210, 212, 216, 217 f., 219, 221, 223, 237, 243, 249, 257, 261, 262, 263, 264 f., 266, 267, 274, 275, 284, 294, 303, 304, 310, 320, 322, 325, 330, 334, 336, 338, 340, 346, 348, 356, 357 f., 359, 360, 362, 364, 368, 369, 385–389, 392, 394, 398–401, 402, 404, 406, 415, 422, 429, 434, 444, 445, 458, 461, 464, 476, 477, 479, 480, 481, 486, 492, 513, 529, 538, 539 f., 543, 551, 553, 556, 568, 569 f., 573, 577, 579, 580

Moltke, Wilhelm von: genannt «Bill», 1881–1949, Sohn des Generalstabschefs Helmuth von Moltke (1848–1916). 134, 138, 141, 172, 180, 186, 188, 190, 191 Anm. 2, 200, 211, 226, 227, 462, 467, 530

Moltke, Wilhelm Viggo von: genannt «Willo», 1911–1987, Bruder von Helmuth James, während des Zweiten Weltkriegs in den USA. 55, 66, 106, 203, 311, 342, 445, 501

Mörike, Eduard: 467

Mory, Carmen Maria: 1906–1947, Schweizer Journalistin, im Zellenbau von Ravensbrück, Spitzel der Gestapo. 250 f., 252, 253, 254

Motekus: persönlicher SS-Wachmann im Zellenbau Ravensbrück für Otto Carl Kiep. 249, 251

Mowrer, Edgar Ansel: 1892–1977, Korrespondent der *Chicago Daily News* in Berlin, befreundet mit Helmuth James und Freya. 445

Mozart, Wolfgang Amadeus: 425

Müller, Heinrich: geb. 1900, ab 1939 Chef der Gestapo im Reichssicherheitshauptamt, seit 1945 verschollen. 21, 28, 56, 65, 66, 67, 70, 73, 76, 85, 86, 87 f., 90, 97, 98, 99, 108, 109, 116, 117, 121, 129, 134, 135, 138, 154, 159, 166, 168, 176, 180, 181, 186, 190, 193, 196, 198, 223, 227, 229, 233, 236, 239, 241,

274, 278, 297, 320, 326, 340, 342, 349, 350, 354, 362, 367, 368, 373, 390, 397, 409, 425, 427, 435, 478, 483, 494, 495 f., 500 f., 502, 505, 507, 508, 510, 512, 517, 521, 522, 523, 524, 525, 527, 528, 529, 531, 532, 534, 541, 542, 548

Muto: *siehe* Yorck von Wartenburg, Irene

Mutter P.: *siehe* Poelchau, Elisabeth Alwine

Mutz: *siehe* Schanda, Maria

Nan: *siehe* Van Heerden, Petronella

Nazbola, Frl.: Buchhalterin in Kreisau. 403

Neuhaus, Karl: SS-Sturmbannführer in der Gestapo-Außenstelle in der Meinekestraße, Leiter der Abteilung Kirchen im Reichssicherheitshauptamt, zuständig für die Verhöre der Mitglieder des Kreisauer Kreises. 19, 41, 43, 44, 48, 52, 136, 239, 242 Anm. 5, 320, 448, 517

Neumann, Frau: im Berghaus, bei der Weihnachtsfeier 1944 anwesend. 387

Niem, Frl. de: Bekannte im Raum Schweidnitz mit Wohnung für die «Rentenannie». 337, 403

Novalis: 364

Nuschke, Otto: 1883–1957, Journalist und von 1921 bis 1933 Reichstagsabgeordneter für die Deutsche Demokratische Partei (DDP), zusammen mit Helmuth James im Zellenbau Ravensbrück. 259

Ohle, Karl: Sozialdemokrat, Landrat von Waldenburg in Niederschlesien, unterstützte Helmuth James in seinem Einsatz für das verarmte Waldenburger Kohlegebiet. 575

Oldenbourg, Ulla: geb. Schultz, 1876–1953, Anhängerin der Sekte Christian Science und Freundin der Eltern von Helmuth James. 24, 40, 57, 59, 66, 67, 68, 82, 103, 118, 121, 133, 142, 143, 146, 181, 182, 185, 216, 219, 222, 225, 263, 268, 282, 295, 307, 318, 319, 329, 346, 357, 358, 360, 363, 367, 368, 370, 387, 389, 395, 401, 403, 432, 433, 434, 450, 451, 454, 491, 500, 513, 540, 556, 557, 559

Onkel: Deckname für Wilhelm Leuschner.

Oster, Hans: 1887–1945, 1938 an der Vorbereitung eines militärischen Putsches beteiligt, Chef des Stabes im Amt Ausland/Abwehr im Oberkommando der Wehrmacht, nach dem 20. Juli 1944 verhaftet und am 9. April 1945 im Konzentrationslager Flossenbürg hingerichtet. 486

Oxé, Werner: Oberst, direkter Vorgesetzter von Helmuth James in der Völkerrechtsgruppe der Abwehr. 80, 88, 116, 118, 132, 134, 138, 141, 145, 152, 163 f., 210, 279, 308, 415, 462, 481

P.: «Pim», Kosename für Freya.

P.: *siehe* Poelchau, Harald

Pechel, Rudolf: 1882–1961, Herausgeber der 1942 verbotenen *Deutschen Rundschau,* in der er auch regimekritische Artikel publizierte; Zusammenarbeit mit Carl Friedrich Goerdeler, Johannes Popitz, Ulrich von Hassell und Jens Peter Jessen. Er wurde in den Konzentrationslagern Sachsenhausen und Ravensbrück und in den Gefängnissen Tegel und Lehrter Straße inhaftiert. 259

Penke: Landwirt in Pommern bei Balfanz, möglicher Berater für Freya. 494, 522

Peter: *siehe* Yorck von Wartenburg, Peter Graf

Peter, Onkel: *siehe* Moltke, Joachim Peter von

Peters, Hans: 1896–1966, katholischer Verwaltungsjurist, im Zweiten Weltkrieg Offizier in einem Luftwaffenstab, Mitglied des Kreisauer Kreises, Entwürfe u. a. für die Selbstverwaltung, für Hochschulbildung, Kirche und Staat. 226, 240, 269, 296, 301 f., 307, 313, 315, 316, 317, 320, 323, 327, 335, 339, 349, 365, 372, 412, 423, 432, 441, 450, 452 f., 472, 531

Pfuel, Curt-Christoph von: Mitarbeiter in der völkerrechtlichen Arbeitsgruppe von Helmuth James im Amt Ausland/Abwehr des Oberkommandos der Wehrmacht. 152, 158, 162, 163, 168, 308
Pick, Frau: Haushälterin von Helmuth James, zunächst in Berlin, später im Berghaus. 22, 66, 123, 142 f., 210, 218, 264 f., 357, 358, 363, 368, 386, 387, 388, 400, 403, 404, 429, 540, 556, 559, 569
Pieper: Staatsanwalt im Reichsjustizministerium. 172
Pippert, Hans: Sachbearbeiter im Justizministerium, nach 1945 Oberstaatsanwalt in Dortmund. 510
Planck, Erwin: 1893–1945, Sohn von Max Planck, wurde am 23. Januar 1945 zusammen mit Helmuth James hingerichtet. 247, 259
Planck, Max: 248 Anm. 1
Planck, Nelly: Ehefrau von Erwin Planck. 247, 261
Plätschke: Mann aus der Kreisauer Landwirtschaft, gefallen. 358
Plettenberg, Elisabeth von: *siehe* Vermehren, Elisabeth
Plettenberg, Gisela Gräfin von: inhaftiert im Zellenbau Ravensbrück, Schwippschwägerin von Isa Vermehren. 259
Ploetz, Margarete von: genannt «Pussi», 1881–1972, Ehefrau von Friedrich von Ploetz (1875–1939). 285
Poelchau, Dorothee: 1902–1977, Ehefrau von Harald Poelchau. 16, 18, 81 Anm. 3, 84 Anm. 3, 151, 186 Anm. 3, 208, 228, 257, 270, 291, 314, 338, 339, 411, 413, 429, 433, 442, 453, 461, 462, 491, 492, 508, 516, 527, 553, 571, 573, 574
Poelchau, Elisabeth Alwine: Mutter von Harald Poelchau. 229, 327, 366, 413
Poelchau, Harald: 1903–1972, von 1933 bis 1945 Gefängnispfarrer in Tegel, Mitglied des Kreisauer Kreises, ermöglichte den heimlichen Briefwechsel zwischen Helmuth James und Freya. passim
Poelchau, Harald Stephan: geb. 1938, Sohn von Dorothee und Harald Poelchau. 291, 314, 428, 429, 450, 516, 571
Popitz, Johannes: 1884–1945, Verwaltungsjurist, Staatssekretär und Reichsminister für Finanzen, Kontakte zum zivilen und militärischen Widerstand, am 2. Februar 1945 hingerichtet. 25, 255, 259, 377, 395, 562
Potocka, Pela: polnische Adelige im Frauen-Konzentrationslager Ravensbrück. 252
Power, Eileen Edna le Poer: 1889–1940, Wirtschafthistorikerin, Professorin an der London School of Economics. Ihr Spezialgebiet war mittelalterliche Wirtschaftsgeschichte. 126
Präbelt: Mann aus Kreisau, wurde zum Volkssturm eingezogen. 541
Pressel, Wilhelm: 1895–1986, Oberkirchenrat in Stuttgart, Verbindungsmann zwischen Bischof Theophil Wurm, Eugen Gerstenmaier und Helmuth James. 330, 474
Preysing, Konrad Graf von: 1880–1950, ab 1935 Bischof von Berlin, Kritiker des NS-Systems und der Haltung der katholischen Bischofskonferenz unter ihrem Vorsitzenden Adolf Kardinal Bertram, wichtiger katholischer Gesprächspartner von Helmuth James. 74, 77, 238, 239, 240, 241, 242, 245, 454, 474
Prost: Landgerichtsdirektor im Reichsjustizministerium, Sachbearbeiter von Dr. Franke, rechte Hand des Reichsjustizministers. 518, 525, 526, 528 f., 529 f., 531, 534, 541 f.
Puppi: *siehe* Sarre, Marie-Louise
Pussi: *siehe* Ploetz, Margarete von

R.: *siehe* Reisert, Franz
R., Frau: *siehe* Reisert, Frau
Radermacher (Mutter): Mutter von Susi Radermacher. 55
Radermacher, Susi: Tochter von Ludwig Radermacher, Freundin aus dem Schwarzwald-Kreis, die von Wien

nach Schweden und weiter in die USA emigrierte. 55
Rausch: Mitarbeiterin im Kreisauer Schloss. 145
Reckzeh, Paul: 1913–1996, Spitzel der Gestapo, der sich in die «Teegesellschaft» der Johanna Solf einschlich und deren Teilnehmer denunzierte. 431
Rehlas: Mann aus Kreisau, zum Volkssturm eingezogen. 541
Rehrl, Franz: 1890–1947, Politiker der Christlichsozialen Partei Österreichs, bis 1938 Salzburger Landeshauptmann. Über Augustin Rösch Kontakt zu Helmuth James, war als politischer Beauftragter für den Wehrkreis Salzburg vorgesehen, bis Kriegsende im Gestapo-Gefängnis Lehrter Straße inhaftiert. 40
Reichwein, Adolf: in den Briefen *«Erwin»* genannt, 1898–1944, Pädagoge, Professor für Geschichte und Staatsbürgerkunde in Halle/Saale, 1933 entlassen, Landschullehrer in Tiefensee bei Berlin, Pädagoge am Berliner Museum für deutsche Volkskunde, sozialdemokratisches Mitglied des Kreisauer Kreises, nach Treffen mit den Kommunisten Anton Saefkow und Bernhard Bästlein im Juni 1944 verhaftet und am 20. Oktober 1944 zusammen mit Julius Leber und Hermann Maaß hingerichtet. 44 Anm. 25, 90, 100, 116, 123, 207, 208, 352, 363, 386, 443
Reichwein, Karl Gottfried: Vater von Adolf Reichwein. 219
Reichwein, Katrin: Tochter von Adolf und Rosemarie Reichwein. 219, 568
Reichwein, Renate: Tochter von Adolf und Rosemarie Reichwein. 219, 265, 387, 398, 568
Reichwein, Roland: Sohn von Adolf und Rosemarie Reichwein. 219, 387, 398, 568
Reichwein, Rosemarie: genannt «Romai», geb. Pallat, 1904–2002, seit 1933 mit Adolf Reichwein verheiratet. 22, 61, 66, 83, 90, 102, 120, 219, 265, 357, 360, 362, 363, 364, 385, 388, 394, 398, 400, 402, 404, 438, 451, 486, 568, 579
Reichwein, Sabine: Tochter von Adolf und Rosemarie Reichwein. 402, 568
Reisert, Franz: 1889–1965, Rechtsanwalt in Augsburg, Kontakt zum Kreis um Franz Sperr sowie über Augustin Rösch und Alfred Delp zu Helmuth James, verurteilt zu fünf Jahren Zuchthaus. 20, 29, 31, 76, 125, 129, 136, 137 Anm. 1, 170, 173, 271, 287, 289, 299 Anm. 2, 299, 307, 312 Anm. 4, 327, 343, 352, 353, 372, 421, 443, 468, 470, 473, 483, 484, 494, 531, 547 f., 563, 564, 565
Reisert, Frau: Ehefrau von Franz Reisert; im Kontakt mit Freya in Berlin. 125, 129, 131, 135, 136, 137 Anm. 1, 143, 151, 152, 170, 172 f., 230, 270 f., 273, 289, 299, 327, 372, 429, 454
Rentenannie: *siehe* Moltke, Anne Marie Gräfin von
Ribbentrop, Joachim von: 1893–1946, 1936 Botschafter in London, seit 1938 Reichsaußenminister. 27, 261, 297
Richardson: amerikanischer Korrespondent in Berlin, dem der junge Helmuth James Übersetzerdienste geleistet hat. 445
Rintelen, Enno Emil von: 1891–1971, General der Infanterie, 1943 in die «Führerreserve» und 1944 in den Ruhestand versetzt. 117
Rita: *siehe* Stäsche, Rita
Rittberg, Hans-Heini Graf von: Vetter von Helmuth James. 130 Anm. 2, 147, 173, 190, 194, 521 f.
Rittberg, Karin Gräfin von: Ehefrau von Hans-Heini Graf von Rittberg. 83, 190
Rittberg, Monika Gräfin von: geb. von Moltke, 1886–1975, Schwester von Carl Viggo von Moltke. 130 Anm. 2
Rohracher, Andreas: 1892–1976, Erzbischof von Salzburg, mit dem Helmuth James über Augustin Rösch Kontakte hatte. 239

Romai: *siehe* Reichwein, Rosemarie
Rösch, Augustin: 1893–1961, Jesuitenpater aus München und Provinzial der Oberdeutschen Provinz des Ordens, wichtigster Mann im katholischen Widerstand, mit dem Helmuth James seit Oktober 1941 in Kontakt stand und über den er die beiden weiteren Jesuiten im Kreisauer Kreis, Alfred Delp und Lothar König, kennenlernte sowie Zugang zu Kardinal Michael von Faulhaber (1869–1952) bekam. Er war nach dem 20. Juli 1944 untergetaucht, wurde jedoch am 11. Januar 1945 gefasst und im Gestapo-Gefängnis Lehrter Straße inhaftiert. Am 25. April 1945 wurde er freigelassen. 26, 40, 77, 140, 239, 287, 289, 303, 352, 443, 474 Anm. 2, 480, 536
Rose: Höflerfamilie in Kreisau. 55, 358, 363
Rose Innes, Lady Jessie: genannt «Granny», 1860–1943, Großmutter von Helmuth James. 38, 39 Anm. 4, 70, 73, 108 Anm. 4, 465
Rose Innes, Sir James: genannt «Daddy», 1855–1942, Großvater von Helmuth James, südafrikanischer Jurist und Politiker, Oberster Richter der Südafrikanischen Union. 38, 42, 73, 108 Anm. 4, 465, 494, 520, 575, 576
Rosenstock-Huessy, Eugen: 1888–1973, Rechtshistoriker, Soziologe. 1928 Mitinitiator der freiwilligen Arbeitslager in Löwenberg/Schlesien, an denen Helmuth James, Carl Dietrich von Trotha, Adolf Reichwein und andere spätere Mitglieder des Kreisauer Kreises teilnahmen. Wanderte 1933 in die USA aus. Von 1936 bis 1957 Professor für Sozialphilosophie am Dartmouth College im Staat New Hampshire. Verfasser zahlreicher Bücher u. a. zu Geschichte, Gesellschaft und Sprache. Nach dem Tod seiner Frau Margrit zog Freya im Jahr 1960 zu ihm nach Norwich, Vermont. 24, 574, 580
Ruspoli, Elisabeth Prinzessin: genannt «Mary», geb. von der Assche, 1899–1974, eine Belgierin, die Helmuth James auf einer Dienstreise nach Belgien beim General Alexander von Falkenhausen kennengelernt hatte und die er im Zellenbau Ravensbrück wieder traf. 53, 252, 253, 254 f., 255

Sabine: *siehe* Reichwein, Sabine
Sack, Karl: 1896–1945, Jurist in der Militärgerichtsbarkeit, 1942 Chef der Heeresjustiz, Kontakte zum militärischen und zivilen Widerstand, Gesprächspartner von Helmuth James, am 9. August 1944 verhaftet und am 9. April 1945 in Flossenbürg zusammen mit Hans Oster, Wilhelm Canaris, Ludwig Gehre und Dietrich Bonhoeffer hingerichtet. 41, 134, 135, 137, 138, 141, 146
Sarre, Frau: Ehefrau des Rechtsanwalts Friedrich Carl Sarre. 290, 443
Sarre, Friedrich Carl: 1901–1968, Berliner Rechtsanwalt und Notar 53 Anm. 5, 106
Sarre, Marie-Louise: genannt «Puppi» bzw. «Erna», um 1904–1999, Schwester des Berliner Rechtsanwalts und Notars Friedrich Carl Sarre, Schwägerin von Eduard Waetjen. Helmuth James hatte sich Anfang 1940 dem Rechtsanwaltsbüro Sarre/Waetjen angeschlossen. Sie war Bildhauerin und im Zellenbau Ravensbrück häufige Gesprächspartnerin von Helmuth James. 250, 251, 252 f., 254, 255, 259, 377, 443
Schacht, Hjalmar: 1877–1970, von 1933 bis 1939 Reichsbankpräsident, von 1935 bis 1937 Reichswirtschaftsminister, nach dem 20. Juli 1944 zeitweilig im Zellenbau von Ravensbrück inhaftiert. 255, 259
Schanda, Maria: genannt «Mutz», bürgerlich Maria Seiffert, geb. 1910, Schauspielerin, Freundin aus dem Schwarzwald-Kreis. 385, 386, 387, 388, 394, 400, 401, 403, 404, 413, 429, 442, 450, 451, 461, 464, 537, 539, 540

Schellenberg, Walter: 1910–1952, SS-Brigadeführer, 1939 Chef der Spionageabwehr Inland und 1941 Chef des Auslandsnachrichtendienstes im Reichssicherheitshauptamt. 377
Schellhase, Anneliese: auch «Schellhäsin» genannt, Sängerin, Freundin und Verlobte von Theodor Haubach, den sie im Gefängnis besuchte und dem sie bei der Vorbereitung seiner Verteidigung half, mit häufigem Kontakt zu Freya. 172 f., 197, 213, 230, 231, 271, 300, 314, 326, 366, 372, 415, 428 f., 441, 451
Schenkendorf, Max von: 76
Scherpenberg, Hilger van: 1899–1969, Legationsrat, Teilnehmer des Solf-Kreises, kam zusammen mit Helmuth James nach Ravensbrück. 249
Schiller, Friedrich: 39 Anm. 1, 242 Anm. 6
Schlange-Schöningen, Hans: 1886–1960, Landwirt und Politiker, mehrere Besuche von Helmuth James auf dem Gut Schöningen in Pommern. 53, 285
Schlitter, Oscar: Legationsrat I. Klasse in der Politischen Abteilung des Auswärtigen Amtes. 136
Schmolke: Familie in Kreisau. 266, 556
Schmudke: Familie in Kreisau? 218
Schnittler, Großmutter: Bewohnerin eines Hauses auf dem Wege vom Bahnhof Kreisau zum Berghaus. 119
Schnitzler, Nora von: Ehefrau von Werner von Schnitzler 552
Schnitzler, Stefanie von: genannt «Fanny», 1864–1948, Großmutter von Freya, die auf dem Girsberg bei Bad Münstereifel lebte. 338, 477, 552, 556, 557
Schnitzler, Werner von: Bruder von Freyas Mutter Ada Deichmann 552
Scholl, Geschwister (Hans u. Sophie): 474 Anm. 6
Scholz-Babisch, Friedrich: 1890–1944, Rittmeister, schlesischer Landwirt; im Umfeld von Claus Schenk Graf von Stauffenberg, am 13. Oktober 1944 hingerichtet. 368
Schönberg, Manon: genannt «Schönchen», den Moltkes verbunden gebliebene ehemalige Gesellschafterin von Tante Luise, einer Großtante von Helmuth James. 103, 244, 264, 393, 406
Schönchen: *siehe* Schönberg, Manon
Schorsch: inhaftiert im Zellenbau Ravensbrück. 251, 252, 253, 254
Schroeder, Emma: geb. Deichmann, 1870–1944, Ehefrau des Londoner Bankiers Bruno Schroeder, Tante von Freya. 363, 477
Schulenburg, Fritz Dietlof Graf von der: 1902–1944, zunächst überzeugter Nationalsozialist, dann entschiedener Gegner Adolf Hitlers, Kontakte zum militärischen und zivilen Widerstand, Gesprächspartner von Helmuth James, am 20. Juli 1944 im Bendlerblock verhaftet und am 10. August 1944 hingerichtet. 170, 352, 377, 395, 431, 473, 560, 562
Schulze, Kurt: Landgerichtsdirektor, beantragte als Vertreter des Oberreichsanwalts im Prozess am 9. Januar 1945 die Todesstrafe für Helmuth James, Alfred Delp, Franz Reisert, Franz Sperr und Eugen Gerstenmaier sowie drei Jahre Zuchthaus für Fürst Fugger. 21, 49 Anm. 2, 79, 100, 116, 118, 119, 123, 124, 127, 129, 131 f., 135, 144, 158, 163, 170 f., 181, 182, 201, 246, 372, 421 f., 427, 429, 447, 449, 462, 468, 470, 471, 476, 478, 480, 482, 483, 487, 493, 494, 495, 497, 505, 508, 510, 512, 517
Schwarz: Pflichtverteidiger von Franz Reisert. 289
Schwarzwald, Eugenie: geb. Nussbaum, 1872–1940, österreichische Pädagogin und Sozialreformerin. In ihrer Villa «Seeblick» am Grundlsee lernten sich Freya und Helmuth James 1929 kennen. 39 Anm. 3, 331 Anm. 6, 575, 576
Schwerin von Schwanenfeld, Ulrich Wilhelm Graf: 1902–1944, Gutsbesitzer, enge Kontakte zu Peter Yorck

von Wartenburg, zum Amt Ausland/Abwehr im Oberkommando der Wehrmacht, Ordonanzoffizier von Feldmarschall Erwin von Witzleben, am 20. Juli 1944 im Bendlerblock verhaftet, für kurze Zeit im Zellenbau Ravensbrück inhaftiert, am 21. August 1944 hingerichtet. 255, 259, 352, 395
Schwester: *siehe* Hübner, Ida
Sell, von: Oberstleutnant, Adjutant von Generalfeldmarschall August von Mackensen. 285 Anm. 9
Shakespeare, William: 163 Anm. 3, 176 Anm. 1, 280 Anm. 5, 523 Anm. 1
Siemens, Bertha: geb. Yorck von Wartenburg, 1899–1950, die älteste Schwester von Peter Yorck von Wartenburg, verheiratet mit Friedrich Carl Siemens (1877–1952). 413, 415
Sims: für die Nachfolge von Hermann Wild in Gräditz vorgesehener Pfarrer. 219 f.
Sintenis, Renée: 1888–1965, Bildhauerin, bekannt für ihre Tierplastiken. 441
Solf, Johanna: 1887–1954, Ehefrau des 1936 verstorbenen Staatssekretärs im Auswärtigen Amt Wilhelm Solf, lud systemkritische Frauen und Männer zur «Teegesellschaft» zu Diskussionen ein, von Paul Reckzeh an die Gestapo verraten, am 12. Januar 1944 zusammen mit Carl Otto Kiep, Elisabeth von Thadden, Irmgard und Arthur Zarden verhaftet und in den Zellenbau des Konzentrationslagers Ravensbrück gebracht. 28, 259, 345 Anm. 4
Sperling: evakuierte Familie im Schloss Kreisau. 104, 145, 147, 154, 220, 222 f., 346, 363, 406, 486, 557
Sperling, Claus: Sohn der im Schloss wohnenden Familie. 219, 402, 406
Sperr, Franz: 1878–1945, Jurist, bis 1934 Bayerischer Gesandter beim Reich, über die Münchener Jesuiten Kontakt zu Helmuth James, am 11. Januar 1945 zum Tode verurteilt und zusammen mit Helmuth James am 23. Januar 1945 hingerichtet. 20, 29, 31, 76, 125, 130, 135, 136, 141, 151, 159, 226, 299 Anm. 2, 299, 307, 309, 312 Anm. 4, 327, 343, 353, 361, 372, 443, 468, 469, 480, 547 f., 563, 564, 565
Stäsche: Gärtnerfamilie, wohnte in einem Nebenhaus des Berghauses. 388, 461, 464, 539
Stäsche, Rita: Spielkameradin von Caspar. 120, 314
Stäuber: Arbeiter in Kreisau 55
Stauffenberg, Claus Schenk Graf von: 1907–1944, Mittelpunkt des attentatsbereiten militärischen Widerstands zusammen mit Henning von Tresckow, Friedrich Olbricht und Fritz Dietlof Graf von der Schulenburg, im engen Kontakt mit seinem Vetter Peter Graf Yorck von Wartenburg, am 31. Dezember 1943 Gespräch mit Helmuth James, am 20. Juli 1944 im Bendlerblock erschossen. 19 Anm. 11, 25, 26 Anm. 25, 26, 44 Anm. 10, 69 Anm. 3, 139, 141, 212, 226, 309, 469, 479, 531
Steengracht, Adrian von: Sohn von Illemie und Gustav Adolf Baron Steengracht von Moyland. 27
Steengracht von Moyland, Gustav Adolf Baron: genannt *«Adrian»*, 1902–1969, seit 1933 Mitglied der NSDAP, von 1936 bis 1938 in der Deutschen Botschaft London für die Dienststelle Ribbentrop tätig, von 1940 bis 1943 im Persönlichen Stab des Reichsaußenministers Joachim von Ribbentrop, seit März 1943 Staatssekretär als Nachfolger von Ernst von Weizsäcker. 27, 41, 48, 72, 73, 74, 79, 84, 85 f., 89, 90, 97 f., 104, 111, 115, 116, 117, 125, 127, 130, 131, 132, 135, 136, 138, 152, 153, 158, 163, 171, 173, 180, 181, 185 f., 188, 196, 202 f., 207, 209, 221, 223, 239, 261, 269, 290, 291, 297, 299, 301, 308, 314, 316, 320, 323, 324, 326, 332, 425, 435, 452, 462, 467, 483, 494, 496, 501 f., 505, 508, 512, 514, 517, 518, 522, 544, 555

Steengracht von Moyland, Illemie Baronin: Freundin der Deichmanns und Moltkes; verheiratet mit Gustav Adolf Baron Steengracht von Moyland. Ihr Sohn Adrian war häufig Gast in Kreisau. 27, 81, 89, 111, 125, 132 f., 202
Steinke, Werner: Prokurist in der Firma Kempinski, der die «Arisierung» des Hotels Kempinski durchführte. Helmuth James beriet ihn anwaltlich, damit das Hotel nicht verstaatlicht oder verkauft wurde und wenigstens zum Teil in jüdischen Händen blieb. 106
Steltzer, Theodor: 1885–1967, Offizier, nach dem Ersten Weltkrieg Landrat in Rendsburg, 1933 seines Amtes enthoben, 1936 Leiter des Sekretariats der evangelischen Michaelsbruderschaft, ab 1940 als Oberstleutnant beim Wehrmachtbefehlshaber Norwegen in Oslo, enger Kontakt zu Helmuth James und zum norwegischen Widerstand, am 15. Januar 1945 zum Tode verurteilt, nach Intervention von norwegischen und schwedischen Freunden Aufschub des Urteils, am 25. April 1945 aus dem Gestapo-Gefängnis Lehrter Straße entlassen. 20, 29, 31, 76, 213, 222, 269, 287, 296, 307, 312 Anm. 4, 313 f., 327, 330, 343, 350, 352, 353, 354, 361, 362, 368, 391, 408, 409, 415, 421, 430, 443, 448, 451, 454, 468, 474, 480, 510, 547 f., 563
Stier, Martin: 1903–1945, Landgerichtsdirektor. 246, 247, 257, 427, 452, 462
Stoeckel, Walter: 1871–1961, führender Gynäkologe. 229
Störcher: 267, 386
Suhrkamp, Peter: eigentlich Johann Heinrich Suhrkamp, 1891–1959, Herausgeber der *Neuen Rundschau*, bis 1944 Leiter des S. Fischer Verlages, verhaftet wegen Hoch- und Landesverrats, mit Helmuth James vorübergehend im Zellenbau Ravensbrück, im Februar 1945 aus dem Konzentrationslager Sachsenhausen entlassen. 259
Tattenbach, Franz Graf von: 1910–1992, Jesuit, hielt den Kontakt zu Alfred Delp im Tegeler Gefängnis. 271, 289, 290, 474, 535
Thadden, Elisabeth von: 1890–1944, gehörte zum Kreis um Johanna Solf, festgenommen am 13. Januar 1944, inhaftiert im Zellenbau Ravensbrück, am 1. Juli 1944 hingerichtet. 28 Anm. 31, 395
Tharant, Frau: Sekretärin von Hauptmann Haus in der völkerrechtlichen Arbeitsgruppe. 462, 481, 534
Theo: *siehe* Haubach, Theodor
Thiel, Anna: loyale Sekretärin von Helmuth James im Amt Ausland/Abwehr im Oberkommando der Wehrmacht, die nach Drögen kam, um Akten zu bringen und zu holen, da Helmuth James anfangs noch für das Amt tätig sein durfte. 144, 147, 178 f., 210, 261, 279, 350, 371, 481
Thiele: Amtsrat im Reichsjustizministerium, der neben Kurt Schulze eine Besuchserlaubnis für Freya ausstellte. 21, 170, 206 Anm. 1, 208, 213, 246 f., 257, 259, 288, 294, 301, 312 f., 336, 344, 393, 407, 421 f., 427, 440 f., 449
Thierack, Otto Georg: 1889–1946, von 1936 bis 1942 Präsident des Volksgerichtshofes, ab 1942 Reichsjustizminister. 171 f., 187, 188, 206, 261, 279, 327, 332, 415, 421, 424, 435, 441, 443, 456, 483, 519, 526, 531, 532, 541, 543, 573 f.
Thompson, Dorothy: 1894–1961, mit Helmuth James befreundete hitlerkritische amerikanische Journalistin und Schriftstellerin in Berlin. 445
Tillich, Paul: 1886–1965, protestantischer Theologe, «Religiöser Sozialist», Lehrer von Harald Poelchau, 1933 in die USA emigriert. 17, 571
Trotha, Carl Dietrich von: 1907–1952, Vetter und Freund von Helmuth James, promovierter Volkswirt, als Wirtschaftsexperte im Kreisauer Kreis. 21, 38, 55, 65, 72, 102, 103, 105,

109, 125, 127, 131, 132, 136, 139, 154, 166, 170, 174, 175, 179, 191, 206, 234, 246, 257, 299, 314 f., 323, 324, 327, 335, 339, 350, 352, 361, 366, 372, 413, 450, 451, 455, 461, 462, 464, 467, 472, 473, 483, 484, 502, 503, 505, 513, 518, 519, 525, 526 f., 531, 553, 563, 573, 575
Trotha, Margarete von: genannt «Margrit», geb. Bartelt, 1907–1995, Ehefrau von Carl Dietrich von Trotha, promovierte Volkswirtschaftlerin, Mitarbeit an den Texten des Kreisauer Kreises. 83, 442, 505
Trotha, Margarete von: genannt «Ete», geb. von Moltke, 1879–1946, Ehefrau von Dietrich von Trotha (1857–1914), Mutter von Carl Dietrich von Trotha, Tante von Helmuth James. 66, 67 Anm. 6, 267, 359, 363, 386
Trott zu Solz, Adam von: 1909–1944, Studium der Rechts- und Staatswissenschaften, Studienaufenthalte in England und China, Kontakte zu führenden englischen Politikern, seit 1939 enger Kontakt zu Helmuth James und zum Kreisauer Kreis, im Juni 1940 Dienstantritt im Auswärtigen Amt, zahlreiche Auslandsreisen im Interesse der Widerstandsarbeit. Er wurde am 25. Juli 1944 verhaftet und am 26. August 1944 hingerichtet. 143, 311, 352, 368, 377, 473, 480, 559
Trott zu Solz, Clarita von: geb. Tiefenbacher, 1917–2013, Ehefrau von Adam von Trott zu Solz, nach dem 20. Juli 1944 im Gefängnis Moabit in «Sippenhaft». 182
Truchseß, Dietz Baron von: im Gefängnis Tegel inhaftiert. 235, 412, 574
Truchseß, Hedwig von: genannt «Hesi», Ehefrau von Dietz Baron von Truchseß. 235, 412, 574
Tscheuschner: Bewohner im Schloss Kreisau. 145, 221, 363, 406, 486

Uli: *siehe* Busch, Ulrich
Ulla: *siehe* Oldenbourg, Ulla

Van Heerden, Petronella: 1887–1975, Ärztin in Südafrika, mit den Familien Rose Innes und Moltke befreundet. 45
Vermehren, Elisabeth: geb. von Plettenberg 262 Anm. 5
Vermehren, Erich: 259
Vermehren, Isa: 1918–2009, ab April 1944 in Sippenhaft im Zellenbau Ravensbrück, Gesprächspartnerin von Helmuth James, schrieb als Erste 1945/46 über ihre Erlebnisse in der Haft: *Reise durch den Letzten Akt*. Sie war Kabarettistin und Schauspielerin, gehörte seit 1938 der katholischen Kirche an und wurde nach dem Krieg Ordensschwester. 252, 253, 254, 255, 259
Vikki: *siehe* Bausch, Viktor Th.

Wachsmann, Alfons Maria: 1896–1944, katholischer Geistlicher, im Dezember 1943 zum Tode verurteilt und am 21. Februar 1944 hingerichtet. 339
Waetjen, Eduard: genannt «Eddy», 1907–1994, Rechtsanwalt und Kollege von Helmuth James, im Krieg bei der Abwehr, meistens in der Schweiz mit Kontakten zum amerikanischen Geheimdienst, Gesprächspartner und versierter Informant für Helmuth James. 77, 567
Waltzog, Alfons: Oberfeldrichter, Referent für Völkerrecht in der Rechtsabteilung der Wehrmacht, Verfasser völkerrechtlicher Schriften. 148, 164, 415
Wasmuth, Ewald: Bruder von Günther Wasmuth, Verleger, mit Helmuth James inhaftiert im Zellenbau des Konzentrationslagers Ravensbrück. 259, 262 Anm. 5
Wasmuth, Günther: Bruder von Ewald Wasmuth, Verleger, mit Helmuth James im Zellenbau des Konzentrationslagers Ravensbrück. 259, 262 Anm. 5
Weber: Untersturmführer, Aufsichtsmann im Zellenbau des Konzentrationslagers Ravensbrück. 67, 251

Weber: Aufseher im Gefängnis Tegel. 344, 441
Webski, Annemarie von: genannt «Annemie», Cousine von Helmuth James auf dem Nachbargut in Schlesien. 56, 71, 235, 331, 359, 412
Webski-Karlsdorf, Victor von: 1860–1952, Gutsbesitzer und Kurator der Familienstiftung von Moltke. 226, 227
Wedemeyer, Maria von: 1924–1977, Verlobte von Dietrich Bonhoeffer. 412
Wehrstädt: Untersturmführer, am Volksgerichtshof zuständig für Transportfragen. 441
Weichold, Eberhard: 1891–1960, Vizeadmiral seit 1942, zeitweise Vorgesetzter von Helmuth James. 156
Weismann, Arno: Pflichtverteidiger am Volksgerichtshof. 152, 170, 204
Wendland, Asta Maria: auch «Marinkchen» genannt, geb. von Moltke, 1915–1993, Schwester von Helmuth James, verheiratet mit Wend Wendland, später mit Karl Heinz Henssel. 22, 39, 50, 54, 55, 66, 76, 90, 104, 120, 121, 123, 143, 146, 160, 161, 163 Anm. 2, 191, 206, 210, 212, 218, 219, 220, 228, 234, 238, 243, 263, 264, 282, 290, 319, 336, 354, 357, 358, 367, 368, 388, 394, 398, 399, 401, 403, 412, 451, 454, 486, 505, 510, 513, 538, 540, 556, 559, 573
Wendland, Wend: 1912–1979, Ehemann von Helmuth James' Schwester Asta. 206, 220, 243, 319, 354, 357, 388, 399, 403, 412, 538, 556
Wense, von der: landwirtschaftlicher Berater in der Umschuldungsstelle, zuständig auch für Kreisau. 154
Wentzel-Teutschenthal, Carl: 1875–1944, Landwirt, Kontakt zu Carl Friedrich Goerdeler, hingerichtet am 20. Dezember 1944. 311, 367, 454
Werkshagen: schlesischer Landwirt. 331, 494
Wernersdörfer Töchter: Monika, 1927–1946, und Maria, genannt «Mia», geb. 1929, die ältesten Kinder von Hans-Adolf und Davida von Moltke. 402
Wickenberg, Dr.: Medizinalrat in den Gefängnissen Tegel und Lehrter Straße. 225, 240, 270, 344, 407, 410 Anm. 2, 412, 421, 422, 424, 427, 441, 447, 452, 483, 511
Wienken, Heinrich: 1883–1961, Weihbischof, Leiter des Kommissariats der Fuldaer Bischofskonferenz in Berlin. 239, 243, 474
Wild, Frau: Ehefrau des verstorbenen Gräditzer Pfarrers Hermann Wild. 269, 339, 400
Willi: in den ersten Briefen vermutlich ein Deckname für Harald Poelchau.
Willi: Eisenarbeiter aus Graz, im Zellenbau Ravensbrück. 251, 254
Willo: *siehe* Moltke, Wilhelm Viggo von
Wirmer, Josef: 1901–1944, Rechtsanwalt in Berlin, Kontakt zu den Gewerkschaftern Max Habermann, Jakob Kaiser und Wilhelm Leuschner sowie zu Carl Friedrich Goerdeler, im August 1944 im Zellenbau Ravensbrück inhaftiert, am 8. September 1944 hingerichtet. 255, 395
Witt: SS-Mann, persönlicher Bewacher von Helmuth James im Zellenbau im Konzentrationslager Ravensbrück. 249, 251
Wurm, Theophil: 1868–1953, Landesbischof von Württemberg, in engem Kontakt zu den Mitgliedern des Kreisauer Kreises. 474

Yorck von Wartenburg, Irene Gräfin: genannt «Muto», 1913–1950, Schwester von Peter Yorck von Wartenburg, Ärztin, Teilnehmerin an allen drei Kreisauer Tagungen. 56, 66, 83, 84 Anm. 7, 104, 111, 272, 344, 568, 569, 574
Yorck von Wartenburg, Marion Gräfin: geb. Winter, 1904–2007, promovierte Juristin, Ehefrau von Peter Yorck von Wartenburg, wohnhaft in Berlin und Kauern (Schlesien), in engster Beziehung zur Arbeit des Kreisauer Kreises

und zu Freya und Helmuth James, mehrwöchige Haft in Zusammenhang mit dem 20. Juli 1944. 19 Anm. 11, 56, 65, 66, 68, 80, 84 Anm. 6, 84 Anm. 7, 100, 104, 111, 139, 158, 182, 228 Anm. 2, 272, 359, 360, 363, 401, 402, 403, 404, 461, 489, 505, 508, 513, 516 f., 535, 543, 568, 569, 574
Yorck von Wartenburg, Paul Graf: genannt «Bia», 1902–2002, älterer Bruder von Peter Graf Yorck von Wartenburg, Mitglied der Bekennenden Kirche, nach dem 20. Juli 1944 verhaftet und ab Januar 1945 bis zum Kriegsende im Konzentrationslager Sachsenhausen inhaftiert. 429, 519
Yorck von Wartenburg, Peter Graf: 1904–1944, Jurist im Staatsdienst, ab Januar 1940 engste Zusammenarbeit mit Helmuth James im Kreisauer Kreis, am 20. Juli 1944 in der Bendlerstraße verhaftet, am 8. August 1944 hingerichtet. 19 Anm. 11, 40, 44, 57 Anm. 12, 62, 68, 83, 84 Anm. 6, 96 f., 139, 143, 173, 212, 228 Anm. 2, 259, 306 Anm. 1, 333, 352, 360, 368, 377, 395, 421, 448, 451, 468, 473, 479, 480, 513, 515, 517, 519, 531, 559, 560, 562, 578
Z.: *siehe* Zeumer, Adolf
Zarden, Arthur: 1885–1945, Mitglied des Solf-Kreises, zusammen mit seiner Tochter Irmgard im Januar 1944 verhaftet. Er nahm sich im Januar 1945 das Leben. 431
Zarden, Irmgard: geb. 1921, Mitglied der «Teegesellschaft» der Johanna Solf, seit Januar 1944 inhaftiert im Zellenbau Ravensbrück, im Juli 1944 vom Volksgerichtshof freigesprochen. 355, 372, 377, 414, 431, 433
Zeumer, Adolf: seit 1929 Gutsinspektor in Kreisau, über Freya und durch Briefwechsel in ständigem Kontakt mit Helmuth James. 22, 54, 66, 71, 103, 104, 120, 145, 210, 217, 218, 220, 222, 226, 234, 236 f., 262, 264, 265 f., 270, 284, 319, 347, 358 f., 368, 379, 400, 401, 402, 422, 482 Anm. 8, 486, 494, 499, 521, 540, 559, 569, 575
Zimmer: Höflerfamilie in Kreisau. 265, 385, 386, 388
Zimmermann, Frl.: Mitglied der «Teegesellschaft» der Johanna Solf, ab Januar 1944 im Zellenbau Ravensbrück. 249